12,500
FRASES CÉLEBRES

12,500
FRASES CÉLEBRES

SANDY GARY B.

Grupo Editorial Tomo, S. A. de C. V.
Nicolás San Juan 1043
03100 México, D. F.

1a. edición, mayo 2005.
2a. edición, agosto 2007.
3a. edición, julio 2009.

©   *12,500 frases célebres*
    Sandy Gary B.

©   2009, Grupo Editorial Tomo, S.A. de C.V.
    Nicolás San Juan 1043, Col. Del Valle
    03100 México, D.F.
    Tels. 5575-6615, 5575-8701 y 5575-0186
    Fax. 5575-6695
    http://www.grupotomo.com.mx
    ISBN: 970-775-079-0
    Miembro de la Cámara Nacional
    de la Industria Editorial No. 2961

Formación Tipográfica: Rafael Rutiaga
Diseño de Portada: Trilce Romero
Supervisor de producción: Leonardo Figueroa

Impreso en México - *Printed in Mexico*

Introducción

" **U**na fórmula para alcanzar la celebridad puede ser ésta: expresar ideas sencillas con claridad, ingenio y cortesía".
André Maurois, escritor francés (1885-1967)

Para poder conocer a los grandes genios y talentos universales, muchas veces es suficiente leer o escuchar alguna de sus citas o frases expresando su punto de vista acerca de cualquier tema. Con ello, nos logramos formar una imagen clara de cada uno de ellos.

En las páginas de este interesante libro, usted encontrará más de 12,000 frases o citas de importantes personajes universales perfectamente divididas en 321 temas como el amor, la amistad, la belleza, el deber, la fidelidad, la guerra, el orgullo y muchos más. Asimismo, en cada una de ellas, además de conocer quién la dijo, podrá usted saber cuándo nació y murió, así como en dónde vio la primera luz.

Esperamos sinceramente que disfrute y comparta las ideas de cada uno de estos genios universales, pues…

"… La recompensa de los grandes hombres es que, mucho tiempo después de su muerte, no se tiene la entera seguridad de que hayan muerto".
Jules Renard, escritor francés, (1864-1910)

Abandono

Abandonar puede tener justificación; abandonarse, no la tiene jamás.
Ralph Waldo Emerson (1803-1882). Ensayista y poeta estadounidense.

Aparta la amistad de la persona que, si te ve en el riesgo, te abandona.
Félix María de Samaniego (1745-1801). Escritor español.

Los amigos nos abandonan con demasiada facilidad, pero nuestros enemigos son implacables.
Francois-Marie Arouet de Voltaire (1694-1778). Escritor y filósofo francés.

No abandones tu embarcación en el mar de la suerte, sigue remando, rema con desembarazo y reflexiona una vez más.
August von Platen Hallermünde (1796-1835). Poeta alemán.

Todas las mujeres abandonadas se acuerdan con delicia de todo lo que han sufrido. El único mal es la ausencia; la ausencia para siempre ya del ser amado.
François Mauriac (1885-1970). Escritor francés galardonado con el premio Nobel.

Abnegación

¿Queréis que alguien os quede fuertemente ligado? Imponedle sacrificios.
Félicité-Robert de Lamennais (1782-1854). Político y sacerdote francés.

Absurdo sería pedir al cálculo lo que puede dar la abnegación.
Concepción Arenal (1820-1893). Pensadora española.

Cuando el sacrificio se convierte en un deber y en una necesidad para el hombre, ya no hallo límite al horizonte que ante mí se abre.
Joseph-Ernest Renan (1823-1892). Filósofo e historiador francés.

El que se sacrifica a sí mismo nunca yerra.
Edward George Bulwer Lytton (1803-1873). Escritor inglés.

Sufrir percances no es sufrir una desgracia; pero soportarlos con abnegación es una virtud meritoria.
Marco Aurelio Antonio (121-180). Emperador y filósofo romano.

Abogacía

El abogado es un hábil caballero que se ocupa de cuidar nuestros bienes de nuestros enemigos para poder quedárselos él.
Lord Brougham (1778-1868). Político reformista británico.

El abogado es un señor que recupera nuestros bienes de las manos de nuestros adversarios y se los queda.

Henry Peter Brougham (1779-1868). Estadista y escritor francés.

Un abogado con su portafolio puede robar más que un ciento de hombres armados.

Mario Puzo (1920-1999). Novelista estadounidense.

Abundancia

Dios es día y noche, invierno y verano, guerra y paz, abundancia y hambre.

Heráclito de Efeso (540-470 a.C.). Filósofo Griego.

España es aventajada por Francia en la abundancia de vino, cereal y carnes, pero la supera en la bondad y el sabor de ellos.

Miguel Serveto (1511-1553). Filósofo español.

La abundancia de las cosas, aunque sean buenas, hacen que no se estimen.

Miguel de Cervantes (1547-1616). Dramaturgo, poeta y novelista español.

La abundancia destruye más que el hambre.

Proverbio alemán.

La abundancia me hizo pobre.

Publio Nasón Ovidio (43 a.C.-17 d.C.). Poeta latino.

No hay ánimo tan constante a quien la abundancia no traiga algún vicio.

Francisco De Quevedo (1580-1645). Escritor español.

Aburrimiento

¿No es la vida cien veces demasiado breve para aburrirnos?

Friedrich Nietzsche (1844-1900). Filósofo, poeta y filólogo alemán.

Aburrirse es besar a la muerte.

Ramón Gómez de la Serna (1888-1963). Escritor español. Autor de *Greguerías*.

Con frecuencia el hombre se aburre donde pensaba divertirse y se divierte donde pensaba aburrirse; es pues, a esos últimos sitios a donde debiera las más de las veces ir.

Leon Daudi (1905-1985). Escritor español.

Conviene siempre esforzarse más en ser interesante que exacto; porque el espectador lo perdona todo menos el sopor.

Francois-Marie Arouet de Voltaire (1694-1778). Escritor y filósofo francés.

Cuando queda tiempo para aburrirse, yo procuro aburrirme, porque el aburrimiento es una forma de descanso.

Juan Luis Cebrián (1944). Periodista español.

El aburrimiento es la enfermedad de las personas felices.
Abel Dufresne (1788-1862). Escritor francés.

El aburrimiento es la suprema expresión de la indiferencia.
Ricardo León (1877-1943). Escritor español.

El aburrimiento es un gran tema para los moralistas; después de todo, la mitad de los pecados se cometen por su causa.
Bertrand Russell (1872-1970). Matemático y filósofo británico.

El aburrimiento es una enfermedad cuyo remedio es el trabajo; el placer sólo es un paliativo.
Duque de Levis (1755-1830). Escritor francés.

El aburrimiento, después de todo, es una forma de crítica.
Wendell Phillips (1811-1884). Líder abolicionista estadounidense.

El hastío es una tristeza sin amor.
Niccolò Tommaseo (1802- 1874). Literato y filólogo italiano.

El demonio de Casanova es el aburrimiento. Está completamente vacío. No tiene sustancia anímica y por eso, para no consumirse interiormente, tiene que llenar este vacío interior con lo exterior; es decir, con acontecimientos. Necesita ocupar su yo, fortalecer su vida, no quedarse nunca solo con sí mismo, no tiritar en el frío del vacío. Sólo el roce con sus semejantes enciende su propia vitalidad. Cuando eso juega. El juego es un extracto de la tensión de la vida; es un resumen del destino, y por lo mismo es el asilo de todos los hombres que viven del momento y la eterna distracción de los ociosos. Es un verdadero jugador y, por lo mismo, no juega para ganar, pues eso sería muy aburrido, sino que juega únicamente por jugar.
Stefan Zweig (1881-1942). Escritor y pacifista austriaco.

El lobo más horrible es el aburrimiento.
Jean Giono (1895-1970). Novelista francés.

El peligro es el gran remedio para el aburrimiento.
Graham Green (1904-1991). Novelista y periodista inglés.

El que conoce el arte de vivir consigo mismo ignora el aburrimiento.
Erasmo de Rotterdam (1466-1536). Escritor y humanista holandés.

El secreto de aburrir a la gente consiste en decirlo todo.
Francois-Marie Arouet de Voltaire (1694-1778). Escritor y filósofo francés.

El tedio es una enfermedad del entendimiento que no acontece sino a los ociosos.
Concepción Arenal (1820-1893). Pensadora española.

Es absurdo dividir a la gente en buena y mala. La gente es tan sólo encantadora o aburrida.

Oscar Wilde (1854-1900). Novelista, poeta, crítico literario y autor teatral irlandés..

Feliz el pueblo cuya historia se lee con aburrimiento.

Charles Louis de Secondat, barón de la Brède y de Montesquieu (1689-1755). Escritor francés.

Hay algo de dulce y sosegador, y sobre todo de sabio, en eso que los hombres del mundo llaman aburrirse.

Miguel De Unamuno (1864-1936). Filósofo y escritor español.

Las personas aburridas, a menos que duerman mucho, son crueles.

Renata Adler (1938-). Novelista y periodista estadounidense nacida en Italia.

Lo que hace que los amantes no se aburran nunca de estar juntos es que se pasan el tiempo hablando siempre de sí mismos.

François de La Rochefoucauld (1613-1680). Político y escritor francés.

Nada es tan insoportable para el hombre como estar en pleno reposo, sin quehaceres, sin distracciones, sin aplicación, sin pasiones. Le domina entonces una sensación de vacío, de impotencia, y cae en la melancolía y el aburrimiento.

Blaise Pascal (1623-1662). Matemático, físico y teólogo francés.

Nada me distrae, nada me divierte. Y lo que no me apasiona, me aburre.

Sacha Guitry (1885-1957). Actor y director francés.

Nos aburrimos porque nos divertimos demasiado.

Huges-Bernard Maret (1768-1835). Político y escritor francés.

Nuestro peor enemigo es el aburrimiento.

Francois-Marie Arouet de Voltaire (1694-1778). Escritor y filósofo francés.

Por lo general nos aburren aquellas gentes con las que no nos está permitido aburrirnos.

François de La Rochefoucauld (1613-1680). Político y escritor francés.

Solemos perdonar a los que nos aburren, pero no perdonamos a los que aburrimos.

François de La Rochefoucauld (1613-1680). Político y escritor francés.

Son menos nocivos a la felicidad los males que el aburrimiento.

Monaldo Leopardi (1776-1847). Escritor italiano.

Y para esto, para gozar de este aburrimiento precursor de nuevos y extraños estados de conciencia, no salgan al campo con escopeta y perros, pues es cosa probada que el que necesita de la caza para ir de campo es porque el campo mismo no le gusta, diga él lo que quiera. El que de veras ama la naturaleza, no ve las perdices en ella.

Miguel De Unamuno (1864-1936). Filósofo y escritor español.

Yo nunca estoy aburrido en ninguna parte; estar aburrido es un insulto a uno mismo.
Jules Renard (1864-1910). Escritor francés.

Aburrirse en el momento adecuado es signo de inteligencia.
Clifton Fadiman (1902-1999). Escritor y crítico estadounidense.

Cuando uno se halla habituado a una dulce monotonía, ya nunca ni por una sola vez, apetece ningún género de distracciones, con el fin de no llegar a descubrir que se aburre todos los días.
Anne Louise Germaine Madame de Staël (1766-1817). Escritora francesa.

El aburrimiento no puede existir donde quiera que haya una reunión de buenos amigos.
François René de Chateaubriand (1768-1848). Escritor y político francés.

Nuestro tiempo es tan excitante que a las personas sólo puede chocarnos el aburrimiento.
Samuel Beckett (1906-1989). Dramaturgo y novelista anglo-francés.

Una generación que no soporta el aburrimiento será una generación de escaso valor.
Bertrand Russell (1872-1970). Matemático y filósofo británico.

Una persona aburrida es la que habla cuando deseas que te escuche.
Ambrose Gwinett Bierce (1842-1914). Periodista y escritor estadounidense.

Acción

Procuraré siempre hacer que la próxima hora sea mejor que ésta.
Og Mandino (1923-1996). Escritor estadounidense.

Aquel que todo lo aplaza, no dejará nada concluido ni perfecto.
Demócrito (460 a.C.-370 a.C.). Filósofo griego.

Como no sabían que era imposible lo hicieron.
Anónimo.

Coraje es simplemente la capacidad para tener miedo y actuar de todas formas.
Dr. Robert Anthony (1916-). Educador y escritor estadounidense.

Debes considerar no haber hecho nada, si has dejado algo por hacer.
Marco Anneo Lucano (39-65). Poeta romano.

Deliberar es el hecho de varios. Actuar es el hecho de uno solo.
Charles de Gaulle (1890-1970). Militar, político y Jefe de Estado francés.

Denle suficiente cuerda y el sólo se colgará.
Charlotte Bronte (1816-1855). Poetisa y novelista inglesa.

Desear la acción es desear una limitación. En este sentido todo acto es un sacrificio. Al escoger una cosa rechazamos necesariamente algunas otras.
Gilbert Keith Chesterton (1874-1936). Escritor inglés.

Don Quijote es un hombre de acción, aunque se equivoque siempre. Hamlet es todo lo contrario, pues ante una cuestión cualquiera la examina despacio para ver dónde está lo bueno y lo malo, lo justo y lo injusto, y el resultado es que no hace nada.
Pío Baroja (1872-1956). Escritor español.

El cielo nunca le ayudará a aquellas personas que no actúan.
Sófocles (496-406 a.C.). Dramaturgo ateniense.

El gran objetivo de la vida no es el conocimiento, sino la acción.
Thomas Henry Huxley (1825-1895).Biólogo inglés.

El hombre de acción es sin conciencia, sólo hay conciencia en el contemplativo.
Johann Wolfgang von Goethe (1749-1832). Poeta, novelista y dramaturgo alemán.

El hombre sólo se conoce a sí mismo por la acción.
Johann Wolfgang von Goethe (1749-1832). Poeta, novelista y dramaturgo alemán.

El hombre superior es modesto en el hablar, pero abundante en el obrar.
Confucio (551-479 a.C.). Filósofo y teórico social chino.

Hablar del futuro sólo es útil si nos hace actuar ahora.
E.F. Schumacher (1912-). Pintor alemán.

Hay mucha gente que cuando ha de hacer algo, hace algo; aunque no sea exactamente lo que ha de hacer.
Noel Clarasó (1905-1985). Escritor español.

La acción es lo único que tiene valor. Soñar que se juega al tenis no es nada. Leer libros de tenis no es nada. Jugar al tenis es un gran placer.
André Maurois (1885-1967). Escritor francés.

La acción para ser efectiva debe dirigirse hacia un final claramente concebido.
Jawaharlal Nehru (1889-1964). Líder político hindú.

La prioridad de la acción sobre el pensamiento es la base de su credo.
Robert D´Harcourt (1881-1965). Escritor francés.

Las acciones del hombre ejercen su poder sobre él. Todos los hombres que emprenden una obra son víctimas y esclavos de sus actos.
Ralph Waldo Emerson (1803-1882). Ensayista y poeta estadounidense.

Las cosas no son difíciles de hacer, lo que es difícil es ponerse en situación de hacerlas.
Constantin Brancusi (1876-1957). Escultor rumano.

Los buenos pensamientos no son mejores que los buenos sueños, si no los persigues.
Ralph Waldo Emerson (1803-1882). Ensayista y poeta estadounidense.

Los discursos inspiran menos confianza que las acciones.
Aristóteles (384 a.C.-322a.C). Filósofo griego.

Más hace el que quiere y no puede, que el que puede y no quiere.
Anónimo.

Máxima admirable: no hablar de las cosas hasta después de que estén hechas.
Charles Louis de Secondat, barón de la Brède y de Montesquieu (1689-1755). Escritor francés.

Ninguna acción sucede sin efectos laterales.
Barry Commoner (1917-). Biólogo y ambientalista estadounidense.

No sabré hacerlo, no ha producido jamás buen resultado. Probaré a hacerlo, ha obrado casi siempre maravillas. Lo haré, ha conseguido milagros.
Anónimo.

No se sabe si un hombre de acción acaba mejor o peor que un hombre pasivo; lo único seguro es que acaba antes; a no ser que el pasivo lo sea tanto, que acabe antes de empezar.
Leon Daudi (1905-1985). Escritor español.

Nuestras acciones obran sobre nosotros tanto como nosotros obramos sobre ellas.
George Eliot (Mary Ann o Marian Evans) (1819-1880). Novelista inglesa.

Nunca hay que confundir movimiento con acción.
Ernest Hemingway (1899-1961). Escritor estadounidense.

Nunca me ha preocupado la acción, sólo la inacción.
Sir Winston Churchill (1874-1965). Político inglés.

Pensar es fácil. Actuar es difícil. Actuar como se piensa es lo más difícil de todo.
Anónimo.

Piensa muchas cosas, pero haz por lo menos una.
Proverbio portugués.

Querer hacer algo es hacerlo. Si la voluntad no coincide con la acción, no es mas que veleidades...
André Maurois (1885-1967). Escritor francés.

Sería mucho mejor para nuestros distinguidos antepasados alabarles con menos palabras y con más acciones nobles.
Horace Mann (1796-1859). Educador estadounidense.

Si quieres hacer algo, hazlo ahora. Los mañana están contados.
Michael Landon. Eugene Maurice Orowitz (1936-1991). Actor estadounidense.

Siempre se debe preferir la acción a la crítica.
Theodore Roosevelt (1858-1919). Estadista estadounidense.

Sólo quien intenta lo absurdo consigue lo imposible
Maurits Cornelis Escher (1898-1972). Artista neerlandés.

Sólo sé lo que sé hacer.
Paul Ambroise Valéry (1871-1945). Escritor francés.

Somos lo que hacemos, no lo que pensamos ni lo que sentimos.
Anónimo.

Tanto que hay por hacer, y tan poco hecho.
Cecil Rhodes (1853-1902). Empresario y colonizador británico.

Todas las acciones que se salen de los límites ordinarios están sujetas a torcidas interpretaciones.
Michel Eyquem de la Montaigne (1533-1592). Ensayista francés.

Tómate tiempo para deliberar, pero cuando llegue la hora de la acción deja de pensar y actúa.
Andrew Jackson (1767-1845). Político y presidente estadounidense.

Tu puedes tener solamente dos cosas en la vida, razones y resultados. Las razones no cuentan.
Dr. Robert Anthony (1916-). Educador y escritor estadounidense.

Un guerrero busca actuar en vez de hablar.
Carlos Castañeda (1931-). Escritor brasileño.

Debemos obrar como hombres de pensamiento; debemos pensar como hombres de acción.
Henri Bergson (1859-1941). Filósofo francés.

El error es a veces más generador de acción que la verdad.
Gustave Le Bon (1841-1931). Psicólogo social y escritor francés.

El valor de un acto se juzga por su oportunidad.
Lao-tsé (570-490 a.C.). Filosófo del Taoísmo.

La acción es el fruto propio del conocimiento.
Thomas Fuller (1608-1661). Clérigo y escritor inglés.

La acción no debe ser una reacción sino una creación.
Mao-Tse-Tung (1893-1976). Fundador de la República Popular China.

La especulación es un lujo, mientras que la acción es una necesidad.
Henri Bergson (1859-1941). Filósofo francés.

La recompensa de una buena acción es haberla hecho.
Séneca Anneo (3 a.C.- 65 d.C.). Filósofo latino.

Una de las ventajas de las buenas acciones es que elevan el alma y la predisponen para hacer otras mejores.
Jean Jacques Rousseau (1712-1778). Filósofo y botánico suizo.

Actitud

Aquel que tiene una mente positiva es el que permanece inmune a la enfermedad.
Thomas Hamblin (1873-1958). Escritor inglés.

Cada momento es excelente para quien tiene la visión de reconocerlo como tal.
Henry Miller (1891-1980). Escritor estadounidense.

Con el puño cerrado no se puede intercambiar un apretón de manos.
Indira Gandhi (1917-1984). Primera Ministra de la India 1966-1977 y 1980-1984.

Cuando dirijo, hago de padre; cuando escribo, hago de hombre; cuando actúo, hago el idiota.
Jerry Lewis (1926-). Actor y director de cine.

Cuando no se puede lograr lo que se quiere, mejor cambiar de actitud.
Terencio (190-159 a.C.). Poeta latino.

Cuando no tenemos lo que queremos, debemos contentarnos con lo que tenemos.
Rogerio Bussy Rabutin (1618-1693). Literato francés.

El descubrimiento más grande de mi generación, es que un ser humano puede modificar su vida cambiando su actitud mental.
William James (1842-1910). Filósofo estadounidense.

El mundo nada puede contra un hombre que canta en la miseria.
Ernesto Sabato (1911-). Escritor argentino.

Las actitudes son más importantes que las aptitudes.
Sir Winston Churchill (1874-1965). Político inglés.

Si no está en tus manos cambiar una situación que te produce dolor, siempre podrás escoger la actitud con la que afrontes ese sufrimiento.
Víctor Frankl (1905-1998). Escritor y siquiatra austriaco.

Sólo cerrando las puertas detrás de uno se abren ventanas hacia el porvenir.
Françoise Sagan (Françoise Quoirez) (1935-2004). Escritora francesa.

Su actitud ante los otros era de sacarles jugo, y se mostraba indiferente con aquellos de los que no podía obtener nada.
Robert D´Harcourt (1881-1965). Escritor francés.

Admiramos siempre más a otra persona después de haber intentado hacer su trabajo.
William Feather (1889-1981). Escritor y editor estadounidense.

Dime quien te admira y te diré quien eres.
Joseph Sanial-Dubay (1754-1817). Escritor francés.

Es muy difícil resistir a una gran potencia de admiración.
François Mauriac (1885-1970). Escritor francés ganador del premio Nobel.

La admiración es amor congelado.
Françoise Sagan (Françoise Quoirez) (1935-2004). Escritora francesa.

La admiración no interroga nunca; con admirar comprende.
Jacinto Benavente (1866-1954). Dramaturgo y crítico español.

La costumbre disminuye la admiración, y una mediana novedad suele vencer a la mayor eminencia envejecida.
Baltasar Gracián y Morales (1601-1658). Jesuita y escritor español.

La distancia es un gran inspiración de admiraciones.
Denis Diderot (1713-1784). Filósofo y escritor francés.

Lo que sorprende, sorprende una vez, pero lo que es admirable lo es más cuanto más se admira.
Joseph Joubert (1754-1824). Escritor y crítico francés.

Nada levanta tanto a un hombre por encima de las pequeñas mezquindades de la vida como admirar, sea lo que sea o a quienquiera que sea.
Thomas Carlyle (1795-1881). Historiador y pensador escocés.

Nada me inspira más veneración y asombro que un anciano que sabe cambiar de opinión.
Santiago Ramón y Cajal (1852-1934). Doctor español.

Un hombre no puede ser admirado sin ser creído.
Jean Cocteau (1889-1963). Escritor francés.

Adulación

¿Cómo se llama al animal más temible? Preguntó un rey a cierto sabio. Y éste respondió: los salvajes le llaman tirano; los mansos, aduladol.
Gotthold Ephraim Lessing (1729-1781). Crítico literario y pensador alemán.

A menudo la verdadera alabanza es la recompensa del humilde, mientras que la engañosa es la remuneración del portentoso.
Lord Kames Henry Home (1696-1782). Juez, moralista y escritor escocés.

Aquel a quien le gusta que le adulen es digno del adulador.
William Shakespeare (1564-1616). Poeta y autor teatral inglés..

Aquellos corazones que anteriormente latían con osadía por la alabanza, ahora sienten que hasta han perdido el pulso.
Thomas Moore (1779-1852). Poeta satírico, compositor y músico irlandés.

Como decían los griegos: "Muchos saben echar piropos, y muy pocos rendir alabanzas".
Wendell Phillips (1811-1884). Líder abolicionista estadounidense.

Con desmayo se alaban las maldiciones.
William Wycherley (1640-1716). Dramaturgo inglés.

El amor propio es el más grande de todos los aduladores.
Sir Walter Scott (1771-1832). Novelista y poeta escocés.

El elogio en boca propia desagrada a cualquiera.
Diógenes de Sínope "el cínico" (410 a.C.-320 a.C.). Filósofo griego.

El más dulce de todos los sonidos es la alabanza.
Xenophón (430-355 a.C.). Historiador griego.

El que refuta una alabanza merece ser alabado dos veces.
François de La Rochefoucauld (1613-1680). Político y escritor francés.

Elogiar a todos por igual es no elogiar a ninguno.
John Gay (1685-1732). Poeta y dramaturgo inglés.

Hombre en el cual hace mella la adulación, es hombre desarmado.
Arturo Graf (1848-1913). Escritor y poeta italiano.

Huye de los elogios, pero trata de merecerlos.
François de Salignac de La Mothe Fénelon (1651-1715). Prelado y erudito francés.

La adulación es una puerta muy ancha para el favor; pero ningún ánimo noble puede entrar por ella, porque es muy baja.
Benito Jerónimo Feijoo y Montenegro (1676-1764). Escritor español.

La alabanza es como una armadura pintada, es agradable y no sirve para nada.
Demófilo (?-386). Obispo de Constantinopla.

La alabanza es el más dulce de los sonidos.
Jenofonte (430-355 a.C.). Historiador, militar y filósofo griego.

La galantería es una intriga amorosa en la que queremos que el adversario nos aventaje.
Ninón de Lenclos (1620-1705). Cortesana francesa.

Lo que realmente halaga a un hombre es que se le considere digno de adulación.
George Bernard Shaw (1856-1950). Escritor irlandés.

Los aduladores se parecen a los amigos como los lobos a los perros.
George Chapman (1559-1634). Poeta, traductor y dramaturgo inglés.

Los cazadores atrapan las liebres con los perros; muchos hombres atrapan a los ignorantes con la adulación.
Plutarco (46-125). Biógrafo y ensayista griego.

Los cuervos arrancan los ojos a los muertos cuando ya no les hacen falta; pero los aduladores destruyen las almas de los vivos cegándoles los ojos.
Epicteto (55-135 d.C.). Pensador griego.

Los que alaban al falto de entendimiento, le hacen un gran perjuicio.
Demócrito (460 a.C.-370 a.C.). Filósofo griego.

Los tiranos se rodean de hombres malos porque les gusta ser adulados y ningún hombre de espíritu elevado les adulará.
Aristóteles (384 a.C.-322a.C). Filósofo griego.

Nada hay tan difícil como la franqueza, ni nada tan fácil como la adulación. La adulación es agradable, y todos la escuchan con cierta delectación, con una delectación grosera quizá, pero delectación al fin.
Fedor Dostoievski (1821-1881). Escritor ruso.

No alabemos más que aquellos que enseñan a ser mejor.
Víctor Alfieri (1749-1803). Dramatugo italiano.

No se elogia, en general, sino para ser elogiado.
François de La Rochefoucauld (1613-1680). Político y escritor francés.

Nuestro mayor placer consiste en que se nos admire, y los demás no se prestan sino muy difícilmente a admirarnos, aunque su admiración nos parezca siempre justificada. Así resulta que el hombre más feliz es el que, no importa cómo, llega a admirarse sinceramente a sí mismo. Y mejor aún si sabe encontrar admiración en todo lo que los demás dicen de él.
Arthur Schopenhauer (1788-1860). Filósofo alemán.

Quien te alaba más de cuanto en ti hubiere, cábete de él guardar, que engañar te quiere.
Don Juan Manuel (1282-1348). Escritor español.

Si alguien te aplaude, no presumas hasta saber quién fue.
Proverbio árabe.

Si no puedes apropiarte de las alabanzas recibidas, considéralas adulación.
Demócrito (460 a.C.-370 a.C.). Filósofo griego.

Siempre se está en riesgo de creer más los elogios que las censuras.
Luis Herrera de la Fuente (1916-). Músico y director mexicano.

Todo adulador vive a expensas de quien le escucha
Jean de La Fontaine (1621-1695). Novelista y fabulista francés.

Todos los aduladores son mercenarios, y todos los hombres de bajo espíritu son aduladores.
Aristóteles (384 a.C.-322a.C). Filósofo griego.

Trata de ser como te pintan los aduladores.
Quinto Horacio Flaco (65 a.C.-8 a.C.). Poeta lírico y satírico romano.

Un adulador es un amigo que es inferior a nosotros o que pretende serlo.
Aristóteles (384 a.C.-322a.C). Filósofo griego.

Vale más oír reprensiones de sabios que alabanzas de necios.
La Biblia.

Yo alabo en voz alta, y critico en voz baja.
Catalina II de Rusia (1729-1796). Emperatriz de Rusia.

Yo puedo vivir dos meses con una buena alabanza.
Mark Twain (1835-1910). Escritor estadounidense.

Yo te hubiera alabado más a ti si tú me hubieras alabado menos.
Luis XIV (1638-1715). Rey de Francia.

Adversidad

Acuérdate en adelante, cada vez que algo te contriste, de recurrir a esta máxima: que la adversidad no es una desgracia, antes bien, el sufrirla con grandeza de ánimo es una dicha.
Marco Aurelio Antonio (121-180). Emperador y filósofo romano.

Algunas veces necesitas encarar a la adversidad a fin de lograr ser exitoso.
Zig Ziglar (1926-). Escritor y conferencista estadounidense.

Ante la adversidad, el compromiso.
Anónimo.

Cuando la adversidad llama a tu puerta, todos los amigos están dormidos.
Proverbio polaco.

De cien hombres que pueden soportar la adversidad, apenas habrá uno que pueda soportar la felicidad.
Thomas Carlyle (1795-1881). Historiador y pensador escocés.

El éxito nos muestra un lado del mundo; la adversidad nos trae el revés de la pintura.
Charles Caleb Colton (1780-1832). Poeta y ensayista inglés.

En la adversidad conviene muchas veces tomar un camino atrevido.
Séneca Anneo (3 a.C.- 65 d.C.). Filósofo latino.

En las grandes adversidades toda alma noble aprende a conocerse mejor.
Friedrich von Schiller (1759-1805). Poeta, dramaturgo y filósofo alemán.

Gozan los ánimos fuertes en las adversidades. Al igual que los soldados intrépidos triunfan en las guerras.
Séneca Anneo (3 a.C.- 65 d.C.). Filósofo latino.

La adversidad acaba por encontrar al hombre junto al que había pasado.
Séneca Anneo (3 a.C.- 65 d.C.). Filósofo latino.

La adversidad es un espejo en el que deben mirarse todos lo que verdaderamente quieran conocerse.
Antonio Manero (1885-1964). Político y escritor mexicano.

La prosperidad es un gran maestro; la adversidad es mucho más grande. La posesión embota la mente, la adversidad la fortalece.
William Hazlitt (1778-1830). Ensayista y crítico inglés.

Más que el brillo de la victoria, nos conmueve la entereza ante la adversidad.
Octavio Paz (1914-1998). Escritor mexicano.

No hay otra educación como la adversidad.
Benjamin Disraeli (1804-1881). Escritor británico.

Pocas veces he comprendido a los demás y pocas veces ellos me han comprendido a mí. Sólo cuando nos encontramos en el fango nos comprendimos enseguida.
Heinrich Heine (1797-1856). Poeta y crítico alemán.

Sólo el gusano esta libre de la preocupación de no tropezar.
Og Mandino (1923-1996). Escritor estadounidense.

Un hombre acostumbrado a las adversidades no es fácilmente sorprendido.
Samuel Johnson (1709-1784). Escritor británico.

Ajedrez

¡El ajedrez es inagotable! Se han jugado millones de partidas y se han escrito miles de obras, pero hasta ahora no existe fórmula universal ni método que garantice el triunfo. Al ir conociendo sus múltiples aspectos, uno empieza a sentir una gran atracción por este juego.
Gary Kasparov (1963-). Ajedrecista ruso.

¿Le molesta cuando un oponente inferior no se resigna cuando usted tiene pieza de ventaja? No, para nada. ¡Me molesta sólo cuando soy yo quien tiene la pieza de menos!
Savielly Tartakover (1887-1956). Ajedrecista polaco.

A veces los caballos no saltan, botan. El momento más importante de la partida es el primer movimiento del alfil...
Savielly Tartakover (1887-1956). Ajedrecista polaco.

Ahora sabía que había entrado al país malvado, pero no conocía las reglas de combate.
Gary Kasparov (1963-). Ajedrecista ruso.

Ayudad a vuestras piezas para que os ayuden.
Paul Morphy (1837-1884). Ajedrecista estadounidense.

Cada uno quería derrotar al otro, pero inconscientemente cada uno tenía reluctancia a hacerlo. (Se refería a Reshevsky)
Rubén Fine (1914-1993). Ajedrecista estadounidense.

Capablanca ganó el torneo de Londres de 1922 porque es el campeón del mundo; Lasker el de Nueva York de 1924, como si fuese todavía el campeón del mundo, pero Alekhine ganó el torneo de Baden-Baden como un verdadero campeón del mundo.
Savielly Tartakover (1887-1956). Ajedrecista polaco.

Combinación de ajedrez: una proyección en el espacio.
Savielly Tartakover (1887-1956). Ajedrecista polaco.

Cometo errores... ¡Luego existo!.
Savielly Tartakover (1887-1956). Ajedrecista polaco.

Cualquiera cosa que ocurra luego fluye naturalmente de la posición.
Ruben Fine (1914-1993). Ajedrecista estadounidense.

Cualquiera que entienda de ajedrez sabe que, salvo por el título, soy el campeón en todo. Ya hace mucho tiempo que soy el mejor.
Bobby Fischer (1943-). Ajedrecista estadounidense.

De todos los campeones del mundo quien tiene mejor salud es Tal. Ningún otro hubiera sobrevivido ni siquiera un año si padeciese todas las enfermedades que él.
Tigran Petrosian (1929-1984). Ajedrecista estadounidense.

Del ajedrez no se puede vivir, pero se puede morir.
Savielly Tartakover (1887-1956). Ajedrecista polaco.

Del ajedrez, ese juego de cálculo por excelencia, forman parte la suerte, la suerte y la suerte.
Savielly Tartakover (1887-1956). Ajedrecista polaco.

Dicen que mis partidas deberían ser más interesantes. Yo podría ser más interesante... y también perder.
Tigran Petrosian (1929-1984). Ajedrecista estadounidense.

El ajedrez es arte y es cálculo.
Mijail Botvinnik (1911-1995). Ajedrecista ruso.

El ajedrez es demasiado para ser un juego y demasiado poco para ser una ciencia.
Wilhelm Steinitz (1836-1900). Ajedrecista nacido en Praga, Bohemia.

El ajedrez es el arte del análisis.
Mijail Botvinnik (1911-1995). Ajedrecista ruso.

El ajedrez es Imaginación.
David Bronstein (1924-). Ajedrecista ruso.

El ajedrez es la Vida.
Bobby Fischer (1943-). Ajedrecista estadounidense.

El ajedrez es mi Vida, pero mi Vida no es sólo el ajedrez.
Anatoly Kárpov (1951-). Ajedrecista ruso.

El ajedrez es todo; arte, ciencia y deporte.
Anatoly Kárpov (1951-). Ajedrecista ruso.

El ajedrez es un juego por su forma, un arte por su contenido y una ciencia por su dificultad. Pero si usted aprende a jugar bien, sentirá entonces una gran alegría.
Tigran Petrosian (1929-1984). Ajedrecista estadounidense.

El ajedrez es un juego útil y honesto, indispensable en la educación de la juventud.
Simon Bolívar (1783-1830). Militar y político venezolano.

El ajedrez es una competencia entre dos hombres en la cual el ego involucrado en considerable.
Ruben Fine (1914-1993). Ajedrecista estadounidense.

El ajedrez ha de ser primordialmente una recreación y no debe practicarse en detrimento de otras y más serias actividades. Como un simple juego, como un descanso de actividades importantes en la vida, merece la más alta recomendación.
Paul Morphy (1837-1884). Ajedrecista estadounidense.

El ajedrez no es para almas tímidas.
Wilhelm Steinitz (1836-1900). Ajedrecista nacido en Praga, Bohemia.

El ajedrez ocupa en mi vida un ciento por cien, más diez.
Mikhail Tal (1936-1992). Ajedrecista ruso.

El ajedrez subsiste por sus errores.
Savielly Tartakover (1887-1956). Ajedrecista polaco.

El enroque es el mejor camino a una vida ordenada.
Savielly Tartakover (1887-1956). Ajedrecista polaco.

El excesivo subjetivismo... perturba el desarrollo lógico de una partida de ajedrez.
Vassily Smyslov (1921-1997). Ajedrecista ruso.

El gambito en el ajedrez es el come-mientras-puedas.
Savielly Tartakover (1887-1956). Ajedrecista polaco.

El hombre acepta sin problemas que una máquina corra más que él. Pero, difícilmente aceptará, que piense mejor que él.
Mikhail Tal (1936-1992). Ajedrecista ruso.

El jugador que lleva ventaja debe atacar o perderá dicha ventaja.
Wilhelm Steinitz (1836-1900). Ajedrecista nacido en Praga, Bohemia.

El mayor arte del jugador consiste en explorar las posibilidades de llevar la partida a una posición en que los normales valores relativos de las piezas dejen de regir.
Mijail Botvinnik (1911-1995). Ajedrecista ruso.

El mayor placer es cuando uno siente que está pensando y esto con lo que mejor se logra es con el ajedrez.
Mijail Botvinnik (1911-1995). Ajedrecista ruso.

El mejor entrenador del ajedrecista es uno mismo.
Tigran Petrosian (1929-1984). Ajedrecista estadounidense.

El peón es el más importante instrumento de la victoria.
Paul Morphy (1837-1884). Ajedrecista estadounidense.

El peón es la causa más frecuente de la derrota.
Wilhelm Steinitz (1836-1900). Ajedrecista nacido en Praga, Bohemia.

Él prefiere entrar en la historia del ajedrez solo. (Con relación a la ausencia de Bobby Fischer en las fotos oficiales en el match URSS-Resto del Mundo).
Miguel Najdorf (1910-1997). Ajedrecista polaco.

El Rey es la pieza más débil.
Paul Morphy (1837-1884). Ajedrecista estadounidense.

El vencedor de una partida es el que comete el penúltimo error.
Savielly Tartakover (1887-1956). Ajedrecista polaco.

En ajedrez mi palabra es cercana a la de Dios.
Gary Kasparov (1963-). Ajedrecista ruso.

En el ajedrez hay dos tipos de jugadores: los buenos y los duros. Yo soy de los duros.
Bobby Fischer (1943-). Ajedrecista estadounidense.

En el ajedrez no podemos conformarnos con reglas generales. Los libros sólo nos ayudan a desarrollar un pensamiento individual.
Max Euwe (1901-1981). Ajedrecista holandés.

En el ajedrez, como en la vida, el adversario más peligroso es uno mismo.
Vassily Smyslov (1921-1997). Ajedrecista ruso.

En el ajedrez, igual que en todo, hay que arriesgarse y quizá, en cambio, es el único deporte donde no sirve nadar y guardar la ropa a un tiempo.
Bobby Fischer (1943-). Ajedrecista estadounidense.

En el gambito se cede un peón a cambio de una partida perdida.
Savielly Tartakover (1887-1956). Ajedrecista polaco.

En esta posición... yo tenía que sobrevivir.
Samuel Reshevsky (1911-1992). Ajedrecista polaco.

En este torneo tengo una ventaja inicial, pues soy el único de los participantes que no ha de enfrentarse con Bogoljubow.
Efim Bogoljubow (1889-1951). Maestro de ajedrez ucraniano.

Es en el medio juego y en el final de la partida donde se revela un buen jugador de ajedrez.
Savielly Tartakover (1887-1956). Ajedrecista polaco.

Es imposible comprender el ajedrez sin mirarlo con los ojos de Capablanca.
Mijail Botvinnik (1911-1995). Ajedrecista ruso.

Ganar no era lo más importante; más bien lo importante era mostrar que la suya no era la única manera de jugar al ajedrez. (Se refería a su match con Botvinnik).
David Bronstein (1924-). Ajedrecista ruso.

Gracias al ajedrez muchos hemos conocido la alegría de la creación intelectual.
Tigran Petrosian (1929-1984). Ajedrecista estadounidense.

Hace cuatro décadas que asisto al Templo del Arte ajedrecista, toco piadosamente el peón del rey blanco y lo envío con una oración a explorar el terreno contrario.
David Bronstein (1924-). Ajedrecista ruso.

Hay dos clases de sacrificios: los correctos y los míos.
Mikhail Tal (1936-1992). Ajedrecista ruso.

Hay jugadas acariciadoras, ruidosas y gemebundas. Las últimas son las más peligrosas.
Savielly Tartakover (1887-1956). Ajedrecista polaco.

He tenido el mejor profesor particular que hubiera podido desear. (Se refiere a Karpov).
Gary Kasparov (1963-). Ajedrecista ruso.

Jugar una partida de ajedrez es pensar, elaborar planes y también tener una pizca de fantasía.
David Bronstein (1924-). Ajedrecista ruso.

La afición por los trabajos de composición, me aportó grandes beneficios. Ello fomentó el desarrollo de la comprensión estética frente al ajedrez y perfeccionó mi técnica en el final de juego.
Vassily Smyslov (1921-1997). Ajedrecista ruso.

La combinación es una preciosa flor, nacida de la fantasía, del amor, del trabajo y de la lógica.
David Bronstein (1924-). Ajedrecista ruso.

La creatividad, imaginación e intuición más que la base del medio juego, son indispensables, así como el carácter firme; el triunfo llega solamente con la lucha.
Gary Kasparov (1963-). Ajedrecista ruso.

La estrategia es cosa de reflexión, la táctica es cosa de percepción.
Max Euwe (1901-1981). Ajedrecista holandés.

La jugada más importante en ajedrez, como en la vida, es aquélla que ya hemos realizado.
Savielly Tartakover (1887-1956). Ajedrecista polaco.

La mejor manera de refutar un gambito es aceptándolo.
Wilhelm Steinitz (1836-1900). Ajedrecista nacido en Praga, Bohemia.

La mente humana es limitada, pero la estupidez humana es ilimitada.
Wilhelm Steinitz (1836-1900). Ajedrecista nacido en Praga, Bohemia.

La táctica consiste en saber qué hacer cuando hay algo que hacer. La estrategia, en saber qué hacer cuando no hay nada que hacer.
Savielly Tartakover (1887-1956). Ajedrecista polaco.

Las mujeres no descuellan en el ajedrez porque no tienen ningún impulso inconsciente hacia el asesinato del padre.
Ruben Fine (1914-1993). Ajedrecista estadounidense.

Las piezas blancas y negras parecían representar divisiones maniquíes entre la luz y la oscuridad, el bien y el mal, en el mismo espíritu del hombre.
Gary Kasparov (1963-). Ajedrecista ruso.

Las victorias de Fischer son un enigma para mí.
Tigran Petrosian (1929-1984). Ajedrecista estadounidense.

Los aficionados al ajedrez, los aficionados y los lectores sólo son felices cuando un gran maestro se arriesga, más bien que cuando se limita a mover los trebejos.
Mikhail Tal (1936-1992). Ajedrecista ruso.

Los errores existen para ser cometidos.
Savielly Tartakover (1887-1956). Ajedrecista polaco.

Los estudios es lo más que me fascina y me da gran placer componerlos.
Vassily Smyslov (1921-1997). Ajedrecista ruso.

Los siete pecados capitales del ajedrez son: Superficialidad, Voracidad, Pusilanimidad, Inconsecuencia, Dilapidación de tiempo, Bloqueo, Excesivo amor a la paz.
Savielly Tartakover (1887-1956). Ajedrecista polaco.

Más vale una partida de Capablanca que una monografía del más inteligente erudito.

Savielly Tartakover (1887-1956). Ajedrecista polaco.

Me comparan con Lasker, lo que es un honor excesivo. Lasker estaba perdido en todas las partidas, mientras que yo lo estoy en una sí y en otra no.

Mikhail Tal (1936-1992). Ajedrecista ruso.

No hay que contar el tiempo, sino pesarlo.

Savielly Tartakover (1887-1956). Ajedrecista polaco.

No me gusta el juego de Tal, porque Botvinnik considera que no se puede ganar jugando como lo hace él, porque el ajedrez tiene sus leyes.

Gary Kasparov (1963-). Ajedrecista ruso.

No me gustaría ser inmodesto, pero no es necio decir la verdad: soy yo. (Al ser preguntado sobre quién consideraba que era el mejor jugador del mundo).

Bobby Fischer (1943-). Ajedrecista estadounidense.

No se puede luchar por la victoria, si en el fondo del corazón lo que se busca son las tablas.

Anatoly Kárpov (1951-). Ajedrecista ruso.

Nunca derroté a un oponente sano.

Savielly Tartakover (1887-1956). Ajedrecista polaco.

Nunca he considerado a Alekhine como mi héroe ni me atraía su estilo... pero en toda la historia del ajedrez nadie se puede comparar con él por su profundidad en la comprensión de las posiciones.

Bobby Fischer (1943-). Ajedrecista estadounidense.

Nunca se gana —o se salva— una partida que se abandona.

Savielly Tartakover (1887-1956). Ajedrecista polaco.

Paulsen jamás me ganará una partida en toda su vida.

Paul Morphy (1837-1884). Ajedrecista estadounidense.

Petrosian sabía detectar y alejar el peligro veinte jugadas antes de que éste surgiera.

Bobby Fischer (1943-). Ajedrecista estadounidense.

Quien asume riesgos puede perder; pero quien no los asume, pierde siempre.

Savielly Tartakover (1887-1956). Ajedrecista polaco.

Quisiera dejar constancia de mi admiración por Karpov, que luchó bravamente hasta el final. Yo he sentido su fuerza, moral y psicológicamente hablando. (Cuando fue campeón del mundo por primera vez).

Gary Kasparov (1963-). Ajedrecista ruso.

Realizar análisis permite aprender a pensar y a calcular.

Mijail Botvinnik (1911-1995). Ajedrecista ruso.

Recomiendo sinceramente no creer en los corifeos del ajedrez, sino ensayar una apertura y practicarla en encuentros individuales. La experiencia mostrará cómo seguir con ella.

David Bronstein (1924-). Ajedrecista ruso.

Resulta que el juego del ajedrez es un sucedáneo del arte de la guerra. El motivo subconsciente que impulsa a los jugadores no es el simple afán de agresividad característico de todos los deportes de competición sino el más avieso del parricidio.

Ruben Fine (1914-1993). Ajedrecista estadounidense.

Se debe saber qué hacer cuando no hay nada que hacer.

Savielly Tartakover (1887-1956). Ajedrecista polaco.

Será campeón si sus nervios se lo permiten. (Se refería a Ivanchuk).

Anatoly Kárpov (1951-). Ajedrecista ruso.

Si el error no existiera, debería inventarse.

Savielly Tartakover (1887-1956). Ajedrecista polaco.

Si juego con blancas yo gano porque tengo el primer movimiento. Cuando juego con negras, también, porque soy Boguljubow.

Efim Bogoljubow (1889-1951). Maestro de ajedrez ucraniano.

Si prohibiesen el ajedrez, probablemente me haría contrabandista.

Mikhail Tal (1936-1992). Ajedrecista ruso.

Si quieren saber como ganar, es muy sencillo. Coloca las figuras en el centro y después las sacrificas por ahí....

David Bronstein (1924-). Ajedrecista ruso.

Si tu contrincante quiere jugar la defensa holandesa, ¡no deberías impedírselo!

Tigran Petrosian (1929-1984). Ajedrecista estadounidense.

Si un jugador tiene miedo a reveses competitivos nunca creará nada nuevo.

David Bronstein (1924-). Ajedrecista ruso.

Siempre es mejor sacrificar los hombres de tu adversario.

Savielly Tartakover (1887-1956). Ajedrecista polaco.

Sólo hay un Mikhail Tal en el mundo.

Samuel Reshevsky (1911-1992). Ajedrecista polaco.

Sólo un jugador fuerte sabe cuán débil es su juego.

Savielly Tartakover (1887-1956). Ajedrecista polaco.

Sólo una distracción te puede costar una partida. El ajedrez requiere una total concentración. Muchos jugadores sólo usan una fracción de su energía. Guarda tu mente completamente en el juego. Juega a ganar. A nadie le interesan tus excusas cuando pierdes.

Bobby Fischer (1943-). Ajedrecista estadounidense.

Soy un individuo detestable. Mis ideales son el ajedrez y el dinero. Quiero ser riquísimo. Todos quieren serlo, pero ninguno lo dice. ¿Es pecado?

Bobby Fischer (1943-). Ajedrecista estadounidense.

Su juego ganó en profundidad, pero su pensamiento se oscureció. (Se refiere a Aika Rubinstein).

Savielly Tartakover (1887-1956). Ajedrecista polaco.

Tal es un gran jugador, un excelente competidor y un fenómeno peculiar del ajedrez.

Tigran Petrosian (1929-1984). Ajedrecista estadounidense.

Tenía la técnica de un Capablanca y la intuición de peligro de un Schlechter. (Se refería a Petrosian).

Mikhail Tal (1936-1992). Ajedrecista ruso.

Toda partida tiene tres fases: en la primera uno espera contar con una ventaja; en la segunda uno cree que posee una ventaja; en la tercera uno sabe con seguridad que perderá.

Savielly Tartakover (1887-1956). Ajedrecista polaco.

Todo plan que se elabore ha de ser congruente con el carácter de la posición.

Wilhelm Steinitz (1836-1900). Ajedrecista nacido en Praga, Bohemia.

Tuve suerte porque 1960 fue bisiesto y pude ser campeón un día más. Pero eso no me preocupa, porque el título de campeón es provisional, mientras que el de excampeón es eterno.

Mikhail Tal (1936-1992). Ajedrecista ruso.

Un jugador de ajedrez es primordialmente un actor. Se sienta en el escenario preguntándose qué jugada le va a agradar más a la concurrencia.

Mikhail Tal (1936-1992). Ajedrecista ruso.

Un maestro de ajedrez tiene que dedicar atención a la solución de estudios. Esto proporciona un pensamiento objetivo y un cálculo exacto.

Mijail Botvinnik (1911-1995). Ajedrecista ruso.

Una combinación y lo imposible se hace posible. Es una chispa divina, como un meteoro que ilumina la partida de ajedrez.

Savielly Tartakover (1887-1956). Ajedrecista polaco.

Una partida de ajedrez es una obra de arte entre mentes que necesitan equilibrar dos mentes a veces contradictorias: ganar y producir belleza. La maestría significa un logro creador y un logro científico.

Vassily Smyslov (1921-1997). Ajedrecista ruso.

Una partida de ajedrez se asemeja a una mujer: cada cual la sobreestima o menosprecia, pero ninguno es capaz de juzgarla fría y objetivamente.

Ruben Fine (1914-1993). Ajedrecista estadounidense.

Usted habrá visto que a menudo pienso durante 15 o 20 minutos antes de efectuar la primera jugada. Quizá el público se pregunte cómo es posible, cuál es la razón... Y la única razón es que así es como yo juego... como un pintor trabajando en su cuadro. Así trabajo y así creo.

David Bronstein (1924-). Ajedrecista ruso.

Veo en la lucha ajedrecística un modelo pasmosamente exacto de la vida humana, con su trajín diario, sus crisis y sus incesantes altibajos.

Gary Kasparov (1963-). Ajedrecista ruso.

Alegría

A nadie se le dio veneno en risa.

Lope De Vega (1562-1635). Escritor español.

Con frecuencia una alegría improvisada vale más que una tristeza cuya causa es verdadera. Sepamos, pues, improvisar nuestra alegría.

René Descartes (1596-1650). Filósofo, científico y matemático francés.

Cuando saltes de alegría, cuida de que nadie te quite la tierra debajo de los pies.

Stanislaw Jerzy Lec (1909-1966). Escritor polaco.

De los tiempos el que más corre es el alegre.

Virgilio (70 a.C-19 a.C). Poeta romano.

Dormí y soñé que la vida era alegría; desperté y vi que la vida era servicio. Serví y descubrí que en el servicio se encuentra la alegría.

Rabindranath Tagore (1861-1941). Poeta y filósofo indio.

El camino voluntario y soberano hacia la alegría, si perdemos la alegría, consiste en proceder con alegría, actuar y hablar con alegría, como si esa alegría estuviera ya con nosotros...

William James (1842-1910). Filósofo estadounidense.

El mundo no puede dar alegrías tan grandes como son las que quita.

Lord Byron (1788-1824). Poeta inglés.

El secreto de la alegría está en saber como gozar de lo que tenemos y lograr perder todo deseo por las cosas más allá de nuestro alcance.

Lin Yutang (1895-1976). Escritor chino-americano.

El secreto de la dicha está más en darla que en esperarla.

Louise M. Normand (1789-1874). Grabador francés.

Entre todas las alegrías, la absurda es la más alegre; es la alegría de los niños, de los labriegos y de los salvajes; es decir, de todos aquellos seres que están más cerca de la naturaleza que nosotros.

José Augusto Trinidad Martínez Ruiz "Azorín" (1874-1967). Escritor español.

Gran ciencia es ser feliz, engendrar la alegría, porque sin ella, toda existencia es baldía.

Ramón Pérez De Ayala (1881-1962). Escritor español.

En la risa hay siempre una especie de alegría que es incompatible con el desprecio o la indignación

Francois-Marie Arouet de Voltaire (1694-1778). Escritor y filósofo francés.

Es para mí una alegría oír sonar el reloj: veo transcurrida una hora de mi vida y me creo un poco más cerca de Dios.

Santa Teresa de Jesús (1515-1582). Religiosa y escritora mística española.

Hazles comprender que no tienen en el mundo otro deber que la alegría.

Paul Claudel (1868-1955). Escritor y diplomático francés.

La alegría consiste en tener salud y la mollera vacía.

Antonio Machado (1875-1939). Poeta español.

La alegría de ver y entender es el más perfecto don de la naturaleza.

Albert Einstein (1879-1955). Científico estadounidense de origen alemán.

La alegría es la pena que se disimula, sobre la tierra no hay más que dolores.

Selma Lagerlöf (1858-1940). Novelista sueca.

La alegría es la voluntad que trabaja, que supera obstáculos, que sabe triunfar.

William Butler Yeats (1865-1939). Poeta y autor teatral irlandés.

La alegría, cuanto más se gasta más queda.

Ralph Waldo Emerson (1803-1882). Ensayista y poeta estadounidense.

La gente buena, si se piensa un poco en ello, ha sido siempre gente alegre.

Ernest Hemingway (1899-1961). Escritor estadounidense.

La prueba más clara de sabiduría es una alegría continua.

Michel Eyquem de la Montaigne (1533-1592). Ensayista francés.

Lo difícil no es organizar una fiesta sino encontrar quien se alegre en ella.

Friedrich Nietzsche (1844-1900). Filósofo, poeta y filólogo alemán.

Lo único bueno de equivocarse es la alegría que produce a los demás.

Anónimo.

Muchas personas se pierden las pequeñas alegrías esperando la gran felicidad.

Pearl S. Buck (1892-1973). Escritor estadounidense.

No hay grito de dolor que en lo futuro no tenga al fin por eco una alegría.

Ramón de Campoamor (1817-1901). Poeta español.

No te aflijas, sino alégrate de preferir ser, aún siendo miserable.

San Agustín (354-430). Obispo, filósofo y Padre de la Iglesia Latina.

Para lograr todo el valor de una alegría has de tener con quien repetirla.
Mark Twain (1835-1910). Escritor estadounidense.

Que la alegría te acompañe. Extiende las manos y tómala cuando pase.
Carl Sandburg (1878-1967). Poeta e historiador norteamericano.

Se puede experimentar tanta alegría al proporcionar placer a alguien, que se sienten ganas de darle las gracias.
Henry de Montherlant (1896-1970). Novelista y dramaturgo francés.

Si exagerásemos nuestras alegrías, como hacemos con nuestras penas, nuestros problemas perderían importancia.
Anatole France (1844-1924). Novelista y premio Nobel francés.

Un hombre alegre es siempre amable.
Máximo Gorki (1868-1936). Escritor ruso.

Una alegría compartida se transforma en doble alegría; una pena compartida, en media pena.
Anónimo.

Una hora de alegría es algo que robamos al dolor y a la muerte, y el cielo nos recuerda pronto nuestro destino.
Jacinto Benavente (1866-1954). Dramaturgo y crítico español.

Vuestra alegría es vuestra tristeza sin máscara.
Khalil Gibran (1833-1931). Ensayista, novelista y poeta libanés.

Yo experimento un profundo y humilde deseo, y lo conservaré mientras viva, de aumentar la cantidad de alegría inofensiva
Charles Dickens (1812-1870). Escritor inglés.

A lo mejor, la alegría sólo la viven los que son incapaces de definirla.
Monserrat Roig (1947-1991). Escritora española.

Conviene reír sin esperar a ser dichoso, no sea que nos sorprenda la muerte sin haber reído.
Jean de la Bruyere (1645-1696). Filósofo y escritor francés.

Hay tres cosas que es indiscreto manifestar: el ingenio en presencia de todos, la riqueza delante de los pobres y la alegría frente a los que lloran.
Thomas Fuller (1608-1661). Clérigo y escritor inglés.

La alegría compartida es una alegría doble.
John Ray (1627-1705). Naturalista y escritor inglés.

La mitad de la alegría reside en hablar de ella.
Proverbio persa.

Nada predispone mejor a la alegría que el dolor, y nada más próximo al dolor que la alegría.
Alphonse Louis Constant "Eliphas Lévi"" (1816-1875). Místico francés.

El hombre se complace en enumerar sus pesares, pero no enumera sus alegrías.
Fedor Dostoievski (1821-1881). Escritor ruso.

La alegría es el ingrediente principal en el compuesto de la salud.
Arthur Murphy (1727-1805). Dramaturgo y escritor inglés.

La alegría es piedra filosofal que todo lo convierte en oro.
Benjamín Franklin (1706-1790). Político, filósofo y científico estadounidense.

La alegría más grande es la inesperada.
Sófocles (496-406 a.C.). Dramaturgo ateniense.

La alegría no produce buenas historias.
Jean-Luc Goddard (1930-). Director cinematográfico francés.

La juventud es el paraíso de la vida, la alegría es la juventud eterna del espíritu.
Ippolito Nievo (1831-1861). Escritor italiano.

No perdáis vuestro tiempo ni en llorar el pasado ni en llorar el porvenir. Vivid vuestras horas, vuestros minutos. las alegrías son como flores que la lluvia mancha y el viento deshoja.
Edmond Huot de Goncourt (1822-1896) Escritor francés.

Si bien es cierto que las alegrías son cortas, tampoco nuestros pesares son muy largos.
Luc de Clapiers, marqués de Vauvenargues (1715-1747). Escritor francés.

Ten buena conciencia y tendrás siempre alegría. Si alguna alegría hay en el mundo la tiene seguramente el hombre de corazón puro.
Thomas Kempis (1380-1471). Monje alemán.

Todo les sale bien a las personas de carácter dulce y alegre.
Francois-Marie Arouet de Voltaire (1694-1778). Escritor y filósofo francés.

Alma

¿De qué le sirve al hombre ganar el mundo si pierde su alma?
Blaise Pascal (1623-1662). Matemático, físico y teólogo francés.

Algunas almas valen un pueblo entero; piensan por él y, lo que han pensado, él debe pensarlo.
Romain Rolland (1866-1944). Escritor francés.

Así como los ojos de los murciélagos se ofuscan a la luz del día, de la misma manera a la inteligencia de nuestra alma la ofuscan las cosas evidentes.
Aristóteles (384-322 a.C). Filósofo griego.

Dos almas con un mismo pensamiento, dos corazones con el mismo palpitar.
Baron Eligius Franz Joseph Von Munch-Bellinghausen (1806-1871). Dramaturgo austriaco.

El alma descansa cuando echa sus lágrimas; y el dolor se satisface con su llanto.
Publio Nasón Ovidio (43 a.C.-17 d.C.). Poeta latino.

El alma desordenada lleva en su culpa la pena.
San Agustín (354-430). Obispo, filósofo y Padre de la Iglesia Latina.

El alma es un vaso que sólo se llena con eternidad.
Amado Nervo (1870-1919). Poeta y escritor mexicano.

El alma humana se avergüenza de sí misma cuando se deja vencer por el placer o el dolor.
Marco Aurelio Antonio (121-180). Emperador y filósofo romano.

El alma liberal será engordada.
La Biblia.

El alma llega a ser exterminada por el color de sus pensamientos.
Marco Aurelio Antonio (121-180). Emperador y filósofo romano.

El alma nace vieja, pero se vuelve joven: ésta es la comedia de la vida. El cuerpo nace joven y se vuelve viejo: ésa es la tragedia de la vida
Oscar Wilde (1854-1900). Novelista, poeta, crítico literario y autor teatral irlandés.

El alma que anda en amor, ni cansa, ni se cansa.
San Juan de la Cruz (1542-1591). Poeta místico español.

El alma que está enamorada de Dios es un alma gentil, humilde y paciente.
San Juan de la Cruz (1542-1591). Poeta místico español.

El alma se liga al cuerpo cuando se liga a las pasiones del cuerpo; se desprende del cuerpo, apartándose de las pasiones humanas.
Porfirio (233-304). Filósofo griego.

El alma tiene ilusiones, como el pájaro alas. Eso es lo que la sostiene
Víctor Hugo (1802-1885). Escritor francés.

El alma triste en los justos llora.
Mateo Alemán (1547-1613). Novelista español.

El cuerpo es la tumba del alma
Platón (428-347 a.C.). Filósofo griego.

El cuerpo, en lances de amor, es parte indispensable del alma.
Epicuro (342 a.C.- 270 a.C.). Filósofo griego.

El enamorado de un alma bella permanecerá fiel durante toda su vida, porque ama una cosa permanente.
Platón (428-347 a.C.). Filósofo griego.

El escritor es un ingeniero del alma humana.
Josef Stalin (1879-1953). Secretario General del Partido Comunista Soviético 1922-1953.

El mejor día es aquel en que el alma tiene hambre y sed.
Karin Boye (1900-1941). Escritora sueca.

El ser y el hacer coinciden. Nadie refleja perfectamente su alma en su acción y, por lo mismo, es grosero juzgar a un hombre por lo que hace.
Conde de Keyserling (1880-1946). Filósofo alemán.

En un libro habla el entendimiento; en la fisonomía se revela el alma.
Victor Duruy (1811-1894). Político y educador francés.

Es de noche. Ahora se eleva más alta la voz de los surtidores, y mi alma es también un surtidor
Friedrich Nietzsche (1844-1900). Filósofo, poeta y filólogo alemán.

Es increíble la fuerza que el alma puede infundir al cuerpo.
W. von Humboldt (1767-1833). Filólogo y estadista alemán.

Hagamos profesión terrestre toquemos tierra con el alma.
Pablo Neruda (1904-1973). Poeta chileno.

Hay enfermedades del alma más perniciosas que las del cuerpo
Marco Tulio Cicerón (106-43 a.C.). Escritor, político y orador romano.

La adversidad descubre al alma luces que la prosperidad no llega a percibir.
Henri-Dominique Lacordaire (1802-1861). Escritor y sacerdote predicador francés.

La ciencia es el alma de la prosperidad de las naciones y la fuente de todo progreso.
Louis Pasteur (1822-1895). Químico francés.

La mejor amiga y la peor enemiga del alma es la fantasía.
Arturo Graf (1848-1913). Escritor y poeta italiano.

La reflexión es el ojo del alma.
Jacques Bénigne Bossuet (1627-1704). Clérigo católico y escritor francés.

La viuda es el alma retrasada del esposo.
Jules Michelet (1798-1874). Historiador francés.

La zona más rica de nuestras almas, desde luego la más extensa, es aquella que suele estar vedada al conocimiento por nuestro amor propio.
Antonio Machado (1875-1939). Poeta español.

Las almas viven de verdad y de amor; sin verdad ni amor, sufren y perecen como cuerpos privados de luz y calor.
Alphonse Louis Constant "Eliphas Lévi" (1816-1875). Místico francés.

Las palabras son una medicina para el alma que sufre.
Esquilo (525-456 a.C.). Dramaturgo griego.

Lo que tiene alma se distingue de lo que no la tiene por el hecho de vivir.
Aristóteles (384 a.C.-322a.C). Filósofo griego.

Los que no ven ninguna diferencia entre alma y cuerpo, no tienen ninguna de las dos cosas.
Oscar Wilde (1854-1900). Novelista, poeta, crítico literario y autor teatral irlandés.

Mi alma era el albergue abierto en las encrucijadas. Quien quería entrar, entraba.
André Gide (1869-1951). Escritor francés.

Moneda que está en la mano, tal vez se deba guardar. La monedita del alma se pierde si no se da.
Antonio Machado (1875-1939). Poeta español.

No hay influencia buena; toda influencia es inmoral..., inmoral desde el punto de vista científico. Influir sobre una persona es transmitirle nuestra propia alma.
Oscar Wilde (1854-1900). Novelista, poeta, crítico literario y autor teatral irlandés.

No hay nada que el cuerpo sufra, que no pueda ser probado por el alma.
George Meredith (1828-1909). Poeta y novelista inglés.

Sexualmente, es decir, con mi alma.
Boris Vian (1920-1959). Novelista y dramaturgo francés.

Si me haces llorar, tendrá también pena tu alma.
Quinto Horacio Flaco (65 a.C.-8 a.C.). Poeta lírico y satírico romano.

Si pudiera hacerse la disección de las almas, cuantas muertes misteriosas se explicarían.
Gustavo Adolfo Bécquer (1836-1870). Poeta español.

Sólo te ama aquel que ama tu alma.
Platón (428-347 a.C.). Filósofo griego.

Suprimid a Dios y se habrá hecho la noche en el alma humana.
Alphonse-Marie-Louis de Lamartine (1790-1869). Político, poeta e historiador francés.

Tema el alma su propia muerte y no la del cuerpo.
San Agustín (354-430). Obispo, filósofo y Padre de la Iglesia Latina.

Ten paciencia, alma mía: tú has sufrido cosas peores.
Homero (s.VIII a.C.). Poeta griego.

Toda lengua es un templo, en el cual está encerrada, como en un relicario, el alma del que habla.
Oliver Wendell Holmes (1809-1894). Médico y escritor estadounidense.

Todas las almas vacías tienden hacia opiniones extremas.
William Butler Yeats (1865-1939). Poeta y autor teatral irlandés.

Todo cuanto pasa en el alma del hombre se manifiesta en su cuerpo.
Gottfried Wilhelm Leibniz, (filósofo y matemático alemán, 1646-1716).

Todo es bello para el que tiene el alma bella.
Plotino (205-270). Filósofo egipcio.

Todos los pueblos hostiles a la familia han terminado, tarde o temprano, por un empobrecimiento del alma.
Keyerling (1880-1946). Filósofo alemán.

Un alma se mide por las dimensiones de sus deseos, como se juzga una catedral por la altura de sus campanarios.
Gustave Flaubert (1821-1880). Novelista francés.

Un hombre tarde o temprano descubre que él es el dueño de su alma, el director de su vida.
James Allen (1864-1912). Escritor inglés.

Un templo debe adorarse con dones, pero el alma con disciplina.
Jámblico (250-330). Filósofo sirio.

Amargura

El hombre famoso tiene la amargura de llevar el pecho frío y traspasado por linternas sordas que dirigen sobre ellos otros.
Federico García Lorca (1898-1936). Poeta y dramaturgo español.

En las amarguras desearéis la dulzura, y en la guerra, la paz.
Santa Catalina de Siena (1347-1380). Mística y diplomática italiana.

Es una gran felicidad ver a nuestros hijos alrededor de nosotros; pero de esta buena fortuna nacen las mayores amarguras del hombre.
Esquilo (525-456 a.C.). Dramaturgo griego.

La amargura procede casi siempre de no recibir un poco más de lo que se da. El sentimiento de no efectuar un bueno negocio.
Paul Ambroise Valéry (1871-1945). Escritor francés.

Vivir es sentir, sin amarguras, todas las edades, hasta que llega la muerte.
María Casares (1922-1997). Actriz francesa.

Ambición

Correr el hombre debe, y con brío hacerse grande por la ambición.
León Tolstoi (1828-1910). Escritor ruso.

Cuanto más se tiene, más se desea, y en vez de llenar, abrimos un vacío.
Orison S. Marden (1848-1924). Editor y escritor estadounidense.

El esclavo sólo tiene un dueño; el ambicioso, tantos como personas le puedan ser útiles a su fortuna.
Jean de la Bruyere (1645-1696). Filósofo y escritor francés.

En el desprecio de la ambición se encuentra uno de los principios esenciales de la felicidad sobre la tierra.
Francois-Marie Arouet de Voltaire (1694-1778). Escritor y filósofo francés.

La ambición es con frecuencia el único refugio que la vida deja a los afectos engañados o no correspondidos.
William Gilmore Simm (1806-1870). Escritor estadounidense.

La ambición es el último refugio de todo fracaso.
Oscar Wilde (1854-1900). Novelista, poeta, crítico literario y autor teatral irlandés.

La ambición suele llevar a las personas a ejecutar los menesteres más viles. Por eso, para trepar, se adopta la misma postura que para arrastrarse.
Jonathan Swift (1667-1745). Escritor anglo-irlandés.

La ambición tiene sólo una recompensa, un poco de poder y un poco de fama, una tumba para descansar y un nombre olvidado para siempre.
William Winter (1923-). Político estadounidense.

La sangre sirve sólo para lavar las manos de la ambición.
Lord Byron (1788-1824). Poeta inglés.

La tragedia es que tantos tengan ambición y tan pocos tengan capacidad.
William Feather (1889-1981). Escritor y editor estadounidense.

Los cielos son tan grandes como grande es nuestra aspiración.
Henry David Thoreau (1817-1862). Escritor, poeta y pensador estadounidense.

Maestro, quisiera saber cómo viven los peces en el mar. - Como los hombres en la tierra: los grandes se comen a los pequeños.
William Shakespeare (1564-1616). Poeta y autor teatral inglés.

Me propuse alejar de mí toda sospecha relativa a sentimientos de ambición que nunca tuve.
Agustín de Iturbide (1783-1824). Emperador de México.

Muchos triunfarían en las pequeñas cosas, si no se dejaran llevar por la ambición.
Henry W. Longfellow (1807-1882). Poeta estadounidense.

No hay amigo del amigo. Ni los deudos son ya deudos. Ni hay hermano para hermano. Si anda la ambición de por medio.
José Echegaray y Eizaguirre (1832-1916). Dramaturgo y político español.

Tengo 25 años, 70 centavos en el bolsillo y una sola ambición: llegar a ser actor.
Osvaldo Terranova (1924-1984). Actor argentino.

Amistad

¡Dios me libre de enemistades de amigos!
Lope De Vega (1562-1635). Escritor español.

¿Qué ama en nosotros el que nos quisiera distintos de como somos? El amigo que sabe llegar al fondo de nuestro corazón, ése, como tú, ni aconseja ni recrimina; ama y calla.

Jacinto Benavente (1866-1954). Dramaturgo y crítico español.

¿Qué cosa más grande que tener a alguien con quien te atrevas a hablar como contigo mismo?

Marco Tulio Cicerón (106-43 a.C.). Escritor, político y orador romano.

¿Queréis contar a vuestros amigos? Caed en el infortunio.

Napoleón Bonaparte (1769-1821). Emperador de Francia (1804-1815).

A los amigos, como a los dientes, los vamos perdiendo con los años, no siempre sin dolor.

Santiago Ramón y Cajal (1852-1934). Doctor español.

Aceptar un favor de un amigo, es hacerle otro.

John Churton Collins (1848-1908). Crítico literario inglés.

Al amigo no lo busques perfecto, búscalo amigo.

José Narosky (1931-). Escritor argentino.

Al elegir un amigo ve despacio y más despacio todavía al cambiar de amigos.

Benjamín Franklin (1706-1790). Político, filósofo y científico estadounidense.

Al final, recordaremos no las palabras de nuestros enemigos, sino el silencio de nuestros amigos.

Martín Lutero (1483-1546). Teólogo alemán que inició la Reforma protestante.

Amigos verdaderos son los que vienen a compartir nuestra felicidad cuando se les ruega y nuestra desgracia sin ser llamados.

Demetrio de Falera (345-283 a.C.). Filósofo griego.

Amistad, don del cielo, deleite de las grandes almas; amistad, cosa que los reyes, que tanto se distinguen por su ingratitud, no tienen la dicha de conocer.

Francois-Marie Arouet de Voltaire (1694-1778). Escritor y filósofo francés.

Amistades que son ciertas nadie las puede turbar.

Miguel de Cervantes (1547-1616). Dramaturgo, poeta y novelista español.

Anda despacio cuando escojas a tus amigos; pero cuando los tengas mantente firme y constante.

Sócrates (470-399 a.C.). Filósofo griego.

Ante todo debéis guardaros de las sospechas, porque éste es el veneno de la amistad.

San Agustín (354-430). Obispo, filósofo y Padre de la Iglesia Latina.

Aquellos a quienes adoraba sin esperanzas se han convertido en mis amigos.

André Maurois (1885-1967). Escritor francés.

Brindo porque al ascender la montaña de la prosperidad, no nos encontremos a ningún amigo que venga descendiendo.
Anónimo.

Buena cosa es tener amigos, pero mala el tener necesidad de ellos.
Anónimo.

Cada amigo que gano, ¿no es un enemigo que mato?
Segismundo de Luxemburgo (1361-1437). Rey de Hungría y Alemania.

Cada nuevo amigo que ganamos en la carrera de la vida nos perfecciona y enriquece más aún por lo que de nosotros mismos nos descubre, que por lo que de él mismo nos da.
Miguel De Unamuno (1864-1936). Filósofo y escritor español.

Cada uno muestra lo que es en los amigos que tiene.
Baltasar Gracián y Morales (1601-1658). Jesuita y escritor español.

Cambia de placeres, pero no cambies de amigos.
Francois-Marie Arouet de Voltaire (1694-1778). Escritor y filósofo francés.

Como se sabe, los negocios pueden dar dinero, pero la amistad raramente lo hace.
Jane Austen (1775-1817). Novelista inglesa.

Creo que la amistad es más fácil y más rara que el amor. Por eso hay que salvarla como sea.
Alberto Moravia (Alberto Pincherle) (1907-1990). Escritor italiano.

Cualquiera puede simpatizar con las penas de un amigo, simpatizar con sus éxitos requiere una naturaleza delicadísima.
Oscar Wilde (1854-1900). Novelista, poeta, crítico literario y autor teatral irlandés.

Cuando el mejor amigo de un hombre es su perro, ese perro tiene un problema.
Edward Abbey (1927-1989). Escritor estadounidense.

Cuando uno es amigo de sí mismo, lo es también de todo el mundo.
Séneca Anneo (3 a.C.- 65 d.C.). Filósofo latino.

Cuando uno tiene motivos de quejarse de un amigo, conviene separarse de él gradualmente, y desatar, más bien que romper, los lazos de la amistad.
Catón el Viejo (234-149 a.C.). Político y escritor romano.

Cultivo una rosa blanca. En julio como en enero para el amigo sincero que me da su mano franca. Y para el cruel que me arranca el corazón con que vivo cardo ni ortiga cultivo; cultivo una rosa blanca.
José Martí (1853-1895). Político y escritor cubano.

Debemos rehuir la amistad de los malos y la enemistad de los buenos
Epicteto (55-135 d.C.). Pensador griego.

El amigo de todo el mundo no es un amigo.
Aristóteles (384-322 a.C). Filósofo griego.

El amigo es otro yo. Sin amistad el hombre no puede ser feliz.
Aristóteles (384-322 a.C). Filósofo griego.

El amigo ha de ser como el dinero, que antes de necesitarle, se sabe el valor que tiene.
Sócrates (470-399 a.C.). Filósofo griego.

El amigo leal, te acompañará en el mal.
Anónimo.

El amigo nuevo es como el vino nuevo; mas deja que se haga añejo y entonces lo beberás con deleite. (Eclesiastés).
La Biblia.

El auténtico amigo es el que lo sabe todo sobre ti y sigue siendo tu amigo.
Kurt D. Cobain (1967-1994). Cantante estadounidense.

El cielo nos da los familiares; ¡gracias a Dios que podemos escoger las amistades!
Addison Mizner (1872-1933). Arquitecto estadounidense.

El falso amigo es como la sombra que nos sigue mientras dura el sol.
Carlo Dossi (1849-1910). Novelista italiano.

El hombre más rico no es el que conserva el primer peso que ganó, sino el que conserva al primer amigo que tuvo.
Anónimo.

El infortunio pone a prueba a los amigos y descubre a los enemigos.
Epicteto (55-135 d.C.). Pensador griego.

El mejor medio de conservar los amigos es no pedirles ni deberles nada.
François de La Rochefoucauld (1613-1680). Político y escritor francés.

El que no es amigo de toda la humanidad, no es amigo mío.
Jean Baptiste Poquelin Molière (1622-1673). Dramaturgo y actor francés.

El que prescinde de un amigo, es como el que prescinde de su vida.
Sófocles (496-406 a.C.). Dramaturgo ateniense.

El que sabe corresponder a un favor recibido es un amigo que no tiene precio.
Sófocles (496-406 a.C.). Dramaturgo ateniense.

El que se hace amigo de un mal sujeto ha de esperar que esta amistad le reportará otras amistades peores.
Juan Luis Vives (1492-1540). Humanista y filósofo español.

El que tiene un amigo verdadero puede decir que posee dos almas.
Anónimo.

El verdadero amigo es aquel que a pesar de saber como eres te quiere.
Anónimo.

El vulgo estima a los amigos por las ventajas que pueden obtenerse de ellos.
Publio Nasón Ovidio (43 a.C.-17 d.C.). Poeta latino.

En amistad, como en amor, no se vuelve con placer más que a los seres con los cuales nos está permitido ser nosotros mismos sin rigidez y sin mentira.
André Maurois (1885-1967). Escritor francés.

En cualquier libro discreto (que si cansa, de hablar deja) un amigo que aconseja y reprende en secreto.
Lope De Vega (1562-1635). Escritor español.

En cuanto a la adversidad, difícilmente la soportarías si no tuvieras un amigo que sufriese por ti más que tú mismo.
Marco Tulio Cicerón (106-43 a.C.). Escritor, político y orador romano.

En el fondo, son las relaciones con las personas lo que da valor a la vida.
Guillermo von Humboldt (1767-1835). Político y filólogo prusiano.

En general, cuando nos quejamos de los amigos, somos injustos, puesto que exigimos de ellos más de lo que pueden dar.
Santiago Ramón y Cajal (1852-1934). Doctor español.

En la adversidad de nuestros mejores amigos, encontramos siempre algo que no nos disgusta.
François de La Rochefoucauld (1613-1680). Político y escritor francés.

En la amistad y en el amor se es más feliz con la ignorancia que con el saber.
William Shakespeare (1564-1616). Poeta y autor teatral inglés.

En la prosperidad, nuestros amigos nos conocen; en la adversidad, nosotros conocemos a nuestros amigos.
John Churton Collins (1848-1908). Crítico literario inglés.

Entre dos amigos, sólo uno de ellos es amigo del otro.
Anónimo.

Es amigo mío aquel que me socorre, no el que me compadece.
Thomas Fuller (1608-1661). Clérigo y escritor inglés.

Es difícil ser buen amigo de los amigos, sin ser algo enemigo de la equidad.
Santiago Ramón y Cajal (1852-1934). Doctor español.

Es más vergonzoso desconfiar de los amigos, que ser engañado por ellos.
François de La Rochefoucauld (1613-1680). Político y escritor francés.

Es sabio aplicar el aceite de refinada cortesía al mecanismo de la amistad.
Colette (Sidonie Gabrielle Claudine) (1873-1954). Novelista francesa.

Escribe en la arena las faltas de tu amigo.
Pitágoras (582-500 a.C.). Filósofo y matemático griego.

Esta podría ser una buena receta de la amistad: tener los mismos gustos y oficios distintos.
André Maurois (1885-1967). Escritor francés.

Este es el primer precepto de la amistad: Pedir a los amigos sólo lo honesto, y sólo lo honesto hacer por ellos.
Marco Tulio Cicerón (106-43 a.C.). Escritor, político y orador romano.

Guarda a tu amigo bajo la llave de tu propia vida.
William Shakespeare (1564-1616). Poeta y autor teatral inglés.

Guárdate del amigo que alterna con tus enemigos.
Anónimo.

Hay amigos que sólo son para ruina, pero los hay más afectos que un hermano.
La Biblia.

Hay pocos lazos de amistad tan fuertes que no puedan ser cortados por un pelo de mujer.
Santiago Ramón y Cajal (1852-1934). Doctor español.

Haz un buen amigo con cada hombre con quien tengas contacto.
William Feather (1889-1981). Escritor y editor estadounidense

He leído que tener amigos es buena cosa y mala cosa tener necesidad de ellos; y con todo el dolor de contradecir el mal concepto tradicional de la amistad, declaro que de cada diecisiete veces que he necesitado de mis amigos, sólo una me han fallado; ignoro lo que sucederá la vez dieciocho, pero no creo que esta ignorancia suponga nada contra la amistad.
Leon Daudi (1905-1985). Escritor español.

Incierta es la amistad en la próspera fortuna.
San Isidro (1070-1130). Jornalero agrícola español.

Indudablemente, es menos difícil morir por un amigo que encontrar un amigo que merezca morir por él.
Juan Marín (1900-1963). Escritor chileno.

La adulación en un amigo verdadero es una cosa monstruosa.
Henry Ford (1863-1947). Industrial estadounidense.

La adulación, meretriz del vicio, debe quedar fuera de la amistad.
Marco Tulio Cicerón (106-43 a.C.). Escritor, político y orador romano.

La amistad beneficia siempre; el amor causa daño a veces.
Séneca Anneo (3 a.C.- 65 d.C.). Filósofo latino.

La amistad comienza donde termina o cuando concluye el interés.
Marco Tulio Cicerón (106-43 a.C.). Escritor, político y orador romano.

La amistad como el diluvio universal, es un fenómeno del que todo mundo habla, pero que nadie ha visto con su ojos.
Enrique Jardiel Poncela (1901-1952). Escritor español.

La amistad de un hombre sabio es mejor que la de todos los tontos.
Demócrito (460 a.C.-370 a.C.). Filósofo griego.

La amistad entre dos personas se sostiene siempre que las dos esperan sacar algún provecho de la otra. La amistad totalmente interesada, por el puro placer de la amistad, no existe.
Leon Daudi (1905-1985). Escritor español.

La amistad es como el vino, mientras más vieja más fuerte.
Antonio Pérez (1540-1611). Político español.

La amistad es como la música: dos cuerdas del mismo tono vibrarán a la vez aunque sólo se pulse una.
J. Quarles (1624-1665). Poeta inglés.

La amistad es el amor, pero sin alas.
Lord Byron (1788-1824). Poeta inglés.

La amistad es el matrimonio del alma y este matrimonio está sujeto al divorcio.
Francois-Marie Arouet de Voltaire (1694-1778). Escritor y filósofo francés.

La amistad es el vino bueno de la vida.
Edward Young (1683-1765). Poeta inglés.

La amistad es la hermana de leche del amor.
Carlos Monsiváis (1938-). Escritor mexicano.

La amistad es más difícil y más rara que el amor. Por eso, hay que salvarla como sea.
Alberto Moravia (Alberto Pincherle) (1907-1990). Escritor italiano.

La amistad es un alma que habita en dos cuerpos; un corazón que habita en dos almas.
Aristóteles (384 a.C.-322a.C). Filósofo griego.

La amistad es un contrato por el cual nos obligamos a hacer pequeños favores a los demás para que los demás nos los hagan grandes.
Charles Louis de Secondat, barón de la Brède y de Montesquieu (1689-1755). Escritor francés.

La amistad es un perfecto acuerdo sobre todas las cosas divinas y humanas, junto con un sentimiento recíproco de benevolencia y afección.
Marco Tulio Cicerón (106-43 a.C.). Escritor, político y orador romano.

La amistad es un tesoro valioso que necesita de dos guardianes permanentes.

José Narosky (1931-). Escritor argentino.

La amistad es una igualdad armoniosa.

Pitágoras (582-500 a.C.). Filósofo y matemático griego.

La amistad nace con la luz y se afirma can el trato.

Jean Baptiste Poquelin Molière (1622-1673). Dramaturgo y actor francés.

La amistad no tiene un valor de supervivencia, sino más bien es una de las cosas que da valor a la supervivencia.

Clive Staples Lewis (1898-1963). Escritor británico.

La amistad perfecta es la de los buenos y de aquellos que se asemejan por la virtud. Ellos se desean mutuamente el bien en el mismo sentido.

Aristóteles (384 a.C.-322a.C). Filósofo griego.

La amistad puede acrecentar la capacidad de acción y creación de los hombres.

Anónimo.

La amistad que puede concluir, nunca fue verdadera.

San Jerónimo (343-420). Padre de la Iglesia Latina.

La amistad sólo podía tener lugar a través del desarrollo del respeto mutuo y dentro de un espíritu de sinceridad.

Dalai Lama (1935-). Líder espiritual y político del Tibet.

La amistad verdadera requiere tres cosas; la virtud para ser honesta, la conversación para ser agradable y la utilidad porque le es necesaria.

Plutarco (46-125). Biógrafo y ensayista griego.

La buena y verdadera amistad no debe ser sospechosa en nada.

Miguel de Cervantes (1547-1616). Dramaturgo, poeta y novelista español.

La confidencia corrompe la amistad; el mucho contacto la consume; el respeto la conserva.

Marco Tulio Cicerón (106-43 a.C.). Escritor, político y orador romano.

La inclinación y el anhelo de una amistad y un amor es verdadero privilegio de las almas tiernas e íntimamente sensibles.

Alexander von Humboldt (1769-1859). Naturista y geógrafo alemán.

La mayoría de nuestros infortunios se pueden soportar más que los comentarios de nuestros amigos.

Charles Caleb Colton (1780-1832). Poeta y ensayista inglés.

La mejor manera de conservar a los amigos es no pedirles prestado nunca ni prestarles nada.

Charles Paul de Kock (1794-1871). Novelista francés.

La mejor manera de mantener las amistades es no debiéndoles nada a ellos ni permitir que ellos nos deban a nosotros.

Charles-Paul de Kock (1793-1871). Escritor francés.

La primera ley de la amistad es pedir de los amigos cosas honradas y hacer cosas honradas por los amigos.

Marco Tulio Cicerón (106-43 a.C.). Escritor, político y orador romano.

La prosperidad hace amistades, y la adversidad las prueba.

Anónimo.

La risa no es un mal comienzo para una amistad y es la mejor manera de terminarla.

Oscar Wilde (1854-1900). Novelista, poeta, crítico literario y autor teatral irlandés.

La única manera de hacer un amigo es serlo.

Ralph Waldo Emerson (1803-1882). Ensayista y poeta estadounidense.

La verdadera amistad es como la fosforescencia, resplandece mejor cuando todo se ha oscurecido.

Rabindranath Tagore (1861-1941). Poeta y filósofo indio.

La verdadera amistad es una planta de lento desarrollo y debe experimentar y resistir los embates de la adversidad antes de tener derecho a esa denominación.

George Washington (1732-1799). Primer presidente de Estados Unidos.

La verdadera amistad llega cuando el silencio entre dos parece ameno.

Anónimo.

La vida es en parte lo que nosotros hacemos de ella y en parte lo que hacen de ella los amigos que escogemos.

Anónimo.

La vida no es nada sin amistad.

Marco Tulio Cicerón (106-43 a.C.). Escritor, político y orador romano.

Lo que hace indisoluble a las amistades y dobla su encanto, es un sentimiento que le falta al amor, la certeza.

Honorato De Balzac (1799-1850). Escritor francés.

Lo que nos hace amar las nuevas amistades, más que la fatiga que nos producen las viejas o el placer de cambiar, es el fastidio de no ser admirados por los que ya nos conocen mucho, y la esperanza de serlo más por los que nos conocen menos.

François de La Rochefoucauld (1613-1680). Político y escritor francés.

Los amigos que tienes y cuya amistad ya has puesto a prueba, engánchalos a tu alma con ganchos de acero.

William Shakespeare (1564-1616). Poeta y autor teatral inglés.

Los amigos se convierten con frecuencia en ladrones de nuestro tiempo.
Platón (428-347 a.C.). Filósofo griego.

Los amigos son como la sangre, cuando se está herido acuden sin que se los llame.
Anónimo.

Los amigos son como las sandías. ¿Saben por qué? Para encontrar una dulce hay que probar un ciento.
Claude Oscar Monet (1840-1926). Pintor francés.

Los amigos son como los taxis, cuando hay mal tiempo escasean.
Anónimo.

Los amigos: una familia cuyos individuos se eligen a voluntad.
Jean Baptiste Alphonse Karr (1808-1890). Escritor francés.

Los árboles crecen por las raíces, las personas por los amigos.
Dicho kazajo.

Los lazos de la amistad son más estrechos que los de la sangre y la familia.
Giovanni Boccaccio (1313-1375). Poeta y humanista italiano.

Los verdaderos amigos se tienen que enfadar de vez en cuando.
Louis Pasteur (1822-1895). Químico francés.

Más vale pagar a un acreedor que dar a un amigo.
Aristóteles (384 a.C.-322a.C). Filósofo griego.

Más vale un enemigo vivo que un amigo bruto.
Roberto J. Payró (1867-1928). Escritor argentino.

Me he dado cuenta que los amigos están generalmente, más o menos, tan felices como sus mentes estén.
Abraham Lincoln   (1809-1865) 16º presidente de Estados Unidos (1861-1865).

Mis amigos me dicen que soy muy agresivo, pero me lo dicen a gritos.
Jaume Perich (1941-1995). Escritor español.

Mucho has perdido si un amigo has perdido, y será bien dificultoso hallar otro.
Baltasar Gracián y Morales (1601-1658). Jesuita y escritor español.

No busques al amigo para matar las horas, sino búscale con horas para vivir.
Khalil Gibran (1833-1931). Ensayista, novelista y poeta libanés.

No confíes tu secreto ni al más íntimo amigo; no podrías pedirle discreción si tú mismo no la has tenido.
Ludwig Van Beethoven (1770-1827). Compositor alemán.

No creo que los amigos sean necesariamente la gente que más te gusta, son meramente la gente que estuvo allí primero.
Peter Ustinov (1921-). Actor, escritor y productor inglés.

No dejes crecer la hierba en el camino de la amistad.
Platón (428-347 a.C.). Filósofo griego.

No es tu amigo quien te exige callar, o te niega el derecho de crecer.
Alice Walker (1944-). Novelista estadounidense.

No esperes que tu amigo venga a descubrirte su necesidad; ayúdale antes.
Juan Luis Vives (1492-1540). Humanista y filósofo español.

No hay hombre que pueda ser feliz sin un amigo ni que esté seguro de éste hasta que es desgraciado.
Thomas Fuller (1608-1661). Clérigo y escritor inglés.

No hay mayor placer que el de encontrar un viejo amigo, salvo el de hacer uno nuevo.
Rudyard Kipling (1865-1936). Novelista inglés.

No hay mejor amigo ni padre que uno mismo.
Jean de La Fontaine (1621-1695). Novelista y fabulista francés.

No le profesa amistad verdadera y pura sino quien habla la verdad y le aconseja el bien.
Simon Bolívar (1783-1830). Militar y político venezolano.

No mantengas amistad alguna más que con aquellos que puedan compartir contigo cosas virtuosas; cuanto más excelsas sean las virtudes que cultivéis, más perfecta será vuestra amistad.
San Francisco de Sales (1567-1622). Escritor y religioso suizo.

No necesito amigos que cambien cuando yo cambio y asientan cuando yo asiento. Mi sombra lo hace mucho mejor.
Plutarco (46-125). Biógrafo y ensayista griego.

No olvides que la amistad ni se conquista ni se impone, porque nace del corazón.
Anónimo.

No puedo concentrar toda mi amistad en uno solo de mis amigos porque ninguno de ellos es suficientemente completo en sí mismo.
Anais Nin (1903-1977). Escritora estadounidense.

No se es amigo de una mujer cuando se puede ser su amante.
Honorato De Balzac (1799-1850). Escritor francés.

No te des prisa en adquirir nuevos amigos, ni menos en dejar los que tengas.
Solón (639-560 a.C.). Sabio griego.

No tiene ningún amigo el que tiene demasiados amigos.
Aristóteles (384-322 a.C). Filósofo griego.

Nuevos amigos, nuevos dolores.
Wolfgang Amadeus Mozart (1756-1791). Compositor austriaco.

Nunca conserva firmes amistades quien sólo atento va a sus pretensiones.
Juan Ruiz de Alarcón (1581-1639). Escritor y dramaturgo mexicano.

Nunca es largo el camino que conduce a la casa de un amigo.
Juvenal (55-138). Poeta romano.

Nunca ofendas a un amigo, ni siquiera de broma.
Marco Tulio Cicerón (106-43 a.C.). Escritor, político y orador romano.

Pocas amistades quedarían en este mundo si uno supiera lo que su amigo dice de él en ausencia suya, aun cuando sus palabras fueran sinceras y desapasionadas.
Blaise Pascal (1623-1662). Matemático, físico y teólogo francés.

Probamos el oro en el fuego, distinguimos a nuestros amigos en la adversidad.
Isócrates (436-338 a.C.). Orador y profesor ateniense.

Puede uno esperar mucho de un amigo, si al subir al poder todavía se acuerda de nosotros.
Jean de la Bruyere (1645-1696). Filósofo y escritor francés.

Puedes censurar a un amigo en confianza, pero debes alabarlo delante de los demás.
Leonardo Da Vinci (1452-1519). Artista florentino.

Quien contempla a un verdadero amigo, es como si contemplara a otro ejemplar de sí mismo.
Marco Tulio Cicerón (106-43 a.C.). Escritor, político y orador romano.

Reprende al amigo en secreto y alábalo en público.
Leonardo Da Vinci (1452-1519). Artista florentino.

Sal de la vida es la amistad.
Juan Luis Vives (1492-1540). Humanista y filósofo español.

Se pueden ganar más amigos en dos meses si se interesa uno en los demás, que los que se ganarían en dos años si se hace que los demás se interesen por uno.
Dale Carnegie (1888-1955). Escritor norteamericano.

Si los ciudadanos practicaran la amistad entre ellos, no tendrían necesidad de la justicia.
Aristóteles (384 a.C.-322a.C). Filósofo griego.

Si no se puede hacer trampas con los amigos, no vale la pena jugar a las cartas.
Marcel Pagnol (1895-1974). Escritor, cineasta y dramaturgo francés.

Si precisas una mano, recuerda que yo tengo dos.
San Agustín (354-430). Obispo, filósofo y Padre de la Iglesia Latina.

Si quieres ganar un adepto para tu causa, convéncelo primero de que eres su amigo sincero.

Abraham Lincoln (1809-1865) 16º presidente de Estados Unidos (1861-1865).

Si sales en busca de un amigo, difícilmente lo encontrarás, pero si sales para ser un amigo los encontrarás por todas partes.

Zig Ziglar (1926-). Escritor y conferencista estadounidense.

Si sientes que todo perdió su sentido, siempre habrá un "te quiero", siempre habrá un amigo. Un amigo es una persona con la que se puede pensar en voz alta.

Ralph Waldo Emerson (1803-1882). Ensayista y poeta estadounidense.

Solamente un hombre solitario disfruta totalmente de la amistad. Otros tienen familia; pero para un solitario y para un exiliado, sus amigos lo son todo.

Willa Cather (1873-1947). Novelista y periodista estadounidense.

Sólo los tontos tienen muchas amistades. El mayor número de amigos marca el grado máximo en el dinamómetro de la estupidez.

Pío Baroja (1872-1956). Escritor español.

Sólo por espejismo la convivencia puede llegar a parecerse a la amistad.

Mario Benedetti (1920-). Escritor uruguayo.

Sólo quien sabe ser amigo, puede tener amigos.

Ralph Waldo Emerson (1803-1882). Ensayista y poeta estadounidense.

Suele suceder que dos amigos están hablando de una cosa y pensando en otra completamente distinta, están discutiendo sobre un tema superficial y comulgando en un secreto profundo. Es un secreto común que nunca se lo revelarán el uno al otro. Nada une más a los hombres que el secreto. El que adivine tu secreto, te mira y eres amigo suyo. Y en él buscarás refugio. Y será quien más cuidadosamente le celes tu secreto. ¿Para qué revelárselo si te lo ha adivinado? Y al que no te lo adivine es inútil que se lo reveles, que no te entenderá a derechas y, sobre todo, no te lo creerá tal cual es.

Miguel De Unamuno (1864-1936). Filósofo y escritor español.

Toda la grandeza de este mundo no vale lo que un buen amigo.

Francois-Marie Arouet de Voltaire (1694-1778). Escritor y filósofo francés.

Todo el mundo quiere tener un amigo, pero nadie se toma la molestia de convertirse en uno.

Anónimo.

Todos quieren tener amigos y nadie quiere serlo.

Denis Diderot (1713-1784). Filósofo y escritor francés.

Tómate tiempo en escoger un amigo, pero sé más lento aún en cambiarlo.

Benjamín Franklin (1706-1790). Político, filósofo y científico estadounidense.

Tratarse mal sin enfadarse es una de las mayores delicadezas de la verdadera amistad. Que puede ser superada por otra delicadeza: la de tratarse siempre bien.

Noel Clarasó (1905-1985). Escritor español.

Tú eres mi guía, mi filósofo, y mi amigo.

Alexander Pope (1688-1744). Escritor inglés.

Un acreedor dura siempre, mientras no se le paga. Un amigo, no. Si conviertes a un acreedor en amigo, pagándole, te expones a perderlo.

Noel Clarasó (1905-1985). Escritor español.

Un amigo en el curso de una vida es mucho; dos son demasidos; tres son casi imposibles.

Henry Brooks Adams (1838-1918). Escritor estadounidense.

Un amigo es alguien con quien se puede no hacer nada y disfrutar de ello.

Anónimo.

Un amigo es un segundo yo.

Marco Tulio Cicerón (106-43 a.C.). Escritor, político y orador romano.

Un amigo es una persona con la que se puede pensar en voz alta.

Ralph Waldo Emerson (1803-1882). Ensayista y poeta estadounidense.

Un amigo es uno que lo sabe todo de ti y a pesar de ello te quiere.

Elbert Hubbard (1856-1915). Escritor y editor estadounidense.

Un amigo fiel es un alma en dos cuerpos.

Aristóteles (384 a.C.-322a.C). Filósofo griego.

Un amigo no es más que una misma alma que habita en dos cuerpos diferentes.

Oscar Wilde (1854-1900). Novelista, poeta, crítico literario y autor teatral irlandés.

Un amigo ofendido, es el más encarnizado enemigo.

Thomas Jefferson (1743-1826). Político y filósofo estadounidense.

Un amigo puede compararse como la obra maestra de la naturaleza.

Ralph Waldo Emerson (1803-1882). Ensayista y poeta estadounidense.

Un buen amigo es aquel para el cual nuestra vida no tiene secretos y a pesar de todo nos aprecia.

Alphonse-marie-léon Daudet (1867-1942). Periodista y novelista francés, hijo del escritor Alphonse Daudet.

Un buen amigo es un hombre para el cual no tenemos secretos y que, a pesar de todo, nos aprecia.

Leon Daudi (1905-1985). Escritor español.

Un hermano puede no ser un amigo, pero un amigo será siempre un hermano.

Benjamín Franklin (1706-1790). Político, filósofo y científico estadounidense.

Un hombre ha de mantener su amistad en continua reparación.
Henry Fielding (1707-1754). Escritor inglés.

Una amistad fiel, para un alma fiel, tiene siempre toda una vida por delante.
Eduardo Barrios (1884-1963). Novelista chileno.

Una amistad sin confianza es una flor sin perfume.
Laure Conan (1845-1924). Novelista franco-canadiense.

Una de las alegrías de la amistad es saber en quien confiar.
Alessandro Manzoni (1785-1873). Escritor italiano.

Una frase burlona ha decidido en ocasiones la suerte de más de una amistad y tal vez, más de un reino.
Jeremy Bentham (1748-1832). Filósofo, economista y jurista británico.

Ve a menudo a la casa de tu amigo, pues la maleza prolifera en un sendero no recorrido.
Ralph Waldo Emerson (1803-1882). Ensayista y poeta estadounidense.

Vivir sin amigos, no es vivir.
Marco Tulio Cicerón (106-43 a.C.). Escritor, político y orador romano.

Vivir sin amigos: morir sin testigos.
George Herbert (1593-1633). Poeta inglés.

Yo pertenezco a otra categoría, y soy sólo un hombre de carne y hueso, por eso, si apelan a mi hermano, con lo que tengo a la mano lo defiendo.
Pablo Neruda (1904-1973). Poeta chileno.

Cosa dulce es un amigo verdadero; bucea en el fondo de nuestro corazón inquiriendo nuestras necesidades. Nos ahorra el tener que descubrirlas por nosotros mismos.
Jean de La Fontaine (1621-1695). Novelista y fabulista francés.

Cuando estoy con un amigo no estoy solo ni somos dos.
Eustache J. Langlois (1777-1837). Dibujante francés.

Cuando la voz de un enemigo acusa, el silencio de un amigo condena.
Ana de Austria (1601-1666). Reina de Francia (1615-1666), nacida en España.

Cuando un amigo nos pide algo, la palabra mañana no existe.
Herbert George Wells (1866-1946). Escritor inglés.

El amigo seguro se conoce en la situación insegura.
Ennio Morricone (1928-). Compositor italiano.

El odio de los débiles no es tan peligroso como su amistad.
Luc de Clapiers, marqués de Vauvenargues (1715-1747). Escritor francés.

El que posee un amigo verdadero puede decir que posee dos almas.
Arturo Graf (1848-1913). Escritor y poeta italiano.

Entre un hombre y una mujer la amistad es tan sólo una pasarela que conduce al amor.
Jules Renard (1864-1910). Escritor francés.

Es hermoso que los padres lleguen a ser amigos de sus hijos, desvaneciéndoles todo temor, pero inspirándoles un gran respeto.
José Ingenieros (1877-1925). Filósofo y psicólogo argentino.

Es más vergonzoso desconfiar de los amigos que ser engañado por ellos.
Jean de la Bruyere (1645-1696). Filósofo y escritor francés.

Es parentesco sin sangre una amistad verdadera.
Pedro Calderón de la Barca (1600-1681). Dramaturgo y poeta español.

Es una prueba de poca amistad no darse cuenta del retraimiento de la de nuestros amigos.
François de La Rochefoucauld (1613-1680). Político y escritor francés.

Habrá amigos que nos declaren sin reservas nuestras faltas y, sin embargo, no se decidirán a hacernos mención de nuestras locuras.
Lord Chesterfield (1694-1773). Escritor y estadista inglés.

Hay una teoría infalible sobre la amistad: siempre hay que saber qué se puede esperar de cada amigo.
Carmen Posadas (1953-). Escritora uruguaya.

La amistad del hombre es con frecuencia un apoyo; la de la mujer es siempre un consuelo.
Jean Paul Richter (1763-1825). Escritor alemán.

La amistad disminuye cuando hay demasiada felicidad de una parte y demasiada desgracia de la otra.
Isabel de Rumania (Carmen Sylva) (1843-1916). Reina de Rumania.

La amistad duplica las alegrías y divide las angustias por la mitad.
Francis Barón de Verulam Bacon (1561-1626). Filósofo y estadista británico.

La amistad es animal de compañía, no de rebaño.
Plutarco (46-125). Biógrafo y ensayista griego.

La amistad es un amor que no se comunica por los sentidos.
Ramón de Campoamor (1817-1901). Poeta Español.

La amistad es un comercio desinteresado entre semejantes.
Oliver Goldsmith (1730-1774). Escritor anglo-irlandés.

La amistad te impide resbalar al abismo.
Bruce Springsteen (1949-). Cantante y compositor estadounidense.

La amistad, como la sombra vespertina, se ensancha en el ocaso de la vida.
Jean de La Fontaine (1621-1695). Novelista y fabulista francés.

La primera ley de la amistad es pedir de los amigos cosas honradas y hacer cosas honradas por los amigos.
Fernando de Rojas (1470-1541). Escritor español.

La verdadera amistad llega cuando el silencio entre dos parece ameno.
Erasmo de Rotterdam (1466-1536). Escritor y humanista holandés.

Las amistades son como los matrimonios: de cada diez, uno se hace por amor.
Edmundo D'Amicis (1846-1908). Escritor italiano.

Más fácil es encontrar un amor apasionado que una amistad perfecta.
Jean de la Bruyere (1645-1696). Filósofo y escritor francés.

No te hagas demasiado amigo de nadie: tendrás menos alegrías pero también menos penalidades.
Marco Valerio Marcial (40-104). Poeta latino.

No tengas amistad con quien tenga poderosos enemigos.
Ramón Llull (1233-1315). Escritor catalán.

Nuestra amistad no depende de cosas como el espacio y el tiempo.
Richard Bach (1929-). Escritor estadounidense.

Nunca conserva firmes amistades quien sólo va atento a sus pretensiones.
Anónimo.

Para el argentino, la amistad es una pasión y la policía una mafia.
Jorge Luis Borges (1899-1986). Escritor argentino.

Porque no me fío de él, somos amigos.
Bertolt Brecht (1898-1956). Poeta y dramaturgo alemán.

Si es cierto que en cada amigo hay un enemigo potencial, ¿por qué no puede ser que cada enemigo oculte un amigo que espera su hora?
Giovanni Papini(1881-1956). Escritor italiano.

Si es un verdadero amigo, no habrá que perdonarle jamás nada.
José Luis Coll (1931-). Escritor, humorista y actor español.

Sin la amistad, el mundo es un desierto.
Francis Barón de Verulam Bacon (1561-1626). Filósofo y estadista británico.

Sólo un buen amigo es capaz de comprender que su presencia puede llegar a molestarnos.
Noel Clarasó (1905-1985). Escritor español.

Un amigo es un amigo hasta que te demuestre lo contrario.
Amauri Pérez (1953-). Cantante y compositor cubano.

Un padre es un tesoro, un hermano es un consuelo: un amigo es ambos.
Benjamín Franklin (1706-1790). Político, filósofo y científico estadounidense.

Una amistad noble es una obra maestra a dúo.
Paul Bourget (1852-1935). Escritor francés.

Amor

¡Oh, amor poderoso! Que a veces hace de una bestia un hombre, y otras, de un hombre una bestia.
William Shakespeare (1564-1616). Poeta y autor teatral inglés.

¡Pobre del amor a quien la fantasía abandona!
Arturo Graf (1848-1913). Escritor y poeta italiano.

¡Qué sabios son aquellos que únicamente son tontos en el amor!
James Cook (1728-1779). Explorador y navegante inglés.

¿Es que se acaba de amar alguna vez? Hay gente que ha muerto ya y que yo siento que ama aún.
Honorato De Balzac (1799-1850). Escritor francés.

¿No ves que no tengo amor y me hiela el menor frío?
Juan Ruiz de Alarcón (1581-1639). Escritor y dramaturgo mexicano.

¿Por qué me enamoras lisonjero si has de burlarlme luego fugitivo?
Sor Juana Inés de la Cruz (1651-1695). Poetisa mexicana.

¿Qué es el amor? Es la locura de la amistad.
Victor Cherbuliez (1829-1899). Escritor francés.

¿Si no te quieren como tú quieres que te quieran? ¿Qué importa que te quieran?
Amado Nervo (1870-1919). Poeta y escritor mexicano.

Amor es el intercambio de dos fantasías y el contacto de dos egoísmos.
Paul Aúguez (1792-1864). Moralista francés.

Es imposible ocultar el amor en los ojos del que ama.
John Crowne (1640-1703). Escritor inglés.

Amar sin deseo es peor que comer sin hambre.
Jacinto Octavio Picón (1852-1923). Escritor español.

A la mujer le gusta creer que el amor puede lograr cualquier cosa; es su superstición personal.
Friedrich Nietzsche (1844-1900). Filósofo, poeta y filólogo alemán.

A las muchachas las amamos por lo que son; a los muchachos, por lo que prometen ser.
Johann Wolfgang von Goethe (1749-1832). Poeta, novelista y dramaturgo alemán.

A una persona que le quiera a uno mucho, ha de ser difícil no corresponderle algo.
Pío Baroja (1872-1956). Escritor español.

A veces el amor une a dos seres que no saben nadar y viven en dos islas distintas; nunca se podrán reunir, a pesar del amor.
Noel Clarasó (1905-1985). Escritor español.

A veces, el amor a los animales bien entendido debería empezar por uno mismo.
Marco Antonio Almazán (1922-). Diplomático y escritor mexicano.

A veces, entre dos personas que se quieren, se da el siguiente fenómeno: cada uno procura ocultarse al otro, pero cada uno adivina al otro, y se conocen y se quieren por lo que son, a pesar de que cada uno pretende ser querido por lo que no es.
Maurice Maeterlinck (1862-1949). Escritor belga.

Nada es pequeño en el amor. Aquellos que esperan las grandes ocasiones para probar su ternura no saben amar.
Laure Conan (1845-1924). Escritora canadiense.

Ahorrar amor no da intereses.
Mae West (1892-1980). Actriz estadounidense.

Al amor lo pintan ciego y con alas. Ciego para no ver los obstáculos y con alas para salvarlos.
Jacinto Benavente (1866-1954). Dramaturgo y crítico español.

Al contacto del amor todo el mundo se vuelve poeta.
Platón (428-347 a.C.). Filósofo griego.

Al que ingrato me deja, busco amante; al que amante me sigue, dejo ingrata; constante adoro a quien me maltrata; maltrato a quien mi amor busca constante.
Sor Juana Inés de la Cruz (1651-1695). Poetisa mexicana.

Al verdadero amor no se le conoce por lo que exige, sino por lo que ofrece.
Jacinto Benavente (1866-1954). Dramaturgo y crítico español.

Ama a tu vecino, pero no derribes vuestra verja.
George Herbert Mead (1863-1931). Filósofo y psicólogo social estadounidense.

Ama a una nube, ama a una mujer, pero ama.
Théophile Gautier (1811-1872). Poeta y novelista francés.

Ama como puedas, ama a quien puedas, ama todo lo que puedas... pero ama siempre.
Amado Nervo (1870-1919). Poeta y escritor mexicano.

Ama hasta que te duela. Si te duele es buena señal.
Madre Teresa de Calcuta (1910-1997). Misionera yugoslava nacionalizada india.

Ama y haz lo que quieras. Si callas, callarás con amor; si gritas, gritarás con amor; si corriges, corregirás con amor; si perdonas, perdonarás con amor. Si tienes el amor arraigado en ti, ninguna otra cosa sino amor serán tus frutos.
San Agustín (354-430). Obispo, filósofo y Padre de la Iglesia Latina.

Amad a vuestro prójimo como a vosotros mismos; pero si os amáis de una manera mezquina, pueril y tímida, así amaréis al prójimo de la misma manera.
Maurice Maeterlinck (1862-1949). Escritor belga.

Amad aquello que aman los jóvenes, y ellos aprenderán a amar lo que vosotros queréis que amen.
San Juan Bosco (1815-1888). Santo italiano, fundador de la orden de los salesianos.

Amamos la vida no porque estamos acostumbrados a vivir sino a amar
Friedrich Nietzsche (1844-1900). Filósofo, poeta y filólogo alemán.

Amaos los unos a los otros. En esto conocerán que sois mis discípulos.
La Biblia.

Amar a alguien es decirle: tú no morirás jamás.
Gabriel Marcel (1889-1973). Filósofo católico, dramaturgo y crítico francés.

Amar a una criatura es tener necesidad de que esta criatura viva.
Henri Barbusse (1873-1935). Novelista francés.

Amar es combatir.
Octavio Paz (1914-1998). Escritor mexicano.

Amar es dar hasta que duela.
Anónimo.

Amar es despojarse de los nombres.
Octavio Paz (1914-1998). Escritor mexicano.

Amar es entre todos los sentimientos del alma, el que más se parece a la eternidad, el que más nos acerca a ella.
José Vasconcelos (1882-1959). Filósofo, educador y político mexicano.

Amar es zambullirse en el fondo de lo finito, para encontrar lo inagotable.
Paul Claudel (1868-1955). Escritor y diplomático francés.

Amar puede consistir en las palabras que hacen sangre, en el reproche, en la represión; lo que importa es la pureza de la intención.
Giovanni Papini(1881-1956). Escritor italiano.

Amaré la luz porque me señala el camino pero también amaré a la oscuridad porque me enseña las estrellas.
Og Mandino (1923-1996). Escritor estadounidense.

Amarse a sí mismo al menos tiene una ventaja: no hay muchos rivales.
Georg Christoph Lichtenberg (1742-1799). Escritor y científico alemán.

Amarse antes de conocerse es en verdad sencillo. Lo difícil es amarse después, cuando los enamorados ya se conocen, y se han descubierto y se van descubriendo más cada día. Entonces es cuando a cada uno le hace falta merecer todos los días el amor del otro.
Paul Géraldy (1885-1983). Poeta y escritor francés.

Amas a esta mujer y te conduces con ella con refinado egoísmo. Siempre sucede lo mismo con la gente que se ama. Por lo mismo, yo prefiero la gente que me detesta a la que me adora. Me molestan menos.
Edmond Jaloux (1878-1949). Escritor y crítico francés.

Amo a los hombres y no es culpa mía si, la mayor parte de las veces, no les puedo soportar. Y sólo deseo recuperar mi soledad para amar aún a los hombres como les amo cuando no están presentes, cuando no les veo.
Georges Duhamel (1884-1966). Escritor francés.

Amo como ama el amor. No conozco otra razón para amar que amarte. ¿Qué quieres que te diga además de que te amo, si lo que quiero decirte es que te amo?
Fernando Pessoa (1888-1935). Escritor portugués.

Amo el amor de los marineros que besan y se van.
Pablo Neruda (1904-1973). Poeta chileno.

Amor es encontrar en la felicidad de otro tu propia felicidad.
Anónimo.

Amor es un cambio completo de naturaleza, inmenso goce en que se halla inmenso dolor, deseo de muerte en la vida, esperanza de vida en la muerte.
Vicente Riva Palacio (1832-1896). Escritor y político mexicano.

Amor no es mirarse el uno al otro, sino mirar los dos en la misma dirección.
Antoine De Saint Exupéry (1900-1944). Escritor y aviador francés.

Amor y gentil corazón son una cosa misma.
Dante Alighieri (1265-1321). Poeta, prosista, filósofo y pensador político italiano.

Amor: sólo una eternidad que no se alcanza.
Percy Shelley (1792-1822). Poeta inglés.

Amor: una enfermedad mental muy grave.
Platón (428-347 a.C.). Filósofo griego.

Aparta un amor viejo con un amor nuevo, como un clavo saca otro clavo.
Marco Tulio Cicerón (106-43 a.C.). Escritor, político y orador romano.

Aprende a conocerte para amarte menos y a conocer a los demás para no amarlos nada.
Alfonso Teja Zabre (1888-1962). Historiador, literato y jurisconsulto mexicano.

Aquel a quien el amor no toca, camina en la oscuridad.
Platón (428-347 a.C.). Filósofo griego.

Aquel que se ama a sí mismo no tiene rival ninguno.
Benjamín Franklin (1706-1790). Político, filósofo y científico estadounidense.

Cásate; si por casualidad das con una buena mujer, serás feliz; si no, te volverás filósofo, lo que siempre es útil para un hombre.
Sófocles (496-406 a.C.). Dramaturgo ateniense.

Con frecuencia el amor, comercio borrascoso, acaba en bancarrota.
Sébastien-Roch Nicolás Chamfort (1740-1794). Escritor francés.

Cuando amamos, servimos; cuando servimos se puede decir que somos indispensables. Así es que ningún hombre es útil mientras tiene un amigo.
Robert Louis Stevenson (1850-1894). Novelista, ensayista y poeta escocés.

Cuando el amor es rey, no necesita palacio.
José Narosky (1931-). Escritor argentino.

Cuando los que se aman son separados, el amor aprieta los lazos.
Sexto Propercio (47-15 a.C.). Poeta romano.

Cuando los sabios se enamoran parecen tontos; cuando se enamoran los tontos, parecen tan tontos como antes.
Noel Clarasó (1905-1985). Escritor español.

Cuando no se ama demasiado no se ama lo suficiente.
Blaise Pascal (1623-1662). Matemático, físico y teólogo francés.

Cuando nos acordamos de algunas personas que hemos amado no hacemos, a veces, la diferencia entre lo que ellas fueron para nosotros y lo que nosotros habíamos querido que fueran.
François Mauriac (1885-1970). Escritor francés galardonado con el premio Nobel.

Cuando nos vimos por primera vez, no hicimos sino recordarnos. Aunque te parezca absurdo, yo he llorado cuando tuve conciencia de mi amor hacia ti, por no haberte querido toda la vida.
Antonio Machado (1875-1939). Poeta español.

Cuando se es amado, no se duda de nada. Cuando se ama se duda de todo.
Colette (Sidonie Gabrielle Claudine) (1873-1954). Novelista francesa.

Cuando se está enamorado, comienza uno por engañarse a sí mismo y acaba por engañar a los demás. Esto es lo que el mundo llama una novela.
Oscar Wilde (1854-1900). Novelista, poeta, crítico literario y autor teatral irlandés.

Cuando se habla de estar enamorado como un loco se exagera; en general, se está enamorado como un tonto.
Noel Clarasó (1905-1985). Escritor español.

Cuando un hombre dice a una mujer que la ama, ella, por poco sólidas que le parezcan las bases de este sentimiento, sin razonarlo se siente impulsada a tomarlo por verdadero. Lo cree siempre.
Honorato De Balzac (1799-1850). Escritor francés.

Cuando un hombre ha amado una vez a una mujer, hará por ella cualquier cosa, excepto seguir amándola.

Oscar Wilde (1854-1900). Novelista, poeta, crítico literario y autor teatral irlandés.

Cuanto más amamos a alguien menos conviene halagarle.

Jean Baptiste Poquelin Molière (1622-1673). Dramaturgo y actor francés.

Cuanto más desnudo se encuentra el amor, menos frío tiene.

John Owen (1560-1662). Poeta inglés.

De lo que hayas amado, sólo cenizas quedarán.

San Agustín (354-430). Obispo, filósofo y Padre de la Iglesia Latina.

De nuestro amor, del que tanto hablamos ahora, cuando hayamos muerto no quedará nada; por tanto, ámame ahora, mientras todavía eres bella.

Pierre de Ronsard (1524-1585). Poeta francés.

Decir que uno puede amar a una persona por toda una vida es como declarar que una vela puede mantenerse prendida mientras dure su existencia.

León Tolstoi (1828-1910). Escritor ruso.

Deja amar al que ama y déja que ame lo que ama; es la única forma de que no deje de amarte a ti.

Proverbio árabe.

Deja que mi amor te rodee como la luz del sol, y que, aún así, te de libertad iluminada.

Rabindranath Tagore (1861-1941). Poeta y filósofo indio.

Del odio al amor no hay más que un paso a desnivel.

Efraín Huerta (1914-1982). Poeta mexicano.

Desconfiad de la luna y de las estrellas, de la Venus de Milo, de los lagos, de las guitarras, de las escaleras de cuerda y de todas las novelas y novelerías. ¡Pero amad vigorosamente, arrogantemente, ferozmente, a la mujer que améis!

Charles Baudelaire (1821-1867). Poeta francés.

Desgraciado el hombre que ama a una mujer más de una hora.

Dr. Atl (Gerardo Murillo) (1875-1964). Pintor mexicano, paisajista.

Dice Proust que el amor es subjetivo y que amamos, no a seres reales, sino a seres que nosotros mismos creamos.

André Maurois (1885-1967). Escritor francés.

Dices que no hay amor, mi amor, a menos que dure para siempre. Tonterías; hay episodios mucho mejores que la obra entera.

William Butler Yeats (1865-1939). Poeta y autor teatral irlandés.

Donde hay un gran amor, hay siempre milagros.

Willa Cather (1873-1947). Novelista y periodista estadounidense.

Donde no se puede amar... hay que pasar de largo.

Friedrich Nietzsche (1844-1900). Filósofo, poeta y filólogo alemán.

Donde rompen los amantes para siempre queda el monumento de su despedida. Lo volverán a ver intacto y marmóreo cuantas veces pasen por este sitio.

Ramón Gómez de la Serna (1888-1963). Escritor español. Autor de *Greguerías*.

Echar de menos a la persona amada, en su ausencia, es un bien comparado con la realidad de vivir con la persona amada.

Jean de la Bruyere (1645-1696). Filósofo y escritor francés.

El amor absoluto no existe, como no existe el gobierno perfecto.

André Maurois (1885-1967). Escritor francés.

El amor ahuyenta el miedo y, recíprocamente el miedo ahuyenta al amor. Y no sólo al amor el miedo expulsa; también a la inteligencia, la bondad, todo pensamiento de belleza y verdad, y sólo queda la desesperación muda; y al final, el miedo llega y la expulsa.

Aldous Leonard Huxley (1894-1963). Escritor inglés.

El amor ausente se desvanece y uno nuevo toma su lugar.

Publio Nasón Ovidio (43 a.C.-17 d.C.). Poeta latino.

El amor auténtico, el amor ideal, el amor del alma, es el que sólo desea la felicidad de la persona amada sin exigirle en pago nuestra propia felicidad.

Anónimo.

El amor cesa de ser un placer cuando deja de ser secreto.

Aphra Behn (1640-1689). Escritora inglesa.

El amor compadece, y compadece más cuanto más ama.

Miguel De Unamuno (1864-1936). Filósofo y escritor español.

El amor con los hombres no es un sentimiento, sino una idea.

Madame de Girardin. Delphine Gay de Girardin (1804-1855). Escritora francesa.

El amor conquista todas las cosas; démosle paso al amor.

Virgilio (70 a.C-19 a.C). Poeta romano.

El amor consuela como el resplandor del sol después de la lluvia.

John Phineas Fletcher (1579-1625). Dramaturgo inglés.

El amor crea en la mujer, una mujer nueva; la de la víspera ya no existe al día siguiente.

Honorato De Balzac (1799-1850). Escritor francés.

El amor crece poco a poco y por grados se parece demasiado a la amistad para encenderse en pasión. No pasa de ser una de tantas imitaciones de amor.

Jean de la Bruyere (1645-1696). Filósofo y escritor francés.

El amor de las mujeres por los hombres no es un muro a cuyo amparo ellos se puedan refugiar; es un obstáculo que se ha de franquear para vivir.
François Mauriac (1885-1970). Escritor francés galardonado con el premio Nobel.

El amor de los jóvenes no esta en el corazón, sino en los ojos.
William Shakespeare (1564-1616). Poeta y autor teatral inglés.

El amor del hombre es en su vida una cosa aparte, mientras que en la mujer es su completa existencia.
Lord Byron (1788-1824). Poeta inglés.

El amor empieza por amor; de la más estrecha amistad no se puede pasar sino a un amor muy débil.
Jean de la Bruyere (1645-1696). Filósofo y escritor francés.

El amor empieza siempre por el amor.
William Shakespeare (1564-1616). Poeta y autor teatral inglés.

El amor entre un hombre y una mujer es el único amor que puede tener consecuencias desagradables para ambos.
Noel Clarasó (1905-1985). Escritor español.

El amor es a veces la más terrible forma de la soledad.
Leopoldo Marechal (1900-1970). Poeta y escritor argentino.

El amor es acercarse a todo, incluso a Dios.
Emilio Fernández (1904-86). Director cinematográfico mexicano.

El amor es ciego, pero el matrimonio le restaura la vista.
George Cristoph Lichtenberg (1742-1799). Físico y escritor alemán.

El amor es como Don Quijote: cuando recobra el juicio es que está para morir.
Jacinto Benavente (1866-1954). Dramaturgo y crítico español.

El amor es como el fuego, que si no se comunica se apaga.
Giovanni Papini(1881-1956). Escritor italiano.

El amor es como el fuego. Ven antes el humo los que están fuera... que las llamas los que están dentro.
Jacinto Benavente (1866-1954). Dramaturgo y crítico español.

El amor es como la fiebre; nace y se extingue sin que la voluntad tome en ello la menor parte.
Marie Henri Beyle Stendhal (1783-1842). Novelista y ensayista francés.

El amor es como la luna: cuando no crece es que mengua.
Anónimo.

El amor es como los huéspedes. Lo que importa no es creer en ellos, sino saberlos recibir cuando se presentan, aprovecharlos mientras están, y despedirlos con cortesía cuando se marchan.
Noel Clarasó (1905-1985). Escritor español.

El amor es como un recién nacido hasta que no llora no se sabe si vive.
Jacinto Benavente (1866-1954). Dramaturgo y crítico español.

El amor es el ala que Dios ha dado al hombre para volar haste Él.
José María Velasco (1840-1912). Pintor mexicano.

El amor es el ala veloz que Dios ha dado al alma para que vuele hasta el cielo.
Miguel Ángel Asturias (1899-1974). Escritor, diplomático y premio nobel guatemalteco.

El amor es el conflicto entre los reflejos y las reflexiones.
Magnus Hirschfeld (1868-1935). Médico alemán.

El amor es el deseo de obtener la amistad de una persona que nos atrae por su belleza.
Marco Tulio Cicerón (106-43 a.C.). Escritor, político y orador romano.

El amor es el déspota más orgulloso del mundo; o todo o nada.
Marie Henri Beyle Stendhal (1783-1842). Novelista y ensayista francés.

El amor es el esfuerzo que se hace el hombre para contentarse con una sola mujer.
Paul Géraldy (1885-1983). Poeta y escritor francés.

El amor es el estado en que el hombre ve más las cosas como no son.
Friedrich Nietzsche (1844-1900). Filósofo, poeta y filólogo alemán.

El amor es el milagro mayor de la civilización.
Marie Henri Beyle Stendhal (1783-1842). Novelista y ensayista francés.

El Amor es el significado último de todo lo que nos rodea. No es un simple sentimiento, es la verdad, es la alegría que está en el origen de toda creación.
Rabindranath Tagore (1861-1941). Poeta y filósofo indio.

El amor es fe y no ciencia.
Francisco De Quevedo (1580-1645). Escritor español.

El amor es igual que un árbol; se inclina por su propio peso, arraiga profundamente en todo nuestro ser y a veces sigue verdeciendo en las minas de un corazón.
Víctor Hugo (1802-1885). Escritor francés.

El amor es inevitable, como el pecado original. Y lo malo es que también lo es, mientras dura el amor, la persona que lo inspira.
Cristopher Harris (1907-). Escritor británico.

El amor es la enfermedad que nos devuelve a la salud esencial.
Marco Antonio Montes de Oca (1932-). Poeta mexicano.

El amor es la eterna historia del juguete que los hombres creen recibir y del tesoro que las mujeres creen dar.
Honorato De Balzac (1799-1850). Escritor francés.

El amor es la fuerza más humilde, pero la más poderosa de que dispone el mundo.

Mohandas Karamchand Gandhi (1869-1948). Líder político y espiritual hindú.

El amor es la más noble flaqueza del espíritu.

John Dryden (1631-1700). Poeta, dramaturgo y crítico inglés.

El amor es la ocupación de los ociosos y el ocio de los ocupados.

Edward George Bulwer Lytton (1803-1873). Escritor inglés.

El amor es la poesía de los sentidos.

Honorato De Balzac (1799-1850). Escritor francés.

El amor es la soledad ambigua.

Neftalí Beltrán (1916-). Poeta y dramaturgo mexicano.

El amor es la vida llena, igual que una copa de vino.

Rabindranath Tagore (1861-1941). Poeta y filósofo indio.

El amor es la voluntad de hacer la felicidad de otro.

Max Jacob (1876-1944). Poeta francés.

El amor es lo más parecido a la guerra, y una guerra en la que es indiferente vencer o ser vencido, porque siempre se gana.

Jacinto Benavente (1866-1954). Dramaturgo y crítico español.

El amor es lo mejor y al mismo tiempo lo peor del mundo.

Jorge Amado (1912-2001). Novelista brasileño.

El amor es lo único que crece cuando se reparte.

Antoine De Saint Exupéry (1900-1944). Escritor y aviador francés.

El amor es más de temer que todos los naufragios.

François de Salignac de La Mothe Fénelon (1651-1715). Prelado y erudito francés.

El amor es muy tímido cuando es nuevo.

Lord Byron (1788-1824). Poeta inglés.

El amor es nomás sueño y quimera.

Rodolfo Usigli (1905-1979). Dramaturgo mexicano.

El amor es para el niño lo que el sol para las flores. No le basta pan: necesita caricias para ser bueno y para ser fuerte.

Concepción Arenal (1820-1893). Pensadora española.

El amor es según la idea que de él se hace cada cual. Las personas que se hacen del amor una idea tan noble que no pueden comprender ni su fin ni su recomienzo, aman con amor inacabable e insaciable.

André Maurois (1885-1967). Escritor francés.

El amor es sufrido, es benigno; el amor no tiene envidia, el amor no hace sinrazón, no se ensancha; no es injurioso, no busca lo suyo, no se irrita, no piensa el mal. (Corintios 13:4,5).

La Biblia.

El amor es tan sólo una posada en la mitad del camino de la vida.

José Santos Chocano (1875-1934). Escritor peruano.

El amor es un ardiente olvido de todo.

Víctor Hugo (1802-1885). Escritor francés.

El amor es un espíritu dentro de dos formas.

Percy Shelley (1792-1822). Poeta inglés.

El amor es un océano de emociones, rodeado completamente de muchos gastos.

Lord Dewar. Baron Dewar (1864-1930). Industrial británico.

El amor es una amistad con momentos eróticos.

Antonio Gala (1937). Escritor español.

El amor es una de las bellas artes, la primera de todas.

Alfonso del Toro (1873-1952). Historiador mexicano.

El amor es una de las grandes verdades que el hombre puede encontrar en el mundo, entre otras cosas porque le hace ver, vivir el mundo.

Juan García Ponce (1932-2003). Escritor y crítico de arte mexicano.

El amor es una enfermedad inevitable, dolorosa y fortuita.

Marcel Proust (1871-1922). Escritor francés.

El amor es una pieza de teatro en que los actos son muy cortos y los entreactos muy largos. ¿Cómo llenar los intermedios sino mediante el ingenio?

Ninón de Lenclos (1620-1705). Cortesana francesa.

El amor es una planta de primavera que todo lo perfuma con su esperanza, incluso las ruinas por donde trepa.

Gustave Flaubert (1821-1880). Novelista francés.

El amor es una tontería hecha por dos.

Napoleón Bonaparte (1769-1821). Emperador de Francia (1804-1815).

El amor es: el dolor de vivir lejos del ser amado.

Anónimo.

El amor eterno dura 2 o 3 meses.

Anónimo.

El amor exige infinitamente menos que la amistad.

George Jean Nathan (1882-1958). Autor, editor y crítico estadounidense.

El amor físico es un instinto natural, como el hambre y la sed; pero la permanencia del amor no es un instinto.

André Maurois (1885-1967). Escritor francés.

El amor físico requiere una inhibición absoluta de la crítica del acto amoroso. Es evidente que éste está erizado, sobre todo en el varón, de pequeños trances inevitablemente prosaicos y a veces tocados de ridiculez, cuando se consideran con la razón fría y no embriagada por el deseo que todo lo sublima y en nada repara.

Gregorio Marañón (1887-1960). Médico y escritor español.

El amor hace posible la paradoja de dos que se vuelven uno sin dejar de ser dos.

Erich Fromm (1900-1980). Psicoanalista germano estadounidense.

El amor halla sus caminos, aunque sea a través de senderos por donde ni los lobos se atreverían a seguir su presa.

Lord Byron (1788-1824). Poeta inglés.

El amor hay que pedirlo. Es como un espíritu que no puede hablar antes de que se le haya dirigido la palabra. Todo amor en el mundo está deseando hablar, pero no se atreve porque es tímido, tímido, tímido. Ésa es la tragedia de la vida.

George Bernard Shaw (1856-1950). Escritor irlandés.

El amor inspira las más grandes hazañas e impide realizarlas.

Alejandro Dumas (hijo) (1824-1895). Escritor francés.

El amor lo puede todo (Omnia vincit amor).

Virgilio (70 a.C-19 a.C). Poeta romano.

El amor lo toma todo, y todo lo da.

François de Salignac de La Mothe Fénelon (1651-1715). Prelado y erudito francés.

El amor más fuerte y más puro no es el que sube desde la impresión, sino el que desciende desde la admiración.

Santa Catalina de Siena (1347-1380). Mística y diplomática italiana.

El amor me impulsa y me hace hablar así.

Dante Alighieri (1265-1321). Poeta, prosista, filósofo y pensador político italiano.

El amor mira a través de un telescopio, mientras que la envidia lo hace a través de un microscopio.

Henry Wheeler Shaw Josh Billings (1818-1885). Humorista estadounidense.

El amor nace con el trato; por lo mismo, cuando ya se está enamorado de una mujer, no hace falta tratarla.

Noel Clarasó (1905-1985). Escritor español.

El amor nace de nada y muere de todo.

Jean Baptiste Alphonse Karr (1808-1890). Escritor francés.

El amor nace, vive y muere en los ojos.
William Shakespeare (1564-1616). Poeta y autor teatral inglés.

El amor no da ni toma nada, excepto de sí mismo.
Khalil Gibran (1833-1931). Ensayista, novelista y poeta libanés.

El amor no es sólo un sentimiento. Es también un arte.
Honorato De Balzac (1799-1850). Escritor francés.

El amor no es un sentimiento que se pueda explicar; y cuando los hombres se enteran de esta imposibilidad ya han perdido, en el intento de explicarlo, mucho tiempo que podían haber aprovechado para gozarse en el amor sin ninguna explicación.
Leon Daudi (1905-1985). Escritor español.

El amor no es un trato ni un contrato; por mucho que se ame, sigue siempre en pie el problema de retener a la persona amada.
Leon Daudi (1905-1985). Escritor español.

El amor no es una pasión, porque ninguna virtud es pasión y todo amor es virtud.
Santo Tomás de Aquino (1225-1274). Teólogo italiano.

El amor no puede ser profundo, si no es puro.
Auguste Comte (1798-1857). Filósofo francés.

El amor no se asusta de nada.
Séneca Anneo (3 a.C.- 65 d.C.). Filósofo latino.

El amor no tiene cura, pero es la única medicina para todos los males.
Leonard Cohen (1934-). Poeta, cantante y compositor canadiense.

El amor nunca muere de hambre; con frecuencia, de indigestión.
Ninón de Lenclos (1620-1705). Cortesana francesa.

El amor nunca se pierde. Si no es correspondido, volará de regreso, para suavizar y purificar el corazón.
Washington Irving (1783-1859). Escritor estadounidense.

El amor nunca tiene razones, y la falta del amor tampoco. Todo son milagros.
Eugene Gladstone O'Neill (1888-1953). Dramaturgo estadounidense Premio Nobel.

El amor pasa la noche sobre las mejillas delicadas de las jóvenes.
Sófocles (496-406 a.C.). Dramaturgo ateniense.

El amor por la fuerza nada vale, la fuerza sin amor es energía gastada en vano.
Albert Einstein (1879-1955). Científico estadounidense de origen alemán.

El amor puede hacerlo todo, y también lo contrario de todo.
Alberto Moravia (Alberto Pincherle) (1907-1990). Escritor italiano.

El amor puede ser un pasatiempo y una tragedia.

Isadora Duncan (1877-1927). Bailarina estadounidense.

El amor se nutre con llanto.

Juan de Dios Peza (1852-1910). Poeta y dramaturgo mexicano.

El amor sin admiración sólo es amistad.

George Sand (Amandine Aurore Lucie Dupin) (1804-1876). Escritora francesa.

El amor sólo comienza a desarrollarse cuando amamos a quienes no necesitamos para nuestros fines personales.

Erich Fromm (1900-1980). Psicoanalista germano estadounidense.

El amor sólo con amor se consigue; si quieres ser amado, empieza por amar.

Séneca Anneo (3 a.C.- 65 d.C.). Filósofo latino.

El amor sólo es bueno cuando se toma como acicate para mayores empresas. Se quiere a una mujer y se dice: Lucharé por ella, revolveré el mundo, la conseguiré. Y si esto último no llega, ¿qué importa? Lo esencial es lo otro: luchar, revolver el mundo.

Alejandro Casona (1903-1965). Dramaturgo español.

El amor tiene dos leyes: a) amar a los otros; b) eliminar de nosotros aquello que impide a los otros amarnos.

Carrel Alexis (1873-1944). Biólogo, médico y escritor francés.

El amor tiene dos momentos deliciosos: el primero y el último; lo malo es el tiempo que transcurre entre ellos.

Noel Clarasó (1905-1985). Escritor español.

El amor tiene fácil la entrada y difícil la salida.

Lope De Vega (1562-1635). Escritor español.

El amor verdadero comienza donde nada es esperado a cambio.

Antoine De Saint Exupéry (1900-1944). Escritor y aviador francés.

El amor vive en el corazón de los hombres y duerme en las semillas de los granos.

Selma Lagerlöf (1858-1940). Novelista sueca.

El amor vuelve elocuentes a los que aman.

Christopher Marlowe (1564-1593). Poeta y dramaturgo inglés.

El amor y el deseo son las alas del espíritu de las grandes hazañas.

Johann Wolfgang von Goethe (1749-1832). Poeta, novelista y dramaturgo alemán.

El amor y el odio no son ciegos, sino que están cegados por el fuego que llevan dentro.

Friedrich Nietzsche (1844-1900). Filósofo, poeta y filólogo alemán.

El amor y el trabajo son dos castigos de los que sólo se libran los elegidos de los dioses.

Noel Clarasó (1905-1985). Escritor español.

El amor y la aflicción con facilidad ciegan los ojos del entendimiento.

Miguel de Cervantes (1547-1616). Dramaturgo, poeta y novelista español.

El amor y la tos no pueden ocultarse.

Proverbio italiano.

El amor, como ciego que es, impide a los amantes ver las divertidas tonterías que cometen.

William Shakespeare (1564-1616). Poeta y autor teatral inglés.

El amor, más que un poder elemental, parece un género literario. Porque el amor, más que un instinto, es una creación, y aun como creación nada primitiva en el hombre.

José Ortega y Gasset (1883-1955). Filósofo español.

El amor, para que sea auténtico, debe costarnos.

Madre Teresa de Calcuta (1910-1997). Misionera yugoslava nacionalizada india.

El buen ciudadano debe amar a todos, dar lo bueno y tener compasión de los malvados.

Nicolás Maquiavelo (1469-1527). Historiador y filósofo político italiano.

El camino no es largo cuando amas a quien vas a visitar.

Anónimo.

El dejar de querer mal es un inicio para querer bien.

Alonso de Ercilla y Zúñiga (1533-1594). Poeta y soldado español.

El enamorado celoso soporta mejor la enfermedad de su amante que su libertad.

Marie Henri Beyle Stendhal (1783-1842). Novelista y ensayista francés.

El enamoramiento es un estado de miseria mental en que la vida de nuestra conciencia se estrecha, empobrece y paraliza.

José Ortega y Gasset (1883-1955). Filósofo español.

El genio del amor consiste en poner, en la unión, una diaria novedad.

André Maurois (1885-1967). Escritor francés.

El hombre ama poco y a menudo; la mujer mucho y raramente.

Jan Basta (1860-1936). Escritor checoslovaco.

El hombre en su esencia no debe ser esclavo, ni de sí mismo ni de los otros, sino un amante. Su único fin está en el amor.

Rabindranath Tagore (1861-1941). Poeta y filósofo indio.

El hombre nace con una necesidad de ser amado, que no se extingue con la edad.

Anónimo.

El hombre que no ha amado apasionadamente ignora la mitad más hermosa de su vida.
Marie Henri Beyle Stendhal (1783-1842). Novelista y ensayista francés.

El hombre y la mujer han nacido para amarse; pero no para vivir juntos. Alguien ha hecho observar que los amantes célebres de la historia han vivido siempre separados.
Noel Clarasó (1905-1985). Escritor español.

El juramento de un enamorado no tiene más fuerza que la palabra de un mozo de cervecería. Uno y otro no sirven sino para confirmar o certificar cuentas falsas.
William Shakespeare (1564-1616). Poeta y autor teatral inglés.

El más poderoso hechizo para ser amado es amar.
Baltasar Gracián y Morales (1601-1658). Jesuita y escritor español.

El mejor matrimonio sería aquel que reuniese a una mujer ciega con un marido sordo.
Michel Eyquem de la Montaigne (1533-1592). Ensayista francés.

El misterio del amor es más profundo que el misterio de la muerte.
Oscar Wilde (1854-1900). Novelista, poeta, crítico literario y autor teatral irlandés.

El mundo se antoja inmenso y sobrenatural cuando el amor nace, y pequeño cuando el amor se extingue.
Miguel Ángel Asturias (1899-1974). Escritor, diplomático y premio nobel guatemalteco.

El primer suspiro de amor es el último de la razón.
Anónimo.

El primer suspiro del amor es el último de la cordura.
Antoine Bret (1717-1792). Escritor francés.

El que a nadie ama, me parece que por nadie es amado.
Demócrito (460 a.C.-370 a.C.). Filósofo griego.

El que ama menos, controla la relación.
Dr. Robert Anthony (1916-). Educador y escritor estadounidense.

El que más ama, más perdona.
Amado Nervo (1870-1919). Poeta y escritor mexicano.

El que no ama ya está muerto.
Arthur Schopenhauer (1788-1860). Filósofo alemán.

El que puede prescindir del ser amado puede prescindir de todo.
André Maurois (1885-1967). Escritor francés.

El que quiere estudiar amor se queda siempre en alumno.
Anónimo.

El ser inmóvil mueve como objeto del amor, y lo que él mueve imprime el movimiento a todo lo demás.
Aristóteles (384 a.C.-322a.C). Filósofo griego.

El ser más insignificante puede ser amado, si sabe organizar la incertidumbre.
André Maurois (1885-1967). Escritor francés.

El único camino de nuestra redención es el amor.
Jacinto Benavente (1866-1954). Dramaturgo y crítico español.

El único cemento sólido para unir a los hombre es el amor. La sociedad debería encerrar o suprimir a aquellos que siembran la discordia o el odio.
Carrel Alexis (1873-1944). Biólogo, médico y escritor francés.

El verdadero amante en todas partes ama y siempre se acuerda del amado.
Santa Teresa de Jesús (1515-1582). Religiosa y escritora mística española.

El verdadero amor no se conoce por lo que exige, sino por lo que ofrece.
Jacinto Benavente (1866-1954). Dramaturgo y crítico español.

El verdadero amor supone siempre la renuncia a la propia comodidad personal.
León Tolstoi (1828-1910). Escritor ruso.

El verdadero amor, el amor ideal, el amor del alma, es el que sólo desea la felicidad de la persona amada, sin exigirle a cambio la nuestra.
Jacinto Benavente (1866-1954). Dramaturgo y crítico español.

El verdadero hombre ama como a un verdadero hombre le corresponde. Dedica la mayor parte de su tiempo al trabajo, y al amor el tiempo que le sobra.
Johann Wolfgang von Goethe (1749-1832). Poeta, novelista y dramaturgo alemán.

En amor pueden ser más atrevidos los gestos que las palabras; asustan menos. Y el silencio salva la pureza en el terreno de la inteligencia.
André Maurois (1885-1967). Escritor francés.

En amor sólo hay dos situaciones: persigue uno a una mujer o trata de librarse de ella.
Julio Torri (1889-1970). Escritor, editor y profesor mexicano.

En amor, como en el tiempo, los primeros fríos son los más sensibles; después uno se acostumbra al tiempo variante y aprovecha y bendice los días de sol, a pesar de los días de tormenta.
Leon Daudi (1905-1985). Escritor español.

En amor, como en todo, ¡cuán hermoso es fracasar! El fracaso templa el ánimo y es un magnífico manantial de optimismo. Todo hombre inteligente debería procurarse al menos un fracaso al mes. Es bello el papel de víctima cuando se sabe llevar: el herido, el desterrado, el amante sin esperanza. ¿Que emprendemos un viaje a Palestina? Conseguir que el barco naufrague en Baleares. ¿Que le pedimos relaciones a una mujer? Conseguir que nos diga enseguida que no. ¡Es difícil!
Alejandro Casona (1903-1965). Dramaturgo español.

En amor, tan a destiempo llega el que va demasiado aprisa como el que va demasiado despacio.
William Shakespeare (1564-1616). Poeta y autor teatral inglés.

En asuntos de amor los locos son los que tienen más experiencia. De amor no preguntes nunca a los cuerdos; los cuerdos aman cuerdamente, que es como no haber amado nunca.
Jacinto Benavente (1866-1954). Dramaturgo y crítico español.

En batallas del amor siempre les toca perder a los tímidos.
Jean Baptiste Poquelin Molière (1622-1673). Dramaturgo y actor francés.

En el amor hay dos males: la guerra y la paz.
Quinto Horacio Flaco (65 a.C.-8 a.C.). Poeta lírico y satírico romano.

En el amor lo de menos es el insulto. Lo grave es cuando empiezan los bostezos.
Anónimo.

En el amor no basta con atacar, hay que tomar la plaza.
Publio Nasón Ovidio (43 a.C.-17 d.C.). Poeta latino.

En el amor siempre hay algo de locura, mas en la locura siempre hay algo de razón.
Friedrich Nietzsche (1844-1900). Filósofo, poeta y filólogo alemán.

En el amor todas las cumbres son borrascosas.
Marqués de Sade (Donatien Alphonse Francois Sade) (1740-1814). Escritor francés.

En el amor todo queda roto en el momento en que uno de los dos amantes ha pensado que la ruptura es posible.
Paul Bourget (1852-1935). Escritor francés.

En el amor y en el placer la voluntad no interviene.
Xavier Villaurrutia (1903-1950). Poeta mexicano.

En la guerra como en el amor, para acabar es necesario verse de cerca.
Napoleón Bonaparte (1769-1821). Emperador de Francia (1804-1815).

En las relaciones humanas, si no existe el amor, brota el infierno.
Pablo Antonio Cuadra (1912-2002). Poeta nicaragüense.

En los inicios de un amor los amantes hablan del futuro, en sus postrimerías, del pasado.
André Maurois (1885-1967). Escritor francés.

En los principios amorosos los desengaños prestos suelen ser remedios calificados.
Miguel de Cervantes (1547-1616). Dramaturgo, poeta y novelista español.

Enamorarse no es amar. Puede uno estar enamorado y odiar a la persona de quien lo está.
Fedor Dostoievski (1821-1881). Escritor ruso.

Eran palabras absurdas y locas. Era una de tantas cosas no razonables y maravillosas, estúpidas y locas de que se compone el amor.
Vicky Baum (1888-1960). Escritora austriaca.

Es amor bien pobre el que puede evaluarse.
William Shakespeare (1564-1616). Poeta y autor teatral inglés.

Es más fácil que un ladrón sucumba al amor que un ingeniero. Y es que la del ingeniero es una profesión honorabilísima.
Giovanni Mosca (1908-1983). Humorista italiano.

Es mejor haber amado para perderlo después, que nunca antes haber amado.
Alfred Tennyson (1809-1892). Poeta inglés.

Es muy cierto que sólo el amor hace que el hombre necesite a sus semejantes.
Johann Wolfgang von Goethe (1749-1832). Poeta, novelista y dramaturgo alemán.

Es muy difícil que dos que ya no se aman, riñan de veras.
François de La Rochefoucauld (1613-1680). Político y escritor francés.

Es muy simple; cuando uno quiere a una persona puede llamarla por cualquier nombre, que siempre tiene un sentido cariñoso.
Lin Yutang (1895-1976). Escritor chino-americano.

Es necesario amar siempre, aun después de haber amado.
Louis Charles Alfred de Musset (1810-1857). Poeta francés.

Es tan absurdo pretender que un hombre no puede amar siempre a la misma mujer, como pretender que un buen violinista no puede tocar siempre el mismo instrumento.
Honorato De Balzac (1799-1850). Escritor francés.

Frecuentemente amamos las cosas y nos aprovechamos de las personas, cuando deberíamos amar a las personas y aprovecharnos de las cosas.
Anónimo.

Fuerte como la muerte es el amor.
San Agustín (354-430). Obispo, filósofo y Padre de la Iglesia Latina.

Hablar de locura de amor es un pleonasmo; el amor en sí ya es locura.
Heinrich Heine (1797-1856). Poeta y crítico alemán.

Hambre y amor mantienen cohesionada la fábrica del mundo.
Friedrich von Schiller (1759-1805). Poeta, dramaturgo y filósofo alemán.

Has hecho lo más hermoso que puede hacer el amor cuando el amor se engaña.
Maurice Maeterlinck (1862-1949). Escritor belga.

Hay amores tan bellos que justifican todas las locuras que hacen cometer.
Plutarco (46-125). Biógrafo y ensayista griego.

Hay quien ha venido al mundo para enamorarse de una sola mujer y, consecuentemente, no es probable que tropiece con ella.

José Ortega y Gasset (1883-1955). Filósofo español.

Hay quien tiene el deseo de amar, pero no la capacidad de amar.

Giovanni Papini (1881-1956). Escritor italiano.

Hay tantas penas en el amor como conchas en la playa.

Publio Nasón Ovidio (43 a.C.-17 d.C.). Poeta latino.

Hay un modo de que me hagas completamente feliz, amor mío: muérete.

Jaime Sabines (1926-1999). Poeta mexicano.

Hay una cosa que no se entiende bien: Una mujer ama a dos hombres y ellos dos no se pueden ver; un hombre ama a dos mujeres y tampoco se pueden ver ellas dos. Parece que no tendría que ser así.

François de La Rochefoucauld (1613-1680). Político y escritor francés.

Haz lo que ames, porque así amarás lo que haces.

Anónimo.

He llegado a comprender algo muy importante, y es que si uno quiere de verdad, no hay que dar demasiada importancia a las acciones de los seres amados. Les necesitamos; sólo ellos nos hacen vivir en una atmósfera de la que no podemos prescindir. Así es que, con tal de poderlos conservar, lo demás ¿no importa?

André Maurois (1885-1967). Escritor francés.

Jesús solo fundó su imperio en el amor; y hasta hoy muchas personas morirían por Él.

Napoleón Bonaparte (1769-1821). Emperador de Francia (1804-1815).

La actitud de seguridad ante la vida procede generalmente de la seguridad de encontrar siempre los afectos necesarios.

Bertrand Russell   (1872-1970). Matemático y filósofo británico.

La amistad acaba a menudo en amor, pero el amor no termina nunca en amistad.

Charles Caleb Colton (1780-1832). Poeta y ensayista inglés.

La atracción física, la seducción, es el gran misterio del amor. ¿Por qué en unos casos existe y en otros no?

André Maurois (1885-1967). Escritor francés.

La ausencia aviva el amor, la presencia lo fortalece.

Thomas Fuller (1608-1661). Clérigo y escritor inglés.

La fiebre de la enfermedad la provoca el cuerpo propio, la del amor el cuerpo del otro.

Hipócrates (c. 460-c. 377 a.C.). Considerado el padre de la medicina.

La finalidad suprema de vivir es el amor en todas sus formas.
Diego Rivera (1886-1957). Pintor mexicano.

La lengua del amor está en los ojos.
John Phineas Fletcher (1579-1625). Dramaturgo inglés.

La magia del primer amor consiste en nuestra ignorancia de que pueda tener fin.
Benjamin Disraeli (1804-1881). Escritor británico.

La medida del amor es amar sin medida.
San Agustín (354-430). Obispo, filósofo y Padre de la Iglesia Latina.

La palabra amor se usa con demasiada frecuencia y con demasiada inexactitud. Mueve el cielo y los astros, ilumina las páginas más puras, ¡pero con qué facilidad se presta para enmascarar las pasiones infinitas, los egoísmos atroces y aun los crímenes!
Rosario Castellanos (1925-1974). Poetisa y escritora mexicana.

La perfección del amor es morir por amor.
Denis de Rougemont (1906-1985). Escritor y pensador suizo.

La raíz de todas las pasiones es el amor; de él nace la tristeza, el gozo, la alegría y la desesperación.
Lope De Vega (1562-1635). Escritor español.

La única victoria sobre el amor es la contienda.
Napoleón Bonaparte (1769-1821). Emperador de Francia (1804-1815).

La verdad es que amamos la vida, no porque estemos acostumbrados a ella, sino porque estamos acostumbrados al amor.
Friedrich Nietzsche (1844-1900). Filósofo, poeta y filólogo alemán.

Las cartas de amor se escriben empezando sin saber lo que se va a decir, y se terminan sin saber lo que se ha dicho.
Jean Jacques Rousseau (1712-1778). Filósofo y botánico suizo.

Las malas novelas de amor en serio sólo se pueden combatir con buenas novelas de amor en broma.
Enrique Jardiel Poncela (1901-1952). Escritor español.

Las mujeres aman a los hombres por sus defectos; si tienen bastantes, les perdonarán cualquier cosa, hasta una gigantesca inteligencia.
Oscar Wilde (1854-1900). Novelista, poeta, crítico literario y autor teatral irlandés.

Lo más difícil, tanto en el amor como en los trenes, es llegar a tiempo. Y es la única forma de que todo funcione bien, sin tropiezos.
Leon Daudi (1905-1985). Escritor español.

Lo peor y lo mejor de estar enamorado es ese afán de que el mundo entero conozca y comparta nuestras flaquezas.
Renato Leduc (1898-1986). Poeta, escritor y periodista mexicano.

Lo que el amor hace, él mismo lo excusa.
Jean Baptiste Poquelin Molière (1622-1673). Dramaturgo y actor francés.

Lo que hoy siente tu corazón, mañana lo entenderá tu cabeza.
Anónimo.

Lo que se hace por el amor está más allá del bien y del mal.
Friedrich Nietzsche (1844-1900). Filósofo, poeta y filólogo alemán.

Lo único que hace falta para que los hombres descubran el amor es tener demasiado cerca a una mujer; y lo único que hace falta para que este amor se disipe es seguir teniéndola demasiado cerca.
Noel Clarasó (1905-1985). Escritor español.

Lo verdaderamente mágico de nuestro primer amor es la absoluta ignorancia de que alguna vez ha de terminar.
Honorato De Balzac (1799-1850). Escritor francés.

Los amores son como los niños recién nacidos; hasta que lloran no se sabe si viven.
Jacinto Benavente (1866-1954). Dramaturgo y crítico español.

Los enamorados que se ven y se hablan tienen la felicidad del amor; los que viven separados tienen dos felicidades: la del amor y la de la esperanza.
Severo Catalina y del Amo (1832-1871). Escritor español.

Los enamorados son ciegos, toman las rosas y dejan las espinas, el supremo placer consiste en destozarse las manos.
Ninón de Lenclos (1620-1705). Cortesana francesa.

Los esquimales tienen 52 nombres para la nieve porque es importante para ellos; debería haber la misma cantidad para el amor.
Margaret Atwood (1939-). Novelista, poetisa y crítica canadiense.

Los hombres más capaces de pensar sobre el amor son los que menos lo han vivido; y los que lo han vivido suelen ser incapaces de meditar sobre él.
José Ortega y Gasset (1883-1955). Filósofo español.

Los hombres mueren de cuando en cuando y los gusanos se los comen, pero no es de amor de lo que fallecen.
William Shakespeare (1564-1616). Poeta y autor teatral inglés.

Los hombres quieren ser siempre el primer amor de una mujer. Tal es su tosca vanidad. Las mujeres tienen un instinto más sutil, ya que prefieren ser la última aventura romántica de un hombre.
Oscar Wilde (1854-1900). Novelista, poeta, crítico literario y autor teatral irlandés.

Los hombres tienen necesidad de ser amados para ser felices y de ser más o menos poderosos para ser amados. El hombre que puede prescindir de ser amado, puede prescindir de todo.
André Maurois (1885-1967). Escritor francés.

Los juramentos de los enamorados no llegan a oídos de los dioses.
Calímaco de Cirene (siglo III a.C.). Poeta griego.

Los que más han amado al hombre le han hecho siempre el máximo daño. Han exigido de él lo imposible, como todos los amantes.
Friedrich Nietzsche (1844-1900). Filósofo, poeta y filólogo alemán.

Los que se enamoran de la práctica sin la teoría son como los pilotos sin timón ni brújula, que nunca podrán saber a dónde van.
Leonardo Da Vinci (1452-1519). Artista florentino.

Los satisfechos, los felices, no aman; se duermen en la costumbre.
Miguel De Unamuno (1864-1936). Filósofo y escritor español.

Los seres destinados a ser amados son, a pesar de todo, odiados por aquellos otros seres a quienes nadie nunca puede amar.
François Mauriac (1885-1970). Escritor francés galardonado con el premio Nobel.

Los suspiros son aire y van al aire. Las lágrimas son agua y van al mar, dime mujer, cuando el amor se olvida, ¿sabes a dónde va?
Gustavo Adolfo Bécquer (1836-1870). Poeta español.

Más fácilmente triunfan los que fingen estar enamorados, que quienes de veras lo están.
Ninón de Lenclos (1620-1705). Cortesana francesa.

Mi amor es mi peso; por él voy dondequiera que voy.
San Agustín (354-430). Obispo, filósofo y Padre de la Iglesia Latina.

Mi único amor siempre ha sido el de la patria; mi única ambición, su libertad.
Simon Bolívar (1783-1830). Militar y político venezolano.

Mucho amor germina en la casualidad; tened siempre dispuesto el anzuelo, y en el sitio que menos lo esperáis encontraréis pesca.
Publio Nasón Ovidio (43 a.C.-17 d.C.). Poeta latino.

Nada más absurdo que el principio del amor; nada más lógico que su final. Sin embargo, consideramos los casos a la inversa.
Rodolfo Usigli (1905-1979). Dramaturgo mexicano.

Nada tan agradable como los principios del amor, cuando a ella le gusta aprender y a él le gusta enseñar.
Johann Wolfgang von Goethe (1749-1832). Poeta, novelista y dramaturgo alemán.

Nadie es capaz de evitar el amor, y nadie es capaz de evitar que su amor se acabe. De nosotros sólo depende usar bien el amor, vivirlo y gozarlo bien; que exista y que deje de existir no depende de nosotros.
Jean Baptiste Poquelin Molière (1622-1673). Dramaturgo y actor francés.

Ningún amor es más verdadero que aquel que muere sin haber sido revelado.
Oliver Wendell Holmes (1809-1894). Médico y escritor estadounidense.

Ningún amor puede sustituir al amor.
Marguerite Duras. Margueritte Donnadieu (1914-1996). Narradora, guionista y directora de cine francesa, de origen vietnamita.

No existe el amor, sino las pruebas de amor, y la prueba de amor a aquel que amamos es dejarlo vivir libremente.
Anónimo.

No hay amor perdido entre nosotros.
Miguel de Cervantes (1547-1616). Dramaturgo, poeta y novelista español.

No hay cosa más fuerte que el verdadero amor.
Séneca Anneo (3 a.C.- 65 d.C.). Filósofo latino.

No hay cosa que más avive el amor que el temor de perder al ser amado.
Francisco De Quevedo (1580-1645). Escritor español.

No hay labores pequeñas: todas son grandes si se hacen por amor.
San Josemaría Escrivá de Balaguer (1902-1975). Sacerdote español, fundador del Opus Dei.

No hay nada tan conmovedor como un enamorado que se llega a las puertas de la amada y cuenta sus penas a los goznes y a los cerrojos.
Jean Baptiste Poquelin Molière (1622-1673). Dramaturgo y actor francés.

No hay salsa para mi amor/ como el mismo inconveniente.
Francisco de Rojas Zorrilla (1607-1648). Dramaturgo español.

No honres con tu odio a quien no podrías honrar con tu amor.
Friedrich Hebbel (1813-1863). Dramaturgo alemán.

No podría quererte más, pero podría quererte mejor.
José Narosky (1931-). Escritor argentino.

No pongas el amor en mis manos como un pájaro muero.
Jaime Sabines (1926-1999). Poeta mexicano.

No puede amar a otro el que a sí no se ama, ni amarse el que a sí no se conoce.
Francisco De Quevedo (1580-1645). Escritor español.

No quieras saber. En amor, como en religión, el amor está muy cerca de la herejía.
Jacinto Benavente (1866-1954). Dramaturgo y crítico español.

No ser amados es una simple desventura; la verdadera desgracia es no amar.
Albert Camus (1913-1960) Novelista, dramaturgo y ensayista francés.

No ser nada y no amar nada, es lo mismo.
Ludwig Feuerbach (1804-1872). Filósofo alemán.

Nuestra tarea consiste en animar a cristianos y no cristianos a realizar obras de amor. Y cada obra de amor, hecha de todo corazón, acerca a las personas a Dios.
Madre Teresa de Calcuta (1910-1997). Misionera yugoslava nacionalizada india.

Nuestra vida afectiva es el resultado de una larga historia de creación sentimental.

José Antonio Marina (1939-). Filósofo español.

Nunca es más fuerte el amor que al comprender que va hacia quien le hará sufrir.

Romain Rolland (1866-1944). Escritor francés.

Nunca he engañado a mi mujer. No es ningún mérito: la amo.

Georges Duhamel (1884-1966). Escritor francés.

Nunca se tiene la libertad de amar o de dejar de amar.

François de La Rochefoucauld (1613-1680). Político y escritor francés.

Ofrecer amistad al que pide amor es como dar pan al que muere de sed.

Publio Nasón Ovidio (43 a.C.-17 d.C.). Poeta latino.

Para amar a una persona y perdonárselo todo basta con contemplarla un rato en silencio. A veces vivimos durante muchos años al lado de otra persona y sólo le vemos de verdad en el momento de sobrevenirle una desgracia.

Maurice Maeterlinck (1862-1949). Escritor belga.

Para hacernos amar no debemos preguntar nunca a quien nos ama: ¿Eres feliz?, sino decirle siempre: ¡Que feliz soy!

Jacinto Benavente (1866-1954). Dramaturgo y crítico español.

Para morir de amor hace falta tener tiempo.

André Maurois (1885-1967). Escritor francés.

Para muchas personas el amor es como el fútbol: persiguen apasionadamente un objeto para darle un puntapié una vez que lo han alcanzado.

Marco Antonio Almazán (1922-). Diplomático y escritor mexicano.

Para ser feliz en el amor uno debe, sin cegarse, saber cómo cerrar los ojos.

Marcel Achard (1899-1974). Autor dramático.

Para un ser humano ordinario el amor no significa nada, si éste no significa amar a algunas personas más que a otras.

George Orwell (1903-1950). Escritor inglés.

Pasa con el verdadero amor como con los aparecidos; todo el mundo habla de ellos, pero muy pocos los han visto.

François de La Rochefoucauld (1613-1680). Político y escritor francés.

Pintar el amor ciego es una sinrazón de los poetas; es preciso quitarle la venda y devolverle para siempre la alegría de sus ojos.

Blaise Pascal (1623-1662). Matemático, físico y teólogo francés.

Podemos juzgar a otros o podemos amarlos... Pero no podemos hacer ambas cosas.

Anónimo.

Por eso juzgo y discierno, por cosa cierta y notoria, que tiene el amor su gloria a las puertas del infierno.

Miguel de Cervantes (1547-1616). Dramaturgo, poeta y novelista español.

Por lo que tiene de fuego, suele apagarse el amor.

Gabriel Téllez Tirso de Molina (1584-1648). Dramaturgo español.

Porque a nadie convalece el amor mejor ni más presto, que un enamorado ausente.

Pedro Calderón de la Barca (1600-1681). Dramaturgo y poeta español.

Psiquis, al querer conocer el rostro del amor, lo perdió irremisiblemente.

Ninón de Lenclos (1620-1705). Cortesana francesa.

Puede haber amor sin celos, pero no sin temores.

Miguel de Cervantes (1547-1616). Dramaturgo, poeta y novelista español.

Pues no sé por qué no iba a haber una máquina que escribiese cartas de amor. ¿Es que no son todas iguales?

George Bernard Shaw (1856-1950). Escritor irlandés.

Que es dolencia de amor que no se cura, sino con la presencia y la figura.

San Juan de la Cruz (1542-1591). Poeta místico español.

Que hay de placer y goce en el amor, es indudable; pero sorprende que, después de tantísimas experiencias en contra, los enamorados se obstinen en aumentar su placer con la idea de que su amor ha de durar toda la vida. Que no les baste amar, sin ni preocuparse de lo que pueda suceder mañana.

Leon Daudi (1905-1985). Escritor español.

Que quien ama, jura y miente.

Gabriel Téllez Tirso de Molina (1584-1648). Dramaturgo español.

Quien no amó nunca, no ha vivido jamás.

John Gay (1685-1732). Poeta y dramaturgo inglés.

Reciben el nombre de amor dos sentimientos que nada tienen que ver uno con el otro; uno sólo se encuentra en el hombre, y el otro sólo se encuentra en la mujer.

Noel Clarasó (1905-1985). Escritor español.

Saber amar sólo consiste, a la larga, en saber soportar con grandeza de ánimo las molestias que nos causa la presencia diaria del ser amado.

Noel Clarasó (1905-1985). Escritor español.

Saltikof, el primer amante de Catalina, era joven, bello como el día, agudo y fácil de palabra y poseía una cualidad a la que las mujeres no saben resistirse: aunque inconstante, se tomaba el amor en serio.

Gina Kaus (1894-1984). Escritora austriaca.

Saludaré este día con amor en mi corazón. Porque éste es el secreto más grande del éxito en todas las empresas.

Og Mandino (1923-1996). Escritor estadounidense.

Se puede amar sin sufrir cuando se ama sin enrojecer.

Louis Charles Alfred de Musset (1810-1857). Poeta francés.

Seducimos a la mujer valiéndonos de mentiras y luego pretendemos ser amados por nosotros mismos.

Paul Géraldy (1885-1983). Poeta y escritor francés.

Si amas, perdona; si no amas, olvida.

Anónimo.

Si el amor es la mayor de las pasiones, es porque las reúne a todas en sí.

Honorato De Balzac (1799-1850). Escritor francés.

Si juzgamos el amor por la mayor parte de sus defectos, se parece más al odio que a la amistad.

François de La Rochefoucauld (1613-1680). Político y escritor francés.

Si juzgas a las personas, no tienes tiempo para amarlas.

Madre Teresa de Calcuta (1910-1997). Misionera yugoslava nacionalizada india.

Si por azar ese objeto que el enamorado cree único no se hubiese aparecido, otro amor casi idéntico hubiera sido inspirado por otro objeto.

André Maurois (1885-1967). Escritor francés.

Si queremos de verdad a alguien, debemos informarle de lo siguiente: -¡Tú no morirás!

Gabriel Marcel (1889-1973). Filósofo católico, dramaturgo y crítico francés.

Si quieres hallar en cualquier lado amistad, dulzura y poesía, llévalas contigo.

George Duhamel (1884-1966). Escritor francés.

Si te casas lo lamentarás. Si no te casas, también lo lamentarás.

Sören Aabye Kierkegaard (1813-1855). Filósofo danés.

Si yo amo una persona, de modo entrañable, estoy pendiente de ella; a ella me entrego en todo y para todo y ella me conduce a donde quiera.

Miguel Serveto (1511-1553). Filósofo español.

Si yo hablara todas las lenguas de los hombres y de los ángeles y me faltara el amor, no sería más que bronce que resuena y campana que toca.

San Pablo (10 a.C.-67 d.C.). Apóstol del cristianismo.

Siempre hay un poco de locura en el amor, pero siempre hay un poco de razón en la locura.

Friedrich Nietzsche (1844-1900). Filósofo, poeta y filólogo alemán.

Siempre que haya un hueco en tu vida, llénalo de amor.
Amado Nervo (1870-1919). Poeta y escritor mexicano.

Siempre se vuelve al primer amor.
Charles-Guillaume Étienne (1777-1845). Poeta francés.

Sin haber sido nunca ni felices ni buenos, hemos de amarnos los unos a los otros o morir.
Wystan H. Auden (1907-1973). Poeta inglés.

Sólo el amor nos permite ver a otro tal como es.
Romano Guardini (1885-1968). Teólogo católico alemán.

Sólo ella le despreciaba un poco cuando todo el mundo le apreciaba. ¿Por qué? Porque él la amaba y ella no le había amado nunca. ¿Qué misterio hay en el corazón humano que nos obliga a despreciar así al ser que amamos?
André Maurois (1885-1967). Escritor francés.

Sólo está enamorado de una mujer quien se enamora de ella a cada instante.
Jacinto Miquelarena y Regueiro (1891-1962). Escritor español.

Sólo hay un amor hasta la muerte: el último.
Jacinto Miquelarena y Regueiro (1891-1962). Escritor español.

Sólo la enajenación amorosa nos ofrece la recuperación total de nosotros mismos.
José Carlos Becerra (1936-1970). Poeta mexicano.

Sólo padeciendo por amor se sabe cuánto se ama.
Antonieta Rivas Mercado (1898-1931). Escritora mexicana.

Sólo se ama lo que no se posee totalmente.
Marcel Proust(1871-1922). Escritor francés.

Sustituir el amor propio con el amor de los demás, es cambiar un insufrible tirano por un buen amigo.
Concepción Arenal (1820-1893) Pensadora española.

Tan imposible es avivar la lumbre con nieve, como apagar el fuego del amor con palabras.
William Shakespeare (1564-1616). Poeta y autor teatral inglés.

Tarde te amé, hermosura tan antigua y tan nueva... ¡Tarde te amé! Tú estabas dentro de mí y yo fuera..., y por fuera te buscaba...
San Agustín (354-430). Obispo, filósofo y Padre de la Iglesia Latina.

Te amo desde el día en que nací y a través de todos los fantasmas en quienes creí un momento encontrarte y poseerte.
George Sand (Amandine Aurore Lucie Dupin) (1804-1876). Escritora francesa.

Te amo para amarte y no para ser amado, puesto que nada me place tanto como verte a ti feliz.

Antoine De Saint Exupéry (1900-1944). Escritor y aviador francés.

Te quiero, a pesar del tiempo.

Anónimo.

Todas las tonterías estereotipadas para uso de los enamorados, que las usan sin variar en cada caso, parecen siempre encantadoras a las mujeres, y solamente leídas con frialdad pueden parecer pobres de ingenio. El gesto, el acento, la mirada de un joven les dan valores incalculables.

Honorato De Balzac (1799-1850). Escritor francés.

Todo amante es un soldado en guerra.

Publio Nasón Ovidio (43 a.C.-17 d.C.). Poeta latino.

Todo amor, como experiencia, es absolutamente original.

Conde de Keyserling (1880-1946). Filósofo alemán.

Todo aquél que empieza a amar y a soñar, habla en verso aunque no lo haga.

Rubén Darío (1867-1916). Poeta nicaragüense.

Todo en amor es triste, mas, triste y todo, es lo mejor que existe.

Ramón de Campoamor (1817-1901). Poeta Español.

Todo enamorado es ciego.

Sexto Propercio (47-15 a.C.). Poeta romano.

Todo lo que sabemos del amor es que el amor es todo lo que hay.

Emily Dickinson (1830-1886). Poetisa estadounidense.

Todo lo que se hace por amor, se hace más allá del bien y del mal.

Friedrich Nietzsche (1844-1900). Filósofo, poeta y filólogo alemán.

Todo viejo amor es un recuerdo agradable mientras no interviene la persona que lo inspiró.

Noel Clarasó (1905-1985). Escritor español.

Todos hemos nacido para el amor... Es el principio de nuestra existencia, como también es el fin.

Benjamin Disraeli (1804-1881). Escritor británico.

Todos los problemas tienen la misma raíz: el miedo, que desaparece gracias al amor; pero el amor nos da miedo.

Anónimo.

Un amante apasionado ama hasta los defectos de la persona a quien ama.

Jean Baptiste Poquelin Molière (1622-1673). Dramaturgo y actor francés.

Un amor apasionado es una especie de comedia de dos personajes, que tratan de vencer al público de su amor.

Ninón de Lenclos (1620-1705). Cortesana francesa.

Un beso es algo que no se puede dar sin recibir.
Anónimo.

Un hombre no aprende a comprender nada a no ser que lo ame.
Johann Wolfgang von Goethe (1749-1832). Poeta, novelista y dramaturgo alemán.

Un hombre no conquista, no seduce, ni tampoco enamora a una mujer. Una mujer se deja conquistar, se deja seducir y se deja enamorar.
Anónimo.

Un hombre y una mujer verdaderamente enamorados es el único espectáculo de este mundo digno de ofrecer a los dioses.
Johann Wolfgang von Goethe (1749-1832). Poeta, novelista y dramaturgo alemán.

Un loco enamorado sería capaz de hacer fuegos artificiales con el sol, la luna y las estrellas, para recuperar a su amada.
Johann Wolfgang von Goethe (1749-1832). Poeta, novelista y dramaturgo alemán.

Un niño es un amor que se ha hecho visible.
Friedrich Leopold von Hardenberg Novalis (1772-1801). Poeta alemán.

Una ciudad es un mundo si amamos a uno de sus habitantes.
Lawrence Durrell (1912-1990). Novelista y poeta británico.

Una mirada, un suspiro, el silencio, son suficientes para explicar el amor.
Jean Baptiste Poquelin Molière (1622-1673). Dramaturgo y actor francés.

Una palabra nos libra de todo el peso y el dolor de la vida. Esa palabra es: amor.
Sófocles (496-406 a.C.). Dramaturgo ateniense.

Uno debería estar siempre enamorado. Por eso jamás deberíamos casarnos.
Oscar Wilde (1854-1900). Novelista, poeta, crítico literario y autor teatral irlandés.

Vivimos en el mundo cuando amamos. Sólo una vida vivida para los demás merece la pena ser vivida.
Albert Einstein (1879-1955). Científico estadounidense de origen alemán.

Y aquel amor que es honesto/ es el que es perfecto amor.
Francisco de Rojas Zorrilla (1607-1648). Dramaturgo español.

Yo amo a aquel que desea lo imposible.
Johann Wolfgang von Goethe (1749-1832). Poeta, novelista y dramaturgo alemán.

Yo no te digo que el amor no haga daño, lo que te digo es que estoy resuelto a amar mientras viva, a amar siempre, siempre...
Amado Nervo (1870-1919). Poeta y escritor mexicano.

Yo también me he enamorado, pero en el fondo esta pasión venía preparada por la mamá y las costureras. Si mi mujer hubiese ido metida en un saco informe, nunca me habría enamorado de ella.
León Tolstoi (1828-1910). Escritor ruso.

Al principio todos los pensamientos pertenecen al amor. Después todo el amor pertenece a los pensamientos.
Albert Einstein (1879-1955). Científico estadounidense de origen alemán.

Amar consiste en encontrar en la felicidad de otro la propia felicidad.
Gottfried Wilhelm Leibniz (1646-1716). Filósofo y matemático alemán.

Amar es el más poderoso hechizo para ser amado.
Baltasar Gracián y Morales (1601-1658). Jesuita y escritor español.

Conocer el amor de los que amamos es el fuego que alimenta la vida.
Pablo Neruda (1904-1973). Poeta chileno.

Cuando el amor desenfrenado entra en el corazón, va royendo todos los demás sentimientos; vive a expensas del honor, de la fe y de la palabra dada.
Alejandro Dumas (1802-1870). Novelista y dramaturgo francés.

Cuando el amor es feliz lleva al alma a la dulzura y a la bondad.
Víctor Hugo (1802-1885). Escritor francés.

Cuando se quiere dar amor, hay un riesgo: el de recibirlo.
Jean Baptiste Poquelin Molière (1622-1673). Dramaturgo y actor francés.

Donde reina el amor, sobran las leyes.
Platón (428-347 a.C.). Filósofo griego.

Dulce amor el alcanzado con dificultades.
W. C. Fields (1880-1946). Comediante estadouniense.

El amor a la vida es esencialmente tan incomunicable como el dolor.
Francis Scott Fitzgerald (1896-1940). Escritor estadounidense.

El amor auténtico se encuentra siempre hecho. En este amor un ser queda adscrito de una vez para siempre y del todo a otro ser. Es el amor que empieza con el amor.
José Ortega y Gasset (1883-1955). Filósofo español.

El amor consiste en sentir que el ser sagrado late dentro del ser querido.
Platón (428-347 a.C.). Filósofo griego.

El amor en los hombres reflexivos, callados y virtuosos, prende, casi siempre, con fortaleza.
Armando Palacios Valdés (1853-1938). Escritor español.

El amor es así, como el fuego; suelen ver antes el humo los que están fuera, que las llamas los que están dentro.
Jacinto Benavente (1866-1954). Dramaturgo y crítico español.

El amor es ciego, pero los vecinos no.
Noel Clarasó (1905-1985). Escritor español.

El amor es como la fiebre: nace y se extingue sin que la voluntad tome en ello la menor parte.

Marie Henri Beyle Stendhal (1783-1842). Novelista y ensayista francés.

El amor es como la salsa mayonesa: cuando se corta, hay que tirarlo y empezar otro nuevo.

Enrique Jardiel Poncela (1901-1952). Escritor español.

El amor es como las cajas de cerillas, que desde el primer momento sabemos que se nos tiene que acabar, y se nos acaba cuando menos lo esperamos.

Enrique Jardiel Poncela (1901-1952). Escritor español.

El amor es como los columpios, porque casi siempre empieza siendo diversión y casi siempre acaba dando náuseas.

Enrique Jardiel Poncela (1901-1952). Escritor español.

El amor es el arquitecto del universo.

Hesiodo de Ascra (siglo VIII a.C.). Poeta griego.

El amor es el único deporte que no se interrumpe por falta de luz.

Noel Clarasó (1905-1985). Escritor español.

El amor es física y química.

Severo Ochoa (1905-1993). Premio Nobel 1959, médico y bioquímico español.

El amor es la poesía de los sentidos. Pero hay poesías malísimas.

Antonio Gala (1937). Escritor español.

El amor es la única cosa de este mundo que no quiere más comprador que a sí mismo.

Friedrich von Schiller (1759-1805). Poeta, dramaturgo y filósofo alemán.

El amor es más bien el dios de las sensaciones que el dios de los sentimientos.

Ninón de Lenclos (1620-1705). Cortesana francesa.

El amor es un crimen que no puede realizarse sin cómplice.

Charles Baudelaire (1821-1867). Poeta francés.

El amor es un niño grande; las mujeres, su juguete.

Severo Catalina y del Amo (1832-1871). Escritor español.

El amor es un punto de acuerdo entre un hombre y una mujer que están es desacuerdo en todo lo demás.

Enrique Jardiel Poncela (1901-1952). Escritor español.

El amor es una bellísima flor, pero hay que tener el coraje de ir a recogerla al borde de un precipicio.

Marie Henri Beyle Stendhal (1783-1842). Novelista y ensayista francés.

El amor es una comedia en un acto: el sexual.

Enrique Jardiel Poncela (1901-1952). Escritor español.

El amor es una fuente inagotable de reflexiones: profundas como la eternidad, altas como el cielo y grandiosas como el universo.
Alfred de Vigny (1797-1863). Escritor francés.

El amor nace de un flechazo; la amistad del intercambio frecuente y prolongado.
Octavio Paz (1914-1998). Escritor mexicano.

El amor no sólo debe ser una llama, sino una luz.
Henry David Thoreau (1817-1862). Escritor, poeta y pensador estadounidense.

El amor propio es el peor de los aduladores.
François de La Rochefoucauld (1613-1680). Político y escritor francés.

El amor sólo se da entre personas virtuosas.
Aristóteles (384 a.C.-322a.C). Filósofo griego.

El amor verdadero no espera a ser invitado, antes él se invita y se ofrece primero.
Fray Luis de León (1527-1591). Poeta y místico español.

El amor y la amistad se excluyen mutuamente.
Jean de la Bruyere (1645-1696). Filósofo y escritor francés.

El amor, a quien pintan, ciego es vidente y perspicaz porque el amante ve cosas que el indiferente no ve y por eso ama.
José Ortega y Gasset (1883-1955). Filósofo español.

El amor, tal como se practica hoy en la sociedad, no es más que un intercambio de dos fantasías y el contacto de dos epidermis.
Sébastien-Roch Nicolás Chamfort (1740-1794). Escritor francés.

El deseo muere automáticamente cuando se logra: fenece al satisfacerse. El amor en cambio, es un eterno insatisfecho.
José Ortega y Gasset (1883-1955). Filósofo español.

El verdadero amor es como los espíritus: todos hablan de ellos, pero pocos los han visto.
François de La Rochefoucauld (1613-1680). Político y escritor francés.

El verdadero paraíso no está en el cielo, sino sobre la boca de la mujer amada.
Théophile Gautier (1811-1872). Poeta y novelista francés.

Enamorarse es exagerar enormemente la diferencia entre una mujer y otra.
George Bernard Shaw (1856-1950). Escritor irlandés.

Enamorarse es sentirse encantado por algo, y algo sólo puede encantar si es o parece ser perfección.
José Ortega y Gasset (1883-1955). Filósofo español.

Es propio del amor si es verdadero, compendiar en un ser el mundo entero.
Ramón de Campoamor (1817-1901). Poeta Español.

Espantoso juego del amor, en el cual es preciso que uno de ambos jugadores pierda el gobierno de sí mismo.

Charles Baudelaire (1821-1867). Poeta francés.

Existe, en verdad, un magnetismo, o más bien una electricidad del amor, que se comunica por el solo contacto de las yemas de los dedos.

Fernando Galiani el Abate (1728-1787). Diplomático y economista italiano.

Hay amor propio en el amor como hay interés personal en la amistad.

George Sand (Amandine Aurore Lucie Dupin) (1804-1876). Escritora francesa.

Ir sin amor por la vida es como ir al combate sin música, como emprender un viaje sin un libro, como ir por el mar sin estrella que nos oriente.

Marie Henri Beyle Stendhal (1783-1842). Novelista y ensayista francés.

La mayor declaración de amor es la que no se hace; el hombre que siente mucho, habla poco.

Platón (428-347 a.C.). Filósofo griego.

La única fuerza y la única verdad que hay en esta vida es el amor. El patriotismo no es más que amor, la amistad no es más que amor.

José Martí (1853-1895). Político y escritor cubano.

Lo malo del amor es que muchos lo confunden con la gastritis y, cuando se han curado de la indisposición, se encuentran con que se han casado.

Groucho Marx (1890-1976). Actor estadounidense.

Los amores son como las setas, que no sabe uno si son venenosas hasta que ya las ha comido y es demasiado tarde.

Tristan Bernard (1866-1947). Escritor francés.

Los platónicos olvidan excesivamente que el amor es una física antes de ser un ensueño.

Remy de Gourmont (1858-1915). Escritor y crítico francés.

Nada domina al amor, y el amor domina todas las cosas.

Jean de La Fontaine (1621-1695). Novelista y fabulista francés.

No hay disfraz que pueda largo tiempo ocultar el amor donde lo hay, ni fingirlo donde no lo hay.

François de La Rochefoucauld (1613-1680). Político y escritor francés.

No hay sentimiento que valga; el amor es una ocupación como otra cualquiera.

Jacinto Benavente (1866-1954). Dramaturgo y crítico español.

No ser amado es sólo cuestión de suerte; la verdadera desgracia es no poder amar.

Herman Hesse (1877-1962). Escritor alemán. Premio Nobel de Literatura (1947).

Ouida amaba a lord Lytton con un amor que convirtió la vida de él en un infierno.

Oscar Wilde (1854-1900). Novelista, poeta, crítico literario y autor teatral irlandés.

Pueden amar los pobres, los locos y hasta los falsos, pero no los hombres ocupados.

John Donne (1572-1631). Poeta, prosista y clérigo inglés.

Quien en zarzas y amores se metiere, entrará cuando quiera, mas no saldrá cuando quisiere.

Plutarco (46-125). Biógrafo y ensayista griego.

Quien puede decir cuánto ama, pequeño amor siente.

Francesco Petrarca (1304-1374). Poeta y humanista italiano.

Si no te quieren como tú quieres que te quieran, ¿qué importa que te quieran?

Amado Nervo (1870-1919). Poeta y escritor mexicano.

Si quieres ser amado, ama y sé amable.

Benjamín Franklin (1706-1790). Político, filósofo y científico estadounidense.

Si tú me amaras y no te amase, ¡cómo nos amaríamos!

Paul Géraldy (1885-1983). Poeta y escritor francés.

Siempre gana quien sabe amar.

Herman Hesse (1877-1962). Escritor alemán. Premio Nobel de Literatura (1947).

Sólo el que no ama está exento de dolor, pero quien a nadie ni a nada ama está muerto.

Anónimo.

Sólo hay una especie de amor, pero existen mil copias diferentes.

François de La Rochefoucauld (1613-1680). Político y escritor francés.

Uno está enamorado cuando se da cuenta de que otra persona es única.

Jorge Luis Borges (1899-1986). Escritor argentino.

Ángeles

Los ángeles necesitan un cuerpo supuesto, no por ellos mismos sino para beneficio de nosotros.

Santo Tomás de Aquino (1225-1274). Teólogo italiano.

Los ángeles pueden volar porque se toman a sí mismos a la ligera.

Gilbert Keith Chesterton (1874-1936). Escritor inglés.

Yo tenía una ambición, la misma de los ángeles caídos; y subí y subí hasta que ascendí al infierno.

William Morris Davis (1850-1934). Geógrafo, geólogo y meteorólogo estadounidense.

Angustia

¿Qué significa unirse con otro? La voluptuosidad no es más que un encarnizamiento fugaz. Nunca se llega a la posesión; y siempre la angustia presencia. Nuestra desgracia es no saber permanecer solos en una habitación, siendo así que sólo en la soledad podemos librarnos de los muchos seres que cada uno de nosotros lleva en sí.
    François Mauriac (1885-1970). Escritor francés galardonado con el premio Nobel.

Cuando los autos piensen, los Rolls-Royce estarán más angustiados que los taxis.
    Henri Michaux (1899-1984). Poeta francés.

Dios libra de la angustia al justo, y en su lugar pone al malvado.
    Salomón (970-931 a.C.). Rey israelita.

La angustia es el vértigo de la libertad.
    Sören Aabye Kierkegaard (1813-1855). Filósofo danés.

Si me quitan mi angustia, ¿qué me queda?
    Amado Nervo (1870-1919). Poeta y escritor mexicano.

La angustia es la disposición fundamental que nos coloca ante la nada.
    Martin Heidegger (1889-1976). Filósofo alemán.

Animales

Cuando juego con mi gata ¿quién sabe si ella no me hace más deportista a mí que yo a ella?
    Michel Eyquem de la Montaigne (1533-1592). Ensayista francés.

¿Difiere el hombre de los otros animales? Sólo en la postura. Los otros caminan encorvados mientras que el hombre se mantiene rígido.
    La Biblia.

El perro hizo del hombre su Dios, si el perro fuera ateo sería perfecto.
    Paul Ambroise Valéry (1871-1945). Escritor francés.

Hay quien ama a los animales y a las flores porque es incapaz de entenderse con las personas.
    Sigrid Unsedt (1882-1949). Novelista noruega.

Mi gata no me habla tan respetuosamente como yo a ella.
    Colette (Sidonie Gabrielle Claudine) (1873-1954). Novelista francesa.

Muchos aman a los animales porque creen que el cariño de éstos es desinteresado, pero se engañan.
    Isabel de Rumania (Carmen Sylva) (1843-1916). Reina de Rumania.

No importa lo elocuente que ladre un perro; nunca podrá decirte que sus padres fueron pobres pero honestos.
    Bertrand Russell (1872-1970). Matemático y filósofo británico.

Todos los animales son iguales, pero algunos más iguales que los demás.
George Orwell (1903-1950). Escritor inglés.

Un país, una civilización se puede juzgar por la forma en que trata a sus animales.
Mohandas Karamchand Gandhi (1869-1948). Líder político y espíritual hindú.

Ánimo

Cabalgar, viajar y cambiar de lugar recrean el ánimo.
Séneca Anneo (3 a.C.- 65 d.C.). Filósofo latino.

Cada vez que perdemos ánimo, perdemos muchos días de nuestra vida.
Maurice Maeterlinck (1862-1949). Escritor belga.

El ánimo alegre mantiene la edad florida, la tristeza del espíritu deseca los huesos.
La Biblia.

La mejor medicina es un ánimo gozoso.
Salomón (970-931 a.C.). Rey israelita.

Nunca está más elevado el ánimo que cuando ha encontrado un trabajo adecuado.
Alexander von Humboldt (1769-1859). Naturista y geógrafo alemán.

Si andas enredado en pleitos, no es posible que tengas un corazón sosegado ni tranquilidad de ánimo; tus pensamientos serán tu verdugo interior.
San Agustín (354-430). Obispo, filósofo y Padre de la Iglesia Latina.

Apariencia

Dios os ha dado una cara y vosotros os hacéis otra.
William Shakespeare (1564-1616). Poeta y autor teatral inglés.

El aspecto exterior pregona muchas veces la condición interior del hombre.
William Shakespeare (1564-1616). Poeta y autor teatral inglés.

El traje denota muchas veces al hombre.
William Shakespeare (1564-1616). Poeta y autor teatral inglés.

Escojo a mis amigos por su buena apariencia, a mis conocidos por su carácter y a mis enemigos por su razón.
Oscar Wilde (1854-1900). Novelista, poeta, crítico literario y autor teatral irlandés.

No andes, Sancho, desceñido y flojo; que el vestido descompuesto da indicios de ánimo desmazalado.
Miguel de Cervantes (1547-1616). Dramaturgo, poeta y novelista español.

No es tan fiero el león como lo pintan.
George Herbert Mead (1863-1931). Filósofo y psicólogo social estadounidense.

Nunca hay una segunda oportunidad de causar una buena primera impresión.
David Niven (1909-1983). Actor británico.

Para formar un caballero se necesitan varias cosas; ante todo visitar al peluquero.
Oliver Goldsmith (1730-1774). Escritor anglo-irlandés.

Pocos ven lo que somos, pero todos ven lo que aparentamos.
Nicolás Maquiavelo (1469-1527). Historiador y filósofo político italiano.

Se recibe a los hombres según el vestido que llevan, pero se les sale a despedir según el talento que han demostrado.
Saadi. Musil-al-Din (1184-1283). Poeta persa.

Aprendizaje

Aprender a ver es el aprendizaje más largo en todas las artes.
Edmond Huot de Goncourt (1822-1896). Escritor francés.

Aprender no es otra cosa que acordarse.
Sócrates (470-399 a.C.). Filósofo griego.

Aquellos que nada han aprendido no han olvidado nada.
Charles Louis Etienne Chevalier de Panat (1762-1834). Oficial naval francés.

Debes aprender mientras dure tu ignorancia; si creemos al dicho, mientras dure tu vida.
Séneca Anneo (3 a.C.- 65 d.C.). Filósofo latino.

Arrepentimiento

El arrepentimiento es el remordimiento aceptado.
Séneca Anneo (3 a.C.- 65 d.C.). Filósofo latino.

El arrepentimiento no es tanto el pesar por el mal que hemos hecho como el temor al mal que puede sobrevenirnos como consecuencia.
François de La Rochefoucauld (1613-1680). Político y escritor francés.

La sabiduría viene de escuchar; de hablar, el arrepentimiento.
Proverbio italiano.

No arrepentirse ni hacer reproches a los demás, son los pasos de la sabiduría.
Denis Diderot (1713-1784). Filósofo y escritor francés.

Se arrepiente en espinas el que duerme en cama de rosas.
Francis Qarles (1592-1644). Poeta inglés.

Un buen arrepentimiento es la mejor medicina que tienen las enfermedades del alma.
Miguel de Cervantes (1547-1616). Dramaturgo, poeta y novelista español.

Una contricción es más eficaz que mil flagelaciones. No hay cosa peor que reconocer la culpa y llorarla.

San Isidoro de Sevilla (560-636). Teólogo español.

Vale más actuar exponiéndose a arrepentirse de ello, que arrepentirse de no haber hecho nada.

Giovanni Boccaccio (1313-1375). Poeta y humanista italiano.

Vale más hacer y arrepentirse, que no hacer y arrepentirse.

Nicolás Maquiavelo (1469-1527). Historiador y filósofo político italiano.

Arte

A Picasso, hasta los que le detestan, le soportan, porque nunca usa el talento. Sólo usa el genio. Sus obras nunca son pensamientos. Son actos.

Jean Cocteau (1889-1963). Escritor francés.

Ahora puedo decir que el arte es una tontería.

Arthur Rimbaud (1854-1891). Poeta francés.

Ama el arte. De todas las mentiras es, cuando menos, la menos falaz.

Gustave Flaubert (1821-1880). Novelista francés.

Amad al arte por sí y entonces todo lo demás se os dará por añadidura.

Oscar Wilde (1854-1900). Novelista, poeta, crítico literario y autor teatral irlandés.

Cada vez que las facultades humanes alcanzan su plenitud, necesariamente se expresan mediante el arte.

John Ruskin (1819-1900). Escritor británico.

Ciertamente, Whistler es uno de los grandes maestros de la pintura, en mi opinión. Y he de añadir que el mismo Mr. Whistler está completamente de acuerdo con esta opinión.

Oscar Wilde (1854-1900). Novelista, poeta, crítico literario y autor teatral irlandés.

Cuando un gran artista logra confesarse, la humanidad se está confesando en él.

Juan José Arreola (1918-2001). Actor y narrador mexicano.

El arte consiste en ocultar el artificio.

Charles Chaplin (1889-1977). Actor, productor y director inglés.

El arte de escribir consiste en decir mucho con pocas palabras.

Anton Chejov (1860-1904). Dramaturgo y autor de relatos ruso.

El arte de la pintura consiste en aclarar y oscurecer los tonos sin decorarlos.

Anatole France (1844-1924). Novelista y premio Nobel francés.

El arte de revolucionar y modificar los estados consiste en socavar las costumbres establecidas retrocediendo hasta sus orígenes para poner de manifiesto su falta de justicia.

Blaise Pascal (1623-1662). Matemático, físico y teólogo francés.

El arte de vivir consiste en sacrificar una pasión baja a otra pasión más alta. Pero mucha gente sólo siente las pasiones bajas, medianas, y no saben nada de este sacrificio porque nunca han sentido las pasiones elevadas y no han tenido paz.
François Mauriac (1885-1970). Escritor francés galardonado con el premio Nobel.

El arte es algo indefinible, aun para aquellos que tienen la capacidad para crearlo.
José Clemente Orozco (1883-1949). Pintor muralista mexicano.

El arte es como una enfermedad.
Giacomo Puccini (1858-1924). Compositor italiano.

El arte es difícil, transitoria su recompensa.
Friedrich von Schiller (1759-1805). Poeta, dramaturgo y filósofo alemán.

El arte es duradero, y el tiempo es veloz.
Henry W. Longfellow (1807-1882). Poeta estadounidense.

El arte es esencialmente el arte de mentir.
Jorge Cuesta (1904-1942). Poeta y crítico mexicano.

El arte es inútil, pero el hombre es incapaz de prescindir de lo inútil.
Eugene Ionesco (1912-1994). Dramaturgo francés de origen rumano.

El arte es la expresión del deleite del hombre en la obra de Dios, no en la propia.
John Ruskin (1819-1900). Escritor británico.

El arte es la expresión de los más profundos pensamientos por el camino más sencillo.
Albert Einstein (1879-1955). Científico estadounidense de origen alemán.

El arte es la filosofía que refleja un pensamiento.
Antoni Tàpies (1923-). Pintor y escultor español.

El arte es la firma de la civilización.
Beverly Sills (1929-). Soprano estadounidense.

El arte es la forma más intensa de individualismo que el mundo ha conocido.
Oscar Wilde (1854-1900). Novelista, poeta, crítico literario y autor teatral irlandés.

El arte es la mentira que nos permite comprender la verdad.
Pablo Ruiz Picasso (1881-1973). Pintor y escultor español.

El arte es la perfección de la naturaleza.
Thomas Browne (1605-1682). Médico y escritor inglés.

El arte es la única salvación de México.
José Vasconcelos (1882-1959). Filósofo, educador y político mexicano.

El arte es la verdad, porque crea lo que debe ser.

Simon Bolívar (1783-1830). Militar y político venezolano.

El arte es largo, la vida breve, la ocasión fugitiva, la experiencia falaz, el juicio dificultoso. No basta que el médico haga por su parte cuanto debe hacer, si por otro lado no concurren al mismo objeto, los asistentes y demás circunstancias exteriores.

Hipócrates (c. 460-c. 377 a.C.). Considerado el padre de la medicina.

El arte es plagiador o revolucionario.

Paul Gauguin (1859-1941). Pintor francés.

El arte es profundamente humano y está cargado de bondades, defectos y errores de hombre.

Juan Soriano (1920-). Escultor y pintor mexicano.

El arte es siempre más vasto que cualquier teoría y no debe limitarse a la estricta contención de éstas.

Juan García Ponce (1932-2003). Escritor y crítico de arte mexicano.

El arte es sobre todo un estado del alma.

Marc Chagall (1887-1985). Pintor ruso.

El arte es un medio propicio para palpar el estado de ánimo de una época.

Raúl Cardiel Reyes (1915-). Escritor mexicano.

El arte es una evasión, no una demostración.

André Maurois (1885-1967). Escritor francés.

El arte es una evocadora y refinada traducción de los materiales del mundo.

Gwendolyn Brooks (1917-2000). Poetisa estadounidense.

El arte es, de todas las mentiras, la que engaña menos.

Gustave Flaubert (1821-1880). Novelista francés.

El arte ha de ser, ante todo, un halago a los sentidos.

Martín Luis Guzmán (1887-1976). Novelista y político mexicano.

El arte ha muerto. Su fantasma esta más vivo que nunca.

José Emilio Pacheco (1939-). Escritor mexicano.

El arte jamás ha de intentar ser popular. El público es el que ha de intentar ser artista.

Oscar Wilde (1854-1900). Novelista, poeta, crítico literario y autor teatral irlandés.

El arte nace en el cerebro y no en el corazón.

Honorato De Balzac (1799-1850). Escritor francés.

El arte necesita o soledad, o miseria, o pasión. Es una flor de roca, que requiere el viento áspero y el terreno duro.

Alejandro Dumas (hijo) (1824-1895). Escritor francés.

El arte no es una cosa sino un camino.
Elbert Hubbard (1856-1915). Escritor y editor estadounidense.

El arte no es una inspiración que nace del hombre, sino un sistema que incorpora al hombre a la ley de su destino en la tierra y en el cielo.
José Vasconcelos (1882-1959). Filósofo, educador y político mexicano.

El arte opera siempre como un juego que se da a sí mismo sus leyes, se pone sus obstáculos, para después irlos venciendo.
Alfonso Reyes (1889-1959). Escritor mexicano.

El arte por el arte.
Víctor Cousin (1792-1867). Filósofo e historiador francés.

El arte procede a través de la emoción, y no de la racionalización; procede a través de la imagen, y no a través del concepto.
Juan García Ponce (1932-2003). Escritor y crítico de arte mexicano.

El arte rompe la ley cósmica, implica su primera excepción, su contingencia de lo humano, es otra ley de la existencia.
Antonio Caso (1883-1946). Filósofo y escritor mexicano.

El arte sacude del alma el polvo acumulado en la vida diaria.
Pablo Ruiz Picasso (1881-1973). Pintor y escultor español.

El arte sobrevive a las sociedades que lo crean. Es la cresta visible de ese iceberg que es cada civilización hundida.
Octavio Paz (1914-1998). Escritor mexicano.

El arte y la ciencia tienen su punto de reunión en el método.
Edward Robert Bulwer-Lytton (1831-1891). Poeta y diplomático inglés.

El arte y la literatura son la emanación moral de la civilización, la espiritual erradicación de los pueblos.
Giosuè Carducci (1835-1907). Poeta, crítico y profesor italiano.

El artista crea sus propios mitos y el más importante de estos es el mito de sí mismo.
José Luis Cuevas (1934-). Dibujante, grabador, ilustrador, escritor mexicano.

El artista hace el bien haciendo bien las cosas.
José Emilio Pacheco (1939-). Escritor mexicano.

El auténtico creador desdeña la técnica entendida como un fin y no como un medio.
Charles Chaplin (1889-1977). Actor, productor y director inglés.

El deleite ante la expresión artística figura acaso entre los atributos más altos del espíritu humano.
Carlos Chávez (1899-1978). Compositor y director de orquesta mexicano.

El escultor piensa en mármol.
Oscar Wilde (1854-1900). Novelista, poeta, crítico literario y autor teatral irlandés.

El gran arte es tan irracional como la grande música. Está borracho de su propia belleza.
George Jean Nathan (1882-1958). Autor, editor y crítico estadounidense.

El hombre camina por el arte hacia el paraíso de libertad de donde procede.
Alberto Bonifaz Nuño (1911-). Escritor mexicano.

El hombre tiene una nostalgia de la creación; no se conforma con vivir sino que también necesita crear.
Juan José Arreola (1918-2001). Actor y narrador mexicano.

El lenguaje del arte eleva y acerca a los hombres.
Jaime Torres Bodet (1902-1974). Escritor y político.

El mayor artista es aquel que en la suma de sus obras ha incorporado el mayor número de sus mejores ideas.
John Ruskin (1819-1900). Escritor británico.

El misterio es el elemento clave de toda obra de arte.
Luis Buñuel (1900-1983). Cineasta español.

El misterio es la cosa más bonita que podemos experimentar. Es la fuente de todo arte y ciencia verdaderos.
Albert Einstein (1879-1955). Científico estadounidense de origen alemán.

El mundo está lleno de pequeñas alegrías; el arte consiste en saber distinguirlas.
Li Tai Po (701-762). Poeta chino.

El pensamiento es la principal facultad del hombre, y el arte de expresar los pensamientos es la primera de las artes.
Étienne Bonnot de Condillac (1715-1780). Filósofo francés.

El pintor Gauguin abandona mujer, hijos y fortuna para vivir solo en Tahití, y poder allí ser él mismo. Pero su fuga es un signo de debilidad. Un creador verdaderamente fuerte impone a su mujer y su familia el respeto a la creación.
André Maurois (1885-1967). Escritor francés.

El problema del arte consiste en untar el espíritu a la materia, en tratar de detenerlo.
Juan José Arreola (1918-2001). Actor y narrador mexicano.

El público utiliza los clásicos de un país como un medio de contrarrestar el progreso del arte. Rebajan las obras clásicas a las categorías de autoridades. Las emplean a manera de garrotes para impedir la libre expresión de la belleza en nuevas formas.
Oscar Wilde (1854-1900). Novelista, poeta, crítico literario y autor teatral irlandés.

El que en un arte ha llegado a maestro puede prescindir de las reglas.
Arturo Graf (1848-1913). Escritor y poeta italiano.

El que sabe leer sabe ya la más difícil de las artes.
Jacques Duclós (1896-1975). Escritor francés.

El teatro no es otra cosa que la vida llevada al arte.
Salvador Novo (1904-1974). Poeta mexicano.

El tema en el arte, es sólo un medio y no un fin.
José Clemente Orozco (1883-1949). Pintor muralista mexicano.

El único autógrafo digno de un hombre es el que deja escrito con sus obras.
José Martí (1853-1895). Político y escritor cubano.

El verdadero artista todo lo saca de su corazón.
Antiguo texto náhuatl.

En arte, lo que al público le gusta es, sobre todo, lo que reconoce.
André Gide (1869-1951). Escritor francés.

En el arte como en el amor la ternura es lo que da la fuerza.
Oscar Wilde (1854-1900). Novelista, poeta, crítico literario y autor teatral irlandés.

En el hombre moderno, el arte puede ser un remedio para atenuar o curar su angustia metafísica ante la nada.
Samuel Ramos (1897-1956). Filósofo mexicano.

En el Renacimiento se produce el enlace, casi único, entre fuerza y belleza, valor y carencia de preocupaciones; el gran arte de no temer la muerte y, sin embargo, amar sensualmente la vida.
Stefan Zweig (1881-1942). Escritor y pacifista austriaco.

En los mejores días del arte no existían los críticos del arte.
Oscar Wilde (1854-1900). Novelista, poeta, crítico literario y autor teatral irlandés.

En realidad, el arte no es el pan, sino el vino de la vida.
Jean Paul Richter (1763-1825). Escritor alemán.

En toda obra de arte hay un proceso de magia.
José Luis Cuevas (1934-). Dibujante, grabador, ilustrador, escritor mexicano.

Es difícil decir si el delirio de grandeza se muestra al criticar las obras de belleza.
Alexander Pope (1688-1744). Escritor inglés.

Es funesto que nos acostumbremos a reconocer como ejemplos de sana belleza algunas obras clásicas, que acaso son objetivamente muy valiosas, pero que no causan deleite.
José Ortega y Gasset (1883-1955). Filósofo español.

Hasta hace poco en Estados Unidos la danza era la Cenicienta pobre de las artes.

Shana Alexander (1925-). Escritora y comentarista estadounidense.

Hay más divinidad en el arte que en la ciencia; la ciencia descubre, el arte crea.

John Opie (1761-1807). Pintor inglés.

Hay quienes siempre atribuyen un significado social a mi obra. No lo tiene. Dejo esos temas para la plataforma de los discursos. Entretener es mi primera preocupación.

Charles Chaplin (1889-1977). Actor, productor y director inglés.

Hoy la función del artista es darle imaginación a la ciencia y ciencia a la imaginación.

Cyril Connolly (1903-1974). Escritor y editor inglés.

La arquitectura es una música congelada.

Arthur Schopenhauer (1788-1860). Filósofo alemán.

La belleza artística no consiste en representar una cosa bella, sino en la bella representación de una cosa.

Immanuel Kant (1724-1804). Filósofo alemán.

La buenas intenciones pueden tener valor en un sistema ético; pero en arte, no. No basta tenerlas; se ha de realizar la obra.

Oscar Wilde (1854-1900). Novelista, poeta, crítico literario y autor teatral irlandés.

La calidad de un pintor depende de la cantidad de pasado que lleve consigo.

Pablo Ruiz Picasso (1881-1973). Pintor y escultor español.

La creación artística es el contacto con los demás, la unión comprensiva y amorosa.

David Alfaro Siqueiros (1896-1974). Pintor y muralista mexicano.

La crítica es fácil y el arte es difícil.

Louis-Ferdinand Céline (1894-1961). Escritor y médico francés.

La fealdad quedó instaurada por primera vez en el arte al ser exhibido el primer retrato del hombre.

Oscar Wilde (1854-1900). Novelista, poeta, crítico literario y autor teatral irlandés.

La finalidad del arte es dar cuerpo a la esencia secreta de las cosas, no el copiar su apariencia.

Aristóteles (384 a.C.-322a.C). Filósofo griego.

La gran obra de arte es aquella en que todos los elementos son de igual altura y calidad.

Carlos Chávez (1899-1978). Compositor y director de orquesta mexicano.

La imaginación es nostalgia por el pasado, por el ausente; es la solución líquida en la que el arte revela una toma de la realidad.
Cyril Connolly (1903-1974). Escritor y editor inglés.

La mentira, es decir, el relato de las bellas cosas falsas, constituye el fin mismo del arte.
Oscar Wilde (1854-1900). Novelista, poeta, crítico literario y autor teatral irlandés.

La música despierta en nosotros diversas emociones, pero no las más terribles, sino más bien los pensamientos dulces de ternura y amor.
Charles Darwin (1809-1882). Naturalista británico.

La obra de arte es una señal de inteligencia en que se intercambian el sentido y el sinsentido.
Octavio Paz (1914-1998). Escritor mexicano.

La observación de la naturaleza y la meditación han generado el arte.
Marco Tulio Cicerón (106-43 a.C.). Escritor, político y orador romano.

La opinión de los viejos en materia de arte no tiene ningún valor.
Oscar Wilde (1854-1900). Novelista, poeta, crítico literario y autor teatral irlandés.

La perfección es muerte; la imperfección es el arte.
Manuel Vicent (1936-). Escritor español.

La pintura es más fuerte que yo, siempre consigue que haga lo que ella quiere.
Pablo Ruiz Picasso (1881-1973). Pintor y escultor español.

La pintura es poesía muda; la poesía pintura ciega.
Leonardo Da Vinci (1452-1519). Artista florentino.

La pintura es un libro; hay que leerlo dando vuelta lentamente a las páginas.
José Clemente Orozco (1883-1949). Pintor muralista mexicano.

La pintura se aprende en los museos.
Pierre Auguste Renoir (1841-1919). Pintor francés.

La verdadera cuna de un gran artista es el mundo entero.
Jaime Torres Bodet (1902-1974). Escritor y político.

La vida imita al arte mucho más que el arte imita a la vida.
Oscar Wilde (1854-1900). Novelista, poeta, crítico literario y autor teatral irlandés.

Las obras de arte viven en medio de una soledad finita, y por nada son tan pocos accesibles como por la crítica. Sólo el amor alcanza a comprenderlas y hacerlas suyas.
Rainer Maria Rilke (1875-1926). Poeta alemán.

Las tendencias de los artistas deben ir dirigidas no a conquistar el vulgo, sino a transformarlo.
Gustavo E. Campa (1863-1934). Compositor mexicano.

Llamamos bella a una obra de arte cuando la expresión que encierra, producida por las emociones, sentimientos e ideas del autor, es afín y correspondiente a la emoción, sentimientos e ideas del espectador.

Carlos Chávez (1899-1978). Compositor y director de orquesta mexicano.

Llamar morboso a un artista porque trata asuntos morbosos, sería tan absurdo como llamar loco a Shakespeare porque escribió El Rey Lear.

Oscar Wilde (1854-1900). Novelista, poeta, crítico literario y autor teatral irlandés.

Lo ideal, sentido con profundidad y expresado con belleza: he ahí el arte.

Emilio Castelar (1832-1899). Político español, presidente de la I República (1873).

Los actores somos los seres más vulnerables del mundo; nuestro estado de ánimo depende del público y de la crítica.

Ariadna Gil (1969-). Actriz española.

Los buenos pintores han sido precisamente aquellos que se rebelaron contra sus concepciones, métodos y prácticas rutinarios.

David Alfaro Siqueiros (1896-1974). Pintor y muralista mexicano.

Los cantantes vienen y van, pero si eres buen actor puedes durar largo tiempo.

Elvis Presley (1930-). Cantante y actor estadounidense.

Los críticos son los hombres que han fracasado en la literatura y las artes.

Benjamin Disraeli (1804-1881). Escritor británico.

Los espejos se emplean para verse la cara; el arte para verse el alma.

George Bernard Shaw (1856-1950). Escritor irlandés.

Mientras el arte sea la sala de la belleza de la civilización, ni el arte ni la civilización son seguros.

John Dewey (1859-1952). Filósofo y educador estadounidense.

Ningún gran artista ve las cosas como son en realidad; si lo hiciera, dejaría de ser artista.

Oscar Wilde (1854-1900). Novelista, poeta, crítico literario y autor teatral irlandés.

No es necesario creer en lo que dice un artista, sino en lo que hace.

David Hockney (1937-). Pintor, dibujante, fotógrafo y escenógrafo inglés.

No hay arte ateo. Aunque no ames al Creador, lo afirmarás creando a su semejanza.

Gabriela Mistral (1889-1957). Poetisa y diplomática chilena.

No tengo por qué recordarte que la expresión es en sí misma el supremo y único modo de vida para un artista.

Oscar Wilde (1854-1900). Novelista, poeta, crítico literario y autor teatral irlandés.

Se ha debatido mucho si un poema es el resultado de la naturaleza o del arte. Por mi parte no veo qué podría hacer el arte sin la ayuda de la naturaleza, ni ésta sin el arte. Ambas necesitan ayudarse mutuamente y deben estar siempre estrechamente unidas.

Quinto Horacio Flaco (65 a.C.-8 a.C.). Poeta lírico y satírico romano.

Si el mundo fuera claro, el arte no existiría.
Albert Camus (1913-1960) Novelista, dramaturgo y ensayista francés.

Si es absolutamente necesario que el arte o el teatro sirvan para algo, será para enseñar a la gente que hay actividades que no sirven para nada y que es indispensable que las haya.
Eugene Ionesco (1912-1994). Dramaturgo francés de origen rumano.

Sí fui artista hasta el día que quise comparar las emociones artísticas con las emociones de la vida. Aquel día abandoné el arte para siempre. El demonio de la vida me tomó por su cuenta y me retiene en cuerpo y alma.
Edmond Jaloux (1878-1949). Escritor y crítico francés.

Si yo pinto a mi perro exactamente como es, naturalmente tendré dos perros, pero no una obra de arte.
Johann Wolfgang von Goethe (1749-1832). Poeta, novelista y dramaturgo alemán.

Sin arte la vida sería un error.
Friedrich Nietzsche (1844-1900). Filósofo, poeta y filólogo alemán.

Sólo la realidad tiene derecho a ser inverosímil. El arte, nunca. En esto precisamente el arte se distingue de la vida.
Emilio Verhaeren (1855-1916). Poeta y crítico literario belga.

Tenemos arte para no morir de la verdad.
Friedrich Nietzsche (1844-1900). Filósofo, poeta y filólogo alemán.

Toda obra de arte es generadora de luz.
Carlos Pellicer (1899-1977). Escritor argentino.

Toda obra de arte es una lectura del mundo y simultáneamente, una lectura de sí misma.
Carlos Fuentes (1928-). Escritor mexicano.

Todas las obras de arte deben empezar por el final.
Edgar Allan Poe (1809-1849). Escritor estadounidense.

Todo acto de creación es un acto de amor.
José Revueltas (1914-1976). Escritor mexicano.

Todo arte no es sino la imitación de la naturaleza.
Séneca Anneo (3 a.C.- 65 d.C.). Filósofo latino.

Todo artista es tan múltiple que el crítico no puede dejar de encontrar en él lo que busca resueltamente y a priori.
André Maurois (1885-1967). Escritor francés.

Trato de mantener un doble compromiso con mi público: no defraudarle, no aburrirle. Creo que actualmente no le aburro tanto como le molesto; y esto tiene para mí el mérito de una reacción positiva.
Tennesse Williams (1911-1983). Dramaturgo estadounidense.

Un creador es un hombre que en algo perfectamente conocido encuentra aspectos desconocidos. Pero, sobre todo, es un exagerado.

Ernesto Sabato (1911-). Escritor argentino.

Un cuadro debe ser pintado con el mismo sentimiento con que un criminal comete un crimen.

Edgar Degas (1834-1917). Pintor francés.

Un pintor es un hombre que pinta lo que vende. Un artista, en cambio, es un hombre que vende lo que pinta.

Pablo Ruiz Picasso (1881-1973). Pintor y escultor español.

Un pueblo desgraciado hace los grandes artistas.

Louis Charles Alfred de Musset (1810-1857). Poeta francés.

Un viaje de uno o dos años al Polo hace famoso a un hombre. Para que un simple artista se cree un nombre son necesarios veinte años.

Jules Renard (1864-1910). Escritor francés.

Una obra de arte es un gozo eterno.

John Keats (1795-1821). Poeta inglés.

Una obra de arte es un rincón de la creación visto a través de un temperamento.

Emilio Zola (1840-1902). Novelista francés.

Una obra de arte tiene un autor pero, aún cuando sea perfecta, tiene algo que es anónimo acerca de ella.

Simone Weil (1909-1943). Escritora francesa.

Una pintura es un poema sin palabras.

Quinto Horacio Flaco (65 a.C.-8 a.C.). Poeta lírico y satírico romano.

Una verdadera pintura del más pequeño hombre es capaz de interesar al hombre más grande.

Thomas Carlyle (1795-1881). Historiador y pensador escocés.

Visión es el arte de ver las cosas invisibles.

Jonathan Swift (1667-1745). Escritor anglo-irlandés.

Yo era frívolo antes y me ocupaba de metafísica. Leía a Hegel y a Kant. Con los años me he vuelto serio y sólo me ocupo de las formas sensibles, de lo que el ojo y el oído pueden coger. El arte es todo el hombre, lo demás no es más que sueño.

Anatole France (1844-1924). Novelista y premio Nobel francés.

Yo no digo todo, mas pinto todo.

Pablo Ruiz Picasso (1881-1973). Pintor y escultor español.

El arte de la expresión no me apareció como un oficio retórico, independiente de la conducta, sino como un medio para realizar plenamente el sentido humano.
Alfonso Reyes (1889-1959). Escritor mexicano.

El arte debe ser gusto, diversión y alucinación.
Naguib Mahfud (1911-). Novelista egipcio.

El arte en sí no es un fin, más bien es un medio para dirigirse a la humanidad.
Modest Petrovich Moussorgsky (1839-1881). Compositor ruso.

El arte en vez de declinar, debe conquistar la esfera de la tecnología.
Otto Wagner (1841-1918). Arquitecto austriaco.

El arte es el reflejo del mundo. Si el mundo es horrible, el reflejo también lo es.
Paul Verhoeven (1938-). Director de cine holandés.

El arte es uno de los medios de comunicación entre los hombres.
León Tolstoi (1828-1910). Escritor ruso.

El arte nunca progresa, evoluciona.
Raul Soldi (1905-1994). Pintor argentino.

El artista debe ser mezcla de niño, hombre y mujer.
Ernesto Sabato (1911-). Escritor argentino.

El hombre dotado de inteligencia puede con el don del saber que posee, conseguir la capacidad necesaria para toda la técnica y destreza artística.
Kazimierz Brandys (1916-2000). Ensayista y novelista polaco.

El Museo del Prado es más importante para España que la República y la Monarquía juntas.
Manuel Azaña (1880-1940). Escritor y político español.

El requisito definitivo para la grandeza de un artista es su propia muerte.
Tiffani-Amber Thiessen (1974-). Actriz estadounidense.

En parte, el arte completa lo que la naturaleza no puede elaborar y, en parte, imita a la naturaleza.
Aristóteles (384 a.C.-322a.C). Filósofo griego.

Hay millones de artistas que crean; sólo unos cuantos miles son aceptados o, siquiera, discutidos por el espectador; y de ellos, muchos menos todavía llegan a ser consagrados por la posteridad.
Marcel Duchamp (1887-1968). Pintor francés.

Hay que ser un artista para entender a otro. Los críticos de arte no se parecen mucho a los grandes pintores.
Norman Mailer (1923-). Escritor estadounidense.

Lo vulgar es el ronquido, lo inverosímil, el sueño. La humanidad ronca, pero el artista está en la obligación de hacerla soñar o no es artista.
Enrique Jardiel Poncela (1901-1952). Escritor español.

Proteger el gusto es matar el arte.
Anónimo.

Audacia

Con audacia se puede intentar todo, mas no conseguirlo todo.
Napoleón Bonaparte (1769-1821). Emperador de Francia (1804-1815).

El miedo a los demás hace crecer la audacia.
Tito Livio (64 a.C.-17 d.C.). Historiador latino.

En todo momento los prudentes han prevalecido sobre los audaces.
Théophile Gautier (1811-1872). Poeta y novelista francés.

Fortuna y audacia van siempre juntas.
Pietro Trapassi "Metastasio" (1698-1782). Poeta italiano.

La audacia en los negocios, lo primero, lo segundo y lo tercero.
Anónimo.

La audacia se adquiere conociendo al mundo, y la discreción conociendo al hombre.
Ángel Ganiveg (1865-1898). Escritor y diplomático español.

La audacia sin juicio es peligrosa, y el juicio sin audacia es inútil.
Gustave Le Bon (1841-1931). Psicólogo social y escritor francés.

Pon un gramo de audacia en todo lo que hagas.
Baltasar Gracián y Morales (1601-1658). Jesuita y escritor español.

Ausencia

El ausente se marca cada día.
Proverbio japonés.

El sabio no busca el placer, sólo busca la ausencia de dolor.
Aristóteles (384 a.C.-322a.C). Filósofo griego.

El secreto de la vida es el balance, y la ausencia de balance es la destrucción de la vida.
Hazrat Inayat Khan (1882-1927). Filósofo hindú.

Irse es como sustituirse por el recuerdo, y puede ser peligroso.
Alejandro Casona (1903-1965). Dramaturgo español.

La ausencia acaba con las pasiones mediocres y aumenta las grandes, así como el viento apaga las bujías y aviva el fuego.
François de La Rochefoucauld (1613-1680). Político y escritor francés.

La ausencia de evidencia no es evidencia de ausencia
Sir Martin John Rees (1942-). Cosmólogo británico.

La ausencia es tanto un remedio contra el odio como una protección contra el amor.
Jean de La Fontaine (1621-1695). Novelista y fabulista francés.

La ausencia permite que el corazón se vuelva más cariñoso.
Thomas Haynes Bayly (1797-1839). Escritor inglés.

Ni la ausencia ni el tiempo son nada cuando se ama.
Louis Charles Alfred de Musset (1810-1857). Poeta francés.

No permitáis que ninguno hable mal de la ausencia.
Sexto Propercio (47-15 a.C.). Poeta romano.

Que es de cuantos tormentos he sufrido, la ausencia el más atroz.
Ramón de Campoamor (1817-1901). Poeta español.

Tal vez diría: Intenta amar a otro; ofrece a otro este sitio libre. Pero ya sé que no hay ningún sitio libre. Su vida está llena, hasta el colmo, por una ausencia.
François Mauriac (1885-1970). Escritor francés galardonado con el premio Nobel.

Un solo ser nos falta, y todo está despoblado.
Alphonse-Marie-Louis de Lamartine (1790-1869). Político, poeta e historiador francés.

Avaricia

Al pobre le faltan muchas cosas; al avaro, todas.
Publio Siro (Siglo I a.C.). Poeta latino.

Avaricia es vivir en la pobreza por miedo a la pobreza.
San Bernardo (1090-1153). Teólogo francés.

El avaro carece tanto de lo que tiene como de lo que no tiene.
Antoine Rivarol (1753-1801). Escritor francés.

El avaro es el que no gasta en lo que debe, ni lo que debe, ni cuando debe.
Aristóteles (384 a.C.-322a.C). Filósofo griego.

El avaro no posee sus riquezas, sino que éstas le poseen a él.
Bión de Esmirna (fl. siglos III o II a.C.). Poeta griego.

El avaro se roba a sí mismo. El pródigo, a sus herederos.
Thomas Fuller (1608-1661). Clérigo y escritor inglés.

El avaro vive siempre en la miseria por temor a la miseria.
Anónimo.

El hombre moderno, ávido de poseer, es poseído por las cosa que posee.
Emma Godoy (1918-1989). Poetisa y escritora mexicana.

El que persigue dos liebres no coge ninguna.
Publio Siro (Siglo I a.C.). Poeta latino.

En la tierra hay suficiente para satisfacer las necesidades de todos, pero no tanto como para satisfacer la avaricia de algunos.
Mohandas Karamchand Gandhi (1869-1948). Líder político y espíritual hindú.

Es detestable esa avaricia espiritual que tienen los que sabiendo algo, no procuran la transmisión de esos conocimientos.
Miguel De Unamuno (1864-1936). Filósofo y escritor español.

Es una gran locura la de vivir pobre para morir rico.
Juvenal (55-138). Poeta romano.

La avaricia es un pozo sin fondo que agota a la persona en un esfuerzo interminable por satisfacer sus necesidades, sin llegar nunca a conseguirlo.
Erich Fromm (1900-1980). Psicoanalista germano estadounidense.

La avaricia y el lujo han sido la ruina de todo gran Estado.
Tito Livio (64 a.C.-17 d.C.). Historiador latino.

La avaricia, o el deseo de lucro, es tan universal como la pasión, que actúa en todos los lugares y sobre todas las personas.
David Hume (1711-1776). Filósofo escocés.

La bebida apaga la sed, la comida satisface el hambre; pero el oro no apaga jamás la avaricia.
Plutarco (46-125). Biógrafo y ensayista griego.

La riqueza ha creado más avaros que la avaricia hombres ricos.
Thomas Fuller (1608-1661). Clérigo y escritor inglés.

Los demás hombres son dueños de su fortuna; el avaro es esclavo de la suya.
Juvenal (67-127). Poeta romano.

Si quieres destruir la avaricia, debes destruir el lujo, que es su padre.
Marco Tulio Cicerón (106-43 a.C.). Escritor, político y orador romano.

Sólo hay una avaricia honrosa: la de las palabras.
Constancio C. Vigil (1876-1954). Escritor uruguayo.

Aventura

Basta un poco de espíritu aventurero para estar siempre satisfechos, pues en esta vida, gracias a Dios, nada sucede como deseábamos, como suponíamos, ni como teníamos previsto.
Noel Clarasó (1905-1985). Escritor español.

La aventura podrá ser loca, pero el aventurero, para llevarla a cabo, ha de ser cuerdo.
Gilbert Keith Chesterton (1874-1936). Escritor inglés.

Una aventura es siempre algo extraordinario para el que tiene el alma aventurera.
> Johann Wolfgang von Goethe (1749-1832). Poeta, novelista y dramaturgo alemán.

Una aventura es, por naturaleza, algo que nos sucede. Es algo que nos escoge a nosotros, no algo que nosotros escogemos.
> Gilbert Keith Chesterton (1874-1936). Escritor inglés.

Ayuda

Cualquier ayuda que podamos prestar a otro en este mundo, es una deuda contraída con él.
> John Ruskin (1819-1900). Escritor británico.

Cualquier cosa que el hombre gane debe pagarla cara, aunque no sea más que con el miedo a perderla.
> Friedrich Hebbel (1813-1863). Dramaturgo alemán.

De todas maneras, raras veces se equivocará el que se pone como deber primero quitarle un sufrimiento al más débil para cargarlo sobre sí mismo.
> Maurice Maeterlinck (1862-1949). Escritor belga.

Debes estar dispuesto a trabajar sin descanso si quieres servir a los que sufren.
> Madre Teresa de Calcuta (1910-1997). Misionera yugoslava nacionalizada india.

El mayor espectáculo es un hombre esforzado luchando contra la adversidad; pero hay otro aún más grande: ver a otro hombre lanzarse en su ayuda.
> Oliver Goldsmith (1730-1774). Escritor anglo-irlandés.

El que tiene mucho y da poco peca más que el que no da nada; pues el primero piensa que dar puede ayudarle a ganar el cielo.
> Leon Daudi (1905-1985). Escritor español.

Es una de las más hermosas compensaciones de la vida, que ningún hombre pueda tratar de ayudar a otro sinceramente, sin ayudarse él mismo.
> Ralph Waldo Emerson (1803-1882). Ensayista y poeta estadounidense.

La mejor manera de hacer carrera es transmitir a los demás la impresión de que ayudarte sería para ellos de gran provecho.
> Jean de la Bruyere (1645-1696). Filósofo y escritor francés.

Las únicas personas que te dejan algo son aquellas que te han ayudado.
> Anónimo.

Azar

Aunque los hombres se jacten de sus grandes acciones, muchas veces no son el resultado de un gran designio, sino puro efecto del azar.
> François de La Rochefoucauld (1613-1680). Político y escritor francés.

Azar es una palabra vacía de sentido, nada puede existir sin causa.
Francois-Mariè Arouet de Voltaire (1694-1778). Escritor y filósofo francés.

El azar sólo favorece a quien sabe cortejarlo.
Charles Nicolle (1866-1936). Bacteriólogo francés.

El hombre tiene mil planes para sí mismo. El azar, sólo uno para cada uno.
Aristóteles (384 a.C.-322a.C). Filósofo griego.

Lo que llamamos casualidad no es ni puede ser sino la causa ignorada de un efecto desconocido.
Francois-Marie Arouet de Voltaire (1694-1778). Escritor y filósofo francés.

Belleza

¡Cuán cerca está de ser bueno lo que es hermoso!
Ben Jonson (1572-1637). Poeta y dramaturgo inglés.

¿Qué es la belleza? Una convención, una moneda que tiene curso en un tiempo y en un lugar.
Henrik Ibsen (1828-1906). Dramaturgo noruego.

Amaré a los hermosos por sus ojos de tristeza; amaré a los feos por sus almas saturadas de paz.
Og Mandino (1923-1996). Escritor estadounidense.

Aunque le arranques sus pétalos, no quitarás su belleza a la flor.
Rabindranath Tagore (1861-1941). Poeta y filósofo indio.

Buscamos la belleza sin lujo.
Tucídides (460 a.C.-390 a.C). Historiador griego.

Cada cosa tiene su belleza, pero no todos pueden verla.
Confucio (551-479 a.C.). Filósofo y teórico social chino.

Comprender la belleza significa poseerla.
Wilhelm Lübke (1887-1954). Político alemán.

El deseo de agradar es al espíritu lo que el adorno a la belleza.
Francois-Marie Arouet de Voltaire (1694-1778). Escritor y filósofo francés.

El lunar es el punto final del poema de la belleza.
Ramón Gómez de la Serna (1888-1963). Escritor español. Autor de *Greguerías*.

El mejor cosmético para la belleza es la felicidad.
Condesa de Blessington (1789-1849). Escritora irlandesa.

El ojo recibe de la belleza pintada el mismo placer que de la belleza real.
Leonardo Da Vinci (1452-1519). Artista florentino.

El vestido de todas las grandes esperanzas es la belleza.
Gabriele D'Annunzio (1863-1938). Novelista, poeta, y dramaturgo italiano.

En todo el mundo, en el maravilloso balance de belleza y disgusto, se encuentran cosas malas y buenas.
Ralph Waldo Emerson (1803-1882). Ensayista y poeta estadounidense.

Es cierto que el amor conserva la belleza y que la cara de las mujeres se nutre de caricias, lo mismo que las abejas se nutren de miel.
Anatole France (1844-1924). Novelista y premio Nobel francés.

La belleza de la vida humana consiste en que, al revisar nuestras resoluciones el día de fin de año, descubrimos que hemos cumplido una tercera parte, hemos dejado sin cumplir otro tanto, y no podemos recordar a qué se refería la otra tercera parte.
Lin Yutang (1895-1976). Escritor chino-americano.

La belleza de las cosas existe en el espíritu del que las contempla.
David Hume (1711-1776). Filósofo escocés.

La belleza del hombre está o en la sonoridad, o en el significado.
Aristóteles (384 a.C.-322a.C). Filósofo griego.

La belleza del rostro es frágil, es una flor pasajera, pero la belleza del alma es firme y segura.
Jean Baptiste Poquelin Molière (1622-1673). Dramaturgo y actor francés.

La belleza es aún más difícil de explicar que la felicidad.
Simone De Beauvoir (1908-1986). Novelista e intelectual francesa.

La belleza es el primer regalo que hace la naturaleza a las mujeres, y también el primero que les quita.
Caballero de Méré (1607-1685). Escritor francés.

La belleza es el resultado de una tácita comunión entre el artista que la produce y las personas que la contemplan o que la escuchan.
Jaime Torres Bodet (1902-1974). Escritor y político.

La belleza es ese misterio hermoso que no descifran ni la psicología ni la retórica.
Jorge Luis Borges (1899-1986). Escritor argentino.

La belleza es muy superior al genio. No necesita explicación.
Oscar Wilde (1854-1900). Novelista, poeta, crítico literario y autor teatral irlandés.

La belleza es poder; una sonrisa es su espada.
Charles Reade (1814-1884). Escritor inglés.

La belleza es un acuerdo entre el contenido y la forma.
Henrik Ibsen (1828-1906). Dramaturgo noruego.

La belleza es una carta de recomendación a corto plazo.
Ninón de Lenclos (1620-1705). Cortesana francesa.

La belleza es una carta de recomendación que nos gana de antemano los corazones.
Arthur Schopenhauer (1788-1860). Filósofo alemán.

La belleza hace idiotas a los hombres tristes y felices a los sabios.
George Jean Nathan (1882-1958). Autor, editor y crítico estadounidense.

La belleza no hace feliz al que la posee, sino a quien puede amarla y adorarla.
Herman Hesse (1877-1962). Escritor alemán. Premio Nobel de Literatura (1947).

La belleza no se imita, no se expresa siquiera: se sugiere.
Juan Zorrilla de San Martín (1855-1931). Poeta y escritor uruguayo.

La belleza perece en la vida pero es inmortal en el arte.
Leonardo Da Vinci (1452-1519). Artista florentino.

La belleza que atrae rara vez coincide con la belleza que enamora.
José Ortega y Gasset (1883-1955). Filósofo español.

La belleza se define como la manifestación sensible de la idea.
Georg Wilhelm Friedrich Hegel (1770-1831). Filósofo alemán.

La belleza sin gracia es un anzuelo sin cebo.
Ninón de Lenclos (1620-1705). Cortesana francesa.

La belleza sólo es necesaria al nacimiento del amor, puesto que la fealdad constituiría un obstáculo. El enamorado llega muy pronto a encontrar bella a su elegida tal cual es, sin pensar en la verdadera belleza.
Marie Henri Beyle "Stendhal" (1783-1842). Novelista y ensayista francés.

La belleza vale más que cualquier carta de recomendación.
Aristóteles (384 a.C.-322a.C). Filósofo griego.

La belleza, como el dolor, hace sufrir.
Thomas Mann (1875-1955). Novelista y ensayista alemán.

La belleza, cuanto menos vestida, mejor vestida está.
John Phineas Fletcher (1579-1625). Dramaturgo inglés.

La definición de lo bello es fácil: es lo que desespera.
Paul Ambroise Valéry (1871-1945). Escritor francés.

La hermosura del rostro es una recomendación muda.
Publio Siro (Siglo I a.C.). Poeta latino.

La hermosura es una tiranía de corta duración.
Sócrates (470-399 a.C.). Filósofo griego.

La hermosura sin gracia es un anzuelo sin cebo.
Jean Baptiste Poquelin Molière (1622-1673). Dramaturgo y actor francés.

La hermosura vale más que cualquier carta de recomendación.
Aristóteles (384 a.C.-322a.C). Filósofo griego.

La irregularidad, es decir, lo inesperado, la sorpresa o el estupor son elementos esenciales y característicos de la belleza.
Charles Baudelaire (1821-1867). Poeta francés.

Las mujeres en extremo bellas sorprenden menos al segundo día.
Marie Henri Beyle "Stendhal" (1783-1842). Novelista y ensayista francés.

Las mujeres juegan con su belleza, como los niños con un cuchillo, y se lastiman.
Víctor Hugo (1802-1885). Escritor francés.

Llamamos bello a aquello que es elogiado por el periódico y que produce mucho dinero.
Marie Henri Beyle "Stendhal" (1783-1842). Novelista y ensayista francés.

Lo bello no se define, se siente.
Manuel Gutiérrez Nájera (1858-1895). Escritor mexicano.

Lo bueno necesita aportar pruebas; lo bello no.
Bernard le Bovier Fontenelle (1657-1757). Escritor y científico francés.

Mira dos veces para ver lo justo, no mires más que una vez para ver lo bello.
Henri Frédéric Amiel (1821-1881). Crítico suizo.

Mucho falta a la mujer a quien falta la belleza.
Baldassare Castiglione (1478-1529). Diplomático y escritor italiano.

No puede ser hermoso lo que es grave.
Anton Chejov (1860-1904). Dramaturgo y autor de relatos ruso.

Opino que lo que se llama belleza, reside únicamente en la sonrisa.
León Tolstoi (1828-1910). Escritor ruso.

Por muy poderosa que se vea el arma de la belleza, desgraciada la mujer que sólo a este recurso debe el triunfo alcanzado sobre un hombre.
Severo Catalina y del Amo (1832-1871). Escritor español.

Quien conserva la facultad de ver la belleza no envejece.
Franz Kafka (1883-1924). Escritor checo.

Ser bella y amada es condición de muchas mujeres. Ser fea y saber hacerse amar, es la máxima expresión del genio de la mujer.
Averroes (1126-1198). Filósofo, físico, jurista malikí y teólogo asharí hispanoárabe.

Si quitáis de los corazones el amor a lo bello, quitaréis todo el encanto de vivir.
Jean Jacques Rousseau (1712-1778). Filósofo y botánico suizo.

Si usted invierte en belleza, ésta seguirá con usted todos los días de su vida.
Frank Lloyd Wright (1869-1959). Arquitecto estadounidense.

Temed de aquellas que eclipsan siendo feas a las bellas.
Ramón de Campoamor (1817-1901). Poeta español.

Tengo para mí que la belleza es una sensación física, algo que sentimos con todo el cuerpo.
> Jorge Luis Borges (1899-1986). Escritor argentino.

Todo lo que hay de bello en el hombre pasa y no dura.
> Leonardo Da Vinci (1452-1519). Artista florentino.

Yo he visto mujeres feas que tratadas son hermosas.
> Lope De Vega (1562-1635). Escritor español.

Beso

¡Señor! A menudo me pregunto quién sería ese tonto que inventó el beso.
> Jonathan Swift (1667-1745). Escritor anglo-irlandés.

¿El beso? Un truco encantador para dejar de hablar cuando las palabras se tornan superfluas.
> Ingmar Bergman (1918-). Director de cine sueco.

Aquél con que te expreso la belleza que ignoran los sabios: el que toma en los labios la forma del beso.
> Leopoldo Lugones (1874-1938). Escritor, crítico social y embajador cultural argentino.

Beso: la yuxtaposición anatómica de dos músculos en estado de contracción.
> Dr. Henry Gibbons (1840-1911). Educador estadounidense.

Besos que vienen riendo, luego llorando se van, y en ellos se va la vida, que nunca más volverá.
> Miguel De Unamuno (1864-1936). Filósofo y escritor español.

Crecí besando libros y pan... Desde que besé a una mujer, mis actividades con el pan y los libros perdieron interés.
> Salman Rushdie (1947-). Novelista británico.

Cuando la edad enfría la sangre y los placeres son cosa del pasado, el recuerdo más querido sigue siendo el último, y nuestra evocación más dulce, la del primer beso.
> Lord Byron (1788-1824). Poeta inglés.

Cuando se aproximan dos bocas consagras por el amor, es imposible que por encima de este beso inefable, no se produzca un estremecimiento en el inmenso misterio de las estrellas.
> Víctor Hugo (1802-1885). Escritor francés.

El beso es el contacto de dos epidermis y la fusión de dos fantasías.
> Louis Charles Alfred de Musset (1810-1857). Poeta francés.

El más difícil no es el primer beso, sino el último.
> Paul Géraldy (1885-1983). Poeta y escritor francés.

El primer beso es mágico, el segundo íntimo, el tercero rutinario.
> Raymond Chandler (1888-1959). Escritor estadounidense.

El ruido de un beso no es tan retumbante como el de un cañón, pero su eco dura mucho más.

Oliver Wendell Holmes (1809-1894). Médico y escritor estadounidense.

El único idioma universal es el beso.

Louis Charles Alfred de Musset (1810-1857). Poeta francés.

En un beso, sabrás todo lo que he callado.

Pablo Neruda (1904-1973). Poeta chileno.

Es importante acentuar el papel que juegan sobre el amor la fisonomía y los gestos tales como un beso. Revelan el auténtico ser de la persona que amamos.

José Ortega y Gasset (1883-1955). Filósofo español.

La dulce Helena me inmortalizó con un beso; sus labios extrajeron mi alma, la cual revolotea por el espacio.

Christopher Marlowe (1564-1593). Poeta y dramaturgo inglés.

Los besos robados son siempre los más dulces.

James Henry Leigh Hunt (1784-1859). Poeta, ensayista y crítico literario inglés.

No olvides nunca que el primer beso no se da con la boca, sino con los ojos.

Sarah Bernhardt (1844-1923). Actriz francesa.

Pero el único idioma universal es el beso.

Louis Charles Alfred de Musset (1810-1857). Poeta francés.

Si antes de besar a la persona amada habéis contemplado las estrellas, no la besaréis de la misma manera que si sólo habéis mirado las paredes de vuestra habitación.

Maurice Maeterlinck (1862-1949). Escritor belga.

Un beso legal nunca vale tanto como un beso robado.

Guy de Maupassant (1850-1893). Autor francés.

Un mundo nace cuando dos se besan.

Octavio Paz (1914-1998). Escritor mexicano.

Bien

Al bien hacer jamás le falta premio.

Miguel de Cervantes (1547-1616). Dramaturgo, poeta y novelista español.

Aquel que desea asegurar el bien de otros, ya ha asegurado el suyo propio.

Confucio (551-479 a.C.). Filósofo y teórico social chino.

Aquel que hace el bien desinteresadamente, sin interés al elogio y a la recompensa, al final de cuentas tendrá ambas cosas.

William Penn (1644-1718). Escritor religioso inglés.

Aun en el hacer bien, lo primero es la satisfacción personal; el bien de la otra persona permanece siempre en segundo lugar.
Mark Twain (1835-1910). Escritor estadounidense.

Buscando el bien de nuestros semejantes, encontraremos el nuestro.
Platón (428-347 a.C.). Filósofo griego.

El que se ocupa demasiado en hacer el bien no tiene tiempo de ser bueno.
Rabindranath Tagore (1861-1941). Poeta y filósofo indio.

Es evidente que todos los fines no son fines perfectos. Pero el bien supremo constituye, de alguna manera, un fin perfecto.
Aristóteles (384 a.C.-322a.C). Filósofo griego.

Haciendo el bien nutrimos la planta divina de la humanidad; formando la belleza, esparcimos las semillas de lo divino.
Friedrich von Schiller (1759-1805). Poeta, dramaturgo y filósofo alemán.

Haz el bien a la mayor cantidad de gente posible, pero trata a la menor cantidad posible.
Amado Nervo (1870-1919). Poeta y escritor mexicano.

Haz todo el bien que puedas, por todos los medios que puedas, de todas las maneras que puedas, en todos los sitios que puedas, a todas las horas que puedas, a toda la gente que puedas, durante todo el tiempo que puedas.
John Wesley (1703-1791). Filósofo y predicador inglés.

Jamás es perdido el bien que se hace.
François de Salignac de La Mothe Fénelon (1651-1715). Prelado y erudito francés.

La alegría de hacer bien está en sembrar, no en recoger.
Jacinto Benavente (1866-1954). Dramaturgo y crítico español.

La probabilidad de hacer el mal se encuentra cien veces al día y la de hacer el bien, una vez al año.
Francois-Marie Arouet de Voltaire (1694-1778). Escritor y filósofo francés.

Los hombres son menos sensibles al bien que al mal.
Tito Livio (64 a.C.-17 d.C.). Historiador latino.

No hacer el bien ya es un mal muy grande.
Jean Jacques Rousseau (1712-1778). Filósofo y botánico suizo.

Quien hace el bien desinteresadamente, siempre es pagado con usura.
Johann Wolfgang von Goethe (1749-1832). Poeta, novelista y dramaturgo alemán.

Si estás para hacer el bien, debes hacerlo en el momento oportuno. Generalmente, el bien es el pretexto del hipócrita, del adulador y del sinvergüenza.
William Blake (1757-1827). Poeta y artista inglés.

Sí, creíste hacer bien, lo que era bien para ti; así buscando nuestro bien cada uno, entre todos desatamos el mal sobre la tierra.

Jacinto Benavente (1866-1954). Dramaturgo y crítico español.

Sólo hay una manera de poner término al mal, y es devolver bien por mal.

León Tolstoi (1828-1910). Escritor ruso.

Yo creo que el mejor medio de hacer bien a los pobres no es darles limosna, sino hacer que puedan vivir sin recibirla.

Benjamín Franklin (1706-1790). Político, filósofo y científico estadounidense.

Biografía

Al leer la biografía de otro hombre, se tiene la impresión de que su vida ha sido mucho más interesante, mucho más extraordinaria que la nuestra. Estos es verdad, en parte, cuando se trata de un gran hombre; pero es verdad sólo en parte, pues los sucesos que le han hecho tan notable no han ocupado más que algunas horas de la vida del héroe, siendo el resto de su vida muy semejante a la nuestra.

André Maurois (1885-1967). Escritor francés.

Cada hombre prominente en la actualidad tiene sus discípulos, y siempre hay un Judas que escribe la biografía.

Oscar Wilde (1854-1900). Novelista, poeta, crítico literario y autor teatral irlandés.

Cuando un hombre escribe sus memorias los comentaristas se obstinan en demostrar que aquellas memorias no son verídicas, y que el autor da una idea trucada de sí mismo. Pero si escribís una novela, todo el mundo os reconocerá a través del protagonista. Sobre todo si el héroe es antipático o vicioso, la gente dirá: "Es su retrato". Pero si el héroe es de la especie heroica, la gente dirá: "¿De dónde saca sus personajes?" Esto quiere decir, sencillamente, que ningún hombre cree en otro hombre.

Georges Duhamel (1884-1966). Escritor francés.

El estudio de la biografía consiste en conocer el interior del hombre, relacionarse con su carácter, y seguir el ejemplo de sus buenas acciones.

Harvey Breit (1909-1968). Novelista y periodista estadounidense.

La biografía es quizás, la más interesante rama de la composición.

Walter Scott (1771-1832). Escritor escocés.

Leyendo una biografía, recordad que la verdad no se presta nunca a una publicación.

George Bernard Shaw (1856-1950). Escritor irlandés.

Los mejores maestros del mundo son las vidas de los grandes hombres.

Orson Squire Fowler (1809-1887). Orador, médico y científico estadounidense.

Me es difícil dar noticias biográficas acerca de mi persona por una razón sencilla: yo dejo de lado mi propia vida y así me he olvidado de vivirla, hasta el punto que nada puedo decir de ella. Y es que yo no vivo mi vida: la escribo.

Luigi Pirandello (1867-1936). Escritor italiano.

Todas las autobiografías son mentiras deliberadas. Ningún hombre es lo suficiente malo para decir la verdad acerca de sí mismo, de su familia, de sus amigos y de sus colegas.

George Bernard Shaw (1856-1950). Escritor irlandés.

Una anécdota de un hombre vale más que un volumen de biografía.

William Ellery Channing (1780-1842). Ministro religioso y escritor estadounidense.

Una biografía es el recuento de algo tan efímero como volátil, tan emotivo como el espíritu del hombre.

Joseph Leon Edel (1907-1997). Crítico literario y biógrafo estadounidense.

Un buen retrato es una biografía pintada.

Anatole France (1844-1924). Novelista y premio Nobel francés.

Bondad

A la buena gente se la conoce en que resulta mejor cuando se la conoce.

Bertolt Brecht (1898-1956). Poeta y dramaturgo alemán.

Aquel que espera hacer una gran acción de bondad al menos una vez, nunca hará nada. La vida está hecha de pequeñas cosas. La verdadera grandeza consiste en ser grandioso en las pequeñas cosas.

Samuel Johnson (1709-1784). Escritor británico.

Bueno es aquello cuyo contrario es malo.

Aristóteles (384 a.C.-322a.C). Filósofo griego.

Bueno es dar cuando nos piden; pero mejor es dar sin que nos pidan, como buenos entendedores.

Khalil Gibran (1833-1931). Ensayista, novelista y poeta libanés.

Ciertos hombres de mal corazón creen reconciliarse con el cielo cuando dan una limosna.

Georg Christoph Lichtenberg (1742-1799). Escritor y científico alemán.

Cuando a la bondad del alma se le une la belleza del cuerpo, todos se acercan al ser afortunado y se detienen ante él.

Johann Wolfgang von Goethe (1749-1832). Poeta, novelista y dramaturgo alemán.

Cuando des limosna haz que tu mano izquierda no perciba lo que hace tu derecha.

La Biblia.

Cuando soy buena, soy buena; cuando soy mala, soy mucho mejor.

Mae West (1892-1980). Actriz estadounidense.

Cuanto mejor es el bueno, tanto más molesto es para el malo.
San Agustín (354-430). Obispo, filósofo y Padre de la Iglesia Latina.

Cuando uno empieza a repartir, pronto empieza a recibir.
Anónimo.

Dar es el verbo más corto de la primera conjugación, y no dar el más barato.
Noel Clarasó (1905-1985). Escritor español.

Dar hasta que duela y cuando duela dar todavía más.
Madre Teresa de Calcuta (1910-1997). Misionera yugoslava nacionalizada india.

Darse no tiene sentido más que si uno se posee.
Albert Camus (1913-1960). Novelista, dramaturgo y ensayista francés.

Dejemos de discutir lo que debe ser un hombre bueno... y procuremos serlo.
Marco Aurelio Antonio (121-180). Emperador y filósofo romano.

Donar anónimamente... Es el último y verdadero espíritu de la caridad.
Anónimo.

Dondequiera que haya un ser humano existe una probabilidad para la bondad.
Séneca Anneo (3 a.C.- 65 d.C.). Filósofo latino.

El buen procedimiento consiste en ser en todo sincero y conformar el alma con voluntad universal, esto es, hacer con los demás lo que yo deseo que ellos hagan conmigo.
Confucio (551-479 a.C.). Filósofo y teórico social chino.

El bueno será siempre libre aunque sea esclavo; el malo, será esclavo aunque sea rey.
San Agustín (354-430). Obispo, filósofo y Padre de la Iglesia Latina.

El galardón de las buenas obras es haberlas hecho. No hay otro premio digno.
Séneca Anneo (3 a.C.- 65 d.C.). Filósofo latino.

El hombre bueno es su propio amigo.
Sófocles (496-406 a.C.). Dramaturgo ateniense.

El hombre de perfecta bondad posee cierto valor, pero el valiente no es necesariamente bueno.
Confucio (551-479 a.C.). Filósofo y teórico social chino.

El premio y la corona de toda la bondad, la estrella de la vida, se encuentra en la hermandad.
Charles Edward Edwin Anson Markham (1852-1940). Poeta y declamador estadounidense.

El que no sirve para servir, no sirve para vivir.
Madre Teresa de Calcuta (1910-1997). Misionera yugoslava nacionalizada india.

El que no tenga piedad de los demás, no encontrará ninguna para sí.
Rubén Darío (1867-1916). Poeta nicaragüense.

El que no vive para servir, no sirve para vivir.
San Pablo (10 a.C.-67 d.C.). Apóstol del cristianismo.

El único símbolo de superioridad que conozco es la bondad.
Ludwig Van Beethoven (1770-1827). Compositor alemán.

En donde no hay caridad no puede haber justicia.
San Agustín (354-430). Obispo, filósofo y Padre de la Iglesia Latina.

En general, los seres humanos desean ser buenos, pero no demasiado buenos y no todo el tiempo.
George Orwell (1903-1950). Escritor inglés.

En la bondad se encierran todos los géneros de la sabiduría.
Eurípides (480-406 a.C.). Dramaturgo griego.

En la caridad el pobre es rico, sin caridad todo rico es pobre.
San Agustín (354-430). Obispo, filósofo y Padre de la Iglesia Latina.

En todo hombre bueno habita Dios.
Séneca Anneo (3 a.C.- 65 d.C.). Filósofo latino.

Encuentro buenas a las buenas personas. Y encuentro buenas a las malas personas... si soy lo suficientemente bueno.
Lao-tsé (570-490 a.C.). Filosófo del Taoísmo.

Es fácil ser bueno; lo difícil es ser justo.
Víctor Hugo (1802-1885). Escritor francés.

Facilitar una buena acción es lo mismo que hacerla.
Mahoma (570-632). Principal profeta del Islam.

Gran parte de la bondad consiste en querer ser bueno.
Séneca Anneo (3 a.C.- 65 d.C.). Filósofo latino.

Hay cosas buenas aun en lo malo; sólo observando se puede distinguir.
William Shakespeare (1564-1616). Poeta y autor teatral inglés.

Hay malvados que serían menos peligrosos si no tuviesen ninguna bondad.
François de La Rochefoucauld (1613-1680). Político y escritor francés.

Hay que crear primero la bondad de los demás para explotarla después: es decirles que son buenos y aprovecharse después cuando lo quieren parecer.
Jacinto Benavente (1866-1954). Dramaturgo y crítico español.

Hay quienes dan con alegría y esa alegría es su premio.
Khalil Gibran (1833-1931). Ensayista, novelista y poeta libanés.

Hospedaos los unos a los otros sin murmuraciones.
La Biblia.

La bondad es la cadena de oro que enlaza a la sociedad.
Johann Wolfgang von Goethe (1749-1832). Poeta, novelista y dramaturgo alemán.

La bondad es la exclusión de todos los defectos y todas las maldades.
Simon Bolívar (1783-1830). Militar y político venezolano.

La bondad es simple; la maldad, múltiple.
Aristóteles (384 a.C.-322a.C). Filósofo griego.

La bondad, armada con poder, se corrompe; y el amor puro sin poder es destruído.
Reinhold Niebuhr (1892-1971). Pensador social y religioso estadounidense.

La bondad, entre más comunicativa, crece con mayor rapidez.
John Milton (1608-1674). Poeta y ensayista inglés.

La caridad es un deber; la elección de la forma, un derecho.
Concepción Arenal (1820-1893). Pensadora española.

La caridad es una virtud del corazón, y no de las manos.
Joseph Addison (1672-1719). Ensayista, poeta y político inglés.

La falta de caridad y de amor preceden de una falta de imaginación. Una ligera molestia propia nos duele más que el espectáculo de un terrible dolor ajeno, y el propio apetito nos incita más que el pensar en todo el hambre del prójimo.
Miguel De Unamuno (1864-1936). Filósofo y escritor español.

La generosidad no necesita salario; se paga por sí misma.
Hippolite de Livry (1754-1816). Escritor francés.

La inteligencia da bondad, justicia y hermosura; como un ala, levanta el espíritu; como una corona, hace monarca al que la ostenta.
José Martí (1853-1895). Político y escritor cubano.

La manera de dar vale más que lo que se da.
Dale Carnegie (1888-1955). Escritor norteamericano.

La naturaleza no nos otorga la virtud: ser buenos es un arte.
Séneca Anneo (3 a.C.- 65 d.C.). Filósofo latino.

La verdadera bondad es invencible porque no se cansa.
Séneca Anneo (3 a.C.- 65 d.C.). Filósofo latino.

Lo bueno es bueno aunque carezca de nombre; lo vil es siempre vil.
William Shakespeare (1564-1616). Poeta y autor teatral inglés.

Los hombres llegan a ser viejos, pero nunca llegan a ser buenos.
Oscar Wilde (1854-1900). Novelista, poeta, crítico literario y autor teatral irlandés.

Los hombres pueden hacer bueno lo que es malo y malo lo que es bueno.
Marco Tulio Cicerón (106-43 a.C.). Escritor, político y orador romano.

Más joven se levanta cada mañana el hombre bueno.
José Martí (1853-1895). Político y escritor cubano.

Mejor es no ser bondadoso que serlo a cambio de una recompensa.
Proverbio chino.

Muchos son buenos, si se da crédito a los testigos; pocos, si se toma declaración a sus conciencias.
Francisco De Quevedo (1580-1645). Escritor español.

Nadie es inútil en el mundo, mientras pueda aliviar un poco el peso de sus semejantes.
Charles Dickens (1812-1870). Escritor inglés.

Nadie puede ser perfecto en bondad si no tiene a su lado una mujer.
Ludovico Ariosto (1474-1533). Poeta italiano.

No deis sólo lo superfluo, dad vuestro corazón.
Madre Teresa de Calcuta (1910-1997). Misionera yugoslava nacionalizada india.

No es necesario que la bondad se manifieste, sino que se deje ver.
Platón (428-347 a.C.). Filósofo griego.

No esté tu mano extendida para recibir y encogida para dar.
La Biblia.

No podemos esperar que la gente sea buena, pero debemos hacer lo imposible para que no sea mala.
Lin Yutang (1895-1976). Escritor chino-americano.

No puede existir bondad alguna donde no haya conocimiento de ella.
Juan Luis Vives (1492-1540). Humanista y filósofo español.

No puede ser bueno aquél que nunca ha amado.
Miguel de Cervantes (1547-1616). Dramaturgo, poeta y novelista español.

No puedo desear que ganen los buenos, ya que ignoro quiénes son.
Gonzalo Torrente Ballester (1910-1999). Escritor español.

No saber mostrarse bueno con los malos es una prueba de que no es uno bueno del todo.
San Francisco de Sales (1567-1622). Escritor y religioso suizo.

No se puede ser bueno a medias.
León Tolstoi (1828-1910). Escritor ruso.

No todos los hombres malos pueden llegar a ser buenos, pero no hay ningún hombre bueno que no haya sido malo alguna vez.
San Agustín (354-430). Obispo, filósofo y Padre de la Iglesia Latina.

No todos los hombres pueden ser ilustres, pero pueden ser buenos.
Confucio (551-479 a.C.). Filósofo y teórico social chino.

Nunca hasta tal punto están cerradas todas las salidas, que no haya lugar para alguna acción buena.

Séneca Anneo (3 a.C.- 65 d.C.). Filósofo latino.

Nunca vaciles en tender la mano; nunca titubees en aceptar la mano que otro te tiende.

Juan XXIII Angelo Giuseppe Roncalli (1881-1963). Papa católico.

Piensa en otras personas. Sirve a otras personas. Sin engaños...

Dalai Lama (1935-). Líder espiritual y político del Tibet.

Poco das cuando das alguno de tus bienes. Es al dar algo de ti mismo cuando verdaderamente das.

Anónimo.

Quien va con hombre a la mesa y casada a la cama, no necesita manjares selectos ni colchón de plumas.

Santa Rosa de Lima (1586-1617). Religiosa peruana.

Recompensa la injuria con justicia, y la bondad con bondad.

Confucio (551-479 a.C.). Filósofo y teórico social chino.

Resulta fácil ser un ángel, en tanto en cuanto nadie le peine a uno las plumas a contrapelo.

Proverbio Inglés.

Sé bueno y te aburrirás.

Mark Twain (1835-1910). Escritor estadounidense.

Ser bueno o malo con los otros nunca es un estado absoluto. Todo el mundo es bueno con la gente que ama, nadie lo es con la gente que no ama. Para ser malo con todo el mundo se ha de estar loco; para ser bueno con todo el mundo hay que ser santo. Pero a los locos los encierran y a los santos los queman. Por lo mismo, no abundan.

Anatole France (1844-1924). Novelista y premio Nobel francés.

Si encontráis a un hombre virtuoso y bueno, no le apartéis de vosotros; honradlo para que no tenga que huir de vosotros y refugiarse en desiertos y cavernas u otros lugares solitarios, lejos de vuestras insidias; miradlo como a dioses terrenales, merecedores de estatuas y simulacros.

Leonardo Da Vinci (1452-1519). Artista florentino.

Si no puedes alimentar a cien personas, entonces alimenta solamente a una.

Madre Teresa de Calcuta (1910-1997). Misionera yugoslava nacionalizada india.

Si otorgamos un obsequio o un favor, y esperamos algo a cambio, no es un obsequio sino un negocio.

Anónimo.

Si supiera que el mundo se acaba mañana, yo, hoy todavía, plantaría un árbol.

Martin Luther King (1929-1968). Humanista estadounidense.

Si tienes mucho, da mucho; si tienes poco, da poco; pero da siempre.
La Biblia.

Si un hombre tiene hambre no le des un pez, enséñale a pescar.
Proverbio chino.

Si un rostro hermoso es una carta de recomendación, un buen corazón es una letra de crédito.
Edward George Bulwer Lytton (1803-1873). Escritor inglés.

Tan sólo es noble ser bueno.
Alfred Tennyson (1809-1892). Poeta inglés.

Todas las acciones cumplidas sin ostentación y sin testigos me parecen más loables.
Marco Tulio Cicerón (106-43 a.C.). Escritor, político y orador romano.

Todo acto de bondad es una demostración de poderío.
Miguel De Unamuno (1864-1936). Filósofo y escritor español.

Una gota de miel caza más moscas que un galón de hiel.
Abraham Lincoln (1809-1865). 16º presidente de Estados Unidos (1861-1865).

Brevedad

Hay muchos que se van por las ramas, por uno que va directamente a la raíz.
Henry David Thoreau (1817-1862). Escritor, poeta y pensador estadounidense.

Las palabras antiguas son las mejores, y las breves, las mejores de todas.
Sir Winston Churchill (1874-1965). Político inglés.

Todo cabe en lo breve. Pequeño es el niño y encierra al hombre; estrecho es el cerebro y cobija el pensamiento; no es el ojo más que un punto y abarca leguas.
Alejandro Dumas (1802-1870). Novelista y dramaturgo francés.

Burla

Aunque me burlo de la humanidad en general, no lo hago jamás de un hombre particular. No sé si hay dentro de él una secreta grandeza.
Edmond Jaloux (1878-1949). Escritor y crítico francés.

Casi siempre la burla arguye pobreza de espíritu.
Jean de la Bruyere (1645-1696). Filósofo y escritor francés.

Dicen que me burlo de todo, me río de todo, porque me burlo de ellos y me río de ellos, y ellos creen ser todo.
Jacinto Benavente (1866-1954). Dramaturgo y crítico español.

Hemos de saber anticiparnos a encontrar lo cómico que haya en nosotros. Así podremos evitar que los otros se burlen de nuestra escasa perfección.

Noel Clarasó (1905-1985). Escritor español.

La burla es la piedra de toque de la buena calidad. Aquello que no puede soportar la burla no tiene calidad suficiente. Esto, en los hombres, se ve enseguida.

Leon Daudi (1905-1985). Escritor español.

Las mujeres se parecen a los caballos en que se burlan del que no las sabe domar.

José de Letamendi (1828-1897). Médico y escritor español.

No hay tonto más molesto que el ingenioso.

François de La Rochefoucauld (1613-1680). Político y escritor francés.

Soportamos las represiones, pero no sufrimos las burlas. Preferimos ser malos a ser ridículos.

Jean Baptiste Poquelin Molière (1622-1673). Dramaturgo y actor francés.

Callar

A veces más vale callar y pasar por tonto, que abrir la boca y demostrarlo.

Noel Clarasó (1905-1985). Escritor español.

Bienaventurados los que no tienen nada que decir, y que resisten la tentación de decirlo.

James Russell Lowell (1819-1891). Escritor estadounidense.

Hace más ruido un sólo hombre gritando que cien mil que están callados.

José de San Martín (1778-1850). Militar y político argentino.

Lo que se deja expresar, debe ser dicho de forma clara; sobre lo que no se puede hablar, es mejor callar.

Ludwig Wittgenstein (1889-1951). Filósofo austriaco.

Muchas veces lo que se calla hace más impresión que lo que se dice.

Píndaro (518-438 a.C.). Poeta griego.

No pierdas tan bellas ocasiones de callar, como a diario te ofrecerá la vida.

Noel Clarasó (1905-1985). Escritor español.

Cambiar

El cambio es la única cosa inmutable.

Arthur Schopenhauer (1788-1860). Filósofo alemán.

El hombre absurdo es aquel que no cambia jamás.

Anónimo.

La diferencia entre un esclavo y un ciudadano es que el ciudadano puede preguntarse por su vida y cambiarla.
Alejandro Gándara (1957-). Escritor español.

Las cosas no cambian; cambiamos nosotros.
Henry David Thoreau (1817-1862). Escritor, poeta y pensador estadounidense.

Las personas cambian cuando se dan cuenta del potencial que tienen para cambiar las cosas.
Paulo Coelho (1947-). Escritor brasileño.

Las personas cambian y generalmente se olvidan de comunicar dicho cambio a los demás.
Lillian Florence Hellman (1905-1984). Dramaturga estadounidense.

Nadie puede ser esclavo de su identidad: cuando surge una posibilidad de cambio, hay que cambiar.
Elliot Gould (1938-). Actor estadounidense.

No cambies la salud por la riqueza, ni la libertad por el poder.
Benjamín Franklin (1706-1790). Político, filósofo y científico estadounidense.

Si existiera algo que quisiéramos cambiar en los chicos, en primer lugar deberíamos examinarlo y observar si no es algo que podría ser mejor cambiar en nosotros mismos.
Carl Gustav Jung (1875-1961). Psicólogo y psiquiatra suizo.

Si quieres cambiar al mundo, cámbiate a ti mismo.
Mohandas Karamchand Gandhi (1869-1948). Líder político y espiritual hindú.

Todos quieren cambiar el mundo, pero nadie piensa en cambiarse a sí mismo.
León Tolstoi (1828-1910). Escritor ruso.

Vivir es cambiar y ser perfecto es haber cambiado muchas veces.
John Henry Newman (1801-1890). Clérigo e intelectual inglés.

Cambio

¿Porque se ha de temer a los cambios?, toda la vida es un cambio...
Herbert George Wells (1866-1946). Escritor inglés.

Aquellas personas que no están dispuestas a pequeñas reformas, no estarán nunca en las filas de los hombres que apuestan a cambios trascendentales.
Mohandas Karamchand Gandhi (1869-1948). Líder político y espiritual hindú.

Siendo reconocido que las cosas han de transformarse, todavía hay quienes se aferran a ellas...
Buda (-600 a.C.) Pensador himalaya.

Todo fluye, nada permanece.
Heráclito de Efeso (540-470 a.C.). Filósofo Griego.

Caos

Acepto el caos, pero no estoy seguro de que el caos me acepte a mí.
Bob Dylan (1941-). Músico y poeta estadounidense.

Lo que carateriza al conjunto del mundo es, desde un principio el caos.
Friedrich Nietzsche (1844-1900). Filósofo, poeta y filólogo alemán.

Carácter

A los hombres de carácter les gusta oír hablar de sus faltas; a los otros, no.
Aristóteles (384 a.C.-322a.C). Filósofo griego.

A los tímidos y a los vacilantes todas las cosas les parecen imposibles, porque así les parecen.
Silvio Pellico (1789-1854). Escritor italiano.

Aquel que no tenga el suficiente coraje para correr riesgos, no logrará nada en la vida.
Muhammed Alí (1940-). Boxeador estadounidense.

Bienaventurados los que no tienen nada que decir, y que resisten la tentación de decirlo.
Horace Greeley (1811-1872). Idealista y líder de opinión estadounidense.

Cada hombre tiene tres caracteres: el que exhibe, el que tiene, y el que cree que tiene.
Jean Baptiste Alphonse Karr (1808-1890). Escritor francés.

Carácter firme es aquel que puede pasar sin éxitos.
Ralph Waldo Emerson (1803-1882). Ensayista y poeta estadounidense.

Cuando no sopla el viento, incluso la veleta tiene carácter.
Stanislaw Jerzy Lec (1909-1966). Escritor polaco.

El carácter es aquello que revela la finalidad moral, poniendo de manifiesto la clase de cosas que un hombre prefiere o evita.
Aristóteles (384 a.C.-322a.C). Filósofo griego.

El carácter es como el acróstico o la estrofa alejandrina: puede leerse desde el principio, desde el final o en cruz: siempre dice lo mismo.
Ralph Waldo Emerson (1803-1882). Ensayista y poeta estadounidense.

El carácter es la energía sorda y constante de la voluntad.
Henri Dominique Lacordaire (1802-1861). Sacerdote francés.

El carácter es lo que somos en la oscuridad.
Dwight Lyman Moody (1837-1899). Predicador evangelista estadounidense.

El carácter es una voluntad desarrollada.
Friedrich Leopold von Hardenberg "Novalis" (1772-1801). Poeta alemán.

El carácter que produce la riqueza es el de un necio próspero.
Aristóteles (384 a.C.-322a.C). Filósofo griego.

El carácter y la fuerza física son las dos únicas inversiones que vale la pena explotar.
Walt Whitman (1819-1892). Poeta estadounidense.

El carácter, virtud de los tiempos difíciles...
Charles de Gaulle (1890-1970). Militar, político y Jefe de Estado francés.

El que no puede sobrellevar lo malo no vive para ver lo bueno.
Proverbio judío.

El que no tiene carácter no es un hombre: es una cosa.
Sébastien-Roch Nicolás Chamfort (1740-1794). Escritor francés.

El talento se cultiva en la calma; el carácter se forma en las tempestuosas oleadas del mundo.
Johann Wolfgang von Goethe (1749-1832). Poeta, novelista y dramaturgo alemán.

El verdadero carácter siempre aparece en las grandes circunstancias.
Napoleón Bonaparte (1769-1821). Emperador de Francia (1804-1815).

En la pelea, se conoce al soldado; sólo en la victoria, se conoce al caballero.
Jacinto Benavente (1866-1954). Dramaturgo y crítico español.

En las cosas grandes los hombres se muestran como les conviene; en las pequeñas se muestran tal como son.
Sébastien-Roch Nicolás Chamfort (1740-1794). Escritor francés.

Es más propio del hombre de recto carácter el odio abierto y declarado, que ocultar los sentimientos bajo un semblante tranquilo.
Marco Tulio Cicerón (106-43 a.C.). Escritor, político y orador romano.

Gobierna tu mente, o ella te gobernará a ti.
Quinto Horacio Flaco (65 a.C.-8 a.C.). Poeta lírico y satírico romano.

Hay una especie de revolución de carácter tan general que modifica los gustos así como los destinos del mundo.
François de La Rochefoucauld (1613-1680). Político y escritor francés.

Intentar modificar el carácter de un hombre es como tratar de enseñar a una oveja a tirar de un carro.
Georg Christoph Lichtenberg (1742-1799). Escritor y científico alemán.

La desgracia destroza el carácter del hombre. Pero la maldad le hace más desgraciado. Muchos son desgraciados sólo porque son malos. A todos nuestra parte de maldad nos hace desgraciados.
Fedor Dostoievski (1821-1881). Escritor ruso.

La dificultad atrae al hombre de carácter, porque es en la adversidad que el verdadero hombre se conoce a sí mismo.

Charles de Gaulle (1890-1970). Militar, político y Jefe de Estado francés.

Las personas parecen no darse cuenta de que su opinión acerca del mundo es también una declaración de su carácter.

Ralph Waldo Emerson (1803-1882). Ensayista y poeta estadounidense.

Los hombres de genio son admirados, los hombres ricos son envidiados, los hombres poderosos son temidos; pero solamente los hombres de carácter son confiables.

Alfred Adler (1870-1937). Psiquiatra austriaco.

Los pequeños hechos revelan mejor que los grandes, el carácter de una persona.

Samuel Smiles (1812-1904). Escritor escocés.

Nada prueba mejor un carácter estrecho y ruin que el amor al dinero, y nada es más noble y excelso que despreciarlo, si no se tiene, y emplearlo, cuando se tiene, en forma benéfica y generosa.

Marco Tulio Cicerón (106-43 a.C.). Escritor, político y orador romano.

Nada revela mejor el carácter de los hombres que una burla tomada a mal.

Georg Christoph Lichtenberg (1742-1799). Escritor y científico alemán.

Nada revela tanto el carácter de una persona como su voz.

Benjamin Disraeli (1804-1881). Escritor británico.

No somos disparados a la existencia como una bala de fusil cuya trayectoria está absolutamente determinada. Es falso decir que lo que nos determina son las circunstancias. Al contrario, las circunstancias son el dilema ante el cual tenemos que decidirnos. Pero el que decide es nuestro carácter.

José Ortega y Gasset (1883-1955). Filósofo español.

Nunca muestra un hombre tan claramente su carácter como cuando describe el carácter de otro hombre.

Jean Paul Richter (1763-1825). Escritor alemán.

Puede adquirirse todo en la sociedad, excepto el carácter.

Marie Henri Beyle "Stendhal" (1783-1842). Novelista y ensayista francés.

Se puede apreciar el carácter de un hombre en la forma como recibe la alabanza.

Séneca Anneo (3 a.C.- 65 d.C.). Filósofo latino.

Sensibilidad exagerada es una expresión de sentimiento de inferioridad.

Alfred Adler (1870-1937). Psiquiatra austriaco.

Ser fuertes es, para los individuos, resumir su desenvolvimiento integral: físico, intelectual, ético y estético, en la determinación de un carácter.
Justo Sierra (1848-1912). Escritor, periodista, educador y político mexicano.

Si cuido mi carácter mi reputación se cuidará sola.
Dwight Lyman Moody (1837-1899). Predicador evangelista estadounidense.

Sin dolor no se forma el carácter; sin el placer, el espíritu.
Ernst von Feuchtersleben (1806-1849). Filósofo, poeta y médico austriaco.

Sólo lo que hemos invertido en nuestro carácter podemos llevar con nosotros.
Alexander von Humboldt (1769-1859). Naturista y geógrafo alemán.

Todo hombre tiene tres variedades de carácter: el que realmente tiene; el que aparenta, y el que cree tener.
Jean Baptiste Alphonse Karr (1808-1890). Escritor francés.

Un buen carácter favorece en el más alto grado que una cosa sea creída.
Aristóteles (384 a.C.-322a.C). Filósofo griego.

Un carácter franco es una especie de excomunión que pesa sobre el que lo posee.
Francisco Zarco (1829-1869). Político, historiador y periodista mexicano.

Un gran hombre demuestra su grandeza por la forma en que trata a los pequeños.
Thomas Carlyle (1795-1881). Historiador y pensador escocés.

Caridad

En las cosas necesarias, la unidad; en las dudosas, la libertad; y en todas, la caridad.
San Agustín (354-430). Obispo, filósofo y Padre de la Iglesia Latina.

La caridad comienza por nosotros mismos, y la mayoría de las veces acaba donde empieza.
Horace Smith (1779-1849). Poeta inglés.

La manera de dar vale más que lo que se da.
Pierre Corneille (1606-1684). Dramaturgo francés.

Castidad

De todas las aberraciones sexuales, la más singular es la castidad.
Remy de Gourmont (1858-1915). Escritor y crítico francés.

El amor casto engrandece a las almas.
Víctor Hugo (1802-1885). Escritor francés.

En algunos la castidad es una virtud, en muchos es casi un vicio.
Friedrich Nietzsche (1844-1900). Filósofo, poeta y filólogo alemán.

No hay castos; solamente hay enfermos, hipócritas, maníacos y locos.
Anatole France (1844-1924). Novelista y premio Nobel francés.

Castigo

Dios castiga en los hijos las culpas de los padres, porque sabe que no hay mayor dolor para los padres que el dolor de los hijos.
Jacinto Benavente (1866-1954). Dramaturgo y crítico español.

El castigo de los criminales debe ser compulsorio; cuando a un hombre lo ahorcan no sirve para nada.
Francois-Marie Arouet de Voltaire (1694-1778). Escritor y filósofo francés.

Todo castigo es dañino. Todo castigo en sí es perjudicial.
Jeremy Bentham (1748-1832). Filósofo, economista y jurista británico.

Celos

¡Oh celos! La más grande de las bagatelas.
Friedrich von Schiller (1759-1805). Poeta, dramaturgo y filósofo alemán.

Aquél que no es celoso no está enamorado.
San Agustín (354-430). Obispo, filósofo y Padre de la Iglesia Latina.

Celos son hijos del amor, mas son bastardos, te confieso.
Lope De Vega (1562-1635). Escritor español.

Con la perfidia de las mujeres se consigue curar los celos.
Jean de la Bruyere (1645-1696). Filósofo y escritor francés.

De cualquier forma los celos son en realidad una consecuencia del amor: os guste o no, existen.
Robert Louis Stevenson (1850-1894). Novelista, ensayista y poeta escocés.

El celo es ciego, o terriblemente controlado, cuando interfiere con el bienestar ajeno.
Pasquier Quesnel (1634-1719). Teólogo francés.

El celoso ama más, pero el que no lo es ama mejor.
Jean Baptiste Poquelin Molière (1622-1673). Dramaturgo y actor francés.

El celoso pasa la vida buscando un secreto cuyo descubrimiento ha de causar su desdicha.
Axel Oxestierne (1583-1654). Político sueco.

El que es celoso, no es nunca celoso por lo que ve; con lo que se imagina, basta.
Jacinto Benavente (1866-1954). Dramaturgo y crítico español.

El que no tiene celos no está enamorado.
San Agustín (354-430). Obispo, filósofo y Padre de la Iglesia Latina.

El venenoso griterío de una mujer celosa resulta más mortífero que los colmillos de un perro rabioso.

William Shakespeare (1564-1616). Poeta y autor teatral inglés.

En los celos hay más amor propio que verdadero amor.

François de La Rochefoucauld (1613-1680). Político y escritor francés.

La raza de los hombres es celosa; sus brasas son brasas de fuego.

Homero (s.VIII a.C.). Poeta griego.

Ligerezas como el aire son para el celoso fuertes confirmaciones, como un testimonio de las Sagradas Escrituras.

William Shakespeare (1564-1616). Poeta y autor teatral inglés.

Lo que hace tan agudo el dolor de los celos es que la vanidad no puede ayudar a soportarlo.

Marie Henri Beyle "Stendhal" (1783-1842). Novelista y ensayista francés.

Lo que la locura dicta, los celos lo creen.

John Gay (1685-1732). Poeta y dramaturgo inglés.

Los celos no son corrientemente más que una inquieta tiranía aplicada a los asuntos del amor.

Marcel Proust(1871-1922). Escritor francés.

Los celos no son más que un homenaje estúpido que adoran los mediocres.

Madame de Puysieux (1720-1798). Escritora francesa.

Los celos son una mezcla explosiva de amor, odio, avaricia y orgullo.

Jean Baptiste Alphonse Karr (1808-1890). Escritor francés.

Mi celo me ha consumido.

La Biblia.

Para muchos hombres y mujeres la felicidad que da el amor consiste sobre todo en la posibilidad de hacer sufrir a otro. De aquí el culto tan antiguo de los celos.

Conde de Keyserling (1880-1946). Filósofo alemán.

Que los celos invariablemente nacen sin ojos y sin orejas.

Gabriel Téllez "Tirso de Molina" (1584-1648). Dramaturgo español.

Ser celoso es el colmo del egoísmo, es el amor propio en defecto, es la irritación de una falsa vanidad.

Honorato De Balzac (1799-1850). Escritor francés.

Sólo la incertidumbre mata los celos.

André Maurois (1885-1967). Escritor francés.

Tener celos no es más que sentirse solo ante enemigos sonrientes.

Elizabeth Bowen (1899-1973). Novelista anglo-irlandesa.

El amor es fuerte como la muerte; los celos son crueles como la tumba.
Salomón (970-931 a.C.). Rey israelita.

El enamorado celoso soporta mejor la enfermedad de su amante que su libertad.
Marcel Proust (1871-1922). Escritor francés.

El hombre es celoso si ama; la mujer también, aunque no ame.
Immanuel Kant (1724-1804). Filósofo alemán.

Estar celoso es el súmmum del egoísmo, es el amor propio en defecto, es la irritación de una falsa vanidad.
Honorato De Balzac (1799-1850). Escritor francés.

La mujer celosa cree todo lo que la pasión le sugiere.
John Gay (1685-1732). Poeta y dramaturgo inglés.

La mujer celosa en sí no reposa, y al marido siempre le trae afligido.
Anónimo.

Los celos cuando son furiosos, producen más crímenes que el interés y ambición.
Francois-Marie Arouet de Voltaire (1694-1778). Escritor y filósofo francés.

Los celos se alimentan de dudas.
François de La Rochefoucauld (1613-1680). Político y escritor francés.

Los celos son la icteria del alma.
John Dryden (1631-1700). Poeta, dramaturgo y crítico inglés.

Los celos son una falta de estima por la persona amada.
Yvan Bunin (1870-1953). Escritor ruso.

Los celos son, de todas las enfermedades del espíritu, aquella a la cual más cosas sirven de alimento y ninguna de remedio.
Michel Eyquem de la Montaigne (1533-1592). Ensayista francés.

Los celosos son los primeros que perdonan, todas las mujeres lo saben.
Fedor Dostoievski (1821-1881). Escritor ruso.

Que amor se hace gigante con los celos.
Félix Lope de Vega (1562-1635). Escritor y dramaturgo español.

Censura

La censura es el impuesto que paga el hombre a la sociedad por ser eminente.
Jonathan Swift (1667-1745). Escritor anglo-irlandés.

La censura ha perdido a todos aquellos a quien quiso servir.
François René de Chateaubriand (1768-1848). Escritor y político francés.

La censura, como la caridad debe comenzar en casa, pero a diferencia de la caridad, debe terminar allí.
Clare Booth Luce (1905-1987). Política, escritora y dramaturga estadounidense.

¿Es que ha visto usted algún censor que no sea tonto?
Francisco Franco Bahamonde (1892-1975). Político y militar español.

Haceos con amigos dispuestos a censuraros.
Nicolas Boileau (1636-1711). Poeta y crítico literario francés.

Hay poca gente sensata que prefiera la censura provechosa a la alabanza traidora.
François de La Rochefoucauld (1613-1680). Político y escritor francés.

Chisme

El que chismorrea contigo de los defectos ajenos, chismorrea con otros de los tuyos.
Denis Diderot (1713-1784). Filósofo y escritor francés.

Un chisme es como una avispa; si no puedes matarla al primer golpe, mejor no te metas con ella.
George Bernard Shaw (1856-1950). Escritor irlandés.

Ciencia

"Este joven danés es el muchacho más inteligente que he visto" (acerca de Niels Bohr).
Ernest Rutherford (1871-1957). Físico británico.

¡Eureka!
Arquímedes (287-212 a.C.). Matemático e inventor griego.

¡Oh, estos matemáticos me agotan! Si les pides que te hagan una suma, toman un papel, los llenan con filas de aes, bes, equis... lo llenan todo de cagarrutas de mosca, y luego te dan una contestación completamente falsa.
Thomas Alva Edison (1847-1931). Inventor estadounidense.

¡Oh, qué noble corazón fue destrozado aquí, cuando la propia ciencia mató al hijo predilecto! (Al referirse a la muerte de Henry Kirk White, quien muriera de fatiga a causa de una prolongada investigación).
Lord Byron (1788-1824). Poeta inglés.

¡Y yo que me creía físico! (Frase exclamatoria pronunciada al recibir la noticia de la concesión del Premio Nobel de Química en 1908).
Ernest Rutherford (1871-1957). Físico británico.

¿Dónde está el carbono 14? ¿A dónde va? Cuando usted ha hecho estas preguntas, cuenta ya con el abc de la datación del carbono.
Willard F. Libby (1908-1980). Químico estadounidense.

¿Por qué esta magnífica tecnología científica, que ahorra trabajo y nos hace la vida más fácil, nos aporta tan poca felicidad? La repuesta es esta, simplemente: porque aún no hemos aprendido a usarla con tino.

Albert Einstein (1879-1955). Científico estadounidense de origen alemán.

¿Por qué las cosas son como son y no de otra manera?

Johannes Kepler (1571-1630). Astrónomo y filósofo alemán.

¿Qué han hecho, caballeros, con mi hijo (la radio)? Se concibió para que fuese un poderoso instrumento de la cultura, de la buena música, para dar un fuerte impulso a la inteligencia del pueblo norteamericano. Han prostituido al niño, lo han mandado a la calle a pedir dinero. Han hecho de él el hazmerreír de las personas inteligentes, algo mal oliente para el olfato de los dioses de la ionosfera; han recortado el tiempo en trocitos llamados *spots*, que periódicamente embarran un programa ocasionalmente bueno con su impúdica insistencia en que se compre esto o aquello.

Lee de Forest (1873-1961). Inventor estadounidense.

¿Qué tal si en vez de hablar tanto sobre la guerra contra las drogas habláramos un poco sobre las drogas que podrían acabar con las guerras?

Albert Hofmann (1906-). Químico suizo.

A los hombres les encanta maravillarse. Esto es la semilla de la ciencia.

Ralph Waldo Emerson (1803-1882). Ensayista y poeta estadounidense.

A mis amigos: mi obra está terminada. ¿Por qué esperar? (Nota del suicida).

George Eastman (1854-1932). Inventor estadounidense.

A pesar de su enorme éxito práctico, la teoría cuántica es tan contraria a la intuición que, aún después de 45 años, los propios expertos no se ponen de acuerdo en qué hacer con ella.

Paul Dirac (1902-1984). Físico británico.

A veces creo que hay vida en otros planetas, y a veces creo que no. En cualquiera de los dos casos la conclusión es asombrosa.

Carl Sagan (1934-1996). Astrónomo estadounidense.

En ocasiones, el replanteamiento de un problema es más decisivo que el hallazgo de la solución, que puede ser un puro asunto de habilidad matemática o experimental. La capacidad de suscitar nuevas cuestiones, nuevas posibilidades de mirar viejos problemas, requiere una imaginación creativa y determina los avances científicos auténticos.

Albert Einstein (1879-1955). Científico estadounidense de origen alemán.

Ahora estoy convencido de que la física teórica es la verdadera filosofía.

Max Borh (1882-1970). Físico germano-británico.

Ahora quisiera pedirte que me hagas una observación; desde que no trabajo con instrumentos, tengo que apelar al prójimo.

Johannes Kepler (1571-1630). Astrónomo y filósofo alemán.

Ahora sé que aspecto tiene el átomo.
Ernest Rutherford (1871-1957). Físico británico.

Al carro de la cultura española le falta la rueda de la ciencia.
Santiago Ramón y Cajal (1852-1934). Doctor español.

Al final, he llegado a la conclusión, de que nunca entendí nada de electricidad.
Thomas Alva Edison (1847-1931). Inventor estadounidense.

Antes tenía dos pares de gafas; me ponía unas u otras según las circunstancias, porque, cuando viajo, a veces leo o miro a lo lejos. Era muy molesto cambiarse de gafas y no siempre lo hacía con rapidez de modo que hice cortar los cristales en mitades y combine la mitad de cada uno... De este modo, llevo siempre las mismas gafas, sólo tengo que mover los ojos hacia arriba o hacia abajo según quiera ver de lejos o de cerca; así mis gafas siempre están a punto.
Benjamín Franklin (1706-1790). Político, filósofo y científico estadounidense.

Aquel que le gusta la práctica sin la teoría, es como el marino que navega barcos sin timón ni brújula y nunca sabe dónde anclar.
Leonardo Da Vinci (1452-1519). Artista florentino.

Aquí yace Sir Isaac Newton, quien, con el vigor casi sobrenatural de su mente, fue el primero que describió los movimientos y las órbitas de los planetas, los caminos de los cometas, las mareas de los océanos [...] Que los mortales se regocijen de la existencia de este prodigio de la Naturaleza. Epitafio de Isaac Newton, sobre su tumba, en la Abadía de Westminster (1727).
Sir Isaac Newton (1642-1727). Físico y matemático inglés.

Así como el efecto ostensible del calor no consiste en calentar los cuerpos circundantes, sino en licuar el hielo, en el caso de la ebullición del agua, no es que el calor caliente los cuerpos circundantes, sino que convierte el agua en vapor. En ambos casos, considerados como efectos del calor, no percibimos su presencia; está oculto o latente; por eso le di el nombre de calor latente.
Joseph Black (1728-1789). Médico, físico y químico escocés.

Así, pues, puede que la gravedad mueva a los planetas, pero sin el poder divino ella nunca los mantendría en el movimiento circular que tienen alrededor del Sol; y por esto y por otras razones debo atribuir la estructura de este sistema a un ser inteligente. (Carta de Newton a Richard Bently, 17 de enero de 1693.)
Sir Isaac Newton (1642-1727). Físico y matemático inglés.

Aunque venere a Newton, no por ello estoy obligado a creer que fuese infalible. Contemplo con pena que él se equivocara, y que su autoridad bien pudo, a veces, retrasar el progreso de la ciencia.
Thomas Young (1773-1829). Físico inglés.

Casi todo lo que se relaciona con la vida humana depende de la probabilidad.
Francois-Marie Arouet de Voltaire (1694-1778). Escritor y filósofo francés.

Ciencia es todo aquello sobre lo cual siempre cabe discusión.
José Ortega y Gasset (1883-1955). Filósofo español.

Ciencia sin seso, locura doble.
Baltasar Gracián y Morales (1601-1658). Jesuita y escritor español.

Ciencia y humanismo han de ser un brazo y no un muro que separa razón y sentimiento.
Pablo Serrano (1908-1985). Escultor español.

Creo poder decir con seguridad que nadie entiende la mecánica cuántica (1967).
Richard P. Feynmann (1918-1988). Físico norteamericano.

La historia tiene una moraleja en esta historia: es más importante la belleza de una ecuación que su ajuste al experimento. Si Schrödinger hubiera estado más seguro de su trabajo, podría haberlo publicado algunos meses antes y con una expresión más exacta [...] Parece que si se obra para conseguir armonía en una ecuación, y realmente se tienen ciertas intuiciones, se está en el buen camino. Si no hay un completo acuerdo entre los resultados de un trabajo y la experimentación no debería uno intimidarse, pues la discrepancia puede deberse a detalles menos importantes que se analizaron incorrectamente y que se aclararán con el posterior desarrollo de la teoría.
Bryce Dewitt (1923-2004). Físico judío.

Cualquier estudiante de Ciencias, sobre todo si ya no es de los más jóvenes, se dará cuenta de que tiene mucho que aprender y también que tiene que desechar gran parte de lo aprendido con anterioridad.
Sir John Herschel (1792-1871). Astrónomo inglés.

Cuando creáis haber encontrado un hecho científico importante y os apremie el deseo de publicarlo, esperad unos días o unas semanas, o años; es preciso luchar, comprobar e incluso destruir los experimentos propios, es preciso agotar todas las hipótesis contrarias antes de proclamar el descubrimiento. Pero luego, al cabo de esfuerzos tan arduos, cuando la certeza llega, vuestra alegría será una de las más grandes que puede experimentar el alma humana.
Louis Pasteur (1822-1895). Químico francés.

Cuando Newton vio caer una manzana encontró asombro en su contemplación. "Esto, dijo, es un modo de demostrar que la Tierra gira en redondo en una trayectoria de lo más natural, llamada gravitación". Fue el único mortal que pudo aprender, desde Adán, con la caída de una manzana.
Lord Byron (1788-1824). Poeta inglés.

Cuando todo se mueve al mismo tiempo, en apariencia nada se mueve.
Blaise Pascal (1623-1662). Matemático, físico y teólogo francés.

Cuando tomamos cierto interés en los grandes descubridores y en sus vidas es cuando la ciencia se hace soportable, y sólo cuando rastreamos el desarrollo de las ideas es cuando se hace fascinadora.
James Clerk Maxwell (1831-1879). Físico británico.

Cuando yo, un químico, contemplo una flor, me viene a la mente todo lo que habría que hacer para sintetizar la totalidad de los elementos que la componen. Y sé que no es natural que exista. Es un milagro.

Albert Hofmann (1906-). Químico suizo.

Cuanto más éxito tenga la teoría cuántica, más disparatada parecerá.

Albert Einstein (1879-1955). Científico estadounidense de origen alemán.

Cuanto más lejos esté un experimento de la teoría, tanto más cerca está el Premio Nobel.

Irene Joliot Curie (1897-1956). Química francesa.

Debemos ver la verdad de una demostración matemática para estar convencidos de su validez.

Roger Penrose (1931-). Matemático y físico inglés.

Decir que cada especie de cosa está dotada de una cualidad específica oculta por la cual actúa y produce efectos manifiestos, equivale a no decir nada; pero derivar de los fenómenos dos o tres principios generales de movimiento, y acto seguido explicar de qué modo se deducen de estos principios manifiestos las propiedades y las acciones de todas las cosas corpóreas, sería dar un gran paso.

Isaac Newton (1642-1727). Matemático y físico británico.

Demostramos con la ciencia, pero descubrimos con la intuición.

Henri Poincaré (1854-1912). Matemático francés.

Dentro de pocos años se habrán estimado, con mayor o menor precisión, todas las constantes físicas importantes, de modo que la única ocupación que quedará para los hombres de ciencia, será añadir más decimales a estas medidas.

James Clerk Maxwell (1831-1879). Físico británico.

Dios hizo los números enteros. Los demás son cosa del hombre.

Leopold Kronecker (1823-1891). Matemático alemán.

Dividir un cubo en otros dos; un bicuadrado o, en general, cualquier potencia, en otras tantas, todas ellas iguales y superiores a la segunda, es imposible, y en verdad he descubierto una admirable demostración de esto, pero el margen es demasiado estrecho para contenerla. (Este es su famoso Último teorema, que apareció escrito en un margen de su ejemplar de la Aritmética de Diofanto).

Pierre de Fermat (1601-1665). Matemático francés.

Donde una vez estuvo el límite de la ciencia, hoy está su centro.

Georg Christoph Lichtenberg (1742-1799). Escritor y científico alemán.

El álgebra es generosa; a menudo da más de lo que se le pide.

Jean Baptiste le Rond d´Alembert (1717-1783). Físico y matemático francés.

El árbol de la ciencia es como el clásico manzanillo, que mata a quien se acoge a su sombra.
Pío Baroja (1872-1956). Escritor español.

El aspecto más triste de la vida actual es que la ciencia gana en conocimiento más rápidamente que la sociedad en sabiduría.
Isaac Asimov (1920-1992). Escritor y científico estadounidense.

El azar es una medida de nuestra ignorancia.
Henri Poincaré (1854-1912). Matemático francés.

El calor no puede ser desprendido o absorbido sin producir una fuerza vital o su equivalente, la atracción por el espacio.
James Prescott Joule (1818-1889). Físico inglés.

El centro del Universo está cerca del Sol.
Nicolás Copérnico (1473-1543). Astrónomo polaco.

El científico no es responsable de las leyes de la naturaleza, pero su trabajo es averiguar cómo actúan y cómo ponerlas al servicio de la voluntad humana. Sin embargo, decidir si debe usarse una bomba de hidrógeno no es labor suya: tal responsabilidad recae en el pueblo americano y en los gobernantes que escogieron.
Julius Robert Oppenheimer (1904-1967). Físico estadounidense.

El conocimiento científico y los descubrimientos sólo han sido conquistados por quienes los han perseguido sin ninguna finalidad práctica de corto alcance.
Max Planck (1858-1947). Físico alemán.

El electrón no es tan simple como parece.
Sir William Lawrence Bragg (1890-1971). Físico inglés.

El esqueleto de la ciencia son los hechos, pero los músculos y los nervios son el significado que se les confiere, y el alma de la ciencia son las ideas.
Ruy Pérez Tamayo (1924-). Médico mexicano.

El estado presente de la Naturaleza, es evidentemente la consecuencia del estado que tuvo en el momento anterior, y si concebimos una inteligencia que, en un momento dado, conociera todas las relaciones entre las entidades del Universo, ésta podría determinar las posiciones respectivas, movimientos y efectos generales de todos esos elementos, en cualquier instante del pasado o del futuro.
Pierre Simon de Laplace (1749-1827). Astrónomo y matemático francés.

El estudio de los datos experimentales ha enseñado gradualmente a los físicos cómo concebir convenientemente una pregunta. A menudo, un planteamiento adecuado representa más de la mitad del camino hacia la solución del problema.
Werner Heisenberg (1901-1976). Físico alemán.

El fenómeno ondulatorio es el verdadero cuerpo del átomo. En el modelo de Bohr la onda sustituye a los electrones individuales, corpusculares, que pululan alrededor del núcleo.
Erwin Schrödinger (1887-1961). Físico austriaco.

El futuro pertenece a la ciencia y a los que hacen amistad con la ciencia.
Jawaharlal Nehru (1889-1964). Líder político hindú.

El gran objetivo es encontrar, antes que nadie, la teoría del asunto (los rayos X), porque ahora casi todos los profesores europeos trabajan con fines bélicos.
Ernest Rutherford (1871-1957). Físico británico.

El hecho de que, a veces, no diera (Einstein) en el blanco, por ejemplo, en su hipótesis sobre los cuantos de luz, no puede ser esgrimido en su contra (de la carta en la que propuso al joven Einstein como miembro de la Real Academia de Ciencias, de Prusia).
Max Planck (1858-1947). Físico alemán.

El humilde conocimiento de ti mismo es un camino más seguro hacia Dios que el camino de la ciencia.
Thomas Kempis (1380-1471). Monje alemán.

El infierno debe ser isotermo, pues de no ser así los químicos y fisicoquímicos —de los que allí debe haber algunos— podrían montar una máquina capaz de accionar un refrigerador, con el fin de enfriar una porción de ambiente y mantenerla a la temperatura deseada.
Henry Albert Bent (1965-). Científico británico.

El joven Voltaire, asistió a los funerales de Newton el 20 de marzo de 1727 y escribió: "He visto a un profesor de matemáticas, sólo porque fue grande en su vocación, enterrado como un rey que hizo el bien de sus súbditos".
Francois-Marie Arouet de Voltaire (1694-1778). Escritor y filósofo francés.

El lector no encontrará figuras en esta obra. Los métodos que propongo no requieren construcciones ni razonamientos geométricos o mecánicos; solamente, operaciones algebraicas sometidas a una regla de procedimiento metódica y uniforme. Prefacio a su Mécanique Analytique, 1788.
Joseph Louis Lagrange (1736-1813). Matemático y astrónomo francés.

El mejor científico está abierto a la experiencia y parte de la idea romántica de que todo es posible.
Ray Bradbury (1920-). Escritor estadounidense.

El movimiento de la Tierra sola basta, pues, para explicar tantas desigualdades aparentes en los cielos.
Nicolás Copérnico (1473-1543). Astrónomo polaco.

El nacimiento de la ciencia fue la muerte de la superstición.
Thomas Henry Huxley (1825-1895). Biólogo inglés.

El niño (Newton)... que salió al mundo era tan diminuto que, como su madre luego le dijo, podría haberlo metido en una taza. (Memoirs of Newton, 1855).
Sir David Brewster (1781-1868). Físico escocés.

El número es el que rige las formas y las ideas, y la causa de los dioses y los demonios.
Pitágoras (582-500 a.C.). Filósofo y matemático griego.

El propósito del cálculo es lograr intuiciones, no números.
R. W. Hamming (1915-1998). Matemático estadounidense.

El sol no se mueve.
Leonardo Da Vinci (1452-1519). Artista florentino.

El tiempo se define de modo que el movimiento parezca simple.
John Archiblad Wheeler (1911-). Físico norteamericano.

El universo, para aquel que supiera abarcarlo desde un único punto de vista, no sería, si se me permite decirlo, más que un hecho único y una gran verdad.
Jean Baptiste le Rond d´Alembert (1717-1783). Físico y matemático francés.

En contradicción con la teoría de que el espacio está repleto de un fluido extremadamente enrarecido se levanta la evidencia de que los planetas y cometas describen, con regularidad e indefinidamente, toda clase de trayectorias a través de los cielos.
Sir Isaac Newton (1642-1727). Físico y matemático inglés.

En definitiva, muchas de las ideas fundamentales de la ciencia son simples y pueden, por regla general, ser expresadas en un lenguaje que puede entender cualquiera.
Albert Einstein (1879-1955). Científico estadounidense de origen alemán.

En el fondo, la teoría de probabilidades es sólo sentido común expresado con números.
Pierre Simon de Laplace (1749-1827). Astrónomo y matemático francés.

En el pensamiento científico siempre están presentes elementos de poesía. La ciencia y la música actual exigen de un proceso de pensamiento homogéneo.
Albert Einstein (1879-1955). Científico estadounidense de origen alemán.

En el punto donde se detiene la ciencia, empieza la imaginación.
Henri Poincaré (1854-1912). Matemático francés.

En el siglo de Newton todavía era posible que un hombre extraordinario dominase todos los campos del conocimiento científico. Ahora bien, alrededor del 1800 semejante hazaña era ya irrealizable.
Isaac Asimov (1920-1992). Escritor y científico estadounidense.

En física, todo enunciado ha de establecer relaciones entre magnitudes observables.
Ernst Mach (1838-1916). Físico y filósofo austriaco.

En la ciencia todo el crédito va al hombre que convence al mundo de una idea, no al que la concibió primero.

William Osler (1849-1919). Médico canadiense.

En la ciencia uno se trata de explicar lo que no se sabía antes de manera que se entienda. En la literatura uno se comporta justo al contrario.

Paul Dirac (1902-1984). Físico británico.

En lo tocante a la ciencia, la autoridad de un millar no es superior al humilde razonamiento de una sola persona.

Galileo Galilei (1564-1642). Físico y astrónomo italiano.

"En mi mano izquierda tengo una pluma, en la derecha un martillo", dijo Scott parado frente a la cámara del explorador lunar... A continuación dejó caer ambos objetos y llegaron de forma simultánea a la superficie lunar.

David R. Scott (1932-). Astronauta estadounidense.

En mi opinión, he sido un niño pequeño que, jugando en la playa, encontraba de tarde en tarde un guijarro más fino o una concha más bonita de lo normal; el océano de la verdad se extendía, inexplorado, delante de mí.

Sir Isaac Newton (1642-1727). Físico y matemático inglés.

En principio la investigación necesita más cabezas que medios.

Severo Ochoa (1905-1993). Premio Nobel 1959, médico y bioquímico español.

En su avance hacia la perfección una ciencia se torna esencialmente matemática.

Alfred North Whitehead (1860-1947). filósofo inglés.

En suma, la luz es la forma más refinada de la materia.

Louis de Broglie (1892-1987). Físico francés.

En tanto las leyes de la matemática se refieren a la realidad, no son ciertas; en tanto son ciertas, no se refieren a la realidad.

Albert Einstein (1879-1955). Científico estadounidense de origen alemán.

En teoría, no existe diferencia entre teoría y práctica; en la práctica sí la hay.

Jan L. A. van de Snepscheut (1953-1994). Educador y científico en computación.

En tiempos de aflicción, la física no me consolará de mi ignorancia moral. Pero la moral me consolará siempre de no saber física.

Blaise Pascal (1623-1662). Matemático, físico y teólogo francés.

En todas partes se admite que las Escrituras no pretenden resolver cuestiones materiales o explicar asuntos ajenos a la moral humana; así, de acuerdo con este principio, si no se tolerase una considerable holgura al interpretarlas, seguiríamos creyendo que la Tierra es plana, que el Sol gira alrededor de la Tierra y que la circunferencia de un círculo es sólo tres veces su diámetro.

John Playfair (1748-1819). Geólogo y matemático escocés.

En todas partes, y por lejos que dirijamos nuestra mirada, no solamente no encontramos ninguna contradicción entre religión y ciencia, sino precisamente pleno acuerdo en los puntos decisivos.

Max Planck (1858-1947). Físico alemán.

En torno de la esencia está la morada de la ciencia.

Platón (428-347 a.C.). Filósofo griego.

En un examen, aquellos que no quieren saber preguntan acerca de los que no pueden hablar.

Sir Walter Alexander Rayleigh (1861-1922).

Es el terreno de la ciencia hablar y privilegio de la sabiduría escuchar.

Oliver Wendell Holmes (1809-1894). Médico y escritor estadounidense.

Es imposible encontrar la forma de convertir un cubo en la suma de dos cubos, una potencia cuarta en la suma de dos potencias cuartas, o en general cualquier potencia más alta que el cuadrado en la suma de dos potencias de la misma clase; para este hecho he encontrado una demostración excelente. El margen es demasiado pequeño para que la demostración quepa en él.

Pierre de Fermat (1601-1665). Matemático francés.

Es indigno que hombres notables pierdan su tiempo como esclavos del cálculo cuando podrían dejar ese trabajo en manos de cualquiera si se usaran las máquinas.

Gottfried Wilhelm Leibniz (1646-1716). Filósofo y matemático alemán.

Es lo más tonto que hemos hecho jamás. La bomba nunca desaparecerá, y hablo como experto en explosivos (sobre la bomba atómica).

William Leahy (1875-1959). Oficial de la marina estadounidense.

Es un hecho que el hombre tiene que controlar la ciencia y checar ocasionalmente el avance de la tecnología.

Thomas Henry Huxley (1825-1895). Biólogo inglés.

Examinen ustedes algunos fragmentos de pseudociencia y encontrarán un manto de protección, un pulgar que chupar, unas faldas a las que agarrarse. ¿Y qué ofrecemos nosotros a cambio? ¡Incertidumbre! ¡Inseguridad!

Isaac Asimov (1920-1992). Escritor y científico estadounidense.

Fuimos entonces a la Abadía de Westminster y la recorrimos sin guía. Encontramos, apiñadas, las tumbas de Newton, Rutherford, Darwin, Faraday y Maxwell.

Isaac Asimov (1920-1992). Escritor y científico estadounidense.

Guerra debería significar investigación.

George Ellery Hale (1868-1938). Astrónomo estadounidense.

Había mucha más imaginación en la cabeza de Arquímedes que en la de Homero.

Francois-Marie Arouet de Voltaire (1694-1778). Escritor y filósofo francés.

Hace unos diez años, leí que, mediante un termómetro de su propia invención, el gran Amontons descubrió que el agua hierve a cierta temperatura. Enseguida me acometió el gran deseo de hacer yo mismo un termómetro de esa clase, para ver con mis propios ojos el hermoso fenómeno de la Naturaleza y convencerme de la verdad del experimento. Pensé que tal termómetro acaso podría construirse con mercurio; no sería costoso y con su ayuda podría llevar a cabo un experimento tan ardientemente deseado. Cuando el termómetro estuvo listo, aunque quizá tuviese bastantes imperfecciones, comprobé que el resultado era el esperado, y, con gran placer por parte de mi alma, vi que la cosa era cierta.

Gabriel Daniel Fahrenheit (1686-1736). Físico alemán.

Hay científicos sádicos, que están a la caza de errores, en lugar de buscar la verdad.

Marie Curie (1867-1934). Física y química polaca.

Hay niños, de los que ahora juegan en la calle, que pueden resolver algunos de mis problemas de física más complejos, pues tienen modos de percepción sensorial que yo perdí hace mucho tiempo.

Julius Robert Oppenheimer (1904-1967). Físico estadounidense.

He dejado constancia de muchos argumentos directos e indirectos en favor de la visión copernicana; pero, alarmado por la suerte corrida por el mismo Copérnico, nuestro maestro, hasta ahora no me he atrevido a publicarlos. El ha conquistado una fama inmortal a ojos de unos pocos, pero ha sido escarnecido y abucheado por una multitud de personas, porque tan grande es el número de dementes. Me atrevería a publicar mis ideas si hubiera más gente que pensase como usted. Como éste no es el caso, me tengo que contener. (De una carta a Johannes Kepler.)

Galileo Galilei (1564-1642). Físico y astrónomo italiano.

He estado releyendo alguno de mis primeros escritos y, ¿sabes?, cuando terminé me dije: Querido Rutherford, tú fuiste un chico condenadamente listo.

Ernest Rutherford (1871-1957). Físico británico.

He venido para apoyar la afirmación de que todo tipo de luz es un fenómeno eléctrico, sea la luz del Sol, la de una vela o la de una luciérnaga.

Heinrich Rudolf Hertz (1857-1894). Físico alemán.

Hypotheses non fingo (no hago hipótesis).

Sir Isaac Newton (1642-1727). Físico y matemático inglés.

Ignoro la razón por la cual, en nuestro sistema, sólo hay un cuerpo capaz de dar luz a todo lo demás; pero así lo dispuso el Autor del sistema, por considerarlo lo más acertado.

Sir Isaac Newton (1642-1727). Físico y matemático inglés.

Investigar es ver lo que todo el mundo ha visto, y pensar lo que nadie más ha pensado.

Albert Szent Gyorgi (1893-1986). Médico húngaro.

La astronomía enseña el uso correcto del sol y los planetas.

Stephen Leacock (1869-1944). Humorista canadiense.

La astronomía es la más antigua de las ciencias y la fuente de vastos conocimientos.

Martín Lutero (1483-1546). Teólogo alemán que inició la Reforma protestante.

La astronomía fue hija del ocio.

Bernard le Bovier Fontenelle (1657-1757). Escritor y científico francés.

La causa de la visión: las imágenes que se propagan a lo largo de las fibras de los nervios ópticos, hasta el cerebro.

Sir Isaac Newton (1642-1727). Físico y matemático inglés.

La ciencia apenas sirve para darnos una idea de la extensión de nuestra ignorancia.

Robert de Félicité Lamennais (1782-1854). Clérigo liberal francés.

La ciencia avanza a pasos, no a saltos.

Thomas B. Macaualay (1800-1859). Historiador y escritor inglés.

La ciencia consiste en sustituir el saber que parecía seguro por una teoría, o sea, por algo problemático.

José Ortega y Gasset (1883-1955). Filósofo español.

La ciencia debe comenzar con mitos, y con la crítica de mitos.

Karl Popper (1902-1994). Filósofo austriaco.

La ciencia despoja a a los hombres de la sabiduría y suele convertirlos en seres fantasmales cargados de datos.

Miguel De Unamuno (1864-1936). Filósofo y escritor español.

La ciencia es el conocimiento de los efectos y de la interacción entre un hecho y otro.

Thomas Hobbes (1588-1679). Filósofo y político inglés.

La ciencia es el fundamento de todo progreso, que mejora la vida humana y alivia del sufrimiento.

Irene Joliot Curie (1897-1956). Química francesa.

La ciencia es el gran antídoto contra el veneno del entusiasmo y la superstición.

Adam Smith (1723-1790). Economista y filósofo británico.

La ciencia es el misticismo de los hechos; la verdad es que nadie sabe nada.

Leónidas Andreiev (1871-1919). Escritor ruso.

La ciencia es la estética de la inteligencia.
Gaston Bachelard (1884-1962). Filósofo y ensayista francés.

La ciencia es larga; la vida, breve.
Séneca Anneo (3 a.C.- 65 d.C.). Filósofo latino.

La ciencia es orgullosa por lo mucho que ha aprendido; la sabiduría es humilde porque no sabe más.
William Cowper (1731-1800). Poeta inglés.

La ciencia es para el mundo moderno lo que el arte fue para el antiguo.
Benjamin Disraeli (1804-1881). Escritor británico.

La ciencia es un gran juego, inspira, refresca. El campo de juego es el Universo.
Isidor Isaac Rabi (1898-1963). Físico austro-norteamericano.

La ciencia es un magnífico mobiliario para el piso superior de un hombre, siempre y cuando su sentido común esté en la planta baja.
Oliver Wendell Holmes (1809-1894). Médico y escritor estadounidense.

La ciencia ha salvado mi vida.
Carl Sagan (1934-1996). Astrónomo estadounidense.

La ciencia jamás ha visto un fantasma, ni trata de verlo, pero en todas partes ve las huellas de una inteligencia Universal.
Henry David Thoreau (1817-1862). Escritor, poeta y pensador estadounidense.

La ciencia más útil es aquella cuyo fruto es el más comunicable.
Leonardo Da Vinci (1452-1519). Artista florentino.

La ciencia no es una religión. Si lo fuese, no tendríamos problemas para conseguir dinero.
Leon Lederman (1922-). Físico norteamericano.

La ciencia no me interesa. Ignora el sueño, el azar, la risa, el sentimiento y la contradicción, cosas que me son preciosas.
Luis Buñuel (1900-1983). Cineasta español.

La ciencia no sale de la certitud, sino de la ambigüedad y de la duda.
Santiago Genovés (1923-). Antropólogo y escritor mexicano.

La ciencia no sólo es compatible con la espiritualidad; es una fuente profunda de espiritualidad.
Carl Sagan (1934-1996). Astrónomo estadounidense.

La ciencia puede descubrir lo que es cierto, pero no lo que es bueno, justo y humano.
Marcus Jacobson (1930-2001). Neurobiólogo sudafricano.

La ciencia puede divertirnos y fascinarnos, pero es la ingeniería la que cambia el mundo.
Isaac Asimov (1920-1992). Escritor y científico estadounidense.

La ciencia que la humanidad tiene en un momento dado depende de lo que es la humanidad en ese momento.
Georg Simmel (1858-1918). Filósofo y sociólogo alemán.

La ciencia que se aparte de la justicia más que ciencia debe llamarse astucia.
Marco Tulio Cicerón (106-43 a.C.). Escritor, político y orador romano.

La ciencia rivaliza con la mitología en milagros.
Ralph Waldo Emerson (1803-1882). Ensayista y poeta estadounidense.

La ciencia se compone de errores, que a su vez son los pasos hacia la verdad.
Julio Verne (1828-1905). Escritor francés.

La ciencia se divide en dos categorías: física y filatelia.
Ernest Rutherford (1871-1957). Físico británico.

La ciencia y la sabiduría, lejos de ser una misma cosa, no tienen entre sí a menudo conexión alguna.
William Cowper (1731-1800). Poeta inglés.

La ciencia, hijo mío, por más que sea grande es siempre poca cosa; es menos que nada, comparada con el formidable misterio de la divinidad. Hay que transitar otros caminos.
San Pío de Pieltrecina (1887-1968). Religioso italiano.

La civilización avanza extendiendo el número de operaciones importantes que podemos realizar sin pensar acerca de ellas.
Alfred North Whitehead (1860-1947). Filósofo inglés.

La creencia en el valor de la verdad científica no procede de la naturaleza, sino que es producto de determinadas culturas.
Wilhelm Weber (1804-1891). Físico alemán.

La energía del mundo es constante. Su entropía tiende a un máximo.
Rudolf Julius Emmanuel Clausius (1822-1888). Físico alemán.

La energía total del Universo es constante, y la entropía total aumenta constantemente. (Las dos leyes de la termodinámica).
Sir Isaac Newton (1642-1727). Físico y matemático inglés.

La entropía es la flecha del tiempo.
Sir Arthur Stanley Eddington (1882-1944). Astrónomo y matemático inglés.

La estructura animal, considerada como máquina —aunque cumpla funciones diversas— es más perfecta que la máquina de vapor mejor concebida. Quiere decirse que puede rendir un trabajo mayor con el mismo gasto de energía.
James Prescott Joule (1818-1889). Físico inglés.

La experiencia es la madre de la ciencia.
Henry George Bohn (1796-1884). Escritor inglés.

La física estudia la naturaleza de lo indeterminado y, por tanto, es una cuestión de probabilidades.
Max Borh (1882-1970). Físico germano-británico.

La física se está volviendo tan increíblemente compleja que la formación de un científico dura cada vez más tiempo; tanto que, cuando se llega al punto de comprender la naturaleza de los problemas que se plantean, ya se es demasiado viejo para darles solución.
Eugene Paul Wigner (1902-). Profesor húngaro-norteamericano.

La frase más excitante que se puede oír en ciencia, la que anuncia nuevos descubrimientos, no es "¡Eureka!" (¡Lo encontré!) sino "Es extraño..."
Isaac Asimov (1920-1992). Escritor y científico estadounidense.

La fuerza de la gravedad, cuyo poder apreciamos plenamente, es la primera con la cual nos familiarizamos; sin embargo, es la más débil de las fuerzas naturales que conocemos. Es la primera y la última.
Isaac Asimov (1920-1992). Escritor y científico estadounidense.

La historia de las ciencias es la historia de las derrotas de lo irracional.
Gaston Bachelard (1884-1962). Filósofo y ensayista francés.

La ignorancia afirma o niega rotundamente; la ciencia duda.
Francois-Marie Arouet de Voltaire (1694-1778). Escritor y filósofo francés.

La informática es a los ordenadores como la astronomía es a los telescopios.
Edsger Dijsktra (1930-2002). Informático.

La investigación de las enfermedades ha avanzado tanto que cada vez es más difícil encontrar a alguien que esté completamente sano.
Aldous Leonard Huxley (1894-1963). Escritor inglés.

La investigación experimental por la cual Ampere estableció la ley de la acción mecánica entre corrientes eléctricas es una de las realizaciones más brillantes de la ciencia. Tanto la teoría como la experimentación parecen haber nacido —completamente desarrolladas— de la cabeza del Newton de la electricidad. Su obra es perfecta, de una precisión intachable; se resumen en una fórmula de la que se pueden deducir todos los fenómenos; ella es, para siempre, la fórmula cardinal de la electrodinámica.
James Clerk Maxwell (1831-1879). Físico británico.

La investigación nos deparó un resultado sorprendente. Si se combina ácido ciánico con amoníaco, se forma urea. Es un hecho notable, porque nos ofrece un ejemplo de producción artificial de materia orgánica —llamada animal— a partir de materia inorgánica.
Friedrich Wöhler (1800- 1882). Químico alemán.

La lógica no es ni ciencia ni arte, sólo es una gambeta.
Benjamin Jowett (1817-1893). Educador inglés.

La luz se propaga en el vacío siempre a la misma velocidad, que no depende del estado de movimiento del cuerpo emisor.
Albert Einstein (1879-1955). Científico estadounidense de origen alemán.

La madre del conocimiento es la ciencia; la opinión genera ignorancia.
Hipócrates (c. 460-c. 377 a.C.). Considerado el padre de la medicina.

La matemática es el alfabeto con el que Dios escribió el mundo.
Galileo Galilei (1564-1642). Físico y astrónomo italiano.

La matemática es la ciencia del orden y la medida, de bellas cadenas de razonamientos, todos sencillos y fáciles.
René Descartes (1596-1650). Filósofo, científico y matemático francés.

La mayoría de las ideas fundamentales la ciencia son esencialmente sencillas y, por regla general pueden ser expresadas en un lenguaje comprensible para todos.
Albert Einstein (1879-1955). Científico estadounidense de origen alemán.

La mecánica cuántica es muy impresionante... Pero yo estoy convencido de que Dios no juega a los dados.
Albert Einstein (1879-1955). Científico estadounidense de origen alemán.

La meta de la investigación es descubrir las ecuaciones que subyacen en las manifestaciones de los fenómenos.
Ernst Mach (1838-1916). Físico y filósofo austriaco.

La meta ideal de la filosofía sigue siendo puramente la concepción del mundo, que precisamente, en virtud de su esencia, no es ciencia. La ciencia no es nada más que un valor entre otros.
Edmund Husserl (1859-1938). Filósofo checo.

La misión de la ciencia es catalogar el mundo para volverlo a Dios en orden.
Miguel De Unamuno (1864-1936). Filósofo y escritor español.

La Naturaleza nos dio la astrología como ciencia adjunta y aliada de la astronomía.
Johannes Kepler (1571-1630). Astrónomo y filósofo alemán.

La naturaleza se ríe de las dificultades de la integración.
Pierre Simon de Laplace (1749-1827). Astrónomo y matemático francés.

La naturaleza y sus leyes permanecían escondidas en la noche. Dijo Dios Hágase Newton y todo fue luz.
Alexander Pope (1688-1744). Escritor inglés.

La nueva interdependencia electrónica vuelve a crear el mundo a imagen de una aldea global.
Marshall MacLuhan (1911-1980). Teórico de la comunicación canadiense.

La presión hace diamantes.
George S. Patton (1885-1945). General estadounidense.

La próxima gran tarea de la ciencia será crear una religión para la humanidad.
John Morley (1838-1923). Escritor y estadista inglés.

La radio no tiene futuro. Los rayos X resultarán una farsa. Las máquinas voladoras más pesadas que el aire son imposibles.
William Thompson (1824-1907). Físico británico.

La realidad sólo está constituida por átomos y vacío.
Demócrito (460 a.C.-370 a.C.). Filósofo griego.

La única posibilidad de descubrir los límites de lo posible es aventurarse un tanto en el terreno de lo imposible.
Arthur Clarke (1917-). Científico y escritor británico.

La verdad en la ciencia se puede definir como la hipótesis en funcionamiento mejor adecuada para dar paso a la siguiente mejor hipótesis.
Konrad Z. Lorenz (1903-1989). Zoólogo y etólogo austriaco.

La verdadera ciencia enseña, por encima de todo, a dudar y a ser ignorante.
Miguel De Unamuno (1864-1936). Filósofo y escritor español.

La vista debe aprender de la razón.
Johannes Kepler (1571-1630). Astrónomo y filósofo alemán.

Lagrange, en sus últimos años, creyó haber vencido la dificultad (del axioma de las paralelas). Llegó incluso a redactar un escrito, que llevó al Instituto y comenzó a leer. Pero en el primer párrafo halló algo que había pasado por alto, y murmuró: Debo pensarlo otra vez y se metió el papel en el bolsillo.
Augustus de Morgan (1806-1871). Lógico inglés.

Las ciencias aplicadas no existen, sólo las aplicaciones de la ciencia.
Louis Pasteur (1822-1895). Químico francés.

Las ciencias tienen las raíces amargas, pero muy dulces los frutos.
Aristóteles (384 a.C.-322a.C). Filósofo griego.

Las leyes vigentes sobre inducción entre corrientes y entre corrientes e imanes fueron descubiertas por Faraday, entre 1831 y 1832. Le preguntaron: "¿Para qué sirve este descubrimiento?" Él contestó: "Para lo que sirve un niño, que crece y se hace hombre". El niño de Faraday se ha hecho hombre y es ahora la base de todas nuestras aplicaciones modernas de la electricidad.
Alfred North Whitehead (1860-1947). Filósofo inglés.

Las verdades que revela la ciencia superan siempre a los sueños que destruye.
Ernest Renán (1823-1892). Escritor e historiador francés.

Llevo obteniendo resultados desde hace tiempo, pero aún no sé cómo llegué a ellos.

Karl Friedrich Gauss (1777-1855). Matemático alemán.

Lo conocido es finito, lo desconocido infinito; desde el punto de vista intelectual estamos en una pequeña isla en medio de un océano ilimitable de inexplicabilidad. Nuestra tarea en cada generación es recuperar algo más de tierra.

Thomas Henry Huxley (1825-1895). Biólogo inglés.

Lo probable es lo que ocurre con frecuencia.

Aristóteles (384 a.C.-322a.C). Filósofo griego.

Lo que conocemos es poca cosa, y lo que ignoramos, numeroso.

Pierre Simon de Laplace (1749-1827). Astrónomo y matemático francés.

Lo que hoy ha empezado como novela de ciencia ficción, mañana será terminado como reportaje.

Arthur Clarke (1917-). Científico y escritor británico.

Los astrónomos estudian la armonía del espacio infinito.

Lord John Russell (1792-1878). Estadista y escritor inglés.

Los científicos exploran lo que es; los ingenieros exploran lo que aún no es.

Theodore von Karman (1881-1963). Ingeniero aeronáutico húngaro norteamericano.

Los conceptos y principios fundamentales de la ciencia son invenciones libres del espíritu humano.

Albert Einstein (1879-1955). Científico estadounidense de origen alemán.

Los descubrimientos de la física futura serán cuestión de la sexta cifra decimal.

Albert Michelson (1852-1931). Físico estadounidense.

Los descubrimientos matemáticos, pequeños o grandes [...], nunca se generan espontáneamente. Presuponen siempre una sólida base de conocimientos preliminares bien madurados por el trabajo consciente y subconsciente.

Henri Poincaré (1854-1912). Matemático francés.

Los errores por usar datos inadecuados son muchos menos que por no usar ningún dato en absoluto.

Charles Babbage (1792-1871). Matemático británico.

Los físicos emplean la teoría ondulatoria los lunes, miércoles y viernes, y la corpuscular, los martes, jueves y sábados.

William Henry Bragg (1862-1942). Físico británico.

Los grandes descubrimientos y perfeccionamientos implicaron siempre la cooperación de muchas mentes. Se me puede atribuir el mérito de haber encontrado una pista, pero cuando contemplo los desarrollos ulteriores, siento que el mérito es más de otros que mío.
Alexander Graham Bell (1847-1922). Inventor y científico escocés-norteamericano.

Los matemáticos no estudian objetos sino relaciones entre objetos; por lo tanto, son libres de reemplazar algunos objetos por otros, siempre que las relaciones no cambien. El contenido no les importa: sólo están interesados en la forma.
Henri Poincaré (1854-1912). Matemático francés.

Los números complejos no son más absurdos que los números negativos, y si éstos se pueden representar en una línea recta entonces es posible representar los números complejos en un plano.
John Wallis (1616-1703). Matemático inglés.

Los postulados son definiciones disfrazadas.
Henri Poincaré (1854-1912). Matemático francés.

Los trabajos de Planck y Einstein pusieron de manifiesto que la luz se comporta, en algunos aspectos, de manera corpuscular y que, en consecuencia, no necesita un éter para viajar por el vacío. Comprendido esto, el éter ya era inútil y, con gran alivio, fue abandonado. Nadie lo reclamó desde entonces. Ya no existe; de hecho, nunca existió.
Isaac Asimov (1920-1992). Escritor y científico estadounidense.

Mary tenía un corderito blanco como la nieve. (Primeras palabras reproducidas por un fonógrafo).
Thomas Alva Edison (1847-1931). Inventor estadounidense.

Me alegra mucho la idea de que la bomba de hidrógeno pueda ser proyectada y construida.
Harold Clayton Urey (1893-1981). Físico estadounidense.

Mejor que de nuestro juicio, debemos fiarnos del cálculo algebraico.
Leonard Euler (1707-1783). Matemático suizo.

Mi invento del fonógrafo no no tiene ningún valor comercial.
Thomas Alva Edison (1847-1931). Inventor estadounidense.

Nada existe excepto átomos y espacio vacío; todo lo demás son opiniones.
Demócrito (460 a.C.-370 a.C.). Filósofo griego.

Nada ha podido retrasar más el avance de la ciencia que la actitud de las mentes vulgares, que envilecen lo que no pueden comprender.
Samuel Johnson (1709-1784). Escritor británico.

Nada hay más importante que ver los caminos de la inventiva, que son, en mi opinión, más importantes que las invenciones mismas.
Gottfried Wilhelm Leibniz (1646-1716). Filósofo y matemático alemán.

Newton ha sido un hombre afortunado; sólo una vez puede descubrirse el sistema del mundo, y él lo ha descubierto.
Joseph Louis Lagrange (1736-1813). Matemático y astrónomo francés.

Ninguna ciencia, en cuanto a ciencia, engaña; el engaño está en quien no sabe.
Miguel de Cervantes (1547-1616). Dramaturgo, poeta y novelista español.

No dejes que tu cuerpo sea la tumba de tu alma.
Pitágoras (582-500 a.C.). Filósofo y matemático griego.

No encuentro lógico rechazar datos sólo porque parezcan increíbles.
Fred Hoyle (1915-2001). Físico británico.

No es en la ciencia que encontramos la felicidad, sino en su adquisición.
Edgar Allan Poe (1809-1849). Escritor estadounidense.

No existe un método inductivo que conduzca a los conceptos fundamentales de la física. El fallo de no comprender este hecho constituyó el error filosófico básico de muchos investigadores del siglo XIX.
Albert Einstein (1879-1955). Científico estadounidense de origen alemán.

No hay ninguna rama de la matemática, por abstracta que sea, que no pueda aplicarse algún día a los fenómenos del mundo real.
Nikolai Ivanovich Lobachevsky (1792-1856). Matemático ruso.

No hay que llamar ciencia más que al conjunto de fórmulas que siempre tiene tanto éxito. Todo el resto es literatura.
Paul Ambroise Valéry (1871-1945). Escritor francés.

No hay un camino lógico que conduzca al descubrimiento de las leyes elementales. El único camino es el de la intuición que nace del sentimiento de que hay un orden tras las apariencias.
Albert Einstein (1879-1955). Científico estadounidense de origen alemán.

No me irrita que usted piense despacio, pero protesto si publica más rápido de lo que piensa.
Wolfgang Pauli (1900-1958). Físico germano-norteamericano.

No permitáis que crea haber vivido en vano. (Sus últimas palabras).
Tycho Brahe (1546-1601). Astrónomo danés.

No tenemos medios; luego, habrá que pensar.
Ernest Rutherford (1871-1957). Físico británico.

Nunca se puede predecir un acontecimiento físico con una precisión absoluta.
Max Planck (1858-1947). Físico alemán.

Nunca te das cuenta de lo que ya has hecho; sólo puedes ver lo que te queda por hacer.
Marie Curie (1867-1934). Física y química polaca.

Oh, la serena paz de los laboratorios y las bibliotecas.

Louis Pasteur (1822-1895). Químico francés.

Para los creacionistas, parece que una "teoría" es algo que soñaste después de emborracharte toda la noche.

Isaac Asimov (1920-1992). Escritor y científico estadounidense.

Para resolver un problema referente a números o relaciones abstractas de cantidades, basta con traducir dicho problema del inglés u otra lengua al idioma algebraico.

Sir Isaac Newton (1642-1727). Físico y matemático inglés.

Para un científico, una descripción en lenguaje llano representará un criterio del grado de compresión alcanzado.

Werner Heisenberg (1901-1976). Físico alemán.

Pierre Curie, un científico brillante, tuvo la suerte de casarse con alguien todavía más brillante que él, Marie, la famosa Madame Curie, y es el único gran científico de la Historia, que se identifica como esposo de alguien.

Isaac Asimov (1920-1992). Escritor y científico estadounidense.

Plantear si los ordenadores pueden pensar equivale a preguntarse si los submarinos pueden nadar.

Edsger Dijsktra (1930-2002). Informático.

Poco antes de su muerte en 1895, Cayley declaraba: "Como en cualquier otra situación, así pasa también en una teoría matemática: la belleza puede captarse, pero no puede explicarse".

Arthur Cayley (1821-1895). Matemático inglés.

Pongamos nuestros ojos no en el héroe de un deporte inhumano, sino en el héroe por la ciencia, en el héroe por el progreso.

Azorín (José Martínez Ruiz) (1873-1967). Ensayista, novelista, autor de teatro y crítico español.

Por amor de Dios, no digan que estudiaron conmigo. (Palabras dichas a los estudiantes que le desilusionaron).

Hermann Walter Nernst (1864-1941). Físico y químico alemán de origen polaco.

Por favor, venga, señor Watson, le necesito. (Primeras palabras dichas por teléfono).

Alexander Graham Bell (1847-1922). Inventor y científico escocés-norteamericano.

Prefiero la crítica más dura de un hombre inteligente a la aprobación irreflexiva de la gran masa.

Johannes Kepler (1571-1630). Astrónomo y filósofo alemán.

Primer mensaje enviado por Morse mediante telégrafo eléctrico desde Washington a Baltimore el 24 de mayo de 1844: "Lo que Dios ha forjado".

Samuel Finley Breese Morse (1791-1872). Artista e inventor estadounidense.

Prohibida la entrada de judíos y de miembros de la Sociedad Alemana de Física. [Lenard recibió el Premio Nobel de física en 1905] Nota en la puerta de esta institución.

Philip Eduard Anton von Lenard (1862-1947). Físico alemán.

Puesto que la naturaleza no admite más de tres dimensiones [...], parecería muy impropio hablar de sólidos [...] de cuatro, cinco, seis o más dimensiones. Álgebra, 1685.

John Wallis (1616-1703). Matemático inglés.

Que nadie espera nada seguro de la astronomía, pues nada cierto nos ofrece; si al abandonar esta disciplina alguien toma por verdadero lo que fue hecho para otro uso acabará más loco que al meterse en ella.

Nicolás Copérnico (1473 - 1543). Astrónomo polaco.

Que no pille a nadie hablando del universo en mi departamento.

Ernest Rutherford (1871-1957). Físico británico.

Quien adscribe el movimiento de los mares al movimiento de la Tierra asume un movimiento forzado; pero quien deja que los mares sigan a la Luna, hacen del movimiento, en cierto modo, un movimiento natural.

Johannes Kepler (1571-1630). Astrónomo y filósofo alemán.

Quien aumenta el conocimiento, aumenta el dolor.

La Biblia.

Recuerdo mis discusiones con Bohr, que se prolongaban hasta altas horas de la noche y acababan casi en la desesperación; después, me paseaba a solas por el parque vecino, donde me repetía una y otra vez: ¿puede la Naturaleza ser verdaderamente tan absurda como nos lo parece a consecuencia de estos experimentos con átomos?

Werner Heisenberg (1901-1976). Físico alemán.

$S = k \log ©$ (Grabado sobre su tumba en Zentrakfriedhof, en Viena).

Ludwig Edward Boltzmann (1844-1906). Físico austriaco.

Saber y no saber, todo es lo mismo, porque el fin de la ciencia es el abismo.

Ramón de Campoamor (1817-1901). Poeta Español.

Se hace la ciencia con hechos como una casa con piedras, pero una acumulación de hechos no es una ciencia, lo mismo que un montón de piedras no es una casa.

Henri Poincaré (1854-1912). Matemático francés.

Se puede pensar que la luz se propaga en ondas circulares sucesivas.

Christian Huygens (1629-1695). Astrónomo y físico holandés.

Según vamos adquiriendo conocimiento, las cosas no se hacen más comprensibles, sino más misteriosas.

Albert Schwaitzer (1875-1965). Médico francés.

Si a lo largo de vuestra carrera no podéis contar a todo el mundo lo que estáis haciendo, el trabajo es vano.
Erwin Schrödinger (1887-1961). Físico austriaco.

Si he logrado ver más allá que otros hombres es porque he estado a hombros de gigantes.
Sir Isaac Newton (1642-1727). Físico y matemático inglés.

Si la teoría de la relatividad resultara correcta —como yo espero—, Einstein sería considerado como el Copérnico del siglo XX.
Max Planck (1858-1947). Físico alemán.

Si puedes medir aquello de lo que hablas, y si puedes expresarlo mediante un número, entonces puedes pensar que sabes algo; pero si no lo puedes medir, tu conocimiento será pobre e insatisfactorio.
William Thompson (1824-1907). Físico británico.

Si se friccionan, ¿no emiten los cuerpos eléctricos una sutil exhalación o espíritu, con la cual ejercen su atracción?
Sir Isaac Newton (1642-1727). Físico y matemático inglés.

Si supiese que es lo que estoy haciendo, no lo llamaría investigación, ¿verdad?
Albert Einstein (1879-1955). Científico estadounidense de origen alemán.

Si un hombre como Newton hubiera florecido en la antigua Grecia habría sido adorado como una divinidad.
Samuel Johnson (1709-1784). Escritor británico.

Si uno no puede explicar lo que ha estado haciendo, su trabajo carecerá de valor.
Erwin Schrödinger (1887-1961). Físico austriaco.

Sin laboratorios los hombres de ciencia son como soldados sin armas.
Louis Pasteur (1822-1895). Químico francés.

Sólo el Sol está, en virtud de su dignidad y poder, en condiciones de mover a los planetas; sólo él es digno de ser el asiento de Dios.
Johannes Kepler (1571-1630). Astrónomo y filósofo alemán.

Sólo un instante para cortar esa cabeza. Puede que cien años no basten para darnos otra igual. (En la ejecución de Lavoisier).
Joseph Louis Lagrange (1736-1813). Matemático y astrónomo francés.

Son vanas y están plagadas de errores las ciencias que no han nacido del experimento, madre de toda certidumbre.
Leonardo Da Vinci (1452-1519). Artista florentino.

Tan poco hecho, tanto por hacer. (Sus últimas palabras).
Alexander Graham Bell (1847-1922). Inventor y científico escocés-norteamericano.

Te das un pequeño impulso y te elevas en el aire. Luego, te vienes abajo y lo repites. Es un placer ir dando saltos por la superficie. (Al hablar de un paseo lunar).

Edgar D. Mitchell (1930-). Astronauta estadounidense.

Toda la historia del progreso humano se puede reducir a la lucha de la ciencia contra la superstición.

Gregorio Marañón (1887-1960). Médico y escritor español.

Toda tecnología suficientemente avanzada es indistinguible de la magia.

Arthur Clarke (1917-). Científico y escritor británico.

Todo es remotamente probable.

Isaac Asimov (1920-1992). Escritor y científico estadounidense.

Todo lo que existe en el universo es fruto del azar y de la necesidad.

Demócrito (460 a.C.-370 a.C.). Filósofo griego.

Trabaja, termina, publica.

Michael Faraday (1791-1867). Químico y físico inglés.

Tras un año de investigación, uno cae en la cuenta de que podía haberse hecho en una semana.

Sir William Henry Bragg (1862-1942). Físico inglés.

Un astrónomo que no sienta devoción es un loco.

Charles Augustus Young (1834-1908). Astrónomo norteamericano.

Un buen científico es una persona con ideas originales. Un buen ingeniero es una persona que hace diseños que funcionan con un mínimo posible de ideas originales.

Freeman Dyson (1925-). Físico y matemático estadounidense nacido en Inglaterra.

Un catedrático debería ofrecer a su auditorio la indiscutible impresión de que ha puesto en juego todas sus energías para procurarle enseñanzas y gozo.

Michael Faraday (1791-1867). Químico y físico inglés.

Un científico es un hombre tan endeble y humano como cualquiera; sin embargo, la búsqueda científica puede ennoblecerle, incluso en contra de su voluntad.

Isaac Asimov (1920-1992). Escritor y científico estadounidense.

Un científico tiene la libertad —y debe tomársela— de plantear cualquier cuestión, de dudar cualquier afirmación, de buscar cualquier evidencia, de corregir errores....

Julius Robert Oppenheimer (1904-1967). Físico estadounidense.

Un día, señor, podrá usted gravarla con impuestos. (Al señor Gladstone, ministro de Hacienda, cuando preguntó sobre el valor práctico de la electricidad).

Michael Faraday (1791-1867). Químico y físico inglés.

Un experto es aquél que ya ha cometido todos los errores posibles en una materia muy concreta.

Niels Bohr (1885-1926). Físico danés.

Un físico es la forma que tiene el átomo de saber sobre los átomos.

George Wald (1906-1997). Bioquímico estadounidense.

Un matemático que no es también un poco poeta no será jamás un matemático completo.

Karl Weierstrass (1815-1897). Matemático alemán.

Un organismo vivo [...] produce entropía positiva —y por ello tiende a aproximarse al peligroso estado de entropía máxima que es la muerte—. Sólo puede mantenerse lejos de ellas [...] extrayendo continuamente entropía negativa de su ambiente. De lo que un organismo se alimenta es de entropía negativa.

Erwin Schrödinger (1887-1961). Físico austriaco.

Un pequeño paso para un hombre, un gran salto para la Humanidad. Primeras palabras al pisar la Luna. (1969).

Neil Armstrong (1930-). Astronauta estadounidense.

Un poco de ciencia aleja de Dios, pero mucha ciencia devuelve a Él.

Louis Pasteur (1822-1895). Químico francés.

Una causa muy pequeña, que escape a nuestra percepción, determina un efecto considerable que no podemos dejar de ver; luego decimos que este efecto es obra del azar. Si conociéramos exactamente las leyes de la Naturaleza, la situación del Universo en el momento inicial, podríamos predecir exactamente la situación que tendrá ese mismo Universo en el momento siguiente.

Henri Poincaré (1854-1912). Matemático francés.

Una falsa ciencia hace ateos; una verdadera ciencia prosterna al hombre ante la divinidad.

Francois-Marie Arouet de Voltaire (1694-1778). Escritor y filósofo francés.

Una inteligencia que en determinado momento conociera todas la fuerzas, que animan a la Naturaleza, y las posiciones respectivas de las entidades que lo componen, podría resumir en una sola fórmula el movimiento de los mayores cuerpos del Universo y del átomo más pequeño; para esa inteligencia nada podría ser incierto, y el pasado y el futuro estarían ante sus ojos.

Pierre Simon de Laplace (1749-1827). Astrónomo y matemático francés.

Una síntesis vale por diez análisis.

Eugenio d'Ors (1882–1954). Escritor español.

Una teoría es tanto más impresionante cuanto más simple sean sus premisas, cuantos más tipos de cosas describa y cuantas más explicaciones permita. De ahí la profunda impresión que causó la termodinámica clásica. Es la única teoría física que, dentro de su campo de aplicación, no será derribada nunca.

Albert Einstein (1879-1955). Científico estadounidense de origen alemán.

Uno no advierte jamás lo que está hecho, sólo puede ver lo que falta por hacer.

Marie Curie (1867-1934). Física y química polaca.

Vendrán los días en los que la energía atómica tomará el lugar del carbón como fuente de energía... Espero que la raza humana no descubra cómo usar esta energía hasta que tenga el raciocinio adecuado para usarla como es debido.

Sir Oliver Lodge (1851-1940). Físico inglés.

Vimos a Neptuno como Colón vio América desde las costas españolas. Hemos sentido sus movimientos, su vibración a lo largo de la prolongada línea de nuestro análisis, con una certeza apenas inferior a la proporcionada por la visión ocular.

Sir William Herschel (1738-1822). Astrónomo inglés.

Vivimos en una sociedad exquisitamente dependiente de la ciencia y la tecnología en la que casi nadie sabe nada de ciencia ni de tecnología.

Carl Sagan (1934-1996). Astrónomo estadounidense.

Y, sin embargo, se mueve (atribuido, cuando fue obligado a abjurar del heliocentrismo y el movimiento de la Tierra).

Galileo Galilei (1564-1642). Físico y astrónomo italiano.

Ya que nada se opone a que la Tierra se mueva, creo que ahora toca investigar si también ella se mueve de modo tal que se la pudiera considerar un planeta. La prueba de que ella no es el centro de todas las revoluciones radica en los movimientos irregulares de los planetas y en sus cambiantes distancias con respecto a la Tierra; no se podrían explicar si fueran en círculos concéntricos con la Tierra en el medio.

Nicolás Copérnico (1473-1543). Astrónomo polaco.

Yo llamo vacío a todo lugar donde un cuerpo pueda moverse sin encontrar resistencia.

Isaac Newton (1642-1727). Matemático y físico británico.

Yo ya soy un hombre viejo, y cuando muera y me vaya al cielo espero recibir la iluminación del conocimiento en dos cosas. Una es la electrodinámica cuántica y la otra el movimiento turbulento de los fluidos. Sobre esto último estoy algo más optimista.

Sir Horace Lamb (1849-1934). Matemático inglés.

Yo, Galileo, hijo del difunto Vicenzo Galilei, florentino, de setenta años de edad, emplazado en persona ante este tribunal y arrodillado ante vos, eminentísimo y reverendísimo Cardenal Inquisidor General contra la depravación herética en el orbe cristiano, teniendo ante mis ojos y tocando con mis manos los Santos Evangelios, juro que siempre he creído, creo y creeré, con la ayuda de Dios, todo lo que es sostenido, predicado y enseñado por la Santa Iglesia Católica y Apostólica. Tras la prohibición que me ha sido impuesta judicialmente por este Santo Oficio al efecto de que yo abandone completamente la falsa opinión de que el Sol es el centro del mundo, y está inmóvil, y que la Tierra no es el centro del mundo, y se mueve, y de que no debo sostener, defender o enseñar dicha falsa doctrina de ninguna de las maneras, ni verbalmente ni por escrito... (Su fórmula de abjuración, 22 de junio de 1633).
> Galileo Galilei (1564-1642). Físico y astrónomo italiano.

Yo, vuestro servidor, he meditado sobre el problema del molino y he descubierto que, con la ayuda del Señor, se podría construir uno que trabaje con viento en lugar de con agua, y no sólo sería más fácil de usar, sino que funcionaría en cualquier parte.
> Leonardo Da Vinci (1452-1519). Artista florentino.

Cine

Creía que un drama era cuando llora el actor, pero la verdad es que lo es cuando llora el público.
> Frank Capra (1897-1991). Director y productor estadounidense.

En esta industria, todos sabemos que detrás de un buen guionista hay siempre una gran mujer, y que detrás de ésta está su esposa.
> Groucho Marx (1890-1976). Actor estadounidense.

La fotografía es verdad. Y el cine es verdad 24 veces por segundo.
> Jean-Luc Goddard (1930-). Director cinematográfico francés.

La longitud de un film debe estar directamente relacionada a la resistencia de la vejiga del ser humano.
> Alfred Hitchcock (1899-1980). Director y productor de cine inglés.

Lo único peor que ver una mala película es actuar en ella.
> Elvis Presley (1930-). Cantante y actor estadounidense.

Nunca voy a ver películas donde el pecho del héroe es mayor que el de la heroína.
> Groucho Marx (1890-1976). Actor estadounidense.

Para mí, el cine son cuatrocientas butacas que llenar.
> Alfred Hitchcock (1899-1980). Director y productor de cine inglés.

Cinismo

El cinismo consiste en ver las cosas como realmente son, y no como se quiere que sean.
> Oscar Wilde (1854-1900). Novelista, poeta, crítico literario y autor teatral irlandés.

Un cínico es un hombre que conoce el precio de todo y no da valor a nada.
Oscar Wilde (1854-1900). Novelista, poeta, crítico literario y autor teatral irlandés.

Un cínico es un hombre que, en cuanto huele flores, busca un ataúd alrededor.
H. L. Mencken (1880-1956). Escritor, crítico y editor estadounidense.

Civilización

Civilizar a un pueblo no es otra cosa que hacerle sentir nuevas necesidades.
Charles Gide (1847-1932). Economista francés.

El primer humano que insultó a su enemigo en vez de tirarle una piedra fue el fundador de la civilización.
Sigmund Freud (1856-1939). Médico y neurólogo austriaco, fundador del psicoanálisis.

Es más civilizado morir según las reglas que curarse contra las reglas.
Jean Baptiste Poquelin Molière (1622-1673). Dramaturgo y actor francés.

Es una ley general que las civilizaciones decaen, menos cuando entran en contacto con otra civilización extraña superior.
Bertrand Russell (1872-1970). Científico y filósofo británico.

Espera mil años y verás que se vuelve preciosa hasta la basura dejada atrás por una civilización extinta.
Isaac Asimov (1920-1992). Escritor y científico estadounidense.

La civilización es el arte de vivir en ciudades de tamaño tal que nadie conoce a todos los demás.
Julyan Jaynes (1920-1970). Sicólogo estadounidense.

La civilización es un movimiento y no una condición, un viaje y no un puerto.
Arnold Toynbee (1889-1975). Historiador británico.

La civilización es una terrible planta que no vegeta y no florece si no es regada de lágrimas y de sangre.
Arturo Graf (1848-1913). Escritor y poeta italiano.

La civilización es, entre otras cosas, el proceso por el que las primitivas manadas se transforman en una analogía, tosca y mecánica, de las comunidades orgánicas de los insectos sociales.
Aldous Leonard Huxley (1894-1963). Escritor inglés.

La civilización es, simplemente, una serie de victorias sobre la naturaleza.
William Harvey (1578-1657) Médico inglés.

La civilización existe con el consentimiento geológico: sujeta a cualquier cambio sin previo aviso.
William James (1842-1910). Filósofo estadounidense.

La civilización no dura porque a los hombres sólo les interesan los resultados de la misma: los anestésicos, los automóviles, la radio. Pero nada de lo que da la civilización es el fruto natural de un árbol endémico. Todo es resultado de un esfuerzo. Sólo se aguanta una civilización si muchos aportan su colaboración al esfuerzo. Si todos prefieren gozar el fruto, la civilización se hunde.

José Ortega y Gasset (1883-1955). Filósofo español.

La civilización no es la exposición de una raza, sino de una cultura.

André Maurois (1885-1967). Escritor francés.

La civilización no es una cosa fácil de lograr. Sólo hay dos maneras de conseguirla, por la cultura o por la corrupción. La gente del campo no ha tenido ocasión de alcanzar ni una ni otra y por esto permanece estancada.

Oscar Wilde (1854-1900). Novelista, poeta, crítico literario y autor teatral irlandés.

La civilización no suprime la barbarie, la perfecciona.

Francois-Marie Arouet de Voltaire (1694-1778). Escritor y filósofo francés.

La civilización suele contrariar a la naturaleza.

Luis G. Urbina (1864-1934). Poeta mexicano.

Las naciones, tal como los individuos, viven y mueren; pero la civilización permanece para siempre.

Giuseppe Mazzini (1805-1872). Político italiano.

Me parece que la civilización tiende más a refinar el vicio que a perfeccionar la virtud.

Edmond Thiaudière (1837-1898). Filósofo y escritor francés.

Rascar al hombre civilizado y aparecerá el salvaje.

Arthur Schopenhauer (1788-1860). Filósofo alemán.

Una buena medida de la civilización se halla en la influencia de las buenas mujeres.

Ralph Waldo Emerson (1803-1882). Ensayista y poeta estadounidense.

Una civilización sin amor es un cementerio.

R. Follereau (1903-1977). Escritor, poeta y dramaturgo francés.

Únicamente aquellos pueblos que hacen descubrimientos son dueños del futuro de la civilización.

Berthold Auerbach (Moses Baruch) (1812-1882). Novelista alemán.

Claridad

El hombre que pretende ver todo con claridad antes de decidir, nunca decide.

Henri Frédéric Amiel (1821-1881). Crítico suizo.

La claridad consiste en una acertada distribución de luz y sombra. Pensadlo bien.

Johann Wolfgang von Goethe (1749-1832). Poeta, novelista y dramaturgo alemán.

La claridad molesta siempre al prójimo. De ahí el favor sentimental de que gozan los poetas.

Marie Henri Beyle "Stendhal" (1783-1842). Novelista y ensayista francés.

No veo más que una regla: ser claro. Procuro contar primero con verdad, segundo con claridad lo que pasa en un corazón.

Marie Henri Beyle "Stendhal" (1783-1842). Novelista y ensayista francés.

Talleyrand, cuando no veía con claridad lo que convenía hacer, se metía en la cama.

André Maurois (1885-1967). Escritor francés.

¿Un acto cobarde? Tengan la seguridad que no tendría miedo de cometerlo si fuera para mi provecho.

Napoleón Bonaparte (1769-1821). Emperador de Francia (1804-1815).

Cobardía

Desear la muerte es propio de cobardes.

Publio Nasón Ovidio (43 a.C.-17 d.C.). Poeta latino.

El cobarde sólo amenaza cuando está a salvo.

Johann Wolfgang von Goethe (1749-1832). Poeta, novelista y dramaturgo alemán.

El valiente tiene miedo del contrario; el cobarde, de su propio temor.

Francisco De Quevedo (1580-1645). Escritor español.

La conciencia no es más que una palabra que emplean los cobardes para atemorizar a los valientes.

William Shakespeare (1564-1616). Poeta y autor teatral inglés.

Lo imposible es el fantasma de los tímidos y el refugio de los cobardes.

Napoleón Bonaparte (1769-1821). Emperador de Francia (1804-1815).

Los cobardes mueren muchas veces antes de su verdadera muerte, los valientes gustan la muerte sólo una vez.

William Shakespeare (1564-1616). Poeta y autor teatral inglés.

No hay hombre tan cobarde a quien el amor no haga valiente y transforme en héroe.

Platón (428-347 a.C.). Filósofo griego.

Sólo los cobardes son valientes con sus mujeres.

José Hernández (1834-1886). Poeta argentino.

Todo hombre mata aquello que ama. Unos lo hacen con una mirada cruel; otros con una palabra halagadora. El cobarde lo hace con un beso; el valiente, con un cuchillo.

Oscar Wilde (1854-1900). Novelista, poeta, crítico literario y autor teatral irlandés.

El que se ve en una situación peligrosa piensa con las piernas.

Ambrose Gwinett Bierce (1842-1914). Periodista y escritor estadounidense.

Los cobardes son los que se cobijan bajo las normas.

Jean-Paul Sartre (1905-1980). Filósofo, dramaturgo, novelista y periodista político francés.

Un cobarde es una persona en la que el instinto de conservación aún funciona con normalidad.

Ambrose Gwinett Bierce (1842-1914). Periodista y escritor estadounidense.

Comercio

El comercio es el igualador de las riquezas en las naciones.

William Ewart Gladstone (1809-1898). Político inglés.

El comercio une al mundo en una común hermandad de dependencia mutua y de intereses recíprocos.

James Abraham Garfield (1831-1881). Vigésimo presidente de los EE.UU.

El espíritu egoísta del comercio no reconoce patria ni siente ninguna pasión o principio salvo el del lucro.

Thomas Jefferson (1743-1826). Político y filósofo estadounidense.

En las etapas precapitalistas de la sociedad, el comercio gobierna a la industria. En la sociedad moderna ocurre al contrario.

Karl Marx (1818-1883). Filósofo alemán.

Ninguna nación fue arruinada jamás por el comercio.

Benjamín Franklin (1706-1790). Político, filósofo y científico estadounidense.

Comida

A mi estómago poco le importa la inmortalidad.

Heinrich Heine (1797-1856). Poeta y crítico alemán.

Abreviar la cena: prolongar la vida.

Benjamín Franklin (1706-1790). Político, filósofo y científico estadounidense.

Comamos y bebamos, que mañana moriremos.

La Biblia.

Come poco y cena menos, que la salud de todo el cuerpo se fragua en la oficina del estómago.

Miguel de Cervantes (1547-1616). Dramaturgo, poeta y novelista español.

Cuando te levantes de la mesa procura tener un poco de apetito, y nunca te faltará cuando te vuelvas a sentar.

William Penn (1644-1718). Escritor religioso inglés.

Después de una buena cena se puede perdonar a cualquiera, incluso a los parientes.

Oscar Wilde (1854-1900). Novelista, poeta, crítico literario y autor teatral irlandés.

Dicen que los dedos fueron hechos antes que los tenedores, y las manos antes que los cuchillos.

Jonathan Swift (1667-1745). Escritor anglo-irlandés.

Dime lo que comes y te diré lo que eres.

Anthelme Brillat-Savarin (1775-1826). Magistrado, político y escritor francés.

Dios ha hecho los alimentos y el diablo, la sal y las salsas.

James Joyce (1882-1941). Escritor irlandés.

Dios nos envía los alimentos y el demonio los cocineros.

Thomas Deloney (1550-1600). Poeta inglés.

El apetito viene comiendo; la sed se va bebiendo.

François Rabelais (1494-1553). Escritor francés.

El camino al corazón del hombre es a través de su estómago.

Sarah Payson Willis Parton (1811-1872). Seudónimo Fanny Fern, novelista y periodista estadounidense.

El glotón es el sujeto menos estimable de la gastronomía, porque ignora su principio elemental: ¡El arte sublime de masticar!

Honorato De Balzac (1799-1850). Escritor francés.

El hambre es un incendio frío.

Pablo Neruda (1904-1973). Poeta chileno.

El invento de un platillo nuevo hace más feliz que el descubrimiento de una estrella nueva.

Anthelme Brillat-Savarin (1775-1826). Magistrado, político y escritor francés.

El que recibe a sus amigos y no presta ningún cuidado personal a la comida que ha sido preparada, no merece tener amigos.

Anthelme Brillat-Savarin (1775-1826). Magistrado, político y escritor francés.

El rico come; el pobre se alimenta.

Francisco De Quevedo (1580-1645). Escritor español.

Estómago hambriento no tiene oídos.

Jean de La Fontaine (1621-1695). Novelista y fabulista francés.

Hay que comer para vivir, y no vivir para comer.

Jean Baptiste Poquelin Molière (1622-1673). Dramaturgo y actor francés.

La mejor salsa es el hambre.

Sócrates (470-399 a.C.). Filósofo griego.

La perfecta hora de comer es, para el rico, cuando tiene ganas; y para el pobre, cuando tiene qué.
Luis Vélez de Guevara (1579-1644). Novelista y dramaturgo español.

Las comidas largas crean vidas cortas.
François Rabelais (1494-1553). Escritor francés.

Los animales se alimentan, el hombre come; sólo el hombre de talento sabe comer.
Anthelme Brillat-Savarin (1775-1826). Magistrado, político y escritor francés.

Muchas personas son lo bastante educadas como para no hablar con la boca llena, pero no les preocupa hacerlo con la cabeza vacía.
Orson Welles (1915-1985). Actor, director y productor estadounidense.

Muchas veces, una cena ligera, un sueño tranquilo y una mañana serena envalentonaron hasta el heroísmo a un hombre que, con un estómago pesado, pocas horas de sueño y una mañana lluviosa, habría sido un cobarde.
Edmund Burke (1729-1797). Estadista y filósofo político británico nacido en Irlanda.

No hay amor más sincero que el que sentimos hacia la comida.
George Bernard Shaw (1856-1950). Escritor irlandés.

Un trago de vino aplaca el hambre, un hambre excesiva detesta el vino.
Hipócrates (c. 460-c. 377 a.C.). Considerado el padre de la medicina.

Una comida lubrifica los negocios.
James Boswell (1740-1795). Escritor escocés.

Uno no puede pensar bien, amar bien, dormir bien, si no ha cenado bien.
Virginia Woolf (1882-1941). Escritora inglesa.

Unos tienen comida y no tienen apetito; otros tienen apetito y no tienen comida. Yo tengo ambas cosas. Alabado sea el señor.
Oliver Cromwell (1599-1658). Lord inglés.

Comienzo

Amarse a sí mismo es el comienzo de una aventura que dura toda la vida.
Oscar Wilde (1854-1900). Novelista, poeta, crítico literario y autor teatral irlandés.

Comienza haciendo lo que es necesario, después lo que es posible y de repente estarás haciendo lo imposible.
San Francisco de Asís (1182-1226). Predicador italiano, fundador de la Orden Franciscana.

Dejar de luchar es comenzar a morir.
Manuel J. Clouthier (1934-1989). Político mexicano.

Empezar a caminar es fácil; lo difícil es mantenerse en el camino hasta llegar a la meta.
Eusebio Gómez (1883-1953). Jurista argentino.

En el comienzo nada viene. En el medio nada permanece. En el fin nada sigue
Jestun Milarepa (1052-1135). Poeta y yogui tibetano.

Hoy comienzo una nueva vida.
Og Mandino (1923-1996). Escritor estadounidense.

La más larga caminata comienza con un paso.
Proverbio hindú.

Lo último que uno sabe es por donde empezar.
Blaise Pascal (1623-1662). Matemático, físico y teólogo francés.

Nacer es comenzar a morir.
Théophile Gautier (1811-1872). Poeta y novelista francés.

Se necesita un gran conocimiento sólo para darse cuenta de la enormidad de la propia ignorancia.
Thomas Sowell (1930-). Escritor y economista afro-americano.

Sorprenderse, extrañarse, es comenzar a entender.
José Ortega y Gasset (1883-1955). Filósofo español.

Subir montañas encrespadas requiere pequeños pasos al comienzo.
William Shakespeare (1564-1616). Poeta y autor teatral inglés.

Todo comienzo tiene su encanto.
Johann Wolfgang von Goethe (1749-1832). Poeta, novelista y dramaturgo alemán.

Todos los triunfos nacen cuando nos atrevemos a comenzar.
Eugene Fitch Ware (1841-1911). Poeta estadounidense.

Un camino de mil millas comienza con un paso.
Benjamín Franklin (1706-1790). Político, filósofo y científico estadounidense.

Compañía

"Sich gemen machen" quiere decir: "ponerse a la par del compañero", y para evitarlo se ha de huir de la compañía de aquellos con los que haya posibilidad de comunicarse, sino mediante la parte vergonzosa de la propia naturaleza.
Arthur Schopenhauer (1788-1860). Filósofo alemán.

De las miserias suele ser alivio una compañía.
Miguel de Cervantes (1547-1616). Dramaturgo, poeta y novelista español.

El paraíso lo prefiero por el clima; el infierno por la compañía.
Mark Twain (1835-1910). Escritor estadounidense.

Si quieres viajar hacia las estrellas, no busques compañía.
Heinrich Heine (1797-1856). Poeta y crítico alemán.

Debemos buscar a alguien con quien comer y beber antes de buscar algo que comer y beber, pues comer solo es llevar la vida de un león o un lobo.
Epicuro (342 a.C.- 270 a.C.). Filósofo griego.

No frecuentes las malas compañías, no sea que aumente su número.
Herbert George Wells (1866-1946). Escritor inglés.

Tener con quién llorar aminora el llanto de muchos.
Vittorio Alfieri (1749-1803). Dramaturgo italiano.

Triste puedo estar solo; para estar alegre, necesito compañía.
Elbert Hubbard (1856-1915). Escritor y editor estadounidense.

Un hombre solo es siempre una mala compañía.
Paul Ambroise Valéry (1871-1945). Escritor francés.

Comportamiento

¿Qué locura mayor puede haber que el que el hombre trabaje por la comida que perece, y descuide el alimento de la vida eterna?
John Bunyan (1628-1688). Predicador y escritor inglés.

Actuar es fácil, pensar es difícil; actuar según se piensa es aún más difícil.
Johann Wolfgang von Goethe (1749-1832). Poeta, novelista y dramaturgo alemán.

Al tratar a la mayoría de la gente, no estará de más mezclar un poco de desdén: eso les hará apreciar más vuestra amistad.
Arthur Schopenhauer (1788-1860). Filósofo alemán.

Andemos como de día, honestamente.
La Biblia.

Antes de castigar a un niño, pregúntate si no serás tú la causa de su problema.
Anónimo.

Aquel a quien nadie le gusta, por lo general no gusta a nadie.
Isaac Newton (1642-1727). Matemático y físico británico.

Aquel que es demasiado precavido realiza muy poco en la vida.
Friedrich von Schiller (1759-1805). Poeta, dramaturgo y filósofo alemán.

Aunque los hombres están casi siempre dispuestos a ser mandados, muy raras veces se conforman con parecerlo.
José María Luis Mora (1794-1850). Sacerdote y pedagogo mexicano.

Basta a menudo cambiar de modo de vivir para creer en la verdad que se negaba.
Hugues Félicité Robert de Lamennais (1782-1854). Escritor político y filosófico francés.

Caballero una vez, caballero por siempre.
Charles Dickens (1812-1870). Escritor inglés.

Cada hombre da vueltas alrededor de su pequeño círculo, como el gato que juega con su cola.
Johann Wolfgang von Goethe (1749-1832). Poeta, novelista y dramaturgo alemán.

Cada hombre debe inventar su propio camino.
Jean-Paul Sartre (1905-1980). Filósofo, dramaturgo, novelista y periodista político francés.

Cada individuo tiene un puesto que ocupar en el mundo, y es muy importante si lo ocupa o lo deja vacante.
Nathaniel Hawthorne (1804-1864). Novelista estadounidense.

Cada quien es responsable de lo que le sucede y tiene el poder de decidir lo que quiere ser. Lo que eres hoy día es el resultado de tus actos pasados. Lo que serás mañana es el resultado de tus actos de hoy.
Swami Vivekananda (1863-1902). Líder espiritual hindú.

Causa es de perder lo seguro ir en busca de lo incierto.
Plauto (254-184 a.C.). Comediógrafo romano.

Complace a todos y no complacerás a nadie.
Esopo (620-560 a.C.). Fabulista griego.

Si dicen mal de ti con fundamento, corrígete; de lo contrario, échate a reír.
Epicteto (55-135 d.C.) Pensador griego.

Con las personas que no puedes amar, muéstrate siempre amablemente evasivo.
Eugene Gladstone O'Neill (1888-1953). Dramaturgo estadounidense Premio Nobel.

Cualquier hombre, en cualquier momento de la vida, puede ser tu amigo o enemigo, según te conduzcas con él.
Cleóbulo (VII a.C.- VI a.C.). Uno de los siete sabios de Grecia.

Cuando algo nos desagrada es mucho más fácil que criticar y censurar que tratar de comprender el punto de vista del prójimo. Con frecuencia es más fácil encontrar defectos que pronunciar elogios. Es más fácil hablar acerca de lo que uno quiere.
Dale Carnegie (1888-1955). Escritor norteamericano.

Cuando llegue el día del juicio, no se nos preguntará lo que hemos leído sino lo que hemos hecho.
Thomas Kempis (1379-1471). Monje alemán.

Cuando uno se halla habituado a una dulce monotonía, ya nunca le apetece ninguna clase de distracción, que no le aliviaría y que sólo le servirá para darse más cuenta de que se aburre todos los días.
Madame de Staël (Germaine Necker) (1766-1817). Escritora e intelectual francesa.

Cuando usted quiera hacer algo, hágalo; no aguarde hasta que las circunstancias sean completamente favorables. La prerrogativa de ser uno señor de sí mismo vale mas que el precio a que la haya alcanzado, por alto que sea...
Rudyard Kipling (1865-1936). Novelista inglés.

Cuanto más creativo es un hombre, más rutinario es en los detalles insignificantes de la vida. Sólo una cosa les exige: que no detengan su atención.
Conde de Keyserling (1880-1946). Filósofo alemán.

Cumplamos la tarea de vivir de tal modo que cuando muramos, incluso el de la funeraria lo sienta.
Mark Twain (1835-1910). Escritor estadounidense.

De la gente que deseo oír, es de aquella que toma riesgos.
Robert Lee Frost (1874-1963). Poeta y psicólogo estadounidense.

Debemos hacer las cosas ordinarias con un amor extraordinario.
Madre Teresa de Calcuta (1910-1997). Misionera yugoslava nacionalizada india.

Dejar que una resolución o un impulso generoso se disipen sin obtener resultados, es peor que haber perdido una oportunidad; en realidad; obrando así retardamos la realidad de futuros propósitos...
Helen Keller (1880-1968). Escritora estadounidense.

Dice un profesor: No sólo por mi situación nada insólito puedo hacer, sino que he de esforzarme en hacer creer a los otros que no hay en mí nada insólito.
André Gide (1869-1951). Escritor francés.

El bien que hicimos a la víspera es el que nos trae la felicidad por la mañana.
Proverbio hindú.

El bruto se cubre, el rico se adorna, el fatuo se disfraza, el elegante se viste.
Honorato De Balzac (1799-1850). Escritor francés.

El comportamiento es un espejo en el que cada uno muestra su imagen.
Johann Wolfgang von Goethe (1749-1832). Poeta, novelista y dramaturgo alemán.

El hombre fuerte y tranquilo siempre es amado y respetado.
James Allen (1864-1912). Escritor inglés.

Él lleva la semilla de la ruina en sí mismo.
Matthew Arnold (1822-1888). Poeta y crítico inglés.

El medio para hacer cambiar de opinión es el afecto, no la ira.
Dalai Lama (1935-). Líder espiritual y político del Tibet.

El mundo no está amenazado por las malas personas, sino por aquellos que permiten la maldad.
Albert Einstein (1879-1955). Científico estadounidense de origen alemán.

El peor de los males es creer que los males no tienen remedio.
Francisco Cabarrus (1752-1810). Aventurero francés.

El puritano no se detiene a pensar; él reconoce a Dios en su alma, y actúa.
Wendell Phillips (1811-1884). Líder abolicionista estadounidense.

El que no posee el don de maravillarse ni de entusiasmarse más le valdría estar muerto, porque sus ojos están cerrados.
Albert Einstein (1879-1955). Científico estadounidense de origen alemán.

Elige la mejor manera de vivir; la costumbre te la hará agradable.
Pitágoras (582-500 a.C.). Filósofo y matemático griego.

En dondequiera que se halle un hombre, puede hacerse un beneficio.
Séneca Anneo (3 a.C.- 65 d.C.). Filósofo latino.

Es de gran importancia disfrazar las propias inclinaciones y desempeñar bien el papel de hipócrita.
Nicolás Maquiavelo (1469-1527). Historiador y filósofo político italiano.

Es difícil hacer a un hombre miserable mientras sienta que es digno de sí mismo.
Abraham Lincoln (1809-1865). 16º presidente de Estados Unidos (1861-1865).

Es más fácil reprimir el primer capricho que satisfacer a todos los que le siguen.
Abraham Lincoln (1809-1865). 16º presidente de Estados Unidos (1861-1865).

Es mejor cojear por el camino que avanzar a grandes pasos fuera de él. Pues quien cojea en el camino, aunque avance poco, se acerca a la meta, mientras que quien va fuera de él, cuanto más corre, más se aleja.
San Agustín (354-430). Obispo, filósofo y Padre de la Iglesia Latina.

Es muy fácil vivir aparentando ser tonto. De haberlo sabido antes me habría declarado idiota desde mi juventud, y puede que a estas fechas hasta fuera más inteligente. Pero quise tener ingenio demasiado pronto, y heme aquí ahora hecho un imbécil.
Fedor Dostoievski (1821-1881). Escritor ruso.

Es tu aptitud, no tu actitud lo que determinará tu altitud.
Zig Ziglar (1926-). Escritor y conferencista estadounidense.

Eso viene de que Jaime me ha enseñado a obrar según mi propia conciencia y a no preocuparme de los juicios ajenos. Todo va bien mientras tengo las mismas opiniones que él. Pero ahora que he tenido una opinión diferente, mírale cómo se pone.
George Bernard Shaw (1856-1950). Escritor irlandés.

Esperan cobardemente la caída de otro para poder decir al fin satisfechos: "¿Ven ustedes cómo no teníamos razón en pensar mal? Ya sucedió lo que nosotros temíamos". Por vergüenza no se atreven a decir "lo que nosotros no deseábamos".
Jacinto Benavente (1866-1954). Dramaturgo y crítico español.

Ha sido mi experiencia, que gente que no tiene vicios tiene muy pocas virtudes.
Abraham Lincoln (1809-1865). 16º presidente de Estados Unidos (1861-1865).

Habla en voz baja, habla despacio y no digas demasiado.
John Wayne (1907-1979). Actor estadounidense.

Hacer preguntas es prueba de que se piensa.
Rabindranath Tagore (1861-1941). Poeta y filósofo indio.

Haga lo que es correcto para usted, mientras no lastime a nadie.
Elvis Presley (1930-1977). Cantante y actor estadounidense.

Hay una distancia abismal entre la actitud de aquél que actúa según las máximas de la ética de convicción, y la actitud de aquél que actúa según la ética de la responsabilidad.
Max Weber (1864-1920). Sociólogo, economista, científico y político alemán.

Hay una hora avanzada de la noche en la que los juiciosos hacen el tonto, y los tontos no dejan de hacerlo.
Georges Bernanos (1888-1948). Soldado y escritor francés.

Haz aquello que sea lo mejor que haya que hacer.
Marco Tulio Cicerón (106-43 a.C.). Escritor, político y orador romano.

Jamás descubrimos el sentido de nuestros actos, y sin embargo, en una forma u otra, siempre somos responsables de ellos.
Juan García Ponce (1932-2003). Escritor y crítico de arte mexicano.

La amabilidad es la forma más segura del desdén.
Heinrich Böll (1917-1985). Novelista alemán y premio Nobel.

La evolución es fascinante de observar. Para mí es lo más interesante cuando uno puede observar la evolución de un solo hombre.
Shana Alexander (1925-). Escritora y comentarista estadounidense.

La gravedad es el escudo de los tontos.
Charles Louis de Secondat, barón de la Brède y de Montesquieu (1689-1755). Escritor francés.

La indiferencia hace sabios, y la insensibilidad monstruos.
Denis Diderot (1713-1784). Filósofo y escritor francés.

La manera en que usted ve a la gente es la manera en que usted la trata.
Zig Ziglar (1926-). Escritor y conferencista estadounidense.

La mejor forma para recibir insultos es sometiéndose a ellos. Si el hombre respeta será respetado.
William Hazlitt (1778-1830). Ensayista y crítico inglés.

La mejor manera de librarse de la tentación es caer en ella.
Oscar Wilde (1854-1900). Novelista, poeta, crítico literario y autor teatral irlandés.

La perfección de las costumbres consiste en vivir cada día como si fuera el último.
Marco Aurelio Antonio (121-180). Emperador y filósofo romano.

La persona que no comete nunca ninguna tontería, no hará nunca nada interesante.
Proverbio inglés.

La persona que no se interesa por sus semejantes es la que tiene mayores dificultades en la vida y causa las mayores heridas en los demás. De esos individuos surgen todos los fracasos humanos.
Dale Carnegie (1888-1955). Escritor norteamericano.

La personas se preocupan por ser normales, en lugar de ser naturales.
Dr. Robert Anthony (1916-). Educador y escritor estadounidense.

La prisa lo impide todo; nada es posible para el que no se aquieta.
Emma Godoy (1918-1989). Poetisa y escritora mexicana.

La puerta gira en sus bisagras y el perezoso gira en la cama.
Salomón (970-931 a.C.). Rey israelita.

La tradición no se hereda se conquista.
André Malraux (1901-1976). Novelista francés.

La triste verdad es que la excelencia vuelve a la gente nerviosa.
Shana Alexander (1925-). Escritora y comentarista estadounidense.

La única manera de ser seguido es correr más deprisa que los demás.
Francis Picabia (1879-1953). Artista francés de origen español.

Lancé una flecha al aire, cayó a la tierra, pero no sé donde.
Henry W. Longfellow (1807-1882). Poeta estadounidense.

Las acciones correctas para el futuro son la mejor disculpa de las equivocaciones del pasado.
Tryon Edwards (1809-1895). Escritor y lexicógrafo estadounidense.

Las conductas, como las enfermedades, se contagian de unos a otros.
Francis Barón de Verulam Bacon (1561-1626). Filósofo y estadista británico.

Lo inadecuado no puede ser hermoso.
Frank Lloyd Wright (1869-1959). Arquitecto estadounidense.

Lo opuesto de valentía no es cobardía es conformismo.
Dr. Robert Anthony (1916-). Educador y escritor estadounidense.

Lo peor que puede hacerse es cruzar un precipicio en dos saltos.
Anónimo.

Los buenos modales se consiguen a base de pequeños sacrificios.
Ralph Waldo Emerson (1803-1882). Ensayista y poeta estadounidense.

Los complejos de inferioridad o superioridad son lo mismo, ambos provienen del miedo.
Dr. Robert Anthony (1916-). Educador y escritor estadounidense.

Los hombres ofenden antes a los que aman que al que temen.
Nicolás Maquiavelo (1469-1527). Historiador y filósofo político italiano.

Me gustan los árboles porque ellos parecen resignados a vivir en la forma que tienen que vivir en lugar de hacer otra cosa.
Willa Cather (1873-1947). Novelista y periodista estadounidense.

Mejor es callar y que sospechen de tu poca sabiduría que hablar y eliminar cualquier duda sobre ello.
Abraham Lincoln (1809-1865). 16º presidente de Estados Unidos (1861-1865)..

Mucha gente es como relojes descompuestos que señalan una hora y hacen sonar otra.
Proverbio danés.

Muchas personas, después de haber encontrado el bien, buscan todavía, y encuentran el mal.
Leonardo Da Vinci (1452-1519). Artista florentino.

Nada hay que nos pueda impedir elevarnos y mejorarnos, y nadie puede detener nuestro progreso mas que nosotros mismos..
Thomas Hamblin (1873-1958). Escritor inglés.

Nada impide tanto el ser natural como el afán de parecerlo.
François de La Rochefoucauld (1613-1680). Político y escritor francés.

Nada sienta tan bien en la frente del vencedor como una corona de modestia.
Juan Donoso Cortés, marqués de Valdegamas (1809-1853). Pensador, político y escritor español.

Nadie sabe lo que hace mientras actúa correctamente, pero de lo que está mal uno siempre es consciente.
Johann Wolfgang von Goethe (1749-1832). Poeta, novelista y dramaturgo alemán.

No basta saber, se debe también aplicar. No es suficiente querer, se debe también hacer.
Johann Wolfgang von Goethe (1749-1832). Poeta, novelista y dramaturgo alemán.

No debes quejarte de la nieve en el tejado de tu vecino cuando también cubre el umbral de tu casa.
Confucio (551-479 a.C.). Filósofo y teórico social chino.

No espero nada. ¡Vivo sin esperanza!
Charles Chaplin (1889-1977). Actor, productor y director inglés.

No hablaríamos tanto en sociedad si nos diéramos cuenta del poco caso que hacen los demás de lo que decimos.
Johann Wolfgang von Goethe (1749-1832). Poeta, novelista y dramaturgo alemán.

No hables demasiado acerca de la amabilidad del hombre, o de qué tan bueno debe ser, sólo sé así.
Marco Aurelio Antonio (121-180). Emperador y filósofo romano.

No hagáis el mal y no existirá
León Tolstoi (1828-1910). Escritor ruso.

No hagas a los otros lo que no te gustaría que te hicieran a ti.
Confucio (551-479 a.C.). Filósofo y teórico social chino.

No hay cosa por fácil que sea que no la haga difícil la mala gana.
Terencio (190-159 a.C.). Poeta latino.

No me lleven a la tentación, yo encontraré el camino por mí mismo.
Rita Mae Brown (1944-). Escritora estadounidense.

No neguemos nada; no afirmemos nada; esperemos.
Ernest Renán (1823-1892). Escritor e historiador francés.

No nos hemos de dejar engañar por las malas acciones de la gente buena. Se puede ser bueno, misericordioso, desinteresado, y ser también capaz de una mala acción.
François Mauriac (1885-1970). Escritor francés galardonado con el premio Nobel.

Nuestro carácter es el resultado de nuestra conducta.
Aristóteles (384 a.C.-322a.C). Filósofo griego.

Nunca hagas aquello por lo que no quieres que se te conozca.
Ralph Waldo Emerson (1803-1882). Ensayista y poeta estadounidense.

Nunca se debe mirar a una persona que duerme. Es como si abriéramos una carta que no ha sido dirigida a nosotros.
Sacha Guitry (1885-1957). Actor y director francés.

Obra siempre de modo que tu conducta pudiera servir de principio a una ley universal.
Immanuel Kant (1724-1804). Filósofo alemán.

Pasó por delante de la vida tímidamente, como si le dijese el presentimiento que el menor contacto de esos dos mundos, el suyo y el de otros, sólo podía engendrar dolor.
Théophile Gautier (1811-1872). Poeta y novelista francés.

Pensarán lo que quieran. Estoy acostumbrado a que piensen de mí lo más absurdo. Siempre es una ventaja. Mientras piensan lo absurdo, puede uno hacer lo que le parece, que es lo que más le conviene a uno que no sepa nadie.
Jacinto Benavente (1866-1954). Dramaturgo y crítico español.

Pintaré este día con risas; pondré marco a esta noche con una canción. Nunca trabajaré para ser feliz; más bien trabajaré con ahínco para no estar triste. Disfrutaré hoy de la felicidad de hoy.
Og Mandino (1923-1996). Escritor estadounidense.

Por tratar de parecer lo que no somos, dejamos de ser lo que somos.
Ernst Jünger (1895-1998). Novelista alemán.

Puedes engañar a todo el mundo algún tiempo. Puedes engañar a algunos todo el tiempo. Pero no puedes engañar a todo el mundo todo el tiempo.
Abraham Lincoln (1809-1865). 16º presidente de Estados Unidos (1861-1865).

Qué desagradable resulta caerle bien a la gente que te cae mal.
Jaume Perich (1941-1995). Escritor español.

Querer agradar a los demás es una trampa peligrosa.
Epicteto (55-135 d.C.). Pensador griego.

Quien comienza por sentirse capaz, acaba por serlo.
Franz Werfel (1890-1945). Escritor, poeta y dramaturgo austro-húngaro.

Quien ha dejado de agradar pierde el derecho de hacer reproches.
Ninón de Lenclos (1620-1705). Cortesana francesa.

Quien no arriesga nada, arriesga aún más.
Erica Jong (1942-). Escritora y poeta estadounidense.

Sé cortés con todos, sociable con muchos, familiar con pocos.
Benjamín Franklin (1706-1790). Político, filósofo y científico estadounidense.

Se le acaban los nervios a una persona cuando tiene que ser amable todos lo días con el mismo ser humano.
Benjamin Disraeli (1804-1881). Escritor británico.

Seguir un sólo camino es retroceder.
Igor Stravinski (1882-1971). Compositor ruso.

Ser amables con todos los que encuentras es pelear una dura batalla.
Platón (428-347 a.C.). Filósofo griego.

Ser grosero con él, fue cortesía.
Dante Alighieri (1265-1321). Poeta, prosista, filósofo y pensador político italiano.

Si podemos formularnos la pregunta: ¿Soy o no responsable de mis actos?, significa que sí lo somos.
Fedor Dostoievski (1821-1881). Escritor ruso.

Si te vuelves negligente estás perdido.
Confucio (551-479 a.C.). Filósofo y teórico social chino.

Si ya sabes lo que tienes que hacer y no lo haces entonces estás peor que antes.
Confucio (551-479 a.C.). Filósofo y teórico social chino.

Siempre se amable con aquellos que son más jovenes que tú, porque son ellos los que escribirán acerca de ti.
Cyril Connolly (1903-1974). Escritor y editor inglés.

Sin importar si se es hombre o mujer, nadie puede hacer algo en este mundo sin coraje. Esta es la gran cualidad de la mente seguida del honor.
James Allen (1864-1912). Escritor inglés.

Somos criaturas tan volubles, que acabamos por experimentar los sentimientos que fingimos.

Henri-Benjamin Constant De Rebecque (1767-1830). Escritor político y novelista franco-suizo.

Su fuerza mayor es el arte de servirse de los otros dándoles la impresión de que les presta un servicio.

André Gide (1869-1951). Escritor francés.

Todas las relaciones humanas están regidas por convenciones o convencionalismos. Si en negocios es cosa establecida que el último precio sea en realidad el penúltimo, hay que aceptar el uso.

André Maurois (1885-1967). Escritor francés.

Todas nuestras acciones son dictadas e impuestas por motivos que no admiten contradicción, y por esto digo y sostengo que no son verdaderas acciones, como no llamo personalidad activa a la pelota que va lejos porque le doy una patada.

Giovanni Papini(1881-1956). Escritor italiano.

Todo el bien que hagamos, hay que hacerlo por amor a Dios, y el mal que evitemos hay que evitarlo por amor de Dios.

San Francisco de Sales (1567-1622). Escritor y religioso suizo.

Todos los días debiéramos preocuparnos por escuchar buena música, leer hermosos poemas, extasiarnos en lindas pinturas y hablar palabras razonables.

Johann Wolfgang von Goethe (1749-1832). Poeta, novelista y dramaturgo alemán.

Todos los hombres que no tienen nada importante que decir, hablan a gritos.

Enrique Jardiel Poncela (1901-1952). Escritor español.

Todos necesitamos de indulgencia, y el que no la otorga a los demás, difícilmente la encontrará luego para sí mismo.

Marcelino Menéndez Pelayo (1856-1912). Filólogo e historiador español.

Tomad de todos de acuerdo con sus habilidades y dadle a todos de acuerdo con sus necesidades.

Louis Blanc (1811-1882). Político socialista, historiador y periodista francés.

Trabaja en impedir delitos para no necesitar castigos.

Confucio (551-479 a.C.). Filósofo y teórico social chino.

Trata a tu inferior como quieras ser tratado por tu superior.

Séneca Anneo (3 a.C.- 65 d.C.). Filósofo latino.

Trata a un hombre tal como es, y seguirá siendo lo que es; trátalo como puede y debe ser, y se convertirá en lo que puede y debe ser.

Johann Wolfgang von Goethe (1749-1832). Poeta, novelista y dramaturgo alemán.

Trata de conseguir algún modo de convivencia con todos, un algo común que sea modesto, sencillo, sincero, y que no tenga necesidad de alterarse aunque tú sigas transformándote más y más cada día. Ama la vida que en otros se manifiesta en forma extraña y a la tuya propia, y sé indulgente con aquellos que van envejeciendo, y temen a la soledad en que tú tanto confías.

Rainer Maria Rilke (1875-1926). Poeta alemán.

Tratar de mejorarse a sí mismo es empresa que suele dar mejor resultado que tratar de mejorar a los demás.

Noel Clarasó (1905-1985). Escritor español.

Tres cosas son importantes en la vida humana: la primera es ser amable. La segunda es ser amable. Y la tercera es ser amable.

Henry James (1843-1916). Escritor estadounidense.

Tu eres la única persona en la Tierra que puede usar tu habilidad.

Zig Ziglar (1926-). Escritor y conferencista estadounidense.

Un guijarro en el lecho de un pobre arroyuelo puede mudar el curso de un río.

Orison S. Marden (1848-1924). Editor y escritor estadounidense.

Un hombre dado a contradicciones y atento a detalles insignificantes, no se adapta a aprender lo necesario.

Demócrito (460 a.C.-370 a.C.). Filósofo griego.

Un hombre estará prisionero en un cuarto con una puerta que se abra hacia adentro; mientras no se le ocurre jalar en lugar de empujar.

Ludwig Wittgenstein (1889-1951). Filósofo austriaco.

Un hombre que nunca cambia de opinión, en vez de demostrar la calidad de su opinión demuestra la poca calidad de su mente.

Marcel Achard (1899-1974). Autor dramático.

Un idealista es aquél que, al notar que una rosa huele mejor que una col, concluye que hará una sopa mejor.

Henry-Louis Mencken (1880-1956). Escritor norteamericano.

Un idealista es un hombre que, partiendo de que una rosa huele mejor que una col, deduce que una sopa de rosas tendría también mejor sabor.

Ernest Hemingway (1899-1961). Escritor estadounidense.

Un intelectual es el que va a la biblioteca incluso cuando no llueve.

André Roussin (1911-1987). Dramaturgo francés.

Una manera laboriosa de no ser nada, es serlo todo; de no querer todo; de no querer nada, es quererlo todo.

Henri Frédéric Amiel (1821-1881). Crítico suizo.

Una máscara de oro esconde todas las deformidades.

Thomas Dekker (1572-1632). Dramaturgo inglés.

Una norma de vida podría ser: Reconocer en seguida lo inevitable, enfrentarse con ello y obrar en consecuencia. Y nunca lamentarse por ningún desastre.
George Bernard Shaw (1856-1950). Escritor irlandés.

Uno de los grandes secretos del trato con los hombres consiste, para los inteligentes, en fingir menos inteligencia de la que tiene, y para los tontos, en fingir más. Pero ambas cosas son harto difíciles.
Noel Clarasó (1905-1985). Escritor español.

Usted es demasiado sarcástico.
Persius (34-62). Poeta etrusco.

Usted no puede ser verdaderamente grosero hasta que entienda de buenos modales.
Rita Mae Brown (1944-). Escritora estadounidense.

Yo bailo el tango solo.
Anónimo.

Yo gano lo que me como, consigo lo que me pongo, no le debo a nadie nada, no envidio la felicidad de otro; me contento con el bienestar ajeno y me complace lo que tengo.
William Shakespeare (1564-1616). Poeta y autor teatral inglés.

Comprensión

Ayudadme a comprender lo que os digo y os lo explicaré mejor.
Antonio Machado (1875-1939). Poeta español.

Comprender es el principio de aprobar.
Baruch Spinoza (1632-1677). Filósofo y teólogo holandés.

Cuando no entendemos una cosa, es preciso declararla absurda o superior a nuestra inteligencia, y generalmente, se adopta la primera determinación.
Concepción Arenal (1820-1893). Pensadora española.

El hombre está dispuesto siempre a negar todo aquello que no comprende.
Blaise Pascal (1623-1662). Matemático, físico y teólogo francés.

Lo menos que podemos hacer, en servicio de algo, es comprenderlo.
José Ortega y Gasset (1883-1955). Filósofo español.

Lo peor que le puede ocurrir a cualquiera es que se le comprenda por completo.
Carl Gustav Jung (1875-1961). Psicólogo y psiquiatra suizo.

No me leerías si no hubieras comprendido ya.
Paul Ambroise Valéry (1871-1945). Escritor francés.

Nos desdeñamos u odiamos porque no nos comprendemos porque no nos tomamos el trabajo de estudiarnos.
Santiago Ramón y Cajal (1852-1934). Doctor español.

Todo lo que no se comprende, envenena.
Eugenio d'Ors (1882–1954). Escritor español.

Computación

Hay tres caminos posibles hacia la ruina —mujeres, juego y tecnología. El más agradable son las mujeres, el más rápido es el juego, pero el más seguro es la tecnología.
Georges Pompidou (1911-1974). Segundo presidente de Francia (1969-1974).

Internet es tan grande, potente e inútil que para alguna gente es un completo sustituto de la vida.
Andrew Brown (1938-). Científico estadounidense.

La falta de humanidad en la computadora consiste, en parte, en que una vez que se la programa y trabaja adecuadamente, su honradez es intachable.
Isaac Asimov (1920-1992). Escritor y científico estadounidense.

La Red es una pérdida de tiempo, y eso es exactamente lo mejor que tiene.
William Gibson (1948-). Escritor estadounidense.

Las computadoras son inútiles. Sólo pueden darte respuestas.
Pablo Ruiz Picasso (1881-1973). Pintor y escultor español.

Las computadoras tienen mucha memoria pero nada de imaginación.
Anónimo.

No temo a las computadoras. Lo que me aterra es no tenerlas.
Isaac Asimov (1920-1992). Escritor y científico estadounidense.

Conciencia

A veces, lavándonos las manos, nos ensuciamos la conciencia.
Anónimo.

Grave es el peso de la propia conciencia.
Marco Tulio Cicerón (106-43 a.C.). Escritor, político y orador romano.

La buena conciencia es tan alegre, que hace alegres a todas las molestias de la vida.
Fray Luis de Granada (1504-1588). Escritor español.

La conciencia es como un huésped pesado que grita siempre, pero con el que, salvo en algunos casos gravísimos, uno termina por entenderse.
Noel Clarasó (1905-1985). Escritor español.

La conciencia es la única cosa incorruptible que tenemos.
Henry Fielding (1707-1754). Escritor inglés.

La conciencia es un santuario sagrado donde sólo Dios puede entrar como juez.
Hugues Félicité Robert de Lamennais (1782-1854). Escritor político y filosófico francés.

La conciencia no nos impide cometer pecados, pero desgraciadamente sí disfrutar de ellos.
Salvador de Madariaga (1886-1978). Historiador, ensayista y diplomático español.

Mi conciencia tiene para mí más peso que la oposición de todo el mundo.
Emile Michel Cioran (1911-1995). Filósofo y moralista rumano.

No sé qué es la conciencia de un tonto; pero la de un hombre intelectual está llena de tonterías.
Paul Ambroise Valéry (1871-1945). Escritor francés.

Quienes viven en armonía con su conciencia muestran siempre un semblante atractivo.
Aleksander Solzhenitsyn (1918-). Escritor ruso.

Conciencia: voz interior que nos avisa que alguien puede estar mirando.
H. L. Mencken (1880-1956). Escritor, crítico y editor estadounidense.

Fácilmente estará contento y sosegado el que, de verdad, tiene la conciencia limpia.
Thomas Kempis (1380-1471). Monje alemán.

La buena conciencia es blanda almohada.
John Ray (1627-1705). Naturalista y escritor inglés.

La conciencia es el mejor juez que tiene un hombre de bien.
José de San Martín (1778-1850). Militar y político argentino.

La conciencia es la presencia de Dios en el hombre.
Víctor Hugo (1802-1885). Escritor francés.

La conciencia es un instinto que nos lleva a juzgarnos a la luz de las leyes morales.
Immanuel Kant (1724-1804). Filósofo alemán.

La conciencia hace que nos descubramos, que nos denunciemos o nos acusemos a nosotros mismos, y a falta de testigos declara contra nosotros.
Michel Eyquem de la Montaigne (1533-1592). Ensayista francés.

La conciencia sólo puede existir de una manera, y es teniendo conciencia de que existe.
Jean-Paul Sartre (1905-1980). Filósofo, dramaturgo, novelista y periodista político francés.

Si existe algún conflicto entre el mundo natural y el moral, entre la realidad y la conciencia, la conciencia es la que debe llevar la razón.
Henri Frédéric Amiel (1821-1881). Crítico suizo.

Sin lugar a dudas, es importante desarrollar la mente de los hijos. No obstante el regalo más valioso que se les puede dar, es desarrollarles la conciencia.
John Gay (1685-1732). Poeta y dramaturgo inglés.

Conclusión

La vida es el arte de sacar conclusiones suficientes a partir de datos insuficientes.
Samuel Butler (1835-1902). Escritor inglés.

Dejemos las conclusiones para los imbéciles.
Pío Baroja (1872-1956). Escritor español.

Una conclusión es el lugar donde llegaste cansado de pensar.
Anónimo.

Conducta

La conducta es tres cuartas partes de la vida y su preocupación más grande.
Matthew Arnold (1822-1888). Poeta y crítico inglés.

Hay hombres cuya conducta es una mentira continua.
Paul Henri Thiry, Barón de Holbach (1723-1789). Enciclopedista y filósofo francés.

La perfección de la propia conducta estriba en mantener cada cual su dignidad sin perjudicar la libertad ajena.
Francis Barón de Verulam Bacon (1561-1626). Filósofo y estadista británico.

Ningún acto de amabilidad, no importa si es pequeño, será desperdiciado.
Esopo (620-560 a.C.). Fabulista griego.

Nuestra conducta es la única prueba de la sinceridad de nuestro corazón.
Charles Thomson Rees Wilson (1869-1959). Físico escocés.

Si no se respeta lo sagrado, no se tiene nada en que fijar la conducta.
Confucio (551-479 a.C.). Filósofo y teórico social chino.

Una conducta desarreglada aguza el ingenio y falsea el juicio.
Louis de Bonald (1754-1840). Filósofo y político francés.

Una conducta desordenada se parece a un torrente invernal de corta duración.
Epicuro (342 a.C.- 270 a.C.). Filósofo griego.

Confianza

A menos que creas en ti mismo, nadie lo hará; éste es el consejo que conduce al éxito.
John Davison Rockefeller (1839-1937). Magnate industrial estadounidense.

Confiamos demasiado en los sistemas y muy poco en los hombres.
Benjamin Disraeli (1804-1881). Escritor británico.

Confianza en uno mismo es la base de la vida; si la pierdes se te pierde la vida.
Bertolt Brecht (1898-1956). Poeta y dramaturgo alemán.

Confiar en todos es insensato; pero no confiar en nadie es neurótica torpeza.
Juvenal (55-138). Poeta romano.

El hombre feliz no es el hombre que ríe, sino aquel cuya alma, llena de alegría y confianza, se sobrepone y es superior a los acontecimientos.
Séneca Anneo (3 a.C.- 65 d.C.). Filósofo latino.

Es fácil tener confianza en ti mismo y disciplina cuando eres un triunfador, cuando eres el número uno. Lo que necesitas es tener confianza y disciplina cuando todavía no eres un ganador.
Vincent Lombardi (1913-1970). Entrenador de futbol americano estadounidense.

Es una especie de enfermedad natural de los poderosos no poder fiarse de los amigos.
Esquilo (525-456 a.C.). Dramaturgo griego.

La confianza dura hasta que se acaba.
Filósofo de Güémez, personaje mexicano que se dice vivió alrededor de 1800.

La confianza en sí mismo es el requisito para las grandes conquistas.
Samuel Johnson (1709-1784). Escritor británico.

La confianza en sí mismo es el secreto del éxito.
Ralph Waldo Emerson (1803-1882). Ensayista y poeta estadounidense.

La confianza en uno mismo y la rápida decisión son el preludio del éxito.
José Martí (1853-1895). Político y escritor cubano.

La confianza es madre del descuido.
Baltasar Gracián y Morales (1601-1658). Jesuita y escritor español.

La puerta mejor cerrada es aquella que puede dejarse abierta.
Proverbio chino.

Ningún grupo puede actuar con eficacia si falta el concierto; ningún grupo puede actuar en concierto si falta la confianza; ningún grupo puede actuar con confianza si no se halla ligado por opiniones comunes, afectos comunes, intereses comunes.
Edmund Burke (1729-1797). Estadista y filósofo político británico nacido en Irlanda.

No hay mayor seguridad que en hacer lo bueno.
John Fountain (siglo XVI). Poeta inglés.

No pongas la confianza en todos los hombres, sino en los que son dignos; lo primero indica estupidez; lo segundo, sabiduría.
Demócrito (460 a.C.-370 a.C.). Filósofo griego.

No quiero sino confiar a ciegas y esperar contra toda esperanza, sin ocuparme de mí.

María Maravillas de Jesús (1891-1974). Religiosa española.

Ponga toda su confianza sólo en Dios.

San Pío de Pieltrecina (1887-1968). Religioso italiano.

Se puede confiar en las malas personas, no cambian jamás.

William Faulkner (1897-1962). Novelista estadounidense.

Si se apodera de mí la confianza excesiva, recordaré mis fracasos.

Og Mandino (1923-1996). Escritor estadounidense.

Todo hombre que triunfa se distingue por la espléndida confianza que tiene en sí mismo y quien carezca de esta cualidad espiritual jamás podrá vencer. Nunca hemos encontrado a una persona triunfadora que no creyera total y absolutamente en sí misma...

Thomas Hamblin (1873-1958). Escritor inglés.

Confianza es el sentimiento de poder creer a una persona incluso cuando se sabe que él mentiría en nuestro lugar.

H. L. Mencken (1880-1956). Escritor, crítico y editor estadounidense.

La confianza sirve en las conversaciones más que el ingenio.

François de La Rochefoucauld (1613-1680). Político y escritor francés.

La confianza, como el arte, nunca proviene de tener todas las respuestas, sino de estar abierto a todas la preguntas.

Wallace Stevens (1879-1955). Poeta estadounidense.

La fuerza es confianza por naturaleza. No existe un signo más patente de debilidad que desconfiar instintivamente de todo y de todos.

Arturo Graf (1848-1913). Escritor y poeta italiano.

Conocimiento

Aquel que tiene imaginación, pero carece de conocimientos, tiene alas, pero no tiene pies.

Joseph Joubert (1754-1824). Escritor y crítico francés.

Conócete a ti mismo. Es una máxima tan perniciosa como fea. Quien quiera que se observe detiene su desarrollo. La oruga que busque conocerse bien, jamás será una mariposa.

André Gide (1869-1951). Escritor francés.

Conócete, acéptate, supérate.

San Agustín (354-430). Obispo, filósofo y Padre de la Iglesia Latina.

El colmo de la estupidez es aprender lo que se ha de olvidar.

Erasmo de Rotterdam (1466-1536). Escritor y humanista holandés.

El que come del fruto del árbol del conocimiento, siempre es arrojado de algún paraíso.
William Ralph Inge (1860-1954). Escritor inglés.

El que se enorgullece de sus conocimientos es como si estuviera ciego en plena luz.
Benjamín Franklin (1706-1790). Político, filósofo y científico estadounidense.

El verdadero conocimiento es saber que sabemos lo que sabemos y saber que no sabemos lo que no sabemos.
Nicolás Copérnico (1473-1543). Astrónomo polaco.

La creencia no es el principio, sino el fin de todo conocimiento.
Johann Wolfgang von Goethe (1749-1832). Poeta, novelista y dramaturgo alemán.

La definición no es jamás un medio de conocimiento verdadero. Toda definición está localizada en el plano irreal del pensamiento abstracto, mientras que la comprensión es experiencia inmediata de una realidad.
Ninón de Lenclos (1620-1705). Cortesana francesa.

Los seres humanos somos unas criaturas infinitesimalmente pequeñas, ante una inmensidad de conocimientos que no hemos ni siquiera sospechado.
Jaime Sabines (1926-1999). Poeta mexicano.

No hay nada nuevo bajo el sol, pero cuántas cosas viejas hay que conocer.
Ambrose Gwinett Bierce (1842-1914). Periodista y escritor estadounidense.

Nuestro conocimiento es una pequeña isla en el enorme océano del desconocimiento.
Isaac Bashevis Singer (1904-1991). Escritor estadounidense de origen polaco.

Quien no añade nada a sus conocimientos, los disminuye.
Talmud. Cuerpo de ley civil y religiosa del judaísmo.

Si tienes conocimiento, deja que los demás enciendan sus velas en él.
Thomas Fuller (1608-1661). Clérigo y escritor inglés.

Sólo comprendemos aquellas preguntas que podemos responder.
Friedrich Nietzsche (1844-1900). Filósofo, poeta y filólogo alemán.

Sólo el conocimiento que llega desde dentro es el verdadero conocimiento.
Sócrates (470-399 a.C.). Filósofo griego.

Sólo es útil el conocimiento que nos hace mejores.
Sócrates (470-399 a.C.). Filósofo griego.

Todo el conocimiento, la totalidad de preguntas y respuestas se encuentran en el perro.
Franz Kafka (1883-1924). Escritor checo.

Todos los hombres deben esforzarse por aprender antes de morir: de qué se van, hacia dónde, y por qué.
James Thurber (1894-1961). Humorista norteamericano.

Consejo

¿Quieres un buen consejo para tu éxito en la vida de relación? Ayuda a los otros a sujetarse la careta.
Leon Daudi (1905-1985). Escritor español.

A los viejos les gusta dar buenos consejos, para consolarse de no poder dar malos ejemplos.
François de La Rochefoucauld (1613-1680). Político y escritor francés.

A mal rey, peor consejero.
Torcuato Tasso (1544-1595). Poeta italiano.

A veces damos consejos, pero no enseñamos con nuestra conducta.
François de La Rochefoucauld (1613-1680). Político y escritor francés.

Aconseja al ignorante, te tomará por su enemigo.
Proverbio árabe.

Aconsejar a otros, y desatender su propia seguridad, es insensato.
Fedro (15 a.C. – 55 d.C.). Poeta romano.

Acostúmbrate a decir que no.
San Josemaría Escrivá de Balaguer (1902-1975). Sacerdote español, fundador del Opus Dei.

Actúa enérgicamente, en forma suave.
Claudio Acquaviva (1543-1615). General jesuita francés.

Actúa siempre con acierto. Esto tranquilizará a algunas personas y asombrará al resto.
Mark Twain (1835-1910). Escritor estadounidense.

Antes de comprar una casa, habla con los vecinos.
Proverbio turco.

Aprenda a doblarse, es mejor que quebrarse.
Leo Buscaglia (1924-1998). Escritor estadounidense.

Aprende a vivir y sabrás morir bien.
Confucio (551-479 a.C.). Filósofo y teórico social chino.

Aprueba a los buenos, tolera a los malos y ámalos a todos.
San Agustín (354-430). Obispo, filósofo y Padre de la Iglesia Latina.

Busca la profundidad de las cosas; hasta allí nunca logra descender la ironía.
Rainer Maria Rilke (1875-1926). Poeta alemán.

Condúcete siempre como si mañana hubieras de morir, y algún día tendrás razón.
Thomas Kempis (1379-1471). Monje alemán.

Consejo sin remedio es cuerpo sin alma.
Mateo Alemán (1547-1613). Novelista español.

Cualquier consejo que des, procura que sea breve.
Quinto Horacio Flaco (65 a.C.-8 a.C.). Poeta lírico y satírico romano.

Cuando alguien te lame las suelas de los zapatos, colócale el pie encima antes de que comience a morderte.
Paul Ambroise Valéry (1871-1945). Escritor francés.

Cuando el carro se ha roto, muchos nos dirán por dónde no se debía pasar.
Proverbio turco.

Cuando estés en Roma, compórtate como los romanos.
San Agustín (354-430). Obispo, filósofo y Padre de la Iglesia Latina.

Cuando se encuentre en un agujero, deje de excavar.
William Penn Adair Rogers (1879-1935). Humorista inglés.

Cuando tienes agarrado un elefante por la pata trasera, y éste trata de escaparse, es mejor que lo dejes evadirse.
Abraham Lincoln (1809-1865). 16º presidente de Estados Unidos (1861-1865).

Cuando veas a un buen hombre, piensa en alentarlo; cuando mires a un mal hombre, examina tu corazón.
Proverbio chino.

Cuando veas un gigante, examina antes la posición del sol, no vaya a ser la sombra de un pigmeo.
Friedrich Leopold von Hardenberg "Novalis" (1772-1801). Poeta alemán.

Cuanto más larga es la hierba, mejor se corta.
Atila (395-453). Rey de los hunos.

Cuatro cosas es necesario extinguir en su principio: las deudas, el fuego, los enemigos y la enfermedad.
Confucio (551-479 a.C.). Filósofo y teórico social chino.

Cultive todas sus facultades; usted debe utilizarlas o perderlas.
Sir John Lubbock "Lord Avery" (1834-1913). Naturalista y banquero inglés.

Da lo que mandas y manda lo que quieras.
San Agustín (354-430). Obispo, filósofo y Padre de la Iglesia Latina.

Da lo que tienes para que merezcas recibir lo que te falta.
San Agustín (354-430). Obispo, filósofo y Padre de la Iglesia Latina.

Debes tener siempre fría la cabeza, caliente el corazón y larga la mano.
Confucio (551-479 a.C.). Filósofo y teórico social chino.

Deja que los perdedores hablen, mientras los ganadores se ríen.
Thomas Fuller (1608-1661). Clérigo y escritor inglés.

Desata, pero no rompas, los lazos de la amistad sospechosa.
Marco Porcio Catón "Catón el Viejo" (234-149 a.C). Político y escritor romano.

Desconfía del médico joven y del barbero viejo.
Benjamín Franklin (1706-1790). Político, filósofo y científico estadounidense.

Disfruta. Estos son los días buenos que vas a extrañar en los años venideros.
Anónimo.

El consejo que la presteza en la ejecución hace seguro, lo hace frecuentemente temerario la tardanza.
Tito Livio (64 a.C.-17 d.C.). Historiador latino.

El que emplea demasiado tiempo en viajar acaba por tornarse extranjero en su propio país.
René Descartes (1596-1650). Filósofo, científico y matemático francés.

En caso de vida o muerte se debe estar con el más prójimo.
Antonio Machado (1875-1939). Poeta español.

En las fiestas no te sientes jamás; puede sentarse a tu lado alguien que no te guste.
Groucho Marx (1890-1976). Actor estadounidense.

En vez de preocuparse por su forma de expresión, ocúpese de las causas que la producen.
Dale Carnegie (1888-1955). Escritor norteamericano.

Encuéntrate y sé tú mismo; recuerda que no hay nadie como tú.
Dale Carnegie (1888-1955). Escritor norteamericano.

Entre dos explicaciones, elige la más clara; entre dos formas, la más elemental; entre dos expresiones, la más breve.
Eugenio d'Ors (1882–1954). Escritor español.

Es mejor debatir una cuestión sin resolverla, que resolver una cuestión sin debatirla.
Joseph Joubert (1754-1824). Escritor y crítico francés.

Es mejor gastarse que enmohecerse.
Robert Burns (1759-1796). Poeta escocés.

Es mejor prender una vela que maldecir las tinieblas.
Confucio (551-479 a.C.). Filósofo y teórico social chino.

Es mejor tener la boca cerrada y parecer estúpido que abrirla y disipar la duda.
Mark Twain (1835-1910). Escritor estadounidense.

Es necesario tener tanta discreción para dar consejos, como docilidad para recibirlos.
François de La Rochefoucauld (1613-1680). Político y escritor francés.

Esforzaos por mantener viva en vuestro pecho esa chispa de fuego celestial llamada conciencia.
George Washington (1732-1799). Primer presidente de Estados Unidos.

Eso mismo que has dicho dilo en otro tono, sin ira, y ganará fuerza tu raciocinio, y, sobre todo, no ofenderás a Dios.
San Josemaría Escrivá de Balaguer (1902-1975). Sacerdote español, fundador del Opus Dei.

Examina la senda en que pones tus pies, y serán firmes todos tus pasos.
Anónimo.

Flota como mariposa, pica como abeja.
Muhammed Alí (1940-). Boxeador estadounidense.

Formular la pregunta correcta es más importante que la respuesta correcta a una pregunta equivocada.
Alvin Toffler (1928-). Periodista, ensayista y sociólogo estadounidense.

Haced espadas de vuestros azadones, lanzas de vuestras hoces; diga el flaco: fuerte soy.
La Biblia.

Hay que crearse una costumbre para aumentar en los días luminosos la provisión de alegría, y poder disponer de ella en los días oscuros. Por ejemplo: leer todos los días un trozo de Homero, o de la Biblia, o contemplar una bella pintura, o recitar un verso.
Robert D´Harcourt (1881-1965). Escritor francés.

Hay que hacer algo, y si no lo hago yo no lo hará nadie. No hay que creer que las cosas se arreglan solas. No hay que esperar que el barco venga por uno. Lo único que hay que hacer es tomar un bote y remar hacia él.
Thomas Burke (1886-1945). Escritor inglés.

Hay que ser ligero como el ave, y no como la pluma.
Paul Ambroise Valéry (1871-1945). Escritor francés.

Haz todo bien y con rectitud, no importa que el mundo se desmorone.
George Herbert (1593-1633). Poeta inglés.

Haz una regla... Nunca, si es posible, te acuestes en la noche sin estar listo para decir: "He hecho a un ser humano, finalmente, un poco más sabio, un poco más feliz o un poco mejor este día".
Charles Kingsley (1819-1875). Novelista y clérigo inglés.

He aquí un consejo que una vez oí dar a un joven: Haz siempre lo que temas hacer.
Ralph Waldo Emerson (1803-1882). Ensayista y poeta estadounidense.

Hemos de proceder de tal manera que no nos sonrojemos ante nosotros mismos.

Baltasar Gracián y Morales (1601-1658). Jesuita y escritor español.

Huid de escenarios, púlpitos, plataformas y pedestales. Nunca perdáis contacto con el suelo; porque sólo así tendréis una idea aproximada de vuestra estatura.

Antonio Machado (1875-1939). Poeta español.

Huid del país donde uno solo ejerce todos los poderes: es un país de esclavos.

Simon Bolívar (1783-1830). Militar y político venezolano.

Huye de los rostros graves y solemnes que jamás se distienden en una sonrisa. Huye de los espíritus susceptibles, que por todo se ofenden.

Ricardo León (1877-1943). Escritor español.

Jamás digas a nadie los secretos de tu casa ni de tu corazón.

Alcides Argüedas (1879-1946). Novelista y diplomático boliviano.

La casualidad es siempre actual; ten siempre echado tu anzuelo. En el remanso donde menos lo esperes estará tu pez...

Publio Nasón Ovidio (43 a.C.-17 d.C.). Poeta latino.

Las buenas cercas hacen buenos vecinos.

Robert Lee Frost (1874-1963). Poeta y psicólogo estadounidense.

Las pruebas deben usarse moderadamente, como la sal.

Demócrito (460 a.C.-370 a.C.). Filósofo griego.

Las reglas elementales de la cortesía son muy simples: alabar lo bueno de los otros, suprimir los reproches, dar importancia a los demás, y prestarles atención.

Conde de Keyserling (1880-1946). Filósofo alemán.

Le aconsejo a todos que estudien las vidas de los demás con un lente de aumento, así verán las cosas buenas en forma magnificada.

Terencio (190-159 a.C.). Poeta latino.

Los buenos consejos que me dan sólo me sirven para traspasarlos a otros.

Oscar Wilde (1854-1900). Novelista, poeta, crítico literario y autor teatral irlandés.

Los consejos son como la nieve; cuando más suave cae, más dura en el suelo y más se profundiza en la conciencia.

Samuel T. Coleridge (1772-1834). Poeta inglés.

Más vale apagar una injuria que apagar un incendio.

Heráclito de Efeso (540-470 a.C.). Filósofo griego.

Más vale humillarse con los pobres que hacerse rico con los orgullosos.

Salomón (970-931 a.C.). Rey israelita.

Más vale un toma que dos te daré.
Miguel de Cervantes (1547-1616). Dramaturgo, poeta y novelista español.

Matar es una estupidez. Nunca debe hacerse nada de lo que no se pueda hablar en la sobremesa.
Oscar Wilde (1854-1900). Novelista, poeta, crítico literario y autor teatral irlandés.

Medite al atardecer, mirando las estrellas y acariciando a su perro, es un remedio infalible.
Ralph Waldo Emerson (1803-1882). Ensayista y poeta estadounidense.

Mejor que digan ¡aquí corrió y no aquí lo mataron!
Anónimo.

Mi consejo a un hombre joven que busca fama inmortal sería el atarse a una causa impopular y dedicar su vida a ella.
Wendell Phillips (1811-1884). Líder abolicionista estadounidense.

Mira a las estrellas, pero no te olvides de encender la lumbre en el hogar.
Proverbio alemán.

Mira lo que es correcto y no hagas que pierda su valor.
Confucio (551-479 a.C.). Filósofo y teórico social chino.

Mire dos veces antes de saltar.
Charlotte Bronte (1816-1855). Poetisa y novelista inglesa.

Nadie prueba la profundidad del río con ambos pies.
Anónimo.

Ni los golpes de un enfermo, ni las amenazas de un tonto deben temerse.
Demófilo (?-386). Obispo de Constantinopla.

No aceptes nunca como verdadera una cosa si no lo es para ti evidentemente. O sea: evita la precipitación.
René Descartes (1596-1650). Filósofo, científico y matemático francés.

No admitir corrección ni consejo sobre la propia obra es pedantería.
Jean de la Bruyere (1645-1696). Filósofo y escritor francés.

No consulte la opinión de nadie sino la suya.
Persius (34-62). Poeta etrusco.

No ensucies el agua de la fuente en la cual una vez saciaste tu sed.
William Shakespeare (1564-1616). Poeta y autor teatral inglés.

No guardes nunca en la cabeza aquello que te quepa en un bolsillo.
Albert Einstein (1879-1955). Científico estadounidense de origen alemán.

No hables hasta que estés seguro de que tienes algo que decir y sepas lo que es. Entonces dilo y luego siéntate.
Dale Carnegie (1888-1955). Escritor norteamericano.

No hagas hoy lo que puedas dejar de hacer también mañana.
Fernando Pessoa (1888-1935). Escritor portugués.

No hagas nada por detener a la mujer que se va ni al pájaro que vuela.
Amado Nervo (1870-1919). Poeta y escritor mexicano.

No hay que ir para atrás, ni para darse impulso.
Lao-tsé (570-490 a.C.). Filosófo del Taoísmo.

No hay que levantar el pie sino cuando el otro está bien firme.
Jorge Icaza Coronel (1906-1978). Escritor ecuatoriano.

No inclines nunca la cabeza, tenla siempre erguida. Mira al mundo directamente a la cara.
Helen Keller (1880-1968). Escritora estadounidense.

No jales al león de la melena cuando está muerto.
Marco Valerio Marcial (40-104). Poeta latino.

No le tengáis miedo a la grandeza; algunos nacen grandes, otros adquieren la grandeza, y a algunos se les confía esta virtud.
William Shakespeare (1564-1616). Poeta y autor teatral inglés.

No permitas que tu tranquilidad dependa de los sentimientos de los hombres. Cualquier cosa que digan acerca de ti, buena o mala, no lo eres a causa de otro hombre; porque así eres tú.
Thomas Kempis (1380-1471). Monje alemán.

No pidas a la divinidad, lo que no puedas conservar una vez obtenido.
Demófilo (?-386). Obispo de Constantinopla.

No preguntemos si estamos plenamente de acuerdo, sino tan sólo si marchamos por el mismo camino.
Johann Wolfgang von Goethe (1749-1832). Poeta, novelista y dramaturgo alemán.

No se debe tocar con ligereza lo que es peligroso dejar sin resolver.
Juan Luis Vives (1492-1540). Humanista y filósofo español.

No te apresures. No te preocupes. Estás aquí sólo en una corta visita, así que no olvides detenerte y oler las rosas.
Walter Hagen (1892-1969). Golfista estadounidense.

No te contentes con alabar a las gentes de bien: imítalas.
Isócrates (436-338 a.C.). Orador y profesor ateniense.

No te conviertas en retórico. Lee el código civil. Esto te salvará de hacer frases.
André Maurois (1885-1967). Escritor francés.

No te dejes pisar, aunque la fortuna te derribe.
Quintiliano (35-95). Escritor y retórico latino.

No tratéis de guiar al que pretende elegir por sí mismo su propio camino.
William Shakespeare (1564-1616). Poeta y autor teatral inglés.

No vayas fuera, vuelve a ti mismo. En el hombre interior habita la verdad.
San Agustín (354-430). Obispo, filósofo y Padre de la Iglesia Latina.

No vayas por donde el camino te lleve. Ve en cambio por donde no hay camino y deja rastro.
Ralph Waldo Emerson (1803-1882). Ensayista y poeta estadounidense.

Nunca debe uno resistirse a las llamadas de la intuición.
Alexis Carrel (1873-1944). Biólogo, médico y escritor francés.

Nunca digas nada acerca de otros que no quisieras que ellos escuchen... Porque probablemente lo hagan.
Anónimo.

Nunca el consejo del pobre, por bueno que sea, es admitido.
Miguel de Cervantes (1547-1616). Dramaturgo, poeta y novelista español.

Nunca perdáis contacto con el suelo; porque sólo así tendréis una idea aproximada de vuestra estatura.
Antonio Machado (1875-1939). Poeta español.

Nunca sea tan breve que llegue a ser oscuro.
Tyron Edwards (1809-1894). Teólogo estadounidense.

Nunca trates de enseñar a un puerco a cantar. Desperdiciarás tu tiempo y sólo enfadarás al puerco.
Anónimo.

Obra de modo que merezcas a tu propio juicio y a juicio de los demás la eternidad, que te hagas insustituible, que no merezcas morir.
Miguel De Unamuno (1864-1936). Filósofo y escritor español.

Para contemplar son precisas frialdad y distancia entre nosotros y el objeto. El que quiera contemplar un torrente lo primero que debe hacer es no ser arrastrado por él.
José Ortega y Gasset (1883-1955). Filósofo español.

Para conocer a la gente hay que ir a su casa.
Johann Wolfgang von Goethe (1749-1832). Poeta, novelista y dramaturgo alemán.

Para dialogar, preguntad primero; después... escuchad.
Antonio Machado (1875-1939). Poeta español.

Para encontrar el buen camino fuera de esta desesperación, el hombre debe de ensanchar su corazón, como ha ensanchado su cerebro. Debe aprender a trascender de sí mismo y, al hacerlo, a adquirir la libertad del Universo.
Bertrand Russell (1872-1970). Matemático y filósofo británico.

Para hacer que una lámpara esté siempre encendida, no debemos de dejar de ponerle aceite.

Madre Teresa de Calcuta (1910-1997). Misionera yugoslava nacionalizada india.

Para hacerse oír, a veces hay que cerrar la boca.

Stanislaw Jerzy Lec (1909-1966). Escritor polaco.

Para ser recto el consejo es necesario que sea no de aquella que yo quisiere, sino de aquel que me quiera.

Francisco de Rojas Zorrilla (1607-1648). Dramaturgo español.

Para tener a los otros contentos no hay como hacerles explicar historias de valor o de amor, y fingir que uno las cree.

Louis-Ferdinand Céline (1894-1961). Escritor y médico francés.

Pensemos siempre que todos nos quieren e iremos a ellos como si en realidad nos quisieran. Les parecerá a ellos que de verdad les queremos y acabaremos queriéndonos todos. Pero si vamos por la vida como por tierras hostiles, pertrechados de burlas, ironías y maledicencias, y por defendernos demasiado nos anticipamos a la acometida, la vida será como un camino en el que todos los caminantes sean bandoleros.

Jacinto Benavente (1866-1954). Dramaturgo y crítico español.

Perdona a tus enemigos, pero jamás olvides su nombre.

John F. Kennedy (1917-1963). Presidente de Estados Unidos (1961-1963).

Pide prudente consejo a los dos tiempos: al antiguo, sobre lo que es mejor; al moderno, sobre lo que es más oportuno.

Francis Barón de Verulam Bacon (1561-1626). Filósofo y estadista británico.

Piensa como un hombre de acción y actúa como un hombre de pensamiento.

Henri Bergson (1859-1941). Filósofo francés.

Piensa que cada día puede ser el último.

Quinto Horacio Flaco (65 a.C.-8 a.C.). Poeta lírico y satírico romano.

Piense usted que siempre es más noble engañarse alguna vez que desconfiar siempre.

Jacinto Benavente (1866-1954). Dramaturgo y crítico español.

Preferible es que el consejo preceda la acción, a que el arrepentimiento la siga.

Demócrito (460 a.C.-370 a.C.). Filósofo griego.

Primero habla contigo mismo de lo que quisieras ser; y entonces haz lo que tengas que hacer.

Epicteto (55-135 d.C.). Pensador griego.

Procurad que al dejar el mundo veáis no sólo que fuisteis buenos sino que dejáis un mundo bueno.

Bertolt Brecht (1898-1956). Poeta y dramaturgo alemán.

Promete poco y cumple mucho.
Demófilo (?-386). Obispo de Constantinopla.

Que la importancia esté en tu mirada, no en el objeto que miras.
André Gide (1869-1951). Escritor francés.

Que la juventud escoja su propio camino, pero algunos consejos le serían útiles.
Pearl S. Buck (1892-1973). Escritor estadounidense.

Quédate ante la puerta si quieres que te la abran. No dejes el camino si quieres que te guíen. Nada está nunca cerrado sino a tus propios ojos.
Farid al-din Attar (1119-1220). Poeta místico persa.

Quemad viejos leños, bebed viejos vinos, leed viejos libros, tened viejos amigos.
Alfonso X el Sabio (1221-1284). Rey de Castilla y de León.

Quien no sabe el camino del mar, debe elegir el río por compañero.
John Ray (1627-1705). Naturalista y escritor inglés.

Quien quiera ver prosperar sus negocios, consulte a su mujer.
Benjamín Franklin (1706-1790). Político, filósofo y científico estadounidense.

Quien se eleva demasiado cerca del sol con alas de oro las funde.
William Shakespeare (1564-1616). Poeta y autor teatral inglés.

Reconoce tu oportunidad.
Pítaco de Mytilene (652-569 a.C.). Filósofo y poeta griego.

Recuerde el alma dormida, avive el seso y despierte contemplando cómo se pasa la vida, cómo se viene la muerte tan callando; cuán presto se va al placer, cómo después de acordado da dolor; cómo, a nuestro parecer, cualquier tiempo pasado fue mejor.
Jorge Manrique (1440-1479). Caballero y poeta español.

Se dan buenos consejos, pero no se da juicio para sacar provecho de ellos.
François de La Rochefoucauld (1613-1680). Político y escritor francés.

Seamos tan diferentes con los hombres como con los cuadros, a los que tratamos siempre de dar una luz favorable.
Ralph Waldo Emerson (1803-1882). Ensayista y poeta estadounidense.

Si algo te preocupa piensa en dos cosas; primero, ¿tiene solución?, entonces ¿para qué te preocupas?; y segundo, ¿no tiene solución?, ¿para qué te preocupas?
Bo E. Carlsson (1944-). Economista sueco.

Si buscas resultados distintos, no hagas siempre lo mismo.
Albert Einstein (1879-1955). Científico estadounidense de origen alemán.

Si has tomado el camino equivocado, no sientas lástima por ti mismo; ¡da la vuelta!
Anónimo.

Si la corriente te arrastra donde quieres ir, no protestes.
Isaac Asimov (1920-1992). Escritor y científico estadounidense.

Si logras mostrarle a una persona lo malo que ella está haciendo, procura hacer entonces lo bueno. La gente cree sólo lo que mira. Deja que vean tus obras buenas.
Henry David Thoreau (1817-1862). Escritor, poeta y pensador estadounidense.

Si no esperas lo inesperado no lo reconocerás cuando llegue.
Heráclito de Efeso (540-470 a.C.). Filósofo griego.

Si no quieres que nadie se entere, no lo hagas.
Proverbio chino.

Si no tienes nada que perder, juégatelo todo.
Isaac Asimov (1920-1992). Escritor y científico estadounidense.

Si podéis curar, curad, si no podéis curar, calmad, y si no podéis calmar, consolad.
Augustu Murri (1841-1932). Médico italiano.

Si puedes cambiar las cosas, cámbialas. Si no puedes, batalla con ellas.
Proverbio inglés.

Si quieres atrapar un pez, piensa como pez.
Refrán indio.

Si quieres conocer a una persona, no le preguntes lo que piensa sino lo que ama.
San Agustín (354-430). Obispo, filósofo y Padre de la Iglesia Latina.

Si quieres que algo se haga, encargaselo a una persona ocupada.
Proverbio chino.

Si quieres que alguien deje de serte antipático, hazle un favor; y verás cómo tu antipatía cambia de signo.
Jacinto Benavente (1866-1954). Dramaturgo y crítico español.

Si quieres que tus hijos tengan una vida tranquila y segura, edúcalos con un poco de hambre y un poco de frío.
Proverbio chino.

Si quieres ser bueno, cree primero que eres malo.
Epicteto (55-135 d.C.). Pensador griego.

Si sientes que algo te bulle dentro, pidiéndote libertad, abre el chorro y déjalo correr tal y como brote.
Miguel De Unamuno (1864-1936). Filósofo y escritor español.

Si sois piedra, sed mármol; si sois planta, sed laurel; sí sois llama sed estrella.
Salvador Díaz Mirón (1853-1928). Poeta mexicano.

Si te propones algún día mandar con dignidad, debes servir con diligencia.
Lord Chesterfield (1694-1773). Escritor y estadista inglés.

Si usted no quiere conocer a nadie y que nadie lo conozca, viva en la ciudad.
Charles Caleb Colton (1780-1832). Poeta y ensayista inglés.

Si vas a comprar, no empieces por enseñar el dinero.
Proverbio chino.

Siempre es bueno dar consejos, pero darlos buenos es fatal.
Oscar Wilde (1854-1900). Novelista, poeta, crítico literario y autor teatral irlandés.

Siempre haz lo correcto. Esto agradará a algunas personas, y sorprenderá a las demás.
Mark Twain (1835-1910). Escritor estadounidense.

Sólo hay un modo de mantenerse esbelto: Coma todo lo que quiera de todo lo que no le guste.
Sir Alec Guinness (1914-2000). Actor británico.

Te digo una cosa... si quieres paz mental, no encuentres faltas en otros.
Sri Sarada Devi (1853-1920). Guía espiritual hindú.

Te diré un gran secreto, mi amigo. No esperes por el juicio final; pues tiene lugar cada día.
Albert Camus (1913-1960) Novelista, dramaturgo y ensayista francés.

Tienes que levantarte con determinación cada mañana si quieres acostarte con satisfacción cada noche.
George Horace Lorimer (1867-1937). Editor estadounidense.

Todos desean vuestro bien. No dejéis que os lo quiten.
Stanislaw Jerzy Lec (1909-1966). Escritor polaco.

Toma consejo de tu enemigo.
Sören Aabye Kierkegaard (1813-1855). Filósofo danés.

Toma las cosas por el lado bueno.
Thomas Jefferson (1743-1826). Político y filósofo estadounidense.

Toma para ti los consejos que das a otro.
Tales de Mileto (625-546). Filósofo griego.

Tu tienes que pelear una batalla más de una vez para ganarla.
Margaret Thatcher (1925-). Política británica.

Un consejo es algo que pedimos cuando ya conocemos la respuesta pero quisiéramos no conocerla.
Erica Jong (1942-). Escritora y poeta estadounidense.

Un hombre debe vivir tan cerca de sus superiores como cerca del fuego; ni tan cerca que se queme, ni tan lejos que se hiele.

Diógenes Laercio (siglo III). Biógrafo griego.

Un hombre sin defectos es un tonto o un hipócrita del que debemos desconfiar.

Joseph Joubert (1754-1824). Escritor y crítico francés.

Une tu carro a las estrellas.

Ralph Waldo Emerson (1803-1882). Ensayista y poeta estadounidense.

Únicamente nos ayuda aquel que nos hace comprender que las cosas pierden para nosotros su valor ficticio y su poder tiránico, tan pronto como llegamos a libertar de ellas nuestro espíritu.

Rabindranath Tagore (1861-1941). Poeta y filósofo indio.

Vive con los hombres como si Dios te viera; conversa con Dios como si los hombres te oyeran.

Séneca Anneo (3 a.C.- 65 d.C.). Filósofo latino.

Y sobre todo: sé sincero contigo mismo; y de esto debe seguirse, como la noche al día, que entonces no puedas ser falso con ningún hombre.

William Shakespeare (1564-1616). Poeta y autor teatral inglés.

El aconsejar es un oficio tan común que lo usan muchos y lo saben hacer muy pocos.

Fray Antonio de Guevara (1480-1545). Escritor español.

Es más fácil dar consejos que sufrir con fortaleza la adversidad.

Eurípides (480-406 a.C.). Dramaturgo griego.

Escuchad el consejo del que mucho sabe; pero sobre todo escuchad el consejo de quien mucho os ama.

Arturo Graf (1848-1913). Escritor y poeta italiano.

Ninguna cosa hay tan difícil como el arte de hacer agradable un buen consejo.

Joseph Addison (1672-1719). Ensayista, poeta y político inglés.

No hay que prestar atención a quienes nos aconsejan, so pretexto de que somos hombres, no pensar más que en las cosas humanas y, so pretexto de que somos mortales, renunciar a las cosas inmortales.

Aristóteles (384 a.C.-322a.C). Filósofo griego.

No le des nunca consejos al que te pida dinero.

Pedro Calderón de la Barca (1600-1681). Dramaturgo y poeta español.

No olvides que dar un consejo es contraer un compromiso, cuando menos.

Juan Zorrilla de San Martín (1855-1931). Poeta y escritor uruguayo.

Nunca otra cosa damos con tanta liberalidad como nuestros consejos.
François de La Rochefoucauld (1613-1680). Político y escritor francés.

Quien no haya sufrido lo que yo, que no me dé consejos.
Sófocles (496-406 a.C.). Dramaturgo ateniense.

Toma consejo del vino, pero decide después con agua.
Benjamín Franklin (1706-1790). Político, filósofo y científico estadounidense.

Consuelo

El rico tiene muchos consuelos.
Platón (428-347 a.C.). Filósofo griego.

En nuestra triste condición, el único consuelo que tenemos es la esperanza de otra vida. Aquí abajo todo es incomprensible.
Martín Lutero (1483-1546). Teólogo alemán que inició la Reforma protestante.

Es algún consuelo en las desgracias hallar quien de ellas se duela.
Miguel de Cervantes (1547-1616). Dramaturgo, poeta y novelista español.

Frío e insípido es el consuelo cuando no va envuelto en algún remedio.
Platón (428-347 a.C.). Filósofo griego.

Lloremos, siempre que tengamos necesidad de consuelo.
Francisco Zarco (1829-1869). Político, historiador y periodista mexicano.

Más vale una palabra a tiempo que cien a destiempo.
Miguel de Cervantes (1547-1616). Dramaturgo, poeta y novelista español.

Sin el tiempo, esa invención de Satanás, el mundo perdería la angustia de la espera y el consuelo de la esperanza.
Antonio Machado (1875-1939). Poeta español.

Convencer

Es el acento el que convence y no la palabra.
Madame de Girardin. Delphine Gay de Girardin (1804-1855). Escritora francesa.

Nada tan estúpido como vencer; la verdadera gloria está en convencer.
Víctor Hugo (1802-1885). Escritor francés.

Nunca convencerás a un ratón que un gato trae buena suerte.
Henry Graham Greene (1904-1991). Novelista inglés.

Corazón

A donde se inclina el corazón, allí se inclina el pie.
Proverbio árabe.

A un gran corazón, ninguna ingratitud lo cierra, ninguna indiferencia lo cansa.
León Tolstoi (1828-1910). Escritor ruso.

Abre tu corazón al celeste médico de las almas y abandónate con confianza en sus brazos. Él te trata como a un elegido y te invita a seguirlo de cerca por la cuesta del Calvario.

San Pío de Pieltrecina (1887-1968). Religioso italiano.

Aquello que sale del corazón, lleva el matiz y el calor de su lugar de origen.

Oliver Wendell Holmes (1809-1894). Médico y escritor estadounidense.

Conservo mis ideales porque, a pesar de todo, todavía creo que las personas son realmente buenas de corazón.

Anna Frank (1929-1945). Escritora alemana.

Cuando mi voz calle con la muerte, mi corazón seguirá hablándote.

Rabindranath Tagore (1861-1941). Poeta y filósofo indio.

El corazón de un hombre es una rueda de molino que trabaja sin cesar; si nada echáis a moler corréis el riesgo de que se triture a sí misma.

Martín Lutero (1483-1546). Teólogo alemán que inició la Reforma protestante.

El corazón del hombre es como el horizonte: una parte del cielo; pero, como el horizonte, cambia noche y día.

Lord Byron (1788-1824). Poeta inglés.

El corazón es lo primero que vive en la estructura del animal y lo último que muere. En él tiene su comienzo y su término la vida.

Juan Luis Vives (1492-1540). Humanista y filósofo español.

El corazón es lo último que se desprende de la tierra y la memoria lo último que se desprende del corazón.

Alejandro Dumas (hijo) (1824-1895). Escritor francés.

El corazón es un niño: espera lo que desea.

Proverbio ruso.

El corazón humano es un instrumento de muchas cuerdas; el perfecto conocedor de los hombres las sabe hacer vibrar todas, como un buen músico.

Charles Dickens (1812-1870). Escritor inglés.

El corazón necesita un segundo corazón. La alegría compartida es doble alegría.

Christopher A. Tiedge (1752-1824). Moralista francés.

El corazón tiene sus razones que la razón desconoce.

George Sand (Amandine Aurore Lucie Dupin) (1804-1876). Escritora francesa.

El espíritu busca, pero el corazón es el que encuentra.

George Sand (Amandine Aurore Lucie Dupin) (1804-1876). Escritora francesa.

El pesar y la pobreza purifican el corazón del hombre, aunque nuestras mentes débiles no ven nada de valor en el universo, salvo la comodidad y la felicidad.

Khalil Gibran (1833-1931). Ensayista, novelista y poeta libanés.

En el corazón de todos los inviernos vive una primavera palpitante, y detrás de cada noche, viene una aurora sonriente.
Khalil Gibran (1833-1931). Ensayista, novelista y poeta libanés.

En el rocío de las pequeñas cosas, el corazón encuentra su mañana y toma su frescura.
Khalil Gibran (1833-1931). Ensayista, novelista y poeta libanés.

Examina tu propio corazón; lo que te duele de los demás en ti mismo puede estar.
Anónimo.

Jamás se penetra por la fuerza en un corazón.
Jean Baptiste Poquelin Molière (1622-1673). Dramaturgo y actor francés.

La fuente de la vida es el corazón.
Juan Luis Vives (1492-1540). Humanista y filósofo español.

La peor prisión es un corazón cerrado.
Juan Pablo II (Karol Wojtila) (1920-) Papa desde 1978 nacido en Polonia.

La timidez es una condición ajena al corazón, una categoría, una dimensión que desemboca en la soledad.
Pablo Neruda (1904-1973). Poeta chileno.

Las verdades que revela la inteligencia permanecen estériles. Sólo el corazón es capaz de fecundar los sueños.
Anatole France (1844-1924). Novelista y premio Nobel francés.

Los animales tienen corazón y pasiones, pero la santa imagen de lo honesto y de lo bello sólo puede tener cabida en el corazón humano.
Jean Jacques Rousseau (1712-1778). Filósofo y botánico suizo.

Los grandes corazones producen grandes hechos.
William Shakespeare (1564-1616). Poeta y autor teatral inglés.

Los locos tienen el corazón en la boca y los cuerdos la boca en el corazón.
Proverbio bíblico.

Los secretos del corazón humano son a veces tan profundos que no se pueden penetrar fácilmente; por esta razón, los mejores momentos de un amor son aquellos en que te asalta una serena y dulce melancolía; cuando lloras y no sabes por qué; cuando reposadamente te resignas ante una desventura sin saber cuál es; cuando gozas con una nadería y sonríes con menos todavía...
Giacomo Leopardi (1798-1837). Poeta y erudito italiano.

Mira a la derecha y a la izquierda del tiempo y que tu corazón aprenda a estar tranquilo.
Federico García Lorca (1898-1936). Poeta y dramaturgo español.

Nuestro corazón tiene la edad de aquello que ama.
Marcel Proust (1862-1941). Novelista francés.

Para abrir el corazón ajeno, es necesario antes abrir el propio.
Pasquier Quesnel (1634-1719). Teólogo francés.

Para sacudir todos los corazones con las vibraciones del propio corazón, es preciso tener los gérmenes e inspiración de la humanidad.
José Martí (1853-1895). Político y escritor cubano.

Poned atención: un corazón solitario no es un corazón.
Antonio Machado (1875-1939). Poeta español.

Por muy lejos que el espíritu vaya, nunca irá más lejos que el corazón.
Confucio (551-479 a.C.). Filósofo y teórico social chino.

Pronto se aprende a amar a un corazón gentil.
Dante Alighieri (1265-1321). Poeta, prosista, filósofo y pensador político italiano.

Señor, toma este corazón de piedra, y dame un corazón de hombre: un corazón que te ame, un corazón que se alegre en ti, que te imite y que te complazca.
San Ambrosio (340-397). Padre y doctor italiano de la Iglesia Latina.

Si quieres conocerte, observa la conducta de los demás. Si quieres comprender a los demás, mira en tu propio corazón.
Friedrich von Schiller (1759-1805). Poeta, dramaturgo y filósofo alemán.

Si tienes una pena del corazón no la toques. Contra dolores del alma sólo hay dos medicamentos: la esperanza y la paciencia.
Pitágoras (582-500 a.C.). Filósofo y matemático griego.

Sólo el infortunio puede convertir un corazón de roca en un corazón humano.
François de Salignac de La Mothe Fénelon (1651-1715). Prelado y erudito francés.

Sólo se ve bien con el corazón; lo esencial es invisible para los ojos.
Antoine De Saint Exupéry (1900-1944). Escritor y aviador francés.

Tengo el mayor dolor que corazón alguno haya sufrido. Necesitaré corazoncillos secundarios para contener el sobrante de tanto dolor.
Giovanni Mosca (1908-1983). Humorista italiano.

Todo corazón humano es humano.
Henry W. Longfellow (1807-1882). Poeta estadounidense.

Tu corazón a menudo conoce las cosas antes de que tu mente lo haga.
Polly Adler (1900-1953). Madam rusa.

Un corazón es una riqueza que no se vende ni se compra, pero que se regala.
Gustave Flaubert (1821-1880). Novelista francés.

Un fracaso en amor es, para el hombre, como una misión cumplida. Los corazones están hechos para ser rotos.
Oscar Wilde (1854-1900). Novelista, poeta, crítico literario y autor teatral irlandés.

Un hombre de noble corazón irá muy lejos, guiado por la palabra gentil de una mujer.
Johann Wolfgang von Goethe (1749-1832). Poeta, novelista y dramaturgo alemán.

Vivir en los corazones que dejamos atrás, es no morir.
Thomas Campbell (1777-1844). Poeta escocés.

Cortesía

El hombre superior es cortés, pero no rastrero; el hombre vulgar es rastrero, pero no cortés.
Confucio (551-479 a.C.). Filósofo y teórico social chino.

En las cortesías antes se ha de pecar por carta de más que de menos.
Miguel de Cervantes (1547-1616). Dramaturgo, poeta y novelista español.

Es una prueba de cortesía escuchar disquisiciones sobre cosas que se conocen bien, de quien las ignora en absoluto.
Gilbert Keith Chesterton (1874-1936). Escritor inglés.

Hablar con mucha cortesía a veces conquista y otras empalaga.
Friedrich von Schiller (1759-1805). Poeta, dramaturgo y filósofo alemán.

La cortesía es el más exquisito perfume de la vida, y tiene tal nobleza y generosidad que todos la podemos dar, aun aquellos que nada poseen en el mundo.
Amado Nervo (1870-1919). Poeta y escritor mexicano.

La cortesía es hermana de la caridad, que apaga el odio y fomenta el amor.
San Francisco de Asís (1182-1226). Predicador italiano, fundador de la Orden Franciscana.

La cortesía es una cualidad muy buena, si está controlada por el sentido común.
Sidney Smith (1915-). Poeta británico.

La cortesía es una rama de la caridad.
Juan XXIII Angelo Giuseppe Roncalli (1881-1963). Papa católico.

La cortesía hace que el hombre aparezca exteriormente tal como debiera ser en su interior.
Jean de la Bruyere (1645-1696). Filósofo y escritor francés.

La cortesía no cuesta nada y gana mucho.
Mary Wortley Montague (1689-1762). Escritora inglesa.

La cortesía, tenerla con quien la tenga.
Pedro Calderón de la Barca (1600-1681). Dramaturgo y poeta español.

La educación y la cortesía abren todas las puertas.
Thomas Carlyle (1795-1881). Historiador y pensador escocés.

Las buenas formas están hechas de sacrificios insignificantes.
Ralph Waldo Emerson (1803-1882). Ensayista y poeta estadounidense.

Los temores, las sospechas, la frialdad, la reserva, el odio, la traición, se esconden frecuentemente bajo ese velo uniforme y pérfido de la cortesía.
Jean Jacques Rousseau (1712-1778). Filósofo y botánico suizo.

Ser humilde para con los superiores es un deber; para con los iguales, una muestra de cortesía; para con los inferiores, una prueba de nobleza.
Benjamín Franklin (1706-1790). Político, filósofo y científico estadounidense.

Una de las leyes fundamentales de la cortesía es la resistencia al primer impulso.
Noel Clarasó (1905-1985). Escritor español.

Costumbre

El peor jefe que nos puede tocar, es un mal hábito.
Marco Tulio Cicerón (106-43 a.C.). Escritor, político y orador romano.

La costumbre concilia el amor.
Tito Lucrecio Caro (99-55 a.C). Poeta romano.

La costumbre es la ley de los tontos.
John Vanbrugh (1664-1726). Dramaturgo y arquitecto británico.

La costumbre es una segunda naturaleza.
Galeno (129-199). Médico griego.

¡Cómo se cría el hábito en el hombre!
William Shakespeare (1564-1616). Poeta y autor teatral inglés.

Dicen que el hábito es una segunda naturaleza, quien sabe, empero, si la naturaleza no es primero un hábito.
Blaise Pascal (1623-1662). Matemático, físico y teólogo francés.

El hábito es el maestro más eficaz.
Plinio el Joven(61-113). Político y escritor latino.

El hombre nunca mira al cielo porque siempre lo tiene a la vista.
Jean-Baptiste de Lamarck (1744-1829). Naturalista francés.

En ocasiones el exceso es estimulante. Evita que con la moderación se adquiera el mortal efecto de un hábito.
William Somerset Maugham (1874-1965). Escritor británico.

En realidad, la atracción o el afecto no son más que simpatía de la costumbre.
Adam Smith (1723-1790). Economista y filósofo británico.

La costumbre con la costumbre se vence.
Thomas Kempis (1380-1471). Monje alemán.

La novedad atrae la atención y aún el respeto, pero la costumbre lo hace desaparecer pronto; apenas nos dignaríamos a mirar el arco iris si éste permaneciese por mucho tiempo en el horizonte.
Berthold Auerbach (Moses Baruch) (1812-1882). Novelista alemán.

Las costumbres pueden llegar a cambiar la naturaleza.
William Shakespeare (1564-1616). Poeta y autor teatral inglés.

Lo que acostumbramos a llamar instituciones necesarias, muchas veces son instituciones a las que nos hemos acostumbrado.
Alexis de Tocqueville (1805-1859). Escritor, pensador y político francés.

Más importante es dar a los hombres buenas costumbres que leyes y tribunales.
Honoré-Gabriel Riqueti, Conde de Mirabeau (1749-1791). Político y orador francés.

Creer - Creencia

¿A quién va usted a creer, a mí o a sus propios ojos?
Groucho Marx (1890-1976). Actor estadounidense.

Bienaventurados los ciegos, porque ellos no dudarán de nada.
Joseph Ernest Renan (1823-1892). Escritor e historiador francés.

En la base de toda creencia fundamentada, radica una creencia infundada.
Ludwig Wittgenstein (1889-1951). Filósofo austriaco.

Es más fácil morir por lo que se cree, que creer un poco menos.
Jean Rostand (1894-1977). Biólogo y escritor francés.

No cree aquel que no vive de acuerdo con sus creencias.
Thomas Fuller (1608-1661). Clérigo y escritor inglés.

Se cree con la mayor firmeza en lo que menos se conoce.
Michel Eyquem de la Montaigne (1533-1592). Ensayista francés.

Tus creencias no están hechas de realidades sino más bien es tu realidad la que está hecha de creencias.
Richard Bandler (1950-). Coinventor de la Programación Neurolingüística.

Y creer porque se tenga interés en creer es una prostitución del alma.
Henri Barbusse (1873-1935). Novelista francés.

Yo no puedo creer en nada, aunque sea increíble.
Oscar Wilde (1854-1900). Novelista, poeta, crítico literario y autor teatral irlandés.

Crimen

Aquel que permite la opresión, comparte el crimen.
Erasmo Darwin (1731-1802). Científico inglés.

Cuanto más grande es el hombre, más grande es el crimen.
Thomas Fuller (1608-1661). Clérigo y escritor inglés.

El criminal peligroso es el criminal culto.
Gilbert Keith Chesterton (1874-1936). Escritor inglés.

Es criminal quien sonríe al crimen; quien lo ve y no lo ataca; quien se sienta a su mesa; quien se sienta a la mesa de los que se codean con él o le sacan el sombrero interesado; quienes reciben de él el permiso de vivir.
José Martí (1853-1895). Político y escritor cubano.

Los caprichos pueden ser perdonados, pero es un crimen despertar una pasión duradera para satisfacer un capricho.
André Maurois (1885-1967). Escritor francés.

Los crímenes colectivos no comprometen a nadie.
Napoleón Bonaparte (1769-1821). Emperador de Francia (1804-1815).

Quien esconde por miedo su opinión, y como un crimen la oculta en el fondo del pecho, y con su ocultación favorece a los tiranos, es tan cobarde como el que en lo recio del combate vuelve grupas y abandona la lanza al enemigo.
José Martí (1853-1895). Político y escritor cubano.

Crítica

Al mirar hacia atrás, el crítico ve la sombra de un eunuco. ¿Quién sería crítico si pudiera ser escritor?
George Steiner (1929-). Crítico literario francés.

Al que gusta de criticar todos los asuntos, no debe mostrársele ninguno.
Lin Yutang (1895-1976). Escritor chino-americano.

Cuando juzgas a alguien, no lo defines a él, te defines a ti mismo.
Dr. Wayne Dyer (1940-). Escritor y conferencista estadounidense.

El crítico es un hombre que espera milagros.
James Huneker (1860-1921). Crítico estadounidense.

El que se ríe de lo que no sabe y critica lo que no ha investigado, es o está en el camino de volverse idiota.
Samuel A. Weor (1917-1977). Neognóstico colombiano.

Haz lo que sientas correcto en tu corazón, porque serás criticado de cualquier manera. Serás maldecido si lo haces, y también si no lo haces.
Eleanor Roosevelt (1884-1962). Defensora de los derechos sociales.

La crítica convertida en sistema es la negación del conocimiento y de la verdadera estimación de las cosas.
Henri Frédéric Amiel (1821-1881). Crítico suizo.

La crítica debe hacerse a tiempo; no hay que dejarse llevar por la mala costumbre de criticar sólo después de consumados los hechos.
Mao-Tse-Tung (1893-1976). Fundador de la República Popular China.

La crítica desinteresada es un empeño altruista para aprender y propagar lo mejor que se conoce en las letras y en el pensamiento de los hombres.
Matthew Arnold (1822-1888). Poeta y crítico inglés.

La crítica es el aprendizaje de la imaginación en su segunda vuelta, la imaginación curada de fantasía y decidida a afrontar la realidad del mundo.
Octavio Paz (1914-1998). Escritor mexicano.

La crítica es la fuerza del imponente.
Alphonse-Marie-Louis de Lamartine (1790-1869). Político, poeta e historiador francés.

La crítica literaria suele proceder de déficit de amor.
George Steiner (1929-). Crítico literario francés.

La función última de la crítica es que satisfaga la función natural de desdeñar, lo que conviene a la buena higiene del espíritu.
Fernando Pessoa (1888-1935). Escritor portugués.

La gente te pide críticas, pero en realidad sólo quiere halagos.
William Somerset Maugham (1874-1965). Escritor británico.

La mejor crítica es la que no responde a la voluntad de ofensa, sino a la libertad de juicio.
Fernando Sánchez Dragó (1936-). Ensayista y crítico literario español.

Las críticas son cartas al público que ningún autor tiene que abrir ni leer.
Rainer Maria Rilke (1875-1926). Poeta alemán.

Las parodias y las caricaturas son las más drásticas censuras.
Aldous Leonard Huxley (1894-1963). Escritor inglés.

Lo que hacemos no es nunca comprendido, y siempre es acogido sólo por los elogios o por la crítica.
Friedrich Nietzsche (1844-1900). Filósofo, poeta y filólogo alemán.

Los animales son buenos amigos, no hacen preguntas y tampoco critican.
George Eliot (Mary Ann o Marian Evans) (1819-1880). Novelista inglesa.

Los críticos son generalmente personas que habrían sido poetas, historiadores, biógrafos, etc., si hubiesen podido; pusieron a prueba su talento en uno u otro de esos campos, y fracasaron; entonces terminaron siendo críticos.
Samuel T. Coleridge (1772-1834). Poeta inglés.

Más bien... Busca rosas en diciembre o hielo en junio; espera encontrar constancia en el viento o grano en la paja; cree en una mujer o en un epitafio, o en cualquier otra cosa que sea falsa, pero no te fíes de los críticos.
Lord Byron (1788-1824). Poeta inglés.

Mis críticas son ligeras y sin hiel, porque no la hay en mi corazón, y la detesto en literatura.
Cecilia Böhl de Faber "Fernán Caballero" (1796-1877). Novelista española.

Muchos críticos de hoy han pasado de la premisa de que una obra maestra puede ser impopular, a la premisa de que si no es impopular no puede ser una obra maestra.
Gilbert Keith Chesterton (1874-1936). Escritor inglés.

Nuestra crítica consiste en reprochar a los demás el no tener las cualidades que nosotros creemos tener.
Jules Renard (1864-1910). Escritor francés.

Ordenar bibliotecas es ejercer de un modo silencioso el arte de la crítica.
Jorge Luis Borges (1899-1986). Escritor argentino.

Podéis recorrer el mundo entero y no encontraréis una estatua a la memoria de un crítico.
Jean Sibelius (1865-1957). Compositor finlandés.

Quien se enfada por las críticas, reconoce que las tenía merecidas.
Publio Cornelio Tácito (55-120). Historiador romano.

Quien tiene el derecho de criticar debe tener el corazón para ayudar.
Abraham Lincoln (1809-1865). 16º presidente de Estados Unidos (1861-1865).

Un buen crítico es aquel que narra las aventuras de su propia alma entre las obras maestras.
Anatole France (1844-1924). Novelista y premio Nobel francés.

Uno está tan expuesto a la crítica como a la gripe.
Friedrich Dürrenmatt (1921-1990). Novelista y dramaturgo suizo.

Crueldad

La cobardía es la madre de la crueldad.
Michel Eyquem de la Montaigne (1533-1592). Ensayista francés.

Limitémonos a hacer tan bien como podamos, la pequeña tarea que, al parecer, está a nuestro alcance. O sea: cultivemos nuestro jardín. Esta es una conclusión esencialmente burguesa: El hombre no puede borrar la crueldad del Universo, pero con prudencia puede salvaguardar de ella ciertas pequeñas regiones.
André Maurois (1885-1967). Escritor francés.

Lo característico de la vida actual no son la inseguridad y la crueldad, sino el desasosiego y la pobreza.
George Orwell (1903-1950). Escritor inglés.

La crueldad, como cualquier otro vicio, no requiere ningún motivo para ser practicada, apenas oportunidad.
George Eliot (Mary Ann o Marian Evans) (1819-1880). Novelista inglesa.

La sola idea de que una cosa cruel pueda ser útil es ya de por sí inmoral.
Marco Tulio Cicerón (106-43 a.C.). Escritor, político y orador romano.

Cualidad

Cuando envejecemos, la belleza se convierte en cualidad interior.
Ralph Waldo Emerson (1803-1882). Ensayista y poeta estadounidense.

Es curioso que muchas veces amar a otro es amar ciertas cualidades que pueden perderse. Nunca se ama la persona; se aman las cualidades.
Blaise Pascal (1623-1662). Matemático, físico y teólogo francés.

La verdadera prueba de que se ha nacido con grandes cualidades estriba en haber nacido sin envidia.
François de La Rochefoucauld (1613-1680). Político y escritor francés.

Las cualidades de un general son el juicio y la prudencia.
Tito Livio (64 a.C.-17 d.C.). Historiador latino.

Las cualidades sublimes infunden respeto; las bellas, amor.
Immanuel Kant (1724-1804). Filósofo alemán.

Los defectos del mendigo son las cualidades del financiero.
George Bernard Shaw (1856-1950). Escritor irlandés.

No se debe juzgar a un hombre por sus cualidades, sino por el uso que hace de ellas.
François de La Rochefoucauld (1613-1680). Político y escritor francés.

Si poseyeseis cien bellas cualidades, la gente os miraría por el lado menos favorable.
Jean Baptiste Poquelin Molière (1622-1673). Dramaturgo y actor francés.

Toda cualidad del espíritu que es útil o agradable a la propia persona o a otras, proporciona un placer al espectador, suscita su estimación y es admitida bajo la honrosa denominación de virtud o mérito
David Hume (1711-1776). Filósofo escocés.

Culpabilidad

¿Dónde están los culpables?, nadie sabe; las confesiones de culpabilidad colectiva son la mejor salvaguardia posible contra el descubrimiento de los culpables, y la misma magnitud del crimen la mejor excusa para no hacer nada.
Hannah Arendt (1906-1975). Científica política germano-americana.

El primer castigo del culpable es que jamás será absuelto por su conciencia.
Agustín Pedro Justo (1876-1943). Militar y político argentino.

Es culpable el que ofende la libertad en la persona sagrada de nuestros adversarios, y más si los ofende en nombre de la libertad.
José Martí (1853-1895). Político y escritor cubano.

Es mejor que caigan diez culpables y no un inocente.
Sir William Blackstone (1723-1780). Jurista inglés.

No es tan culpable el que desconoce un deber como el que lo acepta y lo pisa.
Concepción Arenal (1820-1893). Pensadora española.

No hay ausente sin culpa, ni presente sin disculpa.
Proverbio francés.

Cuando la culpa es de todos, la culpa no es de nadie.
Concepción Arenal (1820-1893). Pensadora española.

Cultura

Culto es aquel que sabe dónde encontrar lo que no sabe.
George Simmel (1858-1918). Filósofo y sociólogo alemán.

Cultura es "saber lo mejor que se ha pensado y dicho".
Matthew Arnold (1822-1888). Poeta y crítico inglés.

Cultura es sinónimo de civilización y progreso intelectual.
José Sarukhán (1940-). Biológo mexicano, ex-rector de la Universidad Autónoma de México.

Descubrir con precisión lo que no ha sucedido ni va a suceder es el privilegio inapreciable de todo hombre culto y de talento.
Oscar Wilde (1854-1900). Novelista, poeta, crítico literario y autor teatral irlandés.

Dos medias verdades no hacen una verdad y dos medias culturas no hacen una cultura.
Arthur Koestler (1905-1983). Escritor británico de origen húngaro.

El drama espiritual de la época es la colisión entre un producto tan fino, unívoco y personalizado como la cultura, y las fuerzas de economía y poder que quieren deformarla a la medida de sus intereses y sus mitos.
Mariano Picón Salas (1901-1965). Filósofo, novelista e historiador venezolano.

El fundamento de cada estado es la educación de sus jóvenes.
Diógenes Laercio (siglo III). Biógrafo griego.

La cultura entre nosotros, nos trae dolor de cabeza.
Ralph Waldo Emerson (1803-1882). Ensayista y poeta estadounidense.

La cultura es aquello que permanece en un hombre cuando lo ha olvidado todo.
Émile Henriot (1889-1961). Crítico literario, historiador francés.

La cultura es un adorno en la prosperidad y un refugio en la adversidad.
Diógenes Laercio (siglo III). Biógrafo griego.

La cultura está entre los cuernos de este dilema: Si debe ser profunda y exquisita, ha de quedar reservada a pocos hombres; si debe hacerse popular, tendrá que ser mezquina.
Jorge Ruiz de Santayana (1863-1952). Filósofo, poeta y novelista estadounidense de origen español.

La sencillez y naturalidad son el supremo y último fin de la cultura.
Friedrich Nietzsche (1844-1900). Filósofo, poeta y filólogo alemán.

La televisión es el espejo donde se refleja la derrota de todo nuestro sistema cultural.
Federico Fellini (1920-1993). Director de cine italiano.

La televisión se nos aparece como algo semejante a la energía nuclear. Ambas sólo pueden canalizarse a base de claras decisiones culturales y morales.

Umberto Eco (1932-). Escritor y profesor universitario italiano.

Los hombres de negocios que están ocupados el día entero y se marchan a la cama inmediatamente después de comer, para roncar como vacas, no han de contribuir mucho a la cultura, por cierto.

Lin Yutang (1895-1976). Escritor chino-americano.

Los hombres se distinguen menos por sus cualidades naturales que por la cultura que ellos mismos se proporcionan. Los únicos que no cambian son los sabios de primer orden y los completamente idiotas.

Confucio (551-479 a.C.). Filósofo y teórico social chino.

No hay hombres cultos: hay hombres que se cultivan.

Ferdinand Foch (1851-1929). General francés.

Por el grosor del polvo en los libros de una biblioteca pública puede medirse la cultura de un pueblo.

John Steinbeck (1902-1968). Escritor estadounidense.

Sólo el que sabe es libre, y más libre el que más sabe... Sólo la cultura de libertad... No proclameis la libertad de volar, si no dad alas; no la de pensar, sino dad pensamiento. La libertad que hay que dar al pueblo es la cultura.

Miguel De Unamuno (1864-1936). Filósofo y escritor español.

Sólo somos curiosos en proporción con nuestra cultura.

Jean Jacques Rousseau (1712-1778). Filósofo y botánico suizo.

Una cabeza bien formada será siempre mejor y preferible a una cabeza muy llena.

Michel Eyquem de la Montaigne (1533-1592). Ensayista francés.

Una cultura elevada va indisolublemente unida al lujo y a la belleza.

Oswald Spengler (1880-1936). Filósofo alemán.

Curiosidad

Hay varias clases de curiosidad; una, interesada, que nos lleva a desear aprender lo que nos puede ser útil; otra orgullosa, nacida del deseo de saber lo que otros ignoran.

François de La Rochefoucauld (1613-1680). Político y escritor francés.

La cura para el aburrimiento es la curiosidad. Para la curiosidad no existe cura.

Dorothy Parker (1893-1967). Escritora estadounidense.

La juventud de un ser no se mide por los años que tiene, sino por la curiosidad que almacena.

Salvador Paniker (1927-). Ingeniero, escritor y filósofo español.

La vejez es la pérdida de la curiosidad.
Azorín (José Martínez Ruiz) (1873-1967). Ensayista, novelista, autor de teatro y crítico español.

Se ha alcanzado la excelencia como líder cuando la gente lo sigue a uno a todas partes, aunque sólo sea por curiosidad.
Colin Powell (1937-). Militar y político afro-americano.

Si el hombre no tiene costumbre de preguntar, yo no puedo hacer nada por él.
Confucio (551-479 a.C.). Filósofo y teórico social chino.

Una de las principales enfermedades del hombre es su inquieta curiosidad por conocer lo que no puede llegar a saber.
Blaise Pascal (1623-1662). Matemático, físico y teólogo francés.

Deber

¡Desgraciado de aquel que no sabe sacrificar un día de placer a los deberes de la humanidad!
Jean Jacques Rousseau (1712-1778). Filósofo y botánico suizo.

Ante el sentimiento del deber enmudecen las más grandes pasiones.
Immanuel Kant (1724-1804). Filósofo alemán.

Cuando el hombre concentra toda su energía en el cumplimiento del deber, se acerca a Dios.
Ralph Waldo Emerson (1803-1882). Ensayista y poeta estadounidense.

Cuando un hombre estúpido hace algo que le avergüenza, siempre dice que cumple con su deber.
George Bernard Shaw (1856-1950). Escritor irlandés.

Cumplo mi obligación, lo demás no me distrae.
Marco Aurelio Antonio (121-180). Emperador y filósofo romano.

Da mucha fuerza cumplir con el deber entre otros que no lo cumplen, aunque se trate de un deber establecido de mutuo acuerdo.
August von Wassermann (1866-1925). Médico y bacteriólogo alemán.

El deber de un hombre esta allí donde es más útil.
José Martí (1853-1895). Político y escritor cubano.

El deber es el nombre que le damos a nuestro deseo cuando queremos que otro lo cumpla.
Jacinto Octavio Picón (1852-1923). Escritor español.

El deber es lo que esperamos que hagan los demás, no lo que hacemos nosotros mismos.
Oscar Wilde (1854-1900). Novelista, poeta, crítico literario y autor teatral irlandés.

El deber es ser útil, no como se desee, sino como se pueda.
Henri Frédéric Amiel (1821-1881). Crítico suizo.

El deber es un Dios que no consiente ateos.
Víctor Hugo (1802-1885). Escritor francés.

El que no piensa en sus deberes sino cuando se los recuerdan, no es digno de estimación.
Plauto (254-184 a.C.). Comediógrafo romano.

El único deber es el deber de divertirse terriblemente.
Oscar Wilde (1854-1900). Novelista, poeta, crítico literario y autor teatral irlandés.

En esta vida la primera obligación es ser totalmente artificial. La segunda todavía nadie la ha encontrado.
Oscar Wilde (1854-1900). Novelista, poeta, crítico literario y autor teatral irlandés.

La mayor perfección del hombre es cumplir el deber por el deber.
Immanuel Kant (1724-1804). Filósofo alemán.

Los deberes que el otro tiene hacia mí no son asunto mío, sino suyos.
Emmanuel Levinas (1905-1995). Filósofo francés de origen ruso.

No existen deberes innobles.
Manzoni (1785-1873). Poeta y novelista italiano.

No hay deber que descuidemos tanto como el deber de ser felices.
Robert Louis Stevenson (1850-1894). Novelista, ensayista y poeta escocés.

No hay que dejar al juicio de cada quien el conocimiento de su deber; hay que señalárselo, no dejarlo escoger; si no, según la imbecilidad y la variedad infinita de nuestras razones y opiniones, nos forjaríamos deberes que nos llevarían a comernos los unos a los otros.
Michel Eyquem de la Montaigne (1533-1592). Ensayista francés.

Vergonzosa cosa para un hombre ocuparse en los asuntos de los demás e ignorar los suyos.
Demócrito (460 a.C.-370 a.C.). Filósofo griego.

Yo sólo amo una cosa: Hacer bien lo que tengo que hacer.
Jean Anouilh (1910-1987). Dramaturgo francés.

¿Has cumplido con tu deber? Confía en el cielo que no te abandonará.
Félix María de Samaniego (1745-1801). Escritor español.

Cumplid vuestro deber y dejad obrar a los dioses.
Pierre Corneille (1606-1684). Dramaturgo francés.

El derecho y el deber son como las palmeras: no dan frutos si no crecen uno al lado del otro.
Félicité-Robert de Lamennais (1782-1854). Político y sacerdote francés.

Es deber aquello que exigimos de los demás.
Alejandro Dumas (1802-1870). Novelista y dramaturgo francés.

Si haces lo que no debes, deberás sufrir lo que no mereces.
Benjamín Franklin (1706-1790). Político, filósofo y científico estadounidense.

Defectos

¿Por qué ves la paja en el ojo de tu hermano y no ves la viga en tu ojo?
La Biblia.

¿Quién puede vanagloriarse de no tener defectos? Examinando los suyos, aprenda cada uno a perdonar los de los demás.
Pietro Trapassi "Metastasio" (1698-1782). Poeta italiano.

A veces cuesta mucho más eliminar un solo defecto que adquirir cien virtudes.
Jean de la Bruyere (1645-1696). Filósofo y escritor francés.

De todos los defectos de que se hablan en este mundo —aunque la de los hipócritas puede ser la peor— la de la crítica es la más insoportable.
Lawrence Sterne (1713-1768). Escritor irlandés.

Defender o negar nuestros defectos cuando se nos reprenden, es aumentarlos.
François de La Rochefoucauld (1613-1680). Político y escritor francés.

El defecto es un monstruo que nos procrea.
Pitágoras (582-500 a.C.). Filósofo y matemático griego.

El que está en muchos cabos, está en ninguno.
Fernando de Rojas (1470-1541). Escritor español.

El que te habla de los defectos de los demás, con los demás hablará de los tuyos.
Denis Diderot (1713-1784). Filósofo y escritor francés.

Entretenerse en buscar defectos al prójimo es prueba suficiente de no ocuparse apenas de los suyos propios.
San Francisco de Asís (1182-1226). Predicador italiano, fundador de la Orden Franciscana.

Es conveniente hacerse esperar de las mujeres. Mientras nos esperan evocan todos nuestros defectos y aun nos atribuyen los que no tenemos. Para con las mujeres es bueno poseer muchos defectos, pues no nos suelen amar por nuestras virtudes.
Pitigrilli (Dino Segre) (1893-1975). Escritor italiano.

Es la prerrogativa de los grandes hombres tener sólo grandes defectos.
François de La Rochefoucauld (1613-1680). Político y escritor francés.

Hay ciertos defectos que, bien manejados, brillan más que la misma virtud.
François de La Rochefoucauld (1613-1680). Político y escritor francés.

Hay personas tan ligeras y tan frívolas, que son tan incapaces de tener verdaderos defectos como sólidas cualidades.
François de La Rochefoucauld (1613-1680). Político y escritor francés.

La confesión de los pequeños defectos es, frecuentemente, un deseo de dar a entender que no tenemos otros mayores.

François de La Rochefoucauld (1613-1680). Político y escritor francés.

Nos quejamos porque creen ver en nosotros defectos que no existen y olvidamos que no ven una infinidad de defectos que realmente tenemos.

Pierre Nicole (1625-1695). Teólogo francés.

Quien soporta mis defectos, es mi amo aunque sea mi criado.

Johann Wolfgang von Goethe (1749-1832). Poeta, novelista y dramaturgo alemán.

Si no tuviésemos defectos, no nos complaceríamos tanto en descubrirlos en los demás.

François de La Rochefoucauld (1613-1680). Político y escritor francés.

Sólo los grandes hombres pueden tener grandes defectos.

François de La Rochefoucauld (1613-1680). Político y escritor francés.

Son muy pocos los hombres que saben tolerar en otros los defectos que ellos mismos adolecen.

Arturo Graf (1848-1913). Escritor y poeta italiano.

Tengo tres perros peligrosos: la ingratitud, la soberbia y la envidia. Cuando muerden dejan una herida profunda.

Michel Eyquem de la Montaigne (1533-1592). Ensayista francés.

Confesamos los defectos pequeños para persuadir a los demás que no los tenemos grandes.

Anónimo.

Hay defectos que manifiestan un alma bella mejor que ciertas virtudes.

Cardenal de Retz (1614-1679). Sacerdote francés.

Los defectos, como las pajas, sobrenadan en la superficie; el que quiere encontrar perlas, debe sumergirse.

John Dryden (1631-1700). Poeta, dramaturgo y crítico inglés.

Por los defectos de los demás el sabio corrige los propios.

Publio Siro (Siglo I a.C.). Poeta latino.

Democracia

La capacidad del hombre para la justicia hace la democracia posible, pero la inclinación del hombre hacia la injusticia hace la democracia necesaria.

Reinhold Niebuhr (1892-1971). Pensador social y religioso estadounidense.

La ventaja de la democracia sobre las demás formas de gobierno es que hay en la democracia una casta interesada en sofocar el pensamiento para que no se le discuta.

Ramiro de Maeztu y Whitney (1875-1936). Ensayista político y periodista español.

Creo en la democracia porque da rienda suelta a las energías de todo ser humano.

Thomas Woodrow Wilson (1856-1924). Político estadounidense, presidente de los EE. UU. 1913-1921.

Cuidado de la democracia, como norma política parece cosa buena, pero de la democracia del pensamiento y del gesto, la democracia del corazón y la costumbre es el más peligroso morbo que puede padecer una sociedad.

José Ortega y Gasset (1883-1955). Filósofo español.

Democracia significa gobierno por los sin educación, y aristocracia significa gobierno por los mal educados.

Gilbert Keith Chesterton (1874-1936). Escritor inglés.

Democracia: es una superstición muy difundida, un abuso de la estadística.

Jorge Luis Borges (1899-1986). Escritor argentino.

Derechos iguales para todos, privilegios especiales para ninguno.

Thomas Jefferson (1743-1826). Político y filósofo estadounidense.

El elector goza del sagrado privilegio de votar por un candidato que eligieron otros.

Ambrose Gwinett Bierce (1842-1914). Periodista y escritor estadounidense.

El mundo alcanzará la seguridad por medio de la democracia.

Thomas Woodrow Wilson (1856-1924). Político estadounidense, presidente de los EE. UU. 1913-1921.

En resumen, sólo con escandalosas excepciones, la democracia le ha dado al obrero más dignidad que nunca.

Sinclair Lewis (1885-1951). Escritor estadounidense.

La democracia es la necesidad de inclinarse de cuando en cuando ante la opinión de los demás.

Sir Winston Churchill (1874-1965). Político inglés.

La democracia necesita de la virtud, si no quiere ir contra todo lo que pretende defender y estimular.

Juan Pablo II (Karol Wojtila) (1920-). Papa desde 1978 nacido en Polonia.

La democracia no es el silencio, es la claridad con que se exponen los problemas y la existencia de medios para resolverlos.

Enrique Múgica Herzog (1932-). Político español.

La democracia no es más que un poder arbitrario constitucional que ha sustituído a otro poder arbitrario constitucional.

Pierre Joseph Proudhon (1809-1865). Escritor y teórico político francés.

La democracia no significa: "soy tan bueno como tú". Sino: "tú eres tan bueno como yo".

Theodore Parker (1810-1860). Teólogo y reformador social estadounidense.

La democracia otorga a cada uno de los hombres el derecho a ser el opresor de sí mismo.
James Russell Lowell (1819-1891). Escritor estadounidense.

La democracia tiene por lo menos un mérito, y es que un miembro del Parlamento no puede ser más incompetente que aquellos que le han votado.
Elbert Hubbard (1856-1915). Escritor y editor estadounidense.

La dictadura se presenta acorazada porque ha de vencer, la democracia se presenta desnuda porque ha de convencer.
Antonio Gala (1937-). Escritor español.

La diferencia entre una democracia y una dictadura consiste en que en la democracia puedes votar antes de obedecer las órdenes.
Charles Bukowski (1920-1994). Poeta y novelista estadounidense nacido en Alemania.

No hay democracia sin determinación.
Julio Anguita González (1941-). Político y profesor español.

No niego los derechos de la democracia; pero no me hago ilusiones respecto al uso que se hará de esos derechos mientras escasee la sabiduría y abunde el orgullo.
Henri Frédéric Amiel (1821-1881). Crítico suizo.

Una gran democracia debe progresar o pronto dejará de ser o grande o democracia.
Theodore Roosevelt (1858-1919). Estadista estadounidense.

Una nación sin elecciones libres es una nación sin voz, sin ojos y sin brazos.
Octavio Paz (1914-1998). Escritor mexicano.

Deporte

Algunas personas tratan de encontrar cosas en este juego que no existen, el futbol americano es solamente dos cosas — bloquear y taclear.
Vincent Lombardi (1913-1970). Entrenador de futbol americano estadounidense.

El deporte delega en el cuerpo algunas de las virtudes más fuertes del alma: la energía, la audacia, la paciencia.
Jean Hippolyte Giraudoux (1882-1944). Dramaturgo, novelista y diplomático.

El deporte es el esperanto de todas las razas.
Jean Hippolyte Giraudoux (1882-1944). Dramaturgo, novelista y diplomático.

El deporte es la única ocupación humana donde las mujeres aceptan su inferioridad e incapacidad de competir con el hombre. Tal vez porque sus resultados se pueden medir con el metro y con el reloj.
Jean Hippolyte Giraudoux (1882-1944). Dramaturgo, novelista y diplomático.

El deporte es un medio de elevar la temperatura en los países fríos.
Jean Hippolyte Giraudoux (1882-1944). Dramaturgo, novelista y diplomático.

El deporte es una carrera hacia la limpieza.
> Jean Hippolyte Giraudoux (1882-1944). Dramaturgo, novelista y diplomático.

El deporte es una guerra sin armas.
> George Orwell (1903-1950). Escritor inglés.

El deporte, ese sustitutivo del trabajo, posterior a éste en la cronología y en la dignidad, según mi modo de pensar, obedece a dos razones: primera, compensar los prejuicios que tiene para la salud la actividad física, y segunda, mantener viva la atracción en la lucha por los sexos.
> Gregorio Marañón (1887-1960). Médico y escritor español.

No dediques mucho tiempo a los deportes; porque mientras refrescan al hombre preocupado hacen preocupar a los hombres frescos.
> Thomas Fuller (1608-1661). Clérigo y escritor inglés.

Si todos los días fueran fiestas deportivas, entonces el deporte sería tan aburrido como el trabajo.
> William Shakespeare (1564-1616). Poeta y autor teatral inglés.

Derecho

¿Puede haber algo más ridículo que la pretensión de que un hombre tenga derecho a matarme porque habita al otro lado del agua y su príncipe tiene una querella con el mío aunque yo no la tenga con él?
> Blaise Pascal (1623-1662). Matemático, físico y teólogo francés.

Cada hombre y cada mujer es una persona. Esto significa que tiene un destino propio y que tiene derecho a resolver por sí mismo el problema de su destino.
> Antonio Caso (1883-1946). Filósofo y escritor mexicano.

El que renuncia a un derecho solamente se quita de en medio para poder gozar del mismo sin impedimento de su parte.
> Thomas Hobbes (1588-1679). Filósofo y político inglés.

Es el resultado el que decide de qué lado está el derecho.
> Immanuel Kant (1724-1804). Filósofo alemán.

Habría que añadir dos derechos a la lista de derechos del hombre: el derecho al desorden y el derecho a marcharse.
> Charles Baudelaire (1821-1867). Poeta francés.

Hechos crean derechos, y los derechos crean obligaciones.
> Filósofo de Güémez, personaje mexicano que se dice vivió alrededor de 1800.

Me gustaría tener el derecho de vida y de muerte, para no hacer uso de él.
> Joseph Ernest Renan (1823-1892). Escritor e historiador francés.

Me parece que me matan un hijo cada vez que privan a un hombre del derecho de pensar.
> José Martí (1853-1895). Político y escritor cubano.

No hay nada en el mundo a que más indiscutible derecho tenga el hombre que a disponer de su propia vida y persona.
Arthur Schopenhauer (1788-1860). Filósofo alemán.

Todo el mundo, lacio a lanudo, tiene derecho a su plena conciencia: tirano es el católico que se pone sobre el hindú, y el metodista que silba a un católico. Hállenos de escudo suyo el criollo a quien se le impida negar, y el católico a quien se impida afirmar.
José Martí (1853-1895). Político y escritor cubano.

Derrota

El arte de vencer se aprende en las derrotas.
Simon Bolívar (1783-1830). Militar y político venezolano.

El soldado bisoño lo cree todo perdido desde que es derrotado una vez.
Simon Bolívar (1783-1830). Militar y político venezolano.

Los que triunfan pueden llevarse los frutos de la victoria, pero los que salieron hoy derrotados han aprendido lecciones valiosísimas que mañana pueden inclinar las cosas a su favor...
Carlos Brandt (1875-1946). Escritor venezolano.

Todo hombre encontrará su Waterloo algún día.
Wendell Phillips (1811-1884). Líder abolicionista estadounidense.

Descanso

Combatimos obstáculos para conseguir descanso, y cuando lo conseguimos, el descanso es insoportable.
Henry Brooks Adams (1838-1918). Escritor estadounidense.

El descanso pertenece al trabajo como los párpados a los ojos.
Rabindranath Tagore (1861-1941). Poeta y filósofo indio.

Vengan a Mí todos ustedes que están cansados de sus trabajos y cargas y Yo los haré descansar.
La Biblia.

Desconfianza

Tu desconfianza me inquieta y tu silencio me ofende.
Miguel De Unamuno (1864-1936). Filósofo y escritor español.

No os fiéis del caballo, troyanos. Algo pasa, temo a los griegos, incluso cuando ofrecen dones.
Virgilio (70 a.C-19 a.C). Poeta romano.

Si todo parece estar yendo bien, obviamente has pasado algo por alto.
Anónimo.

¡Aquel tiempo feliz en que éramos tan desgraciados!
Alejandro Dumas (1802-1870). Novelista y dramaturgo francés.

¡Bienvenido sea el dolor si es causa de arrepentimento!
Georg Wilhelm Friedrich Hegel (1770-1831). Filósofo alemán.

¡Resignación! ¡Qué triste palabra! Y, sin embargo, es el único refugio que queda.
Ludwig Van Beethoven (1770-1827). Compositor alemán.

¿Sufre más aquél que espera siempre que aquél que nunca esperó a nadie?
Pablo Neruda (1904-1973). Poeta chileno.

Abandonarse al dolor sin resistir es abandonar el campo de batalla sin haber luchado.
Napoleón Bonaparte (1769-1821). Emperador de Francia (1804-1815).

Aparte del sufrimiento físico, ¿existe otro dolor que nos pueda alcanzar, como no sea por nuestro pensamiento? ¿Y quién proporciona a los pensamientos las armas con que nos atacan o nos defienden? Se sufre menos del dolor mismo que de la manera como se la acepta.
Maurice Maeterlinck (1862-1949). Escritor belga.

Bien poco enseñó la vida a quien no le enseñó a soportar el dolor.
Arturo Graf (1848-1913). Escritor y poeta italiano.

Cualquiera puede dominar un sufrimiento, excepto el que lo siente.
William Shakespeare (1564-1616). Poeta y autor teatral inglés.

Cuando el dolor es insoportable nos destruye, si no nos destruye, es que es soportable.
Marco Aurelio Antonio (121-180). Emperador y filósofo romano.

Cuando tengas un dolor, quémalo sobre el ara de tu voluntad, para que su llamarada ilumine tu camino.
Dr. Átl (Gerardo Murillo) (1875-1964). Pintor mexicano, paisajista.

De la misma manera que la fuerza del espíritu supera a la del cuerpo, los sufrimientos espirituales son más intensos que los corporales.
Marco Tulio Cicerón (106-43 a.C.). Escritor, político y orador romano.

De toda la gente infeliz en el mundo, los más infelices son aquellos que no han encontrado algo que deseen hacer.
Lin Yutang (1895-1976). Escritor chino-americano.

Desdichado el que por tal se tiene.
Séneca Anneo (3 a.C.- 65 d.C.). Filósofo latino.

Digámoslo de una vez: No trata de evitar el dolor, porque el dolor es inevitable; se trata de escoger las consecuencias del dolor.
Maurice Maeterlinck (1862-1949). Escritor belga.

Dios ha puesto el placer tan cerca del dolor que muchas veces se llora de alegría.
George Sand (Amandine Aurore Lucie Dupin) (1804-1876). Escritora francesa.

Dios susurra y habla a la conciencia a través del placer pero le grita mediante el dolor: el dolor es su megáfono para despertar a un mundo adormecido.
Clive Staples Lewis (1898-1963). Escritor británico.

Donde hay más sensibilidad, allí es más fuerte el martirio.
Leonardo Da Vinci (1452-1519). Artista florentino.

El dolor dice: ¡pasa!; pero todo placer quiere eternidad, quiere profunda, profunda eternidad.
Friedrich Nietzsche (1844-1900). Filósofo, poeta y filólogo alemán.

El dolor ennoblece incluso a las personas más vulgares.
Honorato De Balzac (1799-1850). Escritor francés.

El dolor es como las nubes; cuando estamos dentro de él sólo vemos gris, tedioso y trágico; pero en cuanto se aleja y lo dora el sol del recuerdo, ya es gloria, transfiguración y majestad.
Amado Nervo (1870-1919). Poeta y escritor mexicano.

El dolor es el alimento esencial del amor; cualquier amor que no se haya nutrido de un poco de dolor puro, muere.
Maurice Maeterlinck (1862-1949). Escritor belga.

El dolor es inevitable pero el sufrimiento es opcional.
Buda (-600 a.C.) Pensador himalaya.

El dolor es la raíz del conocimiento.
Simone Weil (1909-1943). Escritora francesa.

El dolor es más fuerte entre los más fuertes. Como el cáncer.
Antonio Gala (1937-). Escritor español.

El dolor es para el alma un alimento fecundo.
Theodore de Banville (1823-1891). Poeta francés.

El dolor es siempre menos fuerte que la queja.
Jean de La Fontaine (1621-1695). Novelista y fabulista francés.

El dolor es una mal que un remedio precipitado irrita.
Thomas Corneille (1625-1709). Dramaturgo francés.

El dolor es, él mismo, una medicina.
William Cowper (1731-1800). Poeta inglés.

El dolor lleva a buscar las causas de las cosas, mientras que el bienestar induce a la pasividad y a no volver la mirada atrás.
Stefan Zweig (1881-1942). Escritor y pacifista austriaco.

El dolor más espantoso es el que vela frío y paralítico en el fondo del corazón.
George Sand (Amandine Aurore Lucie Dupin) (1804-1876). Escritora francesa.

El dolor más intolerable es el producido por la prolongación del placer más intenso.
George Bernard Shaw (1856-1950). Escritor irlandés.

El dolor que no se desahoga con lágrimas puede hacer que sean otros órganos los que lloren.
Francis J. Braceland (1900-1985). Psiquiatra estadounidense.

El dolor que se calla es más doloroso.
Jean Baptiste Racine (1639-1699). Dramaturgo francés.

El dolor reclama soledad.
André Chénier (1762-1794). Poeta francés.

El dolor se sosiega hasta hacerse paz en mi corazón, como el atardecer entre los árboles silenciosos.
Rabindranath Tagore (1861-1941). Poeta y filósofo indio.

El dolor siempre cumple lo que promete.
Anne Louise Germaine Madame de Staël (1766-1817). Escritora francesa.

El dolor une, a veces, pero no enseña a vivir. Ningún dolor nos parece justo y las injusticias siempre disponen mal. La doctrina de que el dolor es buena escuela de la vida, es equivocada.
William Somerset Maugham (1874-1965). Escritor británico.

El dolor, cuando no se convierte en verdugo, es un gran maestro.
Concepción Arenal (1820-1893). Pensadora española.

El dolor, si grave, es breve; si largo, es leve.
Marco Tulio Cicerón (106-43 a.C.). Escritor, político y orador romano.

El hombre a quien el dolor no educó siempre será un niño.
Niccolò Tommaseo (1802- 1874). Literato y filólogo italiano.

El hombre es un aprendiz; el dolor es su eterno maestro.
Alfred de Musset (1810-1857). Poeta romántico francés.

El hombre que no conoce el dolor, no conoce ni la ternura de la humanidad ni la dulzura de la conmiseración.
Jean Jacques Rousseau (1712-1778). Filósofo y botánico suizo.

El hombre se acostrumbra fácilmente al dolor. Es nuestra fuerza, por eso vivimos.
Vicente Blasco Ibáñez (1867-1928). Novelista español.

El hombre sobrelleva el infortunio sin quejarse, y por eso le hace sufrir más.
Franz Schubert (1797-1828). Compositor austriaco.

El hombre, el más valeroso de los animales y el más habituado al sufrimiento, no repudia el sufrimiento en sí; lo quiere y hasta lo busca a condición de poder encontrarle un sentido, un objeto.
Friedrich Nietzsche (1844-1900). Filósofo, poeta y filólogo alemán.

El odio virulento y larvado hacia el prójimo es la expresión del dolor de uno mismo.
Tahar Ben Jelloun (1944-). Poeta marroquí.

El que sufre tiene memoria.
Marco Tulio Cicerón (106-43 a.C.). Escritor, político y orador romano.

El que teme sufrir, sufre de temor.
Proverbio chino.

El recuerdo de la felicidad ya no es felicidad; el recuerdo del dolor es todavía dolor.
Lord Byron (1788-1824). Poeta inglés.

El señor saca a sus mejores soldados de las tierras de la aflicción.
Charles Haddon Spurgeon (1834-1892). Predicador inglés.

El sufrimiento es el medio por el cual existimos, porque es el único gracias al cual tenemos conciencia de existir.
Oscar Wilde (1854-1900). Novelista, poeta, crítico literario y autor teatral irlandés.

El trabajo nos alivia el dolor.
William Shakespeare (1564-1616). Poeta y autor teatral inglés.

El verdadero dolor es el que se sufre sin testigos.
Marco Valerio Marcial (40-104). Poeta latino.

El verdadero dolor, el que nos hace sufrir profundamente, hace a veces serio y constante hasta al hombre irreflexivo; incluso los pobres de espíritu se vuelven más inteligentes después de un gran dolor.
Fedor Dostoievski (1821-1881). Escritor ruso.

En el corazón del hombre hay muchas cavidades que desconocemos hasta que viene el dolor a descubrírnoslas.
Léon Bloy (1846-1917). Escritor francés.

En la fe, el espíritu descansa; en la razón, vive; en el amor goza; sólo en el dolor adquiere conciencia.
Ermilo Abreu Gómez (1894-1971). Novelista, ensayista y dramaturgo mexicano.

En las desventuras comunes se reconcilian los ánimos y se estrechan las amistades.
Miguel de Cervantes (1547-1616). Dramaturgo, poeta y novelista español.

En las grandes crisis, el corazón se rompe o se curte.
Honorato De Balzac (1799-1850). Escritor francés.

En todo el dolor que desgarra el corazón, el Varón de los Dolores tiene su parte.

Michael Bruce (1746-1767). Poeta escocés.

Entre todas las palabras tristes, habladas o escritas, las más tristes son estas: "Pude haber sido".

John Greenleaf Whittier (1807-1892). Poeta, periodista.

Es un error afligirse sin cesar.

Quinto Horacio Flaco (65 a.C.-8 a.C.). Poeta lírico y satírico romano.

Este continuo lamento por cosas oscuras, por cosas que están en el aire...

Federico García Lorca (1898-1936). Poeta y dramaturgo español.

Hay dolores que matan: pero los hay más crueles, los que nos dejan la vida sin permitirnos jamás gozar de ellas.

Antonie L. Apollinarie Fée (1789-1874). Farmacéutico y naturalista francés.

Hay que sufrir lo que los demás ignoran, cuando se ama como los demás ignoran. No hay recompensa para ciertos sufrimientos, y hay que sufrirlos sin esperar la recompensa.

Maurice Maeterlinck (1862-1949). Escritor belga.

Heredamos el dolor y lo transmitimos.

Homero Aridjis (1940-). Poeta mexicano.

La comedia es la tragedia que le pasa a otras personas.

Angela Carter (1940-1992). Escritora feminista británica.

La corona real no quita el dolor de cabeza.

George Herbert (1593-1633). Poeta inglés.

La dicha no es más que un sueño, y el dolor la realidad.

Francois-Marie Arouet de Voltaire (1694-1778). Escritor y filósofo francés.

La manera más profunda de sentir una cosa es sufrir por ella.

Gustave Flaubert (1821-1880). Novelista francés.

La noche ha apagado sus bujías y el día aparece de puntillas sobre las cumbres brumosas de las montañas.

William Shakespeare (1564-1616). Poeta y autor teatral inglés.

La pena no acaba la vida, la costumbre de padecerla la hace fácil.

Miguel de Cervantes (1547-1616). Dramaturgo, poeta y novelista español.

La pena ruidosa se gasta en ruido.

Sófocles (496-406 a.C.). Dramaturgo ateniense.

La pesadumbre es una enfermedad en la que cada paciente debe tratarse a sí mismo.

Francois-Marie Arouet de Voltaire (1694-1778). Escritor y filósofo francés.

La poesía es poner la vida en palabras.
Homero Aridjis (1940-). Poeta mexicano.

La vida es un círculo de dolores.
Francois-Marie Arouet de Voltaire (1694-1778). Escritor y filósofo francés.

La vida no es verdadera vida, sino sólo dolor.
Eurípides (480-406 a.C.). Dramaturgo griego.

Larga es la noche que nunca encuentra el día.
William Shakespeare (1564-1616). Poeta y autor teatral inglés.

Las heridas que no se ven son las más profundas.
William Shakespeare (1564-1616). Poeta y autor teatral inglés.

Las penas pequeñas son locuaces, las grandes son mudas.
Séneca Anneo (3 a.C.- 65 d.C.). Filósofo latino.

Las penas y preocupaciones no se ahogan en alcohol, saben nadar.
Anónimo.

Las personas dichosas no conocen gran cosa de la vida; el dolor es el gran maestro de los hombres.
Anatole France (1844-1924). Novelista y premio Nobel francés.

Las pruebas de la vida y los dolores de la enfermedad hacen demasiado largo hasta el breve periodo de la vida.
Herodoto (c. 484-425 a.C.). Historiador griego.

Las tormentas hacen que los árboles tengan raíces profundas.
Dolly Parton (1946-). Cantante y actriz estadounidense.

Las tristezas no se hicieron para las bestias, sino para los hombres; pero si los hombres las sienten demasiado, se sienten bestias.
Miguel de Cervantes (1547-1616). Dramaturgo, poeta y novelista español.

Llorar, sí; pero llorar de pie, trabajando; vale más sembrar una cosecha que llorar por la que se perdió.
Alejandro Casona (1903-1965). Dramaturgo español.

Lo que podamos hacer cuando cae la lluvia, es dejarla caer.
Henry W. Longfellow (1807-1882). Poeta estadounidense.

Los dolores leves son parleros, los grandes enmudecen estupefactos.
Séneca Anneo (3 a.C.- 65 d.C.). Filósofo latino.

Los dolores vuelven a estado de niño a los hombres.
Francisco De Quevedo (1580-1645). Escritor español.

Los hombres que no conocen el dolor son como iglesia sin bendecir.
Luis Rosales Camacho (1910-1992). Poeta y ensayista español.

Los oídos no pueden escuchar ni la lengua puede escribir las torturas de ese infierno interior.

Lord Byron (1788-1824). Poeta inglés.

Los sufrimientos serían menores entre los humanos si éstos —¡sólo Dios sabe por qué fueron hechos así!— dedicasen su fantasía con menos ahínco en evocar el recuerdo de males pretéritos, antes que en hacer soportable un presente anodino.

Johann Wolfgang von Goethe (1749-1832). Poeta, novelista y dramaturgo alemán.

Mejor es que duela el cuerpo, no el alma.

Francisco De Quevedo (1580-1645). Escritor español.

Nadie puede dañar a un hombre tanto como él mismo.

Benjamin Whichcote (1609-1683). Filósofo y teólogo inglés.

Nadie puede librar a los hombres del dolor, pero le será perdonado a aquel que haga renacer en ellos el valor para soportarlo.

Selma Lagerlöf (1858-1940). Novelista sueca.

No hay árbol que el viento no haya sacudido.

Proverbio hindú.

No hay día sin su pena.

Séneca Anneo (3 a.C.- 65 d.C.). Filósofo latino.

No hay dolor que el sueño no pueda vencer.

Honorato De Balzac (1799-1850). Escritor francés.

No hay mayor dolor que recordar los tiempos felices desde la miseria.

Dante Alighieri (1265-1321). Poeta, prosista, filósofo y pensador político italiano.

No hay memoria a quien el tiempo no acabe, ni dolor que muerte no le consuma.

Miguel de Cervantes (1547-1616). Dramaturgo, poeta y novelista español.

No hay placer que no tenga por límite el dolor, que con ser el día la cosa más hermosa y agradable, tiene por fin la noche.

Lope De Vega (1562-1635). Escritor español.

No hay razón para buscar el sufrimiento, pero si éste llega y trata de meterse en tu vida, no temas; míralo a la cara y con la frente bien levantada.

Friedrich Nietzsche (1844-1900). Filósofo, poeta y filólogo alemán.

No os espante el dolor; o tendrá fin o acabará con vosotros.

Séneca Anneo (3 a.C.- 65 d.C.). Filósofo latino.

No quiero pensar porque no quiero que el dolor del corazón se una al dolor del pensamiento.

Emilio Castelar (1832-1899). Político español, presidente de la I República (1873).

No se ha llegado al colmo del dolor cuando se tiene aún fuerza para quejarse.
Caballero de Bruix (1728-1780). Escritor francés.

No te quejes, si sufres. Se pule la piedra que se estima, la que vale. ¿Te duele? Déjate tallar, con agradecimiento, porque Dios te ha tomado en sus manos como un diamante... No se trabaja así un guijarro vulgar.
San Josemaría Escrivá de Balaguer (1902-1975). Sacerdote español, fundador del Opus Dei.

Nuestro amor soy yo. Únete bien a mí ahora que yo sufro y dime: ¿sientes mi dolor?
Henri Barbusse (1873-1935). Novelista francés.

Nuestros sufrimientos son caricias bondadosas de Dios, llamándonos para que nos volvamos a Él, y para hacernos reconocer que no somos nosotros los que controlamos nuestras vidas, sino que es Dios quien tiene el control, y podemos confiar plenamente.
Madre Teresa de Calcuta (1910-1997). Misionera yugoslava nacionalizada india.

Nunca se está más cerca de Dios que en la aflicción, que induce a la purificación del alma.
Miguel de Molinos (1628-1696). Místico español.

Oculta tu dolor... ¡qué no te lo roben!
Luis G. Urbina (1864-1934). Poeta mexicano.

Ocurra lo que ocurra, aún en el día más borrascoso las horas y el tiempo pasan.
William Shakespeare (1564-1616). Poeta y autor teatral inglés.

Para comprender el dolor no hay inteligencia como el dolor mismo.
Jacinto Benavente (1866-1954). Dramaturgo y crítico español.

Para que la luz pueda brillar intensamente, la oscuridad debe estar presente.
Danny de Vito (1944-). Actor estadounidense.

Penas, ¡por cuántos caminos llegáis al mismo lugar! Viniendo de todas partes sólo en un punto os juntáis.
Pita Amor (1918-2000). Poetisa y escritora mexicana.

Piensa en tus bendiciones presentes, de las cuales cada hombre tiene muchas; no en tus desdichas pasadas, de las cuales todos los hombres tienen algunas.
Charles Dickens (1812-1870). Escritor inglés.

Por todo lo que has perdido, has ganado algo más.
Ralph Waldo Emerson (1803-1882). Ensayista y poeta estadounidense.

Quien durante cuarenta días seguidos no sufre alguna aflicción, ha recibido su recompensa en esta vida.
Talmud. Cuerpo de ley civil y religiosa del judaísmo.

Quien sabe del dolor, todo lo sabe.
Dante Alighieri (1265-1321). Poeta, prosista, filósofo y pensador político italiano.

Recuerda que a los grandes dolores pone fin la muerte; que los pequeños se interrumpen con frecuentes intervalos de tranquilidad; y que a los sufrimientos medianos sabemos dominarlos.
Anónimo.

Si a cada cual se tratase como se merece, ¿quién evitaría las desventuras?
William Shakespeare (1564-1616). Poeta y autor teatral inglés.

Si llegas a ser desgraciado, ocúltalo para que tus enemigos no se alegren.
Periandro de Corinto (siglo VI a.C). Pensador y político griego.

Si los hombres hubiesen triunfado del dolor y de la muerte, quizá ya no hubiesen deseado nada, y sin desear algo, ¿vale la pena vivir?
Jacinto Benavente (1866-1954). Dramaturgo y crítico español.

Si te sorprenden tus males, cuenta tus comidas.
Séneca Anneo (3 a.C.- 65 d.C.). Filósofo latino.

Siempre hacemos daño a aquellos que amamos. Diríase que desde el momento en que queremos a otro, le destinamos sufrimientos que no le habían alcanzado todavía.
Maurice Maeterlinck (1862-1949). Escritor belga.

Sin nuestro sufrimiento, nuestra tarea no diferiría de la asistencia social.
Madre Teresa de Calcuta (1910-1997). Misionera yugoslava nacionalizada india.

Sólo sanamos de un dolor cuando lo padecemos plenamente.
Marcel Proust (1871-1922). Escritor francés.

Suavizar las penas de los otros es olvidar las propias.
Abraham Lincoln (1809-1865). 16º presidente de Estados Unidos (1861-1865).

Toda ciencia viene del dolor. El dolor busca siempre la causa de las cosas, mientras que el bienestar se inclina a estar quieto y a no volver la mirada atrás.
Stefan Zweig (1881-1942). Escritor y pacifista austriaco.

Todo hombre se parece a su dolor.
André Malraux (1901-1976). Novelista francés.

Un momento del tiempo puede hacernos infelices por siempre.
John Gay (1685-1732). Poeta y dramaturgo inglés.

Uno gusta más de una persona cuando ha sido afectada por el infortunio, que cuando ha triunfado.
Virginia Woolf (1882-1941). Escritora inglesa.

Uno no se hace grande más que midiendo la pequeñez de su dolor.
Ernst Wiechert (1887-1950). Escritor alemán.

Uno se acostumbra al dolor igual que a la vejez, a la vida, a una enfermedad, a un sanatorio o a una cárcel.

Jorge Luis Borges (1899-1986). Escritor argentino.

Yo creía en mi dolor. Ahora creo en el dolor de todos. Yo creía en la muerte. Ahora creo en la muerte de todos.

Durán Gaitán (1924-1962). Poeta colombiano.

Donde hay sufrimiento, hay suelo sagrado.

Oscar Wilde (1854-1900). Novelista, poeta, crítico literario y autor teatral irlandés.

La neurosis es siempre un substituto para el sufrimiento legítimo.

Carl Gustav Jung (1875-1961). Psicólogo y psiquiatra suizo.

Lo importante no es lo que sufres sino cómo lo sufres.

Séneca Anneo (3 a.C.- 65 d.C.). Filósofo latino.

Lo que nos hace sufrir nunca es una tontería, puesto que nos hace sufrir.

Amado Nervo (1870-1919). Poeta y escritor mexicano.

Deseo

¡Cómo pinta el deseo los colores del iris en las nieblas de la vida!

Rabindranath Tagore (1861-1941). Poeta y filósofo indio.

¡Ojalá vivas todos los días de tu vida!

Jonathan Swift (1667-1745). Escritor anglo-irlandés.

A cierta edad, un poco por amor propio, otro poco por picardía, las cosas que más deseamos son las que fingimos no desear.

Marcel Proust (1871-1922). Escritor francés.

A los que mucho desean, les falta mucho.

Quinto Horacio Flaco (65 a.C.-8 a.C.). Poeta lírico y satírico romano.

Amor y deseo son dos cosas diferentes; que no todo lo que se ama se desea, ni todo lo que se desea se ama.

Miguel de Cervantes (1547-1616). Dramaturgo, poeta y novelista español.

Buscando lo que deseo voy perdiendo el deseo de lo que busco.

Antonio Porchia (1886-1968). Escritor argentino.

Creer que si todos los deseos fuesen satisfechos todo iría mejor, es la gran equivocación, el error original del hombre que piensa. Pues la verdad es exactamente contraria a esta creencia.

Conde de Keyserling (1880-1946). Filósofo alemán.

Creo que si miramos siempre al cielo acabaremos por tener alas.

Gustave Flaubert (1821-1880). Novelista francés.

Cuando alguien, que de verdad necesita algo, lo encuentra, no es la casualidad quien lo procura, sino él mismo. Su propio deseo y su propia necesidad le conducen a ello...
Herman Hesse (1877-1962). Escritor alemán. Premio Nobel de Literatura (1947).

De noche es cuando ve mejor el deseo.
William Shakespeare (1564-1616). Poeta y autor teatral inglés.

Disminuye el deseo de todas las cosas cuando la ocasión es demasiado fácil.
Plinio el Joven(61-113). Político y escritor latino.

Donde acaba el deseo comienza el temor.
Baltasar Gracián y Morales (1601-1658). Jesuita y escritor español.

El amor no se manifiesta en el deseo de acostarse con alguien, sino en el deseo de dormir junto a alguien.
Milan Kundera (1929-). Ensayista y novelista checoslovaco.

El deseo y la felicidad no pueden vivir juntos.
Epicteto (55-135 d.C.). Pensador griego.

El que quiere librarse de un mal sabe siempre lo que quiere; el que desea algo mejor de lo que tiene, ese está completamente ciego.
Johann Wolfgang von Goethe (1749-1832). Poeta, novelista y dramaturgo alemán.

El que se alimenta de deseos reprimidos finalmente se pudre.
William Blake (1757-1827). Poeta y artista inglés.

El verdadero heroísmo está en transformar los deseos en realidades y las ideas en hechos.
Alfonso Rodríguez Castelao (1886-1950). Pintor y escritor español.

Ella no me amó a mí, sino al que yo deseaba ser; y siempre me reprochó que no hubiese cumplido mis deseos.
André Gide (1869-1951). Escritor francés.

En la vida, la mitad es deseo, y la otra mitad, descontento.
Carlo Dossi (1849-1910). Novelista italiano.

Feliz el que reconoce a tiempo que sus deseos no van de acuerdo con sus facultades.
Johann Wolfgang von Goethe (1749-1832). Poeta, novelista y dramaturgo alemán.

Hay que despertar en el prójimo un franco deseo. Quien puede hacer esto tiene el mundo entero consigo. Quien no puede hacerlo, marcha solo por el camino.
Dale Carnegie (1888-1955). Escritor norteamericano.

Haz lo necesario para lograr tu más ardiente deseo, y acabarás lográndolo.
Ludwig Van Beethoven (1770-1827). Compositor alemán.

Haz que tu yo sea más pequeño y limita tus deseos.
Lao-tsé (570-490 a.C.). Filósofo del Taoísmo.

Ignoraba que el deseo es una pregunta cuya respuesta no existe.
Luis Cernuda (1902-1963). Poeta español.

Intento enseñar a mi corazón a no desear cosas que no puede tener.
Alice Walker (1944-). Novelista estadounidense.

La vaca desea los arreos del caballo y el caballo perezoso, estar al arado.
Quinto Horacio Flaco (65 a.C.-8 a.C.). Poeta lírico y satírico romano.

Las angustias nos vienen del deseo; el edén consiste en no anhelar, en la renunciación completa, irrevocable, de toda posesión; quien no desea nada, donde quiera está bien.
Amado Nervo (1870-1919). Poeta y escritor mexicano.

Llegarás a ser tan pequeño como tu deseo reprimido, o tan grande como tu aspiración dominante.
James Allen (1864-1912). Escritor inglés.

Lo mucho se vuelve poco con desear un poco más.
Francisco De Quevedo (1580-1645). Escritor español.

Lo que deseo ahora es mucho más modesto que lo que deseaba hace treinta años y, sobre todo, me importa mucho menos obtenerlo.
Mario Benedetti (1920-). Escritor uruguayo.

Los deseos de nuestra vida forman una cadena cuyos eslabones son las esperanzas.
Séneca Anneo (3 a.C.- 65 d.C.). Filósofo latino.

Los deseos deben obedecer a la razón.
Marco Tulio Cicerón (106-43 a.C.). Escritor, político y orador romano.

Los deseos se alimentan de esperanzas.
Miguel de Cervantes (1547-1616). Dramaturgo, poeta y novelista español.

Me va poniendo espuelas el deseo.
Miguel de Cervantes (1547-1616). Dramaturgo, poeta y novelista español.

Mientras tenemos un deseo, tenemos una razón de vivir. La satisfacción es la muerte.
George Bernard Shaw (1856-1950). Escritor irlandés.

Mis deseos son órdenes para mí.
Oscar Wilde (1854-1900). Novelista, poeta, crítico literario y autor teatral irlandés.

No desear nada es no vivir.
Paul Géraldy (1885-1983). Poeta y escritor francés.

No es bueno que todo suceda como deseamos.
Jacques Bénigne Bossuet (1627-1704). Clérigo católico y escritor francés.

No pretendas que las cosas sean como deseas; deséalas como son.
Epicteto (55-135 d.C.). Pensador griego.

No quiero alcanzar la inmortalidad mediante mi trabajo, sino simplemente no muriendo.
Woody Allen (1935-). Escritor, actor y director de cine estadounidense.

No satisfagáis jamás hasta la saciedad vuestros deseos; así os proporcionareis nuevos placeres.
Proverbio chino.

No se desea lo que no se conoce.
Publio Nasón Ovidio (43 a.C.-17 d.C.). Poeta latino.

Nuestros deseos siempre se aumentan con nuestras posesiones. El conocimiento de que hay algo todavía que nos pueda satisfacer, no se puede comparar con el gozo de las cosas que tenemos por delante.
Samuel Johnson (1709-1784). Escritor británico.

Puedes ser lo que deseas, sólo existe un obstáculo: tú mismo.
Anónimo.

Quien tiene menos de lo que desea, ha de saber que tiene más de lo que vale.
Georg Christoph Lichtenberg (1742-1799). Escritor y científico alemán.

Si el hombre lograra la mitad de sus deseos, redoblaría sus inquietudes.
Benjamín Franklin (1706-1790). Político, filósofo y científico estadounidense.

Si no deseas mucho, hasta las cosas más pequeñas te parecerán grandes.
Platón (428-347 a.C.). Filósofo griego.

Siempre nos resistimos a las prohibiciones y deseamos lo que nos niegan.
Publio Nasón Ovidio (43 a.C.-17 d.C.). Poeta latino.

Sucede con frecuencia que la posesión mata los más grandes poemas del deseo, a cuyos sueños corresponde raramente el objeto poseído.
Honorato De Balzac (1799-1850). Escritor francés.

Tanto más fatiga el bien deseado cuanto la esperanza esta más cerca de poseerlo.
Miguel de Cervantes (1547-1616). Dramaturgo, poeta y novelista español.

Ten paciencia, corazón, que es mejor, a lo que veo, deseo sin posesión que posesión sin deseo.
Ramón de Campoamor (1817-1901). Poeta español.

Todo deseo estancado es un veneno.
André Maurois (1885-1967). Escritor francés.

Desgracia

A veces, mejor que combatir o querer salir de una desgracia, es intentar ser feliz, dentro de ella, aceptándola.

Maurice Maeterlinck (1862-1949). Escritor belga.

Acusar a los demás de nuestras propias desgracias es consecuencia de nuestra ignorancia; acusarse a sí mismo es comenzar a entenderse, no acusar ni a otros ni a sí, esa es la verdadera sabiduría.

Epicteto (55-135 d.C.). Pensador griego.

Afortunadamente, el ser humano sólo puede comprender hasta cierto grado de desgracia; lo que va más allá, o lo aniquila o le deja indiferente.

Johann Wolfgang von Goethe (1749-1832). Poeta, novelista y dramaturgo alemán.

Al desdichado las desgracias le buscan y le hallan, aunque se esconda en los últimos rincones de la tierra.

Miguel de Cervantes (1547-1616). Dramaturgo, poeta y novelista español.

Al hombre le cuesta muy poco esfuerzo atraerse la desgracia.

Menandro (343-290 a.C.). Filósofo griego.

El destierro ilumina; la desgracia corrige.

Víctor Hugo (1802-1885). Escritor francés.

El hombre puede soportar las desgracias que son accidentales y llegan de fuera. Pero sufrir por propias culpas, ésa es la pesadilla de la vida.

Oscar Wilde (1854-1900). Novelista, poeta, crítico literario y autor teatral irlandés.

El hombre sabio ve en las desventuras ajenas las que debe evitar.

Publio Siro (Siglo I a.C.). Poeta latino.

El más desgraciado de los hombres es aquel que no sabe soportar una desgracia.

Benjamín Franklin (1706-1790). Político, filósofo y científico estadounidense.

El que desprecia demasiado, se hace digno de su desprecio.

Henri Frédéric Amìel (1821-1881). Crítico suizo.

En la adversidad es donde conocemos nuestros recursos para hacer uso de ellos.

Quinto Horacio Flaco (65 a.C.-8 a.C.). Poeta lírico y satírico romano.

Es la desgracia del hombre no contentarse nunca.

Simon Bolívar (1783-1830). Militar y político venezolano.

Feliz el hombre que está siempre temeroso, pero quien endurece su corazón cae en la desgracia.

La Biblia.

Hay gente a quienes no se puede participar ninguna desgracia sin que enseguida nos participen ellas otra semejante.
Friedrich Hebbel (1813-1863). Dramaturgo alemán.

La desdicha es el vínculo más estrecho de los corazones.
Jean de La Fontaine (1621-1695). Novelista y fabulista francés.

La desgracia abre el alma a una luz que la prosperidad no ve.
Herni Dominique Lacordaire (1802-1861). Sacerdote francés.

La desgracia crea en ciertas almas un vasto desierto en el que resuena la voz de Dios.
Honorato De Balzac (1799-1850). Escritor francés.

La desgracia de los hombres proviene siempre de que colocan mal su precaución y su confianza.
Epicteto (55-135 d.C.). Pensador griego.

La desgracia es como un perro que se sienta al lado de quien la acaricia y huye cuando la reciben a palos.
Luis Martínez Kleiser (1883-1971). Jurista y escritor español.

La desgracia puede debilitar la confianza, pero no debe quebrantar la convicción.
Rémusat (1797-1875). Filósofo y político francés.

La filosofía triunfa con facilidad sobre las desventuras pasadas y futuras; pero las desventuras presentes triunfan sobre la filosofía.
François de La Rochefoucauld (1613-1680). Político y escritor francés.

La mayor desgracia es merecer la desgracia.
Jean de La Fontaine (1621-1695). Novelista y fabulista francés.

Las desgracias son las lágrimas del alma.
San Agustín (354-430). Obispo, filósofo y Padre de la Iglesia Latina.

Las tragedias de los otros son siempre de una banalidad exasperante.
Oscar Wilde (1854-1900). Novelista, poeta, crítico literario y autor teatral irlandés.

Los desgraciados creen con facilidad que es o será cierto aquello que ellos desean que ocurra.
Séneca Anneo (3 a.C.- 65 d.C.). Filósofo latino.

Los hombres que son desgraciados, como los que duermen mal, se enorgullecen siempre del hecho.
Bertrand Russell (1872-1970). Matemático y filósofo británico.

Ninguno, si no se compara, es desdichado. Desdichado es el que por tal se tiene. Más cuenta tiene con Dios el desdichado que el feliz.
Séneca Anneo (3 a.C.- 65 d.C.). Filósofo latino.

Ordinariamente las dichas han venido sin desearse; ordinariamente, las desgracias han sucedido sin temerse.
Francisco De Quevedo (1580-1645). Escritor español.

Poca cosa nos consuela porque poca cosa nos aflige.
Blaise Pascal (1623-1662). Matemático, físico y teólogo francés.

Pocos son los que se tienen por desgraciados, si no es comparándose con los más dichosos.
Santa Teresa de Jesús (1515-1582). Religiosa y escritora mística española.

Siempre deja la ventura una puerta abierta en las desdichas para dar remedio a ellas.
Juan Montalvo (1832-1889). Escritor ecuatoriano.

Todos tenemos la fortaleza suficiente pare soportar las desgracias ajenas.
François de La Rochefoucauld (1613-1680). Político y escritor francés.

Tuve por maestro a la desgracia y me ha servido de mucho.
Confucio (551-479 a.C.). Filósofo y teórico social chino.

Acostada en medio de la desdicha, el alma ve mucho.
Sófocles (496-406 a.C.). Dramaturgo ateniense.

Conocer las cosas que lo hacen a uno desgraciado, ya es una especie de felicidad.
François de La Rochefoucauld (1613-1680). Político y escritor francés.

Dichas que se pierden son desdichas más grandes.
Pedro Calderón de la Barca (1600-1681). Dramaturgo y poeta español.

En la vida, lo más triste, no es ser del todo desgraciado, es que nos falte muy poco para ser felices y no podamos conseguirlo.
Jacinto Benavente (1866-1954). Dramaturgo y crítico español.

En las desgracias hay que acordarse del estado de conformidad con que miramos las ajenas.
Epicteto (55-135 d.C.). Pensador griego.

Hablando de nuestras desgracias las aliviamos.
Pierre Corneille (1606-1684). Dramaturgo francés.

La fatalidad no pesa sobre el hombre cada vez que hace algo; pero pesa sobre él, a menos que haga algo.
Gilbert Keith Chesterton (1874-1936). Escritor inglés.

Las desgracias más temidas, de ordinario, son aquellas que no llegan jamás.
James Russell Lowell (1819-1891). Escritor estadounidense.

No es bueno ser desgraciado, pero bueno es haberlo sido.
Antoine Gombaud "Caballero de Méré" (1607-1685). Escritor francés.

No existe para el hombre más que una verdadera desdicha: incurrir en falta y tener motivo de censura contra sí.

Jean de la Bruyere (1645-1696). Filósofo y escritor francés.

Destino

A menudo encontramos nuestro destino por los caminos que tomamos para evitarlo.

Jean de La Fontaine (1621-1695). Novelista y fabulista francés.

A veces nuestro destino semeja un árbol frutal en invierno. ¿Quién pensaría que esas ramas reverdecerán y florecerán? Mas esperamos que así sea, y sabemos que así será.

Johann Wolfgang von Goethe (1749-1832). Poeta, novelista y dramaturgo alemán.

A veces una batalla lo decide todo, y a veces la cosa más insignificante decide la suerte de una batalla.

Napoleón Bonaparte (1769-1821). Emperador de Francia (1804-1815).

Cada cual se fabrica su destino.

Miguel de Cervantes (1547-1616). Dramaturgo, poeta y novelista español.

Cuanto más uno ve de destino humano y cuanto más uno examina los resortes secretos de su actuar, más se impresiona uno de la fuerza de los motivos inconscientes y de las limitaciones de la libre elección.

Carl Gustav Jung (1875-1961). Psicólogo y psiquiatra suizo.

El destino baraja y nosotros jugamos.

Arthur Schopenhauer (1788-1860). Filósofo alemán.

El destino es el que baraja las cartas, pero nosotros somos los que jugamos.

William Shakespeare (1564-1616). Poeta y autor teatral inglés.

El destino se abre sus rutas.

Virgilio (70 a.C-19 a.C). Poeta romano.

El destino se ríe de las probabilidades.

Edward George Bulwer Lytton (1803-1873). Escritor inglés.

El hombre sensato cree en el destino; el voluble en el azar.

Benjamin Disraeli (1804-1881). Escritor británico.

El que nace para ser ahorcado nunca morirá ahogado.

Thomas Fuller (1608-1661). Clérigo y escritor inglés.

El que puede cambiar sus pensamientos puede cambiar su destino.

Stephen Crane (1871-1900). Novelista y poeta estadounidense.

En nuestros locos intentos renunciamos a lo que somos por lo que esperamos ser.

William Shakespeare (1564-1616). Poeta y autor teatral inglés.

Entrometerse en el destino del hombre es siempre una faena muy ingrata.
Rudyard Kipling (1865-1936). Novelista inglés.

La vocación es la fuerza interior que arrastra al hombre a cumplir su destino.
Manuel M. Ponce (1882-1948). Compositor mexicano.

Las personas fuertes crean sus acontecimientos; las débiles sufren lo que les impone el destino.
Alfred de Vigny (1797-1863). Escritor francés.

Llamamos destino a todo cuanto limita nuestro poder.
Ralph Waldo Emerson (1803-1882). Ensayista y poeta estadounidense.

Los frutos del destino caen por su propio peso, cuando están maduros.
Friedrich von Schiller (1759-1805). Poeta, dramaturgo y filósofo alemán.

Los humanos somos para los dioses como las moscas para los niños juguetones; nos matan para su recreo.
William Shakespeare (1564-1616). Poeta y autor teatral inglés.

Luchar contra nuestro destino sería un combate como el del manojo de espigas que quisiera resistirse a la hoz.
Lord Byron (1788-1824). Poeta inglés.

Me apoderaré del destino agarrándolo por el cuello. No me dominará.
Ludwig Van Beethoven (1770-1827). Compositor alemán.

Miremos más que somos padres de nuestro porvenir que no hijos de nuestro pasado.
Miguel De Unamuno (1864-1936). Filósofo y escritor español.

Ningún hombre nacido de mujer, valiente o cobarde, puede escaparse de su destino.
Homero (s.VIII a.C.). Poeta griego.

No labra uno su destino; lo soporta.
Gustave Le Bon (1841-1931). Psicólogo social y escritor francés.

Nunca hay viento favorable para el que no sabe hacia dónde va.
Séneca Anneo (3 a.C.- 65 d.C.). Filósofo latino.

Nunca se va tan lejos, como cuando no se sabe a dónde se va.
Oliver Cromwell (1599-1658). Lord inglés.

Si no piensas en tu porvenir, no lo tendrás.
Galbraith (1908-). Economista canadiense.

Siempre que inicio un vuelo por encima de todo, un demonio sarcástico maúlla y me devuelve al lodo.
Ramón López Velarde (1888-1921). Poeta mexicano.

Sólo aquellos que nada esperan del azar son dueños del destino.
Matthew Arnold (1822-1888). Poeta y crítico inglés.

Tendremos el destino que nos hayamos merecido.
Albert Einstein (1879-1955). Científico estadounidense de origen alemán.

Un accidente es una manifestación del destino que no conocíamos.
Napoleón Bonaparte (1769-1821). Emperador de Francia (1804-1815).

Un barco no debería navegar con una sola ancla, ni la vida con una sola esperanza.
Epicteto (55-135 d.C.). Pensador griego.

Yo soy el dueño de mi destino; yo soy el capitán de mi alma.
William E. Henley (1849-1903). Poeta, escritor y editor inglés.

Lo que todas las personas tenemos en común no es el espíritu, sino el destino.
Elizabeth de Austria "Sissí" (1813-1898). Duquesa y princesa de Bavaria.

Un hijo es una pregunta que le hacemos al destino.
José María Pemán (1897-1981). Poeta español.

Deuda

No podemos decir a los acreedores que nos perdonen, como perdonamos nosotros a nuestros deudores, porque un acreedor no es perfecto como nuestro Padre que está en los cielos.
Miguel De Unamuno (1864-1936). Filósofo y escritor español.

Cuando las deudas no se pagan porque no se puede, lo mejor es no hablar de ellas y barajar.
Camilo José Cela (1916-). Escritor español, premio Nobel de literatura.

Es mejor acostarse sin cenar que levantarse con deudas.
Benjamín Franklin (1706-1790). Político, filósofo y científico estadounidense.

Las grandes deudas son un privilegio de la riqueza.
Georges Duhamel (1884-1966). Escritor francés.

Dificultades

Cuanto mayor es la dificultad, mayor es la gloria.
Marco Tulio Cicerón (106-43 a.C.). Escritor, político y orador romano.

El arte de vencer las grandes dificultades se estudia y adquiere con la costumbre de afrontar las pequeñas.
Cristina Belgioio (1808-1871). Princesa y escritora italiana.

El mejor modo de resolver una dificultad es no tratar de soslayarla.
Noel Clarasó (1905-1985). Escritor español.

El que es capaz de dominarse hasta sonreír en la mayor de sus dificultades, es el que ha llegado a poseer la sabiduría de la vida.
Anónimo.

En la mayoría de los hombres, las dificultades son hijas de la pereza.
Samuel Johnson (1709-1784). Escritor británico.

Gran parte de las dificultades por las que atraviesa el mundo se deben a que los ignorantes están completamente seguros y los inteligentes llenos de dudas.
Bertrand Russell (1872-1970). Matemático y filósofo británico.

La función intelectual de las dificultades es la de conducir a hombres y mujeres a pensar.
John Dewey (1859-1952). Filósofo y educador estadounidense.

Las mayores dificultades del hombre empiezan cuando puede hacer lo que quiere.
Thomas Henry Huxley (1825-1895). Biólogo inglés.

Toda dificultad eludida se convertirá más tarde en un fantasma que perturbará nuestro reposo.
Frederic Chopin (1810-1849). Compositor y pianista polaco.

Dinero

¡Hay tantas cosas en la vida más importantes que el dinero! ¡Pero cuestan tanto!
Groucho Marx (1890-1976). Actor estadounidense.

¡Oh miseria humana, a cuántas cosas te sometes por el dinero!
Leonardo Da Vinci (1452-1519). Artista florentino.

Algún dinero evita preocupaciones; mucho, las atrae.
Confucio (551-479 a.C.). Filósofo y teórico social chino.

Cinco céntimos en el bolsillo valen más que un amigo en la corte.
Samuel Smiles (1812-1904). Escritor escocés.

Con el dinero sucede lo mismo que con el papel higiénico; cuando se necesita, se necesita urgentemente.
Upton Sinclair (1878-1968). Escritor estadounidense.

Consigue dinero ante todo; la virtud vendrá después.
Quinto Horacio Flaco (65 a.C.-8 a.C.). Poeta lírico y satírico romano.

Cuando el dinero habla, la verdad calla.
Proverbio chino.

Cuando hay dinero por medio, es muy difícil la libertad.
Gonzalo Torrente Ballester (1910-1999). Escritor español.

Cuando no se tiene dinero, siempre se piensa en él. Cuando el dinero se tiene, sólo se piensa en él.

Jean Paul Getty (1892-1976). Magnate petrolero y financiero estadounidense.

Cuando no tienes dinero el problema es la comida. Cuando tienes dinero, lo es el sexo. Cuando tienes ambos, es la salud. Cuando todo va bien, entonces uno teme a la muerte.

James Patrick Donleavy (1926-). Novelista y dramaturgo irlandés.

Cuando se trata de dinero todos son de la misma religión.

Francois-Marie Arouet de Voltaire (1694-1778). Escritor y filósofo francés.

Cuando uno puede comprar algo perfectamente inútil es que ya es rico.

Rosario Castellanos (1925-1974). Poetisa y escritora mexicana.

De aquel que opina que el dinero puede hacerlo todo, cabe sospechar con fundamento que será capaz de hacer cualquier cosa por dinero.

Benjamín Franklin (1706-1790). Político, filósofo y científico estadounidense.

De padres millonarios, hijos caballeros y nietos limosneros.

Anónimo.

Dinero en mano, calzón en tierra.

Madonna. Louise Veronica Ciccone (1958-). Cantante y actriz estadounidense.

El amor al dinero es el origen de toda maldad.

San Pablo (10 a.C.-67 d.C.). Apóstol del cristianismo.

El banquero es un señor que nos presta el paraguas cuando hace sol y nos lo exige cuando empieza a llover.

Mark Twain (1835-1910). Escritor estadounidense.

El crédito de ningún hombre es tan bueno como su dinero.

Edgar Watson Howe (1853-1937). Editor, novelista y ensayista estadounidense.

El dinero a la mano es como la lámpara de Aladino.

Lord Byron (1788-1824). Poeta inglés.

Entre mendigar y pedir prestado, no hay mucha diferencia.

Gotthold Ephraim Lessing (1729-1781). Escritor alemán.

Un tonto pobre siempre será tonto. Un tonto rico siempre será rico.

Paul Lafitte (1898-1976). Ingeniero francés.

El dinero cae en las manos de algunos hombres como un denario cae en una alcantarilla.

Séneca Anneo (3 a.C.- 65 d.C.). Filósofo latino.

El dinero dignifica lo que es frívolo si está sin pagar.

Virginia Woolf (1882-1941). Escritora inglesa.

El dinero es buen sirviente pero mal amo.
Henry Bohn (1796-1884). Editor inglés.

El dinero es como el estiércol: si se amontona, huele.
Oscar Wilde (1854-1900). Novelista, poeta, crítico literario y autor teatral irlandés.

El dinero es como el estiércol; no es bueno a no ser que se esparza.
Francis Barón de Verulam Bacon (1561-1626). Filósofo y estadista británico.

El dinero es como un sexto sentido: sin él no se pueden usar los otros cinco.
William Somerset Maugham (1874-1965). Escritor británico.

El dinero es en sí mismo un mal.
León Tolstoi (1828-1910). Escritor ruso.

El dinero es la llave que abre todas las puertas.
Jean Baptiste Poquelin Molière (1622-1673). Dramaturgo y actor francés.

El dinero es la semilla del dinero y el primer duro es más fácil de ganar que el segundo millón.
Jean Jacques Rousseau (1712-1778). Filósofo y botánico suizo.

El dinero es mejor que la pobreza, aun cuando sólo sea por razones financieras.
Woody Allen (1935-). Escritor, actor y director de cine estadounidense.

El dinero es miel, mi hijo querido y el chiste del rico siempre es divertido.
T. E. Brown (1830-1897). Poeta inglés.

El dinero es un buen siervo, pero mal maestro.
Francis Barón de Verulam Bacon (1561-1626). Filósofo y estadista británico.

El dinero es un estiércol estupendo como abono, lo malo es que muchos lo toman por la cosecha.
Joseph Joubert (1754-1824). Escritor y crítico francés.

El dinero es una garantía de que se podrá obtener lo que se quiera en el futuro.
Aristóteles (384 a.C.-322a.C). Filósofo griego.

El dinero es una nueva forma de esclavitud, que sólo se distingue de la antigua por el hecho de que es impersonal, de que no existe una relación humana entre amo y esclavo.
León Tolstoi (1828-1910). Escritor ruso.

El dinero lo ganan todos aquellos que con paciencia y observación van detrás de los que lo pierden.
Benito Pérez Galdós (1843-1920). Escritor español.

El dinero no crea tantos amigos sinceros como enemigos verdaderos.
Thomas Fuller (1608-1661). Clérigo y escritor inglés.

El dinero no da la felicidad, pero procura una sensación tan parecida, que necesita un especialista muy avanzado para verificar la diferencia.
Woody Allen (1935-). Escritor, actor y director de cine estadounidense.

El dinero no da la felicidad, pero aplaca los nervios.
Jeanne Bourgeois (1873-1956). Actriz francesa.

El dinero responde a todo.
La Biblia.

El dinero siempre está ahí; sólo cambian los bolsillos.
Gertrude Stein (1874-1946). Escritora estadounidense.

El dinero sirve a los ricos para que muchos médicos les ayuden a morir.
Aristóteles (384 a.C.-322a.C). Filósofo griego.

El oro vale por veinte oradores.
William Shakespeare (1564-1616). Poeta y autor teatral inglés.

El populacho puede silbarme, pero cuando voy a mi casa y pienso en mi dinero me aplaudo a mí mismo.
Quinto Horacio Flaco (65 a.C.-8 a.C.). Poeta lírico y satírico romano.

El que compra lo superfluo, pronto tendrá que vender lo necesario.
Benjamín Franklin (1706-1790). Político, filósofo y científico estadounidense.

El que retiene algo que no necesita es igual a un ladrón.
Mohandas Karamchand Gandhi (1869-1948). Líder político y espiritual hindú.

El que tiene dinero tiene en el bolsillo a los que no lo tienen.
León Tolstoi (1828-1910). Escritor ruso.

En dos ocasiones no debería jugar el hombre; cuando no tiene dinero y cuando lo tiene.
Mark Twain (1835-1910). Escritor estadounidense.

En la casa de un hombre rico no hay más lugar para escupir que su cara.
Diógenes de Sínope "el cínico" (410 a.C.-320 a.C.). Filósofo griego.

En la vida hay que escoger entre ganar dinero y gastarlo. No hay suficiente tiempo para ambas cosas.
Édouard Bourdet (1887-1945). Dramaturgo francés.

Entradas anuales: 20 libras, gastos al año: 19,60; resultado: felicidad. Entrada anual: 20 libras; gastos al año: 20,60, resultado: miseria.
Charles Dickens (1812-1870). Escritor inglés.

Eso de que el dinero no da la felicidad son voces que hacen correr los ricos para que no los envidien demasiado los pobres.
Jacinto Benavente (1866-1954). Dramaturgo y crítico español.

Gran renta es la economía.
Marco Tulio Cicerón (106-43 a.C.). Escritor, político y orador romano.

Grandes riquezas, gran esclavitud.
Séneca Anneo (3 a.C.- 65 d.C.). Filósofo latino.

Hay dos clases de vida... la cara y la barata, la segunda no merece la pena vivirla.
John Davison Rockefeller (1839-1937). Magnate industrial estadounidense.

Hay mil estratagemas ingeniosas para burlarse de los acreedores. Sólo para pagarles no hace falta ingenio ninguno; basta tener dinero.
Anatole France (1844-1924). Novelista y premio Nobel francés.

Hay tres amigos fieles: una esposa vieja, un perro viejo y dinero constante y sonante.
Benjamín Franklin (1706-1790). Político, filósofo y científico estadounidense.

Hoy, la distancia más corta entre dos puntos es el dinero.
Santiago Genovés (1923-). Antropólogo y escritor mexicano.

La economía mezquina de los ricos es tan sorprendente como las tontas extravagancias de los pobres.
William Feather (1889-1981). Escritor y editor estadounidense.

La fortuna que se hace en un momento se parece a las camisas improvisadas, que no concuerdan las mangas.
Douglas William Jerrold (1803-1857). Dramaturgo, periodista y humorista inglés.

La inflación es una forma de impuestos que se puede imponer sin legislación.
Milton Friedman (1912-). Economista estadounidense.

La magnitud de las cantidades de dinero parece variar en modo notable según hayan de ser pagadas o cobradas.
Aldous Leonard Huxley (1894-1963). Escritor inglés.

La mejor protección de una mujer es un poco de dinero propio.
Clare Booth Luce (1905-1987). Política, escritora y dramaturga estadounidense.

La miseria es una enfermedad que si no se cura a los treinta, se hace crónica.
Pitigrilli (Dino Segre) (1893-1975). Escritor italiano.

La única cosa que me gusta de la gente rica, es su dinero.
Nancy Astor (1879-1964). Política inglesa.

Las mujeres bonitas y los hombres ricos raramente se equivocan.
Minna Thomas Antrim (1861-?) Escritora estadounidense.

Los acreedores son una secta supersticiosa que presta una gran atención a los días y a los plazos de vencimientos.
Benjamín Franklin (1706-1790). Político, filósofo y científico estadounidense.

Los escritores que no tienen nada que decir, son los que usted puede comprar, los otros tienen un precio demasiado alto.
Walter Lipmann (1889-1974). Escritor y periodista estadounidense.

Los establecimientos bancarios son más peligrosos que los ejércitos permanentes.
Thomas Jefferson (1743-1826). Político y filósofo estadounidense.

Los nuevos ricos tienen una ventaja segura: que son ricos.
Sacha Guitry (1885-1957). Actor y director francés.

Los peniques no vienen del cielo, tienen que ganarse aquí en la tierra.
Margaret Thatcher (1925-). Política británica.

Los solteros ricos deberían pagar más impuestos. No es justo que unos sean más felices que otros.
Oscar Wilde (1854-1900). Novelista, poeta, crítico literario y autor teatral irlandés.

Mas vale hombre sin dinero que dinero sin hombre.
Temístocles (525 a.C.-460 a.C.). Militar y estadista ateniense.

Mi sueño es el de Picasso; tener mucho dinero para vivir tranquilo como los pobres.
Fernando Savater (1947-). Filósofo y escritor español.

Morir rico significa haber vivido en vano.
Jiddu Krishnamurti (1895-1986). Místico indio.

Nada se clava más hondo que la pérdida de dinero.
Tito Livio (64 a.C.-17 d.C.). Historiador latino.

Nadie se acordaría hoy del buen samaritano si además de buenas intenciones no hubiera tenido dinero.
Margaret Thatcher (1925-). Política británica.

Nadie tendrá derecho a lo superfluo mientras alguien carezca de lo estricto.
Salvador Díaz Mirón (1853-1928). Poeta mexicano.

No digas que el dinero es un bien si no sabes hacer buen uso de él.
Jenofonte (430-355 a.C.). Historiador, militar y filósofo griego.

No es más rico quien más tiene, sino quien menos necesita.
Anónimo.

No es pobre el que tiene poco, sino el que mucho desea.
Séneca Anneo (3 a.C.- 65 d.C.). Filósofo latino.

No gastes tu dinero antes de ganarlo.
Thomas Jefferson (1743-1826). Político y filósofo estadounidense.

No hagas ningún gasto como no sea para hacer bien a los demás o a ti mismo, es decir, no desperdicies nada.
Benjamín Franklin (1706-1790). Político, filósofo y científico estadounidense.

No hay fortaleza tan bien defendida que no pueda conquistarse con el dinero.
Marco Tulio Cicerón (106-43 a.C.). Escritor, político y orador romano.

No hay leyes posibles contra el dinero.
Napoleón Bonaparte (1769-1821). Emperador de Francia (1804-1815).

No hay nada más dulce que la miel, excepto el dinero.
Benjamín Franklin (1706-1790). Político, filósofo y científico estadounidense.

No pongas tu interés en el dinero, pero pon tu dinero a interés.
Oliver Wendell Holmes (1809-1894). Médico y escritor estadounidense.

No puedes servir a Dios y al dinero al mismo tiempo.
La Biblia.

No seas codicioso de torpes ganancias.
La Biblia.

No tenía dinero, pero seguía viviendo como un rico, en la esperanza de que conservando las apariencias alguien haría algo por él.
George Bernard Shaw (1856-1950). Escritor irlandés.

Nunca mucho costó poco.
Juan Ruiz de Alarcón (1581-1639). Escritor y dramaturgo mexicano.

Para ganar la guerra se necesitan tres cosas, dinero, dinero y dinero.
Napoleón Bonaparte (1769-1821). Emperador de Francia (1804-1815).

Partir el dinero entre dos enamorados equivale a aumentar su amor, recibirlo uno de otro equivale a matarlo.
Marie Henri Beyle "Stendhal" (1783-1842). Novelista y ensayista francés.

Pedir prestado no es mucho mejor que mendigar, así como el prestar con usura no es gran cosa menos que robar.
Gotthold Ephraim Lessing (1729-1781). Crítico literario y pensador alemán.

Perder el dinero es a menudo un delito; adquirirlo por malas artes es aún peor, y malgastarlo es lo peor de todo.
John Ruskin (1819-1900). Escritor británico.

Poderoso caballero es don dinero.
Francisco De Quevedo (1580-1645). Escritor español.

Presta dinero a un enemigo y lo ganarás; a un amigo y lo perderás.
Benjamín Franklin (1706-1790). Político, filósofo y científico estadounidense.

Quien cambia felicidad por dinero no podrá cambiar dinero por felicidad.
José Narosky (1931-). Escritor argentino.

Quien da hace una buena acción; quien presta, un mal negocio.
Jean Petit-Senn (1792-1870). Poeta francés.

Recesión es cuando tu vecino se queda sin empleo; depresión es cuando lo pierdes tú.
> Ronald Reagan (1911-2004). Presidente de Estados Unidos (1981-1989).

Saber cuando tienes suficiente es ser rico.
> Lao-tsé (570-490 a.C.). Filosófo del Taoísmo.

Si alguna vez ve saltar por la ventana a un banquero suizo, salte detrás. Seguro que hay algo que ganar.
> Francois-Marie Arouet de Voltaire (1694-1778). Escritor y filósofo francés.

Si añades lo poco a lo poco y lo haces así con frecuencia, pronto llegará a ser mucho.
> Hesiodo de Ascra (siglo VIII a.C.). Poeta griego.

Si el acreedor pensara más en la otra vida, el deudor la pasaría mejor en ésta.
> Leon Daudi (1905-1985). Escritor español.

Si el dinero va delante, todos los caminos se abren.
> William Shakespeare (1564-1616). Poeta y autor teatral inglés.

Si quieres conocer el valor del dinero, trata de pedirlo prestado.
> Benjamín Franklin (1706-1790). Político, filósofo y científico estadounidense.

Si yo te debo un libra, tengo un problema; pero si te debo un millón, el problema es tuyo.
> John Maynard Keynes (1883-1946). Economista británico.

Sobre un buen cimiento se puede levantar un buen edificio y el mejor cimiento y zanja del mundo es el dinero.
> Miguel de Cervantes (1547-1616). Dramaturgo, poeta y novelista español.

Sólo hay una clase de la sociedad que piensa más en el dinero que los ricos, y son los pobres. Los pobres no pueden pensar en otra cosa. En eso consiste la desgracia de ser pobre.
> Oscar Wilde (1854-1900). Novelista, poeta, crítico literario y autor teatral irlandés.

Todo el mundo cuenta como ganó sus primeras cien pesetas; nadie cuenta como ganó su último millón.
> Noel Clarasó (1905-1985). Escritor español.

Todo el oro en el mundo no puede comprar una respiración más para un hombre muerto... Así que hagas lo que hagas, ¡el ahora es valioso!
> Og Mandino (1923-1996). Escritor estadounidense.

Toma el efectivo y deja que el crédito se vaya.
> Omar Khayyam (1050-1123). Poeta, matemático y astrónomo persa.

Un banco es un lugar donde te prestan dinero, siempre y cuando demuestres no necesitarlo.
> Bob Hope (Leslie Townes Hope) (1903-). Actor estadounidense.

Un tonto y su dinero se separan muy pronto.
George Buchanan (1506-1582). Humanista e historiador escocés.

Viva de acuerdo a sus ingresos.
Persius (34-62). Poeta etrusco.

Bienaventurado el que tiene talento y dinero, porque empleará bien este último.
Menandro (343-290 a.C.). Filósofo griego.

Buscar el yo en el poderío del oro es edificar sobre arena.
Henrik Ibsen (1828-1906). Dramaturgo noruego.

Con el dinero se puede comprar el libro, pero no la inteligencia, el lujo, pero no la belleza.
Anónimo.

Dicen que el dinero no lo es todo, pero ¿quién quiere todo?
Anónimo.

Dólares son esos imprudentes billetes americanos que tienen diverso valor y el mismo tamaño.
Jorge Luis Borges (1899-1986). Escritor argentino.

El dinero es como un brazo o una pierna, o se usa o se pierde.
Henry Ford (1863-1947). Industrial estadounidense.

El dinero es la tarjeta de crédito de los pobres.
Marshall MacLuhan (1911-1980). Teórico de la comunicación canadiense.

El dinero ha aniquilado más almas que el hierro cuerpos.
Sir Walter Scott (1771-1832). Novelista y poeta escocés.

El dinero huele bien venga de donde venga.
Juvenal (55-138). Poeta romano.

El dinero no es nada, pero mucho dinero, eso ya es otra cosa.
George Bernard Shaw (1856-1950). Escritor irlandés.

El dinero no nos proporciona amigos, sino enemigos de mejor calidad.
Noel Pierce Coward (1899-1993). Actor, compositor y dramaturgo inglés.

El dinero no puede hacernos felices, pero es lo único que nos compensa de no serlo.
Jacinto Benavente (1866-1954). Dramaturgo y crítico español.

El dinero puede comprar una cama, pero no las ganas de dormir; libros, pero no la inteligencia; alimentos, más no apetito; una casa, más no un hogar; medicamentos, pero no la salud; lujos, pero no la cultura; diversiones, pero no la felicidad; un pasaporte a donde sea, pero no el Paraíso.
Anónimo.

El dinero se llora con un pesar más profundo que a los amigos o a los parientes.
Juvenal (55-138). Poeta romano.

En cuanto el alma pierde la aureola juvenil, los generosos torneos por el aplauso son sustituidos por las egoístas competencias por el dinero.
Santiago Ramón y Cajal (1852-1934). Doctor español.

En lo concerniente a las grandes sumas, lo más recomendable es no confiar en nadie.
Agatha Christie (1891-1976). Escritora inglesa.

Es bonito tener dinero y cosas que puede comprar el dinero, pero también es bonito tener las cosas que el dinero no puede comprar.
George Horace Lorimer (1867-1937). Editor estadounidense.

La felicidad que da el dinero está en no tener que preocuparse por él.
Anónimo.

Lo que distingue al hombre de los otros animales son las preocupaciones financieras.
Jules Renard (1864-1910). Escritor francés.

Quienes creen que el dinero lo hace todo, terminan haciendo todo por dinero.
Francois-Marie Arouet de Voltaire (1694-1778). Escritor y filósofo francés.

Una llave de oro abre todas las cerraduras.
Christoph Martin Wieland (1733-1813). Escritor alemán.

Uno debe saber vivir con el dinero que tiene.
José de San Martín (1778-1850). Militar y político argentino.

Dios

¡Dios está en el cielo, no te preocupes mundo!
Robert Browning (1812-1889). Escritor inglés.

¡La palabra de Dios es una fuerza incandescente!
Georges Bernanos (1888-1948). Soldado y escritor francés.

¡Oh, Cristo, Hijo de Dios eterno, salva mi ánima! ¡El hacha! ¡El hacha!; la hoguera no! - (frente a la pira).
Miguel Serveto (1511-1553). Filósofo español.

¡Que Dios nos bendiga a todos!
Charles Dickens (1812-1870). Escritor inglés.

¡Que fácil se hace servir y agradar a Dios en cuanto uno se olvida un poco de sí mismo y no quiere guiar su vida, sino abandonarla en manos de Dios!

María Maravillas de Jesús (1891-1974). Religiosa española.

¡Si Dios tan sólo me hiciera una simple señal, como hacer un ingreso a mi nombre en un banco!

Woody Allen (1935-). Escritor, actor y director de cine estadounidense.

¿Crees en Dios? Si crees en él existe; si no crees, no existe.

Máximo Gorki (1868-1936). Escritor ruso.

¿Es el hombre sólo un fallo de Dios, o Dios sólo un fallo del hombre?

Friedrich Nietzsche (1844-1900). Filósofo, poeta y filólogo alemán.

¿La cuestión de la fe? Me la planteo todos los días, sin cesar. He dicho no. He dicho no a Dios, si se me permite expresarme de esta manera brutal; pero la cuestión se replantea a cada instante. Estoy obsesionado, digámoslo claramente, obsesionado, si no por Dios, por el no-Dios. Así es.

Jean Rostand (1894-1977). Biólogo y escritor francés.

¿Qué importa el mundo, si perdona Dios?

Jorge Isaacs (1837-1895). Escritor colombiano.

A veces nos dirigimos a Dios mendigando un poco de alegría y otras veces le brindamos nuestra propia alegría. En tales momentos nos hallamos más cerca de Él, porque no es nuestra necesidad, sino nuestra alegría lo que hacia Él nos empuja.

Rabindranath Tagore (1861-1941). Poeta y filósofo indio.

A veces pienso que Dios creando al hombre sobreestimó un poco su habilidad.

Oscar Wilde (1854-1900). Novelista, poeta, crítico literario y autor teatral irlandés.

Agradezco a Dios mis incapacidades, porque a través de ellas he encontrado yo misma, mi trabajo y mi Dios.

Helen Keller (1880-1968). Escritora estadounidense.

Alabad a Jehová, porque es bueno; porque para siempre es su misericordia.

La Biblia.

Allí donde Dios tiene un templo, el demonio suele levantar una capilla.

Robert Burton (1577-1640). Clérigo alemán.

Amigos míos, Dios me es necesario, porque es el único ser que puede amar eternamente.

Fedor Dostoievski (1821-1881). Escritor ruso.

Amor y verdad son las dos cosas de Dios. La verdad es el fin y el amor es el camino.

Mohandas Karamchand Gandhi (1869-1948). Líder político y espiritual hindú.

Andaré alrededor de tu altar... para exclamar con voz de acción de gracias y contar todas tus maravillas.

La Biblia.

Aprende a dudar y acabarás dudando de tu propia duda; de este modo premia Dios al escéptico y al creyente.

Antonio Machado (1875-1939). Poeta español.

Aquí me encuentro. No puedo hacerlo de otra manera. ¡Ayúdame, Dios mío! Amén.

Martín Lutero (1483-1546). Teólogo alemán que inició la Reforma protestante.

Cada cual es como Dios lo ha hecho, pero llega a ser como él mismo se hace.

Miguel Serveto (1511-1553). Filósofo español.

Cada niño, al nacer, nos trae el mensaje de que Dios no ha perdido aún la esperanza en los hombres.

Rabindranath Tagore (1861-1941). Poeta y filósofo indio.

Cada obra de amor, llevada a cabo con todo el corazón, siempre logrará acercar a la gente a Dios.

Madre Teresa de Calcuta (1910-1997). Misionera yugoslava nacionalizada india.

Cada persona será llamada a cuentas el Día del Juicio por cada cosa permitida que pudo haber disfrutado, pero que no lo hizo.

Talmud. Cuerpo de ley civil y religiosa del judaísmo.

Cada pueblo tiene la ingenua convicción de ser la mejor ocurrencia de Dios.

Theodor Heuss (1884-1963). Político alemán.

Caracol: mínima cinta métrica con que mide el campo Dios.

Jorge Carrera y Andrade (1903-1978). Escritor, poeta y diplomático ecuatoriano.

Castillo fuerte es nuestro Dios.

Martín Lutero (1483-1546). Teólogo alemán que inició la Reforma protestante.

Creo que Dios existe y que de Él viene todo. El orden y la armonía de las partículas atómicas tienen que haber sido impuestos por alguien.

Werner Heisenberg (1901-1976). Físico alemán.

Cristo camina en las olas del viento y habita en el vértice de la Tierra, mide los cielos con su palmo y le caben en sus manos las aguas del mar.

Miguel Serveto (1511-1553). Filósofo español.

Cuando el hombre se aparta de Dios, no es Dios quien le persigue, sino los ídolos.

Joseph Ratzinger (1927-). Teólogo y religioso alemán.

Cuando todos te abandonan, Dios se queda contigo.

Mohandas Karamchand Gandhi (1869-1948). Líder político y espiritual hindú.

De ahora en adelante sólo a ti te amo..., sólo a ti quiero estar unido..., es a ti a quien busco..., a quien quiero servir... Porque sólo tú eres mi Señor y yo quiero pertenecer solamente a ti...
San Agustín (354-430). Obispo, filósofo y Padre de la Iglesia Latina.

Dios ama lo limpio.
Corán. Libro sagrado de la religión islámica.

Dios concede la libertad solamente a aquellos que la aman y están siempre dispuestos a guardarla y defenderla.
Daniel Webster (1782-1852). Político estadounidense.

Dios deja vivir en su error, hecho un estúpido, a aquel a quien desea desviar.
Marco Aurelio Antonio (121-180). Emperador y filósofo romano.

Dios en su sabiduría creó la mosca y después se olvidó de decirnos por qué.
Frederic Ogden Nash (1902-1971). Poeta estadounidense.

Dios es el comienzo, el medio y el fin.
Platón (428-347 a.C.). Filósofo griego.

Dios es el maestro y enmendador de los sabios.
Fray Luis de Granada (1504-1588). Escritor español.

Dios es el único ser que para reinar no tuvo ni siquiera necesidad de existir.
Charles Baudelaire (1821-1867). Poeta francés.

Dios es la más inspiradora maravilla y divina idea entre todas las ideas.
Stephen Crane (1871-1900). Novelista y poeta estadounidense.

Dios es paciente, porque es eterno.
San Agustín (354-430). Obispo, filósofo y Padre de la Iglesia Latina.

Dios es sofisticado, pero no malévolo.
Albert Einstein (1879-1955). Científico estadounidense de origen alemán.

Dios es verdad y luz en la sombra.
Platón (428-347 a.C.). Filósofo griego.

Dios está en el océano lo mismo que en la tierra.
James Thomas Fields (1817-1881). Autor y editor estadounidense.

Dios está siempre del lado de los batallones más fuertes
Francois-Marie Arouet de Voltaire (1694-1778). Escritor y filósofo francés.

Dios existe en el hombre, no existe fuera del hombre.
José Revueltas (1914-1976). Escritor mexicano.

Dios existe para complementar nuestro ser, para darnos certeza de nuestro ser.
Margarita Michelena (1917-1998). Poetisa y crítica mexicana.

Dios existe; pero no tiene ninguna prisa en hacerlo saber.
León Tolstoi (1828-1910). Escritor ruso.

Dios ha concedido al hombre este privilegio, a la vez su gloria y su martirio, de ser el único ser viviente y material que puede concebir la perfección. Pero en tanto que la conciba se verá obligado a decir, cuando mire hacia fuera con ojos imparciales: Este mundo es un valle de lágrimas, y cuando mire hacia adentro: Yo pecador.
Ramiro de Maeztu y Whitney (1875-1936). Ensayista político y periodista español.

Dios ha dado a cada pueblo un profeta en su propia lengua.
Marco Aurelio Antonio (121-180). Emperador y filósofo romano.

Dios ha muerto. Parece que lo mataron los hombres.
Friedrich Nietzsche (1844-1900). Filósofo, poeta y filólogo alemán.

Dios hizo al hombre recto, mas ellos buscaron muchas invenciones.
La Biblia.

Dios hizo el campo y el hombre la ciudad.
William Cowper (1731-1800). Poeta inglés.

Dios no encuentra sitio en nosotros para derramar Su amor, porque estamos llenos de nosotros mismos.
San Agustín (354-430). Obispo, filósofo y Padre de la Iglesia Latina.

Dios no es autor de todo, sino sólo de lo bueno.
Platón (428-347 a.C.). Filósofo griego.

Dios no es más que una palabra para explicar el mundo.
Alphonse-Marie-Louis de Lamartine (1790-1869). Político, poeta e historiador francés.

Dios no es un botones cósmico a quien podemos llamar presionando un botón para que se hagan las cosas.
Harry Emerson Fosdick (1878–1969). Clérigo estadounidense.

Dios no escucha vuestras palabras, salvo cuando él mismo las profiere a través de vuestros labios.
Khalil Gibran (1833-1931). Ensayista, novelista y poeta libanés.

Dios no existe, la naturaleza se rige por sí misma.
Ignacio Manuel Altamirano (1834-1893). Escritor mexicano.

Dios no habla, pero todo habla de Dios.
Julien Green (1900-1998). Escritor francés.

Dios no juega a los dados.
Albert Einstein (1879-1955). Científico estadounidense de origen alemán.

Dios no manda cosas imposibles, sino que, al mandar lo que manda, te invita a hacer lo que puedas y pedir lo que no puedas y te ayuda para que puedas.
San Agustín (354-430). Obispo, filósofo y Padre de la Iglesia Latina.

Dios no se arrepiente nunca de sus primeras decisiones.
Séneca Anneo (3 a.C.- 65 d.C.). Filósofo latino.

Dios no sólo juega a los dados. A veces también echa los dados donde no pueden ser vistos.
Stephen Hawking (1942-). Profesor y escritor inglés.

Dios nos dio la mente para que le reconozcamos a Él mismo.
Miguel Serveto (1511-1553). Filósofo español.

Dios nos ha dado alas para volar hacia él: el amor y la razón.
Platón (428-347 a.C.). Filósofo griego.

Dios nos hizo para Él, y nuestro corazón estará inquieto hasta que descanse en Él.
San Agustín (354-430). Obispo, filósofo y Padre de la Iglesia Latina.

Dios prefiere a la gente corriente, por eso ha hecho tanta.
Abraham Lincoln (1809-1865). 16º presidente de Estados Unidos (1861-1865).

Dios provee a cada pájaro con un alimento, pero no se lo echa al nido.
George Herbert (1593-1633). Poeta inglés.

Dios quiso ser entre nosotros y está siendo en su creación.
Juan José Arreola (1918-2001). Actor y narrador mexicano.

Dios se vale muchas veces de los débiles para abatir a los poderosos.
Juan Donoso Cortés, marqués de Valdegamas (1809-1853). Pensador, político y escritor español.

Dios susurra y habla a la conciencia a través del placer pero le grita mediante el dolor: el dolor es su megáfono para despertar a un mundo adormecido.
C. S. Lewis (1898-1963). Novelista y crítico inglés.

Dios, concédeme la serenidad para aceptar las cosas que no puedo cambiar, coraje para cambiar las que pueda, y sabiduría para notar la diferencia.
Reinhold Niebuhr (1892-1971). Pensador social y religioso estadounidense.

Dios, que es acto puro y no tiene nada de potencialidad, tiene un poder activo infinito sobre las demás cosas.
Santo Tomás de Aquino (1225-1274). Teólogo italiano.

Dios: lo más evidente y lo más misterioso.
Herni Dominique Lacordaire (1802-1861). Sacerdote francés.

El espíritu de Dios flota sobre las aguas y una isla celestial se hará visible primero cual morada de los nuevos hombres, cual cuenca de la vida eterna sobre las olas que refluyen.
Friedrich Leopold von Hardenberg "Novalis" (1772-1801). Poeta alemán.

El hombre afirma en Dios lo que niega en sí mismo.
Ludwig Feuerbach (1804-1872). Filósofo alemán.

El hombre encuentra a Dios detrás de cada puerta que la ciencia logra abrir.

Albert Einstein (1879-1955). Científico estadounidense de origen alemán.

El hombre propone y Dios dispone.

Ludovico Ariosto (1474-1533). Poeta italiano.

El hombre, en su orgullo, creó a Dios a su imagen y semejanza.

Friedrich Nietzsche (1844-1900). Filósofo, poeta y filólogo alemán.

El molino de Dios trabaja despacio, pero seguro.

George Herbert Mead (1863-1931). Filósofo y psicólogo social estadounidense.

El odio hacia cualquier ser humano no puede existir en el mismo corazón que ama a Dios.

Dean William Inge (1860-1954). Líder religioso inglés.

El poder terrestre que más se aproxima a Dios, es la justicia templada por la clemencia.

William Shakespeare (1564-1616). Poeta y autor teatral inglés.

El que no se humilla y engrandece a un tiempo ante la idea de Dios, no es bueno.

Isabel I la Católica (1451-1504). Reina de Castilla (1474-1504).

El sentido de esta palabra entre los griegos corresponde a una noble definición: entusiasta significa: "Dios con nosotros".

Madame de Staël (Germaine Necker) (1766-1817). Escritora e inteluctual francesa.

El único error de Dios fue no haber dotado al hombre de dos vidas: una para ensayar y otra para actuar.

Vittorio Gassman (1922-2000). Actor y director italiano.

En cierto modo Dios se halla en la punta de mi pluma, de mi pincel, de mi aguja, de mi corazón y de mi pensamiento.

Pierre Teilhard de Chardin (1881-1955). Filósofo y teólogo francés.

En realidad, todas las cosas, todos los acontecimientos, para quien sabe leerlos con profundidad, encierran un mensaje que, en definitiva, remite a Dios.

Juan Pablo II (Karol Wojtila) (1920-). Papa desde 1978 nacido en Polonia.

Es absolutamente necesario persuadirse de la existencia de Dios; pero no es necesario demostrar que Dios existe.

Immanuel Kant (1724-1804). Filósofo alemán.

Es más santo y reverente creer en las obras de Dios, que profundizar en ellas.

Publio Cornelio Tácito (55-120). Historiador romano.

Es mentira que se ama a Dios cuando se odia a cualquier hombre.

Francisco Zarco (1829-1869). Político, historiador y periodista mexicano.

Es un principio general que todas las cosas han salido de la raíz divina, son parte y porción de Dios, y la naturaleza de las cosas es el espíritu de Dios.

Miguel Serveto (1511-1553). Filósofo español.

Estoy convencido de que en un principio Dios hizo un mundo distinto para cada hombre, y que es en ese mundo, que está dentro de nosotros mismos, donde deberíamos intentar vivir.

Oscar Wilde (1854-1900). Novelista, poeta, crítico literario y autor teatral irlandés.

Fue tu beso, Señor, que me hizo inmortal.

Sarah Margaret Fuller (1810-1850). Marquesa Ossoli, escritora y filósofa estadounidense.

Hace calor de Dios, amor...

Miguel Ángel Asturias (1899-1974). Escritor, diplomático y premio nobel guatemalteco.

Hago mi trabajo con Jesús, lo hago por Jesús, lo hago para Jesús y, por tanto, los resultados son de Él, no míos.

Madre Teresa de Calcuta (1910-1997). Misionera yugoslava nacionalizada india.

Hay algo que Dios ha hecho mal. A todo le puso límites menos a la tontería.

Konrad Adenauer (1876-1967). Primer canciller federal alemán.

Hay un brillo del Sol y otro de la Luna; uno del fuego y otro del agua. Todos fueron dotados de luz por Cristo, arquitecto del mundo.

Miguel Serveto (1511-1553). Filósofo español.

Honra a Dios sobre todas las cosas, para que él te gobierne. Pero si te entregas al dominio de Dios, tendrás dominio sobre todas las cosas.

Demófilo (?-386). Obispo de Constantinopla.

La fe consiste en la adhesión del entendimiento a las verdades reveladas por Dios.

Alfonso Junco (1896-1974). Escritor mexicano.

La idea más perfecta que podemos formarnos de Dios es la de una primera causa independiente, única, infinita, eterna, omnipotente, inmutable, inteligente y libre, cuyo poder se extiende a todas las cosas.

Étienne Bonnot de Condillac (1715-1780). Filósofo francés.

La misma debilidad de Dios procede de su omnipotencia.

San Agustín (354-430). Obispo, filósofo y Padre de la Iglesia Latina.

La mujer fue el segundo error de Dios.

Friedrich Nietzsche (1844-1900). Filósofo, poeta y filólogo alemán.

La naturaleza, el destino, la suerte: todo esto no son más que nombres del mismo Dios.

Séneca Anneo (3 a.C.- 65 d.C.). Filósofo latino.

La ofrenda más aceptable por Dios mismo, proviene de un corazón agradecido y lleno de alegría.

William Shakespeare (1564-1616). Poeta y autor teatral inglés.

La palabra de Dios abre los ojos a los ciegos.
Francisco De Quevedo (1580-1645). Escritor español.

La presencia de Dios es un remedio contra todos los vicios.
San Basilio (329-379). Obispo de Cesarea.

La razón me dice que Dios existe, pero también me dice que nunca podré saber lo que es.
Francois-Marie Arouet de Voltaire (1694-1778). Escritor y filósofo francés.

Las zorras tienen cavernas, y las aves del cielo nidos; mas el Hijo del hombre no tiene dónde reclinar la cabeza.
La Biblia.

Lo divino ha bajado hasta lo humano, para que el humano pueda ascender hasta lo divino.
Miguel Serveto (1511-1553). Filósofo español.

Lo terrible en cuanto a Dios, es que no se sabe nunca si es un truco del diablo.
Jean Anouilh (1910-1987). Escritor francés.

Lo malo de que los hombres hayan dejado de creer en Dios no es que ya no crean en nada, sino que están dispuestos a creer en todo.
Gilbert Keith Chesterton (1874-1936). Escritor inglés.

Los malvados no necesitan del castigo de Dios ni de los hombres, porque su vida corrompida y atormentada es para ellos un castigo continuo.
Plutarco (46-125). Biógrafo y ensayista griego.

Me desconcierta tanto pensar que Dios existe, como que no existe.
Gabriel García Márquez (1928-). Escritor colombiano. Premio Nobel de Literatura.

Mi corazón sólo sabe elevar a los dioses esta plegaria de amor infinito, la más hermosa de nuestra religión: "Dios de los dioses, evitad el dolor a cuanto existe".
Jacinto Benavente (1866-1954). Dramaturgo y crítico español.

Mientras menos se cree en Dios, más se comprende que otros crean en él.
Jean Rostand (1894-1977). Biólogo y escritor francés.

Mis ojos han visto la venida de gloria de nuestro Señor.
Julia Ward Howe (1819-1910). Escritora estadounidense.

Nadie niega a Dios, sino aquel a quien le conviene que Dios no exista.
San Agustín (354-430). Obispo, filósofo y Padre de la Iglesia Latina.

Negar a Dios será la única forma de salvar el mundo.
Friedrich Nietzsche (1844-1900). Filósofo, poeta y filólogo alemán.

Ninguna alma necesita de otra; nadie, ni hombre ni mujer, necesita más que de Dios.
José Vasconcelos (1882-1959). Filósofo, educador y político mexicano.

Ninguna otra cosa hemos de hacer sino ser solícitos en seguir la voluntad de Dios y en agradarle en todas las cosas.
San Francisco de Asís (1182-1226). Predicador italiano, fundador de la Orden Franciscana.

No busques el nombre de Dios, porque no lo encontrarás. Porque todo lo que tiene nombre, lo recibe de lo que es superior a él.
Demófilo (?-386). Obispo de Constantinopla.

No confundáis a Jesús, el maestro, con los pobres hombres que le siguen de lejos. No esperéis que su inconsecuencia pueda serviros eternamente de excusa.
François Mauriac (1885-1970). Escritor francés galardonado con el premio Nobel.

No hay cosa más cerca ni más lejos, más encubierta y más descubierta que Dios.
Fray Luis de León (1527-1591). Poeta y místico español.

No hay dos individuos en la tierra que tengan la misma idea de Dios.
Paul Henri Thiry, Barón de Holbach (1723-1789). Enciclopedista y filósofo francés.

No hay nada que Dios no pueda realizar.
Marco Tulio Cicerón (106-43 a.C.). Escritor, político y orador romano.

No hay otro Dios sino Dios.
Corán. Libro sagrado de la religión islámica.

No tengo evidencia para probar que Dios no existe, pero sospecho tanto que no existe que no quiero perder el tiempo.
Isaac Asimov (1920-1992). Escritor y científico estadounidense.

Nuestra idea de Dios implica la existencia necesaria y eterna. Por tanto, la conclusión manifiesta es que Dios existe.
René Descartes (1596-1650). Filósofo, científico y matemático francés.

Nunca el justo se halla solo, porque siempre tiene a Dios presente.
Francisco De Quevedo (1580-1645). Escritor español.

Nunca las noticias son malas para los elegidos de Dios.
Jean-Paul Sartre (1905-1980). Filósofo, dramaturgo, novelista y periodista político francés.

Para Dios todo es hermoso, bueno y justo. Los hombres han concebido lo justo y lo injusto.
Heráclito de Efeso (540-470 a.C.). Filósofo griego.

Para Dios, todo deseo nuestro es como una oración.
Elizabeth Barrett Browning (1806-1861). Poetisa inglesa.

Para las personas creyentes, Dios está al principio; para los científicos está el final de todas sus reflexiones.
Max Planck (1858-1947). Físico alemán.

Para llegar a Dios hay que subir; pero la paradoja consiste en que el secreto para subir es bajar.
Luis María Martínez (1881-1956). Académico mexicano.

Para rezar a Dios con devoción no hace falta creer en Dios según los dogmas de ninguna religión.
William Somerset Maugham (1874-1965). Escritor británico.

Para ti soy ateo. Para Dios, la oposición.
Woody Allen (1935-). Escritor, actor y director de cine estadounidense.

Piadosamente Dios nos depara sucesión y olvido.
Jorge Luis Borges (1899-1986). Escritor argentino.

Pide a Dios las cosas que merecen ser concedidas por él.
Demófilo (?-386). Obispo de Constantinopla.

Pido a Jesús que me atraiga a las llamas de su amor.
Santa Teresa de Jesús (1515-1582). Religiosa y escritora mística española.

Poca ciencia aleja muchas veces de Dios, y mucha ciencia conduce siempre a él.
Francis Barón de Verulam Bacon (1561-1626). Filósofo y estadista británico.

Poner a Cristo en la entraña de todas las actividades humanas mediante un trabajo santificado, santificante y santificador.
San Josemaría Escrivá de Balaguer (1902-1975). Sacerdote español, fundador del Opus Dei.

Prefiero equivocarme creyendo en un Dios que no existe, que equivocarme no creyendo en un Dios que existe. Porque si después no hay nada, evidentemente nunca lo sabré, cuando me hunda en la nada eterna; pero si hay algo, si hay Alguien, tendré que dar cuentas.
Blaise Pascal (1623-1662). Matemático, físico y teólogo francés.

Quien a Dios tiene, nada le falta. Sólo Dios basta.
Santa Teresa de Jesús (1515-1582). Religiosa y escritora mística española.

Quien busca la verdad busca a Dios, aunque no lo sepa.
Edith Stein (1891-1942). Monja y mártir alemana.

Quien prefiere el paraíso a Dios es un necio.
Mohandas Karamchand Gandhi (1869-1948). Líder político y espiritual hindú.

Saber decir algo sobre Dios no significa haberse encontrado con Él.
Gregorio Palamas (1296-1359). Teólogo y monje griego.

Señor, cuando Tú quieras, como Tú quieras, lo que Tú quieras; eso es lo único que queremos y deseamos.
María Maravillas de Jesús (1891-1974). Religiosa española.

Señor, dame un corazón de niño y un gran coraje de vivir como adulto.
Santa Catalina de Siena (1347-1380). Mística y diplomática italiana.

Si Dios es bueno, no es el autor de todas las cosas, sino sólo de unas cuantas, y no de la mayor parte de las que le ocurren al hombre.

Platón (428-347 a.C.). Filósofo griego.

Si Dios está con nosotros, ¿quién podrá contra nosotros?

San Pablo (10 a.C.-67 d.C.). Apóstol del cristianismo.

Si Dios existe, le voy a pedir cuentas de lo absurdo de la vida, del dolor, de la muerte, de haber dado a unos la razón y a otros la estupidez... y de tantas otras cosas.

Leonardo Sciascia (1921-1989). Escritor italiano.

Si Dios fuera imperfecto resultaría ser el peligro público número uno.

Manuel Puig (1932-1990). Novelista argentino.

Si Dios no es amor, no vale la pena que exista.

Henry Miller (1891-1980). Escritor estadounidense.

Si Dios no existe, el hombre, a través de los siglos, lo habrá creado ya a fuerza de pensar en él.

Amado Nervo (1870-1919). Poeta y escritor mexicano.

Si Dios no existiera, sería necesario inventarlo.

Francois-Marie Arouet de Voltaire (1694-1778). Escritor y filósofo francés.

Si no estudias teología, esto no querrá decir que no tengas ideas acerca de Dios, sino que tendrás muchas equivocadas.

C. S. Lewis (1898-1963). Novelista y crítico inglés.

Si supieras cuán dulce es amar a Dios, ningún trabajo os parecería intolerable en razón de conseguir este amor.

Santa Margarita María Alacoque (1647-1690). Religiosa francesa.

Si yo hubiera creído en un Dios de recompensas y castigos, puede que hubiera perdido al ánimo en las batallas.

Napoleón Bonaparte (1769-1821). Emperador de Francia (1804-1815).

Sin Él nada podemos, pero con Él, todo.

María Maravillas de Jesús (1891-1974). Religiosa española.

Sólo conozco dos tipos de personas razonables: las que aman a Dios de todo corazón porque le conocen, y las que le buscan de todo corazón porque no le conocen.

Blaise Pascal (1623-1662). Matemático, físico y teólogo francés.

Sólo Dios es el verdadero sabio.

Sócrates (470-399 a.C.). Filósofo griego.

Somos el milagro de los milagros, el gran inescrutable misterio de Dios.
Thomas Carlyle (1795-1881). Historiador y pensador escocés.

Témele al hombre que teme a Dios.
Abd al-Kader (1807-1883). Místico sufí de Damasco.

Toda religión que no afirme que Dios está oculto, no es verdadera.
Blaise Pascal (1623-1662). Matemático, físico y teólogo francés.

Toda su gloria y belleza es interna; y allí Él se deleita en permanecer, sus visitas son frecuentes, sus conversaciones son dulces, su sostén es refrescante; y la paz de su espíritu supera todo entendimiento.
Thomas Kempis (1379-1471). Monje alemán.

Todo acto de amor es un escalón hacia el amor de Dios.
Platón (428-347 a.C.). Filósofo griego.

Todo cuanto me lo muestra fuera de mí, me debilita.
Ralph Waldo Emerson (1803-1882). Ensayista y poeta estadounidense.

Todo el que cumpla la voluntad de mi Padre celestial, ése es mi hermano, mi hermana y mi madre.
La Biblia.

Todos los lazos y cadenas son rotos fácilmente por el amor de Dios.
San Jerónimo (343-420). Padre de la Iglesia Latina.

Un Dios honesto es la más grande obra del hombre.
Robert Green Ingersoll (1833-1899). Orador y político estadounidense.

Una casa de Dios es el estómago vacío del pobre, y quien lo llena, llena también la voluntad de Dios.
Friedrich Rückert (1788-1866). Escritor alemán.

Uno al lado de Dios es mayoría.
Wendell Phillips (1811-1884). Líder abolicionista estadounidense.

Yo no separo a Cristo y a Dios más que una voz del hablante o un rayo del Sol.
Miguel Serveto (1511-1553). Filósofo español.

A una persona naturalmente confiada le lleva bastante tiempo reconciliarse con la idea de que, después de todo, Dios no lo ayudará.
H. L. Mencken (1880-1956). Escritor, crítico y editor estadounidense.

Al que todo lo pierde, le queda Dios todavía.
Arthur Schopenhauer (1788-1860). Filósofo alemán.

Cuando creas que Dios no te escucha ¡¡No grites tanto!! Escúchale dentro.
Anónimo.

Cuando Dios cierra una puerta abre una ventana.
Anónimo.

Cuando no hablamos de Dios o en el nombre de Dios, es porque el diablo nos habla y nos escucha en un silencio formidable.
Léon Bloy (1846-1917). Escritor francés.

Cuando se deja de creer en Dios, enseguida se cree en cualquier cosa.
Gilbert Keith Chesterton (1874-1936). Escritor inglés.

Cuando un pueblo trabaja Dios lo respeta. Pero cuando un pueblo canta, Dios lo ama.
Facundo Cabral (1937-). Cantante argentino.

Desconozco si Dios existe, pero sería mejor para su reputación que no existiera.
Jules Renard (1864-1910). Escritor francés.

Dios es la evidencia invisible.
Víctor Hugo (1802-1885). Escritor francés.

Dios es la plenitud del cielo; el amor es la plenitud del hombre.
Víctor Hugo (1802-1885). Escritor francés.

Dios me perdonará: es su oficio.
Heinrich Heine (1797-1856). Poeta y crítico alemán.

Dios no habría alcanzado nunca al gran público sin ayuda del diablo.
Jean Cocteau (1889-1963). Escritor francés.

Dios nos ha dado la lengua para que podamos decir cosas amables a nuestros amigos y duras verdades a nuestros enemigos.
Heinrich Heine (1797-1856). Poeta y crítico alemán.

El hombre que comprendiese a Dios sería otro Dios.
François René de Chateaubriand (1768-1848). Escritor y político francés.

El secreto de mi universo es sólo imaginar a Dios sin la inmortalidad del hombre.
Albert Camus (1913-1960). Novelista, dramaturgo y ensayista francés.

Es mi fe tan cumplida que adoro a Dios, aunque me dio la vida.
Ramón de Campoamor (1817-1901). Poeta español.

La imposibilidad de probar que Dios no existe es la mejor prueba de su existencia.
Anónimo.

La voz interior me dice que siga combatiendo contra el mundo entero, aunque me encuentre solo. Me dice que no tema a este mundo sino que avance llevando en mí nada más que el temor a Dios.
Mohandas Karamchand Gandhi (1869-1948). Líder político y espiritual hindú.

Lo único que impide a Dios mandar un segundo diluvio, es que el primero fue inútil.
Sébastien-Roch Nicolás Chamfort (1740-1794). Escritor francés.

Los ojos no pueden ver bien a Dios, sino a través de lágrimas.
Víctor Hugo (1802-1885). Escritor francés.

No podría creer en un Dios al cual comprendiera.
Henry Graham Greene (1904-1991). Novelista inglés.

Puede que nuestro papel en este planeta no sea alabar a Dios sino crearlo.
Arthur Clarke (1917-). Científico y escritor británico.

Soy ateo, gracias a Dios.
Luis Buñuel (1900-1983). Cineasta español.

Disciplina

La disciplina es la parte más importante del éxito.
Truman Capote (1924-1984). Escritor estadounidense.

La disciplina es, por una parte, el mejor camino para la libertad; pero si se le concibe como fin en sí misma, degrada al hombre, convirtiéndole en autómata.
Conde de Keyserling (1880-1946). Filósofo alemán.

Quien vive sin disciplina, muere sin honor.
Proverbio irlandés.

Toda cultura, todo arte que forma un adorno a la humanidad, así como el orden social más bello, son frutos de la insociabilidad que se esfuerza para disciplinarse a sí misma imponéndose estos artificios.
Immanuel Kant (1724-1804). Filósofo alemán.

Discreción

Discreción en la oratoria es más que elocuencia.
Francis Barón de Verulam Bacon (1561-1626). Filósofo y estadista británico.

Gran habilidad sin discreción, invariablemente tiene un fin trágico.
Léon Gambetta (1838-1882). Abogado y político francés.

La discreción es una virtud, sin la cual dejan las otras de serlo.
Francis Barón de Verulam Bacon (1561-1626). Filósofo y estadista británico.

La mosca que no quiere ser cazada está más segura cuando se posa en el matamoscas.
Georg Christoph Lichtenberg (1742-1799). Escritor y científico alemán.

Los charlatanes son los hombres más discretos: hablan y hablan y no dicen nada.
Alfred d'Houdetot (1799-1869). Escritor francés.

Los hombres que no hacen ruido son peligrosos.
Jean de La Fontaine (1621-1695). Novelista y fabulista francés.

Permite que tu discreción sea tu tutor: ajuste la acción a la palabra, y la palabra a la acción.
William Shakespeare (1564-1616). Poeta y autor teatral inglés.

Tu amigo tiene un amigo, y el amigo de tu amigo tiene otro amigo; por consiguiente, sé discreto.
Talmud. Cuerpo de ley civil y religiosa del judaísmo.

Discusión

Mucha gente cree que discrepa de los demás y lo que pasa es que no tienen valor para hablar unos con otros.
John Henry Newman (1801-1890). Clérigo e intelectual inglés.

No discutir jamás en las conversaciones de sociedad. Si alguien no es de vuestra opinión, ceded y hablad de otra cosa.
Benjamin Disraeli (1804-1881). Escritor británico.

¡No discuta! Es una de mis invenciones.
Deng Xiaoping (1904-1997). Político chino.

El objeto de toda discusión no debe ser el triunfo sino el progreso.
Joseph Joubert (1754-1824). Escritor y crítico francés.

El que lucha con nosotros fortalece nuestos nervios, y acentúa nuestra habilidad. Nuestra antagonista es nuestro ayudante.
Edmund Burke (1729-1797). Estadista y filósofo político británico nacido en Irlanda.

Discutir en el peligro es apretar el dogal.
Napoleón Bonaparte (1769-1821). Emperador de Francia (1804-1815).

El único medio de salir ganando de una discusión es evitarla.
Dale Carnegie (1888-1955). Escritor norteamericano.

Hay quien cree contradecirnos cuando no hace más que repetir su opinión sin atender la nuestra.
Johann Wolfgang von Goethe (1749-1832). Poeta, novelista y dramaturgo alemán.

Nuestras discordias tienen su origen en las dos más copiosas fuentes de calamidad pública: la ignorancia y la debilidad.
Simon Bolívar (1783-1830). Militar y político venezolano.

Si tú y yo discutimos y tú vences, ¿Será acaso verdadero lo tuyo y falso lo mío?
Lao-tsé (570-490 a.C.). Filósofo del Taoísmo.

Siempre nos hallamos de acuerdo en dos o tres puntos que entendemos, y discutimos sobre dos o tres mil que no entendemos en manera alguna.
Francois-Marie Arouet de Voltaire (1694-1778). Escritor y filósofo francés.

A los comienzos de toda discusión conviene fijar lo que ha de quedar fuera de la disputa; y quien la emprenda, antes de decir lo que se propone probar, ha de decir qué es lo que no desea probar.
Gilbert Keith Chesterton (1874-1936). Escritor inglés.

Las discusiones son de mal tono porque en la buena sociedad todo el mundo tiene exactamente la misma opinión.
Oscar Wilde (1854-1900). Novelista, poeta, crítico literario y autor teatral irlandés.

Diversión

Creo en divertirse uno, en divertir a los demás, y en hacer que los demás nos diviertan. Este es mi credo.
Thomas Burke (1886-1945). Escritor inglés.

Me divierto con lo que me divierto, no como tú, que te diviertes por penitencia.
Jacinto Benavente (1866-1954). Dramaturgo y crítico español.

Duda

Beneficiadme con vuestras convicciones, si es que las tenéis; pero guardaros vuestras dudas, pues me bastan las mías.
Johann Wolfgang von Goethe (1749-1832). Poeta, novelista y dramaturgo alemán.

Cuando el respeto a la verdad se pasa por alto e incluso cuando sólo se relaja, todo será motivo de duda.
San Agustín (354-430). Obispo, filósofo y Padre de la Iglesia Latina.

Duda siempre de ti mismo, hasta que los datos no dejen lugar a dudas.
Louis Pasteur (1822-1895). Químico francés.

El que duda, piensa.
Carlo Dossi (1849-1910). Novelista italiano.

El que no sabe de nada no duda de nada.
George Herbert (1593-1633). Poeta inglés.

Es de importancia para quien desee alcanzar una certeza en su investigación, el saber dudar a tiempo.
Aristóteles (384 a.C.-322a.C). Filósofo griego.

Es débil porque no ha dudado bastante y ha querido llegar a conclusiones.
Miguel De Unamuno (1864-1936). Filósofo y escritor español.

Es menos malo agitarse en la duda que descansar en el error.
Alessandro Manzoni (1785-1873). Escritor italiano.

Es preferible fiarse del hombre equivocado a menudo, que de quien no duda nunca.
Francis Scott Fitzgerald (1896-1940). Escritor estadounidense.

Estudia las frases que parecen ciertas y ponlas en duda.
David Riesman (1909-2002). Sociólogo estadounidense.

Hablan mucho de la belleza de la certidumbre como si ignorasen la belleza sutil de la duda. Creer es muy monótono; la duda es apasionante.
Oscar Wilde (1854-1900). Novelista, poeta, crítico literario y autor teatral irlandés.

Hablo, pero no puedo afirmar nada; buscaré siempre, dudaré con frecuencia y desconfiaré de mí mismo.
Marco Tulio Cicerón (106-43 a.C.). Escritor, político y orador romano.

La credulidad es el atributo de los ignorantes; la decidida credulidad el de los sabios a medias; pero la duda metódica es de los hombres instruidos.
Albert Camus (1913-1960). Novelista, dramaturgo y ensayista francés.

La duda es la escuela de la verdad.
Francis Barón de Verulam Bacon (1561-1626). Filósofo y estadista británico.

La duda es el principio de la sabiduría.
Aristóteles (384 a.C.-322a.C). Filósofo griego.

La duda es la fiel servidora del sentido común.
José Vasconcelos (1882-1959). Filósofo, educador y político mexicano.

La duda es la madre del descubrimiento.
Ambrose Gwinett Bierce (1842-1914). Periodista y escritor estadounidense.

La duda es uno de los nombres de la inteligencia.
Jorge Luis Borges (1899-1986). Escritor argentino.

La duda, esa vaga nubecilla que, a veces, habita los cerebros, también puede entenderse como un regalo, y no es —lo que queda dicho— una aseveración, ya que, sobre ella, tengo también mis dudas.
Camilo José Cela (1916-). Escritor español, premio Nobel de literatura.

La peor decisión es la indecisión.
Benjamín Franklin (1706-1790). Político, filósofo y científico estadounidense.

La solución de una duda, es descubrimiento de la verdad.
Aristóteles (384 a.C.-322a.C). Filósofo griego.

Las dudas y los celos suelen engendrar los hechos que temen.
Thomas Jefferson (1743-1826). Político y filósofo estadounidense.

Los grandes conocimientos engendran las grandes dudas.
Aristóteles (384 a.C.-322a.C). Filósofo griego.

Los hombres se vuelven más civilizados no en proporción a su deseo por creer, sino en proporción a su buena disposición a dudar.

H. L. Mencken (1880-1956). Escritor, crítico y editor estadounidense.

Los más obstinados suelen ser los más equivocados, como todos los que no han aprendido a dudar.

Samuel Butler (1835-1902). Escritor inglés.

Me convencí que dudar de todo es carecer de lo más preciso de la razón humana, que es el sentido común.

Jaime Luciano Balmes (1810-1848). Sacerdote, periodista y filósofo español.

No harán muy grandes cosas los vacilantes que dudan de la seguridad.

Thomas S. Eliot (1888-1965). Poeta y crítico angloamericano.

No hay ningún viento favorable para el qué no sabe a que punto se dirige.

Arthur Schopenhauer (1788-1860). Filósofo alemán.

No menos que el saber me place el dudar.

Dante Alighieri (1265-1321). Poeta, prosista, filósofo y pensador político italiano.

Para investigar la verdad es preciso dudar, en cuanto sea posible, de todas las cosas.

René Descartes (1596-1650). Filósofo, científico y matemático francés.

Piensa bien antes de comenzar; pero cuando te has decidido, no interpongas la duda.

Salustio (83-35 a.C.). Historiador latino.

Se mide la inteligencia de un individuo por la cantidad de incertidumbres que es capaz de soportar.

Immanuel Kant (1724-1804). Filósofo alemán.

Siempre que enseñes, enseña a dudar lo que enseñas.

José Ortega y Gasset (1883-1955). Filósofo español.

Sin duda no hay progreso.

Charles Darwin (1809-1882). Naturalista británico.

Una mente atormentada por la duda no puede concentrarse en el camino que conduce al éxito.

Arthur Golden (1956-). Escritor estadounidense.

Edad

¡Si la juventud supiese...! ¡Si la vejez pudiese...!

Henry Estienne (1528-1598). Impresor francés.

¿Qué edad tendrías si no supieras la edad que tienes?

Satchel Paige (1906-1982). Beisbolista estadounidense.

¿Qué es un adulto? Un niño inflado por la edad.
Simone De Beauvoir (1908-1986). Novelista e intelectual francesa.

¿Quieres ser invisible para los hombres? Sé pobre. ¿Quieres ser invisible para las mujeres? Sé viejo.
Johann Wolfgang von Goethe (1749-1832). Poeta, novelista y dramaturgo alemán.

A diferencia de la vejez, que siempre está de más, lo característico de la juventud es que siempre está de moda.
Fernando Savater (1947-). Filósofo y escritor español.

A los cincuenta años ya no se puede amar.
Napoleón Bonaparte (1769-1821). Emperador de Francia (1804-1815).

A los veinte años un hombre es un pavo real; a los treinta, un león; a los cuarenta, un camello; a los cincuenta, una serpiente; a los sesenta, un perro; a los setenta, un mono; a los ochenta, nada.
Baltasar Gracián y Morales (1601-1658). Jesuita y escritor español.

A los veinte años, reina la voluntad; a los treinta, el ingenio, y a los cuarenta, el juicio.
Benjamín Franklin (1706-1790). Político, filósofo y científico estadounidense.

Ahora que he llegado a la vejez, ¡cómo la detesto!
Eurípides (480-406 a.C.). Dramaturgo griego.

Cada edad nos da un papel diferente.
Napoleón Bonaparte (1769-1821). Emperador de Francia (1804-1815).

Cada edad tiene sus placeres, su razón y sus costumbres.
Nicolas Boileau (1636-1711). Poeta y crítico literario francés.

Cada uno tiene la edad de su corazón.
Alfred d'Houdetot (1799-1869). Escritor francés.

Cásate con un arqueólogo. Cuanto más vieja te hagas, más encantadora te encontrará.
Agatha Christie (1891-1976). Escritora inglesa.

Con veinte años todos tienen el rostro que Dios les ha dado; con cuarenta el rostro que les ha dado la vida y con sesenta el que se merecen.
Albert Schwaitzer (1875-1965). Médico francés.

Cuando dicen que soy demasiado viejo para hacer una cosa procuro hacerla enseguida.
Pablo Ruiz Picasso (1881-1973). Pintor y escultor español.

Cuando era más joven podía recordar todo, hubiera sucedido o no.
Mark Twain (1835-1910). Escritor estadounidense.

Cuando los años mozos se han ido, es preciso no sentirse como individuo aislado que ha de desaparecer pronto, sino como una parte de la corriente vital que fluye desde el primer germen hacia un futuro remoto y desconocido.
    Bertrand Russell (1872-1970). Matemático y filósofo británico.

Cuando se tienen 20 años, uno cree haber resuelto el enigma del mundo; a los 30 reflexiona sobre él, y a los cuarenta descubre que es insoluble.
    August Strindberg (1849-1912). Autor teatral sueco.

Cuando una persona le dice a otra que se ve muy joven, debe tener la certeza de que se está envejeciendo.
    Washington Irving (1783-1859). Escritor estadounidense.

Cuando yo tenía catorce años, mi padre era tan ignorante que no podía soportarle. Pero cuando cumplí los veintiuno, me parecía increíble lo mucho que mi padre había aprendido en siete años.
    Mark Twain (1835-1910). Escritor estadounidense.

Cuantas más velas tiene nuestro pastel, menos aliento tenemos para apagarlas.
    Gustave Flaubert (1821-1880). Novelista francés.

Cuanto más vieja soy, mayor parece el poder que tengo para ayudar al mundo; soy como una bola de nieve que entre más lejos rueda más crece.
    Susan B. Anthony (1820-1906). Reformadora social estadounidense.

El anciano es un hombre que ya ha comido y observa cómo comen los demás.
    Honorato De Balzac (1799-1850). Escritor francés.

El arte de envejecer es el arte de conservar alguna esperanza.
    André Maurois (1885-1967). Escritor francés.

El hombre llega novato a cada edad de la vida; cada edad tiene su aprendizaje.
    Sébastien-Roch Nicolás Chamfort (1740-1794). Escritor francés.

El hombre que al llegar a los cuarenta no se ha dado a conocer no es digno de que se le mire con respeto.
    Confucio (551-479 a.C.). Filósofo y teórico social chino.

El hombre que ve el mundo a los cincuenta igual que lo veía a los veinte, ha desperdiciado treinta años de su vida.
    Muhammed Alí (1940-). Boxeador estadounidense.

El hombre viejo es niño dos veces.
    William Shakespeare (1564-1616). Poeta y autor teatral inglés.

El joven conoce las reglas, pero el viejo las excepciones.
    Oliver Wendell Holmes (1809-1894). Médico y escritor estadounidense.

El joven debe aprender. El viejo, aprovechar lo aprendido.
    Séneca Anneo (3 a.C.- 65 d.C.). Filósofo latino.

El joven desea: amor, dinero y salud. Cuando llega a viejo desea: salud, dinero y amor.
Paul Géraldy (1885-1983). Poeta y escritor francés.

El niño es realista; el muchacho, idealista; el hombre, escéptico, y el viejo, místico.
Johann Wolfgang von Goethe (1749-1832). Poeta, novelista y dramaturgo alemán.

El pudor es una virtud relativa, según se tengan veinte, treinta o cuarenta y cinco años.
Honorato De Balzac (1799-1850). Escritor francés.

El que no es bello a los veinte, ni fuerte a los treinta, ni rico a los cuarenta, ni sabio a los cincuenta, nunca será ni bello, ni fuerte, ni rico, ni sabio.
George Herbert (1593-1633). Poeta inglés.

El secreto de una buena vejez no es otra cosa que un pacto honrado con la soledad.
Gabriel García Márquez (1928-). Escritor colombiano. Premio Nobel de Literatura.

El viejo no puede hacer lo que hace un joven; pero lo que hace es mejor.
Marco Tulio Cicerón (106-43 a.C.). Escritor, político y orador romano.

En la boca del viejo todo lo bueno fue, y todo lo malo es.
Baltasar Gracián y Morales (1601-1658). Jesuita y escritor español.

En la vejez se aprende mejor a esconder los fracasos; en la juventud, a soportarlos.
Arthur Schopenhauer (1788-1860). Filósofo alemán.

En las profundidades del invierno aprendí por fin que dentro de mí hay un verano invencible.
Albert Camus (1913-1960). Novelista, dramaturgo y ensayista francés.

En pleno invierno, finalmente aprendí que hubo dentro de mí un verano invencible.
Albert Camus (1913-1960). Novelista, dramaturgo y ensayista francés.

En todo adulto hay un joven que ha languidecido.
Juan José Arreola (1918-2001). Actor y narrador mexicano.

Envejecer es como escalar una gran montaña: mientras se sube las fuerzas disminuyen, pero la mirada es más libre, la vista más amplia y serena.
Ingmar Bergman (1918-). Director de cine sueco.

Envejecer es el único medio de vivir mucho tiempo.
Daniel-Françoise Auber (1782-1871). Compositor francés.

Es difícil determinar cuando acaba una generación y comienza otra. Diríamos más o menos que es a las nueve de la noche.
Ramón Gómez de la Serna (1888-1963). Escritor español. Autor de *Greguerías*.

Es justamente con las derrotas, las victorias y los años como se gana el conocimiento.
Heinrich Mann (1871-1950). Escritor alemán.

Es preferible ser viejo menos tiempo que serlo antes de la vejez.
Marco Tulio Cicerón (106-43 a.C.). Escritor, político y orador romano.

Hay beneficios prácticos al cometerse algunos fracasos en la mocedad.
Thomas Henry Huxley (1825-1895).Biólogo inglés.

Juventud nunca vivida, ¿quién te volviera a soñar?
Antonio Machado (1875-1939). Poeta español.

La diversión es como un seguro, cuanto más viejo eres más te cuesta.
Friedrich von Schiller (1759-1805). Poeta, dramaturgo y filósofo alemán.

La edad es como el amor, no puede esconderse.
Thomas Dekker (1572-1632). Dramaturgo inglés.

La edad también tiene ventajas muy saludables, se derrama mucho del alcohol que nos gustaría beber.
André Gide (1869-1951). Escritor francés.

La experiencia y el vigor son coetáneos por muy poco tiempo.
Mario Benedetti (1920-). Escritor uruguayo.

La juventud es fugaz. (Fugit juventus)
Quinto Horacio Flaco (65 a.C.-8 a.C.). Poeta lírico y satírico romano.

La juventud es la mejor época para ser rico y la mejor época para ser pobre.
Eurípides (480-406 a.C.). Dramaturgo griego.

La juventud es una locura, la madurez una lucha y la vejez un lamento.
Benjamin Disraeli (1804-1881). Escritor británico.

La madurez hace al hombre más espectador que autor de vida social.
Gilbert Keith Chesterton (1874-1936). Escritor inglés.

La mayor merced que Dios hace a un viejo es darle a conocer que ya es viejo.
Fray Antonio de Guevara (1480-1545). Escritor español.

La mocedad es un sol de verano.
Edgar Allan Poe (1809-1849). Escritor estadounidense.

La peor vejez es la del espíritu.
William Hazlitt (1778-1830). Ensayista y crítico inglés.

La tragedia de la edad no es ser viejo, sino que se sea joven y la gente no lo vea.
Andrés Segovia (1893-1987). Guitarrista español.

La tragedia de la vejez estriba, no en que uno sea viejo, sino en que uno es joven.
Oscar Wilde (1854-1900). Novelista, poeta, crítico literario y autor teatral irlandés.

La única patria que tiene el hombre es la infancia.
Rainer Maria Rilke (1875-1926). Poeta alemán.

La vejez empieza cuando se acaba un ideal, cuando uno no pone a trabajar ni sus manos, ni su inteligencia, ni su corazón. Se vive tanto como se trabaja.
Joaquín Antonio Peñalosa (1921-1999). Sacerdote y poeta.

La vejez es una enfermedad como cualquier otra en la cual al final uno se muere irremisiblemente.
Alberto Moravia (Alberto Pincherle) (1907-1990). Escritor italiano.

La vejez es una enfermedad incurable (Senectus insanabilis morbus est).
Séneca Anneo (3 a.C.- 65 d.C.). Filósofo latino.

La vejez no es tan mala, si considera uno la alternativa.
Maurice Chevalier (1888-1972). Actor y cantante francés.

La vejez no significa nada más que dejar de sufrir por el pasado.
Stefan Zweig (1881-1942). Escritor y pacifista austriaco.

La vejez tiene un gran sentido de sosiego y libertad. Una vez que las pasiones han abandonado su presa, se ve uno libre, no de un amo, sino de muchos.
Platón (428-347 a.C.). Filósofo griego.

Las canas no hacen más viejo al hombre cuyo corazón no tiene edad.
Alfred de Musset (1810-1857). Poeta romántico francés.

Las facultades intelectuales resisten un esfuerzo mayor y más continuado durante la juventud y hasta los treinta y cinco años; pasado este periodo, su vigor empieza a declinar, aunque gradualmente.
Arthur Schopenhauer (1788-1860). Filósofo alemán.

Las mujeres cuando tienen la seña de los pasos por la tierra, alrededor de los ojos, es cuando son más bellas.
Eraclio Zepeda (1937-). Escritor y profesor mexicano.

Lo más importante que aprendí a hacer después de los cuarenta años fue a decir no cuando es no.
Gabriel García Márquez (1928-). Escritor colombiano. Premio Nobel de Literatura.

Lo mejor que tiene la vejez es que se encuentra uno cerca de una meta.
August Strindberg (1849-1912). Autor teatral sueco.

Los hombres jóvenes quieren ser fieles y no lo consiguen; los hombres viejos quieren ser infieles y no lo logran.
Oscar Wilde (1854-1900). Novelista, poeta, crítico literario y autor teatral irlandés.

Los hombres poseen solamente un número determinado de dientes, cabellos e ideas, y llega un momento en que se quedan fatalmente sin dientes, sin cabellos y sin ideas.
Francois-Marie Arouet de Voltaire (1694-1778). Escritor y filósofo francés.

Los hombres son como los vinos: la edad agria los malos y mejora los buenos.
Marco Tulio Cicerón (106-43 a.C.). Escritor, político y orador romano.

Los jóvenes van por grupos, los adultos por parejas y los viejos van solos.
Proverbio sueco.

Los primeros cuarenta años de la vida nos dan el texto; los treinta siguientes, el comentario.
Arthur Schopenhauer (1788-1860). Filósofo alemán.

Los viejos lo creen todo; los adultos todo lo sospechan; mientras que los jóvenes todo lo saben.
Oscar Wilde (1854-1900). Novelista, poeta, crítico literario y autor teatral irlandés.

Los viejos siempre nos encontramos más jóvenes que nunca los unos a los otros.
César Fernández Moreno (1919-1985). Escritor argentino.

Los viejos tienen menos enfermedades que los jóvenes, pero las que tienen no les abandonan nunca.
Hipócrates (c. 460-c. 377 a.C.). Considerado el padre de la medicina.

Mientras bebemos y nos coronamos de rosas, y demandamos perfumes y mujeres, la vejez se desliza sin ser notada.
Decimus Junius Juvenal (60-140). Poeta romano.

Muchas personas no cumplen los ochenta porque intentan durante demasiado tiempo quedarse en los cuarenta.
Salvador Dalí (1904-1989). Pintor y escultor español.

Mucho tiempo antes de que uno sepa que es viejo, los demás lo saben y lo dicen.
Manuel Gutiérrez Nájera (1858-1895). Escritor mexicano.

Nada nos hace envejecer con más rapidez que el pensar incesantemente en que nos hacemos viejos.
Georg Christoph Lichtenberg (1742-1799). Escritor y científico alemán.

Nada tan peligroso como ser demasiado moderno; se corre el peligro de quedar súbitamente anticuado.
Oscar Wilde (1854-1900). Novelista, poeta, crítico literario y autor teatral irlandés.

Ningún hombre es tan viejo que no crea que no puede vivir otro año.
Marco Tulio Cicerón (106-43 a.C.). Escritor, político y orador romano.

No es la blancura de los cabellos lo que comunica prudencia.
Menandro (343-290 a.C.). Filósofo griego.

No me siento viejo porque tenga tantos años tras de mí, sino por los pocos que tengo por delante.
Ephrain Kishon (1924-). Escritor israelita.

Para un escritor célebre, el llegar a una edad avanzada representa una doble fuerza. Se gana el cariño de la masa que, si bien ignora su obra, le admira por su longevidad, y la indulgencia de los escritores jóvenes que, estando seguros de su próxima desaparición, encuentran el valor necesario para hacerle justicia.
André Maurois (1885-1967). Escritor francés.

Poca gente domina el arte de saber envejecer.
François de La Rochefoucauld (1613-1680). Político y escritor francés.

Pretenden convencerme de que la muerte es un hecho lógico y natural. Yo digo que no lo es, pues mientras más envejezco, más quiero vivir.
William James (1842-1910). Filósofo estadounidense.

Primero el hombre aprende en la vida a andar y a hablar. Más tarde, a sentarse tranquilo y mantener la boca cerrada.
Shirley McLaine (1934-). Actriz estadounidense.

Quienes comparten nuestra niñez, nunca parecen crecer.
Graham Green (1904-1991). Novelista y periodista ingles.

Representa un gran placer conversar con las personas de edad. Ellas han recorrido el camino que todos debemos seguir y saben dónde éste es áspero y difícil y dónde es llano y fácil.
Platón (428-347 a.C.). Filósofo griego.

Se debe empezar pronto a ser viejo si se quiere serlo mucho tiempo.
Marco Tulio Cicerón (106-43 a.C.). Escritor, político y orador romano.

Se es viejo cuando se tiene más alegría por el pasado que por el futuro.
John Knittel (1891-1970) . Escritor hindú.

Ser adulto significa estar solo.
Jean Rostand (1894-1977). Biólogo y escritor francés.

Si pudiéramos ser jóvenes dos veces y dos veces viejos, corregiríamos todos nuestros errores.
Eurípides (480-406 a.C.). Dramaturgo griego.

Si sigues cumpliendo años, acabarás muriéndote.
Groucho Marx (1890-1976). Actor estadounidense.

Sólo un loco celebra que cumple años.
George Bernard Shaw (1856-1950). Escritor irlandés.

Todo el mundo quisiera vivir largo tiempo, pero nadie querría ser viejo.
Jonathan Swift (1667-1745). Escritor anglo-irlandés.

Todo hombre quiere llegar a viejo, es decir, a una época de la vida en que pueda lamentarse de las cosas que pasan y anunciar calamidades todavía mayores para el mañana.
Arthur Schopenhauer (1788-1860). Filósofo alemán.

Un hombre infantil no es un hombre cuyo desarrollo se ha detenido; al contrario, es un hombre que se ha dado a sí mismo la posibilidad de continuar desarrollándose mucho después de que la mayoría de los adultos se han refugiado en el capullo de la mediana edad, la rutina y las convenciones.
Aldous Leonard Huxley (1894-1963). Escritor inglés.

Un hombre viejo no es más que una voz y una sombra.
Eurípides (480-406 a.C.). Dramaturgo griego.

Uno tiene la edad de su corazón.
Anónimo.

Yo he descubierto que tan pronto como las personas, son lo bastante viejas para estar mejor enteradas, no se enteran absolutamente de nada.
Oscar Wilde (1854-1900). Novelista, poeta, crítico literario y autor teatral irlandés.

¡Dichosos años aquellos cuando éramos mozos!
Lord Byron (1788-1824). Poeta inglés.

Cuando uno es viejo tiene que hacer más que cuando es joven.
Johann Wolfgang von Goethe (1749-1832). Poeta, novelista y dramaturgo alemán.

La vejez no mejora el corazón: lo endurece.
Lord Chesterfield (1694-1773). Escritor y estadista inglés.

No hay una edad para empezar a ser galante ni para dejar de serlo.
Lin Yutang (1895-1976). Escritor chino-americano.

Educación

A mi juicio la buena o mala conducta futura del un niño depende completamente de la madre.
Napoleón Bonaparte (1769-1821). Emperador de Francia (1804-1815).

¡Pobre discípulo el que no deja atrás a su mestro!
Leonardo Da Vinci (1452-1519). Artista florentino.

¿Por qué no castigar al maestro cuando el alumno se comporta mal?
Diógenes de Sínope "el cínico" (410 a.C.-320 a.C.). Filósofo griego.

¿Qué otro regalo más grande y mejor se le puede ofrecer a la República que la educación de nuestros jóvenes?
Marco Tulio Cicerón (106-43 a.C.). Escritor, político y orador romano.

A pesar de que ya soy mayor, sigo aprendiendo de mis discípulos.
Marco Tulio Cicerón (106-43 a.C.). Escritor, político y orador romano.

A quien teme preguntar, le avergüenza aprender.
Proverbio danés.

Abrid escuelas y se cerrarán cárceles.
Concepción Arenal (1820-1893). Pensadora española.

Alguien dijo que un rey puede hacer un noble, pero no puede hacer un caballero.
Edmund Burke (1729-1797). Estadista y filósofo político británico nacido en Irlanda.

Amargas son las raíces del estudio, pero los frutos son dulces.
Catón el Viejo (234-149 a.C.). Político y escritor romano.

Aprendemos, o por inducción o por demostración. La demostración parte de lo universal; la inducción de lo particular.
Aristóteles (384 a.C.-322a.C). Filósofo griego.

Como el suelo, por más rico que sea, no puede dar fruto si no se cultiva. La mente sin cultivo tampoco puede producir.
Séneca Anneo (3 a.C.- 65 d.C.). Filósofo latino.

Con el conocimiento se acrecientan las dudas.
Johann Wolfgang von Goethe (1749-1832). Poeta, novelista y dramaturgo alemán.

Con la buena educación es el hombre una criatura mansa y divina; pero sin ella es el más feroz de los animales. La educación y la enseñanza mejoran a los buenos y hacen buenos a los malos.
Platón (428-347 a.C.). Filósofo griego.

Corrige a tu hijo y te dará descanso y proporcionará delicias a tu alma.
La Biblia.

Cuando los hombres piensan y creen en un sistema de símbolos y actúan de las maneras que son contrarias a sus ideas profesadas y conscientes, la confusión y la falta de sinceridad están limitadas para resultar.
John Dewey (1859-1952). Filósofo y educador estadounidense.

Cuando prosperan las escuelas, todo prospera.
Martín Lutero (1483-1546). Teólogo alemán que inició la Reforma protestante.

Desarrollar en los niños la imaginación, destruyendo la superstición. Sembrar en el buen terreno virgen ideas útiles para la vida que viene, granos prácticos; pero regarlos con una lluvia clara y fresca de poesía, de la necesaria poesía, hermana del sol y complemento del pan.
Rubén Darío (1867-1916). Poeta nicaragüense.

Dime y lo olvido, enséñame y lo recuerdo, involúcrame y lo aprendo.
Benjamín Franklin (1706-1790). Político, filósofo y científico estadounidense.

Diríjase a toda mujer como si estuviera enamorado de ella y a todo hombre como si le estuviera molestando a usted. Y pronto tendrá fama de poseer el más exquisito tacto social.
Oscar Wilde (1854-1900). Novelista, poeta, crítico literario y autor teatral irlandés.

Donde hay educación, no hay distinción de clases.
Confucio (551-479 a.C.). Filósofo y teórico social chino.

Educad a los niños y no será necesario castigar a los hombres.
Pitágoras (582-500 a.C.). Filósofo y matemático griego.

Educar a los hombres no es como llenar un vaso, es como encender un fuego.
Aristófanes (444 a.C.-385 a.C.). Comediante griego.

Educar a un niño no es hacerle aprender algo que no sabía, sino hacer de él alguien que no existía.
John Ruskin (1819-1900). Escritor británico.

Educar es adiestrar al hombre para hacer un buen uso de su vida, para vivir bien; lo cual quiere decir que es adiestrarse para su propia felicidad.
Antonio Maura y Montaner (1853-1925). Político español.

Educar quiere decir fortificar.
Justo Sierra (1848-1912). Escritor, periodista, educador y político mexicano.

El adulto, al educar al niño lo llena de trampas. Le castra su imaginación. Lo incorpora a una sociedad convencionalmente sana.
Jaime Augusto Shelley (1937-). Poeta, guionista de cine y dramaturgo mexicano.

El cerebro no es un vaso por llenar, sino una lámpara por encender.
Plutarco (46-125). Biógrafo y ensayista griego.

El hombre debe educarse para el bien.
Alfonso Reyes (1889-1959). Escritor mexicano.

El hombre instruido lleva en sí mismo sus riquezas.
Fedro (15 a.C.-55 d.C.). Poeta romano.

El hombre nada puede aprender sino en virtud de lo que ya sabe.
Aristóteles (384 a.C.-322a.C). Filósofo griego.

El hombre que hace que las cosas difíciles parezcan fáciles, es el educador.
Ralph Waldo Emerson (1803-1882). Ensayista y poeta estadounidense.

El hombre será de la calidad de la educación que se le dé.
Luis Herrera de la Fuente (1916-). Músico y director mexicano.

El mundo existe para la educación de cada uno.
Ralph Waldo Emerson (1803-1882). Ensayista y poeta estadounidense.

El verdadero discípulo es el que supera al maestro.
Aristóteles (384 a.C.-322a.C). Filósofo griego.

En el colegio me enseñaron a estar con los brazos cruzados; sería una exageración asegurar que esto me ha producido después mucho beneficio.
Noel Clarasó (1905-1985). Escritor español.

En el estudio no existe la saciedad.
Erasmo de Rotterdam (1466-1536). Escritor y humanista holandés.

Enseñar no es una función vital, porque no tienen el fin en sí misma; la función vital es aprender.
Aristóteles (384 a.C.-322a.C). Filósofo griego.

Es la biblioteca la escuela del adulto.
José Vasconcelos (1882-1959). Filósofo, educador y político mexicano.

Es mejor que aprender mucho el aprender cosas buenas.
José Hernández (1834-1886). Poeta argentino.

Estudiar, mas no para saber más, sino para saber mejor que los otros.
Séneca Anneo (3 a.C.- 65 d.C.). Filósofo latino.

Excelente maestro es aquel que, enseñando poco, hace nacer en el alumno un deseo grande de aprender...
Arturo Graf (1848-1913). Escritor y poeta italiano.

Gracias a la instrucción hay menos analfabetos y más imbéciles.
Albert Guinon (1863-1923). Dramaturgo francés.

Hasta el saber cansa, cuando es saber por oficio.
Sor Juana Inés de la Cruz (1651-1695). Poetisa mexicana.

Hay ciertas cosas que para saberlas bien no basta haberlas aprendido.
Séneca Anneo (3 a.C.- 65 d.C.). Filósofo latino.

Hay maestros que imparten su ignorancia.
Marco Antonio Almazán (1922-). Diplomático y escritor mexicano.

Hay muchos que estudian para ignorar.
Sor Juana Inés de la Cruz (1651-1695). Poetisa mexicana.

Hay que estudiar mucho para saber poco.
Charles Louis de Secondat, barón de la Brède y de Montesquieu (1689-1755). Escritor francés.

Instruir como se debe a la juventud, es formar buenos ciudadanos y padres de familia.
Virgilio (70 a.C-19 a.C). Poeta romano.

Instruye al niño en su camino, y aún cuando fuere viejo no se apartará de él.
Salomón (970-931 a.C.). Rey israelita.

Instruye al niño en su carrera; aun cuando fuere viejo no se apartara de ella.
La Biblia.

La buena madera no crece con facilidad, cuando más fuerte es el viento, más fortaleza tienen los árboles.
John Willard Marriott (1900-1985). Empresario estadounidense.

La capacidad de atención del hombre es limitada y debe ser constantemente espoleada por la provocación.

Albert Camus (1913-1960). Novelista, dramaturgo y ensayista francés.

La cultura es la buena educación del entendimiento.

Jacinto Benavente (1866-1954). Dramaturgo y crítico español.

La cultura no es sólo un saber, sino un saber aprender, un saber juzgar y un saber resolver.

Ignacio Chávez (1897-1981). Cardiólogo mexicano.

La educación actual hace a los hombres seres inútiles.

Cristina Almeida Castro (1948-). Político española.

La educación empieza con la vida y no acaba sino con la muerte.

José Martí (1853-1895). Político y escritor cubano.

La educación es al hombre lo que el molde al barro: le da forma.

Jaime Luciano Balmes (1810-1848). Sacerdote, periodista y filósofo español.

La educación es algo admirable, sin embargo, es bueno recordar, que nada que valga la pena se puede enseñar.

Oscar Wilde (1854-1900). Novelista, poeta, crítico literario y autor teatral irlandés.

La educación es el desarrollo en el hombre de toda la perfección de que su Naturaleza es capaz.

Immanuel Kant (1724-1804). Filósofo alemán.

La educación es el descubrimiento de nuestra propia ignorancia.

William James (1842-1910). Filósofo estadounidense.

La educación es el fundamento verdadero de la felicidad.

Simon Bolívar (1783-1830). Militar y político venezolano.

La educación es el pasaporte para el futuro, éste pertenece a las personas que se preparan en el presente.

El-Hajj Malik el-Shabazz "Malcolm X" (1925-1965). Político estadounidense.

La educación es la base de la felicidad de las naciones, de las familias y de los individuos: La educación hace buenos padres, buenos hijos y buenos ciudadanos.

Francisco Zarco (1829-1869). Político, historiador y periodista mexicano.

La educación es la mejor defensa de las naciones.

Edmund Burke (1729-1797). Estadista y filósofo político británico nacido en Irlanda.

La educación ha logrado qué muchísimas personas aprendan a leer, pero es incapaz de señalar lo que vale la pena leerse.

George Macaulay Travelyan (1876-1962). Historiador inglés.

La educación nos inculca desde el nacimiento un repertorio de emociones ya hechas; no sólo lo que nos es permitido y lo que no nos es permitido sentir, sino la manera como se han de sentir las pocas emociones que nos son permitidas.
David Herbert Lawrence (1885-1930). Novelista y poeta inglés.

La educación permite que a la gente se le pueda dirigir con facilidad, pero no se le puede obligar; la gente educada es fácil de gobernar, pero difícil de esclavizar.
Lord Brougham (1778-1868). Político reformista británico.

La educación profunda consiste en deshacer y rehacer la educación primera.
Paul Ambroise Valéry (1871-1945). Escritor francés.

La educación, más que la naturaleza es la causa de la notable diferencia de caracteres que observamos en los hombres.
Philip Stanhope, conde de Chesterfield (1584-1656). Escritor y político británico.

La escuela no es preparación para la vida, sino que la escuela es la vida.
John Dewey (1859-1952). Filósofo y educador estadounidense.

La gente sin educación es hipócrita.
William Hazlitt (1778-1830). Ensayista y crítico inglés.

La ignorancia es la noche de la mente: pero una noche sin luna y sin estrellas.
Confucio (551-479 a.C.). Filósofo y teórico social chino.

La ignorancia mata a los pueblos, por eso es preciso matar a la ignorancia.
José Martí (1853-1895). Político y escritor cubano.

La infancia tiene sus maneras peculiares de ver, pensar y sentir, y nada hay tan fuera de razón como pretender sustituir esas maneras por las propias nuestras.
Jean Jacques Rousseau (1712-1778). Filósofo y botánico suizo.

La instrucción desarrolla en nosotros el germen de los talentos y los sabios principios nos fortifican en el amor a la virtud.
Quinto Horacio Flaco (65 a.C.-8 a.C.). Poeta lírico y satírico romano.

La instrucción es la base de la prosperidad de un pueblo.
Benito Juárez (1806-1872). Político y expresidente de México.

La instrucción hace al hombre bueno y peor al malo.
Thomas Fuller (1608-1661). Clérigo y escritor inglés.

La máxima especialización equivale a la máxima incultura.
José Ortega y Gasset (1883-1955). Filósofo español.

La mejor educación del mundo es la conseguida luchando por la vida.
Wendell Phillips (1811-1884). Líder abolicionista estadounidense.

La parte más importante de la educación de un hombre es la que se da a sí mismo.
Edward Gibbon (1737-1794). Historiador inglés.

La tarea del educador moderno no es podar las selvas, sino regar los desiertos.
Clive Staples Lewis (1898-1963). Escritor británico.

La tierra y el cielo, los bosques y los campos, los lagos y los ríos, la montaña y el mar, son profesores excelentes, y nos enseñan a algunos de nosotros más de lo que podemos aprender de los libros.
Sir John Lubbock "Lord Avery" (1834-1913). Naturalista y banquero inglés.

La verdadera educación se demuestra cuando se pierde la educación.
Jacinto Benavente (1866-1954). Dramaturgo y crítico español.

Las clases deberían ser apasionantes. Pero, para eso, se requieren profesores apasionados.
Sacha Guitry (1885-1957). Actor y director francés.

Las enseñanzas orales deben acomodarse a los hábitos de los oyentes.
Aristóteles (384 a.C.-322a.C). Filósofo griego.

Lo que aprendemos a hacer lo aprendemos haciendo.
Aristóteles (384 a.C.-322a.C). Filósofo griego.

Lo que de raíz se aprende nunca del todo se olvida.
Séneca Anneo (3 a.C.- 65 d.C.). Filósofo latino.

Lo que se enseña en las escuelas y universidades no es educación, sino los medios de educación.
Ralph Waldo Emerson (1803-1882). Ensayista y poeta estadounidense.

Los hombres aprenden mientras enseñan (Homines, dum docent, discunt).
Séneca Anneo (3 a.C.- 65 d.C.). Filósofo latino.

Los hombres inteligentes quieren aprender; los demás, enseñar.
Anton Chejov (1860-1904). Dramaturgo y autor de relatos ruso.

Los que son capaces, crean; los que no son capaces, enseñan.
George Bernard Shaw (1856-1950). Escritor irlandés.

Maestros son quienes se apresuran a dar sin reserva el buen consejo, el secreto recóndito, cuya conquista acaso ha costado dolor y esfuerzo.
José Vasconcelos (1882-1959). Filósofo, educador y político mexicano.

Nadie se da cuenta del esfuerzo y el tiempo que cuesta aprender a leer. Yo estoy en ello desde hace ochenta años y no puedo decir que lo haya conseguido.
Johann Wolfgang von Goethe (1749-1832). Poeta, novelista y dramaturgo alemán.

Ninguno hay que no pueda ser maestro de otro en algo.
Baltasar Gracián y Morales (1601-1658). Jesuita y escritor español.

No enseñamos lo que queremos, lo que sabemos o lo que creemos saber, sólo enseñamos lo que somos.
Jean Leon Jaurés (1859-1914). Líder socialista francés.

No estudio por saber más, sino por ignorar menos.
Sor Juana Inés de la Cruz (1651-1695). Poetisa mexicana.

No hay educación posible, mientras no nos persuadamos de que lo importante no es lo que el hombre aprende, sino lo que ejecuta. La vida es acción, no lección.
Enrique José Varona (1849-1933). Escritor y político cubano.

No hay educación si no hay verdad que transmitir, si todo es más o menos verdad, si cada cual tiene su verdad igualmente respetable y no se puede decidir racionalmente entre tanta diversidad.
Fernando Savater (1947-). Filósofo y escritor español.

No le evitéis a vuestros hijos las dificultades de la vida, enseñadles más bien a superarlas.
Louis Pasteur (1822-1895). Químico francés.

No se debe ser demasiado severo con los errores del pueblo, sino tratar de eliminarlos por la educación.
Thomas Jefferson (1743-1826). Político y filósofo estadounidense.

No se puede enseñar a leer sin dar que leer.
José Vasconcelos (1882-1959). Filósofo, educador y político mexicano.

No se pueden moldear los hijos conforme a las ideas de los padres. Hay que tomarlos como Dios los da, amarlos y educarlos lo mejor posible, sin torcer su inclinación.
Johann Wolfgang von Goethe (1749-1832). Poeta, novelista y dramaturgo alemán.

No vamos al colegio para instruirnos, sino para impregnarnos de los prejuicios de nuestra clase, sin los cuales seríamos gente peligrosa y desgraciada.
André Maurois (1885-1967). Escritor francés.

Nuestro defecto es aprender más por la escuela que por la vida.
Séneca Anneo (3 a.C.- 65 d.C.). Filósofo latino.

Nunca consideres el estudio como un deber, sino como una oportunidad para penetrar en el maravilloso mundo del saber.
Albert Einstein (1879-1955). Científico estadounidense de origen alemán.

Nunca he permitido que la escuela entorpeciese mi educación.
Mark Twain (1835-1910). Escritor estadounidense.

Obedeced más a los que enseñan que a los que mandan.
San Agustín (354-430). Obispo, filósofo y Padre de la Iglesia Latina.

Oigo y olvido, veo y recuerdo, hago y comprendo.
Confucio (551-479 a.C.). Filósofo y teórico social chino.

Personalmente estoy siempre dispuesto a aprender, aunque no siempre me gusta que me den lecciones.

Sir Winston Churchill (1874-1965). Político inglés.

Podrían engendrarse hijos educados si lo estuvieran los padres.

Johann Wolfgang von Goethe (1749-1832). Poeta, novelista y dramaturgo alemán.

Porque del viejo suelo, como dicen/ viene el trigo nuevo de año en año, / y de los viejos libros de buena fe / viene la enseñanza, la ciencia nueva.

Geoffrey Chaucer (1343-1400). Poeta inglés.

Procura instruirte mientras vivas; no creas que la vejez traiga consigo la razón.

Solón (639-560 a.C.). Sabio griego.

Quien oye y aprende, es mucha razón que atienda y calle.

Sor Juana Inés de la Cruz (1651-1695). Poetisa mexicana.

Quisiera vivir para estudiar, no estudiar para vivir.

Francis Barón de Verulam Bacon (1561-1626). Filósofo y estadista británico.

Si das pescado a un hombre hambriento, le nutres una jornada. Si le enseñas a pescar, le nutrirás toda la vida.

Lao-tsé (570-490 a.C.). Filosófo del Taoísmo.

Si el alumno no supera al maestro, ni es bueno el alumno, ni es bueno el maestro.

Proverbio chino.

Si el problema de la educación se planteara así: educar para el conocimiento o educar para la acción, seguramente se llegaría a resultados muy distintos de nuestros sistemas actuales de educación.

Oswald Spengler (1880-1936). Filósofo alemán.

Si quieres aprender, enseña.

Marco Tulio Cicerón (106-43 a.C.). Escritor, político y orador romano.

Si todos los ricos y toda la gente de la iglesia enviaran a sus niños a las escuelas públicas se sentirían obligados a destinar su dinero en mejorar estas escuelas hasta que alcanzaran los estándares más altos...

Susan B. Anthony (1820-1906). Reformadora social estadounidense.

Siempre he creído que si se reformase la educación de la juventud, se conseguiría reformar el linaje humano.

Leibniz (1646-1716). Filósofo y matemático alemán.

Siempre serás capaz de aprender, si continúas siendo un niño.

Bhagwan Shree Rajneesh "Osho" (1931-1990). Místico y líder espiritual hindú.

Sólo hay una manera de ser maestro: ser discípulo de sí mismo.

José Camón Aznar (1898-1979). Escritor y crítico de arte español.

Sólo las personas que han recibido educación son libres.
Epicteto (55-135 d.C.). Pensador griego.

Sólo piense en la tragedia de enseñar a los niños a no dudar.
Clarence Darrow (1857-1938). Abogado estadounidense.

Todos quieren aprender, pero ninguno está dispuesto a pagar el precio.
Juvenal (67-127). Poeta romano.

Todos somos maestros de buena o mala conducta.
Juan José Arreola (1918-2001). Actor y narrador mexicano.

Un buen método de enseñanza no tanto se propone comunicar mucha ciencia al estudiante, cuanto dar a su entendimiento poderoso impulso y rumbo cierto.
Andrés Bello (1781-1865). Filólogo, jurista y pedagogo venezolano.

Un escritor debe tomar tanta educación como sea posible, pero sólo ir a la escuela no es suficiente; si así fuera todos los poseedores de un doctorado serían inspirados escritores.
Gwendolyn Brooks (1917-2000). Poetisa estadounidense.

Un hombre instruido es un hombre que mata el tiempo estudiando.
George Bernard Shaw (1856-1950). Escritor irlandés.

Un hombre que estudia es un holgazán que mata el tiempo estudiando.
George Bernard Shaw (1856-1950). Escritor irlandés.

Un profesor afecta eternamente; él no puede decir nunca donde su influencia se detendrá.
Henry Brooks Adams (1838-1918). Escritor estadounidense.

Un ser no está completo hasta que no se educa.
Horace Mann (1796-1859). Educador estadounidense.

Una buena educación es el manantial y la raíz de una vida virtuosa.
Plutarco (46-125). Biógrafo y ensayista griego.

Una cosa es saber y otra saber enseñar.
Marco Tulio Cicerón (106-43 a.C.). Escritor, político y orador romano.

Yo tampoco decía las cosas con intención cuando era florista, pero las decía. Y esto es lo que hace la diferencia entre una persona bien educada y una persona mal educada.
George Bernard Shaw (1856-1950). Escritor irlandés.

¿Cómo es que, siendo tan inteligentes los niños, son tan estúpidos la mayor parte de los hombres? Debe ser fruto de la educación.
Alejandro Dumas (hijo) (1824-1895). Escritor francés.

Educar no es dar carrera para vivir, sino templar el alma para las dificultades de la vida.
Anónimo.

El hombre comienza en realidad a ser viejo cuando cesa de ser educable.
Arturo Graf (1848-1913). Escritor y poeta italiano.

El maestro que no habla dogmáticamente es simplemente un maestro que no enseña.
Gilbert Keith Chesterton (1874-1936). Escritor inglés.

El objetivo de la educación es la virtud y el deseo de convertirse en un buen ciudadano.
Platón (428-347 a.C.). Filósofo griego.

El objeto de la educación es formar seres aptos para gobernarse a sí mismos, y no para ser gobernados por los demás.
Herbert Spencer (1820-1903). Teórico social inglés.

El principio de la educación es predicar con el ejemplo.
Anne Robert Jacques Turgot (1727-1781). Economista y político francés.

El que escribe en el alma de un niño escribe para siempre.
Anónimo.

Es imposible educar niños al por mayor; la escuela no puede ser el sustitutivo de la educación individual.
Alexis Carrel (1873-1944). Biólogo, médico y escritor francés.

La educación ayuda a la persona a aprender a ser lo que es capaz de ser.
Hesiodo de Ascra (siglo VIII a.C.). Poeta griego.

La educación de la mujer no puede llamarse tal educación, sino doma, pues se propone por fin la obediencia, la pasividad y la sumisión.
Emilia Pardo Bazán (1852-1921). Novelista, poetisa y crítica literaria española.

La educación es, tal vez, la forma más alta de buscar a dios.
Gabriela Mistral (1889-1957). Poetisa y diplomática chilena.

La educación que se da en las escuelas se limita al cultivo de la memoria, de los músculos y a ciertas reglas de urbanidad. Equilibrio mental, estabilidad nerviosa, juicio recto, valor moral, audacia, resistencia al mal, tacto, forma de tratar al prójimo y manera de sacar el mayor bien de los contratiempos, cero.
Alexis Carrel (1873-1944). Biólogo, médico y escritor francés.

La mayor parte de la gente confunde la educación con instrucción.
Severo Catalina y del Amo (1832-1871). Escritor español.

La parte más importante de la educación del hombre es aquella que él mismo se da.
Sir Walter Scott (1771-1832). Novelista y poeta escocés.

La única educación eterna es esta: Estar lo bastante seguro de una cosa para decírsela a un niño.
Gilbert Keith Chesterton (1874-1936). Escritor inglés.

La verdadera educación consiste en obtener lo mejor de uno mismo. ¿Qué otro libro se puede estudiar mejor que el de la Humanidad?

Mohandas Karamchand Gandhi (1869-1948). Líder político y espiritual hindú.

No deja de ser humillante para una persona de ingenio saber que no hay tonto que no le pueda enseñar algo.

Jean Baptiste Say (1767-1832). Economista francés.

No hay gente ineducada, todo el mundo está; sólo que mucha gente está mal educada.

Gilbert Keith Chesterton (1874-1936). Escritor inglés.

Para enseñar a los demás, primero has de hacer tú algo muy duro: has de enderezarte a ti mismo.

Buda (-600 a.C.) Pensador himalaya.

Quizá la obra educativa que más urge en el mundo sea la de convencer a los pueblos de que su mayores enemigos son los hombres que les prometen imposibles.

Ramiro de Maeztu y Whitney (1875-1936). Ensayista político y periodista español.

Reprender al que yerra no basta si no se le enseña el camino recto.

Columela (siglo I). Escritor latino.

Suspendí mi educación cuando tuve que ir al colegio.

George Bernard Shaw (1856-1950). Escritor irlandés.

Tan sólo por la educación puede el hombre llegar a ser hombre. El hombre no es más que lo que la educación hace de él.

Immanuel Kant (1724-1804). Filósofo alemán.

Un hombre educado es el que tiene los amores y los odios juntos.

Lin Yutang (1895-1976). Escritor chino-americano.

Egoísmo

Egoísmo bien entendido, es filantropía bien practicada.

José María Vigil (1829-1909). Literato mexicano.

El amor, según el mundo lo entiende, no es amor; es un egoísmo exaltado; es amarse uno en otro.

Marie Henri Beyle "Stendhal" (1783-1842). Novelista y ensayista francés.

El egoísmo es la esencia misma de un alma noble.

Friedrich Nietzsche (1844-1900). Filósofo, poeta y filólogo alemán.

El egoísmo no es más que el medio de convertirlo todo en utilidad propia.

Jean de la Bruyere (1645-1696). Filósofo y escritor francés.

El egoísmo social es un comienzo de sepulcro.

Víctor Hugo (1802-1885). Escritor francés.

El egoísta se ama a sí mismo sin rivales.
Marco Tulio Cicerón (106-43 a.C.). Escritor, político y orador romano.

El egoísta tiene su corazón en la cabeza.
Publio Nasón Ovidio (43 a.C.-17 d.C.). Poeta latino.

El no ser bueno más que para sí, es no ser bueno para nada.
Francois-Marie Arouet de Voltaire (1694-1778). Escritor y filósofo francés.

El único egoísta que me place es el que dice: no hay madre como mi madre, ni hija como mi hija, ni patria como mi patria.
Antonio de Trueba (1819-1889). Escritor español.

Humanitario consiste en nunca sacrificar a un ser humano con nuestro propio egoísmo.
Albert Schwaitzer (1875-1965). Médico francés.

La conciencia nos hace egoístas a todos.
Oscar Wilde (1854-1900). Novelista, poeta, crítico literario y autor teatral irlandés.

Los años arrugan la piel, pero el corazón lo arruga el egoísmo.
Anónimo.

Los hombres olvidan antes la muerte de su padre que la pérdida del patrimonio.
Nicolás Maquiavelo (1469-1527). Historiador y filósofo político italiano.

Nada es más para mí que yo mismo.
Max Stirner (1806-1856). Escritor alemán.

No es egoísmo vivir como uno quiera, sino aconsejar a otros que vivan como uno desea.
Oscar Wilde (1854-1900). Novelista, poeta, crítico literario y autor teatral irlandés.

No hay hombre que no anteponga la satisfacción propia a sus obligaciones.
Francisco De Quevedo (1580-1645). Escritor español.

No olvides nunca que los demás cuentan contigo y que tú no puedes contar con ellos.
Alejandro Dumas (hijo) (1824-1895). Escritor francés.

Preferimos hablar mal de nosotros mismos a no decir nada de nosotros.
François de La Rochefoucauld (1613-1680). Político y escritor francés.

Quien se ama a sí mismo ama a un hombre malvado.
Thomas Fuller (1608-1661). Clérigo y escritor inglés.

Siempre el hombre quiere, por lo general, lo justo; pero en lo personal es egoísta.
Friedrich von Schiller (1759-1805). Poeta, dramaturgo y filósofo alemán.

Todo hombre alimenta un secreto sueño, que no es la bondad ni el amor, sino un desenfrenado deseo de placer y de egoísmo.
Gabriele D'Annunzio (1863-1938). Novelista, poeta y dramaturgo italiano.

Todos los hombres se aman a sí mismos.
Plauto (254-184 a.C.). Comediógrafo romano.

El egoísmo es el único ateísmo verdadero; el anhelo y el desinterés, la única religion verdadera.
Israel Zangwill (1864-1926). Escritor inglés.

He sido un ser egoísta toda mi vida, no en teoría, pero sí en la práctica.
Jane Austen (1775-1817). Novelista inglesa.

Siempre se repite la misma historia: cada individuo no piensa más que en sí mismo.
Sófocles (496-406 a.C.). Dramaturgo ateniense.

Un egoísta es aquel que se empeña en hablarte de sí mismo cuando tú te estás muriendo de ganas de hablarle de ti.
Jean Cocteau (1889-1963). Escritor francés.

Un egoísta es una persona que piensa más en sí misma que en mí.
Ambrose Gwinett Bierce (1842-1914). Periodista y escritor estadounidense.

Ejemplo

Dar ejemplo no es la principal manera de influir sobre los demás; es la única manera.
Albert Einstein (1879-1955). Científico estadounidense de origen alemán.

Dickens es un ejemplo admirable de lo que sucede cuando un autor genial tiene el mismo gusto que el público.
Gilbert Keith Chesterton (1874-1936). Escritor inglés.

El ejemplo es una lección que todos los hombres pueden leer.
Morris West (1916-1999). Novelista australiano.

El ejemplo noble hace fáciles los hechos más difíciles.
Johann Wolfgang von Goethe (1749-1832). Poeta, novelista y dramaturgo alemán.

La predica más eficaz es el buen ejemplo.
San Juan Bosco (1815-1888). Santo italiano, fundador de la orden de los salesianos.

Largo es el camino de la enseñanza por medio de teorías; breve y eficaz por medio de ejemplos.
Séneca Anneo (3 a.C.- 65 d.C.). Filósofo latino.

Los ejemplos son diez veces más útiles que los preceptos.
Charles James Fox (1749-1806). Político inglés.

Nada es tan peligroso como un buen consejo acompañado de un mal ejemplo.
M. de Sable (1599-1678). Marquesa francesa.

No se señala el camino mostrándolo con el dedo, sino caminando delante.
Proverbio macua (Mozambique).

Elección

Cuando debes hacer una elección y no la haces, esto ya es una elección.
William James (1842-1910). Filósofo estadounidense.

Entre dos males no elijas ninguno.
Charles Haddon Spurgeon (1834-1892). Predicador inglés.

No tenía miedo a las dificultades: lo que la asustaba era la obligación de tener que escoger un camino. Escoger un camino significaba abandonar otros.
Paulo Coelho (1947-). Escritor brasileño.

Pueden prohibirme seguir mi camino, pueden intentar forzar mi voluntad, pero no pueden impedirme que, en el fondo de mi alma, elija a una o a otra.
Henrik Ibsen (1828-1906). Dramaturgo noruego.

Elegancia

Elegancia es la ciencia de no hacer nada igual que los demás, pareciendo que se hace todo de la misma manera que ellos.
Honorato De Balzac (1799-1850). Escritor francés.

Hoy no salir en televisión es un signo de elegancia.
Umberto Eco (1932-). Escritor y profesor universitario italiano.

La elegancia es cuestión de esqueleto.
Pitigrilli (Dino Segre) (1893-1975). Escritor italiano.

La elegancia es fuerza contenida.
Azorín (José Martínez Ruiz) (1873-1967). Ensayista, novelista, autor de teatro y crítico español.

La elegancia suprema consiste en no hacerse notar.
Rubén Darío (1867-1916). Poeta nicaragüense.

La elegancia, para las mujeres; a los hombres, el trabajo.
Cayo Crispo Salustio (86-35 a. C.). Historiador romano.

Si tu intención es describir la verdad, hazlo con sencillez y la elegancia déjase-la al sastre.
Albert Einstein (1879-1955). Científico estadounidense de origen alemán.

Un efecto esencial de la elegancia es ocultar sus medios.
Honorato De Balzac (1799-1850). Escritor francés.

Embriaguez - Vino

¿Deseas mantenerte sobrio entre los que se embriagan? ¿Con qué fin? ¿Para que ellos te consideren el único borracho?
Christoph Martin Wieland (1733-1813). Escritor alemán.

Cuando se tiene cierta moral de combate, de poder, hace falta muy poco para dejarse llevar, para pasar a la embriaguez, al exceso.
Marguerite Duras. Margueritte Donnadieu (1914-1996). Narradora, guionista y directora de cine francesa, de origen vietnamita.

Donde no hay vino no hay amor.
Eurípides (480-406 a.C.). Dramaturgo griego.

El problema con algunas personas es que cuando no están borrachos están sobrios.
William Butler Yeats (1865-1939). Poeta y autor teatral irlandés.

El vino da brillantez a las campiñas, exalta los corazones, enciende las pupilas y enseña a los pies la danza.
José Ortega y Gasset (1883-1955). Filósofo español.

El vino es el amigo del sabio y el enemigo del borracho. Es amargo y útil como el consejo del filósofo, está permitido a la gente y prohibido a los imbéciles. Empuja al estúpido hacia las tinieblas y guía al sabio hacia Dios.
Avicena (980-1037). Filósofo y médico persa.

El vino es una cosa maravillosamente apropiada para el hombre si, en tanto en la salud como en la enfermedad, se administra con tino y justa medida.
Hipócrates (c. 460-c. 377 a.C.). Considerado el padre de la medicina.

En el alcohol pueden conservarse muchas cosas, pero no la vida.
Anónimo.

La sombra del laurel embriaga o adormece.
Pitágoras (582-500 a.C.). Filósofo y matemático griego.

No hay cuestión ni pesadumbre que sepa amigo, nadar; todas se ahogan en vino, todas se atascan en pan.
Francisco De Quevedo (1580-1645). Escritor español.

Para no ser los esclavos martirizados del tiempo, embriagaos, ¡embriagaos sin cesar!, con vino, poesía o virtud, como gusten.
Charles Baudelaire (1821-1867). Poeta francés.

Si los amantes del vino y del amor van al infierno..., vacío debe estar el paraíso.
Omar Khayyam (1050-1123). Poeta, matemático y astrónomo persa.

Sólo el vino te librará de tus cuidados. Sólo el vino te impedirá vacilar entre las setenta y dos sectas. No te apartes del mago que tiene el poder de trasladarte al país del olvido.
Omar Khayyam (1050-1123). Poeta, matemático y astrónomo persa.

Tú que vendes tu vino por dinero, ¿qué podrás comprar con el dinero que sea mejor que la embriaguez del vino?
Omar Khayyam (1050-1123). Poeta, matemático y astrónomo persa.

Un vaso de vino en el momento oportuno, vale más que todas las riquezas de la tierra.
Gustav Mahler (1860-1911). Compositor y director austriaco.

Un vino es la más sana e higiénica de las bebidas.
Louis Pasteur (1822-1895). Químico francés.

Una razón por la que no bebo es que quiero darme cuenta cuando la estoy pasando bien.
Nancy Astor (1879-1964). Política inglesa.

Viva el buen vino, que es el gran camarada para el camino.
Pío Baroja (1872-1956). Escritor español.

Yo bebo solamente para hacer que las otras personas parezcan interesantes.
George Jean Nathan (1882-1958). Autor, editor y crítico estadounidense.

Enemigos - Enemistad

¿Acaso no destruimos a nuestros enemigos cuando los hacemos amigos nuestros?
Abraham Lincoln (1809-1865). 16º presidente de Estados Unidos (1861-1865).

¿No tienes enemigos? ¿Es que jamás dijiste la verdad o jamás amaste la justicia?
Santiago Ramón y Cajal (1852-1934). Doctor español.

A quien amigos tiene por millones ninguno sobrará; el que tan sólo un enemigo cuenta por doquier lo encontrará.
Ralph Waldo Emerson (1803-1882). Ensayista y poeta estadounidense.

Con los enemigos hay tres soluciones: apartarse de ellos, que es de perezosos; convertirlos en amigos, que es de sabios, y eliminarlos como sea, que es de bribones, de políticos, de sectarios y de guerreros.
Leon Daudi (1905-1985). Escritor español.

Consulta el ojo de tu enemigo, porque es el primero que ve tus defectos.
Antístenes (444-371 a.C.). Filósofo griego.

Hay que acostumbrarse a vivir con los enemigos, ya que no a todos podemos hacerles nuestros amigos.
Alexis de Tocqueville (1805-1859). Escritor, pensador y político francés.

Hay que tener cuidado al elegir a los enemigos porque uno termina pareciéndose a ellos.
Jorge Luis Borges (1899-1986). Escritor argentino.

La enemistad oculta es la más peligrosa: declarada, carece de probabilidades para vengarse.
> Séneca Anneo (3 a.C.- 65 d.C.). Filósofo latino.

Las enemistades ocultas y silenciosas, son peores que las abiertas y declaradas.
> Marco Tulio Cicerón (106-43 a.C.). Escritor, político y orador romano.

Lo malo del amigo es que nos dice las cosas desagradables a la cara; el enemigo las dice a nuestras espaldas y como no nos enteramos, nada ocurre.
> Louis Charles Alfred de Musset (1810-1857). Poeta francés.

Lo más ofensivo que pueda lanzarte a la cara tu peor enemigo no se compara con lo que tus amigos más íntimos hablan de ti a tus espaldas.
> Louis Charles Alfred de Musset (1810-1857). Poeta francés.

Los enemigos son grandes según el miedo que nos producen. No tengas miedo a nadie y no tendrás enemigos.
> Francisco García Salve (1940-). Escritor español.

No conozco mayor enemigo del hombre que el que es amigo de todo el mundo.
> Jean Jacques Rousseau (1712-1778). Filósofo y botánico suizo.

No critiques a tus enemigos que a lo mejor aprenden.
> Juan Goytisolo (1931-). Escritor español.

No enciendas la hoguera contra tu enemigo tanto, que te chamusques a ti mismo.
> William Shakespeare (1564-1616). Poeta y autor teatral inglés.

No hay ardid más fácil para convencer de ignorancia a un adversario que preguntarle por cosas evidentes, porque éste, ingenuamente, se figura que hay hondos y remotos sentidos tras la evidencia inmediata.
> Conde de Keyserling (1880-1946). Filósofo alemán.

No hay contra el desleal seguro puerto ni enemigo mayor que el encubierto.
> Alonso de Ercilla y Zúñiga (1533-1594). Poeta y soldado español.

Nuestro enemigo es también nuestro salvador. Debemos estar agradecidos con los enemigos. Sólo ellos ven claro y dicen sin disimulo lo que hay de feo y de innoble en nosotros. Nos recuerdan nuestro verdadero ser; despiertan la conciencia de nuestra pobreza moral.
> Giovanni Papini(1881-1956). Escritor italiano.

Para quien ama la lisonja, es enemigo quien no es adulador.
> Fray Benito Jerónimo Feijoo (1676-1764). Erudito español.

Quien no está conmigo, está contra mí.
La Biblia.

Quien no tiene enemigos, tampoco suele tener amigos.
Baltasar Gracián y Morales (1601-1658). Jesuita y escritor español.

Si no tienes enemigos es señal de que la fortuna te ha olvidado.
Thomas Fuller (1608-1661). Clérigo y escritor inglés.

Si nos inclinamos sobre el cuerpo muerto de nuestro peor enemigo, ¿creéis que al contemplar sus labios que nos han calumniado, sus ojos que nos hicieron llorar y sus manos que tanto daño nos hicieron, pensaremos aún en la venganza? La muerte paga por todo; el alma ya no nos debe nada y la ponemos por encima de las faltas más graves.
Maurice Maeterlinck (1862-1949). Escritor belga.

Si pudiéramos leer la historia secreta de nuestros enemigos, encontraríamos en la vida de cada hombre, la pena y el sufrimiento suficientes para deshacer toda la hostilidad.
Henry W. Longfellow (1807-1882). Poeta estadounidense.

Sólo temo a mis enemigos cuando empiezan a tener razón.
Jacinto Benavente (1866-1954). Dramaturgo y crítico español.

Todos nuestros enemigos son mortales.
Paul Ambroise Valéry (1871-1945). Escritor francés.

Vale la pena conocer al enemigo... entre otras cosas por la posibilidad de que algún día se convierta en un amigo.
Margaret Thatcher (1925-). Política británica.

Engaño

Aunque el engaño sea detestable en otras actividades, su empleo en la guerra es laudable y glorioso, y el que vence a un enemigo por medio del engaño merece tantas alabanzas como el que lo logra por la fuerza.
Nicolás Maquiavelo (1469-1527). Historiador y filósofo político italiano.

El que quiera estar bien en este mundo, procure no dejarse engañar nunca, pero finja que se deja engañar siempre.
Jean Baptiste Alphonse Karr (1808-1890). Escritor francés.

Engañar a un hombre no es nada; la mujer debe tener partes finas, para de hecho, engañar a otra mujer.
John Gay (1685-1732). Poeta y dramaturgo inglés.

Es prudente no fiarse por entero de quienes nos han engañado una vez.
René Descartes (1596-1650). Filósofo, científico y matemático francés.

Fácilmente nos dejamos engañar por aquellos que amamos.
Jean Baptiste Poquelin Molière (1622-1673). Dramaturgo y actor francés.

La primera vez que me engañes, será culpa tuya. La segunda será culpa mía.
Proverbio árabe.

Leemos mal el mundo, y decimos luego que nos engaña.
Rabindranath Tagore (1861-1941). Poeta y filósofo indio.

Se puede engañar a todos poco tiempo, se puede engañar a algunos todo el tiempo, pero no se puede engañar a todos todo el tiempo.
John F. Kennedy (1917-1963). Presidente de Estados Unidos (1961-1963).

De todas las formas de engañar a los demás, la pose de seriedad es la que hace más estragos.
Santiago Rusiñol (1861-1931). Pintor y escritor español.

El medio más fácil para ser engañado es creerse más listo que los demás.
François de La Rochefoucauld (1613-1680). Político y escritor francés.

Engañar a los hombres de uno en uno es bastante más difícil que engañarlos de mil en mil, por eso el orador tiene menos mérito que el abogado o el curandero.
Santiago Rusiñol (1861-1931). Pintor y escritor español.

Engañar al que engaña es doblemente entretenido.
Jean de La Fontaine (1621-1695). Novelista y fabulista francés.

La intención de no engañar nunca nos expone a ser engañados muchas veces.
François de La Rochefoucauld (1613-1680). Político y escritor francés.

La mentira más común es aquella con la que un hombre se engaña a sí mismo. Engañar a los demás es un defecto relativamente vano.
Friedrich Nietzsche (1844-1900). Filósofo, poeta y filólogo alemán.

Somos fácilmente engañados por aquellos a quienes amamos.
Jean Baptiste Poquelin Molière (1622-1673). Dramaturgo y actor francés.

Enojo - Enfado

Cualquiera puede enfadarse, eso es algo muy sencillo. Pero enfadarse con la persona adecuada, en el grado exacto, en el momento oportuno, con el propósito justo y del modo correcto, eso, ciertamente, no resulta tan sencillo.
Aristóteles (384 a.C.-322a.C). Filósofo griego.

Cuando estés colérico, cuenta hasta diez antes de hablar; si lo estás mucho, cuenta hasta cien.
Thomas Jefferson (1743-1826). Político y filósofo estadounidense.

Cuando una mujer se encoleriza, cuatro besitos son suficientes para calmarla.
Carlo Goldoni (1707-1793). Comediógrafo italiano.

Cuide su ira para mantenerla caliente.
Robert Burns (1759-1796). Poeta escocés.

El que domina su cólera domina su peor enemigo.
Confucio (551-479 a.C.). Filósofo y teórico social chino.

El que puede suprimir un momento de cólera puede prevenir un día de sufrimiento.
Tyron Edwards (1809-1894). Teólogo estadounidense.

El tamaño de un hombre puede medirse por el tamaño de las cosas que le encolerizan.
Thomas Morley (1557-1602). Músico y compositor británico.

Es cierto que al necio la ira lo mata, y al codicioso consume la envidia.
La Biblia.

Exígete mucho a ti mismo y espera poco de los demás. Así te ahorrarás disgustos.
Confucio (551-479 a.C.). Filósofo y teórico social chino.

Gobernar su cólera está bien; prevenirla está mejor.
Tyron Edwards (1809-1894). Teólogo estadounidense.

La blanda respuesta quita la ira.
La Biblia.

La cólera es como esas ruinas que se desmoronan encima de lo que caen
Séneca Anneo (3 a.C.- 65 d.C.). Filósofo latino.

La cólera no carece nunca de motivos, pero ésta rara vez es suficiente.
Benjamín Franklin (1706-1790). Político, filósofo y científico estadounidense.

La cólera no nos permite saber lo que hacemos y menos aún lo que decimos.
Arthur Schopenhauer (1788-1860). Filósofo alemán.

La ira es como una locura breve.
Quinto Horacio Flaco (65 a.C.-8 a.C.). Poeta lírico y satírico romano.

La mejor cura para la cólera es la dilación.
Séneca Anneo (3 a.C.- 65 d.C.). Filósofo latino.

Lo que empieza en cólera termina en vergüenza.
Benjamín Franklin (1706-1790). Político, filósofo y científico estadounidense.

Ningún hombre piensa claramente cuando se aprietan sus puños.
George Jean Nathan (1882-1958). Autor, editor y crítico estadounidense.

No es conveniente despertar a un león dormido.
Philip Sidney (1554-1586). Hombre de Estado, poeta y literato inglés.

No es tan fiero el león como lo pintan.
George Herbert (1593-1633). Poeta inglés.

No os entreguéis demasiado a la ira; una ira prolongada engendra odio.
Publio Nasón Ovidio (43 a.C.-17 d.C.). Poeta latino.

Nunca me enfado por lo que la gente me pide, sino por lo que me niega.
Antonio Cánovas del Castillo (1828-1897). Político, historiador y escritor español.

Por cada minuto de enojo, perdemos sesenta segundos de felicidad.
Ralph Waldo Emerson (1803-1882). Ensayista y poeta estadounidense.

Si eres paciente en un momento de ira, escaparás a cien días de tristeza.
Proverbio chino.

Si estás colérico, cuenta hasta cien antes de hablar.
Thomas Jefferson (1743-1826). Político y filósofo estadounidense.

Uno no debe perder su temperamento a menos que uno esté seguro de estar más y más enojado al final.
William Butler Yeats (1865-1939). Poeta y autor teatral irlandés.

Entendimiento

El entendimiento es una tabla lisa en la cual nada hay escrito.
Aristóteles (384 a.C.-322a.C). Filósofo griego.

El ser de las cosas, no su verdad, es la causa de la verdad en el entendimiento.
Santo Tomás de Aquino (1225-1274). Teólogo italiano.

La tierra que no es labrada llevará abrojos y espinas aunque sea fértil; así es el entendimiento del hombre.
Santa Teresa de Jesús (1515-1582). Religiosa y escritora mística española.

Lo que la mente no entiende, se adora o se teme.
Alice Walker (1944-). Novelista estadounidense.

Todo nuestro conocimiento arranca del sentido, pasa al entendimiento y termina en la razón.
Immanuel Kant (1724-1804). Filósofo alemán.

Un entendimiento todo lógica es como un cuchillo de hoja sola, que hiera la mano de su dueño.
Rabindranath Tagore (1861-1941). Poeta y filósofo indio.

Una de las mayores tentaciones del demonio es ponerle a un hombre en el entendimiento que puede componer a imprimir un libro con que gane tanta fama como dineros y tantos dineros como fama.
Miguel de Cervantes (1547-1616). Dramaturgo, poeta y novelista español.

Entusiasmo

Cuando un hombre muere, si pudo transmitir entusiasmo a través de sus hijos, los ha dejado en un estado de valor incalculable.
Thomas Alva Edison (1847-1931). Inventor estadounidense.

El desengaño camina sonriendo detrás del entusiasmo.
Anne Louise Germaine Madame de Staël (1766-1817). Escritora francesa.

El entusiasmo es el pan diario de la juventud. El escepticismo, el vino diario de la vejez.
Pearl S. Buck (1892-1973). Escritor estadounidense.

El único secreto real del éxito es el entusiasmo.
Walter P. Chrysler (1875-1940). Productor de automóviles estadounidense.

Los años arrugan la piel, pero renunciar al entusiasmo arruga el alma.
Albert Schwaitzer (1875-1965). Médico francés.

Los invito a tener el corazón siempre alerta contra vientos y mareas; conservar el entusiasmo de la juventud; continuar con el conocimiento que deslumbra; mantener la alegría de los veinte años y, entonces, poco importa tener veinte u ochenta.
Maurice Chevalier (1888-1972). Actor y cantante francés.

Mi trabajo es cantar todo lo bello, encender el entusiasmo por todo lo noble, admirar y hacer admirar todo lo grande.
José Martí (1853-1895). Político y escritor cubano.

Nada grande se ha realizado nunca sin entusiasmo.
Ralph Waldo Emerson (1803-1882). Ensayista y poeta estadounidense.

Prefiero los errores del entusiasmo a la indiferencia de la sabiduría.
Anatole France (1844-1924). Novelista y premio Nobel francés.

Puedes hacer cosas tontas, pero hazlas con entusiasmo.
Colette (Sidonie Gabrielle Claudine) (1873-1954). Novelista francesa.

Ser incapaz de entusiasmo es señal de mediocridad.
René Descartes (1596-1650). Filósofo, científico y matemático francés.

Envidia

A menudo hacemos ostentación de nuestras pasiones, incluso de las más criminales; pero la envidia es una pasión tímida y vergonzosa que nunca nos atrevemos a confesar.
François de La Rochefoucauld (1613-1680). Político y escritor francés.

Ante un hombre envidioso, alabo siempre a los que le hacen palidecer.
Charles Louis de Secondat, barón de la Brède y de Montesquieu (1689-1755). Escritor francés.

Así como la polilla arruina la ropa, de la misma manera la envidia consume al hombre.
San Juan Crisóstomo (347-407). Obispo de Constantinopla.

Donde reina la envidia no puede vivir la virtud, ni donde hay escasez, la libertad.
Miguel de Cervantes (1547-1616). Dramaturgo, poeta y novelista español.

El encono de ciertas mujeres contra las que tienen la desgracia de amar es una prueba del daño que hace, interiormente, la castidad.
Honorato De Balzac (1799-1850). Escritor francés.

El envidioso enflaquece de lo que a otros engorda.
Quinto Horacio Flaco (65 a.C.-8 a.C.). Poeta lírico y satírico romano.

El envidioso puede morir, pero la envidia, nunca.
Jean Baptiste Poquelin Molière (1622-1673). Dramaturgo y actor francés.

El rico no gozaría nada si le faltase la envidia de los demás.
Alfredo Panzini (1863-1939). Escritor italiano.

El silencio del envidioso está lleno de ruidos.
Khalil Gibran (1833-1931). Ensayista, novelista y poeta libanés.

Es tan fea la envidia que siempre anda por el mundo disfrazada, y nunca más odiosa que cuando pretende disfrazarse de justicia.
Jacinto Benavente (1866-1954). Dramaturgo y crítico español.

La envidia asesta sus tiros a las cosas más grandes.
Publio Nasón Ovidio (43 a.C.-17 d.C.). Poeta latino.

La envidia daña al mismo envidioso.
Francois-Marie Arouet de Voltaire (1694-1778). Escritor y filósofo francés.

La envidia en los hombres muestra cuán desdichaddos se sienten, y su constante atención a lo que hacen o dejan de hacer los demás, muestran cuanto se aburren.
Arthur Schopenhauer (1788-1860). Filósofo alemán.

La envidia es el adversario de los afortunados.
Epicteto (55-135 d.C.). Pensador griego.

La envidia es el gusano roedor del mérito y de la gloria.
Francis Barón de Verulam Bacon (1561-1626). Filósofo y estadista británico.

La envidia es la polilla del talento.
Ramón de Campoamor (1817-1901). Poeta español.

La envidia es más irreconocible que el odio.
François de La Rochefoucauld (1613-1680). Político y escritor francés.

La envidia es mil veces más terrible que el hambre, porque es hambre espiritual.
Miguel De Unamuno (1864-1936). Filósofo y escritor español.

La envidia es natural al hombre y sin embargo, es un vicio y una desgracia a la vez. Debemos considerarla como un enemigo de nuestra felicidad y procurar sofocarla como a un mal demonio.
Arthur Schopenhauer (1788-1860). Filósofo alemán.

La envidia es sólo vicio del hombre, del que no participan los animales brutos.
Plutarco (46-125). Biógrafo y ensayista griego.

La envidia es una declaración de inferioridad.
Napoleón Bonaparte (1769-1821). Emperador de Francia (1804-1815).

La envidia hace muecas, no se ríe.
Lord Byron (1788-1824). Poeta inglés.

La envidia que parla y que grita es siempre inhábil; se debe temer bastante en cambio la que calla.
Conde de Rivarol (1753-1801). Escritor francés.

La envidia sólo es vencida por la muerte.
Quinto Horacio Flaco (65 a.C.-8 a.C.). Poeta lírico y satírico romano.

La envidia va tan flaca y amarilla porque muerde y no come.
Francisco De Quevedo (1580-1645). Escritor español.

La envidia y el odio van siempre unidos. Se fortalecen recíprocamente por el hecho de perseguir el mismo objeto.
Jean de la Bruyere (1645-1696). Filósofo y escritor francés.

La envidia y los celos no son vicios ni virtudes, sino penas.
Jeremy Bentham (1748-1832). Filósofo, economista y jurista británico.

La envidia, el más mezquino de los vicios, se arrastra por el suelo como serpiente.
Publio Nasón Ovidio (43 a.C.-17 d.C.). Poeta latino.

La gallina de nuestro vecino, la codiciamos como si fuera un pavo, dice un proverbio oriental.
Madame Dorothée DeLuzy (1747-1830). Actriz francesa.

La muerte abre la puerta a la buena reputación y extingue la envidia.
Francis Barón de Verulam Bacon (1561-1626). Filósofo y estadista británico.

Las personas a quienes más envidiamos son los seres amados, y despreciamos aquellas cualidades por las que el hombre es amado de las mujeres.
Paul Géraldy (1885-1983). Poeta y escritor francés.

Las personas deformes y los eunucos, los viejos y los bastardos suelen ser envidiosos porque el que no puede remediar su propio estado hará lo posible por dañar el de los demás.
Francis Barón de Verulam Bacon (1561-1626). Filósofo y estadista británico.

Los que no son envidiados nunca son completamente felices.
Esquilo (525-456 a.C.). Dramaturgo griego.

Mejor ser envidiado que provocar piedad.
Herodoto (c. 484-425 a.C.). Historiador griego.

Nadie es realmente digno de envidia.
Arthur Schopenhauer (1788-1860). Filósofo alemán.

No envidies la riqueza del prójimo.
Homero (s.VIII a.C.). Poeta griego.

No hay otra pasión tan fuertemente arraigada en la conciencia del hombre como la envidia.
Richard Brinsley Sheridan (1751-1816). Político y dramaturgo británico.

Nuestra envidia sobrevive siempre a la felicidad de aquellos a quienes envidiamos.
François de La Rochefoucauld (1613-1680). Político y escritor francés.

Pocos hombres tienen la fuerza de carácter suficiente para alejarse del éxito de un amigo sin sentir cierta envidia.
Esquilo (525-456 a.C.). Dramaturgo griego.

Proporcionalmente al número de los admiradores crece el de los envidiosos.
Séneca Anneo (3 a.C.- 65 d.C.). Filósofo latino.

Quien dice que no es dichoso, podría serlo por la dicha de su prójimo si la envidia no le quitara este último recurso.
Jean de la Bruyere (1645-1696). Filósofo y escritor francés.

Todos los tiranos de Silicia no han inventado nunca un tormento mayor que la envidia.
Quinto Horacio Flaco (65 a.C.-8 a.C.). Poeta lírico y satírico romano.

Una demostración de envidia es un insulto a uno mismo.
Yevgeny Yevtuschenko (1933-). Poeta ruso.

Error

¿Cuantas veces de un error siempre se empieza?
Miguel de Cervantes (1547-1616). Dramaturgo, poeta y novelista español.

¿De qué nos servirían nuestros errores si no nos enseñaran a conocernos mejor, si no nos sirvieran para rehacer nuestra vida, en vez de destrozárnosla para siempre?
Jacinto Benavente (1866-1954). Dramaturgo y crítico español.

Algunos aprenden de los errores de otros, los demás son los otros.
Zig Ziglar (1926-). Escritor y conferencista estadounidense.

Algunos se equivocan por temor a equivocarse.
Gotthold Ephraim Lessing (1729-1781). Crítico literario y pensador alemán.

Cada vez que cometo un error me parece descubrir una verdad que no conocía.
Maurice Maeterlinck (1862-1949). Escritor belga.

Cita siempre los errores propios antes de referirte a los ajenos, así nunca parecerá que presumes.

Noel Clarasó (1905-1985). Escritor español.

Con los desaciertos de nuestros mayores está hecha nuestra experiencia.

Justo Sierra (1848-1912). Escritor, periodista, educador y político mexicano.

Conviene matar el error, pero salvar a los que van errados.

San Agustín (354-430). Obispo, filósofo y Padre de la Iglesia Latina.

De hombres es equivocarse; de locos persistir en el error.

Marco Tulio Cicerón (106-43 a.C.). Escritor, político y orador romano.

Desear la inmortalidad es desear la perpetuación de un gran error.

Arthur Schopenhauer (1788-1860). Filósofo alemán.

El error entrará por la ranura, mientras que la verdad por la puerta.

Henry Wheeler Shaw "Josh Billings" (1818-1885). Humorista estadounidense.

El error es un arma que acaba siempre por dispararse contra el que la emplea.

Concepción Arenal (1820-1893). Pensadora española.

El hombre que ha cometido un error y no lo corrige comete otro error mayor.

Confucio (551-479 a.C.). Filósofo y teórico social chino.

El hombre se precipita en el error con más rapidez que los ríos corren hacia el mar.

Francois-Marie Arouet de Voltaire (1694-1778). Escritor y filósofo francés.

El primer error que se comete en los negocios públicos es consagrarse a ellos.

Benjamín Franklin (1706-1790). Político, filósofo y científico estadounidense.

El que nunca cambia sus opiniones, nunca corrige sus errores, y nunca será más sabio al día siguiente.

Tyron Edwards (1809-1894). Teólogo estadounidense.

El único hombre que no se equivoca es el que nunca hace nada.

Johann Wolfgang von Goethe (1749-1832). Poeta, novelista y dramaturgo alemán.

El único que no yerra nunca es el que nada hace.

Melchor Ocampo (1814-1861). Político mexicano.

Errar es humano, pero más lo es culpar de ello a otros.

Baltasar Gracián y Morales (1601-1658). Jesuita y escritor español.

Errar es humano, pero para hacerlo verdaderamente mal hace falta un ordenador.

Paul Ehrlich (1854-1915). Científico alemán.

Errar es humano; perseverar el error es diabólico.
San Agustín (354-430). Obispo, filósofo y Padre de la Iglesia Latina.

Es un error creer que uno está rodeado de tontos, aunque sea verdad.
Noel Clarasó (1905-1985). Escritor español.

Es un gran error creerse más de lo que uno es, o menos de lo que uno vale.
Johann Wolfgang von Goethe (1749-1832). Poeta, novelista y dramaturgo alemán.

Es un profundo error creer que no hay nada por descubrir; equivale a tomar el horizonte por el límite del mundo.
Antoine-Marin Lemierre (1733-1793). Poeta francés.

Estar equivocado no significa nada, a menos que continúes recordándolo.
Confucio (551-479 a.C.). Filósofo y teórico social chino.

Fallar es imposible.
Susan B. Anthony (1820-1906). Reformadora social estadounidense.

Humano es errar; pero sólo los estúpidos perseveran en el error.
Marco Tulio Cicerón (106-43 a.C.). Escritor, político y orador romano.

La vergüenza de confesar el primer error, hace cometer muchos otros.
Jean de La Fontaine (1621-1695). Novelista y fabulista francés.

Los cautelosos muy poco se equivocan.
Confucio (551-479 a.C.). Filósofo y teórico social chino.

Los errores más pequeños son siempre los mejores.
Jean Baptiste Poquelin Molière (1622-1673). Dramaturgo y actor francés.

Los errores poseen su valor, aunque sólo en alguna ocasión. No todo el mundo que viaja a la India descubre América.
Erich Kästner (1899-1974). Escritor alemán.

Los errores son parte de la deuda que uno paga por una vida plena.
Sophia Loren (1934-). Actriz italiana.

Los hombres se equivocan más a menudo por ser demasiados listos, que por ser demasiado buenos.
George Bernard Shaw (1856-1950). Escritor irlandés.

Más instructivos son los errores de las grandes inteligencias que las verdades de los ingenios mediocres.
Arturo Graf (1848-1913). Escritor y poeta italiano.

Me gustaría vivir eternamente, por lo menos para ver cómo en cien años las personas cometen los mismos errores que yo cometí.
Sir Winston Churchill (1874-1965). Político inglés.

Miseria grande es perderse uno con falsedad y con verdad no poderse desengañar.
Francisco De Quevedo (1580-1645). Escritor español.

Muchos hombres no se equivocan jamás porque nunca se proponen hacer nada.
Johann Wolfgang von Goethe (1749-1832). Poeta, novelista y dramaturgo alemán.

Muy pocos aciertan antes de errar.
Séneca Anneo (3 a.C.- 65 d.C.). Filósofo latino.

No hay duda: el error es la regla; la verdad es el accidente del error.
Georges Duhamel (1884-1966). Escritor francés.

No he fallado. Simplemente he encontrado diez mil maneras de que no funcione.
Thomas Alva Edison (1847-1931). Inventor estadounidense.

Nuestros fracasos son a veces más fructíferos que los éxitos.
Henry Ford (1863-1947). Industrial estadounidense.

Nunca he conocido a un hombre que no se equivocara, en mente o en cuerpo, que trabajara siete días a la semana.
Sir Robert Peel (1788-1850). Estadista británico.

Propio de la condición humana es la enfermedad de creer a los demás impostores e impíos, no a nosotros mismos, porque nadie reconoce sus propios errores...
Miguel Serveto (1511-1553). Filósofo español.

Quien nunca cometió un error nunca hizo un descubrimiento.
Samuel Smiles (1812-1904). Escritor escocés.

Quien obra se puede equivocar alguna vez; pero quien no obra, vive en continuo error.
Santiago Alberione (1884-1971). Sacerdote católico italiano.

Quien piensa a lo grande tiene que equivocarse a lo grande.
Martin Heidegger (1889-1976). Filósofo alemán.

Quien poco piensa, mucho yerra.
Leonardo Da Vinci (1452-1519). Artista florentino.

Se llama experiencia a una cadena de errores.
Enrique Jardiel Poncela (1901-1952). Escritor español.

Si me hallas en error en un sólo punto, no debes por eso condenarme en todos.
Miguel Serveto (1511-1553). Filósofo español.

Si no aprendes de tus errores, hubiera sido mejor que no los tuvieras.
Napoleón Hill (1883-1970). Escritor estadounidense.

Si no te equivocas de vez en cuando, es que no lo intentas.
Woody Allen (1935-). Escritor, actor y director de cine estadounidense.

Si yerro en mi creencia de que las almas de los hombres son inmortales, yerro alegremente y no deseo verme libre de tan delicioso error.
Marco Tulio Cicerón (106-43 a.C.). Escritor, político y orador romano.

Si yo viviera mi vida otra vez, cometería los mismos errores..., sólo que más deprisa.
Tallulah Bankhead (1902-1968). Actriz estadounidense.

Siempre en nuestra vida hay algo que desearíamos no haber hecho. Pero ya está hecho. Y lo único que podemos hacer es sacar de este error las consecuencias más favorables.
Ugo Betti (1892-1953). Dramaturgo y poeta italiano.

Sólo de un modo se puede acertar: errando.
Samuel Feijoo (1914-1992). Periodista cubano.

Sólo el error huye de la indagación, la verdad no.
Thomas Paine (1737-1809). Escritor y teórico político angloamericano.

Tal vez sea la propia simplicidad del asunto lo que nos conduce al error.
Edgar Allan Poe (1809-1849). Escritor estadounidense.

También hay tonterías elegantes como hay tontos bien vestidos.
Sébastien-Roch Nicolás Chamfort (1740-1794). Escritor francés.

Terrible es el error cuando usurpa el nombre de la ciencia.
Jaime Luciano Balmes (1810-1848). Sacerdote, periodista y filósofo español.

Todo el mundo comete errores. La clave está en cometerlos cuando nadie nos ve.
Peter Ustinov (1921-). Actor, escritor y productor inglés.

Todos nos equivocamos, pero cada cual lo hace a su modo.
Georg Christoph Lichtenberg (1742-1799). Escritor y científico alemán.

Tropezar dos veces en la misma roca es una desgracia proverbial.
Marco Tulio Cicerón (106-43 a.C.). Escritor, político y orador romano.

Un error común que comete la gente cuando trata de diseñar algo completamente a prueba de tontos es subestimar la ingenuidad de alguien completamente tonto.
Douglas Adams (1952-2001). Escritor inglés.

Un error es peligroso en proporción a la cantidad de verdad que contiene.
Henri Frédéric Amiel (1821-1881). Crítico suizo.

Un error no se convierte en verdad por el hecho de que todo el mundo crea en él.
Mohandas Karamchand Gandhi (1869-1948). Líder político y espiritual hindú.

Un hombre competente es un hombre que se equivoca según las reglas.
Paul Ambroise Valéry (1871-1945). Escritor francés.

Un hombre nunca debe avergonzarse por reconocer que se equivocó, que es tanto como decir que hoy es más sabio de lo que fue ayer.
Jonathan Swift (1667-1745). Escritor anglo-irlandés.

Un hombre que comete un error y no lo corrige, está cometiendo otro error.
Confucio (551-479 a.C.). Filósofo y teórico social chino.

Una idea errónea que se arraiga en el corazón humano, es como una mancha de aceite; tarde o difícilmente se borra.
Étienne Bonnot de Condillac (1715-1780). Filósofo francés.

Escepticismo

El escepticismo es la castidad del intelecto, y es una vergüenza entregarlo demasiado pronto o al primero que se nos presenta: es un acto noble conservarlo con orgullo a través de la larga juventud, hasta que por fin, al alcanzar la madurez del instinto y la discreción, uno pueda entregarlo sin riesgos para obtener a cambio fidelidad y facilidad.
Jorge Ruiz de Santayana (1863-1952). Filósofo, poeta y novelista estadounidense de origen español.

El hombre puede ser un escéptico sistemático; pero entonces no puede ser ya ninguna otra cosa; y ciertamente tampoco un defensor del escepticismo sistemático.
Gilbert Keith Chesterton (1874-1936). Escritor inglés.

Escuchar

El nombre de una persona es para ella el sonido más dulce e importante que pueda escuchar.
Dale Carnegie (1888-1955). Escritor norteamericano.

Es peligroso escuchar. Se corre el riesgo de que le convenzan; y un hombre que permite que le convenzan con una razón, es un ser absolutamente irracional.
Oscar Wilde (1854-1900). Novelista, poeta, crítico literario y autor teatral irlandés.

Es una necedad y una vergüenza responder antes de escuchar.
Salomón (970-931 a.C.). Rey israelita.

La diligencia en escuchar es el más breve camino hacia la ciencia.
Juan Luis Vives (1492-1540). Humanista y filósofo español.

Me gusta contemplar a los hombres geniales y escuchar a las mujeres hermosas.
Oscar Wilde (1854-1900). Novelista, poeta, crítico literario y autor teatral irlandés.

Algunos oyen con las orejas, algunos con el estómago, algunos con el bolsillo y algunos no oyen en absoluto.
Khalil Gibran (1833-1931). Ensayista, novelista y poeta libanés.

No voy a dejar de hablarle sólo porque no me esté escuchando. Me gusta escucharme a mí mismo. Es uno de mis mayores placeres. A menudo mantengo largas conversaciones conmigo mismo, y soy tan inteligente que a veces no entiendo ni una palabra de lo que digo.
Oscar Wilde (1854-1900). Novelista, poeta, crítico literario y autor teatral irlandés.

Nunca es igual saber la verdad por uno mismo que tener que escucharla por otro.

Aldous Leonard Huxley (1894-1963). Escritor inglés.

Para saber hablar es preciso saber escuchar.

Plutarco (46-125). Biógrafo y ensayista griego.

Por tus gritos tan fuertes, no puedo escuchar lo que estás diciendo.

Ralph Waldo Emerson (1803-1882). Ensayista y poeta estadounidense.

Quien ha aprendido a escuchar a los árboles, ya no desea ser un árbol. No desea ser más que lo que es.

Herman Hesse (1877-1962). Escritor alemán. Premio Nobel de Literatura (1947).

Saber escuchar es el mejor remedio contra la soledad.

Anónimo.

Se aprende más por lo que la gente habla entre sí o por lo que se sobreentiende, que planteándose preguntas.

Rudyard Kipling (1865-1936). Novelista inglés.

Si no quieres escuchar a la razón, seguramente os golpeará en los nudillos.

Benjamín Franklin (1706-1790). Político, filósofo y científico estadounidense.

Tenemos dos orejas y una sola boca, justamente para oír más y hablar menos.

Zenón de Citio (335-264 a.C.). Filósofo griego.

Todas la cosas ya fueron dichas, pero como nadie escucha es preciso comenzar de nuevo.

André Gide (1869-1951). Escritor francés.

Así como hay un arte de bien hablar, existe un arte de bien escuchar.

Epicteto (55-135 d.C.). Pensador griego.

Saber escuchar es el mejor remedio contra la soledad, la locuacidad y la laringitis.

William George Ward (1812-1882). Sacerdote inglés.

Esfuerzo

A veces sentimos que lo que hacemos es tan sólo una gota en el mar, pero el mar sería menos si le faltara una gota.

Madre Teresa de Calcuta (1910-1997). Misionera yugoslava nacionalizada india.

Al que trata, y fracasa, y muere; yo le doy honor, y gloria, y lágrimas.

Joaquín Miller (1837-1913). Poeta y juez estadounidense.

Algunos luchan un día y son buenos; otros luchan un año y son mejores; unos pocos luchan toda la vida: esos... son imprescindibles.

Bertolt Brecht (1898-1956). Poeta y dramaturgo alemán.

Caminante, no hay camino; se hace camino al andar.
Antonio Machado (1875-1939). Poeta español.

Cualquier esfuerzo resulta ligero con el hábito.
Tito Livio (64 a.C.-17 d.C.). Historiador latino.

De la tirantez de lo que hay por hacer llega la paz de lo hecho.
Julia Louise Woodruff (1833-1909). Escritora estadounidense.

Desconfiemos del que nos predica la salvación sin esfuerzos, y tengamos la suficiente fe para no aceptar siquiera la promesa de una victoria sin merecimientos.
Alfonso Reyes (1889-1959). Escritor mexicano.

El éxito debe medirse no por la posición a que una persona ha llegado, sino por su esfuerzo por triunfar.
Booker T. Washington (1856-1915). Pedagogo estadounidense.

El ganar no lo es todo, pero el esfuerzo por lograrlo lo es.
Zig Ziglar (1926-). Escritor y conferencista estadounidense.

El que está abajo no teme caer.
John Bunyan (1628-1688). Predicador y escritor inglés.

El verdadero precio de todas las cosas, lo que todas las cosas cuestan realmente al hombre que quiere adquirirlas es el esfuerzo y la molestia que supone adquirirlas.
Adam Smith (1723-1790). Economista y filósofo británico.

En todos los asuntos humanos hay esfuerzos y resultados, y la dureza del esfuerzo es la medida del resultado.
James Allen (1864-1912). Escritor inglés.

Haced lo que podáis. Dios hará lo que no podáis hacer vosotros.
San Juan Bosco (1815-1888). Santo italiano, fundador de la orden de los salesianos.

Hay quienes se consideran perfectos, pero es sólo porque exigen menos de sí mismos.
Herman Hesse (1877-1962). Escritor alemán. Premio Nobel de Literatura (1947).

Hay un gran número de cosas que requieren menos fuerza para hacerlas que para pensarlas, y menos para hacerlas enérgicamente que para hacerlas moderadamente.
Paul Ambroise Valéry (1871-1945). Escritor francés.

He peleado la buena batalla, he acabado la carrera, he guardado la fe.
La Biblia.

Jamás el esfuerzo desayuda a la fortuna.
Fernando de Rojas (1470-1541). Escritor español.

La forma de dar una vez en el clavo es dar cien veces en la herradura.
Miguel De Unamuno (1864-1936). Filósofo y escritor español.

Las personas que intentan hacer algo y fracasan están definitivamente mejor que los que tratan de no hacer nada y lo consiguen.
Anónimo.

Lo que hagas sin esfuerzo y con presteza, durar no puede ni tener belleza.
Plutarco (46-125). Biógrafo y ensayista griego.

Lo que no puedo hacer ahora es el signo de lo que haré más tarde. El sentido de la imposibilidad es el comienzo de todas las posibilidades...
Sri Aurobindo (1872-1950). Filósofo, poeta y místico hindú.

Lo que se lee sin esfuerzo ninguno, se ha escrito siempre con un gran esfuerzo.
Enrique Jardiel Poncela (1901-1952). Escritor español.

Los esfuerzos son vanos cuando falta vocación.
Trinidad Sánchez Santos (1859-1912). Periodista mexicano.

Los hombres nos juzgan por el éxito en nuestros esfuerzos, Dios mira los esfuerzos por sí mismos.
Charlotte Bronte (1816-1855). Poetisa y novelista inglesa.

Los premios de la vida se encuentran al fin de cada jornada, y no cerca del comienzo, y no me corresponde a mí saber cuántos pasos son necesarios a fin de alcanzar mi meta.
Og Mandino (1923-1996). Escritor estadounidense.

Más hermoso parece el soldado muerto en la batalla que sano en la huída.
Miguel de Cervantes (1547-1616). Dramaturgo, poeta y novelista español.

Mejor no hacer nada que hacer cualquier cosa.
Francis Picabia (1879-1953). Artista francés de origen español.

Merecen elogio los hombres que en sí mismos hallaron el ímpetu y subieron en hombros de sí mismos.
Séneca Anneo (3 a.C.- 65 d.C.). Filósofo latino.

Mira que te mando que te esfuerces y seas valiente: no temas ni desmayes, porque Jehová tu Dios será siempre contigo en donde quiera que fueres.
La Biblia.

Nada se resiste al esfuerzo unido de un gran número de brazos.
Lucas Alamán (1792-1853). Político e historiador mexicano.

Nadie se ha ahogado en su propio sudor.
Ann Landers (1918-2002). Columnista estadounidense.

Ni es de los ligeros la carrera, ni la guerra de los fuertes.
La Biblia.

No conozco a nadie que haya llegado a la cima sin trabajar fuerte. Esa es la receta. Si no siempre se llega a la cima, se llegará muy cerca.
Margaret Thatcher (1925-). Política británica.

No digas "Es imposible" di no lo he hecho todavía...
Proverbio japonés.

No es grande el que siempre triunfa, sino el que jamás se desalienta.
José Luis Martín Descalzo (1930-1991). Sacerdote y escritor español.

No hay esfuerzos inútiles.
Roger Caillois (1913-1978). Intelectual francés.

No importa donde estemos, sino hacia donde avanzamos. Para arribar a puerto seguro a veces navegamos con el viento a favor y a veces en contra, pero la cuestión es navegar, no derivar sin rumbo ni permanecer anclados.
Oliver Wendell Holmes (1809-1894). Médico y escritor estadounidense.

No podemos evitar el viento, pero podemos construir molinos.
Dicho holandés.

No se llega a campeón sin sudar.
Epicteto (55-135 d.C.). Pensador griego.

Nuestra recompensa se encuentra en el esfuerzo y no en el resultado, un esfuerzo total es una victoria completa.
Mohandas Karamchand Gandhi (1869-1948). Líder político y espiritual hindú.

Nunca sabe un hombre de lo que es capaz hasta que lo intenta.
Charles Dickens (1812-1870). Escritor inglés.

O lo intentas, o lo haces.
Publio Nasón Ovidio (43 a.C.-17 d.C.). Poeta latino.

Para aquellos que luchan incansablemente y no se rinden, hay una victoria triunfante sobre todas las cosas oscuras de la vida.
James Allen (1864-1912). Escritor inglés.

Pocas cosas son imposibles a la diligencia y laboriosidad.
Samuel Johnson (1709-1784). Escritor británico.

Pocos consiguen alguna cosa sin trabajar por ella.
William Feather (1889-1981). Escritor y editor estadounidense.

Reza, pero no dejes de remar hacia la orilla.
Proverbio ruso.

Si de verdad vale la pena hacer algo, vale la pena hacerlo a toda costa.
Gilbert Keith Chesterton (1874-1936). Escritor inglés.

Si sale, sale. Si no sale, hay que volver a empezar. Todo lo demás es fantasía.
Eduard Manet (1832-1883). Pintor francés.

Todo lo que hagas el día de hoy se reflejará en el día de mañana.
Anónimo.

Todo lo que somos o todo lo que no somos es el resultado de nuestro propio esfuerzo o de nuestra propia inacción...
Carl Louis von Grasshoff "Max Heindel" (1865-1919). Ocultista y místico danés.

Trabaja alegremente y tranquilamente, sabiendo que los pensamientos correctos y los esfuerzos adecuados te darán inevitablemente buenos resultados.
James Allen (1864-1912). Escritor inglés.

Un discípulo de quien jamás se pide nada que no pueda hacer, nunca hace todo lo que puede.
John Stuart Mill (1806-1873). Economista y político británico.

Un guerrero actua como si supiera lo que está haciendo, cuando en realidad no sabe nada.
Carlos Castañeda (1931-). Escritor brasileño.

Un hombre que decide hacer algo sin pensar en otra cosa, supera todos los obstáculos.
Giovanni Giacomo Casanova (1725-1798). Aventurero italiano.

Esperanza

¿Cuál es el sueño de los que están despiertos? La esperanza.
Carlomagno "Carlos I, el Grande" (742-814). Monarca germano.

A la esperanza pido engaños que alimenten mis deseos.
Juan Ruiz de Alarcón (1581-1639). Escritor y dramaturgo mexicano.

Al deseo, acompañado de la idea de satisfacerse, se le denomina esperanza; despojado de tal idea, desesperación.
Thomas Hobbes (1588-1679). Filósofo y político inglés.

Algo había muerto en cada uno de nosotros y lo que había muerto era la esperanza.
Oscar Wilde (1854-1900). Novelista, poeta, crítico literario y autor teatral irlandés.

Basta la más pequeña partícula de esperanza para engrandar un gran amor.
Marie Henri Beyle "Stendhal" (1783-1842). Novelista y ensayista francés.

Cada criatura, al nacer, nos trae el mensaje de que Dios todavía no pierde la esperanza en los hombres.
Rabindranath Tagore (1861-1941). Poeta y filósofo indio.

Casarse por segunda vez es el triunfo de la esperanza sobre la experiencia.
Samuel Johnson (1709-1784). Escritor británico.

Como el camino está sembrado de espinas, Dios ha dado al hombre tres dones: la sonrisa, el sueño y la esperanza.
Immanuel Kant (1724-1804). Filósofo alemán.

El desdichado no tiene otra medicina que la esperanza.
William Shakespeare (1564-1616). Poeta y autor teatral inglés.

El hombre es una criatura de esperanza e inventiva y ambas cualidades desmienten la idea de que no es posible cambiar las cosas.
Tom Clancy (1947-). Escritor estadounidense.

El momento más oscuro es antes de amanecer.
Filósofo de Güémez, personaje mexicano que se dice vivió alrededor de 1800.

El que vive de esperanzas corre el riesgo de morirse de hambre.
Benjamín Franklin (1706-1790). Político, filósofo y científico estadounidense.

El sol es nuevo cada día.
Heráclito de Efeso (540-470 a.C.). Filósofo griego.

El sol saldrá sin tu ayuda.
Talmud. Cuerpo de ley civil y religiosa del judaísmo.

El sueño de los que están despiertos es la esperanza.
Carlomagno "Carlos I, el Grande" (742-814). Monarca germano.

El sueño y la esperanza son dos calmantes que concede la naturaleza al hombre.
Federico II (1712-1786). Rey de Prusia (1740-1786).

El temor y la esperanza nacen juntos y juntos mueren.
Pietro Trapassi "Metastasio" (1698-1782). Poeta italiano.

En la adversidad una persona es salvada por la esperanza.
Menandro (343-290 a.C.). Filósofo griego.

Es fácil ser feliz y estar contento cuando la vida suave se desliza como una melodía; pero el hombre que vale, es el que afronta, cuando todo va mal, el sufrimiento y tiene una sonrisa todavía.
Luis Cabrera (1876-1954). Abogado y escritor mexicano.

Es inútil toda polémica si no hay esperanza de que resulte provechosa.
Juan Luis Vives (1492-1540). Humanista y filósofo español.

Es la ley de la vida que cada vez que se nos cierra una puerta se nos abre otra. Lo malo es que con frecuencia miramos con demasiado ahínco hacia el pasado y añoramos la puerta cerrada con tanto afán que no vemos la que acaba de abrirse...
Albert Schweitzer (1875-1965). Médico francés.

Esperar lo inesperado, es señal de un espíritu profundamente moderno.
Oscar Wilde (1854-1900). Novelista, poeta, crítico literario y autor teatral irlandés.

Hay quien arroja un vidrio en la playa. Pero hay quien se agacha a recogerlo.
José Narosky (1931-). Escritor argentino.

Imaginemos un grupo de hombres encadenados, todos ellos, condenados a muerte, algunos de los cuales son decapitados cada día en presencia de los demás, quienes aguardan, perdida toda esperanza, que les llegue su turno: tal es la imagen de la condición humana.

Blaise Pascal (1623-1662). Matemático, físico y teólogo francés.

La esperanza de una felicidad eterna e incomprensible en otro mundo, es cosa que también lleva consigo el placer constante.

John Locke (1632-1704). Filósofo inglés.

La esperanza es el pan del pobre.

George Herbert (1593-1633). Poeta inglés.

La esperanza es el peor de los males, pues prolonga el tormento del hombre.

Friedrich Nietzsche (1844-1900). Filósofo, poeta y filólogo alemán.

La esperanza es el sueño del hombre despierto.

Aristóteles (384 a.C.-322a.C). Filósofo griego.

La esperanza es un buen desayuno pero una mala cena.

Francis Barón de Verulam Bacon (1561-1626). Filósofo y estadista británico.

La esperanza es un estimulante vital muy superior a la suerte.

Friedrich Nietzsche (1844-1900). Filósofo, poeta y filólogo alemán.

La esperanza es un gran falsificador.

Baltasar Gracián y Morales (1601-1658). Jesuita y escritor español.

La esperanza es una cadena que ata todos nuestros placeres.

Charles Louis de Secondat, barón de la Brède y de Montesquieu (1689-1755). Escritor francés.

La esperanza es una virtud cristiana que consiste en despreciar todas las miserables cosas de este mundo en espera de disfrutar, en un país desconocido, deleites ignorados que los curas nos prometen a cambio de nuestro dinero.

Francois-Marie Arouet de Voltaire (1694-1778). Escritor y filósofo francés.

La esperanza siempre nace con el amor.

Miguel de Cervantes (1547-1616). Dramaturgo, poeta y novelista español.

La gran esperanza de la sociedad radica en el carácter del individuo.

William Ellery Channing (1780-1842). Ministro religioso y escritor estadounidense.

La juventud vive de la esperanza; la vejez, del recuerdo.

George Herbert (1593-1633). Poeta inglés.

Más vale buena esperanza que ruin posesión.

Miguel de Cervantes (1547-1616). Dramaturgo, poeta y novelista español.

No neguemos nada; no afirmemos nada; esperemos.

Arthur Schopenhauer (1788-1860). Filósofo alemán.

Nunca están cerradas todas las puertas mientras estemos vivos.
José Luis Martín Descalzo (1930-1991). Sacerdote y escritor español.

Nunca se da tanto como cuando se dan esperanzas.
Anatole France (1844-1924). Novelista y premio Nobel francés.

Por muy larga que sea la tormenta, el sol siempre vuelve a brillar entre las nubes.
Khalil Gibran (1833-1931). Ensayista, novelista y poeta libanés.

Si la mañana no nos desvela para nuevas alegrías y, si por la noche no nos queda ninguna esperanza, ¿es que vale la pena vestirse y desnudarse?
Johann Wolfgang von Goethe (1749-1832). Poeta, novelista y dramaturgo alemán.

Siempre es amanecer en alguna parte del mundo.
Richard Henry o Hengist Horne (1802-1884). Poeta inglés.

Siempre tienen una opción. Siempre hay algo que puedan hacer. Nunca están desprovistos de una posibilidad.
John Michael Crichton (1942-). Escritor y director de cine estadounidense.

Siento cada vez más la imperiosa necesidad de entregarme con más confianza a la misericordia divina y de poner sólo en Dios toda mi esperanza.
San Pío de Pieltrecina (1887-1968). Religioso italiano.

Sin esperanza se encuentra lo inesperado.
Heráclito de Efeso (540-470 a.C.). Filósofo griego.

Téngase esperanza de lo que se desea y con eso súfrase lo que sucediere.
Francisco De Quevedo (1580-1645). Escritor español.

Todo cuanto se hace en el mundo se hace por una esperanza.
Martín Lutero (1483-1546). Teólogo alemán que inició la Reforma protestante.

Cuando una puerta se cierra, otra se abre.
Miguel de Cervantes (1547-1616). Dramaturgo, poeta y novelista español.

El no esperar remedio, ni desesperar de él, suele ser el remedio de los casos desesperados.
Diego de Saavedra Fajardo (1584-1648). Escritor español.

El ocaso de una gran esperanza es como el ocaso del Sol: con ella se extingue el esplendor de nuestra vida.
Henry W. Longfellow (1807-1882). Poeta estadounidense.

El que vive de esperanzas, muere de sentimiento.
Benjamín Franklin (1706-1790). Político, filósofo y científico estadounidense.

En cada amanecer hay un vivo poema de esperanza, y, al acostarnos, pensemos que amanecerá.
Noel Clarasó (1905-1985). Escritor español.

Es necesario esperar, aunque la esperanza haya de verse siempre frustada, pues la esperanza misma constituye una dicha, y sus fracasos, por frecuentes que sean, son menos horribles que su extinción.
Samuel Johnson (1709-1784). Escritor británico.

La esperanza del bien es ya un gran bien.
Constancio C. Vigil (1876-1954). Escritor uruguayo.

La esperanza es el único bien común a todos los hombres. Los que todo lo han perdido la poseen aún.
Tales de Mileto (625-546). Filósofo griego.

La esperanza es un árbol en flor que se balancea dulcemente al soplo de las ilusiones.
Severo Catalina y del Amo (1832-1871). Escritor español.

La esperanza es un empréstito que se hace a la felicidad.
Antoine Rivarol (1753-1801). Escritor francés.

La esperanza hace que agite el naufrago sus brazos en medio de las aguas, aún cuando no vea tierra por ningún lado.
Publio Nasón Ovidio (43 a.C.-17 d.C.). Poeta latino.

La esperanza no es ni realidad ni quimera. Es como los caminos de la Tierra: sobre la Tierra no había caminos; han sido hechos por el gran número de transeúntes.
Lu Xun (1881-1936). Traductor y escritor chino.

La esperanza vieja es la más dura de perder.
Elizabeth Barrett Browning (1806-1861). Poetisa inglesa.

La esperanza y el miedo son inseparables.
François de La Rochefoucauld (1613-1680). Político y escritor francés.

La providencia nos ha dado el sueño y la esperanza como compensación a los cuidados de la vida.
Francois-Marie Arouet de Voltaire (1694-1778). Escritor y filósofo francés.

Los vuelos naturales del espíritu humano no van de placer a placer, sino de una esperanza a otra.
Samuel Johnson (1709-1784). Escritor británico.

No hay condición tan baja que no tenga esperanzas, ni ninguna tan alta que no inspire temor.
Lin Yutang (1895-1976). Escritor chino-americano

Por negra que sea la nube, la lluvia es blanca.
Proverbio hindú.

Quien ha perdido la esperanza ha perdido también el miedo: tal significa la palabra desesperado.
Arthur Schopenhauer (1788-1860). Filósofo alemán.

Si ayudo a una sola persona a tener esperanza, no habré vivido en vano.
Martin Luther King (1929-1968). Humanista estadounidense.

Todo hombre no vive más que por lo que espera.
Giovanni Papini(1881-1956). Escritor italiano.

Una esperanza reaviva otra esperanza; una ambición, otra ambición.
Séneca Anneo (3 a.C.- 65 d.C.). Filósofo latino.

Espíritu

La gracia se da para curar al espíritu enfermo, no para adornar a héroes espirituales.
Martín Lutero (1483-1546). Teólogo alemán que inició la Reforma protestante.

Cuando todo lo que entendemos de mortal esté revestido de inmortalidad, sentiremos mejor la dignidad de nuestra alma y la eminencia de sus cualidades; sabremos entonces lo que es un espíritu.
Rubén Darío (1867-1916). Poeta nicaragüense.

Desde la cuna hasta la tumba, el hombre no hace una sola cosa que no persiga como fin principal lograr para sí mismo la paz del espíritu y la tranquilidad espiritual.
Mark Twain (1835-1910). Escritor estadounidense.

El corazón y el espíritu son los dos platillos de una balanza. Sumid el espíritu en el estudio y vuestro corazón se elevará al cielo.
Víctor Hugo (1802-1885). Escritor francés.

El espíritu del hombre soporta su enfermedad; mas al espíritu abatido, ¿quién lo sostendrá?
La Biblia.

El espíritu es lo positivo, el hecho lo negativo.
Ralph Waldo Emerson (1803-1882). Ensayista y poeta estadounidense.

El espíritu humano avanza de continuo, pero siempre en línea espiral.
Johann Wolfgang von Goethe (1749-1832). Poeta, novelista y dramaturgo alemán.

El espíritu humano vive haciendo teorías tan naturalmente como el cuerpo respira.
Emma Godoy (1918-1989). Poetisa y escritora mexicana.

El espíritu recto se regocija con el bien y sufre con el mal.
Marco Tulio Cicerón (106-43 a.C.). Escritor, político y orador romano.

El universo de las cosas se halla contenido en el universo del espíritu.
Bernardo J. Gastélum (1886-1982). Médico mexicano.

En el majestuoso conjunto de la creación, nada hay que me conmueva tan hondamente, que acaricie mi espíritu y dé vuelo desusado a mi fantasía como la luz apacible y desmayada de la luna.
Gustavo Adolfo Bécquer (1836-1870). Poeta español.

Hay espíritus que enturbian sus aguas pare hacerlas parecer profundas.
Friedrich Nietzsche (1844-1900). Filósofo, poeta y filólogo alemán.

La blasfemia contra el espíritu no será perdonada a los hombres.
La Biblia.

La cultura del espíritu suaviza el carácter, reforma las costumbres.
José María Luis Mora (1794-1850). Sacerdote y pedagogo mexicano.

La fuerza del espíritu embebe en sí y arrebata las fuerzas del alma.
Fray Luis de Granada (1504-1588). Escritor español.

La grandeza no se enseña ni se adquiere: es la expresión del espíritu de un hombre hecho por Dios.
John Ruskin (1819-1900). Escritor británico.

Las armas requieren espíritu como las letras.
Miguel de Cervantes (1547-1616). Dramaturgo, poeta y novelista español.

Lo que más se necesita para aprender es un espíritu humilde.
Confucio (551-479 a.C.). Filósofo y teórico social chino.

Los cuartos o habitaciones pequeñas concentran el espíritu; los grandes, lo dispersan.
Leonardo Da Vinci (1452-1519). Artista florentino.

Los espíritus mediocres suelen condenar todo aquello que está fuera del alcance de ellos.
François de La Rochefoucauld (1613-1680). Político y escritor francés.

Los espíritus vulgares no tienen destino.
Platón (428-347 a.C.). Filósofo griego.

Los grandes espíritus siempre han encontrado una violenta oposición de parte de mentes mediocres.
Albert Einstein (1879-1955). Científico estadounidense de origen alemán.

Mi voto y mi augurio es éste: El espíritu de creación, que es la más alta forma del espíritu de contradicción, abolirá este "vivir a tu aire" moderno, esta mala libertad de acción que se enseña a la infancia americana y que suprime el principal resorte de los niños, de los jóvenes, de los héroes y de los artistas: la desobediencia.
Jean Cocteau (1889-1963). Escritor francés.

No con sólo pan vivirá el hombre.
La Biblia.

No domina a sus semejantes sino el que ha dominado dentro de su propio espíritu las pasiones.
Jesús Urueta (1868-1920). Abogado, poeta, novelista, periodista, político revolucionario.

Si tu diario vivir te parece pobre, no le culpes a él; acúsate a ti mismo de no ser bastante poeta para lograr descubrir sus riquezas. Para un espíritu creador no hay pobreza, ni hay tampoco lugar alguno que le parezca pobre o le sea indiferente.

Rainer Maria Rilke (1875-1926). Poeta alemán.

Solo el espíritu puro conoce la alegría.

José Vasconcelos (1882-1959). Filósofo, educador y político mexicano.

Estadística

62.15% de todas las estadísticas no tienen importancia.

Anónimo.

La estadística es la primera de las ciencias inexactas.

Edmond Huot de Goncourt (1822-1896) Escritor francés.

La estadística es la única herramienta adecuada para afrontar las enormes dificultades que llenan el camino de las ciencias del hombre.

Sir Francis Galton (1822-1911). Antropólogo y genetista inglés.

La estadística es una ciencia que demuestra que si mi vecino tiene dos coches y yo no tengo ninguno, los dos tenemos un coche.

George Bernard Shaw (1856-1950). Escritor irlandés.

La estadística es una ciencia según la cual todas las mentiras se tornan cuadros.

Pitigrilli (Dino Segre) (1893-1975). Escritor italiano.

Las estadísticas son como un bikini; lo que dejan ver es sugerente, pero lo que esconden es vital.

Anónimo.

Los tres fines que un estadista debe proponerse en el gobierno de su nación, son: 1.- seguridad a los que poseen; 2.- facilitar el camino a los que traten de adquirir, 3.- esperanzas a todos.

Samuel T. Coleridge (1772-1834). Poeta inglés.

Estilo

Antes de ponerme a escribir una novela leo durante algunos días el Código Civil para formarme el estilo.

Marie Henri Beyle "Stendhal" (1783-1842). Novelista y ensayista francés.

Cuando encontramos un estilo natural nos produce siempre deleite y sorpresa, pues esperábamos ver a un escritor y nos hemos encontrado con un hombre.

Blaise Pascal (1623-1662). Matemático, físico y teólogo francés.

El buen estilo debe ser, ante todo, claro.

Aristóteles (384 a.C.-322a.C). Filósofo griego.

El estilo es el hombre.
Georges Louis Leclerc, conde de Buffon (1707-1788). Naturalista francés.

El estilo es el hombre. El español, bravucón de la vida real, suele ser también bravucón de la literatura.
Carlos Octavio Bunge (1875-1918). Sociólogo y jurisconsulto argentino.

El estilo es la fisonomía de la mente.
Arthur Schopenhauer (1788-1860). Filósofo alemán.

El estilo es la vida y la sangre del pensamiento.
Gustave Flaubert (1821-1880). Novelista francés.

El gran estilo nace cuando lo bello obtiene la victoria sobre lo enorme.
Friedrich Nietzsche (1844-1900). Filósofo, poeta y filólogo alemán.

En asuntos de vital importancia, el estilo, y no la sinceridad, es lo verdaderamente vital.
Oscar Wilde (1854-1900). Novelista, poeta, crítico literario y autor teatral irlandés.

Mi ideal, en materia de estilo, es no tenerlo.
Marcelino Menéndez Pelayo (1856-1912). Filólogo e historiador español.

Se confunde el estilo con el lenguaje, sin ver cuál poderoso estilo puede revelar uno, chapurreando lengua que apenas conoce, y cuán desprovistas de él están muchas melopeas escritas con el más chinesco artificio gramatical y retórico.
Miguel De Unamuno (1864-1936). Filósofo y escritor español.

Un buen estilo debe tener aire de novedad y al mismo tiempo ocultar su arte.
Aristóteles (384 a.C.-322a.C). Filósofo griego.

Un estilo seco se mantiene a través del tiempo como una momia incorruptible y otros estilos hinchados y profundos de imaginería se corrompen con todos sus adornos. Sólo de vez en cuando se sacan algunas diademas de sus tumbas.
Paul Ambroise Valéry (1871-1945). Escritor francés.

Uno encuentra su estilo cuando no puede hacerlo de otra manera.
Paul Klee (1879-1940). Pintor suizo.

El estilo, como las uñas, es más fácil tenerlo brillante que limpio.
Heinrich Heine (1797-1856). Poeta y crítico alemán.

Éxito

Actúa como si ya hubieras logrado tus metas y éstas serán tuyas.
Dr. Robert Anthony (1916-). Educador y escritor estadounidense.

Casi nadie repara por sí mismo en el mérito de otro.
Jean de la Bruyere (1645-1696). Filósofo y escritor francés.

Comportate como si el éxito fuera inevitable.
Anónimo.

De todo éxito, por pequeño que sea, surgirá un día un esfuerzo más grande que lo completará.
Walt Whitman (1819-1892). Poeta estadounidense.

El diccionario está equivocado. Trabajo no puede ir después de éxito.
Anónimo.

El éxito consiste en obtener lo que se desea. La felicidad, en disfrutar lo que se obtiene.
Ralph Waldo Emerson (1803-1882). Ensayista y poeta estadounidense.

El éxito en la vida consiste en seguir siempre adelante.
Samuel Johnson (1709-1784). Escritor británico.

El éxito en la vida de un hombre está en prepararse para aprovechar la ocasión cuando se le presente.
Benjamin Disraeli (1804-1881). Escritor británico.

El éxito es el único juez terrenal de lo recto y lo equivocado.
Adolf Hitler (1889-1945). Político alemán de origen austriaco.

El éxito es fácil de obtener. Lo difícil es merecerlo.
Albert Camus (1913-1960). Novelista, dramaturgo y ensayista francés.

El éxito es la utilización máxima de su habilidad.
Zig Ziglar (1926-). Escritor y conferencista estadounidense.

El éxito es más dulce a aquellas personas que nunca antes lo habían disfrutado.
Emily Dickinson (1830-1886). Poetisa estadounidense.

El éxito es un 99% de fracaso.
Soichiro Honda (1906-1991). Industrial japonés.

El éxito exige unidad de propósito.
Vincent Lombardi (1913-1970). Entrenador de futbol americano estadounidense.

El éxito lleva a muchos a la ruina.
Fedro (15 a.C.-55 d.C.). Poeta romano.

El éxito no esperará. Si demoro, será como una novia que se casará con otro y la perderé para siempre. Ahora es el momento oportuno, éste es el lugar, yo soy el hombre.
Og Mandino (1923-1996). Escritor estadounidense.

El éxito parece ser en gran parte cuestión de tomarlo después de que otros lo dejan ir.
William Feather (1889-1981). Escritor y editor estadounidense.

El éxito tiene muchos padres, pero el fracaso es huérfano.
John F. Kennedy (1917-1963). Presidente de Estados Unidos (1961-1963).

El éxito y la felicidad no son destinos, son jornadas excitantes que nunca terminan.
Zig Ziglar (1926-). Escritor y conferencista estadounidense.

El fracaso es, a veces, más fructífero que el éxito.
Henry Ford (1863-1947). Industrial estadounidense.

El mexicano perdona todo menos el éxito de otro mexicano.
Adolfo López Mateos (1910-1969). Político y expresidente mexicano.

El renombre y el reposo no compaginan.
Georg Christoph Lichtenberg (1742-1799). Escritor y científico alemán.

El secreto de mi éxito está en pagar como si fuera pródigo y en vender como si estuviera en quiebra.
Henry Ford (1863-1947). Industrial estadounidense.

El verdadero éxito consiste en poder dedicar la vida al trabajo del que uno está enamorado.
David McCullough (1933-). Escritor estadounidense.

En resumidas cuentas, en este mundo, cada cual consigue lo que se merece. Pero sólo quienes alcanzan el éxito lo reconocen.
Georges Simenon (1903-1989). Escritor francés.

En toda cumbre hay tranquilidad.
Johann Wolfgang von Goethe (1749-1832). Poeta, novelista y dramaturgo alemán.

Estar contento con el éxito y descontento con el fracaso es ser hijo de las circunstancias; ¿cómo puede llamarse a tal persona dueña de sí misma?...
Swami Sivananda (1887-1963). Escritor e impulsor del hinduismo.

Hay dos tragedias en la vida. Una es no alcanzar el deseo de nuestro corazón. Y la otra es alcanzarlo.
George Bernard Shaw (1856-1950). Escritor irlandés.

Hay hombres de espíritu levantado, impaciente. Para éstos una mañana es ya el principio de una tarde.
Ermilo Abreu Gómez (1894-1971). Novelista, ensayista y dramaturgo mexicano.

He tenido éxito en la vida. Ahora, intento hacer de mi vida un éxito.
Brigitte Bardot (1934-). Actriz francesa.

He tenido suficiente éxito para dos vidas. Mi éxito es talento aunado a trabajo duro y suerte.
Kareem Abdul-Jabbar (1947-). Basquetbolista estadounidense.

Imaginese a usted mismo vividamente como un ganador, y eso tan sólo contribuirá enormemente a su éxito.
Harry Emerson Fosdick (1878–1969). Clérigo estadounidense.

La brevedad es el alma del ingenio.
William Shakespeare (1564-1616). Poeta y autor teatral inglés.

La clave del éxito depende sólo de lo que podamos hacer de la mejor manera posible.
Henry W. Longfellow (1807-1882). Poeta estadounidense.

La grandeza huye de quien la busca, y persigue a quien huye de ella.
Talmud. Cuerpo de ley civil y religiosa del judaísmo.

La realidad es que los éxitos se los llevan los fuertes y el fracaso los débiles, y eso es todo.
Oscar Wilde (1854-1900). Novelista, poeta, crítico literario y autor teatral irlandés.

La ventaja se la lleva aquel que aprovecha el momento oportuno.
Johann Wolfgang von Goethe (1749-1832). Poeta, novelista y dramaturgo alemán.

La victoria tiene un centenar de padres, pero la derrota es huérfana.
John F. Kennedy (1917-1963). Presidente de Estados Unidos (1961-1963).

Llegar a una meta es el punto de partida hacia otra.
John Dewey (1859-1952). Filósofo y educador estadounidense.

Lo que no me mata, me hace más fuerte.
Albert Camus (1913-1960). Novelista, dramaturgo y ensayista francés.

Lo realmente importante no es llegar a la cima; sino saber mantenerse en ella.
Louis Charles Alfred de Musset (1810-1857). Poeta francés.

Los perezosos siempre hablan de lo que piensan hacer, de lo que harán; los que de veras hacen algo no tienen tiempo de hablar ni de lo que hacen.
Johann Wolfgang von Goethe (1749-1832). Poeta, novelista y dramaturgo alemán.

Los únicos grandes logros de un hombre son los que son socialmente útiles.
Alfred Adler (1870-1937). Psiquiatra austriaco.

Muchos de los grandes hombres han debido su éxito a la industria más que a su inteligencia.
Sir John Lubbock "Lord Avery" (1834-1913). Naturalista y banquero inglés.

Muy pocos grandes hombres proceden de un ambiente fácil.
Conde de Keyserling (1880-1946). Filósofo alemán.

Nada tiene más éxito que el éxito.
Alejandro Dumas (hijo) (1824-1895). Escritor francés.

No es difícil tener éxito. Lo difícil es merecerlo.
Albert Camus (1913-1960). Novelista, dramaturgo y ensayista francés.

No hay nada que tenga más éxito que el éxito y nada es tan contagioso como el fracaso.
Frederick Forsyth (1938-). Escritor británico.

No hay secretos para triunfar. En la práctica todas las teorías se derrumban. Todo se reduce a la suerte y a una larga paciencia.
André Maurois (1885-1967). Escritor francés.

No se puede subir la escalera del éxito vestido con el traje del fracaso.
Zig Ziglar (1926-). Escritor y conferencista estadounidense.

Ochenta por ciento del éxito es mostrarlo.
James Allen (1864-1912). Escritor inglés.

Para obtener éxito en el mundo hay que parecer loco y ser sabio.
Charles Louis de Secondat, barón de la Brède y de Montesquieu (1689-1755). Escritor francés.

Para tener éxito hay que tener amigos; pero para tener mucho éxito hay que tener amigos.
Frank Sinatra (1915-1998). Actor de cine y cantante estadounidense.

Para tener éxito, dedique tres o cuatro horas al día a ser un ejecutivo, y el resto del tiempo a pensar.
Felix Frankfurter (1882-1965). Jurista estadounidense.

Presencia de ánimo y valor en la adversidad, valen para conquistar el éxito más que un ejército.
John Dryden (1631-1700). Poeta, dramaturgo y crítico inglés.

Puedes llegar a cualquier parte, siempre que andes lo suficiente.
Lewis Carroll (1832-1898). Escritor y matemático inglés.

Recuerda siempre que tu propia resolución de triunfar es más importante que cualquier otra cosa.
Abraham Lincoln (1809-1865). 16º presidente de Estados Unidos (1861-1865).

Regocijarse en la conquista es regocijarse en el crimen.
Lao-tsé (570-490 a.C.). Filósofo del Taoísmo.

Si hay un secreto del buen éxito reside en la capacidad para apreciar el punto de vista del prójimo y ver las cosas desde ese punto de vista así como del propio.
Henry Ford (1863-1947). Industrial estadounidense.

Si no te puedes ver como un triunfador, no puedes actuar como tal.
Zig Ziglar (1926-). Escritor y conferencista estadounidense.

Si nunca has tenido un gran éxito, no sabes lo que vales; el éxito es la piedra de toque de los caracteres.
Amado Nervo (1870-1919). Poeta y escritor mexicano.

Siempre ampliaré mis metas tan pronto como las haya alcanzado.
Og Mandino (1923-1996). Escritor estadounidense.

Siempre he observado que para triunfar en la vida hay que ser entendido, pero parecer tonto.
Charles Louis de Secondat, barón de la Brède y de Montesquieu (1689-1755). Escritor francés.

Sólo hay un éxito: poder vivir como se desea.
Christopher Darlington Morley (1890-1957). Escritor estadounidense.

Triunfar tarde no es triunfar: es alcanzar al mismo tiempo la inmortalidad y la muerte.
Benjamin Disraeli (1804-1881). Escritor británico.

Triunfé porque creyeron en mí.
Ulysses Simpson Grant (1822-1885). Militar, político y presidente estadounidense.

Tú naciste para ganar, pero para ser un ganador, debes planear ganar, prepararte para ganar y esperar ganar.
Zig Ziglar (1926-). Escritor y conferencista estadounidense.

Tú no puedes ganar si no juegas en equipo.
Kareem Abdul-Jabbar (1947-). Basquetbolista estadounidense.

Un tonto nunca se repone de un éxito.
Oscar Wilde (1854-1900). Novelista, poeta, crítico literario y autor teatral irlandés.

El éxito consiste en alcanzar lo que se desea, la felicidad en desear lo que se alcanza.
Anónimo.

El éxito es aprender a ir de fracaso en fracaso sin desesperarse.
Sir Winston Churchill (1874-1965). Político inglés.

El éxito no da ni quita la razón a las cosas.
Antonio Cánovas del Castillo (1828-1897). Político, historiador y escritor español.

El requisito del éxito es la prontitud en las decisiones.
Francis Barón de Verulam Bacon (1561-1626). Filósofo y estadista británico.

Es una cosa bastante repugnante el éxito. Su falsa semejanza con el mérito engaña a los hombres.
Víctor Hugo (1802-1885). Escritor francés.

Ha sido un éxito pero no ha sido un éxito inenarrable.
Eugenio d'Ors (1882–1954). Escritor español.

La llave del éxito es el conocimiento del valor de las cosas.
John Boyle O'Reilly (1844-1890). Poeta, novelista y editor irlandés.

Las personas no son recordadas por el número de veces que fracasan, sino por el número de veces que tienen éxito.
Thomas Alva Edison (1847-1931). Inventor estadounidense.

Más de uno le debe el éxito a su primera esposa, y su segunda esposa a su éxito.
Jim Backus James Gilmore (1913-1989). Actor estadounidense.

No hay secretos para el éxito, éste se alcanza preparándose, trabajando arduamente y aprendiendo del fracaso.
Colin Powell (1937-). Militar y político afro-americano.

Todos los años hay un campeón, pero no siempre hay un gran campeón.
Ayrton Senna (1960-1994). Piloto automovilista brasileño.

Experiencia

Aprende a tomar contacto con el silencio que está dentro de ti, pues has de saber que todo en esta vida tiene un propósito. No hay errores ni coincidencias, todos los acontecimientos son bendiciones que se nos dan para que aprendamos de ellos.
Elizabeth Kubler Ross (1926-2004). Psiquiatra y escritora suiza.

Aprendemos de la experiencia que los hombres nunca aprenden nada de la experiencia.
George Bernard Shaw (1856-1950). Escritor irlandés.

Cree en el experto.
Virgilio (70 a.C-19 a.C). Poeta romano.

Cuando se te presentan muchos caminos, elige siempre el más recto, que al mismo tiempo es el más corto y seguro; la experiencia y la verdad te lo indicarán.
Marco Aurelio Antonio (121-180). Emperador y filósofo romano.

El buen juicio proviene de la experiencia y a menudo la experiencia se obtiene de malos juicios.
Rita Mae Brown (1944-). Escritora estadounidense.

El juicio, la valoración, la pretensión, no son experiencias vacías que la conciencia tiene, sino experiencias compuestas de una corriente intencional.
Edmund Husserl (1859-1938). Filósofo checo.

El que ha naufragado tiembla incluso ante las olas tranquilas.
Publio Nasón Ovidio (43 a.C.-17 d.C.). Poeta latino.

En la escuela de la experiencia, las lecciones cuestan caras, pero solamente en ellas se corrigen los insensatos.
Benjamín Franklin (1706-1790). Político, filósofo y científico estadounidense.

Experiencia es el nombre que los hombres le dan a sus desatinos o a sus tristezas.

Louis Charles Alfred de Musset (1810-1857). Poeta francés.

Experiencia es el nombre que damos a nuestras equivocaciones.

Oscar Wilde (1854-1900). Novelista, poeta, crítico literario y autor teatral irlandés.

Generalmente la experiencia se atribuye a las personas de cierta edad y, lo que es peor, se la atribuyen ellas mismas.

Wallace Stevens (1879-1955). Poeta estadounidense.

Gracias a la memoria se da en los hombres lo que se llama experiencia.

Aristóteles (384 a.C.-322a.C). Filósofo griego.

Gran parte de las experiencias que he hecho sobre mí mismo las hice observando las particularidades de los demás.

Friedrich Hebbel (1813-1863). Dramaturgo alemán.

La costumbre es la gran guía de la vida humana.

David Hume (1711-1776). Filósofo escocés.

La experiencia es algo que consigues justo después de necesitarlo.

Anónimo.

La experiencia es el mejor de los maestros, sólo que la matrícula es muy pesada.

Thomas Carlyle (1795-1881). Historiador y pensador escocés.

La experiencia es esa cosa maravillosa que te permite reconocer un error cuando vuelves a cometerlo.

James Jones (1921-1977). Escritor estadounidense.

La experiencia es la enfermedad que ofrece el menor peligro de contagio.

Oliverio Girondo (1891-1967). Escritor argentino.

La experiencia es la suma de aquellos conocimientos que nos permiten cambiar los errores que cometió la juventud por los de edades maduras.

Ambrose Gwinett Bierce (1842-1914). Periodista y escritor estadounidense.

La experiencia es un billete de lotería comprado después del sorteo. No creo en ella.

Gabriela Mistral (1889-1957). Poetisa y diplomática chilena.

La experiencia es un buen maestro, pero manda cuentas muy caras.

Minna Thomas Antrim (1861-?). Escritora estadounidense.

La experiencia es un boleto de lotería comprado después del sorteo.

Gabriela Mistral (1889-1957). Poetisa y diplomática chilena.

La experiencia es una gran escuela, donde los fatuos no asisten.

Benjamín Franklin (1706-1790). Político, filósofo y científico estadounidense.

La experiencia es el maestro de los necios.
   Tito Livio (64 a.C.-17 d.C.). Historiador latino.

La experiencia no consiste en lo que se ha vivido, sino en lo que se ha reflexionado.
   José María de Pereda (1833-1906). Escritor español.

La experiencia no es lo que te sucede, sino lo que haces con lo que te sucede.
   Aldous Leonard Huxley (1894-1963). Escritor inglés.

La experiencia no tiene valor ético alguno, es simplemente el nombre que damos a nuestros errores.
   Oscar Wilde (1854-1900). Novelista, poeta, crítico literario y autor teatral irlandés.

La experiencia sólo es una aproximación. Jamás es una certidumbre.
   Immanuel Kant (1724-1804). Filósofo alemán.

La persona inteligente busca la experiencia que desea realizar.
   Aldous Leonard Huxley (1894-1963). Escritor inglés.

La teoría es asesinada tarde o temprano por la experiencia.
   Albert Einstein (1879-1955). Científico estadounidense de origen alemán.

Los tontos no aprenden por la lógica, sino por las malas experiencias.
   Demócrito (460 a.C.-370 a.C.). Filósofo griego.

Los viajes son en la juventud una parte de educación y, en la vejez, una parte de experiencia.
   Francis Barón de Verulam Bacon (1561-1626). Filósofo y estadista británico.

Más vale un abrojo de experiencia que toda una selva de advertencias.
   James Russell Lowell (1819-1891). Escritor estadounidense.

Nada se sabe bien sino por medio de la experiencia.
   Francis Barón de Verulam Bacon (1561-1626). Filósofo y estadista británico.

No hay duda que todo conocimiento empieza con la experiencia.
   Immanuel Kant (1724-1804). Filósofo alemán.

Nunca le ha servido a nadie la experiencia de otros.
   André Masséna (1758-1817). Soldado francés.

Para muchas personas, la experiencia es como los rayos de luz que salen de una embarcación: sólo alumbran el sendero por donde pasan.
   Samuel T. Coleridge (1772-1834). Poeta inglés.

Parece que la experiencia es la única cosa valiosa que está ampliamente distribuida.
   William Feather (1889-1981). Escritor y editor estadounidense.

Por más que la naturaleza empiece por la razón y termine en la experiencia, nosotros debemos seguir la marcha contraria; es decir, empezar por la experiencia y con ella investigar la razón.
   Leonardo Da Vinci (1452-1519). Artista florentino.

Prefiero el bastón de la experiencia que el carro rápido de la fortuna, el filósofo viaja a pie.
Pitágoras (582-500 a.C.). Filósofo y matemático griego.

Si pudiéramos vender nuestras experiencias en lo que nos cuestan, todos seríamos millonarios.
Abigail Van Buren (1918-). Columnista estadounidense.

Si tú llamas experiencias a tus dificultades y recuerdas que cada experiencia te ayuda a madurar, vas a crecer vigoroso y feliz, no importa cuán adversas parezcan las circunstancias.
Henry Miller (1891-1980). Escritor estadounidense.

Sólo la propia y personal experiencia hace al hombre sabio.
Sigmund Freud (1856-1939). Médico y neurólogo austriaco, fundador del psicoanálisis.

Sólo tengo una lámpara que guía mis pisadas, es la lámpara de la experiencia.
Patrick Henry (1736-1799). Patriota estadounidense y primer gobernador de Virginia.

Su experiencia, como tantas veces sucede, le hizo desconocer la verdad.
Anatole France (1844-1924). Novelista y premio Nobel francés.

Tener el carácter firme es tener una larga y sólida experiencia de los desengaños y desgracias de la vida.
Marie Henri Beyle "Stendhal" (1783-1842). Novelista y ensayista francés.

Todo nuestro conocimiento comienza con la experiencia, lo cual no prueba que todo derive de la experiencia.
Immanuel Kant (1724-1804). Filósofo alemán.

Tropezando se aprende a caminar.
Proverbio búlgaro.

Un asno viejo sabe más que un potro.
Francisco De Quevedo (1580-1645). Escritor español.

Un fracasado es un hombre que ha cometido un error, pero no es capaz de convertirlo en experiencia.
E. Hubrard (1856-1915). Escritor estadounidense.

Una espina de experiencia vale más que un bosque de advertencia.
James Russell Lowell (1819-1891). Escritor estadounidense.

Una mirada hacia atrás vale más que una mirada hacia adelante.
Arquímedes (287-212 a.C.). Matemático e inventor griego.

Unos pasando ven, otros viendo pasar.
Francisco De Quevedo (1580-1645). Escritor español.

Vivir es cambiar, ver cosas nuevas, experimentar otras sensaciones.
Amando de Miguel (1937-). Sociólogo español.

¡Qué cosa más pesada es llevar un nombre que se ha vuelto famoso!
Francois-Marie Arouet de Voltaire (1694-1778). Escritor y filósofo francés.

A la gloria de los más famosos se adscribe siempre algo de la miopía de los admiradores.
Georg Christoph Lichtenberg (1742-1799). Escritor y científico alemán.

Algo debo haber hecho mal o no sería tan famoso.
Robert Louis Stevenson (1850-1894). Novelista, ensayista y poeta escocés.

Casi siempre la fama llega demasiado tarde.
Luis Vaz de Camões (1524-1580). Poeta portugués.

Cualquiera puede hacer una cosa, el mérito está en hacer creer al mundo que uno lo ha hecho.
Oscar Wilde (1854-1900). Novelista, poeta, crítico literario y autor teatral irlandés.

De más estima es la buena fama que las muchas riquezas.
La Biblia.

Dichoso el que no ha conocido nunca el sabor de la fama; tenerla es un purgatorio; perderla, un infierno.
Edward George Bulwer Lytton (1803-1873). Escritor inglés.

El cielo de la fama no es muy grande, y cuántos más en él entren a menos toca cada uno de ellos.
Miguel De Unamuno (1864-1936). Filósofo y escritor español.

La conciencia de un hombre recto se ríe de los engaños de la fama.
Publio Nasón Ovidio (43 a.C.-17 d.C.). Poeta latino.

La fama es como un río que lleva a la superficie los cuerpos ligeros e hinchados, y sumerge a los pesados y sólidos.
Francis Barón de Verulam Bacon (1561-1626). Filósofo y estadista británico.

La fama es el perfume de los hechos heroicos.
Sócrates (470-399 a.C.). Filósofo griego.

La fama es la suma de los malentendidos que se reúnen alrededor de un hombre.
Rainer Maria Rilke (1875-1926). Poeta alemán.

La fama no es sino el aliento de la gente, y a veces insalubre.
Jean Jacques Rousseau (1712-1778). Filósofo y botánico suizo.

La fama verdadera y permanente no se puede encontrar sino en lo que promueve la felicidad de la humanidad.
Charles Sumner (1811-1874). Político estadounidense.

La gloria humana no es otra cosa que un gran rumor de viento en los oídos.
Boecio (480-524). Filósofo y hombre de estado romano.

La popularidad es la gloria en calderilla.
Víctor Hugo (1802-1885). Escritor francés.

La presencia disminuye la fama.
Claudio Claudiano (370-408). Poeta romano.

La reputación es un espejo de aumento.
Thomas Fuller (1608-1661). Clérigo y escritor inglés.

Le aconsejaría que mirase más a la fama que a la hacienda; porque la buena mujer no alcanza la buena fama solamente con ser buena, sino con parecerlo; que mucho más dañan a las honras de las mujeres las desenvolturas y libertades públicas que las maldades secretas.
Miguel de Cervantes (1547-1616). Dramaturgo, poeta y novelista español.

Lo bueno de ser una celebridad es que, cuando la gente se aburre contigo piensa que la culpa es suya.
Henry Kissinger (1923-). Político estadounidense.

Lo único peor que la mala salud es la mala fama.
Gabriel García Márquez (1928-). Escritor colombiano. Premio Nobel de Literatura.

Me desperté una mañana y me encontré famoso.
Lord Byron (1788-1824). Poeta inglés.

Quizá, el camino más directo para conquistar la fama sea el afirmar con seguridad y pertinencia y, por cuantos modos sea posible, el haberla conquistado.
Giacomo Leopardi (1798-1837). Poeta y erudito italiano.

Señal de tener gastada la fama propia es cuidar de la infamia ajena.
Baltasar Gracián y Morales (1601-1658). Jesuita y escritor español.

Seré rico si puedo guardar mi buen nombre.
Plauto (254-184 a.C.). Comediógrafo romano.

Una celebridad es una persona que se ha pasado toda la vida tratando de llegar a famoso y cuando lo ha conseguido utiliza gafas negras para que nadie le reconozca.
Fred Allen (1894-1956). Humorista estadounidense.

Una celebridad es una persona que es conocida de muchas personas a las que se alegra de no conocer.
Henry-Louis Mencken (1880-1956). Escritor norteamericano.

Una fórmula para alcanzar la celebridad puede ser ésta: expresar ideas sencillas con claridad, ingenio y cortesía.
André Maurois (1885-1967). Escritor francés.

Una onza de buena fama, vale más que una libra de perlas.
Miguel de Cervantes (1547-1616). Dramaturgo, poeta y novelista español.

Vale más la buena fama que el buen perfume.
La Biblia.

Vuestra fama es como la flor, que tan pronto brota, muere, y la marchita el mismo sol que la hizo nacer de la tierra ingrata.
Dante Alighieri (1265-1321). Poeta, prosista, filósofo y pensador político italiano.

Yo moriré, pero mi obra persistirá.
Quinto Horacio Flaco (65 a.C.-8 a.C.). Poeta lírico y satírico romano.

Yo no merezco más de la mitad del mérito por las batallas que he ganado. Por regla general, son los soldados los que ganan las batallas y los generales los que se llevan la fama.
Napoleón Bonaparte (1769-1821). Emperador de Francia (1804-1815).

A menudo los grandes son desconocidos o peor, mal conocidos.
Thomas Carlyle (1795-1881). Historiador y pensador escocés.

La fama es peligrosa, su peso es ligero al principio, pero se hace cada vez más pesado el soportarlo y difícil de descargar.
Hesiodo de Ascra (siglo VIII a.C.). Poeta griego.

La fama es un trozo de nada que el artista agarra al vuelo sin saber por qué.
Fernando Arrabal (1932-). Dramaturgo, poeta y novelista español.

No he cultivado mi fama, que será efímera.
Jorge Luis Borges (1899-1986). Escritor argentino.

Familia - Hogar

¿Qué mayor dolor puede haber para los mortales que ver muertos a sus hijos?
Eurípides (480-406 a.C.). Dramaturgo griego.

Ama a tus padres si son justos; si no lo son, sopórtalos.
Publio Siro (Siglo I a.C.). Poeta latino.

Antes de casarnos tenía seis teorías sobre el modo de educar a los pequeños. Ahora tengo seis hijos y ninguna teoría.
Lord Rochester (1647-1680). Poeta inglés.

Casa a tu hijo cuando quieras y a tu hija cuando puedas.
George Herbert (1593-1633). Poeta inglés.

El amor a la patria empieza en la familia.
Francis Barón de Verulam Bacon (1561-1626). Filósofo y estadista británico.

El héroe no tiene siempre hijos heroicos y todavía es menos probable que lo sean sus nietos.
Ralph Waldo Emerson (1803-1882). Ensayista y poeta estadounidense.

El hogar es una cárcel para la muchacha y un taller para la mujer.
George Bernard Shaw (1856-1950). Escritor irlandés.

El hombre es para la mujer un medio; el fin siempre es el hijo.
Friedrich Nietzsche (1844-1900). Filósofo, poeta y filólogo alemán.

El hombre es un animal no social, sino cordial, y la familia es la forma menos imperfecta de la cordialidad humana.
Fernando Sánchez Dragó (1936-). Ensayista y crítico literario español.

El lugar donde nacen los niños y mueren los hombres, donde la libertad y el amor florecen, no es una oficina ni un comercio ni una fábrica. Ahí veo yo la importancia de la familia.
Gilbert Keith Chesterton (1874-1936). Escritor inglés.

El padre debe ser más amado que la madre, pues él es el principio activo de la procreación, mientras que la madre es tan sólo el principio pasivo.
Santo Tomás de Aquino (1225-1274). Teólogo italiano.

El que tiene suerte, encuentra en el yerno un hijo; el que no la tiene, pierde una hija.
Epicteto (55-135 d.C.). Pensador griego.

En el Estado puede gobernar más de uno; pero en la familia, uno solo.
Aristóteles (384 a.C.-322a.C). Filósofo griego.

Es horrible verse morir sin dejar hijos.
Napoleón Bonaparte (1769-1821). Emperador de Francia (1804-1815).

Es más fácil para un padre tener muchos hijos que para un hijo tener buen padre.
Juan XXIII Angelo Giuseppe Roncalli (1881-1963). Papa católico.

Es un dichoso infortunio el no tener hijos.
Eurípides (480-406 a.C.). Dramaturgo griego.

Hay menos problemas en controlar una familia que en gobernar un reino.
Michel Eyquem de la Montaigne (1533-1592). Ensayista francés.

Hay padres tan antinaturales que toda su vida parece estar consagrada a dar motivos a sus hijos para que se consuelen de su muerte.
Jean de la Bruyere (1645-1696). Filósofo y escritor francés.

Haz que tus familiares te reverencien más que te teman, pues el amor sigue a la reverencia, más el odio al temor.
Demófilo (?-386). Obispo de Constantinopla.

Incuba mal quien se sale del nido.
João Guimarães Rosa (1908-1967). Escritor modernista brasileño.

La familia burguesa se basa en el capital, en el lucro privado.
Karl Marx (1818-1883). Filósofo alemán.

La familia es el espejo de la sociedad.
Víctor Hugo (1802-1885). Escritor francés.

La familia es más sagrada que el estado.
Pío XI. Ambrogio Damiano Achille Ratti (1857-1939). Papa de la Iglesia Católica (1929-1939).

La familia es un núcleo sagrado.
Joseph Leon Edel (1907-1997). Crítico literario y biógrafo estadounidense.

La mano que mece la cuna rige el mundo.
Peter de Vries (1910-1993). Editor y novelista estadounidense.

La más bella palabra en labios de un hombre es la palabra madre, y la llamada más dulce: madre mía.
Khalil Gibran (1833-1931). Ensayista, novelista y poeta libanés.

La maternidad es la clave de bóveda de la felicidad matrimonial.
Thomas Jefferson (1743-1826). Político y filósofo estadounidense.

La paternidad única es la costumbre del cariño y del cuidado.
Rubén Darío (1867-1916). Poeta nicaragüense.

La paz y la armonía constituyen la mayor riqueza de la familia.
Benjamín Franklin (1706-1790). Político, filósofo y científico estadounidense.

La virtud de los padres es una gran dote.
Quinto Horacio Flaco (65 a.C.-8 a.C.). Poeta lírico y satírico romano.

Las madres adoran más a sus hijos que los padres, porque recuerdan el dolor con el que los han traído al mundo y están más seguras de que son suyos.
Aristóteles (384 a.C.-322a.C). Filósofo griego.

Las riñas entre parientes son las más violentas.
Publio Cornelio Tácito (55-120). Historiador romano.

Lo que cuesta mantener un vicio bastaría para criar dos hijos.
Benjamín Franklin (1706-1790). Político, filósofo y científico estadounidense.

Lo que no habéis heredado de vuestros padres, volverlo a ganar a pulso o no será vuestro.
Johann Wolfgang von Goethe (1749-1832). Poeta, novelista y dramaturgo alemán.

Los antepasados son lo más importante para quien no ha hecho nada.
Giacomo Leopardi (1798-1837). Poeta y erudito italiano.

Los deberes de hoy cumpliré hoy. Hoy acariciaré a mis hijos mientras son niños aún; mañana se habrán ido, y yo también.
Og Mandino (1923-1996). Escritor estadounidense.

Los hijos de los personajes más notables y renombrados suelen resultar calamitosos para la comunidad.
Erasmo de Rotterdam (1466-1536). Escritor y humanista holandés.

Los hijos quizá serían más amados por sus padres y recíprocamente éstos de aquellos, si no existiese la palabra heredero.

Jean de la Bruyere (1645-1696). Filósofo y escritor francés.

Los hijos tardíos son huérfanos pronto.

Benjamín Franklin (1706-1790). Político, filósofo y científico estadounidense.

Los hombres son lo que sus madres les hacen.

Ralph Waldo Emerson (1803-1882). Ensayista y poeta estadounidense.

Los padres no deben ser vistos ni oídos: esta es la única base acertada para la vida familiar.

Oscar Wilde (1854-1900). Novelista, poeta, crítico literario y autor teatral irlandés.

Los pedagogos americanos y rusos que esperan un progreso de la disminución de la importancia de la familia, son más ciegos que todos los ciegos.

Conde de Keyserling (1880-1946). Filósofo alemán.

Los que no tienen hijos se libran de muchos sufrimientos.

Eurípides (480-406 a.C.). Dramaturgo griego.

Los únicos goces puros y sin mezcla de tristeza que le han sido dados sobre la tierra al hombre, son los goces de familia.

Giuseppe Mazzini (1805-1872). Político italiano.

Marx combatió el afecto y lealtad a los familiares como sentimientos burgueses que han de extinguirse, y con esto demostró que, si era un sabio en economía, padecía de imbecilidad en cuanto a sentido común.

Lin Yutang (1895-1976). Escritor chino-americano.

Mi casa está es cualquier ciudad que me haga reservación.

Polly Adler (1900-1953). Madam rusa.

Mi madre dice que él es mi padre; pero yo no lo sé, pues ningún hombre puede saber quién fue su padre.

Homero (s.VIII a.C.). Poeta griego.

No estés mucho tiempo lejos del hogar.

Homero (s.VIII a.C.). Poeta griego.

No hay nada más querido para un anciano padre que una hija.

Eurípides (480-406 a.C.). Dramaturgo griego.

No hay sitio bajo el cielo más dulce que el hogar.

John Howard Payne (1791-1852). Dramaturgo y actor estadounidense.

No te fíes nunca del esplendor de la mañana ni de la sonrisa de tu suegra.

Proverbio japonés.

Nunca se siente más seguro un niño que cuando sus padres se respetan.

Jan Blaustone (1955-). Oradora, maestra y escritora estadounidense.

Para Adán el Paraíso era su hogar. Para muchos de sus descendientes, el hogar es su paraíso.

Sir John Hare (1844-1921). Actor y empresario inglés.

Pocos hombres son llamados para gobernar ciudades o imperios; pero cada cual está obligado a gobernar sabia y prudentemente su familia y su casa.

Plutarco (46-125). Biógrafo y ensayista griego.

Quien quiere a su madre no puede ser malo.

Louis Charles Alfred de Musset (1810-1857). Poeta francés.

Quienes hablan contra la familia no saben lo que hacen, porque no saben lo que deshacen.

Gilbert Keith Chesterton (1874-1936). Escritor inglés.

Señor, yo soy un hombre pacífico, manso, sosegado y sé disimular cualquier injuria porque tengo mujer e hijos que sustentar y criar.

Miguel de Cervantes (1547-1616). Dramaturgo, poeta y novelista español.

Si quisiera una familia ya me habría comprado un perro.

Mae West (1892-1980). Actriz estadounidense.

Todas las familial felices se asemejan, pero las desgraciadas lo son de distinta manera.

León Tolstoi (1828-1910). Escritor ruso.

Todos los pueblos hostiles a la familia han terminado, tarde o temprano, por un empobrecimiento del alma.

Conde de Keyserling (1880-1946). Filósofo alemán.

Un buen padre vale por cien maestros.

Jean Jacques Rousseau (1712-1778). Filósofo y botánico suizo.

Un hogar es el lugar donde uno es esperado.

Antonio Gala (1937-). Escritor español.

Un hombre recorre el mundo buscando lo que necesita y llega al hogar y lo encuentra.

George Edward Moore (1873-1958). Filósofo británico.

Un necio sabe más en su propia casa que un hombre sabio en la ajena.

George Herbert (1593-1633). Poeta inglés.

Un pariente pobre es siempre un pariente lejano.

Alfred d'Houdetot (1799-1869). Escritor francés.

Una casa será fuerte e indestructible cuando esté sostenida por estas cuatro columnas: padre valiente, madre prudente, hijo obediente, hermano complaciente.
Confucio (551-479 a.C.). Filósofo y teórico social chino.

Una casa sin hijos es una colmena sin abejas.
Víctor Hugo (1802-1885). Escritor francés.

Una familia es una unidad integrada no solamente por niños, sino por hombres, mujeres, un animal ocasionalmente, y el catarro común.
Frederic Ogden Nash (1902-1971). Poeta estadounidense.

Una familia feliz no es sino un paraíso anticipado.
John Bowring (1792–1872). Escritor, lingüista y diplomático británico.

Usted no tiene que merecer el amor de su madre. Usted tiene que merecer el de su padre.
Robert Lee Frost (1874-1963). Poeta y psicólogo estadounidense.

Y mis padres por fin se dan cuenta de que he sido secuestrado y se ponen en acción rápidamente: alquilan mi habitación.
Woody Allen (1935-). Escritor, actor y director de cine estadounidense.

El hogar de un hombre puede parecer ser su castillo desde el exterior; por dentro, es más bien su guardería.
Clare Booth Luce (1905-1987). Política, escritora y dramaturga estadounidense.

Fanatismo

El fanatismo consiste en redoblar tus esfuerzos cuando has olvidado tu objetivo.
Jorge Ruiz de Santayana (1863-1952). Filósofo, poeta y novelista estadounidense de origen español.

Los fanatismos que más debemos temer son aquellos que pueden confundirse con la tolerancia.
Fernando Arrabal (1932-). Dramaturgo, poeta y novelista español.

Un fanático es alguien que no puede cambiar de opinión y no quiere cambiar de tema.
Sir Winston Churchill (1874-1965). Político inglés.

Fantasía

La fantasía, aislada de la razón, sólo produce monstruos imposibles. Unida a ella, en cambio, es la madre del arte y fuente de sus deseos.
Francisco de Goya (1746-1828). Pintor español.

Sólo la fantasía permanece siempre joven; lo que no ha ocurrido jamás no envejece nunca.
Friedrich von Schiller (1759-1805). Poeta, dramaturgo y filósofo alemán.

Favor

Adonde interviene el favor y las dádivas, se allanan los riscos y se deshacen las dificultades.

Miguel de Cervantes (1547-1616). Dramaturgo, poeta y novelista español.

Cesen las palabras, por favor, y sean las obras quienes hablen.

San Antonio de Padua (1195-1231). Fraile franciscano portugués.

Ningún favor produce una gratitud menos permanente que el don de la libertad, especialmente entre aquellos pueblos que están dispuestos a hacer mal uso de ella.

Tito Livio (64 a.C.-17 d.C.). Historiador latino.

Un favor bien retribuido es tan maravilloso como el honor, para el que lo confiere y el que lo recibe.

Richard Steele (1672-1729). Escritor anglo-irlandés.

Fe

¿Es una fe sincera la fe que no actúa?

Jean Baptiste Racine (1639-1699). Dramaturgo francés.

¿Racionalizar la fe? Quise hacerme dueño y no esclavo de ella, y así llegué a la esclavitud en vez de llegar a la libertad en Cristo.

Miguel De Unamuno (1864-1936). Filósofo y escritor español.

Aquél que tiene fe no está nunca solo.

Thomas Carlyle (1795-1881). Historiador y pensador escocés.

Cada día que pasa, la fe y la esperanza en un futuro mejor y en una civilización más fértil para todos se reducen y con esto se reducen también las posibilidades de la creación personal en el campo de la cultura.

Juan O'Gorman (1905-1982). Arquitecto y pintor mexicano.

Creo para comprender, y comprendo para creer mejor.

San Agustín (354-430). Obispo, filósofo y Padre de la Iglesia Latina.

Cuando rezamos hablamos con Dios, pero cuando leemos es Dios quien habla con nosotros.

San Agustín (354-430). Obispo, filósofo y Padre de la Iglesia Latina.

De devociones absurdas y santos amargados, líbranos, Señor.

Santa Teresa de Jesús (1515-1582). Religiosa y escritora mística española.

El hombre no reza para dar a Dios una orientación, sino para orientarse debidamente a sí mismo.

San Agustín (354-430). Obispo, filósofo y Padre de la Iglesia Latina.

El mayor acto de fe es cuando una persona decide que no es Dios.

Anónimo.

El que no desea la fe no será creyente.
Armando Palacios Valdés (1853-1938). Escritor español.

El que tiene fe en sí mismo no necesita que los demás crean en él.
Miguel De Unamuno (1864-1936). Filósofo y escritor español.

En el Cielo dicen Aleluya, porque en la Tierra han dicho Amén.
San Agustín (354-430). Obispo, filósofo y Padre de la Iglesia Latina.

Encomiéndate a Dios de todo corazón, que muchas veces suele llover sus misericordias en el tiempo que están más secas las esperanzas.
Miguel de Cervantes (1547-1616). Dramaturgo, poeta y novelista español.

Es pues la fe la substancia de las cosas que se esperan, la demostración de las cosas que no se ven.
La Biblia.

Es terriblemente fácil quebrantar la fe de un hombre en sí mismo. Aprovecharse de esto para destrozar el alma de un hombre es obra diabólica.
George Bernard Shaw (1856-1950). Escritor irlandés.

Espera en Jehová y haz bien; vivirás en la tierra y en verdad serás alimentado.
La Biblia.

Fe es creer en lo que no se ve; y la recompensa es ver lo que uno cree.
San Agustín (354-430). Obispo, filósofo y Padre de la Iglesia Latina.

Fe es la fuerza de la vida.
León Tolstoi (1828-1910). Escritor ruso.

Fe significa no querer saber la verdad.
Friedrich Nietzsche (1844-1900). Filósofo, poeta y filólogo alemán.

Fe y duda no son dos géneros de conocimiento: son pasiones contrarias.
Sören Aabye Kierkegaard (1813-1855). Filósofo danés.

Guíame, buena luz, en mi camino; la noche es oscura y mi hogar está distante.
John Henry Newman (1801-1890). Clérigo e intelectual inglés.

Hay más fe en una duda honesta que en la mitad de un credo.
Alfred Tennyson (1809-1892). Poeta inglés.

Hay que tener fe en uno mismo. Ahí reside el secreto. Aun cuando estaba en el orfanato y recorría las calles buscando qué comer para vivir, incluso entonces, me consideraba el actor más grande del mundo. Sin la absoluta confianza en sí mismo, uno está destinado al fracaso.
Charles Chaplin (1889-1977). Actor, productor y director inglés.

He comprendido que la verdadera fe está en donde está el hombre y el amor. Viene de la mujer en su abnegada maternidad y vuelve a ella en sus hijos, desciende con el regalo del que da y se abre en el corazónn del que acepta.
Rabindranath Tagore (1861-1941). Poeta y filósofo indio.

Jesús es mi Dios, Jesús es mi Esposo, Jesús es mi Vida, Jesús es mi único Amor, Jesús es todo mi ser, Jesús es mi todo.

Madre Teresa de Calcuta (1910-1997). Misionera yugoslava nacionalizada india.

La desesperanza está fundada en lo que sabemos, que es nada, y la esperanza sobre lo que ignoramos, que es todo.

Maurice Maeterlinck (1862-1949). Escritor belga.

La fe enciende la lámpara que sólo el aceite del amor hace arder.

Miguel Serveto (1511-1553). Filósofo español.

La fe engaña a los hombres, pero da brillo a la mirada.

Rabindranath Tagore (1861-1941). Poeta y filósofo indio.

La fe es como el amor: no puede ser impuesta por la fuerza.

Arthur Schopenhauer (1788-1860). Filósofo alemán.

La fe es la puerta; la caridad la perfección. Ni la fe sin caridad, ni la caridad sin fe.

Miguel Serveto (1511-1553). Filósofo español.

La fe sin obras está muerta.

La Biblia.

La fe, si se considera en su propiedad esencial y pura, no contiene tal perfección como el amor... El amor es superior a todo... durable, sublime, más parecido a Dios...

Miguel Serveto (1511-1553). Filósofo español.

La oración es el encuentro de la sed de Dios y de la sed del hombre.

San Agustín (354-430). Obispo, filósofo y Padre de la Iglesia Latina.

Lo que se ha creído por todos, siempre y en todas partes. Ese es el principio del consenso de la fe.

San Vicente de Lérins (siglo VI). Monje francés.

No tengo fe. La fe es patrimonio de los idiotas.

Diego Rivera (1886-1957). Pintor mexicano.

Para creer es preciso querer creer.

Silvio Pellico (1789-1854). Escritor italiano.

Quiero vivir y morir en el ejército de los humildes, uniendo mis oraciones a las suyas, con la santa libertad del obediente.

Miguel De Unamuno (1864-1936). Filósofo y escritor español.

Si no tienes fe en ti, ¡quién la tendrá!

Anónimo.

Si somos arrastrados a Cristo, creemos sin querer; se usa entonces la violencia, no la libertad.

San Agustín (354-430). Obispo, filósofo y Padre de la Iglesia Latina.

Suspirar por una fe sólida no es la prueba de un convencimiento sólido, sino todo lo contrario. El hombre que tiene una fe verdaderamente fuerte puede permitirse el lujo del escepticismo.

Friedrich Nietzsche (1844-1900). Filósofo, poeta y filólogo alemán.

Tengamos fe que la razón es poderosa; y con esa fe, avancemos hasta el fin, haciendo la parte que nos toca, siguiendo siempre la verdad.

Abraham Lincoln (1809-1865). 16º presidente de Estados Unidos (1861-1865).

Todo el que cree, piensa. Porque la fe, si lo que cree no se piensa, es nula.

San Agustín (354-430). Obispo, filósofo y Padre de la Iglesia Latina.

Todo lo que he visto me enseña que debo confiar en el Creador a quien no he visto.

Ralph Waldo Emerson (1803-1882). Ensayista y poeta estadounidense.

Es preciso que cada cual se vuelva a crear siempre todo entero: su fe, sus costumbres.

Henri Barbusse (1873-1935). Novelista francés.

Gran parte del conocimiento de las cosas divinas se nos escapa por falta de fe.

Heráclito de Efeso (540-470 a.C.). Filósofo griego.

La fe es la continuación de la razón.

William Adams (1564-1620). Marinero inglés.

La razón por la cual los pájaros vuelan y nosotros no podemos hacerlo, simplemente se debe a que ellos tienen perfecta fe, porque la fe es como tener alas.

Sir James Matthew Barrie (1860-1937). Escritor escocés.

Quien pierde su fe no puede perder más.

Publio Siro (Siglo I a.C.). Poeta latino.

Felicidad

¡Cuán amargo es mirar la felicidad a través de los ojos de otra persona!

William Shakespeare (1564-1616). Poeta y autor teatral inglés.

¡Me he sentido tan desgraciado toda la noche por haber sido bueno! Ahora soy malo y dichoso.

George Bernard Shaw (1856-1950). Escritor irlandés.

¡Oh, qué amargo es contemplar la felicidad a través de los ojos ajenos!

William Shakespeare (1564-1616). Poeta y autor teatral inglés.

¡Una vida llena de felicidad! Nadie podría soportarla, porque sería un infierno en la tierra.

George Bernard Shaw (1856-1950). Escritor irlandés.

¿Cuál es la felicidad que no tiene algo de pena?

Margaret Oliphant Oliphant (1828-1897). Novelista, escritora histórica y biógrafa escocesa.

A los generosos les hace felices ver a otros felices; los avaros no proceden igual, porque pueden conseguir una felicidad mil veces mayor no haciéndolo. No existe otra razón.
Mark Twain (1835-1910). Escritor estadounidense.

Actúa como si ya fueras feliz y eso servirá para hacerte feliz.
Dale Carnegie (1888-1955). Escritor norteamericano.

Acuérdate de esto: cumplir el deber no tiene más mérito que lavarse la cara. No basta cumplirlo, pues el deber se impone. La única cosa que vale es amarlo. Si el amor y el deber se encuentran, empieza el estado de gracia y se llega a una felicidad que es muy difícil imaginar.
William Somerset Maugham (1874-1965). Escritor británico.

Al afecto se debe el noventa por ciento de toda felicidad sólida y duradera.
Clive Staples Lewis (1898-1963). Escritor británico.

Alabanza y culpa, ganancia y pérdida, placer y penas vienen y van igual que el viento. Para ser feliz, permanece como un árbol gigante en medio de todo eso.
Buda (-600 a.C.) Pensador himalaya.

Algún día en cualquier parte, en cualquier lugar indefectiblemente te encontrarás a ti mismo, y ésa, sólo ésa, puede ser la más feliz o la más amarga de tus horas.
Pablo Neruda (1904-1973). Poeta chileno.

Aquel que cree en la inmortalidad debe disfrutar su felicidad en silencio, sin presumir de ello.
Johann Wolfgang von Goethe (1749-1832). Poeta, novelista y dramaturgo alemán.

Aquel que guarda una ofensa pierde el cielo de la felicidad.
Anónimo.

Bebed porque sois felices, pero nunca porque seáis desgraciados.
Gilbert Keith Chesterton (1874-1936). Escritor inglés.

Cuando no podemos encontrar felicidad en nosotros mismos, es inútil buscarla en otra parte.
François de La Rochefoucauld (1613-1680). Político y escritor francés.

Cuando uno dice que sabe lo que es la felicidad, se puede suponer que la ha perdido.
Maurice Maeterlinck (1862-1949). Escritor belga.

De todas las formas de cautela, la cautela amorosa es probablemente la más fatal para la verdadera felicidad.
Bertrand Russell (1872-1970). Matemático y filósofo británico.

Desciende a las profundidades de ti mismo, y logra ver tu alma buena. La felicidad la hace solamente uno mismo con la buena conducta.
Sócrates (470-399 a.C.). Filósofo griego.

Descubrir lo que uno puede hacer, y para encontrar una oportunidad para hacerlo, es la llave de la felicidad.

John Dewey (1859-1952). Filósofo y educador estadounidense.

El arte de ser feliz consiste en el prodigio de obtener felicidad de las cosas comunes.

Henry Ward Beecher (1813-1887). Reformador y clérigo estadounidense.

El bien de la humanidad debe consistir en que cada uno goce al máximo de la felicidad que pueda, sin disminuir la felicidad de los demás.

Aldous Leonard Huxley (1894-1963). Escritor inglés.

El destino de los hombres está hecho de momentos felices, toda la vida los tiene, pero no de épocas felices.

Friedrich Nietzsche (1844-1900). Filósofo, poeta y filólogo alemán.

El hombre es el artífice de su propia felicidad.

Henry David Thoreau (1817-1862). Escritor, poeta y pensador estadounidense.

El hombre feliz es aquel que siendo rey o campesino, encuentra paz en su hogar.

Johann Wolfgang von Goethe (1749-1832). Poeta, novelista y dramaturgo alemán.

El hombre más feliz del mundo es aquel que sepa reconocer los méritos de los demás y pueda alegrarse del bien ajeno como si fuera propio.

Johann Wolfgang von Goethe (1749-1832). Poeta, novelista y dramaturgo alemán.

El hombre más feliz es el que hace la felicidad del mayor número de sus semejantes.

Denis Diderot (1713-1784). Filósofo y escritor francés.

El hombre no es infeliz mientras no es injusto.

Demócrito (460 a.C.-370 a.C.). Filósofo griego.

El mundo prefiere, sabiamente, la felicidad a la sabiduría.

Will Durant (1885-1981). Escritor y ensayista estadounidense.

El pato es feliz en su sucio charco porque no conoce el mar.

Antoine De Saint Exupéry (1900-1944). Escritor y aviador francés.

El placer es la única cosa por la que se debe vivir. Nada envejece como la felicidad.

Oscar Wilde (1854-1900). Novelista, poeta, crítico literario y autor teatral irlandés.

El secreto de la felicdad: que tus intereses sean lo más amplios posible y que tus reacciones hacia cosas y personas interesantes sean amistosas en lugar de ser hostiles.

Bertrand Russell (1872-1970). Matemático y filósofo británico.

El secreto de la felicidad es tener gustos sencillos y una mente compleja, el problema es que a menudo la mente es sencilla y los gustos son complejos.

Fernando Savater (1947-). Filósofo y escritor español.

El secreto de la felicidad no es hacer siempre lo que se quiere sino querer siempre lo que se hace.

León Tolstoi (1828-1910). Escritor ruso.

El truco está en lo que nos enfocamos. Nosotros podemos hacernos miserables, o podemos hacernos fuertes. La cantidad de trabajo es la misma.

Carlos Castañeda (1931-). Escritor brasileño.

En cualquier adversidad de la fortuna, la mayor infelicidad es haber sido feliz.

Boecio (480-524). Filósofo y hombre de estado romano.

Encuentra la felicidad en el trabajo o no serás feliz.

Cristóbal Colón (1451-1506). Nevegante genovés.

Es felicidad juntar el afecto con el aprecio; el amor introduce la lanza y al paso que ésta entra, sale la estimación.

Baltasar Gracián y Morales (1601-1658). Jesuita y escritor español.

Es un gran obstáculo para la felicidad esperar demasiado.

Bernard le Bovier Fontenelle (1657-1757). Escritor y científico francés.

Es una felicidad el estar colgados de la providencia del Señor y ver con qué delicadísimo amor lo prepara Él todo.

María Maravillas de Jesús (1891-1974). Religiosa española.

Esta es la única oportunidad que tendrás sobre la tierra, con esta excitante aventura llamada vida. Entonces, ¿por qué no planearla, y tratar de vivirla tan espléndida y felizmente como sea posible?

Dale Carnegie (1888-1955). Escritor norteamericano.

Estando siempre dispuestos a ser felices, es inevitable no serlo alguna vez.

Blaise Pascal (1623-1662). Matemático, físico y teólogo francés.

Estar sin alguna de las cosas que quieres, es una parte indispensable de la felicidad.

Bertrand Russell (1872-1970). Matemático y filósofo británico.

Existen dos maneras de ser feliz en esta vida, una es hacerse el idiota y la otra serlo.

Sigmund Freud (1856-1939). Médico y neurólogo austriaco, fundador del psicoanálisis.

Felicidad es estar de acuerdo consigo mismo.

Luis Buñuel (1900-1983). Cineasta español.

Feliz el hombre que tiene una buena esposa: vive el doble.

Johann Wolfgang von Goethe (1749-1832). Poeta, novelista y dramaturgo alemán.

Feliz es el hombre que ha roto las cadenas que lastiman la mente, y ha dejado de preocuparse de una vez por todas.

Publio Nasón Ovidio (43 a.C.-17 d.C.). Poeta latino.

Feliz sería el hombre si entendiera, que no hay otra satisfacción sino en hacer lo bueno.

John Fountain (siglo XVI). Poeta inglés.

Hacer felices a otros hombres: no hay nada mejor ni más bello.

Ludwig Van Beethoven (1770-1827). Compositor alemán.

Hay que ver el final que cada cosa trae; a muchos de los dioses les han enseñado la felicidad para después detruirlos.

Solón (639-560 a.C.). Sabio griego.

Hay un secreto para vivir feliz con la persona amada: no pretender modificarla.

Jacques Chardonne (1884-1968). Novelista francés.

He aprendido a buscar mi felicidad limitando mis deseos, en vez de satisfacerlos.

John Stuart Mill (1806-1873). Economista y político británico.

La actividad es lo que hace feliz al hombre.

Johann Wolfgang von Goethe (1749-1832). Poeta, novelista y dramaturgo alemán.

La alegría de los hombres es una llama de leños de tristeza. Brota la llama, pero los leños están allí, y cuando se apaga la llama, quedan los leños, o el carbón o la ceniza, que es resto de los leños y no de la llama.

François René de Chateaubriand (1768-1848). Escritor y político francés.

La alegría es un tesoro de los hijos de la tierra, un tesoro indispensable. Sin embargo, nunca dejará de ser un enigma el que un mortal pueda alcanzar la felicidad. Nadie ha logrado penetrar este misterio. Pero alguna vez los hombres aprenden a amar un poco la alegría, después de todas las miserias pasadas.

Selma Lagerlöf (1858-1940). Novelista sueca.

La dicha de la vida consiste en tener siempre algo que hacer, alguien a quien amar y alguna cosa que esperar.

Thomas Chalmers (1780-1847). Orador, teólogo y filántropo escocés.

La fe es el antiséptico del alma.

Walt Whitman (1819-1892). Poeta estadounidense.

La felicidad consiste casi siempre en saber engañarse.

Carlo Bini (1806-1842). Periodista y traductor italiano.

La felicidad consiste en la ignorancia de la verdad.
Giacomo Leopardi (1798-1837). Poeta y erudito italiano.

La felicidad consiste en hacer el bien.
Aristóteles (384 a.C.-322a.C). Filósofo griego.

La felicidad es al mismo tiempo la mejor, la más noble y la más placentera de todas las cosas.
Aristóteles (384 a.C.-322a.C). Filósofo griego.

La felicidad es como las neblinas ligeras, cuando estamos dentro de ella no la vemos.
Amado Nervo (1870-1919). Poeta y escritor mexicano.

La felicidad es para aquellos que se bastan a sí mismos.
Aristóteles (384 a.C.-322a.C). Filósofo griego.

La felicidad es tanto mayor cuanto menos la advertimos.
Alberto Moravia (Alberto Pincherle) (1907-1990).   Escritor italiano.

La felicidad es un artículo maravilloso: cuanto más se da, más le queda a uno.
Blaise Pascal (1623-1662). Matemático, físico y teólogo francés.

La felicidad humana generalmente no se logra con grandes golpes de suerte, que pueden ocurrir pocas veces, sino con pequeñas cosas que ocurren todos los días.
Benjamín Franklin (1706-1790). Político, filósofo y científico estadounidense.

La felicidad huye de la grandeza y del fausto.
Francisco Zarco (1829-1869). Político, historiador y periodista mexicano.

La felicidad ininterrumpida aburre; debe tener alternativas.
Jean Baptiste Poquelin Molière (1622-1673). Dramaturgo y actor francés.

La felicidad nace de la moderación.
Johann Wolfgang von Goethe (1749-1832). Poeta, novelista y dramaturgo alemán.

La felicidad no consiste en adquirir y gozar, sino en no desear nada, pues consiste en ser libre.
Epicteto (55-135 d.C.). Pensador griego.

La felicidad no consiste en tener lo que quieres, sino en querer lo que tienes.
Confucio (551-479 a.C.). Filósofo y teórico social chino.

La felicidad no es cosa fácilmente digerible; es, más bien, muy indigesta.
Miguel De Unamuno (1864-1936). Filósofo y escritor español.

La felicidad no es la ausencia de problemas, sino la habilidad para arreglarlos.
Anónimo.

La felicidad no es perfecta hasta que no se comparte.
Jane Porter (1776-1850). Novelista escocesa.

La felicidad no es un estado al cual llegar, sino una manera de viajar.
Samuel Johnson (1709-1784). Escritor británico.

La felicidad no está en la ciencia, sino en la adquisición de la ciencia.
Edgar Allan Poe (1809-1849). Escritor estadounidense.

La felicidad radica, primero que nada, en la salud.
George William Curtis (1824-1892). Escritor y editor estadounidense.

La felicidad se encuentra en el centro exacto de dos extremos.
Aristóteles (384 a.C.-322a.C). Filósofo griego.

La felicidad siempre viaja de incógnito. Sólo después que ha pasado, sabemos de ella.
Anónimo.

La felicidad suprema de la vida es la convicción de que somos amados.
Víctor Hugo (1802-1885). Escritor francés.

La felicidad tiene más que ver con los afectos que con la razón.
Fulton John Sheen (1895-1979). Predicador católico estadounidense.

La independencia es felicidad...
Susan B. Anthony (1820-1906). Reformadora social estadounidense.

La misma esperanza deja de ser felicidad cuando va acompañada de la impaciencia.
John Ruskin (1819-1900). Escritor británico.

La palabra "felicidad" perdería su significado si no estuviera balanceada por la tristeza.
Carl Gustav Jung (1875-1961). Psicólogo y psiquiatra suizo.

La plenitud no está en lograr todo lo que anhelas, sino en valorar lo mucho que ya tienes.
Anónimo.

La primera obligación del hombre es ser feliz, y la segunda, hacer feliz a los demás.
Mario Moreno "Cantinflas (1911-1993). Actor cómico mexicano.

La puerta de la felicidad se abre hacia dentro, hay que retirarse un poco para abrirla: si uno la empuja, la cierra cada vez más.
Sören Aabye Kierkegaard (1813-1855). Filósofo danés.

La suma de todo cuanto hace feliz a un hombre consiste en la elección de una buena mujer.
Philip Massinger (1538-1640). Poeta inglés.

La única manera de ser feliz es que te guste sufrir.
Woody Allen (1935-). Escritor, actor y director de cine estadounidense.

La verdadera felicidad proviene de la posesión de sabiduría y virtud, y no de la posesión de bienes externos.

Aristóteles (384 a.C.-322a.C). Filósofo griego.

La vida real del hombre es feliz principalmente porque siempre está esperando que ha de serlo pronto.

Edgar Allan Poe (1809-1849). Escritor estadounidense.

Las personas felices no tienen historia.

Simone De Beauvoir (1908-1986). Novelista e intelectual francesa.

Las puertas de la felicidad se abren para atrás.

Victor Frankl (1905-1998). Escritor y siquiatra austriaco.

Lo principal no es ser feliz, sino merecerlo.

Johann Gottlieb Fichte (1762-1814). Filósofo alemán.

Lo que se necesita para conseguir la felicidad no es una vida cómoda, sino un corazón enamorado.

San Josemaría Escrivá de Balaguer (1902-1975). Sacerdote español, fundador del Opus Dei.

Los buenos terminan felices; los malos, desgraciados. Eso es la ficción.

Oscar Wilde (1854-1900). Novelista, poeta, crítico literario y autor teatral irlandés.

Los días más felices son aquellos que nos hacen sabios.

John Masefield (1878-1967). Escritor y poeta inglés.

Los hombres olvidan siempre que la felicidad humana es una disposición de la mente y no una condición de las circunstancias.

John Locke (1632-1704). Filósofo inglés.

Los hombres pueden solamente ser felices cuando no asumen que el objeto de la vida es la felicidad.

George Orwell (1903-1950). Escritor inglés.

Los hombres son locos. Sufren cuando son felices por miedo a perder la felicidad.

Roberto Arlt (1900-1942). Novelista y dramaturgo argentino.

Los momentos más felices que mi corazón conoce son aquellos en que derrama su afecto sobre unas cuantas personas estimadas.

Thomas Jefferson (1743-1826). Político y filósofo estadounidense.

Los que obran bien son los únicos que pueden aspirar en la vida a la felicidad.

Aristóteles (384 a.C.-322a.C). Filósofo griego.

Me parece imposible probarle a nadie, cuando desee estar sentado, que sería más feliz de pie.

Marcel Proust (1862-1941). Novelista francés.

Mientras no te hayas formado el hábito de buscar el bien, en lugar del mal que hay en otros, no serás exitoso ni feliz.

Anónimo.

Muchas personas tienen una idea equivocada de lo que constituye la verdadera felicidad. No es alcanzada mediante la autoestima, sino a través de la felicidad hacia un valioso propósito.

Helen Keller (1880-1968). Escritora estadounidense.

Nada es más cansado y a la larga más deseperante que el esfuerzo diario para creer cosas que siempre son increíbles. Acabar con este esfuerzo es condición necesaria para lograr una felicidad firme y duradera.

Bertrand Russell (1872-1970). Matemático y filósofo británico.

Nada nos puede impedir esta maravillosa felicidad de ser preferidos a otros.

François Mauriac (1885-1970). Escritor francés galardonado con el premio Nobel.

Nadie es feliz durante toda su vida.

Eurípides (480-406 a.C.). Dramaturgo griego.

No hay más que una manera de ser feliz: vivir para los demás.

León Tolstoi (1828-1910). Escritor ruso.

No son las riquezas ni el esplendor, sino la tranquilidad y el trabajo, los que proporcionan la felicidad.

Napoleón Bonaparte (1769-1821). Emperador de Francia (1804-1815).

No todos cosechamos la felicidad en el mismo huerto.

Luis Martínez Kleiser (1883-1971). Jurista y escritor español.

Para conocer la dicha hay que tener el valor de tragársela.

Charles Baudelaire (1821-1867). Poeta francés.

Para obtener una pequeña recompensa, un hombre se apresurará durante una larga jornada; mientras que para conseguir la felicidad eterna, difícilmente dará un solo paso.

Thomas Kempis (1380-1471). Monje alemán.

Para ser dichosa basta con tener buena salud y mala memoria.

Ingrid Bergman (1915-1982). Actriz sueca.

Parte de la felicidad de la vida consiste, no en entablar batallas, sino en evitarlas. Una retirada magistral es en sí misma una victoria.

Norman Vincent Peale (1898-1993). Escritor estadounidense.

Pensad que hasta para ser dichoso hay que acostumbrase.

André Chénier (1762-1794). Poeta francés.

Pocas cosas son necesarias para hacer feliz al hombre sabio, pero nada satisface al tonto; esta es la razón de que gran parte de la humanidad sea miserable.
François de La Rochefoucauld (1613-1680). Político y escritor francés.

Puede uno amar sin ser feliz; puede uno ser feliz sin amar; pero amar y ser feliz es algo prodigioso.
Honorato De Balzac (1799-1850). Escritor francés.

Quien pretenda una felicidad y sabiduría constantes deberá acomodarse a frecuentes cambios.
Confucio (551-479 a.C.). Filósofo y teórico social chino.

Quiero proporcionar la alegría a los pobres; ésta es la penitencia que he de hacer por mis pecados.
Selma Lagerlöf (1858-1940). Novelista sueca.

Recuerda que la felicidad no depende de lo que eres o de lo que tienes; depende únicamente de lo que pienses.
Dale Carnegie (1888-1955). Escritor norteamericano.

Sería muy poco feliz si pudiera decir hasta qué punto lo soy.
William Shakespeare (1564-1616). Poeta y autor teatral inglés.

Si buscáis la felicidad con espíritu egoísta, nunca la encontraréis; si la buscáis como un deber, entonces te seguirá como la sombra cuando el día declina.
Tryon Edwards (1809-1895). Escritor y lexicógrafo estadounidense.

Si el dinero no te da la felicidad devuélvelo.
Jules Renard (1864-1910). Escritor francés.

Si el hombre no deseara más que ser feliz, lo lograría con facilidad; pero quiere ser más feliz que los otros, y esto es ya muy difícil, porque cree que los otros son más felices de lo que realmente son.
Charles Louis de Secondat, barón de la Brède y de Montesquieu (1689-1755). Escritor francés.

Si eres feliz, escóndete. No se puede andar cargado de joyas por un barrio de mendigos. No se puede pasear una felicidad como la tuya por un mundo de desgraciados.
Alejandro Casona (1903-1965). Dramaturgo español.

Si la felicidad de la masa del género humano puede asegurarse a costa de una pequeña tempestad de vez en cuando, o incluso de un poco de sangre, sería una adquisición preciosa.
Thomas Jefferson (1743-1826). Político y filósofo estadounidense.

Si la felicidad llega o no llega debemos estar listos a recibirla.
George Eliot (Mary Ann o Marian Evans) (1819-1880). Novelista inglesa.

Si quieres que otros sean felices, practica la compasión. Si tú quieres ser feliz, practica la compasión.
Dalai Lama (1935-). Líder espiritual y político del Tibet.

Si se construyera la casa de la felicidad, el cuarto más grande sería la sala de espera.

Jules Renard (1864-1910). Escritor francés.

Si tu felicidad depende de lo que alguien más diga o haga, creo que tienes un problema.

Richard Bach (1929-). Escritor estadounidense.

Solamente haciendo el bien se puede realmente ser feliz.

Aristóteles (384 a.C.-322a.C). Filósofo griego.

Sólo el hombre obstaculiza la felicidad, destruyendo lo que en realidad pudiera ser.

John Dryden (1631-1700). Poeta, dramaturgo y crítico inglés.

Sólo piensa qué feliz serías si perdieras todo lo que tienes ahora, y lo recuperaras otra vez.

Anónimo.

Sólo puede ser feliz siempre el que sepa ser feliz con todo.

Confucio (551-479 a.C.). Filósofo y teórico social chino.

Sólo un idiota puede ser totalmente feliz.

Mario Vargas Llosa (1936-). Escritor hispano-peruano.

¡Son tantos los mortales que no pueden digerir la felicidad! La felicidad no es cosa fácilmente digerible; es, más bien, muy indigesta.

Miguel De Unamuno (1864-1936). Filósofo y escritor español.

Tenemos solamente la felicidad que hemos dado.

Edouard Jules Henri Pailleron (1834-1899). Poeta y dramaturgo francés.

Tener todo para ser feliz, no es, en manera alguna, una razón para serlo.

Jacques Normand (1848-1931). Escritor francés.

La felicidad es una estación de parada entre lo poco y lo demasiado.

Jackson Channing Pollock (1912-1956). Pintor estadounidense.

Toda felicidad es negativa; ninguna satisfacción puede durar.

Arthur Schopenhauer (1788-1860). Filósofo alemán.

Todo el mundo aspira a la vida dichosa, pero nadie sabe en qué consiste.

Séneca Anneo (3 a.C.- 65 d.C). Filósofo latino.

Todo el mundo desea ser feliz; pero no, que lo sea todo el mundo.

Jaume Perich (1941-1995). Escritor español.

Todo se soporta en la vida, con excepción de muchos días de continua felicidad.

Johann Wolfgang von Goethe (1749-1832). Poeta, novelista y dramaturgo alemán.

Todos los hombres consideran la felicidad como su objetivo: no hay ninguna excepción. Por diferentes que sean los medios que empleen, todos tienden al mismo fin.

Blaise Pascal (1623-1662). Matemático, físico y teólogo francés.

Todos los hombres tienen la misma parte de felicidad.

Napoleón Bonaparte (1769-1821). Emperador de Francia (1804-1815).

Todos vivimos con el objetivo de ser felices; nuestras vidas son completamente diferentes... aunque sea la misma.

Anna Frank (1929-1945). Escritora alemana.

Un hombre debe buscar la felicidad y la paz interna en los objetos que no le puedan ser quitados.

Alexander von Humboldt (1769-1859). Naturista y geógrafo alemán.

Un hombre feliz es aquel que durante el día, por su trabajo, y a la noche, por su cansancio, no tiene tiempo de pensar en sus cosas.

Gary Cooper (1901-1961). Actor estadounidense.

Un hombre feliz es un bien común.

George Chapman (1559-1634). Poeta, traductor y dramaturgo inglés.

Un hombre puede ser feliz con cualquier mujer mientras que no la ame.

Oscar Wilde (1854-1900). Novelista, poeta, crítico literario y autor teatral irlandés.

Una de las claves de la felicidad es una mala memoria.

Rita Mae Brown (1944-). Escritora estadounidense.

Una de las ventajas de no ser feliz es que se puede desear la felicidad.

Miguel De Unamuno (1864-1936). Filósofo y escritor español.

Uno se busca en la felicidad y se encuentra en el sufrimiento.

Henri Bataille (1872-1922). Poeta y escritor dramático francés.

Vivir para los demás no es sólo la ley del deber, es también la ley de la felicidad.

Auguste Comte (1798-1857). Filósofo francés.

Y si los guardianes no son felices, ¿quién más lo puede ser?

Aristóteles (384 a.C.-322a.C). Filósofo griego.

Así como la desgracia hace discurrir más, la felicidad quita todo deseo de análisis; por eso es doblemente deseable.

Pío Baroja (1872-1956). Escritor español.

Buscamos la felicidad, pero sin saber dónde, como los borrachos buscan su casa, sabiendo que tienen una.

Francois-Marie Arouet de Voltaire (1694-1778). Escritor y filósofo francés.

Casi todas las personas son tan felices como se deciden a serlo.

Abraham Lincoln (1809-1865). 16º presidente de Estados Unidos (1861-1865).

Creedlo, para hacernos amar no debemos preguntar nunca a quien nos ama: ¿Eres feliz?, sino decirle siempre: ¡Qué feliz soy!
Jacinto Benavente (1866-1954). Dramaturgo y crítico español.

Cuán feliz era yo cuando era una infeliz.
Marie de Rabutin-Chantal, marquesa de Sévigné (1626-1696). Escritora francesa.

Cuando se es feliz, queda mucho por hacer: consolar a los demás.
Jules Renard (1864-1910). Escritor francés.

Cuando uno dice que sabe lo que es la felicidad, se puede suponer que la ha perdido.
Anónimo.

El ánimo gozoso hace florida la vida; el espíritu triste, marchita los sucesos.
Salomón (970-931 a.C.). Rey israelita.

El deber tiene una gran similitud con la felicidad de los demás.
Víctor Hugo (1802-1885). Escritor francés

El hombre feliz es el que vive objetivamente, el que es libre en sus afectos y tiene amplios intereses, el que se asegura la felicidad por medio de estos intereses y afectos que, a su vez, le convierten a él en objeto de interés y el afecto de otros mucho.
Bertrand Russell (1872-1970). Matemático y filósofo británico.

El saber es la parte más considerable de la felicidad.
Sófocles (496-406 a.C.). Dramaturgo ateniense.

El verdadero secreto de la felicidad consiste en exigir mucho de sí mismo y muy poco de los otros.
Albert Guinon (1863-1923). Dramaturgo francés.

Esperar una felicidad demasiado grande es un obstáculo para la felicidad.
Bernard le Bovier Fontenelle (1657-1757). Escritor y científico francés.

Existe un solo procedimiento para ser feliz merced al corazón, y es no tenerlo.
Paul Bourget (1852-1935). Escritor francés.

Felicidad es el sueño del amor y tristeza su despertar.
Jan Basta (1860-1936). Escritor checoslovaco.

Felicidad no es hacer lo que uno quiere sino querer lo que uno hace.
Jean-Paul Sartre (1905-1980). Filósofo, dramaturgo, novelista y periodista político francés.

Hay una especie de vergüenza en ser feliz a la vista de ciertas miserias.
Jean de la Bruyere (1645-1696). Filósofo y escritor francés.

He sospechado alguna vez que la única cosa sin misterio es la felicidad, porque se justifica por sí sola.
Jorge Luis Borges (1899-1986). Escritor argentino.

Hijo mío, la felicidad está hecha de pequeñas cosas: Un pequeño yate, una pequeña mansión, una pequeña fortuna...
Groucho Marx (1890-1976). Actor estadounidense.

La felicidad consiste principalmente en conformarse con la suerte; es querer ser lo que uno es.
Erasmo de Rotterdam (1466-1536). Escritor y humanista holandés.

La felicidad de los grandes consiste no en sentirse felices, sino en comprender cuan felices piensan otros que han de ser ellos.
Francis Barón de Verulam Bacon (1561-1626). Filósofo y estadista británico.

La felicidad es darse cuenta que nada es demasiado importante.
Antonio Gala (1937-). Escritor español.

La felicidad es interior, no exterior; por lo tanto, no depende de lo que tenemos, sino de lo que somos.
Henry Van Dyke (1852–1933). Clérigo y educador estadounidense.

La felicidad es mejor imaginarla que tenerla.
Jacinto Benavente (1866-1954). Dramaturgo y crítico español.

La felicidad es un sentimiento fundamentalmente negativo: la ausencia de dolor.
Gregorio Marañón (1887-1960). Médico y escritor español.

La felicidad general de un pueblo descansa en la independencia individual de sus habitantes.
José Martí (1853-1895). Político y escritor cubano.

La felicidad no es algo que experimentes, es algo que recuerdas.
Anónimo.

La felicidad no es un ideal de la razón, sino de la imaginación.
Immanuel Kant (1724-1804). Filósofo alemán.

La felicidad no necesita ser transmutada en belleza, pero la desventura sí.
Jorge Luis Borges (1899-1986). Escritor argentino.

La felicidad para mí consiste en gozar de buena salud, en dormir sin miedo y despertarme sin angustia.
Françoise Sagan (Françoise Quoirez) (1935-2004). Escritora francesa.

La manera de conseguir la felicidad es haciendo felices a los demás.
Robert Louis Stevenson (1850-1894). Novelista, ensayista y poeta escocés.

La suprema felicidad de la vida es saber que eres amado por ti mismo o, más exactamente, a pesar de ti mismo.
Víctor Hugo (1802-1885). Escritor francés.

Mi felicidad consiste en que sé apreciar lo que tengo y no deseo con exceso lo que no tengo.
León Tolstoi (1828-1910). Escritor ruso.

Ningún hombre es feliz a menos que crea serlo.
Publio Siro (Siglo I a.C.). Poeta latino.

No está la felicidad en vivir, sino en saber vivir.
Diego de Saavedra Fajardo (1584-1648). Escritor español.

No llames jamás feliz a un mortal hasta que no hayas visto cómo, en su último día, desciende a la tumba.
Eurípides (480-406 a.C.). Dramaturgo griego.

No tenemos más derecho a consumir felicidad sin producirla, que a consumir riqueza sin producirla.
George Bernard Shaw (1856-1950). Escritor irlandés.

Nunca somos tan felices ni tan infelices como pensamos.
François de La Rochefoucauld (1613-1680). Político y escritor francés.

Pregúntate si eres feliz y dejarás de serlo.
John Stuart Mill (1806-1873). Economista y político británico.

Quien busca la felicidad fuera de sí es como un caracol que caminara en busca de su casa.
Constancio C. Vigil (1876-1954). Escritor uruguayo.

Quien nunca ha saboreado lo que es amargo, no sabe lo que es dulce.
Proverbio alemán.

Ser estúpido, egoísta y estar bien de salud, he aquí las tres condiciones que se requieren para ser feliz. Pero si os falta la primera, estáis perdidos.
Gustave Flaubert (1821-1880). Novelista francés.

Si quieres comprender la palabra felicidad, tienes que entenderla como recompensa y no como fin.
Antoine De Saint Exupéry (1900-1944). Escritor y aviador francés.

Sólo hay felicidad donde hay virtud y esfuerzo serio, pues la vida no es un juego.
Aristóteles (384 a.C.-322a.C). Filósofo griego.

Útil es todo lo que nos da felicidad.
Auguste Rodin (1840-1917). Escultor francés.

Feminismo

El feminismo es como tener un enemigo en casa.
José Pla (1897-1981). Escritor español.

Soy antifeminista porque tengo demasiada buena opinión de las mujeres.
José Pla (1897-1981). Escritor español.

Fidelidad

Hay maridos tan injustos que exigen de sus mujeres una fidelidad que ellos mismos violan, se parecen a los generales que huyen cobardemente del enemigo, quienes sin embargo, quieren que sus soldados sostengan el puesto con valor.
Plutarco (46-125). Biógrafo y ensayista griego.

Hay que ser infiel, pero nunca desleal.
Gabriel García Márquez (1928-). Escritor colombiano. Premio Nobel de Literatura.

La fidelidad comprada es siempre sospechosa y generalmente de corta duración.
Publio Cornelio Tácito (55-120). Historiador romano.

La fidelidad de muchos hombres se basa en la pereza, la fidelidad de muchas mujeres en la costumbre.
Víctor Hugo (1802-1885). Escritor francés.

La fidelidad es una virtud que ennoblece hasta la esclavitud.
William Mason (1725-1795). Poeta inglés.

La fidelidad que ha sido comprada con dinero puede ser vendida por el dinero.
Séneca Anneo (3 a.C.- 65 d.C.). Filósofo latino.

La mujer que es infiel a su marido, exige fidelidad a su amante.
Proverbio argentino.

No basta que una esposa sea fiel: es menester que su marido, sus amigos y sus vecinos crean en su fidelidad
Jean Jacques Rousseau (1712-1778). Filósofo y botánico suizo.

Una viuda virtuosa es el más leal de los mortales: se mantiene fiel a quien no puede sentirse complacido ni beneficiado por su fidelidad.
Amos Bronson Alcott (1799-1888). Educador y filósofo estadounidense.

Uno se es fiel a sí mismo, y basta.
Jean Anouilh (1910-1987). Dramaturgo francés.

Filosofía

A mi parecer toda la filosofía es una cuestión de forma. Es la forma más comprensiva que un individuo puede dar al conjunto de sus experiencias externas, o de otra índole, y esto independientemente de los conocimientos que pueda poseer otro.
Paul Ambroise Valéry (1871-1945). Escritor francés.

El silencio es la primera piedra del templo de la filosofía.
Pitágoras (582-500 a.C.). Filósofo y matemático griego.

La filosofía volteriana es un caos de ideas claras. Taine dice: "Empequeñeció las cosas grandes a fuerza de hacerles asequibles". Y una mujer dijo: "Lo que no le perdono es haberme hecho comprender tan bien las cosas que no había comprendido".

André Maurois (1885-1967). Escritor francés.

Lo peor de la filosofía es que es una cosa personal y no lo quiere ser.

Paul Ambroise Valéry (1871-1945). Escritor francés.

Toda la filosofía se basa en dos palabras: sustentarse y abstenerse.

Epicteto (55-135 d.C.). Pensador griego.

¿Cómo se puede tener idea de otro? En un mismo día un hombre normal cambia diez veces de filosofía. El ateo tiene sus momentos de misticismo, y el creyente duda por lo menos una vez al día.

André Maurois (1885-1967). Escritor francés.

¿De qué sirve un filósofo que no hiere los sentimientos de nadie?

Diógenes de Sínope "el cínico" (410 a.C.-320 a.C.). Filósofo griego.

A tres clases de gente el filósofo debe esconder sus secretos: a los poderosos, porque sería imprudencia añadirles poder; a los ambiciosos para no armar su genio despiadado; y a los disipados, que encontrarían en la sabiduría el medio de nutrir sus malas pasiones.

Anatole France (1844-1924). Novelista y premio Nobel francés.

Cese la filosofía del despojo y cesará la filosofía de la guerra.

Ernesto Che Guevara (1927-1968). Revolucionario y líder político.

Dejando a un lado unos cuantos escépticos, prototipos de decencia en la historia de la filosofía, los demás no tienen la más leve concepción de la integridad intelectual.

Friedrich Nietzsche (1844-1900). Filósofo, poeta y filólogo alemán.

Deberías estudiar filosofía aunque no tuvieras más dinero que el que hace falta para comprar una lámpara y aceite, ni más tiempo del que va desde la medianoche hasta el canto del gallo.

Friedrich Hölderlin (1770-1843). Poeta alemán.

El alma de un filósofo se separa de su cuerpo y desea estar sola y existir por sí misma.

Platón (428-347 a.C.). Filósofo griego.

El amor hace poetas y el acercamiento a la muerte nos hace filósofos.

Jorge Ruiz de Santayana (1863-1952). Filósofo, poeta y novelista estadounidense de origen español.

El comienzo de la filosofía es el reconocimiento de la pugna entre las opciones.

Epicteto (55-135 d.C.). Pensador griego.

El filósofo es un hombre que desea discernir la verdad.

Platón (428-347 a.C.). Filósofo griego.

El filósofo no pone objeciones a las creencias de un físico, a menos que la revista de formas filosóficas.
Hans Reichenbach (1861-1947). Filósofo alemán.

El mayor bien que puede existir en un Estado es el de tener verdaderos filósofos.
René Descartes (1596-1650). Filósofo, científico y matemático francés.

El pensamiento filosófico objetiva lo personal y personaliza lo objetivo.
Georg Simmel (1858-1918). Filósofo y sociólogo alemán.

El primer paso hacia la filosofía es la incredulidad.
Denis Diderot (1713-1784). Filósofo y escritor francés.

En general el hombre está siempre orientado hacia alguna particularidad, pero el filósofo posee un sentido para la totalidad de las cosas.
Georg Simmel (1858-1918). Filósofo y sociólogo alemán.

Es más fácil escribir diez volúmenes de principios filosóficos que poner en práctica uno solo de estos principios.
León Tolstoi (1828-1910). Escritor ruso.

Es preciso que la filosofía sea un saber especial, de los primeros principios y de las primeras causas.
Aristóteles (384 a.C.-322a.C). Filósofo griego.

Es propio del filósofo poder especular sobre todas las cosas.
Aristóteles (384 a.C.-322a.C). Filósofo griego.

Filosofía es la búsqueda de la verdad como medida de lo que el hombre debe hacer y como norma para su conducta.
Sócrates (470-399 a.C.). Filósofo griego.

Filosofía: ininteligibles respuestas a problemas sin solución.
Henry Brooks Adams (1838-1918). Escritor estadounidense.

La ciencia es lo que conocemos. La filosofía, lo que desconocemos.
Bertrand Russell (1872-1970). Científico y filósofo británico.

La filosofía duda de la existencia, pero habla con seriedad del universo.
Paul Ambroise Valéry (1871-1945). Escritor francés.

La filosofía es el cultivo de las facultades mentales. Desarraiga nuestros vicios y prepara el espíritu para recibir la semilla adecuada.
Marco Tulio Cicerón (106-43 a.C.). Escritor, político y orador romano.

La filosofía es la que nos distingue de los salvajes y bárbaros; las naciones son tanto más civilizadas y cultas cuanto mejor filosofan sus hombres.
René Descartes (1596-1650). Filósofo, científico y matemático francés.

La filosofía es una historia de falsedades.
August Strindberg (1849-1912). Autor teatral sueco.

La filosofía muchas veces no reporta nada, pero siempre ahorra mucho.
Arthur Schopenhauer (1788-1860). Filósofo alemán.

La filosofía puede enseñarnos a sobrellevar con ecuanimidad los infortunios del prójimo.
Oscar Wilde (1854-1900). Novelista, poeta, crítico literario y autor teatral irlandés.

La filosofía responde a la necesidad de hacernos una concepción unitaria y total del mundo y de la vida.
Miguel De Unamuno (1864-1936). Filósofo y escritor español.

La filosofía viene siempre demasiado tarde. En tanto que el pensamiento del mundo, sólo aparece cuando la realidad ha cumplido y terminado su proceso de formación.
Georg Wilhelm Friedrich Hegel (1770-1831). Filósofo alemán.

La ociosidad es la madre de la filosofía.
Thomas Hobbes (1588-1679). Filósofo y político inglés.

La primera misión del filósofo es despojarse de todo engreímiento. Pues es imposible que un hombre aprenda lo que cree que ya sabe.
Epicteto (55-135 d.C.). Pensador griego.

La única cosa que sé es saber que nada sé; y esto cabalmente me distingue de los demás filósofos, que creen saberlo todo.
Sócrates (470-399 a.C.). Filósofo griego.

Las decisiones filosóficas no son otra cosa que reflexiones sobre la vida ordinaria, metodizadas y corregidas.
David Hume (1711-1776). Filósofo escocés.

Lo único que necesitamos para convertirnos en buenos filósofos es la capacidad de asombro.
Jostein Gaarder (1952-). Escritor noruego.

Los dialécticos y los sofistas, en sus disquisiciones, se revisten de la apariencia de filósofos.
Aristóteles (384 a.C.-322a.C). Filósofo griego.

Los filósofos hacen leyes imaginarias para sociedades imaginarias, y sus discursos son como las estrellas, que dan poca luz por la altura a que se encuentran.
Francis Barón de Verulam Bacon (1561-1626). Filósofo y estadista británico.

No hay afirmación tan absurda que un filósofo no sea capaz de hacer.
Marco Tulio Cicerón (106-43 a.C.). Escritor, político y orador romano.

Para tener verdadera libertad hay que ser esclavo de la filosofía.
Epicuro (342 a.C.- 270 a.C.). Filósofo griego.

Poca filosofía aparta de la religión, mucha filosofia lleva a ella.
Francis Barón de Verulam Bacon (1561-1626). Filósofo y estadista británico.

Quien quiera realmente ser filósofo, deberá una vez en su vida, volver a sí mismo y, adentro de sí, tratar de voltear todas las ciencias admitidas hasta entonces y tratar de reconstruirlas.
Edmund Husserl (1859-1938). Filósofo checo.

Ridiculizar la filosofía es ser un verdadero filósofo.
Blaise Pascal (1623-1662). Matemático, físico y teólogo francés.

Sólo en la filosofía es donde cada pensador, cuando es original, determina no únicamente lo que quiere responder, sino lo que quiere preguntar para responder al concepto de filosofía.
Georg Simmel (1858-1918). Filósofo y sociólogo alemán.

Sólo existe un problema filosófico serio: el suicidio.
Albert Camus (1913-1960). Novelista, dramaturgo y ensayista francés.

También es el filósofo, digámoslo de pasada, el hombre que no quisiera dar nunca en el blanco sobre el cual dispara y para ello lo pone más allá del alcance de toda escopeta.
Antonio Machado (1875-1939). Poeta español.

Toda gran filosofía es la confesión de su creador y una especie de autobiografía involuntaria e inconsciente.
Friedrich Nietzsche (1844-1900). Filósofo, poeta y filólogo alemán.

Un filósofo casado es, para decirlo claro, una figura ridícula.
Friedrich Nietzsche (1844-1900). Filósofo, poeta y filólogo alemán.

Considero la Sagrada Escritura como la más sublime filosofía.
Isaac Newton (1642-1727). Matemático y físico británico.

El que empieza a instruirse en la filosofía de todo se echa la culpa a sí mismo.
Epicteto (55-135 d.C.). Pensador griego.

En filosofía son más esenciales las preguntas que las respuestas.
Karl Jaspers (1883-1969). Psiquiatra alemán.

Filosofar es esto: examinar y afinar los criterios.
Epicteto (55-135 d.C.). Pensador griego.

Filosofar es y sólo es aprender a morir.
Karl Jaspers (1883-1969). Psiquiatra alemán.

La experiencia y la filosofía que no conducen a la indulgencia y a la caridad, son dos adquisiciones que no valen lo que cuestan.
Alejandro Dumas (hijo) (1824-1895). Escritor francés.

La filosofía de mi vida siempre ha sido que las dificultades se esfuman cuando se les hace frente con valentía.
Isaac Asimov (1920-1992). Escritor y científico estadounidense.

La filosofía es un silencioso diálogo del alma consigo misma en torno al ser.
Platón (428-347 a.C.). Filósofo griego.

La filosofía es una meditación de la muerte.
Erasmo de Rotterdam (1466-1536). Escritor y humanista holandés.

Los filósofos se han limitado a interpretar el mundo de distintos modos; de lo que se trata es de transformarlo.
Karl Marx (1818-1883). Filósofo alemán.

Los humoristas y los filósofos dicen muchas tonterías, pero los filósofos son más ingenuos y las dicen sin querer.
Noel Clarasó (1905-1985). Escritor español.

No se aprende filosofía, sólo se aprende a filosofar.
Immanuel Kant (1724-1804). Filósofo alemán.

Vivir sin filosofar es, propiamente, tener los ojos cerrados, sin tratar de abrirlos jamás.
René Descartes (1596-1650). Filósofo, científico y matemático francés.

Fortaleza

El fuego prueba el oro; la miseria los hombres fuertes.
Séneca Anneo (3 a.C.- 65 d.C.). Filósofo latino.

El hombre que nada teme es tan fuerte como el que es temido por todo el mundo.
Friedrich von Schiller (1759-1805). Poeta, dramaturgo y filósofo alemán.

La fortaleza crece en proporción a la carga.
T. W. Higginson (1823-1911). Escritor y militar estadounidense.

Fortuna

Cada cual es artífice de su propia fortuna.
Appio Claudio Ciego (340-273 a.C.). Cónsul romano.

Cada cual ha de luchar y procurar para él, para hoy y para mañana. La manía de los seguros —vejez, accidentes, enfermedades, paro— es prueba de una vitalidad que declina.
Oswald Spengler (1880-1936). Filósofo alemán.

Cuando la fortuna sonríe, ¿qué necesidad hay de amigos?
Eurípides (480-406 a.C.). Dramaturgo griego.

Cuando la fortuna viene, tómala a mansalva y por delante, pues por detrás es calva.
Leonardo Da Vinci (1452-1519). Artista florentino.

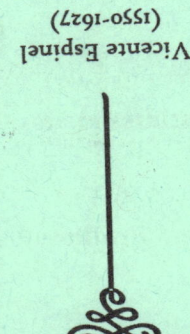
Cu... ...rtunas, las pompas fúnebres no deberían dif...
...Brède y de Montesquieu (1689-1755). Escritor

De todos los medios que conducen a la fortuna, los más seguros son la perseverancia y el trabajo.
Marie-Roch-Louis Reybaud (1799-1879). Escritor francés.

El filósofo siempre va a pie. Prefiere el bastón de la experiencia al carro rápido de la fortuna.
Pitágoras (582-500 a.C.). Filósofo y matemático griego.

El hombre es a veces más generoso cuando tiene poco dinero que cuando tiene mucho, quizá por temor a descubrir su escasa fortuna.
Benjamín Franklin (1706-1790). Político, filósofo y científico estadounidense.

En la adversa fortuna suele descubrirse el genio, en la prosperidad se oculta.
Quinto Horacio Flaco (65 a.C.-8 a.C.). Poeta lírico y satírico romano.

Equilibra tus necesidades con tu riqueza y no serás pobre ni rico, sino simplemente afortunado.
Chilón de Lacedemonia (siglo VI a.C.). Uno de los siete sabios griegos.

Es la fortuna, no la sabiduría, la que gobierna la vida del hombre.
Marco Tulio Cicerón (106-43 a.C.). Escritor, político y orador romano.

Esta que llaman fortuna, es una mujer borracha y antojadiza, y sobre todo, ciega, y así no ve lo que hace, ni sabe a quién derriba.
Miguel de Cervantes (1547-1616). Dramaturgo, poeta y novelista español.

Jamás viene la fortuna a manos llenas, ni concede una gracia que no haga expirar con un revés.
William Shakespeare (1564-1616). Poeta y autor teatral inglés.

La advertencia revela el genio de un general; la buena fortuna lo oculta.
Quinto Horacio Flaco (65 a.C.-8 a.C.). Poeta lírico y satírico romano.

La fortuna a muchos da demasiado, a nadie lo suficiente.
Marco Valerio Marcial (40-104). Poeta latino.

La fortuna es como un vestido: muy holgado nos embaraza, y muy estrecho nos oprime.
Quinto Horacio Flaco (65 a.C.-8 a.C.). Poeta lírico y satírico romano.

La fortuna juega a favor de una mente preparada.
Louis Pasteur (1822-1895). Químico francés.

La fortuna llega en algunos barcos que no son guiados.
William Shakespeare (1564-1616). Poeta y autor teatral inglés.

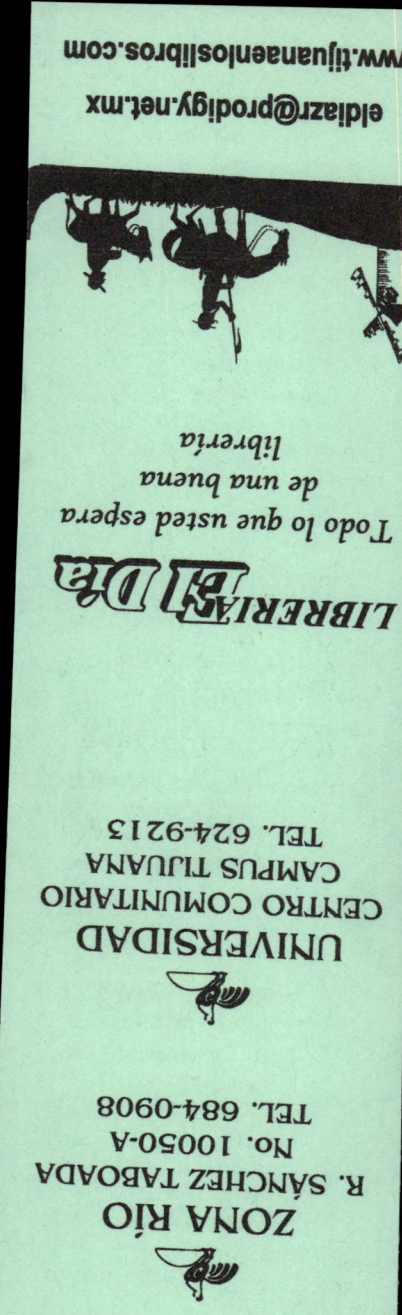
La fortuna lo hizo tonto, mientras que a ella la volvió hermosa.
Francis Barón de Verulam Bacon (1561-1626). Filósofo y estadista británico.

La fortuna no cambia a los hombres; solamente les quita la máscara.
Alfonso Teja Zabre (1888-1962). Historiador, literato y jurisconsulto mexicano.

La fortuna no parece tan ciega a aquellas personas que nunca han recibido sus favores.
François de La Rochefoucauld (1613-1680). Político y escritor francés.

La fortuna se cansa de llevar siempre a un mismo hombre sobre las espaldas
Baltasar Gracián y Morales (1601-1658). Jesuita y escritor español.

La fortuna y el amor son amigos del audaz.
Publio Nasón Ovidio (43 a.C.-17 d.C.). Poeta latino.

La fortuna, en verdad, ayuda a aquellos que tienen buen juicio.
Eurípides (480-406 a.C.). Dramaturgo griego.

La tortura de un hombre es la fortuna del otro.
Francis Barón de Verulam Bacon (1561-1626). Filósofo y estadista británico.

Las heces amargas de la fortuna se pierden en el drenaje.
Homero (s.VIII a.C.). Poeta griego.

Más de un hombre hubiera sido peor si su fortuna hubiese sido mejor.
Benjamín Franklin (1706-1790). Político, filósofo y científico estadounidense.

Nadie puede saber por quién es amado, cuando la suerte le favorece.
Ludovico Ariosto (1474-1533). Poeta italiano.

No hay mayor riqueza que contentarse con lo que uno tiene.
Anthony de Mello (1931-1987). Escritor y sacerdote jesuita.

No hay ningún hombre absolutamente libre. Es esclavo de la riqueza, o de la fortuna, o de las leyes, o bien el pueblo le impide obrar con arreglo a su exclusiva voluntad.
Eurípides (480-406 a.C.). Dramaturgo griego.

Nosotros creamos nuestra fortuna, porque así fue forjado el universo. El pensamiento es otro nombre de la suerte. Elige entonces tu destino, y espera; el amor trae amor, y el odio genera odio.
Henry Van Dyke (1852–1933). Clérigo y educador estadounidense.

Para amasar una fortuna no se requiere ingenio, lo preciso es carecer de delicadeza.
Caballero de Bruix (1728-1780). Escritor francés.

Para conseguir la más pequeña fortuna, vale más decir cuatro palabras a la querida de un rey que escribir cien volúmenes.
Francois-Marie Arouet de Voltaire (1694-1778). Escritor y filósofo francés.

Que la suerte te acompañe.
Giovanni Boccaccio (1313-1375). Poeta y humanista italiano.

Quien posee mujer e hijos ha entregado rehenes a la fortuna.
Francis Barón de Verulam Bacon (1561-1626). Filósofo y estadista británico.

Si dais la impresión de necesitar cualquier cosa no os darán nada; para hacer fortuna es preciso aparentar ser rico.
Alejandro Dumas (1802-1870). Novelista y dramaturgo francés.

Sin placer y sin fortuna, pasó como una quimera mi juventud, la primera..., la sola, no hay más que una: la de dentro es la de fuera.
Antonio Machado (1875-1939). Poeta español.

Solamente cuando madura cae el fruto de la fortuna.
Friedrich von Schiller (1759-1805). Poeta, dramaturgo y filósofo alemán.

A menudo, la fortuna nos hace pagar muy caro lo que creemos que nos ha regalado.
Vincent Voiture (1597-1648). Poeta francés.

Hay personas a las que la fortuna no les preocupa más que miedo de perderla.
Antoine Rivarol (1753-1801). Escritor francés.

La fortuna no está hecha para los poltrones y para alcanzarla, antes que mantenerse bien sentado hay que correr tras ella.
Plutarco (46-125). Biógrafo y ensayista griego.

No es dichoso aquél a quien la fortuna no puede dar más, sino aquel a quien no puede quitar nada.
Francisco De Quevedo (1580-1645). Escritor español.

Suerte es lo que sucede cuando la preparación y la oportunidad se encuentran y fusionan.
Francois-Marie Arouet de Voltaire (1694-1778). Escritor y filósofo francés.

Viven más contentos aquellos en quienes jamás puso los ojos la fortuna, que los otros de quienes los apartó.
Séneca Anneo (3 a.C.- 65 d.C.). Filósofo latino.

Fracaso

Amaré al que tiene ambiciones porque podrá inspirarme; Amaré a los que han fracasado porque pueden enseñarme.
Og Mandino (1923-1996). Escritor estadounidense.

Aprovecha lo mejor de cada fracaso, y saldrás adelante.
Anónimo.

Aquel que no ha fracasado nunca, no ha intentado tampoco nada.
Og Mandino (1923-1996). Escritor estadounidense.

Cada fracaso le enseña al hombre algo que necesitaba aprender.
Charles Dickens (1812-1870). Escritor inglés.

Creer que el trabajo constante, firme e infatigable puede obtenerlo todo, constituye la imposibilidad del fracaso.
Henry Ford (1863-1947). Industrial estadounidense.

Después de un fracaso, los planes mejor elaborados parecen absurdos.
Fedor Dostoievski (1821-1881). Escritor ruso.

El apresuramiento es padre del fracaso.
Herodoto (c. 484-425 a.C.). Historiador griego.

El fracaso es éxito si aprendemos de él.
Malcolm Forbes (1919-1990). Editor estadounidense.

El que piensa en derrota, ya está vencido.
Anónimo.

En el mundo común de los hechos, los malos no son castigados y los buenos recompensados. El éxito se lo llevan los fuertes y el fracaso los débiles.
Oscar Wilde (1854-1900). Novelista, poeta, crítico literario y autor teatral irlandés.

Es más importante saber cómo fracasar que saber cómo tener éxito.
Stephen Crane (1871-1900). Novelista y poeta estadounidense.

La diferencia entre un hombre inteligente y un tonto radica en que aquél se repone fácilmente de sus fracasos, mientras nunca logra éste reponerse de sus éxitos.
Sacha Guitry (1885-1957). Actor y director francés.

La mayor parte de los fracasos nos viene por querer adelantar la hora de los éxitos.
Amado Nervo (1870-1919). Poeta y escritor mexicano.

Los cadáveres de aquellos que han fracasado. Si se pusieran uno encima del otro, proyectarían su sombra por encima de todas las pirámides de la tierra.
Og Mandino (1923-1996). Escritor estadounidense.

No le temas al fracaso, que no te hará más débil, sino más fuerte...
Abraham Lincoln (1809-1865). 16º presidente de Estados Unidos (1861-1865).

No se sale adelante celebrando éxitos sino superando fracasos.
Orison S. Marden (1848-1924). Editor y escritor estadounidense.

No todo resbalón significa una caída.
George Herbert (1593-1633). Poeta inglés.

Nunca tuve éxito alguno. En este sentido el éxito es una cosa que le asalta a uno y le quita la respiración. Lo que me asaltó a mí fue un repetido fracaso. Cuando los fracasos fueron disminuyendo, yo estaba demasiado enterado como para dar demasiada importancia al éxito o a los fracasos.
George Bernard Shaw (1856-1950). Escritor irlandés.

Procuremos no subir demasiado, para no caer de demasiada altura.
Johann Christoph Friedrich von Schiller (1759-1805). Poeta, historiador y dramaturgo alemán.

Se va a la plaza del nunca por la calle del ya voy.
Miguel de Cervantes (1547-1616). Dramaturgo, poeta y novelista español.

Sólo aquellos que desafían el fracaso enormemente, pueden también aprovecharlo así.
Robert Kennedy (1925-1968). Político estadounidense.

Tengo la impresión de que el intento de la naturaleza de crear en este mundo un ser pensante, ha fracasado.
Max Borh (1882-1970). Físico germano-británico.

Todo fracaso es el condimento que da sabor al éxito.
Truman Capote (1924-1984). Escritor estadounidense.

Todos miden su éxito por el fracaso de los demás.
Ivan Illich (1926-2002). Ensayista y pedagogo de origen austriaco.

Un fracasado es un hombre que ha cometido un error, pero no es capaz de convertirlo en experiencia.
Elbert Hubbard (1856-1915). Escritor y editor estadounidense.

Un hombre nulo es algo terrible; pero hay otra cosa peor: un hombre anulado.
Honorato De Balzac (1799-1850). Escritor francés.

Una experiencia nunca es un fracaso, pues siempre viene a demostrar algo.
Thomas Alva Edison (1847-1931). Inventor estadounidense.

Da igual, prueba otra vez, fracasa otra vez, fracasa mejor.
Samuel Beckett (1906-1989). Dramaturgo y novelista anglo-francés.

El fracaso fortifica a los fuertes.
Antoine De Saint Exupéry (1900-1944). Escritor y aviador francés.

La mejor estructura no garantizará los resultados ni el rendimiento. Pero la estructura equivocada es una garantía de fracaso.
Peter Drucker (1909-). Escritor y educador estadounidense de origen austriaco.

Los que se desaniman ante un fracaso es porque ya tienen todo lo que pueden.
Wallace Stevens (1879-1955). Poeta estadounidense.

No fracasa en este mundo quien le haga a otro más llevadera su carga.
Charles Dickens (1812-1870). Escritor inglés.

Poco se aprende con la victoria y mucho con la derrota.
Proverbio japonés.

Donde hay fuerza de hecho, se pierde cualquier derecho.
Miguel de Cervantes (1547-1616). Dramaturgo, poeta y novelista español.

El carácter es la fuerza sorda y constante de la voluntad.
Henri-Dominique Lacordaire (1802-1861). Escritor y sacerdote predicador francés.

El desprecio de la muerte, he ahí el principio de la fuerza moral.
Henri-Dominique Lacordaire (1802-1861). Escritor y sacerdote predicador francés.

Entre dos hombres iguales en fuerza, el más fuerte es el que tiene la razón.
Pitágoras (582-500 a.C.). Filósofo y matemático griego.

Es lícito repeler la fuerza con la fuerza.
Domicio Ulpiano (170-228). Jurisconsulto romano.

Exagerar la fuerza es descubrir la debilidad.
Madame de Girardin. Delphine Gay de Girardin (1804-1855). Escritora francesa.

Excelente cosa es tener la fuerza de un gigante, pero usar de ella como un gigante es propio de un tirano.
William Shakespeare (1564-1616). Poeta y autor teatral inglés.

Hacer mal por voluntad es peor que hacerlo por fuerza.
Aristóteles (384 a.C.-322a.C). Filósofo griego.

Hay una gran fuerza escondida en una dulce orden.
Proverbio romano.

La fuerza es el derecho de las bestias.
Marco Tulio Cicerón (106-43 a.C.). Escritor, político y orador romano.

La fuerza tiene siempre sus cortesanos, aun en los hombres de ideas. Hay hombres dispuestos naturalmente a ser ovejas, aunque se crean libérrimas águilas.
José Martí (1853-1895). Político y escritor cubano.

La medida más segura de toda fuerza es la resistencia que vence.
Stefan Zweig (1881-1942). Escritor y pacifista austriaco.

La paciencia y el tiempo hacen más que la fuerza y la violencia.
Jean de La Fontaine (1621-1695). Novelista y fabulista francés.

La verdadera fuerza de un príncipe no consiste tanto en su capacidad para vencer a sus vecinos como en lo difícil que pueda ser para éstos atacarlo.
Charles Louis de Secondat, barón de la Brède y de Montesquieu (1689-1755). Escritor francés.

Las fuerzas que se asocian para el bien no se suman, se multiplican.
Concepción Arenal (1820-1893). Pensadora española.

Las únicas fuerzas que nos favorecen son nuestras fuerzas.
Ugo Betti (1892-1953). Dramaturgo y poeta italiano.

Lo que no me mata, me hace más fuerte.
Friedrich Nietzsche (1844-1900). Filósofo, poeta y filólogo alemán.

Los hombres más fastidiosos del mundo son los que tienen más energía que capacidades.
Georg Christoph Lichtenberg (1742-1799). Escritor y científico alemán.

Los hombres no tienen más que dos frenos: La vergüenza y la fuerza.
Ugo Foscolo (1778-1827). Poeta italiano.

Quien tiene la voluntad tiene la fuerza.
Menandro (343-290 a.C.). Filósofo griego.

Si la fuerza hace vencedores, la concordia hace invencibles.
Proverbio portugués.

Temible es siempre el temor de la fuerza aun fundada en el derecho.
Friedrich von Schiller (1759-1805). Poeta, dramaturgo y filósofo alemán.

Terrible son las debilidades de la fuerza.
Stanislaw Jerzy Lec (1909-1966). Escritor polaco.

Futuro

¿Por qué debería preocuparme por la posteridad? ¿Qué ha hecho la posteridad por mí?
Groucho Marx (1890-1976). Actor estadounidense.

El futuro es algo que cada cual alcanza a un ritmo de sesenta minutos por hora, haga lo que haga y sea quien sea.
Clive Staples Lewis (1898-1963). Escritor británico.

El futuro no pertenece a quienes saben esperar, sino a quienes saben prepararse.
Eleuterio Manero (1861-?). Religioso agustino español.

El futuro nos tortura y el pasado nos encadena. He ahí por qué se nos escapa el presente.
Gustave Flaubert (1821-1880). Novelista francés.

El futuro pertence a aquellos que creen en la belleza de sus sueños.
Eleanor Roosevelt (1884-1962). Defensora de los derechos sociales.

El padre más feliz es aquel que sabe, qué recordar del pasado, qué disfrutar del presente y qué planear para el futuro.
Anónimo.

El pasado me atrae, el presente me aterra porque el porvenir es la muerte.
Guy de Maupassant (1850-1893). Autor francés.

El pasado y el presente solamente son medio para nosotros: el futuro es siempre nuestro fin. Por eso nunca vivimos realmente, sino que esperamos vivir. Alucinados siempre por esta esperanza de ser felices algún día, es inevitable que no lo seamos nunca.

Blaise Pascal (1623-1662). Matemático, físico y teólogo francés.

El porvenir es un lugar cómodo para colocar los sueños.

Anatole France (1844-1924). Novelista y premio Nobel francés.

El problema de nuestros tiempos es que el futuro ya no es lo que era.

Paul Ambroise Valéry (1871-1945). Escritor francés.

El que no tiene cabeza para prever, tiene que tener espaldas para aguantar.

Eduardo González Lanuza (1900-1984). Poeta, ensayista y dramaturgo argentino de origen español.

El recurso final del hombre destruido es el delito.

Ugo Foscolo (1778-1827). Poeta italiano.

Hemos preparado a los hombres para pensar en el futuro como una tierra prometida que alcanzan los héroes, no como lo que cualquiera alcanza a un ritmo de sesenta minutos por hora, haga lo que haga.

Clive Staples Lewis (1898-1963). Escritor británico.

La utopía es el principio de todo progreso y el diseño de un futuro mejor.

Anatole France (1844-1924). Novelista y premio Nobel francés.

Los imposibles de hoy serán posibles mañana.

Konstantin Tsiolkovsky (1857-1935). Científico espacial ruso.

Mal acabará quien pretenda adentrarse en el futuro ignorando lo que sucedió en el pasado, porque entonces no vivirá el presente.

Proverbio oriental.

Me interesa el futuro porque es el sitio donde voy a pasar el resto de mi vida.

Woody Allen (1935-). Escritor, actor y director de cine estadounidense.

No confíes en el futuro por más placentero que sea. Deja que el tiempo pasado entierre a sus muertos. Actúa en el presente. Recuerda que si tú te ayudas, Dios te ayudará.

Henry W. Longfellow (1807-1882). Poeta estadounidense.

No debemos confiarnos en aquellos que presumen de generosos con el bien ajeno.

Esopo (620-560 a.C.). Fabulista griego.

No os engañéis: Dios no puede ser burlado; todo lo que el hombre sembrare, esto también cosechará.

La Biblia.

No pienso nunca en el futuro porque llega muy pronto.

Albert Einstein (1879-1955). Científico estadounidense de origen alemán.

No te preocupes por el futuro, mejor decide cómo enfrentarlo.
Anónimo.

Si iniciamos una discusión entre el pasado y el presente, advertiremos que hemos perdido el futuro.
Sir Winston Churchill (1874-1965). Político inglés.

Si no aprendemos de la Historia, nos vemos obligados a repetirla. Cierto. Pero si no cambiamos el futuro, nos veremos obligados a soportarlo. Y eso podría ser peor.
Alvin Toffler (1928-). Periodista, ensayista y sociólogo estadounidense.

Solamente aquel que construye el futuro tiene derecho a juzgar el pasado.
Friedrich Nietzsche (1844-1900). Filósofo, poeta y filólogo alemán.

Todo cuanto sucedió en el pasado y acontece en el momento presente volverá a repetirse en el futuro; pero de tal forma cambian los nombres y el aspecto de las cosas que quien no posee un ojo agudo, no las reconoce ni sabe sacar partido o formarse un juicio de ellas a base de tal observación.
Francesco Guicciardini (1483-1540). Historiador italiano.

¡Insensato quien fía al porvenir!
Jean Baptiste Racine (1639-1699). Dramaturgo francés.

Desdichado el que duerme en el mañana.
Hesiodo de Ascra (siglo VIII a.C.). Poeta griego.

El futuro del mundo pende del aliento de los niños que van a la escuela.
Talmud. Cuerpo de ley civil y religiosa del judaísmo.

El futuro es ese periodo de tiempo en el que prosperan nuestros negocios, nuestros amigos son verdaderos y nuestra felicidad segura.
Ambrose Gwinett Bierce (1842-1914). Periodista y escritor estadounidense.

El futuro tiene muchos nombres: para el débil es lo inalcanzable, para el miedoso, lo desconocido. Para el valiente, la oportunidad.
Víctor Hugo (1802-1885). Escritor francés.

Es injusto que una generación sea comprometida por la precedente. Hay que encontrar un medio que preserve a las venideras de la avaricia o inhabilidad de las presentes.
Napoleón Bonaparte (1769-1821). Emperador de Francia (1804-1815).

No podemos luchar contra el futuro. El tiempo está de su parte.
William Ewart Gladstone (1809-1898). Político inglés.

Nunca puedes planear el futuro a través del pasado.
Edmund Burke (1729-1797). Estadista y filósofo político británico nacido en Irlanda.

Procuremos más ser padres de nuestro porvenir que hijos de nuestro pasado.
Miguel De Unamuno (1864-1936). Filósofo y escritor español.

Yo no sé quién fue mi abuelo; me importa mucho más saber qué será su nieto.
Abraham Lincoln (1809-1865). 16º presidente de Estados Unidos (1861-1865).

Genio

¿No es en este mundo toda acción genial una palpable protesta del genio contra la indolencia de la masa?
Adolf Hitler (1889-1945). Político alemán de origen austriaco.

Cada producción de un genio constituye el producto de su entusiasmo.
Benjamín Franklin (1706-1790). Político, filósofo y científico estadounidense.

Con el genio se inician las grandes obras, pero sólo con el trabajo se les acaban.
Joseph Joubert (1754-1824). Escritor y crítico francés.

Cuando un genio aparece en el mundo se reconoce por esta señal: todos los estúpidos se confederan para atacarlo.
Jonathan Swift (1667-1745). Escritor anglo-irlandés.

El genio comienza las grandes obras, pero sólo el trabajo las acaba.
Joseph Joubert (1754-1824). Escritor y crítico francés.

El genio es sólo una gran paciencia.
Georges Louis Leclerc, conde de Buffon (1707-1788). Naturalista francés.

El genio es un ajustamiento promontorio del infinito.
Víctor Hugo (1802-1885). Escritor francés.

El genio es un uno por ciento de inspiración, y un noventa y nueve por ciento de transpiración.
Thomas Alva Edison (1847-1931). Inventor estadounidense.

El genio no es planta que brota únicamente en los centros académicos; es flor salvaje que nace en el bosque por sí sola, sin requerir ayuda ajena.
Dale Carnegie (1888-1955). Escritor norteamericano.

El genio se descubre en la fortuna adversa; en la prosperidad se oculta.
Quinto Horacio Flaco (65 a.C.-8 a.C.). Poeta lírico y satírico romano.

El genio se ha calificado a sí mismo como "una larga paciencia". La respuesta de Newton "siempre pensando en ello", revela el secreto del más grande de los descubrimientos astronómicos.
Marcel Proust (1862-1941). Novelista francés.

El genio sobrevive; todo lo demás muere.
Herbert Spencer (1820-1903). Teórico social inglés.

El genio sólo puede respirar libremente en una atmósfera de libertad.
John Stuart Mill (1806-1873). Economista y político británico.

El hombre de genio ha de obtener lo que necesita para no depender de nadie. Mas si obtenida esta tranquilidad pierde el tiempo en aumentar su fortuna, no es un hombre de genio, sino un miserable.

Charles Baudelaire (1821-1867). Poeta francés.

El talento hace lo que puede, el genio hace lo que debe.

Edward Robert Bulwer-Lytton (1831-1891). Poeta y diplomático inglés.

El vulgo es prodigiosamente tolerante; todo lo perdona menos el genio.

Oscar Wilde (1854-1900). Novelista, poeta, crítico literario y autor teatral irlandés.

En la especie humana el genio ha de ser forzosamente masculino. ¿Por qué? Cosas de la naturaleza. También en las abejas la reina ha de salir forzosamente de un huevo de hembra.

Miguel De Unamuno (1864-1936). Filósofo y escritor español.

En su propio país un genio es como el oro en la mina.

Benjamín Franklin (1706-1790). Político, filósofo y científico estadounidense.

En toda cosa inútil hay que ser genial o no meterse con ella.

Paul Ambroise Valéry (1871-1945). Escritor francés.

Es muy de lamentar que los hombres que tienen genio no sean al mismo tiempo imbéciles. Porque ante los imbéciles, como ante los perros, todo el mundo se muestra tal cual es, sin disimulo.

Georges Duhamel (1884-1966). Escritor francés.

Estas son las prerrogativas del genio: saber sin haber aprendido; extraer conclusiones justas de premisas ignoradas; discernir el alma de las cosas.

Amos Bronson Alcott (1799-1888). Educador y filósofo estadounidense.

Genio es aquel que, en todo instante, sabe plasmar en hechos sus pensamientos.

Théophile Gautier (1811-1872). Poeta y novelista francés.

Hacer con facilidad lo que es difícil a los demás; esto es el ingenio; hacer lo que es imposible a las personas de ingenio; esto es el genio...

Henri Frédéric Amiel (1821-1881). Crítico suizo.

Inspiración y genio son casi la misma cosa.

Víctor Hugo (1802-1885). Escritor francés.

La cordura y el genio son novios, pero jamás han podido casarse.

Amado Nervo (1870-1919). Poeta y escritor mexicano.

La lámpara del genio se extingue más rápido que la lámpara de la vida.

Friedrich von Schiller (1759-1805). Poeta, dramaturgo y filósofo alemán.

La vida, la naturaleza, la humanidad, sólo son bellas cuando son transfiguradas por un cerebro creador. Todo lo demás es mentira.

Edmond Jaloux (1878-1949). Escritor y crítico francés.

Las personas más insoportables son los hombres que se creen geniales y las mujeres que se creen irresistibles.
Anónimo.

Las prerrogativas del genio son: saber sin haber aprendido; extraer conclusiones justas de premisas ignoradas; discernir el alma de las cosas.
Ambrose Gwinett Bierce (1842-1914). Periodista y escritor estadounidense.

Lo primero y lo último que se le pide al genio es amor a la verdad.
Johann Wolfgang von Goethe (1749-1832). Poeta, novelista y dramaturgo alemán.

Lo que el genio tiene de bello es que se parece a todo el mundo y nadie se le parece.
Honorato De Balzac (1799-1850). Escritor francés.

Lo que el mundo llama genio es el estado de enfermedad mental que nace del predominio indebido de algunas de las facultades. Las obras de tales genios no son nunca sanas en sí mismas, y reflejan siempre la demencia mental general.
Edgar Allan Poe (1809-1849). Escritor estadounidense.

Lo que puedas hacer o soñar, ponte a hacerlo. La osadía está llena de genialidad, poder y magia.
Johann Wolfgang von Goethe (1749-1832). Poeta, novelista y dramaturgo alemán.

Los genios no son comprendidos sino después de su muerte. Las personas no son verdaderamente amadas sino después de su muerte. Las ciudades no son nostalgiadas sino en el desierto. ¿Por qué?
Conde de Keyserling (1880-1946). Filósofo alemán.

Los genios son peligrosos para los talentos jóvenes, pues no hacen más que reproducirlos creyendo reproducirse a sí mismos.
Johann Wolfgang von Goethe (1749-1832). Poeta, novelista y dramaturgo alemán.

Los genios son una materia explosiva en la que se halla acumulada una cantidad inmensa de potencia. Se deben a que durante largos siglos ha ido reuniéndose y atesorándose la energía para su uso sin que tuviera lugar ninguna explosión.
Friedrich Nietzsche (1844-1900). Filósofo, poeta y filólogo alemán.

Los hombres de genio abundan mucho más de lo que se supone. En realidad, para apreciar plenamente la obra de lo que llamamos genio hace falta poseer todo el genio que se necesitó para producir la obra.
Edgar Allan Poe (1809-1849). Escritor estadounidense.

Ni aún el genio muy grande irá muy allá si tuviera que sacarlo todo de su propio interior.
Johann Wolfgang von Goethe (1749-1832). Poeta, novelista y dramaturgo alemán.

Ni una inteligencia sublime, ni una gran imaginación, ni las dos cosas juntas forman el genio; amor, eso es el alma del genio.
Wolfgang Amadeus Mozart (1756-1791). Compositor austriaco.

Ningún genio fue jamás empañado por el aliento de los críticos.
Samuel Johnson (1709-1784). Escritor británico.

No es que el genio se adelante un siglo a su tiempo, es la humanidad la que se encuentra cien años por detrás de él.
Robert Musil (1880-1942). Novelista austriaco.

No existe ningún gran genio sin un toque de demencia.
Séneca Anneo (3 a.C.- 65 d.C.). Filósofo latino.

No tengo otra cosa que declarar que mi genio.
Oscar Wilde (1854-1900). Novelista, poeta, crítico literario y autor teatral irlandés.

Para hacer negocios no se requiere ingenio, basta con no tener delicadeza.
Chevalier de Bruix (1728-1780). Literato francés.

Para surcar mejores aguas despliego ahora las velas de la navecilla de mi ingenio, que deja tras de sí un mar tan cruel.
Dante Alighieri (1265-1321). Poeta, prosista, filósofo y pensador político italiano.

Por lo menos una vez al año todo el mundo es un genio.
Georg Christoph Lichtenberg (1742-1799). Escritor y científico alemán.

Recuerdo haber dicho que se necesitaba mucho talento para hacer soportable un poco de genio.
André Gide (1869-1951). Escritor francés.

Todavía no se han levantado las barreras que digan al genio: De aquí no pasarás.
Ludwig Van Beethoven (1770-1827). Compositor alemán.

Todo se te perdonará, excepto que seas un genio.
Heinrich Heine (1797-1856). Poeta y crítico alemán.

Un genio es alguien que descubre que la piedra que cae y la luna que no cae representan un solo y mismo fenómeno.
Ernesto Sabato (1911-). Escritor argentino.

Un genio es una persona que, viendo más lejos y calando más hondo que la demás gente, posee un arancel de valoraciones éticas diferentes del común y tiene bastante energía para dar efecto a esta visión más profunda y a sus valoraciones en la manera que mejor conviene a sus peculiares talentos. Un santo es una persona que, después de haber practicado virtudes heroicas y experimentado revelaciones e influjos del orden de la iglesia califica técnicamente de sobrenatural, se hace acreedor a la canonización.
George Bernard Shaw (1856-1950). Escritor irlandés.

Una enorme masa de gente no está sobre la tierra sino para dar a luz, tras largos misteriosos cruzamientos, a un hombre que, entre mil, posea como genio alguna independencia.
Fedor Dostoievski (1821-1881). Escritor ruso.

¿Cuál es el destino más bello? Tener genio y permanecer en la oscuridad.
Jules-Amédée Barbey d'Aurevilly (1808-1889). Novelista y crítico francés.

El genio en el arte consiste en saber hasta donde podemos caminar demasiado lejos.
Jean Cocteau (1889-1963). Escritor francés.

El genio es un rayo cuyo trueno se prolonga durante siglos.
Knut Hamsun (1859-1952). Escritor noruego.

Genio: El que es capaz de ver la idea en el fenómeno.
Arthur Schopenhauer (1788-1860). Filósofo alemán.

La belleza del genio consiste en esgrimir los dones naturales, y hacer así de una vida fácil una vida difícil.
Emile Chartier Alain (1868-1951). Profesor, ensayista y filósofo francés.

No hay un gran genio sin mezcla de locura.
Aristóteles (384 a.C.-322a.C). Filósofo griego.

Sólo en las regiones de la fantasía es dado crear; crear es la misión del genio.
José María Vargas Vila (1840-1933). Escritor colombiano.

Geometría

Donde hay materia hay geometría.
Johannes Kepler (1571-1630). Astrónomo y filósofo alemán.

La existencia de Dios es más cierta que todos los teoremas de la geometría.
René Descartes (1596-1650). Filósofo, científico y matemático francés.

La Geometría de Descartes es un método para dar ecuaciones algebraicas a las curvas.
Francois-Marie Arouet de Voltaire (1694-1778). Escritor y filósofo francés.

La geometría es el arte de pensar bien y dibujar mal.
Henri Poincaré (1854-1912). Matemático francés.

La geometría tiene dos grandes tesoros: uno es el teorema de Pitágoras, y el otro el número áureo. El primero puede compararse a una medida de oro, y el segundo a una piedra preciosa.
Johannes Kepler (1571-1630). Astrónomo y filósofo alemán.

Las matemáticas comenzaron a ser una ciencia cuando alguien, probablemente un griego, enunció proposiciones acerca de cualquier cosa o de alguna cosa sin especificar ninguna particularidad. Los griegos fueron los primeros en aplicar proposiciones a la geometría; por ello, la geometría fue la gran ciencia matemática en Grecia.
Alfred North Whitehead (1860-1947). Filósofo inglés.

Sólo es posible afirmar en geometría.
Francois-Marie Arouet de Voltaire (1694-1778). Escritor y filósofo francés.

Gloria

¡Cuán rápido pasa la gloria del mundo!
Thomas Kempis (1379-1471). Monje alemán.

¡Cuántos millones no murieron para que César obtuviera su grandeza!
Thomas Campbell (1777-1844). Poeta escocés.

¿Qué adorno más grande puede haber para un hijo que la gloria de su padre, o para un padre que la conducta honrosa de su hijo?
Sófocles (496-406 a.C.). Dramaturgo ateniense.

¿Qué es la gloria del mundo? Sombra que huye, espuma que se deshace, flor que se marchita.
San Bernardo (1090-1153). Teólogo francés.

¿Qué es la gloria? Conseguir que se digan muchas majaderías a cuenta de un hombre.
Gustave Flaubert (1821-1880). Novelista francés.

Conquistar sin riesgo, es triunfar sin gloria.
Pierre Corneille (1606-1684). Dramaturgo francés.

El curso de la vida es breve; el de la gloria, eterno.
Marco Tulio Cicerón (106-43 a.C.). Escritor, político y orador romano.

Es importante tener buenos descendientes, pero la gloria pertenece a nuestros antepasados.
Plutarco (46-125). Biógrafo y ensayista griego.

La gloria de los grandes hombres debe medirse siempre por los medios que han empleado para adquirirla.
François de La Rochefoucauld (1613-1680). Político y escritor francés.

La gloria es como un círculo de agua que nunca termina de ensancharse, hasta que a fuerza de dilatarse se pierde en la nada.
William Shakespeare (1564-1616). Poeta y autor teatral inglés.

La gloria es el sol de la muerte.
Honorato De Balzac (1799-1850). Escritor francés.

La gloria es un veneno que hay que tomar en pequeñas dosis.
Honorato De Balzac (1799-1850). Escritor francés.

La gloria rápidamente lograda, pronto se desvanece.
Arthur Schopenhauer (1788-1860). Filósofo alemán.

La materia, inmortal como la gloria cambia de formas, pero nunca muere.
Manuel Acuña (1849-1873). Poeta mexicano.

La risa no es más que la gloria que nace de nuestra superioridad.

Thomas Hobbes (1588-1679). Filósofo y político inglés.

La verdadera gloria echa raíces y se expande; los vanos pretendimientos caen al suelo como las flores. Lo falso no dura mucho.

Marco Tulio Cicerón (106-43 a.C.). Escritor, político y orador romano.

Lo mismo da triunfar que hacer gloria la derrota.

Ramón María del Valle Inclán (1866-1936). Poeta, narrador, periodista y dramaturgo español.

Los caminos de la gloria sólo llevan al sepulcro.

John Gray (1764-1868). Militar estadounidense.

Poseer la gloria y la juventud es demasiado para un mortal.

George Bernard Shaw (1856-1950). Escritor irlandés.

Si la gloria viene después de la muerte, no tengo prisa.

Marco Valerio Marcial (40-104). Poeta latino.

Un buen vino es como una buena película: dura un instante y te deja en la boca un sabor a gloria; es nuevo en cada sorbo y, como ocurre con las películas, nace y renace en cada saboreada.

Federico Fellini (1920-1993). Director de cine italiano.

Vencer sin peligro es ganar sin gloria.

Séneca Anneo (3 a.C.- 65 d.C.). Filósofo latino.

Gobierno

¡Cuántas calvas hay cubiertas de coronas!

Elizabeth Barrett Browning (1806-1861). Poetisa inglesa.

¡El estado soy yo!

Luis XIV (1638-1715). Rey de Francia.

¡Triste suerte la del Gobierno, que nadie acusa en público, porque todos acusan en secreto!

Pedro López de Ayala (1332-1407). Escritor y cronista español.

¿Cómo definir a un comunista? Bueno, es alguien que lee a Marx y a Lenin, y ¿cómo definir a un anticomunista? Es alguien que entiende a Marx y a Lenin.

Ronald Reagan (1911-2004). Presidente de Estados Unidos (1981-1989).

¿Cuál es el mejor gobierno? El que nos enseña a gobernarnos a nosotros mismos.

Johann Wolfgang von Goethe (1749-1832). Poeta, novelista y dramaturgo alemán.

¿Por qué ha sido instituido el gobierno? Porque las pasiones de los hombres no se ajustan a los dictados de la razón y la justicia sin una fuerza coercitiva.

Alexander Hamilton (1757-1804). Político estadounidense.

¿Uno que no sepa gobernarse a sí mismo, cómo sabrá gobernar a los demás?
Confucio (551-479 a.C.). Filósofo y teórico social chino.

A la mayor parte de los que no quieren ser oprimidos no les disgustaría ser opresores.
Napoleón Bonaparte (1769-1821). Emperador de Francia (1804-1815).

A las dictaduras les pasa lo que a las bicicletas; si se paran, se caen.
Maruja Torres (1943-). Periodista española.

Al tratar del Estado debemos recordar que sus instituciones no son aborígenes, aunque existieran antes de que nosotros naciéramos; que no son superiores al ciudadano; que cada una de ellas ha sido el acto de un solo hombre, pues cada ley y cada costumbre.
Ralph Waldo Emerson (1803-1882). Ensayista y poeta estadounidense.

Al trono lo ilumina un rayo poderoso que puede fulminar a los hombres.
Alfred Tennyson (1809-1892). Poeta inglés.

Antes de dar al pueblo sacerdotes, soldados y maestros, sería oportuno saber si no se está muriendo de hambre.
León Tolstoi (1828-1910). Escritor ruso.

Apenas son suficientes mil años para formar un Estado; pero puede bastar una hora para reducirlo a polvo.
Lord Byron (1788-1824). Poeta inglés.

Asesino alevoso, ingrato a Dios y enemigo de los hombres, es el que, so pretexto de dirigir a las generaciones nuevas, les enseña un cúmulo aislado y absoluto de doctrinas, y les predica al oído, antes que la dulce plática de amor, el evangelio bárbaro del odio.
José Martí (1853-1895). Político y escritor cubano.

Aunque la gente soporte al gobierno, el gobierno no debe soportar a la gente.
Stephen Grover Cleveland (1837-1908). Vigésimo segundo y vigésimo cuarto presidente de los Estados Unidos.

Bajo condiciones de tiranía es más fácil actuar que pensar.
Hannah Arendt (1906-1975). Científica política germano-americana.

Busca otros reinos, hijo mío, que el que poseo es pequeño para ti.
Filipo II (382-336 a. C). Rey de Macedonia.

Cada pueblo se cura conforme a su naturaleza, que pide diversos grados de la medicina, según falte éste u otro factor en el mal, o medicina diferente. Ni Saint-Simon, ni Karl Marx, ni Marlo, ni Bakunin. Las reformas que nos vengan al cuerpo. Asimilarse lo útil es tan juicioso, como insensato imitar a ciegas.
José Martí (1853-1895). Político y escritor cubano.

Como la dicha de un pueblo depende de ser bien gobernado, la elección de sus gobernantes pide una reflexión profunda.
Joseph Joubert (1754-1824). Escritor y crítico francés.

Cualquier gobernante puede hacer tonterías; lo que no se le permite es decirlas.
Leon Daudi (1905-1985). Escritor español.

Cuando es más corrupto el estado, hay más leyes.
Publio Cornelio Tácito (55-120). Historiador romano.

Cuando los pueblos tengan la conciencia de que son más fuertes que sus dominadores, no habrá más tiranos.
Ricardo Flores Magón (1873-1922). Político y periodista méxicano.

Cuando los que mandan pierden la vergüenza, los que obedecen, pierden el respeto.
Georg Christoph Lichtenberg (1742-1799). Escritor y científico alemán.

Cuando nacen las sociedades, los jefes de un Estado son los que dan a éste su carácter especial. Después, este carácter especial es el que forma a los jefes de Estado.
Charles Louis de Secondat, barón de la Brède y de Montesquieu (1689-1755). Escritor francés.

Cuando se alza un poder ilegítimo, para legitimarlo basta reconocerlo.
Anatole France (1844-1924). Novelista y premio Nobel francés.

Cuando un pueblo se ha vuelto incapaz de gobernarse a sí mismo y está en condiciones para someterse a un amo, poco importa de dónde procede éste.
George Washington (1732-1799). Primer presidente de Estados Unidos.

Cuando una mujer ocupa el trono, el país está dirigido por hombres y, por tanto, mal dirigido. Cuando lo ocupa un hombre, está dirigido por mujeres, y por tanto, bien dirigido.
George Bernard Shaw (1856-1950). Escritor irlandés.

Cuando una multitud ejerce la autoridad, es más cruel aún que los tiranos.
Platón (428-347 a.C.). Filósofo griego.

Cuando yo era chico me decían que cualquiera podía llegar a presidente de la nación; estoy empezando a creerlo.
Clarance Darrow (1857-1938). Abogado estadounidense.

Desde la aurora del hombre todas las naciones han tenido gobierno, y todas se han avergonzado de sus gobiernos.
Gilbert Keith Chesterton (1874-1936). Escritor inglés.

Determinar la forma de gobierno más convincente para un país, es encontrar el medio de hacer concurrir en un punto todas las fuerzas sociales, es hallar el centro de gravedad de una gran masa para ponerla en equilibrio.
Jaime Luciano Balmes (1810-1848). Sacerdote, periodista y filósofo español.

Donde reina la mujer, el diablo es el primer ministro.
Proverbio alemán.

Dos peligros tiene la idea socialista, como tantas otras: el de las lecturas extranjerizas, confusas e incompletas, y el de la soberbia y la rabia disimulada de los ambiciosos, que para ir levantándose en el mundo empiezan por fingirse, para tener hombros en que alzarse, frenéticos defensores de los desamparados.

José Martí (1853-1895). Político y escritor cubano.

El comunismo es la explotación del fuerte por lo débil. En el comunismo la desigualdad se forma al poner lo mediocre al lado de lo excelente.

Pierre Joseph Proudhon (1809-1865). Escritor y teórico político francés.

El ejecutivo del Estado moderno no es otra cosa que un comité de administración de los negocios de la burguesía.

Karl Marx (1818-1883). Filósofo alemán.

El ejército ha sido siempre la base del poder, y lo sigue siendo. El poder está siempre en manos de los que tienen el mando del ejército.

León Tolstoi (1828-1910). Escritor ruso.

El estado ideal no es aquel en que cada uno tiene acceso a la misma cantidad de riqueza, sino en proporción a su contribución a la riqueza general.

Henry George (1839-1897). Economista y político estadounidense.

El gobierno es bueno cuando hace felices a los gobernados y atrae a los que viven lejos.

Confucio (551-479 a.C.). Filósofo y teórico social chino.

El gobierno es demasiado grande e importante como para dejarlo en manos de los políticos.

Chester Bowles (1901-1986). Diplomático y administrador estadounidense.

El gobierno es una asociación de hombres que ejercen violencia sobre todos los demás.

León Tolstoi (1828-1910). Escritor ruso.

El gobierno tuvo su origen en el propósito de encontrar una forma de asociación que defienda y proteja la persona y la propiedad de cada cual con la fuerza común de todos.

Jean Jacques Rousseau (1712-1778). Filósofo y botánico suizo.

El gobierno, en la mejor condición, es un mal necesario; y en la peor es insoportable.

Thomas Paine (1737-1809). Escritor y teórico político angloamericano.

El hecho es que los gobiernos, como las demás personas, pagan sus deudas si está en su interés el hacerlo, pero no lo hacen si es de otro modo. Un individuo encuentra conveniente ser honesto en tanto espera tener que pedir prestado de nuevo y poder hacerlo. Pero cuando ha consumido su crédito, puede encontrar más ventajoso escaparse.

Bertrand Russell (1872-1970). Científico y filósofo británico.

El hombre sabio no debe abstenerse de participar en el gobierno del Estado, pues es un delito renunciar a ser útil a los necesitados y una cobardía ceder el paso a los indignos.
Epicteto (55-135 d.C.). Pensador griego.

El mando de muchos no es bueno; basta un solo jefe.
Aristóteles (384 a.C.-322a.C). Filósofo griego.

El más fuerte no es nunca lo bastante fuerte para ser siempre el amo, si no transforma su fuerza en derecho y la obediencia en deber.
Jean Jacques Rousseau (1712-1778). Filósofo y botánico suizo.

El ministro debe morir más rico de buena fama y de benevolencia que de bienes.
Nicolás Maquiavelo (1469-1527). Historiador y filósofo político italiano.

El principio del gobierno democrático es la virtud.
Charles Louis de Secondat, barón de la Brède y de Montesquieu (1689-1755). Escritor francés.

El prudente puede dirigir a un estado, pero es el entusiasta el que lo regenera o lo arruina.
Edward George Bulwer Lytton (1803-1873). Escritor inglés.

El que quiere ser tirano y no mata a Bruto y el que quiere establecer un Estado libre y no mata a los hijos de Bruto, sólo por breve tiempo conservará su obra.
Nicolás Maquiavelo (1469-1527). Historiador y filósofo político italiano.

El que teme demasiado los odios ajenos, no es apto para gobernar.
Séneca Anneo (3 a.C.- 65 d.C.). Filósofo latino.

El socialismo es un camino sin fin, y nadie sabe hasta dónde se debe caminar.
Gamal Abdel Nasser (1918-1970). Militar y ex-presidente egipcio.

El socialismo termina en la esclavitud.
Herbert Spencer (1820-1903). Teórico social inglés.

El único Estado estable es aquel en que todos los ciudadanos son iguales ante la ley.
Aristóteles (384 a.C.-322a.C). Filósofo griego.

En tiempos de corrupción es cuando más leyes se dan.
Étienne Bonnot de Condillac (1715-1780). Filósofo francés.

En todos los partidos hay elementos que pueden servir. Quien rechace imprudentemente esos elementos, perpetuará los partidos; quien los aproveche con cordura, acabará por disolver los partidos, confundiéndolos en un sistema nacional.
Jaime Luciano Balmes (1810-1848). Sacerdote, periodista y filósofo español.

En un régimen autoritario de gobierno, el gobernante no combate la demagogia, sino que simplemente la controla.
Daniel Cosío Villegas (1898-1976). Economista e historiador mexicano.

En una cosa, Catalina no ha sido igualada: En el arte de hacer de los otros los órganos ejecutivos de su voluntad, hasta sin expresar esta voluntad y, a veces, hasta negándola categóricamente.
Gina Kaus (1894-1984). Escritora austriaca.

Es fácil ser humorista cuando tienes a todo el gobierno trabajando para ti.
William Penn Adair Rogers (1879-1935). Humorista inglés.

Es más fácil hacer leyes que gobernar.
León Tolstoi (1828-1910). Escritor ruso.

Es muy raro que una numerosa asamblea sea razonable.
Napoleón Bonaparte (1769-1821). Emperador de Francia (1804-1815).

Es preciso preferir la soberanía de la ley a la de uno de los ciudadanos.
Aristóteles (384 a.C.-322a.C). Filósofo griego.

Es un error creer que el fin de todo gobierno es dar la felicidad más grande al mayor número de personas. La felicidad es una cuestión subjetiva y nunca ha tenido nada que ver con el gobierno.
Conde de Keyserling (1880-1946). Filósofo alemán.

Es una verdad indiscutible que el conjunto del pueblo de cada país desea sinceramente su prosperidad; pero es igualmente irrefutable que no posee el discernimiento y la estabilidad necesarios para un gobierno sistemático.
Alexander Hamilton (1757-1804). Político estadounidense.

Estoy a favor de un gobierno que sea vigorosamente frugal y sencillo.
Thomas Jefferson (1743-1826). Político y filósofo estadounidense.

Gobernar dentro de un régimen democrático sería mucho más fácil si no hubiera que ganar constantemente elecciones.
Georges Clemenceau (1841-1929). Político y periodista francés.

Gobernar significa rectificar.
Confucio (551-479 a.C.). Filósofo y teórico social chino.

Gobierna mejor quien gobierna menos.
Lao-tsé (570-490 a.C.). Filósofo del Taoísmo.

Hasta que los filósofos se encarguen del gobierno o los que gobiernan se conviertan en filósofos, de modo que el gobierno y la filosofía estén unidos, no podrá ponerse fin a las miserias de los Estados.
Platón (428-347 a.C.). Filósofo griego.

He dado instrucciones de que me despierten siempre en caso de una emergencia nacional, incluso si me encuentro en una reunión de gabinete.
Ronald Reagan (1911-2004). Presidente de Estados Unidos (1981-1989).

La burocracia en los países latinos parece que se ha establecido para vejar al público.
Pío Baroja (1872-1956). Escritor español.

La burocracia es una máquina gigantesca manejada por pigmeos.
Honorato De Balzac (1799-1850). Escritor francés.

La clave de un buen gobierno se basa en la honestidad.
Thomas Jefferson (1743-1826). Político y filósofo estadounidense.

La consecuencia de la anarquía es siempre el gobierno absoluto.
Napoleón Bonaparte (1769-1821). Emperador de Francia (1804-1815).

La demagogia es la capacidad de vestir las ideas menores con la palabras mayores.
Abraham Lincoln (1809-1865). 16º presidente de Estados Unidos (1861-1865).

La demencia en el individuo es algo raro; en los grupos, en los partidos, en los pueblos, en las épocas, es la regla.
Friedrich Nietzsche (1844-1900). Filósofo, poeta y filólogo alemán.

La democracia debe guardarse de dos excesos: el espíritu de desigualdad, que la conduce a la aristocracia, y el espíritu de igualdad extrema, que la conduce al despotismo.
Charles Louis de Secondat, barón de la Brède y de Montesquieu (1689-1755). Escritor francés.

La democracia es el gobierno del pueblo, por el pueblo, para el pueblo.
Abraham Lincoln (1809-1865). 16º presidente de Estados Unidos (1861-1865).

La democracia es el peor sistema de gobierno diseñado por el hombre. Con excepción de todos los demás.
Sir Winston Churchill (1874-1965). Político inglés.

La democracia es el proceso que garantiza que no seamos gobernados mejor de lo que nos merecemos.
George Bernard Shaw (1856-1950). Escritor irlandés.

La democracia es una forma superior de gobierno, porque se basa en el respeto del hombre como ser racional.
John F. Kennedy (1917-1963). Presidente de Estados Unidos (1961-1963).

La democracia sólo parece adecuada para un país muy pequeño.
Francois-Marie Arouet de Voltaire (1694-1778). Escritor y filósofo francés.

La democracia sustituye el nombramiento hecho por una minoría corrompida, por la elección hecha merced a una mayoría incompetente.
George Bernard Shaw (1856-1950). Escritor irlandés.

La democracia, mucho más que un derecho a gobernar, es un estado de la conciencia.
Horacio Quiroga (1878-1937). Escritor uruguayo.

La descomposición de todo gobierno comienza por la decadencia de los principios sobre los cuales fue fundado.
Charles Louis de Secondat, barón de la Brède y de Montesquieu (1689-1755). Escritor francés.

La deuda es la enfermedad fatal de las repúblicas, la primera cosa y la más poderoso para minar gobiernos y para corromper a la gente.

Wendell Phillips (1811-1884). Líder abolicionista estadounidense.

La dictadura es como una aria; y nunca llega a ser ópera.

Emil Ludwig (1881-1948). Escritor alemán.

La dictadura es el sistema de gobierno en el que lo que no está prohibido es obligatorio.

Enrique Jardiel Poncela (1901-1952). Escritor español.

La historia sugiere que el capitalismo sea una condición necesaria para la libertad política.

Milton Friedman (1912-). Economista estadounidense.

La ley básica del capitalismo es tú o yo, no tú y yo.

Karl Liebknecht (1871-1919). Socialista alemán.

La libertad política es una fábula imaginada por los gobiernos, para adormecer a sus gobernados.

Napoleón Bonaparte (1769-1821). Emperador de Francia (1804-1815).

La nación cuya existencia depende de un solo hombre, no puede tener vida duradera.

Simon Bolívar (1783-1830). Militar y político venezolano.

La razón de estado no se ha de oponer al estado de la razón.

Carlos V el Sabio (1337-1380). Rey de Francia (1364-1380).

La solución que nos ofrece mayor garantía es el gobierno por grupos de personas de calidad que se pueden criticar públicamente con toda la severidad posible, y que se pueden reemplazar periódicamente.

Bertrand Russell (1872-1970). Científico y filósofo británico.

La tiranía es una misma en sus varias formas, aun cuando se vista en algunas de ellas de nombres hermosos y de hechos grandes.

José Martí (1853-1895). Político y escritor cubano.

Las democracias suelen ser más tranquilas y están menos expuestas a la sedición que el régimen gobernado por una estirpe de nobles.

Francis Barón de Verulam Bacon (1561-1626). Filósofo y estadista británico.

Las naciones más progresistas son siempre las que navegan más y tienen más marinos.

Ralph Waldo Emerson (1803-1882). Ensayista y poeta estadounidense.

Leyes demasiado suaves nunca se obedecen; demasiado severas, nunca se ejecutan.

Benjamín Franklin (1706-1790). Político, filósofo y científico estadounidense.

Los bolsillos de los gobernantes deben ser de cristal.

Enrique Tierno Galván (1918-86). Político, filósofo y ensayista español.

Los cimientos principales de todos los Estados son las buenas leyes y las buenas armas, y no puede haber buenas leyes donde no hay buenas armas.
Nicolás Maquiavelo (1469-1527). Historiador y filósofo político italiano.

Los dictadores pueden reformar las leyes, pero no las costumbres.
Jacinto Benavente (1866-1954). Dramaturgo y crítico español.

Los empleos públicos pertenecen al Estado; no son patrimonio de particulares. ninguno que no tenga probidad, aptitudes y merecimientos es digno de ellos.
Simon Bolívar (1783-1830). Militar y político venezolano.

Los Estados son como los hombres, pues son seres humanos los que los forman.
Platón (428-347 a.C.). Filósofo griego.

Los Estados son grandes máquinas que se mueven lentamente.
Francis Barón de Verulam Bacon (1561-1626). Filósofo y estadista británico.

Los funcionarios son los empleados que el ciudadano paga para ser la víctima de su insolente vejación.
Pitigrilli (Dino Segre) (1893-1975). Escritor italiano.

Los gobiernos necesitan ejércitos que los protejan contra sus súbditos esclavizados y oprimidos.
León Tolstoi (1828-1910). Escritor ruso.

Los hombres de estado son como los cirujanos: sus errores son mortales.
François Mauriac (1885-1970). Escritor francés galardonado con el premio Nobel.

Los hombres que ceden no son los que hacen a los pueblos, sino los que se rebelan. El déspota cede a quien se le encara, con su única manera de ceder, que es desaparecer: no cede jamás a quien se le humilla. A los que le desafían, respeta: nunca a sus cómplices.
José Martí (1853-1895). Político y escritor cubano.

Los legisladores necesitan ciertamente una escuela de moral.
Simon Bolívar (1783-1830). Militar y político venezolano.

Los ministros que cambian constantemente son un mal. Pero hay algo peor: los malos ministros que no cambian nunca.
Pelet de la Lozère (1785-1871). Ministro francés.

Los pueblos se pasan más fácilmente sin pan que sin ilusiones. Subyugados por estos seductores fantasmas, olvidan sus más caros intereses.
Gustave Le Bon (1841-1931). Psicólogo social y escritor francés.

Los pueblos tienen el gobierno que se merecen.
Gaspar Melchor de Jovellanos (1744-1811). Literato, economista y político español.

Malos servidores son escogidos por buenos ciudadanos que no votan.
George Jean Nathan (1882-1958). Autor, editor y crítico estadounidense.

Mejor es ser gobernado, que gobernar a estúpidos.
Demócrito (460 a.C.-370 a.C.). Filósofo griego.

Mucha gente espera maravillas de la democracia, cuando la cosa más maravillosa es tenerla.
Walter Winchell (1897-1972). Periodista y locutor estadounidense.

Nada es tan permanente como programa temporal del gobierno.
Milton Friedman (1912-). Economista estadounidense.

Nada resulta más sorprendente para el que examina los asuntos humanos con mirada filosófica que la facilidad con que la mayoría es gobernada por la minoría.
David Hume (1711-1776). Filósofo escocés.

Nadie es dueño de la multitud aunque crea tenerla dominada.
Eugene Ionesco (1912-1994). Dramaturgo francés de origen rumano.

Ningún gobierno puede mantenerse sólido mucho tiempo sin una oposición temible.
Benjamin Disraeli (1804-1881). Escritor británico.

Ningún gobierno puede sostenerse sin el principio del temor así como del deber. Los hombres buenos obedecerán a este último, pero los malos solamente al primero.
Thomas Jefferson (1743-1826). Político y filósofo estadounidense.

Ningún hombre es lo bastante bueno para gobernar a otro sin su consentimiento.
Abraham Lincoln (1809-1865). 16º presidente de Estados Unidos (1861-1865).

Ningún pueblo cree en su gobierno. A lo sumo, los pueblos están resignados.
Octavio Paz (1914-1998). Escritor mexicano.

Ninguna consideración personal se debe interponer en la realización de un deber público.
Ulysses Simpson Grant (1822-1885). Militar, político y presidente estadounidense.

No puede esperarse que los hombres sean trasladados del despotismo a la libertad en un lecho de plumas.
Thomas Jefferson (1743-1826). Político y filósofo estadounidense.

No se puede poseer mayor gobierno, ni menor, que el de uno mismo.
Leonardo Da Vinci (1452-1519). Artista florentino.

Para gobernar locos es menester gran seso y para regir necios, gran saber.
Baltasar Gracián y Morales (1601-1658). Jesuita y escritor español.

Para un gobierno injusto, el mártir es más nocivo que el rebelde.
Massimo T. d'Azeglio (1798-1866). Escritor y premier italiano.

Perseguirás la libertad en vano, que cuando un pueblo la virtud olvida, lleva en sus propios vicios su tirano.
Gaspar Núñez de Arce (1834-1903). Poeta y político español.

Por malo que sea un gobierno, hay algo peor, y es la supresión del gobierno.
Hippolyte Taine (1828-1893). Historiador y crítico francés.

Quien no sabe gobernar es siempre un usurpador.
Carlo Bini (1806-1842). Periodista y traductor italiano.

Quien reina en nombre de un principio, menester es que se resigne a sufrir los desacatos que originarse pueden de las consecuencias.
Jaime Luciano Balmes (1810-1848). Sacerdote, periodista y filósofo español.

Quien sabe gobernar a una mujer sabe gobernar un estado.
Honorato De Balzac (1799-1850). Escritor francés.

Reyes o gobernantes no son los que llevan cetro, sino los que saben mandar.
Sócrates (470-399 a.C.). Filósofo griego.

Saber gobernar es saber elegir.
Filippo Pananti (1776-1837). Poeta italiano.

Si alguien hay que pueda tener el privilegio de mentir, a los gobernantes del Estado debe corresponder dicho privilegio.
Platón (428-347 a.C.). Filósofo griego.

Si el gobernante se impone por sus cualidades y mantiene el orden en armonía con las buenas costumbres, el pueblo sentirá vergüenza de actuar mal y avanzará por el camino de la virtud.
Confucio (551-479 a.C.). Filósofo y teórico social chino.

Si hubiera una nación de dioses, éstos se gobernarían democráticamente; pero un gobierno tan perfecto no es adecuado para los hombres.
Jean Jacques Rousseau (1712-1778). Filósofo y botánico suizo.

Si la ley la cumplen sólo los oficiales del gobierno, entonces no tiene provecho alguno.
Herbert Clark Hoover (1874-1964). Político y expresidente estadounidense.

Sin hipocresías, mentiras, castigos, cárceles, fortalezas y crímenes no puede surgir ningún nuevo poder ni sostenerse el que existe.
León Tolstoi (1828-1910). Escritor ruso.

Todo el mundo quiere que los gobiernos sean justos y nadie lo es con los gobiernos.
Napoleón Bonaparte (1769-1821). Emperador de Francia (1804-1815).

Todo gobierno que no se apoya en las leyes es un gobierno despótico, llámese como se llame.
Daniel Webster (1782-1852). Político estadounidense.

Todo poder amplia y prolongadamente ejercido, degenera en casta. Con la casta, vienen los intereses, las altas posiciones, los miedos de perderlas, las intrigas para sostenerlas. Las castas se entrebuscan, y se hombrean unas a otras.

José Martí (1853-1895). Político y escritor cubano.

Todos los Estados bien gobernados y todos los príncipes inteligentes han tenido cuidado de no reducir a la nobleza a la desesperación, ni al pueblo al descontento.

Nicolás Maquiavelo (1469-1527). Historiador y filósofo político italiano.

Todos los hombres tienen iguales derechos a la libertad, a su prosperidad y a la protección de las leyes.

Francois-Marie Arouet de Voltaire (1694-1778). Escritor y filósofo francés.

Un Estado es una corporación perfecta de hombres libres, unidos para disfrutar de derechos y ventajas comunes.

Hugo Grocio (1583-1645). Jurista, estadista, matemático, erudito y humanista holandés.

Un estado está bien gobernado cuando los ciudadanos obedecen a los magistrados, y éstos a las leyes.

Solón (639-560 a.C.). Sabio griego.

Un gobierno recién nacido debe, ante todo, deslumbrar.

Napoleón Bonaparte (1769-1821). Emperador de Francia (1804-1815).

Un patriota debe estar siempre listo para defender a su país contra su gobierno.

Edward Abbey (1927-1989). Escritor estadounidense.

Un pueblo sólo podría ser libre si los gobernados fuesen todos sabios y los gobernantes todos dioses.

Napoleón Bonaparte (1769-1821). Emperador de Francia (1804-1815).

Una democracia no es en realidad más que una aristocracia de oradores, interrumpida a veces por la monarquía temporal de un orador.

Thomas Hobbes (1588-1679). Filósofo y político inglés.

Una dictadura es un estado en el que todos temen a uno y uno a todos.

Alberto Moravia (Alberto Pincherle). (1907-1990). Escritor italiano.

Una forma de gobierno es hacer tantas leyes que nadie esté seguro de no ser colgado.

Napoleón Bonaparte (1769-1821). Emperador de Francia (1804-1815).

Una nación que gasta más dinero en armamento militar que en programas sociales se acerca a la muerte espiritual.

Martin Luther King (1929-1968). Humanista estadounidense.

Vivimos bajo un gobierno de hombres y de periódicos matutinos.

Wendell Phillips (1811-1884). Líder abolicionista estadounidense.

Yo creo que tenemos más maquinaria en el gobierno de lo que necesitamos; muchos parásitos viven del trabajo de los industriosos.

Thomas Jefferson (1743-1826). Político y filósofo estadounidense.

A mi juicio, el mejor gobierno es el que deja a la gente más tiempo en paz.

Walt Whitman (1819-1892). Poeta estadounidense.

Cada nación tiene el gobierno que merece.

Joseph de Maistre (1753-1821). Teórico político, moralista y filósofo francés.

Creo que con el tiempo mereceremos no tener gobiernos.

Jorge Luis Borges (1899-1986). Escritor argentino.

Debe ser muy grande el placer que proporciona el gobernar, puesto que son tantos los que aspiran a hacerlo.

Francois-Marie Arouet de Voltaire (1694-1778). Escritor y filósofo francés.

El arte de un príncipe consiste en hacer el bien personalmente y el mal por segunda mano.

Ángel Ganivet y García (1865-1898). Ensayista y novelista español.

El gobierno menos malo es aquel que se hace menos ostentación, que se hace sentir menos y que resulta menos caro.

Alfred de Vigny (1797-1863). Escritor francés.

El gobierno no se ha hecho para la comodidad y el placer de los que gobiernan.

Honoré-Gabriel Riqueti, Conde de Mirabeau (1749-1791). Político y orador francés.

El único derecho legítimo para gobernar es dándole la oportunidad a los gobernados.

William Henry Harrison (1773-1841). Noveno presidente de los EE. UU.

Es absurdo que un pueblo cifre sus esperanzas de redención y ventura en formas de gobierno que desconoce.

Emilia Pardo Bazán (1852-1921). Novelista, poetisa y crítica literaria española.

Es peligroso tener razón cuando el gobierno está equivocado.

Francois-Marie Arouet de Voltaire (1694-1778). Escritor y filósofo francés.

Gobernar es el arte de crear problemas con cuya solución mantener a la población en vilo.

Ezra Pound (1885-1972). Poeta y músico estadounidense.

Gobernar no consiste en resolver problemas, sino en hacer callar a quienes los plantean.

Giulio Andreotti (1919-). Político italiano.

Gobernar no es mandar, por mucha mayoría que se tenga.

Juan Luis Cebrian (1944-). Periodista y escritor español.

Gobernemos gracias al amor y no gracias a la bayoneta.

Joseph Paul Goebbels (1897-1945). Político alemán.

Hay ocasiones en que un gobierno debe ser liberal y otras en que debe ser dictatorial: aquí todo cambia y no hay eternidad.
Otto von Bismark (1815-1898). Canciller del Imperio Alemán 1871-1884.

Hay que vigilar a los ministros que no pueden hacer nada sin dinero y a aquellos que quieren hacerlo todo sólo con dinero.
Mohandas Karamchand Gandhi (1869-1948). Líder político y espiritual hindú.

La injusticia nacional es el camino certero hacia el fracaso del gobierno.
William Ewart Gladstone (1809-1898). Político inglés.

La mejor manera para que sobresalga un dirigente es cuando el pueblo apenas se da cuenta que existe.
Witter Bynner (1881-1968). Poeta estadounidense.

Los partidos son un mal inherente a los gobiernos libres.
Alexis de Tocqueville (1805-1859). Escritor, pensador y político francés.

No es digno de mandar a otros hombres aquel que no es mejor que ellos.
Ciro el Joven (424 a.C.- 401 a.C.). Militar persa.

No es la forma de gobierno lo que constituye la felicidad de una nación, sino las virtudes de los jefes y de los magistrados.
Aristóteles (384 a.C.-322a.C.). Filósofo griego.

No hace falta un gobierno perfecto; se necesita uno que sea práctico.
Aristóteles (384 a.C.-322a.C.). Filósofo griego.

Quienquiera que ponga su mano sobre mí para gobernarme es un usurpador y un tirano y le declaro mi enemigo.
Pierre Joseph Proudhon (1809-1865). Escritor y teórico político francés.

Si no puedes gobernarte a ti mismo... ¿cómo sabrás gobernar a los demás?
Confucio (551-479 a.C.). Filósofo y teórico social chino.

Todos los gobiernos mueren por la exageración de su principio.
Aristóteles (384 a.C.-322a.C.). Filósofo griego.

Un buen gobierno es como una buena digestión; mientras funciona, casi no la percibimos.
Erskine Preston Caldwell (1903-1987). Novelista estadounidense.

Un estado es gobernado mejor por un hombre bueno que por unas buenas leyes.
Aristóteles (384 a.C.-322a.C.). Filósofo griego.

Gozo

¿Y por qué has de esconderte? ¡Con lo que se ha gastado de sol, de luna y de estrellas en hacer este mundo! Gocemos de él y así salvaremos a Dios del compromiso de haberse permitido tal derroche.
Rabindranath Tagore (1861-1941). Poeta y filósofo indio.

Busca el placer que no venga seguido de ningún dolor.
Epicuro (342 a.C.-270 a.C.). Filósofo griego.

Disfrutar de todos los placeres es insensato; evitarlos, insensible.
Plutarco (46-125). Biógrafo y ensayista griego.

El placer de vivir sin pena bien vale la pena de vivir sin placer.
San Agustín (354-430). Obispo, filósofo y Padre de la Iglesia Latina.

El placer es la felicidad de los locos. La felicidad es el placer de los sabios.
Jules B. d'Aurevilly (1808-1889). Escritor francés.

El placer está destinado a las personas que no se divierten.
Henri Duvernois (Henri Simon Schabacher) (1875-1937). Novelista y dramaturgo francés.

El secreto de mi felicidad está en no esforzarme por el placer, sino en encontrar el placer en el esfuerzo.
André Gide (1869-1951). Escritor francés.

Goza de la vida sin compararla con la de otros.
Jean Antoine Condorcet (1743-1794). Filósofo francés.

Huye de los placeres que engendran tristeza.
Solón (639-560 a.C.). Sabio griego.

No hemos de gozar con mayor deleite las cosas que nos han costado caras, ni con menos las que no nos han costado nada.
André Gide (1869-1951). Escritor francés.

Quien mezcle lo placentero con lo útil, ganará la aprobación de todos.
Quinto Horacio Flaco (65 a.C.-8 a.C.). Poeta lírico y satírico romano.

Quien no ame el vino, las mujeres y las canciones, será un estúpido toda su vida.
Martín Lutero (1483-1546). Teólogo alemán que inició la Reforma protestante.

Raramente se encuentra el placer donde se busca.
Samuel Johnson (1709-1784). Escritor británico.

Si en medio de las adversidades persevera el corazón con serenidad, con gozo y con paz, esto es amor.
Santa Teresa de Jesús (1515-1582). Religiosa y escritora mística española.

Un instante de gozo del corazón vale más que dos horas de placer de los sentidos.
August Friedrich Ferdinand Von Kotzebue (1761-1819). Dramaturgo alemán.

Grandeza

A algunos se los considera grandes porque también se cuenta el pedestal.
Séneca Anneo (3 a.C.- 65 d.C.). Filósofo latino.

Conseguirás la grandeza, cuando no seas arrogante con el humilde, un humilde con el arrogante.

Anthony de Mello (1931-1987). Escritor y sacerdote jesuita.

El precio de la grandeza es la responsabilidad.

Eugene Fitch Ware (1841-1911). Poeta estadounidense.

Es miserable saberse miserable, pero es ser grande reconocer que se es miserable.

Blaise Pascal (1623-1662). Matemático, físico y teólogo francés.

Estas tres señales distinguen al hombre superior: La virtud, que lo libra de la ansiedad; la sabiduría, que lo libra de la duda; y el valor, que lo libra del miedo.

Confucio (551-479 a.C.). Filósofo y teórico social chino.

La cosas grandes que uno quisiera hacer, a los hombres pequeños les estorban.

Manuel Azaña (1880-1940). Escritor y político español.

La excesiva grandeza debe siempre infundir terror.

Publio Nasón Ovidio (43 a.C.-17 d.C.). Poeta latino.

La recompensa de los grandes hombres es que, mucho tiempo después de su muerte, no se tiene la entera seguridad de que hayan muerto.

Jules Renard (1864-1910). Escritor francés.

La verdadera grandeza, no necesita la humillación del resto.

Amado Nervo (1870-1919). Poeta y escritor mexicano.

Las naciones marchan hacia el término de su grandeza con el mismo paso con que camina la educación.

Simon Bolívar (1783-1830). Militar y político venezolano.

Los grandes hombres son los infelices de la humanidad.

Friedrich Hebbel (1813-1863). Dramaturgo alemán.

Los grandes hombres son como las más hermosas flores. Crecen a pesar del estiércol que echan sobre ellos los envidiosos y los imbéciles.

Jules B. d'Aurevilly (1808-1889). Escritor francés.

Los grandes sucesos dependen de incidentes pequeños.

Demóstenes (385-322 a.C.). Político y orador ateniense.

Ningún gran hombre vive en vano; la historia del mundo no es más que la biografía de los grandes hombres.

Thomas Carlyle (1795-1881). Historiador y pensador escocés.

No hay mayor grandeza que vencerse a sí mismo; ésa es grandeza.

Antonio Aparisi y Guijarro (1815-1872). Jurista y orador español.

Para las cosas grandes y arduas se necesitan combinación sosegada, voluntad decidida, acción vigorosa, cabeza de hielo, corazón de fuego y mano de hierro
Jaime Luciano Balmes (1810-1848). Sacerdote, periodista y filósofo español.

Perdonamos a los grandes del mundo porque han muerto, pero en vida son imperdonables.
Lin Yutang (1895-1976). Escritor chino-americano.

Sencillo es todo lo verdaderamente grande.
Honorato De Balzac (1799-1850). Escritor francés.

Ser capaz de morir por una idea no es grandeza. La grandeza es tener la idea.
Noel Clarasó (1905-1985). Escritor español.

Todas las grandezas terminan derrumbándose sobre sí mismas.
Marco Anneo Lucano (39-65). Pota e historiador latino.

Un alma grande está por encima de la injuria, de la injusticia y el dolor.
Jean de la Bruyere (1645-1696). Filósofo y escritor francés.

Un hombre no es mayor que otro hasta que no hace cosas mayores.
Miguel de Cervantes (1547-1616). Dramaturgo, poeta y novelista español.

Gratitud

Amigo: campo que siembras con amor y cosechas con gratitud.
Khalil Gibran (1833-1931). Ensayista, novelista y poeta libanés.

Aquél que no agradece un pequeño favor, no agradecerá uno grande.
Mahoma (570-632). Principal profeta del Islam.

Aquel que recibe un beneficio, nunca debe olvidarlo; aquel que lo otorga, nunca debe recordarlo.
Pierre Charron (1541-1603). Teológo y filósofo francés.

Compórtate con amabilidad, pero no esperes gratitud.
Confucio (551-479 a.C.). Filósofo y teórico social chino.

De gente bien nacida es agradecer los beneficios que recibe.
Miguel de Cervantes (1547-1616). Dramaturgo, poeta y novelista español.

El agradecimiento es la memoria del corazón.
Lao-tsé (570-490 a.C.). Filosófo del Taoísmo.

El agradecimiento que sólo consiste en el deseo es cosa muerta, como es muerta la fe sin obras.
Miguel de Cervantes (1547-1616). Dramaturgo, poeta y novelista español.

El agradecimiento envejece rápidamente.
Aristóteles (384 a.C.-322a.C). Filósofo griego.

El hacer bien a villanos es echar agua en el mar.
Miguel de Cervantes (1547-1616). Dramaturgo, poeta y novelista español.

Es tan grande el placer que se experimenta al encontrar un hombre agradecido que vale la pena arriesgarse a no ser un ingrato.
Séneca Anneo (3 a.C.- 65 d.C.). Filósofo latino.

Escribir las injurias en la arena, grabad los beneficios en el mármol.
Claude Boiste (1765-1824). Escritor francés.

Esperar gratitud de la gente es desconocer la naturaleza humana.
Dale Carnegie (1888-1955). Escritor norteamericano.

La amistad, si se alimenta sólo de gratitud, equivale a una fotografía que con el tiempo se borra.
Isabel de Rumania (Carmen Sylva) (1843-1916). Reina de Rumania.

La gratitud de la mayoría de los hombres no es sino anhelo secreto de recibir mayores beneficios.
François de La Rochefoucauld (1613-1680). Político y escritor francés.

La gratitud es la memoria del corazón.
Anónimo.

La gratitud es un deber que debiera ser recompensado, pero que nadie debe esperar la remuneración.
Jean Jacques Rousseau (1712-1778). Filósofo y botánico suizo.

La gratitud es un producto de la cultura; no es fácil hallarla entre la gente basta.
Samuel Johnson (1709-1784). Escritor británico.

La gratitud es un sentido vivo de futuros favores.
Sir Robert Walpole (1676-1745). Conde de Oxford. Político inglés.

Muchas veces le mordemos la mano a aquellos que nos alimentan.
Thomas Burke (1886-1945). Escritor inglés.

Ningún hombre digno pedirá que se le agradezca aquello que nada le cuesta.
Terencio (190-159 a.C.). Poeta latino.

Por desgracia son más fáciles de contar los que recuerdan los beneficios que los que los olvidan.
Concepción Arenal (1820-1893). Pensadora española.

Recogéis a un perro que anda muerto de hambre, lo engordáis y no os morderá. Esa es la diferencia más notable que hay entre un perro y un hombre.
Mark Twain (1835-1910). Escritor estadounidense.

Saluda a la ingratitud como una experiencia que enriquecerá tu alma.
Auguste Rodin (1840-1917). Escultor francés.

Si no puedes ser agradecido por lo que recibes, sé agradecido por lo que evitas.
Anónimo.

Sólo un exceso es recomendable en el mundo: el exceso de gratitud.
Jean de la Bruyere (1645-1696). Filósofo y escritor francés.

Tan pordiosero que soy, y soy más pobre en dar gracias.
William Shakespeare (1564-1616). Poeta y autor teatral inglés.

Tiene la mentida fortuna muchos quejosos y ningún agradecido.
Baltasar Gracián y Morales (1601-1658). Jesuita y escritor español.

Todo nuestro descontento por aquello de lo que carecemos procede de nuestra falta de gratitud por lo que tenemos.
Daniel Defoe (1660-1731). Novelista y periodista inglés.

Guerra

¡No pasarán!
General Henri Philippe Petain (1856-1951). Político y militar francés.

Además de terminar la guerra debemos luchar hasta acabar con el comienzo de todas las guerras.
Sir Winston Churchill (1874-1965). Político inglés.

Al utilizar por primera vez este tipo de armas nos alineamos con los bárbaros de las primeras edades.
J. Robert Openheimer (1904-1967). Físico estadounidense.

Aunque personalmente me satisfaga que se hayan inventado los explosivos, creo que no debemos mejorarlos.
Sir Winston Churchill (1874-1965). Político inglés.

Con el submarino ya no habrá más batallas navales; como seguirán inventándose instrumentos de guerra cada vez más perfeccionados y terroríficos, la guerra misma será imposible.
Julio Verne (1828-1905). Escritor francés.

Cuando los ricos se hacen la guerra, son los pobres los que mueren.
Jean-Paul Sartre (1905-1980). Filósofo, dramaturgo, novelista y periodista político francés.

Cuando los soldados huyen, nunca se culpan a sí mismos: culpan a su general o a sus compañeros.
Demóstenes (385-322 a.C.). Político y orador ateniense.

Cuando los tambores hablan, las leyes callan.
Marco Tulio Cicerón (106-43 a.C.). Escritor, político y orador romano.

Cuando una batalla está perdida, sólo los que han huido pueden combatir en otra.
Demóstenes (385-322 a.C.). Político y orador ateniense.

El espíritu de resistencia, es lo que ha enseñado al hombre a ponerse en pie y asumir una posición erguida, en lugar de andar a cuatro patas.
Sir Winston Churchill (1874-1965). Político inglés.

El hombre tiene que establecer un final para la guerra. Si no, ésta establecerá un fin para la humanidad.
John F. Kennedy (1917-1963). Presidente de Estados Unidos (1961-1963).

El tiempo hace surgir nuevos escollos, cuya existencia nunca creímos posible; no hay que considerar segura la victoria hasta que el combate no haya tocado a su fin.
Solón (639-560 a.C.). Sabio griego.

En la guerra más que en ningún otro caso, los acontecimientos no corresponden a la esperanza.
Tito Livio (64 a.C.-17 d.C.). Historiador latino.

En la guerra, causas triviales producen acontecimientos trascendentales.
Julio César. Cayo Julio César (100-44 a.C.). General y político romano.

En la guerra, la fortuna es variable. Por eso, el guerrero prudente no debe menospreciar al enemigo.
Johann Wolfgang von Goethe (1749-1832). Poeta, novelista y dramaturgo alemán.

Es la ley de la guerra que los vencedores traten a los vencidos a su antojo.
Julio César. Cayo Julio César (100-44 a.C.). General y político romano.

Guerra es la ciencia de la destrucción.
John Joseph Caldwell Abbott (1821-1893). Tercer Primer Ministro de Canadá.

Hasta que el mundo llegue a su fin, se recurrirá siempre en última instancia a la espada.
Guillermo II (1859-1941). Emperador de Alemania y rey de Prusia.

He visto lo bastante de una guerra para no desear volver a ver otras.
Thomas Jefferson (1743-1826). Político y filósofo estadounidense.

Inteligencia militar son dos términos contradictorios.
Groucho Marx (1890-1976). Actor estadounidense.

Jamás hubo una guerra buena o una paz mala.
Benjamín Franklin (1706-1790). Político, filósofo y científico estadounidense.

La fortuna de la guerra es siempre dudosa.
Séneca Anneo (3 a.C.- 65 d.C.). Filósofo latino.

La guerra es castigo tanto para el victorioso como para el vencido.
Thomas Jefferson (1743-1826). Político y filósofo estadounidense.

La guerra es de por vida en los hombres, porque es guerra la vida, y vivir y militar es una misma cosa.
Francisco De Quevedo (1580-1645). Escritor español.

La guerra es la mayor plaga que puede afligir a la humanidad. Destruye la religión, destruye a los Estados, destruye las familias. Cualquier calamidad es preferible a ésta.

Martín Lutero (1483-1546). Teólogo alemán que inició la Reforma protestante.

La guerra es la mejor escuela del cirujano.

Hipócrates (c. 460-c. 377 a.C.). Considerado el padre de la medicina.

La guerra es la obra de arte de los militares, la coronación de su formación, el broche dorado de su profesión. No han sido creados para brillar en la paz.

Isabel Allende (1942-). Escritora chilena.

La guerra es la salida cobarde a los problemas de la paz.

Thomas Mann (1875-1955). Novelista y ensayista alemán.

La guerra es mala, pero es a menudo lo menos malo.

George Orwell (1903-1950). Escritor inglés.

La guerra es un arte singular. Yo he sostenido sesenta batallas y no he aprendido más de lo que sabía cuando sostuve la primera.

Napoleón Bonaparte (1769-1821). Emperador de Francia (1804-1815).

La guerra es un juego serio en el que uno compromete su reputación, sus tropas y su patria.

Napoleón Bonaparte (1769-1821). Emperador de Francia (1804-1815).

La guerra es un método de desatar con los dientes un nudo político que no se puede deshacer con la lengua.

Ambrose Gwinett Bierce (1842-1914). Periodista y escritor estadounidense.

La guerra es una masacre entre gentes que no se conocen, para provecho de gentes que si se conocen pero que no se masacran.

Paul Ambroise Valéry (1871-1945). Escritor francés.

La guerra incondicional no conduce ya a la victoria incondicional.

John F. Kennedy (1917-1963). Presidente de Estados Unidos (1961-1963).

La guerra no consiste sólo en la batalla sino en la voluntad de contender.

Thomas Hobbes (1588-1679). Filósofo y político inglés.

La guerra no es el momento más favorable para arrebatar el poder a una monarquía. Por el contrario, es el momento en que la energía de una sola mano se presenta en su forma más seductora.

Thomas Jefferson (1743-1826). Político y filósofo estadounidense.

La guerra no se puede establecer en base al consentimiento.

Arquíloco (710-676 a.C.). Poeta griego.

La guerra vuelve estúpido al vencedor y rencoroso al vencido.

Friedrich Nietzsche (1844-1900). Filósofo, poeta y filólogo alemán.

La insurrección del pensamiento precede siempre a la insurrección de las armas.
Wendell Phillips (1811-1884). Líder abolicionista estadounidense.

La manera más rápida de terminar una guerra es perderla.
George Orwell (1903-1950). Escritor inglés.

La mayor victoria está en vencerse a sí mismo.
Pedro Calderón de la Barca (1600-1681). Dramaturgo y poeta español.

La mesa ha matado más gente que las guerras.
Joseph de Maistre (1753-1821). Teórico político, moralista y filósofo francés.

La paz más desventajosa es mejor que la guerra más justa.
Erasmo de Rotterdam (1466-1536). Escritor y humanista holandés.

La tierra no tiene sed de la sangre de los soldados, sino del sudor de los hombres.
Proverbio brasileño.

La última voz audible antes de la explosión del mundo será la de un experto que diga: es técnicamente imposible.
Peter Ustinov (1921-). Actor, escritor y productor inglés.

Las armas tienen por objeto y fin la paz, que es el mayor bien que los hombres pueden desear en esta vida.
Miguel de Cervantes (1547-1616). Dramaturgo, poeta y novelista español.

Las campañas de los pueblos sólo son débiles cuando en ellas no se alista el corazón de la mujer; pero cuando la mujer se estremece y ayuda, cuando la mujer tímida y quieta de su natural, anima y aplaude, cuando la mujer culta y virtuosa unge la obra con la miel de su cariño, la obra es invencible.
José Martí (1853-1895). Político y escritor cubano.

Las cosas de la guerra más que otras están sujetas a continua mudanza.
Miguel de Cervantes (1547-1616). Dramaturgo, poeta y novelista español.

Las guerras las ganan sólo los que confían en la victoria.
Thomas Wentworth Storrow Higginson (1823-1911). Reformador estadounidense.

Las guerras seguirán mientras el color de la piel siga siendo más importante que el de los ojos.
Bob Marley (1945-1981). Cantante, guitarrista y compositor de reggae de origen jamaicano.

Las guerras son el espanto de las madres (Bella detestata matribus).
Quinto Horacio Flaco (65 a.C.-8 a.C.). Poeta lírico y satírico romano.

Las nociones de rectitud e ilicitud, justicia e injusticia, no tienen lugar en la guerra.
Thomas Hobbes (1588-1679). Filósofo y político inglés.

Las tropas regulares pierden el valor cuando se encuentran ante peligros mayores que los que esperaban y superadas por el número y las armas del enemigo. Son las primeras en volver la espalda. En cambio, los hombres de la milicia mueren en su puesto.

Aristóteles (384 a.C.-322a.C). Filósofo griego.

Lo maravilloso de la guerra es que cada jefe de asesinos hace bendecir sus banderas e invocar solemnemente a Dios antes de lanzarse a exterminar a su prójimo.

Francois-Marie Arouet de Voltaire (1694-1778). Escritor y filósofo francés.

Los espartanos no preguntaban cuántos eran los enemigos, sino dónde estaban.

Agis II (427 a.C.-399 a.C.). Rey de Esparta.

Los grandes derechos no se compran con lágrimas, sino con sangre.

José Martí (1853-1895). Político y escritor cubano.

Los hombres se cansan antes de dormir, de amar, de cantar y de bailar que de hacer la guerra.

Homero (s.VIII a.C.). Poeta griego.

Los pueblos deben ser salvados en contra de sí mismos.

Napoleón Bonaparte (1769-1821). Emperador de Francia (1804-1815).

Los pueblos que se creen superiores a sus vencedores no se resignan a la derrota. Así, pues, una tentativa de desquite por parte de los alemanes, siempre derrotados, puede considerarse como uno de los acontecimientos más seguros de la futura historia.

Gustave Le Bon (1841-1931). Psicólogo social y escritor francés.

Mientras la guerra sea considerada como mala, conservará su fascinación. Cuando sea tenida por vulgar, cesará su popularidad.

Oscar Wilde (1854-1900). Novelista, poeta, crítico literario y autor teatral irlandés.

Ningún hombre es tan tonto como para desear la guerra y no la paz; pues en la paz los hijos llevan a sus padres a la tumba, en la guerra son los padres quienes llevan a los hijos a la tumba.

Herodoto (c. 484-425 a.C.). Historiador griego.

No hay camino para la paz, la paz es el camino.

Mohandas Karamchand Gandhi (1869-1948). Líder político y espiritual hindú.

No le demos al mundo armas contra nosotros, porque las utilizará.

Gustave Flaubert (1821-1880). Novelista francés.

No se como será la tercera guerra mundial, sólo se que la cuarta será con piedras y lanzas.

Albert Einstein (1879-1955). Científico estadounidense de origen alemán.

Para borrar nuestras faltas a los ojos de los hombres son precisos torrentes de sangre; pero ante Dios una sola lágrima basta.

François René de Chateaubriand (1768-1848). Escritor y político francés.

Para un buen general, la suerte no tiene importancia.

Tito Livio (64 a.C.-17 d.C.). Historiador latino.

Salieron a la batalla, pero siempre fracasaron.

James Macpherson (1736-1796). Poeta y humanista escocés.

Si fuera necesario que perecieran 50,000 hombres para el bienestar del Estado, yo los lloraría; pero la razón del Estado es antes que nada.

Napoleón Bonaparte (1769-1821). Emperador de Francia (1804-1815).

Sólo hay una guerra que puede permitirse el ser humano: la guerra contra su extinción.

Isaac Asimov (1920-1992). Escritor y científico estadounidense.

Todas las guerras son santas, os desafío a que encontréis un beligerante que no crea tener el cielo de su parte.

Jean Anouilh (1910-1987). Dramaturgo francés.

Tratados que no se basen en cañones son lo mismo que música sin instrumentos.

Federico II (1712-1786). Rey de Prusia (1740-1786).

Un principio justo, desde el fondo de una cueva, puede más que un ejército.

José Martí (1853-1895). Político y escritor cubano.

Basta el instante de un cerrar de ojos para hacer de un hombre pacífico un guerrero.

Samuel Butler (1835-1902). Escritor inglés.

Cada guerra es una destrucción del espíritu humano.

Henry Miller (1891-1980). Escritor estadounidense.

Combatirse a sí mismo es la guerra más difícil; vencerse a sí mismo es la victoria más bella.

Friedrich Von Logau (1604-1655). Epigramista alemán.

Cualquier guerra entre europeos es una guerra civil.

Eugenio d'Ors (1882–1954). Escritor español.

El arte de la guerra consiste en ordenar las fuerzas de tal modo que no puedan huir.

Anatole France (1844-1924). Novelista y premio Nobel francés.

El gran Cartago lideró tres guerras: después de la primera seguía teniendo poder; después de la segunda seguía siendo habitable; después de la tercera ya no se encuentra en el mapa.

Albert Camus (1913-1960). Novelista, dramaturgo y ensayista francés.

El supremo arte de la guerra es doblegar al enemigo sin luchar.
Sun Tzu (aprox. 400-320 a.C.). Militar chino.

El único medio de vencer en una guerra es evitarla.
George Marshall (1880-1959). Militar y estadista estadounidense.

Hay que evitar el combate en lugar de vencer en él. Hay triunfos que empobrecen al vencido, pero no enriquecen al vencedor.
Juan Zorrilla de San Martín (1855-1931). Poeta y escritor uruguayo.

La guerra deja ardua herencia de guerras.
Guglielmo Ferrero (1871-1942). Historiador italiano.

La guerra es el arte de destruir a los hombres, la política es el arte de engañarlos.
Jean-Baptiste Le Rond D'Alembert (1717-1783). Matemático, físico y filósofo francés.

La guerra es un asunto demasiado serio para dejarla en manos de los militares.
Georges Clemenceau (1841-1929). Político y periodista francés.

La guerra es una enfermedad como el tifus.
Antoine De Saint Exupéry (1900-1944). Escritor y aviador francés.

La guerra es una invención de la mente humana; y la mente humana también puede inventar la paz.
Sir Winston Churchill (1874-1965). Político inglés.

La guerra no es más que un asesinato en masa, y el asesinato no es progreso.
Alphonse-Marie-Louis de Lamartine (1790-1869). Político, poeta e historiador francés.

La guerra terminaría si los muertos pudiesen regresar.
Stanley Baldwin (1867-1947). Político británico.

La guerra ya no es un arte: es una demolición.
Leopoldo Marechal (1900-1970). Poeta y escritor argentino.

La justicia se defiende con la razón y no con las armas. No se pierde nada con la paz y puede perderse todo con la guerra.
Juan XXIII Angelo Giuseppe Roncalli (1881-1963). Papa católico.

La paz hace crecer las cosas pequeñas, la guerra arruina las grandes.
Cayo Crispo Salustio (86-35 a. C.) Historiador romano.

Las personas no empiezan las guerras, los gobiernos lo hacen.
Ronald Reagan (1911-2004). Presidente de Estados Unidos (1981-1989).

Llevo encima todas las heridas de las batallas que evité.
Fernando Pessoa (1888-1935). Escritor portugués.

No estamos en guerra con Egipto. Tenemos un conflicto armado.
Anthony Eden (1897-1977). Político inglés.

No existe la guerra inevitable. Si llega, es por fallo del hombre.
Andrew Bonar Law (1858-1923). Político inglés.

No puedo creer que me condecoren. Yo creía que era necesario conducir tanques y ganar guerras.
John Lennon (1940-1980). Compositor y cantante británico.

Para hacer la paz se necesitan por lo menos dos, mas para hacer la guerra basta uno solo.
Arthur Neville Chamberlain (1869-1940). Político británico.

Para la mayoría de los hombres la guerra es el fin de la soledad. Para mí es la soledad infinita.
Albert Camus (1913-1960). Novelista, dramaturgo y ensayista francés.

Preferiría la paz más injusta a la más justa de las guerras.
Marco Tulio Cicerón (106-43 a.C.). Escritor, político y orador romano.

Que nuestro ejército sean los árboles, las rocas y los pájaros del cielo.
Alejandro Magno III (356-323 a.C.). Rey de Macedonia.

Se tardan veinte o más años de paz para hacer a un hombre, y bastan veinte segundos de guerra para destruirlo.
Balduino I (1930-1993). Rey de Bélgica (1951-1993).

Si la tercera guerra mundial se hace a golpes de bombas atómicas, los ejércitos de la cuarta guerra mundial combatirán con mazas.
Albert Einstein (1879-1955). Científico estadounidense de origen alemán.

Si matamos con el consentimiento colectivo, no nos remuerde la conciencia. Las guerras se han inventado para matar con la conciencia limpia.
Eugene Ionesco (1912-1994). Dramaturgo francés de origen rumano.

Si no acaba con la guerra, no es una victoria.
Michel Eyquem de la Montaigne (1533-1592). Ensayista francés.

En asuntos internacionales, la paz es un periodo de trampas entre dos luchas.
Ambrose Gwinett Bierce (1842-1914). Periodista y escritor estadounidense.

Gusto

El verdadero gusto jamás existe sin disgusto.
Auguste Comte (1798-1857). Filósofo francés.

La naturaleza da al genio; la sociedad, el ingenio; los estudios el gusto.
José Manuel Caballero Bonald (1928-). Poeta, novelista y ensayista español.

Al hombre de cada siglo le salva un grupo de hombres que se oponen a sus gustos.
Gilbert Keith Chesterton (1874-1936). Escritor inglés.

El gusto está hecho de mil repulsiones.

Paul Ambroise Valéry (1871-1945). Escritor francés.

Es fácil reconocer si el hombre tiene gusto: la alfombra debe combinar con las cejas.

Salvador Dalí (1904-1989). Pintor y escultor español.

Hábitos

¿Dónde puedo encontrar un hombre gobernado por la razón y no por los hábitos y los deseos?

Khalil Gibran (1833-1931). Ensayista, novelista y poeta libanés.

Adquirir desde jóvenes tales o cuales hábitos no tiene poca importancia: tiene una importancia absoluta.

Aristóteles (384 a.C.-322a.C). Filósofo griego.

Concede a tu espíritu el hábito de la duda, y a tu corazón, el de la tolerancia.

Georg Christoph Lichtenberg (1742-1799). Escritor y científico alemán.

Cuando era niño era esclavo de mis impulsos, ahora soy esclavo de mis hábitos, como lo son todos los hombres crecidos.

Og Mandino (1923-1996). Escritor estadounidense.

Cultiva sólo aquellos hábitos que quisieras que dominaran tu vida.

Elbert Hubbard (1856-1915). Escritor y editor estadounidense.

El hábito es casi una segunda naturaleza.

Marco Tulio Cicerón (106-43 a.C.). Escritor, político y orador romano.

El hábito es como un cable; nos vamos enredando en él cada día hasta que no nos podemos desatar.

Horace Mann (1796-1859). Educador estadounidense.

El hábito, si no se resiste, al poco tiempo se vuelve una necesidad.

San Agustín (354-430). Obispo, filósofo y Padre de la Iglesia Latina.

La excelencia moral es resultado del hábito. Nos volvemos justos realizando actos de justicia; templados, realizando actos de templanza; valientes, realizando actos de valentía.

Aristóteles (384 a.C.-322a.C). Filósofo griego.

Las cadenas del hábito son demasiado débiles para sentirlas hasta que son demasiado fuertes para romperlas.

Samuel Johnson (1709-1784). Escritor británico.

Los hábitos arraigados siguen de pie aun después de haber desaparecido las necesidades que los formaron.
Étienne Bonnot de Condillac (1715-1780). Filósofo francés.

Los malos hábitos deben ser destruidos y nuevos surcos preparados para la buena semilla.
Og Mandino (1923-1996). Escritor estadounidense.

Nada hay más fuerte que el hábito.
Publio Nasón Ovidio (43 a.C.-17 d.C.). Poeta latino.

Sin hábitos no hay educación, sólo se ilustra.
Leonardo Polo (1926-). Licenciado, escritor y filósofo español.

Hablar - Palabra

A los hombres se les puede dividir en dos categorías: los que hablan para decir algo, y los que dicen algo por hablar.
Charles de Ligne (1735-1814). Soldado y escritor belga.

A veces, unos puntos suspensivos a tiempo resultan más profundos que un verso archipensado.
Rafael Múgica "Gabriel Celaya" (1911-1991). Poeta español.

Aquellos cuya conducta se presta más al escarnio, son siempre los primeros en hablar de los demás.
Jean Baptiste Poquelin Molière (1622-1673). Dramaturgo y actor francés.

Cuidamos más que se hable de nosotros que de como se hable.
Michel Eyquem de la Montaigne (1533-1592). Ensayista francés.

El beso es una forma de diálogo.
George Sand (Amandine Aurore Lucie Dupin) (1804-1876). Escritora francesa.

Es fácil hablar claro cuando no va a decirse toda la verdad.
Rabindranath Tagore (1861-1941). Poeta y filósofo indio.

Habla con suavidad y lleva un buen garrote; llegarás lejos.
Theodore Roosevelt (1858-1919). Estadista estadounidense.

Habla poquísimo de ti, poco de los otros, mucho de las cosas.
Paolo Mantegazza (1831-1910). Neurólogo italiano.

Hablamos muy poco, excepto cuando la vanidad nos hace hablar.
François de La Rochefoucauld (1613-1680). Político y escritor francés.

Hablar es el arte de sofocar e interrumpir el pensamiento.
Thomas Carlyle (1795-1881). Historiador y pensador escocés.

Habla para que yo te conozca.
Sócrates (470-399 a.C.). Filósofo griego.

Hablar poco, pero mal, ya es mucho hablar.
Alejandro Casona (1903-1965). Dramaturgo español.

La experiencia nos ha demostrado que a la persona no le resulta nada más difícil de dominar que su lengua.
Baruch Spinoza (1632-1677). Filósofo y teólogo holandés.

No hables, en manera alguna, hasta que tengas algo que decir.
Thomas Carlyle (1795-1881). Historiador y pensador escocés.

No hay mejor predicador que la hormiga, que no dice nada.
Benjamín Franklin (1706-1790). Político, filósofo y científico estadounidense.

No sabe hablar quien no sabe callar.
Pitágoras (582-500 a.C.). Filósofo y matemático griego.

Por la boca mueren el pez y Oscar Wilde.
Fernando Pessoa (1888-1935). Escritor portugués.

Quien habla de cosas que no le atañen, escucha lo que no le gusta.
Averroes (1126-1198). Filósofo, físico, jurista malikí y teólogo asharí hispanoárabe.

Si hablas mal, se hablará de ti peor.
Hesiodo de Ascra (siglo VIII a.C.). Poeta griego.

Si los españoles habláramos sólo y exclusivamente de lo que sabemos, se produciría un gran silencio que nos permitiría pensar.
Manuel Azaña (1880-1940). Escritor y político español.

Si los hombres han nacido con dos ojos, dos orejas y una sola lengua es porque se debe escuchar y mirar dos veces antes de hablar.
Marie de Rabutin-Chantal, marquesa de Sévigné (1626-1696). Escritora francesa.

Uno es dueño de lo que calla y esclavo de lo que habla.
Sigmund Freud (1856-1939). Médico y neurólogo austriaco, fundador del psicoanálisis.

¡Qué irónico es que precisamente por medio del lenguaje un hombre pueda degradarse por debajo de lo que no tiene lenguaje!
Sören Aabye Kierkegaard (1813-1855). Filósofo danés.

¡Que no escuche más esa palabra insensata!
Honoré-Gabriel Riqueti, Conde de Mirabeau (1749-1791). Político y orador francés.

A los silenciosos no se les puede quitar la palabra.
Stanislaw Jerzy Lec (1909-1966). Escritor polaco.

A menudo me he tenido que comer mis palabras y he descubierto que eran una dieta equilibrada.
Sir Winston Churchill (1874-1965). Político inglés.

Bendito sea el hombre que no teniendo nada que decir, se abstiene de demostrárnoslo con sus palabras.
Thomas S. Eliot (1888-1965). Poeta y crítico angloamericano.

Bendito sea el hombre que se abstiene de hablar sobre algo cuando no tiene nada que decir al respecto.
George Eliot (Mary Ann o Marian Evans) (1819-1880). Novelista inglesa.

Bienaventurados los que no hablan porque ellos se entienden.
Mariano José de Larra (1809-1837). Escritor romántico y periodista español.

Callando es como se aprende a oír; oyendo es como se aprende a hablar; y luego, hablando se aprende a callar.
Diógenes de Sínope "el cínico" (410 a.C.-320 a.C.). Filósofo griego.

Chismear es el arte de no decir nada de tal manera que no quede prácticamente nada sin decir.
Walter Winchell (1897-1972). Periodista y locutor estadounidense.

Como lo que sabes no es tanto como lo que no sabes, no hables mucho.
Ramón Llull (1233-1315). Escritor catalán.

Comprender es una palabra viva y la carne de esa palabra es amor.
Henri Barbusse (1873-1935). Novelista francés.

De toda ocupación se saca provecho; pero del mucho hablar sólo miseria.
Salomón (970-931 a.C.). Rey israelita.

De todas las palabras que se pueden decir con la lengua o la pluma, las más tristes son estas: hubiera sido.
Joseph Heller (1923-). Novelista estadounidense.

Desde que existe el hombre, es decir, desde que el mundo es mundo, la mejor manera de entenderse es llamar a las cosas por su nombre.
Miguel Maura (1887-1971). Político español.

Día fatal aquél en que el público descubrió que la pluma es más poderosa que el adoquín, y puede ser arma más ofensiva.
Oscar Wilde (1854-1900). Novelista, poeta, crítico literario y autor teatral irlandés.

Dos personas pueden hablar y una oír, pero tres individuos no pueden entablar conversación, por más humilde que sea.
Ralph Waldo Emerson (1803-1882). Ensayista y poeta estadounidense.

El lenguaje ejerce un poder oculto, como el de la luna sobre la marea.
Rita Mae Brown (1944-). Escritora estadounidense.

El lenguaje es el único instrumento del que dispone la ciencia, y las palabras son los signos de las ideas.
Samuel Johnson (1709-1784). Escritor británico.

El lenguaje es el vestido de los pensamientos.
Samuel Johnson (1709-1784). Escritor británico.

El lenguaje es vino sobre los labios.
Virginia Woolf (1882-1941). Escritora inglesa.

El lenguaje humano es como una olla vieja sobre la cual marcamos toscos ritmos para que bailen los osos, mientras al mismo tiempo anhelamos producir una música que derrita las estrellas.
Gustave Flaubert (1821-1880). Novelista francés.

El mejor medio para salir airoso de una conversación difícil es irse a ella sin preparación alguna.
André Maurois (1885-1967). Escritor francés.

El periódico es una tienda en que se venden al público las palabras del mismo color que las quiere.
Honorato De Balzac (1799-1850). Escritor francés.

El que sabe hablar, sabe también cuándo hacerlo.
Arquímedes (287-212 a.C.). Matemático e inventor griego.

El trueno asusta a los niños; las amenazas a los hombres tontos.
Demófilo (?-386). Obispo de Constantinopla.

El verdadero significado de las cosas se encuentra al decir las mismas cosas con otras palabra.
Charles Chaplin (1889-1977). Actor, productor y director inglés.

Ella había perdido el arte de la conversación, pero no la capacidad de hablar.
George Bernard Shaw (1856-1950). Escritor irlandés.

Emplea el lenguaje que quieras y nunca podrás expresar sino lo que eres.
Ralph Waldo Emerson (1803-1882). Ensayista y poeta estadounidense.

En el mucho hablar no faltará pecado; mas quien sus labios refrena es hombre prudente.
Salomón (970-931 a.C.). Rey israelita.

En general, quienes no tienen nada que decir invierten el mayor tiempo posible en no decir nada.
James Russell Lowell (1819-1891). Escritor estadounidense.

En la lengua consisten los mayores daños de la vida humana.
Miguel de Cervantes (1547-1616). Dramaturgo, poeta y novelista español.

En nuestras conversaciones, si queremos mantener el interés, nos hemos de estar ofreciendo continuamente seres vivientes, y así hemos de hablar de alguien que aún no haya sido introducido en la conversación y decir de él cosas y secretos y revelar aquello que sólo sabemos nosotros, por la gran amistad que nos une.
Jean Hippolyte Giraudoux (1882-1944). Dramaturgo, novelista y diplomático.

Entre más digas, menos escuchará la gente. En pocas palabras hay gran provecho.

François de Salignac de La Mothe Fénelon (1651-1715). Prelado y erudito francés.

Es difícil mantener conversación con una persona que responde a las palabras personales con expresiones impersonales, a las palabras sentidas con una generalización intelectual.

Aldous Leonard Huxley (1894-1963). Escritor inglés.

Es inútil seguir manteniendo un diálogo entre sordos, en el que ninguno de los dos interlocutores escucha.

Jean Anouilh (1910-1987). Dramaturgo francés.

Es mejor estar callado y parecer tonto, que hablar y despejar las dudas definitivamente.

Groucho Marx (1890-1976). Actor estadounidense.

Es mejor ser rey de tu silencio que esclavo de tus palabras.

William Shakespeare (1564-1616). Poeta y autor teatral inglés.

Es posible conseguir algo luego de tres horas de pelea, pero es seguro que se podrá conseguir con apenas tres palabras impregnadas de afecto.

Confucio (551-479 a.C.). Filósofo y teórico social chino.

Escritor es el que descubre que las palabras salen de la mano.

Ramón Gómez de la Serna (1888-1963). Escritor español. Autor de *Greguerías*.

Ese que habla tanto está completamente hueco, ya sabes que el cántaro vacío es el que más suena.

Rabindranath Tagore (1861-1941). Poeta y filósofo indio.

Evita la conversación de aquellas personas cuya palabra, en vez de ser trabajo, es placer. Los grandes parlanchines suelen ser espíritus refinadamente egoístas, que buscan nuestro trato, no para estrechar lazos sentimentales, sino para hacerse admirar y aplaudir.

Santiago Ramón y Cajal (1852-1934). Doctor español.

Habla, para que yo te vea.

Séneca Anneo (3 a.C.- 65 d.C.). Filósofo latino.

Hablamos poco, excepto cuando lo hacemos de nosotros mismos.

William Hazlitt (1778-1830). Ensayista y crítico inglés.

Hablar mucho es señal de vanidad, porque el fecundo en palabras es escaso en acción.

Walter Raleigh (1552-1618). Corsario, pirata y escritor político inglés.

Has de hablar como en testamento, que a menos palabras, menos pleitos.

Baltasar Gracián y Morales (1601-1658). Jesuita y escritor español.

Hay personas que hablan justo un momento antes de haber pensado.

Jean de la Bruyere (1645-1696). Filósofo y escritor francés.

Hay muy poca gente que sepa expresarse y dar forma a aquello que oscuramente piensa y siente. Hay, por otra parte, mucha gente que puede comprender una forma que le es ofrecida, en el sentido de decir: "Esto es lo mismo que pienso yo". Aquí se ve la misión del genio, que consiste en dar forma a los pensamientos y a los sentimientos de los otros.

Conde de Keyserling (1880-1946). Filósofo alemán.

Hay palabras que por las ideas que revelan llaman nuestra atención y atraen nuestras simpatías hacia los seres que las pronuncian.

John Dryden (1631-1700). Poeta, dramaturgo y crítico inglés.

Hay palabras que sólo deberían servir una vez.

François René de Chateaubriand (1768-1848). Escritor y político francés.

Hay palabras que suben como el humo, y otras que caen como la lluvia.

Marie de Rabutin-Chantal, marquesa de Sévigné (1626-1696). Escritora francesa.

Hay personas que se consolarían hasta del fin del mundo, con tal de que ellas lo hubiesen anunciado.

Friedrich Hebbel (1813-1863). Dramaturgo alemán.

He observado que voy perdiendo agilidad mental. Y no me extraña, pues desde hace tiempo me limito a hablar bien de todo el mundo.

Georges Duhamel (1884-1966). Escritor francés.

La brevedad es loable cuando no se dice más ni menos de lo necesario.

Quintiliano (35-95). Escritor y retórico latino.

La buena comunicación estimula tanto como el café, y quita el sueño en igual medida.

Anne M. Lindbergh (1906-2001). Escritora y aviadora estadounidense.

La ciencia moderna aun no ha producido un medicamento tranquilizador tan eficaz como lo son unas pocas palabras bondadosas.

Sigmund Freud (1856-1939). Médico y neurólogo austriaco, fundador del psicoanálisis.

La conversación es el índice de la mente.

Séneca Anneo (3 a.C.- 65 d.C.). Filósofo latino.

La diferencia entre la palabra adecuada y la casi correcta, es la misma que entre el rayo y la luciérnaga.

Mark Twain (1835-1910). Escritor estadounidense.

La mejor manera de refutar al que no tiene razón es dejarlo hablar...

Sydney Smith (1771-1845). Clérigo y escritor inglés.

La noble conversación es hija del discurso, madre del saber, desahogo del alma, comercio de los corazones, vínculo de la amistad, pasto del contento y ocupación de personas.
Baltasar Gracián y Morales (1601-1658). Jesuita y escritor español.

La palabra es civilización en sí. La palabra, por más contradictoria que sea, preserva el contacto: el silencio lo aísla.
Thomas Mann (1875-1955). Novelista y ensayista alemán.

La palabra es el arma de los humanos para aproximarse unos a otros.
Ana María Matute (1926-). Escritora española.

La palabra es el espejo de la acción.
Solón (639-560 a.C.). Sabio griego.

La palabra es libre; la acción muda; la obediencia ciega.
Friedrich von Schiller (1759-1805). Poeta, dramaturgo y filósofo alemán.

La palabra es mitad de quien la pronuncia, mitad de quien la escucha.
Michel Eyquem de la Montaigne (1533-1592). Ensayista francés.

La palabra se ha dado al hombre para que pueda encubrir su pensamiento.
Charles Maurice de Talleyrand-Périgord (1754-1838). Político y diplomático francés.

La palabra siempre tiene la palabra y si es palabra poética, mejor.
Efraín Huerta (1914-1982). Poeta mexicano.

La palabra una vez hablada, vuela y no torna.
Quinto Horacio Flaco (65 a.C.-8 a.C.). Poeta lírico y satírico romano.

La prosa da una idea pobre; pero el verso da una idea inexacta.
Ángel Ganivet y García (1865-1898). Ensayista y novelista español.

La verdadera elocuencia consiste en no decir más de lo que es preciso.
François de La Rochefoucauld (1613-1680). Político y escritor francés.

Lámpara es a mis pies tu palabra, y lumbrera a mi camino.
La Biblia.

Las cosas que tenemos dentro, cuando han sido dichas, sirven para que los demás se rían. ¡Pobre del que las dice seriamente! Mejor decirlas ya en tono de burla. Pero se han de decir. Lo que aún no se ha dicho es una espina clavada, y sólo estaremos tranquilos cuando ya lo hayamos dicho todo de una vez para todos. Entonces, al fin, callaremos, y ya no nos hará daño el silencio.
Louis-Ferdinand Céline (1894-1961). Escritor y médico francés.

Las observaciones ingeniosas están muy bien cuando se dicen en el momento apropiado; cuando están fuera de lugar son ofensivas.
Fedro (15 a.C.-55 d.C.). Poeta romano.

Las palabras amables no cuestan nada, pero valen mucho.
Anónimo.

Las palabras de aliento después de la censura son como el sol tras el aguacero.
Johann Wolfgang von Goethe (1749-1832). Poeta, novelista y dramaturgo alemán.

Las palabras de un hombre muerto se modifican en las entrañas de los vivientes.
Wystan H. Auden (1907-1973). Poeta inglés.

Las palabras elegantes no son sinceras; las palabras sinceras no son elegantes.
Lao-tsé (570-490 a.C.). Filosófo del Taoísmo.

Las palabras están ahí para explicar el significado de las cosas, de manera que el que las escucha, entienda dicho significado.
Aldous Leonard Huxley (1894-1963). Escritor inglés.

Las palabras que iluminan el alma son más valiosas que las joyas.
Hazrat Inayat Khan (1882-1927). Filósofo hindú.

Las palabras que no van seguidas de hechos, no valen nada.
Esopo (620-560 a.C.). Fabulista griego.

Las palabras son como las hojas; cuando abundan, poco fruto hay entre ellas.
Alexander Pope (1688-1744). Escritor inglés.

Las palabras son la configuración acústica de las ideas.
Friedrich Leopold von Hardenberg "Novalis" (1772-1801). Poeta alemán.

Las palabras son la más potente droga utilizada por la humanidad.
Rudyard Kipling (1865-1936). Novelista inglés.

Lenguaje, ala del pensamiento, música de la imaginación.
José Vasconcelos (1882-1959). Filósofo, educador y político mexicano.

Lo bien dicho se dice presto.
Baltasar Gracián y Morales (1601-1658). Jesuita y escritor español.

Lo único seguro sobre algo que no hace falta decir, es que alguien va a decirlo.
Isaac Asimov (1920-1992). Escritor y científico estadounidense.

Los discursos suaves del malvado están llenos de engaño.
Fedro (15 a.C.-55 d.C.). Poeta romano.

Los que poseen el espíritu de discernimiento saben cuanta diferencia puede mediar entre dos palabras parecidas, según los lugares y las circunstancias que las acompañen.
Blaise Pascal (1623-1662). Matemático, físico y teólogo francés.

Los que tienen poco negocio que atender son buenos charlatanes, los intelectuales y los ocupados hablan menos.
Charles Louis de Secondat, barón de la Brède y de Montesquieu (1689-1755). Escritor francés.

Los tontos si callan, lo parecen menos.
Proverbio danés.

Mientras no reduzcamos el lenguaje a siete palabras nunca nos entenderemos unos a otros.
Khalil Gibran (1833-1931). Ensayista, novelista y poeta libanés.

Muchas palabras no dan prueba del hombre sabio, porque el sabio no ha de hablar sino cuando la necesidad demanda, y las palabras han de ser medidas y correspondientes a la necesidad.
Tales de Mileto (625-546). Filósofo griego.

Muchas veces las palabras que tendríamos que haber dicho no se presentan ante nuestro espíritu hasta que ya es demasiado tarde.
André Gide (1869-1951). Escritor francés.

Muchos cansan a la gente con largos sermones; la facultad del oído es una cosa sensible: muy pronto se sacia y al poco tiempo cansa.
Martín Lutero (1483-1546). Teólogo alemán que inició la Reforma protestante.

Ninguna buena historia se gasta, por muchas veces que se cuente.
Proverbio escocés.

No esperes a que te toque el turno de hablar; escucha de veras y serás diferente.
Charles Chaplin (1889-1977). Actor, productor y director inglés.

No existe nada más interesante que la conversación de dos amantes que permanecen callados.
Achile Tournier (1847-1906). Escritor francés.

No hay espejo que mejor refleje la imagen del hombre que sus palabras.
Juan Luis Vives (1492-1540). Humanista y filósofo español.

No pronuncies en secreto palabra alguna que no puedas pronunciar ante mil personas.
Anónimo.

No siempre se oye por los oídos. A veces, cuando el ser querido habla, no le escuchamos las palabras y nos damos cuenta solamente de que nos quiere a través de lo que dice.
Maurice Maeterlinck (1862-1949). Escritor belga.

No tiene que elegir las palabras quien ve claramente la verdad. Ésta le proporciona las mejores palabras.
Ralph Waldo Emerson (1803-1882). Ensayista y poeta estadounidense.

No trates de sostener a alguien por la manga para que te escuche; si la gente no quiere prestarle atención a tus palabras, detén tu lengua y no a la gente.
Philip Stanhope, conde de Chesterfield (1584-1656). Escritor y político británico.

Ojalá fuera tal tu compostura y tu conversación que todos pudieran decir al verte o al oírte hablar: éste lee la vida de Jesucristo.
San Josemaría Escrivá de Balaguer (1902-1975). Sacerdote español, fundador del Opus Dei.

Palabra, tras palabra, tras palabra es poder.
Margaret Atwood (1939-). Novelista, poetisa y crítica canadiense.

Para hacer un discurso inmortal no hay que hacerlo duradero.
Isaac Leslie Hore-Belisha (1893-1957). Político británico.

Para hacerse entendible hay que pensar claramente y escribir claramente.
William Feather (1889-1981). Escritor y editor estadounidense.

Para vencer a los otros en la conversación se preparaba según los principios clásicos de la guerra napoleónica: sorprende al enemigo, batirlos por las partes, ser el más fuerte en un punto elegido.
André Maurois (1885-1967). Escritor francés.

Podemos, en cierta forma, resumir todo el arte de vivir en el buen uso del lenguaje.
Simone Weil (1909-1943). Escritora francesa.

Pon tus palabras en acción, y no permitas que tu lengua diga torpezas.
Ralph Waldo Emerson (1803-1882). Ensayista y poeta estadounidense.

Por decir lo que pienso sin pensar lo que digo, más de un beso me dieron y más de un bofetón.
Joaquín Sabina (1949-). Cantautor español.

Por muchos idiomas que se dominen, cuando uno se corta al afeitarse, siempre se utiliza la lengua materna.
Eddie Constantine (1917-1993). Actor y cantante estadounidense.

Prefiero contraer el hábito de hablar tan prudentemente como se escribe, que escribir tan veloz como se habla.
Pitágoras (582-500 a.C.). Filósofo y matemático griego.

Puedes acariciar a la gente con palabras.
Francis Scott Fitzgerald (1896-1940). Escritor estadounidense.

Quien de verdad sabe de qué habla, no encuentra razones para levantar la voz.
Leonardo Da Vinci (1452-1519). Artista florentino.

Quien guarda su boca, guarda su alma; pero el inconsiderado en el hablar sufrirá los perjuicios.
Salomón (970-931 a.C.). Rey israelita.

Sabio es el que calla porque no tiene razón. El que guarda su boca, aunque tenga razón, es porque está casado o fuma en pipa.
George Bernard Shaw (1856-1950). Escritor irlandés.

Se amaban y nada tenían que decirse. Las palabras dicen siempre lo que no es, lo que es falso; todos nos escondemos siempre detrás de nuestras palabras, que no hacen más que ocultar la realidad.
Vicky Baum (1888-1960). Escritora austriaca.

Se amaron sin ninguna palabra. Esto es bello y nuevo. Cuando se recitan las palabras del amor, decepciona su debilidad y su miseria. Son palabras andadas, trasnochadas, estropeadas por todas las bocas que las han pronunciado antes. Sería hermoso no hablar nunca del amor.
Georges Duhamel (1884-1966). Escritor francés.

Se necesitan dos años para aprender a hablar y sesenta para aprender a callar.
Ernest Hemingway (1899-1961). Escritor estadounidense.

Sé que ustedes los abogados pueden fácilmente cambiar las palabras y su significado a su antojo.
John Gay (1685-1732). Poeta y dramaturgo inglés.

Se tiende a poner palabras allí donde faltan las ideas.
Johann Wolfgang von Goethe (1749-1832). Poeta, novelista y dramaturgo alemán.

Sea como fuere lo que pienses, creo que es mejor decirlo con buenas palabras.
William Shakespeare (1564-1616). Poeta y autor teatral inglés.

Sea esta la regla de nuestra vida: decir lo que sentimos, sentir lo que decimos. En suma, que la palabra vaya de acuerdo con los hechos.
Séneca Anneo (3 a.C.-65 d.C.). Filósofo latino.

Si usted no puede decir algo bueno sobre alguien, venga y siéntese junto a mí.
Alice Rooselvet Longworth (1884-1980). Escritora y dama de sociedad estadounidense.

Sólo valen las palabras. El resto es charlatanería.
Eugene Ionesco (1912-1994). Dramaturgo francés de origen rumano.

Son más efectivas las balas certeras que los discursos agudos.
Otto von Bismark (1815-1898). Canciller del Imperio Alemán 1871-1882.

Sus palabras salían de su boca más dulces que la miel.
Homero (s.VIII a.C.). Poeta griego.

Tardo tres minutos en preparar una prédica de tres horas, y tres horas en una de tres minutos.
Otto von Bismark (1815-1898). Canciller del Imperio Alemán 1871-1882.

Tener una mente abierta es como tener la boca abierta: no es un fin, sino un medio. Y el fin es cerrar la boca sobre algo sólido.
Gilbert Keith Chesterton (1874-1936). Escritor inglés.

Toda palabra dicha despierta una idea contraria.
Johann Wolfgang von Goethe (1749-1832). Poeta, novelista y dramaturgo alemán.

Toda palabra dicha o escrita es lenguaje muerto.
Robert Louis Stevenson (1850-1894). Novelista, ensayista y poeta escocés.

Toda palabra que libera, encadena
Fernand Crommelynck (1885-1970). Dramaturgo belga.

Todo hombre se debe mucho guardar de su palabra, de manera que sea acertada y pensada antes que la diga; ya después que sale de la boca, no puede hacer que no sea dicha.
Alfonso X el Sabio (1252-1284). Rey de Castilla y de León.

Todo se puede probar si las palabras que se usan no están claramente definidas.
André Maurois (1885-1967). Escritor francés.

Todos los órganos humanos se cansan alguna vez, salvo la lengua.
Konrad Adenauer (1876-1967). Primer canciller federal alemán.

Una buena conversación debe agotar el tema, no a los interlocutores.
Sir Winston Churchill (1874-1965). Político inglés.

Una buena parte de los hombres no tiene más vida interior que la de sus palabras, y sus sentimientos se reducen a una existencia oral.
José Ortega y Gasset (1883-1955). Filósofo español.

Una colección de bellas máximas es un tesoro más estimable que las riquezas.
Isócrates (436-338 a.C.). Orador y profesor ateniense.

Una lengua aguda es el único instrumento de corte que se afila por el uso constante.
Washington Irving (1783-1859). Escritor estadounidense.

Una palabra bien elegida puede economizar no sólo cien palabras sino cien pensamientos.
Henri Poincaré (1854-1912). Matemático francés.

Una palabra es suficiente para hacer o deshacer la fortuna de un hombre.
Sófocles (496-406 a.C.). Dramaturgo ateniense.

Una palabra hiere más profundamente que una espada.
Richard Burton (1925-1984). Actor inglés.

Una palabra mal colocada estropea el más bello pensamiento.
Francois-Marie Arouet de Voltaire (1694-1778). Escritor y filósofo francés.

Una palabra no es un pájaro; si se te escapa, no la recuperas jamás.
Proverbio ruso.

Una palabra rara es en una página como un adoquín levantado en una calle.
Wenceslao Fernández Flórez (1879-1964). Escritor español.

Yo no tengo idea, sólo tengo palabras y silencios.
Marguerite Duras. Margueritte Donnadieu (1914-1996). Narradora, guionista y directora de cine francesa, de origen vietnamita.

El que habla lo que quiere, escucha lo que no quiere.
Publio Terencio (185-159 a.C.). Comediógrafo latino.

El que habla siembra; el que escucha recoge.
Anónimo.

Hechos

¿Con qué derecho negamos los modernos hechos que afirman los antiguos?
Rubén Darío (1867-1916). Poeta nicaragüense.

La muerte y la vulgaridad son los únicos dos hechos que en el siglo XIX no han podido ser explicados satisfactoriamente.
Oscar Wilde (1854-1900). Novelista, poeta, crítico literario y autor teatral irlandés.

Las grandes naciones escriben sus autobiografías en tres manuscritos: el libro de los hechos, el libro de las palabras y el libro del arte.
John Ruskin (1819-1900). Escritor británico.

Las personas nos influyen, las voces nos conmueven, los libros nos convencen, los hechos nos entusiasman.
John Henry Newman (1801-1890). Clérigo e intelectual inglés.

Lo que pensamos, sabemos o creemos, es finalmente de poca consecuencia. La única cosa de consecuencia es lo que hacemos.
John Ruskin (1819-1900). Escritor británico.

Los hechos no dejan de existir aunque se los ignore.
Aldous Leonard Huxley (1894-1963). Escritor inglés.

Los hechos no dejan de existir sólo porque sean ignorados.
Thomas Henry Huxley (1825-1895). Biólogo inglés.

Los hechos nos afectan no por lo que son en sí mismos, sino por lo que pensamos acerca de ellos...
Georges Ivanovitch Gurdjieff (1877-1949). Místico y filósofo greco-armenio.

Los hechos sólo pertenecen al problema, no a su solución.
Ludwig Wittgenstein (1889-1951). Filósofo austriaco.

Los hechos son como los sacos: si están vacíos no pueden tenerse.
Luigi Pirandello (1867-1936). Escritor italiano.

Para bien conocer los hechos y verlos en su verdadero lugar, hay que estar ubicado en la cumbre, no mirarlos desde abajo, por el agujero de la moralidad.
Georg Wilhelm Friedrich Hegel (1770-1831). Filósofo alemán.

Un hecho es aquello que no puede ser alterado o impugnado.
Robert Burns (1759-1796). Poeta escocés.

Toda aventura se presenta a nuestra alma bajo la forma de nuestros pensamientos habituales; y ninguna ocasión heroica se ofrece jamás al que no era, desde muchos años atrás, un héroe silencioso y oscuro.
Maurice Maeterlinck (1862-1949). Escritor belga.

El cálculo nunca hace al héroe.
John Henry Newman (1801-1890). Clérigo e intelectual inglés.

El culto al heroísmo existe, ha existido y existirá para siempre en la conciencia de la humanidad.
Thomas Carlyle (1795-1881). Historiador y pensador escocés.

El ídolo de hoy arrincona al héroe de ayer, y a la vez lo reemplaza el héroe del mañana.
Washington Irving (1783-1859). Escritor estadounidense.

Hay héroes del mal, lo mismo que del bien.
François de La Rochefoucauld (1613-1680). Político y escritor francés.

La temeridad cambia de nombre cuando obtiene éxito. Entonces se llama heroísmo.
Lawrence Sterne (1713-1768). Escritor irlandés.

Muchos héroes vivían antes que Agamenón.
Quinto Horacio Flaco (65 a.C.-8 a.C.). Poeta lírico y satírico romano.

Todo héroe se aburre al final de su carrera.
Ralph Waldo Emerson (1803-1882). Ensayista y poeta estadounidense.

Un héroe es todo aquel que hace lo que puede.
Romain Rolland (1866-1944). Escritor francés.

¿A quién no le gustan sus hijos por feos que sean?
José Joaquín Fernández de Lizardi (1776-1827). Escritor autodidacta mexicano.

Démosle a nuestros hijos la libertad de ser ellos mismos, en un mundo que les dice todos los días que sean distintos.
Anónimo.

El hacer el padre por su hijo es hacer por sí mismo.
Miguel de Cervantes (1547-1616). Dramaturgo, poeta y novelista español.

El niño reconoce a la madre por la sonrisa.
León Tolstoi (1828-1910). Escritor ruso.

El que no da un oficio a su hijo, lo enseña a ser ladrón.
Proverbio turco.

El respeto a la personalidad del hijo no ha de ser solamente una norma intelectual o moral, sino algo profundamente sentido, con una convicción casi mística, que imposibilita todo afán de propiedad y posesión.

Bertrand Russell (1872-1970). Matemático y filósofo británico.

Hijos chicos, problemas chicos. Hijos grandes, problemas grandes.

Proverbio judío.

La primera mitad de la vida nos la estropean nuestros padres; la segunda, nuestros hijos.

Clarance Darrow (1857-1938). Abogado estadounidense.

La tierra no nos fue heredada por nuestros padres, nos fue prestada por nuestros hijos.

Luis Donaldo Colosio Murrieta (1950-1994). Político mexicano.

Los hijos empiezan por amar a sus padres; pasado algún tiempo, los juzgan; rara vez los perdonan.

Oscar Wilde (1854-1900). Novelista, poeta, crítico literario y autor teatral irlandés.

Los hijos endulzan las penas, pero hacen más amargas las desgracias; aumentan los cuidados de la vida, pero atenúan el recuerdo de la muerte.

Francis Barón de Verulam Bacon (1561-1626). Filósofo y estadista británico.

Los hijos no comienzan a querer a sus padres hasta pasados los treinta años.

Enrique Jardiel Poncela (1901-1952). Escritor español.

Los hijos son como el hacha; aunque te cortes con ella, la vuelves a llevar al hombro.

Proverbio bemba (Zambia).

Los hijos son las anclas que atan a la vida a las madres.

Sófocles (496-406 a.C.). Dramaturgo ateniense.

Los hijos son siempre desagradecidos.

Napoleón Bonaparte (1769-1821). Emperador de Francia (1804-1815).

Los hijos son tormento, y no otra cosa.

León Tolstoi (1828-1910). Escritor ruso.

Los nobles padres tienen nobles hijos.

Eurípides (480-406 a.C.). Dramaturgo griego.

Los que no tienen hijos ignoran muchos placeres, pero también se evitan muchos dolores.

Honorato De Balzac (1799-1850). Escritor francés.

Mucho tienen que hacer los padres para compensar el hecho de tener hijos.

Friedrich Nietzsche (1844-1900). Filósofo, poeta y filólogo alemán.

No es la carne y la sangre, sino el corazón, lo que nos hace padres e hijos.

Friedrich von Schiller (1759-1805). Poeta, dramaturgo y filósofo alemán.

No hay niños ilegítimos, sólo padres ilegítimos.
Leon Rene Yankwich (1888-1975). Juez estadounidense de origen rumano.

Prudente padre es el que conoce a su hijo.
William Shakespeare (1564-1616). Poeta y autor teatral inglés.

Tener un hijo quizá sea el acto más bellamente irracional que pueden realizar dos personas que se aman.
Bill Cosby (1937-). Cómico estadounidense.

Un hijo es un acreedor dado por la naturaleza.
Marie Henri Beyle "Stendhal" (1783-1842). Novelista y ensayista francés.

Un hijo no es un jarrón que pueda llenarse, sino un fuego que hay que prender.
Francois Rabelais (1490-1553). Escritor francés.

Un hijo puede llevar con resignación la pérdida de su padre, pero la pérdida de su patrimonio puede reducirle a la desesperación.
Nicolás Maquiavelo (1469-1527). Historiador y filósofo político italiano.

Un padre mantiene a diez hijos, pero diez hijos no mantienen a un padre.
Anónimo.

Vale más tener doce hijos que doce millones. El que tiene doce millones siempre quiere tener algo más. El que tiene doce hijos siempre tiene de sobra.
Virginia Vilanova (1934-). Periodista argentina de origen español.

Vuestros hijos no son vuestros hijos: son los hijos y las hijas de las ansias de vida que siente la misma vida.
Khalil Gibran (1833-1931). Ensayista, novelista y poeta libanés.

Hipocresía

El único vicio que no puede perdonarse es la hipocresía. El arrepentimiento del hipócrita es de por sí una hipocresía.
William Hazlitt (1778-1830). Ensayista y crítico inglés.

Es una hipocresía muy noble no hablar de sí mismo.
Friedrich Nietzsche (1844-1900). Filósofo, poeta y filólogo alemán.

Espero que no habrás llevado una vida doble, aparentando ser malo y siendo en realidad bueno: eso sería hipocresía.
Oscar Wilde (1854-1900). Novelista, poeta, crítico literario y autor teatral irlandés.

La hipocresía, al adquirir, cierto crédito en cuestiones pequeñas, se prepara la oportunidad para engañar en las más grandes.
Tito Livio (64 a.C.-17 d.C.). Historiador latino.

La humildad de los hipócritas es el más grande y el más altanero de los orgullos.

Martín Lutero (1483-1546). Teólogo alemán que inició la Reforma protestante.

Nada más hipócrita que la eliminación de la hipocresía.

Friedrich Nietzsche (1844-1900). Filósofo, poeta y filólogo alemán.

Todas las cosas fingidas caen como flores marchitas, porque ninguna simulación puede durar largo tiempo.

Marco Tulio Cicerón (106-43 a.C.). Escritor, político y orador romano.

Todo hombre es sincero a solas; en cuanto aparece una segunda persona empieza la hipocresía.

Ralph Waldo Emerson (1803-1882). Ensayista y poeta estadounidense.

Historia

¿No es la historia sino una fábula aceptada por muchos?

Napoleón Bonaparte (1769-1821). Emperador de Francia (1804-1815).

Casi todo lo que sabes del otro es de segunda mano. Si, por azar, un hombre se confiesa, ya está abogando por su causa.

Marguerite Yourcenar (1903-1987). Poeta, novelista y dramaturga francesa.

Colón fue el descubridor de un continente y de muchas islas que los españoles gobiernan ahora felizmente. Por eso están tan radicalmente equivocados los que llaman América a este continente.

Miguel Serveto (1511-1553). Filósofo español.

Como historiador debería predecirse que la forma de la sociedad como hoy la tenemos, probablemente ya no podrá existir por mucho tiempo.

Henry Kissinger (1923-). Político estadounidense.

Cuando leas una biografía, ten presente que la verdad nunca es publicable.

George Bernard Shaw (1856-1950). Escritor irlandés.

Dichosos los pueblos cuyos anales son aburridos.

Charles Louis de Secondat, barón de la Brède y de Montesquieu (1689-1755). Escritor francés.

El aburrimiento es la explicación principal de por qué la historia está tan llena de atrocidad.

Fernando Savater (1947-). Filósofo y escritor español.

El historiador es un profeta que mira para atrás.

Heinrich Heine (1797-1856). Poeta y crítico alemán.

El mundo sólo erige altares a las víctimas que ha sacrificado. La historia de la humanidad es la historia de los mártires.

Édouard Bourdet (1887-1945). Dramaturgo francés.

El pasado tiene sus códigos y costumbres.
Sócrates (470-399 a.C.). Filósofo griego.

El único deber que tenemos con la historia es reescribirla.
Oscar Wilde (1854-1900). Novelista, poeta, crítico literario y autor teatral irlandés.

En toda época de la historia el más vil espécimen de la naturaleza humana se encuentra entre los demagogos.
Thomas B. Macaualay (1800-1859). Historiador y escritor inglés.

Estudia el pasado si quieres pronosticar el futuro.
Confucio (551-479 a.C.). Filósofo y teórico social chino.

Evoluciones progresivas que crecen cada vez más, son la materia de la historia.
Friedrich Leopold von Hardenberg "Novalis" (1772-1801). Poeta alemán.

Hay dos clases de hombres: quienes hacen la historia y quienes la padecen.
Camilo José Cela (1916-). Escritor español, premio Nobel de literatura.

Hay una máxima política que rara vez falla, y es ésta: los vencidos de hoy son fatalmente los vencedores del mañana.
Miguel Maura (1887-1971). Político español.

Historia... depósito de acciones, testigo de lo pasado, ejemplo de lo presente, advertencia de lo por venir.
Miguel de Cervantes (1547-1616). Dramaturgo, poeta y novelista español.

La dificultad es una excusa que la historia nunca acepta.
John F. Kennedy (1917-1963). Presidente de Estados Unidos (1961-1963).

La historia del mundo es el registro del hombre en busca del pan cotidiano.
Hendrik Willem Von Loon (1882-1944). Periodista y escritor estadounidense de origen holandés.

La historia es en realidad el registro de crímenes, locuras y adversidades de la humanidad.
Edward Gibbon (1737-1794). Historiador inglés.

La historia es la suma total de todas aquellas cosas que hubieran podido evitarse.
Konrad Adenauer (1876-1967). Primer canciller federal alemán.

La historia es la mentira encuadernada.
Enrique Jardiel Poncela (1901-1952). Escritor español.

La historia es un gigantesco recetario para cometer disparates.
Juan José Arreola (1918-2001). Actor y narrador mexicano.

La historia es un incesante volver a empezar.
Tucídides (460 a.C.-390 a.C). Historiador griego.

La historia me absolverá.
Fidel Castro (1926-). Político cubano.

La historia muestra que nunca una clase ha cedido voluntariamente sus privilegios y ganancias.
Octavio Paz (1914-1998). Escritor mexicano.

La historia no es el lugar de la felicidad. Los periodos de felicidad son páginas blancas.
Georg Wilhelm Friedrich Hegel (1770-1831). Filósofo alemán.

La historia no es útil tanto por lo que nos dice del pasado como porque en ella se lee el futuro.
Jean Baptiste Say (1767-1832). Economista francés.

La historia nos enseña que los hombres y las naciones se comportan sabiamente una vez que han agotado el resto de las alternativas.
Abba Eban (1915-2002). Diplomático israelí.

La historia se repite. Ese es uno de los errores de la historia.
Charles Darwin (1809-1882). Naturalista británico.

La historia sólo es escrita por los vencedores.
Robert Brasillach (1909-1945). Periodista y escritor francés.

La historia tiene la realidad atroz de una pesadilla; la grandeza del hombre consiste en hacer obras hermosas y durables con la sustancia real de esa pesadilla.
Octavio Paz (1914-1998). Escritor mexicano.

La historia universal es la historia de algunas metáforas.
Jorge Luis Borges (1899-1986). Escritor argentino.

Los asesinatos nunca han cambiado la historia del mundo.
Benjamin Disraeli (1804-1881). Escritor británico.

Los galos fueron llamados así por su color lácteo y cándido, pues significa leche.
Miguel Serveto (1511-1553). Filósofo español.

Los historiadores tendrán que hacer frente al hecho de que la selección natural determina la evolución de las culturas de manera semejante a la evolución de la especie.
Konrad Z. Lorenz (1903-1989). Zoólogo y etólogo austriaco.

Los pecados escriben la historia, el bien es silencioso.
Johann Wolfgang von Goethe (1749-1832). Poeta, novelista y dramaturgo alemán.

Los tiempos felices en la humanidad son las páginas vacías de la historia.
Leopold von Ranke (1795-1886). Historiador alemán.

No hay más que una historia: La historia del hombre. Todas las historias nacionales no son más que capítulos de la mayor.
Rabindranath Tagore (1861-1941). Poeta y filósofo indio.

No hay rey que no haya tenido un esclavo entre sus antepasados, ni esclavo que no haya tenido un rey entre los suyos.
Helen Keller (1880-1968). Escritora estadounidense.

No saber lo que ha sucedido antes de nosotros es como ser incesantemente niños.
Marco Tulio Cicerón (106-43 a.C.). Escritor, político y orador romano.

Quizá la más grande lección de la historia es que nadie aprendió las lecciones de la historia.
Aldous Leonard Huxley (1894-1963). Escritor inglés.

Si no quieres repetir el pasado, estúdialo.
Baruch Spinoza (1632-1677). Filósofo y teólogo holandés.

Si uno no sabe historia, no sabe nada: es como ser una hoja y no saber que forma parte del árbol.
Michael Crichton (1942-). Escritor, director, actor y productor estadounidense.

Tendremos que arrepentirnos en esta generación no tanto de las acciones de la gente perversa sino de los pasmosos silencios de la gente buena.
Martin Luther King (1929-1968). Humanista estadounidense.

Toda la historia es incomprensible sin Cristo.
Joseph Ernest Renan (1823-1892). Escritor e historiador francés.

Toda la historia es mentira.
Sir Robert Walpole (1676-1745). Conde de Oxford. Político inglés.

Todas las épocas decadentes son subjetivas y por contra todas las épocas de progreso son objetivas.
Johann Wolfgang von Goethe (1749-1832). Poeta, novelista y dramaturgo alemán.

Todos los profetas armados han triunfado; todo los desarmados han perecido
Nicolás Maquiavelo (1469-1527). Historiador y filósofo político italiano.

Un historiador es un profeta al revés.
José Ortega y Gasset (1883-1955). Filósofo español.

Una cosa es continuar la historia y otra repetirla.
Jacinto Benavente (1866-1954). Dramaturgo y crítico español.

El primer preámbulo es la historia.
Íñigo de Óñez y Loyola "Ignacio de Loyola" (1491-1556). Sacerdote español.

Historia es, desde luego, exactamente lo que se escribió, pero ignoramos si es exactamente lo que sucedió.
Enrique Jardiel Poncela (1901-1952). Escritor español.

Incluso el pasado puede modificarse; los historiadores no paran de demostrarlo.

Jean-Paul Sartre (1905-1980). Filósofo, dramaturgo, novelista y periodista político francés.

La historia es como una destilación del chismorreo.

Thomas Carlyle (1795-1881). Historiador y pensador escocés.

La historia es el progreso de la conciencia de la libertad.

Georg Wilhelm Friedrich Hegel (1770-1831). Filósofo alemán.

La historia es la ciencia de lo que nunca sucede dos veces.

Paul Ambroise Valéry (1871-1945). Escritor francés.

La historia es la esencia de innumerables biografías.

Thomas Carlyle (1795-1881). Historiador y pensador escocés.

La historia es la novela de los hechos, y la novela es la historia de los sentimientos.

Claude Adrien Helvétius (1715-1771). Filósofo francés.

La historia la escriben los vencedores.

Anónimo.

La historia se escribe con letras muy retorcidas.

Antonio de Senillosa (1928-1994). Político y escritor español.

La historia universal es la de un solo hombre.

Jorge Luis Borges (1899-1986). Escritor argentino.

Los seres humanos hacen su propia historia, aunque bajo circunstancias influidas por el pasado.

Karl Marx (1818-1883). Filósofo alemán.

Me maravillo a menudo de que la historia resulte tan pesada, porque gran parte de ella debe ser pura invención.

Jane Austen (1775-1817). Novelista inglesa.

No podemos hacer la historia, sino sólo esperar a que se desarrolle.

Otto von Bismark (1815-1898). Canciller del Imperio Alemán 1871-1882.

Nuestras controversias parecerán tan raras a las edades futuras, como las del pasado nos han parecido a nosotros.

Jean Jacques Rousseau (1712-1778). Filósofo y botánico suizo.

Toda historia no es otra cosa que una infinita catástrofe de la cual intentamos salir lo mejor posible.

Italo Calvino (1923-1987). Escritor italiano.

Toda la Historia es historia contemporánea.

Benedetto Croce (1866-1952). Filósofo italiano.

¡Cómo te pareces al agua, alma del hombre! ¡Cómo te pareces al viento, destino del hombre!
Johann Wolfgang von Goethe (1749-1832). Poeta, novelista y dramaturgo alemán.

¡Oh cuán despreciable es el hombre que no deja de elevarse sobre las cosas humanas!
Séneca Anneo (3 a.C.- 65 d.C.). Filósofo latino.

¡Qué grandes serían algunos hombres si no fueran arrogantes!
Talmud. Cuerpo de ley civil y religiosa del judaísmo.

¿Queréis conocer a un hombre? Revistelo de un gran poder.
Pítaco de Mytilene (652-569 a.C.). Filósofo y poeta griego.

¿Quién es el hombre bueno? Aquel que obedece a sus padres y acata las leyes humanas y divinas.
Quinto Horacio Flaco (65 a.C.-8 a.C.). Poeta lírico y satírico romano.

A un hombre sólo le pido tres cosas: que sea guapo, implacable y estúpido.
Dorothy Parker (1893-1967). Escritora estadounidense.

Amaré a los reyes porque son solamente humanos; amaré a los humildes porque son divinos.
Og Mandino (1923-1996). Escritor estadounidense.

Bruto es un hombre honorable, y así son todos los demás hombres.
William Shakespeare (1564-1616). Poeta y autor teatral inglés.

Cada hombre carga en sí la condición humana entera.
Michel Eyquem de la Montaigne (1533-1592). Ensayista francés.

Cada hombre es un volumen, si sabemos cómo leerlo.
William Ellery Channing (1780-1842). Ministro religioso y escritor estadounidense.

Cada hombre tiene sus preferencias.
Persius (34-62). Poeta etrusco.

Creo que los animales ven en el hombre un ser igual a ellos que ha perdido de forma extraordinariamente peligrosa el sano intelecto animal, es decir, que ven en él al animal irracional, al animal que ríe, al animal que llora, al animal inferior.
Friedrich Nietzsche (1844-1900). Filósofo, poeta y filólogo alemán.

Cuando reconozco a un hermano en mi prójimo, sólo entonces soy hombre.
Fedor Dostoievski (1821-1881). Escritor ruso.

Cuanto más se acerca uno a los grandes hombres, más cuenta se da de que son hombres.
Jean de la Bruyere (1645-1696). Filósofo y escritor francés.

Descripción del hombre: dependencia, deseo de independencia, necesidad.
Blaise Pascal (1623-1662). Matemático, físico y teólogo francés.

Dicen que el hombre no es hombre mientras no oye su nombre de labios de una mujer.
Antonio Machado (1875-1939). Poeta español.

El cuerpo del hombre no es un hogar, sino una posada, y esto por poco tiempo.
Séneca Anneo (3 a.C.- 65 d.C.). Filósofo latino.

El futuro está oculto detrás de los hombres que lo hacen.
Anatole France (1844-1924). Novelista y premio Nobel francés.

El hombre crea frases, la sabiduría sirve para los que se dejan guiar por ella, la inmoralidad para dominar a los morales, la injusticia para dominar a los que practican la justicia, el rey domina a los que se dejan gobernar por él, y les hace creer que es para beneficio suyo.
Salomón (970-931 a.C.). Rey israelita.

El hombre debe considerar siempre lo que tiene antes de lo que quiere; la infelicidad viene cuando la realidad no llega.
Joseph Addison (1672-1719). Ensayista, poeta y político inglés.

El hombre debe ser siempre flexible como la caña, no rígido como el cedro.
Johann Jakob Engel (1741-1802). Filósofo alemán.

El hombre es como un número: sólo tiene valor por su posición.
Napoleón Bonaparte (1769-1821). Emperador de Francia (1804-1815).

El hombre es el muchacho malo del universo.
James Oppenheim (1882-1932). Poeta e historiador estadounidense.

El hombre es el único animal que come sin tener hambre, bebe sin tener sed y habla sin tener nada que decir.
Mark Twain (1835-1910). Escritor estadounidense.

El hombre es el único animal que ríe y llora, porque es el único que percibe la diferencia entre lo que las cosas son y lo que deben ser.
William Hazlitt (1778-1830). Ensayista y crítico inglés.

El hombre es el único ser capaz de proyectar, de decir no.
Max Scheler (1874-1928). Filósofo y religioso alemán.

El hombre es la medida de todas las cosas.
Protágoras de Abdera (481-402 a.C.) Filósofo griego.

El hombre es la suma de sus fantasías.
Henry James (1843-1916). Escritor estadounidense.

El hombre es lo que hace.
André Malraux (1901-1976). Novelista francés.

El hombre es más razonador que razonable.
> Federico II (1712-1786). Rey de Prusia (1740-1786).

El hombre es mortal por sus temores e inmortal por sus deseos.
> Pitágoras (582-500 a.C.). Filósofo y matemático griego.

El hombre es nada, el poder es todo.
> Antonio Machado (1875-1939). Poeta español.

El hombre es naturalmente crédulo, incrédulo; tímido, temerario.
> Blaise Pascal (1623-1662). Matemático, físico y teólogo francés.

El hombre es por naturaleza un animal político.
> Aristóteles (384 a.C.-322a.C). Filósofo griego.

El hombre es simplemente un animal más perfecto que los demás: razona mejor.
> Napoleón Bonaparte (1769-1821). Emperador de Francia (1804-1815).

El hombre es un animal doméstico.
> Platón (428-347 a.C.). Filósofo griego.

El hombre es un animal racional al que le saca de quicio que se le invite a obrar de acuerdo con los dictados de la razón.
> Oscar Wilde (1854-1900). Novelista, poeta, crítico literario y autor teatral irlandés.

El hombre es un animal racional.
> Séneca Anneo (3 a.C.- 65 d.C.). Filósofo latino.

El hombre es un animal sociable que destesta a sus semejantes.
> Eugene Delacroix   (1798-1863). Pintor francés.

El hombre es un bípedo implume.
> Platón (428-347 a.C.). Filósofo griego.

El hombre es un dios cuando se entrega a sus sueños y un pobre cuando se pone a reflexionar.
> Hölderlein (Johann Christoph Friedrich) (1770-1843). Poeta alemán.

El hombre es un experimento; el tiempo demostrará si valía la pena.
> Mark Twain (1835-1910). Escritor estadounidense.

El hombre es un pedazo del universo hecho vida.
> Ralph Waldo Emerson (1803-1882). Ensayista y poeta estadounidense.

El hombre es un péndulo entre la sonrisa y el llanto.
Lord Byron (1788-1824). Poeta inglés.

El hombre es una animal sociable.
Séneca Anneo (3 a.C.- 65 d.C.). Filósofo latino.

El hombre es una caña, la más débil de todas, pero una caña que piensa.
Blaise Pascal (1623-1662). Matemático, físico y teólogo francés.

El hombre es una cosa sagrada para el hombre.
Séneca Anneo (3 a.C.- 65 d.C.). Filósofo latino.

El hombre es una cuerda tendida del animal al superhombre, una cuerda sobre un abismo.
Friedrich Nietzsche (1844-1900). Filósofo, poeta y filólogo alemán.

El hombre es una imitación burlesca de lo que debe ser.
Arthur Schopenhauer (1788-1860). Filósofo alemán.

El hombre formado moralmente y sólo este es totalmente libre.
Friedrich von Schiller (1759-1805). Poeta, dramaturgo y filósofo alemán.

El hombre honrado es el que mide un derecho por su deber.
Henri-Dominique Lacordaire (1802-1861). Escritor y sacerdote predicador francés.

El hombre muere en todos aquellos que mantienen silencio ante la tiranía.
Wole Soyinka (1934-). Literato nigeriano.

El hombre nacido de mujer, corto de días y harto de sinsabores.
La Biblia.

El hombre no debe permanecer en absoluto contentamiento.
Robert Southey (1744-1843). Poeta ingles.

El hombre no es el creador de las circunstancias, más bien las circunstancias crean al hombre.
Benjamin Disraeli (1804-1881). Escritor británico.

El hombre no es nunca feliz, pero se pasa toda la vida corriendo en pos de algo que cree ha de hacerle feliz. Rara vez alcanza su objetivo, y cuando lo logra solamente consigue verse desilusionado.
Arthur Schopenhauer (1788-1860). Filósofo alemán.

El hombre no tiene enemigo peor que él mismo.
Marco Tulio Cicerón (106-43 a.C.). Escritor, político y orador romano.

El hombre nunca sabe de lo que es capaz hasta que lo intenta.
Charles Dickens (1812-1870). Escritor inglés.

El hombre puede creer en lo imposible, pero no creerá nunca en lo improbable.
> Oscar Wilde (1854-1900). Novelista, poeta, crítico literario y autor teatral irlandés.

El hombre puede llegar a no tener familia, pero empieza siempre por tenerla; en eso de la familia hay algo que no depende de uno.
> Noel Clarasó (1905-1985). Escritor español.

El hombre que ha de mendigar amor es el más miserable de todos los mendigos.
> Rabindranath Tagore (1861-1941). Poeta y filósofo indio.

El hombre que me da trabajo, al que tengo que sufrir, este hombre es mi dueño, llámelo como lo llame.
> Henry George (1839-1897). Economista y político estadounidense.

El hombre que no comete errores, hace muy poco en la vida.
> Edward John Phelps (1822-1900). Abogado y diplomático estadounidense.

El hombre que pretende obrar guiado exclusivamente por la razón, está condenado a obrar muy raramente.
> Gustabe Le Bon (1841-1931). Psicólogo francés.

El hombre que se mantiene en el justo medio lleva el nombre de sobrio y moderado.
> Aristóteles (384 a.C.-322a.C). Filósofo griego.

El hombre religioso sólo piensa en sí mismo.
> Friedrich Nietzsche (1844-1900). Filósofo, poeta y filólogo alemán.

El hombre se adentra en la multitud por ahogar el clamor de su propio silencio.
> Rabindranath Tagore (1861-1941). Poeta y filósofo indio.

El hombre se cree siempre ser más de lo que es, y se estima menos de lo que vale.
> Johann Wolfgang von Goethe (1749-1832). Poeta, novelista y dramaturgo alemán.

El hombre se define como ser que evalúa, como ser que ama por excelencia.
> Friedrich Nietzsche (1844-1900). Filósofo, poeta y filólogo alemán.

El hombre se descubre cuando se mide con un obstáculo.
> Antoine De Saint Exupéry (1900-1944). Escritor y aviador francés.

El hombre se diferencia del animal en que bebe sin sed y ama sin tiempo.
> José Ortega y Gasset (1883-1955). Filósofo español.

El hombre sigue siendo la mayor computadora.
> John F. Kennedy (1917-1963). Presidente de Estados Unidos (1961-1963).

El hombre solitario es una bestia o un dios.
> Aristóteles (384 a.C.-322a.C). Filósofo griego.

El hombre soltero es un animal incompleto. Se asemeja a la mitad de un par de tijeras.

Benjamín Franklin (1706-1790). Político, filósofo y científico estadounidense.

El hombre superior piensa siempre en la virtud; el hombre vulgar piensa en la comodidad.

Confucio (551-479 a.C.). Filósofo y teórico social chino.

El hombre tiene más de mono que muchos de los monos.

Friedrich Nietzsche (1844-1900). Filósofo, poeta y filólogo alemán.

El hombre viejo es niño dos veces.

Arthur Schopenhauer (1788-1860). Filósofo alemán.

El hombre, para sí mismo, es el objeto más prodigioso de la naturaleza.

Blaise Pascal (1623-1662). Matemático, físico y teólogo francés.

El imitar es connatural al hombre.

Aristóteles (384 a.C.-322a.C). Filósofo griego.

El instante es la continuidad del tiempo, pues une el tiempo pasado con el tiempo futuro.

Aristóteles (384 a.C.-322a.C). Filósofo griego.

El mayor de todos los misterios es el hombre.

Sócrates (470-399 a.C.). Filósofo griego.

El problema del hombre no está en la bomba atómica, sino en su corazón.

Albert Einstein (1879-1955). Científico estadounidense de origen alemán.

El que ha conocido sólo a su mujer y la ha amado, sabe más de mujeres que el que ha conocido mil.

León Tolstoi (1828-1910). Escritor ruso.

El tipo más noble de hombre tiene una mente amplia y sin prejuicios. El hombre inferior es prejuiciado y carece de una mente amplia.

Confucio (551-479 a.C.). Filósofo y teórico social chino.

En la naturaleza del hombre encontramos tres causas principales de querella: la competencia, la difidencia y la gloria.

Thomas Hobbes (1588-1679). Filósofo y político inglés.

En términos generales, los hombres son ingratos, volubles, hipócritas, cobardes ante el peligro y codiciosos.

Nicolás Maquiavelo (1469-1527). Historiador y filósofo político italiano.

En todos los momentos de su vida, el hombre es solamente un instrumento pasivo en manos de la necesidad.

Diana de Poitiers (1499-1566). Duquesa de Valentinois y amante de Enrique II de Francia.

Entre todas las criaturas que se arrastran y respiran sobre la tierra, no hay ninguna más desdichada que el hombre.

Homero (s.VIII a.C.). Poeta griego.

Es mejor ser hombre que mujer, porque hasta el hombre más miserable tiene una mujer a la cual mandar.

Isabel Allende (1942-). Escritora chilena.

Hay algo en el hombre que supera al hombre mismo: un reflejo con algo de misterioso, algo de divino.

Pablo VI. Giovanni Battista Montini (1897-1978). Papa italiano.

La bajeza del hombre ha llegado hasta someterse a las bestias y adorarlas.

Blaise Pascal (1623-1662). Matemático, físico y teólogo francés.

La estatura de un hombre no se mide del suelo a la cabeza... sino de la cabeza al cielo.

Napoleón Bonaparte (1769-1821). Emperador de Francia (1804-1815).

La experiencia más bella que tenemos los hombres es el misterio.

Albert Einstein (1879-1955). Científico estadounidense de origen alemán.

La grandeza de un hombre está en saber reconocer su propia pequeñez.

Blaise Pascal (1623-1662). Matemático, físico y teólogo francés.

La naturaleza actúa, el hombre hace.

Immanuel Kant (1724-1804). Filósofo alemán.

La tierra tiene una piel, y esa piel tiene enfermedades. Una de esas enfermedades se llama hombre.

Friedrich Nietzsche (1844-1900). Filósofo, poeta y filólogo alemán.

Lo más profundo del hombre es su piel.

Paul Ambroise Valéry (1871-1945). Escritor francés.

Lo peor que puede pasarle a un hombre es llegar a pensar mal de sí mismo.

Johann Wolfgang von Goethe (1749-1832). Poeta, novelista y dramaturgo alemán.

Los hombres con los mismos vicios se sostienen mutuamente.

Juvenal (55-138). Poeta romano.

Los hombres construyen puentes y tienden vías férreas a través de desiertos, y, no obstante, sostienen con éxito que coser un botón es tarea superior a ellos.

Heywood Broun (1888-1939). Periodista estadounidense.

Los hombres creen que todos los hombres son mortales, menos ellos.

Edward Young (1683-1765). Poeta inglés.

Los hombres de acción son pródigos con sus amantes porque sólo disponen de muy poco rato para estar con ellas, y no tienen tiempo de sufrir, lo necesitan todo para ser felices.

Gina Kaus (1894-1984). Escritora austriaca.

Los hombres engañan más que las mujeres; las mujeres, mejor.
Joaquín Sabina (1949-). Cantautor español.

Los hombres están siempre dispuestos a curiosear y averiguar sobre las vidas ajenas, pero les da pereza conocerse a sí mismosy corregir su propia vida.
San Agustín (354-430). Obispo, filósofo y Padre de la Iglesia Latina.

Los hombres fácilmente se persuaden de que es falso, o al menos dudoso, aquello que no desearían que fuese verdadero.
Pío XII (1876-1958). Papa italiano (1939-1958).

Los hombres inteligentes son las herramientas con las cuales trabajan los hombres malvados.
William Hazlitt (1778-1830). Ensayista y crítico inglés.

Los hombres locuaces, como la cotorra, por su continua charla, destruyen el placer de la conversación.
Demófilo (?-386). Obispo de Constantinopla.

Los hombres no son sino niños en más grande escala.
John Dryden (1631-1700). Poeta, dramaturgo y crítico inglés.

Los hombres no viven juntos porque sí, sino para acometer juntos grandes empresas.
José Ortega y Gasset (1883-1955). Filósofo español.

Los hombres sabios nos han enseñado que no sólo hay que elegir entre los males el menor, sino también sacar de ellos todo el bien que puedan contener.
Marco Tulio Cicerón (106-43 a.C.). Escritor, político y orador romano.

Los hombres se asemejan a los dioses cuando hacen el bien a la humanidad.
Marco Tulio Cicerón (106-43 a.C.). Escritor, político y orador romano.

Los hombres se asemejan a sus contemporáneos todavía mas que a sus progenitores.
Eurípides (480-406 a.C.). Dramaturgo griego.

Los hombres seguros nacieron para mentir, y las mujeres para creerles.
John Gay (1685-1732). Poeta y dramaturgo inglés.

Los hombres siempre desaprueban lo que no son capaces de hacer.
Cristina de Suecia (1626-1689). Reina de Suecia.

Los hombres somos más capaces de grandes acciones que de buenas acciones.
Charles Louis de Secondat, barón de la Brède y de Montesquieu (1689-1755). Escritor francés.

Los hombres son como los astros, unos dan luz de sí y otros brillan con la que reciben.
José Martí (1853-1895). Político y escritor cubano.

Los hombres son criaturas muy raras: la mitad censura lo que ellos practican, la otra mitad practica lo que ellos censuran; el resto siempre dice y hace lo que debe.
Benjamín Franklin (1706-1790). Político, filósofo y científico estadounidense.

Los hombres son crueles, pero el hombre es bueno.
Rabindranath Tagore (1861-1941). Poeta y filósofo indio.

Los hombres son inteligentes, no en proporción a su experiencia, sino en proporción a la capacidad de su experiencia.
George Bernard Shaw (1856-1950). Escritor irlandés.

Los hombres son todavía águilas caídas. Y ha de haber alguna razón para que aún no se nos devuelvan nuestras alas.
José Martí (1853-1895). Político y escritor cubano.

Los hombres verdaderamente grandes deben de experimentar inmensa tristeza sobre la tierra.
Juan José Arreola (1918-2001). Actor y narrador mexicano.

Los hombres, en general, no son sino niños grandes.
Napoleón Bonaparte (1769-1821). Emperador de Francia (1804-1815).

Los modales apropiados y la consideración para los demás, son las dos principales características de un caballero.
Benjamin Disraeli (1804-1881). Escritor británico.

Los monos son demasiado buenos para que el hombre pueda descender de ellos.
Friedrich Nietzsche (1844-1900). Filósofo, poeta y filólogo alemán.

Nada de lo que ocurra a los hombres nos debe resultar ajeno.
Juan XXIII Angelo Giuseppe Roncalli (1881-1963). Papa católico.

Ni el hombre más bravo puede luchar más allá de lo que le permiten sus fuerzas.
Homero (s.VIII a.C.). Poeta griego.

Ningún hombre completamente ocupado ha llegado a ser miserable.
Leticia Elizabeth Landon (1802-1838). Poeta y novelista inglesa.

Ningún hombre es tan bueno, que, al ser expuesto a las acciones de la ley, no sería condenado a la horca por lo menos diez veces.
Michel Eyquem de la Montaigne (1533-1592). Ensayista francés.

Ningún hombre es un verdadero creyente, a menos que desee para su hermano lo mismo que para él.
Mohandas Karamchand Gandhi (1869-1948). Líder político y espiritual hindú.

Ninguna época ha sabido tantas y tan diversas cosas del hombre como la nuestra. Pero en verdad, nunca se ha sabido menos qué es el hombre.
Martin Heidegger (1889-1976). Filósofo alemán.

No amo a los hombres; amo lo que los devora.
André Gide (1869-1951). Escritor francés.

Nunca he encontrado un hombre de quien no haya aprendido algo.
Alfred de Vigny (1797-1863). Escritor francés.

Para amar a los hombres es preciso abandonarlos de cuando en cuando. Lejos de ellos, nos acercamos a ellos.
Giovanni Papini (1881-1956). Escritor italiano.

Para un hombre de verdad es más fácil sobrellevar la adversidad que el éxito, porque la adversidad ejercita todos los resortes de la vida interior y pone en juego lo que vale de cada quien, en tanto que el éxito no pasa nunca de la epidermis.
José Fuentes Mares (1915-1986). Filósofo, periodista, historiador y novelista mexicano.

Por lo general, los hombres creen fácilmente lo que desean.
Julio César. Cayo Julio César (100-44 a.C.). General y político romano.

Sabed que el hombre supera infinitamente al hombre.
Blaise Pascal (1623-1662). Matemático, físico y teólogo francés.

Ser hombre es ya por sí mismo una circunstancia atenuante.
Pitigrilli (Dino Segre) (1893-1975). Escritor italiano.

Ser liberal cuesta mucho trabajo ya que se precisa el ánimo de ser hombre en todo.
Melchor Ocampo (1814-1861). Político mexicano.

Si sabes que la mayoría de los hombres son como niños, no necesitas saber nada más.
Coco Chanel (1883-1971). Diseñadora francesa de moda.

Sólo el hombre que sabe dominarse, puede dominar a los demás.
Francisco I. Madero (1873–1913). Político y revolucionario mexicano.

Todo hombre es bueno, pero vigilado es mejor.
Juan Domingo Perón (1895-1974). Político argentino.

Todo hombre es como la Luna: con una cara oscura que a nadie enseña.
Mark Twain (1835-1910). Escritor estadounidense.

Todos los hombres que conozco son superiores a mí en algún sentido. En ese sentido, aprendo de todos.
Ralph Waldo Emerson (1803-1882). Ensayista y poeta estadounidense.

Todos los hombres se odian por naturaleza unos a otros.
Blaise Pascal (1623-1662). Matemático, físico y teólogo francés.

Tomemos a los hombres como son, no como deben ser.
Franz Schubert (1797-1828). Compositor austriaco.

Un buen hombre es siempre un principiante.
Marco Valerio Marcial (40-104). Poeta latino.

Un caballero se avergüenza de que sus palabras sean mejores que sus hechos.
Miguel de Cervantes (1547-1616). Dramaturgo, poeta y novelista español.

Un gran clásico es un hombre del que se puede hacer el elogio sin haberlo leído.
Gilbert Keith Chesterton (1874-1936). Escritor inglés.

Un hombre desenfrenado no puede inspirar afecto; es insociable y cierra la puerta a la amistad.
Sócrates (470-399 a.C.). Filósofo griego.

Un hombre en la casa vale por dos en la calle.
Mae West (1892-1980). Actriz estadounidense.

Un hombre es como una fracción cuyo numerador corresponde a lo que él es, en tanto el denominador es lo que cree ser.
León Tolstoi (1828-1910). Escritor ruso.

Un hombre que lee, o que piensa, o que calcula, pertenece a la especie y no al sexo.
Marguerite Yourcenar (1903-1987). Poeta, novelista y dramaturga francesa.

Verdaderamente, el hombre es el rey de los animales, pues su brutalidad supera a la de éstos.
Leonardo Da Vinci (1452-1519). Artista florentino.

Vigor y fortaleza son la nobleza de las bestias, pero la rectitud y los modales es la nobleza del hombre.
Demócrito (460 a.C.-370 a.C.). Filósofo griego.

Visto un león, están vistos todos, pero visto un hombre, sólo está visto uno, y además mal conocido.
Baltasar Gracián y Morales (1601-1658). Jesuita y escritor español.

Casi todos los hombres ganan al ser conocidos.
André Maurois (1885-1967). Escritor francés.

El hombre hace suyo un lugar no sólo con el pico y la pala, sino también con lo que piensa al picar y palear.
Sándor Márai (1900-1989). Periodista y escritor húngaro.

Es más necesario estudiar a los hombres que a los libros.
François de La Rochefoucauld (1613-1680). Político y escritor francés.

Lo único malo de los hombres es que no los tengo siempre cerca de mí.
Lana Turner (1921-1995). Actriz estadounidense.

Los grandes hombres no son grandes a todas horas ni en todas las cosas.
Federico II (1712-1786). Rey de Prusia (1740-1786).

No es bueno que los hombres sepan hasta que punto somos buenos.
Gilbert Keith Chesterton (1874-1936). Escritor inglés.

Ser hombre es de por sí una circunstancia atenuante.
Anónimo.

Todos los hombres tienen una mujer en el pensamiento; los casados, además, tienen otra en casa.
Noel Clarasó (1905-1985). Escritor español.

Honestidad

El más ladrón... Sabe perfectamente que nadie se muere de honestidad.
Mario Benedetti (1920-). Escritor uruguayo.

Es la preocupación por la posesión, más que cualquier otra cosa, lo que impide al hombre vivir libre y honestamente.
Bertrand Russell (1872-1970). Matemático y filósofo británico.

La única criatura infiel en este mundo es el hombre. Todas las demás son honestas y rectas en el sentido que abiertamente proclaman su naturaleza y no simulan emociones que no sienten.
Arthur Schopenhauer (1788-1860). Filósofo alemán.

Las honestas palabras nos dan un claro indicio de la honestidad del que las pronuncia o las escribe.
Miguel de Cervantes (1547-1616). Dramaturgo, poeta y novelista español.

Lo que al caballero le hace ser caballero, es ser medido en el hablar, largo en el dar, sobrio en el comer, honesto en el vivir, tierno en el perdonar y animoso en el pelear.
Fray Antonio de Guevara (1480-1545). Escritor español.

Más vale la pena en el rostro que la mancha en el corazón.
Miguel de Cervantes (1547-1616). Dramaturgo, poeta y novelista español.

Recuerda que cuando abandones esta tierra, no podrás llevar contigo nada de lo que has recibido, solamente lo que has dado: un corazón enriquecido por el servicio honesto, el amor, el sacrificio y el valor.
San Francisco de Asís (1182-1226). Predicador italiano, fundador de la Orden Franciscana.

Se un hombre honesto y habrá en el mundo un pícaro menos.
Thomas Carlyle (1795-1881). Historiador y pensador escocés.

Ser extremadamente honesto con uno mismo es un buen ejercico.
Sigmund Freud (1856-1939). Médico y neurólogo austriaco, fundador del psicoanálisis.

Sólo hay una forma de saber si un hombre es honesto: preguntárselo. Y si responde "sí", entonces sabes que es corrupto.
Groucho Marx (1890-1976). Actor estadounidense.

Es mejor tener una cara fea que una mente deshonesta.
James Ellis (1924-1977). Ingeniero y matemático australiano.

Tan tranquilas son las personas honradas y tan activas las pícaras, que a menudo es necesario servirse de las segundas.
Napoleón Bonaparte (1769-1821). Emperador de Francia (1804-1815).

Tras un buen nombre debería haber algunas generaciones de honestidad, esfuerzo y veracidad.
John Philips Marquand (1893-1960). Novelista estadounidense.

Honor

¿Qué queda cuando se ha perdido el honor?
Publio Siro (Siglo I a.C.). Poeta latino.

Aquel hombre que pierde la honra por el negocio, pierde el negocio y la honra.
Francisco De Quevedo (1580-1645). Escritor español.

Busca primero el honor con humildad. El placer llegará luego.
Thomas Chatterton (1752-1770). Poeta inglés.

Considera el mayor crimen preferir la propia supervivencia al honor y perder, por la vida, la razón de vivir.
Juvenal (55-138). Poeta romano.

Cuando se pierde la fe y el honor desaparece, entonces muere el hombre.
John Greenleaf Whittier (1807-1892). Poeta, periodista.

Cuanto más alto hablaba de su honor, más rápidamente contábamos los cubiertos.
Ralph Waldo Emerson (1803-1882). Ensayista y poeta estadounidense.

El honor es la conciencia externa, y la conciencia, el honor interno.
Arthur Schopenhauer (1788-1860). Filósofo alemán.

El honor prohibe acciones que la ley tolera.
Séneca Anneo (3 a.C.- 65 d.C.). Filósofo latino.

El honor que se vende siempre se paga más caro de lo que vale.
Jacques Duclós (1896-1975). Escritor francés.

El que ha perdido su crédito ha muerto para el mundo.
George Herbert Mead (1863-1931). Filósofo y psicólogo social estadounidense.

El que nada sabe, nada teme; el que mal anda mal acaba.
Salomón (970-931 a.C.). Rey israelita.

En realidad vivir como hombre significa elegir un blanco —honor, gloria, riqueza, cultura— y apuntar hacia él con toda la conducta, pues no ordenar la vida a un fin es señal de gran necedad.
Aristóteles (384 a.C.-322a.C). Filósofo griego.

En un espíritu corrompido no cabe el honor.
Publio Cornelio Tácito (55-120). Historiador romano.

Forjarse una buena reputación puede tardar 20 años; echarla por tierra cinco minutos.
Warren Edward Bufett (1930-). Financiero estadounidense.

Juro por Dios, juro por mis padres y juro por mi honor que no descansaré mientras viva hasta que haya liberado a mi patria.
Simon Bolívar (1783-1830). Militar y político venezolano.

La independencia, igual que el honor, es una isla rocosa sin playas.
Napoleón Bonaparte (1769-1821). Emperador de Francia (1804-1815).

La integridad verdadera está en hacer las cosas correctamente, no importa si alguien lo nota o no.
Oprah Winfrey (1954-). Actriz y conductora de TV estadounidense.

La más importante herramienta de persuasión que tienes es la integridad.
Zig Ziglar (1926-). Escritor y conferencista estadounidense.

La mejor forma de cumplir con la palabra empeñada es no darla jamás.
Napoleón Bonaparte (1769-1821). Emperador de Francia (1804-1815).

Las deudas de honor no las cobra el honrado en dinero, a tanto por la bofetada.
José Martí (1853-1895). Político y escritor cubano.

No he merecido un honor tan grande, ni tanta injuria.
Jean Racine (1639-1699). Dramaturgo francés.

Prefiero ser el primer hombre aquí que el segundo en Roma.
Julio César. Cayo Julio César (100-44 a.C.). General y político romano.

Recordad que estamos luchando por el honor de esa mujer, lo que probablemente es más de lo que ella hizo nunca por sí misma.
Groucho Marx (1890-1976). Actor estadounidense.

Sin dinero el honor no es más que una enfermedad.
Jean Baptiste Racine (1639-1699). Dramaturgo francés.

Todo el honor de las mujeres consiste en la buena opinión que de ellas se tiene.
Miguel de Cervantes (1547-1616). Dramaturgo, poeta y novelista español.

Uno tiene honor si mantiene un ideal de conducta aunque sea incómodo, improductivo, o peligroso de seguir.
Walter Lipmann (1889-1974). Escritor y periodista estadounidense.

A veces rechazar un honor no es humildad, sino explícita soberbia, afán de superar a los que antes los aceptaron. Pocas veces asoma con tanta nitidez a la superficie la violencia del subconsciente.
Gregorio Marañón (1887-1960). Médico y escritor español.

El honor y la vergüenza surgen sin condiciones; todo consiste en ocupar bien nuestro puesto para alcanzar la honra.
Alexander Pope (1688-1744). Escritor inglés.

Se puede dudar de lo que se ve, pero no de las palabras de un hombre honrado.
Anatole France (1844-1924). Novelista y premio Nobel francés.

Honradez

A cualquiera que se descubra en un fraude vergonzoso, no se le volverá a creer incluso si habla con la verdad.
Fedro (15 a.C.-55 d.C.). Poeta romano.

El hombre honrado es el que mide un derecho por su deber.
Henri Dominique Lacordaire (1802-1861). Sacerdote francés.

La gente de antes era más honrada. ¡Yo soy de antes pero vivo ahora!
Filósofo de Güémez, personaje mexicano que se dice vivió alrededor de 1800.

La honradez es siempre digna de elogio, aún cuando no reporte utilidad, ni recompensa, ni provecho.
Marco Tulio Cicerón (106-43 a.C.). Escritor, político y orador romano.

La honradez reconocida es el más seguro de los juramentos.
Benjamín Franklin (1706-1790). Político, filósofo y científico estadounidense.

La obediencia simula subordinación, lo mismo que el miedo a la policía simula honradez.
George Bernard Shaw (1856-1950). Escritor irlandés.

Más vale morir con honra que deshonrado vivir.
Hernán Cortés (1485-1547). Militar español.

Muchas veces para ser buenos tenemos que dejar de ser honrados.
Jacinto Benavente (1866-1954). Dramaturgo y crítico español.

No hay legado más valioso que la honradez.
William Shakespeare (1564-1616). Poeta y autor teatral inglés.

No hay ningún hombre realmente honrado: ninguno de nosotros se encuentra libre del afán de lucro.
Aristóteles (384 a.C.-322a.C). Filósofo griego.

Nunca he observado que la honradez de los hombres aumente con su riqueza.
Thomas Jefferson (1743-1826). Político y filósofo estadounidense.

Ser honrado, tal como anda el mundo, equivale a ser un hombre escogido entre diez mil.
William Shakespeare (1564-1616). Poeta y autor teatral inglés.

Un hombre honrado no encontrará jamás una amiga mejor que su esposa.
Jean Jacques Rousseau (1712-1778). Filósofo y botánico suizo.

Hospitalidad

Es bueno cuando llega uno a un lugar y lo reciben con las mesas llenas y buena música.
Richard Hovey (1864-1900). Poeta, traductor y dramaturgo estadounidense.

La buena hospitalidad es sencilla; consiste en un poco de fuego, algo de comida, y mucha quietud.
Ralph Waldo Emerson (1803-1882). Ensayista y poeta estadounidense.

Humanidad

Aún entre los demonios hay unos peores que otros, y entre muchos malos hombres suele haber alguno bueno.
Miguel de Cervantes (1547-1616). Dramaturgo, poeta y novelista español.

Continuamos siendo imperfectos, peligrosos y terribles, y también maravillosos y fantásticos. Pero estamos aprendiendo a cambiar.
Ray Bradbury (1920-). Escritor estadounidense.

De todos los infortunios que afligen a la humanidad, el más amargo es que hemos de tener conciencia de mucho y control de nada.
Herodoto (c. 484-425 a.C.). Historiador griego.

El género humano es una enzima que cataliza la transición desde una inteligencia asentada en el carbono a otra en el silicio.
Gérard Bricogne (1812-1889).

El género humano tiene, para saber conducirse, el arte y el razonamiento.
Aristóteles (384 a.C.-322a.C). Filósofo griego.

El hombre es un lobo para el hombre.
Plauto (254-184 a.C.). Comediógrafo romano.

El hombre necesita a cada paso de la ayuda de sus semejantes, y es inútil que la espere tan sólo de su benevolencia: le será más fácil obtenerla si puede interesar en su favor el amor propio de aquellos a quienes recurre y hacerles ver que lo que les pide.
Adam Smith (1723-1790). Economista y filósofo británico.

El hombre, desde que nace hasta que muere, es una máquina de romper juguetes.
Amado Nervo (1870-1919). Poeta y escritor mexicano.

Es más fácil amar a la humanidad en su conjunto que amar al prójimo.
Eric Hoffer (1902-1983). Escritor y filósofo estadounidense.

Es una ley inmutable que todo lo que nos ha sido concedido no es reclamado. La tierra reclama el cuerpo, Dios reclama el alma. Y el poder es reclamado gota a gota, por todos estos otros poderes grandes o pequeños a los cuales lo debemos. También el amor reclama y el que es encumbrado por amor corre el riesgo de convertirse en esclavo de los que aman.
Gina Kaus (1894-1984). Escritora austriaca.

Hay una manera de contribuir a la protección de la humanidad, y es no resignarse.
Ernesto Sabato (1911-). Escritor argentino.

La ciencia humana consiste más en destruir errores que en descubrir verdades.
Sócrates (470-399 a.C.). Filósofo griego.

La civilización es un progreso de una indefinida, incoherente homogeneidad hacia una definida, coherente heterogeneidad.
Herbert Spencer (1820-1903). Teórico social inglés.

La especie humana está compuesta de dos especies distintas: los hombres que piden prestado y los hombres que prestan. A estas dos diversidades originales pueden reducirse todas esas clasificaciones en tribus góticas y célticas, hombres blancos y negros, etc.
Charles Lamb (1775-1834). Ensayista inglés.

La humanidad es como es. No se trata de cambiarla, sino de conocerla.
Gustave Flaubert (1821-1880). Novelista francés.

La humanidad es la virtud de la mujer; la generosidad, la del hombre. El bello sexo, que posee mayor ternura que el nuestro, rara vez tiene tanta generosidad.
Adam Smith (1723-1790). Economista y filósofo británico.

La humanidad se cansa pronto de todo, sobre todo de lo que más disfruta.
George Bernard Shaw (1856-1950). Escritor irlandés.

La muerte de cualquier hombre me disminuye, porque yo formo parte de la humanidad; por tanto nunca mandes a nadie a preguntar por quién doblan las campanas: doblan por ti.
John Donne (1572-1631). Poeta, prosista y clérigo inglés.

La multitud no envejece ni adquiere sabiduría: siempre permanece en la infancia.
Johann Wolfgang von Goethe (1749-1832). Poeta, novelista y dramaturgo alemán.

La obra humana más bella es la de ser útil al prójimo.
Sófocles (496-406 a.C.). Dramaturgo ateniense.

La raza de los hombres es como la raza de las hojas. Cuando una generación florece, otra declina.
Homero (s.VIII a.C.). Poeta griego.

La razón humana es una gota de luz en un lago de tinieblas.
Cammerson (1802-1879). Periodista francés.

La tierra contiene en sí misma el mal y su remedio.
John Milton (1608-1674). Poeta y ensayista inglés.

Las condiciones de supervivencia de la humanidadno están sujetas a votación: son como son.
Robert Spaemann (1927-). Filósofo alemán.

Las masas humanas más peligrosas son aquellas en cuyas venas ha sido inyectado el veneno del miedo.... del miedo al cambio.
Octavio Paz (1914-1998). Escritor mexicano.

Lo inhumano, por extraño que resulte, pertenece específicamente al hombre.
Robert Spaemann (1927-). Filósofo alemán.

Lo mismo que un río, el hombre es cambio y permanencia.
Alexis Carrel (1873-1944). Biólogo, médico y escritor francés.

Lo peor de la humanidad son los hombres y las mujeres.
Enrique Jardiel Poncela (1901-1952). Escritor español.

Los negocios de la humanidad inspiran a los corazones de los hombre nobles de dos maneras: admiración o lástima.
Anatole France (1844-1924). Novelista y premio Nobel francés.

Mientras el tigre no puede dejar de ser tigre, no puede destigrarse, el hombre vive en riesgo permanente de deshumanizarse.
José Ortega y Gasset (1883-1955). Filósofo español.

No debemos perder la fe en la humanidad que es como el océano: no se ensucia porque algunas de sus gotas estén sucias.
Mohandas Karamchand Gandhi (1869-1948). Líder político y espiritual hindú.

No me vuelvan a hablar de los hombres. Mi rencor es infinito: nada pude darles.
Jaime Sabines (1926-1999). Poeta mexicano.

Nosotros mismos somos nuestro peor enemigo. Nada puede destruir a la Humanidad, excepto la Humanidad misma.
Pierre Teilhard de Chardin (1881-1955). Paleontólogo y filósofo francés.

Nunca ha habido un gran hombre, o una institución famosa, que no haya recibido el reconocimiento de la humanidad.
Theodore Parker (1810-1860). Teólogo y reformador social estadounidense.

Que importa la vida de un hombre, si está en peligro la de toda la humanidad.
Ernesto Che Guevara (1927-1968). Revolucionario y líder político.

Soy hombre: nada de lo que es humano me es indiferente.
Terencio (190-159 a.C.). Poeta latino.

Terminó la época de los caballeros andantes, y ha comenzado la era de la humanidad.

Charles Sumner (1811-1874). Político estadounidense.

Todas las ambiciones son detestables; excepto las que ennoblecen al hombre y estimulan a la humanidad.

Joseph Conrad (1857-1924). Novelista británico de origen polaco.

Toda labor que anima la humanidad tiene dignidad e importancia y se debe hacer con una excelencia meticulosa.

Martin Luther King (1929-1968). Humanista estadounidense.

Todos los hombres nacen iguales, pero es la última vez que lo son.

Abraham Lincoln (1809-1865). 16º presidente de Estados Unidos (1861-1865).

Todos los hombres, durante el curso de tantos siglos, pueden considerarse como un solo hombre que subsiste siempre y que siempre está aprendiendo.

Blaise Pascal (1623-1662). Matemático, físico y teólogo francés.

Tú no eres nunca la humanidad; eres tu propio yo desesperadamente aislado.

Paul Bowles (1910-1999). Escritor y compositor norteamericano.

Vivimos en unos tiempos en que a uno le gustaría ahorcar a toda la raza humana y poner término a la farsa.

Mark Twain (1835-1910). Escritor estadounidense.

La humanidad tiene una moral doble: una, que predica y no practica, y otra, que practica pero no predica.

Bertrand Russell   (1872-1970). Matemático y filósofo británico.

Humildad

Estoy convencido que la primera prueba de un gran hombre consiste en la humildad.

John Ruskin (1819-1900). Escritor británico.

Humildad es paciencia atenta.

Simone Weil (1909-1943). Escritora francesa.

Humildemente me esforzaré en amar, en decir la verdad, en ser honesto y puro, en no poseer nada que no me sea necesario, en ganarme el sueldo con el trabajo, en estar atento siempre a lo que como y bebo, en no tener nunca miedo, en respetar las creencias de los demás, en buscar siempre lo mejor para todos, en ser un hermano para todos mis hermanos.

Mohandas Karamchand Gandhi (1869-1948). Líder político y espiritual hindú.

Humildes somos, humildes hemos sido, y humildes seremos.
Charles Dickens (1812-1870). Escritor inglés.

Imitemos en humildad a Cristo y a Sócrates.
Benjamín Franklin (1706-1790). Político, filósofo y científico estadounidense.

La verdadera humildad consiste en estar satisfecho.
Henri Frédéric Amiel (1821-1881). Crítico suizo.

Humor

¿Existe el Infierno? ¿Existe Dios? ¿Resucitaremos después de la muerte? Ah, no olvidemos lo más importante: ¿Habrá mujeres allí?
Woody Allen (1935-). Escritor, actor y director de cine estadounidense.

¿Servicio de habitaciones? Mándenme una habitación más grande.
Groucho Marx (1890-1976). Actor estadounidense.

¿Si le disparas a un mimo, debes usar silenciador?
Steven Wright (1955-). Comediante estadounidense.

A cualquier lugar puedes llegar caminando, si tienes tiempo.
Steven Wright (1955-). Comediante estadounidense.

A fin de cuentas, todo es un chiste.
Charles Chaplin (1889-1977). Actor, productor y director inglés.

Adios hijos míos, yo ya me voy; los dejo... para que el más vivo, ¡viva del más pendejo!
Filósofo de Güémez, personaje mexicano que se dice vivió alrededor de 1800.

Agua que no corre: es charco.
Filósofo de Güémez, personaje mexicano que se dice vivió alrededor de 1800.

Ahí hay lodo: abajo hay agua.
Filósofo de Güémez, personaje mexicano que se dice vivió alrededor de 1800.

Apártate que me tapas el sol.
Diógenes de Sínope "el cínico" (410 a.C.-320 a.C.). Filósofo griego.

Aquí sólo hay de dos sopas y la de fideo ya se acabó.
Filósofo de Güémez, personaje mexicano que se dice vivió alrededor de 1800.

Árbol que crece torcido es que no le pusieron palito.
Filósofo de Güémez, personaje mexicano que se dice vivió alrededor de 1800.

Así pasa cuando sucede.
Filósofo de Güémez, personaje mexicano que se dice vivió alrededor de 1800.

Bromear es una de las cosas amenas de la vida, pero cuesta muchos años de aprendizaje.
Lin Yutang (1895-1976). Escritor chino-americano.

Camarón que se duerme... no amanece desvelado.

Filósofo de Güémez, personaje mexicano que se dice vivió alrededor de 1800.

Canadá fue construida sobre castores muertos.

Margaret Atwood (1939-). Novelista, poetisa y crítica canadiense.

Carro que no tiene gasolina, no llega a ninguna parte.

Filósofo de Güémez, personaje mexicano que se dice vivió alrededor de 1800.

Citadme diciendo que me han citado mal.

Groucho Marx (1890-1976). Actor estadounidense.

Como pasa con la cerveza, los alemanes exportados no mejoran de calidad.

Heinrich Heine (1797-1856). Poeta y crítico alemán.

Compré unas pilas, pero éstas no venían incluidas.

Steven Wright (1955-). Comediante estadounidense.

Con que me van a medir, si no tienen la medida.

Filósofo de Güémez, personaje mexicano que se dice vivió alrededor de 1800.

Cría cuervos y tendrás muchos.

Filósofo de Güémez, personaje mexicano que se dice vivió alrededor de 1800.

Cuando el agua te llega al cuello, no te preocupes si no es potable.

Stanislaw Jerzy Lec (1909-1966). Escritor polaco.

Cuando el gallo canta en la madrugada, puede que llueva mucho, puede que llueva poco o puede que no llueva nada.

Filósofo de Güémez, personaje mexicano que se dice vivió alrededor de 1800.

Cuando ella despertó brevemente de su última enfermedad y vio a toda su familia alrededor de su cama, preguntó: ¿Me estoy muriendo o es mi cumpleaños?

Nancy Astor (1879-1964). Política inglesa.

Cuando hay... hay; cuando no hay... no hay.

Filósofo de Güémez, personaje mexicano que se dice vivió alrededor de 1800.

Cuando muera, donaré mi cuerpo a la ciencia-ficción.

Steven Wright (1955-). Comediante estadounidense.

Cuando no estamos en la una, estamos en la otra.

Miguel de Cervantes (1547-1616). Dramaturgo, poeta y novelista español.

Cuando pica la hormiga, hay dos cosas por hacer: rascarse... y esperar la roncha.

Filósofo de Güémez, personaje mexicano que se dice vivió alrededor de 1800.

Curva que se endereza: es recta.
Filósofo de Güémez, personaje mexicano que se dice vivió alrededor de 1800.

De pequeño quise tener un perro, pero mis padres eran pobres y sólo pudieron comprarme una hormiga.
Woody Allen (1935-). Escritor, actor y director de cine estadounidense.

Definir el humor es como pretender pinchar una mariposa con el palo de un telégrafo.
Enrique Jardiel Poncela (1901-1952). Escritor español.

Describe un círculo, después acarícialo y se convertirá en un círculo vicioso.
Eugene Ionesco (1912-1994). Dramaturgo francés de origen rumano.

Desde el momento en que cogí su libro me caí al suelo rodando de risa. Algún día espero leerlo.
Groucho Marx (1890-1976). Actor estadounidense.

Discúlpeme, no le había reconocido: he cambiado mucho.
Oscar Wilde (1854-1900). Novelista, poeta, crítico literario y autor teatral irlandés.

Disculpen si les llamo caballeros, pero es que no les conozco muy bien.
Groucho Marx (1890-1976). Actor estadounidense.

Donde comen dos comen tres, y hasta cuatro. ¡Pero no llenan!
Filósofo de Güémez, personaje mexicano que se dice vivió alrededor de 1800.

Dondequiera que usted encuentre humor, usted encontrará cerca aflicción.
Edwin Percy Whipple (1819-1886). Ensayista y crítico estadounidense.

El buen humor es en la mayoría de las personas alegres el satisfactorio resultado de una tenaz disciplina.
Edwin Percy Whipple (1819-1886). Ensayista y crítico estadounidense.

El buen humor gana batallas que la fuerza y la razón perderían.
Anónimo.

El éxito de un chiste depende de quien lo escucha, no de quien lo dice.
William Shakespeare (1564-1616). Poeta y autor teatral inglés.

El hombre sufre tan terriblemente en el mundo que se ha visto obligado a inventar la risa.
Friedrich Nietzsche (1844-1900). Filósofo, poeta y filólogo alemán.

El humor es el resplandor de la mente.
Edward George Bulwer Lytton (1803-1873). Escritor inglés.

El humor es la única muralla entre nosotros y la oscuridad.
Mark Van Doren (1894-1972). Poeta, escritor y profesor estadounidense.

El humor es una lógica sutil.
Quinto Horacio Flaco (65 a.C.-8 a.C.). Poeta lírico y satírico romano.

El humor se tiene o no se tiene y es la manera de ver las cosas con claridad.
Antonio Mingote (1919-). Dibujante y humorista español.

El humor y la sabiduría son las grandes esperanzas de nuestra cultura.
Konrad Z. Lorenz (1903-1989). Zoólogo y etólogo austriaco.

El más desperdiciado de todos los días es aquel durante el cual uno no tuvo risas.
Sébastien-Roch Nicolás Chamfort (1740-1794). Escritor francés.

El que anda de buenas, no puede andar de malas.
Filósofo de Güémez, personaje mexicano que se dice vivió alrededor de 1800.

El que busca el cielo en la tierra se ha dormido en clase de geografía.
Stanislaw Jerzy Lec (1909-1966). Escritor polaco.

El que llega... saluda al que ya estaba.
Filósofo de Güémez, personaje mexicano que se dice vivió alrededor de 1800.

El que sabe, sabe. El que no, es el jefe.
Filósofo de Güémez, personaje mexicano que se dice vivió alrededor de 1800.

El que se chingó, se chingó.
Filósofo de Güémez, personaje mexicano que se dice vivió alrededor de 1800.

El que se roba mi cartera, roba basura.
William Shakespeare (1564-1616). Poeta y autor teatral inglés.

El que tenga marranos que los amarre... el que no... que ni mecate compre.
Filósofo de Güémez, personaje mexicano que se dice vivió alrededor de 1800.

El sentido del humor consiste en saber reírse de las propias desgracias.
Alfredo Landa (1933-). Actor español.

El verdadero humor empieza cuando ya no se toma en serio la propia persona.
Herman Hesse (1877-1962). Escritor alemán. Premio Nobel de Literatura (1947).

Ella estaba bien. No había nada malo en ella que una vasectomía de las cuerdas vocales no pudiera arreglar.
Lisa Alther (1944-). Novelista estadounidense.

En este lugar hay más muertos que difuntos.
Filósofo de Güémez, personaje mexicano que se dice vivió alrededor de 1800.

Entre gota y gota: que goteo.
Filósofo de Güémez, personaje mexicano que se dice vivió alrededor de 1800.

Esta carretera, ni va ni viene; Victoria queda p'allá.
Filósofo de Güémez, personaje mexicano que se dice vivió alrededor de 1800.

Estos son mis principios. Si a usted no le gustan, tengo otros.
Groucho Marx (1890-1976). Actor estadounidense.

Hace tiempo conviví casi dos años con una mujer hasta que descubrí que sus gustos eran exactamente como los míos: los dos estábamos locos por las chicas.
Groucho Marx (1890-1976). Actor estadounidense.

He disfrutado mucho con esta obra de teatro... especialmente en el descanso.
Groucho Marx (1890-1976). Actor estadounidense.

He hecho esta carta, es más larga de lo usual porque no tengo tiempo para hacer una más corta.
Blaise Pascal (1623-1662). Matemático, físico y teólogo francés.

He pasado una noche estupenda... pero no ha sido ésta.
Groucho Marx (1890-1976). Actor estadounidense.

Humor es posiblemente una palabra; la uso constantemente. Estoy loco por ella y algún día averiguaré su significado.
Groucho Marx (1890-1976). Actor estadounidense.

Infiel: En Nueva York, alquien que no cree en la religión cristiana; en Constantinopla, uno que sí cree.
Ambrose Gwinett Bierce (1842-1914). Periodista y escritor estadounidense.

Intentar definir el humorismo, es como pretender atravesar una mariposa, usando a manera de alfiler un poste telegráfico.
Enrique Jardiel Poncela (1901-1952). Escritor español.

Jamás las gallinas de abajo podrán cagar a las de arriba.
Filósofo de Güémez, personaje mexicano que se dice vivió alrededor de 1800.

La caldera le dijo a la sartén: "Apártate de mí, cara sucia".
Miguel de Cervantes (1547-1616). Dramaturgo, poeta y novelista español.

La capacidad de reír juntos es el amor.
Françoise Sagan (Françoise Quoirez) (1935-2004). Escritora francesa.

La causa de la risa no es otra cosa que la súbita percepción de la incongruencia entre un concepto y el objeto real.
Arthur Schopenhauer (1788-1860). Filósofo alemán.

¡Llegan como las vacas: tarde y bien mamadas!
Filósofo de Güémez, personaje mexicano que se dice vivió alrededor de 1800.

La experiencia me ha enseñado que en Inglaterra nadie va al teatro a menos que él o ella tengan bronquitis.
James Agate (1877-1947). Escritor y crítico inglés.

La imaginación consuela a los hombres de lo que no pueden ser. El humor los consuela de lo que son.
Sir Winston Churchill (1874-1965). Político inglés.

La jardinería no es un acto racional.
Margaret Atwood (1939-). Novelista, poetisa y crítica canadiense.

La percepción de lo cómico es un lazo entre los hombres.
Ralph Waldo Emerson (1803-1882). Ensayista y poeta estadounidense.

La potencia intelectual de un hombre se mide por la dosis de humor que es capaz de utilizar.
Friedrich Nietzsche (1844-1900). Filósofo, poeta y filólogo alemán.

La primera vez que Adán tuvo oportunidad, le echó la culpa a la mujer.
Nancy Astor (1879-1964). Política inglesa.

La risa más agradable es aquella a la que nos entregamos a costa de nuestros enemigos.
Sófocles (496-406 a.C.). Dramaturgo ateniense.

Laguna que no tiene desagüe, tiene resumidero.
Filósofo de Güémez, personaje mexicano que se dice vivió alrededor de 1800.

Las estadísticas de salud dicen que uno de cada cuatro americanos sufre de alguna forma de enfermedad mental. Piensa en tus tres mejores amigos, si ellos están bien, entonces eres tú.
Rita Mae Brown (1944-). Escritora estadounidense.

Llego tarde, pero sin sueño.
Filósofo de Güémez, personaje mexicano que se dice vivió alrededor de 1800.

Lo que está bien, no puede estar mal.
Filósofo de Güémez, personaje mexicano que se dice vivió alrededor de 1800.

Lo que pasa, pasa y lo que no, se atora.
Filósofo de Güémez, personaje mexicano que se dice vivió alrededor de 1800.

Los espejos deberían pensárselo dos veces antes de devolver una imagen.
Jean Cocteau (1889-1963). Escritor francés.

Los perros que ladran ocasionalmente muerden, pero los hombres sonrientes dificilmente disparan.
Konrad Z. Lorenz (1903-1989). Zoólogo y etólogo austriaco.

Me han tenido como basinica vieja, ¡ya ni un pedo me tiran!
Filósofo de Güémez, personaje mexicano que se dice vivió alrededor de 1800.

Me tienen como perro de rancho... me amarran en las fiestas y me sueltan en las broncas.
Filósofo de Güémez, personaje mexicano que se dice vivió alrededor de 1800.

Mi teoría de la evolución es que Darwin fue adoptado.
Steven Wright (1955-). Comediante estadounidense.

No estoy seguro de cómo me convertí en comediante o actor cómico. Tal vez no lo sea. En cualquier caso me he ganado la vida muy bien durante una serie de años haciéndome pasar por uno de ellos.
Groucho Marx (1890-1976). Actor estadounidense.

No hay día más perdido que aquel en que no hemos reído.
Charles Chaplin (1889-1977). Actor, productor y director inglés.

No hay espíritu perfectamente conformado, si le falta el sentido del humor.
Samuel Taylor Coleridge (1772-1834). Poeta inglés.

No hay más que una clase de buen humor; pero hay mil copias diferentes.
François de La Rochefoucauld (1613-1680). Político y escritor francés.

No hay nada más necio que una risa necia.
Marco Tulio Cicerón (106-43 a.C.). Escritor, político y orador romano.

No piense mal de mí, señorita. Mi interés por usted es puramente sexual. ¿Quiere usted casarse conmigo? ¿Es usted rica? Conteste primero a la segunda pregunta.
Groucho Marx (1890-1976). Actor estadounidense.

No podemos estar enojados mucho tiempo con alguien que nos hace reír.
Jay Leno (1950-). Comediante estadounidense.

No puedes tenerlo todo... ¿dónde lo meterías?
Steven Wright (1955-). Comediante estadounidense.

No sabía cómo calmar a un hombre que estaba de muy mal humor. Le ofrecí una silla cómoda y cambió enseguida. Pienso que si le hubiese ofrecido una cama se habría esforzado en divertirme él a mí.
Emile Chartier Alain (1868-1951). Profesor, ensayista y filósofo francés.

No sólo de pan vive el hombre. De vez en cuando, también necesita un trago.
Woody Allen (1935-). Escritor, actor y director de cine estadounidense.

Nosotros, los ingleses, lo tenemos todo en común con América, todo excepto el idioma.
Oscar Wilde (1854-1900). Novelista, poeta, crítico literario y autor teatral irlandés.

Nunca pertenecería a un club que admitiera como socio a alguien como yo.
Groucho Marx (1890-1976). Actor estadounidense.

Pa' que el barco flote, a fuerza tiene que estar en el agua.
Filósofo de Güémez, personaje mexicano que se dice vivió alrededor de 1800.

Que hablen mal de uno es espantoso. Pero hay algo peor: que no hablen.
Oscar Wilde (1854-1900). Novelista, poeta, crítico literario y autor teatral irlandés.

Quien nos hace reír es un cómico. Quien nos hace pensar y luego reír es un humorista.
Georg P. Burns (1896-1996). Comediante estadounidense.

Quien pecho abarca, loco aprieta.
Mario Benedetti (1920-). Escritor uruguayo.

Reírse de todo es propio de tontos, pero no reírse de nada, lo es de estúpidos.
Erasmo de Rotterdam (1466-1536). Escritor y humanista holandés.

Riámonos y el mundo se reirá con nosotros. Lloremos y se nos pondrá la nariz colorada.
Thomas Burke (1886-1945). Escritor inglés.

Seamos discretos. No peguntemos a la gente si vive.
Stanislaw Jerzy Lec (1909-1966). Escritor polaco.

Si dos montan a caballo: ¡de seguro uno va atrás!
Filósofo de Güémez, personaje mexicano que se dice vivió alrededor de 1800.

Si el correcaminos no ganó, es porque perdió o empató.
Filósofo de Güémez, personaje mexicano que se dice vivió alrededor de 1800.

Si es posible, se debe hacer reír hasta a los muertos.
Leonardo Da Vinci (1452-1519). Artista florentino.

Si las cosas no han cambiado, es porque siguen igual.
Filósofo de Güémez, personaje mexicano que se dice vivió alrededor de 1800.

Si no llegó... es porque no vino.
Filósofo de Güémez, personaje mexicano que se dice vivió alrededor de 1800.

Si no llueve pa'l día último del mes... ¡ya no llovió este mes!
Filósofo de Güémez, personaje mexicano que se dice vivió alrededor de 1800.

Son como los burros del ejido, en todas las arriadas caen.
Filósofo de Güémez, personaje mexicano que se dice vivió alrededor de 1800.

Soy tan viejo que recuerdo a Doris Day antes de que fuera virgen.
Groucho Marx (1890-1976). Actor estadounidense.

Supongo que había que inventar las camas de agua. Ofrecen la posibilidad de beber algo a media noche sin peligro de pisar al gato.
Groucho Marx (1890-1976). Actor estadounidense.

Tenía la conciencia limpia; no la usaba nunca.
Stanislaw Jerzy Lec (1909-1966). Escritor polaco.

Todas las cosas retornan eternamente, y nosotros con ellas: hemos existido ya innumerables veces y todas las cosas con nosotros.
Friedrich Nietzsche (1844-1900). Filósofo, poeta y filólogo alemán.

Todo el mundo debe creer en algo, yo creo que voy a seguir bebiendo, discúlpenme.
Groucho Marx (1890-1976). Actor estadounidense.

Todo exceso es bastante.
Filósofo de Güémez, personaje mexicano que se dice vivió alrededor de 1800.

Todo lo hondo es bien profundo.

Filósofo de Güémez, personaje mexicano que se dice vivió alrededor de 1800.

Todo lo que es de aquí pa'lla es subida... de allá pa'ca es bajada.

Filósofo de Güémez, personaje mexicano que se dice vivió alrededor de 1800.

Todo lo que soy se lo debo a mi bisabuelo, el viejo Cyrus Tecumseh Flywheel. Si aún viviera, el mundo entero hablaría de él... ¿Que por qué? Porque si estuviera vivo tendría 140 años.

Groucho Marx (1890-1976). Actor estadounidense.

Todo lo que sube tiende a bajar.

Filósofo de Güémez, personaje mexicano que se dice vivió alrededor de 1800.

Todo objeto en el agua, tiende a mojarse.

Filósofo de Güémez, personaje mexicano que se dice vivió alrededor de 1800.

Tres podrían guardar un secreto si dos de ellos hubieran muerto.

Benjamín Franklin (1706-1790). Político, filósofo y científico estadounidense.

Una mañana me desperté y maté a un elefante en pijama. Me pregunto cómo pudo ponerse mi pijama.

Groucho Marx (1890-1976). Actor estadounidense.

Ideales

Cada dogma tiene su día, pero los ideales son eternos.

Israel Zangwill (1864-1926). Escritor inglés.

El ideal está en ti; el obstáculo para su cumplimiento también.

Thomas Carlyle (1795-1881). Historiador y pensador escocés.

Es más fácil luchar por unos principios que vivir de acuerdo con ellos.

Alfred Adler (1870-1937). Psiquiatra austriaco.

No hay cínicos, no hay materialistas. Todo hombre es un idealista, sólo que sucede con demasiada frecuencia que tiene un ideal equivocado.

Gilbert Keith Chesterton (1874-1936). Escritor inglés.

Su divisa, sacada de una estrofa de Dhammapda, era: "Vivir en una alegría perfecta, sin enemigos, en el mundo de la enemistad; entre hombres llenos de enemistad". Una divisa es un ideal de vida, tenerla no significa que se haya alcanzado él.

Edmond Jaloux (1878-1949). Escritor y crítico francés.

Ideas

A igualdad de inteligencia y energía, quien menos impone su persona es quien más impone sus ideas.

Agustín Pedro Justo (1876-1943). Militar y político argentino.

Cualquier poderosa idea es absolutamente fascinante... y absolutamente inútil a menos que decidamos realizarla.

Richard Bach (1929-). Escritor estadounidense.

Cuando tenemos una idea brillante, en lugar de hacer que el prójimo piense que es nuestra, ¿por qué no dejarle que prepare esta idea por sí mismo? Entonces considerará que la idea es suya, le gustará y será el primero en defenderla.

Dale Carnegie (1888-1955). Escritor norteamericano.

Cuanto más conservadoras son las ideas, más revolucionarios los discursos.

Oscar Wilde (1854-1900). Novelista, poeta, crítico literario y autor teatral irlandés.

Desgraciados los hombres que tienen todas las ideas claras.

Louis Pasteur (1822-1895). Químico francés.

Donde truena un hecho, ten la certeza de que ha relampagueado una idea.

Ippolito Nievo (1831-1861). Escritor italiano.

El cerebro es un paquete de ideas arrugadas que llevamos en la cabeza.

Ramón Gómez de la Serna (1888-1963). Escritor español. Autor de *Greguerías*.

El valor de una idea no tiene nada que ver con la sinceridad del hombre que la expone.

Oscar Wilde (1854-1900). Novelista, poeta, crítico literario y autor teatral irlandés.

En tanto que haya alguien que crea en una idea, la idea vive.

José Ortega y Gasset (1883-1955). Filósofo español.

Es bueno para los hombres creer en las ideas y morir por ellas.

Jean Anouilh (1910-1987). Dramaturgo francés.

Es difícil crear ideas y fácil crear palabras; de aquí el éxito de los filósofos.

André Maurois (1885-1967). Escritor francés.

Estirada por una nueva idea, la mente del hombre jamás recobra su tamaño original.

Oliver Wendell Holmes (1809-1894). Médico y escritor estadounidense.

Generalmente me hago la idea de un hombre en diez segundos, y raramente la cambio.

Margaret Thatcher (1925-). Política británica.

La idea que no trata de convertirse en palabras es una mala idea; la palabra que no trata de convertirse en acción es, a su vez, una mala palabra.

Gilbert Keith Chesterton (1874-1936). Escritor inglés.

La mejor manera de tener una idea es tener un montón de ideas.

Linus Pauling (1901-1994). Químico estadounidense.

La violencia es miedo a las ideas de los demás y poca fe en las propias.

Antonio Fraguas (1942-). Humorista español.

Las ideas envejecen más deprisa que los hombres.
Gustave Le Bon (1841-1931). Psicólogo social y escritor francés.

Las ideas estimulan la mente.
Thomas Hobbes (1588-1679). Filósofo y político inglés.

Las ideas son capitales que sólo ganan intereses entre las manos del talento.
Conde de Rivarol (1753-1801). Escritor francés.

Las ideas son como las pulgas, saltan de unos a otros, pero no pican a todos.
George Bernard Shaw (1856-1950). Escritor irlandés.

Las ideas una vez puestas en circulación pertenecen al patrimonio común de los hombres.
Rufino Blanco Fombona (1874-1994). Escritor y político venezolano.

Las opiniones no se deben combatir sino por medio del raciocinio. A las ideas no se las fusila.
Conde de Rivarol (1753-1801). Escritor francés.

Lo que conduce y arrastra al mundo no son las máquinas sino las ideas.
Víctor Hugo (1802-1885). Escritor francés.

Ningún ejército puede detener la fuerza de una idea cuando llega a tiempo.
Víctor Hugo (1802-1885). Escritor francés.

No existe en el mundo nada más poderoso que una idea a la que le ha llegado su tiempo.
Víctor Hugo (1802-1885). Escritor francés.

No son las locomotoras, sino las ideas, las que llevan y arrastran al mundo.
Víctor Hugo (1802-1885). Escritor francés.

No teniendo ideas que cambiar, se cambian cartas y se procura sacarse mutuamente los cuartos.
Arthur Schopenhauer (1788-1860). Filósofo alemán.

Nunca debemos de obsesionarnos excesivamente con la idea que perseguimos.
Claude Bernard (1813-1878). Fisiólogo francés.

Para que se le ocurra a uno algo bueno cuando menos lo piensa, es porque antes ha pensado mucho en ello.
Jacinto Benavente (1866-1954). Dramaturgo y crítico español.

Se tienen muchas ideas y pocos amigos o muchos amigos y pocas ideas.
Santiago Ramón y Cajal (1852-1934). Doctor español.

Sólo las ideas salvan las razas.
Ralph Waldo Emerson (1803-1882). Ensayista y poeta estadounidense.

Su aportación consiste en ingenio y fantasía, con una infinita variedad en la forma y una deliberada monotonía en las ideas.
André Maurois (1885-1967). Escritor francés.

Toda idea nueva pasa inevitablemente por tres fases: primero es ridícula, después es peligrosa, y después... ¡todos la sabían!
George Henry Borrow (1803-1881). Escritor inglés.

Toda idea que triunfa marcha hacia su perdición.
André Breton (1896-1966). Escritor francés.

Todas las grandes ideas de reforma se condensan en apóstoles y se petrifican en crímenes, según en su llameante curso prendan en almas de amor o en almas destructivas.
José Martí (1853-1895). Político y escritor cubano.

Trincheras de ideas valen más que trincheras de piedra.
José Martí (1853-1895). Político y escritor cubano.

Un hombre con una idea nueva es un loco hasta que la idea triunfa.
Mark Twain (1835-1910). Escritor estadounidense.

Un hombre que no arriesga nada por sus ideas, o no valen nada sus ideas, o no vale nada el hombre.
Platón (428-347 a.C.). Filósofo griego.

Una idea fija siempre parece una gran idea, no por ser grande, sino porque llena todo un cerebro.
Jacinto Benavente (1866-1954). Dramaturgo y crítico español.

Una idea no es responsable de la persona que la piensa.
Donald Robert Perry Marquis (1878-1937). Periodista, poeta y dramaturgo estadounidense.

Una idea puede estar en dos cabezas sin ninguna disminución; más bien al revés, está mejor en dos cabezas que en una.
Leonardo Polo (1926-). Licenciado, escritor y filósofo español.

Una película de éxito es aquella que consigue llevar a cabo una idea original.
Woody Allen (1935-). Escritor, actor y director de cine estadounidense.

Yo trato de privarme de ideas. Todos los días me quito alguna, pero siempre me quedan demasiadas.
Agustín García Calvo (1932-). Filósofo y poeta español.

A la manera que el río hace sus propias riberas, así toda idea legítima hace sus propios caminos y conductos.
Ralph Waldo Emerson (1803-1882). Ensayista y poeta estadounidense.

Hay hombres que parecen tener sólo una idea y es una lástima que sea equivocada.
Charles Dickens (1812-1870). Escritor inglés.

Las grandes ideas son aquellas de las que lo único que nos sorprende es que no se nos hayan ocurrido antes.
Noel Clarasó (1905-1985). Escritor español.

Las ideas no son responsables de lo que los hombres hacen de ellas.
Werner Heisenberg (1901-1976). Físico alemán.

Las ideas no son unas pinturas mudas sobre una pizarra; una idea, en tanto que es idea, incluye una afirmación o una negación.
Baruch Spinoza (1632-1677). Filósofo y teólogo holandés.

Las ideas se corroboran con sugerencias.
Salomón (970-931 a.C.). Rey israelita.

Las ideas se encienden unas con otras como las chispas eléctricas.
Johann Jakob Engel (1741-1802). Filósofo alemán.

Lo importante no es tener muchas ideas, sino la idea oportuna en cada caso.
Juan Zorrilla de San Martín (1855-1931). Poeta y escritor uruguayo.

Una idea, para que sea sugestiva, debe llegarle al individuo con toda la fuerza de la revelación.
William James (1842-1910). Filósofo estadounidense.

Ignorancia

Donde la ignorancia es una bendición, el desatino es sabiduría.
John Gray (1764-1868). Militar estadounidense.

El conocimiento lleva a la unidad, como la ignorancia a la diversidad.
Ramakrishna (1836-1886). Místico hindú.

El hombre está siempre dispuesto a negar aquello que no comprende.
Luigi Pirandello (1867-1936). Escritor italiano.

El ignorante afirma, el sabio duda y reflexiona.
Aristóteles (384 a.C.-322a.C). Filósofo griego.

El ignorante, si calla, será tenido por erudito, y pasará por sabio si no abre los labios.
Salomón (970-931 a.C.). Rey israelita.

El misterio es otro nombre para nuestra ignorancia; si fuéramos omniscientes, todo sería perfectamente claro.
Tyron Edwards (1809-1894). Teólogo estadounidense.

El primer paso de la ignorancia es presumir de saber, y muchos sabrían si no pensasen que saben.
Baltasar Gracián y Morales (1601-1658). Jesuita y escritor español.

El saber y la razón hablan, la ignorancia y el error gritan.
Arturo Graf (1848-1913). Escritor y poeta italiano.

En la mayoría de los casos la ignorancia es algo superable. No sabemos por qué no queremos saber.
Aldous Leonard Huxley (1894-1963). Escritor inglés.

Es ignorancia no saber distinguir entre lo que necesita demostración y lo que no la necesita.
Aristóteles (384 a.C.-322a.C). Filósofo griego.

Es imposible refutar al ignorante en una discusión.
Immanuel Kant (1724-1804). Filósofo alemán.

La educación es el descubrimiento de nuestra propia ignorancia.
Will Durant (1885-1981). Escritor y ensayista estadounidense.

La enfermedad del ignorante es ignorar su propia ignorancia.
Amos Bronson Alcott (1799-1888). Educador y filósofo estadounidense.

La estupidez tiene un cierto encanto del que la ignorancia carece.
Frank Zappa (1940-1993). Compositor y estrella de rock.

La ignorancia es desagradable cuando la acompañan las riquezas.
Arthur Schopenhauer (1788-1860). Filósofo alemán.

La ignorancia es la madre del miedo.
Henry Home Kames (1696-1782). Juez y escritor escocés.

La ignorancia es la madre de todos los crímenes.
Honorato De Balzac (1799-1850). Escritor francés.

La ignorancia es madre de la admiración.
San Agustín (354-430). Obispo, filósofo y Padre de la Iglesia Latina.

La ignorancia humana no permanece detrás de la ciencia, crece tan rápidamente como ésta.
Stanislaw Jerzy Lec (1909-1966). Escritor polaco.

La ignorancia nunca concilia un problema.
Benjamin Disraeli (1804-1881). Escritor británico.

La ignorancia y el error son manantiales de mal humor.
Paul Henri Thiry, Barón de Holbach (1723-1789). Enciclopedista y filósofo francés.

La manía de hablar siempre y sobre toda clase de asuntos es una prueba de ignorancia y de mala educación, y uno de los grandes azotes del trato humano.
Epicuro (342 a.C.- 270 a.C.). Filósofo griego.

La más poderosa arma de la ignorancia es el material impreso.
León Tolstoi (1828-1910). Escritor ruso.

La oscuridad nos envuelve a todos, pero mientras el sabio tropieza en alguna pared el ignorante permanece tranquilo en el centro de la estancia.
Anatole France (1844-1924). Novelista y premio Nobel francés.

La tierra no produce para los ignorantes sino malezas y abrojos.
Gaspar Melchor de Jovellanos (1744-1811). Literato, economista y político español.

Lo peor no es cometer un error, sino tratar de justificarlo, en vez de aprovecharlo como aviso providencial de nuestra ligereza o ignorancia.
Santiago Ramón y Cajal (1852-1934). Doctor español.

Lo poco que sé, se lo debo a mi ignorancia.
Platón (428-347 a.C.). Filósofo griego.

Lo que marca tu ignorancia es la profundidad de tu creencia en la injusticia y la tragedia. Lo que la oruga llama el fin del mundo, el Maestro lo llama mariposa.
Richard Bach (1929-). Escritor estadounidense.

Los sabios tienen las mismas ventajas sobre los ignorantes que los vivos sobre los muertos.
Aristóteles (384 a.C.-322a.C). Filósofo griego.

Mas el que ignora, ignore.
La Biblia.

Muchos hombres pasan por sabios gracias a la ignorancia de los demás.
Anónimo.

Nada hay más terrible que una ignorancia activa.
Johann Wolfgang von Goethe (1749-1832). Poeta, novelista y dramaturgo alemán.

No hay nada más fecundo que la ignorancia consciente de sí misma.
José Ortega y Gasset (1883-1955). Filósofo español.

No he conocido nunca a nadie tan ignorante que no pueda enseñarme algo.
Galileo Galilei (1564-1642). Físico y astrónomo italiano.

No me da vergüenza confesar que soy ignorante de lo que no sé.
Marco Tulio Cicerón (106-43 a.C.). Escritor, político y orador romano.

Nuestro conocimiento puede solamente ser finito, mientras que nuestra ignorancia debe necesariamente ser infinita.
Karl Popper (1902-1994). Filósofo austriaco.

Por la ignorancia nos equivocamos, y por las equivocaciones aprendemos.
Proverbio romano.

Ser ignorante de la ignorancia ajena es la enfermedad del ignorante.
Amos Bronson Alcott (1799-1888). Educador y filósofo estadounidense.

Sólo hay un bien: el conocimiento. Sólo hay un mal: la ignorancia.
Sócrates (470-399 a.C.). Filósofo griego.

Su ignorancia es enciclopédica.
Abba Eban (1915-2002). Diplomático israelí.

Todo lo que se ignora, se desprecia.
Antonio Machado (1875-1939). Poeta español.

Todos somos muy ignorantes. Lo que ocurre es que no todos ignoramos las mismas cosas.
Albert Einstein (1879-1955). Científico estadounidense de origen alemán.

Un día del hombre erudito es más largo que un siglo del ignorante.
Posidonio (135-51 a.C.). Filósofo griego.

El verdadero conocimiento es saber la magnitud de la propia ignorancia.
Confucio (551-479 a.C.). Filósofo y teórico social chino.

Es imposible vencer con argumentos a un hombre ignorante.
Willian Gibbs McAdoo (1863-1941). Político estadounidense.

La ignorancia es madre del miedo.
Henry Home, Lord Kames (1696-1782). Filósofo escocés.

Lo peor de la ignorancia. Es que a medida que se prolonga, adquiere confianza.
Anónimo.

Nada hay en el mundo tan común como la ignorancia y los charlatanes.
Cleóbulo (VII a.C.- VI a.C.). Uno de los siete sabios de Grecia.

No sabemos ni un cienmillonésimo de nada.
Thomas Alva Edison (1847-1931). Inventor estadounidense.

Ser consciente de la propia ignorancia es un gran paso hacia el saber.
Benjamin Disraeli (1804-1881). Escritor británico.

Todo el mundo es ignorante, sólo que en materias distintas.
William Penn Adair Rogers (1879-1935). Humorista inglés.

Tres clases hay de ignorancia: no saber lo que debiera saberse, saber mal lo que se sabe, y saber lo que no debiera saberse.
François de La Rochefoucauld (1613-1680). Político y escritor francés.

De la igualdad de habilidades surge la igualdad de esperanzas en el logro de nuestros fines.

Thomas Hobbes (1588-1679). Filósofo y político inglés.

La igualdad tal vez sea un derecho, pero no hay poder humano que alcance jamás a convertirla en hecho.

Honorato De Balzac (1799-1850). Escritor francés.

La perfecta igualdad no existe, sino entre los muertos.

Pitágoras (582-500 a.C.). Filósofo y matemático griego.

Nunca habrá igualdad completa hasta que las mujeres mismas ayudan a hacer leyes y a elegir legisladores.

Susan B. Anthony (1820-1906). Reformadora social estadounidense.

En todas las tierras el sol sale al amanecer.

Herbert George Wells (1866-1946). Escritor inglés.

La única situación estable es aquella en que todos los hombres son iguales ante la ley.

Aristóteles (384 a.C.-322a.C). Filósofo griego.

Buscamos llenar el vacío de nuestra individualidad y por un breve momento disfrutamos de la ilusión de estar completos. Pero es sólo una ilusión: el amor une y después divide.

Lawrence Durrell (1912-1990). Novelista y poeta británico.

Debemos seleccionar la ilusión que atraiga nuestro temperamento y abrazarla con pasión, si queremos ser felices.

Cyril Connolly (1903-1974). Escritor y editor inglés.

El hombre tiene ilusiones como el pájaro alas. Eso es lo que lo sostiene.

Blaise Pascal (1623-1662). Matemático, físico y teólogo francés.

El pueblo no renuncia nunca a sus libertades sino bajo el engaño de una ilusión.

Edmund Burke (1729-1797). Estadista y filósofo político británico nacido en Irlanda.

Es más fácil matar una ilusión que resucitar una esperanza.

Paco Ignacio Taibo I (1942-). Periodista y escritor mexicano.

La diferencia entre pasado, presente y futuro es sólo una ilusión.

Albert Einstein (1879-1955). Científico estadounidense de origen alemán.

La ilusión despierta el empeño y solamente la paciencia lo termina.

Anónimo.

La ilusión vale cuando la realidad la toma de la mano.
Anónimo.

Todo idealismo frente a la necesidad es un engaño.
Friedrich Nietzsche (1844-1900). Filósofo, poeta y filólogo alemán.

Imaginación

Con frecuencia he dicho que la ficción puede ser más provechosa que la misma historia.
John Foster Dulles (1888-1959). Político estadounidense.

El mejor automovilista es aquel que conduce con imaginación. Imagina que su familia va con él en el auto.
Henry Ford (1863-1947). Industrial estadounidense.

El mundo real es mucho más pequeño que el mundo de la imaginación.
Friedrich Nietzsche (1844-1900). Filósofo, poeta y filólogo alemán.

El que tiene imaginación sin instrucción tiene alas sin pies.
Joseph Joubert (1754-1824). Escritor y crítico francés.

En el punto donde se detiene la ciencia, empieza la imaginación.
Heyendhal (1914-2002). Antropólogo noruego.

En los momentos de crisis, sólo la imaginación es más importante que el conocimiento.
Albert Einstein (1879-1955). Científico estadounidense de origen alemán.

Existe algo más importante que la lógica: la imaginación.
Anónimo.

La creencia en lo supernatural refleja una falla de la imaginación.
Edward Abbey (1927-1989). Escritor estadounidense.

La imaginación abre a veces unas alas grandes como el cielo en una cárcel grande como la mano.
Louis Charles Alfred de Musset (1810-1857). Poeta francés.

La imaginación de los muchachos es un corcel, y la curiosidad, la espuela que lo aguijonea y lo arrastra a través de los proyectos más imposibles.
Gustavo Adolfo Bécquer (1836-1870). Poeta español.

La imaginación dispone de todo; crea belleza, justicia, y felicidad, que es el todo del mundo.
Blaise Pascal (1623-1662). Matemático, físico y teólogo francés.

La imaginación es el ojo del alma.
Joseph Joubert (1754-1824). Escritor y crítico francés.

La imaginación es más importante que el saber.
Albert Einstein (1879-1955). Científico estadounidense de origen alemán.

La imaginación gobierna al mundo.
Napoleón Bonaparte (1769-1821). Emperador de Francia (1804-1815).

La imaginación sirve para viajar y cuesta menos.
George William Curtis (1824-1892). Escritor y editor estadounidense.

La raza humana está controlada por su imaginación.
Napoleón Bonaparte (1769-1821). Emperador de Francia (1804-1815).

Las oportunidades del hombre están limitadas exclusivamente por su propia imaginación. Pero son tan escasos los que ponen a trabajar su ingenio, que hay 10,000 violinistas mediocres por cada compositor ilustre...
Charles F. Kettering (1876-1958). Ingeniero e inventor estadounidense.

Las personas reales están repletas de seres imaginarios.
Graham Green (1904-1991). Novelista y periodista inglés.

Nuestra imaginación nos agranda tanto el tiempo presente, que hacemos de la eternidad una nada, y de la nada una eternidad.
Blaise Pascal (1623-1662). Matemático, físico y teólogo francés.

Todo el universo visible es un vivero de imágenes y símbolos a los que la imaginación da un puesto y un valor relativo.
Charles Baudelaire (1821-1867). Poeta francés.

Todo lo que el hombre es capaz de imaginar es susceptible de existir.
Luis Racionero (1940-). Escritor español.

La magia es un puente que te permite ir del mundo visible hacia el invisible. Y aprender las lecciones de ambos mundos.
Paulo Coelho (1947-). Escritor brasileño.

Imitación

El que imita lo mal se sobrepasa, más el que imita lo bueno siempre queda.
Francesco Guicciardini (1483-1540). Historiador, diplomático y hombre de estado italiano.

La imitación es la forma más sincera de la alabanza.
Charles Caleb Colton (1780-1832). Poeta y ensayista inglés.

La imitación es suicidio.
Ralph Waldo Emerson (1803-1882). Ensayista y poeta estadounidense.

Ningún gran hombre ha alcanzado su grandeza por medio de la imitación.
Samuel Johnson (1709-1784). Escritor británico.

No se puede imitar lo que se quiere crear.
George Braque (1882-1963). Pintor y escultor francés.

Una buena imitación es la más perfecta originalidad.
Francois-Marie Arouet de Voltaire (1694-1778). Escritor y filósofo francés.

Incredulidad

En la sangre de los mártires a la intolerancia están las semillas de la incredulidad.
Walter Lipmann (1889-1974). Escritor y periodista estadounidense.

Esa fe absurda, esa fe sin sombra de incertidumbre, esa fe de estúpidos carboneros, se une a la incredulidad absurda, a la incredulidad sin sombra de incertidumbre, a la incredulidad de los intelectuales atacados de estupidez efectiva, para no pensar en ello.
Miguel De Unamuno (1864-1936). Filósofo y escritor español.

Infelicidad

Aquel que duda y no investiga, se torna no sólo infeliz, sino también injusto.
Blaise Pascal (1623-1662). Matemático, físico y teólogo francés.

Mejor es morir bien que vivir mal; mejor es no ser que ser infelizmente.
San Isidoro de Sevilla (560-636). Teólogo español.

Si eres infeliz, eres demasiado importante en tu mente.
Carl Gustav Jung (1875-1961). Psicólogo y psiquiatra suizo.

La diferencia de la infidelidad en los dos sexos es tan real que una mujer apasionada puede perdonar una infidelidad, cosa imposible para un hombre.
Marie Henri Beyle "Stendhal" (1783-1842). Novelista y ensayista francés.

Los que son fieles conocen solamente el aspecto trivial del amor: son los infieles los que conocen sus tragedias
Oscar Wilde (1854-1900). Novelista, poeta, crítico literario y autor teatral irlandés.

No hay nada como el amor de una mujer casada. Es una cosa de la que ningún marido tiene la menor idea.
Oscar Wilde (1854-1900). Novelista, poeta, crítico literario y autor teatral irlandés.

Infierno

El camino que conduce a nuestro propio cielo siempre pasa por la voluptuosidad de nuestro propio infierno.
Friedrich Nietzsche (1844-1900). Filósofo, poeta y filólogo alemán.

El infierno es la imposibilidad de la razón.
Oliver Stone (1946-). Director de cine estadounidense.

El infierno es un auditorio medio lleno.
Robert Lee Frost (1874-1963). Poeta y psicólogo estadounidense.

El infierno está empedrado de buenas intenciones.
Walter Scott (1771-1832). Escritor escocés.

El infierno y el paraíso me parecen desproporcionados. Los actos de los hombres no merecen tanto.
Jorge Luis Borges (1899-1986). Escritor argentino.

Las puertas del cielo y del infierno son adyacentes e idénticas.
Nikos Kazantzákis (1885-1957). Escritor griego.

No hay necesidad de fuego, el infierno son los otros.
Jean-Paul Sartre (1905-1980). Filósofo, dramaturgo, novelista y periodista político francés.

Ingenio

¿De que sirve el ingenio cuando no nos divierte? no hay nada más fatigoso que un ingenio triste.
Iván Turgeniev (1818-1883). Novelista ruso.

El ingenio quizás es al talento lo que el instinto a la razón.
Jules Renard (1864-1910). Escritor francés.

No basta tener buen ingenio; lo principal es aplicarlo bien.
René Descartes (1596-1650). Filósofo, científico y matemático francés.

Ingratitud

¿Saben lo que es más duro que los reveses de la fortuna? La cruenta ingratitud del hombre.
Napoleón Bonaparte (1769-1821). Emperador de Francia (1804-1815).

Cría cuervos y te sacarán los ojos.
Esopo (620-560 a.C.). Fabulista griego.

La ingratitud es más fuerte que el arma del traidor.
William Shakespeare (1564-1616). Poeta y autor teatral inglés.

Los brutos son ingratos con los hombres.
Charles Caleb Colton (1780-1832). Poeta y ensayista inglés.

Injusticia

¡Cuántas injusticias y maldades se cometen por mero hábito!
Terencio (190-159 a.C.). Poeta latino.

Cien años de injusticia no hacen derecho.
Georg Wilhelm Friedrich Hegel (1770-1831). Filósofo alemán.

Cometer injusticia es más ignominioso que recibirla.
Platón (428-347 a.C.). Filósofo griego.

Cometer una injusticia es peor que sufrirla.
Aristóteles (384 a.C.-322a.C). Filósofo griego.

El amor por la justicia sólo es, en muchos hombres, el temor de sufrir la injusticia.
François de La Rochefoucauld (1613-1680). Político y escritor francés.

El hombre justo no es aquel que no comete ninguna injusticia, si no el que pudiendo ser injusto no quiere serlo.
Menandro (343-290 a.C.). Filósofo griego.

Es el sentimiento de injusticia lo que resulta insoportable para todos los hombres... Ningún hombre puede ni debe soportarlo.
Thomas Carlyle (1795-1881). Historiador y pensador escocés.

Es muy difícil no ser injusto con lo que uno ama.
Oscar Wilde (1854-1900). Novelista, poeta, crítico literario y autor teatral irlandés.

Es peor cometer una injusticia que padecerla porque quien la comete se convierte en injusto y quien la padece no.
Sócrates (470-399 a.C.). Filósofo griego.

Jamás cometí una injusticia a sabiendas.
Felipe II (1527-1598). Rey de España.

La extremada rectitud es la mayor injusticia.
Marco Tulio Cicerón (106-43 a.C.). Escritor, político y orador romano.

Las almas superiores no tienen miedo más que de una cosa: de cometer una injusticia.
Amado Nervo (1870-1919). Poeta y escritor mexicano.

Las leyes justas nacieron de las injusticias.
José Narosky (1931-). Escritor argentino.

Perdonando demasiado al que yerra se comete injusticia con el que no yerra.
Baldassare Castiglione (1478-1529). Diplomático y escritor italiano.

Quien busque la injusticia no necesitará lámpara.
Georg Christoph Lichtenberg (1742-1799). Escritor y científico alemán.

Si el hombre llegado a su entera perfección, es el primero de los animales, es el último cuando vive sin leyes y sin justicia. Nada más mostruoso, en efecto, que la injusticia armada.
Aristóteles (384 a.C.-322a.C). Filósofo griego.

Sólo hay una blasfemia, que es la injusticia.
Robert Green Ingersoll (1833-1899). Orador y político estadounidense.

Una injusticia hecha a uno es una amenaza a todos.
Charles Louis de Secondat, barón de la Brède y de Montesquieu (1689-1755). Escritor francés.

Inspiración

Cuando baje la inspiración, que me sorprenda trabajando.
Pablo Ruiz Picasso (1881-1973). Pintor y escultor español.

La inspiración es trabajar todos los días.
Charles Baudelaire (1821-1867). Poeta francés.

La inspiración existe, pero tiene que encontrarte trabajando.
Pablo Ruiz Picasso (1881-1973). Pintor y escultor español.

La inspiración nunca llega cuando usted la anda buscando.
Lisa Alther (1944-). Novelista estadounidense.

Nada es más nocivo para la creatividad que el furor de la inspiración.
Umberto Eco (1932-). Escritor y profesor universitario italiano.

Ningún hombre ha llegado a ser grande sin un toque de divina inspiración.
Marco Tulio Cicerón (106-43 a.C.). Escritor, político y orador romano.

Si la vida y la muerte de Sócrates reflejan la dignidad de un sabio, la vida y muerte de Jesús serían la inspiración de un Dios.
Jean Jacques Rousseau (1712-1778). Filósofo y botánico suizo.

Inteligencia

¿Hay alguien tan inteligente que aprenda de la experiencia de los demás?
Francois-Marie Arouet de Voltaire (1694-1778). Escritor y filósofo francés.

¿Hay vida inteligente en la Tierra? Sí, pero estoy sólo de visita.
Anónimo.

¿Qué es la mayoría? La mayoría es un absurdo: la inteligencia ha sido siempre de los pocos.
Friedrich von Schiller (1759-1805). Poeta, dramaturgo y filósofo alemán.

Actualmente nos hemos hundido a una profundidad tal en la cual exponer nuevamente lo obvio es el primer deber de los hombres inteligentes.
George Orwell (1903-1950). Escritor inglés.

Así como el hierro se oxida por falta de uso, también la inactividad destruye el intelecto.
Leonardo Da Vinci (1452-1519). Artista florentino.

Aquel que es muy poco inteligente a su propio hermano le clava el diente.
Edward Young (1683-1765). Poeta inglés.

Creer inteligente al que se sabe muchas cosas de memoria es como considerar sabio al que tiene en su casa una gran biblioteca.
Carlo Dossi (1849-1910). Novelista italiano.

Demasiado listo es tonto.
Frederic Ogden Nash (1902-1971). Poeta estadounidense.

El deseo de parecer listo impide el llegar a serlo.
François de La Rochefoucauld (1613-1680). Político y escritor francés.

El destino del genio es ser un incomprendido, pero no todo incomprendido es un genio.
Ralph Waldo Emerson (1803-1882). Ensayista y poeta estadounidense.

El hombre es un ser social cuya inteligencia exige para excitarse el rumor de la colmena.
Santiago Ramón y Cajal (1852-1934). Doctor español.

El hombre inteligente habla con autoridad cuando dirige su propia vida.
Platón (428-347 a.C.). Filósofo griego.

El hombre inteligente no es el que tiene muchas ideas, sino el que sabe sacar provecho de las pocas que tiene.
Anónimo.

El hombre inteligente que se siente orgulloso de su inteligencia es como el condenado que se siente orgulloso de su gran celda.
Simone Weil (1909-1943). Escritora francesa.

El ideal o el proyecto más noble puede ser objeto de burla o de ridiculizaciones fáciles. Para eso no se necesita la menor inteligencia.
Alexander Kuprin (1870-1938). Escritor ruso.

El intelecto es invisible para el que no lo tiene.
Arthur Schopenhauer (1788-1860). Filósofo alemán.

En la práctica sólo es problema lo que la inteligencia puede resolver.
Conde de Keyserling (1880-1946). Filósofo alemán.

Existen tres clases de inteligencia: la inteligencia humana, la inteligencia animal y la inteligencia militar.
Aldous Leonard Huxley (1894-1963). Escritor inglés.

Hoy, el ser humano no es más inteligente que en la época de Sócrates, pero sabe más.
Manès Sperber (1905-1984). Escritor polaco.

La belleza del cuerpo es simplemente animal, a no ser que vaya acompañada de la inteligencia.

Demócrito (460 a.C.-370 a.C.). Filósofo griego.

La curiosidad es una de las más permanentes y seguras características de una vigorosa inteligencia.

Samuel Johnson (1709-1784). Escritor británico.

La diferencia entre los hombres más y menos inteligentes es como la diferencia entre los condenados de por vida que tienen celdas más pequeñas o más grandes.

Simone Weil (1909-1943). Escritora francesa.

La erudición suele deslucir el talento, en vez de realzarlo.

José Martí (1853-1895). Político y escritor cubano.

La inteligencia consiste no sólo en el conocimiento, sino también en la destreza de aplicar los conocimientos en la práctica.

Aristóteles (384 a.C.-322a.C). Filósofo griego.

La inteligencia es casi inútil a aquel que no tiene más que eso.

Alexis Carrel (1873-1944). Biólogo, médico y escritor francés.

La inteligencia es lo más puro de todas las cosas, tiene un conocimiento total de cada cosa y es la máxima fuerza.

Anaxágoras (500-428 a.C.). Filósofo griego.

La inteligencia es memoria.

James Joyce (1882-1941). Escritor irlandés.

La inteligencia no podría representar mucho tiempo el papel del corazón.

François de La Rochefoucauld (1613-1680). Político y escritor francés.

La inteligencia se caracteriza por una incomprensión natural de la vida.

Henri Bergson (1859-1941). Filósofo francés.

La inteligencia y el sentido común se abren paso con pocos artificios.

Johann Wolfgang von Goethe (1749-1832). Poeta, novelista y dramaturgo alemán.

La primera obligación de la inteligencia es desconfiar de ella misma.

Stanislaw Jerzy Lec (1909-1966). Escritor polaco.

La superioridad de la inteligencia conduce a la insociabilidad.

Arthur Schopenhauer (1788-1860). Filósofo alemán.

La tontería es infinitamente más fascinante que la inteligencia. La inteligencia tiene sus límites, la tontería no.

Claude Chabrol (1930-). Cineasta francés.

La ventaja de ser inteligente es que así resulta más fácil pasar por tonto, lo contrario es mucho más difícil.

Kurt Tucholsky (1890-1935). Periodista alemán.

Las cárceles están llenas de atrasados mentales; pero la mayoría de los criminales inteligentes están en la calle.

Alexis Carrel (1873-1944). Biólogo, médico y escritor francés.

Las inteligencias grandes discuten las ideas, las inteligencias medias los sucesos; y las pequeñas, las personas.

Anónimo.

Las inteligencias poco capaces se interesan en lo extraordinario; las inteligencias poderosas, en las cosas ordinarias.

Víctor Hugo (1802-1885). Escritor francés.

Las personas inteligentes tienen un derecho sobre las ignorantes: El derecho a instruirlas.

Ralph Waldo Emerson (1803-1882). Ensayista y poeta estadounidense.

Mientras admiramos y exaltamos las facultades de la inteligencia humana, nos olvidamos de buscar sus verdaderos colaboradores.

Francis Barón de Verulam Bacon (1561-1626). Filósofo y estadista británico.

Nada imita mejor a la inteligencia, que la pillería.

Jacinto Benavente (1866-1954). Dramaturgo y crítico español.

No hay circunstancia, por infortunado que sea, de la cual una persona inteligente no saque alguna ventaja; y no hay circunstancia, por feliz que sea, que el necio no convierta en una desventaja...

François de La Rochefoucauld (1613-1680). Político y escritor francés.

No hay microscopio más sutil que la inteligencia.

Felipe Picatoste (1834-1892). Escritor y político español.

Puede llegar el día en que la inteligencia humana sea definida como aquello no factible por las máquinas.

Herman Kahn (1922-). Matemático estadounidense.

Quien no tiene toda la inteligencia de su edad, tiene toda su desgracia.

Francois-Marie Arouet de Voltaire (1694-1778). Escritor y filósofo francés.

Se puede ejercer una fuerte acción sobre las personas apelando a sus pasiones o a sus intereses; no a su inteligencia.

Anatole France (1844-1924). Novelista y premio Nobel francés.

Siempre esperaba encontrar en los otros una inteligencia, un interés que no tenían, y no paraba hasta descubrir su insuficiencia. Entonces los dejaba de lado.

Rosamond Nina Lehman (1901-1990). Novelista inglesa.

Todo el mundo se queja de su memoria, pero nadie de su inteligencia.

François de La Rochefoucauld (1613-1680). Político y escritor francés.

Un hombre inteligente es aquel que sabe ser tan inteligente como para contratar gente más inteligente que él.
John F. Kennedy (1917-1963). Presidente de Estados Unidos (1961-1963).

Un hombre inteligente, caminando a pie, llega más pronto que un tonto que va en coche.
Madame de Girardin. Delphine Gay de Girardin (1804-1855). Escritora francesa.

Una conversación con un hombre inteligente es más provechosa que el estudio de muchos libros.
Henry W. Longfellow (1807-1882). Poeta estadounidense.

Invención

El contentamiento es la humareda de la invención.
Ambrose Gwinett Bierce (1842-1914). Periodista y escritor estadounidense.

La duda es la madre de la invención.
Galileo Galilei (1564-1642). Físico y astrónomo italiano.

La invención genera invención.
Ralph Waldo Emerson (1803-1882). Ensayista y poeta estadounidense.

La necesidad es la madre de la invención.
Susanna Freeman Centlivre (1667-1723). Actriz irlandesa y escritora dramática.

La realidad es para los que no pueden encarar la ciencia ficción.
Anónimo.

No existe nada más tonto que inventar.
James Watt (1736-1819). Inventor escocés.

Con la invención de la bomba atómica he llegado a ser la muerte, el destructor de mundos.
J. Robert Openheimer(1904-1967). Físico estadounidense.

Ironía

La ironía es el pudor de la humanidad.
Jules Renard (1864-1910). Escritor francés.

La ironía es un insulto disfrazado en la forma de un elogio.
Edwin Percy Whipple (1819-1886). Ensayista y crítico estadounidense.

La ironía es una tristeza que no puede llorar y sonríe.
Jacinto Benavente (1866-1954). Dramaturgo y crítico español.

Justicia

¿Por qué no tener confianza en la justicia del pueblo? ¿Hay en el mundo esperanza mejor o que pueda igualarla?
Abraham Lincoln (1809-1865). 16º presidente de Estados Unidos (1861-1865).

Aquel que decide un caso sin escuchar la declaración del otro, aunque la decisión sea justa, no puede considerarse justo.

Séneca Anneo (3 a.C.- 65 d.C.). Filósofo latino.

Cada uno de nosotros sólo será justo en la medida en que haga lo que le corresponde.

Sócrates (470-399 a.C.). Filósofo griego.

Cuatro características corresponden al juez: Escuchar cortésmente, responder sabiamente, ponderar prudentemente y decidir imparcialmente.

Sócrates (470-399 a.C.). Filósofo griego.

Demorar la justicia es injusticia.

Walter Savage Landor (1775-1864). Escritor inglés.

Desterrada la justicia que es vínculo de las sociedades humanas, muere también la libertad que está unida a ella y vive por ella.

Juan Luis Vives (1492-1540). Humanista y filósofo español.

Donde hay justicia, no hay pobreza.

Confucio (551-479 a.C.). Filósofo y teórico social chino.

Donde hay poca justicia es un peligro tener razón.

Francisco De Quevedo (1580-1645). Escritor español.

El fuero para el gran ladrón, la cárcel para el que roba un pan.

Pablo Neruda (1904-1973). Poeta chileno.

Es cosa fácil ser bueno; lo difícil es ser justo.

Víctor Hugo (1802-1885). Escritor francés.

Es difícil hacer justicia a quien nos ha ofendido.

Simon Bolívar (1783-1830). Militar y político venezolano.

Hay tanta justicia en la caridad y tanta caridad en la justicia que no parece loca la esperanza de que llegue el día en que se confundan.

Concepción Arenal (1820-1893). Pensadora española.

Haz justicia con alguien y acabarás por amarlo. Pero si eres injusto con él, acabarás por odiarlo.

John Ruskin (1819-1900). Escritor británico.

Haz lo que sea justo. Lo demás vendrá por sí solo.

Johann Wolfgang von Goethe (1749-1832). Poeta, novelista y dramaturgo alemán.

Jamás ha existido un documento jurídico, por justo que fuese, que haya impedido un crimen.

Og Mandino (1923-1996). Escritor estadounidense.

Justicia sin misericordia es crueldad.

Santo Tomás de Aquino (1225-1274). Teólogo italiano.

La justicia es absolutamente nula si no se encuentra en la naturaleza.
Marco Tulio Cicerón (106-43 a.C.). Escritor, político y orador romano.

La Justicia es la reina de las virtudes republicanas y con ella se sostiene la igualdad y la libertad.
Simon Bolívar (1783-1830). Militar y político venezolano.

La justicia es la verdad en acción.
Joseph Joubert (1754-1824). Escritor y crítico francés.

La justicia no espera ningún premio. Se la acepta por ella misma. Y de igual manera son todas las virtudes.
Marco Tulio Cicerón (106-43 a.C.). Escritor, político y orador romano.

La justicia puede entenderse de muchos y muy diversos modos, pero entre ellos la justicia es la constancia de una perpetua voluntad.
San Bernardino de Siena (1380-1444). Predicador italiano.

La justicia sobre la fuerza, es la impotencia, la fuerza sin justicia es tiranía.
Blaise Pascal (1623-1662). Matemático, físico y teólogo francés.

La justicia te proporcionará paz, y también trabajos.
Ramón Llull (1233-1315). Escritor catalán.

La más estricta justicia no creo que sea siempre la mejor política.
Abraham Lincoln (1809-1865). 16º presidente de Estados Unidos (1861-1865).

La misericordia y la verdad se encontraron; la justicia y la paz se besaron.
La Biblia.

La nación más grande y más potente es débil si le falta la justicia.
Manuel José Othón (1858-1906). Poeta mexicano.

Mas la senda de los justos es como la luz de la aurora, que va en aumento hasta que el día es perfecto.
La Biblia.

Mejor que el hombre que sabe lo que es justo es el hombre que ama lo justo.
Confucio (551-479 a.C.). Filósofo y teórico social chino.

Menos mal hacen los delincuentes que un mal juez.
Francisco De Quevedo (1580-1645). Escritor español.

Muchos jueces son absolutamente incorruptibles, nadie puede inducirles a hacer justicia.
Bertolt Brecht (1898-1956). Poeta y dramaturgo alemán.

Nada me parece justo siendo contra mi gusto.
Pedro Calderón de la Barca (1600-1681). Dramaturgo y poeta español.

Nadie puede ser mi juez, sino rey y reino juntos en cortes.
Francisco De Quevedo (1580-1645). Escritor español.

No hay otra virtud más grande y divina que la justicia.
Joseph Addison (1672-1719). Ensayista, poeta y político inglés.

No seas demasiado justo, ni seas sabio con exceso.
La Biblia.

Nunca ruegues por justicia, porque podrías conseguirla.
Margaret Atwood (1939-). Novelista, poetisa y crítica canadiense.

Pesa lo justo un copo para inclinar a tierra la hoja del gladiolo.
Matsuo Basho (1644-1694). Poeta japonés.

Quien no castiga el mal, ordena que se haga.
Leonardo Da Vinci (1452-1519). Artista florentino.

Saber lo que es justo y no hacerlo es la peor de las cobardías.
Confucio (551-479 a.C.). Filósofo y teórico social chino.

Sin la piedad, la justicia degenera en crueldad. Y la piedad sin justicia es debilidad.
Pietro Trapassi "Metastasio" (1698-1782). Poeta italiano.

Sólo las acciones del justo perfuman y adornan la sepultura.
James Shirley (1596-1669). Dramaturgo inglés.

Toda la justicia social descansa en estos dos axiomas: El robo es punible y el producto del robo es sagrado.
Anatole France (1844-1924). Novelista y premio Nobel francés.

Un juez recto, es un juez sabio.
William Shakespeare (1564-1616). Poeta y autor teatral inglés.

Juventud

¡Pobre! Jamas sabrá lo que es ser joven, porque nació banquero.
Mayer Amschel Rothschild (1743-1812). Banquero judío.

¿Qué sería la juventud sin el mar?
Lord Byron (1788-1824). Poeta inglés.

Al mirar a un joven no me admira la imperfección de su vida, sino la perfección de su juventud.
Rabindranath Tagore (1861-1941). Poeta y filósofo indio.

Cada generación se revuelve contra sus padres y se aproxima a sus abuelos.
Lewis Munford (1895-1990). Escritor estadounidense.

De todas las bestias salvajes, un muchacho es la más difícil de manejar.
Platón (428-347 a.C.). Filósofo griego.

Demasiado libertinaje en la juventud seca el corazón, y demasiada continencia atasca el espíritu.
Charles Augustin Saint-Beuve (1804-1869). Escritor y crítico literario francés.

De mis disparates de juventud lo que más pena me da no es el haberlas cometido, sino el no poder volver a cometerlas.
Pierre Benoit (1885-1962). Novelista francés.

El camino de la juventud lleva toda una vida.
Pablo Ruiz Picasso (1881-1973). Pintor y escultor español.

En estos tiempos los jóvenes piensan que el dinero lo es todo, algo que comprueban cuando se hacen mayores.
Oscar Wilde (1854-1900). Novelista, poeta, crítico literario y autor teatral irlandés.

En los jóvenes mucha prudencia es mala señal.
Baldassare Castiglione (1478-1529). Diplomático y escritor italiano.

En los ojos del joven arde la llama. En los del viejo brilla la luz.
Víctor Hugo (1802-1885). Escritor francés.

Hace falta mucho, mucho tiempo para ser joven.
Pablo Ruiz Picasso (1881-1973). Pintor y escultor español.

Haría cualquier cosa por recuperar la juventud... excepto hacer ejercicio, madrugar, o ser un miembro útil de la comunidad.
Oscar Wilde (1854-1900). Novelista, poeta, crítico literario y autor teatral irlandés.

Juventud, ¿sabes que la tuya no es la primera generación que anhela una vida plena de belleza y libertad?
Albert Einstein (1879-1955). Científico estadounidense de origen alemán.

Juventud, divino tesoro, ya te vas para no volver, cuando quiero llorar no lloro, y a veces lloro sin querer.
Rubén Darío (1867-1916). Poeta nicaragüense.

La juventud ama el honor y la victoria más que el dinero. En realidad, apenas se preocupa de éste, porque todavía no ha aprendido lo que significa carecer de él.
Aristóteles (384 a.C.-322a.C). Filósofo griego.

La juventud de hoy está corrompida hasta el corazón. Es mala, atea y perezosa. Jamás será lo que la juventud ha de ser, ni será capaz de preservar nuestra cultura.
Inscripción grabada en una tablilla babilónica del siglo XI a. de C.

La juventud debe acumular; la vejez, usar.
Séneca Anneo (3 a.C.- 65 d.C.). Filósofo latino.

La juventud es feliz en lo que tiene de porvenir.
Nikolai Vassilievitch Gogol (1809-1852). Escritor ruso.

La juventud es un defecto que se corrige con el tiempo.
Enrique Jardiel Poncela (1901-1952). Escritor español.

La juventud es una religión a la que uno siempre acaba convirtiéndose.
André Malraux (1901-1976). Novelista francés.

La juventud ilustrada, es quien ha obrado y seguirá obrando milagros en todo cuanto tenga relación al adelanto y progreso de la humanidad.
Ulises Fancisco Espaillat (1823-1878). Político, escritor y presidente dominicano (1876).

La juventud quiere mejor ser estimulada que instruída.
Johann Wolfgang von Goethe (1749-1832). Poeta, novelista y dramaturgo alemán.

La juventud se alimenta de pasto de flores.
Sófocles (496-406 a.C.). Dramaturgo ateniense.

La juventud se engaña fácilmente porque la esperanza hace rápida presa en ella.
Aristóteles (384 a.C.-322a.C). Filósofo griego.

La juventud tiene el temperamento vivo y el juicio débil.
Homero (s.VIII a.C.). Poeta griego.

La juventud viene sólo una vez en la vida.
Henry W. Longfellow (1807-1882). Poeta estadounidense.

La mayor desgracia de la juventud actual es ya no pertenecer a ella.
Salvador Dalí (1904-1989). Pintor y escultor español.

La sangre joven obedece a un viejo mandato.
William Shakespeare (1564-1616). Poeta y autor teatral inglés.

La temeridad acompaña a la juventud, como acompaña la prudencia a la vejez.
Marco Tulio Cicerón (106-43 a.C.). Escritor, político y orador romano.

Lleva tiempo llegar a ser joven.
Pablo Ruiz Picasso (1881-1973). Pintor y escultor español.

Lo que mejor asienta a la juventud es la modestia, el pudor, el amor a la templanza y la justicia. Tales son las virtudes que deben formar su carácter.
Sócrates (470-399 a.C.). Filósofo griego.

Los deseos del joven muestran las futuras virtudes del hombre.
Marco Tulio Cicerón (106-43 a.C.). Escritor, político y orador romano.

Los jóvenes hoy en día son unos tiranos. Contradicen a sus padres, devoran su comida, y le faltan al respeto a sus maestros.
Sócrates (470-399 a.C.). Filósofo griego.

Los jóvenes son como las plantas: por los primeros frutos se ve lo que podemos esperar para el porvenir.
Demócrito (460 a.C.-370 a.C.). Filósofo griego.

Los jóvenes tienen pasión para considerar a sus mayores como seniles.
Henry Brooks Adams (1838-1918). Escritor estadounidense.

Los viejos desconfían de la juventud porque han sido jóvenes.
William Shakespeare (1564-1616). Poeta y autor teatral inglés.

Nadie podrá detener el impulso de una juventud unida y activa, generosa y libre.
José Vasconcelos (1882-1959). Filósofo, educador y político mexicano.

Ningún hombre sabio quiso nunca ser joven.
Jonathan Swift (1667-1745). Escritor anglo-irlandés.

No basta con ser joven. Es preciso estar borracho de juventud. Con todas sus consecuencias.
Alejandro Casona (1903-1965). Dramaturgo español.

No hay jóvenes malos, sino jóvenes mal orientados.
San Juan Bosco (1815-1888). Santo italiano, fundador de la orden de los salesianos.

Recuerdo mi juventud y aquel sentimiento que nunca más volverá. El sentimiento de que yo podría durar más que todo, más que el mar, más que la tierra, más que todos los hombres.
Joseph Conrad (1857-1924). Novelista británico de origen polaco.

Si la juventud es un defecto, uno se corrige muy pronto de él.
Johann Wolfgang von Goethe (1749-1832). Poeta, novelista y dramaturgo alemán.

Toda hora perdida en la juventud es una probabilidad de desgracia en el porvenir.
Napoleón Bonaparte (1769-1821). Emperador de Francia (1804-1815).

Tú estás joven, hijo mío, y cuando pasen los años el tiempo hará sus cambios y hará retroceder muchas cosas que expresas en tus opiniones actuales. Contrólate, por lo tanto, y no sirvas de árbitro para juzgar el mundo.
Platón (428-347 a.C.). Filósofo griego.

Es la fiebre de la juventud lo que mantiene al resto del mundo a la temperatura normal.
Georges Bernanos (1888-1948). Soldado y escritor francés.

Es mejor malograr la propia juventud que no hacer nada en ella.
Georges Courteline (1858-1929). Novelista francés.

Es mejor ser un joven abejorro que una vieja ave del paraíso.
Mark Twain (1835-1910). Escritor estadounidense.

La infancia muestra al hombre, como la mañana al día.
John Milton (1608-1674). Poeta y ensayista inglés.

La juventud es inmoderada en sus deseos.
Emilio Zola (1840-1902). Novelista francés.

La juventud es la edad de los sacrificios desinteresados, de la ausencia de egoísmo, de los excesos superfluos.
Vicente Blasco Ibáñez (1867-1928). Novelista español.

La juventud no es más que un estado de ánimo.
Frank Lloyd Wright (1869-1959). Arquitecto estadounidense.

La juventud no es un tiempo de la vida, es un estado del espíritu.
Mateo Alemán (1547-1613). Novelista español.

La juventud sabe lo que no quiere antes de saber lo que quiere.
Jean Cocteau (1889-1963). Escritor francés.

Los cuarenta son la edad madura de la juventud; los cincuenta la juventud de la edad madura.
Víctor Hugo (1802-1885). Escritor francés.

Los jóvenes de hoy no parecen tener respeto alguno por el pasado ni esperanza alguna para el porvenir.
Hipócrates (c. 460-c. 377 a.C.). Considerado el padre de la medicina.

Se echa en cara a la juventud el creer que el mundo empieza con ella. Cierto. Pero la vejez cree aún más a menudo que el mundo acaba con ella. ¿Qué es peor?
Fiedrich Hebbel (1813-1863). Dramaturgo alemán.

Si la juventud es un defecto, es un defecto del que nos curamos demasiado pronto.
James Russell Lowell (1819-1891). Escritor estadounidense.

Tal vez algún día dejen a los jóvenes inventar su propia juventud.
Joaquín Salvador Lavado "Quino" (1932-). Humorista y dibujante argentino.

Una sociedad que aísla a sus jóvenes, corta sus amarras: está condenada a desangrarse.
Kofi Annan (1938-). Diplomático africano.

Juzgar

¡Ay de las generaciones cuyos jueces merecen ser juzgados!
Talmud. Cuerpo de ley civil y religiosa del judaísmo.

Cuando apuntas con un dedo, recuerda que los otros tres dedos te señalan a ti.
Proverbio inglés.

Dios mío, señor, no se propone juzgar a un hombre, sino hasta el fin de sus días.
Samuel Johnson (1709-1784). Escritor británico.

En lo que parecemos, todos tenemos un juez; en lo que somos, nadie nos juzga.
Friedrich von Schiller (1759-1805). Poeta, dramaturgo y filósofo alemán.

Esperar que los otros juzguen con sentido común es una prueba del que nos falta a nosotros.

Eugene Gladstone O'Neill (1888-1953). Dramaturgo estadounidense Premio Nobel.

Juzga al árbol por sus frutos, no por sus hojas.

Fedro (15 a.C.-55 d.C.). Poeta romano.

Juzgamos a las cosas de la vida no por sí mismas, sino por lo que nos afectan...

Jaime Luciano Balmes(1810-1848). Sacerdote, periodista y filósofo español.

Juzgamos las acciones humanas no por lo que son, sino por el disgusto o el placer que lo causan.

Anatole France (1844-1924). Novelista y premio Nobel francés.

Los hombres jóvenes son más aptos para inventar que para juzgar, para la ejecución que para el consejo, para nuevos proyectos que para dirigir negocios ya establecidos.

Francis Barón de Verulam Bacon (1561-1626). Filósofo y estadista británico.

Los sentimientos deben permanecer siempre libres. No se debe juzgar un amor futuro por el sufrimiento pasado.

Paulo Coelho (1947-). Escritor brasileño.

No juzguéis, para que no seáis juzgados.

La Biblia.

No se puede juzgar la vida de un hombre hasta que la muerte le ha puesto término.

Sófocles (496-406 a.C.). Dramaturgo ateniense.

Pronto se arrepiente el que juzga apresuradamente.

Publio Siro (Siglo I a.C.). Poeta latino.

Si de veras llegásemos a poder comprender, ya no podríamos juzgar.

André Malraux (1901-1976). Novelista francés.

Si Dios es verdaderamente justo me juzgará por mis actos; y no por mis creencias.

Felipe Poey (1799-1891). Naturalista escritor cubano.

Si nosotros somos tan dados a juzgar a los demás, es debido a que temblamos por nosotros mismos.

Oscar Wilde (1854-1900). Novelista, poeta, crítico literario y autor teatral irlandés.

La Tierra

Los humanos no saben lo que poseen en la Tierra. Será porque la mayoría no ha tenido ocasión de abandonarla y regresar después a ella.

James Russell Lowell (1819-1891). Escritor estadounidense.

No hay en la Tierra contento que se iguale a alcanzar la libertad perdida.

Miguel de Cervantes (1547-1616). Dramaturgo, poeta y novelista español.

Para pedestal, no para sepulcro, se hizo la tierra, puesto que está tendida a nuestros pies.

José Martí (1853-1895). Político y escritor cubano.

Que inapropiado llamar Tierra a este planeta, cuando es evidente que debería llamarse Océano.

Arthur Clarke (1917-). Científico y escritor británico.

Todo lo que es hecho, todo lo humano de la tierra es hecho por manos.

Ernesto Cardenal (1925-). Poeta nicaragüense.

Lágrimas

¡Es tan misterioso el país de las lágrimas!

Antoine De Saint Exupéry (1900-1944). Escritor y aviador francés.

¡Oh lágrimas hermosas, gloria del alma mía y mi cuidado, que de mis penas fuisteis piadosas!

Fernando Herrera (1534-1597). Poeta español.

¡Sé que aún me quedan lágrimas!

Gustavo Adolfo Bécquer (1836-1870). Poeta español.

A veces no nos dan a escoger entre las lágrimas y la risa, sino sólo entre las lágrimas, y entonces hay que saberse decidir por las más hermosas.

Maurice Maeterlinck (1862-1949). Escritor belga.

Brillan tanto las lágrimas en los ojos de una niña que nos da lástima besarlas cuando están secas.

Lord Byron (1788-1824). Poeta inglés.

Cada lágrima enseña a los mortales una verdad.

Platón (428-347 a.C.). Filósofo griego.

Con el persuasivo lenguaje de una lágrima.

Sir Winston Churchill (1874-1965). Político inglés.

De aquí estas lágrimas (Hinc illae lacrymae).

Quinto Horacio Flaco (65 a.C.-8 a.C.). Poeta lírico y satírico romano.

Debe haber algo extrañamente sagrado en la sal: está en nuestras lágrimas y en el mar.

Khalil Gibran (1833-1931). Ensayista, novelista y poeta libanés.

Desprecia al hombre orgulloso que se avergüence de verter lágrimas.

Louis Charles Alfred de Musset (1810-1857). Poeta francés.

Dos tipos de lágrimas brotan de los ojos de la mujer: de verdadero dolor y de despecho.

Pitágoras (582-500 a.C.). Filósofo y matemático griego.

Economizad las lágrimas de vuestros hijos a fin de que puedan regar con ellas vuestra tumba.
Pitágoras (582-500 a.C.). Filósofo y matemático griego.

El alma no tendría arcoiris si los ojos no tuvieran lágrimas.
John Vance Cheney (1848-1922). Poeta estadounidense.

El amor es lo más sublime cuando se envuelve en llanto.
Walter Scott (1771-1832). Escritor escocés.

El hombre que no puede llorar libremente, jamás será verdaderamente libre.
Santiago Genovés (1923-). Antropólogo y escritor mexicano.

El llanto es a veces el modo de expresar las cosas que no pueden decirse con palabras.
Concepción Arenal (1820-1893). Pensadora española.

El llanto es el refugio de las mujeres feas, pero la ruina de las bonitas.
Oscar Wilde (1854-1900). Novelista, poeta, crítico literario y autor teatral irlandés.

El llanto es tan saludable como el sudor y más poético.
Alejandro Casona (1903-1965). Dramaturgo español.

Es un alivio llorar; las penas se desahogan y son arrastradas por las lágrimas.
Publio Nasón Ovidio (43 a.C.-17 d.C.). Poeta latino.

La gente enseña para ocultar su ignorancia, lo mismo que sonríe para ocultar sus lágrimas.
Oscar Wilde (1854-1900). Novelista, poeta, crítico literario y autor teatral irlandés.

La que llora, lo hace por una de tres cosas, llora porque le duele, llora porque le gusta y llora porque lo extraña.
Filósofo de Güémez, personaje mexicano que se dice vivió alrededor de 1800.

La rosa es más bella bañada por el rocío de la mañana, y el amor es más hermoso humedecido por las lágrimas.
Walter Scott (1771-1832). Escritor escocés.

Las lágrimas ahondan, como un río, el cauce del hombre.
José Revueltas (1914-1976). Escritor mexicano.

Las lágrimas no sólo son indicio de una naturaleza sensible y compasiva; son también indicio de debilidad y astucia.
François de Salignac de La Mothe Fénelon (1651-1715). Prelado y erudito francés.

Las lágrimas pesan a veces tanto como las palabras.
Publio Nasón Ovidio (43 a.C.-17 d.C.). Poeta latino.

Las lágrimas son el lenguaje silencioso del dolor.
Francois-Marie Arouet de Voltaire (1694-1778). Escritor y filósofo francés.

Las lágrimas son la sangre del alma.
San Agustín (354-430). Obispo, filósofo y Padre de la Iglesia Latina.

Las lágrimas son las lluvias estivales del alma.
Alfred Austin (1835-1913). Poeta inglés.

Las lágrimas son las madres de las virtudes.
François René de Chateaubriand (1768-1848). Escritor y político francés.

Los cocodrilos vierten lágrimas cuando devoran a sus víctimas. He ahí su sabiduría.
Francis Barón de Verulam Bacon (1561-1626). Filósofo y estadista británico.

Los muertos no tienen lágrimas y olvidan toda pesadumbre.
Eurípides (480-406 a.C.). Dramaturgo griego.

Más puede una lagrimilla mujeril, que toda la sangre que derramó el valor.
Baltasar Gracián y Morales (1601-1658). Jesuita y escritor español.

Mejor aplicar el llanto siempre que sea posible, como la medicina antigua aplicaba la sangría.
Alejandro Casona (1903-1965). Dramaturgo español.

Mis lágrimas deben cesar, porque cada gota es como aguja punzante.
Thomas Hood (1799-1845). Poeta y humorista inglés.

Muy frecuentemente las lágrimas son la última sonrisa del amor.
Marie Henri Beyle "Stendhal" (1783-1842). Novelista y ensayista francés.

Ninguna lágrima rescata nunca al mundo que se pierde ni al sueño que se desvanece.
Juana de Ibarbourou (1892-1979). Poetisa uruguaya.

No hay mayor causa para llorar que no poder llorar.
Séneca Anneo (3 a.C.- 65 d.C.). Filósofo latino.

No sé yo que haya en el mundo palabras tan eficaces ni oradores tan elocuentes como las lágrimas.
Lope De Vega (1562-1635). Escritor español.

Puedes olvidar a aquél con el que has reído pero no a aquél con el que has llorado.
Khalil Gibran (1833-1931). Ensayista, novelista y poeta libanés.

Quien no ha vertido lágrimas en la soledad no sabe cuáles son las lágrimas verdaderamente amargas.
Severo Catalina y del Amo (1832-1871). Escritor español.

Quiero llorar porque me da la gana.
Federico García Lorca (1898-1936). Poeta y dramaturgo español.

Se sentó la niña junto a un río taciturna y sus lágrimas hicieron que fuese profundo.
Robert Herrick (1591-1674). Poeta inglés.

Si lloras por haber perdido el sol, las lágrimas te impedirán ver las estrellas.
Rabindranath Tagore (1861-1941). Poeta y filósofo indio.

Si tienes lágrimas, no dejes de verterlas.
William Shakespeare (1564-1616). Poeta y autor teatral inglés.

Su sonrisa fue un modo de llorar con bondad.
Gabriela Mistral (1889-1957). Poetisa y diplomática chilena.

Sus lágrimas son más bellas que su sonrisa.
Thomas Campbell (1777-1844). Poeta escocés.

Uno puede llorar hasta con la palabra "excusado" si tiene ganas de llorar.
Jaime Sabines (1926-1999). Poeta mexicano.

Y lloro más porque lloro en vano.
Thomas Hill Green (1836-1882). Filósofo inglés.

Y yo soy de parecer y la experiencia lo enseña, que ablandarán una peña lágrimas de una mujer.
Miguel de Cervantes (1547-1616). Dramaturgo, poeta y novelista español.

Yo no lloraba, mi corazón era de piedra.
Dante Alighieri (1265-1321). Poeta, prosista, filósofo y pensador político italiano.

Lectura - Libros

¡Cuánta confianza inspira un libro viejo del cual el Tiempo nos ha hecho ya la crítica!
James Russell Lowell (1819-1891). Escritor estadounidense.

¡Cuidado con el hombre de un solo libro!
Isaac D'Israeli (1766-1840). Crítico e historiador inglés.

¿Para qué los libros, para qué, Dios mío si este amargo libro de la vida enseña que el hombre es un pobre pedazo de leña que arrastra en sus ondas fugaces un río? ¿Para qué los libros, para qué, Dios mío?
Ricardo Nieto (1879-1952). Poeta colombiano.

A veces los pensamientos nos consuelan de las cosas, y los libros de las personas.
Joseph Joubert (1754-1824). Escritor y crítico francés.

Algunos escritores aumentan el número de lectores; otros sólo aumentan el número de libros.
Jacinto Benavente (1866-1954). Dramaturgo y crítico español.

Algunos libros son inmerecidamente olvidados; ninguno es inmerecidamente recordado.

Wystan H. Auden (1907-1973). Poeta inglés.

Amar la lectura es trocar horas de hastío por horas de inefable y deliciosa compañía.

John F. Kennedy (1917-1963). Presidente de Estados Unidos (1961-1963).

Amigo, éste no es un libro, el que lo toca, toca a un hombre.

Walt Whitman (1819-1892). Poeta estadounidense.

Ante ciertos libros, uno se pregunta: ¿quién los leerá? Y ante ciertas personas uno se pregunta: ¿qué leerán? Y al fin, libros y personas se encuentran.

André Gide (1869-1951). Escritor francés.

Ciertamente, es agradable ver estampado el propio nombre; un libro es siempre un libro, aunque no contenga nada.

Lord Byron (1788-1824). Poeta inglés.

Ciertos libros parecen haber sido escritos no para aprender de ellos sino para que se reconozca lo que sabía su autor.

Johann Wolfgang von Goethe (1749-1832). Poeta, novelista y dramaturgo alemán.

Con excepción de las criaturas, no hay otra cosa más maravillosa que un libro. Es un mensaje para nosotros de personas que nunca antes habíamos visto, pero a pesar de todo nos levantan, nos asustan, nos enseñan, nos confortan, y abren sus corazones como si fuéramos hermanos.

Charles Kingsley (1819-1875). Novelista y clérigo inglés.

Conocemos más los libros que las cosas, y el ser sabio consiste en saber cosas y no libros.

Jaime Luciano Balmes (1810-1848). Sacerdote, periodista y filósofo español.

Creo que parte de mi amor a la vida se lo debo a mi amor a los libros.

Adolfo Bioy Casares (1914-1999). Escritor argentino.

Cuando leemos demasiado deprisa o demasiado despacio, no entendemos nada.

Blaise Pascal (1623-1662). Matemático, físico y teólogo francés.

Cuando leo un libro, ya sea fatuo o sabio, parece que estuviera vivo y me hablara.

Jonathan Swift (1667-1745). Escritor anglo-irlandés.

Cuando oigo que un hombre tiene el hábito de la lectura, estoy predispuesto a pensar bien de él.

Nicolás de Avellaneda (1837-1885). Político y periodista argentino.

Cuando se lee un libro según qué estado de ánimo sólo se encuentran el libro interpretaciones de este estado.

Heinrich Heine (1797-1856). Poeta y crítico alemán.

De todas mis penas me he consolado siempre con una hora de lectura.
Charles Louis de Secondat, barón de la Brède y de Montesquieu (1689-1755). Escritor francés.

Dejaría en este libro toda mi alma.
Federico García Lorca (1898-1936). Poeta y dramaturgo español.

Donde se quiere a los libros también se quiere a los hombres.
Heinrich Heine (1797-1856). Poeta y crítico alemán.

El autor que habla de sus propios libros es peor que la madre que sólo habla de sus hijos.
Benjamin Disraeli (1804-1881). Escritor británico.

El buen lector hace el libro bueno.
Ralph Waldo Emerson (1803-1882). Ensayista y poeta estadounidense.

El leer sin pensar nos hace una mente desordenada y el pensar sin leer nos hace desequilibrados.
Confucio (551-479 a.C.). Filósofo y teórico social chino.

El libro es fuerza, es valor, es alimento; antorcha del pensamiento y manantial del amor.
Rubén Darío (1867-1916). Poeta nicaragüense.

El libro gobierna a los hombres y es el maestro del porvenir.
Raymond Poincaré (1860-1934). Político francés.

El libro ilustrado más antiguo que poseemos es el cielo de media noche.
E. Walter Maunder (1851-1928). Escritor inglés.

El libro que no se dirija a la mayoría (en número e inteligencia) es un libro tonto.
Charles Baudelaire (1821-1867). Poeta francés.

El libro que no soporta dos lecturas no merece ninguna.
José Luis Martín Descalzo (1930-1991). Sacerdote y escritor español.

El libro que se regala es el que menos probabilidades tiene de ser leído.
Mariano Azuela (1873-1952). Escritor mexicano.

El libro, ¡bendito sea!, pues con afán inaudito, vuela por el infinito con las alas de la idea.
Rubén Darío (1867-1916). Poeta nicaragüense.

El mundo está lleno de libros preciosos, que nadie lee.
Umberto Eco (1932-). Escritor y profesor universitario italiano.

El mundo llama inmorales a los libros que le explican su propia vergüenza.
Oscar Wilde (1854-1900). Novelista, poeta, crítico literario y autor teatral irlandés.

El recuerdo que deja un libro es más importante que el libro mismo.

Gustavo Adolfo Bécquer (1836-1870). Poeta español.

El regalo de un libro, además de obsequio, es un delicado elogio.

Anónimo.

En los libros perdura la imagen del ingenio y del conocimiento de los hombres.

Francis Barón de Verulam Bacon (1561-1626). Filósofo y estadista británico.

En muchas ocasiones la lectura de un libro ha hecho la fortuna de un hombre, decidiendo el curso de su vida.

Ralph Waldo Emerson (1803-1882). Ensayista y poeta estadounidense.

Escribir es recordar, pero leer también es recordar.

François Mauriac (1885-1970). Escritor francés galardonado con el premio Nobel.

Este es un libro de buena fe, lector.

Michel Eyquem de la Montaigne (1533-1592). Ensayista francés.

Este libro os digo que repaséis, que él os ha de encaminar para que, como Ulises, escapéis de tanto escollo como os espera y tanto monstruo que os amenaza.

Baltasar Gracián y Morales (1601-1658). Jesuita y escritor español.

Estos son malos tiempos. Los hijos han dejado de obedecer a sus padres y todo el mundo escribe libros.

Marco Tulio Cicerón (106-43 a.C.). Escritor, político y orador romano.

Fuera del perro, un libro es probablemente el mejor amigo del hombre. Y dentro del perro probablemente está demasiado oscuro para leer.

Groucho Marx (1890-1976). Actor estadounidense.

Hay libros cortos que, para entenderlos como se merecen, se necesita una vida muy larga.

Francisco De Quevedo (1580-1645). Escritor español.

Hay libros que pueden probarse y otros que se pueden tragar. Sólo algunos merecen ser masticados y digeridos.

Francis Barón de Verulam Bacon (1561-1626). Filósofo y estadista británico.

Hay tantas maneras de leer, y hace falta tanto talento para leer bien.

Gustave Flaubert (1821-1880). Novelista francés.

He buscado por todas partes el sosiego y no lo he encontrado sino en un rincón apartado, con un libro en las manos.

Thomas Kempis (1379-1471). Monje alemán.

Jamás viajo sin mi diario. Siempre debería llevarse algo estupendo para leer en el tren.
Oscar Wilde (1854-1900). Novelista, poeta, crítico literario y autor teatral irlandés.

La enorme multiplicación de libros, de todas las ramas del conocimiento, es uno de los mayores males de nuestra época.
Edgar Allan Poe (1809-1849). Escritor estadounidense.

La eternidad es una de las raras virtudes de la literatura.
Adolfo Bioy Casares (1914-1999). Escritor argentino.

La lectura de un buen libro es un diálogo incesante en que el libro habla y el alma contesta.
André Maurois (1885-1967). Escritor francés.

La lectura es como el alimento; el provecho no está en proporción de lo que se come, sino de los que se digiere.
Jaime Luciano Balmes (1810-1848). Sacerdote, periodista y filósofo español.

La lectura es para la mente lo que el ejercicio es para el cuerpo.
Joseph Addison (1672-1719). Ensayista, poeta y político inglés.

La lectura forma al hombre; las conferencias lo alistan; y la escritura lo perfecciona.
Francis Barón de Verulam Bacon (1561-1626). Filósofo y estadista británico.

La lectura no da al hombre sabiduría; le da conocimientos.
William Somerset Maugham (1874-1965). Escritor británico.

La literatura nacional es un término que ya está desprovisto hasta cierto punto de sentido. La época de la literatura universal está al alcance de la mano y cada cual debe esforzarse por apresurar su llegada.
Johann Wolfgang von Goethe (1749-1832). Poeta, novelista y dramaturgo alemán.

La muchas letras te han vuelto loco.
La Biblia.

La obra clásica es un libro que todo el mundo admira, pero que nadie lee.
Ernest Hemingway (1899-1961). Escritor estadounidense.

La verdadera universidad en nuestros días consiste en una colección de libros.
Thomas Carlyle (1795-1881). Historiador y pensador escocés.

Las leyes mueren, los libros permanecen para siempre.
Edward George Bulwer Lytton (1803-1873). Escritor inglés.

Lee los buenos libros primero; lo más seguro es que no alcances a leerlos todos.
Henry David Thoreau (1817-1862). Escritor, poeta y pensador estadounidense.

Lee y conducirás, no leas y serás conducido.
Santa Teresa de Jesús (1515-1582). Religiosa y escritora mística española.

Leer un libro enseña más que hablar con su autor, porque el autor, en el libro, sólo ha puesto sus mejores pensamientos.
René Descartes (1596-1650). Filósofo, científico y matemático francés.

Libro: "Botella al mar", se ha dicho. Pero con un mensaje equívoco, que puede ser interpretado de tantas maneras que difícilmente el náufrago sea localizado.
Ernesto Sabato (1911-). Escritor argentino.

Libros, que sois un ala (amor la otra) de las dos que el anhelo necesita para llevar a la verdad sin mancha.
Amado Nervo   (1870-1919). Poeta y escritor mexicano.

Los libros abren su mente, ensanchan su mente, y la fortalecen como nada puede hacerlo.
William Feather (1889-1981). Escritor y editor estadounidense.

Los libros no son muebles, pero nada como ellos viste una casa.
Henry Ward Beecher (1813-1887). Reformador y clérigo estadounidense.

Los libros nos dan consejos que no se atreverían a darnos nuestros amigos.
Numa Pompilio (aprox. 700 a.C.). Segundo rey romano.

Los libros que más te ayudan, son aquellos que te hacen pensar más.
Theodore Parker (1810-1860). Teólogo y reformador social estadounidense.

Los libros que tienen títulos llamativos e ingeniosos rara vez merecen ser leídos.
Georg Christoph Lichtenberg (1742-1799). Escritor y científico alemán.

Los libros sólo tienen valor cuando conducen a la vida y le son útiles.
Herman Hesse (1877-1962). Escritor alemán. Premio Nobel de Literatura (1947).

Los libros son como los amigos, no siempre es el mejor el que más nos gusta.
Jacinto Benavente (1866-1954). Dramaturgo y crítico español.

Los libros son el mejor viático que he encontrado para este humano viaje.
Michel Eyquem de la Montaigne (1533-1592). Ensayista francés.

Los libros son faros erigidos en el gran mar del tiempo.
Edwin Percy Whipple (1819-1886). Ensayista y crítico estadounidense.

Los libros son las abejas que llevan el polen de una inteligencia a otra.
James Russell Lowell (1819-1891). Escritor estadounidense.

Los libros son las alfombras mágicas de la imaginación.
Jorge Luis Borges (1899-1986). Escritor argentino.

Los libros son más que libros. Son la vida del corazón y el meollo de las edades pasadas; la razón por la que los hombres vivieron, trabajaron y murieron; la esencia y quintaesencia de una vida.
Amy Lowell (1874-1925) Poetisa norteamericana.

Los libros tienen los mismos enemigos que el hombre: el fuego, la humedad, los animales, el tiempo y su propio contenido.
Paul Ambroise Valéry (1871-1945). Escritor francés.

Los libros tienen su orgullo: cuando se prestan, no regresan nunca.
Theodor Fontane (1819-1898). Escritor alemán.

Los malos libros provocan malas costumbres y las malas costumbres provocan buenos libros.
René Descartes (1596-1650). Filósofo, científico y matemático francés.

Los que escriben con claridad tienen lectores; los que escriben oscuramente tienen comentaristas.
Albert Camus (1913-1960). Novelista, dramaturgo y ensayista francés.

Me gusta extraviarme a mí mismo a través de otras mentes. Cuando no estoy pensando, estoy leyendo. Soy incapaz de sentarme y ponerme a pensar. Los libros piensan por mí.
Charles Lamb (1775-1834). Ensayista inglés.

Mi temprano e invencible amor por la lectura no lo cambiaría por todas las riquezas de la India.
Edward Gibbon (1737-1794). Historiador inglés.

Mis libros están siempre a mi disposición: nunca están ocupados.
Marco Tulio Cicerón (106-43 a.C.). Escritor, político y orador romano.

Ningún libro, como ninguna buena casa, muestra todo su mérito desde el principio.
Thomas Carlyle (1795-1881). Historiador y pensador escocés.

No es posible vivir sin libros.
Thomas Jefferson (1743-1826). Político y filósofo estadounidense.

No hay dos personas que lean el mismo libro.
Edmund Wilson (1895-1972). Escritor y crítico estadounidense.

No hay libro por malo que sea, que no tenga algo bueno.
Plinio el Joven(61-113). Político y escritor latino.

No hay libro tan malo que no tenga algo bueno.
Miguel de Cervantes (1547-1616). Dramaturgo, poeta y novelista español.

No hay mejor fragata que un libro para llevarnos a tierras lejanas.
Emily Dickinson (1830-1886). Poetisa estadounidense.

Nunca releo mis libros, porque me da miedo.
Gabriel García Márquez (1928-). Escritor colombiano. Premio Nobel de Literatura.

Para que el hombre sea fuerte debe comer regularmente, y para que sea sabio debe leer siempre.
Jeremy Collier (1650-1726). Obispo inglés.

Que otros se jacten de las páginas que han escrito; a mí me enorgullecen las que he leído.

Jorge Luis Borges (1899-1986). Escritor argentino.

Si quieres ser leído más de una vez, no vaciles en borrar a menudo.

Quinto Horacio Flaco (65 a.C.-8 a.C.). Poeta lírico y satírico romano.

Teme al hombre de un solo libro.

Santo Tomás de Aquino (1225-1274). Teólogo italiano.

Tengo tres consejos prácticos que ofrecerte: 1. Nunca leas un libro que no tenga por lo menos un año. 2. No leas un libro que no sea famoso. 3. Siempre lee sólo lo que te guste.

Ralph Waldo Emerson (1803-1882). Ensayista y poeta estadounidense.

Todo el mundo conocido, con excepción de las naciones salvajes, es gobernado por los libros.

Francois-Marie Arouet de Voltaire (1694-1778). Escritor y filósofo francés.

Todo libro que ha sido echado a la hoguera ilumina al mundo.

Ralph Waldo Emerson (1803-1882). Ensayista y poeta estadounidense.

Todos los libros pueden dividirse en dos clases: libros del momento y libros de todo momento.

John Ruskin (1819-1900). Escritor británico.

Tomé un curso de lectura rápida y fui capaz de leerme "La guerra y la paz" en veinte minutos. Creo que decía algo de Rusia.

Woody Allen (1935-). Escritor, actor y director de cine estadounidense.

Un buen libro es aquel que se abre con expectativas y se cierra con provecho.

Amos Bronson Alcott (1799-1888). Educador y filósofo estadounidense.

Un buen libro es preciosa sangre de vida de un espíritu magistral, embalsamado y atesorado con el propósito de dar vida más allá de la vida.

John Milton (1608-1674). Poeta y ensayista inglés.

Un buen libro no sólo se escribe para multiplicar y transmitir la voz, sino también para perpetuarla.

John Ruskin (1819-1900). Escritor británico.

Un clásico es aquél al que todo el mundo desea haber leído, pero al que nadie quiere leer.

Mark Twain (1835-1910). Escritor estadounidense.

Un gran libro debe darnos muchas experiencias y dejarnos algo cansados cuando lo terminamos, pues al leerlo hemos vivido varias vidas.

William Styron (1925-). Novelista estadounidense.

Un hogar sin libros es como un cuerpo sin alma.
Marco Tulio Cicerón (106-43 a.C.). Escritor, político y orador romano.

Un hombre dice: A juzgar por el efecto que a mí me ha causado, este libro es dañino. Dejadle esperar y puede que un día confiese que le hizo un gran servicio al descubrirle una enfermedad oculta de su alma.
Friedrich Nietzsche (1844-1900). Filósofo, poeta y filólogo alemán.

Un libro debe construirse como un reloj y venderse como un salchichón.
Oliverio Girondo (1891-1967). Escritor argentino.

Un libro es la única cosa inmortal.
Rufus Choate (1799-1859). Abogado y político estadounidense.

Un libro es un regalo estupendo, porque muchas personas sólo leen para no tener que pensar.
André Maurois (1885-1967). Escritor francés.

Un libro hermoso es una victoria ganada en todos los campos de batalla del pensamiento humano.
Honorato De Balzac (1799-1850). Escritor francés.

Un libro, como un viaje, se comienza con inquietud y se termina con melancolía.
José Vasconcelos (1882-1959). Filósofo, educador y político mexicano.

Una casa sin libros es una casa sin dignidad.
Edmondo De Amicis (1846-1908). Narrador y periodista italiano.

Una dosis de veneno puede hacer daño sólo una vez, pero un mal libro es capaz de envenenar las conciencias por mucho tiempo.
John Murray (1741-1815). Predicador inglés.

Uno no es lo que es por lo que escribe, sino por lo que ha leído.
Jorge Luis Borges (1899-1986). Escritor argentino.

Yo detesto los libros, pues sólo enseñan a la gente a hablar de lo que no entienden.
Jean Jacques Rousseau (1712-1778). Filósofo y botánico suizo.

Yo me atengo a los libros antiguos, pues siempre me enseñan algo; de los nuevos aprendo muy poco.
Francois-Marie Arouet de Voltaire (1694-1778). Escritor y filósofo francés.

Leyes

Como los teóricos marchan detrás de los prácticos, las leyes que de los hallazgos geniales se desprendan, todavía no se formulan.
Manuel M. Ponce (1882-1948). Compositor mexicano.

Dos leyes contrarias parecen estar luchando hoy entre sí. Una es una ley de sangre y de muerte que imagina sin cesar nuevos medios de destrucción y obliga a las naciones a estar constantemente preparadas para el campo de batalla. La otra es una ley de paz.

Louis Pasteur (1822-1895). Químico francés.

El jurado está compuesto por doce personas elegidas para decidir quien tiene el mejor abogado.

Robert Frost (1874-1963). Poeta estadounidense.

Hay tantas leyes que nadie está seguro de no ser colgado.

Napoleón Bonaparte (1769-1821). Emperador de Francia (1804-1815).

Interpretar la ley es corromperla, los abogados las matan.

Napoleón Bonaparte (1769-1821). Emperador de Francia (1804-1815).

La autoridad tiene ladrones peligrosos, cuando los jueces roban entre ellos.

William Shakespeare (1564-1616). Poeta y autor teatral inglés.

La ley debe ser como la muerte, que no exceptúa a nadie.

Charles Louis de Secondat, barón de la Brède y de Montesquieu (1689-1755). Escritor francés.

La ley debiera ser como la ropa. Fabricarla para que se ajuste al talle del que la usa.

Clarance Darrow (1857-1938). Abogado estadounidense.

La ley es como una cisterna sin fondo.

John Arbuthnot (1667-1735). Médico y escritor inglés.

La ley es poderosa, pero más poderosa es la necesidad.

Johann Wolfgang von Goethe (1749-1832). Poeta, novelista y dramaturgo alemán.

La ley es simplemente la expresión de la voluntad del más fuerte en cada época, por lo tanto los leyes no son fijas, sino que cambian de generación en generación.

Henry Brooks Adams (1838-1918). Escritor estadounidense.

La ley es, pues, la distinción de las cosas justas e injustas, expresada con arreglo a aquella antiquísima y primera naturaleza de las cosas.

Marco Tulio Cicerón (106-43 a.C.). Escritor, político y orador romano.

La ley ha sido dada para que se implore la gracia; la gracia ha sido dada para que se observe la ley.

San Agustín (354-430). Obispo, filósofo y Padre de la Iglesia Latina.

La ley no ha sido establecida por el ingenio de los hombres, ni por el mandamiento de los pueblos, sino que es algo eterno que rige el Universo con la sabiduría del imperar y del prohibir.

Marco Tulio Cicerón (106-43 a.C.). Escritor, político y orador romano.

La ley suprema es el bien del pueblo.
Marco Tulio Cicerón (106-43 a.C.). Escritor, político y orador romano.

Las armas nos dieron la independencia, las leyes nos darán la libertad.
Francisco de Paula Santander (1792-1840). Militar y político colombiano.

Las leyes demasiado benévolas, rara vez son obedecidas. Las leyes demasiado severas, rara vez son ejecutadas.
Benjamín Franklin (1706-1790). Político, filósofo y científico estadounidense.

Las leyes inútiles debilitan a las necesarias.
Charles Louis de Secondat, barón de la Brède y de Montesquieu (1689-1755). Escritor francés.

Las leyes muelen al pobre, y los ricos controlan la ley.
Oliver Goldsmith (1730-1774). Escritor anglo-irlandés.

Las leyes se acallan con las armas.
Marco Tulio Cicerón (106-43 a.C.). Escritor, político y orador romano.

Las leyes se han hecho para el bien de los ciudadanos.
Marco Tulio Cicerón (106-43 a.C.). Escritor, político y orador romano.

Las leyes son como las salchichas. Duermes mucho mejor cuanto menos sepas cómo se hacen.
Otto von Bismark (1815-1898). Canciller del Imperio Alemán 1871-1890.

Las leyes son como las telas de araña, a través de las cuales pasan libremente las moscas grandes y quedan enredadas las pequeñas.
Honorato De Balzac (1799-1850). Escritor francés.

Las malas leyes hallarán siempre, y contribuirán a formar, hombres peores que ellas, encargados de ejecutarlas.
Concepción Arenal (1820-1893). Pensadora española.

Las mejores leyes nacen de las costumbres.
Joseph Joubert (1754-1824). Escritor y crítico francés.

Leyes mezquinas engendran grandes crímenes.
Maria Louise Ramé, o De La Ramée (1839-1908). Novelista inglesa.

Ninguna ley es cómoda para todos.
Tito Livio (64 a.C.-17 d.C.). Historiador latino.

No estamos obligados a juzgar según la ley, aunque la ley nos muestra bien el pecado.
Miguel Serveto (1511-1553). Filósofo español.

No hay leyes, salvo la ley de que no hay leyes.
John Wheeler (1911-). Físico estadounidense.

No he cometido un crimen, lo que he hecho es no cumplir con la ley.
David N. Dinkins (1927-). Líder político afro-americano.

Si Dios hubiera querido que viviéramos en una sociedad permisiva, nos hubiera dado diez sugerencias en vez de diez mandamientos.

Zig Ziglar (1926-). Escritor y conferencista estadounidense.

Si se quisieran estudiar todas las leyes, no habría tiempo material de infringirlas.

Johann Wolfgang von Goethe (1749-1832). Poeta, novelista y dramaturgo alemán.

Somos un Estado a favor de la pena de muerte. Es un castigo rápido y seguro.

George W. Bush (1946-). Presidente de los Estados Unidos.

Tan perjudicial es desdeñar las reglas como ceñirse a ellas con exceso.

Juan Luis Vives (1492-1540). Humanista y filósofo español.

Todas las leyes humanas se alimentan de la ley divina.

Heráclito de Efeso (540-470 a.C.). Filósofo griego.

Todos somos iguales ante la ley, pero no ante los encargados de aplicarla.

Stanislaw Jerzy Lec (1909-1966). Escritor polaco.

Un hombre de Estado es el que se pasa la mitad de su vida haciendo leyes, y la otra mitad ayudando a sus amigos a no cumplirlas.

Noel Clarasó (1905-1985). Escritor español.

¡Oh, legislador!, no me des leyes para los pueblos, sino pueblos para las leyes.

Pitágoras (582-500 a.C.). Filósofo y matemático griego.

Casi todos los crímenes que castiga la ley se deben al hambre.

François René de Chateaubriand (1768-1848). Escritor y político francés.

Cumplir la ley es mejor que hacerla.

Thomas Jefferson (1743-1826). Político y filósofo estadounidense.

El árbol de las leyes ha de podarse continuamente.

Anatole France (1844-1924). Novelista y premio Nobel francés.

El legislador no debe proponerse la felicidad de cierto orden de ciudadanos con exclusión de los demás, sino la felicidad de todos.

Platón (428-347 a.C.). Filósofo griego.

En todas partes los más fuertes han hecho las leyes y han oprimido a los débiles.

Anne Robert Jacques Turgot (1727-1781). Economista y político francés.

Es más peligroso, en todo tiempo, que un culpable sea castigado sin las formas de la ley, que dejarle escapar.

Thomas Jefferson (1743-1826). Político y filósofo estadounidense.

La ley es el lecho por donde pasa el torrente de los hechos.
Emile Boutroux (1845-1921). Filósofo francés.

La ley, en su magnífica ecuanimidad, prohíbe, tanto al rico como al pobre, dormir bajo los puentes, mendigar por las calles y robar pan.
Anatole France (1844-1924). Novelista y premio Nobel francés.

Las leyes mantienen su crédito no porque sean justas, sino porque son leyes.
Michel Eyquem de la Montaigne (1533-1592). Ensayista francés.

Las leyes son semejantes a las telas de araña; detienen a lo débil y ligero y son deshechas por lo fuerte y poderoso.
Solón (639-560 a.C.). Sabio griego.

No hay leyes, ni tradiciones ni reglas que se puedan aplicar universalmente incluyendo ésta.
Anónimo.

Nunca te eleves tanto; que la ley te sobrepasa.
Thomas Fuller (1608-1661). Clérigo y escritor inglés.

Para destruir las malas prácticas, la ley es mucho menos útil que los esfuerzos individuales.
Ángel Ganivet y García (1865-1898). Ensayista y novelista español.

Yo defendería la ley, aunque no fuera más que para protegerme de mí mismo.
Thomas Moore (1779-1852). Poeta satírico, compositor y músico irlandés.

Libertad

¡Denme libertad, o denme muerte!
Patrick Henry (1736-1799). Patriota estadounidense y primer gobernador de Virginia.

¡Oh, dulce nombre de la libertad! (O nomen dulce libertatis).
Marco Tulio Cicerón (106-43 a.C.). Escritor, político y orador romano.

El día que cada uno fuéramos un tirano para nosotros mismos, todos los hombres serían igualmente libres, sin revoluciones y sin leyes.
Jacinto Benavente (1866-1954). Dramaturgo y crítico español.

¡Oh, libertad preciosa, no comparada al oro, ni al bien mayor de la espaciosa tierra, más rica y más gozosa que el precioso tesoro que el mar del sur entre su nácar cierra.
Lope De Vega (1562-1635). Escritor español.

¿Preguntas qué es la libertad? No ser esclavo de nada, de ninguna necesidad, de ningún accidente y conservar la fortuna al alcance de la mano.
Séneca Anneo (3 a.C.- 65 d.C.). Filósofo latino.

A pesar de tener la democracia, su organización y control, su fuerza vital radica en la libertad del individuo.

Charles Evans Hughes (1862-1948). Jurista y político estadounidense.

Al que vive temiendo nunca le tendré por libre.

Quinto Horacio Flaco (65 a.C.-8 a.C.). Poeta lírico y satírico romano.

Aquel que nada desea siempre será libre.

Henri Lefebvre (1905-). Filósofo francés.

Aquellos que niegan la libertad no la merecen para sí, y bajo un Dios justo no podrán conservarla mucho tiempo.

Abraham Lincoln (1809-1865). 16º presidente de Estados Unidos (1861-1865).

Aquellos que pueden renunciar a la libertad esencial por conseguir una pequeña seguridad transitoria no merecen ni la libertad ni la seguridad.

Benjamín Franklin (1706-1790). Político, filósofo y científico estadounidense.

Bien analizada, la libertad política es una fábula imaginada por los Gobiernos para adormecer a sus gobernados.

Napoleón Bonaparte (1769-1821). Emperador de Francia (1804-1815).

Como amo la libertad tengo sentimientos nobles y liberales; y si suelo ser severo, es solamente con aquellos que pretenden destruirnos.

Simon Bolívar (1783-1830). Militar y político venezolano.

Como el hueso al cuerpo humano, y el eje a una rueda, y el ala a un pájaro, y el aire al ala, así es la libertad la esencia de la vida. Cuanto sin ella se hace es imperfecto.

José Martí (1853-1895). Político y escritor cubano.

Compatriotas. Las armas os darán la independencia, las leyes os darán la libertad.

Simon Bolívar (1783-1830). Militar y político venezolano.

Cuando las personas tienen libertad para hacer lo que quieren, por lo general comienzan a imitarse mutuamente.

Françoise Sagan (Françoise Quoirez) (1935-2004). Escritora francesa.

Cuando se va la libertad, la vida se vuelve insípida y pierde su gusto.

Joseph Addison (1672-1719). Ensayista, poeta y político inglés.

Debemos planear para la libertad, y no solamente para la seguridad, por ninguna otra razón mas que solamente la libertad puede hacer la seguridad segura.

Karl Popper (1902-1994). Filósofo austriaco.

Denme la libertad para saber, pensar, creer y actuar libremente de acuerdo con la conciencia, sobre todas las demás libertades.

John Milton (1608-1674). Poeta y ensayista inglés.

Durante toda mi vida he luchado contra la dominación blanca y contra la dominación negra y he alimentado el ideal de una sociedad libre. Estoy dispuesto a morir por ello.

Nelson Mandela (1918-). Premio Nobel de la paz sudafricano.

El ambicioso es un esclavo de lo mucho que desea; el hombre libre es el que nada desea.

Edward Young (1683-1765). Poeta inglés.

El amor es hijo de la libertad, nunca del dominio.

Anónimo.

El árbol de la libertad debe ser vigorizado de vez en cuando con la sangre de patriotas y tiranos: es su fertilizante natural.

Thomas Jefferson (1743-1826). Político y filósofo estadounidense.

El asunto del libre albedrío de cualquier manera es algo atemorizante. Casi es más placentero obedecer y aprovecharlo al máximo.

Tristan Bernard (1866-1947). Escritor francés.

El culto al heroísmo es más fuerte donde hay menos libertad de conciencia.

Herbert Spencer (1820-1903). Teórico social inglés.

El Dios que nos dio la vida nos dio la libertad al mismo tiempo.

Thomas Jefferson (1743-1826). Político y filósofo estadounidense.

El escándalo del universo no es el sufrimiento sino la libertad.

Georges Bernanos (1888-1948). Soldado y escritor francés.

El hombre ama la libertad, aunque no sepa que la ama, y anda empujado de ella y huyendo de donde no la halla.

José Martí (1853-1895). Político y escritor cubano.

El hombre es verdaderamente libre cuando no teme y no desea nada.

Louis Auguste Pétiet (1784-1858). General y escritor francés.

El hombre ha nacido libre y en todas partes está encadenado.

Jean Jacques Rousseau (1712-1778). Filósofo y botánico suizo.

El hombre libre es el que no teme ir hasta el final de su pensamiento.

León Blum (1872-1950). Periodista y político francés.

El hombre nunca ha encontrado una definición para la palabra libertad.

Abraham Lincoln (1809-1865). 16º presidente de Estados Unidos (1861-1865).

El límite bueno de nuestra libertad es la libertad de los demás.

Jean Baptiste Alphonse Karr (1808-1890). Escritor francés.

El orden y sólo el orden es la garantía de la libertad.

Charles Péguy (1873-1914). Poeta y ensayista francés.

El respeto a la libertad y al pensamiento ajenos, aun del ente más infeliz, es mi fanatismo: si muero, o me matan, será por eso.

José Martí (1853-1895). Político y escritor cubano.

El ruiseñor se niega anidar en la jaula, para que la esclavitud no sea el destino de su cría.

Khalil Gibran (1833-1931). Ensayista, novelista y poeta libanés.

En Inglaterra, la libertad es una especie de ídolo. Al pueblo se le enseña a amarla y a creer en ella, pero ve muy pocos de sus resultados. El pueblo puede moverse libremente, pero dentro de altas murallas.

George Washington (1732-1799). Primer presidente de Estados Unidos.

En la bandera de la libertad bordé el amor más grande de mi vida.

Federico García Lorca (1898-1936). Poeta y dramaturgo español.

Es verdaderamente libre aquel que desea solamente lo que es capaz de realizar y que hace lo que le agrada.

Jean Jacques Rousseau (1712-1778). Filósofo y botánico suizo.

Eterna vigilancia es el precio de la libertad.

John Philpot Curran (1750-1817). Abogado y político irlandés.

Excepto tu libertad cede todas las cosas.

Demófilo (?-386). Obispo de Constantinopla.

La civilización no es libertad, sino una forma pulida de privación de libertad. Cuanto más elevado es un pueblo, más limitado está en su libertad, y cuanto más educado es un hombre, menos libertades se toma.

Oswald Spengler (1880-1936). Filósofo alemán.

La fatalidad posee una cierta elasticidad que se suele llamar libertad humana.

Charles Baudelaire (1821-1867). Poeta francés.

La liberalidad no consiste en dar mucho, sino dar a tiempo.

Jean de la Bruyere (1645-1696). Filósofo y escritor francés.

La libertad cuesta muy cara, y es necesario, o resignarse a vivir sin ella, o decidirse a comprarla por su precio.

José Martí (1853-1895). Político y escritor cubano.

La libertad de amar no es menos sagrada que la libertad de pensar. Lo que hoy se llama adulterio, antaño se llamó herejía.

Víctor Hugo (1802-1885). Escritor francés.

La libertad de conciencia se entiende hoy día, no sólo como la libertad de creer lo que uno quiera, sino también de poder propagar esa creencia.

Jonathan Swift (1667-1745). Escritor anglo-irlandés.

La libertad debe ser limitada, allí está mi patria.

Benjamín Franklin (1706-1790). Político, filósofo y científico estadounidense.

La libertad del nuevo mundo, es la esperanza del universo.
Simon Bolívar (1783-1830). Militar y político venezolano.

La libertad es como la vida, sólo la merece quien sabe conquistarla todos los días.
Johann Wolfgang von Goethe (1749-1832). Poeta, novelista y dramaturgo alemán.

La libertad es el derecho a hacer lo que las leyes permiten. Si un ciudadano tuviera derecho a hacer lo que éstas prohiben, ya no sería libertad, pues cualquier otro tendría el mismo derecho.
Charles Louis de Secondat, barón de la Brède y de Montesquieu (1689-1755). Escritor francés.

La libertad es el derecho de escoger a las personas que tendrán la obligación de limitárnosla.
Harry S. Truman (1884-1972). Político estadounidense, presidente de Estados Unidos (1945-1953).

La libertad es el derecho de hacer lo que no perjudique a los demás.
Henri-Dominique Lacordaire (1802-1861). Escritor y sacerdote predicador francés.

La libertad es el gran espejo mágico donde toda la creación pura y cristalina se refleja; en ella se abisman los espíritus tiernos y las formas de la naturaleza entera.
Friedrich Leopold von Hardenberg "Novalis" (1772-1801). Poeta alemán.

La libertad es el instrumento que puso Dios en manos del hombre para que realizase su destino.
Emilio Castelar (1832-1899). Político español, presidente de la I República (1873).

La libertad es igual en todos los hombres: no tiene en cada uno por límite sino la de los demás.
Francisco Pi y Margall (1824-1901). Político español.

La libertad es incompatible con el amor. Un amante es siempre un esclavo.
Anne-Louise-Germaine Necker, Baronesa de Staël-Holstein "Germaine de Staël" (1766-1817). Intelectual y política franco-suiza.

La libertad es la adecuada gestión de las ganas, y unas veces habrá que seguirlas y otras no.
José Antonio Marina (1939-). Filósofo español.

La libertad es la obediencia a la ley que uno mismo se ha trazado.
Jean Jacques Rousseau (1712-1778). Filósofo y botánico suizo.

La libertad es lo único que no se puede mantener, mientras no se olviden las otras cosas.
William Allen White (1868-1944). Escritor y novelista estadounidense.

La libertad es siempre peligrosa, pero es la cosa más segura que tenemos.
Harry Emerson Fosdick (1878–1969). Clérigo estadounidense.

La libertad es un privilegio sagrado. Quien la desea para sí y la desdeña para los otros, es libre sólo por casualidad.
Horacio Quiroga (1878-1937). Escritor uruguayo.

La libertad es uno de los más preciosos dones que a los hombres dieron los cielos... por la libertad se puede y debe aventurar la vida.
Miguel de Cervantes (1547-1616). Dramaturgo, poeta y novelista español.

La libertad no es fruto que crezca en todos los climas, y por ello no está al alcance de todos los pueblos.
Jean Jacques Rousseau (1712-1778). Filósofo y botánico suizo.

La libertad no es nada cuando se convierte en un privilegio.
Rosa Luxemburg (1871-1919). Revolucionaria alemana.

La libertad no es posible más que en aquellos países en que el derecho predomina sobre las pasiones.
Henri Dominique Lacordaire (1802-1861). Sacerdote francés.

La libertad no es un fin, es un medio para desarrollar nuestras fuerzas.
Giuseppe Mazzini (1805-1872). Político italiano.

La libertad sin educación es siempre un peligro; la educación sin libertad resulta vana.
John F. Kennedy (1917-1963). Presidente de Estados Unidos (1961-1963).

La libertad sólo puede fijar su residencia en aquellos Estados en que el pueblo tiene el poder supremo.
Marco Tulio Cicerón (106-43 a.C.). Escritor, político y orador romano.

La libertad supone responsabilidad. Por eso la mayor parte de los hombres la temen tanto.
George Bernard Shaw (1856-1950). Escritor irlandés.

La libertad y la salud se asemejan: su verdadero valor se conoce cuando nos faltan.
Henri-François Becque (1837-1899). Dramaturgo francés.

La libertad, por lo que respecta a las clases sociales inferiores de cada país, es poco más que la elección entre trabajar o morirse de hambre.
Samuel Johnson (1709-1784). Escritor británico.

La primera víctima de la destemplanza es la propia libertad.
Séneca Anneo (3 a.C.- 65 d.C.). Filósofo latino.

La raza humana se encuentra en la mejor situación cuando posee el más alto grado de libertad.
Dante Alighieri (1265-1321). Poeta, prosista, filósofo y pensador político italiano.

La verdadera libertad consiste en poder hacer lo que se debe hacer.
Charles Louis de Secondat, barón de la Brède y de Montesquieu (1689-1755). Escritor francés.

Las almas verdaderamente libres saben que no se conquista la libertad sino a costa del sacrificio de casi todas esas cosas que el vulgo confunde con la dicha.
José Vasconcelos (1882-1959). Filósofo, educador y político mexicano.

Libertad es el derecho que todo hombre tiene a ser honrado, y a pensar y a hablar sin hipocresía.
José Martí (1853-1895). Político y escritor cubano.

Libertador y maestro son sinónimos, por eso los pueblos libres veneran a sus maestros y se preocupan por el adelanto de sus escuelas.
José Vasconcelos (1882-1959). Filósofo, educador y político mexicano.

Lo que en algunos se llama libertad, en otros se conoce como libertinaje.
Quintiliano (35-95). Escritor y retórico latino.

Los mayores enemigos de la libertad no son aquellos que la oprimen, sino los que la ensucian.
Vincenzo Gioberti (1801-1852). Filósofo y estadista italiano.

Los que niegan la libertad a los demás no se la merecen ellos mismos.
Abraham Lincoln (1809-1865). 16º presidente de Estados Unidos (1861-1865).

Más cuesta mantener el equilibrio de la libertad que soportar el peso de la tiranía.
Simon Bolívar (1783-1830). Militar y político venezolano.

Más grande que el amor a la libertad es el odio a quien te la quita.
Anónimo.

Me cierran con mil candados, pero olvidan que soy la llave.
José Narosky (1931-). Escritor argentino.

Mientras que el derecho de hablar puede ser el principio de la libertad, la necesidad de escuchar es lo que hace el derecho importante.
Walter Lipmann (1889-1974). Escritor y periodista estadounidense.

Nadie combate la libertad; a lo sumo combate la libertad de los demás. La libertad ha existido siempre, pero unas veces como privilegio de algunos, otras veces como derecho de todos.
Karl Marx (1818-1883). Filósofo alemán.

Nadie es más esclavo que el que se tiene por libre sin serlo.
Johann Wolfgang von Goethe (1749-1832). Poeta, novelista y dramaturgo alemán.

Nadie puede ser perfectamente libre hasta que todos lo sean.
San Agustín (354-430). Obispo, filósofo y Padre de la Iglesia Latina.

No entres donde libremente no puedas salir.
Mateo Alemán (1547-1613). Novelista español.

No es bueno ser demasiado libre. No es bueno tener todo lo que uno quiere.
Blaise Pascal (1623-1662). Matemático, físico y teólogo francés.

No es libre el que se ríe de sus cadenas.
Gotthold Ephraim Lessing (1729-1781). Crítico literario y pensador alemán.

No es libre quien no haya obtenido dominio sobre sí mismo.
Demófilo (?-386). Obispo de Constantinopla.

No estoy de acuerdo con lo que dices, pero hasta con mi vida defenderé el derecho que tienes de decir lo que piensas.
Francois-Marie Arouet de Voltaire (1694-1778). Escritor y filósofo francés.

No hay en el mundo señorío como la libertad del corazón.
Baltasar Gracián y Morales (1601-1658). Jesuita y escritor español.

No hay perdón para los actos de odio. El puñal que se clava en nombre de la libertad, se clava en el pecho de la libertad.
José Martí (1853-1895). Político y escritor cubano.

No nos hacemos libres por negarnos a aceptar nada superior a nosotros, sino por aceptar lo que está realmente por encima de nosotros.
Johann Wolfgang von Goethe (1749-1832). Poeta, novelista y dramaturgo alemán.

No valen antifaces en los países de prensa libre, que sale cada mañana, como un viento duende, levantando caretas.
José Martí (1853-1895). Político y escritor cubano.

Obedecer a Dios es Libertad.
Séneca Anneo (3 a.C.- 65 d.C.). Filósofo latino.

Podrán quitarme la vida, pero no la libertad.
William Wallace (1272-1305). Soldado y heroé nacional escocés.

Por conservar la libertad, la muerte, que es el último de los males, no debe temerse.
Marco Tulio Cicerón (106-43 a.C.). Escritor, político y orador romano.

Proclamo en voz alta la libertad de pensamiento, y muera el que no piense como yo.
Paul Ambroise Valéry (1871-1945). Escritor francés.

Pueblos libres, recordad esta máxima: Podemos adquirir la libertad, pero nunca se recupera una vez que se pierda.
Jean Jacques Rousseau (1712-1778). Filósofo y botánico suizo.

Quienes son capaces de renunciar a la libertad esencial a cambio de una pequeña seguridad transitoria, no son merecedores ni de la libertad ni de la seguridad.
Benjamín Franklin (1706-1790). Político, filósofo y científico estadounidense.

Sé que hay una libertad: la del pensamiento.
Antoine De Saint Exupéry (1900-1944). Escritor y aviador francés.

Ser libre es dejar de depender de alguien para depender de todos.
Enrique Jardiel Poncela (1901-1952). Escritor español.

Ser libre obliga a dejar en libertad a los demás.
Anónimo.

Si la libertad significa algo, será, sobre todo, el derecho a decirle a la gente aquello que no quiere oír.
George Orwell (1903-1950). Escritor inglés.

Si no cortas tus ataduras durante la vida, ¿qué esperanza de liberación tendrás durante la muerte?
Juvenal (55-138). Poeta romano.

Sin democracia la libertad es una quimera.
Octavio Paz (1914-1998). Escritor mexicano.

Sólo es digno de libertad aquel que sabe conquistarla cada día.
Johann Wolfgang von Goethe (1749-1832). Poeta, novelista y dramaturgo alemán.

Sólo la opresión debe temer el ejercicio pleno de las libertades.
José Martí (1853-1895). Político y escritor cubano.

Somos esclavos de las leyes para poder ser libres.
Marco Tulio Cicerón (106-43 a.C.). Escritor, político y orador romano.

Soy libre para ser lo que quiera ser, y hacer lo que quiera hacer.
Richard Bach (1929-). Escritor estadounidense.

Sujetarse a las reglas de la razón es la verdadera libertad.
Plutarco (46-125). Biógrafo y ensayista griego.

Todo hombre tiene libertad para hacer lo que quiera, siempre y cuando no infrinja la libertad de otro hombre.
Herbert Spencer (1820-1903). Teórico social inglés.

Todo hombre ama la libertad; quien es justo la pide para todos y quien es injusto solamente para sí.
Ludwing Börne (1786-1837). Escritor y político alemán.

Todos los pueblos del mundo que han lidiado por la libertad han exterminado al fin a sus tiranos.
Simon Bolívar (1783-1830). Militar y político venezolano.

Un hombre libre es aquel que, teniendo fuerza y talento para hacer una cosa, no encuentra trabas a su voluntad.
Thomas Hobbes (1588-1679). Filósofo y político inglés.

Usa liberalidad y da presto.
Iñigo López de Mendoza, marqués de Santillana (1398-1458). Escritor y poeta español.

Yo diría que sólo quien desee la libertad puede ser libre.
Isaac Asimov (1920-1992). Escritor y científico estadounidense.

¿Quién es libre? Sólo el que sabe dominar sus pasiones.
Quinto Horacio Flaco (65 a.C.-8 a.C.). Poeta lírico y satírico romano.

Bendito sea el caos, porque es síntoma de libertad.
Enrique Tierno Galván (1918-86). Político, filósofo y ensayista español.

Cuando hay libertad, todo lo demás sobra.
José de San Martín (1778-1850). Militar y político argentino.

Detesto lo que escribes, pero daría mi vida para que puedas seguir escribiendo.
Francois-Marie Arouet de Voltaire (1694-1778). Escritor y filósofo francés.

Donde mora la libertad, allí está mi patria.
Benjamín Franklin (1706-1790). Político, filósofo y científico estadounidense.

El hombre está condenado a ser libre.
Jean-Paul Sartre (1905-1980). Filósofo, dramaturgo, novelista y periodista político francés.

El hombre nace libre, responsable y sin excusas.
Jean-Paul Sartre (1905-1980). Filósofo, dramaturgo, novelista y periodista político francés.

El hombre no es libre más que para obrar bien.
Platón (428-347 a.C.). Filósofo griego.

El hombre verdaderamente libre es el que puede rechazar una invitación a comer sin excusarse.
Jules Renard (1864-1910). Escritor francés.

El precio que tenemos que pagar por el dinero se paga en libertad.
Robert Louis Stevenson (1850-1894). Novelista, ensayista y poeta escocés.

El pueblo no es verdaderamente libre mientras que la libertad no esté arraigada en sus costumbres e identificada con ellas.
Mariano José de Larra (1809-1837). Escritor romántico y periodista español.

Es más fácil apoderarse del comandante en jefe de un ejército que despojar a un miserable de su libertad.
Confucio (551-479 a.C.). Filósofo y teórico social chino.

Es un extraño propósito perseguir el poder y perder la libertad.
Francis Barón de Verulam Bacon (1561-1626). Filósofo y estadista británico.

Hay quien pone en duda el porvenir del ideal de la libertad. Nosotros respondemos que tiene más que un porvenir: posee eternidad.
Benedetto Croce (1866-1952). Filósofo italiano

La causa de la libertad se convierte en una burla si el precio a pagar es la destrucción de quienes deberían disfrutar la libertad.
Mohandas Karamchand Gandhi (1869-1948). Líder político y espiritual hindú.

La historia de la libertad es la de la lucha por limitar el poder del gobierno.
Thomas Woodrow Wilson (1856-1924). Político estadounidense, presidente de los EE. UU. 1913-1921.

La libertad abstracta, al igual que otras simples abstracciones, no puede ser encontrada.
Edmund Burke (1729-1797). Estadista y filósofo político británico nacido en Irlanda.

La libertad es aquella facultad que aumenta la utilidad de todas las demás facultades.
Immanuel Kant (1724-1804). Filósofo alemán.

La libertad es incompatible con el amor. Un amante es siempre un esclavo.
Anne Louise Germaine Madame de Staël (1766-1817). Escritora francesa.

La libertad es para soñarla.
Carmen Martín Gaite (1925-2000). Novelista español.

La libertad es singular, siempre que exista la libertad plural.
Benedetto Croce (1866-1952). Filósofo italiano.

La libertad es un hecho, y entre los hechos que observamos, no hay ninguno que sea más claro.
Henri Bergson (1859-1941). Filósofo francés.

La libertad es un lujo que no todos pueden permitirse.
Otto von Bismark (1815-1898). Canciller del Imperio alemán 1871-1885.

La libertad está en ser dueños de la propia vida.
Platón (428-347 a.C.). Filósofo griego.

La libertad existe tan sólo en la tierra de los sueños.
Friedrich von Schiller (1759-1805). Poeta, dramaturgo y filósofo alemán.

La libertad más difícil de conservar es la de equivocarse.
Morris West (1916-1999). Novelista australiano.

La libertad no consiste en hacer lo que se quiere, sino en hacer lo que se debe.
Ramón de Campoamor (1817-1901). Poeta español.

La libertad no hace felices a los hombres, los hace sencillamente hombres.
Manuel Azaña (1880-1940). Escritor y político español.

La libertad no la tienen los que no tienen su sed.
Rafael Alberti (1902-1999). Poeta español.

La libertad no puede ser fecunda para los pueblos que tienen la frente manchada de sangre.

José Martí (1853-1895). Político y escritor cubano.

La libertad puede conducir a muchas transgresiones, pero incluso a los vicios les presta una forma menos innoble.

Karl Wilhem von Humboldt (1767-1835). Filólogo alemán.

La libertad significa responsabilidad; por eso, la mayoría de los hombres le tiene tanto miedo.

George Bernard Shaw (1856-1950). Escritor irlandés.

La libertad sin una autoridad fuerte e incólume, no es libertad al cabo de poco tiempo, sino anarquía.

Antonio Cánovas del Castillo (1828-1897). Político, historiador y escritor español.

La verdadera libertad consiste en el dominio absoluto de sí mismo.

Michel Eyquem de la Montaigne (1533-1592). Ensayista francés.

Las cadenas de la esclavitud atan solamente las manos: es la mente la que hace al hombre libre o esclavo.

Franz Grillparzer (1791-1872). Poeta austriaco.

Libertad ¿para qué?

Vladimir Ilich Ulianov Lenin (1870-1924). Líder revolucionario ruso.

Los países libres son aquellos en los que son respetados los derechos del hombre y donde las leyes, por consiguiente, son justas.

Maximilien Robespierre (1758-1794). Político francés.

Ningún ser humano, por grande y poderoso que fuera, será tan libre como un pez.

John Ruskin (1819-1900). Escritor británico.

No busquemos solemnes definiciones de la libertad, ella es sólo esto: responsabilidad.

George Bernard Shaw (1856-1950). Escritor irlandés.

No más partidos, no más autoridad, libertad absoluta del hombre y del ciudadano: esta es mi profesión de fe social y política.

Pierre Joseph Proudhon (1809-1865). Escritor y teórico político francés.

No se nos otorgará la libertad externa más que en la medida exacta en que hayamos sabido, en un momento determinado, desarrollar nuestra libertad interna.

Mohandas Karamchand Gandhi (1869-1948). Líder político y espiritual hindú.

Ser hombre es ser libre. el sentido de la historia es que nos convirtamos realmente en hombres.

Karl Jaspers (1883-1969). Psiquiatra alemán.

Si no puedes ser lo que eres, se con sinceridad lo que puedas.
Henrik Ibsen (1828-1906). Dramaturgo noruego.

Si no tienes la libertad interior, ¿qué otra libertad esperas poder tener?
Arturo Graf (1848-1913). Escritor y poeta italiano.

Sólo el hombre culto es libre.
Epicteto (55-135 d.C.). Pensador griego.

Sólo es libre aquello que existe por las necesidades de su propia naturaleza y cuyos actos se originan exclusivamente dentro de sí.
Baruch Spinoza (1632-1677). Filósofo y teólogo holandés.

Un prisionero es un predicador de libertad.
Fiedrich Hebbel (1813-1863). Dramaturgo alemán.

Una dulce y triunfante libertad se apodera de aquellos que saben que van a morir pronto.
Vicky Baum (1888-1960). Escritora austriaca.

Yo no estoy de acuerdo con lo que usted dice, pero me pelearía para que usted pudiera decirlo.
Francois-Marie Arouet de Voltaire (1694-1778). Escritor y filósofo francés.

Liderazgo

Consenso es la negación del liderazgo.
Margaret Thatcher (1925-). Política británica.

Cuando pensamos que estamos dirigiendo nos están dirigiendo a nosotros.
Lord Byron (1788-1824). Poeta inglés.

El líder verdadero siempre es guiado.
Carl Gustav Jung (1875-1961). Psicólogo y psiquiatra suizo.

La prueba final de un líder es que deje detrás de él en otros hombres la convicción y la voluntad de continuar.
Walter Lipmann (1889-1974). Escritor y periodista estadounidense.

Levantar un andamio no es edificar.
Napoleón III (1808-1873). Príncipe francés.

Lo que más necesitamos es una persona que nos obligue a hacer lo que sabemos.
Ralph Waldo Emerson (1803-1882). Ensayista y poeta estadounidense.

No es tarea fácil dirigir a hombres; empujarlos, en cambio, es muy sencillo.
Rabindranath Tagore (1861-1941). Poeta y filósofo indio.

Un general que ve con los ojos de otros, nunca será capaz de mandar un ejército como es debido.

Napoleón Bonaparte (1769-1821). Emperador de Francia (1804-1815).

Literatura

¡La pluma! Ese poderoso instrumento de los hombres insignificantes.

Lord Byron (1788-1824). Poeta inglés.

¿De cuándo acá ha de ser el autor de un libro el que mejor lo entienda?

Miguel De Unamuno (1864-1936). Filósofo y escritor español.

A un autor le complace siempre su propia obra.

Publio Nasón Ovidio (43 a.C.-17 d.C.). Poeta latino.

Aquellos impecables autores son los que nunca escribieron.

William Hazlitt (1778-1830). Ensayista y crítico inglés.

Basta sentir que podías seguir viviendo sin escribir, para no permitirte el intentarlo siquiera.

Rainer Maria Rilke (1875-1926). Poeta alemán.

Como todos los que intentan agotar un tema, agotaba él a sus auditores.

Oscar Wilde (1854-1900). Novelista, poeta, crítico literario y autor teatral irlandés.

Convertir los sucesos en ideas; tal es la función de la literatura.

Jorge Ruiz de Santayana (1863-1952). Filósofo, poeta y novelista estadounidense de origen español.

Copiar páginas de autores buenos ayuda a descubrir la técnica del escritor.

André Maurois (1885-1967). Escritor francés.

Creo que la primera ley que el siglo XIX impone a los que se meten a escribir, es la claridad.

Marie Henri Beyle "Stendhal" (1783-1842). Novelista y ensayista francés.

Cualquier necio puede escribir en lenguaje erudito. La verdadera prueba es el lenguaje corriente.

C. S. Lewis (1898-1963). Novelista y crítico inglés.

Cuán vano es sentarse a escribir cuando aún no te has levantado para vivir.

Henry David Thoreau (1817-1862). Escritor, poeta y pensador estadounidense.

Cuando un pueblo ya no lee a sus escritores, los festeja.

Sir Alec Guinness (1914-2000). Actor británico.

Detesto la vulgaridad del realismo en la literatura. Al que es capaz de llamarle pala a una pala, deberían obligarle a usar una. Es lo único para lo que sirve.

Oscar Wilde (1854-1900). Novelista, poeta, crítico literario y autor teatral irlandés.

El adjetivo debe ser el amante del sustantivo y no la mujer legítima. Entre las palabras van bien las uniones pasajeras, no los matrimonios. Con esto se conoce si un escritor es original.

Alphonse-marie-léon Daudet (1867-1942). Periodista y novelista francés, hijo del escritor Alphonse Daudet.

El autor debe estar en su obra como Dios en el universo: presente en todas partes, pero en ninguna visible.

Gustave Flaubert (1821-1880). Novelista francés.

El autor que ha alcanzado fama, corre el riesgo de verla disminuir, tanto si sigue escribiendo como si deja de hacerlo.

Samuel Johnson (1709-1784). Escritor británico.

El conocimiento de los hombres y de las costumbres es el primer principio y el principal manantial del bien escribir.

Quinto Horacio Flaco (65 a.C.-8 a.C.). Poeta lírico y satírico romano.

El deber del escritor es reflejar su vida, aportar su experiencia, todo lo que ha aportado, toda su pequeña aventura humana, todo lo que Dios ha querido hacer de él.

William Faulkner (1897-1962). Novelista estadounidense.

El escritor es un insensato que, no contento con haber aburrido a los que han vivido con él, se obstina en atormentar a las generaciones venideras.

Charles Louis de Secondat, barón de la Brède y de Montesquieu (1689-1755). Escritor francés.

El escritor original no es aquel que no imita a nadie, sino aquel a quien nadie puede imitar.

François René de Chateaubriand (1768-1848). Escritor y político francés.

El escritor sólo puede interesar a la humanidad cuando en sus obras se interesa por la humanidad.

Miguel De Unamuno (1864-1936). Filósofo y escritor español.

El hombre que escribe acerca de sí mismo y de su propia época es el único que escribe acerca de toda la gente y de todos los tiempos.

George Bernard Shaw (1856-1950). Escritor irlandés.

El hombre que escribe bien, escribe, no como los demás, sino como él mismo.

Charles Louis de Secondat, barón de la Brède y de Montesquieu (1689-1755). Escritor francés.

El hombre que se ha sentido escritor una vez será escritor toda su vida.

David Hume (1711-1776). Filósofo escocés.

El lector puede ser considerado el personaje principal de la novela, en igualdad con el autor; sin él, no se hace nada.

Elsa Triolet (1896-1970). Escritora francesa de origen ruso.

El mayor encanto de la cultura literaria es que humaniza el amor.
André Maurois (1885-1967). Escritor francés.

El mayor infortunio del hombre de letras no es quizá el hecho de ser víctima de las intrigas y la envidia de sus colegas y el verse despreciado por los hombres poderosos, sino el verse juzgado por los necios.
Francois-Marie Arouet de Voltaire (1694-1778). Escritor y filósofo francés.

El mundo podría existir muy bien sin la literatura, e incluso mejor sin el hombre.
Jean-Paul Sartre (1905-1980). Filósofo, dramaturgo, novelista y periodista político francés.

El problema, para un escritor, es no parecerse a ninguno de los otros buenos escritores de su época o de la inmediata anterior.
Arthur Adamov (1908-1970). Poeta y dramaturgo ruso, nacionalizado francés.

El que la Biblia no tenga ni huella de humor es uno de los hechos más extraordinarios de la literatura.
Alfred North Whitehead (1860-1947). Filósofo inglés.

El secreto del escritor está en comprender la armonía.
Étienne Bonnot de Condillac (1715-1780). Filósofo francés.

El tema de un escritor puede ser todo aquello que desearía ver suprimido.
Arthur Adamov (1908-1970). Poeta y dramaturgo ruso, nacionalizado francés.

El tenerse que ganar la vida es condición esencial para conocerla, y sin conocer la vida se puede escribir, como se pueden hacer pajaritas de papel, pero sin aspirar a una obra duradera.
Gregorio Marañón (1887-1960). Médico y escritor español.

El verdadero clasicismo está, no en escribir como los clásicos, sino en observar la vida y en trasladarla con emoción al teatro y la novela, tal como hicieron ellos en su tiempo.
Azorín (José Martínez Ruiz) (1873-1967). Ensayista, novelista, autor de teatro y crítico español.

Emprendo a formar, con un libro enano, un varón gigante, y con breves períodos, inmortales hechos.
Baltasar Gracián y Morales (1601-1658). Jesuita y escritor español.

En el proceso de la escritura la imaginación y la memoria se confunden.
Adelaida García Morales (1945-). Escritora española.

En España sería millonario cualquier escritor, si le leyeran todos los que dicen que le admiran.
Jacinto Benavente (1866-1954). Dramaturgo y crítico español.

Es cosa buena para todo el mundo admirar a los clásicos, porque la admiración es buena. Pero es cosa mala para un escritor escribir como los clásicos.

Leon Daudi (1905-1985). Escritor español.

Es imposible imitar a Voltaire sin ser Voltaire.

Federico II (1712-1786). Rey de Prusia (1740-1786).

Es posible escribir bien, en el sentido de la crítica académica, si uno quiere y sabe decir más que lo puede expresar en el lenguaje claramente articulado.

Conde de Keyserling (1880-1946). Filósofo alemán.

Es un acto de fe ser escritor en este mundo.

Rita Mae Brown (1944-). Escritora estadounidense.

Escribe como te dé la real gana y si dices algo de gusto y de provecho y te lo entienden y con ello no cansas, bien escrito está como esté; pero si no dices cosa que valga o aburres, por castizo que se te repute, escribes muy mal y no sirve para darle vueltas, que es tiempo perdido.

Miguel De Unamuno (1864-1936). Filósofo y escritor español.

Escribimos con el corazón en la mano. Preguntamos a nuestra propia conciencia: ¿es justo poner así al descubierto los secretos de nuestra alma? El lector no se percata de que escribimos con la sangre de nuestro corazón; para él escribimos simplemente con tinta. No cree que ponemos al descubierto los secretos de nuestra alma; supone que estamos simulando.

Jerome Klapka Jerome (1859-1927). Novelista y dramaturgo inglés.

Escribir bien es gloria y mérito de algunos hombres, de otros sería gloria y mérito no escribir nada.

Jean de la Bruyere (1645-1696). Filósofo y escritor francés.

Escribir es para mí un doloroso esfuerzo de humildad. Y nunca el resultado corresponde a aquello que tenía en la mente.

Françoise Sagan (Françoise Quoirez) (1935-2004). Escritora francesa.

Escribir libros históricos es una tarea agradable, sobre todo si se hace como Stendhal, o sea, copiándolo todo de otros libros y aderezándolo con unas cuantas anécdotas y chistes; éste ya es un placer que se aproxima a lo espiritual.

Stefan Zweig (1881-1942). Escritor y pacifista austriaco.

Escribir solamente conduce a escribir más.

Colette (Sidonie Gabrielle Claudine) (1873-1954). Novelista francesa.

Escribir, al que escribe, sólo le enseñan una cosa: que cuanto más tiempo hace que escribe, más le cuesta escribir.

Leon Daudi (1905-1985). Escritor español.

Escritor hay, en efecto, que se prepara a su tarea mediante el ejercicio de leerse en alta voz textos de nuestros antiguos y clásicos autores, con lo cual logrará un decir reminiscencial, fofo, sin fuerte sello propio y mortecino siempre.

Miguel De Unamuno (1864-1936). Filósofo y escritor español.

Hay que escribir como se habla y se escribe en el siglo que se vive.

Marcelino Menéndez Pelayo (1856-1912). Filólogo e historiador español.

Hay que escribir libros como quien compone música.

Friedrich Leopold von Hardenberg "Novalis" (1772-1801). Poeta alemán.

Hay que lograr que a uno se le lea con atención; el derecho a la atención es lo que hay que conquistar.

Miguel De Unamuno (1864-1936). Filósofo y escritor español.

He preferido estudiar los libros que a los hombres.

Francis Barón de Verulam Bacon (1561-1626). Filósofo y estadista británico.

La buena escritura es como un cristal.

George Orwell (1903-1950). Escritor inglés.

La diferencia entre la literatura y el periodismo consiste en que el periodismo no puede leerse y la literatura no se lee.

Oscar Wilde (1854-1900). Novelista, poeta, crítico literario y autor teatral irlandés.

La lectura es el viaje de los que no pueden tomar el tren.

Francis de Croisset (1877-1937). Escritor francés.

La lectura es placer, conocimiento, emoción, enajenación.

Fernando Trueba (1955-). Director de cine español.

La literatura es mentir bien la verdad.

Juan Carlos Onetti (1909-1995). Novelista uruguayo.

La literatura es siempre una expedición a la verdad.

Franz Kafka (1883-1924). Escritor checo.

La literatura es una extraña máquina que traga, que absorbe todos los placeres, todos los acontecimientos de la vida. Los escritores son vampiros.

George Bernard Shaw (1856-1950). Escritor irlandés.

La literatura no es otra cosa que un sueño dirigido.

Jorge Luis Borges (1899-1986). Escritor argentino.

La literatura no puede reflejar todo lo negro de la vida. La razón principal es que la Literatura escoge y la vida no escoge.

Pío Baroja (1872-1956). Escritor español.

La literatura puede ser una buena terapia personal, una especie de psicoanálisis por el que no se paga al psicoanalista.
Max Frisch (1911-1991) Dramaturgo y novelista suizo.

La literatura se anticipa siempre a la vida. No la copia, sino que la modela con arreglo a sus fines.
Oscar Wilde (1854-1900). Novelista, poeta, crítico literario y autor teatral irlandés.

La más grande norma de la literatura, en cuanto a pureza y exactitud de estilo se halla en la Biblia.
Hugh Blair (1718-1800). Filósofo escocés.

La más noble función de un escritor es dar testimonio, como con acta notarial y como fiel cronista, del tiempo que le ha tocado vivir.
Camilo José Cela (1916-). Escritor español, premio Nobel de literatura.

La materia prima de la literatura no es la felicidad sino la infelicidad humana.
Mario Vargas Llosa (1936-). Escritor hispano-peruano.

La mejor defensa contra la mala literatura es una experiencia plena de la buena; así como para protegerse de los bribones es mucho más eficaz intimar realmente con personas honestas que desconfiar por principio de todo el mundo.
C. S. Lewis (1898-1963). Novelista y crítico inglés.

La misión del escritor no consiste en decir lo que piensa, sino en decir lo que los otros creen que han pensado alguna vez.
Noel Clarasó (1905-1985). Escritor español.

La misión del novelista no es relatar grandes acontecimientos, sino hacer interesantes los pequeños.
Arthur Schopenhauer (1788-1860). Filósofo alemán.

La pluma es lengua del alma; cuales fueren los conceptos que en ella se engendraron, tales serán sus escritos.
Miguel de Cervantes (1547-1616). Dramaturgo, poeta y novelista español.

La pluma puede llegar a ser más cruel que la espada.
Robert Burton (1577-1640). Clérigo alemán.

La tarea del escritor consiste en mostrar como el contexto social influye en la psicología personal.
Thomas C. Wolfe (1900-1938). Escritor y novelista estadounidense.

La única disciplina a que debe someterse un escritor es la de no leer más libros que los suyos.
Ernest Hemingway (1899-1961). Escritor estadounidense.

La única recompensa que puede esperarse del cultivo de la literatura es el desdén si uno fracasa y el odio si uno triunfa.
Francois-Marie Arouet de Voltaire (1694-1778). Escritor y filósofo francés.

La verdadera nacionalidad de un escritor es su lengua.

Octavio Paz (1914-1998). Escritor mexicano.

Las respuestas que usted consigue de la literatura dependen de las preguntas que usted plantea.

Margaret Atwood (1939-). Novelista, poetisa y crítica canadiense.

Las novelas nunca las han escrito más que los que son incapaces de vivirlas.

Alejandro Casona (1903-1965). Dramaturgo español.

Leer es el único acto soberano que nos queda.

Antonio Muñoz Molina (1956-). Escritor español.

Literatura es mi Utopía. No hay barrera de sentidos que me pueda quitar este placer. Los libros me hablan sin impedimentos de ninguna clase.

Helen Keller (1880-1968). Escritora estadounidense.

Lo peor es cuando has terminado un capítulo y la máquina de escribir no aplaude.

Orson Welles (1915-1985). Actor, director y productor estadounidense.

Los autores suelen tener el defecto de tiranizar las conversaciones hablando sólo de sus obras.

Jean Baptiste Poquelin Molière (1622-1673). Dramaturgo y actor francés.

Los buenos escritores tienen estas dos cosas de común: prefieren ser comprendidos a ser admirados, y no esciben para el lector demasiado astuto y demasiado crítico.

Friedrich Nietzsche (1844-1900). Filósofo, poeta y filólogo alemán.

Los clásicos pertenecen sólo a la literatura primitiva.

Stephen Leacock (1869-1944). Humorista canadiense.

Los escritores deformes son la conciencia diabólica del mundo.

Jean Hippolyte Giraudoux (1882-1944). Dramaturgo, novelista y diplomático.

Los escritores interesan cuando no son razonables; cuando lo son, todos dicen lo mismo.

Leon Daudi (1905-1985). Escritor español.

Los escritores pueden dividirse en tres clases: estrellas errantes, planetas y estrellas fijas.

Arthur Schopenhauer (1788-1860). Filósofo alemán.

Los escritores suceden hasta en las mejores familias.
Rita Mae Brown (1944-). Escritora estadounidense.

Los productos del pensamiento sereno del escritor son más duraderos que los hechos de armas del impetuoso guerrero.
Francisco I. Madero (1873–1913). Político y revolucionario mexicano.

Los que escribimos para el público debemos ser sufridos.
Miguel De Unamuno (1864-1936). Filósofo y escritor español.

Me acomete el deseo de escribir lo ocurrido, pero la blancura del papel hace que me olvide de lo que voy a decir, y me produce un dulce deslumbramiento en que se funde toda la precisión de mis recuerdos.
Henri Barbusse (1873-1935). Novelista francés.

Me dicen que no soy una mujer de este siglo, al gustarme la lectura pausada, y yo insisto que los pesados son los libros frívolos.
Bernard-Henri Lévi (1948-) Filósofo, ensayista y escritor francés.

Mejor escribir para ti mismo y no tener público, que escribir para el público y no tenerte a ti mismo.
Cyril Connolly (1903-1974). Escritor y editor inglés.

Mi única ambición literaria es escribir una buena novela, después retirarme a mi cabaña en el desierto, para asumir la posición de flor de loto, ordenar mi mente y mis sentidos, y sumirme en la meditación, contemplando mi novela.
Edward Abbey (1927-1989). Escritor estadounidense.

Ni por ser los autores más antiguos son mejores, ni por ser más modernos son de menos provecho y estimación.
Vicente Espinel (1551-1624). Poeta y músico español.

No es el grado acaémico lo que hace a un escritor. Lo importante es tener una historia que contar.
Polly Adler (1900-1953). Madam rusa.

No es obligación del escritor ponerse al alcance del público, sino obligación del público ponerse al alcance del escritor.
Miguel De Unamuno (1864-1936). Filósofo y escritor español.

No es posible escribir como se habla. Se habla con la voz, con el tono, con las inflexiones, con los ojos, con las manos. Un discurso reproducido tipográficamente, no sólo pierde en animación, sino en claridad.
Noel Clarasó (1905-1985). Escritor español.

No escriba quien no sepa unir la utilidad con el deleite.
Tomás de Iriarte (1750-1791). Poeta y fabulista español.

No existen más que dos reglas para escribir: tener algo que decir y decirlo.
Oscar Wilde (1854-1900). Novelista, poeta, crítico literario y autor teatral irlandés.

No hay ninguna lectura peligrosa. El mal no entra nunca por la inteligencia cuando el corazón está sano.
Jacinto Benavente (1866-1954). Dramaturgo y crítico español.

No se es escritor por haber elegido decir ciertas cosas, sino por la forma en que se digan.
Jean-Paul Sartre (1905-1980). Filósofo, dramaturgo, novelista y periodista político francés.

No se hace buena literatura con buenas intenciones ni con buenos sentimientos.
André Gide (1869-1951). Escritor francés.

No siento el menor deseo de ser un novelista popular, es demasiado fácil.
Oscar Wilde (1854-1900). Novelista, poeta, crítico literario y autor teatral irlandés.

Nunca he podido entender porque una persona se pasa dos años escribiendo una novela, cuando puede comprar una por $10.
Fred Allen (1894-1956). Humorista estadounidense.

Nunca leo novelas ni ensayos, sino biografías. Para mí, es más importante la vida de un hombre que sus sueños de papel.
Lindsay Kemp (1939-). Escenógrafo y actor británico.

Para el escritor hay una cuestión de honor intelectual en no escribir nada susceptible de prueba, sin poseer antes ésta.
José Ortega y Gasset (1883-1955). Filósofo español.

Para escribir sólo hay que tener algo que decir.
Camilo José Cela (1916-). Escritor español, premio Nobel de literatura.

Personalmente aprecio mucho a los escritores que se muestran preocupados por el problema social. Pero yo tengo mucho más que decir en el tema "corazón" que en el tema "política".
Tennesse Williams (1911-1983). Dramaturgo estadounidense.

Quien dice literatura dice expresión íntegra del alma de un pueblo.
Alfonso Reyes (1889-1959). Escritor mexicano.

Quisiera que todos los cursos de literatura yaciesen en el fondo del océano.
Marie Henri Beyle "Stendhal" (1783-1842). Novelista y ensayista francés.

Saber leer es saber andar. Saber escribir es saber ascender.
José Martí (1853-1895). Político y escritor cubano.

Se me ha ocurrido una distinción entre clásico y romántico. Lo clásico es sano, fuerte, alegre, y lo romántico es lo débil, blando y enfermo. Por esto los Nibelungos son tan clásicos como Homero.

Johann Wolfgang von Goethe (1749-1832). Poeta, novelista y dramaturgo alemán.

Ser escritor es robarle vida a la muerte.

Alfred Víctor "Conde de Vigny" (1797-1863). Escritor francés.

Si quieres hallar en cualquier lado amistad, dulzura y poesía, llévalas contigo.

Georges Duhamel (1884-1966). Escritor francés.

Si un hombre cualquiera, incluso vulgar, supiera narrar su propia vida, escribiría una de las más grandes novelas que jamás se haya escrito.

Giovanni Papini(1881-1956). Escritor italiano.

Sólo publican memorias aquellas personas que ya han perdido totalmente la memoria.

Oscar Wilde (1854-1900). Novelista, poeta, crítico literario y autor teatral irlandés.

Soy escritora, quizás porque no soy oradora.

Gwendolyn Brooks (1917-2000). Poetisa estadounidense.

Todo escritor que no sea un papanatas sufre al ofrecer al sarcasmo público, no sólo su físico y su moral, sino su obra.

William Somerset Maugham (1874-1965). Escritor británico.

Todo escritor se compensa, como puede, de alguna insatisfacción o mala suerte. Cuando se ha ganado dinero escribiendo y se tiene todo lo que se necesita, ¿para qué seguir escribiendo? Los que no dejan de escribir escriben peor que antes.

Arthur Adamov (1908-1970). Poeta y dramaturgo ruso, nacionalizado francés.

Todo lo que se escribe es bueno, salvo aquello que aburre.

Francois-Marie Arouet de Voltaire (1694-1778). Escritor y filósofo francés.

Un buen escritor expresa grandes cosas con pequeñas palabras; a la inversa del mal escritor, que dice cosas insignificantes con palabras grandiosas.

Ernesto Sabato (1911-). Escritor argentino.

Un buen escritor muy pocas veces tiene buena inspiración cuando habla de sí mismo.

Anatole France (1844-1924). Novelista y premio Nobel francés.

Un buen escritor no describe jamás. Inventa a partir de su experiencia personal o impersonal, y habla de las cosas como si tuviera conocimiento de ellas, sin tenerlo, pero sin errores por inverosimilitud.
Ernest Hemingway (1899-1961). Escritor estadounidense.

Un buen escritor posee no sólo su propia inteligencia, sino también la de sus amigos.
Friedrich Nietzsche (1844-1900). Filósofo, poeta y filólogo alemán.

Un escritor es como un río, cuanto menos profundo más claro.
Leon Daudi (1905-1985). Escritor español.

Un escritor es esencialmente un hombre que no se resigna a la sociedad. Cada uno de nosotros es un desierto: una obra es siempre un grito en el desierto.
François Mauriac (1885-1970). Escritor francés galardonado con el premio Nobel.

Un escritor puede obtener más ideas para sus artículos o su novela si está tendido en la cama, que sentándose tercamente al escritorio toda la mañana o la tarde.
Lin Yutang (1895-1976). Escritor chino-americano.

Un escritor si no desea hallarse en trance de muerte no debe desear que otro escritor le admire. Porque cuando un escritor admira a otro ya sabe lo que hace con él: fusilarle.
Enrique Jardiel Poncela (1901-1952). Escritor español.

Un grano de poesía es suficiente para perfumar un siglo.
José Martí (1853-1895). Político y escritor cubano.

Un libro de cabecera no se escoge, se enamora uno de él.
José Luis de Vilallonga (1920-). Escritor español.

Un mal escritor puede llegar a ser un buen crítico, por la misma razón que un pésimo vino también puede llegar a ser un buen vinagre.
François Mauriac (1885-1970). Escritor francés galardonado con el premio Nobel.

Una buena novela nos dice la verdad sobre su protagonista; pero una mala nos dice la verdad sobre su autor.
Gilbert Keith Chesterton (1874-1936). Escritor inglés.

Una sarna incurable por escribir toma posesión de muchos, y crece en forma empedernida en el corazón de los insanos.
Juvenal (67-127). Poeta romano.

Virginia Woolf dijo que los escritores deben ser andróginos, yo voy un paso adelante, deben ser bisexuales.
Rita Mae Brown (1944-). Escritora estadounidense.

Yo creo que para ser escritor basta con tener algo que decir en frases propias o ajenas.
Pío Baroja (1872-1956). Escritor español.

Yo en todos los libros acostumbro a leer el prefacio, porque a veces suele ser lo mejor de la obra.
Cecilia Böhl de Faber "Fernán Caballero" (1796-1877). Novelista española.

Locura

A la gente le gusta que haya siempre un loco a su alrededor.
Alfredo Bryce Echenique (1939-). Escritor peruano.

Aquí nadie está loco, sólo vive una realidad distinta.
Jim Morrison (1943-1971). Músico estadounidense.

Cuando estoy entre locos me hago el loco.
Diógenes de Sínope "el cínico" (410 a.C.-320 a.C.). Filósofo griego.

Cuando todo el mundo está loco, ser cuerdo es una locura.
Paul Samuelson (1915-). Economista estadounidense.

Cuando un loco parece completamente sensato, es ya el momento de ponerle la camisa de fuerza.
Edgar Allan Poe (1809-1849). Escritor estadounidense.

El loco se cree cuerdo, mientras que el cuerdo reconoce que no es sino un loco.
William Shakespeare (1564-1616). Poeta y autor teatral inglés.

El número de locos es tan grande, que la prudencia se ve obligada a ponerse bajo su protección.
San Agustín (354-430). Obispo, filósofo y Padre de la Iglesia Latina.

El sabio es quien quiere asomar su cabeza al cielo; y el loco es quien quiere meter el cielo en su cabeza.
Gilbert Keith Chesterton (1874-1936). Escritor inglés.

En el amor siempre hay algo de locura, mas en la locura siempre hay algo de razón.
Friedrich Nietzsche (1844-1900). Filósofo, poeta y filólogo alemán.

Hay un placer en la locura que sólo los locos conocen.
John Dryden (1631-1700). Poeta, dramaturgo y crítico inglés.

La ciencia no nos ha enseñado aún si la locura es o no lo más sublime de la inteligencia.
Edgar Allan Poe (1809-1849). Escritor estadounidense.

La cólera es una locura breve.
Quinto Horacio Flaco (65 a.C.-8 a.C.). Poeta lírico y satírico romano.

La experiencia aumenta nuestra sabiduría, pero no reduce nuestras locuras.
George Bernard Shaw (1856-1950). Escritor irlandés.

La locura es no hacer lo que se quiere hacer.

Santiago Genovés (1923-). Antropólogo y escritor mexicano.

La sensatez no conviene en todas las ocasiones; a veces hay que ser un poco loco con los locos.

Menandro (343-290 a.C.). Filósofo griego.

La única diferencia entre un loco y yo es que yo no estoy loco.

Salvador Dalí (1904-1989). Pintor y escultor español.

La verdadera locura es tan rara como la verdadera sabiduría. Quizá no sea en el fondo, otra cosa que la sabiduría misma, que cansada ya de saberlo todo y de descubrir las vergüenzas del mundo, ha tomamdo la resolución de volverse loca.

Heinrich Heine (1797-1856). Poeta y crítico alemán.

Las únicas personas que me agradan son las que están locas: locas por vivir, locas por hablar, locas por ser salvadas.

Jack Kerouac (1922-1969). Escritor estadounidense.

Loco es el hombre que ha perdido todo menos la razón.

Gilbert Keith Chesterton (1874-1936). Escritor inglés.

No hay genio sin un grano de locura.

Aristóteles (384 a.C.-322a.C). Filósofo griego.

No hay loco de quien algo no pueda aprender el cuerdo.

Pedro Calderón de la Barca (1600-1681). Dramaturgo y poeta español.

Prefiero una locura que me entusiasme a una verdad que me abata.

Christoph Martin Wieland (1733-1813). Escritor alemán.

Pues ningún loco se hallare que más incurable fuera si ejecutara y dijera un hombre cuanto pensare.

Pedro Calderón de la Barca (1600-1681). Dramaturgo y poeta español.

Se loco cuando la ocasión te lo reclame.

Catón el Viejo (234-149 a.C.). Político y escritor romano.

Si el loco persistiese en su locura se volvería sabio.

William Blake (1757-1827). Poeta y artista inglés.

Todos nacemos locos. Algunos siguen siéndolo toda la vida.

Samuel Beckett (1906-1989). Dramaturgo y novelista anglo-francés.

Una vez al año es lícito hacer locuras.

San Agustín (354-430). Obispo, filósofo y Padre de la Iglesia Latina.

Vivimos en un mundo en el que un loco hace muchos locos, mientras que un sabio hace pocos sabios.

Georg Christoph Lichtenberg (1742-1799). Escritor y científico alemán.

¿Defender? Que defiendan ellos.
Johan Cruyff (1947-). Futbolista y entrenador holandés.

Aquellos que interceptan una contienda a menudo tienen que limpiarse la sangre de sus narices.
John Gray (1764-1868). Militar estadounidense.

Date a ti mismo todas las probabilidades de triunfar, y si fracasas ¡fracasa luchando!...
Og Mandino (1923-1996). Escritor estadounidense.

Dejar de luchar es empezar a morir. Ser joven y no luchar es una contradicción y hasta genética.
Ernesto Che Guevara (1927-1968). Revolucionario y líder político.

El que vive no debe luchar con los muertos.
Torcuato Tasso (1544-1595). Poeta italiano.

El verdadero combate empieza cuando uno debe luchar contra una parte de sí mismo. Pero uno sólo se convierte en un hombre cuando supera estos combates.
André Malraux (1901-1976). Novelista francés.

En tu lucha contra el resto del mundo te aconsejo que te pongas de lado del resto del mundo.
Franz Kafka (1883-1924). Escritor checo.

La lucha justa te vuelve valioso, la muerte en la lucha te vuelve eterno.
Anónimo.

Luchar para vivir la vida, para sufrirla y para gozarla... La vida es maravillosa si no se le tiene miedo.
Charles Chaplin (1889-1977). Actor, productor y director inglés.

Madre

Cualquier madre podría hacer el trabajo de varios controladores aéreos con facilidad.
Lisa Alther (1944-). Novelista estadounidense.

De todos los derechos de las mujeres, el más grande es el de ser madre.
Lin Yutang (1895-1976). Escritor chino-americano.

Delante de una mujer nunca olvides a tu madre.
Constancio C. Vigil (1876-1954). Escritor uruguayo.

En un marido no hay más que un hombre; en una mujer casada hay un hombre, un padre, una madre y una mujer.
Honorato De Balzac (1799-1850). Escritor francés.

Enséñame el rostro de tu madre, te diré quien eres.
Khalil Gibran (1833-1931). Ensayista, novelista y poeta libanés.

Madres, en vuestras manos tenéis la salvación del mundo.
León Tolstoi (1828-1910). Escritor ruso.

Nunca hay más que un amor en la vida; el de la mujer que se ama. Sin duda hay muchos amores posibles en el mundo, porque hay muchas mujeres, como hay muchas tierras y muchas madres. Pero el único amor es el nuestro; por eso nos parece mejor, porque es nuestro, como nuestra patria, como nuestra madre. Nadie las elige y siempre nos parece que la mejor, que la única posible es la nuestra.
Jacinto Benavente (1866-1954). Dramaturgo y crítico español.

Madurez

... La juventud que se construye sobre la madurez de un alma clara crece conforme avanza la existencia.
Jaime Torres Bodet (1902-1974). Escritor y político.

Comienza a manifestarse la madurez cuando sentimos que nuestra preocupación es mayor por los demás que por nosotros mismos.
Albert Einstein (1879-1955). Científico estadounidense de origen alemán.

Envejecer es inevitable, madurar es opcional.
Anónimo.

La edad madura es aquella en la cual se es todavía joven, pero con mucho más esfuerzo.
Jean Louis Barrault (1910-1994). Actor y director francés.

La madurez del hombre es haber vuelto a encontrar la seriedad con la que jugaba cuando era niño.
Friedrich Nietzsche (1844-1900). Filósofo, poeta y filólogo alemán.

La madurez es aquella edad en que uno ya no se deja engañar por sí mismo.
Ralph Waldo Emerson (1803-1882). Ensayista y poeta estadounidense.

Lo que llega a ser maduro necesita morir.
Friedrich Nietzsche (1844-1900). Filósofo, poeta y filólogo alemán.

Una vida lograda es un sueño de adolescente realizado en la edad madura.
Alfred de Vigny (1797-1863). Escritor francés.

Maldad

Aquí hasta las sonrisas son puñales.
William Shakespeare (1564-1616). Poeta y autor teatral inglés.

El demonio ama las colectividades.
André Malraux (1901-1976). Novelista francés.

El diablo es el amigo que no se queda hasta el final.

Georges Bernanos (1888-1948). Soldado y escritor francés.

El mal está sólo en tu mente y no en lo externo. La mente pura siempre ve solamente lo bueno en cada cosa, pero la mala se encarga de inventar el mal.

Johann Wolfgang von Goethe (1749-1832). Poeta, novelista y dramaturgo alemán.

Como mala persona soy un completo desastre. Hay montones de gente que afirman que no he hecho nada malo en toda mi vida. Por supuesto sólo se atreven a decirlo a mis espaldas.

Oscar Wilde (1854-1900). Novelista, poeta, crítico literario y autor teatral irlandés.

El mal no está en tener faltas, sino en no tratar de enmendarlas.

Confucio (551-479 a.C.). Filósofo y teórico social chino.

El mal que hacemos es siempre más triste que el mal que nos hacen.

Jacinto Benavente (1866-1954). Dramaturgo y crítico español.

El mal que quiere engañar con máscara de bien entra.

Juan Ruiz de Alarcón (1581-1639). Escritor y dramaturgo mexicano.

El malo será malo siempre, y el bueno será bueno.

Eurípides (480-406 a.C.). Dramaturgo griego.

El único propósito del castigo es la prevención del mal; nunca debe ser impulsivo al bien.

Horace Mann (1796-1859). Educador estadounidense.

Es extraña la ligereza con que los malvados creen que todo les saldrá bien.

Víctor Hugo (1802-1885). Escritor francés.

Especialízate en el arte de descubrir en todas y cada una de las personas el lado bueno con que cuentan; no hay nadie que sólo sea maldad.

Hélder Pessoa Cámara (1909-1999). Religioso católico brasileño.

Ir tras la justicia conduce a la vida, pero ir tras la maldad conduce a la muerte.

Salomón (970-931 a.C.). Rey israelita.

Las únicas maldades en el mundo son aquellas que anidan en nuestro propio corazón. Ahí es donde la batalla debe ser librada.

Mohandas Karamchand Gandhi (1869-1948). Líder político y espiritual hindú.

Lo más atroz de las cosas malas de la gente mala, es el silencio de la gente buena.

Mohandas Karamchand Gandhi (1869-1948). Líder político y espiritual hindú.

Los que planean la destrucción de otros, a menudo mueren en el intento.

Fedro (15 a.C.-55 d.C.). Poeta romano.

Nunca será posible desembarazarse por completo del mal, pues siempre debe haber algo contrario al bien.

Platón (428-347 a.C.). Filósofo griego.

Para hacer mal cualquiera es poderoso.

Fray Luis de León (1527-1591). Poeta y místico español.

Si permites que en tus pensamientos habite la perversidad, tú mismo llegarás a ser desagradable.

Paramahansa Yogananda (1893-1952). Místico hindú.

Sin embargo, no hay nadie en la tierra tan perfecto que haga siempre el bien y nunca peque.

La Biblia.

Una vez que tienes el valor de mirar al mal cara a cara, de verlo por lo que realmente es y de darle su verdadero nombre, carece de poder sobre ti y puedes destruirlo.

Lloyd Alexander (1924-). Escritor estadounidense.

Veo el bien y no lo hago, pero hago el mal que no quiero.

San Pablo (10 a.C.-67 d.C.). Apóstol del cristianismo.

Acusar a la maldad de los tiempos es excusarnos a nosotros mismos.

Thomas Fuller (1608-1661). Clérigo y escritor inglés.

Al hombre perverso se le conoce en un sólo día; para conocer al hombre justo hace falta más tiempo.

Sófocles (496-406 a.C.). Dramaturgo ateniense.

Cuando tengo que elegir entre dos males, siempre prefiero aquel que no he probado.

Mae West (1892-1980). Actriz estadounidense.

El hombre malo puede decantarse a veces hacia el lado de la razón; pero le resulta casi imposible no hacer cuanto conviene para inclinarse a la maldad.

Arturo Graf (1848-1913). Escritor y poeta italiano.

El mal es árbol que crece y que cortado retoña.

José Hernández (1834-1886). Poeta argentino.

El mal no es lo que entra en la boca del hombre, sino lo que sale de ella.

Paulo Coelho (1947-). Escritor brasileño.

El malo, cuando se finge bueno, es pésimo.

Francis Barón de Verulam Bacon (1561-1626). Filósofo y estadista británico.

El mayor número de los males que sufre el hombre proviene del hombre mismo.

Plinio el Joven(61-113). Político y escritor latino.

El número de malhechores no autoriza el crimen.
Charles Dickens (1812-1870). Escritor inglés.

Jamás es excusable ser malvado, pero hay cierto mérito en saber que uno lo es.
Charles Baudelaire (1821-1867). Poeta francés.

La única cosa necesaria para que triunfe el mal es que los hombres buenos no hagan nada.
Edmund Burke (1729-1797). Estadista y filósofo político británico nacido en Irlanda.

Las almas ruines sólo se dejan conquistar con presentes.
Sócrates (470-399 a.C.). Filósofo griego.

Lo más aburrido del mal es que uno se acostumbra.
Jean-Paul Sartre (1905-1980). Filósofo, dramaturgo, novelista y periodista político francés.

Lo peor que hacen los malos es obligarnos a dudar de los buenos.
Jacinto Benavente (1866-1954). Dramaturgo y crítico español.

Más celos da a la maldad la virtud que el vicio.
Eurípides (480-406 a.C.). Dramaturgo griego.

Nadie se hizo perverso súbitamente.
Juvenal (55-138). Poeta romano.

No hay maldad tan mala como la que nace de la semilla del bien.
Baldassare Castiglione (1478-1529). Diplomático y escritor italiano.

Para que triunfe el mal, sólo es necesario que los buenos no hagan nada.
Edmund Burke (1729-1797). Estadista y filósofo político británico nacido en Irlanda.

Mañana

El hoy no es más que el recuerdo del ayer, y el mañana el sueño de hoy.
Khalil Gibran (1833-1931). Ensayista, novelista y poeta libanés.

La espina de hoy será la flor del mañana.
Anónimo.

Si sabes que nada puedes hacer contra tu destino, ¿por qué te produce ansiedad la incertidumbre del mañana? Si no eres tonto, goza del momento presente.
Omar Khayyam (1050-1123). Poeta, matemático y astrónomo persa.

Viviendo el ahora. El mañana es sólo una fantasía; el ayer es sólo un recuerdo. El ahora es la única realidad.
Anónimo.

Después de todo, mañana es otro día.
Margaret Mitchell (1818-1889). Astrónoma estadounidense.

El mejor recurso de nuestros días para ahorrar en mano de obra es "mañana".

Charles Thomson Rees Wilson (1869-1959). Físico escocés.

Mañana es sólo un adverbio de tiempo.

Joan Manuel Serrat (1943-). Cantautor español.

Matemáticas

¿Cómo explicar que las matemáticas, un producto de la mente humana, independiente de la experiencia, se adapte tan admirablemente bien a los objetos de la realidad?

Albert Einstein (1879-1955). Científico estadounidense de origen alemán.

Al hablar de la incomparable facilidad de Euler para las matemáticas, observó: "Calculaba sin esfuerzo aparente, como otros hombres respiran o como las águilas se sostienen en el aire".

François Arago (1786-1853). Físico francés.

El buen cristiano debería desconfiar de los matemáticos y de todos aquéllos que hacen falsas profecías. Es muy posible que los matemáticos hayan hecho una alianza con el demonio para inducir a los hombres al pecado y condenarles al infierno.

San Agustín (354-430). Obispo, filósofo y Padre de la Iglesia Latina.

El matemático intuye como artista su hallazgo y después recorre matemáticamente el camino que lo llevó al resultado.

Juan José Arreola (1918-2001). Actor y narrador mexicano.

Cultivad asiduamente la ciencia de los números, porque nuestros crímenes no son más que errores de cálculo.

Pitágoras (582-500 a.C.). Filósofo y matemático griego.

El lenguaje de las matemáticas se revela formidablemente efectivo en las ciencias naturales [...], un regalo maravilloso que ni comprendemos ni merecemos.

Eugene Paul Wigner (1902-). Profesor húngaro-norteamericano.

El poder de las matemáticas descansa en evitar todo razonamiento innecesario y en la maravillosa economía de operaciones mentales.

Ernst Mach (1838-1916). Físico y filósofo austriaco.

En compañía de amigos, los escritores pueden discutir sus libros, los economistas el estado de la economía, los abogados sus últimos casos, y los empresarios sus recientes adquisiciones, pero los matemáticos no pueden discutir sus matemáticas. Entre más profundo es su trabajo, menos entendible es.

Alfred Adler (1870-1937). Psiquiatra austriaco.

En la actualidad no sólo nuestros reyes ignoran la matemática; también nuestros filósofos, y —para ir más lejos— ni nuestros matemáticos saben matemáticas.

Julius Robert Oppenheimer (1904 - 1967). Físico estadounidense.

En matemáticas es inútil tratar de entender algo. Sólo hay que usarlo.

Johann von Neumann (1903-1957). Matemático húngaro.

Es más fácil cuadrar un círculo que convencer a un matemático

Augustus de Morgan (1806-1871). Lógico inglés.

Hay cosas inciertas para nosotros, cosas más o menos probables, y nosotros tratamos de comprender la imposibilidad de conocerlas por el procedimiento de establecer sus diversos grados de probabilidad. En consecuencia, debemos a la debilidad de la mente humana una de las teorías matemáticas más delicadas e ingeniosas, la ciencia del azar o de la probabilidad.

Pierre Simon de Laplace (1749-1827). Astrónomo y matemático francés.

La vida matemática de un matemático es corta. Su trabajo raramente mejora después de llegar a la edad de 25 o 30 años. Si ha logrado poco para ese entonces, poco logrará después.

Alfred Adler (1870-1937). Psiquiatra austriaco.

Las matemáticas no mienten, lo que hay son muchos matemáticos mentirosos.

Henry David Thoreau (1817-1862). Escritor, poeta y pensador estadounidense.

Las matemáticas pueden ser definidas como una materia en la cual nunca sabemos de qué estamos hablando ni si es verdad lo que decimos.

Bertrand Russell (1872-1970). Científico y filósofo británico.

Las matemáticas se escriben para los matemáticos

Nicolás Copérnico (1473-1543). Astrónomo polaco.

Las matemáticas son la música de la razón.

James Joseph Sylvester (1814-1897). Matemático británico.

Las matemáticas son la puerta y la llave de las ciencias.

Roger Bacon (1220-1292). Filósofo y clérigo inglés.

Las matemáticas son las reinas de las ciencias, y la aritmética es la reina de las matemáticas.

Carl Friedrich Gauss (1777-1855). Matemático alemán.

Las proposiciones matemáticas, en cuanto tienen que ver con la realidad, no son ciertas; y en cuanto que son ciertas, no tienen nada que ver con la realidad.

Albert Einstein (1879-1955). Científico estadounidense de origen alemán.

Ninguna investigación humana puede ser denominada ciencia si no pasa a través de pruebas matemáticas.

Leonardo Da Vinci (1452-1519). Artista florentino.

No podra ser un buen geógrafo el que no esté seriamente versado en Matemáticas.
Miguel Serveto (1511-1553). Filósofo español.

Primero es el número 1 y después el 2; pero en el 21, el 2 se amoló al 1.
Filósofo de Güémez, personaje mexicano que se dice vivió alrededor de 1800.

Quien no sepa matemáticas no puede conocer ninguna ciencia y, más aún, no puede descubrir su propia ignorancia ni encontrar el remedio apropiado para ella.
Roger Bacon (1220-1292). Filósofo y clérigo inglés.

Un buen pasatiempo matemático vale más, y aporta más a la matemática, que una docena de artículos mediocres.
John Edensor Littlewood (1885-1977). Matemático inglés.

Matrimonio

¡Cómo! ¿Qué se ha casado? ¡Y pensar que lo dejé gozando de tanta salud!
Antífanes (siglo IV a.C.). Comediante griego.

¡Qué delicia tener un marido por la noche a nuestro lado! Aunque no sea más que por el placer de tener alguien que te salude y te diga ¡Jesús!, cuando estornudas.
Jean Baptiste Poquelin Molière (1622-1673). Dramaturgo y actor francés.

¿Creéis que si Laura hubiera sido la esposa de Petrarca hubiese escrito éste sonetos toda la vida?
Lord Byron (1788-1824). Poeta inglés.

¿Una esposa? No es éste ninguno de los requisitos indispensables de la vida.
David Hume (1711-1776). Filósofo escocés.

Antes de casarme veía difícil permanecer fiel a una persona. Ahora creo en el calor de un hogar, en la relación oficial. Cuando se está enamorada, la fidelidad es fácil.
Julia Roberts (1967-). Actriz de cine estadounidense.

Antiquísimo pecado es seducir a la mujer ajena y despreciar el vínculo sagrado.
Decimus Junius Juvenal (60-140). Poeta romano.

Bigamia es tener una esposa de más. Monogamia es lo mismo.
Oscar Wilde (1854-1900). Novelista, poeta, crítico literario y autor teatral irlandés.

Casarse está bien. No casarse está mejor.
San Agustín (354-430). Obispo, filósofo y Padre de la Iglesia Latina.

Cásate con una mujer de tu igual, porque si la eliges más rica o más noble, los suyos serán tus amos.
Cleóbulo (VII a.C.- VI a.C.). Uno de los siete sabios de Grecia.

Cásate con una persona igual, por que la desigualdad en las parejas quebranta la doble armonía.
Solón (639-560 a.C.). Sabio griego.

Cásate demasiado pronto y te arrepentirás demasiado tarde.
Anónimo.

Casi nunca los que se han amado y unido se libran después uno de otro. Son casos raros. Y la mayoría, después de muchas sacudidas y esfuerzos terribles, se unen con más solidez que nunca, con una resignación que ha de durar hasta la muerte.
François Mauriac (1885-1970). Escritor francés galardonado con el premio Nobel.

Compórtate con tu mujer como te comportarías con la de otro.
Jean Hippolyte Giraudoux (1882-1944). Dramaturgo, novelista y diplomático.

Conozco a centenares de maridos que serían felices de volver al hogar si no hubiese una esposa esperándoles.
Groucho Marx (1890-1976). Actor estadounidense.

Consejo para aquellos que están listos para casarse: ¡No se casen!
Henry Mayhew (1812-1887). Periodista y sociólogo inglés.

Cuando dos personas se casan, para la ley se vuelven una sola persona, y esa persona es el marido.
Shana Alexander (1925-). Escritora y comentarista estadounidense.

Cuando un hombre encuentra a su pareja, comienza la sociedad.
Ralph Waldo Emerson (1803-1882). Ensayista y poeta estadounidense.

Cuando un hombre pega a su amante inflinge una herida; cuando pega a su esposa es un suicidio.
Honorato De Balzac (1799-1850). Escritor francés.

Donde hay matrimonio sin amor, habrá amor sin matrimonio.
Benjamín Franklin (1706-1790). Político, filósofo y científico estadounidense.

Dos amantes se enamoran con frecuencia por cualidades que no tienen, y se separan por defectos que tampoco tienen.
Lawrence Sterne (1713-1768). Escritor irlandés.

Dos talentos en un solo matrimonio son mucho talento para una sola casa.
Louis de Bonald (1754-1840). Filósofo y político francés.

El adulterio nace pocas veces del amor; casi siempre del deseo de independencia o de represalia.
Conde de Keyserling (1880-1946). Filósofo alemán.

El amor es a menudo un fruto del matrimonio.
Jean Baptiste Poquelin Molière (1622-1673). Dramaturgo y actor francés.

El amor es ciego, pero el matrimonio le devuelve la vista.
Anónimo.

El amor es Física, el matrimonio Química.
Alejandro Dumas (hijo) (1824-1895). Escritor francés.

El amor es un juego; el casamiento un negocio.
Alberto Moravia (Alberto Pincherle). (1907-1990). Escritor italiano.

El confortable estado de viudez es la única esperanza que mantiene el espíritu de una esposa.
John Gay (1685-1732). Poeta y dramaturgo inglés.

El divorcio es completamente desventajoso para las mujeres. Un hombre puede haber tenido varias esposas sin mostrar señales de ello, mientras que la mujer que se ha casado varias veces se marchita por completo.
Napoleón Bonaparte (1769-1821). Emperador de Francia (1804-1815).

El encanto del matrimonio es que provoca el desencanto necesario por las dos partes.
Oscar Wilde (1854-1900). Novelista, poeta, crítico literario y autor teatral irlandés.

El hombre cuando se casa, o nada o se ahoga, y no le conviene ahogarse.
Rudyard Kipling (1865-1936). Novelista inglés.

El hombre se casa para retirarse del mundo, la mujer para entrar en él.
Louis Auguste Pétiet (1784-1858). General y escritor francés.

El hombre, aunque tenga los cabellos grises, siempre puede conseguir una esposa; pero la mujer dispone de corto tiempo.
Aristófanes (444 a.C.-385 a.C.). Comediante griego.

El matrimonio acaba muchas locuras cortas con una larga estupidez.
Friedrich Nietzsche (1844-1900). Filósofo, poeta y filólogo alemán.

El matrimonio es al amor lo que el vinagre al vino. El tiempo hace que pierda su primer sabor.
Lord Byron (1788-1824). Poeta inglés.

El matrimonio es como darse un baño de agua helada en tiempo de frío; métete de un golpe, porque si lo piensas mucho, no le entras.
Filósofo de Güémez, personaje mexicano que se dice vivió alrededor de 1800.

El matrimonio es como la muerte; pocos llegan a él preparados.
Anónimo.

El matrimonio es la alianza de dos personas, uno quien nunca recuerda los cumpleaños y otro que nunca se olvida de ellos.
Frederic Ogden Nash (1902-1971). Poeta estadounidense.

El matrimonio es posible porque combina el máximo de tentación con el máximo de oportunidad.
George Bernard Shaw (1856-1950). Escritor irlandés.

El matrimonio es tratar de solucionar entre los dos problemas que nunca hubieran surgido al estar solo.
Eddy Cantor (1892-1964). Cantante y actor estadounidense.

El matrimonio es un molino prehistórico en que las dos piedras se muelen a sí mismas.
Juan José Arreola (1918-2001). Actor y narrador mexicano.

El matrimonio es una barca que lleva a dos personas por un mar tormentoso; si uno de los dos hace algún movimiento brusco, la barca se hunde.
León Tolstoi (1828-1910). Escritor ruso.

El matrimonio es una de las formas de odiarse unos a otros en las personas de todas las clases sociales.
Lord Byron (1788-1824). Poeta inglés.

El matrimonio no constituye la más alta realización del amor, sino que es una forma jurídica, social y económica que posee fines diversos a los del amor.
Octavio Paz (1914-1998). Escritor mexicano.

El matrimonio tiene muchos sinsabores, pero la soltería no goza de ningún placer.
Samuel Johnson (1709-1784). Escritor británico.

El matrimonio, al contrario de la fiebre, comienza con calor y termina con frío.
Georg Christoph Lichtenberg (1742-1799). Escritor y científico alemán.

El mundo mira con desconfianza todo cuanto tiene la apariencia de una vida conyugal feliz
Oscar Wilde (1854-1900). Novelista, poeta, crítico literario y autor teatral irlandés.

El nudo matrimonial no es un nudo fijo, sino un nudo corredizo.
Proverbio venezolano.

El ochenta por ciento de los hombres casados engaña a sus esposas en los Estados Unidos. El resto lo hace en Europa.
Jackie Mason (1930-). Humorista estadounidense.

El primer deber de una esposa es aparentar ser feliz.
Pierre Corneille (1606-1684). Dramaturgo francés.

El primer mes es el más difícil en el matrimonio; los demás son imposibles.
Refrán árabe.

El primer vínculo de la sociedad es el matrimonio; el siguiente, los hijos, y después, la familia.
Marco Tulio Cicerón (106-43 a.C.). Escritor, político y orador romano.

El secreto de un matrimonio feliz es perdonarse mutuamente el haberse casado.
Sacha Guitry (1885-1957). Actor y director francés.

El soltero desea una esposa pero se alegra de no tenerla.
Henry-Louis Mencken (1880-1956). Escritor norteamericano.

Ella lo negó todo, no para convencer a su marido, pues él los había visto, sino por comodidad, por buen gusto y por evitar explicaciones punibles.
Anatole France (1844-1924). Novelista y premio Nobel francés.

En el verdadero amor no manda nadie; obedecen los dos.
Alejandro Casona (1903-1965). Dramaturgo español.

En la alternativa de elegir mal, elegí el menor. (Respuesta de Demócrito al ser cuestionado del por qué se casaba con una mujer pequeña).
Demócrito (460 a.C.-370 a.C.). Filósofo griego.

En materia de amor se cumple con frecuencia la ley del mínimo esfuerzo. Hay gentes perezosas que se casan con su prima, con su madrastra, hasta con su criada, por la sencilla razón de tenerlas muy a mano
Santiago Ramón y Cajal (1852-1934). Doctor español.

En mi casa mando yo, pero mi mujer toma las decisiones.
Woody Allen (1935-). Escritor, actor y director de cine estadounidense.

En términos de matrimonio, es mejor un freno para la lengua que una rienda para el corazón.
Minna Thomas Antrim (1861-?) Escritora estadounidense.

Entre todas las cosas serias, el matrimonio es la más divertida.
Pierre Augustin Caron, barón de Beaumarchais. (1732-1799). Escritor francés.

Es curioso este juego del matrimonio. La mujer tiene siempre las mejores cartas y siempre pierde la partida.
Oscar Wilde (1854-1900). Novelista, poeta, crítico literario y autor teatral irlandés.

Es mejor casarse que quemarse.
La Biblia.

Es menester aclarar de una vez si el matrimonio es uno de los siete sacramentos o uno de los siete pecados capitales.
John Dryden (1631-1700). Poeta, dramaturgo y crítico inglés.

Es mucho más fácil quedar bien como amante que como marido, porque es mucho más fácil ser gracioso e ingenioso de vez en cuando que todos los días.
Honorato De Balzac (1799-1850). Escritor francés.

Es necesario ser casi un genio para ser un buen marido.
Honorato De Balzac (1799-1850). Escritor francés.

Hay mujeres que no saben cocinar, sin embargo, tienen fritos a sus maridos.
Marco Antonio Almazán (1922-). Diplomático y escritor mexicano.

Hay pocas mujeres tan perfectas que no hagan arrepentirse a sus maridos de haberse casado, por lo menos una vez al día.
Jean de la Bruyere (1645-1696). Filósofo y escritor francés.

Hoy día es sumamente peligroso para un marido tener atenciones para su esposa en público: esto hace siempre pensar a la gente que le pega cuando están solos.
Oscar Wilde (1854-1900). Novelista, poeta, crítico literario y autor teatral irlandés.

La edad de casarse llega mucho antes que la de quererse.
Friedrich Nietzsche (1844-1900). Filósofo, poeta y filólogo alemán.

La esposa de un hombre es su compromiso con la ilusión de su primer amor.
George Jean Nathan (1882-1958). Autor, editor y crítico estadounidense.

La felicidad de un hombre casado depende de las personas con quienes se ha casado.
Oscar Wilde (1854-1900). Novelista, poeta, crítico literario y autor teatral irlandés.

La mejor base para un matrimonio feliz es la mutua incomprensión.
Oscar Wilde (1854-1900). Novelista, poeta, crítico literario y autor teatral irlandés.

La mujer se casa para entrar a la vida social; el hombre, para salir de ella.
Hippolyte Taine (1828-1893). Historiador y crítico francés.

La primera boda es la ley; la segunda, la tolerancia; la tercera, la iniquidad.
San Gregorio VII (1024-1085). Papa de la iglesia cristiana.

La primera falta entre los casados es la consideración.
Madame de Puysieux (1720-1798). Escritora francesa.

La que se casa repetidas veces, no se casa; es una adúltera dentro de la ley.
Marco Valerio Marcial (40-104). Poeta latino.

La tesis de Balzac es que si tienen salud, inteligencia, identidad de origen, de gustos y de ambiente, el amor llegará con tal que los esposos sean jóvenes y sanos.
André Maurois (1885-1967). Escritor francés.

Lo más razonable que se ha dicho sobre el matrimonio y sobre el celibato es esto: hagas lo que hagas te arrepentirás.
Agatha Christie (1891-1976). Escritora inglesa.

Lo que Dios juntó, no lo aparte el hombre.
La Biblia.

Los enamorados sueñan; los esposos son despertados.
Alexander Pope (1688-1744). Escritor inglés.

Los hombres casados son horriblemente aburridos cuando son buenos maridos, e insoportablemente presumidos cuando no lo son.

Oscar Wilde (1854-1900). Novelista, poeta, crítico literario y autor teatral irlandés.

Los hombres se casan porque están cansados, las mujeres por curiosidad: ambos sufren una decepción.

Oscar Wilde (1854-1900). Novelista, poeta, crítico literario y autor teatral irlandés.

Los hombres son abril cuando cortejan y diciembre cuando se casan. Las mujeres son mayo en la doncellez, pero el cielo cambia cuando se convierten en esposas.

William Shakespeare (1564-1616). Poeta y autor teatral inglés.

Los maridos son como los incendios, se desatan cuando no se les descubre a tiempo.

Zsa Zsa Gabor (1918-). Actriz húngara.

Los solteros saben más acerca de las mujeres que los casados; si no fuese así, ellos también lo estarían.

Henry-Louis Mencken (1880-1956). Escritor norteamericano.

Matrimonio: alta mar donde no se ha inventado una brújula para orientarse.

Heinrich Heine (1797-1856). Poeta y crítico alemán.

Me enamoré de mi mujer y nunca más me volví a enamorar. La fidelidad te la propones inconscientemente: tienes una familia, unos hijos. ¿Cómo vas a jugar al amor por ahí?

Paco de Lucía (1947-). Guitarrista español.

Me siento feliz de no ser hombre y verme en el caso de tener que casarme con una mujer.

Madame de Staël (Germaine Necker) (1766-1817). Escritora e inteluctual francesa.

Mi consejo es que te cases: si encuentras una buena esposa serás feliz, si no, te harás filósofo.

Sócrates (470-399 a.C.). Filósofo griego.

Mi pelea más díficil fue con mi primera esposa.

Muhammed Alí (1940-). Boxeador estadounidense.

Muchas personas gastan más tiempo en planear la boda que en planear el matrimonio.

Zig Ziglar (1926-). Escritor y conferencista estadounidense.

Nada se parece tanto a un altar como una tumba.

Alfred de Musset (1810-1857). Poeta romántico francés.

Ningún hombre debe casarse hasta haber estudiado anatomía y haber hecho la disección por lo menos de una mujer.

Honorato De Balzac (1799-1850). Escritor francés.

No es la política la que crea extraños compañeros de cama, sino el matrimonio.
Groucho Marx (1890-1976). Actor estadounidense.

No es verdad que los hombres casados vivan más años que los solteros, lo que ocurre es que el tiempo se les hace más largo.
Marco Antonio Almazán (1922-). Diplomático y escritor mexicano.

No estoy de acuerdo con las relaciones antes del matrimonio, porque hacen llegar tarde a la ceremonia.
Antonio Ricci (1600-1649). Pintor italiano.

No existe el hombre que haya podido descubrir el medio de dar un consejo de amigo a una mujer, ni siquiera a la suya.
Honorato De Balzac (1799-1850). Escritor francés.

No hay marido peor que el mejor de los hombres.
William Shakespeare (1564-1616). Poeta y autor teatral inglés.

No hay nada más ridículo que un filósofo casado; aunque haya podido librarse de sus pasiones, no ha podido librarse de su mujer.
André Maurois (1885-1967). Escritor francés.

No hay que elegir por esposa sino a la mujer que uno elegiría por amigo si fuera hombre.
Joseph Joubert (1754-1824). Escritor y crítico francés.

No hay una relación, comunión o compañía más amorosa, encantadora y amistosa, que un buena matrimonio.
Martín Lutero (1483-1546). Teólogo alemán que inició la Reforma protestante.

No quiso la lengua castellana que de casado a cansado hubi se más de una letra de diferencia.
Félix Lope de Vega (1562-1635). Escritor y dramaturgo español.

No se casen por el dinero, sino por lo que representa.
Alfred Tennyson (1809-1892). Poeta inglés.

Nunca una mujer debe casarse con el hombre de quien está enamorada, pues esto equivale a hacer de ella una perfecta esclava.
George Bernard Shaw (1856-1950). Escritor irlandés.

Para casarte, cuando joven es temprano y cuando viejo es tarde.
Diógenes Laercio (siglo III). Biógrafo griego.

Para elegir un marido, la mujer virtuosa consulta su corazón, no sus ojos.
Publio Nasón Ovidio (43 a.C.-17 d.C.). Poeta latino.

Para los hombres, aceptar es dar; para las mujeres, dar es recibir.
Rabindranath Tagore (1861-1941). Poeta y filósofo indio.

Patrimonio es un conjunto de bienes. Matrimonio es un conjunto de males.

Enrique Jardiel Poncela (1901-1952). Escritor español.

Queremos hacer la felicidad de los que amamos; pero si no es posible, hacemos la infelicidad. Y así hay matrimonios desavenidos que si les ofrecieran la anulación, no la aceptarían, sólo por el gusto de seguir atormentándose.

Jacinto Benavente (1866-1954). Dramaturgo y crítico español.

Quien no tiene lo preciso para mantenerse solo, ¿buscará en el matrimonio la multiplicación de sus necesidades?

Gaspar Melchor de Jovellanos (1744-1811). Literato, economista y político español.

Quien tiene mujer buena si con celos infama merece que no lo sea.

Juan Ruiz de Alarcón (1581-1639). Escritor y dramaturgo mexicano.

Quiero para mí una esposa no muy letrada.

Marco Valerio Marcial (40-104). Poeta latino.

Quiten a las esposas del matrimonio y no habrá ningún divorcio.

Groucho Marx (1890-1976). Actor estadounidense.

Salomón tenía un harén de mil mujeres y creía no tener bastantes. Yo sólo tengo una y encuentro que es demasiado.

Federico II (1712-1786). Rey de Prusia (1740-1786).

Se llama matrimonio de conveniencia, un matrimonio de personas que no se convienen en absoluto.

Oscar Wilde (1854-1900). Novelista, poeta, crítico literario y autor teatral irlandés.

Se puede reconocer siempre a las mujeres que tienen confianza en sus maridos: ¡parecen tan profundamente desdichadas!

Oscar Wilde (1854-1900). Novelista, poeta, crítico literario y autor teatral irlandés.

Seguramente, existen muchas razones para los divorcios; pero la principal, es y será la boda.

Jerry Lewis (1926-). Actor y director de cine.

Si das con una buena mujer serás feliz; y si no te volverás filósofo, lo que siempre es útil para el hombre.

Pitigrilli (Dino Segre) (1893-1975). Escritor italiano.

Si realmente el periodo de noviazgo es el más bello de todos, ¿por qué se casan los hombres?

Sören Aabye Kierkegaard (1813-1855). Filósofo danés.

Si te casas buscando tener mayor consideración, no establezcas excesiva familiaridad con tu esposa.

Ramón Llull (1233-1315). Escritor catalán.

Si vuestra prometida es realmente una santa, llevadla inmediatamente al altar; pero dejadla en él y volveos a casa.
Enrique Jardiel Poncela (1901-1952). Escritor español.

Siervo en el amor; amo en el matrimonio.
Geoffrey Chaucer (1343-1400). Poeta inglés.

Solía vivir sola... entonces me divorcié.
Anónimo.

Todas las tragedias concluyen en una muerte; todas las comedias terminan en un matrimonio.
Lord Byron (1788-1824). Poeta inglés.

Todavía no se ha descubierto la brújula para navegar en la alta mar del matrimonio.
Heinrich Heine (1797-1856). Poeta y crítico alemán.

Todo hombre sabio ama a la esposa que ha elegido
Homero (s.VIII a.C.). Poeta griego.

Un beso dado a una mujer lo mismo puede conducir a la felicidad que al matrimonio.
Enrique Jardiel Poncela (1901-1952). Escritor español.

Un buen marido nunca es el primero en dormirse por la noche ni el último en despertarse por la mañana.
Honorato De Balzac (1799-1850). Escritor francés.

Un buen marido vale más que dos buenas esposas, pues las cosas que más escasean son las más apreciadas.
Benjamín Franklin (1706-1790). Político, filósofo y científico estadounidense.

Un divorcio es como una amputación, sobrevives pero te falta algo.
Margaret Atwood (1939-). Novelista, poetisa y crítica canadiense.

Un hombre representa siete años más al día siguiente del matrimonio.
Francis Barón de Verulam Bacon (1561-1626). Filósofo y estadista británico.

Un marido es una especie de pagaré: la mujer se cansa de atenderlo.
Oscar Wilde (1854-1900). Novelista, poeta, crítico literario y autor teatral irlandés.

Un matrimonio feliz, es una larga conversación que siempre parece demasiado corta.
André Maurois (1885-1967). Escritor francés.

Un matrimonio puede llegar a ser lo que se ha dado en llamar feliz, si ninguna de ambas partes esperaba encontrar en él mucha felicidad.
Bertrand Russell (1872-1970). Matemático y filósofo británico.

Un verdadero marido siempre es desconfiado.
Lord Byron (1788-1824). Poeta inglés.

Una mujer casada es una esclava que exige ser colocada en un trono.
Honorato De Balzac (1799-1850). Escritor francés.

Una mujer debe ser un genio para crear un buen marido.
Honorato De Balzac (1799-1850). Escritor francés.

Una mujer debería preguntarse: ¿lo hago feliz?, ¿está satisfecho?, ¿me ama más que antes?, ¿se acostaría con otra mujer? Si lo hace, entonces es culpa de la esposa porque no está tratando de hacerlo feliz.
Barbara Cartland (1901-2000). Novelista británica.

Veinte años de aventuras dan a una mujer el aspecto de una ruina; pero veinte años de matrimonio hacen que parezca algo así como un edificio público.
Oscar Wilde (1854-1900). Novelista, poeta, crítico literario y autor teatral irlandés.

Casi siempre que un matrimonio se lleva bien, es porque uno de los esposos manda y el otro obedece.
Gregorio Marañón (1887-1960). Médico y escritor español.

Cuando dos personas están bajo la influencia de la más violenta, la más insana, la más ilusoria y la más fugaz de las pasiones, se les pide que juren que seguirán continuamente en esa condición excitada, anormal y agotadora hasta que la muerte los separe.
George Bernard Shaw (1856-1950). Escritor irlandés.

Cuando podía haber tomado esposa, no pude soportar a ninguna; y cuando pude soportar a alguna, ya no necesitaba a ninguna.
Immanuel Kant (1724-1804). Filósofo alemán.

El amor abre el paréntesis, el matrimonio lo cierra.
Víctor Hugo (1802-1885). Escritor francés.

El matrimonio debe ser una relación ya de simpatía o ya de conquista.
George Eliot (Mary Ann o Marian Evans) (1819-1880). Novelista inglesa.

El matrimonio es como la vida real; un campo de batalla y no un lecho de rosas.
Robert Louis Stevenson (1850-1894). Novelista, ensayista y poeta escocés.

El matrimonio es como una jaula; uno ve a los pájaros desesperados por entrar, y a los que están dentro igualmente desesperados por salir.
Michel Eyquem de la Montaigne (1533-1592). Ensayista francés.

El matrimonio es la principal causa de divorcio.
Groucho Marx (1890-1976). Actor estadounidense.

El matrimonio es una gran institución. Por supuesto, si te gusta vivir en una institución.
Groucho Marx (1890-1976). Actor estadounidense.

El matrimonio, como los injertos, prende bien o prende mal.
Víctor Hugo (1802-1885). Escritor francés.

En todo matrimonio que ha durado más de una semana existen motivos para el divorcio. La clave consiste en encontrar siempre motivos para el matrimonio.
Robert Anderson (1750-1830). Escritor escocés.

Feliz yo, que no poseo esposa.
Menandro (343-290 a.C.). Filósofo griego.

Indudablemente la época más feliz del matrimonio es la luna de miel; lo malo es que para repetirla, han de suceder cosas muy desagradables.
Noel Clarasó (1905-1985). Escritor español.

La felicidad en el matrimonio depende enteramente de la suerte.
Jane Austen (1775-1817). Novelista inglesa.

Los maridos no son nunca amantes maravillosos como cuando están traicionando a su mujer.
Marilyn Monroe (1926-1962). Actriz estadounidense.

Los solteros saben más acerca de las mujeres que los casados; si no fuese así, ellos también lo estarían.
H. L. Mencken (1880-1956). Escritor, crítico y editor estadounidense.

Matrimonio: estado o condición de una comunidad que se compone de un señor, una concubina y dos esclavos, todo en sólo dos personas.
Ambrose Gwinett Bierce (1842-1914). Periodista y escritor estadounidense.

Me preguntas si debes o no casarte; pues, de cualquier cosa que hagas te arrepentirás.
Sófocles (496-406 a.C.). Dramaturgo ateniense.

Nunca me casé porque no tenía ninguna necesidad de hacerlo. Tengo tres animales domésticos que cumplen la misma función que un marido: un perro que gruñe por la mañana, un loro que suelta palabrotas toda la tarde y un gato que llega a casa muy tarde por la noche.
Marie Corelli. Mary Mackay (1855-1924). Escritora inglesa.

Se llama matrimonio de conveniencia a un matrimonio entre personas que no se convienen en absoluto.
Jean Baptiste Alphonse Karr (1808-1890). Escritor francés.

Solamente el bígamo cree de verdad en el matrimonio.
Gilbert Keith Chesterton (1874-1936). Escritor inglés.

Ten tus ojos bien abiertos antes del matrimonio; y medio cerrados después de él.
Benjamín Franklin (1706-1790). Político, filósofo y científico estadounidense.

Todas las mujeres deberían casarse, y ningún hombre.
Benjamin Disraeli (1804-1881). Escritor británico.

Tres veces desgraciado el que siendo pobre se casa y tiene hijos.
Menandro (343-290 a.C.). Filósofo griego.

Medicina - Salud

¿Morir yo, querido doctor? ¡Será la última cosa que haga!
Lord Palmerston (1784-1865). Político británico.

A los médicos es a quienes mejor les va: Sus éxitos andan por ahí, y a sus fracasos los entierran.
Jacques Tati (1908-1982). Actor y director de cine francés.

Alejado el hombre de la naturaleza progresivamente pierde su salud.
Manuel Lezaeta Acharan (1881-1959). Médico chileno.

Casi todos los hombres mueren de sus medicinas, no de sus enfermedades
Jean Baptiste Poquelin Molière (1622-1673). Dramaturgo y actor francés.

Contra cada padecimiento crece una planta.
Paracelso (1493-1541). Médico y químico suizo.

Cuando estamos sanos, todos tenemos buenos consejos para los enfermos.
Terencio (190-159 a.C.). Poeta latino.

Cuando una medicina no hace daño deberíamos alegrarnos y no exigir además que sirva para algo.
Pierre-Agustin Caron de Beaumarchais (1732-1799). Dramaturgo francés.

Del hecho de que no todos los enfermos se curan se deduce que la medicina no es un arte.
Marco Tulio Cicerón (106-43 a.C.). Escritor, político y orador romano.

Dios me dio está enfermedad para recordarme que no soy el número uno, Él lo es.
Muhammed Alí (1940-). Boxeador estadounidense.

Disfrutad de buena salud; sólo son jóvenes los que se encuentran bien.
Francois-Marie Arouet de Voltaire (1694-1778). Escritor y filósofo francés.

Dondequiera que se ama el arte de la medicina se ama también a la humanidad.
Platón (428-347 a.C.). Filósofo griego.

Durante la crisis, ni inmediatamente después de concluida, no excites movimiento alguno, ya por el de los irritantes, sino deja descansar al enfermo.

Hipócrates (c. 460-c. 377 a.C.). Considerado el padre de la medicina.

El alcohol es malo, pero el agua es aún peor: !te mata si no bebes!

Jaume Perich (1941-1995). Escritor español.

El cuerpo sano es el producto de la mente sana.

George Bernard Shaw (1856-1950). Escritor irlandés.

El cuerpo, si se le trata bien, puede durar toda la vida.

Enrique Clarasó Daudí (1857-1941). Escultor español.

El cuerpo, si se trata bien, puede durar toda la vida

Noel Clarasó (1905-1985). Escritor español.

El ejercicio físico es una bobada. Si estás bien no lo necesitas y si estás mal no puedes hacerlo.

Henry Ford (1863-1947). Industrial estadounidense.

El espiritismo se inventó para que los médicos pudieran hablar con su clientela.

Enrique Jardiel Poncela (1901-1952). Escritor español.

El hombre pasa la primera mitad de su vida estropeándose la salud, y la segunda mitad curándose.

Joseph Leonard Goldstein (1940-). Médico estadounidense.

El médico competente, antes de dar una medicina a su paciente, se familiariza no sólo con la enfermedad que desea curar, sino también con los hábitos y la constitución del enfermo.

Marco Tulio Cicerón (106-43 a.C.). Escritor, político y orador romano.

El médico dabe ser el auxiliar de la naturaleza, no su enemigo.

Paracelso (1493-1541). Médico y químico suizo.

El médico que a la vez no es un filósofo no es ni siquiera médico.

José de Letamendi (1828-1897). Médico y escritor español.

El médico que sólo medicina sabe, ni medicina sabe.

José de Letamendi (1828-1897). Médico y escritor español.

El poco éxito de algunos médicos es culpa de sus clientes; si en vez de estar todos enfermos estuvieran todos sanos, el éxito sería mucho mayor.

Noel Clarasó (1905-1985). Escritor español.

El sentimiento de la salud se adquiere solamente mediante la enfermedad.
George Cristoph Lichtenberg (1742-1799). Físico y escritor alemán.

El Sol, el agua y el ejercicio conservan perfectamente la salud a las personas que gozan de una salud perfecta.
Noel Clarasó (1905-1985). Escritor español.

Hay dos tipos de enfermedades: las que curan solas, y por tanto no es preciso el médico, o las que nadie las cura, en las que tampoco es preciso el médico.
Enrique Jardiel Poncela (1901-1952). Escritor español.

Hay epidemias de toda clase; el gusto por el deporte es una epidemia de salud.
Jean Hippolyte Giraudoux (1882-1944). Dramaturgo, novelista y diplomático.

La afición al placer nos liga al presente. El cuidado de nuestra salud nos suspende del porvenir.
Charles Baudelaire (1821-1867). Poeta francés.

La enfermedad es el resultado no sólo de nuestros actos sino también de nuestros pensamientos.
Mohandas Karamchand Gandhi (1869-1948). Líder político y espiritual hindú.

La enfermedad es la mayor imperfección del hombre.
George Cristoph Lichtenberg (1742-1799). Físico y escritor alemán.

La enfermedad hace agradable la salud; el hambre la saciedad; la fatiga el reposo.
Heráclito de Efeso (540-470 a.C.). Filósofo griego.

La enfermedad, la vejez, la muerte: tres grandes humillaciones para el hombre.
Remy de Gourmont (1858-1915). Escritor y crítico francés.

La medicina es el arte de acompañar al sepulcro con palabras griegas.
Enrique Jardiel Poncela (1901-1952). Escritor español.

La medicina es el arte de disputar los hombres a la muerte de hoy, para cedérselos en mejor estado, un poco más tarde.
Noel Clarasó (1905-1985). Escritor español.

La medicina puede ser considerada como el conocimiento de las preferencias y los deseos del cuerpo y la manera de satisfacerlos o no.
Platón (428-347 a.C.). Filósofo griego.

La posesión de la salud es como la de la hacienda, que se goza gastándola, y si no se gasta no se goza.
Francisco De Quevedo (1580-1645). Escritor español.

La salud es la unidad que da valor a todos los ceros de la vida.
Bernard le Bovier Fontenelle (1657-1757). Escritor y científico francés.

La salud es tan sólo una confianza; consiste sencillamente, en creer que se está enfermo y vivir como si se estuviese sano.
Edmond Huot de Goncourt (1822-1896) Escritor francés.

La salud es un estado transitorio entre dos épocas de enfermedad y que, además, no presagia nada bueno.
Sir Winston Churchill (1874-1965). Político inglés.

La salud vale más que la instrucción.
Thomas Jefferson (1743-1826). Político y filósofo estadounidense.

La salud y el dinero son para usar de ellos.
Cristina de Suecia (1626-1689). Reina de Suecia.

La terapéutica debe ayudar a la fuerza regeneratriz de la naturaleza.
Hipócrates (c. 460-c. 377 a.C.). Considerado el padre de la medicina.

La única manera de conservar la salud es comer lo que no quieres, beber lo que no te gusta, y hacer lo que preferirías no hacer.
Mark Twain (1835-1910). Escritor estadounidense.

La vida no es para vivir, si no para vivir con salud.
Marco Valerio Marcial (40-104). Poeta latino.

Las enfermedades son los intereses que se pagan por los placeres.
John Ray (1627-1705). Naturalista y escritor inglés.

Las fuerzas naturales que se encuentran dentro de nosotros son las que verdaderamente curan las enfermedades.
Hipócrates (c. 460-c. 377 a.C.). Considerado el padre de la medicina.

Lo que las medicinas no pueden curar puede curarlo el bisturí, lo que no puede curar el bisturí puede curarlo el cauterio, lo que el cauterio no puede curar es incurable.
Hipócrates (c. 460-c. 377 a.C.). Considerado el padre de la medicina.

Los médicos cortan, queman, torturan. Y haciendo a los enfermos un bien, que más parece mal, exigen una recompensa que casi no merecen.
Heráclito de Efeso (540-470 a.C.). Filósofo griego.

Los médicos envían a los enfermos a los balnearios, no para curarse, sino para quitárselos de encima.
Santiago Rusiñol (1861-1931). Pintor y escritor español.

Los médicos más peligrosos son aquellos que, habiendo nacido actores, imitan a los verdaderos médicos con perfecta impostura.
Friedrich Nietzsche (1844-1900). Filósofo, poeta y filólogo alemán.

Los médicos no deberían decir a ése le curé yo, sino ése no se me ha muerto.
George Cristoph Lichtenberg (1742-1799). Físico y escritor alemán.

Los médicos trabajan para conservarnos la salud, y los cocineros para destruirla, pero estos últimos están más seguros de lograr su intento.
Denis Diderot (1713-1784). Filósofo y escritor francés.

Los mejores médicos del mundo son: el doctor dieta, el doctor reposo y el doctor alegría.
Jonathan Swift (1667-1745). Escritor anglo-irlandés.

Los progresos de la medicina son gigantescos. Ya no estamos seguros de nuestra propia muerte.
Herman Hesse (1877-1962). Escritor alemán. Premio Nobel de Literatura (1947).

Me hace bien oír hablar francés. El francés es una lengua respetable, buena para la salud.
Curzio Malaparte (1898-1957). Novelista italiano.

Médicos. Hombres de suerte. Sus éxitos brillan al sol... y sus errores los cubren la tierra.
Michel Eyquem de la Montaigne (1533-1592). Ensayista francés.

Mente sana en cuerpo sano.
Juvenal (67-127). Poeta romano.

Muestreme un hombre sano y yo lo curaré para usted.
Carl Gustav Jung (1875-1961). Psicólogo y psiquiatra suizo.

Nada estorba tanto la curación como el cambio frecuente de medicinas.
Séneca Anneo (3 a.C.- 65 d.C.). Filósofo latino.

No daré veneno a nadie aunque me lo pida, ni le sugeriré tal posibilidad.
Hipócrates (c. 460-c. 377 a.C.). Considerado el padre de la medicina.

Para tener buena salud lo haría todo menos tres cosas: hacer gimnasia, levantarme temprano y ser persona responsable.
Oscar Wilde (1854-1900). Novelista, poeta, crítico literario y autor teatral irlandés.

Parte de la curación está en la voluntad de sanar.
Séneca Anneo (3 a.C.- 65 d.C.). Filósofo latino.

Que la comida sea tu alimento y el alimento tu medicina.
Hipócrates (c. 460-c. 377 a.C.). Considerado el padre de la medicina.

Querer conservar la salud siguiendo un régimen demasiado riguroso es una enfermedad irritante.
François de La Rochefoucauld (1613-1680). Político y escritor francés.

Salud es la disposición del cuerpo tal, que el espíritu esté vigoroso.
Juan Luis Vives (1492-1540). Humanista y filósofo español.

Saludable es al enfermo la alegre cara del que le visita.
Fernando de Rojas (1470-1541). Escritor español.

Si alguien busca la salud, pregúntale si está dispuesto a evitar en el futuro las causas de la enfermedad; en caso contrario, abstente de ayudarle.
Sócrates (470-399 a.C.). Filósofo griego.

Si cada año estuviéramos ciegos por un día, gozaríamos en los restantes trescientos sesenta y cuatro.
Isaac Asimov (1920-1992). Escritor y científico estadounidense.

Si no pudiesen contar su enfermedades, hay muchos que no estarían enfermos.
Santiago Rusiñol (1861-1931). Pintor y escritor español.

Sólo el médico y el dramaturgo gozan del raro privilegio de cobrar las desazones que nos dan.
Santiago Ramón y Cajal (1852-1934). Doctor español.

Tenga cuidado con la lectura de libros sobre la salud. Podría morir de una errata de imprenta.
Mark Twain (1835-1910). Escritor estadounidense.

Un médico inteligente que endosa un enfermo a otro médico, ¡malo para el enfermo!
Enrique Jardiel Poncela (1901-1952). Escritor español.

Una parte de la medicina es el arte de hacernos creer que los medicamentos curan.
Julio Camba (1885-1962). Escritor y periodista español.

Una salud demasiado espléndida es inquietante, pues su vecina, la enfermedad, está pronto siempre a abatirla.
Giovanni Papini (1881-1956). Escritor italiano.

Mediocridad

El verdadero justo resiste a la tentación de no serlo cuando en ello tiene un beneficio; el mediocre cede siempre.
José Ingenieros (1877-1925). Filósofo y psicólogo argentino.

La mediocridad es excelente en los ojos de los mediocres.
Joseph Joubert (1754-1824). Escritor y crítico francés.

La mediocridad, posiblemente, consiste en estar delante de la grandeza y no darse cuenta.
Gilbert Keith Chesterton (1874-1936). Escritor inglés.

Los únicos que nunca se equivocan son los muertos y los mediocres.
Carlos Cuauhtémoc Sánchez (1964-). Escritor mexicano.

Ser original es en cierto modo estar poniendo de manifiesto la mediocridad de los demás.
Ernesto Sabato (1911-). Escritor argentino.

Una persona inteligente se recupera enseguida de un fracaso. Una persona mediocre tarda mucho en recuperarse de un triunfo.

Anónimo.

Una solución mediocre, pero inmediatamente, vale muchas veces más que una solución perfecta después de ocho días...

André Maurois (1885-1967). Escritor francés.

Meditación

Ahora empiezo a meditar lo que he pensado, y a verle el fondo y el alma, y por eso ahora amo más la soledad, pero aún poco.

Miguel De Unamuno (1864-1936). Filósofo y escritor español.

Descubrí el secreto del mar meditando sobre una gota de rocío.

Antonio Machado (1875-1939). Poeta español.

El hombre moderno aborrece la meditación, la soledad fecunda. Cada quien huye de sí y teme hacer resplandecer sus potencias creadoras.

Emma Godoy (1918-1989). Poetisa y escritora mexicana.

Melancolía

Cuando te sientes agobiado por la melancolia, lo mejor es salir y hacer algo amable por alguien.

Keble (1792-1866). Poeta y clérigo inglés.

En la desesperanza y en la melancolía de tu recuerdo, Soria, mi corazón se abreva.

Antonio Machado (1875-1939). Poeta español.

La melancolía es la dicha de estar triste.

Víctor Hugo (1802-1885). Escritor francés.

La melancolía es un estado de ánimo situado entre el ombligo y la lágrima.

Juan Echanove (1961-). Actor y escritor español.

La melancolía es una tristeza, un deseo sin nada de dolor, parecido a la tristeza en la misma medida en que la neblina se parece a la lluvia.

Henry W. Longfellow (1807-1882). Poeta estadounidense.

La melancolía no es más que una recordación inconsciente.

Gustave Flaubert (1821-1880). Novelista francés.

La melancolía, como la tristeza, es un sentimiento que mancha. La alegría me parece el don donde nos encontramos.

Antonio Gala (1937). Escritor español.

No hay melancolía sin memoria ni memoria sin melancolía.

Marcel Proust (1871-1922). Escritor francés.

Si es que hay un infierno en la tierra, debe estar en el corazón del hombre melancólico.

Robert Burton (1577-1640). Clérigo alemán.

Tristeza y melancolía no las quiero en casa mía.

Santa Teresa de Jesús (1515-1582). Religiosa y escritora mística española.

Memoria

¡Qué pobre memoria es aquélla que sólo funciona hacia atrás!

Lewis Carroll (1832-1898). Escritor y matemático inglés.

Existen en nosotros varias memorias. El cuerpo y el espíritu tienen cada uno la suya.

Honorato De Balzac (1799-1850). Escritor francés.

La memoria es como una red: uno la encuentra llena de peces al sacarla del arroyo, pero a través de ella pasaron cientos de kilómetros de agua sin dejar rastro.

Oliver Wendell Holmes (1809-1894). Médico y escritor estadounidense.

La memoria es el centinela del cerebro.

William Shakespeare (1564-1616). Poeta y autor teatral inglés.

La memoria es un presente que nunca acaba de pasar.

Octavio Paz (1914-1998). Escritor mexicano.

La memoria se acrecienta usando y aprovechándose de ella.

Juan Luis Vives (1492-1540). Humanista y filósofo español.

La vida de los muertos está en la memoria de los vivos.

Marco Tulio Cicerón (106-43 a.C.). Escritor, político y orador romano.

Por entre las brumas de la memoria, cada vez más tambaleante, me llega a ratos la luz de mi pueblo, Villanueva. Percibo la luminosidad especial de un cielo plano y límpido en los veranos y el olor a mieses, que llenaron mis sentidos para siempre, y que atesoro en el origen de mis recuerdos, desde que jugaba con otros niños por las calles y campos del sitio donde abrí por primera vez los ojos (Historia de un fugitivo, Lainez).

Miguel Serveto (1511-1553). Filósofo español.

Tenía tan mala memoria que se olvidó de que tenía mala memoria y se acordó de todo.

Ramón Gómez de la Serna (1888-1963). Escritor español. Autor de *Greguerías*.

El que no esté seguro de su memoria debe abstenerse de mentir.

Michel Eyquem de la Montaigne (1533-1592). Ensayista francés.

En Estados Unidos no se acuerdan de la guerra con España de 1898, lo más viejo allí tiene diez años.

Woody Allen (1935-). Escritor, actor y director de cine estadounidense.

La memoria es el deseo satisfecho.
Carlos Fuentes (1928-). Escritor mexicano.

La memoria es el perfume del alma.
George Sand (Amandine Aurore Lucie Dupin) (1804-1876). Escritora francesa.

La memoria es el único paraíso del que no podemos ser expulsados.
Jean Paul Richter (1763-1825). Escritor alemán.

La memoria es una experiencia sustituta, en la cual se da todo el valor emocional de la experiencia actual sin su tensión, sus visicitudes y sus perturbaciones.
John Dewey (1859-1952). Filósofo y educador estadounidense.

La vida primaria de la memoria es emotiva más bien que intelectual y práctica.
John Dewey (1859-1952). Filósofo y educador estadounidense.

Lo que ocurre en el pasado vuelve a ser vivido en la memoria.
John Dewey (1859-1952). Filósofo y educador estadounidense.

Mi memoria es magnífica para olvidar.
Robert Louis Stevenson (1850-1894). Novelista, ensayista y poeta escocés.

Se llama memoria a la facultad de acordarse de aquello que quisiéramos olvidar.
Daniel Gelin (1921-2002). Actor francés.

Somos nuestra memoria, somos ese quimérico museo de formas inconstantes, ese montón de espejos rotos.
Henri Bordeaux (1870-1963). Escritor francés.

Una memoria ejercitada es guía más valiosa que el genio y la sensibilidad.
Friedrich von Schiller (1759-1805). Poeta, dramaturgo y filósofo alemán.

Mente

Acuérdate de conservar en los acontecimientos graves una mente serena.
Quinto Horacio Flaco (65 a.C.-8 a.C.). Poeta lírico y satírico romano.

Cuando más desquiciada está la vida de la mente, más abandonada a sí misma queda la máquina de la materia.
Johann Wolfgang von Goethe (1749-1832). Poeta, novelista y dramaturgo alemán.

El cerebro es un órgano maravilloso; comienza a trabajar en el momento en que usted se levanta por la mañana y no para hasta que usted llega a la oficina.
Robert Lee Frost (1874-1963). Poeta y psicólogo estadounidense.

La llave que se usa constantemente reluce como plata: no usándola se llena de herrumbre. Lo mismo pasa con el entendimiento.
Benjamín Franklin (1706-1790). Político, filósofo y científico estadounidense.

La mente inconsciente del hombre ve correctamente incluso cuando la razón consciente es ciega e impotente.
Carl Gustav Jung (1875-1961). Psicólogo y psiquiatra suizo.

La mente humana es incapaz de inventar nuevos valores, ni siquiera un nuevo color primario.
Clive Staples Lewis (1898-1963). Escritor británico.

La tinta del intelectual es más santa que la sangre del mártir.
Mahoma (570-632). Principal profeta del Islam.

Lo bueno o malo no está en la circunstancia sino en la mente del hombre que la enfrenta.
James Allen (1864-1912). Escritor inglés.

Mi mente no es una cama que pueda hacerse y rehacerse.
James Agate (1877-1947). Escritor y crítico inglés.

Que sorpresa el encontrar que puedes mover el contenido de tu cabeza al igual que arreglas los muebles de un cuarto.
Lisa Alther (1944-). Novelista estadounidense.

Si el cerebro fuera tan simple que pudiéramos entenderlo, seríamos tan simples que no lo entenderíamos.
Lyall Watson (1939-). Botánico, biólogo, zoólogo y antropólogo sudafricano.

Todo lo que somos es el resultado de lo que hemos pensado. La mente es todo. Lo que pensamos, es lo que llegamos a ser.
Buda (-600 a.C.) Pensador himalaya.

Mentira

¿Dijiste media verdad? Dirán que mientes dos veces si dices la otra mitad.
Antonio Machado (1875-1939). Poeta español.

¿En qué consiste una hermosa mentira? Simplemente en que aquélla se sostiene por sí sola. Si un hombre carece de imaginación hasta el extremo de tener que presentar pruebas en apoyo de una mentira, más vale que diga la verdad sin tardanza.
Oscar Wilde (1854-1900). Novelista, poeta, crítico literario y autor teatral irlandés.

Al mentir, sé enfático e indignante, así te comportarás como tus niños.
William Feather (1889-1981). Escritor y editor estadounidense.

Dicen... es ya media mentira.
Thomas Fuller (1608-1661). Clérigo y escritor inglés.

El castigo del embustero es no ser creído, aun cuando diga la verdad.
Aristóteles (384 a.C.-322a.C). Filósofo griego.

El mentiroso siempre es pródigo en juramentos.
Pierre Corneille (1606-1684). Dramaturgo francés.

El pudor tiene la desventaja de que habitúa a mentir.
Marie Henri Beyle "Stendhal" (1783-1842). Novelista y ensayista francés.

El que dice una mentira no se da cuenta del trabajo que emprende, pues tiene que inventar otras mil para sostener la primera.
Alexander Pope (1688-1744). Escritor inglés.

En boca del que mentir acostumbra es la verdad sospechosa.
Juan Ruiz de Alarcón (1581-1639). Escritor y dramaturgo mexicano.

Es el deber patriótico de todo hombre, mentir por su patria.
Alfred Adler (1870-1937). Psiquiatra austriaco.

Hay personas que mienten simplemente por el gusto de mentir.
Blaise Pascal (1623-1662). Matemático, físico y teólogo francés.

Hay que tener buena memoria despues de haber mentido.
Pierre Corneille (1606-1684). Dramaturgo francés.

La especie de mentira más común es aquella con la que un hombre se engaña a sí mismo. El engañar a los demás es un defecto relativamente raro.
Friedrich Nietzsche (1844-1900). Filósofo, poeta y filólogo alemán.

La gran diferencia entre un gato y un mentiroso es que el gato tiene apenas nueve vidas.
Mark Twain (1835-1910). Escritor estadounidense.

La mentira forma parte del arte de la diplomacia.
Richard Nixon (1913-1994). Presidente estadounidense (1969-1974).

La mentira que es casi verdad es peor que todas las mentiras.
Alfred Tennyson (1809-1892). Poeta inglés.

La mentira sólo es útil a los hombres como medicina. El uso de tales medicinas debe estar circunscrito a los médicos.
Platón (428-347 a.C.). Filósofo griego.

La recompensa del mentiroso es no ser creído aun cuando diga la verdad.
Aristóteles (384 a.C.-322a.C). Filósofo griego.

La vida es demasiado corta como para perder una parte preciosa fingiendo.
Alfred de Vigny (1797-1863). Escritor francés.

Las mentiras más crueles a menudo se dicen en silencio.
Robert Louis Stevenson (1850-1894). Novelista, ensayista y poeta escocés.

Lo malo no es que me hallas mentido, lo malo es que nunca mas podré creerte.
Anónimo.

Lo que me preocupa no es que me hayas mentido, sino que, de ahora en adelante, ya no podré creer en ti.
Friedrich Nietzsche (1844-1900). Filósofo, poeta y filólogo alemán.

Los hombres no piden la verdad. Sólo quieren que se les disfrace la mentira.
Louis Dumur (1863-1933). Escritor suizo.

Los mentirosos más nocivos son aquellos que se deslizan sobre el borde de la verdad.
Julius Charles Hare (1795-1855). Escritor y teólogo inglés.

Los mentirosos pagan el castigo de sus propias fechorías.
Fedro (15 a.C.-55 d.C.). Poeta romano.

Muy a menudo, casi siempre, callar es también mentir.
Joan Fuster i Ortells (1922-1992). Escritor español.

Nada es tan difícil como no engañarse.
Ludwig Wittgenstein (1889-1951). Filósofo austriaco.

Nada nos engaña tanto como nuestro propio juicio.
Leonardo Da Vinci (1452-1519). Artista florentino.

Ni la utilidad del mentir es sólida, ni el mal de la verdad perjudica mucho tiempo.
Juan Luis Vives (1492-1540). Humanista y filósofo español.

No debes mentir deliberadamente, pero a veces tienes que ser evasivo.
Margaret Thatcher (1925-). Política británica.

No está mal una mala mentira cuando con ella defendemos una buena verdad.
Jacinto Benavente (1866-1954). Dramaturgo y crítico español.

No hay mayor mentira que la verdad mal entendida.
William James (1842-1910). Filósofo estadounidense.

No me hagas preguntas para que no te diga mentirillas.
Oliver Goldsmith (1730-1774). Escritor anglo-irlandés.

Nunca se miente tanto como antes de las elecciones, durante la guerra y después de la cacería.
Otto von Bismark (1815-1898). Canciller del Imperio Alemán 1871-1889.

Si me engañas una vez, tuya es la culpa. Si me engañas dos, la culpa es mía.
Anaxágoras (500-428 a.C.). Filósofo griego.

Si se despedaza una mentira, los pedazos son la verdad.
Eugene Gladstone O'Neill (1888-1953). Dramaturgo estadounidense Premio Nobel.

Siempre se ayuda la mentira de lo cierto para atacar a la verdad.
Séneca Anneo (3 a.C.- 65 d.C.). Filósofo latino.

Sin mentiras la humanidad moriría de desesperación y aburrimiento.

Anatole France (1844-1924). Novelista y premio Nobel francés.

Sólo cuando se está en posesión de la verdad se da uno cuenta de lo deliciosa y preferible que era la mentira.

Enrique Jardiel Poncela (1901-1952). Escritor español.

Sólo las mujeres y los médicos saben cuán necesaria y bienhechora a los hombres es la mentira.

Anatole France (1844-1924). Novelista y premio Nobel francés.

Toda mentira de importancia necesita un detalle circunstancial para ser creída.

Prosper Mérimée (1803-1870). Arqueólogo, historiador y dramaturgo francés.

Todo el que intenta salvar a otra persona con la mentira de un amor sin límite arroja una sombra al rostro de Dios.

Arthur Miller (1915-). Dramaturgo estadounidense.

Un vaso medio vacío de vino es también uno medio lleno, pero una mentira a medias de ningún modo es una media verdad.

Jean Cocteau (1889-1963). Escritor francés.

Una mentira adecuadamente repetida 1,000 veces se convierte en una verdad.

Goebbles (1897-1945). Maestro propagandista del régimen nazi, alemán.

Una mentira es como una bola de nieve; cuanto más rueda, más grande se vuelve.

Martín Lutero (1483-1546). Teólogo alemán que inició la Reforma protestante.

Una mentira nunca vive hasta hacerse vieja.

Sófocles (496-406 a.C.). Dramaturgo ateniense.

Una parte del arte del bien hablar consiste en saber mentir con gracia.

Erasmo de Rotterdam (1466-1536). Escritor y humanista holandés.

Y, después de todo, ¿qué es una mentira? Nada más que la verdad con máscara.

Lord Byron (1788-1824). Poeta inglés.

Meta

Lo que tú obtienes al lograr tus metas no es tan importante como la persona en que te conviertes al lograrlas.

Zig Ziglar (1926-). Escritor y conferencista estadounidense.

Nunca alcanzarás una meta más elevada que la que te hayas propuesto.

Ellen G. White (1827-1915). Escritora estadounidense.

Una meta fijada correctamente es medio camino avanzado.
Zig Ziglar (1926-). Escritor y conferencista estadounidense.

Metafísica

En metafísica, los antiguos lo han dicho todo. Nosotros coincidimos con ellos o repetimos lo que han dicho. Todos los libros modernos de esta índole no son más que repeticiones.
Francois-Marie Arouet de Voltaire (1694-1778). Escritor y filósofo francés.

Es posible que la metafísica no sea más que el arte de estar cierto de algo que no lo es, y la lógica, el arte de marchar en el error con confianza.
Joseph Wood Krutch (1893-1970). Escritor y crítico estadounidense.

Físicos, guardaos de los metafísicos.
Sir Isaac Newton (1642-1727). Físico y matemático inglés.

Cuando el hombre que habla y el hombre a quien se habla no se entienden, eso es metafísica.
Francois-Marie Arouet de Voltaire (1694-1778). Escritor y filósofo francés.

Miedo

¿Miedo a la muerte? Uno debe temerle a la vida, no a la muerte.
Mark Twain (1835-1910). Escritor estadounidense.

A los verdugos se les reconoce siempre, tienen cara de miedo.
Jean-Paul Sartre (1905-1980). Filósofo, dramaturgo, novelista y periodista político francés.

Aquel que más posee, más miedo tiene de perderlo.
Leonardo Da Vinci (1452-1519). Artista florentino.

De lo que tengo miedo es de tu miedo.
William Shakespeare (1564-1616). Poeta y autor teatral inglés.

El deseo vence al miedo, atropella inconvenientes y allana dificultades.
Mateo Alemán (1547-1613). Novelista español.

El hombre más peligroso es aquel que tiene miedo.
Ludwig Börne (1786-1837). Periodista alemán.

El miedo acompaña al crimen y es su castigo
Francois-Marie Arouet de Voltaire (1694-1778). Escritor y filósofo francés.

El miedo atento y previsor es madre de la seguirdad.
Edmund Burke (1729-1797). Estadista y filósofo político británico nacido en Irlanda.

El miedo es hiperbólico.
Luis G. Urbina (1864-1934). Poeta mexicano.

El miedo es mi compañero más fiel, jamás me ha engañado para irse con otro.
Woody Allen (1935-). Escritor, actor y director de cine estadounidense.

El miedo es natural en el prudente, y el vencerlo es lo valiente.
Alonso de Ercilla y Zúñiga (1533-1594). Poeta y soldado español.

El miedo es para el espíritu tan saludable como el baño para el cuerpo.
Máximo Gorki (1868-1936). Escritor ruso.

El miedo es un sufrimiento que produce la espera de un mal.
Aristóteles (384 a.C.-322a.C). Filósofo griego.

El miedo hace a los hombres creer lo peor.
Curzio Malaparte (1898-1957). Novelista italiano.

El miedo representa siempre las cosas bajo su peor aspecto.
Tito Livio (64 a.C.-17 d.C.). Historiador latino.

El miedo, sí, y sólo el miedo a la muerte y a la vida nos hace no ver ni oír a derechas. El miedo nos tapa la verdad, y el miedo mismo, cuando se adensa en congoja, nos la revela.
Miguel De Unamuno (1864-1936). Filósofo y escritor español.

El valor espera; el miedo va a buscar.
José Bergamín (1895-1983). Poeta, dramaturgo y ensayista español.

En el miedo extremo no hay piedad.
Julio César. Cayo Julio César (100-44 a.C.). General y político romano.

La cobardía es el miedo consentido; el valor es el miedo dominado.
Ernest Legouvé (1807-1903). Poeta, dramaturgo y escritor francés.

Los honrados y los fuertes no temen y por lo mismo, no persiguen; en cambio, los que padecen terror aterrorizan.
José Vasconcelos (1882-1959). Filósofo, educador y político mexicano.

Los que están en el taller del sol, no tienen miedo a la nube.
José Martí (1853-1895). Político y escritor cubano.

Los tímidos tienen miedo antes del peligro; los cobardes, durante el mismo; los valientes, después.
Jean-Paul Richter (Johann Paul Friedrich Richter) (1763-1825). Escritor alemán.

No es valiente el que no tiene miedo, sino el que sabe conquistarlo.
Nelson Mandela(1918-). Premio nobel de la paz sudafricano.

No hace falta conocer el peligro para tener miedo; de hecho, los peligros desconocidos son los que inspiran más temor.
Alejandro Dumas (1802-1870). Novelista y dramaturgo francés.

No hay que tener miedo de la pobreza, ni del destierro, ni de la cárcel, ni de la muerte. De lo que hay que tener miedo es del propio miedo.

Epicteto (55-135 d.C.). Pensador griego.

Para el que teme todo se agita.

Sófocles (496-406 a.C.). Dramaturgo ateniense.

Para quien tiene miedo, todo son ruidos.

Sófocles (496-406 a.C.). Dramaturgo ateniense.

Sobreponerse al miedo y la preocupación puede lograrse viviendo un día a la vez o momento a momento. Tus preocupaciones se reducirán a nada.

Dr. Robert Anthony (1916-). Educador y escritor estadounidense.

Ten miedo cada vez que no digas la verdad.

Víctor Hugo (1802-1885). Escritor francés.

Un guerrero nunca se preocupa de su miedo.

Carlos Castañeda (1931-). Escritor brasileño.

El hombre que tiene miedo sin peligro inventa el peligro para justificar su miedo.

Emile Chartier Alain (1868-1951). Profesor, ensayista y filósofo francés.

Nadie llegó a la cumbre acompañado por el miedo.

Publio Siro (Siglo I a.C.). Poeta latino.

Sólo una cosa vuelve un sueño imposible: el miedo a fracasar.

Paulo Coelho (1947-). Escritor brasileño.

Milagro

El amor verdadero hace milagros, porque él mismo es ya el mayor milagro.

Amado Nervo (1870-1919). Poeta y escritor mexicano.

El mundo está lleno de maravillas y milagros, pero el hombre toma su pequeña mano y cubre sus ojos, y no ve nada.

Israel Baal Shem Tov (1700-1760). Místico hebreo y fundador del hasidismo.

Estar vivo, ser capaz de ver, de caminar; tener casa, música, pinturas..., todo eso es un milagro. Yo he adoptado la técnica de vivir la vida de milagro en milagro.

Arthur Rubinstein (1887-1982). Pianista polaco.

Existen solamente dos formas para vivir tu vida. Una es pensando que nada es un milagro. La otra es pensando que todo es un milagro.

Albert Einstein (1879-1955). Científico estadounidense de origen alemán.

No consideraremos milagrosa ninguna experiencia que podamos tener, sea la que sea, si de antemano mantenemos una filosofía que excluye lo sobrenatural.

Clive Staples Lewis (1898-1963). Escritor británico.

Pedimos milagros, como si no fuese el milagro más evidente el que los pidamos.

Miguel De Unamuno (1864-1936). Filósofo y escritor español.

Si pudiéramos ver el milagro de una sola flor claramente, nuestra vida entera cambiaría.

Buda (-600 a.C.) Pensador himalaya.

Toda pulgada cúbica de espacio es un milagro.

Walt Whitman (1819-1892). Poeta estadounidense.

Moda

Crear una moda puede ser negocio; seguirla es simplemente tontería.

Proverbio francés.

Después de todo, ¿qué es la moda? Desde el punto de vista artístico una forma de fealdad tan intolerable que nos vemos obligados a cambiarla cada seis meses.

Oscar Wilde (1854-1900). Novelista, poeta, crítico literario y autor teatral irlandés.

El cambio de moda es el impuesto que la industria del pobre carga sobre la vanidad del rico.

Sébastien-Roch Nicolás Chamfort (1740-1794). Escritor francés.

La autoridad de la moda es tan absoluta que nos fuerza a ser ridículos para no parecerlo.

Joseph Sanial-Dubay (1754-1817). Escritor francés.

La moda comienza y termina siempre por las dos cosas que más aborrece: la singularidad y la vulgaridad.

William Hazlitt (1778-1830). Ensayista y crítico inglés.

La moda es la manada; lo interesante es hacer lo que a uno le dé la gana.

Luis Buñuel (1900-1983). Cineasta español.

La moda es la pugna entre el instinto natural de vestirse y el instinto natural de desnudarse.

Pitigrilli (Dino Segre) (1893-1975). Escritor italiano.

La moda es siempre un esperpento tal que nos vemos obligados a cambiarla cada seis meses.

Oscar Wilde (1854-1900). Novelista, poeta, crítico literario y autor teatral irlandés.

Las modas son legítimas en las cosas menores, como el vestido. En el pensamiento y en el arte son abominables.

Ernesto Sabato (1911-). Escritor argentino.

Las mujeres empeñadas en ser las primeras en lucir la última creación de la moda son justamente las que no deberían hacerlo.

Yves Saint-Laurent (1936-). Diseñador de moda francés.

Nos reímos de la moda de ayer, pero nos emocionamos con la de antes de ayer, cuando está en vías de convertirse en la de mañana.

Marlene Dietrich (1901-1992). Acriz y cantante germano americana.

Todo lo que no es eterno está eternamente pasado de moda.

Clive Staples Lewis (1898-1963). Escritor británico.

Moderación

La moderación es el mejor de los bienes.

Rubén Darío (1867-1916). Poeta nicaragüense.

La moderación es siempre la táctica preferible.

Carlos I de España y V de Alemania (1500-1558). Monarca español(1516-1556) y emperador de Alemania (1519-1556).

La moderación y la prudencia pueden hacer y corregir muchas cosas.

Carl Friedrich Zelter (1758-1832). Compositor alemán.

Moral

¿De dónde tomo yo mis reglas de conducta? Las encuentro en mi corazón. Lo que siento que es bueno. Lo que siento que es malo es malo. La conciencia es el mejor de los casuístas.

Jean Jacques Rousseau (1712-1778). Filósofo y botánico suizo.

¿Sabe una cosa? Este empeño mío de moralizarla a usted me ha hecho efecto a mí. Empiezo a convencerme yo mismo.

Charles Chaplin (1889-1977). Actor, productor y director inglés.

Allá donde la moral y la religión son reducidas al ámbito exclusivamente privado, faltan las fuerzas que puedan formar una comunidad y mantenerla unida.

Joseph Ratzinger (1927-). Teólogo y religioso alemán.

Aquel que no usa su moralidad sino como si fuera su mejor ropaje, estaría mejor desnudo.

Khalil Gibran (1833-1931). Ensayista, novelista y poeta libanés.

El sentido moral, o conciencia, forma parte del hombre lo mismo que sus brazos o sus piernas. Todos los seres humanos la tienen en grado mayor o menor, como tienen en mayor o menor grado la fuerza de sus miembros.
Thomas Jefferson (1743-1826). Político y filósofo estadounidense.

El verdadero instrumento del progreso radica en el factor moral.
Giuseppe Mazzini (1805-1872). Político italiano.

Fuerte es el peso de la propia conciencia.
Marco Tulio Cicerón (106-43 a.C.). Escritor, político y orador romano.

Goza y haz gozar sin causar daño ni a ti ni a nadie; eso es a mi entender toda moral.
Sébastien-Roch Nicolás Chamfort (1740-1794). Escritor francés.

La buena conciencia es la mejor almohada para dormir.
Sócrates (470-399 a.C.). Filósofo griego.

La conciencia es el mejor libro moral que tenemos.
Blaise Pascal (1623-1662). Matemático, físico y teólogo francés.

La conciencia es la voz del alma; las pasiones son la voz del cuerpo.
Jean Jacques Rousseau (1712-1778). Filósofo y botánico suizo.

La conciencia vale por mil testigos.
Quintiliano (35-95). Escritor y retórico latino.

La grandeza de un hombre está en relación directa a la evidencia de su fuerza moral.
John F. Kennedy (1917-1963). Presidente de Estados Unidos (1961-1963).

La indignación moral es la estrategia tipo para dotar al idiota de dignidad.
Marshall MacLuhan (1911-1980). Teórico de la comunicación canadiense.

La ironía no es nunca inmoral.
Pitigrilli (Dino Segre) (1893-1975). Escritor italiano.

La moral descansa naturalmente en el sentimiento.
Anatole France (1844-1924). Novelista y premio Nobel francés.

La moral es la ciencia por excelencia: el arte de vivir bien y ser dichoso.
Blaise Pascal (1623-1662). Matemático, físico y teólogo francés.

La moral es lo que queda del miedo cuando éste se olvida.
Jean Rostand (1894-1977). Biólogo y escritor francés.

La moral es privada, la decencia es pública.
Rita Mae Brown (1944-). Escritora estadounidense.

La moral es una ciencia que enseña, no como hemos de ser felices, sino cómo hemos de llegar a ser dignos de la felicidad.
Immanuel Kant (1724-1804). Filósofo alemán.

La moral fue creada para el hombre, pero no el hombre para la moral.
Israel Zangwill (1864-1926). Escritor inglés.

La moral que no tiene por objeto la felicidad es una palabra vacía de sentido.
Ludwig Feuerbach (1804-1872). Filósofo alemán.

La moralidad es un lujo privado y costoso.
Henry Brooks Adams (1838-1918). Escritor estadounidense.

La preponderancia del dolor sobre el placer es la causa de nuestra moral y de nuestra religión ficticias.
Friedrich Nietzsche (1844-1900). Filósofo, poeta y filólogo alemán.

Libertad moral es la única libertad verdaderamente importante.
Joseph Joubert (1754-1824). Escritor y crítico francés.

Los libros que el mundo llama inmorales son los que muestran su propia vergüenza.
Oscar Wilde (1854-1900). Novelista, poeta, crítico literario y autor teatral irlandés.

Los moralistas son personas que se rascan allí donde a otros les pica.
Samuel Beckett (1906-1989). Dramaturgo y novelista anglo-francés.

Los proverbios son los gérmenes de la moral.
Plutarco (46-125). Biógrafo y ensayista griego.

Los valores morales se pierden sepultados por los económicos.
José Luis López Aranguren (1909-1996). Filósofo español.

Me interesa la moral, a condición de que no haya sermones.
Patricia Highsmith (1921-1995). Novelista estadounidense.

Moral es lo que nos permite ser fieles a nosotros mismos.
Jeanne Moreau (1928-). Actriz de cine y teatro francesa.

No hay más realidad que la imagen ni más vida que la conciencia.
Azorín (José Martínez Ruiz) (1873-1967). Ensayista, novelista, autor de teatro y crítico español.

Para la política, el hombre es un medio; para la moral, es un fin.
Johann Gottfried Herder (1744-1803). Filósofo y escritor alemán.

Si perfeccionamos las ciencias, debemos perfeccionar la moralidad, sin la cual el saber se destruye.
John Newton (1725-1807). Escritor inglés.

Si pregunto por qué debo comportarme moralmente, ya estoy formulando una pregunta inmoral.
Robert Spaemann (1927-). Filósofo alemán.

Si tu vida es insípida por depender de principios morales; esos son equivocados.

Robert Louis Stevenson (1850-1894). Novelista, ensayista y poeta escocés.

Toda convicción es una cárcel.

Friedrich Nietzsche (1844-1900). Filósofo, poeta y filólogo alemán.

Todo el que obra recta y noblemente puede, por ello mismo, sobrellevar el infortunio.

Ludwig Van Beethoven (1770-1827). Compositor alemán.

Todo está perdido cuando los malos sirven de ejemplo y los buenos de mofa.

Demócrito (460 a.C.-370 a.C.). Filósofo griego.

Todos somos iguales ante el deber moral.

Immanuel Kant (1724-1804). Filósofo alemán.

Con la moral corregimos los errores de nuestros instintos y con el amor corregimos los errores de nuestra moral.

José Ortega y Gasset (1883-1955). Filósofo español.

Dos cosas llenan el ánimo de admiración y respeto, siempre nuevos y crecientes, cuanto con más frecuencia y aplicación se ocupa de ellas la reflexión: el cielo estrellado sobre mí y la ley moral en mí.

Immanuel Kant (1724-1804). Filósofo alemán.

El brazo del universo moral es largo, pero se dobla hacia la justicia.

Martin Luther King (1929-1968). Humanista estadounidense.

El sentido moral es de gran importancia. Cuando desaparece de una nación, toda la estructura social va hacia el derrumbe.

Alexis Carrel (1873-1944). Biólogo, médico y escritor francés.

Hay que ser buenos no para los demás, sino para estar en paz con nosotros mismos.

Achile Tournier (1847-1906). Escritor francés.

La indigestión es la encargada de predicar la moral al estómago.

Víctor Hugo (1802-1885). Escritor francés.

La indignación moral no es más que envidia con aureola.

Herbert George Wells (1866-1946). Escritor inglés.

Muerte

¡Imagen de la muerte! Después de ella eres el bien mayor del desgraciado.

Alberto Lista (1775-1848). Escritor español.

¡Oh muerte! ¡Cómo persigues al dichoso y rehuyes al desdichado

Séneca Anneo (3 a.C.- 65 d.C.). Filósofo latino.

¡Terrible es la muerte!, pero ¡cuán apetecible es también la vida del otro mundo, a la que Dios nos llama!

San Francisco de Asís (1182-1226). Predicador italiano, fundador de la Orden Franciscana.

¡Y a pesar de mi fe, cada día evidencio que detrás de la tumba ya no hay más que silencio!

Amado Nervo (1870-1919). Poeta y escritor mexicano.

¡Se está muriendo mucha gente que no se había muerto antes!

Filósofo de Güémez, personaje mexicano que se dice vivió alrededor de 1800.

¿De qué otra forma se puede amenazar que no sea de muerte? Lo interesante, lo original, sería que alguien lo amenace a uno con la inmortalidad.

Jorge Luis Borges (1899-1986). Escritor argentino.

¿Por qué nos alegramos en las bodas y lloramos en los funerales? Porque no somos la persona involucrada.

Mark Twain (1835-1910). Escritor estadounidense.

¿Qué es la muerte sino un espantajo?

Epicteto (55-135 d.C.). Pensador griego.

A los viejos les espera la muerte a la puerta de la casa; a los jóvenes les espera al acecho.

San Bernardo (1090-1153). Teólogo francés.

A menudo el sepulcro encierra, sin saberlo, dos corazones en un mismo ataúd.

Alphonse-Marie-Louis de Lamartine (1790-1869). Político, poeta e historiador francés.

Acostúmbrate a pensar que la muerte nada es para nosotros, porque todo bien y mal reside en la sensación, y la muerte es privación del sentir.

Epicuro (342 a.C.- 270 a.C.). Filósofo griego.

Ahora voy a emprender mi último viaje, un gran salto en las tinieblas.

Thomas Hobbes (1588-1679). Filósofo y político inglés.

Al palpar la cercanía de la muerte, vuelves los ojos a tu interior y no encuentras más que banalidad, porque los vivos, comparados con los muertos, resultamos insoportablemente banales.

Miguel Delibes (1920-). Narrador español.

Antes de la muerte no alabes a nadie.

Linus Pauling (1901-1994). Químico estadounidense.

Aquel que tú lloras por muerto, no ha hecho más que precederte.

Séneca Anneo (3 a.C.- 65 d.C.). Filósofo latino.

Avergüénzate de morir si no has ganado alguna victoria para la humanidad.

Horace Mann (1796-1859). Educador estadounidense.

Cada hora la vida te hiere; la última te mata.

Giacomo Leopardi (1798-1837). Poeta y erudito italiano.

Cada instante de la vida es un paso hacia la muerte.

Pierre Corneille (1606-1684). Dramaturgo francés.

Cebamos a los animales para comérnoslos, a la vez que nos cebamos a nosotros mismos para dar de comer a los gusanos.

William Shakespeare (1564-1616). Poeta y autor teatral inglés.

Como no me he preocupado de nacer, no me preocupo de morir.

Federico García Lorca (1898-1936). Poeta y dramaturgo español.

Como un mar, alrededor de la soleada isla de la vida, la muerte canta noche y día su canción sin fin.

Rabindranath Tagore (1861-1941). Poeta y filósofo indio.

Como una pintura nos iremos borrando. Como una flor nos hemos de secar sobre la tierra. Cual ropaje de plumas de quetzal...

Netzahualcóyotl (1402-1472). Emperador azteca.

Cualquiera puede quitarle la vida a un hombre libre, pero no la muerte; mil puertas abiertas conducen a ella.

William Shakespeare (1564-1616). Poeta y autor teatral inglés.

Cuando eres consciente de la muerte, acabas asumiendo tu propia soledad.

Rosa Regás (1933-). Escritora española.

Cuando estamos muertos, estamos muertos.

Napoleón Bonaparte (1769-1821). Emperador de Francia (1804-1815).

Cuando la muerte se aproxima, los viejos encuentran que la vejez ya no es una carga.

Eurípides (480-406 a.C.). Dramaturgo griego.

Cuando la muerte se precipita sobre el hombre, la parte mortal se extingue; pero el principio inmortal se retira y se aleja sano y salvo.

Platón (428-347 a.C.). Filósofo griego.

Cuando muera quiero que me incineren y que el diez por ciento de mis cenizas sean vertidas sobre mi empresario.

Groucho Marx (1890-1976). Actor estadounidense.

Cuando no se teme a la muerte, se la hace penetrar en las filas enemigas.

Napoleón Bonaparte (1769-1821). Emperador de Francia (1804-1815).

Cuando se ha perdido todo, cuando ya no se tiene esperanza, la vida es una calamidad y la muerte es un deber.

Francois-Marie Arouet de Voltaire (1694-1778). Escritor y filósofo francés.

Cuando se muere alguien que nos sueña, se muere una parte de nosotros.

Miguel De Unamuno (1864-1936). Filósofo y escritor español.

Cuando sea llegada mi hora, moriré; pero moriré como debe morir un hombre que no hace más que devolver lo que se le confió.
Epicteto (55-135 d.C.). Pensador griego.

Cuando tengas ganas de morirte no alborotes tanto: muérete y ya.
Jaime Sabines (1926-1999). Poeta mexicano.

Cuando un médico va detrás del féretro de su paciente, a veces a la causa sigue el efecto.
Robert Koch (1843-1910). Bacteriólogo alemán.

De nada sirve tanto la vida, como cuanto más cerca está la muerte.
Anónimo.

Diferentes en la vida, los hombres son semejantes en la muerte.
Lao-tsé (570-490 a.C.). Filosófo del Taoísmo.

Dondequiera que miro no veo otra cosa que reminiscencias de la muerte.
Publio Nasón Ovidio (43 a.C.-17 d.C.). Poeta latino.

El acto de morir es también uno de los actos de la vida.
Marco Aurelio Antonio (121-180). Emperador y filósofo romano.

El descanso es algo bueno para los muertos.
Thomas Carlyle (1795-1881). Historiador y pensador escocés.

El destino de los hombres es morir... ¿Por qué entristecerme, pues, cuando mi suerte es normal y mi destino es el de todos los seres humanos?
Lie Tse (s. V a.C.). Maestro del taoísmo chino.

El día de tu muerte sucederá que lo que tú posees en este mundo pasará a manos de otra persona. Pero lo que tú eres será tuyo por siempre.
Henry Van Dyke (1852–1933). Clérigo y educador estadounidense.

El epitafio es la última tarjeta de visita que se hace el hombre.
Ramón Gómez de la Serna (1888-1963). Escritor español. Autor de *Greguerías*.

El es la sola vida que vive ya mi muerte: mi llanto, diariamente, la resucita en mí.
Amado Nervo (1870-1919). Poeta y escritor mexicano.

El final del nacimiento es la muerte; y el final de la muerte es el nacimiento.
Bhagavad-Gita ("El canto del Señor"), poema sánscrito.

El hombre débil teme la muerte; el desgraciado la llama; el valentón la provoca y el hombre sensato la espera.
Benjamín Franklin (1706-1790). Político, filósofo y científico estadounidense.

El hombre es un ser para la muerte.
Conde de Keyserling (1880-1946). Filósofo alemán.

El hombre muere tantas veces como pierde a cada uno de los suyos.
> Publio Siro (Siglo I a.C.). Poeta latino.

El hombre no muere, se mata.
> Séneca Anneo (3 a.C.- 65 d.C.). Filósofo latino.

El hombre que pide a los dioses la muerte es un loco: no hay en la muerte nada tan bueno como la miseria de la vida.
> Eurípides (480-406 a.C.). Dramaturgo griego.

El hombre siempre muere antes de haber nacido por completo.
> Erich Fromm (1900-1980). Psicoanalista germano estadounidense.

El mártir espera la muerte; el fanático corre a buscarla.
> Denis Diderot (1713-1784). Filósofo y escritor francés.

El nacimiento y la muerte no son dos estados distintos, sino dos aspectos del mismo estado.
> Mohandas Karamchand Gandhi (1869-1948). Líder político y espiritual hindú.

El pensar en la muerte madura al hombre. Todo hombre nace de verdad cuando, mirando un cadáver, se pregunta: ¿Por qué?
> André Malraux (1901-1976). Escritor francés.

El que muere paga todas sus deudas.
> William Shakespeare (1564-1616). Poeta y autor teatral inglés.

El tirano muere y su reino termina. El mártir muere y su reino comienza.
> Sören Aabye Kierkegaard (1813-1855). Filósofo danés.

El último día coloca a cada hombre en la misma situación que estaba antes de nacer.
> Plinio el Viejo (23-79). Escritor y enciclopedista romano.

En cualquier lugar que nos sorprenda la muerte, bienvenida sea.
> Ernesto Che Guevara (1927-1968). Revolucionario y líder político.

En tal régimen, yo digo, que tú mueres con una buena muerte, si tú has inspirado a alguien a asesinarte disparándote en el pecho, sin cobrarte por ello.
> Chinua Achebe (1930-). Novelista nigeriano.

Es bueno morir antes de haber hecho algo que merezca la muerte.
> Anaxandridas (560-520 a.C.). Rey espartano.

Es hombre innoble el que no sabe morir. Yo lo he sabido desde los quince años.
> Ludwig Van Beethoven (1770-1827). Compositor alemán.

Es la muerte la falta de instrumentos del alma por los cuales se prolonga la vida.
> Juan Luis Vives (1492-1540). Humanista y filósofo español.

Es más deseable una hermosa muerte que una larga vida.
Séneca Anneo (3 a.C.- 65 d.C.). Filósofo latino.

Es más fácil soportar la muerte sin pensar en ella, que soportar el pensamiento de la muerte.
Blaise Pascal (1623-1662). Matemático, físico y teólogo francés.

Es más fuerte, si es vieja la verde encina; más bello el sol parece cuando declina; y esto se infiere porque ama uno la vida cuando se muere.
Rosalía de Castro (1837-1885). Poetisa española.

Es muy dulce ver llegar la muerte mecido por las plegarias de un hijo.
Jean-Paul Sartre (1905-1980). Filósofo, dramaturgo, novelista y periodista político francés.

Es tan natural morir como nacer.
Francis Barón de Verulam Bacon (1561-1626). Filósofo y estadista británico.

Es una verdadera lástima: la mayoría de los hombres descubre el sentido de la vida solamente cuando la vida se les escapa.
Ludwig Wittgenstein (1889-1951). Filósofo austriaco.

Este mundo es el camino para el otro, que es morada sin pesar; mas cumple tener buen tino para andar esta jornada sin errar.
Jorge Manrique (1440-1479). Caballero y poeta español.

Evidente es la muerte para lo que nacieron y evidente es el nacimiento para los muertos; no debemos afligirnos por lo inevitable.
Mohandas Karamchand Gandhi (1869-1948). Líder político y espiritual hindú.

Había una vez cuando sólo la muerte podía sonreír.
Anna Akhmatova (1888-1966). Poetisa rusa.

Hago al andar el ruido de la muerte y si mis ojos dicen cuánta vida he vivido y cuánta muerte he muerto ellos podrían también deciros cuánta vida he muerto y cuánta muerte he vivido.
Pablo Neruda (1904-1973). Poeta chileno.

Hasta la fecha, la muerte es lo más seguro que la vida haya inventado.
Emil Cioran (1911-1995) Escritor rumano.

Hay dos momentos tristes en la vida: el nacimiento y la muerte. Todo lo demás es rodar por tierra.
Jerry Lewis (1926-). Actor y director de cine.

He meditado a menudo sobre la muerte y encuentro que es el menor de todos los males.
Francis Barón de Verulam Bacon (1561-1626). Filósofo y estadista británico.

Incierto es el lugar donde la muerte te espera; espérala pues, en todo lugar.
William Shakespeare (1564-1616). Poeta y autor teatral inglés.

Inmortales, mortales, inmortales. Nuestra vida es la muerte de los primeros y su vida es nuestra muerte.

Heráclito de Efeso (540-470 a.C.). Filósofo griego.

Inútil es matar. La muerte prueba que la vida existe.

Lindsay Kemp (1939-). Escenógrafo y actor británico.

Jamás me cansaré de repetirlo: la muerte no es la noche, sino la luz; no es el final, sino el comienzo; no es la nada, sino la eternidad.

Víctor Hugo (1802-1885). Escritor francés.

Jamás mueren en vano los que mueren por una causa grande.

Lord Byron (1788-1824). Poeta inglés.

La enseñanza del sabio es fuente de vida y libra de los lazos de la muerte.

Salomón (970-931 a.C.). Rey israelita.

La fuente de todas las miserias para el hombre no es la muerte, sino el miedo a la muerte.

Epicteto (55-135 d.C.). Pensador griego.

La hora de la separación ha llegado, y cada cual tiene que seguir su camino: yo, a morir, vosotros a vivir. Cuál es la mejor, sólo Dios lo sabe.

Sócrates (470-399 a.C.). Filósofo griego.

La indiferencia del mexicano ante la muerte se nutre de su indiferencia ante la vida.

Octavio Paz (1914-1998). Escritor mexicano.

La mayoría de las personas tienen miedo a la muerte porque no han hecho nada de su vida.

Peter Ustinov (1921-). Actor, escritor y productor inglés.

La mayoría de las personas van hacia sus tumbas con sus canciones todavía sin cantar.

Oliver Wendell Holmes (1809-1894). Médico y escritor estadounidense.

La mejor tumba es la más sencilla.

Platón (428-347 a.C.). Filósofo griego.

La muerte como final de tiempo que se vive sólo puede causar pavor a quien no sabe llenar el tiempo que le es dado a vivir.

Victor Frankl (1905-1998). Escritor y siquiatra austriaco.

La muerte de Cristo realizó la redención del mundo.

San Cromacio de Aquilea (335-408). Sacerdote italiano.

La muerte de los jóvenes constituye un naufragio. La de los viejos es un atracar en el puerto.

Plutarco (46-125). Biógrafo y ensayista griego.

La muerte de un buen amigo, como la caída de un gigantesco árbol, deja un enorme vacío.

Anónimo.

La muerte destruye al hombre: la idea de la muerte lo salva.

E. M. Foster (1879-1968). Escritor inglés.

La muerte es algo que no debemos temer porque, mientras somos, la muerte no es y cuando la muerte es, nosotros no somos.

Antonio Machado (1875-1939). Poeta español.

La muerte es algo tan tremendamente airado, que sólo la desnudez, la elemental desnudez, puede rescindirla del ridículo.

Camilo José Cela (1916-). Escritor español, premio Nobel de literatura.

La muerte es dulce; pero su antesala, cruel.

Camilo José Cela (1916-). Escritor español, premio Nobel de literatura.

La muerte es el comienzo de la inmortalidad.

Maximilien Robespierre (1758-1794). Político francés.

La muerte es el más alto premio de la vida.

John Keats (1795-1821). Poeta inglés.

La muerte es el menor de todos los males.

Francis Barón de Verulam Bacon (1561-1626). Filósofo y estadista británico.

La muerte es el puerto de todos los dolores.

Pedro Antonio de Alarcón (1833-1891). Escritor y político español.

La muerte es el último límite de todas las cosas. (*Mors ultima ʲinea rerum est*).

Quinto Horacio Flaco (65 a.C.-8 a.C.). Poeta lírico y satírico romano.

La muerte es exquisita para los hijos de Dios.

Anónimo.

La muerte es hereditaria.

Ramón Gómez de la Serna (1888-1963). Escritor español. Autor de *Greguerías*.

La muerte es más dura asumirla que padecerla.

René de Chateaubriand (1768-1848). Escritor francés.

La muerte es un castigo para algunos, para otros un regalo, y para muchos un favor.

Séneca Anneo (3 a.C.- 65 d.C.). Filósofo latino.

La muerte es un ensueño sin ensueños.

Napoleón Bonaparte (1769-1821). Emperador de Francia (1804-1815).

La muerte es un refugio delicioso para los hombres cansados.

Herodoto (c. 484-425 a.C.). Historiador griego.

La muerte es una amarga pirueta de la que no guardan recuerdo, sino los vivos.

Camilo José Cela (1916-). Escritor español, premio Nobel de literatura.

La muerte está tan segura de atraparte que te da toda una vida de ventaja antes de alcanzarte.

Anónimo.

La muerte está tan segura de vencernos que nos da toda una vida de ventaja.

José Piquer (1806-1871). Escultor español.

La muerte jala mis oídos y dice: "Vive; estoy llegando.

Oliver Wendell Holmes (1809-1894). Médico y escritor estadounidense.

La muerte llama, uno a uno, a todos los hombres y a las mujeres todas, sin olvidarse de uno solo —¡Dios, qué fatal memoria!—, y los que por ahora vamos librando, saltando de bache en bache como mariposas o gacelas, jamás llegamos a creer que fuera con nosotros, algún día, su cruel designio.

Camilo José Cela (1916-). Escritor español, premio Nobel de literatura.

La muerte no es el fin del todo... la muerte es el paso a lo que sigue.

Anónimo.

La muerte no es el más grande de los males: es peor querer morir y no poder hacerlo.

Sófocles (496-406 a.C.). Dramaturgo ateniense.

La muerte no es más que un cambio de misión.

León Tolstoi (1828-1910). Escritor ruso.

La muerte no es más que un sueño y un olvido.

Mohandas Karamchand Gandhi (1869-1948). Líder político y espiritual hindú.

La muerte no es verdad cuando se ha cumplido bien la obra de la vida.

José Martí (1853-1895). Político y escritor cubano.

La muerte no nos roba los seres amados. Al contrario, nos los guarda y nos los inmortaliza en el recuerdo. La vida sí que nos lo roba muchas veces y definitivamente.

François Mauriac (1885-1970). Escritor francés galardonado con el premio Nobel.

La muerte no os concierne ni vivo ni muerto: vivo, porque sois; muerto porque ya no sois.

Michel Eyquem de la Montaigne (1533-1592). Ensayista francés.

La muerte no tiene que ver con el deseo de vivir, que será eternizado en Dios. La congoja se conecta con la experiencia de la nada: el sentimiento de ser arrojado en esta vida sin anclaje y sin apoyo final.

M. Heidegeer (1889-1976). Filósofo alemán.

La muerte no viene más que una vez, pero se deja sentir en todos los momentos de la vida.

Jean de la Bruyere (1645-1696). Filósofo y escritor francés.

La muerte nos libera de las impresiones de los sentidos, de los deseos que nos hacen juguete suyo, de las divagaciones del espíritu y del duro servicio de la carne.

Marco Aurelio Antonio (121-180). Emperador y filósofo romano.

La muerte nunca es asumida. Viene.

Emmanuel Levinas (1905-1995). Filósofo francés de origen ruso.

La muerte os espera en todas partes; pero si sois prudentes, en todas partes la esperáis vosotros.

San Bernardo (1090-1153). Teólogo francés.

La muerte para los jóvenes es naufragio y para los viejos es llegar a puerto.

Baltasar Gracián y Morales (1601-1658). Jesuita y escritor español.

La muerte parecía bella en su bello rostro.

Francesco Petrarca (1304-1374). Poeta y humanista italiano.

La muerte puede consistir en ir perdiendo la costumbre de vivir.

César González Ruano (1902-1965). Escritor español.

La muerte se paga viviendo.

Giuseppe Ungaretti (1888-1970). Poeta y profesor de literatura egipcio, nacionalizado italiano.

La muerte siempre es temprana y no perdona a ninguno.

Pedro Calderón de la Barca (1600-1681). Dramaturgo y poeta español.

La muerte sólo tiene importancia en la medida en que nos hace reflexionar sobre el valor de la vida.

André Malraux (1901-1976). Novelista francés.

La muerte tiene una sola cosa agradable: las viudas.

Enrique Jardiel Poncela (1901-1952). Escritor español.

La muerte, como el nacimiento, es sólo una transformación.

Gottfried Wilhelm Leibniz (1646-1716). Filósofo y matemático alemán.

La muerte: una costumbre que todos tarde o temprano debemos aceptar.

Jorge Luis Borges (1899-1986). Escritor argentino.

La pálida muerte lo mismo llama a las cabañas de los humildes que a las torres de los reyes.

Quinto Horacio Flaco (65 a.C.-8 a.C.). Poeta lírico y satírico romano.

La pena de muerte es signo peculiar de la barbarie.
Víctor Hugo (1802-1885). Escritor francés.

La primera condición para la inmortalidad es la muerte.
Stanislaw Jerzy Lec (1909-1966). Escritor polaco.

La satisfacción es la muerte.
George Bernard Shaw (1856-1950). Escritor irlandés.

La única fe salvadora es la que se arroja así en Dios, para la vida y para la muerte.
Martin Heidegger (1889-1976). Filósofo alemán.

La vida es un tránsito; el mundo es una sala de espectáculos; el hombre entra en ella, mira y sale.
Demócrito (460 a.C.-370 a.C.). Filósofo griego.

Las penas de la vida deben consolarnos de la muerte.
Sócrates (470-399 a.C.). Filósofo griego.

Lo malo de la inmortalidad es que hay que morir para alcanzarla.
Víctor Hugo (1802-1885). Escritor francés.

Lo que llamamos muerte es una cosa que hace llorar a los hombres; y, sin embargo, se pasan un tercio de su vida durmiendo.
Lord Byron (1788-1824). Poeta inglés.

Lo único que deseo para mi entierro es no ser enterrado vivo.
Philip Stanhope, conde de Chesterfield (1584-1656). Escritor y político británico.

Lo único que he escuchado bien los últimos años, son los pasos de la muerte.
Ludwig Van Beethoven (1770-1827). Compositor alemán.

Los hombres temen a la muerte como los niños tienen miedo de la oscuridad, y de la misma manera que este miedo natural de los niños es aumentado por las historias que se les cuentan, lo mismo ocurre con el otro.
Francis Barón de Verulam Bacon (1561-1626). Filósofo y estadista británico.

Los hombres, las flores, la hierba, vuelven a encontrar periódicamente su brillo y su esplendor, su perfume y su juventud. Sólo el hombre muere un poco cada año.
Jean Baptiste Alphonse Karr (1808-1890). Escritor francés.

Los muertos, por mal que lo hayan hecho, siempre salen a hombros.
Enrique Jardiel Poncela (1901-1952). Escritor español.

Los que de jóvenes no se mueren ¡de viejos no se escapan!
Filósofo de Güémez, personaje mexicano que se dice vivió alrededor de 1800.

Los vivos están, cada vez más dirigidos por los muertos.
Auguste Comte (1798-1857). Filósofo francés.

Más triste que la muerte, es la manera de morir.
Marco Valerio Marcial (40-104). Poeta latino.

Morimos mucho, mucho tiempo.
Carlos Fuentes (1928-). Escritor mexicano.

Morir desilusionado es la mayor de las aflicciones.
Henri Frédéric Amiel (1821-1881). Crítico suizo.

Morir es cambiar de cuerpo como el actor cambia de traje.
Plotino (205-270). Filósofo egipcio.

Morir joven... ¡lo más retrasado posible!
Piernette de Guillet (1520-1545). Poetisa francesa.

Morir mañana es tan bueno como morir cualquier otro día.
Paulo Coelho (1947-). Escritor brasileño.

Morir no es otra cosa que cambiar de residencia.
Marco Aurelio Antonio (121-180). Emperador y filósofo romano.

Morir. ¿Quién no lo hará, por lo menos, una vez en la vida?
Jaime Torres Bodet (1902-1974). Escritor y político.

Morirás, es estúpido temer lo que no puedes evitar.
Séneca Anneo (3 a.C.- 65 d.C.). Filósofo latino.

Muerte, domadora de la vida, destructora de la vida, principio y fin.
Axel Martin Fredrik Munthe (1857-1949). Médico, siquiatra y escritor sueco.

Muy sentida es la muerte cuando el padre queda vivo.
Séneca Anneo (3 a.C.- 65 d.C.). Filósofo latino.

Nada es más fácil que censurar a los muertos.
Cayo Julio César (100-44 a.C.). General y político romano.

Nada se parece tanto a una persona como la forma de su muerte.
Gabriel García Márquez (1928-). Escritor colombiano. Premio Nobel de Literatura.

Nadie sabe que la muerte es el más grande de todos los bienes para el hombre. Sin embargo, los hombres la temen como si supieran que es el mayor de los males. ¿No es la ignorancia más reprensible pensar que uno sabe lo que no sabe?
Sócrates (470-399 a.C.). Filósofo griego.

Ni el sol, ni la muerte pueden mirarse fijamente.
François de La Rochefoucauld (1613-1680). Político y escritor francés.

Ni temas ni desees la muerte.
Marco Valerio Marcial (40-104). Poeta latino.

Ningún hombre puede ignorar que tiene que morir, ni debe estar seguro de que ello no pueda ocurrir en este mismo día.

Marco Tulio Cicerón (106-43 a.C.). Escritor, político y orador romano.

No basta con pensar en la muerte, sino que se debe tenerla siempre delante. Entonces la vida se hace más solemne, más importante, más fecunda y alegre.

Stefan Zweig (1881-1942). Escritor y pacifista austriaco.

No creo en la muerte porque uno no está presente para saber que, en efecto, ha ocurrido.

Andy Wharhol (1928-1987). Pintor y cineasta estadounidense.

No creo en una vida más allá, pero, por si acaso, me he cambiado de ropa interior.

Woody Allen (1935-). Escritor, actor y director de cine estadounidense.

No debe llorarse más muerte que la de los hombres felices, es decir, de muy pocas personas.

Gustave Flaubert (1821-1880). Novelista francés.

No defraudemos a los gusanos.

Jacinto Benavente (1866-1954). Dramaturgo y crítico español.

No es correcto jactarse de los muertos.

Homero (s.VIII a.C.). Poeta griego.

No es que tenga miedo de morirme. Es tan sólo que no quiero estar allí cuando suceda.

Woody Allen (1935-). Escritor, actor y director de cine estadounidense.

No hay nada tan cierto en el mundo como la muerte y los impuestos.

Franklin Delano Roosevelt (1882-1945). Político y presidente estadounidense.

No le temo a la muerte, pues está conmigo desde que nací.

Francisco Salvador (1934-). Escritor hondureño.

No temas morir. La muerte no es más que una parada.

Pitágoras (582-500 a.C.). Filósofo y matemático griego.

No vivas la vida al máximo, guarda algo para saborear la muerte.

William Trevor (1928-). Escritor irlandés.

Nos pasamos la vida hablando de la muerte, y una vez que nos ocurre no volvemos a ocuparnos del asunto.

Ambrose Gwinett Bierce (1842-1914). Periodista y escritor estadounidense.

Oh muerte, yo no sé quién puede temerte, ya que por ti, la vida se abre para nosotros.

San Pío de Pieltrecina (1887-1968). Religioso italiano.

P'a vida de morirse, ¡hay qu'estar vivo primero!
Filósofo de Güémez, personaje mexicano que se dice vivió alrededor de 1800.

Para formar un ser humano no bastan nueve meses; hacen falta sesenta años de trabajo, de sacrificios y de estudio; y, cuando está formado, ya está listo para morir.
André Malraux (1901-1976). Novelista francés.

Perdonen mi polvo. (Epitafio).
Dorothy Parker (1893-1967). Escritora estadounidense.

Poco vales si tu muerte no es deseada por muchas personas.
Santiago Ramón y Cajal (1852-1934). Doctor español.

Preferiría ser esclavo del más pobre campesino que reinar sobre los muertos.
Homero (s.VIII a.C.). Poeta griego.

Prefiero morir y vivir en la mente de las personas, que vivir y morir en ellas.
Anónimo.

Qué cerca sentimos a algunos que están muertos; y qué muertos nos parecen otros que aún viven.
Wolf Biermann (1936-). Cantante y compositor alemán.

Qué pena morirse, con la de libros que le quedan a uno por leer.
Marcelino Menéndez Pelayo (1856-1912). Filólogo e historiador español.

Quien le enseña al hombre a morir, le enseña a vivir.
Michel Eyquem de la Montaigne (1533-1592). Ensayista francés.

Quien nace mortal, camina hacia la muerte.
Calino de Éfeso (s. VII a.J.C.). Poeta griego.

Quiero morir antes de empezar a aburrirme.
José Luis de Vilallonga (1920-). Escritor español.

Quiero morir cuando decline el día, en alta mar y con la cara al cielo, donde parezca un sueño la agonía y el alma una ave que remnota el vuelo.
Manuel Gutiérrez Nájera (1858-1895). Escritor mexicano.

Saca el mayor provecho de ti mismo, porque eso es todo lo que hay de ti.
Ralph Waldo Emerson (1803-1882). Ensayista y poeta estadounidense.

Se ha escrito ya todo cuanto es posible para persuadirnos de que la muerte no es un mal, y tanto los hombres más débiles como los héroes nos han dado miles de ejemplos célebres en apoyo de esta opinión. Sin embargo, yo dudo que ningún hombre de buen sentido la haya creído nunca.
François de La Rochefoucauld (1613-1680). Político y escritor francés.

Será lo más importante en nuestra vida aquello por lo que seamos capaces de morir.
José Ortega y Gasset (1883-1955). Filósofo español.

Si fueras a morirte pronto y pudieras hacer sólo una llamada telefónica, ¿a quién llamarías y qué le dirías?, ¿y qué esperas?
Stephen Levine (1937-). Escritor y editor estadounidense.

Si la muerte fuera un bien, los dioses no serían inmortales.
Safo (s. VI-V a.C.). Poeta griego.

Si la muerte no fuera el preludio a otra vida, la vida presente sería una burla cruel.
Mohandas Karamchand Gandhi (1869-1948). Líder político y espiritual hindú.

Si no murieran todos los hombres, entonces sí, que afligiría el morirse.
Jean de la Bruyere (1645-1696). Filósofo y escritor francés.

Si no piensas en la muerte, hay que internarte y atenderte de urgencia.
Carl Gustav Jung (1875-1961). Psicólogo y psiquiatra suizo.

Si no sabes cómo morir, no te preocupes: la naturaleza te lo enseñará a su debido tiempo.
Michel Eyquem de la Montaigne (1533-1592). Ensayista francés.

Si todavía no conocemos la vida, ¿cómo vamos a conocer la muerte?
Confucio (551-479 a.C.). Filósofo y teórico social chino.

Siempre son los demás los que se mueren.
Marcel Duchamp (1887-1968). Pintor francés.

Sigo preguntándome si hay vida después de la muerte. Y si la hay, ¿le cambiarán a uno un billete de veinte pavos?
Woody Allen (1935-). Escritor, actor y director de cine estadounidense.

Sólo dos cosas quiero, amigos, una: morir, y dos: que nadie me recuerde sino porque todo aquello que olvidé.
Eduardo Lizalde (1929-). Poeta mexicano.

Sólo se muere una vez, ¡pero por tan largo tiempo!
Jean Baptiste Poquelin Molière (1622-1673). Dramaturgo y actor francés.

Todas las personas nacen como original, la mayoría mueren como una copia.
Anónimo.

Todo es pasar en nuestra vida, todo es adiós, todo es partir, y es morir tanto nuestra vida, que lo de menos es morir.
Jacinto Benavente (1866-1954). Dramaturgo y crítico español.

Todo ser humano que muere representa una obra teatral con un solo personaje: él mismo.
Michel Eyquem de la Montaigne (1533-1592). Ensayista francés.

Todos los cementerios del mundo están llenos de gente que se consideraba imprescindible.
Georges Clemenceau (1841-1929). Político y periodista francés.

Todos los hombres mueren, pero no todas las muertes tienen el mismo valor.
Mao-Tse-Tung (1893-1976). Fundador de la República Popular China.

Todos los hombres mueren, pero no todos los hombres realmente viven.
William Wallace (1272-1305). Soldado y heroé nacional escocés.

Todos trabajamos contra nuestra propia cura, pues la muerte es la cura de todas las enfermedades.
Thomas Browne (1605-1682). Médico y escritor inglés.

Un guerrero piensa en la muerte cuando las cosas se vuelven inciertas. La idea de la muerte es la única cosa que templa nuestro carácter.
Carlos Castañeda (1931-). Escritor brasileño.

Una muerte bella honra toda la vida.
Francesco Petrarca (1304-1374). Poeta y humanista italiano.

Una vez terminado el juego, el rey y el peón vuelven a la misma caja.
Proverbio italiano.

Uno no se muere cuando debe, sino cuando puede.
Gabriel García Márquez (1928-). Escritor colombiano. Premio Nobel de Literatura.

Ven, muerte, tan escondida que no te sienta venir, porque el placer del morir no me vuelva a dar la vida.
Pedro Calderón de la Barca (1600-1681). Dramaturgo y poeta español.

Vive rápido, muere rápido y deja un cadáver presentable.
Jim Morrison (1943-1971). Músico estadounidense.

Vivir es llegar y morir es volver.
Lao-tsé (570-490 a.C.). Filosófo del Taoísmo.

Y cuando llegue el día del último viaje, y esté al partir la nave que nunca ha tornar, me encontraréis a bordo ligero de equipaje, casi desnudo, como los hijos de la mar.
Antonio Machado (1875-1939). Poeta español.

Y el rico y el pobre, el débil y el fuerte sufren igual los dolores de la muerte.
Francois-Marie Arouet de Voltaire (1694-1778). Escritor y filósofo francés.

Yo no quiero morir, pero no me importaría haber muerto.
Marco Tulio Cicerón (106-43 a.C.). Escritor, político y orador romano

Así como una jornada bien empleada produce un dulce sueño, así una vida bien usada causa una dulce muerte.
Leonardo Da Vinci (1452-1519). Artista florentino.

El hombre nace sin dientes, sin cabello y sin ilusiones. Y muere lo mismo: sin dientes, sin cabellos y sin ilusiones.
Alejandro Dumas (hijo) (1824-1895). Escritor francés.

Estoy conforme en que las sociedades decreten la abolición de la pena de muerte; pero que empiecen por abolir los asesinos.

Jean Baptiste Alphonse Karr (1808-1890). Escritor francés.

Existe algo tan inevitable como la muerte: la vida.

Charles Chaplin (1889-1977). Actor, productor y director inglés.

La muerte es una quimera: porque mientras yo existo, no existe la muerte; y cuando existe la muerte, ya no existo yo.

Epicuro (342 a.C.- 270 a.C.). Filósofo griego.

La muerte sólo será triste para los que no hayan pensado en ella.

François de Salignac de La Mothe Fénelon (1651-1715). Prelado y erudito francés.

No se muere más que una vez, y es para mucho tiempo.

Jules Renard (1864-1910). Escritor francés.

Para encontrar gusto a la vida no hay nada como morirse.

Enrique Jardiel Poncela (1901-1952). Escritor español.

Que un hombre muera por una causa no significa nada en cuanto al valor de la causa.

Oscar Wilde (1854-1900). Novelista, poeta, crítico literario y autor teatral irlandés.

Mujer

¡Ah, el eterno femenino!, decía aquel señor cuya mujer nunca acababa de morirse.

Alphonse Allais (1855-1905). Escritor y humorista francés.

¡Qué tanto puede una mujer que llora!

Lope De Vega (1562-1635). Escritor español.

¡Venciste mujer! Con no dejarte vencer.

Pedro Calderón de la Barca (1600-1681). Dramaturgo y poeta español.

¿Vas con las mujeres? No olvides el látigo.

Friedrich Nietzsche (1844-1900). Filósofo, poeta y filólogo alemán.

A las mujeres les gustan los hombres callados porque se creen que las están escuchando.

Marcel Achard (1899-1974). Autor dramático.

A las mujeres les gustan los hombres desesperados; si no los encuentran, los hacen.

Leon Daudi (1905-1985). Escritor español.

A las mujeres les seduce que las seduzcan.

Enrique Jardiel Poncela (1901-1952). Escritor español.

A los hombres les gustan las mujeres con pasado porque esperan que éste se repita.

Mae West (1892-1980). Actriz estadounidense.

A un hombre se le pide su amistad para obtener un poco menos; a una mujer, para obtener un poco más.

Alfred d'Houdetot (1799-1869). Escritor francés.

Al final de la entrevista, la mujer más pudorosa acaba tratando al amante que la solicita, mejor de lo que tenía decidido.

Marie Henri Beyle "Stendhal" (1783-1842). Novelista y ensayista francés.

Al llevarse a casa una mujer, como al llevarse un perrito, lo primero que hay que hacer es comprarle un collar.

Enrique Jardiel Poncela (1901-1952). Escritor español.

Aunque las mujeres no somos buenas para el consejo, algunas veces acertamos.

Santa Teresa de Jesús (1515-1582). Religiosa y escritora mística española.

Como individuo, la mujer es un ser endeble y defectuoso.

Santo Tomás de Aquino (1225-1274). Teólogo italiano.

Como mujer, he encontrado que es sumamente embarazoso estar en una reunión y darme cuenta que soy la única en el cuarto con "pelotas".

Rita Mae Brown (1944-). Escritora estadounidense.

Cómo tener confianza de una mujer que le dice a uno su verdadera edad. Una mujer capaz de decir esto es capaz de decirlo todo.

Oscar Wilde (1854-1900). Novelista, poeta, crítico literario y autor teatral irlandés.

Con mujeres el corazón discute, no la mente.

Matthew Arnold (1822-1888). Poeta y crítico inglés.

Cualquier hombre puede llegar a ser feliz con una mujer, con tal de que no la ame.

Oscar Wilde (1854-1900). Novelista, poeta, crítico literario y autor teatral irlandés.

Cualquier mujer que entienda los problemas de llevar una casa está muy cerca de entender los de llevar un país.

Margaret Thatcher (1925-). Política británica.

Cualquiera que diga que puede ver a través de las mujeres, se está perdiendo un montón de cosas.

Groucho Marx (1890-1976). Actor estadounidense.

Cuando dos se disputan a una mujer, siempre hay que compadecer al que se la lleva.

José Vasconcelos (1882-1959). Filósofo, educador y político mexicano.

Cuando las mujeres andan en peores pasos es cuando van mejor calzadas.

Enrique Jardiel Poncela (1901-1952). Escritor español.

Cuando trates con una mujer no olvides el látigo.

Friedrich Nietzsche (1844-1900). Filósofo, poeta y filólogo alemán.

Cuando un hombre se echa atrás, sólo retrocede de verdad. Una mujer sólo retrocede para coger carrerilla.

Zsa Zsa Gabor (1918-). Actriz húngara.

Cuando una mujer bella elogia la belleza de otra, puede estar segura de que es más hermosa que la elogiada.

Jean de la Bruyere (1645-1696). Filósofo y escritor francés.

De la mujer puede decirse que es un hombre inferior.

Aristóteles (384 a.C.-322a.C). Filósofo griego.

Donde no hay mujeres no existen los buenos modales.

Johann Wolfgang von Goethe (1749-1832). Poeta, novelista y dramaturgo alemán.

El alma de una mujer es la obra maestra de la creación.

Confucio (551-479 a.C.). Filósofo y teórico social chino.

El amor en la mujer está siempre mezclado con una admiración involuntaria, y cesa cuando cree convencerse de que el hombre le es inferior.

Georg Wilhelm Friedrich Hegel (1770-1831). Filósofo alemán.

El defecto fundamental del carácter femenino consiste en que no tiene sentido de la justicia.

Arthur Schopenhauer (1788-1860). Filósofo alemán.

El enemigo es el hombre; la amiga, la mujer.

José Luis Cuevas (1934-). Dibujante, grabador, ilustrador, escritor mexicano.

El eterno femenino nos impulsa hacia arriba.

Johann Wolfgang von Goethe (1749-1832). Poeta, novelista y dramaturgo alemán.

El hombre quiere que la mujer sea pacífica; pero en realidad es esencialmente belicosa, como el gato.

Friedrich Nietzsche (1844-1900). Filósofo, poeta y filólogo alemán.

El mejor adorno de una mujer lo constituye el silencio y la modestia.

Eurípides (480-406 a.C.). Dramaturgo griego.

El pelo es el ornamento más rico de las mujeres.

Martín Lutero (1483-1546). Teólogo alemán que inició la Reforma protestante.

El perfume anuncia la llegada de una mujer y alegra su marcha.

Coco Chanel (1883-1971). Diseñadora francesa de moda.

El problema de la mujer siempre ha sido un problema de hombres.

Simone De Beauvoir (1908-1986). Novelista e intelectual francesa.

El que va acompañado de una linda mujer sabe que los amigos hallados en la calle tienen siempre más cosas que decir que cuando vamos solos.

Enrique Jardiel Poncela (1901-1952). Escritor español.

Ella ha estado en más regazos que una servilleta.

Walter Winchell (1897-1972). Periodista y locutor estadounidense.

Ella hubiera podido ser una espléndida esposa, porque su llanto hacía que sus ojos brillaran y se enternecieran.

O Henry. (William Sidney Porter) (1862-1910). Escritor estadounidense.

En cuanto se concede a la mujer la igualdad con el hombre, se vuelve superior a él.

Margaret Thatcher (1925-). Política británica.

En la morfología del ser femenino, acaso no haya figuras más extrañas que las de Judit y Salomé, las dos mujeres que van con dos cabezas cada una: la suya y la cortada.

José Ortega y Gasset (1883-1955). Filósofo español.

En las mujeres, el instinto equivale a la perspicacia de los grandes hombres.

Honorato De Balzac (1799-1850). Escritor francés.

En ningún momento he dudado que las mujeres son tontas. Al fin y al cabo el Todopoderoso las creó a imagen y semejanza de los hombres.

George Eliot (Mary Ann o Marian Evans) (1819-1880). Novelista inglesa.

En su primera pasión, la mujer está enamorada del ser amado; en todas las demás, sólo está enamorada del amor.

Lord Byron (1788-1824). Poeta inglés.

Es de presumir que las mujeres tienen en más su cuerpo que su alma, puesto que la mayoría entregan su corazón sin resistencia y se resisten a entregar su cuerpo.

Louis Charles Alfred de Musset (1810-1857). Poeta francés.

Es evidente que hay dos tipos de mujeres: La seductoras y las que no inspiran seducción ninguna. Siempre que se habla de la mujer, sin hacer esta distinción, se deja uno de los dos tipos fuera de cualquier cosa que de la mujer se digna.

Leon Daudi (1905-1985). Escritor español.

Es más caro vestir a una mujer que desnudarla.

Enrique Jardiel Poncela (1901-1952). Escritor español.

Es posible encontrar mujeres que no hayan tenido nunca aventuras; pero es muy raro encontrar que no hayan tenido más de una.

François de La Rochefoucauld (1613-1680). Político y escritor francés.

Es principio de buena educación avergonzarse de algunas cosas. Es algo que siempre se espera de una mujer. Las mujeres deben pretender sentir muchas cosas que en realidad no sienten.

George Bernard Shaw (1856-1950). Escritor irlandés.

Escoge a una mujer de la cual puedas decir: hubiera podido escogerla más bella, pero no mejor.

Pitágoras (582-500 a.C.). Filósofo y matemático griego.

Estamos convencidos de que un grado superior de inteligencia nos conduciría a aceptar la infidelidad de la mujer. Querer acaparar un ser, paralizar su fantasía, sujetar su voluntad, es una pretensión insensata. Pero si tan sabios y complacientes fuéramos, sólo amaríamos con medida, es decir, no amaríamos.

Paul Géraldy (1885-1983). Poeta y escritor francés.

Fragilidad, tu nombre es mujer.

William Shakespeare (1564-1616). Poeta y autor teatral inglés.

Guárdate de las mujeres hasta los veinte años y aléjate de ellas después de los cuarenta.

Alejandro Dumas (hijo) (1824-1895). Escritor francés.

Habría un sistema para acabar de una vez con la actitud insurgente y altiva de las mujeres que proclaman su independencia y su integración a todo: Dejar de casarse todos a la vez. En muy poco tiempo, todo cambiaría.

Leon Daudi (1905-1985). Escritor español.

Hasta cuando se encuentran en la calle, las mujeres se miran unas a otras como guelfos y gibelinos.

Arthur Schopenhauer (1788-1860). Filósofo alemán.

Hay algo peor que una mujer: dos mujeres.

Platón (428-347 a.C.). Filósofo griego.

Hay dos tipos de mujeres: las feas y las que se pintan.

Oscar Wilde (1854-1900). Novelista, poeta, crítico literario y autor teatral irlandés.

Hay mujeres que quieren tanto a sus maridos que, para no usarlos, toman el de sus amigas.

Alejandro Dumas (1802-1870). Novelista y dramaturgo francés.

Hay pocas mujeres cuyos encantos sobrevivan a su belleza.

François de La Rochefoucauld (1613-1680). Político y escritor francés.

Hay que ser osado con las mujeres. De cada diez veces, una se logra triunfar.

Marie Henri Beyle "Stendhal" (1783-1842). Novelista y ensayista francés.

Hay tres cosas que jamás he podido comprender: el flujo y reflujo de las mareas, el mecanismo social y la lógica femenina.

Jean Cocteau (1889-1963). Escritor francés.

Hombres, sus derechos y nada más; mujeres, sus derechos y nada menos...
Susan B. Anthony (1820-1906). Reformadora social estadounidense.

Joven o vieja, bella o fea, frívola o austera, la mujer sabe siempre el secreto de Dios.
Amado Nervo (1870-1919). Poeta y escritor mexicano.

La amistad entre dos mujeres comienza o acaba por ser un complot contra una tercera.
Jean Baptiste Alphonse Karr (1808-1890). Escritor francés.

La Biblia dice que la mujer fue la última cosa que Dios creó. Es evidente que la creó en la noche del sábado; revela su fatiga.
Alejandro Dumas (hijo) (1824-1895). Escritor francés.

La firmeza de la mujer que resiste su amor es la cosa más admirable que pueda darse en la tierra.
Marie Henri Beyle "Stendhal" (1783-1842). Novelista y ensayista francés.

La fuerza de las mujeres depende de que la psicología no puede explicarla. Los hombres pueden ser analizados; las mujeres sólo pueden ser amadas.
Oscar Wilde (1854-1900). Novelista, poeta, crítico literario y autor teatral irlandés.

La fuerza de las mujeres está en su debilidad.
Bernard le Bovier Fontenelle (1657-1757). Escritor y científico francés.

La intuición de una mujer es más precisa que la certeza de un hombre.
Rudyard Kipling (1865-1936). Novelista inglés.

La más tonta de las mujeres puede manejar a un hombre inteligente, pero es necesario que una mujer sea muy hábil para manejar a un imbécil.
Rudyard Kipling (1865-1936). Novelista inglés.

La mayoría de las mujeres no sienten la necesidad de ser amadas; les basta con ser preferidas.
Mademoiselle Julie-Jeanne-Eléánore De Lespinasse (1732-1776). Anfitriona de uno de los más destacados salones culturales de París.

La mejor manera de aprender a expresarse con facilidad es hablar con mujeres, pues no hace falta pensar lo que se dice.
Benjamin Disraeli (1804-1881). Escritor británico.

La mente del hombre es de mármol; la de la mujer de cera.
William Shakespeare (1564-1616). Poeta y autor teatral inglés.

La moza que piensa es tan estúpida como el hombre que se pinta.
Gotthold Ephraim Lessing (1729-1781). Crítico literario y pensador alemán.

La mujer es como la hiedra, que crece en todo su esplendor mientras se enrosca al árbol, pero no vale para nada cuando se la separa de él.
Jean Baptiste Poquelin Molière (1622-1673). Dramaturgo y actor francés.

La mujer es coqueta mientras no ama.
Honorato De Balzac (1799-1850). Escritor francés.

La mujer es la reina del mundo y la esclava del deseo.
Honorato De Balzac (1799-1850). Escritor francés.

La mujer es lo más corruptor y lo más corruptible que hay en el mundo.
Confucio (551-479 a.C.). Filósofo y teórico social chino.

La mujer es siempre voluble y mudable (*Varium et mutable semper femina*).
Virgilio (70 a.C-19 a.C). Poeta romano.

La mujer es un diablo muy perfeccionado.
Víctor Hugo (1802-1885). Escritor francés.

La mujer es un hermoso defecto de la naturaleza.
John Milton (1608-1674). Poeta y ensayista inglés.

La mujer es un manjar digno de dioses, cuando no lo cocina el diablo.
William Shakespeare (1564-1616). Poeta y autor teatral inglés.

La mujer es un mal necesario.
Proverbio francés.

La mujer es, reconozcámoslo, un animal inépto y estúpido aunque agradable y gracioso.
Erasmo de Rotterdam (1466-1536). Escritor y humanista holandés.

La mujer está más maltratada por la civilización que por la naturaleza.
Jean Jacques Rousseau (1712-1778). Filósofo y botánico suizo.

La mujer más insigne es la que mayor número de hijos le da a la patria.
Napoleón Bonaparte (1769-1821). Emperador de Francia (1804-1815).

La mujer más virtuosa siempre tiene algo dentro de ella que no es completamente casto.
Honorato De Balzac (1799-1850). Escritor francés.

La mujer no debe depender de la protección del hombre, sino ser enseñada para protegerse a sí misma.
Susan B. Anthony (1820-1906). Reformadora social estadounidense.

La mujer nos inspira grandes cosas... Y nos impide realizarlas.
Alejandro Dumas (hijo) (1824-1895). Escritor francés.

La mujer paga su deuda con la vida, no por lo que hace, sino por lo que sufre.
Arthur Schopenhauer (1788-1860). Filósofo alemán.

La mujer perfecta es un tipo humano superior al varón perfecto, pero también es un ejemplar mucho más raro.
Friedrich Nietzsche (1844-1900). Filósofo, poeta y filólogo alemán.

La mujer representa una especie de capa intermedia entre el niño y el hombre.
Arthur Schopenhauer (1788-1860). Filósofo alemán.

La mujer se burla de los hombres como quiere, cuando quiere y mientras quiere.
Honorato De Balzac (1799-1850). Escritor francés.

La mujer se resiste a seguir las buenas reglas de la vida. Se empeña en darnos a los hombres lo que no le pedimos y así, nos ofrece su alma cuando queremos su cuerpo, o su cuerpo, cuando queremos su alma.
Rodolfo Usigli (1905-1979). Dramaturgo mexicano.

La mujer sería más encantadora si fuera posible caer en sus brazos sin caer en sus manos.
Amos Bronson Alcott (1799-1888). Educador y filósofo estadounidense.

La mujer siempre está comprando algo.
Publio Nasón Ovidio (43 a.C.-17 d.C.). Poeta latino.

La mujer tiene el color y el perfume de las rosas, la limpidez y pureza del cristal y sobre todo, su fragilidad.
Lope De Vega (1562-1635). Escritor español.

La mujer y el libro que han de influir en una vida, llegan a las manos sin buscarlos.
Enrique Jardiel Poncela (1901-1952). Escritor español.

La mujer y la tetera se benefician con la edad.
Proverbio japonés.

La mujer, está donde le corresponde. Millones de años de evolución no se han equivocado, pues la naturaleza tiene la capacidad de corregir sus propios defectos.
Albert Einstein (1879-1955). Científico estadounidense de origen alemán.

La necesidad de amar es una parte de la naturaleza de la mujer.
Ninón de Lenclos (1620-1705). Cortesana francesa.

La noche muestra a las estrellas y a las mujeres bajo una luz mejor.
Lord Byron (1788-1824). Poeta inglés.

La presencia femenina es la mitad del mundo, el lugar donde el hombre toca tierra, la intensidad, la realidad.
Homero Aridjis (1940-). Poeta mexicano.

La vida de toda mujer, a pesar de lo que ella diga, no es más que un continuo deseo de encontrar a quién someterse.
Fedor Dostoievski (1821-1881). Escritor ruso.

La vida de una mujer es una historia de afectos.
Washington Irving (1783-1859). Escritor estadounidense.

La volubilidad de la mujer que yo amo sólo puede compararse con la infernal constancia de las mujeres que me aman.
George Bernard Shaw (1856-1950). Escritor irlandés.

Las batallas contra las mujeres son las únicas que se ganan huyendo.
Napoleón Bonaparte (1769-1821). Emperador de Francia (1804-1815).

Las bolsas de las mujeres, son como los conventos, tienen puras madres adentro.
Filósofo de Güémez, personaje mexicano que se dice vivió alrededor de 1800.

Las costumbres hacen las leyes, las mujeres hacen las costumbres; las mujeres, pues, hacen las leyes.
Charles Louis de Secondat, barón de la Brède y de Montesquieu (1689-1755). Escritor francés.

Las esposas son nuestras amantes en la juventud, nuestras compañeras en la edad madura y nuestras enfermeras en la vejez.
Francis Barón de Verulam Bacon (1561-1626). Filósofo y estadista británico.

Las francesas que se dedican a amar a los hombres tienen el don de encontrarse siempre donde uno las desea y de estar dispuestas a hacer aquello que uno desea que ellas hagan.
Conde de Keyserling (1880-1946). Filósofo alemán.

Las muchachas buenas van al cielo, las muchachas malas van a todas partes.
Mae West (1892-1980). Actriz estadounidense.

Las mujeres abandonadas son las que simplemente aman; las conservadas son las que saben amar.
Honorato De Balzac (1799-1850). Escritor francés.

Las mujeres con pasado y los hombres con futuro son las personas más interesantes.
Chavela Vargas (1919-). Intérprete mexicana de origen costarricense.

Las mujeres demasiado bellas sorprenden menos al segundo día.
Marie Henri Beyle "Stendhal" (1783-1842). Novelista y ensayista francés.

Las mujeres feas son celosas de sus maridos. Las bonitas no tiene tiempo, ¡están siempre tan ocupadas en estar celosas de los maridos de los demás...!
Oscar Wilde (1854-1900). Novelista, poeta, crítico literario y autor teatral irlandés.

Las mujeres han servido todos estos siglos como espejos que poseen el mágico y delicioso poder de reflejar la figura del hombre, al doble de su tamaño natural.
Virginia Woolf (1882-1941). Escritora inglesa.

Las mujeres han sido hechas para ser amadas, no para ser comprendidas.
Oscar Wilde (1854-1900). Novelista, poeta, crítico literario y autor teatral irlandés.

Las mujeres han sido siempre protestas pintorescas contra la simple existencia del sentido común.
Oscar Wilde (1854-1900). Novelista, poeta, crítico literario y autor teatral irlandés.

Las mujeres no advierten lo que hacemos por ellas; no notan sino lo que dejamos de hacer.
Georges Courteline (1858-1929). Novelista francés.

Las mujeres no son otra cosa que máquinas de producir hijos.
Napoleón Bonaparte (1769-1821). Emperador de Francia (1804-1815).

Las mujeres se han vuelto tan instruídas que nada las sorprende, excepto los matrimonios felices.
Oscar Wilde (1854-1900). Novelista, poeta, crítico literario y autor teatral irlandés.

Las mujeres siempre intrigan en secreto contra el alma superior de sus maridos; siempre quieren apartarles de su futuro con el cebo de un presente cómodo y libre de sufrimiento.
Friedrich Nietzsche (1844-1900). Filósofo, poeta y filólogo alemán.

Las mujeres son como las veletas: sólo se quedan quietas cuando se oxidan.
Francois-Marie Arouet de Voltaire (1694-1778). Escritor y filósofo francés.

Las mujeres son como los caballos: hay que hablarles antes de ponerles las bridas.
André Maurois (1885-1967). Escritor francés.

Las mujeres son cuadros; los hombres, problemas. Si queréis saber lo que significa realmente una mujer, contempladla: no la escuchéis.
Oscar Wilde (1854-1900). Novelista, poeta, crítico literario y autor teatral irlandés.

Las mujeres son siempre mucho mejores o mucho peores que los hombres.
Napoleón Bonaparte (1769-1821). Emperador de Francia (1804-1815).

Las mujeres son un sexo decorativo. Nunca tienen nada que decir, pero lo dicen de manera encantadora.
Oscar Wilde (1854-1900). Novelista, poeta, crítico literario y autor teatral irlandés.

Las mujeres tienen las mismas costumbres de los salvajes: adornarse con plumas, colgarse aros de las orejas, pintarse la cara y vivir conquistando a los vecinos.
Enrique Jardiel Poncela (1901-1952). Escritor español.

Las mujeres, como las espadas, cuando más respeto inspiran es cuando están desnudas.
Enrique Jardiel Poncela (1901-1952). Escritor español.

Las mujeres, como los autos, a la vejez es cuando más se pintan.
Enrique Jardiel Poncela (1901-1952). Escritor español.

Las mujeres toman la forma del sueño que las contiene.
Juan José Arreola (1918-2001). Actor y narrador mexicano.

Lo más bello que esta vida puede brindar a un varón es la mujer.
José Luis Cuevas (1934-). Dibujante, grabador, ilustrador, escritor mexicano.

Lo que defiende a las mujeres es que piensan que todos los hombres son iguales, mientras que lo que pierde a los hombres es que piensan que todas las mujeres son diferentes.
Ramón Gómez de la Serna (1888-1963). Escritor español. Autor de *Greguerías*.

Lo único en el mundo peor que una mujer es otra.
Aristófanes (444 a.C.-385 a.C.). Comediante griego.

Los años que una mujer se quita no se pierden: se añaden a los de otras mujeres.
Diana de Poitiers (1499-1566). Duquesa de Valentinois y amante de Enrique II de Francia.

Los gallos pueden cantar, pero son las gallinas las que ponen los huevos.
Margaret Thatcher (1925-). Política británica.

Los hombres son más elocuentes que las mujeres, pero las mujeres poseen un mayor poder de persuasión.
William Randolph Hearst (1863-1951). Político norteamericano.

Los hombres, mayormente, son como los cielos y la tierra; pero las mujeres, entre otras cosas, son como los cielos y el infierno.
Alfred Tennyson (1809-1892). Poeta inglés.

Los mejores amigos de las mujeres son los diamantes.
Marilyn Monroe (1926-1962). Actriz estadounidense.

Los vestidos de todas las mujeres, en cada época y país, son simplemente variaciones en la lucha eterna entre el deseo admitido de vestir y el deseo no admitido de desnudarse.
Lin Yutang (1895-1976). Escritor chino-americano.

Muchos abolicionistas tienen todavía que aprender el ABC de las derechos de la mujer.
Susan B. Anthony (1820-1906). Reformadora social estadounidense.

Nada puedo entender ni sentir sino a través de la mujer.
Ramón López Velarde (1888-1921). Poeta mexicano.

Ningún vestido le sienta peor a una mujer que el deseo de ser sabia.
Martín Lutero (1483-1546). Teólogo alemán que inició la Reforma protestante.

Ninguna mujer se ha perdido sin la ayuda de un hombre.
Abraham Lincoln (1809-1865). 16º presidente de Estados Unidos (1861-1865).

No amamos a una mujer por lo que dice; amamos lo que dice porque la amamos a ella.
André Maurois (1885-1967). Escritor francés.

No debe depositarse ninguna confianza en las mujeres.
Homero (s.VIII a.C.). Poeta griego.

No hay carga más pesada que una mujer liviana.
Miguel de Cervantes (1547-1616). Dramaturgo, poeta y novelista español.

No hay en el mundo nada peor que una mujer, excepto otra mujer.
Aristófanes (444 a.C.-385 a.C.). Comediante griego.

No hay joya en el mundo tan estimable como una mujer casta y virtuosa.
Miguel de Cervantes (1547-1616). Dramaturgo, poeta y novelista español.

No hay música más deliciosa, más dulce, más poética que la voz de la mujer.
Francisco Zarco (1829-1869). Político, historiador y periodista mexicano.

No hay obstáculo más grande para conquistar a una mujer que un trato anterior de mucho tiempo como amiga.
Gabriel Casaccia (1907-1980). Escritor paraguayo.

No puedo decir que la mujer universitaria es la mujer más contenta. Al tener una mente más abierta, ella entiende las condiciones desiguales entre los hombres y las mujeres, bajo un gobierno que las tolera.
Susan B. Anthony (1820-1906). Reformadora social estadounidense.

No siempre es necesario, para que una mujer sucumba, que esté enamorada; en ciertos momentos, cualquier mujer puede sucumbir, sin que ni ella misma se lo explique después.
Ninón de Lenclos (1620-1705). Cortesana francesa.

Nunca desagrada a una mujer que se le haga el amor.
Miguel de Cervantes (1547-1616). Dramaturgo, poeta y novelista español.

Para las mujeres todo es posible.
Ignacio Manuel Altamirano (1834-1893). Escritor mexicano.

Por lo general, las mujeres de ensueño son una ilusión óptica.
Peter Ustinov (1921-). Actor, escritor y productor inglés.

Que equivocado es para una mujer esperar a que el hombre le construya el mundo que ella desea, en lugar de crearlo ella misma.
Anais Nin (1903-1977). Escritora estadounidense.

Se coge al toro por los cuernos, al hombre por la palabra y a la mujer por el elogio.
Proverbio latino.

Se necesita más de un hombre sabio para seguirle la huella a una mujer tonta.
Minna Thomas Antrim (1861-?) Escritora estadounidense.

Si el mundo fuera un lugar lógico, los hombres deberían montar con la silla de lado.
Rita Mae Brown (1944-). Escritora estadounidense.

Si las mujeres fuesen buenas Dios tendría una.
Proverbio griego.

Si las mujeres no existieran, el dinero no tendría ningún sentido.
Aristóteles Onassis (1906-1975). Millonario griego.

Si una mujer te habla, sonríe y no la escuches.
Proverbio chino.

Si usted quiere saber lo que una mujer dice realmente, mírela, no la escuche.
Oscar Wilde (1854-1900). Novelista, poeta, crítico literario y autor teatral irlandés.

Siempre que lo que se disputa en el juego no es ni el amor ni el odio, las mujeres juegan torpemente.
Friedrich Nietzsche (1844-1900). Filósofo, poeta y filólogo alemán.

Temed el amor de la mujer más que el odio del hombre.
Sócrates (470-399 a.C.). Filósofo griego.

Toda pasión de amor viene preparada por las costureras. De una mujer metida en un saco informe ningún hombre se enamoraría jamás.
León Tolstoi (1828-1910). Escritor ruso.

Todas las mujeres pueden tener su momento fácil; de aquí el éxito amoroso de los hombres cuyo trato con las mujeres consiste siempre en intentar seducirlas.
Leon Daudi (1905-1985). Escritor español.

Todas las mujeres que amamos se parecen a una mujer que no hemos conocido nunca.
Leon Daudi (1905-1985). Escritor español.

Todo porque no la conoce, porque es una mujer distinta de las que él conoce. Tener lo que no se tiene. Esta alta idea interna es lo que guía al instinto. Esta idea que ante la mujer desconocida cambia al hombre en una fiera que acecha, con la atención reconcentrada y los ojos como zarpas.
Henri Barbusse (1873-1935). Novelista francés.

Trata al buen vino como a la mujer, con delicadeza, sin golpearla, y cuando lo bebas, dedícale algunas palabras agradables, hasta los vinos aprecian esto.
Alejandro Dumas (1802-1870). Novelista y dramaturgo francés.

Un león entre mujeres es lo más peligroso.
William Shakespeare (1564-1616). Poeta y autor teatral inglés.

Una conversación entre mujeres es como cuando llueve en el mar.
Alejandro Casona (1903-1965). Dramaturgo español.

Una mujer disfruta con la certeza de acariciar un cuerpo cuyos secretos conoce y cuyas preferencias son sugeridas por el suyo propio.
Gabrielle Sidonie (1873-1954). Escritora francesa.

Una mujer hermosa agrada a la vista; una mujer buena agrada al corazón; la primera es una joya, la segunda un tesoro.
Napoleón Bonaparte (1769-1821). Emperador de Francia (1804-1815).

Una mujer no comienza a mostrar su edad hasta que empieza a ocultarla.
André Gide (1869-1951). Escritor francés.

Una mujer puede cambiar la trayectoria vital de un hombre.
Severo Ochoa (1905-1993). Premio Nobel 1959, médico y bioquímico español.

Una mujer que cree que es inteligente demanda los mismos derechos que el hombre. Una mujer inteligente se resigna.
Colette (Sidonie Gabrielle Claudine) (1873-1954). Novelista francesa.

Una mujer se persuade de que es amada más por lo que adivina que por lo que se le dice.
Ninón de Lenclos (1620-1705). Cortesana francesa.

Una mujer siempre está comprando algo.
Publio Nasón Ovidio (43 a.C.-17 d.C.). Poeta latino.

Una mujer virtuosa tiene en su corazón una fibra más o una fibra menos que las demás mujeres. O es estúpida o sublime.
Honorato De Balzac (1799-1850). Escritor francés.

Yo siempre he encontrado difíciles a las mujeres. Yo realmente no las entiendo. Para empezar, pocas mujeres dicen la verdad.
Barbara Cartland (1901-2000). Novelista británica.

A cualquier mujer le gustaría ser fiel. Lo difícil es hallar al hombre a quien serlo.
Marlene Dietrich (1901-1992). Acriz y cantante germano americana.

A las mujeres les gusta sobre todo salvar a quien las pierde.
Víctor Hugo (1802-1885). Escritor francés.

A todas las mujeres les encanta y les emociona recibir cartas.
Vicky Baum (1888-1960). Escritora austriaca.

Bien sé que las mujeres aman, por lo regular, a quienes lo merecen menos. Es que las mujeres prefieren hacer limosnas a dar premios.
Jacinto Benavente (1866-1954). Dramaturgo y crítico español.

Cuando somos jóvenes lamentamos no tener una mujer, cuando nos hacemos mayores lamentamos no tener a la mujer.
Cesare Pavese (1908-1950). Poeta y novelista italiano.

Dejemos las mujeres bonitas a los hombres sin imaginación.
Marcel Proust (1871-1922). Escritor francés.

Desde la edad de seis años, la mujer no crece más que en dimensiones.
Severo Catalina y del Amo (1832-1871). Escritor español.

El instinto de la mujer equivale a la sagacidad de los grandes hombres.

Honorato De Balzac (1799-1850). Escritor francés.

El papel de las mujeres en el progreso de la civilización es mucho mayor que el del hombre, por lo que debería desarrollar sus aptitudes de acuerdo con su naturaleza, sin imitar a los hombres.

Alexis Carrel   (1873-1944). Biólogo, médico y escritor francés.

El primero que comparó a la mujer con una flor, fue un poeta; el segundo, un imbécil.

Francois-Marie Arouet de Voltaire (1694-1778). Escritor y filósofo francés.

El testimonio de las mujeres es ver lo de fuera desde dentro. Si hay una característica que pueda diferenciar el discurso de la mujer, es ese encuadre.

Carmen Martín Gaite (1925-2000). Novelista español.

En la vida existen dos tipos de mujeres; las que se enamoran de los hombres y las que hacen que los hombres se enamoren de ellas...

Anónimo.

Hay tantas mujeres bellas, pero no hay perfectas.

Víctor Hugo (1802-1885). Escritor francés.

La gran pregunta que nunca ha sido contestada y a la cual todavía no he podido responder, a pesar de mis treinta años de investigación del alma femenina, es: ¿qué quiere una mujer?

Sigmund Freud (1856-1939). Médico y neurólogo austriaco, fundador del psicoanálisis.

La mujer adora al hombre igual que el creyente adora a Dios: pidiéndole todos los días algo.

Enrique Jardiel Poncela (1901-1952). Escritor español.

La mujer es algo mientras que el hombre no es nada.

Tucídides (460 a.C.-390 a.C). Historiador griego.

La mujer es como la sombra: si la huyes, sigue; si la sigues huye.

Sébastien-Roch Nicolás Chamfort (1740-1794). Escritor francés.

La mujer es como una buena taza de café: la primera vez que se toma no te deja dormir.

Alejandro Dumas (1802-1870). Novelista y dramaturgo francés.

La mujer es un vulgar animal del que el hombre se ha formado un ideal demasiado bello.

Gustave Flaubert (1821-1880). Novelista francés.

La mujer no es más que el hombre imperfecto.

Averroes (1126-1198). Filósofo, físico, jurista malikí y teólogo asharí hispanoárabe.

La mujer, sólo el diablo sabe lo que es; yo no lo sé en absoluto.

Fedor Dostoievski (1821-1881). Escritor ruso.

La única manera en que un hombre debe comportarse con una mujer es: haciendo el amor con ella, si es bonita, o con otra, si es fea.

Oscar Wilde (1854-1900). Novelista, poeta, crítico literario y autor teatral irlandés.

Las mujeres lo negarán o lo aceptarán, pero lo que siempre quieren es que se lo pidamos.

Publio Nasón Ovidio (43 a.C.-17 d.C.). Poeta latino.

Las mujeres no miden jamás los sacrificios; ni los suyos, ni los de los demás.

Anne Louise Germaine Madame de Staël (1766-1817). Escritora francesa.

Las mujeres no son más que órganos genitales articulados y dotados de la facultad de gastar todo el dinero del hombre.

William Faulkner (1897-1962). Novelista estadounidense.

Las mujeres son muy útiles, sobre todo por la noche y, con frecuencia, durante el día.

Groucho Marx (1890-1976). Actor estadounidense.

Lo que hace que la mayoría de las mujeres sean tan poco sensibles a la amistad es que la encuentran insípida una vez que han probado el gusto del amor.

François de La Rochefoucauld (1613-1680). Político y escritor francés.

Los tres deberes fundamentales de la mujer son ser bonita, ir bien vestida y no contradecir.

William Somerset Maugham (1874-1965). Escritor británico.

No hay en el mundo nada peor que una mujer, excepto otra mujer.

Eurípides (480-406 a.C.). Dramaturgo griego.

No importa que las mujeres nos fastidien; lo que no soportamos es que nos fastidie siempre la misma.

Noel Clarasó (1905-1985). Escritor español.

No se comprende cómo las mujeres no triunfan todas, no teniendo en casa, como no tienen, ninguna mujer que se lo impida.

Noel Clarasó (1905-1985). Escritor español.

Si quieres que te sigan las mujeres, ponte delante.

Francisco De Quevedo (1580-1645). Escritor español.

Toda mujer vulgar cree que basta exagerar el pudor para parecer distinguida.

Marie Henri Beyle "Stendhal" (1783-1842). Novelista y ensayista francés.

Una mujer que es amada siempre tiene éxito.

Vicky Baum (1888-1960). Escritora austriaca.

Mundo

¡Ah qué grande es el mundo a la luz de las lámparas! ¡Y qué pequeño es a los ojos del recuerdo!

Charles Baudelaire (1821-1867). Poeta francés.

¡Mi único deseo es conocer el mundo y las comedias que en él se representan!

René Descartes (1596-1650). Filósofo, científico y matemático francés.

¡Que pequeño es todo lo de este mundo; lo único que importa es que dejemos que se cumpla en nosotros plenamente la santa voluntad de nuestro Dios!

María Maravillas de Jesús (1891-1974). Religiosa española.

¿Cuándo será el fin del mundo? El día que yo muera.

Anónimo.

¿Es que aún cabe admitir que el proceso del mundo se debe a la mentalidad de las mayorías y no al cerebro de unos cuantos?

Adolf Hitler (1889-1945). Político alemán de origen austriaco.

Actualmente, el destino del mundo depende, en primer lugar de los estadistas y, en segundo lugar de los intérpretes.

Tryggve Lie (1896-1968). Estadista noruego.

Dadme un punto de apoyo y levantaré el mundo.

Arquímedes (287-212 a.C.). Matemático e inventor griego.

El hombre razonable se adapta al mundo, el irrazonable intenta adaptar el mundo a sí mismo. Así pues, el progreso depende del hombre irrazonable.

George Bernard Shaw (1856-1950). Escritor irlandés.

El mundo comienza a existir cuando el individuo lo descubre.

Carl Gustav Jung (1875-1961). Psicólogo y psiquiatra suizo.

El mundo entero se aparta cuando ve pasar a un hombre que sabe adónde va.

Antoine De Saint Exupéry (1900-1944). Escritor y aviador francés.

El mundo es de quien nace para conquistarlo y no de quien sueña que puede conquistarlo.

Fernando Pessoa (1888-1935). Escritor portugués.

El mundo es independiente de mi voluntad.
Ludwig Wittgenstein (1889-1951). Filósofo austriaco.

El mundo es tu propio palacio o tu cárcel.
Anónimo.

El mundo es un extraño teatro en el que se encuentran momentos en los que las peores piezas obtienen el mayor de los éxitos.
Charles-Alexis Clérel de Tocqueville (1805-1859). Pensador y político liberal francés.

El mundo es una carcajada o un gemido.
Luis Martínez Kleiser (1883-1971). Jurista y escritor español.

El mundo es una comedia para los que piensan y una tragedia para los que sienten.
Horace Walpole (1717-1797). Novelista inglés.

El mundo es una escena; la vida una transición. Venimos, vemos y partimos.
Demócrito (460 a.C.-370 a.C.). Filósofo griego.

El mundo está lleno de buenas máximas y vacío de gente que las aplique.
Blaise Pascal (1623-1662). Matemático, físico y teólogo francés.

El mundo está lleno de pequeñas alegrías; el arte consiste en saber distinguirlas.
Li-Tai-Po (701-762). Poeta chino.

El mundo exterior podrá hacerte sufrir, pero sólo tú podrás avinagrarte a ti mismo.
Georges Bernanos (1888-1948). Soldado y escritor francés.

El mundo no ha cambiado por la política sino por la técnica.
Friedrich Dürrenmatt (1921-1990). Novelista y dramaturgo suizo.

El mundo no nos fue heredado por nuestros padres, nos ha sido prestado por nuestros hijos.
Luis Donaldo Colosio Murrieta (1950-1994). Político mexicano.

El mundo no se mueve únicamente por los poderosos empujones de los héroes, sino también por la suma de los pequeños empujones de cada trabajador honesto.
Helen Keller (1880-1968). Escritora estadounidense.

El mundo se está moviendo tan rápidamente en estos días que cuando alguien dice que algo no puede hacerse, generalmente es interrumpido por alguien que ya lo está haciendo.
Harry Emerson Fosdick (1878–1969). Clérigo estadounidense.

El mundo tiene dos campos: los que aborrecen la libertad, porque sólo la quieren para si, están en uno; los que aman la libertad, y la quieren para todos, están en otro.
José Martí (1853-1895). Político y escritor cubano.

El sentido del mundo debe encontrarse fuera del mundo. No hay valor en él.
Ludwig Wittgenstein (1889-1951). Filósofo austriaco.

El verdadero misterio del mundo es lo visible, no lo invisible.
Oscar Wilde (1854-1900). Novelista, poeta, crítico literario y autor teatral irlandés.

Evitemos suplantar con nuestro mundo el de los demás.
José Ortega y Gasset (1883-1955). Filósofo español.

La cosa más incompresible del mundo es que sea comprensible.
Albert Einstein (1879-1955). Científico estadounidense de origen alemán.

La risa cura, es la obra social más barata y efectiva del mundo.
Roberto Pettinato (1959-). Conductor de TV argentino.

Las personas no sufren porque el mundo no sea lo suficientemente rico para satisfacer sus necesidades sino que su representación del mundo es tan empobrecida que no ven salida posible.
Richard Bandler (1950-). Coinventor de la Programación Neurolingüística.

Liberar al mundo de toda clase de charlatanes es realmente obra muy digna de ser realizada. Son los tales la plaga única del mundo, y sin ellos dejaría de ser un mundo diabólico, miserable y maldito, comenzando a convertirse en un mundo divino, estancia de un bienestar siempre creciente.
Thomas Carlyle (1795-1881). Historiador y pensador escocés.

Lo que realmente me interesa es si Dios tenía alguna elección en la creación del mundo.
Albert Einstein (1879-1955). Científico estadounidense de origen alemán.

Los hombres despiertos no tienen más que un mundo, pero los hombres dormidos tienen cada uno su mundo.
William Hazlitt (1778-1830). Ensayista y crítico inglés.

Mi único deseo es conocer el mundo y las comedias que en él se representan.
René Descartes (1596-1650). Filósofo, científico y matemático francés.

No tenemos otro mundo al que podernos mudar.
Gabriel García Márquez (1928-). Escritor colombiano. Premio Nobel de Literatura.

Nuestros padres nos han enseñado a hablar, y el mundo a callar.
Proverbio checo.

Nunca bajes la cabeza ante nadie, porque en este mundo todos somos iguales.
Anónimo.

Nunca dudes que un grupo pequeño de ciudadanos reflexivos y comprometidos puede cambiar el mundo.
Margaret Mead (1901-1978). Antropóloga estadouniense.

Ojo por ojo, y el mundo acabará ciego.
Mohandas Karamchand Gandhi (1869-1948). Líder político y espiritual hindú.

Parad el mundo que me bajo.
Groucho Marx (1890-1976). Actor estadounidense.

Vivimos en el fondo de un mar de aire.
Evangelista Torricelli (1608-1647). Matemático y científico italiano.

Vivimos en el mundo, cuando lo amamos.
Rabindranath Tagore (1861-1941). Poeta y filósofo indio.

Y así va el mundo. Hay veces en que deseo sinceramente que Noé y su comitiva hubiesen perdido el barco.
Mark Twain (1835-1910). Escritor estadounidense.

Mundo interior

¿Quién pensara jamás llegase un día en que, perdido el celestial encanto y caída la venda de los ojos, cuando diera placer causara enojo?
José de Espronceda y Delgado (1808-1842). Poeta y revolucionario español.

A todo hombre le es concedido conocerse a sí mismo y meditar sabiamente.
Heráclito de Efeso (540-470 a.C.). Filósofo griego.

Aquellos que están en guerra con otros, no están en paz con ellos mismos.
William Harvey (1578-1657) Médico inglés.

Cada uno es como Dios le hizo, y aún peor muchas veces.
Miguel de Cervantes (1547-1616). Dramaturgo, poeta y novelista español.

Conocí un segundo nacimiento, cuando mi alma y mi cuerpo se amaron y se casaron.
Khalil Gibran (1833-1931). Ensayista, novelista y poeta libanés.

Converso con el hombre que siempre va conmigo. Quien habla solo, espera hablar con Dios un día.
Antonio Machado (1875-1939). Poeta español.

Cuando el hombre no se encuentra a sí mismo, no encuentra nada.
Johann Wolfgang von Goethe (1749-1832). Poeta, novelista y dramaturgo alemán.

Cuando finalmente entiendes la situación, es peor de lo que pensabas.
Barry Commoner (1917-). Biólogo y ambientalista estadounidense.

Cuando la lucha de un hombre comienza dentro de sí, ese hombre vale algo.
Robert Browning (1812-1889). Escritor inglés.

Cuando no hay humildad, las personas se degradan.
Agatha Christie (1891-1976) Escritora inglesa.

Cuando nos atacamos los unos a los otros, los golpes dan generalmente sobre una máscara de hierro. Nunca atacamos al hombre que está debajo de la máscara, porque no le conocemos; pero si le conociéramos no le atacaríamos, porque nos parecería bueno, de nuestra misma bondad.
André Maurois (1885-1967). Escritor francés.

Cuando trates de entender todo, no entenderás nada. La mejor manera es entenderte tú mismo, y entonces entenderás todo.
Shunryu Suzuki (1904-1971). Guía espiritual y maestro Zen japonés.

Cuenta tus bendiciones y te sorprenderás.
William Feather (1889-1981). Escritor y editor estadounidense.

Del hablador he aprendido a callar; del intolerante, a ser indulgente, y del malévolo a tratar a los demás con amabilidad. Y por curioso que parezca, no siento ninguna gratitud hacia esos maestros.
Khalil Gibran (1833-1931). Ensayista, novelista y poeta libanés.

Difícilmente nos damos cuenta que podemos sacar cualquier cosa de nuestras vidas, en un parpadeo.
Carlos Castañeda (1931-). Escritor brasileño.

Donde haya un árbol que plantar, plántalo tú. Donde haya un error que enmendar, enmiéndalo tú. Donde haya un esfuerzo que todos esquivan, hazlo tú. Sé tú el que aparta la piedra del camino.
Gabriela Mistral (1889-1957). Poetisa y diplomática chilena.

El camino misterioso va hacia el interior. Es en nosotros, y no en otra parte, donde se halla la eternidad de los mundos, el pasado y el futuro.
Friedrich Leopold von Hardenberg "Novalis" (1772-1801). Poeta alemán.

El fruto del espíritu es el amor, la alegría, la paz, la paciencia, la amabilidad, la bondad, la confianza, la gentileza y el control de sí mismo.
La Biblia.

El hombre es un dios cuando sueña y un mendigo cuando piensa.
Johann F. Holderling (1770-1843). Poeta alemán.

El hombre que se sabe hundir en sí mismo es el único creador.
Emma Godoy (1918-1989). Poetisa y escritora mexicana.

El hombre se dedica a desear en voz alta aquello que jamás se esfuerza en alcanzar.
Noel Clarasó (1905-1985). Escritor español.

El hombre se supera a sí mismo infinitamente porque siempre está en camino hacia la plenitud infinita.
Blaise Pascal (1623-1662). Matemático, físico y teólogo francés.

El hombre todo lo perfecciona en torno suyo; lo que no hace es perfeccionarse a sí mismo.
Jean Baptiste Alphonse Karr (1808-1890). Escritor francés.

El horizonte está en los ojos y no en la realidad.
Ángel Ganivet y García (1865-1898). Ensayista y novelista español.

El más profundo principio de la naturaleza humano es el deseo de ser apreciado.
William James (1842-1910). Filósofo estadounidense.

El momento en que uno presta demasiada atención a algo, aún a una brizna de hierba, llega a ser un misterio, impresionante e indescriptiblemente magnífico del mundo en sí mismo.
Henry Miller (1891-1980). Escritor estadounidense.

El mundo es mi país; la humanidad es mi aliento; hacer el bien es mi religión.
Thomas Paine (1737-1809). Escritor y teórico político angloamericano.

El que se domina a sí mismo, irradia de todo su ser tal ascendiente, que sin esfuerzo disipa las dudas de quienes están a su alrededor.
Orison S. Marden (1848-1924). Editor y escritor estadounidense.

El riesgo que tomas si cambias, es que a la gente a tu alrededor no le guste tu nuevo tú. Pero otras personas vendrán a las que les agrades.
Lisa Alther (1944-). Novelista estadounidense.

En mi vida hice mucho bien y mucho mal, pero todo el bien lo hice muy mal, y todo el mal lo hice muy bien.
Armand Jean du Plessis, cardenal Richelieu (1585-1642). Prelado francés.

Entra en ti sin llamar.
Stanislaw Jerzy Lec (1909-1966). Escritor polaco.

Es necesario aprender a apartar la mirada de sí para ver muchas cosas.
Friedrich Nietzsche (1844-1900). Filósofo, poeta y filólogo alemán.

Feliz el hombre que ha pisoteado todos sus temores y puede reír ante la proximidad de la muerte que todo lo vence.
Virgilio (70 a.C-19 a.C). Poeta romano.

Hay muy pocos que sean tan necios que no prefieren gobernarse a sí mismos antes que ser gobernados por otros.
Thomas Hobbes (1588-1679). Filósofo y político inglés.

Hay que combatir a todo trance la fiera que llevamos en nosotros.
Rubén Darío (1867-1916). Poeta nicaragüense.

He querido establecer el derecho de atreverme a todo.
Paul Gauguin (1859-1941). Pintor francés.

He tenido más problemas conmigo mismo que con cualquier hombre que haya conocido.

Dwight Lyman Moody (1837-1899). Predicador evangelista estadounidense.

Hoy, encuentra la manera de hacer cambios en ti mismo, en lugar de en alguien más. Algunas veces los resultados son los mismos.

Anónimo.

Cuando no podemos encontrar tranquilidad dentro de nosotros mismos es inútil buscarla en otra parte.

Anónimo.

La conquista propia es la más grande de las victorias.

Platón (428-347 a.C.). Filósofo griego.

La cosa más aterrorizante es aceptarse totalmente.

Carl Gustav Jung (1875-1961). Psicólogo y psiquiatra suizo.

La diferencia básica entre un hombre ordinario y un guerrero es que el guerrero toma todo como un desafío, mientras el hombre ordinario toma todo como una bendición o una desgracia.

Carlos Castañeda (1931-). Escritor brasileño.

La divinidad está en ti, no en conceptos o en libros.

Herman Hesse (1877-1962). Escritor alemán. Premio Nobel de Literatura (1947).

La inhumanidad del hombre hace que el mundo se mantenga de luto.

Robert Burns (1759-1796). Poeta escocés.

La mente tiene su propia función, y en ella puede hacer el infierno un cielo, o del cielo un infierno.

John Milton (1608-1674). Poeta y ensayista inglés.

Las cosas no cambian. Tú cambias la manera de verlas, eso es todo.

Carlos Castañeda (1931-). Escritor brasileño.

Las más grandes penas son aquellas que nos causamos nosotros mismos.

Sófocles (496-406 a.C.). Dramaturgo ateniense.

Lo más difícil del mundo es conocerse a uno mismo, y lo más fácil hablar mal de los demás.

Tales de Mileto (625-546). Filósofo griego.

Lo más importante en este mundo, no es saber donde estás, sino hacia donde vas.

Johann Wolfgang von Goethe (1749-1832). Poeta, novelista y dramaturgo alemán.

Lo peor que puede hacer una persona en su vida, es huir de sí mimo; tarde o temprano se alcanzará, y además cansado.

Anónimo.

Lo que está delante de nosotros y lo que está detrás es poco importante comparado con lo que reside en nuestro interior.
Oliver Wendell Holmes (1809-1894). Médico y escritor estadounidense.

Los conceptos son de todos y se nos imponen desde fuera; las intuiciones siempre son nuestras.
Antonio Machado (1875-1939). Poeta español.

Más interesante que lo que la gente dice es su pensamiento secreto, y esto es lo que importa conocer.
Maurice Maeterlinck (1862-1949). Escritor belga.

Me gustaría disfutar este verano flor por flor, como si fuera a ser el último para mí.
André Gide (1869-1951). Escritor francés.

Me observo a mí mismo y llego a conocer a otros.
Lao-tsé (570-490 a.C.). Filosófo del Taoísmo.

Mi sangre y mis orígenes son albaneses, pero soy de ciudadanía india. Soy monja católica. Por profesión, pertenezco al mundo entero. Por corazón, pertenezco por completo al Corazón de Jesús.
Madre Teresa de Calcuta (1910-1997). Misionera yugoslava nacionalizada india.

Mil cortes en las hojas del árbol del mal equivalen a uno en sus raíces.
Henry David Thoreau (1817-1862). Escritor, poeta y pensador estadounidense.

Nací sin saber por qué. He vivido sin saber cómo. Y muero sin saber cómo ni por qué.
Pierre Gassendi (1592-1655). Filósofo y científico francés.

Nadie se ama a sí mismo demasiado poco.
Benjamin Whichcote (1609-1683). Filósofo y teólogo inglés.

Nadie se conoce a sí mismo hasta tanto no ha sufrido.
Louis Charles Alfred de Musset (1810-1857). Poeta francés.

Ningún hombre conoce lo malo que es hasta que no ha tratado de esforzarse por ser bueno. Sólo podrás conocer la fuerza de un viento tratando de caminar contra él, no dejándote llevar.
Clive Staples Lewis (1898-1963). Escritor británico.

No considero un insulto, sino un elogio que me llamen agnóstico. No pretendo saber de lo que muchos ignorantes están seguros, eso es todo lo que el agnosticismo significa.
Clarence Darrow (1857-1938). Abogado estadounidense.

No es el hombre común quien es importante, es importante el que no lo es.
Nancy Astor (1879-1964). Política inglesa.

No vayas mirando fuera de ti, entra en ti mismo, porque la verdad habita en el interior del hombre.
San Agustín (354-430). Obispo, filósofo y Padre de la Iglesia Latina.

No vemos las cosas como son, las vemos como somos.
Anais Nin (1903-1977). Escritora estadounidense.

Nosotros no vemos las cosas como son. Las vemos como somos nosotros.
Talmud. Cuerpo de ley civil y religiosa del judaísmo.

Para entender el corazón y la mente de una persona, no te fijes en lo que ha hecho, no te fijes en lo que ha logrado sino en lo que aspira a hacer.
Khalil Gibran (1833-1931). Ensayista, novelista y poeta libanés.

Pisarás el umbral del bienestar, cuando empieces a sentirte satisfecho con apenas nada.
Proverbio árabe.

Preguntaron a Tales qué era más difícil al hombre y contestó: conocerse a sí mismo.
Diógenes de Sínope "el cínico" (410 a.C.-320 a.C.). Filósofo griego.

Prométete a ti mismo ser tan fuerte, que nada pueda perturbar tu paz mental. Ser bastante sabio para preocuparte; bastante tolerante para enfurecer, y bastante valiente para atemorizarte. Y así poder ser feliz.
Anónimo.

Que es mi barco mi tesoro, que es mi Dios la libertad, mi ley la fuerza y el viento, mi única patria la mar.
José de Espronceda y Delgado (1808-1842). Poeta y revolucionario español.

Sabe que cuando uno es amigo de sí mismo, lo es también de todo el mundo
Séneca Anneo (3 a.C.- 65 d.C.). Filósofo latino.

Saber es relativamente fácil. Querer y obrar de acuerdo a lo que uno quisiera, es siempre más duro.
Aldous Leonard Huxley (1894-1963). Escritor inglés.

Ser o no ser: ése es el dilema.
William Shakespeare (1564-1616). Poeta y autor teatral inglés.

Si hiciéramos todas las cosas que somos capaces de hacer, verdaderamente nos asombraríamos nosotros mismos.
Thomas Alva Edison (1847-1931). Inventor estadounidense.

Si los rebeldes pudieran triunfar descubrirían que se habían destruido a sí mismos.
Clive Staples Lewis (1898-1963). Escritor británico.

Si tú eres lo que haces, entonces cuando no lo hagas, no lo serás.
Dr. Wayne Dyer (1940-). Escritor y conferencista estadounidense.

Si tú has sido hecho con un molde diferente al de la mayoría, no es mérito tuyo, la naturaleza lo hizo.
Charlotte Bronte (1816-1855). Poetisa y novelista inglesa.

Si tus males tienen remedio, ¿por qué te apuras? Y si no lo tienen, ¿por qué te apuras?
Proverbio hindú.

Si un hombre te dice que pareces camello, ignóralo; si dos te lo dicen, mírate al espejo.
Proverbio árabe.

Si una espina me hiere, me aparto de la espina... pero no la aborrezco.
Amado Nervo (1870-1919). Poeta y escritor mexicano.

Siento una simpatía antigua, natural y expontánea; hacia las cosas insólitas y levemente extraordinarias, y mi único temor era el que otro rompiese el encanto, cambiando aquella amistad diaria, pero fugitiva y anónima, en un intercambio de visitas, de murmuraciones y de tazas de té.
Giovanni Papini (1881-1956). Escritor italiano.

Sólo durante el fugaz instante de nuestra participación con lo absoluto podemos afirmar que existimos.
José Vasconcelos (1882-1959). Filósofo, educador y político mexicano.

Sólo los superficiales llegan a conocerse a sí mismos.
Oscar Wilde (1854-1900). Novelista, poeta, crítico literario y autor teatral irlandés.

Somos polvo y sombra.
Quinto Horacio Flaco (65 a.C.-8 a.C.). Poeta lírico y satírico romano.

Soy siempre fácil de creer, cuando el credo me satisface.
Charlotte Bronte (1816-1855). Poetisa y novelista inglesa.

Toda cosa grande, majestuosa y bella en este mundo nace y se forja en el interior del hombre, gracias a una sola idea y a un solo sentimiento.
Khalil Gibran (1833-1931). Ensayista, novelista y poeta libanés.

Todas las maravillas que buscas están dentro de ti mismo.
Thomas Browne (1605-1682). Médico y escritor inglés.

Todo hombre lleva en sí un dictador y un anarquista.
Paul Ambroise Valéry (1871-1945). Escritor francés.

Vive dentro de ti mismo y verás cuán corta es tu riqueza.
Aulo Persio Flacco (34-62). Filósofo y poeta satírico romano.

Yo no procuro conocer las preguntas; procuro conocer las respuestas.
Confucio (551-479 a.C.). Filósofo y teórico social chino.

Yo soy yo y mi circunstancia.
José Ortega y Gasset (1883-1955). Filósofo español.

La música es la voluptuosidad de la imaginación.
Eugene Delacroix (1798-1863). Pintor francés.

Aprender música leyendo teoría musical es como hacer el amor por correo.
Luciano Pavarotti (1936-). Tenor italiano.

Así como los ojos están formados para la astronomía, los oídos lo están para percibir los movimientos de la armonía.
Platón (428-347 a.C.). Filósofo griego.

Componer no es difícil, lo complicado es dejar caer bajo la mesa las notas superfluas.
Johannes Brahms (1833-1897). Compositor alemán.

Desde que el hombre existe ha habido música. Pero también los animales, los átomos y las estrellas hacen música.
Karlheinz Stockhausen (1928-). Músico y compositor alemán.

El arte de dirigir consiste en saber cuando hay que abandonar la batuta para no molestar a la orquesta.
Herbert Von Karajan (1908-1989). Director de orquesta austriaco.

El arte de la música es el que más cercano se halla de las lágrimas y los recuerdos.
Oscar Wilde (1854-1900). Novelista, poeta, crítico literario y autor teatral irlandés.

El blues es un tango zen.
Gonzalo Alvarez Hurtado (1962-). Poeta.

El hombre a quien no conmueve el acorde de los sonidos armoniosos, es capaz de toda clase de traiciones, estratagemas y depravaciones.
William Shakespeare (1564-1616). Poeta y autor teatral inglés.

El jarrón da forma al vacío y la música al silencio.
George Braque (1882-1963). Pintor y escultor francés.

El jazz es la música del cuerpo.
Anais Nin (1903-1977). Escritora estadounidense.

El que escucha música siente que su soledad, de repente, se puebla.
Robert Browning (1812-1889). Escritor inglés.

En la música todos los sentimientos vuelven a su estado puro y el mundo no es sino música hecha realidad.
Arthur Schopenhauer (1788-1860). Filósofo alemán.

En la tierra nada se presta tanto para alegrar al melancólico, para entristecer al alegre, para infundir coraje a los que desesperan, para enorgullecer al humilde y debilitar la envidia y el odio, como la Música.
Martín Lutero (1483-1546). Teólogo alemán que inició la Reforma protestante.

En verdad, si no fuera por la música, habría más razones para volverse loco.
Piotr Ilich Tchaikovski (1840-1893). Compositor ruso.

Estoy seguro de que la buena música la vida alarga.
Yehudi Menuhin (1916-1999). Violinista inglés nacido en Estados Unidos.

La justicia militar es a la justicia lo que la música militar es a la música.
Groucho Marx (1890-1976). Actor estadounidense.

La música comienza donde acaba el lenguaje.
Ernst Theodor Amadeus Hoffmann (1776-1822). Novelista, escritor y compositor alemán.

La música constituye una revelación más alta que ninguna filosofía.
Ludwig Van Beethoven (1770-1827). Compositor alemán.

La música debe ser algo que provoque que usted se mueva, hacia adentro o hacia fuera.
Elvis Presley (1930-1977). Cantante y actor estadounidense.

La música es el lenguaje que me permite comunicarme con el más allá.
Robert Schumann (1810-1856). Compositor alemán.

La música es el verdadero lenguaje universal.
Karl Maria von Weber (1786-1826). Compositor y director de ópera alemán.

La música es la aritmética de los sonidos, como la óptica es la geometría de la luz.
Claude Debussy (1862-1918). Compositor francés.

La música es la armonía del cielo y de la tierra.
Yuel-Ji (s. II a.C.). Músico chino.

La música es la más bella forma de lo bello.
José Martí (1853-1895). Político y escritor cubano.

La música es para el alma lo que la gimnasia para el cuerpo.
Platón (428-347 a.C.). Filósofo griego.

La música es sinónimo de libertad, de tocar lo que quieras y como quieras, siempre que sea bueno y tenga pasión, que la música sea el alimento del amor.
Kurt D. Cobain (1967-1994). Cantante estadounidense.

La música es un eco del mundo invisible.
Giuseppe Mazzini (1805-1872). Político italiano.

La música es una cosa amplia, sin límites, sin fronteras, sin banderas.
León Gieco (1951-). Cantautor argentino.

La música funde en una sola todas las partes separadas de nuestros cuerpos.
Anais Nin (1903-1977). Escritora estadounidense.

La música japonesa es una tortura china.
Anónimo.

La música, cuando va acompañada de una idea placentera, es poesía.
Edgar Allan Poe (1809-1849). Escritor estadounidense.

Las melodías que pueden escucharse son dulces, pero aquéllas que no pueden escucharse lo son más.
John Keats (1795-1821). Poeta inglés.

Las mujeres y la música nunca deben tener fecha.
Oliver Goldsmith (1730-1774). Escritor anglo-irlandés.

Los músicos son terriblemente irrazonables. Siempre quieren que uno sea totalmente mudo en el preciso momento que uno desea ser completamente sordo.
Oscar Wilde (1854-1900). Novelista, poeta, crítico literario y autor teatral irlandés.

No basta con oír la música; además, hay que verla.
Igor Stravinski (1882-1971). Compositor ruso.

Yo no sé nada acerca de música. En mi línea no se tiene que saberlo.
Elvis Presley (1930-1977). Cantante y actor estadounidense.

Naturaleza

Cuanto más adelanta el hombre en la penetración de los secretos de la Naturaleza, mejor se le descubre la universalidad del plano eterno.
Johannes Kepler (1571-1630). Astrónomo y filósofo alemán.

Denme una chispa del fuego de la naturaleza; eso es todo lo que deseo.
Robert Burns (1759-1796). Poeta escocés.

Donde no está el hombre, la naturaleza es un desierto.
William Blake (1757-1827). Poeta y artista inglés.

El arte de la medicina consiste en mantener al paciente en buen estado de ánimo mientras la naturaleza le va curando.
Francois-Marie Arouet de Voltaire (1694-1778). Escritor y filósofo francés.

El arte, la gloria, la libertad se marchitan, pero la naturaleza siempre permanece bella.
Lord Byron (1788-1824). Poeta inglés.

El gran libro de la naturaleza está escrito con símbolos matemáticos.
Galileo Galilei (1564-1642). Físico y astrónomo italiano.

El nacimiento del amor, como todo nacimiento, es obra de la naturaleza. Es más tarde cuando el arte interviene.
André Maurois (1885-1967). Escritor francés.

El que ha nacido para reptar no podría volar.
Máximo Gorki (1868-1936). Escritor ruso.

En la naturaleza la mejor política es ser lo más conservador posible.
Werner Heisenberg (1901-1976). Físico alemán.

En la naturaleza las cosas están mucho más separadas que las almas.
Georg Simmel (1858-1918). Filósofo y sociólogo alemán.

En la naturaleza nada hay superfluo.
Averroes (1126-1198). Filósofo, físico, jurista malikí y teólogo asharí hispanoárabe.

En una época donde el hombre ha olvidado sus orígenes y está cegado aun a sus necedidades más esenciales de sobrevivencia, el agua al igual que otros recursos naturales son las víctimas de su indiferencia.
Rachel Carson (1907-1964). Escritora y bióloga marina estadounidense.

Hay un libro abierto siempre para todos los ojos: la naturaleza.
Jean Jacques Rousseau (1712-1778). Filósofo y botánico suizo.

La barrera más inamovible de la naturaleza es la que hay entre el pensamiento de un hombre y el de otro.
William James (1842-1910). Filósofo estadounidense.

La gloriosa lámpara del cielo, el sol.
Robert Herrick (1591-1674). Poeta inglés.

La naturaleza benigna provee de manera que en cualquier parte halles algo que aprender.
Leonardo Da Vinci (1452-1519). Artista florentino.

La naturaleza es el gran médico y el hombre posee a éste en sí mismo.
Paracelso (1493-1541). Médico y químico suizo.

La naturaleza es grande en las cosas grandes, más es grandísima en las cosas diminutas.
Jaques-Henri B. De Saint-Pierre (1737-1814). Escritor francés.

La naturaleza es la mejor maestra de la verdad.
San Ambrosio (340-397). Padre y doctor italiano de la Iglesia Latina.

La naturaleza está a menudo escondida, a veces dominada, raramente extinguida.
Francis Barón de Verulam Bacon (1561-1626). Filósofo y estadista británico.

La naturaleza está constituida de tal manera que es experimentalmente imposible determinar sus movimientos absolutos.
Albert Einstein (1879-1955). Científico estadounidense de origen alemán.

La naturaleza está repleta de razonamientos que no tuvo nunca la experiencia.
Leonardo Da Vinci (1452-1519). Artista florentino.

La naturaleza hace que los hombres nos parezcamos unos a otros y nos juntemos; la educación hace que seamos diferentes y nos alejemos.

Confucio (551-479 a.C.). Filósofo y teórico social chino.

La naturaleza humana es buena y la maldad es esencialmente antinatural.

Confucio (551-479 a.C.). Filósofo y teórico social chino.

La naturaleza nunca hace nada sin motivo.

Aristóteles (384 a.C.-322a.C). Filósofo griego.

La naturaleza obra sin maestros.

Hipócrates (c. 460-c. 377 a.C.). Considerado el padre de la medicina.

La naturaleza tiene perfecciones para demostrar que es imagen de Dios e imperfecciones para probar que sólo es una imagen.

Blaise Pascal (1623-1662). Matemático, físico y teólogo francés.

La tierra es insultada y ofrece sus flores como respuesta.

Rabindranath Tagore (1861-1941). Poeta y filósofo indio.

Los actos contra la naturaleza engendran disturbios contra la naturaleza.

William Shakespeare (1564-1616). Poeta y autor teatral inglés.

Ni la sociedad, ni el hombre, ni ninguna otra cosa deben sobrepasar para ser buenos los límites establecidos por la naturaleza.

Hipócrates (c. 460-c. 377 a.C.). Considerado el padre de la medicina.

No los remedios, sino la naturaleza es la que cura, consistiendo la virtud de aquellos en ayudar a ésta.

Hipócrates (c. 460-c. 377 a.C.). Considerado el padre de la medicina.

Nuestra naturaleza está en movimiento. El reposo absoluto es la muerte.

Blaise Pascal (1623-1662). Matemático, físico y teólogo francés.

Podrán cortar todas las flores, pero no podrán detener la primavera.

Pablo Neruda (1904-1973). Poeta chileno.

Quien no ama con todos sus cinco sentidos a una mujer hermosa, no estima de la naturaleza su mayor cuidado y su mayor obra.

Francisco De Quevedo (1580-1645). Escritor español.

Sólo la naturaleza hace grandes obras sin esperar recompensa alguna.

Alexander Ivanovich Herzen (1812-1870). Intelectual y revolucionario ruso.

Tarde o temprano, a sabiendas o no, debemos pagar por cada intrusión en el ambiente natural.

Barry Commoner (1917-). Biólogo y ambientalista estadounidense.

Todas las cosas están regidas por las leyes de la naturaleza.

Marcus Manilius (siglo I a.C). Poeta romano.

Todas las obras de la naturaleza deben ser tenidas por buenas.

Marco Tulio Cicerón (106-43 a.C.). Escritor, político y orador romano.

Un paisaje se conquista con las suelas del zapato, no con las ruedas del automóvil.

William Faulkner (1897-1962). Novelista estadounidense.

Un pueblo que considera a la naturaleza como su dios, no puede ser un pueblo libre.

Georg Wilhelm Friedrich Hegel (1770-1831). Filósofo alemán.

El mundo es bueno, siempre que se le mire en conjunto, sin reparar en excesivos detalles...

Vicky Baum (1888-1960). Escritora austriaca.

En la naturaleza están todos los estilos futuros.

Auguste Rodin (1840-1917). Escultor francés.

En lo que acción se refiere, el hombre no puede hacer otra cosa que aproximar o separar los cuerpos naturales; lo demás lo realiza la naturaleza.

Francis Barón de Verulam Bacon (1561-1626). Filósofo y estadista británico.

La naturaleza misma ha impreso en la mente de todos la idea de un dios.

Marco Tulio Cicerón (106-43 a.C.). Escritor, político y orador romano.

La naturaleza quiere que la amistad sea auxiliadora de virtudes, mas no compañera de vicios.

Marco Tulio Cicerón (106-43 a.C.). Escritor, político y orador romano.

La naturaleza se basta a sí misma; por esto vence con lo menos y con lo seguro, las demasías de la esperanza.

Demócrito (460 a.C.-370 a.C.). Filósofo griego.

Lo que es contrario a la naturaleza no es bello.

Isadora Duncan (1877-1927). Bailarina estadounidense.

No deseo copiar la naturaleza. Me interesa más ponerme a la par de ella.

George Braque (1882-1963). Pintor y escultor francés.

Produce una inmensa tristeza pensar que la naturaleza habla mientras el género humano no escucha.

Víctor Hugo (1802-1885). Escritor francés.

Todas las cosas son artificiales, puesto que la naturaleza es el arte de Dios.

Thomas Browne (1605-1682). Médico y escritor inglés.

¡También las reglas destruyen el verdadero sentimiento de la naturaleza y la auténtica expresión!

Johann Wolfgang von Goethe (1749-1832). Poeta, novelista y dramaturgo alemán.

Contra la estupidez, hasta los dioses luchan en vano.
Johann Wolfgang von Goethe (1749-1832). Poeta, novelista y dramaturgo alemán.

Cuando en el mundo aparece un verdadero genio, puede reconocérsele por este signo: todos los necios se conjuran contra él.
Jonathan Swift (1667-1745). Escritor anglo-irlandés.

Desde los tiempos de Adán, los necios son mayoría.
Casimir Delavignie (1793-1843). Poeta francés.

El lugar común es el dogma del necio.
Ricardo León. (1877-1943). Escritor español.

El malvado descansa algunas veces; el necio jamás.
José Ortega y Gasset (1883-1955). Filósofo español.

El necio, entre otros males, posee éste: siempre trata de comenzar su vida.
Epicuro (342 a.C.- 270 a.C.). Filósofo griego.

El que no reconoce al necio nada más verlo debe de ser un necio también.
Baltasar Gracián y Morales (1601-1658). Jesuita y escritor español.

El tonto tiene una gran ventaja sobre el hombre de espíritu: está siempre contento de sí mismo.
Napoleón Bonaparte (1769-1821). Emperador de Francia (1804-1815).

Es empresa vana tratar de ridiculizar a un necio rico: las carcajadas están de su parte.
Jean de la Bruyere (1645-1696). Filósofo y escritor francés.

La ciencia es universal; el arte, nacional; la necedad, nacionalista.
Maurice Ravel (1875-1937). Compositor francés.

La estupidez insiste siempre.
Albert Camus (1913-1960). Novelista, dramaturgo y ensayista francés.

La tontería de la humanidad se renueva diariamente.
Jacinto Benavente (1866-1954). Dramaturgo y crítico español.

Mientras los necios deciden, los inteligentes deliberan.
Plutarco (46-125). Biógrafo y ensayista griego.

Necio es el que se jacta de su estirpe y de su nombre.
Quinto Horacio Flaco (65 a.C.-8 a.C.). Poeta lírico y satírico romano.

No es necio el que hace la necedad, sino el que, hecha, no la sabe encubrir.
Baltasar Gracián y Morales (1601-1658). Jesuita y escritor español.

No hay cosa más difícil bien mirado que conocer a un necio si es callado.
Alonso de Ercilla y Zúñiga (1533-1594). Poeta y soldado español.

No hay necios más insoportables que aquellos que tienen algún talento.
François de La Rochefoucauld (1613-1680). Político y escritor francés.

Pensamientos tontos los tenemos todos, pero el sabio se los calla.
Wihelm Busch (1832-1908). Pintor y escritor alemán.

Prefiero los malvados a los imbéciles, porque aquéllos, al menos, dejan algún respiro.
Alejandro Dumas (hijo) (1824-1895). Escritor francés.

Se aferran a su parecer, no por verdadero sino por suyo.
San Agustín (354-430). Obispo, filósofo y Padre de la Iglesia Latina.

Sólo el necio confunde el valor con el precio.
Antonio Machado (1875-1939). Poeta español.

Son tontos los que lo parecen y la mitad de los que no lo parecen.
Baltasar Gracián y Morales (1601-1658). Jesuita y escritor español.

Todo necio confunde valor y precio.
Antonio Machado (1875-1939). Poeta español.

Todos los hombres pueden caer en un error; pero sólo los necios perseveran en él.
Marco Tulio Cicerón (106-43 a.C.). Escritor, político y orador romano.

Un necio encuentra siempre otro necio mayor que le admira.
Nicolas Boileau (1636-1711). Poeta y crítico literario francés.

Un necio es mucho más funesto que un malvado, porque el malvado descansa algunas veces, pero el necio jamás.
Anatole France (1844-1924). Novelista y premio Nobel francés.

Un necio puede hacer en una hora más preguntas que las que un sabio puede contestar en siete años.
John Ray (1627-1705). Naturalista y escritor inglés.

Una necedad, aunque la repitan millones de bocas, no dejan de ser una necedad.
Anatole France (1844-1924). Novelista y premio Nobel francés.

Necesidad

No hay mejor aguijón que la necesidad.
Homero (s.VIII a.C.). Poeta griego.

¿Necesidad? Palabra cómoda con que el culpable se quita de encima la culpa, para arrojar en el vacío toda soberbia y traición.
Emanuel Geibel (1815-1884). Escritor alemán.

¿Quién capitulará más pronto: el que necesita las cosas difíciles o quien se sirve de lo que buenamente pueda hallar?

Sócrates (470-399 a.C.). Filósofo griego.

A gran necesidad, gran diligencia.

Ramón Llull (1233-1315). Escritor catalán.

El valor nunca es mayor que cuando nace de la última necesidad.

Diego de Saavedra Fajardo (1584-1648). Escritor español.

La fuerza de la necesidad es irresistible.

Esquilo (525-456 a.C.). Dramaturgo griego.

La necesidad es un mal, pero ninguna necesidad hay de vivir en la necesidad.

Epicuro (342 a.C.- 270 a.C.). Filósofo griego.

La necesidad es un obstáculo indestructible; todo lo que sobre ella se lanza se estrella.

Gustave Flaubert (1821-1880). Novelista francés.

La necesidad nunca hizo buenos negocios.

Benjamín Franklin (1706-1790). Político, filósofo y científico estadounidense.

Negocios

A ningún hombre debe obligársele a hacer el trabajo que puede hacer una máquina.

Henry Ford (1863-1947). Industrial estadounidense.

Altas expectativas son la clave de todo.

Sam Walton (1919-1994). Empresario estadounidense, fundador de WalMart.

Cada venta tiene cinco obstáculos básicos: ninguna necesidad, ningún dinero, ninguna prisa, ningún deseo, ninguna confianza.

Zig Ziglar (1926-). Escritor y conferencista estadounidense.

Cambia antes de que tengas que hacerlo.

Jack Welch (1935-). Empresario norteamericano.

Crecí en todas mis dificultades.

J.C. Penny (1875-1971). Empresario estadounidense, fundador de las tiendas JC Penny´s.

Cuando empezaba a hacerme rico, yo empecé a pensar, ¿qué demonios voy a hacer con todo este dinero?... uno tiene que aprender a dar.

Ted Turner (1938-). Empresario y filántropo estadounidense.

Cuando pensamos que el día de mañana nunca llegará, ya se ha convertido en el ayer.

Henry Ford (1863-1947). Industrial estadounidense.

Cuando tú eres la primer persona cuyas creencias son diferentes de las creencias de todos los demás, tú estás diciendo básicamente, yo estoy bien, y todo el mundo está equivocado. Estar ahí es una posición muy desagradable. Es reconfortante y al mismo tiempo una invitación a ser atacado.

Larry Ellison (1944-). Empresario estadounidense, fundador y presidente de Oracle Corporation.

Cuando tú innovas, tú debes estar preparado para que cualquiera te diga que estás loco.

Larry Ellison (1944-). Empresario estadounidense, fundador y presidente de Oracle Corporation.

Cuando usted es dueño de su propio negocio, usted solamente tiene que trabajar mediodía. Usted puede hacer lo que usted quiera con las otras doce horas.

Anónimo.

El espíritu de grupo es lo que da a muchas empresas una ventaja sobre sus competidores.

George L. Clements (1932-). Líder religioso y activista social estadounidense.

El fracaso es una gran oportunidad de empezar otra vez más inteligentemente.

Henry Ford (1863-1947). Industrial estadounidense.

El modo de dar una vez en el clavo es dar cien veces en la herradura.

Miguel De Unamuno (1864-1936). Filósofo y escritor español.

El que quiera prosperar en sus negocios hágalos por sí mismo, y si quiere que todo le salga mal, no tiene más que confiarlos a manos ajenas.

Benjamín Franklin (1706-1790). Político, filósofo y científico estadounidense.

En un periodo de tres años, yo había donado la mitad de lo que tenía. Para ser honesto, mis manos temblaron al hacerlo. Yo sabía que yo mismo me estaba sacando de la carrera para ser el hombre más rico del mundo.

Ted Turner (1938-). Empresario y filántropo estadounidense.

En una jerarquía cada empleado tiende a ascender hasta su nivel de incompetencia.

Laurence J. Peter (1919-1988). Escritor y educador estadounidense.

Es fácil tener principios cuando eres rico, lo más importante es tener principios cuando eres pobre.

Ray Croc (1902-1984). Empresario estadounidense, Presidente de Mac Donald´s.

Estoy agradecido con todos mis problemas, después de resolver cada uno que se me presentaba, me volvía más fuerte y más capaz de enfrentar los que faltaban por venir.

J.C. Penny (1875-1971). Empresario estadounidense, fundador de las tiendas JC Penny´s.

Hay solamente un jefe. El cliente. Y él puede despedir a cualquiera en la compañía, desde el director hacia abajo, simplemente gastando su dinero en otro lado.

Sam Walton (1919-1994). Empresario estadounidense, fundador de WalMart.

Hay una gran cantidad de cosas que hacer para lograr el éxito. Yo no solamente hago las cosas que me gusta hacer. Me gusta hacer cosas que hagan que la compañía triunfe. Yo no dedico mucho tiempo a hacer mis actividades favoritas.

Michael Dell (1965-). Empresario estadounidense, fundador y presidente de Dell Computers.

Hay una regla para los industriales que es: haz los productos de la mejor calidad posible al menor costo posible, pagando los sueldos más altos posibles.

Henry Ford (1863-1947). Industrial estadounidense.

Haz lo que puedas, con lo que tengas, donde estés.

Theodore Roosevelt (1858-1919). Estadista estadounidense.

Imposible, significa que no has encontrado la solución.

Henry Ford (1863-1947). Industrial estadounidense.

Jamás negociemos con miedo, pero jamás temamos negociar.

John F. Kennedy (1917-1963). Presidente de Estados Unidos (1961-1963).

La buena gestión consiste en mostrar a la gente normal cómo hacer el trabajo de gente superior.

John Davison Rockefeller (1839-1937). Magnate industrial estadounidense.

La calidad nunca es un accidente; siempre es el resultado de un esfuerzo de la inteligencia.

John Ruskin (1819-1900). Escritor británico.

La carrera por el software terminará en veinte años. Para entonces las computadoras mismas escribirán mejor software que las personas.

Bill Gates (1955-) Fundador y Presidente de Microsoft Corporation.

La habilidad de una organización para aprender, y traducir ese aprendizaje en acción rápidamente, es la ventaja competitiva final.

Jack Welch (1935-). Empresario norteamericano.

La innovación distingue al líder del seguidor.

Steve Jobs (1955-). Empresario estadounidense.

La manera de empezar es dejar de hablar y empezar a actuar.

Walt Disney (1901-1966). Empresario estadounidense.

La paciencia es un elemento clave del éxito.

Bill Gates (1955-) Fundador y Presidente de Microsoft Corporation.

Las empresas con éxito son aquellas que poseen la doble habilidad de tener la visión y de poner en marcha una estrategia a largo plazo.
Bill Gates (1955-) Fundador y Presidente de Microsoft Corporation.

Las obras no se acaban, se abandonan.
Paul Ambroise Valéry (1871-1945). Escritor francés.

Las personas son definitivamente el activo más grande de una compañía. No importa si se trata de automóviles o de cosméticos. Una compañía es solamente tan buena como la gente que ésta tiene.
Mary Kay Ash (1915-2001). Empresaria estadounidense, fundadora de Mary Kay Cosmetics.

Los dos mejores negocios en orden de importancia: Una empresa de petróleo bien administrada y una empresa de petróleo más administrada.
John Davison Rockefeller (1839-1937). Magnate industrial estadounidense.

Los frutos de la vida caen en las manos de aquellos que suben al árbol a recogerlos.
Earl Tupper (1907-1983). Fundador de Tupperware estadounidense.

Los líderes sobresalientes se desvían del camino para impulsar la autoestima de su personal.
Sam Walton (1919-1994). Empresario estadounidense, fundador de WalMart.

Los obstáculos son esas cosas espantosas que ves cuando apartas los ojos de tu meta.
Henry Ford (1863-1947). Industrial estadounidense.

Los puestos directivos que exigen alguien extraordinario hay que rediseñarlos.
Peter Drucker (1909-). Escritor y educador estadounidense de origen austriaco.

Los que renuncian son más numerosos que los que fracasan.
Henry Ford (1863-1947). Industrial estadounidense.

Mi hijo es ahora un "emprendedor". Así es como llaman hoy a quienes no tienen trabajo.
Ted Turner (1938-). Empresario y filántropo estadounidense.

Muchas empresas elijen reducirse, y esto puede ser la medida correcta para ellas. Nosotros hemos elegido un camino diferente. Nuestra creencia es que si nosotros ponemos buenos productos frente a los clientes, ellos continuarán abriendo sus carteras.
Steve Jobs (1955-). Empresario estadounidense.

Muéstrame un obrero con grandes sueños y en él encontrarás un hombre que puede cambiar la historia. Muéstrame un hombre sin sueños, y en él hallarás a un simple obrero.
J. C. Penny (1875-1971). Empresario estadounidense, fundador de las tiendas JC Penny´s.

No encuentres la falta, encuentra el remedio.
Henry Ford (1863-1947). Industrial estadounidense.

No es el jefe el que paga los sueldos: el que los paga es el producto.
Henry Ford (1863-1947). Industrial estadounidense.

No hay otra tontería más perniciosa que haya inventando el hombre que los tratados comerciales.
Benjamin Disraeli (1804-1881). Escritor británico.

No importa cuántos digan que no se puede hacer o cuánta gente lo haya intentado antes; lo importante es darse cuenta de que lo que sea que estés haciendo, es tu primer intento.
Wally Amos (1936-). Empresario estadounidense, fundador de Galletas Amos.

No te limites a ti mismo. Mucha gente se limita a sí misma a lo que piensa que puede hacer. Tú puedes ir tan lejos como tu mente lo permita. Recuerda que tú puedes lograr lo que tú creas.
Mary Kay Ash (1915-2001). Empresaria estadounidense, fundadora de Mary Kay Cosmetics.

No tiene caso ser el hombre más rico del cementerio, de todos modos, no se pueden hacer negocios desde ahí.
Coronel Sanders (1890-1980). Empresario estadounidense, fundador de KFC.

Nosotros vemos a nuestros clientes como los invitados de una fiesta, y nosotros somos los anfitriones. Es nuestro trabajo diario lograr que cada aspecto importante que experimente nuestro cliente sea un poco mejor.
Jeff Bezoz (1964-). Empresario estadounidense fundador de Amazon.com.

Nuestro negocio es acerca de tecnología, sí. Pero es también acerca de operaciones y relaciones con los clientes.
Michael Dell (1965-). Empresario estadounidense, fundador y presidente de Dell Computers.

Para evitar las críticas… No hagas nada… No digas nada… No seas nada…
Elbert Hubbard (1856-1915). Escritor y editor estadounidense.

Prefiero ser accionista de una buena empresa que sólo propietario de una mala.
Tristan Bernard (1866-1947). Escritor francés.

Recuerda hay tres tipos de personas en el mundo… las que hacen que las cosas sucedan, las que miran como suceden las cosas y las que se preguntan qué demonios sucedió.
Anónimo.

Rodeada de miseria ninguna empresa puede prosperar.
Gustavo Díaz Ordaz (1911-1979). Político mexicano, presidente de la República (1964-1970).

Si apuntas hacia las estrellas, puede ser que no alcances alguna, pero no terminarás con las manos llenas de lodo.
Leo Burnet (1891-1971). Empresario estadounidense, fundador de la agencia publicitaria Leo Burnet.

Si la gente creyera en sí misma se sorprendería de lo que puede lograr.
Sam Walton (1919-1994). Empresario estadounidense, fundador de WalMart.

Si quieres que algo salga adelante responsabiliza a una persona. Si quieres que no se lleve a cabo responsabiliza a una comisión.
Napoleón Bonaparte (1769-1821). Emperador de Francia (1804-1815).

Si quieres tener éxito, duplica tu porcentaje de fracasos.
Tom Watson (1874-1956). Empresario estadounidense, fundador de IBM.

Si tú consigues provocar una experiencia grandiosa, los clientes lo comentarán de uno a otro. La recomendación personal es muy poderosa.
Jeff Bezoz (1964-). Empresario estadounidense fundador de Amazon.com.

Si tu único objetivo es llegar a ser rico, nunca lo lograrás.
John Davison Rockefeller (1839-1937). Magnate industrial estadounidense.

Subrayar la mayoría de los argumentos en contra del libre mercado es una falta de creencia en la libertad en sí misma.
Milton Friedman (1912-). Economista estadounidense.

Tanto si piensas que puedes, como si piensas que no puedes, estás en lo cierto.
Henry Ford (1863-1947). Industrial estadounidense.

Tratar con la gente es, probablemente, el mayor problema que se afronta, especialmente si se es un hombre de negocios.
Dale Carnegie (1888-1955). Escritor norteamericano.

Tú no puedes construir una corporación fuerte con varios comités y un consejo a quienes tengas que estar consultando a cada momento. Tú tienes que ser capaz de tomar decisiones por ti mismo.
Rupert Murdoch (1931-). Empresario y magnate australiano.

Tus clientes más insatisfechos son tu más grande fuente de aprendizaje.
Bill Gates (1955-) Fundador y Presidente de Microsoft Corporation.

Una marca para una compañía es igual a la reputación para una persona. Tú te ganas una buena reputación tratando de hacer bien las cosas difíciles.
Jeff Bezoz (1964-). Empresario estadounidense fundador de Amazon.com.

Niños - infancia

¿No habremos de buscar ya en el niño las primeras huellas de la actividad poética? Acaso sea lícito afirmar que todo niño que juega se conduce como un poeta, creándose un mundo propio o, situando las cosas de su mundo en uno, de nuevo, grato para él.
Sigmund Freud (1856-1939). Médico y neurólogo austriaco, fundador del psicoanálisis.

Al amar o alabar a un niño, no alabamos y amamos lo que es sino lo que esperamos que sea.

Johann Wolfgang von Goethe (1749-1832). Poeta, novelista y dramaturgo alemán.

Cuando el niño destroza su juguete, parece que anda buscándole el alma.

Víctor Hugo (1802-1885). Escritor francés.

Da un poco de amor a un niño y ganarás un corazón.

John Ruskin (1819-1900). Escritor británico.

Debe preguntarse a los niños y a los pájaros cómo saben las cerezas y las fresas.

Johann Wolfgang von Goethe (1749-1832). Poeta, novelista y dramaturgo alemán.

Deben cultivarse en la infancia preferentemente los sentimientos de independencia y dignidad.

José Martí (1853-1895). Político y escritor cubano.

Donde hay niños, existe la Edad de Oro.

Friedrich Leopold von Hardenberg "Novalis" (1772-1801). Poeta alemán.

El adulto debe guardar ante el niño, por pequeño que sea, el mismo respeto que ante su Dios.

Gregorio Marañón (1887-1960). Médico y escritor español.

El espíritu infantil no es un vaso que tengamos que llenar, sino un hogar que debemos calentar.

Plutarco (46-125). Biógrafo y ensayista griego.

El medio mejor para hacer buenos a los niños es hacerlos felices.

Oscar Wilde (1854-1900). Novelista, poeta, crítico literario y autor teatral irlandés.

El mejor olor, el del pan; el mejor sabor, el de la sal; el mejor amor, el de los niños.

Henry Graham Greene (1904-1991). Novelista inglés.

El niño conoce el corazón del hombre.

Edgar Allan Poe (1809-1849). Escritor estadounidense.

El niño conoce instintivamente a su amigo y a su enemigo.

Walter Scott (1771-1832). Escritor escocés.

El niño enlaza el pasado con el futuro.

Oswald Spengler (1880-1936). Filósofo alemán.

El niño es acreedor al máximo respeto.

Decimus Junius Juvenal (60-140). Poeta romano.

El niño no es una botella que hay que llenar, sino un fuego que es preciso encender.

Michel Eyquem de la Montaigne (1533-1592). Ensayista francés.

El niño ve lo que somos a través de lo que queremos ser; de ahí viene su reputación de fisonomistas.

Henri Frédéric Amiel (1821-1881). Crítico suizo.

En algunas ocasiones no es nada más que una puerta muy delgada lo que separa a los niños de lo que nosotros llamamos mundo real, y un poco de viento pude abrirla.

Stefan Zweig (1881-1942). Escritor y pacifista austriaco.

En cada niño nace la humanidad.

Jacinto Benavente (1866-1954). Dramaturgo y crítico español.

Es mucho menos pesado tener a un niño en brazos que cargarlo sobre la conciencia.

Jérôme Lejeune (1926-1994). Médico francés.

Hay en el niño algo de hombre desde la cuna, como hay en el hombre algo de niño hasta la tumba.

Félix Valloton (1865-1925). Pintor francés.

He llegado por fin a lo que quería ser de mayor: un niño.

Joseph Heller (1923-). Novelista estadounidense.

Jamás ha habido un niño tan adorable que la madre no quiera poner a dormir.

Ralph Waldo Emerson (1803-1882). Ensayista y poeta estadounidense.

La infancia conoce el corazón humano.

Edgar Allan Poe (1809-1849). Escritor estadounidense.

La infancia es despiadada.

Jean de La Fontaine (1621-1695). Novelista y fabulista francés.

La infancia es el sueño de la razón.

Jean Jacques Rousseau (1712-1778). Filósofo y botánico suizo.

La infancia es la acción en espera.

Jean Jacques Rousseau (1712-1778). Filósofo y botánico suizo.

La niñez es la etapa en que todos los hombres son creadores.

Juana de Ibarbourou (1892-1979). Poetisa uruguaya.

Las obras que un autor escribe a gusto son las mejores, como los niños engendrados en el amor son los más bellos.

Sébastien-Roch Nicolás Chamfort (1740-1794). Escritor francés.

Lo que pongas en los primeros años de tu vida quedará en ella hasta más allá de la muerte.

Anónimo.

Lo que se les hace a los niños, los niños harán a la sociedad.

Karl Menninger (1893-1990). Psiquiatra estadounidense.

Los azotes que los padres dan a los hijos honran, y los del verdugo afrentan.
Miguel de Cervantes (1547-1616). Dramaturgo, poeta y novelista español.

Los juegos infantiles no son tales juegos, sino sus más serias actividades.
Michel Eyquem de la Montaigne (1533-1592). Ensayista francés.

Los locos y los niños dicen siempre la verdad, por eso se han creado los manicomios y los colegios.
Jaume Perich (1941-1995). Escritor español.

Los niños adivinan qué personas los quieren; es un don natural que con el tiempo se pierde.
Robert Koch (1843-1910). Bacteriólogo alemán.

Los niños empiezan queriendo a sus padres, al cabo de un tiempo los juzgan, raramente, por no decir nunca, los perdonan.
W. Wilde (1815-1876). Médico irlandés.

Los niños están continuamente ebrios; ebrios de vivir.
Paul-Jean Toulet (1867-1920). Escritor francés.

Los niños están dotados de razón hasta que pueden hablar; pero se les llama criaturas racionales por la posibilidad aparente de que harán uso de la razón en un tiempo futuro.
Thomas Hobbes (1588-1679). Filósofo y político inglés.

Los niños han de tener mucha tolerancia con los adultos.
Antoine De Saint Exupéry (1900-1944). Escritor y aviador francés.

Los niños necesitan más de modelos que de críticos.
Joseph Joubert (1754-1824). Escritor y crítico francés.

Los niños no tienen pelo ni tampoco los ancianos; entre la cuna y la tumba se encuentra la motilada.
Samuel Hoffenstein (1890-1947). Poeta y guionista de origen lituano afincado en EE.UU.

Los niños son como las estrellas. Nunca hay demasiados.
Madre Teresa de Calcuta (1910-1997). Misionera yugoslava nacionalizada india.

Los niños son espejos: En presencia del amor, reflejan amor. Cuando no hay amor, no tienen nada que reflejar.
Anthony de Mello (1931-1987). Escritor y sacerdote jesuita.

Los niños son la esperanza del mundo.
José Martí (1853-1895). Político y escritor cubano.

Los niños son siempre el símbolo del eterno matrimonio entre el amor y el deseo.
Oscar Wilde (1854-1900). Novelista, poeta, crítico literario y autor teatral irlandés.

Los niños usan los puños hasta que alcanzan la edad en que pueden usar el cerebro.
Robert Browning (1812-1889). Escritor inglés.

Mi marido sabe tanto sobre la educación de los niños, que le he propuesto que el próximo lo tenga él, y yo le daré consejos.
Lady Di (1961-1997). Princesa de Gales.

Prefiero el ingenuo canto de un niño a la más bella música del mundo; ese canto —como el alba— contiene toda esperanza.
Charles Eugene, vizconde de Foucauld (1858-1916). Misionero y soldado francés.

Preparar al niño para que siga el camino de la verdad, cuando llegue a la edad de comprenderla; y al de la bondad, cuando pueda reconocerla y amarla.
Jean Jacques Rousseau (1712-1778). Filósofo y botánico suizo.

Que ni una palabra ni una mirada obscena manchen la casa en donde haya un niño.
Juvenal (55-138). Poeta romano.

Quienes comparten nuestra niñez, nunca parecen crecer.
Henry Graham Greene (1904-1991). Novelista inglés.

Se tiene que dejar que el niño, esté donde esté, consuma sinceramente sus deseos.
Francisco Ferrer y Guardia (1859–1909). Político y educador español.

Si la ayuda y la salvación han de llegar sólo puede ser a través de los niños, porque los niños son los creadores de la humanidad.
Maria Montessori (1870-1952). Educadora, humanista, filósofa y doctora italiana.

Obediencia

Es más seguro obedecer que dar órdenes.
Thomas Kempis (1380-1471). Monje alemán.

Es una especie de obediencia muy agradable a los ojos de Dios no desear dispensas sin mucha necesidad.
San Francisco de Sales (1567-1622). Escritor y religioso suizo.

Hace falta saber obedecer para saber mandar.
Solón (639-560 a.C.). Sabio griego.

La sumisión a un hombre débil es disciplina. La sumisión a un hombre fuerte es servilismo.
Gilbert Keith Chesterton (1874-1936). Escritor inglés.

Lo que Eva perdió por desobediencia, María lo salvó con la obediencia.
San Ireneo (aprox. 125-202). Padre de la iglesia católica.

Sólo la obediencia da derecho a mandar.
Ralph Waldo Emerson (1803-1882). Ensayista y poeta estadounidense.

Objetivo

A partir de cierto punto no hay retorno. Ése es el punto que hay que alcanzar.
Franz Kafka (1883-1924). Escritor checo.

Cuanto más alto coloque el hombre su meta, tanto más crecerá.
Friedrich von Schiller (1759-1805). Poeta, dramaturgo y filósofo alemán.

Lo importante no es llegar sino ir.
Robert Louis Stevenson (1850-1894). Novelista, ensayista y poeta escocés.

Mil rutas se apartan del fin elegido, pero hay una que llega a él.
Michel Eyquem de la Montaigne (1533-1592). Ensayista francés.

No hay viento favorable para el que no sabe dónde va.
Séneca Anneo (3 a.C.- 65 d.C.). Filósofo latino.

Si no sabes a dónde vas, acabarás en otra parte.
Laurence J. Peter (1919-1988). Escritor y educador estadounidense.

Ocasión

No me gusta el trabajo, a nadie le gusta; pero me gusta que, en el trabajo, tenga la ocasión de descubrirme a mí mismo.
Joseph Conrad (1857-1924). Novelista británico de origen polaco.

La ocasión es como el hierro: se ha de machacar caliente.
José Hernández (1834-1886). Poeta argentino.

La ocasión hay que crearla, no esperar a que llegue.
Francis Barón de Verulam Bacon (1561-1626). Filósofo y estadista británico.

Ociosidad

La ociosidad y el orgullo imponen tributos más pesadas que los reyes y los parlamentos.
Benjamín Franklin (1706-1790). Político, filósofo y científico estadounidense.

Las razas laboriosas encuentran una gran molestia en soportar la ociosidad.
Friedrich Nietzsche (1844-1900). Filósofo, poeta y filólogo alemán.

Nada torna a la gente más desnaturalizada e insubordinada que una larga y constante ociosidad.
Stefan Zweig (1881-1942). Escritor y pacifista austriaco.

No hacer nada es la primera y más fuerte pasión del hombre. Es para lograr el reposo que cada quien trabaja, es la pereza que nos vuelva laboriosos.

Jean Jacques Rousseau (1712-1778). Filósofo y botánico suizo.

Un monstruo hay en el mundo: el hombre ocioso.

Thomas Carlyle (1795-1881). Historiador y pensador escocés.

Odio

¡Como odiaba a esas gentes que envenenan la vida y se aplican a hacer a los otros tan desgraciados como lo son ellos mismos!, y dicen: yo he hecho esto y esto es para ti; por tanto, has de ser así y hacer eso otro.

François Mauriac (1885-1970). Escritor francés galardonado con el premio Nobel.

A través de la violencia puedes matar al que odias, pero no puedes matar el odio.

Martin Luther King (1929-1968). Humanista estadounidense.

Aquél que sobrepasa o subyuga a la humanidad debe mirar el odio que tienen los oprimidos.

Lord Byron (1788-1824). Poeta inglés.

Aquellos que te odian sólo ganan que los odies; y entonces te destruyes tú mismo.

Richard Nixon (1913-1994). Presidente estadounidense (1969-1974).

Cuando odiamos a alguien, odiamos en su imagen algo que está dentro de nosotros.

Herman Hesse (1877-1962). Escritor alemán. Premio Nobel de Literatura (1947).

Cuanto más pequeño es el corazón, más odio alberga.

Víctor Hugo (1802-1885). Escritor francés.

Cuídate de que nadie te odie con razón.

Publio Siro (Siglo I a.C.). Poeta latino.

El odio es la manera más prolongada de suicidarse.

Anónimo.

El odio es la venganza de un cobarde intimidado.

George Bernard Shaw (1856-1950). Escritor irlandés.

El odio es un borracho al fondo de una taberna, que constantemente renueva su sed con la bebida.

Charles Baudelaire (1821-1867). Poeta francés.

El odio es una tendencia a aprovechar todas las ocasiones para perjudicar a los demás.

Plutarco (46-125). Biógrafo y ensayista griego.

El odio no se acaba por el hecho de odiar en alguna ocasión. Se acaba por medio del amor. Esta es una ley inalterable.
Buda (-600 a.C.) Pensador himalaya.

El odio no se quita con el tormento, ni se expía por el martirio, ni se borra con sangre derramada.
San Isidro (1070-1130). Jornalero agrícola español.

El odio nunca es vencido por el odio, sino por el amor.
Mohandas Karamchand Gandhi (1869-1948). Líder político y espiritual hindú.

El odio y el desprecio se excluyen mutuamente. En no pocos casos el odio a una persona tiene sus raíces únicamente en la estimación involuntaria de sus virtudes.
Arthur Schopenhauer (1788-1860). Filósofo alemán.

El primer arte que deben aprender los que aspiran al poder es de ser capaces de soportar el odio.
Séneca Anneo (3 a.C.- 65 d.C.). Filósofo latino.

Es de mentirosos disimular el odio, y de necios divulgar chismes.
Salomón (970-931 a.C.). Rey israelita.

Es humano odiar a aquellos a quienes hemos hecho daño.
Publio Cornelio Tácito (55-120). Historiador romano.

Es un principio de la naturaleza humana odiar a quienes nos han injuriado.
Publio Cornelio Tácito (55-120). Historiador romano.

La amistad del mezquino es más peligrosa que su odio.
Thomas Fuller (1608-1661). Clérigo y escritor inglés.

La diferencia engendra odio.
Marie Henri Beyle "Stendhal" (1783-1842). Novelista y ensayista francés.

La gente odia a quien le hace sentir su propia inferioridad.
Lord Chesterfield (1694-1773). Escritor y estadista inglés.

Le he amado demasiado para no odiarle.
Jean Baptiste Racine (1639-1699). Dramaturgo francés.

Locura es pagar amistad con odio.
Fernando de Rojas (1470-1541). Escritor español.

Los bárbaros que todo lo confían a la fuerza y a la violencia nada construyen, porque sus simientes son de odio.
José Martí (1853-1895). Político y escritor cubano.

Los odiadores debieran ser declarados traidores a la república. El odio no construye.
José Martí (1853-1895). Político y escritor cubano.

Los odios de los hombres generalmente nace del temor o de la envidia.
Nicolás Maquiavelo (1469-1527). Historiador y filósofo político italiano.

Muchos hay que aborrecen de balde, sin saber el cómo ni el porqué.
Baltasar Gracián y Morales (1601-1658). Jesuita y escritor español.

Nada que un hombre haga lo envilece más que el permitirse caer tan bajo como para odiar a alguien.
Martin Luther King (1929-1968). Humanista estadounidense.

No permitiré a ningún hombre empequeñecer mi alma por hacerme odiarlo.
Booker T. Washington (1856-1915). Pedagogo estadounidense.

No se odia mientras se menosprecia. No se odia más que al igual o al superior.
Friedrich Nietzsche (1844-1900). Filósofo, poeta y filólogo alemán.

Nunca odié lo suficiente a un hombre como para devolverle sus diamantes.
Zsa Zsa Gabor (1918-). Actriz húngara.

Nunca te empeñes en odiar o envidiar... Es un cáncer mental que sólo destruye.
Anónimo.

Odiar a alguien es otorgarle demasiada importancia.
Anónimo.

Odiar a la gente es como quemar la casa para acabar con una rata.
Harry Emerson Fosdick (1878–1969). Clérigo estadounidense.

Odiar es un despilfarro de corazón, y el corazón es nuestro mayor tesoro.
Noel Clarasó (1905-1985). Escritor español.

Pasión más viva que la amistad es el odio.
Luc de Clapiers, marqués de Vauvenargues (1715-1747). Escritor francés.

Peores son los odios ocultos que los descubiertos.
Séneca Anneo (3 a.C.- 65 d.C.). Filósofo latino.

Se es odiado tanto por las buenas obras como por las infames.
Nicolás Maquiavelo (1469-1527). Historiador y filósofo político italiano.

Si las masas pueden amar sin saber por qué, también pueden odiar sin mayor fundamento.
William Shakespeare (1564-1616). Poeta y autor teatral inglés.

Si se juzga al amor por sus efectos, más se parece al odio que a la amistad.
François de La Rochefoucauld (1613-1680). Político y escritor francés.

Sólo amamos a los que no odiamos; todo el mundo es enemigo y ajeno a nosotros, excepto aquellos a quienes amamos.
George Bernard Shaw (1856-1950). Escritor irlandés.

Un odio intelectual es el peor.
William Butler Yeats (1865-1939). Poeta y autor teatral irlandés.

Y nunca el odio llega a ser tan fatal para un soberano como el general desprecio.
Stefan Zweig (1881-1942). Escritor y pacifista austriaco.

Cuando nuestro odio es demasiado vivo nos coloca por debajo de lo que odiamos.
François de La Rochefoucauld (1613-1680). Político y escritor francés.

El odio del contrario es el amor del semejante: el amor de esto es el odio de aquello. Así, pues, en sustancia, es una cosa misma odio y amor.
Giordano Bruno (1548-1600). Filósofo y poeta italiano.

El odio es la cólera de los débiles.
Alphonse Daudet (1840-1897). Escritor francés.

La diferencia engendra odio.
Marie Henri Beyle "Stendhal" (1783-1842). Novelista y ensayista francés.

Más se unen los hombres para compartir un mismo odio que un mismo amor.
Jacinto Benavente (1866-1954). Dramaturgo y crítico español.

No dejes que se muera el Sol sin que hayan muerto tus rencores.
Mohandas Karamchand Gandhi (1869-1948). Líder político y espiritual hindú.

Odiarse a sí mismo es más fácil de lo que se cree.
Georges Bernanos (1888-1948). Soldado y escritor francés.

¿Rencores? ¡De qué sirven! ¡Qué logran los rencores! Ni restañan heridas, ni corrigen el mal.
Amado Nervo (1870-1919). Poeta y escritor mexicano.

Ofensa

Hay ofensas que nos infligen y ofensas que hacemos nuestras.
Izaak Walton (1593-1683). Escritor inglés.

Meter mucho ruido a propósito de una ofensa recibida no disminuye el dolor, sino que acrecienta la vergüenza.
Giovanni Boccaccio (1313-1375). Poeta y humanista italiano.

Nada se olvida más despacio que una ofensa; y nada, más rápido que un favor
Martin Luther King (1929-1968). Humanista estadounidense.

No hay otro fantasma tan difícil de ahuyentar que el del agravio.
Donald Alexander Smith (1820-1914). Administrador canadiense, nacido en Escocia.

A menudo es mejor olvidarse de un insulto que vengarlo.
Séneca Anneo (3 a.C.- 65 d.C.). Filósofo latino.

¡Es tan corto el amor y tan largo el olvido!
Pablo Neruda (1904-1973). Poeta chileno.

¡Qué profunda sepultura, el olvido!...
Manuel José Othón (1858-1906). Poeta mexicano.

A falta de perdón, deja venir el olvido.
Louis Charles Alfred de Musset (1810-1857). Poeta francés.

Cuando era joven leía casi siempre para aprender; hoy, a veces, leo para olvidar.
Giovanni Papini (1881-1956). Escritor italiano.

El amor nace del recuerdo; vive de la inteligenciay muere por olvido.
Ramón Llull (1233-1315). Escritor catalán.

El olvido puede se la forma más refinada de la venganza.
Carlos Drummond de Andrade (1902-1987). Poeta brasileño.

El remedio de las injurias, es el olvido de ellas.
Proverbio español.

Es mejor olvidarse y sonreír que recordar y entristecerse.
Cristina Rossetti (1830-1894). Poetisa inglesa.

Es mejor ser examinado que ignorado.
Mae West (1892-1980). Actriz estadounidense.

La mente tarda en olvidar lo que le ha llevado mucho tiempo aprender.
Séneca Anneo (3 a.C.- 65 d.C.). Filósofo latino.

La muerte no llega con la vejez, sino con el olvido.
Anónimo.

Los amores mueren de hastío, y el olvido los entierra.
Jean de la Bruyere (1645-1696). Filósofo y escritor francés.

Más vale ser mal recuerdo que pasar al olvido.
Jorge Ibargüengoitia (1928-1983). Novelista, cuentista y dramaturgo mexicano.

Nada graba tan fijamente algunas cosas a nuestra memoria como el deseo de olvidarla.
Michel Eyquem de la Montaigne (1533-1592). Ensayista francés.

Nadie más muerto que el olvidado.
Gregorio Marañón (1887-1960). Médico y escritor español.

No puede herirnos la injuria sino cuando la recordamos; por ello la mayor venganza es el olvido.
Harold Hart Crane (1899-1932). Poeta norteamericano.

Nunca se perdona bastante, pero se olvida demasiado.
Madame de Staël (Germaine Necker) (1766-1817). Escritora e intelectual francesa.

Olvida uno su falta después de haberla confesado a otro, pero normalmente el otro no la olvida.
Friedrich Nietzsche (1844-1900). Filósofo, poeta y filólogo alemán.

Olvidemos lo que ya sucedió, pues puede lamentarse, pero no rehacerse.
Tito Livio (64 a.C.-17 d.C.). Historiador latino.

Olvido es señal de menosprecio y por lo tanto, causa de enojo.
Aristóteles (384 a.C.-322a.C). Filósofo griego.

Podemos olvidar lo que traído a la memoria nos entristece.
Séneca Anneo (3 a.C.- 65 d.C.). Filósofo latino.

Pronto lo olvidarás todo, pronto serás olvidado.
Marco Aurelio Antonio (121-180). Emperador y filósofo romano.

Puedes pretender olvidar el pasado, pero siempre lo tendrás presente.
Anónimo.

Quien bien ama tarde olvida.
Geoffrey Chaucer (1343-1400). Poeta inglés.

Recuerdo incluso lo que no quiero. Olvidar no puedo lo que quiero.
Marco Tulio Cicerón (106-43 a.C.). Escritor, político y orador romano.

Saber olvidar, más es dicha que arte.
Baltasar Gracián y Morales (1601-1658). Jesuita y escritor español.

Si no quieres perderte en el olvido tan pronto como estés muerto y corrompido, escribe cosas dignas de leerse, haz cosas dignas de escribirse.
Benjamín Franklin (1706-1790). Político, filósofo y científico estadounidense.

Si otro te injuria, puedes olvidarlo; si injurias tú nunca olvidarás.
Khalil Gibran (1833-1931). Ensayista, novelista y poeta libanés.

Te desafío a que me olvides completamente.
Mariana Alcoforado (1640-1723). Escritora portuguesa.

Tratar de olvidar a alguien es querer recordarlo para siempre.
Anónimo.

Un instante y habrás olvidado todo; otro instante todavía y todos te habrán olvidado.
Marco Aurelio Antonio (121-180). Emperador y filósofo romano.

Yo nunca olvido una cara, pero en su caso haré una excepción.
Groucho Marx (1890-1976). Actor estadounidense.

Opinión

El hombre que está muy ocupado rara vez cambia de opinión
Friedrich Nietzsche (1844-1900). Filósofo, poeta y filólogo alemán.

El médico y el sacerdote no deben pertenecer a una nación determinada y deben estar desprovistos de toda opinión política.
Napoleón Bonaparte (1769-1821). Emperador de Francia (1804-1815).

En mi humilde opinión, no cooperar con el mal, es un deber tanto como cooperar con el bien.
Mohandas Karamchand Gandhi (1869-1948). Líder político y espiritual hindú.

Hace siglos que la opinión pública es la peor de las opiniones.
Sébastien-Roch Nicolás Chamfort (1740-1794). Escritor francés.

La fuerza de la opinión general es irresistible. El que la crea la domina, el que no sabe crearla debe someterse a ella.
Wallace Stevens (1879-1955). Poeta estadounidense.

La opinión de toda una multitud es siempre más creíble que la de una minoría.
Miguel De Unamuno (1864-1936). Filósofo y escritor español!.

La opinión pública es un poder al que nada resiste.
Napoleón Bonaparte (1769-1821). Emperador de Francia (1804-1815).

La reina del mundo es la fuerza y no la opinión; pero es la opinión quien usa de la fuerza.
Blaise Pascal (1623-1662). Matemático, físico y teólogo francés.

Las opiniones no deben ser contadas sino pesadas.
Séneca Anneo (3 a.C.- 65 d.C.). Filósofo latino.

Los que aprueban una opinión, la llaman opinión; pero los que la desaprueban la llaman herejía.
Thomas Hobbes (1588-1679). Filósofo y político inglés.

Mi conciencia tiene para mí más peso que la opinión de todo el mundo.
Marco Tulio Cicerón (106-43 a.C.). Escritor, político y orador romano.

No hace falta defender siempre la misma opinión porque nadie puede impedir volverse más sabio.
Konrad Adenauer (1876-1967). Primer canciller federal alemán.

No preocuparse en absoluto de lo que la gente opina de uno mismo, no sólo es arrogancia, sino también desvergüenza.
Marco Tulio Cicerón (106-43 a.C.). Escritor, político y orador romano.

No puedo decir que no estoy en desacuerdo contigo.
Groucho Marx (1890-1976). Actor estadounidense.

Sólo podemos dar una opinión imparcial sobre las cosas que no nos interesan, sin duda por eso mismo las opiniones imparciales carecen de valor.
Oscar Wilde (1854-1900). Novelista, poeta, crítico literario y autor teatral irlandés.

Toda reforma fue en un tiempo simple opinión particular.
Ralph Waldo Emerson (1803-1882). Ensayista y poeta estadounidense.

Un país gobernardo por la opinión no lo está por la competencia.
Gustave Le Bon (1841-1931). Psicólogo social y escritor francés.

El uso de las facultades que me concedió la naturaleza es el único placer que no depende de la ayuda de la opinión ajena.
Ugo Foscolo (1778-1827). Poeta italiano.

En una discusión, lo difícil no es defender nuestra opinión, sino conocerla.
André Maurois (1885-1967). Escritor francés.

Importa mucho más lo que tú piensas de ti mismo que lo que los otros opinen de ti.
Séneca Anneo (3 a.C.- 65 d.C.). Filósofo latino.

La mayor parte de nuestras opiniones son creadas por las palabras y las fórmulas, mucho más que por la razón.
Gustave Le Bon (1841-1931). Psicólogo social y escritor francés.

Lo que inquieta al hombre no son las cosas, sino las opiniones acerca de las cosas.
Epicteto (55-135 d.C.). Pensador griego.

No es muy difícil atacar las opiniones ajenas, pero sí el sustentar las propias: porque la razón humana es tan débil para edificar, como formidable ariete para destruir.
Jaime Luciano Balmes (1810-1848). Sacerdote, periodista y filósofo español.

No hay que temer a los que tienen otra opinión, sino a aquellos que tienen otra opinión pero son demasiado cobardes para manifestarla.
Napoleón Bonaparte (1769-1821). Emperador de Francia (1804-1815).

Oponerse directamente a las opiniones es el medio de echarlo todo a perder.
Jean Baptiste Poquelin Molière (1622-1673). Dramaturgo y actor francés.

Pesa las opiniones, no las cuentes.
Séneca Anneo (3 a.C.- 65 d.C.). Filósofo latino.

Quizá haya enemigos de mis opiniones, pero yo mismo, si espero un rato, puedo ser también enemigo de mis opiniones.
Jorge Luis Borges (1899-1986). Escritor argentino.

Si no está en nuestro poder el discernir las mejores opiniones, debemos seguir las más probables.

René Descartes (1596-1650). Filósofo, científico y matemático francés.

Si os sujetáis a la naturaleza, nunca seréis pobres; si os sujetáis a la opinión, nunca seréis ricos.

Séneca Anneo (3 a.C.- 65 d.C.). Filósofo latino.

Optimismo y pesimismo

El optimismo le permite al hombre llevar la cabeza en alto, reclamar el futuro para sí y no cedérselo al enemigo.

Dietrich Bonhoeffer (1906-1945). Teólogo protestante alemán.

El optimista cree en los demás y el pesimista sólo cree en sí mismo.

Gilbert Keith Chesterton (1874-1936). Escritor inglés.

El optimista dice: "Déjame hacerlo a mí". El pesimista dice: "Ese no es mi trabajo".

Anónimo.

El optimista dice: "Puede ser muy difícil pero es posible". El pesimista dice: "Puede ser posible, pero es muy difícil".

Anónimo.

El optimista encuentra una respuesta para cada problema. El pesimista ve un problema en cada respuesta.

Anónimo.

El optimista es una parte de la respuesta. El pesimista es siempre una parte del problema.

Anónimo.

El optimista se equivoca con tanta frecuencia como el pesimista, pero es incomparablemente más feliz.

Napoleón Hill (1883-1970). Escritor estadounidense.

El optimista siempre tiene un proyecto. El pesimista siempre tiene una excusa.

Anónimo.

El pesimismo no consiste en estar cansado del mal, sino en estar cansado del bien.

Gilbert Keith Chesterton (1874-1936). Escritor inglés.

La tristeza es un don del cielo, el pesimismo es una enfermedad del espíritu.

Amado Nervo (1870-1919). Poeta y escritor mexicano.

No anticipéis las tribulaciones ni temáis lo que seguramente no os puede suceder. Vivid siempre en un ambiente de optimismo.

Benjamín Franklin (1706-1790). Político, filósofo y científico estadounidense.

Un optimista es el que cree que todo tiene arreglo. Un pesimista es el que piensa lo mismo, pero sabe que nadie va a intentarlo.

Jaume Perich (1941-1995). Escritor español.

Un optimista piensa que éste es el mejor de todos los mundos posibles. El pesimista tiene miedo de que eso sea cierto.

Ralph Waldo Emerson (1803-1882). Ensayista y poeta estadounidense.

Un optimista ve una oportunidad en toda calamidad, un pesimista ve una calamidad en toda oportunidad.

Sir Winston Churchill (1874-1965). Político inglés.

Un pesimista es un optimista con experiencia.

François Truffaut (1932-1984). Escritor, actor, director y productor francés.

Orgullo

Aquel que es demasiado pequeño tiene un orgullo grande.

Francois-Marie Arouet de Voltaire (1694-1778). Escritor y filósofo francés.

El mal genio es lo que nos mete en líos. El orgullo es lo que nos mantiene en ellos.

Neil Simon (1927-). Dramaturgo estadounidense.

El orgullo contrapesa todas las miserias. O bien las oculta o, si las descubre, se glorifica a sí mismo por haberlas conocido.

Blaise Pascal (1623-1662). Matemático, físico y teólogo francés.

El orgullo de los mediocres consiste en hablar siempre de sí mismos; el orgullo de los grandes hombres en no hablar nunca de ellos.

Francois-Marie Arouet de Voltaire (1694-1778). Escritor y filósofo francés.

El orgullo detesta el orgullo.... en los demás.

Benjamín Franklin (1706-1790). Político, filósofo y científico estadounidense.

El orgullo engendra al tirano. El orgullo, cuando inútilmente ha llegado a acumular imprudencias y excesos, remontándose sobre el más alto pináculo, se precipita en un abismo de males, del que no hay posibilidad de salir.

Sócrates (470-399 a.C.). Filósofo griego.

El orgullo es la fuente de todas las enfermedades, porque es la fuente de todos los vicios.

San Agustín (354-430). Obispo, filósofo y Padre de la Iglesia Latina.

El orgullo es una forma de egoísmo.

David Herbert Lawrence (1885-1930). Novelista y poeta inglés.

El orgulloso quiere hacer más, el humilde quiere obedecer más.

Anónimo.

Entre todos los vestidos que yo he visto poner al orgullo, el que más me subleva es el de la humildad.

Henry Mackenzie (1745-1831). Novelista escocés.

Hay casos en que es indecoroso seguir viviendo. Se debe morir orgullosamente cuando ya no es posible vivir con orgullo.

Friedrich Nietzsche (1844-1900). Filósofo, poeta y filólogo alemán.

La falsa humildad equivale a orgullo.

Blaise Pascal (1623-1662). Matemático, físico y teólogo francés.

La naturaleza de los hombres soberbios y viles es mostrarse insolentes en la prosperidad y abyectos y humildes en la adversidad.

Nicolás Maquiavelo (1469-1527). Historiador y filósofo político italiano.

Lo único capaz de consolar a un hombre por las estupideces que hace, es el orgullo que le proporciona hacerlas.

Oscar Wilde (1854-1900). Novelista, poeta, crítico literario y autor teatral irlandés.

Nada es tan bajo y vil como el ser altivo con el humilde.

Séneca Anneo (3 a.C.- 65 d.C.). Filósofo latino.

Si eres orgulloso conviene que ames la soledad; los orgullosos siempre se quedan solos.

Amado Nervo (1870-1919). Poeta y escritor mexicano.

Ya puedes desechar esos pensamientos de orgullo: eres lo que el pincel en manos del artista.—Y nada más.—Dime para qué sirve un pincel, si no deja hacer al pintor.

San Josemaría Escrivá de Balaguer (1902-1975). Sacerdote español, fundador del Opus Dei.

Originalidad

La originalidad es la vuelta a los orígenes.

Antonio Gaudí I Cornet (1852-1926). Arquitecto español.

Todos nacemos originales y morimos copias.

Carl Gustav Jung (1875-1961). Psicólogo y psiquiatra suizo.

Oro

Creer en las pérfidas insinuaciones de un adulador es como beber veneno en una copa de oro.

Demófilo (?-386). Obispo de Constantinopla.

El cerebro humano es como una máquina de acuñar moneda. Si echas en ella metal impuro, obtendrás escoria; si echas oro, obtendrás monedas de ley.

Santiago Ramón y Cajal (1852-1934). Doctor español.

El habla es plata; el silencio es oro.
Proverbio alemán.

El oro es como las mujeres, que todos dicen mal de ellas y todos las desean.
Félix Lope de Vega (1562-1635). Escritor y dramaturgo español.

La edad de oro retorna a los hombres cuando, aunque sólo sea momentáneamente, se olvidan del oro.
Gilbert Keith Chesterton (1874-1936). Escritor inglés.

Paciencia

¿Por qué aguardas con impaciencia las cosas? Si son inútiles para tu vida, inútil es también aguardarlas. Si son necesarias, ellas vendrán y vendrán a tiempo.
Amado Nervo (1870-1919). Poeta y escritor mexicano.

A veces la impaciencia da más frutos que los más profundos cálculos.
George Bernard Shaw (1856-1950). Escritor irlandés.

Adopte el ritmo de la naturaleza; su secreto es la paciencia.
Ralph Waldo Emerson (1803-1882). Ensayista y poeta estadounidense.

Con la paciencia y la tranquilidad se logra todo... y algo más.
Benjamín Franklin (1706-1790). Político, filósofo y científico estadounidense.

Dame, Señor, serenidad para aceptar las cosas que no pueden cambiar. Valor para cambiar las que se pueda y sabiduría para reconocer la diferencia.
Marco Aurelio Antonio (121-180). Emperador y filósofo romano.

El hombre vulgar, cuando emprende una cosa, la echa a perder por tener prisa en terminarla.
Lao-tsé (570-490 a.C.). Filosófo del Taoísmo.

El mejor fuego no es el que se enciende rápidamente.
George Eliot (Mary Ann o Marian Evans) (1819-1880). Novelista inglesa.

El paciente puede atreverse a todo.
Luc de Clapiers, marqués de Vauvenargues (1715-1747). Escritor francés.

En las cuestiones dudosas el valor puede lograr mucho; en las desesperadas, la paciencia.
Thomas Fuller (1608-1661). Clérigo y escritor inglés.

La paciencia es amarga, pero sus frutos son dulces.
Jean Jacques Rousseau (1712-1778). Filósofo y botánico suizo.

La paciencia es la fortaleza del débil y la impaciencia, la debilidad del fuerte.
Immanuel Kant (1724-1804). Filósofo alemán.

La paciencia es la más heroica de las virtudes, precisamente porque carece de toda apariencia de heroísmo.
Giacomo Leopardi (1798-1837). Poeta y erudito italiano.

La paciencia tiene más poder que fuerza.
Plutarco (46-125). Biógrafo y ensayista griego.

La rueda menos untada es la que más chilla, y así el que tiene menos unción de paciencia es el que más hace resonar sus quejas. Los corazones fuertes y generosos sólo se afligen por grandes motivos y aún así no se turban ni acaloran.
San Francisco de Sales (1567-1622). Escritor y religioso suizo.

Lo que es imposible corregir, la paciencia lo hace tolerable.
Quinto Horacio Flaco (65 a.C.-8 a.C.). Poeta lírico y satírico romano.

No hay auténtico genio sin paciencia.
Louis Charles Alfred de Musset (1810-1857). Poeta francés.

Paciencia: Forma menor de desesperación disfrazada de virtud.
Ambrose Gwinett Bierce (1842-1914). Periodista y escritor estadounidense.

Quien tiene paciencia, obtendrá lo que desea.
Benjamín Franklin (1706-1790). Político, filósofo y científico estadounidense.

Se paciente con todo el mundo; pero sobretodo contigo mismo.
San Francisco de Sales (1567-1622). Escritor y religioso suizo.

Si he hecho descubrimientos invaluables ha sido más por tener paciencia que a cualquier otro talento.
Isaac Newton (1642-1727). Matemático y físico británico.

Sólo con una ardiente paciencia conquistaremos la espléndida ciudad que dará luz, justicia y dignidad a todos los hombres. Así la poesía no habrá cantado en vano.
Pablo Neruda (1904-1973). Poeta chileno.

Sufrimiento y paciencia quieren las cosas, para que pacíficamente se alcance el fin de ellas.
Mateo Alemán (1547-1613). Novelista español.

Ten paciencia con todas las cosas, pero ante todo contigo mismo.
Anónimo.

Todo llega para aquel que se mantiene ocupado mientras espera.
Walter P. Chrysler (1875-1940). Productor de automóviles estadounidense.

Todo llega para el que sabe esperar.
Henry W. Longfellow (1807-1882). Poeta estadounidense.

Todo poder humano se forma de paciencia y de tiempo.
Ralph Waldo Emerson (1803-1882). Ensayista y poeta estadounidense.

Vístanme despacio, que voy de prisa.
> Napoleón Bonaparte (1769-1821). Emperador de Francia (1804-1815).

Paraíso

¿Y si un hombre traspasara el umbral del paraíso en sueños y le regalaran una flor como prueba de que su alma ha estado de verdad ahí y al despertar se encontrara la flor en la mano?
> Samuel T. Coleridge (1772-1834). Poeta inglés.

El Paraíso no está hecho para los vagos.
> San Juan Bosco (1815-1888). Santo italiano, fundador de la orden de los salesianos.

El que hace reír a sus compañeros merece el paraíso.
> Mahoma (570-632). Principal profeta del Islam.

La vida es un paraíso para aquellos que aman muchas cosas apasionadamente.
> Leo Buscaglia (1924-1998). Escritor estadounidense.

La vida es un paraíso, pero los hombres no lo saben ni se preocupan de saberlo.
> Fedor Dostoievski (1821-1881). Escritor ruso.

Para Adán el paraiso era donde estaba Eva.
> Anónimo.

Pasado

¡Triste "hoy" que anhela el "mañana" para trocarlo en "ayer"!
> Pedro Antonio de Alarcón (1833-1891). Escritor y político español.

¿A quién no le atrae el propio pasado?
> Mario Benedetti (1920-). Escritor uruguayo.

¿Por qué no admitir que empezamos a cada momento existencias nuevas y que en cada una de ellas el pasado no es más que un sueño?
> André Maurois (1885-1967). Escritor francés.

Añorar el pasado es correr tras el viento.
> Proverbio ruso.

Cosecha capullos mientras puedas, el tiempo pasado todavía está volando; y esta misma flor que hoy sonríe, mañana estará muerta.
> Robert Herrick (1591-1674). Poeta inglés.

Deberíamos usar el pasado como trampolín y no como sofá.
> Harold Macmillan (1894-1926). Político inglés.

El encanto del pasado consiste en que ha pasado; pero las mujeres nunca saben cuándo ha caído el telón: siempre quieren un sexto acto.

Oscar Wilde (1854-1900). Novelista, poeta, crítico literario y autor teatral irlandés.

El pasado es un prólogo.

William Shakespeare (1564-1616). Poeta y autor teatral inglés.

El pasado siempre está presente.

Maurice Maeterlinck (1862-1949). Escritor belga.

El pasado ya no es y el futuro no es todavía.

San Agustín (354-430). Obispo, filósofo y Padre de la Iglesia Latina.

El recuerdo del mal pasado es alegre.

Marco Tulio Cicerón (106-43 a.C.). Escritor, político y orador romano.

Es inútil volver sobre lo que ha sido y no es ya.

Frederic Chopin (1810-1849). Compositor y pianista polaco.

Es preciso considerar el pasado con respeto y el presente con desconfianza si se pretende asegurar el porvenir.

Joseph Joubert (1754-1824). Escritor y crítico francés.

Lo que nunca volverá otra vez, es lo que hace la vida tan dulce.

Emily Dickinson (1830-1886). Poetisa estadounidense.

Los acontecimientos verdaderos y positivos que nos legaron los siglos pasados fueron, antes de realizarse, una idea oculta en la razón y en la mente de un hombre o un sentimiento sutil en el corazón de una mujer.

Khalil Gibran (1833-1931). Ensayista, novelista y poeta libanés.

Siempre camina hacia delante, nunca veas para atrás.

Junípero Serra (1713-1784). Fraile franciscano español.

Soy como aquel hombre que llevaba consigo un ladrillo, para decirle al mundo como había sido su casa.

Bertolt Brecht (1898-1956). Poeta y dramaturgo alemán.

Una cabeza sin memoria es como una fortaleza sin guarnición.

Napoleón Bonaparte (1769-1821). Emperador de Francia (1804-1815).

Algunos recuerdos son realidades, y son mejores que cualquier cosa que nos pueda pasar otra vez.

Willa Cather (1873-1947). Novelista y periodista estadounidense.

El pasado es un cubo lleno de cenizas.

Carl Sandburg (1878-1967). Poeta e historiador norteamericano.

El pasado me ha revelado la estructura del futuro.

Pierre Teilhard de Chardin (1881-1955). Paleontólogo y filósofo francés.

El pasado nunca se muere, ni siquiera es pasado.
William Faulkner (1897-1962). Novelista estadounidense.

El que no pueda acordarse del pasado está condenado a repetirlo.
Jorge Ruiz de Santayana (1863-1952). Filósofo, poeta y novelista estadounidense de origen español.

El único encanto del pasado consiste en que es el pasado.
Oscar Wilde (1854-1900). Novelista, poeta, crítico literario y autor teatral irlandés.

Mientras haya libros no existe el pasado.
Edward George Bulwer Lytton (1803-1873). Escritor inglés.

Ni siquiera Dios puede cambiar el pasado.
Agathón (450 a.C.-400 a.C.). Autor trágico griego.

No perdamos nada del pasado. Sólo con el pasado se forma el porvenir.
Anatole France (1844-1924). Novelista y premio Nobel francés.

Pasión

Hay una pasión superior a todas, y es la satisfacción interior por el bien que hacemos a los otros.
René Descartes (1596-1650). Filósofo, científico y matemático francés.

No seremos como ángeles, hasta que nuestras pasiones mueran.
Thomas Dekker (1572-1632). Dramaturgo inglés.

Un hombre sin pasiones está tan cerca de la estupidez que sólo le falta abrir la boca para caer en ella.
Séneca Anneo (3 a.C.- 65 d.C.). Filósofo latino.

A fuerza de hablar de amor, uno llega a enamorarse. Nada tan fácil. Esta es la pasión más natural del hombre.
Blaise Pascal (1623-1662). Matemático, físico y teólogo francés.

Cuando el hombre ama en verdad, su pasión lo penetra todo y es capaz de traspasar la tierra.
Rubén Darío (1867-1916). Poeta nicaragüense.

Cuando la violencia de las pasiones mengua y su fuego se amortigua, el hombre se ve libre de un pelotón de tiranos.
Sófocles (496-406 a.C.). Dramaturgo ateniense.

El amor es el poder iniciador de la vida; la pasión posibilita su permanencia.
Anónimo.

El amor es la pasión por la dicha del otro.
Cyrano De Bergerac (1619-1655). Escritor francés.

El colmo de la locura es proponerse destruir las pasiones. Un devoto se atormenta como un demente para no desear nada, no amar nada, no sentir nada y, si lo logra, se vuelve un verdadero monstruo.
Denis Diderot (1713-1784). Filósofo y escritor francés.

El hombre es verdaderamente grande sólo cuando obra a impulso de las pasiones.
Benjamin Disraeli (1804-1881). Escritor británico.

Es indispensable, para que los demás nos soporten a gusto, participar hasta cierto punto en sus pasiones.
Marie Henri Beyle "Stendhal" (1783-1842). Novelista y ensayista francés.

La ambición de dominar los entendimientos es la más violenta de las pasiones.
Napoleón Bonaparte (1769-1821). Emperador de Francia (1804-1815).

La duración de nuestras pasiones es tan independiente de nosotros, como la duración de la propia vida.
François de La Rochefoucauld (1613-1680). Político y escritor francés.

La pasión es como el dolor, y como el dolor, crea su objeto. Es más fácil al fuego hallar combustible que al combustible fuego.
Miguel De Unamuno (1864-1936). Filósofo y escritor español.

La pasión es una emoción del alma opuesta a la recta de la razón de la naturaleza.
Zenón de Elea (500-440 a. C.). Filósofo y matemático griego.

La pasión para el hombre es un torrente; para la mujer, un abismo.
Concepción Arenal (1820-1893). Pensadora española.

La razón obra con lentitud, y con tantas miras, sobre tantos principios, que a cada momento se adormece o extravía. La pasión obra en un instante.
Blaise Pascal (1623-1662). Matemático, físico y teólogo francés.

La razón sin las pasiones sería casi como un rey sin súbditos.
Denis Diderot (1713-1784). Filósofo y escritor francés.

La ternura es el reposo de la pasión.
Joseph Joubert (1754-1824). Escritor y crítico francés.

La única diferencia entre un capricho y una pasión inextinguible consiste en que el capricho dura un poco más.
Oscar Wilde (1854-1900). Novelista, poeta, crítico literario y autor teatral irlandés.

Las grandes pasiones son enfermedades incurables. Lo que podría curarlas las haría verdaderamente peligrosas.
Johann Wolfgang von Goethe (1749-1832). Poeta, novelista y dramaturgo alemán.

Las pasiones son los únicos oradores que persuaden siempre.
François de La Rochefoucauld (1613-1680). Político y escritor francés.

Las pasiones son los vientos que inflan las velas del navío. Algunas veces le hacen hundirse, pero sin ellas no podrá navegar...

Francois-Marie Arouet de Voltaire (1694-1778). Escritor y filósofo francés.

Las pasiones son virtudes o defectos exagerados.

Johann Wolfgang von Goethe (1749-1832). Poeta, novelista y dramaturgo alemán.

No podemos evitar las pasiones, pero sí podemos vencerlas.

Séneca Anneo (3 a.C.- 65 d.C.). Filósofo latino.

Para alcanzar nuestros propósitos es mejor que nos dirijamos a la pasión de los hombres, y no a su razón.

Francois-Marie Arouet de Voltaire (1694-1778). Escritor y filósofo francés.

Para que la pasiones no nos torturen, obremos como si sólo contásemos con ocho días de vida.

Blaise Pascal (1623-1662). Matemático, físico y teólogo francés.

Si las pasiones y los sueños no pudiesen crear nuevos tiempos futuros, la vida sería un engaño.

Henri René Lenormand (1882-1951). Dramaturgo francés.

Si resistimos a nuestras pasiones es más por su debilidad que por nuestra fuerza.

François de La Rochefoucauld (1613-1680). Político y escritor francés.

Son los ímpetus de las pasiones deslizadores de la cordura, y allí es el riesgo de perderse.

Baltasar Gracián y Morales (1601-1658). Jesuita y escritor español.

Tres pasiones, simples pero irresistibles, han dominado en mi vida: el anhelo de amor, la búsqueda del conocimiento y la compasión por el sufrimiento de la humanidad.

Bertrand Russell   (1872-1970). Matemático y filósofo británico.

Un capricho se diferencia de una gran pasión en que el capricho dura toda la vida.

Oscar Wilde (1854-1900). Novelista, poeta, crítico literario y autor teatral irlandés.

Patria

¡Cuán querida es de todos los corazones buenos su tierra natal!

Francois-Marie Arouet de Voltaire (1694-1778). Escritor y filósofo francés.

Cuando la patria sea injusta contigo, haz como una madrastra: toma el partido del silencio.

Pitágoras (582-500 a.C.). Filósofo y matemático griego.

Debemos amar a nuestro país aunque nos trate injustamente.

Francois-Marie Arouet de Voltaire (1694-1778). Escritor y filósofo francés.

Dulce y noble cosa es morir por la patria.
Quinto Horacio Flaco (65 a.C.-8 a.C.). Poeta lírico y satírico romano.

El amor a la patria es más patente que la razón misma.
Publio Nasón Ovidio (43 a.C.-17 d.C.). Poeta latino.

El amor a la patria no conoce fronteras ajenas.
Stanislaw Jerzy Lec (1909-1966). Escritor polaco.

El patriotismo es a menudo una veneración arbitraria de las propiedades sobre los principios.
George Jean Nathan (1882-1958). Autor, editor y crítico estadounidense.

El patriotismo es la virtud de los depravados.
Oscar Wilde (1854-1900). Novelista, poeta, crítico literario y autor teatral irlandés.

El que no ama a su patria no puede amar nada.
Lord Byron (1788-1824). Poeta inglés.

Formémosnos una patria a toda costa y todo lo demás será tolerable.
Simon Bolívar (1783-1830). Militar y político venezolano.

La patria de cada hombre es el país donde mejor vive.
Aristóteles (384 a.C.-322a.C). Filósofo griego.

La patria es dicha de todos, y dolor de todos, y cielo para todos, y no feudo ni capellanía de nadie.
José Martí (1853-1895). Político y escritor cubano.

La patria es impecable y dinamita.
Ramón López Velarde (1888-1921). Poeta mexicano.

La patria no es la tierra. Sin embargo, los hombres que la tierra nutre son la patria.
Rabindranath Tagore (1861-1941). Poeta y filósofo indio.

La patria no es una realidad histórica o política sino íntima.
Ramón López Velarde (1888-1921). Poeta mexicano.

Mi patria son los amigos.
Alfredo Bryce Echenique (1939-). Escritor peruano.

Ninguno ama a su patria por ser grande, sino por ser suya.
Séneca Anneo (3 a.C.- 65 d.C.). Filósofo latino.

Nunca se tendrá un mundo tranquilo hasta que se extirpe el patriotismo en la raza humana.
George Bernard Shaw (1856-1950). Escritor irlandés.

Patria es eso, equidad, respeto de todas las opiniones y consuelo al triste.
José Martí (1853-1895). Político y escritor cubano.

Sin la esperanza de la inmortalidad, nadie afrontaría la muerte por su patria.

Marco Tulio Cicerón (106-43 a.C.). Escritor, político y orador romano.

Toda relación con la tierra, el hábito de labrarla, de trabajar sus minas o simplemente de cazar en ella, engendra el sentimiento de patriotismo.

Ralph Waldo Emerson (1803-1882). Ensayista y poeta estadounidense.

Yo soy siempre fiel al sistema liberal y justo que proclamó mi patria.

Simón Bolívar (1783-1830). Militar y político venezolano.

Yo soy un ciudadano, no de Atenas o Grecia, sino del mundo.

Sócrates (470-399 a.C.). Filósofo griego.

Paz

Cuando me preguntaron sobre algún arma capaz de contrarrestar el poder de la bomba atómica yo sugerí la mejor de todas: La paz.

Albert Einstein (1879-1955). Científico estadounidense de origen alemán.

Debemos rezar constantemente por la paz, pero también debemos trabajar con todas nuestras fuerzas por el desarme y la suspensión de las pruebas de armas. Debemos utilizar nuestra inteligencia rigurosa, para planear la paz como la hemos utilizado para planear la guerra.

Martin Luther King (1929-1968). Humanista estadounidense.

El desarrollo es el nuevo nombre de la paz.

Juan Pablo II (Karol Wojtila) (1920-). Papa desde 1978 nacido en Polonia.

El signo más evidente de que se ha encontrado la verdad es la paz interior.

Amado Nervo (1870-1919). Poeta y escritor mexicano.

Entre los individuos como entre las naciones, el respeto al derecho ajeno es la paz.

Benito Juárez (1806-1872). Político y expresidente de México.

Hay algo tan necesario como el pan de cada día, y es la paz de cada día; la paz sin la cual el mismo pan es amargo.

Amado Nervo (1870-1919). Poeta y escritor mexicano.

La paz con la esclavitud es más pesada carga que la guerra con libertad.

Nicolás Maquiavelo (1469-1527). Historiador y filósofo político italiano.

La primera condición para la paz es la voluntad de lograrla.

Juan Luis Vives (1492-1540). Humanista y filósofo español.

La serenidad no es estar a salvo de la tormenta, sino encontrar la paz en medio de ella.

Thomas Kempis (1379-1471). Monje alemán.

No podremos tener paz entre hombres cuyos corazones encuentran placer en matar criaturas vivas.
Rachel Carson (1907-1964). Escritora y bióloga marina estadounidense.

Si queremos un mundo de paz y de justicia hay que poner decididamente la inteligencia al servicio del amor.
Antoine De Saint Exupéry (1900-1944). Escritor y aviador francés.

Solamente puedes tener paz si tú la proporcionas.
Baronesa Marie von Ebner-Eschenbach (1830-1916). Novelista austriaca.

La Paz de hecho no es la paz de principio.
Henri Frédéric Amiel (1821-1881). Crítico suizo.

La paz es para el mundo lo que la levadura para la masa.
Talmud. Cuerpo de ley civil y religiosa del judaísmo.

La paz obtenida en la punta de la espada, no es más que una tregua.
Pierre Joseph Proudhon (1809-1865). Escritor y teórico político francés.

Nunca lleves tus mejores pantalones cuando salgas a luchar por la paz y la libertad.
Henrik Ibsen (1828-1906). Dramaturgo noruego.

Todos quieren la paz, y para asegurarla, fabrican más armas que nunca.
Antonio Mingote (1919-). Dibujante y humorista español.

Pecado

De mis pecados los más negros están enamorados.
Ramón López Velarde (1888-1921). Poeta mexicano.

Dios lo que más odia después del pecado es la tristeza, porque nos predispone al pecado.
San Agustín (354-430). Obispo, filósofo y Padre de la Iglesia Latina.

El bueno odia el pecado por un amor innato a la virtud.
Quinto Horacio Flaco (65 a.C.-8 a.C.). Poeta lírico y satírico romano.

El cristianismo ha hecho mucho por el amor convirtiéndolo en pecado.
Anatole France (1844-1924). Novelista y premio Nobel francés.

El éxito del malvado tienta a muchos al pecado.
Fedro (15 a.C.-55 d.C.). Poeta romano.

El pecado ofende a Dios lo que perjudica al hombre.
Santo Tomás de Aquino (1225-1274). Teólogo italiano.

El pecado original es lo que hace que el hombre sea capaz de concebir su propia perfección e incapaz de alcanzarla.
Reinhold Niebuhr (1892-1971). Pensador social y religioso estadounidense.

El virtuoso se conforma con soñar lo que el pecador realiza en la vida.
Platón (428-347 a.C.). Filósofo griego.

Es tan importante el amor en España, que tiene toda la importancia de un pecado.
Jacinto Benavente (1866-1954). Dramaturgo y crítico español.

Hay pecados cuya fascinación está más en el recuerdo que en la comisión de ellos.
Oscar Wilde (1854-1900). Novelista, poeta, crítico literario y autor teatral irlandés.

He cometido el peor de los pecados, quise ser feliz.
Santa Teresa de Jesús (1515-1582). Religiosa y escritora mística española.

He cometido el peor pecado que uno puede cometer: no he sido feliz.
Jorge Luis Borges (1899-1986). Escritor argentino.

La mayoría de las personas prefieren confesar los pecados de los demás.
Henry Graham Greene (1904-1991). Novelista inglés.

La mayoría de los pecadores pasan su vida ofendiendo a Dios y confesándose.
Clemente XIV (1705-1774). Papa de 1769-1774.

La timidez es un gran pecado contra el amor.
Anatole France (1844-1924). Novelista y premio Nobel francés.

Lo que llamamos en otros pecado, consideramos en nosotros como experiencia.
Ralph Waldo Emerson (1803-1882). Ensayista y poeta estadounidense.

Los pecados de la juventud se pagan en la vejez (Quae peccamus juvenes ea luimus senes).
Antonio Machado (1875-1939). Poeta español.

No estés triste nunca, que es pecado estar triste.
Amado Nervo (1870-1919). Poeta y escritor mexicano.

Todo lo que divide a los hombres, todo lo que específica, aparta o acorrala es un pecado contra la humanidad.
José Martí (1853-1895). Político y escritor cubano.

Todo pecado humano parece peor en sus consecuencias que en sus intenciones.
Reinhold Niebuhr (1892-1971). Pensador social y religioso estadounidense.

Todos los pecados son intentos por llenar vacíos.
Simone Weil (1909-1943). Escritora francesa.

Trata de no censurar, porque todos somos pecadores.
William Shakespeare (1564-1616). Poeta y autor teatral inglés.

¡Oh, por una vida de sensaciones en lugar de pensamientos!
John Keats (1795-1821). Poeta inglés.

¿Cuál es la tarea más difícil del mundo?... Pensar.
Ralph Waldo Emerson (1803-1882). Ensayista y poeta estadounidense.

Aleja de ti esos pensamientos inútiles que, por lo menos, te hacen perder el tiempo.
San Josemaría Escrivá de Balaguer (1902-1975). Sacerdote español, fundador del Opus Dei.

Aquel que no puede guardar sus pensamientos dentro de sí nunca llevará a cabo grandes cosas.
Thomas Carlyle (1795-1881). Historiador y pensador escocés.

Así como un hombre débil físicamente puede fortalecerse mediante un cuidadoso y paciente entrenamiento, así el hombre de pensamientos débiles puede fortalecerlos ejercitándose a sí mismo en el pensamiento correcto.
James Allen (1864-1912). Escritor inglés.

Buenos pensamientos producen buenos frutos, malos pensamientos producen malos frutos.
James Allen (1864-1912). Escritor inglés.

Cada pensador pone una cierta parte de un mundo aparentemente estable, en peligro.
John Dewey (1859-1952). Filósofo y educador estadounidense.

Cuando no se piensa lo que se dice es cuando se dice lo que se piensa.
Jacinto Benavente (1866-1954). Dramaturgo y crítico español.

Al principio vienen necesariamente a la mente la fantasía y la fábula. Desfilan después los cálculos matemáticos, y sólo al final la realización corona el pensamiento.
Konstantin Tsiolkovsky (1857-1935). Científico espacial ruso.

Cuando uno es joven los pensamientos se vuelven amor, con la edad el amor se vuelve pensamientos.
Albert Einstein (1879-1955). Científico estadounidense de origen alemán.

Dejen a un hombre cambiar radicalmente sus pensamientos, y él se sorprenderá de la rápida transformación que efectuará en las condiciones materiales de su vida.
James Allen (1864-1912). Escritor inglés.

Del asombro sale el pensamiento.
Platón (428-347 a.C.). Filósofo griego.

Donde todo el mundo piensa igual, casi nadie piensa demasiado.
Julián Marías (1914-). Filósofo y ensayista español.

Donde todos piensan igual, nadie piensa mucho.
Walter Lipmann (1889-1974). Escritor y periodista estadounidense.

El libre pensamiento de una edad es el sentido comun de la siguiente.
Matthew Arnold (1822-1888). Poeta y crítico inglés.

El pensamiento es la fuente de la acción y la vida; haz la fuente pura, y todo será puro.
James Allen (1864-1912). Escritor inglés.

El pensamiento es la semilla de la acción.
Ralph Waldo Emerson (1803-1882). Ensayista y poeta estadounidense.

El pensamiento es la única cosa del Universo de la que no se puede negar su existencia: negar es pensar.
José Ortega y Gasset (1883-1955). Filósofo español.

El pensamiento es una cosa admirable e incomparable por naturaleza.
Blaise Pascal (1623-1662). Matemático, físico y teólogo francés.

El pensamiento no es más que un soplo, pero este soplo revuelve al mundo.
Víctor Hugo (1802-1885). Escritor francés.

El que no pueda guardar sus pensamientos, jamás sabrá realizar grandes cosas.
Thomas Carlyle (1795-1881). Historiador y pensador escocés.

En toda obra de genio reconocemos nuestros pensamientos rechazados.
Ralph Waldo Emerson (1803-1882). Ensayista y poeta estadounidense.

Escrito está que el fin del hombre es la acción y no el pensamiento.
Thomas Carlyle (1795-1881). Historiador y pensador escocés.

La elocuencia es una pintura del pensamiento, y por esto los que después de haber pintado añaden algo más, hacen un cuadro en lugar de un retrato.
Blaise Pascal (1623-1662). Matemático, físico y teólogo francés.

Lo que somos hoy se funda en nuestros pensamientos de ayer, y nuestros pensamientos de hoy construyen la existencia de mañana. La vida es una creación de la mente.
Buda (-600 a.C.) Pensador himalaya.

Los pensamientos no tienen ningún sexo.
Clare Booth Luce (1905-1987). Política, escritora y dramaturga estadounidense.

Los reyes del pensamiento moderno son mudos.
Matthew Arnold (1822-1888). Poeta y crítico inglés.

Me gusta pensar en ti desde que pienso.
Jaime Sabines (1926-1999). Poeta mexicano.

Nada es bueno o malo, sino que el pensamiento es lo que hace las cosas buenas o malas.
William Shakespeare (1564-1616). Poeta y autor teatral inglés.

Ni tus peores enemigos te pueden hacer tanto daño como tus propios pensamientos.
Buda (-600 a.C.) Pensador himalaya.

No hace falta ver los pensamientos; basta mirar la expresión de los rostros.
Proverbio danés.

No hay nada que este totalmente en nuestro poder, excepto nuestros pensamientos.
René Descartes (1596-1650). Filósofo, científico y matemático francés.

No hay pensamientos peligrosos; el pensamiento en sí mismo es peligroso.
Hannah Arendt (1906-1975). Científica política germano-americana.

No hay que cargar nuestros pensamientos con el peso de nuestros zapatos.
André Breton (1896-1966). Escritor francés.

Nuestros pensamientos más importantes son los que contradicen nuestros sentimientos.
Paul Ambroise Valéry (1871-1945). Escritor francés.

Para lograr algo en tu vida imagina que ya lo tienes. Sostén ese pensamiento. Sólo ese pensamiento. Ese único pensamiento. Tal vez como lo imaginas se materializará...
Richard Bach (1929-). Escritor estadounidense.

Pensar contra la corriente del tiempo es heroico; decirlo, una locura.
Eugene Ionesco (1912-1994). Dramaturgo francés de origen rumano.

Pensar es como vivir dos veces.
Marco Tulio Cicerón (106-43 a.C.). Escritor, político y orador romano.

Podrán encadenar mis manos y aherrojar mis pies; podrán incluso arrojarme a una prisión, pero no podrán esclavizar mi pensamiento, porque es libre.
Ricardo Flores Magón (1873-1922). Político y periodista méxicano.

Quizá uno de los más terribles pensamientos, el más temible acaso antes de morir, sea éste: ¡he vivido en vano!
Amado Nervo (1870-1919). Poeta y escritor mexicano.

Si la gente nos oyera los pensamientos, pocos escaparíamos de estar encerrados por locos.
Jacinto Benavente (1866-1954). Dramaturgo y crítico español.

Si los que hablan mal de mí supieran exactamente lo que yo pienso de ellos, aún hablarían peor.
Sacha Guitry (1885-1957). Actor y director francés.

Si no cambias tus pensamientos, tu vida será igual por siempre ¿son buenas noticias?
Dr. Robert Anthony (1916-). Educador y escritor estadounidense.

Siempre me he inclinado a pensar bien de todo el mundo; evita muchos problemas.
Rudyard Kipling (1865-1936). Novelista inglés.

Sólo las corrientes líquidas del pensamiento mueven al hombre y al mundo.
Wendell Phillips (1811-1884). Líder abolicionista estadounidense.

También el tonto tiene a veces inteligentes pensamientos, sólo que no se entera.
Danny Kaye (1913-1987). Comediante estadounidense.

Todo pensamiento que penetra en profundidad termina en misticismo moral.
Albert Schweitzer (1875-1965). Médico francés.

Tú estás hoy adonde tus pensamientos te trajeron y estarás mañana donde tus pensamientos te lleven.
James Allen (1864-1912). Escritor inglés.

Un hombre es literalmente lo que él piensa.
James Allen (1864-1912). Escritor inglés.

Un hombre no puede directamente escoger sus circunstancias, pero sí puede elegir sus pensamientos, y así indirectamente, y seguramente, formará sus circunstancias.
James Allen (1864-1912). Escritor inglés.

Un mal pensamiento es ya un mal castigo.
Emilio Castelar (1832-1899). Político español, presidente de la I República (1873).

Un sutil pensamiento erróneo puede dar lugar a una indagación fructífera que revela verdades de gran valor.
Isaac Asimov (1920-1992). Escritor y científico estadounidense.

Pensar

Aprender sin pensar es tiempo perdido; pensar sin aprender es peligroso.
Confucio (551-479 a.C.). Filósofo y teórico social chino.

Defiende tu derecho a pensar, porque incluso pensar de manera errónea es mejor que no pensar.
Hipatia de Alejandría (370-415). Filósofa y matemática de Alejandría (Egipto).

El pensador sabe considerar las cosas más sencillas de lo que son.
Friedrich Nietzsche (1844-1900). Filósofo, poeta y filólogo alemán.

Entre menos piensa el hombre, más habla.
Charles Louis de Secondat, barón de la Brède y de Montesquieu (1689-1755). Escritor francés.

Esforcémonos en pensar bien: he ahí el principio de la moral.
Blaise Pascal (1623-1662). Matemático, físico y teólogo francés.

Estudiar sin pensar es tan inútil como pensar sin estudiar.
Confucio (551-479 a.C.). Filósofo y teórico social chino.

Pensar es diferir.
Clarance Darrow (1857-1938). Abogado estadounidense.

Pensar es el trabajo más difícil que existe. Quizá sea ésta la razón por la que haya pocas personas que lo practiquen.
Henry Ford (1863-1947). Industrial estadounidense.

Pensar es fácil. Actuar es difícil. Actuar como se piensa es lo más difícil de todo.
Johann Wolfgang von Goethe (1749-1832). Poeta, novelista y dramaturgo alemán.

Pensar es más interesante que saber, pero menos interesante que mirar.
Johann Wolfgang von Goethe (1749-1832). Poeta, novelista y dramaturgo alemán.

Pensar es moverse en el infinito.
Henri Dominique Lacordaire (1802-1861). Sacerdote francés.

Piense por usted mismo y otorgue a otros el privilegio de hacer lo mismo.
Francois-Marie Arouet de Voltaire (1694-1778). Escritor y filósofo francés.

Quien vive sin pensar, no puede decir que vive.
Pedro Calderón de la Barca (1600-1681). Dramaturgo y poeta español.

Alimentad el espíritu con grandes pensamientos. La fe en el heroísmo hace los héroes.
Benjamin Disraeli (1804-1881). Escritor británico.

Ciertos pensamientos son plegarias. Hay momentos en que, sea cual fuere la actividad del cuerpo, el alma está de rodillas.
Víctor Hugo (1802-1885). Escritor francés.

Conocimientos puede tenerlos cualquiera, pero el arte de pensar es el regalo más escaso de la naturaleza.
Federico II (1712-1786). Rey de Prusia (1740-1786).

Cuando todos piensan igual, nadie piensa mucho.
Anónimo.

El auténtico problema no es si las máquinas piensan, sino si lo hacen los hombres.
B.F. Skinner (1904-1990). Psicólogo estadounidense.

El medio de no cambiar es no pensar.

Ernest Renán (1823-1892). Escritor e historiador francés.

Hay que hacer algo, pero no pensar en hacer algo.

Francis Picabia (1879-1953). Artista francés de origen español.

Lo que un hombre piensa de sí mismo, esto es lo que determina, o más bien indica, su destino.

Henry David Thoreau (1817-1862). Escritor, poeta y pensador estadounidense.

Los grandes pensamientos nacen con el corazón.

Luc de Clapiers, marqués de Vauvenargues (1715-1747). Escritor francés.

No hay ninguna razón por la que no se pueda enseñar a un hombre a pensar.

B. F. Skinner (1904-1990). Psicólogo estadounidense.

Nuestra cabeza es redonda para permitir al pensamiento cambiar de dirección.

Francis Picabia (1879-1953). Artista francés de origen español.

Pensar en viejo me abruma y, sin embargo, pensar en joven, en sano y arrogante joven, me parece tan insípido.

Camilo José Cela (1916-). Escritor español, premio Nobel de literatura.

Pienso, luego existo.

René Descartes (1596-1650). Filósofo, científico y matemático francés.

Quien no quiere pensar es un fanático; quien no puede pensar es un idiota; quien no osa pensar es un cobarde.

Francis Barón de Verulam Bacon (1561-1626). Filósofo y estadista británico.

Quien no se resuelve a cultivar el hábito de pensar, se pierde del mayor placer de la vida.

Thomas Alva Edison (1847-1931). Inventor estadounidense.

Se breve en tus razonamientos, que ninguno hay gustoso si es largo.

Miguel de Cervantes (1547-1616). Dramaturgo, poeta y novelista español.

Seguir estúpidos precedentes y parpadear con los dos ojos es más fácil que pensar.

William Cowper (1731-1800). Poeta inglés.

Si no actúas como piensas, vas a terminar pensando como actúas.

Blaise Pascal (1623-1662). Matemático, físico y teólogo francés.

Siente el pensamiento; piensa el sentimiento.

Miguel De Unamuno (1864-1936). Filósofo y escritor español.

Una gran cantidad de personas piensan que están pensando cuando solamente están modificando sus prejuicios.

William James (1842-1910). Filósofo estadounidense.

Yo no cito a los demás más que para expresar mejor mi pensamiento.

Michel Eyquem de la Montaigne (1533-1592). Ensayista francés.

Perdón

A perdonar sólo se aprende en la vida cuando a nuestra vez hemos necesitado que nos perdonen mucho.

Jacinto Benavente (1866-1954). Dramaturgo y crítico español.

Aquel que no puede perdonar a otros, destruye el puente sobre el cual debe pasar él mismo.

George Herbert (1593-1633). Poeta inglés.

Comprenderlo todo es perdonarlo todo.

León Tolstoi (1828-1910). Escritor ruso.

Conceder el perdón es el más alto grado de vanidad o de miedo.

José Luis Coll (1931-). Escritor, humorista y actor español.

El débil puede que nunca perdone. El perdón es atributo del fuerte.

Mohandas Karamchand Gandhi (1869-1948). Líder político y espiritual hindú.

El perdón cae como lluvia suave desde el cielo a la tierra. Es dos veces bendito; bendice al que lo da y al que lo recibe.

William Shakespeare (1564-1616). Poeta y autor teatral inglés.

El perdón es mejor que la venganza.

Pítaco de Mytilene (652-569 a.C.). Filósofo y poeta griego.

El perdón es una decisión, no un sentimiento, porque cuando perdonamos no sentimos más la ofensa, no sentimos más rencor. Perdona, que perdonando tendrás en paz tu alma y la tendrá el que te ofendió.

Madre Teresa de Calcuta (1910-1997). Misionera yugoslava nacionalizada india.

El público es maravillosamente tolerante. Todo lo perdona menos el genio.

Oscar Wilde (1854-1900). Novelista, poeta, crítico literario y autor teatral irlandés.

El que es incapaz de perdonar es incapaz de amar.

Martin Luther King (1929-1968). Humanista estadounidense.

El que no perdona a su enemigo, no será perdonado de Dios.

Anónimo.

En los juicios humanos, se castiga al que confiesa su culpa; en el divino, se perdona... Bendito sea Dios.

Anónimo.

Enseñemos a perdonar; pero si enseñamos también a no ofender, sería más eficiente.

José Ingenieros (1877-1925). Filósofo y psicólogo argentino.

Equivocarse es humano y perdonar es divino.

Alexander Pope (1688-1744). Escritor inglés.

Es más fácil perdonar a un enemigo que a un amigo.

William Blake (1757-1827). Poeta y artista inglés.

La burla y el ridículo son, entre todas las injurias, las que menos se perdonan.

Platón (428-347 a.C.). Filósofo griego.

La capacidad de una persona para perdonar está en proporción con la grandeza de su alma.

Anónimo.

Lo máximo que un hombre conoce, es lo máximo que perdona.

Confucio (551-479 a.C.). Filósofo y teórico social chino.

Lo que ciertos hombres perdonan más difícilmente a una mujer es que se consuelen de haber sido burladas por ellos.

Paul Bourget (1852-1935). Escritor francés.

Lo que más odio es que me pidan perdón antes de pisarme.

Woody Allen (1935-). Escritor, actor y director de cine estadounidense.

Los hombres que no perdonan a las mujeres sus pequeños defectos jamás disfrutarán de sus grandes virtudes.

Khalil Gibran (1833-1931). Ensayista, novelista y poeta libanés.

No se puede ir muy lejos en la amistad si no están dispuestos a perdonarse pequeños defectos los unos a los otros.

Jean de la Bruyere (1645-1696). Filósofo y escritor francés.

Nos lo perdonamos todo a nosotros mismos, nada perdonamos a los demás.

Jean de La Fontaine (1621-1695). Novelista y fabulista francés.

Perdona siempre a tu enemigo. No hay nada que le enfurezca más.

Oscar Wilde (1854-1900). Novelista, poeta, crítico literario y autor teatral irlandés.

Perdonamos fácilmente a nuestros amigos los defectos en que nada nos afectan.

François de La Rochefoucauld (1613-1680). Político y escritor francés.

Perdonar es no tener demasiado en cuentalas limitaciones y defectos del otro, no tomarlas demasiado en serio, sino quitarles importancia, con buen humor, diciendo: ¡sé que tú no eres así!

Robert Spaemann (1927-). Filósofo alemán.

Perdónaselo todo a quien nada se perdona a sí mismo.

Confucio (551-479 a.C.). Filósofo y teórico social chino.

Que en parte ya parece que consiente quien perdona ligera y fácilmente.
Alonso de Ercilla y Zúñiga (1533-1594). Poeta y militar español.

Si no hemos perdonado nosotros, demos sentencia contra nosotros, que no merecemos perdón.
Santa Teresa de Jesús (1515-1582). Religiosa y escritora mística española.

Si no perdonas por amor, perdona al menos por egoísmo, por tu propio bienestar.
Dalai Lama (1935-). Líder espiritual y político del Tibet.

Solamente aquellos espíritus verdaderamente valerosos saben la manera de perdonar. Un ser vil no perdona nunca porque no está en su naturaleza.
Lawrence Sterne (1713-1768). Escritor irlandés.

Vencer y perdonar, es vencer dos veces.
Pedro Calderón de la Barca (1600-1681). Dramaturgo y poeta español.

Yo nunca diré a nadie que le perdono. ¿Para qué? El que no piense que le tengo perdonado por adelante todo el daño que me puede hacer, no es mi buen amigo. Y los otros son un mundo aparte.
Thomas Burke (1886-1945). Escritor inglés.

Pereza

Al holgazán se le cae el techo; al que no hace nada toda la casa.
La Biblia.

La pereza viaja tan despacio que la pobreza no tarda en alcanzarla.
Benjamín Franklin (1706-1790). Político, filósofo y científico estadounidense.

No hay ningún camino que se acabe, como no se le oponga la pereza y la ociosidad.
Miguel de Cervantes (1547-1616). Dramaturgo, poeta y novelista español.

Un hombre con pereza es un reloj sin cuerda.
Jaime Luciano Balmes (1810-1848). Sacerdote, periodista y filósofo español.

Perfección

¿Qué perfección es ésta que complace y no subyuga, que admira y no arrastra?
José Ortega y Gasset (1883-1955). Filósofo español.

El afán de perfección hace a algunas personas totalmente insoportables.
Pearl S. Buck (1892-1973). Escritor estadounidense.

Imagino que sé lo que significa vivir y morir como no violento. Pero me falta demostrarlo mediante un acto perfecto.
Mohandas Karamchand Gandhi (1869-1948). Líder político y espiritual hindú.

Lo que ahora no alcanza la perfección, la alcanzará en un intento posterior o reiterado; nada de lo que abrazó la historia es pasajero, y a través de transformaciones innumerables renace de nuevo en formas siempre más ricas.

Friedrich Leopold von Hardenberg "Novalis" (1772-1801). Poeta alemán.

Nadie podrá decir que un nido calentito y dichoso dará de sí muy grandes personas. La inadaptación a lo imperfecto es lo que mejora al hombre.

Antonio Gala (1937). Escritor español.

No es humano el deber que por soñar una humanidad perfecta es inexorable con los hombres.

Jacinto Benavente (1866-1954). Dramaturgo y crítico español.

Periódico

Consigo generalmente mi material de la gente que le prometió a alguien que le guardaría el secreto.

Walter Winchell (1897-1972). Periodista y locutor estadounidense.

El periodismo es literatura apresurada.

Matthew Arnold (1822-1888). Poeta y crítico inglés.

El periodismo es un oficio fácil. Cuestión de escribir lo que dicen los demás.

Howard P. Lovecraft (1890-1937). Novelista estadounidense.

Escribir en los periódicos arruina el estilo.

Oscar Wilde (1854-1900). Novelista, poeta, crítico literario y autor teatral irlandés.

Hay mucho que decir en favor del periodismo moderno. Al darnos las opiniones de los ignorantes, nos mantiene en contacto con la ignorancia de la comunidad.

Oscar Wilde (1854-1900). Novelista, poeta, crítico literario y autor teatral irlandés.

Un periódico consta siempre del mismo número de palabras, haya noticias o no las haya.

Henry Fielding (1707-1754). Escritor inglés.

Perseverancia y motivación

¡Arriba, haragán, no desperdicies la vida: ya dormirás bastante en la sepultura!

Benjamín Franklin (1706-1790). Político, filósofo y científico estadounidense.

Cuanto más se dividen los obstáculos son más fáciles de vencer.

Concepción Arenal (1820-1893). Pensadora española.

El hombre superior es persistente en el camino cierto y no sólo persistente.

Confucio (551-479 a.C.). Filósofo y teórico social chino.

Es duro caer, pero es peor no haber intentado nunca subir.
Theodore Roosevelt (1858-1919). Estadista estadounidense.

Esto se llama perseverancia en una buena causa y obstinación en una mala.
Lawrence Sterne (1713-1768). Escritor irlandés.

Hay hombres que luchan un día y son buenos. Hay otros que luchan un año y son mejores. Hay quienes luchan muchos años y son muy buenos. Pero hay los que luchan toda la vida, esos son los imprescindibles.
Bertolt Brecht (1898-1956). Poeta y dramaturgo alemán.

Las personas a menudo dicen que la motivación no dura, bueno el baño tampoco, es por eso que recomiendo ambos todos los días.
Zig Ziglar (1926-). Escritor y conferencista estadounidense.

Nuestra mayor gloria no está en no haber caído nunca, sino en levantarnos cada vez que caemos.
Oliver Goldsmith (1730-1774). Escritor anglo-irlandés.

Perseverar es perseguir alguna cosa, es lucha contra todo. El universo hace lo posible para impedir que una desgraciada idea llegue a su término.
Paul Ambroise Valéry (1871-1945). Escritor francés.

Si se siembra la semilla con fe y se cuida con perseverancia, sólo será cuestión de recoger sus frutos.
Thomas Carlyle (1795-1881). Historiador y pensador escocés.

Un pequeño gusano roe el corazón a un cedro y lo derriba.
Diego de Saavedra Fajardo (1584-1648). Escritor español.

Volved a emprender veinte veces vuestra obra, pulidla sin cesar y volvedla a pulir.
Nicolas Boileau (1636-1711). Poeta y crítico literario francés.

A lo tuyo tú, y no hay otro como tú.
José Joaquín Fernández de Lizardi (1776-1827). Escritor autodidacta mexicano.

El genio se compone del dos por ciento de talento y del noventa y ocho por ciento de perseverante aplicación.
Ludwig Van Beethoven (1770-1827). Compositor alemán.

El hombre más lento, que no pierde de vista el fin, va siempre más veloz que el que vaya sin perseguir un punto fijo.
Gotthold Ephraim Lessing (1729-1781). Crítico literario y pensador alemán.

El secreto de los grandes corazones se encierra en una palabra: Perseverar.
Víctor Hugo (1802-1885). Escritor francés.

Imposible, es una palabra que sólo se la encuentra en el diccionario de los tontos.
Napoleón Bonaparte (1769-1821). Emperador de Francia (1804-1815).

La constancia es el complemento indispensable de todas las demás virtudes humanas.
Giuseppe Mazzini (1805-1872). Político italiano.

La constancia no está en empezar sino en perseverar.
Leonardo Da Vinci (1452-1519). Artista florentino.

La gota horada la roca, no por su fuerza sino por su constancia.
Publio Nasón Ovidio (43 a.C.-17 d.C.). Poeta latino.

La perseverancia es convertir lo imposible en posible.
Anónimo.

La perseverancia marca la diferencia entre el fracaso y el éxito.
Anónimo.

Las grandes obras son hechas no con la fuerza, sino con la perseverancia.
Samuel Johnson (1709-1784). Escritor británico.

No progresas mejorando lo que ya está hecho, sino esforzándote por lograr lo que aún queda por hacer.
Khalil Gibran (1833-1931). Ensayista, novelista y poeta libanés.

No se puede llegar al alba sino por el sendero de la noche.
Khalil Gibran (1833-1931). Ensayista, novelista y poeta libanés.

Nos gusta llamar testarudez a la perseverancia ajena pero le reservamos el nombre de perseverancia a nuestra testarudez.
Jean Baptiste Alphonse Karr (1808-1890). Escritor francés.

Un viaje de mil millas empieza con el primer paso.
Lao-tsé (570-490 a.C.). Filosófo del Taoísmo.

Vale más sembrar una cosecha nueva que llorar por la que se perdió.
Alejandro Casona (1903-1965). Dramaturgo español.

Personalidad

Es bueno admirar a los que han triunfado, pero no hay que rendirles culto como si fueran personas distintas a nosotros. Usted puede también obtener triunfos como ellos. Ellos creyeron que podían obtener lo mejor y lo obtuvieron. Observe como son las actitudes de las personalidades triunfadoras, son actitudes positivas, creyeron que el éxito era posible y fue posible, en eso es en lo que sí son superiores...
Thomas Carlyle (1795-1881). Historiador y pensador escocés.

La personalidad del hombre determina por anticipado la medida de su posible fortuna.
Arthur Schopenhauer (1788-1860). Filósofo alemán.

La reunión de dos personalidades es como el contacto de dos sustancias químicas; si hay alguna reacción, se transforman ambas.

Carl Gustav Jung (1875-1961). Psicólogo y psiquiatra suizo.

Nuestra personalidad es tan sólo el instrumento de distintas gentes, mediante la cual cada una de esas gentes, cumplen sus compromisos.

Samuel A. Weor (1917-1977). Neo-gnóstico colombiano.

Todo hombre tiene dos personalidades; una que revela a las mujeres, y otra a los hombres.

Minna Thomas Antrim (1861-?) Escritora estadounidense.

Pesimismo

Dejemos el pesimismo para tiempos mejores.

Pitágoras (582-500 a.C.). Filósofo y matemático griego.

Pesimista es aquel que cuando puede escoger entre dos males, elige ambos.

Oscar Wilde (1854-1900). Novelista, poeta, crítico literario y autor teatral irlandés.

Un pesimista es aquel que construye castillos en el aire.

Walter Winchell (1897-1972). Periodista y locutor estadounidense.

Un pesimista es un optimista bien informado.

Antonio Mingote (1919-). Dibujante y humorista español.

Placer

Adoro los placeres sencillos; son el último refugio de los hombres complicados.

Oscar Wilde (1854-1900). Novelista, poeta, crítico literario y autor teatral irlandés.

Aquellos placeres llamados a la ligera físicos.

Colette (Sidonie Gabrielle Claudine) (1873-1954). Novelista francesa.

Cuando se trata de juzgar el placer, los hombres no somos jueces imparciales.

Aristóteles (384 a.C.-322a.C). Filósofo griego.

Cuanto más nos inclina la naturaleza a los placeres, tanto más propensos somos a la licencia que a la decencia.

Aristóteles (384 a.C.-322a.C). Filósofo griego.

Cuánto placer se obtiene del conocimiento inútil.

Bertrand Russell (1872-1970). Científico y filósofo británico.

Denles placer, el mismo placer que ellos sienten al despertar de una pesadilla.

Alfred Hitchcock (1899-1980). Director y productor de cine inglés.

El juego de ponerse límites a sí mismo es uno de los secretos placeres de la vida.
Gilbert Keith Chesterton (1874-1936). Escritor inglés.

El mismo placer es un moralista mucho más severo que toda la sabiduría de los sabios.
Lord Byron (1788-1824). Poeta inglés.

El placer es el bien primero. Es el comienzo de toda preferencia y de toda aversión. Es la ausencia de dolor en el cuerpo y de inquietud en el alma.
Epicuro (342 a.C.- 270 a.C.). Filósofo griego.

El placer más seguro es el menos placentero.
Publio Nasón Ovidio (43 a.C.-17 d.C.). Poeta latino.

El placer no es sino la felicidad de una parte del cuerpo.
Joseph Joubert (1754-1824). Escritor y crítico francés.

El placer no está en las cosas; está en nosotros.
Richard Wagner (1813-1883). Compositor alemán.

El placer puro no existe: siempre va acompañado de alguna inquietud.
Publio Nasón Ovidio (43 a.C.-17 d.C.). Poeta latino.

El placer sin moderación se inclina hacia el dolor como hacia un precipicio.
Séneca Anneo (3 a.C.- 65 d.C.). Filósofo latino.

El verdadero placer está en la búsqueda, más que en la explicación.
Isaac Asimov (1920-1992). Escritor y científico estadounidense.

En todas las cosas de la vida se puede encontrar placer, si se sabe saborearlas.
Ángel Ganivet y García (1865-1898). Ensayista y novelista español.

En todo placer y goce de la vida hay algo ficticio, como un esfuerzo o propósito personal para conseguir que aquello nos dé de veras satisfacción. Esta es la impureza del placer y, al mismo tiempo, una ley de vida.
Gilbert Keith Chesterton (1874-1936). Escritor inglés.

Es preciso vigilar los deseos del cuerpo, pues el cuerpo pide placeres vanos, efímeros y deplorables,que si no se regulan con gran moderación irán a parar a la sensación opuesta.
Séneca Anneo (3 a.C.- 65 d.C.). Filósofo latino.

Es una ley casi invariable que los placeres más exquisitos son los que más caros se pagan.
Louis Charles Alfred de Musset (1810-1857). Poeta francés.

Ignoran cuánto tormento encierra el placer.
Anónimo.

Interrumpir el placer en su mejor momento, es el buen sistema de evitar que el placer se interrumpa a sí mismo.
Leon Daudi (1905-1985). Escritor español.

La furia con que el mundo actual busca el placer prueba que carece de él.
Gilbert Keith Chesterton (1874-1936). Escritor inglés.

La mitad del mundo no puede comprender los placeres de la otra mitad.
Jane Austen (1775-1817). Novelista inglesa.

La satisfacción es la única señal de la sinceridad del placer.
André Gide (1869-1951). Escritor francés.

La variedad es la madre del placer.
Benjamin Disraeli (1804-1881). Escritor británico.

Los placeres raros son los que más nos deleitan.
Epicteto (55-135 d.C.). Pensador griego.

No muerdas el cebo del placer hasta no estar seguro de que no oculta un anzuelo.
Thomas Jefferson (1743-1826). Político y filósofo estadounidense.

Placer y pena son los dos únicos resortes que mueven y moverán siempre al hombre.
Claude Adrien Helvétius (1715-1771). Filósofo francés.

Que del placer que se gozó sin tasa, nadie se ha dado cuenta hasta que se pasa.
José de Espronceda y Delgado (1808-1842). Poeta y revolucionario español.

Se habla sin cesar contra las pasiones. Se las considera la fuente de todo mal humano, pero se olvida que también lo son de todo placer.
Denis Diderot (1713-1784). Filósofo y escritor francés.

Toda cosa se convierte en un placer cuando se hace a menudo. Éste es uno de los secretos más importantes de la existencia.
Oscar Wilde (1854-1900). Novelista, poeta, crítico literario y autor teatral irlandés.

Todo placer languidece cuando no se disfruta en compañía.
David Hume (1711-1776). Filósofo escocés.

Un gran secreto del goce de la vida consiste en abandonar el placer, manteniendo así la posibilidad de volverlo a gozar.
Francois-Marie Arouet de Voltaire (1694-1778). Escritor y filósofo francés.

Un placer como el de una conversación perfecta es necesariamente raro, porque los sabios rara vez saben hablar y los que hablan rara vez que son sabios.
Lin Yutang (1895-1976). Escritor chino-americano.

Confieso que enterrar a algunas gentes constituye un gran placer.
Anton Chejov (1860-1904). Dramaturgo y autor de relatos ruso.

El hombre es un auriga que conduce un carro tirado por dos briosos caballos: el placer y el deber. El arte del auriga consiste en templar la fogosidad del corcel negro (placer) y acompasarlo con el blanco (deber) para correr sin perder el equilibrio.
Platón (428-347 a.C.). Filósofo griego.

El placer da lo que la sabiduría promete.
Francois-Marie Arouet de Voltaire (1694-1778). Escritor y filósofo francés.

Juzgamos mejores que los placeres muchos dolores porque se consigue para nosotros un placer mayor.
Epicuro (342 a.C.- 270 a.C.). Filósofo griego.

Si las acciones humanas pueden ser nobles, vergonzosas o indiferentes, lo mismo ocurre con los placeres correspondientes. Hay placeres que derivan de actividades nobles, y otros de vergonzoso origen.
Aristóteles (384 a.C.-322a.C). Filósofo griego.

Pobreza

¡A menos que se eleve sobre sí mismo, qué cosa más pobre es el hombre!
Samuel Daniel (1562-1619). Escritor inglés.

El hambre espía en la casa de los pobres, pero si la habitan personas trabajadoras, no se atreve a entrar.
Benjamín Franklin (1706-1790). Político, filósofo y científico estadounidense.

El más terrible enemigo del heroísmo es la vergüenza de aparecer pobre.
Miguel De Unamuno (1864-1936). Filósofo y escritor español.

El pobre carece de muchas cosas; el avaro de todo.
Séneca Anneo (3 a.C.- 65 d.C.). Filósofo latino.

El pobre está inhabilitado de poder mostrar la virtud de liberalidad con ninguno, aunque en sumo grado la posea.
Miguel de Cervantes (1547-1616). Dramaturgo, poeta y novelista español.

El pobre no es el que tiene poco, sino el que desea más.
Séneca Anneo (3 a.C.- 65 d.C.). Filósofo latino.

El pobre se arruina en el momento en que deja de ser sobrio.
Concepción Arenal (1820-1893). Pensadora española.

El problema de ser pobre es que te ocupa todo el tiempo.
Willem de Kooning (1904-1997). Pintor estadounidense de origen holandés.

El que tiene miedo de la pobreza no es digno de ser rico.
Francois-Marie Arouet de Voltaire (1694-1778). Escritor y filósofo francés.

Es preferible carecer de todo, a poseerlo todo y utilizarlo mal.
Anónimo.

Hay gente tan sumamente pobre que solamente tiene dinero.
Anónimo.

La maldición del vientre de los pobres: la fecundidad.
Rubén Darío (1867-1916). Poeta nicaragüense.

La pobreza consiste en sentirse pobre.
Ralph Waldo Emerson (1803-1882). Ensayista y poeta estadounidense.

La pobreza no es socialismo. Ser rico es glorioso.
Deng Xiaoping (1904-1997). Político chino.

La pobreza no viene por la disminución de las riquezas, sino por la multiplicación de los deseos.
Platón (428-347 a.C.). Filósofo griego.

La pobreza priva a menudo al hombre de la virtud y del ánimo.
Benjamín Franklin (1706-1790). Político, filósofo y científico estadounidense.

La pobreza tiene este defecto: incita al hombre a cometer malas acciones.
Eurípides (480-406 a.C.). Dramaturgo griego.

No depende de nosotros el ser pobres, pero sí depende de nosotros el hacer respetar nuestra pobreza.
Francois-Marie Arouet de Voltaire (1694-1778). Escritor y filósofo francés.

No robes al pobre, porque es pobre, ni quebrantes en las puertas al desvalido.
La Biblia.

Partiendo de la nada alcancé las más altas cimas de la miseria.
Groucho Marx (1890-1976). Actor estadounidense.

Que no te espante la pobreza; nadie vive tan pobre como cuando nació.
Séneca Anneo (3 a.C.- 65 d.C.). Filósofo latino.

Si has sido alguna vez pobre de verdad, seguirás siéndolo en lo íntimo de tu corazón durante el resto de tu vida.
Arnold Bennet (1867-1931). Novelista inglés.

Yo soy de parecer que el pobre debe contentarse con lo que hallare, y no pedir cotufas en el golfo.
Miguel de Cervantes (1547-1616). Dramaturgo, poeta y novelista español.

Poder

Casi todos los hombres pueden soportar la adversidad, pero si quieres probar el carácter de un hombre, dale poder.
Abraham Lincoln (1809-1865). 16º presidente de Estados Unidos (1861-1865).

Cuando un hombre tiene la posibilidad del poder, es cuando tiene la posibilidad de mostrarse como es.

Luis Spota (1925-1985). Escritor, periodista y dramaturgo mexicano.

El poder desgasta sólo a quien no lo posee.

Giulio Andreotti (1919-). Político italiano.

El poder nunca es estable cuando es ilimitado.

Publio Cornelio Tácito (55-120). Historiador romano.

El poder sin el abuso pierde su encanto.

Paul Ambroise Valéry (1871-1945). Escritor francés.

El que no pueda lo que quiera, que quiera lo que pueda.

José Ortega y Gasset (1883-1955). Filósofo español.

En el pasado, aquellos que locamente buscaron el poder cabalgando a lomo de un tigre acabaron dentro de él.

John F. Kennedy (1917-1963). Presidente de Estados Unidos (1961-1963).

Es igualmente peligroso dar una espada a un loco que el poder a un depravado.

Pitágoras (582-500 a.C.). Filósofo y matemático griego.

La forma más común para que una persona aumente su poder, es pensando en que no tiene poder alguno.

Alice Walker (1944-). Novelista estadounidense.

Los hombres, tal como son, se inclinan por naturaleza a ir en pos del dinero o del poder, del poder porque vale tanto como el dinero.

Ralph Waldo Emerson (1803-1882). Ensayista y poeta estadounidense.

Quien todo lo puede ha de temerlo todo.

Pierre Corneille (1606-1684). Dramaturgo francés.

Si usas tu poder, el mundo te seguirá.

Charlotte Perkins Gilman (1860-1935). Escritora estadounidense.

Sólo con un poder absoluto se puede vencer la necesidad.

Napoleón Bonaparte (1769-1821). Emperador de Francia (1804-1815).

Todo hombre es la semilla de un déspota; no bien le cae un átomo de poder, ya le parece que tiene al lado el águila de Júpiter, y que es suya la totalidad de los orbes.

José Martí (1853-1895). Político y escritor cubano.

Todo poder es una conspiración permanente.

Honorato De Balzac (1799-1850). Escritor francés.

Al poder le ocurre como al nogal, no deja crecer nada bajo su sombra.

Antonio Gala (1937-). Escritor español.

Cualquier poder, si no se basa en la unión, es débil.
Jean de La Fontaine (1621-1695). Novelista y fabulista francés.

Cualquiera es poderoso para hacer.
Fray Luis de León (1527-1591). Poeta y místico español.

Después del poder, nada hay tan excelso como el saber tener dominio de su uso.
Jean Paul Richter (1763-1825). Escritor alemán.

El hombre más poderoso es el que es dueño de sí mismo.
Séneca Anneo (3 a.C.- 65 d.C.). Filósofo latino.

El poder arbitrario constituye una tentación natural para un príncipe, como el vino o las mujeres para un hombre joven, o el soborno para un juez, o la avaricia para el viejo, o la vanidad para la mujer.
Jonathan Swift (1667-1745). Escritor anglo-irlandés.

El poder conseguido por medios culpables nunca se ejercitó en buenos propósitos.
Publio Cornelio Tácito (55-120). Historiador romano.

El poder es como un explosivo: o se maneja con cuidado, o estalla.
Enrique Tierno Galván (1918-86) Político, filósofo y ensayista español.

El poder y el despotismo duran poco.
Séneca Anneo (3 a.C.- 65 d.C.). Filósofo latino.

El que ostenta el poder es siempre impopular.
Benjamin Disraeli (1804-1881). Escritor británico.

Nadie tiene tanto poder para persuadirte a ti como el que tienes tú mismo.
Epicteto (55-135 d.C.). Pensador griego.

Ser poderoso es igual que ser una dama, si tú tienes que decir que lo eres, entonces no lo eres.
Margaret Thatcher (1925-). Política británica.

Todo poder cae a impulsos del mal que ha hecho. Cada falta que ha cometido se convierte, tarde o temprano, en un ariete que contribuye a derribarlo.
Concepción Arenal (1820-1893). Pensadora española.

Todo poder es deber.
Víctor Hugo (1802-1885). Escritor francés.

Todo poder excesivo dura poco.
Séneca Anneo (3 a.C.- 65 d.C.). Filósofo latino.

Todos quieren ser amos y ninguno el dueño de sí mismo.
Ugo Foscolo (1778-1827). Poeta italiano.

Cada poema es único. En cada obra late, con mayor o menor grado, toda la poesía. Cada lector busca algo en el poema. Y no es insólito que lo encuentre: Ya lo llevaba dentro.

Octavio Paz (1914-1998). Escritor mexicano.

Cuando el amor le hiere, cualquiera se hace poeta, aunque antes nunca hubiese sido favorecido por las musas.

Platón (428-347 a.C.). Filósofo griego.

Cuando un poeta canta estamos en sus manos: él es el que sabe despertar en nosotros aquellas fuerzas secretas; sus palabras nos descubren un mundo maravilloso que antes no conocíamos.

Friedrich Leopold von Hardenberg "Novalis" (1772-1801). Poeta alemán.

Digamos que existen dos tipos de mentes poéticas: Una apta para inventar fábulas y otra dispuesta a creerlas.

Galileo Galilei (1564-1642). Físico y astrónomo italiano.

El año que es abundante de poesía, suele serlo de hambre.

Miguel de Cervantes (1547-1616). Dramaturgo, poeta y novelista español.

El hombre sordo a la voz de la poesía es un bárbaro, sea quien sea.

Johann Wolfgang von Goethe (1749-1832). Poeta, novelista y dramaturgo alemán.

El poeta debe estar lleno del espíritu santo de los presagios.

Salvador Díaz Mirón (1853-1928). Poeta mexicano.

El poeta llena el santuario interior de nuestro espíritu con pensamientos nuevos, maravillosos y placenteros.

Friedrich Leopold von Hardenberg "Novalis" (1772-1801). Poeta alemán.

El poeta no es la poesía, como el grano no es la flor.

Honorato De Balzac (1799-1850). Escritor francés.

El poeta produce la belleza al fijar su atención en algo verdadero.

Simone Weil (1909-1943). Escritora francesa.

El ser poeta exige coraje para entrar por laberintos y matar monstruos.

Alfonso Reyes (1889-1959). Escritor mexicano.

El verso, por donde quiera que se quiebre, ha de dar luz y perfume.

José Martí (1853-1895). Político y escritor cubano.

Erotismo y poesía: el primero es una metáfora de la sexualidad, la segunda una erotización del lenguaje.

Octavio Paz (1914-1998). Escritor mexicano.

Escribir poesía es hacer un trabajo exquisito, lleno de temor y de encanto, es hacer un perla de una lágrima.

Alfred de Musset (1810-1857). Poeta romántico francés.

Han sido siempre poetas, hombres enamorados de la gloria, los que han cantado la vanidad de ella.

Miguel De Unamuno (1864-1936). Filósofo y escritor español.

Hay poetas que al alabar la virtud la representan, sin embargo, como difícil y trabajosa y muy inferior al vicio en cuanto al deleite que éste proporciona.

Platón (428-347 a.C.). Filósofo griego.

La historia cuenta lo que sucedió; la poesía lo que debía suceder.

Aristóteles (384 a.C.-322a.C). Filósofo griego.

La poesía debe ser un poco seca para que arda bien, y de este modo iluminarnos y calentarnos.

Octavio Paz (1914-1998). Escritor mexicano.

La poesía es algo que anda por las calles. Que se mueve, que pasa a nuestro lado. Todas las cosas tienen su misterio y la poesía es el misterio que tienen todas las cosas.

Federico García Lorca (1898-1936). Poeta y dramaturgo español.

La poesía es el descubrimiento, el resplandor de la vida, el contacto instantáneo y permanente con la verdad del hombre.

Jaime Sabines (1926-1999). Poeta mexicano.

La poesía es el eco de la melodía del universo en el corazón de los humanos.

Rabindranath Tagore (1861-1941). Poeta y filósofo indio.

La poesía es el sentimiento que le sobra al corazón y te sale por la mano.

Carmen Conde (1907-1996). Poetisa española.

La poesía es en el fondo una crítica de la vida.

Matthew Arnold (1822-1888). Poeta y crítico inglés.

La poesía es la más inocente de todas las ocupaciones.

Hölderlein (Johann Christoph Friedrich) (1770-1843). Poeta alemán.

La poesía es tan grata al oído como el sueño al hombre fatigado.

Virgilio (70 a.C-19 a.C). Poeta romano.

La poesía es un arte más fino y más filosófico que la Historia, pues la poesía expresa lo universal, y la Historia, sólo lo particular.

Aristóteles (384 a.C.-322a.C). Filósofo griego.

La poesía es una religión sin esperanza.

Jean Cocteau (1889-1963). Escritor francés.

La poesía es vida destilada.
Gwendolyn Brooks (1917-2000). Poetisa estadounidense.

La poesía existirá mientras exista el problema de la vida y de la muerte.
Rubén Darío (1867-1916). Poeta nicaragüense.

La poesía no quiere adeptos, quiere amantes.
Federico García Lorca (1898-1936). Poeta y dramaturgo español.

La poesía tal vez se realza cantando cosas humildes.
Miguel de Cervantes (1547-1616). Dramaturgo, poeta y novelista español.

Los dioses facilitan el primer verso; los demás, los hace el poeta.
Paul Ambroise Valéry (1871-1945). Escritor francés.

Los poetas hablan consigo mismo en voz alta. Y el mundo los oye por casualidad.
George Bernard Shaw (1856-1950). Escritor irlandés.

Los poetas jóvenes, en vez de preguntarse constantemente si tal asunto ha sido ya tratado y recorrer los puntos cardinales en busca de sucesos inauditos, deberían hacer algo con asuntos sencillos. Lo que pasa es que hacer algo con un asunto sencillo tratándolo magistralmente, es cosa que exige espíritu y talento, y esto es lo que falta.
Johann Wolfgang von Goethe (1749-1832). Poeta, novelista y dramaturgo alemán.

Muchos van hacia la verdad por los caminos de la poesía. Yo llego a la poesía, por los caminos de la verdad.
Joseph Joubert (1754-1824). Escritor y crítico francés.

No es que el poeta busque la soledad, es que la encuentra.
Rosario Castellanos (1925-1974). Poetisa y escritora mexicana.

No hay mejor integración humana que la alta poesía.
Alfonso Reyes (1889-1959). Escritor mexicano.

No hay poemas morales o inmortales. Los poemas están bien escritos o están mal escritos: eso es todo.
Oscar Wilde (1854-1900). Novelista, poeta, crítico literario y autor teatral irlandés.

Para mí la poesía no ha sido un propósito, sino una pasión.
Edgar Allan Poe (1809-1849). Escritor estadounidense.

Poesía es la unión de dos palabras que uno nunca supuso que pudieran juntarse, y que forman algo así como un misterio.
Federico García Lorca (1898-1936). Poeta y dramaturgo español.

Poesía es lo que se pierde en una traducción.
Robert Lee Frost (1874-1963). Poeta y psicólogo estadounidense.

Prefiero que me silben por un buen verso, a que me aplaudan por uno malo.
Víctor Hugo (1802-1885). Escritor francés.

Sin la mujer, la vida es pura prosa.
Rubén Darío (1867-1916). Poeta nicaragüense.

Todo poema se cumple a expensas del poeta.
Octavio Paz (1914-1998). Escritor mexicano.

Un gran poeta es la joya más preciosa de una nación.
Ludwig Van Beethoven (1770-1827). Compositor alemán.

Una vez "Corán" y otra vez poesía.
Mahoma (570-632). Principal profeta del Islam.

Política

Cada nación se burla de las otras y todas tienen razón.
Arthur Schopenhauer (1788-1860). Filósofo alemán.

Cada pueblo tiene el gobierno que se merece.
Anónimo.

Cuando alguien asume un cargo público, debe considerarse a sí mismo como propiedad pública.
Thomas Jefferson (1743-1826). Político y filósofo estadounidense.

Cuando la política tiene por objeto, bajo nombres de libertad, el reemplazo en el poder de los autoritarios arrellanados por los autoritarios hambrientos, el deber del hombre honrado no será nunca, ni aun con esa excusa, el de echarse a un lado de la política, para dejar que sus parásitos la gangrenen.
José Martí (1853-1895). Político y escritor cubano.

Cuanto más siniestros son los deseos de un político, más pomposa, en general, se vuelve la nobleza de su lenguaje.
Aldous Leonard Huxley (1894-1963). Escritor inglés.

Curiosamente los votantes no se sienten responsables de los fracasos del gobierno que han votado.
Alberto Moravia (Alberto Pincherle) (1907-1990). Escritor italiano.

Dado que un político nunca cree lo que dice, se sorprende cuando otros le creen.
Charles de Gaulle (1890-1970). Militar, político y Jefe de Estado francés.

Del mismo modo que no sería un esclavo, tampoco sería un amo. Esto expresa mi idea de la democracia.
Abraham Lincoln (1809-1865). 16º presidente de Estados Unidos (1861-1865).

Dichosísimo aquel que corriendo por entre los escollos de la guerra, de la política y de las desgracias públicas, preserva su honor intacto.

Simon Bolívar (1783-1830). Militar y político venezolano.

El defecto inherente del capitalismo es el reparto desigual del beneficio. El beneficio inherente del socialismo es el reparto equitativo de la miseria.

Sir Winston Churchill (1874-1965). Político inglés.

El diplomático es una persona que primero piensa dos veces y finalmente no dice nada.

Sir Winston Churchill (1874-1965). Político inglés.

El ideal es cuando uno puede morir por sus ideas mientras que la política es cuando se puede vivir de ellas.

Charles Péguy (1873-1914). Poeta y ensayista francés.

El nacionalismo es una enfermedad infantil. Es el sarampión de la humanidad.

Albert Einstein (1879-1955). Científico estadounidense de origen alemán.

El patriotismo es la complacencia para matar o ser matado por razones triviales.

Bertrand Russell (1872-1970). Científico y filósofo británico.

El poder es el afrodisíaco más fuerte.

Henry Kissinger (1923-). Político estadounidense.

El poder político es simplemente el poder organizado de una clase para oprimir a otra.

Karl Marx (1818-1883). Filósofo alemán.

El político debe ser capaz de predecir lo que va a pasar mañana, el mes próximo y el año que viene; y de explicar después por qué fue que no ocurrió lo que el predijo.

Sir Winston Churchill (1874-1965). Político inglés.

El político debe tener: amor apasionado por su causa; ética de su responsabilidad; mesura en sus actuaciones.

Max Weber (1864-1920). Sociólogo, economista, científico y político alemán.

El que se mete en política, es como el gato que se mete a la chimenea...o sale quemado o sale tiznado.

Filósofo de Güémez, personaje mexicano que se dice vivió alrededor de 1800.

En el orden de las vicisitudes humanas no es siempre la mayoría de la masa física la que decide, sino que es la superioridad de la fuerza moral la que inclina hacia sí la balanza política.

Simon Bolívar (1783-1830). Militar y político venezolano.

En ocasiones, en las cancillerías, una cuestión aplazada ya está medio resuelta. "Es urgente esperar", decía un diplomático.

André Maurois (1885-1967). Escritor francés.

En política hay que hablar de Democracia... Pero la palabra del jefe, es mayoría.

Filósofo de Güémez, personaje mexicano que se dice vivió alrededor de 1800.

En política hay que ser como los frijoles de olla, arriba o abajo, ¡pero adentro!

Filósofo de Güémez, personaje mexicano que se dice vivió alrededor de 1800.

En política, el que baila bien es payaso, y el que baila mal es pendejo.

Filósofo de Güémez, personaje mexicano que se dice vivió alrededor de 1800.

En política, lo importante no es tener razón, sino que se la den a uno.

Konrad Adenauer (1876-1967). Primer canciller federal alemán.

En política, si las cosas no cambian, es porque siguen igual.

Filósofo de Güémez, personaje mexicano que se dice vivió alrededor de 1800.

En política, si quieres que algo se diga, pídeselo a un hombre; si quieres que algo se haga pídeselo a una mujer.

Margaret Thatcher (1925-). Política británica.

En política, unos salen a tirar, otros tiran a salir y otros salen a que se los tiren.

Filósofo de Güémez, personaje mexicano que se dice vivió alrededor de 1800.

Entre diplomáticos el arte de no decir nada ha sido elevado a la perfección. Cuando más vacío es un discurso, más maravilla a los expertos por su finura. Los que se quejen por falta de precisión en un orador son sus enemigos, que le quisieran coger una imprudencia para combatirlo.

André Maurois (1885-1967). Escritor francés.

Entre el gobierno que hace el mal y el pueblo que lo consiente, hay cierta solidaridad vergonzosa.

Víctor Hugo (1802-1885). Escritor francés.

Hay momentos en la vida de todo político, en que lo mejor que puede hacer es no despegar los labios.

Abraham Lincoln (1809-1865). 16º presidente de Estados Unidos (1861-1865).

He dicho muchas veces que la política es la segunda profesión más baja y me he dado cuenta de que guarda una estrecha similitud con la primera.

Ronald Reagan (1911-2004). Presidente de Estados Unidos (1981-1989).

Idiota: Del griego idiotés, utilizado para referirse a quien no se metía en política, preocupado tan sólo en lo suyo, incapaz de ofrecer nada a los demás.

Fernando Savater (1947-). Filósofo y escritor español.

La ciudad (polis) es una de las cosas que existen por naturaleza; y el hombre es, por naturaleza, un animal político.
Aristóteles (384 a.C.-322a.C). Filósofo griego.

La consecuencia de no pertenecer a ningún partido será que los molestaré a todos.
Lord Byron (1788-1824). Poeta inglés.

La democracia ha surgido de la idea de que si los hombres son iguales en cualquier respecto, lo son en todos.
Aristóteles (384 a.C.-322a.C). Filósofo griego.

La idea de ser presidente me da miedo, y no pienso que quiera el trabajo.
Ronald Reagan (1911-2004). Presidente de Estados Unidos (1981-1989).

La libertad política es la condición previa del desarrollo económico y del cambio social.
John F. Kennedy (1917-1963). Presidente de Estados Unidos (1961-1963).

La mayor parte de la energía del trabajo político se emplea en corregir los efectos de la mala gestión del gobierno.
Milton Friedman (1912-). Economista estadounidense.

La misión de lo políticos no es la de gustar a todo el mundo.
Margaret Thatcher (1925-). Política británica.

La política científica no está en aplicar a un pueblo, siquiera sea con buena voluntad, instituciones nacidas de otros antecedentes y naturaleza, y desacreditadas por ineficaces donde parecían más salvadoras; sino en dirigir hacia lo posible el país con sus elementos reales.
José Martí (1853-1895). Político y escritor cubano.

La política es como las matemáticas: todo aquello que no es totalmente correcto, está mal.
Edward Kennedy (1932-). Político estadounidense.

La política es el arte de aplicar en cada época aquella parte del ideal que las circunstancias hacen posible.
Antonio Cánovas del Castillo (1828-1897). Político, historiador y escritor español.

La política es el arte de engañar.
Nicolás Maquiavelo (1469-1527). Historiador y filósofo político italiano.

La política es el arte de obtener el dinero de los ricos y el voto de los pobres con el pretexto de proteger a los unos de los otros.
Anónimo.

La política es el conjunto de los esfuerzos que se hacen en vista de participar en el poder o de influir en la repartición del poder.
Max Weber (1864-1920). Sociólogo, economista, científico y político alemán.

La política es el paraíso de los charlatanes.
George Bernard Shaw (1856-1950). Escritor irlandés.

La política es un arte del carajo; hay que darle las nalgas al de arriba y picárselas al de abajo.
Filósofo de Güémez, personaje mexicano que se dice vivió alrededor de 1800.

La política es una guerra sin efusión de sangre; la guerra una política con efusión de sangre.
Mao-Tse-Tung (1893-1976). Fundador de la República Popular China.

La política fue en principio el arte de impedir a la gente meterse en lo que le importaba. En una época posterior agregósele el arte de comprometer a la gente a decidir sobre lo que no entiende.
Paul Ambroise Valéry (1871-1945). Escritor francés.

La política práctica consiste en no hacer caso de los hechos.
Henry Brooks Adams (1838-1918). Escritor estadounidense.

La política viene caminando detrás con gran retardo, con incontables tropiezos, y de tiempo en tiempo se atasca como carro en pantano.
Alfonso Reyes (1889-1959). Escritor mexicano.

La vocación del político de carrera es hacer de cada solución un problema.
Woody Allen (1935-). Escritor, actor y director de cine estadounidense.

Las doctrinas políticas no se combaten ni desvirtúan con castigos.
José María Luis Mora (1794-1850). Sacerdote y pedagogo mexicano.

Las oposiciones son el más sangriento espectáculo nacional después de los toros.
Gregorio Marañón (1887-1960). Médico y escritor español.

Lo que en el militar es virtud, en el gobernante es defecto. Un pueblo no es un campo de batalla. No se sabe de ningún edificio construido sobre bayonetas.
José Martí (1853-1895). Político y escritor cubano.

Los buenos políticos son como el amor de madre, ¡no se fijan en chingaderas!
Filósofo de Güémez, personaje mexicano que se dice vivió alrededor de 1800.

Los buenos políticos son como la bamba, porque para bailar la bamba se necesita, un poco de gracia y otra cosita.
Filósofo de Güémez, personaje mexicano que se dice vivió alrededor de 1800.

Los científicos se esfuerzan por hacer posible lo imposible. Los políticos, por hacer lo posible imposible.
Bertrand Russell (1872-1970). Matemático y filósofo británico.

Los diplomáticos son los últimos representantes de una tribu nómada a la que el mundo moderno todavía permite ir de un lado a otro con plumas a la cabeza.
George Bernard Shaw (1856-1950). Escritor irlandés.

Los diplomáticos son personas a las que no les gusta decir lo que piensan. A los políticos no les gusta pensar lo que dicen.
Peter Ustinov (1921-). Actor, escritor y productor inglés.

Los militares cuentan demasiado con la fuerza, y los políticos cuentan demasiado con la habilidad.
Achile Tournier (1847-1906). Escritor francés.

Los políticos son iguales en todas partes. Prometen construir un puente incluso donde no hay río.
Nikita Krushov (1894-1971). Presidente ruso (1958-1964).

Los que emiten los votos no deciden nada. Los que cuentan los votos lo deciden todo.
Josef Stalin (1879-1953). Secretario General del Partido Comunista Soviético 1922-1953.

Mi ideal político es el democrático. Cada uno debe ser respetado como persona y nadie debe ser divinizado.
Albert Einstein (1879-1955). Científico estadounidense de origen alemán.

Nadie abandona el cargo de presidente con el mismo prestigio y respeto que le llevo ahí.
Thomas Jefferson (1743-1826). Político y filósofo estadounidense.

No soy político, pero me gustan los aplausos.
Filósofo de Güémez, personaje mexicano que se dice vivió alrededor de 1800.

Primera muestra de una auténtica vocación política lo es, en todo tiempo, que un hombre renuncie desde el principio a exigir aquello que es inalcanzable para él.
Stefan Zweig (1881-1942). Escritor y pacifista austriaco.

Si dos perros persiguen una liebre, si no la alcanza el de adelante, cuantimenos el de atrás.
Filósofo de Güémez, personaje mexicano que se dice vivió alrededor de 1800.

Si falta la diplomacia, recurrid a la mujer.
Carlo Goldoni (1707-1793). Comediógrafo italiano.

Si yo me hubiera dedicado a la política. ¡oh atenienses!, hubiera perecido hace mucho tiempo y no hubiese hecho ningún bien ni a vosotros ni a mí mismo.
Sócrates (470-399 a.C.). Filósofo griego.

Son terribles en manos de los políticos de oficio las masas ignorantes; que no saben ver tras la máscara de justicia del que explota sus resentimientos y pasiones.
José Martí (1853-1895). Político y escritor cubano.

Un amigo en el poder es un amigo perdido.
Henry Brooks Adams (1838-1918). Escritor estadounidense.

Un diplomático es un hombre que recuerda siempre el cumpleaños de una mujer pero que nunca recuerda su edad.
Robert Lee Frost (1874-1963). Poeta y psicólogo estadounidense.

Un estómago vacío no es buen consejero político.
Albert Einstein (1879-1955). Científico estadounidense de origen alemán.

Una vez había dos hermanos: uno se fue a surcar los mares y el otro se convirtió en el vice-presidente de la república; y nunca más se volvió a escuchar nada de ellos.
Thomas Riley Marshall (1854-1925). Vigésimo octavo vicepresidente estadounidense.

Yo estoy en política por el conflicto entre el bien y el mal, y creo que al final el bien triunfará.
Margaret Thatcher (1925-). Política británica.

Creo que en la política ya sé diferenciar entre los pecados de los hombres y la limpieza de las ideas.
Adolfo Marsillach Soriano (1928-2002). Actor y director de teatro español.

El comunismo es una ideología política que no se puede asimilar. Todo movimiento progresista no puede alcanzar su cometido si no excluye al comunismo.
Harold Ickes (1874-1952). Activista social estadounidense.

El mayor castigo para quienes no se interesan por la política es que serán gobernados por personas que sí se interesan.
Arnold Joseph Toynbee (1889-1975). Historiador británico.

En la política el arrepentimiento no existe, uno se equivoca o acierta, pero no cabe el arrepentimiento.
Santiago Carrillo Solares (1915-). Político comunista español.

En política siempre debemos optar entre dos males.
Christopher Morley (1890-1957). Poeta, novelista y periodista estadounidense.

En política sólo triunfa quien pone la vela donde sopla el aire; jamás quien pretende que sople el aire donde pone la vela.
Antonio Machado (1875-1939). Poeta español.

En política, la línea recta es la más corta.
Benito Juárez (1806-1872). Político y expresidente de México.

Es muy difícil hacer compatibles la política y la moral.
Francis Barón de Verulam Bacon (1561-1626). Filósofo y estadista británico.

La moral se esgrime cuando se está en la oposición; la política, cuando se ha obtenido el poder.
José Luis López Aranguren (1909-1996). Filósofo español.

La política depende de los políticos como el tiempo de los astrónomos.
Remy de Gourmont (1858-1915). Escritor y crítico francés.

La política es el arte de buscar problemas, encontrarlos, hacer un diagnóstico falso y aplicar después los remedios equivocados.

Groucho Marx (1890-1976). Actor estadounidense.

La política es el arte de los incapaces de triunfar en privado.

José Luis de Vilallonga (1920-). Escritor español.

La política es el arte de servirse de los hombres haciéndoles creer que se les sirve a ellos.

Louis Dumur (1863-1933). Escritor suizo.

La política es el departamento "espectáculos" de la industria.

Frank Zappa (1940-1993). Compositor y estrella de rock.

La política es la arquitectura completa, incluso los sótanos.

José Ortega y Gasset (1883-1955). Filósofo español.

La política es la conducción de los asuntos públicos para el provecho de los particulares.

Ambrose Gwinett Bierce (1842-1914). Periodista y escritor estadounidense.

La política es más peligrosa que la guerra, porque en la guerra sólo se muere una vez.

Sir Winston Churchill (1874-1965). Político inglés.

La política es quizá para la que no se considera necesaria ninguna preparación.

Robert Louis Stevenson (1850-1894). Novelista, ensayista y poeta escocés.

La política es un acto de equilibrio entre la gente que quiere entrar y aquellos que no quieren salir.

Jacques Bénigne Bossuet (1627-1704). Clérigo católico y escritor francés.

La política está en el aire mismo que respiramos, igual que la presencia o ausencia de dios.

Henry Graham Greene (1904-1991). Novelista inglés.

La política ha dejado de ser una política de ideales para convertirse en una política de programas.

Enrique Tierno Galván (1918-86) Político, filósofo y ensayista español.

La política no es ninguna ciencia, sino un arte.

Otto von Bismark (1815-1898). Canciller del Imperio Alemán 1871-1886.

Las convicciones políticas son como la virginidad: una vez perdidas, no vuelven a recobrarse.

Francisco Pi y Margall (1824-1901). Político español.

Los experimentos en política significan revoluciones.

Benjamin Disraeli (1804-1881). Escritor británico.

Los resultados de los cambios políticos rara vez son aquellos que sus amigos esperan o que sus enemigos temen.
Thomas Henry Huxley (1825-1895). Biólogo inglés.

Nadie puede sospechar cuántas idioteces políticas se han evitado gracias a la falta de dinero.
Charles Maurice de Talleyrand-Périgord (1754-1838). Político y diplomático francés.

No se puede progresar hacia la felicidad por medio de la acción política.
Burrhus Frederic Skinner (1904-1990). Psicólogo estadounidense.

No tengo ninguna estima por el hombre que a los veinte años no ha sido nacionalista o comunista.
Alphonse Daudet (1840-1897). Escritor francés.

Para el que no tiene nada, la política es una tentación comprensible, porque es una manera de vivir con bastante facilidad.
Miguel Delibes (1920-). Narrador español.

Soberano es aquel que decide sobre el estado de emergencia.
Carl Schmitt (1888-1985). Intelectual alemán.

Todo el estudio de los políticos se emplea en cubrirle el rostro a la mentira y que parezca verdad, disimulando el engaño.
Diego de Saavedra Fajardo (1584-1648). Escritor español.

Práctica

La práctica debería ser producto de la reflexión, no al contrario.
Herman Hesse (1877-1962). Escritor alemán. Premio Nobel de Literatura (1947).

La práctica es un maestro excepcional.
Plinio el Joven(61-113). Político y escritor latino.

Pragmatismo

¿Qué hombre inteligente si le dieran a elegir escoger entre vivir sin rosas o vivir sin berzas no correría a asegurar las berzas?
George Bernard Shaw (1856-1950). Escritor irlandés.

Nuestra sociedad ha llegado a un momento en que ya no adora al becerro de oro, sino al oro del becerro.
Antonio Gala (1937). Escritor español.

Todos los medios son buenos cuando son eficaces.
Jean-Paul Sartre (1905-1980). Filósofo, dramaturgo, novelista y periodista político francés.

Prejuicio

Conviene tener en cuenta que muchas creencias se apoyan en el prejuicio y en la tradición.

René Descartes (1596-1650). Filósofo, científico y matemático francés.

El que no ha salido jamás de su país está lleno de prejuicios.

Carlo Goldoni (1707-1793). Comediógrafo italiano.

Es más fácil desintegrar un átomo que un prejuicio.

Albert Einstein (1879-1955). Científico estadounidense de origen alemán.

Los prejuicios son superados raramente por el razonamiento; no estando fundados en la razón no pueden ser destruidos por la lógica.

Tyron Edwards (1809-1894). Teólogo estadounidense.

Podéis expulsar por la puerta a los prejuicios; éstos volverán a entrar por la ventana.

Federico II (1712-1786). Rey de Prusia (1740-1786).

Presente

Coge el día presente y fíate lo menos posible del mañana.

Quinto Horacio Flaco (65 a.C.-8 a.C.). Poeta lírico y satírico romano.

La mayor rémora de la vida es la espera del mañana y la pérdida del día de hoy.

Séneca Anneo (3 a.C.- 65 d.C.). Filósofo latino.

No esperes a vivir mañana: vive hoy.

Marco Valerio Marcial (40-104). Poeta latino.

No hay porvenir, el verdadero porvenir es hoy, ¿Qué es de nosotros hoy? Esto es la única cuestión.

Miguel De Unamuno (1864-1936). Filósofo y escritor español.

No sabemos nada del mañana; nuestra preocupación es la de hacer lo mejor que podamos y contentarnos con el presente.

Sidney Smith (1915-). Poeta británico.

A veces estamos demasiado dispuestos a creer que el presente es el único estado posible de las cosas.

Marcel Proust (1871-1922). Escritor francés.

El presente es la viviente suma total del pasado.

Thomas Carlyle (1795-1881). Historiador y pensador escocés.

El presente sólo se forma del pasado, y lo que se encuentra en el efecto estaba ya en la causa.

Henri Bergson (1859-1941). Filósofo francés.

Los niños no tienen pasado ni futuro, por eso gozan del presente, cosa que rara vez nos ocurre a nosotros.

Jean de la Bruyere (1645-1696). Filósofo y escritor francés.

Ni el pasado existe, ni el futuro. Todo es presente.

Gonzalo Torrente Ballester (1910-1999). Escritor español.

Problemas

Busca dentro de ti la solución de todos los problemas, hasta aquellos que creas más exteriores y materiales.

Amado Nervo (1870-1919). Poeta y escritor mexicano.

Cuando miro hacia atrás todas esas preocupaciones, recuerdo la historia de un anciano, que dijo en su lecho de muerte que había tenido muchos problemas en su vida, la mayoría de los cuales nunca sucedieron.

Sir Winston Churchill (1874-1965). Político inglés.

Cuanto más grande es el caos, más cerca está la solución.

Proverbio chino.

Después de todo, lo mejor que uno puede hacer cuando llueve es dejar que llueva.

Henry W. Longfellow (1807-1882). Poeta estadounidense.

Divide las dificultades que examinas en tantas partes como sea posible para su mejor solución.

René Descartes (1596-1650). Filósofo, científico y matemático francés.

El asunto es el problema; la forma, la solución.

Friedrich Hebbel (1813-1863). Dramaturgo alemán.

En la vida de todo problema hay un momento en que éste es lo bastante grande para verse, pero aún lo suficientemente pequeño para resolverse.

Mike Leavitt (1951-). Político estadounidense.

En todas las cosas humanas, cuando se examinan de cerca, se demuestra que no pueden apartarse los obstáculos sin que de ellos surjan otros.

Nicolás Maquiavelo (1469-1527). Historiador y filósofo político italiano.

Enfrentarse, siempre enfrentarse, es el modo de resolver el problema. ¡Enfrentarse a él!

Joseph Conrad (1857-1924). Novelista británico de origen polaco.

Estar preocupado es ser inteligente, aunque de un modo pasivo. Sólo los tontos carecen de preocupaciones.

Johann Wolfgang von Goethe (1749-1832). Poeta, novelista y dramaturgo alemán.

La formulación de un problema es más importante que su solución.
Albert Einstein (1879-1955). Científico estadounidense de origen alemán.

La gema no puede ser pulida sin fricción, ni el hombre perfeccionado sin dificultades.
Proverbio chino.

La mayoría de personas gastan más tiempo en hablar de los problemas que en afrontarlos.
Henry Ford (1863-1947). Industrial estadounidense.

La mejor manera de escapar de tus problemas es resolverlos.
Dr. Robert Anthony (1916-). Educador y escritor estadounidense.

La mejor manera de resolver los problemas es discutiéndolos con libertad.
Thomas B. Macaualay (1800-1859). Historiador y escritor inglés.

La preocupación frecuentemente da a una cosa pequeña, una gran sombra.
Proverbio suizo.

La preocupación no deja vacío al mañana de su pena; deja vacío el hoy de su alegría.
Anónimo.

La vida es una interrumpida e intermitente sucesión de problemas que sólo se agotan con la muerte.
Ingmar Bergman (1918-). Director de cine sueco.

Ligera es la pesadumbre que puede admitir consejo.
Séneca Anneo (3 a.C.- 65 d.C.). Filósofo latino.

Los gusanos te comen cuando estás muerto; las preocupaciones te comen cuando estas vivo.
Proverbio judío.

No nos traigas problemas, sino razones para vivir.
Juan Pablo II (Karol Wojtila) (1920-). Papa desde 1978 nacido en Polonia.

No te preocupes por cosas que estén fuera de tu control.
Anónimo.

Pensamos solamente cuando nos enfrentamos a un problema.
John Dewey (1859-1952). Filósofo y educador estadounidense.

Quien no ha tenido tribulaciones que soportar, es que no ha comenzado a ser cristiano de verdad.
San Agustín (354-430). Obispo, filósofo y Padre de la Iglesia Latina.

Resolvamos hacer lo mejor que podamos con aquello que tengamos.
William Feather (1889-1981). Escritor y editor estadounidense.

Saca tus pensamientos de tus problemas... por el oído, por los talones, o de cualquier otra manera que puedas hacerlo. Es la cosa más saludable que una persona puede hacer.

Mark Twain (1835-1910). Escritor estadounidense.

Se requieren nuevas formas de pensar para resolver los problemas creados por las viejas formas de pensar.

Albert Einstein (1879-1955). Científico estadounidense de origen alemán.

Si todas nuestras desdichas fueran puestas en un solo montón, del cual cada uno debe tomar una parte igual, la mayoría de la personas estarían contentas de tomar su parte y marcharse.

Sócrates (470-399 a.C.). Filósofo griego.

Toma problemas prestados, si te lo dicta tu naturaleza, pero no los prestes a tus vecinos.

Rudyard Kipling (1865-1936). Novelista inglés.

Un día de preocupación agota más que un día de trabajo.

Sir John Lubbock "Lord Avery" (1834-1913). Naturalista y banquero inglés.

Un hombre que causa problemas a otros, también se causa problemas a él mismo.

Chinua Achebe (1930-). Novelista nigeriano.

Ya estoy viejo y conozco muchos problemas; pero la mayoría de ellos no han sucedido.

Mark Twain (1835-1910). Escritor estadounidense.

Aunque todas las posibles preguntas de la ciencia recibiesen respuesta, ni siquiera rozarían los verdaderos problemas de nuestra vida.

Ludwig Wittgenstein (1889-1951). Filósofo austriaco.

Cada pequeña cosa cuenta en una crisis.

Jawaharlal Nehru (1889-1964). Líder político hindú.

Considera las contrariedades como un ejercicio.

Séneca Anneo (3 a.C.- 65 d.C.). Filósofo latino.

El verdadero problema del mundo es cómo impedir que salte por los aires.

Noam Chomsky (1928-). Lingüista estadounidense.

El zapato que va bien a una persona es estrecho para otra: no hay receta de la vida que vaya bien para todos.

Carl Gustav Jung (1875-1961). Psicólogo y psiquiatra suizo.

En última instancia, la solución de los problemas no consiste en hacer, ni en dejar de hacer, sino en comprender; porque donde hay verdadera comprensión, no hay problemas.

Anthony de Mello (1931-1987). Escritor y sacerdote jesuita.

Es absolutamente imposible encarar problema humano alguno con una mente carente de prejuicios.

Simone De Beauvoir (1908-1986). Novelista e intelectual francesa.

La mayor parte de los problemas del mundo se deben a gente que quiere ser importante.

Thomas S. Eliot (1888-1965). Poeta y crítico angloamericano.

Las crisis y los callejones sin salida cuando ocurren tienen por lo menos una ventaja, y es que nos forzan a pensar.

Jawaharlal Nehru (1889-1964). Líder político hindú.

Los problemas son oportunidades para demostrar lo que se sabe.

Arthur Wellesley, Duque de Wellington (1769-1852). Militar y político británico.

Ningún crítico es más capaz que yo de percibir claramente la desproporción que existe entre los problemas y la solución que les aporto.

Sigmund Freud (1856-1939). Médico y neurólogo austriaco, fundador del psicoanálisis.

Para todo problema humano hay siempre una solución fácil, clara, plausible y equivocada.

H. L. Mencken (1880-1956). Escritor, crítico y editor estadounidense.

Plantearse los menos problemas posibles es la única manera de resolverlos.

Jean Cocteau (1889-1963). Escritor francés.

Si al franquear una montaña en la dirección de una estrella, el viajero se deja absorber demasiado por los problemas de la escalada, se arriesga a olvidar cual es la estrella que lo guía.

Antoine De Saint Exupéry (1900-1944). Escritor y aviador francés.

Un líder o un hombre de acción en una crisis actúa casi siempre llevado por su subconsciente y después piensa en las razones de su acción.

Jawaharlal Nehru (1889-1964). Líder político hindú.

Un problema deja de serlo si no tiene solución.

Eduardo Mendoza (1943-). Novelista español.

Una nación permanece fuerte mientras se preocupa de sus problemas reales, y comienza su decadencia cuando puede ocuparse de los detalles accesorios.

Arnold Joseph Toynbee (1889-1975). Historiador británico.

Progreso

¿Significa progreso el que el antropófago coma con cuchillo y tenedor?

Stanislaw Jerzy Lec (1909-1966). Escritor polaco.

Al progreso no hay quien lo pare. Dios creó el mundo en seis días. ¿Y qué tenemos hoy? La semana de cinco días.

Peter Ustinov (1921-). Actor, escritor y productor inglés.

El mundo hace lentos progresos. Hace sólo trescientos años me hubiesen quemado.

Sigmund Freud (1856-1939). Médico y neurólogo austriaco, fundador del psicoanálisis.

El progreso consiste en el cambio.

Miguel De Unamuno (1864-1936). Filósofo y escritor español.

El progreso de la medicina nos depara el fin de aquella época liberal en la que el hombre aún podía morirse de lo que quería.

Stanislaw Jerzy Lec (1909-1966). Escritor polaco.

El progreso es la capacidad del hombre para complicar lo sencillo.

Thor Heyerdahl (1914-2002). Antropólogo y explorador noruego.

Hoy se podría definir el progreso como la facultad de la humanidad para complicar lo sencillo.

Thor Heyerdahl (1914-2002). Antropólogo y explorador noruego.

La palabra progreso no tiene ningún sentido mientras haya niños infelices.

Albert Einstein (1879-1955). Científico estadounidense de origen alemán.

Las personas debemos el progreso a los insatisfechos.

Aldous Leonard Huxley (1894-1963). Escritor inglés.

No hay nada que marche mal en la electricidad; pero el hombre moderno no es un dios que lanza rayos, es un pobre salvaje al que le cayó un rayo.

Gilbert Keith Chesterton (1874-1936). Escritor inglés.

El progreso no es un accidente, es una necesidad, una parte de la naturaleza.

Herbert Spencer (1820-1903). Teórico social inglés.

El verdadero progreso consiste en renovarse.

Alexandre Vinet (1797-1847). Crítico y teólogo protestante suizo.

La humanidad progresa. Hoy solamente quema mis libros; siglos atrás me hubieran quemado a mí.

Sigmund Freud (1856-1939). Médico y neurólogo austriaco, fundador del psicoanálisis.

Los mayores progresos de la civilización se experimentan inicialmente como sus peores amenazas.

Alfred North Whitehead (1860-1947). Filósofo inglés.

No hay mejor prueba del progreso de la civilización que el progreso del poder de cooperación.

John Stuart Mill (1806-1873). Economista y político británico.

No puede conseguirse ningún progreso verdadero con el ideal de facilitar las cosas.

Conde de Keyserling (1880-1946). Filósofo alemán.

Sólo cabe progresar cuando se piensa en grande, sólo es posible avanzar cuando se mira lejos.

José Ortega y Gasset (1883-1955). Filósofo español.

Sólo los tontos han creado los progresos del mundo, porque los listos se han adaptado a lo que había sin necesidad de inventar.

George Bernard Shaw (1856-1950). Escritor irlandés.

Todo progreso está basado en el deseo universal e innato por parte de cada organismo de vivir por encima de sus posibilidades.

Samuel Butler (1835-1902). Escritor inglés.

Promesas

Las muchas promesas disminuyen la confianza.

Quinto Horacio Flaco (65 a.C.-8 a.C.). Poeta lírico y satírico romano.

Ambos se dañan a sí mismos: el que promete demasiado y el que espera demasiado.

Gotthold Ephraim Lessing (1729-1781). Crítico literario y pensador alemán.

Las promesas son la única forma humana de ordenar el futuro, haciéndolo predecible y confiable hasta el punto humanamente posible.

Hannah Arendt (1906-1975). Científica política germano-americana.

Las promesas son olvidadas por los príncipes, nunca por el pueblo.

Giuseppe Mazzini (1805-1872). Político italiano.

Los bosques son encantadores, oscuros y profundos. Pero tengo promesas para cumplir. Y millas para caminar antes de dormirme.

Robert Frost (1874-1963). Poeta estadounidense.

Los hombres son todos parecidos en sus promesas. Sólo en sus acciones es que ellos difieren.

Jean Baptiste Poquelin Molière (1622-1673). Dramaturgo y actor francés.

Los juramentos de amor son como los votos de los marinos: se olvidan pasada la tormenta.

Noah Webster (1758-1843). Escritor estadounidense.

Prudencia

El hombre cauto jamás deplora el mal presente; emplea el presente en prevenir las aflicciones futuras.

William Shakespeare (1564-1616). Poeta y autor teatral inglés.

El hombre prudente no espera ni teme nada de los inciertos acontecimientos del futuro.

Anatole France (1844-1924). Novelista y premio Nobel francés.

El hombre prudente sólo piensa en sus dificultades cuando ello tiene algún objeto. Cuando no, piensa en otra cosa.
Bertrand Russell (1872-1970). Matemático y filósofo británico.

El necio muestra en seguida su enojo; el prudente pasa por alto la ofensa.
Salomón (970-931 a.C.). Rey israelita.

Es gran prudencia, cuando el daño puede remediarse, que se remedie, y cuando no, que se disimule.
Marco Aurelio Antonio (121-180). Emperador y filósofo romano.

La prudencia es el más excelso de todos los bienes.
Epicteto (55-135 d.C.). Pensador griego.

La prudencia es gozar; la bondad, hacer gozar.
Saadi Musil-al-Din (1184-1283). Poeta persa.

La prudencia es la fuerza de los débiles.
Joseph Joubert (1754-1824). Escritor y crítico francés.

Más le vale a un hombre tener la boca cerrada y que los demás le crean tonto, que abrirla y que los demás se convenzan de que lo es.
Anónimo.

Mezcla a tu prudencia un grano de locura.
Quinto Horacio Flaco (65 a.C.-8 a.C.). Poeta lírico y satírico romano.

No hay hombre más digno de estimación que el médico que, habiendo estudiado la naturaleza desde su juventud, conoce las propiedades del cuerpo humano, las enfermedades que le atacan y los remedios que pueden beneficiarle y que ejerce su arte.
Francois-Marie Arouet de Voltaire (1694-1778). Escritor y filósofo francés.

No huye el que se retira; por que has de saber, amigo Sancho, que me he retirado, no huido; y en esto he imitado a muchos valientes, que se han guardado para tiempos mejores, y de esto están las historias llenas.
Miguel de Cervantes (1547-1616). Dramaturgo, poeta y novelista español.

Se prudente. Lo mejor en todo es escoger la ocasión.
Hesiodo de Ascra (siglo VIII a.C.). Poeta griego.

Un hombre prudente no pone todos sus huevos en el mismo cesto.
Miguel de Cervantes (1547-1616). Dramaturgo, poeta y novelista español.

Psicología

El hecho de que millones de personas padezcan las mismas formas de patología mental no hace de esas personas gente equilibrada.
Erich Fromm (1900-1980). Psicoanalista germano estadounidense.

Es de hecho hora para el clérigo y el sicoterapeuta de ensamblar fuerzas.
Carl Gustav Jung (1875-1961). Psicólogo y psiquiatra suizo.

Las depresiones pueden acercar a la gente a la iglesia... pero a los funerales.
Clarance Darrow (1857-1938). Abogado estadounidense.

Nada tiene una influencia más fuerte psicológicamente en su ambiente, y especialmente en sus niños, que las vidas no vividas de los padres.
Carl Gustav Jung (1875-1961). Psicólogo y psiquiatra suizo.

Un neurótico es un hombre inteligente que piensa puras estupideces.
Dr. Albert Ellis (1913-). Psicólogo estadounidense.

Pueblo

¡Ay de los pueblos gobernados por un poder que ha de pensar en la conservación propia!
Jaime Luciano Balmes (1810-1848). Sacerdote, periodista y filósofo español.

El hombre que no percibe el drama de su propio fin no está en la normalidad sino en la patología, y tendría que tenderse en la camilla y dejarse curar.
Carl Gustav Jung (1875-1961). Psicólogo y psiquiatra suizo.

El pueblo es aquella parte del estado que no sabe lo que quiere.
Georg Wilhelm Friedrich Hegel (1770-1831). Filósofo alemán.

El pueblo me silba, pero yo me aplaudo.
Quinto Horacio Flaco (65 a.C.-8 a.C.). Poeta lírico y satírico romano.

Hay pueblos a los que se les soborna con el nivel de vida para que no se detengan a pensar por dónde anda el nivel de su vida.
Ana Diosdado (1938-). Escritora, actriz y directora de teatro española.

Un pueblo que quiere ser feliz no ha de menester las conquistas.
Plutarco (46-125). Biógrafo y ensayista griego.

Puntualidad

La cualidad indispensable para un buen cocinero es la puntualidad, pero es también la de los invitados.
Anthelme Brillat-Savarin (1775-1826). Magistrado, político y escritor francés.

La puntualidad no es un defecto español.
Fernando Díaz-Plaja (1918-). Escritor español.

Procuro ser siempre muy puntual, pues he observado que los defectos de una persona se reflejan muy vivamente en la memoria de quien la espera.
Nicolas Boileau (1636-1711). Poeta y crítico literario francés.

A la mayoría de las personas prefiero darles la razón rápidamente antes que escucharlas.

> Charles Louis de Secondat, barón de la Brède y de Montesquieu (1689-1755). Escritor francés.

A quienes me preguntan la razón de mis viajes les contesto que sé bien de qué huyo pero ignoro lo que busco.

> Michel Eyquem de la Montaigne (1533-1592). Ensayista francés.

Al final de la razón viene la persuasión.

> Ludwig Wittgenstein (1889-1951). Filósofo austriaco.

Algunos están destinados a razonar erróneamente; otros a no razonar en absoluto, y otros a perseguir a los que razonan.

> Jean Baptiste Poquelin Molière (1622-1673). Dramaturgo y actor francés.

Aquel que no quiere razonar es un fanático; quien no puede es un tonto; y quien no se atreve es un esclavo.

> Sir William Drummond (1585-1649). Poeta escocés.

Como la vista es al cuerpo, la razón es al espíritu.

> Aristóteles (384 a.C.-322a.C). Filósofo griego.

Contra los valores afectivos no valen razones, porque las razones no son nada más que razones, es decir, ni siquiera verdad.

> Miguel De Unamuno (1864-1936). Filósofo y escritor español.

Cuando todos están equivocados, todos tienen la razón.

> Pierre Claude Nivelle de La Chaussée (1692-1754). Autor teatral francés.

Dos excesos: excluir la razón, no admitir más que la razón.

> Blaise Pascal (1623-1662). Matemático, físico y teólogo francés.

El corazón tiene sus razones, que la razón desconoce.

> Blaise Pascal (1623-1662). Matemático, físico y teólogo francés.

El don más noble y excelente que el cielo ha concedido al hombre es la razón, y entre todos los enemigos con los que la razón tiene que luchar, el placer es el más importante.

> Marco Tulio Cicerón (106-43 a.C.). Escritor, político y orador romano.

El enemigo sólo empieza a ser temible cuando empieza a tener razón.

> Jacinto Benavente (1866-1954). Dramaturgo y crítico español.

El error de opinión puede tolerarse cuando la razón tiene libertad para combatirlo.

> Thomas Jefferson (1743-1826). Político y filósofo estadounidense.

El hambriento no razona, no le importa la justicia, ni escucha las oraciones.
Séneca Anneo (3 a.C.- 65 d.C.). Filósofo latino.

El hombre tiene corazón, aunque no siga sus dictados.
Ernest Hemingway (1899-1961). Escritor estadounidense.

El que quiera tener razón y habla solo, de seguro logrará su objetivo.
Johann Wolfgang von Goethe (1749-1832). Poeta, novelista y dramaturgo alemán.

El ruido de las carcajadas pasa. La fuerza de los razonamientos queda.
Concepción Arenal (1820-1893). Pensadora española.

Fuertes razones hacen fuertes acciones.
William Shakespeare (1564-1616). Poeta y autor teatral inglés.

Hasta donde hemos perdido la creencia, hemos perdido la razón.
Gilbert Keith Chesterton (1874-1936). Escritor inglés.

La gente no busca razones para hacer lo que quiere hacer, busca excusas.
William Somerset Maugham (1874-1965). Escritor británico.

La lógica es buena para razonar, pero mala para vivir.
Remy de Gourmont (1858-1915). Escritor y crítico francés.

La mente siempre tiene razón, mientras que el apetito y la imaginación pueden equivocarse.
Aristóteles (384 a.C.-322a.C). Filósofo griego.

La razón es el mayor enemigo que tiene la fe; nunca viene en ayuda de las cosas espirituales, sino que las más de las veces lucha contra la palabra divina, tratando con desdén todo lo que emana de Dios.
Martín Lutero (1483-1546). Teólogo alemán que inició la Reforma protestante.

La razón es frecuentemente más persuasiva que el oro.
Demócrito (460 a.C.-370 a.C.). Filósofo griego.

La razón es la facultad soberana del alma, la fuente de todo conocimiento, el principio determinativo de toda acción humana.
Platón (428-347 a.C.). Filósofo griego.

La razón es la vida de la ley.
Sir Edward Coke (1552-1634). Jurista y político británico.

La razón es reina y señora de todas las cosas (Demina omnium et regina ratio).
Marco Tulio Cicerón (106-43 a.C.). Escritor, político y orador romano.

La razón es y debe ser solamente la esclava de las pasiones.
David Hume (1711-1776). Filósofo escocés.

La razón humana es como subir un hombre borracho a un caballo; los subes por un lado, y se cae por el otro.
Martín Lutero (1483-1546). Teólogo alemán que inició la Reforma protestante.

La razón no me ha enseñado nada. Todo lo que yo sé me ha sido dado por el corazón.
León Tolstoi (1828-1910). Escritor ruso.

La razón o el juicio es la única cosa que nos hace hombres y nos distingue de los animales.
René Descartes (1596-1650). Filósofo, científico y matemático francés.

La razón por la cual los amantes nunca se cansan de hablar es porque hablan de ellos mismos.
François de La Rochefoucauld (1613-1680). Político y escritor francés.

La razón puede advertirnos sobre lo que conviene evitar; sólo el corazón nos dice lo que es preciso hacer.
Joseph Joubert (1754-1824). Escritor y crítico francés.

La razón, como un buen alfarero, da hermosa forma al alma.
Demófilo (?-386). Obispo de Constantinopla.

La razón, soberbia para proclamar sus conquistas, ciega para reconocer sus errores, incapaz de saltar sus barreras.
Rosario Castellanos (1925-1974). Poetisa y escritora mexicana.

Muy débil es la razón si no llega a comprender que hay muchas cosas que la sobrepasan.
Blaise Pascal (1623-1662). Matemático, físico y teólogo francés.

No es más fuerte la razón porque se diga a gritos.
Alejandro Casona (1903-1965). Dramaturgo español.

No hay nada repartido más equitativamente que la razón: todos están convencidos de tener suficiente.
René Descartes (1596-1650). Filósofo, científico y matemático francés.

No hay ninguna cosa seria que no pueda decirse con una sonrisa.
Alejandro Casona (1903-1965). Dramaturgo español.

No sé la razón de la sin razón que a mi razón aqueja.
Lope De Vega (1562-1635). Escritor español.

Pues el insulto es razón de quien razón no tiene.
Manuel Ossorio y Bernard (1839-1904). Escritor español.

Razonamiento y juicio son las mejores cualidades de un dirigente.
Publio Cornelio Tácito (55-120). Historiador romano.

Se pierde la virginidad de la fe para adquirir la maternidad de la razón.
Nicolás Salmerón (1838-1908). Político y filósofo español.

Se puede admitir la fuerza bruta, pero la razón bruta es insoportable.
Oscar Wilde (1854-1900). Novelista, poeta, crítico literario y autor teatral irlandés.

Si fuéramos capaces de entender las razones para la conducta de otra persona, eso haría que todo tuviera sientido.
Sigmund Freud (1856-1939). Médico y neurólogo austriaco, fundador del psicoanálisis.

Si no chocamos contra la razón nunca llegaremos a nada.
Albert Einstein (1879-1955). Científico estadounidense de origen alemán.

Somos todos tan limitados, que creemos siempre tener razón.
Johann Wolfgang von Goethe (1749-1832). Poeta, novelista y dramaturgo alemán.

Todo cuanto hemos entendido, reflexionado y comparado está dispuesto para servir a la razón.
Juan Luis Vives (1492-1540). Humanista y filósofo español.

Una opinión equivocada puede ser tolerada donde la razón es libre de combatirla.
Thomas Jefferson (1743-1826). Político y filósofo estadounidense.

Algunos llaman razonamiento a encontrar argumentos para seguir creyendo lo que creen.
Anónimo.

El hombre que escucha la razón está perdido. La razón esclaviza a todos los que no son bastante fuertes para dominarla.
George Bernard Shaw (1856-1950). Escritor irlandés.

El hombre que pretende obrar guiado sólo por la razón está condenado a obrar muy raramente.
Gustave Le Bon (1841-1931). Psicólogo social y escritor francés.

El pensamiento es el corcel; la razón el jinete.
George Sand (Amandine Aurore Lucie Dupin) (1804-1876). Escritora francesa.

La razón es también una pasión.
Eugenio d'Ors (1882–1954). Escritor español.

La razón es un monarca condenado a luchar de continuo con las pasiones sublevadas.
Jaime Luciano Balmes (1810-1848). Sacerdote, periodista y filósofo español.

La razón es un sol severo: ilumina pero ciega.
Romain Rolland (1866-1944). Escritor francés.

La razón se hace adulta y vieja; el corazón permanece siempre niño.
Ippolito Nievo (1831-1861). Escritor italiano.

La razón y la ley son sinónimos.
John Dewey (1859-1952). Filósofo y educador estadounidense.

Razonar: sopesar probabilidades en la balanza del deseo.
Ambrose Gwinett Bierce (1842-1914). Periodista y escritor estadounidense.

Se puede tomar de compañera a la fantasía, pero se debe tener como guía a la razón.
Samuel Johnson (1709-1784). Escritor británico.

Realidad

El único realista de verdad es el visionario.
Federico Fellini (1920-1993). Director de cine italiano.

En realidad, los seguros de vida son seguros de muerte.
Ramón de Campoamor (1817-1901). Poeta Español.

Frente a las asperezas de la realidad quienes mejor reaccionan son los reaccionarios.
Juan García Hortelano (1928-1992). Escritor y novelista español.

Indudablemente hay más y peores cosas que las que sabemos y descubrimos.
Martín Lutero (1483-1546). Teólogo alemán que inició la Reforma protestante.

La conciencia y la cobardía son en realidad la misma cosa. La conciencia es la marca de fábrica de la firma.
Oscar Wilde (1854-1900). Novelista, poeta, crítico literario y autor teatral irlandés.

La libertad de la fantasía no es ninguna huida a la irrealidad; es creación y osadía.
Eugene Ionesco (1912-1994). Dramaturgo francés de origen rumano.

La muerte, temida como el más horrible de los males, no es, en realidad, nada, pues mientras nosotros somos, la muerte no es, y cuando ésta llega, nosotros no somos.
Epicuro (342 a.C.- 270 a.C.). Filósofo griego.

La realidad es una alucinación causada por la falta de alcohol.
Anónimo.

La única verdad es la realidad.
Aristóteles (384 a.C.-322a.C). Filósofo griego.

Lo que no se es capaz de dar, en realidad no se posee. Uno es poseído por ello.
Ivern Ball (1926-). Escritor estadounidense.

Odio la realidad, pero es en el único sitio donde se puede comer un buen filete.
Woody Allen (1935-). Escritor, actor y director de cine estadounidense.

Quien en nombre de la libertad renuncia a ser el que tiene que ser, ya se ha matado en vida: es un suicida en pie. Su existencia consistirá en una perpetua fuga de la única realidad que podía ser.
José Ortega y Gasset (1883-1955). Filósofo español.

Si no puedes realizar tu ideal, idealiza la realidad.
Anónimo.

Todo el que disfruta cree que lo que importa del árbol es el fruto, cuando en realidad es la semilla. He aquí la diferencia entre los que creen y los que disfrutan.
Friedrich Nietzsche (1844-1900). Filósofo, poeta y filólogo alemán.

Todo lo que una persona puede imaginar, otros pueden hacerlo realidad.
Julio Verne (1828-1905). Escritor francés.

Tu vida real es a menudo la vida que no llevas.
Anónimo.

Una teoría se debe templar con la realidad.
Jawaharlal Nehru (1889-1964). Líder político hindú.

Realización

El hombre se autorrealiza en la misma medida en que se compromete al cumplimiento del sentido de su vida.
Victor Frankl (1905-1998). Escritor y siquiatra austriaco.

La mejor forma de conseguir la realización personal es dedicarse a metas desinteresadas.
Victor Frankl (1905-1998). Escritor y siquiatra austriaco.

Recuerdo

El recuerdo es un obstáculo en el camino de la esperanza.
Khalil Gibran (1833-1931). Ensayista, novelista y poeta libanés.

El recuerdo es vecino del remordimiento.
Víctor Hugo (1802-1885). Escritor francés.

Llegará un día que nuestros recuerdos serán nuestra riqueza.
Paul Géraldy (1885-1983). Poeta y escritor francés.

Los recuerdos no pueblan nuestra soledad, como suele decirse; antes al contrario, la hacen más profunda.
Gustave Flaubert (1821-1880). Novelista francés.

Nosotros recordamos, naturalmente, lo que nos interesa y porque nos interesa.
John Dewey (1859-1952). Filósofo y educador estadounidense.

Poder disfrutar de los recuerdos de la vida es vivir dos veces.
Marco Valerio Marcial (40-104). Poeta latino.

Si busco en mis recuerdos los que me han dejado un sabor duradero, si hago balance de las horas que han valido la pena, siempre me encuentro con aquellas que no me procuraron ninguna fortuna.
Antoine De Saint Exupéry (1900-1944). Escritor y aviador francés.

Reencarnación

El descubrimiento de la Reencarnación me trajo la paz; me gustaría comunicar a los demás la tranquilidad que da el poder ver lo larga que es la vida.
Henry Ford (1863-1947). Industrial estadounidense.

El genio es experiencia. Algunos piensan que es un don o que es talento, pero es el fruto de larga experiencia a lo largo de muchas vidas. Algunas almas son más viejas que otras y por eso saben más.
Henry Ford (1863-1947). Industrial estadounidense.

Mientras no seas consciente de la ley infinita del morir y volver a ser, eres meramente un vago invitado en un mundo oscuro.
Johann Wolfgang von Goethe (1749-1832). Poeta, novelista y dramaturgo alemán.

Si pudiéramos vernos a nosotros mismos, y a otros objetos como realmente somos y son, nos encontraríamos en un mundo de naturalezas espirituales, una comunidad que no empieza cuando nacemos ni termina con la muerte del cuerpo.
Immanuel Kant (1724-1804). Filósofo alemán.

Si un asiático me pidiese una definición de Europa, me vería obligado a contestarle lo siguiente: Es aquella parte del mundo en la cual prevalece la increíble falacia de que el hombre fue creado de la nada y que su nacimiento actual constituye su primera entrada a la vida.
Arthur Schopenhauer (1788-1860). Filósofo alemán.

Todos volvemos, esto es lo que realmente da sentido a la vida, y no debe crear el problema de la diferencia insignificante sobre si recordamos o no nuestra vida anterior en una nueva reencarnación. Lo que cuenta no es el individuo ni su bienestar, sino la aspiración hacia lo perfecto y lo puro que prevalece en cada reencarnación.
Gustav Mahler (1860-1911). Compositor y director austriaco.

Reflexión

¡En qué poca cosa se convierten los reyes de la creación bajo un acceso de fiebre o un ataque de bilis!
Walter Scott (1771-1832). Escritor escocés.

¡Qué pequeña eres, brizna de hierba! Sí, pero tengo toda la Tierra a mis pies.
Rabindranath Tagore (1861-1941). Poeta y filósofo indio.

¡Todo exceso es bastante!
Filósofo de Güémez, personaje mexicano que se dice vivió alrededor de 1800.

¡Triste época la nuestra! Es más fácil desintegrar un átomo que un prejuicio.
Albert Einstein (1879-1955). Científico estadounidense de origen alemán.

¿A quién le importa? ¿A quién le importa que entendamos la psicodinámica de este caso, o que no lo hagamos? ¿Prefieres entender por qué se nada, o saltar al agua y empezar a nadar? Sólo la gente que le teme al agua quiere entender por qué se nada; los demás saltan y se mojan.

John Michael Crichton (1942-). Escritor y director de cine estadounidense.

¿Cómo van a llegar a ser buenos caricaturistas los que ya triunfan como caricaturas?

Gilbert Keith Chesterton (1874-1936). Escritor inglés.

¿Lloverá en la noche? ¡Mañana sabremos!

Filósofo de Güémez, personaje mexicano que se dice vivió alrededor de 1800.

¿Por qué razón los más grandes acontecimientos nos asaltan, siempre, a la hora en que nos encontramos menos dispuestos para vencerlos?

Jaime Torres Bodet (1902-1974). Escritor y político.

¿Que me contradigo? Pues sí, me contradigo: Soy amplio.

Walt Whitman (1819-1892). Poeta estadounidense.

¿Quién no sabe que en México seguimos al pie de la letra el precepto bíblico de alabar a los muertos? A los vivos los elogiamos cuando pueden darnos algo.

Amado Nervo (1870-1919). Poeta y escritor mexicano.

¿Quién tendrá el valor de comprometerse a concretar la opinión de otro sobre uno mismo? ¿Quién se atreve a considerar el lugar probable que le asigna este espíritu ajeno? Pensad en ello detenidamente.

Paul Ambroise Valéry (1871-1945). Escritor francés.

¿Quieres decirme, por favor, qué camino debo tomar para salir de aquí? Eso depende mucho de a dónde quieres ir —respondió el Gato. Poco me preocupa a dónde ir —dijo Alicia. Entonces, poco importa el camino que tomes —replicó el Gato.

Lewis Carroll (1832-1898). Escritor y matemático inglés.

¿Sabe cuál es mi enfermedad? La utopía. ¿Sabe cuál es la suya? La rutina. La utopía es el porvenir que se esfuerza por nacer. La rutina es el pasado que se obstina en seguir viviendo.

Víctor Hugo (1802-1885). Escritor francés.

A dónde podrá ir el que hasta aquí llegó, si más allá sólo fueron los muertos.

Thomas Jefferson (1743-1826). Político y filósofo estadounidense.

A los elefantes les cuesta mucho adaptarse, las cucarachas sobreviven a todo.

Peter Drucker (1909-). Escritor y educador estadounidense de origen austriaco.

A mí me parecen bien muchas cosas. Y de lo que no me parece bien me aparto. Prefiero, en vez de molestarme en cambiar las cosas, gozar la existencia de las que ya me parecen bien.

Thomas Burke (1886-1945). Escritor inglés.

A veces hay que estropear un poquito el cuadro para poder terminarlo.
Eugene Delacroix (1798-1863). Pintor francés.

A veces, ante la mala manera de ser de los otros, uno se siente orgulloso de ser uno mismo y no otro.
André Maurois (1885-1967). Escritor francés.

Agradezco no ser una de las ruedas del poder, sino una de las criaturas que son aplastadas por ellas.
Rabindranath Tagore (1861-1941). Poeta y filósofo indio.

Al fin y a la postre el hombre no debe contar sino consigo mismo.
Johann Wolfgang von Goethe (1749-1832). Poeta, novelista y dramaturgo alemán.

Al hacer una profunda reverencia a alguien, siempre se vuelve la espalda a algún otro.
Fernando Galiani "el Abate" (1728-1787). Diplomático y economista italiano.

Alguien tiene que hacerlo. ¿Por qué tú? Alguien tiene que hacerlo. ¿Por qué no yo? Entre estas dos ideas median siglos de evolución moral. Locos son, en efecto, los que se deciden a ser los primeros. Cada cual quiere que le preceda otro. El papel de precursor es muy poco grato, porque luego viene otro, el precursado, y se lo coge todo con sus manos lavadas.
Miguel De Unamuno (1864-1936). Filósofo y escritor español.

Algún día, ¿quién sabe? Aun estas dificultades serán grandes cosas para considerar.
Virgilio (70 a.C-19 a.C). Poeta romano.

Algunas personas enfocan su vida de modo que viven con entremeses y guarniciones. El plato principal nunca lo conocen.
José Ortega y Gasset (1883-1955). Filósofo español.

Algunas personas nunca aprenden nada, porque todo lo comprenden demasiado pronto.
Alexander Pope (1688-1744). Escritor inglés.

Algunos hay que parecen zurdos de las dos manos.
Alejandro Casona (1903-1965). Dramaturgo español.

Al perder el interés apasionado por nuestros semejantes, hemos perdido la capacidad de ser felices.
Ashley Montagú (1905-1969). Antropólogo estadounidense

Ante una lista de candidatos se piensa que, felizmente, sólo se puede ser elegido uno.
Noel Clarasó (1905-1985). Escritor español.

Apenas desamarrada la pobre barca, viajero, del árbol de la ribera, se canta: no somos nada. Donde acaba el pobre río la inmensa mar nos espera.
Antonio Machado (1875-1939). Poeta español.

Aquiles ausente, todavía era Aquiles.
Homero (s.VIII a.C.). Poeta griego.

Bastante, significa un poco más de lo que cada uno posee.
Benjamín Franklin (1706-1790). Político, filósofo y científico estadounidense.

Cada acto al cumplirse, adquiere condición estática equivalente a la muerte.
José Vasconcelos (1882-1959). Filósofo, educador y político mexicano.

Cada cosa que existe es una virgen que ha de ser amada para hacerse fecunda.
José Ortega y Gasset (1883-1955). Filósofo español.

Cada uno en forma pequeña es la imagen de Dios.
Marcus Manilius (siglo I a.C). Poeta romano.

Cada vez que se encuentre usted del lado de la mayoría, es tiempo de hacer una pausa y reflexionar.
Mark Twain (1835-1910). Escritor estadounidense.

Contra la dulzura no hay resistencia.
Jules Renard (1864-1910). Escritor francés.

Convertid un árbol en leña y podrá arder para vosotros; pero ya no producirá flores ni frutos.
Rabindranath Tagore (1861-1941). Poeta y filósofo indio.

Creo que la amistad entre el hombre y el perro no sería duradera si la carne de perro fuera comestible.
Evelyn Waugh (1903-1966). Escritor inglés.

Cruzarse con una mujer en la calle, mirarla, decirle una palabra y no olvidarla más, ¿qué milagro es éste? ¿Por qué esta mujer y no aquélla? Invocad la razón, el hábito, los sentidos, la cabeza, el corazón y explicadlo si podéis. No encontraréis más que dos cuerpos, uno aquí y otro allá, y entre ellos, ¿qué? El aire, el espacio, la inmensidad.
Louis Charles Alfred de Musset (1810-1857). Poeta francés.

Cuando el diablo está satisfecho, es una buena persona.
Jonathan Swift (1667-1745). Escritor anglo-irlandés.

Cuando están dormidos, no se puede distinguir al hombre bueno del malo.
Aristóteles (384 a.C.-322a.C). Filósofo griego.

Cuando hay mucho que poner en ellos, un día tiene un centenar de bolsillos.
Friedrich Nietzsche (1844-1900). Filósofo, poeta y filólogo alemán.

Cuando la gente está de acuerdo conmigo siempre siento que debo estar equivocado.
Oscar Wilde (1854-1900). Novelista, poeta, crítico literario y autor teatral irlandés.

Cuando le preguntaban qué amaba de la vida, buscaba, pero no encontraba nada. Amaba una cierta perspectiva en un horizonte donde están realizando los esquemas que la vida nos ofrece. Las mujeres son sencillas, y sólo piden a la vida una cosa franca, limpia y brutal. Los hombres le piden un claro oscuro que exalte sus más raras particularidades.
Edmond Jaloux (1878-1949). Escritor y crítico francés.

Cuando lo esperado no sucede, es lo inesperado lo que acontece.
Eurípides (480-406 a.C.). Dramaturgo griego.

Cuando más se aproxima la aurora, más oscura es la noche.
Friedrich Nietzsche (1844-1900). Filósofo, poeta y filólogo alemán.

Cuando me da por pensar de noche en mis defectos, me quedo dormido inmediatamente.
Oscar Wilde (1854-1900). Novelista, poeta, crítico literario y autor teatral irlandés.

Cuando no se puede ser lo que se debe, se es lo que se puede.
Henrik Ibsen (1828-1906). Dramaturgo noruego.

Cuando se apunta a la luna, el tonto se queda mirando al dedo.
Proverbio chino.

Cuando un hombre es un islote, difícil es que pueda armonizar con otro, a no ser en aquello que pueda enriquecer a ambos.
William James (1842-1910). Filósofo estadounidense.

Cuando un hombre quiere matar a un tigre, lo llama deporte; cuando es el tigre quien quiere matarle a él, lo llama ferocidad.
George Bernard Shaw (1856-1950). Escritor irlandés.

Cuando vienes al mundo, lloras. Cuando mueres, el mundo calla.
Cecilia Evangelina Sobredo (1948-1976). Cantante y compositora española.

Cuanto más conozco a los hombres, menos los quiero; si pudiese decir otro tanto de las mujeres me iría mucho mejor.
Lord Byron (1788-1824). Poeta inglés.

Cuanto más en general se agrada, menos profundamente se agrada.
Marie Henri Beyle "Stendhal" (1783-1842). Novelista y ensayista francés.

Cuatro principios a tener en cuenta: Lo contrario es también frecuente. No basta mover para renovar. No basta renovar para mejorar. No hay nada que sea absolutamente empeorable.
Antonio Machado (1875-1939). Poeta español.

Daría lo que fuera por tener algo más.
José Luis Coll (1931-). Escritor, humorista y actor español.

Daría yo mil besos y tú trescientos. Daría yo mi sangre y tú mil besos. Darías tú una hora y yo mi tiempo. Daría yo la vida y tú el recuerdo.
Teodoro Gracia (1952-). Poeta español.

De cada diez cabezas, nueve embisten y una piensa.
Antonio Machado (1875-1939). Poeta español.

De lo sublime a lo ridículo no hay más que un paso.
Napoleón Bonaparte (1769-1821). Emperador de Francia (1804-1815).

Deja que cada quien barra enfrente de su puerta, y el mundo entero estará limpio.
Madre Teresa de Calcuta (1910-1997). Misionera yugoslava nacionalizada india.

Del fanatismo a la barbarie sólo media un paso.
Denis Diderot (1713-1784). Filósofo y escritor francés.

Desventurado el hombre que no tiene quien le amoneste cuando tiene necesidad de ello.
Juan Luis Vives (1492-1540). Humanista y filósofo español.

Dime cómo te diviertes y te diré quién eres.
José Ortega y Gasset (1883-1955). Filósofo español.

Donde hay peligro, florece también lo que salva.
Hölderlein (Johann Christoph Friedrich) (1770-1843). Poeta alemán.

El altruismo es a menudo un pretexto.
Jean Rostand (1894-1977). Biólogo y escritor francés.

El amor propio es el instrumento de nuestra conservación. Se asemeja al mecánico de la reproducción del género humano: es necesario, nos causa placer debemos ocultarlo.
Francois-Marie Arouet de Voltaire (1694-1778). Escritor y filósofo francés.

El andar tierras y comunicar con diversas gentes hace a los hombres discretos.
Miguel de Cervantes (1547-1616). Dramaturgo, poeta y novelista español.

El ansia deja huellas siempre.
Juan Rulfo (1918-1986). Novelista y cuentista mexicano.

El asombro es la base de la adoración.
Thomas Carlyle (1795-1881). Historiador y pensador escocés.

El auténtico observador contempla tranquila y despreocupadamente los nuevos tiempos revolucionarios.
Friedrich Leopold von Hardenberg "Novalis" (1772-1801). Poeta alemán.

El cuerpo no es más que un medio de volverse temporalmente visible. Todo nacimiento es una aparición.
Amado Nervo (1870-1919). Poeta y escritor mexicano.

El debate es masculino, la conversación es femenina.
Amos Bronson Alcott (1799-1888). Educador y filósofo estadounidense.

El don de la misericordia... Es doblemente bendecido. Bendice a quien la da y a quien la recibe.
William Shakespeare (1564-1616). Poeta y autor teatral inglés.

El escritor es un hombre sorprendido. El amor es motivo de sorpresa y el humor, un pararrayos vital.
Alfredo Bryce Echenique (1939-). Escritor peruano.

El fruto del silencio es la oración. El fruto de la oración es la fe. El fruto de la fe es el amor. El fruto del amor es el servicio. El fruto del servicio es la paz.
Madre Teresa de Calcuta (1910-1997). Misionera yugoslava nacionalizada india.

El gesto de amargura del hombre es, con frecuencia, sólo el petrificado azoramiento de un niño.
Franz Kafka (1883-1924). Escritor checo.

El hacha del leñador pidió al árbol su mango. Y el árbol se lo dio.
Rabindranath Tagore (1861-1941). Poeta y filósofo indio.

El hecho de que haya una creencia general en una vida futura no es ninguna evidencia de su verdad.
Clarance Darrow (1857-1938). Abogado estadounidense.

El hecho de que una persona de nuestra predilección se enamore perdidamente de alguien a quien consideramos un memo integral, nos induce a analizar tanto los motivos del amor como los de la predilección.
Edmond Jaloux (1878-1949). Escritor y crítico francés.

El hermano mayor te está mirando.
George Orwell (1903-1950). Escritor inglés.

El hombre atareados tiene pocos visitantes ociosos: a la olla que hierve no acuden las moscas.
Benjamín Franklin (1706-1790). Político, filósofo y científico estadounidense.

El hombre de nuestro tiempo cree fácilmente que su información filosófica e histórica lo salva del realismo ingenuo.
Julio Cortázar (1914-1984). Escritor argentino.

El hombre que está mirando las estrellas, es una parte de las estrellas; el hombre que está mirando el cielo, es una parte del cielo. Allí donde llega nuestra insistente mirada, va con ella una prolongación de nuestro yo.
Amado Nervo (1870-1919). Poeta y escritor mexicano.

El hombre vulgar espera lo bueno y lo malo del exterior, el hombre que piensa lo espera de sí mismo.
Anton Chejov (1860-1904). Dramaturgo y autor de relatos ruso.

El juego cumple una alta misión moral, sirve para arruinar a los idiotas.

Santiago Rusiñol (1861-1931). Pintor y escritor español.

Él lo hace con mejor gracia, pero yo lo hago más natural.

William Shakespeare (1564-1616). Poeta y autor teatral inglés.

El mayor atractivo de las cosas y de las personas es no conocerles.

Enrique Jardiel Poncela (1901-1952). Escritor español.

El mayor crimen está ahora, no en los que matan, sino en los que no matan pero dejan matar.

José Ortega y Gasset (1883-1955). Filósofo español.

El medio es el mensaje.

Marshall MacLuhan (1911-1980). Teórico de la comunicación canadiense.

El mejor alpinista del mundo es el que más se divierte escalando montañas.

Alex Lowe (1958-1999). Alpinista estadounidense.

El movimiento no existe fuera de las cosas, pues todo lo que cambia, o cambia en el orden de la sustancia o en la cantidad, o en la calidad, o en el lugar.

Aristóteles (384 a.C.-322a.C). Filósofo griego.

El no y el sí son breves de decir pero piden pensar mucho.

Baltasar Gracián y Morales (1601-1658). Jesuita y escritor español.

El ojo que tú ves no es ojo porque tú lo veas, es ojo porque él te ve.

Antonio Machado (1875-1939). Poeta español.

El oportunista que no sirve para nada siempre hechiza a la chusma.

Eurípides (480-406 a.C.). Dramaturgo griego.

El pensamiento que me decide a obrar es éste: Se puede hacer tan poca cosa, que todo lo que puede ser, sea. Es así como me explico la creación.

André Gide (1869-1951). Escritor francés.

El que ha encontrado un tema adecuado a sus facultades no dejará nunca de encontrar palabras elocuentes y una expresión lúcida.

Quinto Horacio Flaco (65 a.C.-8 a.C.). Poeta lírico y satírico romano.

El que muriera no prueba que hubiese vivido.

Stanislaw Jerzy Lec (1909-1966). Escritor polaco.

El que quiere todo lo que sucede, consigue que suceda cuanto quiere. ¡Omnipotencia humana por resignación! A esta resignación sólo por la gracia se llega.

Miguel De Unamuno (1864-1936). Filósofo y escritor español.

El que sabe ponerse cómodo en una casa ajena, invita a los otros visitantes a desprenderse de la falsa capa de dignidad que han adoptado.

Lin Yutang (1895-1976). Escritor chino-americano.

El que se ve en una situación peligrosa piensa con las piernas.
Amos Bronson Alcott (1799-1888). Educador y filósofo estadounidense.

El que tiene ojos para ver y oídos para oír llega a convencerse de que los mortales no tienen secretos. Aunque sus labios permanezcan silenciosos, ellos hablan con las yemas de los dedos; la revelación se abre camino a través de cada poro.
Sigmund Freud (1856-1939). Médico y neurólogo austriaco, fundador del psicoanálisis.

El remordimiento de un hombre es la reminiscencia de otro hombre.
Frederic Ogden Nash (1902-1971). Poeta estadounidense.

El remordimiento es como la mordedura de un perro en una piedra: una tontería.
Friedrich Nietzsche (1844-1900). Filósofo, poeta y filólogo alemán.

El sol brilla en todas partes, pero algunos no ven más que sus sombras.
Arthur Helps (1813-1875). Historiador británico.

El tacto consiste en saber hasta dónde se puede llegar demasiado lejos.
Jean Cocteau (1889-1963). Escritor francés.

El tipo que pretende que vivas aterrado, amenaza con matarte. El que desea tu muerte te mata.
Le Ly Hayslip (1949-). Escritora vietnamita.

El viento hincha las vejigas; las falsas opiniones a los hombres estúpidos.
Demófilo (?-386). Obispo de Constantinopla.

Él vivía como un ingeniero en un mundo mecánico. No es de extrañar que se tornara seco como una piedra.
Simone De Beauvoir (1908-1986). Novelista e intelectual francesa.

Ella no te necesita. Tiene tu recuerdo, que vale más que tú.
Alejandro Casona (1903-1965). Dramaturgo español.

Empezaron lentamente, luego fueron más deprisa.
Gustave Flaubert (1821-1880). Novelista francés.

Empiezo a creer que el pueblo alemán no merece mi genio.
Adolf Hitler (1889-1945). Político alemán de origen austriaco.

En el círculo se confunden el principio y el fin.
Heráclito de Efeso (540-470 a.C.). Filósofo griego.

En el majestuoso conjunto de la creación, nada hay que me conmueva tan hondamente, que acaricie mi espíritu y dé vuelo desusado a mi fantasía como la luz apacible y desmayada de la luna.
Louis Pasteur (1822-1895). Químico francés.

En idea podrá parecer hermoso vivir para los demás, pero tal como son los hombres, el amor activo al prójimo no ensancha, sino que angosta el alma. Por muy amplio sentimiento que sea un hombre y por muy universal que sea su fe, el mero afán proselitista le hará estrecho, porque el proselitismo significa, psicológicamente, la imposición de la opinión propia en un alma ajena. Y quien tal hace es, por el mismo hecho, limitado. Por esto la estrechez de corazón, la agresividad, la ambición de mando, la falta de tacto son rasgos típicos de los profetas.

Conde de Keyserling (1880-1946). Filósofo alemán.

En la noche llena de estrellas hay más ternura infinita que en todos los corazones humanos.

José Vasconcelos (1882-1959). Filósofo, educador y político mexicano.

En medio del clamor de los aplausos, el hombre inteligente cerrará los ojos, y con la mente pedirá a los que le aclaman: ¡Perdón por haber vencido!

Gregorio Marañón (1887-1960). Médico y escritor español.

En ninguna parte está el que en todas está.

Séneca Anneo (3 a.C.- 65 d.C.). Filósofo latino.

En previsión de mi muerte, confieso que desprecio a la nación alemana a causa de su brutalidad infinita, y que me avergüenzo de pertenecer a ella.

Arthur Schopenhauer (1788-1860). Filósofo alemán.

En una forma o en otra todo el mundo quiere decir algo y quiere que se le escuche.

Carlos Chávez (1899-1978). Compositor y director de orquesta mexicano.

Es absolutamente imposible demostrarlo todo.

Aristóteles (384 a.C.-322a.C). Filósofo griego.

Es de esperarse que cada uno ocupe su puesto como si fuera el más provechoso.

Benjamín Franklin (1706-1790). Político, filósofo y científico estadounidense.

Es desgracia habitual en los ineptos la de engañarse al elegir profesión, al elegir amigos y al elegir casa.

Baltasar Gracián y Morales (1601-1658). Jesuita y escritor español.

Es difícil hacer que un saco vacío se pare derecho.

Benjamín Franklin (1706-1790). Político, filósofo y científico estadounidense.

Es fácil conquistar al que piensa que está conquistado.

Virgilio (70 a.C-19 a.C). Poeta romano.

Es más fácil negar las cosas que enterarse de ellas.

Mariano José de Larra (1809-1837). Escritor romántico y periodista español.

Es mejor quemarse que apagarse lentamente.

Kurt D. Cobain (1967-1994). Cantante estadounidense.

Es mejor reinar en el infierno que servir en el cielo.

John Milton (1608-1674). Poeta y ensayista inglés.

Es necesario que haya uno o varios principios y aun, en caso de existir uno sólo, que éste sea inmóvil e inmutable.

Aristóteles (384 a.C.-322a.C). Filósofo griego.

Es tan débil el hombre que cuando uno de sus semejantes se presenta clamando "yo lo puedo todo", como Bonaparte, o "yo lo sé todo" como Mahoma, puede darse ya casi como vencedor. Esta es la causa del éxito de tantos aventureros.

Alfred de Vigny (1797-1863). Escritor francés.

Es un axioma que aquel a quien todos conceden el segundo lugar, tiene méritos indudables para ocupar el primero.

Jonathan Swift (1667-1745). Escritor anglo-irlandés.

Es un verdadero privilegio haber sobrellevado una vida difícil.

Indira Gandhi (1917-1984). Primera Ministra de la India 1966-1977 y 1980-1984.

Es una cosa agradable que te señalen con el dedo, y oír decir, "es él".

Persius (34-62). Poeta etrusco.

Esta pobre ciudad de un solo caballo.

Mark Twain (1835-1910). Escritor estadounidense.

Estamos especializados en una armoniosa repetición del desastre y la estupidez.

Terenci Moix (1942-2003). Egiptólogo y crítico social español.

Estaría orgullosa de que mi memoria se honrara, pero sólo si el monumento es colocado aquí donde yo aguanté trescientas horas en fila ante las implacables barras de acero.

Anna Akhmatova (1888-1966). Poetisa rusa.

Exigía que los demás vieran las cosas tan claras como creía verlas ella. Le molestaba en ellos el poder de ilusionarse. Le gustaba llegar al fondo desnudo de las cosas y no podía comprender que los otros fueran felices.

François Mauriac (1885-1970). Escritor francés galardonado con el premio Nobel.

Gracias al sistema de carreteras interestatales, ahora es posible viajar de costa a costa sin ver nada en los Estados Unidos.

Charles Kuralt (1934-1997). Periodista y escritor estadounidense.

Has añadido insulto a la injuria.

Phaedrus (15 a.C. - 50 d.C). Fabulista romano.

Hasta el peor papel necesita ser bien representado.
Proverbio escocés.

Hay cosas conocidas y cosas desconocidas. Y en el medio están las puertas.
Jim Morrison (1943-1971). Músico estadounidense.

Hay cosas más agradables que hacer que golpear gente.
Muhammed Alí (1940-). Boxeador estadounidense.

Hay ocasiones en que cuantos nos rodean no merecen sino un poco de comedia. Seamos, entonces, un poco farsantes.
Benjamín Jarnés y Millán (1888-1949). Novelista y biógrafo español.

Hay que aprender a despilfarrar los agravios.
Arturo Azuela (1938-). Escritor mexicano.

Hay que atender no sólo a lo que cada cual dice, sino a lo que siente y al motivo por qué lo siente.
Marco Tulio Cicerón (106-43 a.C.). Escritor, político y orador romano.

Hay quien consagra su tiempo en lograr que los estúpidos se sientan satisfechos de sí mismos, para que así le aprecien.
Eugene Gladstone O'Neill (1888-1953). Dramaturgo estadounidense Premio Nobel.

Hay quien cruza el bosque y sólo ve leña para el fuego.
León Tolstoi (1828-1910). Escritor ruso.

Hay tantas cosas buenas en nuestras impurezas y tantas cosas malas en nuestras imperfecciones, que sería mejor no hablar de nosotros mismos.
Robert Louis Stevenson (1850-1894). Novelista, ensayista y poeta escocés.

He aprendido que no se puede hacer todo y tener todo al mismo tiempo
Oprah Winfrey (1954-). Actriz y conductora de TV estadounidense.

He aprendido que un hombre sólo tiene derecho a mirar a otro hacia abajo, cuando ha de ayudarle a levantarse.
Gabriel García Márquez (1928-). Escritor colombiano. Premio Nobel de Literatura.

He leído que Ortega y Gasset escribió: "Dime cómo te diviertes y te diré quién eres". A mí me divierte casi todo, y esto me hace pensar que estoy todavía sin formar o que soy muy ingenuo. En todo caso, no me cambiaría por otro, ni por Ortega y Gasset.
Leon Daudi (1905-1985). Escritor español.

Hubo un hombre que fue llamado loco; más aún él dio cuanto tuvo.
John Bunyan (1628-1688). Predicador y escritor inglés.

La agitación es la atmósfera de los cerebros.
Wendell Phillips (1811-1884). Líder abolicionista estadounidense.

La autocrítica y el perfeccionismo son los padres de muchas obras que jamás llegan a nacer.
Mariana Frenk (1898-2004). Escritora y traductora mexico-alemana.

La belleza no mira, sólo es mirada.
Albert Einstein (1879-1955). Científico estadounidense de origen alemán.

La bestialidad es un mal menor que la perversidad, pero es más temible.
Aristóteles (384 a.C.-322a.C). Filósofo griego.

La botánica no es una ciencia; es el arte de insultar a las flores en griego y latín.
Jean Baptiste Alphonse Karr (1808-1890). Escritor francés.

La censura es indulgente con los cuervos, pero no da cuartel a las palomas.
Juvenal (67-127). Poeta romano.

La cigarra, nada revela en su canto que debe morir mañana.
Matsuo Basho (1644-1694). Poeta japonés.

La circunstancia es el arma más grande de la coincidencia.
Haddon Chambers (1860-1921). Autor teatral inglés.

La cosecha parece siempre mejor en el campo de nuestro vecino, y la vaca de nuestro vecino da más leche.
Publio Nasón Ovidio (43 a.C.-17 d.C.). Poeta latino.

La credulidad es creer con poca evidencia, sin evidencia, o en contra de la evidencia.
Tyron Edwards (1809-1894). Teólogo estadounidense.

La definición no es jamás un medio de conocimiento verdadero. Toda definición está localizada en el plano irreal del pensamiento abstracto, mientras que la comprensión es experiencia inmediata de una realidad.
Conde de Keyserling (1880-1946). Filósofo alemán.

La desesperación es muchas veces el origen de grandes proezas.
José María Luis Mora (1794-1850). Sacerdote y pedagogo mexicano.

La desigualdad es el origen de todos los movimientos locales.
Leonardo Da Vinci (1452-1519). Artista florentino.

La diferencia entre un civil y un militar es que el primero siempre puede militarizarse, pero el segundo rara vez puede civilizarse.
Georges Clemenceau (1841-1929). Político y periodista francés.

La evolución es un cambio desde la heterogeneidad indefinida e incoherente a la heterogeneidad definida y coherente.
Herbert Spencer (1820-1903). Teórico social inglés.

La facultad de escoger los puntos esenciales de los problemas es la diferencia que existe entre los espíritus cultivados y los no cultivados.

Dale Carnegie (1888-1955). Escritor norteamericano.

La gasolina es el incienso de la civilización.

Ramón Gómez de la Serna (1888-1963). Escritor español. Autor de *Greguerías*.

La gente que le va bien en la vida es la gente que va en busca de las circunstancias que quieren y si no las encuentran, se las hacen, se las fabrican...

George Bernard Shaw (1856-1950). Escritor irlandés.

La gente termina siempre por condenar a los que acusa.

Honorato De Balzac (1799-1850). Escritor francés.

La grandeza no consiste en recibir honores, sino en merecerlos.

Aristóteles (384 a.C.-322a.C). Filósofo griego.

La guerra es paz. La libertad es esclavitud. La ignorancia es fuerza.

George Orwell (1903-1950). Escritor inglés.

La huida no ha llevado a nadie a ningún sitio.

Antoine De Saint Exupéry (1900-1944). Escritor y aviador francés.

La ingratitud proviene, tal vez, de la imposibilidad de pagar.

Honorato De Balzac (1799-1850). Escritor francés.

La injuria que hacemos y la que recibimos no se pesan en la misma balanza.

Esopo (620-560 a.C.). Fabulista griego.

La inocencia es un vacío defendido por el velo de la ingenuidad.

Eduardo Barrios (1884-1963). Novelista chileno.

La inocencia no encuentra protección en la culpabilidad.

François de La Rochefoucauld (1613-1680). Político y escritor francés.

La jactancia, como la armadura dorada, no es lo mismo por dentro que por fuera.

Demófilo (?-386). Obispo de Constantinopla.

La línea recta es el camino más corto entre dos puntos, pero no el más atractivo.

Mae West (1892-1980). Actriz estadounidense.

La lógica toma cuidado de sí misma; todo lo que debemos hacer es mirar y ver cómo lo hace.

Ludwig Wittgenstein (1889-1951). Filósofo austriaco.

La luz da el ser a la cosa, la luz es la forma de la cosa... la luz es lo más hermoso de este mundo y del otro.

Miguel Serveto (1511-1553). Filósofo español.

La luz de los justos alegremente luce, la lámpara de los malos se apaga.
La Biblia.

La mayor parte del mundo está parcelada, y constantemente se divide, conquista y coloniza lo poco que queda de él. Y pensar que hay estrellas por la noche, anchurosos mundos que jamás podremos alcanzar. Me gustaría anexionar los planetas si me fuera posible; a menudo pienso en eso porque me entristece verlos con tanta nitidez, y sin embargo, tan lejanos.
Cecil Rhodes (1853-1902). Empresario y colonizador británico.

La mayoría de las personas son como alfileres: sus cabezas no son lo más importante.
Jonathan Swift (1667-1745). Escritor anglo-irlandés.

La mayoría de los hombres emplean la mitad de su vida en hacer miserable la otra mitad.
Jean de la Bruyere (1645-1696). Filósofo y escritor francés.

La noche es la oscuridad en las olas del mar.
Napoleón Bonaparte (1769-1821). Emperador de Francia (1804-1815).

La peor clase es la que consta de un solo hombre.
George Bernard Shaw (1856-1950). Escritor irlandés.

La perfección se logra al fin, no cuando no hay nada que agregar, sino cuando ya no hay nada que obtener.
Antoine De Saint Exupéry (1900-1944). Escritor y aviador francés.

La primavera ha venido, nadie sabe cómo ha sido.
Antonio Machado (1875-1939). Poeta español.

La primera pequeña mentira que se contó en nombre de la verdad, la primera pequeña injusticia que se cometió en nombre de la justicia, la primera minúscula inmoralidad en nombre de la moral, siempre significarán el seguro camino del fin.
Vaclav Havel (1936-). Intelectual y político checo.

La queja trae descrédito.
Baltasar Gracián y Morales (1601-1658). Jesuita y escritor español.

La raíz es la explicación del tronco, el tronco de la rama, la rama de la flor.
Jaime Torres Bodet (1902-1974). Escritor y político mexicano.

La realización del sentido propio, lo más profundo posible, pero siempre personal, es la sola meta de toda vida individual.
Conde de Keyserling (1880-1946). Filósofo alemán.

La reflexión es el camino hacia la inmortalidad (nirvana); la falta de reflexión, el camino hacia la muerte.
Buda (-600 a.C.) Pensador himalaya.

La retentiva es el sello de la capacidad.
Baltasar Gracián y Morales (1601-1658). Jesuita y escritor español.

La simpatía es muy frecuentemente un prejuicio sentimental basado en la idea de que la cara es el espejo del alma. Por desgracia, la cara es casi siempre una careta.
Santiago Ramón y Cajal (1852-1934). Doctor español.

La superioridad de algunos hombres es meramente local. Son grandes porque sus asociados son pequeños.
Samuel Johnson (1709-1784). Escritor británico.

La talla de las estatuas disminuye alejándose de ellas; la de los hombres, aproximándose.
Jean Baptiste Alphonse Karr (1808-1890). Escritor francés.

La tapia del cementerio es una insensatez. Los que están dentro no pueden salir y los que están fuera no quieren entrar.
Arthur Brisbane (1864-1936). Editor de periódico estadounidense.

La Tierra es un teatro, pero tiene un reparto deplorable.
Oscar Wilde (1854-1900). Novelista, poeta, crítico literario y autor teatral irlandés.

La única manera de ser provechosamente nacional consiste en ser generosamente universal.
Alfonso Reyes (1889-1959). Escritor mexicano.

La única ventaja de jugar con fuego es que aprende uno a no quemarse.
Oscar Wilde (1854-1900). Novelista, poeta, crítico literario y autor teatral irlandés.

La vida es muy peligrosa. No por las personas que hacen el mal, sino por las que se sientan a ver lo que pasa.
Albert Einstein (1879-1955). Científico estadounidense de origen alemán.

La zorra cambia su pellejo, pero no sus mañas.
Cayo Suetonio Tranquilo (69-140). Historiador romano.

Las antipatías violentas son siempre sospechosas y revelan una secreta afinidad.
William Hazlitt (1778-1830). Ensayista y crítico inglés.

Las cartas son expectativas envueltas en sobres.
Shana Alexander (1925-). Escritora y comentarista estadounidense.

Las casas han sido construidas para habitarlas; no para contemplarlas y menos para que otros las vean.
Francis Barón de Verulam Bacon (1561-1626). Filósofo y estadista británico.

Las circunstancias son los velos de los altares.
Thomas Chandler Haliburton (1796-1865). Escritor canadiense.

Las coherencias tontas son la obsesión de las mentes ruines.
Ralph Waldo Emerson (1803-1882). Ensayista y poeta estadounidense.

Las conversaciones siempre son peligrosas si se quiere esconder alguna cosa.
Agatha Christie (1891-1976). Escritora inglesa.

Las convulsiones políticas, como los levantamientos geológicos anuncian nuevas épocas de progreso mundial.
Wendell Phillips (1811-1884). Líder abolicionista estadounidense.

Las cosas no son como las vemos y sentimos sino como queremos que sean vistas, sentidas y hechas.
Augusto Roa Bastos (1917-). Escritor paraguayo.

Las cosas no valen sino lo que se las hace valer.
Jean Baptiste Poquelin Molière (1622-1673). Dramaturgo y actor francés.

Las cosas son como son porque fueron como fueron.
Thomas Gold (1920-2004). Científico estadounidense.

Las definiciones son como los cinturones. Cuanto más aprietas, más elásticas han de ser.
Stephen Toulmin (1922-). Filósofo anglo-estadounidense.

Las espinas más agudas a menudo producen suaves rosas.
Publio Nasón Ovidio (43 a.C.-17 d.C.). Poeta latino.

Las exigencias crean la habilidad necesaria para cumplirlas y conquistarlas.
Wendell Phillips (1811-1884). Líder abolicionista estadounidense.

Las personas crean historias, crean personas; o en su lugar, las historias crean personas, crean historias.
Chinua Achebe (1930-). Novelista nigeriano.

Las preguntas no son nunca indiscretas. Las respuestas, a veces sí.
Oscar Wilde (1854-1900). Novelista, poeta, crítico literario y autor teatral irlandés.

Las pulseras de metal suenan si son dos.
Proverbio africano.

Las sentencias cortas se derivan de una gran experiencia.
Miguel de Cervantes (1547-1616). Dramaturgo, poeta y novelista español.

Las tres palabras más difíciles de pronunciar son: "me he equivocado".
Bertrand Russell (1872-1970). Matemático y filósofo británico.

Le toqué un muslo y la muerte sonrió.
Jim Morrison (1943-1971). Músico estadounidense.

Llevo en mi mundo que florece todos los mundos que han fracasado.
Rabindranath Tagore (1861-1941). Poeta y filósofo indio.

Lo absurdo de una cosa no prueba nada contra su existencia, es, más bien, condición de ella.
Friedrich Nietzsche (1844-1900). Filósofo, poeta y filólogo alemán.

Lo bello es aquello que es inteligible sin reflexión.
André Maurois (1885-1967). Escritor francés.

Lo bonito y lo feo no existen, es el pensamiento lo que hace que así sean.
William Shakespeare (1564-1616). Poeta y autor teatral inglés.

Lo bueno, si breve, dos veces bueno.
Baltasar Gracián y Morales (1601-1658). Jesuita y escritor español.

Lo cierto es que la creencia de esto que llaman ahora cursi está en el exagerado temor de parecerlo.
Juan Valera (1824-1905). Novelista y diplomático español.

Lo comprado al precio de muchos ruegos, es caro.
Juan Luis Vives (1492-1540). Humanista y filósofo español.

Lo importante es no dejar de hacerse preguntas.
Albert Einstein (1879-1955). Científico estadounidense de origen alemán.

Lo importante y difícil de una tarea no es encontrar la respuesta correcta, sino descubrir la pregunta correcta.
Peter Drucker (1909-). Escritor y educador estadounidense de origen austriaco.

Lo malo de hacer sugerencias inteligentes es que uno corre el riesgo de que se le asigne para llevarlas a cabo.
Anónimo.

Lo peor de los complejos de inferioridad es que los tienen las personas equivocadas.
Alain Delon (1935-). Actor francés.

Lo que es fanatismo hoy será el credo de moda de mañana, y tan trivial como la tabla de multiplicación a la semana siguiente.
Wendell Phillips (1811-1884). Líder abolicionista estadounidense.

Lo que está hecho no se puede deshacer.
William Shakespeare (1564-1616). Poeta y autor teatral inglés.

Lo que me atreví a hacer con mi mano derecha no me atrevo a hacer con la izquierda.
Publio Nasón Ovidio (43 a.C.-17 d.C.). Poeta latino.

Lo que no comprendemos no lo poseemos.
Johann Wolfgang von Goethe (1749-1832). Poeta, novelista y dramaturgo alemán.

Lo que se recibe se recibe al modo del recipiente.
Santo Tomás de Aquino (1225-1274). Teólogo italiano.

Lo que vemos depende principalmente de lo que andamos buscando.
Sir John Lubbock "Lord Avery" (1834-1913). Naturalista y banquero inglés.

Logro resistirlo todo, salvo la tentación.
Oscar Wilde (1854-1900). Novelista, poeta, crítico literario y autor teatral irlandés.

Los alemanes tenemos a Dios, pero a nadie más en este mundo.
Otto von Bismark (1815-1898). Canciller del Imperio Alemán 1871-1881.

Los antepasados que pretendían ilustrar la ilustre virtud en todo el reino, primero ordenaron sus propios estados. Como deseaban ordenar sus propios estados, primero arreglaron sus familias. Como deseaban arreglar sus familias, primero procuraron cultivarse ellos. Como deseaban cultivarse, primero enmendaron sus corazones, como deseaban enmendar sus corazones, primero trataron de ser sinceros de pensamiento. Como deseaban ser sinceros de pensamiento, primero ampliaron al máximo sus conocimientos. Dicha ampliación del conocimiento reside en la investigación de las cosas.
Confucio (551-479 a.C.). Filósofo y teórico social chino.

Los asnos prefieren la paja al oro.
Heráclito de Efeso (540-470 a.C.). Filósofo griego.

Los buscadores de oro cavan mucho y hallan poco.
Heráclito de Efeso (540-470 a.C.). Filósofo griego.

Los cántaros vacíos son los que más suenan.
Proverbio hindú.

Los de mentalidad reducida se parecen a las botellas: cuando menos tienen, más bulla hacen.
Alexander Pope (1688-1744). Escritor inglés.

Los hombres están ansiosos de mejorar sus circunstancias, pero son incapaces de mejorar ellos mismos.
James Allen (1864-1912). Escritor inglés.

Los hombres intentan purificarse manchándose de sangre. Es como si, después de haberse manchado con barro, quisieran limpiarse con barro.
Heráclito de Efeso (540-470 a.C.). Filósofo griego.

Los juramentos son la moneda falsa con la que se paga la mercancía del amor.
Ninón de Lenclos (1620-1705). Cortesana francesa.

Los locos abren los caminos que más tarde recorren los sabios.
Carlo Dossi (1849-1910). Novelista italiano.

Los medios impuros desembocan en fines impuros.
Mohandas Karamchand Gandhi (1869-1948). Líder político y espiritual hindú.

Los mejores placeres de este mundo no son completamente puros.
Johann Wolfgang von Goethe (1749-1832). Poeta, novelista y dramaturgo alemán.

Los moribundos que hablan de su testamento pueden confiar en ser escuchados como si fueran oráculos.
Jean de la Bruyere (1645-1696). Filósofo y escritor francés.

Los ojos no sirven de nada a un cerebro ciego.
Proverbio árabe.

Los perros sólo ladran a quienes no conocen.
Heráclito de Efeso (540-470 a.C.). Filósofo griego.

Los santos esculpidos han ejercido en el mundo mucha mayor influencia que los vivos.
Georg Christoph Lichtenberg (1742-1799). Escritor y científico alemán.

Los seres más sensibles no son siempre los seres más sensatos.
Honorato De Balzac (1799-1850). Escritor francés.

Los tontos no gustan de admirar las cosas sino cuando llevan una etiqueta.
Georges Clemenceau (1841-1929). Político y periodista francés.

Los vecinos que uno nunca ve de cerca son los vecinos ideales y perfectos.
Aldous Leonard Huxley (1894-1963). Escritor inglés.

Luz tenebrosa cuyo destino y cuyo ser esconde la impenetrable niebla del abismo... ¡Sin comprender a dónde, sin comprenderse él mismo!
Manuel Acuña (1849-1873). Poeta mexicano.

Más vale un grano de cordura que arrobas de sutileza.
Baltasar Gracián y Morales (1601-1658). Jesuita y escritor español.

Me hallo sentado ahora en el asiento menos vigilado y, por tanto, no puedo ser depuesto.
André Maurois (1885-1967). Escritor francés.

Me interrogan sobre mi actitud ante la vida. Prefiero dar que recibir, en cualquier circunstancia; no doy importancia a mi persona, ni a la acumulación de riquezas; no me avergüenzo de mis debilidades, ni de mis errores y tomo instintivamente las cosas con humor y equidad. Existen muchas personas como yo y no comprendo en absoluto que se haya hecho de mí una especie de ídolo. Es, sin duda, tan incomprensible como el misterio de una avalancha, donde un solo grano de polvo basta para desencadenarla, y que toma un camino bien determinado.
Albert Einstein (1879-1955). Científico estadounidense de origen alemán.

Me lo contaron y lo olvidé; lo vi, y lo entendí; lo hice, y lo aprendí.
Confucio (551-479 a.C.). Filósofo y teórico social chino.

Me moriré de viejo y no acabaré de comprender al animal bípedo que llaman hombre, cada individuo es una variedad de su especie.
Miguel de Cervantes (1547-1616). Dramaturgo, poeta y novelista español.

Me parece interesante el que la vida más mala, la existencia más pobre, se atribuya a la voluntad de Dios, pero cuando los seres humanos se vuelven más aptos, mientras su estilo y su estándar de vida ascienden la escala material, la responsabilidad de Dios desciende en escala a una velocidad increíble.

Maya Angelou (1928-). Compositora estadounidense.

Mejor no tener lógica que sentimientos.

Charlotte Bronte (1816-1855). Poetisa y novelista inglesa.

Mientras se gana algo no se pierde nada.

Miguel de Cervantes (1547-1616). Dramaturgo, poeta y novelista español.

Mirar las estrellas siempre me hace soñar, como sueño al contemplar los puntitos negros que representan a pueblos y ciudades en un mapa. ¿Por qué, me pregunto, los puntos brillantes del firmamento no son tan accesibles como los puntitos negros del mapa de Francia?

Vincent van Gogh (1853-1890). Pintor holandés.

Morirá sin cumplir su labor aquel que espera que se la señalen.

James Russell Lowell (1819-1891). Escritor estadounidense.

Moverse rápido no es lo mismo que ir a algún lado.

Dr. Robert Anthony (1916-). Educador y escritor estadounidense.

Muchas personas genuinamente no desean ser santos, y es probable que algunos que alcancen o aspiren a la santidad nunca sientan mucha tentación por ser seres humanos.

George Orwell (1903-1950). Escritor inglés.

Muchas veces nace la enfermedad del mismo remedio.

Baltasar Gracián y Morales (1601-1658). Jesuita y escritor español.

Muchísimas personas sobreestiman lo que no son y subestiman lo que realmente son.

Malcolm Forbes (1919-1990). Editor estadouidense.

Muchos individuos nos parecen colosos, porque al medirnos con ellos nos arrodillamos.

Manuel González Prada (1844-1918). Escritor peruano.

Muchos pocos hacen un mucho.

Proverbio francés.

Muchos que quisieron traer luz, fueron colgados de un farol.

Stanislaw Jerzy Lec (1909-1966). Escritor polaco.

Muchos que se adelantaron a su tiempo tuvieron que esperarlo en sitios poco cómodos.

Stanislaw Jerzy Lec (1909-1966). Escritor polaco.

Nada es completamente puro en el mundo. Todas las ventajas provienen de las desventajas. Una compensación universal prevalece en todas las condiciones de la existencia humana y en todas las cosas del mundo.

David Hume (1711-1776). Filósofo escocés.

Nada es constante en este mundo sino la inconstancia.

Jonathan Swift (1667-1745). Escritor anglo-irlandés.

Nada es veneno, todo es veneno: la diferencia está en la dosis.

Paracelso (1493-1541). Médico y químico suizo.

Nada es, evidentemente, tan provechoso para el hombre, como considerarse elegido; todo aquel que cree en sí mismo, sea quien fuere, es superior al inseguro.

Conde de Keyserling (1880-1946). Filósofo alemán.

Nada necesita tanto una reforma como las costumbres ajenas.

Mark Twain (1835-1910). Escritor estadounidense.

Nada resiste tanto como lo provisional.

André Maurois (1885-1967). Escritor francés.

Nada se parece tanto a la ingenuidad como el atrevimiento.

Oscar Wilde (1854-1900). Novelista, poeta, crítico literario y autor teatral irlandés.

Nadie confía un secreto a una sola persona, nadie rompe todas las copias de un documento.

Renata Adler (1938-). Novelista y periodista estadounidense nacida en Italia.

Nadie debe pensar que no ejerce influencia alguna.

Henry George (1839-1897). Economista y político estadounidense.

Nadie ofrece tanto como el que no va a cumplir.

Francisco De Quevedo (1580-1645). Escritor español.

Nadie piensa ni cree que sean verdad las cosas que pretende considerar como indiscutibles.

Thomas Carlyle (1795-1881). Historiador y pensador escocés.

Nadie puede decir: he aquí una cosa nueva. Porque ya existió en los siglos anteriores a nosotros.

Salomón (970-931 a.C.). Rey israelita.

Nadie puede hacer que un cangrejo camine derecho.

Aristófanes (444 a.C.-385 a.C.). Comediante griego.

Nadie se baña en el río dos veces porque todo cambia en el río y en el que se baña.

Heráclito de Efeso (540-470 a.C.). Filósofo griego.

Nadie tan interesante de conocer como los santos, los malvados y los locos. Son los únicos cuya conversación puede valer algo. Las personas de buen sentido son forzosamente nulas, ya que cantan la eterna antífona de la vida fastidiosa. Son la muchedumbre que aburre.

Charles-Marie-Georges, Huysmans Joris Karl Huysmans (1848-1907). Escritor francés.

Ningún tonto se queja de serlo; no les debe ir tan mal.

Noel Clarasó (1905-1985). Escritor español.

Ninguna situación es tan grave que no sea susceptible de empeorar.

Federico II (1712-1786). Rey de Prusia (1740-1786).

No es lo que usted tiene, es lo que usted usa lo que hace la diferencia.

Zig Ziglar (1926-). Escritor y conferencista estadounidense.

No es solamente por lo que hacemos, sino también por lo que no hacemos, que somos responsables.

Jean Baptiste Poquelin Molière (1622-1673). Dramaturgo y actor francés.

No es suficiente que un hombre tenga el deseo de matar para que la muerte se transforme en un valor.

Publio Siro (Siglo I a.C.). Poeta latino.

No estoy de casualidad en esta tierra. Estoy aquí con un propósito, y ese propósito es crecer hasta convertirme en montaña, y no encogerme hasta parecer un grano de arena.

Og Mandino (1923-1996). Escritor estadounidense.

No hablemos de la política de la corte no solamente porque está fuera de nuestra ocupación, sino también porque a tal distancia la mayoría de las noticias se basan en cosas oídas; las noticias de oídos no son más que rumores, y discutir rumores sería malgastar saliva. No hablemos tampoco de los defectos de la gente, porque la gente no tiene defectos y no debemos calumniarla. No digamos cosas que ofendan a nadie, y nadie se ofenderá. En cambio, deseamos que la gente entienda lo que decimos; pero aun así la gente no entenderá lo que decimos. Porque las cosas de que hablamos yacen en el fondo del corazón humano, y la gente del mundo está demasiado ocupada para oírlas.

Lin Yutang (1895-1976). Escritor chino-americano.

No hay causa básica para todos los efectos.

Giordano Bruno (1548-1600). Filósofo y poeta italiano.

No hay nada tan rápido como un sentimiento de antipatía.

Louis Charles Alfred de Musset (1810-1857). Poeta francés.

No hay ninguna satisfación en ahorcar a un hombre que no se oponga a ello.

George Bernard Shaw (1856-1950). Escritor irlandés.

No hay peor sordo que el que no puede oír; pero hay otro peor, aquél que por una oreja le entra y por otra se le va.
Baltasar Gracián y Morales (1601-1658). Jesuita y escritor español.

No me desagradan los que hablan mal de mí o intentan perjudicarme. Les comprendo demasiado bien.
Jean-Paul Sartre (1905-1980). Filósofo, dramaturgo, novelista y periodista político francés.

No nos preguntamos qué propósito útil hay en el canto de los pájaros, cantar es su deseo desde que fueron creados para cantar. Del mismo modo no debemos preguntarnos por qué la mente humana se preocupa por penetrar los secretos de los cielos... La diversidad de los fenómenos de la Naturaleza es tan grande y los tesoros que encierran los cielos son tan ricos, precisamente para que la mente del hombre nunca se encuentre carente de su alimento básico.
Johannes Kepler (1571-1630). Astrónomo y filósofo alemán.

No obliga tanto la dádiva cuanto el modo de hacerla.
Ippolito Nievo (1831-1861). Escritor italiano.

No puede el buen árbol llevar malos frutos, ni el árbol maleado llevar frutos buenos.
La Biblia.

No puede el hombre sentirse a gusto sin su propia aprobación.
Mark Twain (1835-1910). Escritor estadounidense.

No puede haber gracia donde no hay discreción.
Miguel de Cervantes (1547-1616). Dramaturgo, poeta y novelista español.

No son las malas hierbas las que ahogan la buena semilla, sino la negligencia del campesino.
Confucio (551-479 a.C.). Filósofo y teórico social chino.

Nuestros signos de puntuación, son un pobrísimo arsenal para la inmensa variedad de matices que lleva consigo el lenguaje hablado.
Noel Clarasó (1905-1985). Escritor español.

Nunca se desprende uno de lo que le pertenece, aunque lo tire o lo regale.
Johann Wolfgang von Goethe (1749-1832). Poeta, novelista y dramaturgo alemán.

Nunca, con pétalos de rosa, podrás hacer una rosa.
Proverbio alemán.

O comes o te comen, no hay más remedio.
Mario Vargas Llosa (1936-). Escritor hispano-peruano.

Ocurre con la gente de mente pequeña lo mismo que con las botellas de cuello estrecho. Cuanto menos contiene, más ruido hacen al vaciarlas.
Alexander Pope (1688-1744). Escritor inglés.

Oír o leer sin reflexionar es una ocupación inútil.
Confucio (551-479 a.C.). Filósofo y teórico social chino.

Olvidarse de sí mismo es estar bien informado de todas las cosas.
Kigen Dogen (1200-1253). Maestro budista Zen.

Para conocer la naturaleza del amor habría que hacer una experiencia: abandonar en una isla a algunos niños y niñas. ¿Se amarían, cuando les llegara la edad? Quizá, simplemente, darían satisfacción a sus instintos naturales.
Leon Daudi (1905-1985). Escritor español.

Para el tímido y el pusilánime todo es imposible, porque así les parece.
Walter Scott (1771-1832). Escritor escocés.

Para llegar a la verdad, el alemán suma, el francés resta, y el inglés cambia de tema.
Peter Ustinov (1921-). Actor, escritor y productor inglés.

Para prevenidos no hay acasos.
Baltasar Gracián y Morales (1601-1658). Jesuita y escritor español.

Para quienes no ansían sino ver, hay luz bastante; mas para quienes tienen opuesta disposición, siempre hay bastante oscuridad.
Blaise Pascal (1623-1662). Matemático, físico y teólogo francés.

Para trazar un límite al pensamiento tendríamos que ser capaces de pensar a ambos lados de este límite, y tendríamos por consiguiente que ser capaces de pensar lo que no se puede pensar.
Ludwig Wittgenstein (1889-1951). Filósofo austriaco.

Pararse a la mitad del camino es muy peligroso, puedes ser atropellado por el tráfico de ambos lados.
Margaret Thatcher (1925-). Política británica.

Parece que el hombre, por decreto del destino, empieza muchas cosas y pocas concluye.
Manuel Gutiérrez Nájera (1858-1895). Escritor mexicano.

Parece, Sancho, que no hay refrán que no sea verdadero, porque todos son sentencias sacadas de la mesma experiencia, madre de las ciencias todas.
Miguel de Cervantes (1547-1616). Dramaturgo, poeta y novelista español.

Parecer discreto vale tanto como entender una cosa, y es mucho más fácil.
Oscar Wilde (1854-1900). Novelista, poeta, crítico literario y autor teatral irlandés.

Pensamos en lo general, pero vivimos en el detalle
Alfred North Whitehead (1860-1947). Filósofo inglés.

Pocas o ninguna vez se cumple con la ambición que no sea con daño de tercero.
Miguel de Cervantes (1547-1616). Dramaturgo, poeta y novelista español.

Podemos llevar los caballos al abrevadero, pero no está en nuestra mano hacerles beber.

Proverbio inglés.

Podemos perdonar fácilmente a un niño que teme a la oscuridad; pero la real tragedia de la vida es cuando los adultos le temen a la luz.

Platón (428-347 a.C.). Filósofo griego.

Por la calle del "ya voy", se va a la casa del "nunca".

Miguel de Cervantes (1547-1616). Dramaturgo, poeta y novelista español.

Por un clavo se perdió una herradura, por ésta un caballo, y por éste el jinete, que fue capturado y muerto por el enemigo.

Benjamín Franklin (1706-1790). Político, filósofo y científico estadounidense.

Porque la tortuga tiene los pies seguros, ¿es ésta una razón para cortar las alas al águila?

Edgar Allan Poe (1809-1849). Escritor estadounidense.

Prefiero perder en una causa que algún día ganaré, que ganar en una que algún día perderé.

Thomas Woodrow Wilson (1856-1924). Político estadounidense, presidente de los EE. UU. 1913-1921.

Prefiero sentarme en una calabaza, sabiendo que la puedo ocupar toda, que en un sofá lleno de gente.

Henry David Thoreau (1817-1862). Escritor, poeta y pensador estadounidense.

Prefiero yacer en un pequeño rincón del cementerio, que en las tumbas de los Capuletos.

Thomas Burke (1886-1945). Escritor inglés.

Preveo la desaparición del canibalismo. El hombre está asqueado del hombre.

Stanislaw Jerzy Lec (1909-1966). Escritor polaco.

Príncipe no soy, aunque soy de noble cuna.

Thomas Dekker (1572-1632). Dramaturgo inglés.

Procurando lo mejor estropeamos a menudo lo que está bien.

William Shakespeare (1564-1616). Poeta y autor teatral inglés.

Pueden parecer pobres nuestras reflexiones ante los demás, aun sin serlo, pero tal juicio no alivia la carga del esfuerzo que cuesta alcanzarlas.

José Vasconcelos (1882-1959). Filósofo, educador y político mexicano.

Que no sabemos lo que nos pasa: eso es lo que nos pasa.

José Ortega y Gasset (1883-1955). Filósofo español.

Quien aplaza no resuelve.

Andrés Henestrosa (1906-). Poeta, narrador e historiador mexicano.

Quien más haya menester de una cosa, quien más ponga en ella apetencia y voluntad, ese debe de ser su dueño.

José Vasconcelos (1882-1959). Filósofo, educador y político mexicano.

Quien no comprende una mirada, tampoco comprenderá una larga explicación.

Proverbio árabe.

Quien se deleita en defraudar al prójimo, no se ha de lamentar si otro le engaña.

Francesco Petrarca (1304-1374). Poeta y humanista italiano.

Quienquiera que haya vivido lo suficiente para descubrir lo que es la vida comprenderá la profunda deuda de gratitud que tenemos contraída con Adán, el primer gran benefactor de nuestra raza, por haber traído la muerte al mundo.

Mark Twain (1835-1910). Escritor estadounidense.

Razonar y convencer, ¡qué difícil, largo y trabajoso! ¿Sugestionar? ¡Qué fácil, rápido y barato!

Santiago Ramón y Cajal (1852-1934). Doctor español.

Realmente los grandes hombres tienen el curioso sentimiento de que la grandeza no está en ellos, sino a través de ellos. Y ven algo divino en cada hombre.

John Ruskin (1819-1900). Escritor británico.

Recibimos todo gratuitamente, damos todo gratuitamente, sólo por amor a Dios. Nuestra vida de pobreza es tan necesaria como nuestro trabajo mismo.

Madre Teresa de Calcuta (1910-1997). Misionera yugoslava nacionalizada india.

Recuerda: Nadie puede hacerte sentir inferior (o algo más) sin tu consentimiento.

Eleanor Roosevelt (1884-1962). Defensora de los derechos sociales.

Resulta de todo punto monstruosa la forma en que la gente va por ahí hoy en día criticándote a tus espaldas por cosas que son absolutamente y completamente ciertas.

Oscar Wilde (1854-1900). Novelista, poeta, crítico literario y autor teatral irlandés.

Se debe hacer todo tan sencillo como sea posible, pero no más sencillo.

Albert Einstein (1879-1955). Científico estadounidense de origen alemán.

Se viaja no para buscar el destino sino para huir de donde se parte.

Miguel De Unamuno (1864-1936). Filósofo y escritor español.

Sentido común: algo así como salud contagiosa.

Alberto Moravia (Alberto Pincherle) (1907-1990). Escritor italiano.

Ser amado es ser afortunado, pero ser odiado es lograr distinción.

Minna Thomas Antrim (1861-?) Escritora estadounidense.

Ser ciego es malo, pero es peor tener ojos y no ver.

Helen Keller (1880-1968). Escritora estadounidense.

Ser ignorante de los hombres célebres de antaño es como continuar en la niñez después que hemos crecido.

Plutarco (46-125). Biógrafo y ensayista griego.

Ser natural es la más difícil de las poses.

Oscar Wilde (1854-1900). Novelista, poeta, crítico literario y autor teatral irlandés.

Ser sincero no es decir todo lo que se piensa, sino no decir nunca lo contrario de lo que se piensa.

André Maurois (1885-1967). Escritor francés.

Servid cien veces, negaos una, y nadie se acordará más que de vuestra negativa.

Plinio el Joven (61-113). Político y escritor latino.

Si abordas una situación como asunto de vida o muerte, morirás muchas veces.

Adam Smith (1723-1790). Economista y filósofo británico.

Si cerca de la biblioteca tenéis un jardín ya no os faltará de nada.

Marco Tulio Cicerón (106-43 a.C.). Escritor, político y orador romano.

Si conociéramos el verdadero fondo de todo tendríamos compasión hasta de las estrellas.

Graham Green (1904-1991). Novelista y periodista inglés.

Si dudas que una acción puede ser buena o mala, abstente de ella.

Zoroastro o Zaratustra (628-551 a.C.). Profeta y sacerdote persa.

Si dudo, si me alucino, vivo. Si me engaño, existo. ¿Cómo engañarme al afirmar que existo, si tengo que existir para engañarme?

San Agustín (354-430). Obispo, filósofo y Padre de la Iglesia Latina.

Si encuentras una buena solución y te atas a ella, la solución puede volverse tu siguiente problema.

Dr. Robert Anthony (1916-). Educador y escritor estadounidense.

Si es otra vez uno contra cuarenta y ocho, siento pena por los cuarenta y ocho.

Margaret Thatcher (1925-). Política británica.

Si esa era la adultez, la única mejora que pudo detectar en su situación fue que podía comer el postre sin antes comerse las verduras.

Lisa Alther (1944-). Novelista estadounidense.

Si la escalera no está apoyada en la pared correcta, cada peldaño que subimos es un paso más hacia un lugar equivocado.
Stephen Covey (1932-). Orador y escritor estadounidense.

Si la gente no hiciera a veces cosas tontas, nada inteligente se habría hecho.
Ludwig Wittgenstein (1889-1951). Filósofo austriaco.

Si la nariz de Cleopatra hubiera sido más corta, la cara del mundo habría cambiado.
Blaise Pascal (1623-1662). Matemático, físico y teólogo francés.

Si me contento con poco, lo suficiente será un festín.
Isaac Bickerstaffe (1735-1812). Dramaturgo inglés.

Si mi teoría de la relatividad es exacta, los alemanes dirán que soy alemán y los franceses que soy ciudadano del mundo. Pero si no, los franceses dirán que soy alemán, y los alemanes que soy judío.
Albert Einstein (1879-1955). Científico estadounidense de origen alemán.

Si nada es evidente de por sí, nada es comprobable, y si nada es obligatorio por sí mismo, nada es obligatorio en absoluto.
Clive Staples Lewis (1898-1963). Escritor británico.

Si no levantas los ojos creerás que eres el punto más alto.
Antonio Porchia (1886-1968). Escritor argentino.

Si no puedo dibujarlo, es que no lo entiendo.
Albert Einstein (1879-1955). Científico estadounidense de origen alemán.

Si no tenemos miedo de los hombres y buscamos sólo la verdad de Dios, estoy seguro de que todos podremos ser sus mensajeros. En lo que a mí respecta, creo sinceramente que respondo a estas dos condiciones.
Mohandas Karamchand Gandhi (1869-1948). Líder político y espiritual hindú.

Si nunca se habla de una cosa, es como si no hubiese sucedido.
Oscar Wilde (1854-1900). Novelista, poeta, crítico literario y autor teatral irlandés.

Si permitimos que las cosas nos asusten, no valdrá la pena vivir.
Séneca Anneo (3 a.C.- 65 d.C.). Filósofo latino.

Si pudieras realizar que los peces pequeños hablaran, entonces hablarían como ballenas.
Oliver Goldsmith (1730-1774). Escritor anglo-irlandés

Si puedes ver la luz al final del túnel estás viendo en el sentido equivocado.
Barry Commoner (1917-). Biólogo y ambientalista estadounidense.

Si seguimos haciendo lo que estamos haciendo, seguiremos consiguiendo lo que estamos consiguiendo.
Stephen Covey (1932-). Orador y escritor estadounidense.

Si sobrevivimos al peligro, éste fortalece nuestro valor más que ninguna otra cosa.
Reinhold Niebuhr (1892-1971). Pensador social y religioso estadounidense.

Si todas las personas malas fueran negras y todas las buenas, blancas, ¿de qué color serías tú?... porque yo tendría la piel a rayas.
Anthony de Mello (1931-1987). Escritor y sacerdote jesuita.

Siempre estamos seguros de que la decisión que acabamos de tomar es la mala.
Isaac Asimov (1920-1992). Escritor y científico estadounidense.

Siempre sabemos quién nos hiere; pero no siempre a quién herimos.
Anónimo.

Sólo hay un rincón en el universo que seguro puedes mejorar y ese rincón eres tú.
Aldous Leonard Huxley (1894-1963). Escritor inglés.

Sólo lo absoluto merece el acompañamiento de la eternidad.
José Vasconcelos (1882-1959). Filósofo, educador y político mexicano.

Sólo quien sabe cuidar lo ajeno puede poseer lo propio.
George Ivanovitch Gurdjieff (1872-1949). Místico y filósofo greco-armenio.

Sólo se inventa mediante el recuerdo.
Jean Baptiste Alphonse Karr (1808-1890). Escritor francés.

Sólo una persona inepta rinde siempre al máximo de sus posibilidades.
William Somerset Maugham (1874-1965). Escritor británico.

Somos usufructuarios por derecho... pero no dueños de nada.
Filósofo de Güémez, personaje mexicano que se dice vivió alrededor de 1800.

Soy aquello que de mí ven los otros.
Clarice Lispector (1926-1977). Narradora brasileña.

Soy el total de la raza humana compactada junta. He encontrado que no existen ingredientes de esta raza que yo no posea en poca o en gran medida.
Mark Twain (1835-1910). Escritor estadounidense.

Sucede a veces que se discute porque no se llega a comprender lo que pretende demostrar nuestro interlocutor.
León Tolstoi (1828-1910). Escritor ruso.

Suelen quererse y admirarse las personas que no se conocen bien.
Jorge Ibargüengoitia (1928-1983). Novelista, cuentista y dramaturgo mexicano.

Tal vez, sólo los genios son verdaderos hombres.
Aldous Leonard Huxley (1894-1963). Escritor inglés.

Tales obras son como espejos: si se mira un mono es imposible que refleje un hombre.

George Cristoph Lichtenberg (1742-1799). Físico y escritor alemán.

Tememos lo que más deseamos.

Dr. Robert Anthony (1916-). Educador y escritor estadounidense.

Tengo pies pequeños porque nada crece en la sombra.

Dolly Parton (1946-). Cantante y actriz estadounidense.

Toda existencia individual está determinada por innumerables influencias del ambiente humano.

Georg Simmel (1858-1918). Filósofo y sociólogo alemán.

Todas las cosas adquieren importancia para nosotros en cuanto nos damos cuenta de que existen.

André Gide (1869-1951). Escritor francés.

Todas las cosas llegan, le hacen a uno daño y se van.

Amado Nervo (1870-1919). Poeta y escritor mexicano.

Todas las filosofías de los hombres de ciencia no valen nada ante la acción desinteresada de un hombre de bien.

Antonio Caso (1883-1946). Filósofo y escritor mexicano.

Todas las pompas son fúnebres.

Julio Camba (1885-1962). Escritor y periodista español.

Todo aquello que siente, conoce, quiere y tiene la facultad de desarrollarse es celestial y divino, y por esta razón tiene que ser inmortal.

Marco Tulio Cicerón (106-43 a.C.). Escritor, político y orador romano.

Todo cambia nada es.

Heráclito de Efeso (540-470 a.C.). Filósofo griego.

Todo lo individual por sí tiene una medida propia de aptitud, sólo la capacidad del género es inmensurable.

Friedrich Leopold von Hardenberg "Novalis" (1772-1801). Poeta alemán.

Todo lo que endurece, desmoraliza.

Concepción Arenal (1820-1893). Pensadora española.

Todo manejo técnico del hombre es un arte.

Oswald Spengler (1880-1936). Filósofo alemán.

Todo sale en la lavada.

Miguel de Cervantes (1547-1616). Dramaturgo, poeta y novelista español.

Todos aquellos planes que no sean trazados plenamente según todas las disposiciones del género, tienen que fracasar.

Friedrich Leopold von Hardenberg "Novalis" (1772-1801). Poeta alemán.

Todos los asuntos tienen dos asas; por una son manejables, por la otra no.

Epicteto (55-135 d.C.). Pensador griego.

Todos los hombres son dioses para su perro. Por eso hay gente que ama más a sus perros que a los hombres.

Aldous Leonard Huxley (1894-1963). Escritor inglés.

Todos los hombres, a excepción de los padres, son enemigos encubiertos, más o menos encubiertos. Amistad, amor, compañerismo son los disfraces de nuestros enemigos. La amistad y el amor son alianzas políticas firmadas con el adversario, o mejor pactos de no agresión cuya duración depende de la incompatibilidad de los intereses económicos.

Henri Barbusse (1873-1935). Novelista francés.

Toma tiempo al ausente asumir su verdadera forma en nuestros pensamientos.

Colette (Sidonie Gabrielle Claudine) (1873-1954). Novelista francesa.

Tras el vivir y el soñar, está lo que más importa: el despertar.

Antonio Machado (1875-1939). Poeta español.

Trata de amar al prójimo. Ya me dirás el resultado.

Jean-Paul Sartre (1905-1980). Filósofo, dramaturgo, novelista y periodista político francés.

Tú fuiste colocado en la Tierra para crear, no para competir.

Dr. Robert Anthony (1916-). Educador y escritor estadounidense.

Tú no puedes controlar sin ser controlado.

Dr. Robert Anthony (1916-). Educador y escritor estadounidense.

Tú no ves lo que eres, sino su sombra.

Rabindranath Tagore (1861-1941). Poeta y filósofo indio.

Tus bienes y tus males dependen de aquellos con quienes más te hayas juntado.

Platón (428-347 a.C.). Filósofo griego.

Un consenso significa que todos acuerdan decir colectivamente lo que ninguno cree individualmente.

Abba Eban (1915-2002). Diplomático israelí.

Un filósofo que había estado en presidio mucho tiempo por estafar a unos cuantos, me decía que en amor nada une tanto como el crimen y que nada desune tanto como la ridiculez y la torpeza. En nuestra alma tenemos el culto por todo lo que es exaltación y por todo lo que es belleza. El crimen participa de estas dos cosas. Hay en él siempre exaltación; hay en él casi siempre belleza.

Pío Baroja (1872-1956). Escritor español.

Un hombre puede ser un ingrediente importante en un equipo, pero un hombre no puede hacer un equipo.
Kareem Abdul-Jabbar (1947-). Basquetbolista estadounidense.

Un perro cobarde ladra más de lo que muerde.
Quintus Curtius Rufus (siglo I d.C.). Historiador latino.

Un proverbio es una frase corta basada en una larga experiencia.
Miguel de Cervantes (1547-1616). Dramaturgo, poeta y novelista español.

Un sentimental es un hombre que ve un absurdo valor en todo, y no conoce el precio fijo de nada.
Oscar Wilde (1854-1900). Novelista, poeta, crítico literario y autor teatral irlandés.

Un soldado es un anacronismo del que debemos desembarazarnos.
George Bernard Shaw (1856-1950). Escritor irlandés.

Un soldado feliz no adquiere ningún derecho para mandar a su patria. No es el árbitro de las leyes ni del gobierno. Es defensor de su libertad.
Simón Bolívar (1783-1830). Militar y político venezolano.

Una carta es siempre sagrada, porque es o porque puede ser la expresión de la intimidad de unos instantes de nuestra alma, cuya fugacidad se confía a la lealtad del que la recibe. La responsabilidad de una carta, y por eso es sagrada, se evapora en el mismo instante que le sigue, cada grado. Todo estado es necesario y, por tanto, bueno. La flor no niega la hoja, ni la hoja niega el tallo y la raíz.
Conde de Keyserling (1880-1946). Filósofo alemán.

Una cosa sobre todo hace sugestivo el pensamiento humano: es la inquietud.
Anatole France (1844-1924). Novelista y premio Nobel francés.

Una de las diferencias entre el clasicismo y el romanticismo es que este último admite los cuerpos deformes.
Jean Hippolyte Giraudoux (1882-1944). Dramaturgo, novelista y diplomático.

Una de las tragedias del hombre es la irresolución de su vida entre los dos polos del enamoramiento: la sensualidad y el amor.
Paul Géraldy (1885-1983). Poeta y escritor francés.

Una definición clara nunca da idea de la cosa definida. La definición se ha inventado para matar de golpe todos los problemas que la cosa suscita. Es un recurso de comodidad. En realidad, una designación apropiada de la cosa, en vez de definirla, la indefine, y así evita todos los problemas que la cosa suscita.
Conde de Keyserling (1880-1946). Filósofo alemán.

Una imagen es un acto y no una cosa.
Jean-Paul Sartre (1905-1980). Filósofo, dramaturgo, novelista y periodista político francés.

Una institución es una sombra larga que proyecta el hombre.
Ralph Waldo Emerson (1803-1882). Ensayista y poeta estadounidense.

Una llave de oro abre todas las puertas, menos la del cielo.
Proverbio danés.

Una persona sin proyectos es un proyecto de persona.
Carles M. Espinalt (1920-). Escritor español.

Una puerta es en la que el perro está perpetuamente del lado incorrecto.
Frederic Ogden Nash (1902-1971). Poeta estadounidense.

Una velada en que todos los presentes estén absolutamente de acuerdo es una velada perdida.
Albert Einstein (1879-1955). Científico estadounidense de origen alemán.

Únicamente los peces muertos nadan con la corriente.
Proverbio chino.

Uno a uno todos somos mortales, juntos somos eternos.
Lucio Apuleyo (125-180). Filósofo y escritor latino.

Uno de los más serios problemas del mundo actual es que muchas personas creen que, porque han estudiado, no tienen que pensar.
Aldo Cammarota (1930-2002). Humorista argentino.

Uno hace a menudo una observación y sólo después ve qué tan cierta es.
Ludwig Wittgenstein (1889-1951). Filósofo austriaco.

Ver a través de todo es lo mismo que no ver.
Clive Staples Lewis (1898-1963). Escritor británico.

Viva la bendita luz, fruto del primogénito rayo celestial.
John Milton (1608-1674). Poeta y ensayista inglés.

Vivimos bajo el mismo techo, pero ninguno tenemos el mismo horizonte.
Konrad Adenauer (1876-1967). Primer canciller federal alemán.

Y el problema es que, si no arriesgas algo, tu riesgo es aún mayor.
Erica Jong (1942-). Escritora y poeta estadounidense.

Y ella se hizo su igual en el pecado, su hermana en la ignominia, con el único objeto de devolverle el ánimo y la alegría de una vida nueva.
Selma Lagerlöf (1858-1940). Novelista sueca.

Ya sé que no somos ni podemos ser iguales, pero opino que quien juzga imprescindible distanciarse del así llamado populacho para mantener su respeto, es tan reprobable como el cobarde que se esconde del enemigo por temor a sucumbir.
Johann Wolfgang von Goethe (1749-1832). Poeta, novelista y dramaturgo alemán.

Yo creía que la ruta pasaba por el hombre, y que de allí tenía que salir el destino.
> Pablo Neruda (1904-1973). Poeta chileno.

Yo necesito compañeros, pero compañeros vivos; no muertos y cadáveres que tenga que llevar a cuestas por donde vaya.
> Friedrich Nietzsche (1844-1900). Filósofo, poeta y filólogo alemán.

Yo soy una parte de todo aquello que he encontrado en mi camino.
> Alfred Tennyson (1809-1892). Poeta inglés.

Yo todavía no puedo entender por qué el matar codornices es un deporte altruista, mientras que matar ratas es tan depravado.
> Thomas Henry Huxley (1825-1895). Biólogo inglés.

Yo, que me he pasado la vida predicando un cierto hedonismo, nunca pude imaginar que terminaríamos así.
> Norman Mailer (1923-). Escritor estadounidense.

Zeus no presta su ayuda a los embusteros.
> Homero (s.VIII a.C.). Poeta griego.

¡Quién necesita piedad, sino aquellos que no tienen compasión de nadie!
> Albert Camus (1913-1960). Novelista, dramaturgo y ensayista francés.

Aquel que pregunta es un tonto por cinco minutos, pero el que no pregunta permanece tonto por siempre.
> Proverbio chino.

Cuan poco nos costaron nuestras bibliotecas con respecto a nuestras bodegas de vino.
> Sir John Lubbock "Lord Avery" (1834-1913). Naturalista y banquero inglés.

Hay tentaciones a las que el ejercicio fuerte nos permite resistir lo mejor posible.
> Sir John Lubbock "Lord Avery" (1834-1913). Naturalista y banquero inglés.

La medicina hace enfermar a la gente, las matemáticas los hacen tristes, y la teología los hace pecaminosos.
> Martín Lutero (1483-1546). Teólogo alemán que inició la Reforma protestante.

La única manera de acabar aprisa y satisfactoriamente una conversación, es darle al otro la razón en seguida.
> Leon Daudi (1905-1985). Escritor español.

Los padres fueron inventados para hacer felices a los niños dándoles algo que ignorar.

Frederic Ogden Nash (1902-1971). Poeta estadounidense.

Mi padre deseó siempre ser el cadáver en cada entierro, la novia en cada boda, y el bebé en cada bautizo.

Alice Rooselvet Longworth (1884-1980). Escritora y dama de sociedad estadounidense.

No admito que mi doctrina pueda ser juzgada por nadie.

Martín Lutero (1483-1546). Teólogo alemán que inició la Reforma protestante.

Su ceguera y arrogancia son tan sólidas como una montaña de hierro.

Martín Lutero (1483-1546). Teólogo alemán que inició la Reforma protestante.

Un criado fiel y bueno es un don del cielo; pero éste es en verdad un pájaro raro en la tierra.

Martín Lutero (1483-1546). Teólogo alemán que inició la Reforma protestante.

El verdadero rebelde es aquel que propone alternativas.

Julián Marías (1914-). Filósofo y ensayista español.

Si quieres gozar de una buena reputación preocúpate en ser lo que aparentas ser.

Sócrates (470-399 a.C.). Filósofo griego.

Siempre es más valioso tener el respeto que la admiración de las personas.

Jean Jacques Rousseau (1712-1778). Filósofo y botánico suizo.

Algunos de nosotros haremos nuestro trabajo bien y otros no, pero ambos seremos juzgados solamente por una cosa: el resultado.

Vincent Lombardi (1913-1970). Entrenador de futbol americano estadounidense.

Se dice que los ladrones respetan la propiedad. Sólo desean que la ajena se convierta en propia para respetarla mejor.

Gilbert Keith Chesterton (1874-1936). Escritor inglés.

El que quiera lograr poco deberá sacrificar poco, el que quiera lograr mucho deberá sacrificar mucho.

James Allen (1864-1912). Escritor inglés.

La sátira es desagradable a aquellos que la merecen.

Thomas Shadwell (1642-1692). Dramaturgo inglés.

Todo es muy difícil antes de ser sencillo.

Thomas Fuller (1608-1661). Clérigo y escritor inglés.

Todo el día la puerta del subconsciente permanece entreabierta; nos deslizamos hacia el otro lado y regresamos, tan fácil y secretamente como un gato.

Walter de la Mare (1873-1956). Poeta y novelista inglés.

Siempre que una teoría aparezca como la única posible, toma ésta como un signo de que ni entendías la teoría ni el problema que intentabas resolver.

Karl Popper (1902-1994). Filósofo austriaco.

Vale más un testigo de vista que diez de oídas.

Plauto (254-184 a.C.). Comediógrafo romano.

Sólo las obras cargadas de tradición están cargadas de futuro.

Ramón María del Valle Inclán (1866-1936). Poeta, narrador, periodista y dramaturgo español.

En la tragedia sólo conmueve lo verosímil.

Jean Baptiste Racine (1639-1699). Dramaturgo francés.

Ver es algo más que mirar. Ver consiste en advertir los detalles. Para ver bien una flor se ha de mirar con lupa, por dentro.

Emile Chartier Alain (1868-1951). Profesor, ensayista y filósofo francés.

Religión

¿Fue Jesucristo un hombre como nosotros?— ¡Ah! probemos si nosotros podemos ser un hombre como él.

Matthew Arnold (1822-1888). Poeta y crítico inglés.

A quien se le planta y siembra con la predicación, se le riega y vivifica con el bautismo y se le alimenta con la cena del Señor.

Miguel Serveto (1511-1553). Filósofo español.

Amad a esta Iglesia, permaneced en esta Iglesia, sed vosotros esta Iglesia.

San Agustín (354-430). Obispo, filósofo y Padre de la Iglesia Latina.

Amo a todas las religiones, pero estoy enamorada de la mía.

Madre Teresa de Calcuta (1910-1997). Misionera yugoslava nacionalizada india.

Aplicar el bálsamo religioso a los males colectivos es declarar que no tienen remedio.

Agustín Pedro Justo (1876-1943). Militar y político argentino.

Aquellos que anuncian que luchan en favor de Dios son siempre los hombres menos pacíficos de la Tierra. Como creen percibir mensajes celestiales, tienen sordos los oídos para toda palabra de humanidad.

Stefan Zweig (1881-1942). Escritor y pacifista austriaco.

De todas las contiendas espirituales, la más antigua, vasta, profunda e importante es la sostenida entre la religión y la ciencia.

Herbert Spencer (1820-1903). Teórico social inglés.

Donde hay religión se presumen todos los bienes; donde falta, hay que presumir lo contrario.

Nicolás Maquiavelo (1469-1527). Historiador y filósofo político italiano.

El agnosticismo simplemente significa que una persona no dirá que sabe o cree aquello para lo que no tiene bases para sostener que cree.

Aldous Leonard Huxley (1894-1963). Escritor inglés.

El arte, la religión y la filosofía sólo difieren por la forma; su objeto es el mismo.

Georg Wilhelm Friedrich Hegel (1770-1831). Filósofo alemán.

El cristianismo es una batalla, no un sueño.

Wendell Phillips (1811-1884). Líder abolicionista estadounidense.

El cristianismo no es una filosofía, no es un sistema, sólo es una historia.

François Mauriac (1885-1970). Escritor francés galardonado con el premio Nobel.

El cristianismo podría ser bueno, si alguien intentara practicarlo.

George Bernard Shaw (1856-1950). Escritor irlandés.

El cristiano es, básicamente un hombre que rechaza el misterio. ¿Quiénes somos? ¿De dónde venimos? Y ¿A dónde vamos? El cristiano piensa que estas preguntas exigen una respuesta.

François Mauriac (1885-1970). Escritor francés galardonado con el premio Nobel.

El que deseche la religión quita los fundamentos de la sociedad humana.

Platón (428-347 a.C.). Filósofo griego.

El que después de la oración abriga mejores sentimientos, ha obtenido ya respuesta a sus súplicas.

George Meredith (1828-1909). Poeta y novelista inglés.

En cuestión de religión, la verdad es simplemente la opinión que ha sobrevivido.

Oscar Wilde (1854-1900). Novelista, poeta, crítico literario y autor teatral irlandés.

En el jardín de la Iglesia se cultivan: Las rosas de los mártires, los lirios de las vírgenes, las yedras de los casados, las violetas de las viudas.

San Agustín (354-430). Obispo, filósofo y Padre de la Iglesia Latina.

En el mundo antiguo no hay lugar para el amor que destruye el odio y ocupa su lugar. De este amor ninguno habla antes de Jesús.

Giovanni Papini (1881-1956). Escritor italiano.

En realidad, prefiero la ciencia a la religión. Si me dan a escoger entre Dios y el aire acondicionado, me quedo con el aire.

Woody Allen (1935-). Escritor, actor y director de cine estadounidense.

Es un abuso condenar a muerte a aquellos que se equivocaron en sus interpretaciones de la Biblia.

Miguel Serveto (1511-1553). Filósofo español.

Frente a la religión, que sólo existe si se socializa en una iglesia, en una comunidad de fieles, la poesía se manifiesta sólo si se individualiza, si encarna en un poeta.

Octavio Paz (1914-1998). Escritor mexicano.

Hay personas a las que el ver practicada la religión les inquieta tanto como el enterarse de que alguien la pone en duda.

Anthony de Mello (1931-1987). Escritor y sacerdote jesuita.

La cristianidad probablemente sea una buena cosa si alguien aún la intenta.

George Bernard Shaw (1856-1950). Escritor irlandés.

La diferencia de religiones alimenta más peleas que las diferencias en política.

Wendell Phillips (1811-1884). Líder abolicionista estadounidense.

La experiencia demuestra que el hombre no puede ser virtuoso sin la religión.

Jean Jacques Rousseau (1712-1778). Filósofo y botánico suizo.

La iglesia nos pide que al entrar en ella nos quitemos el sombrero, no la cabeza.

Gilbert Keith Chesterton (1874-1936). Escritor inglés.

La metafísica griega, el derecho romano y la religión de Israel dejando de lado su origen y destino divinos, son los tres productos más gigantescos del espíritu humano. El haberlos absorbido en una unidad radical y trascendente constituye una de las manifestaciones más espléndidas de las posibilidades internas del cristianismo. Sólo la ciencia moderna puede equipararse en grandeza a aquellos tres legados.

Xavier Zubiri (1898-1983). Filósofo y pensador español.

La religión es amor y porque es amor, es poesía.

Gustavo Adolfo Bécquer (1836-1870). Poeta español.

La religión es comparable con una neurosis infantil.

Sigmund Freud (1856-1939). Médico y neurólogo austriaco, fundador del psicoanálisis.

La religión es el ídolo de la muchedumbre; ésta adora todo ello que no comprende.

Federico II (1712-1786). Rey de Prusia (1740-1786).

La religión es el opio del pueblo.

Karl Marx (1818-1883). Filósofo alemán.

La religión es la cadena de oro que sujeta la tierra al trono del Eterno.

Homero (s.VIII a.C.). Poeta griego.

La religión es la obra maestra del arte de la educación de los seres, pues enseña a la gente cómo debe pensar.

Arthur Schopenhauer (1788-1860). Filósofo alemán.

La religión no se suprime suprimiendo la superstición.

Marco Tulio Cicerón (106-43 a.C.). Escritor, político y orador romano.

La religión sin la ciencia estaría ciega, y la ciencia sin la religión estaría coja también.

Albert Einstein (1879-1955). Científico estadounidense de origen alemán.

La religión une a los hombres en Dios.

San Agustín (354-430). Obispo, filósofo y Padre de la Iglesia Latina.

La religión y la moral ponen un freno a las energías de la naturaleza, pero no las destruyen. El borracho encerrado a medio jarro de sidra por cada comida, ya no se emborrachará, pero no por ello dejará de gustarle el vino.

Francois-Marie Arouet de Voltaire (1694-1778). Escritor y filósofo francés.

La santidad es la testarudez en cumplir la voluntad de Dios siempre y a pesar de cualquier dificultad.

Santiago Alberione (1884-1971). Sacerdote católico italiano.

La única diferencia entre los santos y los pecadores es que los santos tuvieron su pasado, y los pecadores tienen su futuro.

Oscar Wilde (1854-1900). Novelista, poeta, crítico literario y autor teatral irlandés.

La verdad de la religión estriba en su misma oscuridad, en la escasa luz que tenemos sobre ella y en nuestra indiferencia por esa luz.

Blaise Pascal (1623-1662). Matemático, físico y teólogo francés.

La vida cristiana consiste de fe y caridad.

Martín Lutero (1483-1546). Teólogo alemán que inició la Reforma protestante.

Labor es orar.

Benedicto II (?-685). Papa de origen romano (684-685).

Las personas en general están igualmente horrorizadas de escuchar con desconfianza a la religión cristiana, y de ver su práctica.

Samuel Butler (1835-1902). Escritor inglés.

Las primeras ideas de la religión han surgido, no de la contemplación de las obras de la naturaleza, sino de la preocupación por los sucesos de la vida, y de las esperanzas y temores incesantes que actúan en la mente humana.

David Hume (1711-1776). Filósofo escocés.

Las religiones desaparecerán con la felicidad de los hombres.

Raymond Queneau (1903-1976). Poeta y novelista francés.

Las religiones mueren cuando se demuestran que son verdaderas. La ciencia es el archivo de las religiones muertas.

Oscar Wilde (1854-1900). Novelista, poeta, crítico literario y autor teatral irlandés.

Las religiones, como las luciérnagas, necesitan de oscuridad para brillar.
Arthur Schopenhauer (1788-1860). Filósofo alemán.

Las sagradas escrituras son la suprema verdad.
Leonardo Da Vinci (1452-1519). Artista florentino.

Leed la Biblia una y mil veces; si no le tenéis gusto es que habéis perdido la llave del conocimiento.
Miguel Serveto (1511-1553). Filósofo español.

Los cristianos son locos porque creen contra toda apariencia que el amor terminará por vencer a la muerte.
Jean Delumeau (1923-). Historiador francés.

Los hombres sienten desprecio por la religión y temor porque sea cierta. Para remediar esto, es necesario empezar por demostrar que la religión no es contraria a la razón; después, que es venerable y digna de respeto; a continuación, hacerla amable e inducir a los buenos a desear que sea cierta y por último, probar que lo es.
Blaise Pascal (1623-1662). Matemático, físico y teólogo francés.

Los santos deben siempre ser juzgados culpables hasta que prueben que son inocentes.
George Orwell (1903-1950). Escritor inglés.

Muchos de nuestros rezos no fueron contestados, y por ello ahora estamos agradecidos.
William Feather (1889-1981). Escritor y editor estadounidense.

No dejen de decir a los niños que son amigos de los santos que están en el cielo, de la Santísima Virgen y en particular de Jesús.
Marcelino Champagnat (1789-1840). Religioso y educador francés.

No es la cruz el signo de padecimiento: es el símbolo de la redención.
John Dryden (1631-1700). Poeta, dramaturgo y crítico inglés.

No hay quien comprenda mejor las verdades de la religión que los que han perdido la facultad de razonar.
Francois-Marie Arouet de Voltaire (1694-1778). Escritor y filósofo francés.

No le temo a mi propio corazón como al Papa y a todos los cardenales. Tengo dentro de mí a mi propio Papa.
Martín Lutero (1483-1546). Teólogo alemán que inició la Reforma protestante.

Para el alma, la religión constituye un consenso normal exactamente igual al de la salud para el cuerpo.
Auguste Comte (1798-1857). Filósofo francés.

Para los cristianos el alma es inmortal, su inmortalidad confiere una significación profunda y decisiva.
Juan Pablo II (Karol Wojtila) (1920-). Papa desde 1978 nacido en Polonia.

Preguntaron a alguien un día si existían verdadero ateos. Contestó: ¿creen que hay verdaderos cristianos?

Denis Diderot (1713-1784). Filósofo y escritor francés.

Se puede aplastar una nación religiosa, pero no dividirla.

Napoleón Bonaparte (1769-1821). Emperador de Francia (1804-1815).

Siempre que un acontecimiento importante, una revolución o una calamidad redunda en beneficio de la iglesia, pretende verse en ello el dedo de Dios.

Francois-Marie Arouet de Voltaire (1694-1778). Escritor y filósofo francés.

Solamente el hombre religioso es siempre el mismo. Porque su Dios no cambia.

Joseph Joubert (1754-1824). Escritor y crítico francés.

Tenemos bastante religión como para odiarnos, pero no suficiente como para amarnos.

Jonathan Swift (1667-1745). Escritor anglo-irlandés.

Todo lo que tiende a favorecer la religión debe ser bienvenido, aun cuando se reconozca su falsedad; más aún conociendo la naturaleza humana.

Nicolás Maquiavelo (1469-1527). Historiador y filósofo político italiano.

Todos recordamos cuántas guerras religiosas fueron luchadas por una religión de amor y bondad; cuántos cuerpos fueron quemados vivos con la intención genuina de salvar las almas del fuego eterno del infierno.

Karl Popper (1902-1994). Filósofo austriaco.

Un cura joven hace los mejores sermones.

Louis Charles Alfred de Musset (1810-1857). Poeta francés.

Un hombre sin religión es como un caballo sin freno.

Proverbio latino.

Un país donde la religión está prohibida nunca puede estar bien regulado.

León XIII (1810-1903). Papa católico.

Una nación debe tener una religión, y esta religión debe hallarse bajo el control del gobierno.

Napoleón Bonaparte (1769-1821). Emperador de Francia (1804-1815).

Una verdadera anarquía es el elemento generador de la religión. De la destrucción de todo lo posible, levanta ésta su gloriosa cabeza cual nueva creadora del mundo.

Friedrich Leopold von Hardenberg "Novalis" (1772-1801). Poeta alemán.

Yo creería en una religión si existiera desde el comienzo de los tiempos; pero cuando pienso en Sócrates, Platón y Mahoma, ya no creo. Todas las religiones han sido hechas por los hombres.

Napoleón Bonaparte (1769-1821). Emperador de Francia (1804-1815).

Yo estoy al lado de la religión en contra de las religiones.
Víctor Hugo (1802-1885). Escritor francés.

Yo no tengo objeciones con las diferentes iglesias, mientras que no interfieran con la obra de Dios.
Brooks Atkinson (1894–1984). Periodista estadounidense.

Cambiamos con más facilidad de religión que de café.
Georges Courteline (1858-1929). Novelista francés.

Dios es para los hombres y la religión para las mujeres.
Joseph Conrad (1857-1924). Novelista británico de origen polaco.

Donde acaba la biología comienza la religión.
Gilbert Keith Chesterton (1874-1936). Escritor inglés.

En las religiones es preciso ser sinceros; verdaderos paganos, verdaderos judíos, verdaderos cristianos.
Blaise Pascal (1623-1662). Matemático, físico y teólogo francés.

Es en el aspecto religioso donde hay que ir a buscar lo más típico y lo más radical de un pueblo.
Miguel De Unamuno (1864-1936). Filósofo y escritor español.

La biblia enseña a amar a nuestros enemigos como si fueran nuestros amigos, posiblemente porque son los mismos.
Vittorio de Sica (1901-1974). Actor y director francés.

La oración debería ser la llave del día y el cerrojo de la noche.
Thomas Fuller (1608-1661). Clérigo y escritor inglés.

La religión debería servir más para dar ánimos a los buenos que para aterrorizar a los malos.
Arturo Graf (1848-1913). Escritor y poeta italiano.

La religión es el conocimiento de todos nuestros deberes como mandamientos divinos.
Immanuel Kant (1724-1804). Filósofo alemán.

La religión está en el corazón y no en las rodillas.
Douglas William Jerrold (1803-1857). Dramaturgo, periodista y humorista inglés.

La religión mal entendida es una fiebre que puede terminar en delirio.
Francois-Marie Arouet de Voltaire (1694-1778). Escritor y filósofo francés.

La religión no volverá a recuperar su antiguo poder hasta que no se le vean cambios en su rostro, como los hubo en la ciencia.
Alfred North Whitehead (1860-1947). Filósofo inglés.

Las religiones son fundadas en el miedo de muchos y en la vivacidad de pocos.
Marie Henri Beyle "Stendhal" (1783-1842). Novelista y ensayista francés.

Las religiones son meras vestiduras, muy mal cortadas, de la fe.
Thornton Niven Wilder (1897-1975). Escritor y dramaturgo estadounidense.

Lo más increíble de los milagros es que ocurren.
Gilbert Keith Chesterton (1874-1936). Escritor inglés.

Lo mismo que un árbol tiene una sola raíz y múltiples ramas y hojas, también hay una sola religión verdadera y perfecta, pero diversificada en numerosas ramas, por intervención de los hombres.
Mohandas Karamchand Gandhi (1869-1948). Líder político y espiritual hindú.

Si los hombres son tan perversos teniendo religión, ¿cómo serían sin ella?
Benjamín Franklin (1706-1790). Político, filósofo y científico estadounidense.

Sólo hay una religión verdadera, pero pueden haber muchas especies de fe.
Immanuel Kant (1724-1804). Filósofo alemán.

Responsabilidad

En sueños comienza la responsabilidad.
William Butler Yeats (1865-1939). Poeta y autor teatral irlandés.

La responsabilidad educa.
Wendell Phillips (1811-1884). Líder abolicionista estadounidense.

Usted no es solamente responsable de lo que dice, sino también de lo que no dice.
Martín Lutero (1483-1546). Teólogo alemán que inició la Reforma protestante.

Si alguien piensa que no tiene responsabilidades, es que no las ha descubierto.
Mary Lion (1797-1849). Feminista estadounidense.

Revolución

A lo más a que puede aspirar un revolucionario verdadero es a que digan de él, cuando haya desaparecido: fue un hombre.
Vicente Lombardo Toledano (1894-1968). Abogado, político, publicista y dirigente sindical mexicano.

El culto a la revolución es una de las expresiones de la desmesura moderna.
Octavio Paz (1914-1998). Escritor mexicano.

El que sirve a una revolución labra el mar.
Simon Bolívar (1783-1830). Militar y político venezolano.

En las democracias, las revoluciones son casi siempre obra de los demagogos.
Aristóteles (384 a.C.-322a.C). Filósofo griego.

En las revoluciones hay dos clases de personajes: los que las hacen y los que se aprovechan de ellas.
Napoleón Bonaparte (1769-1821). Emperador de Francia (1804-1815).

La manera más fácil de aparecer como revolucionario es exigirles a otros que lo sean.

José Emilio Pacheco (1939-). Escritor mexicano.

La reforma es la segunda revolución de China.

Deng Xiaoping (1904-1997). Político chino.

La revolución es la revolución.

Luis Cabrera (1876-1954). Abogado y escritor mexicano.

Las personas virtuosas y cultas difícilmente hacen una revolución porque están siempre en minoría.

Aristóteles (384 a.C.-322a.C). Filósofo griego.

Las revoluciones no se hacen por pequeñeces pero nacen por pequeñeces.

Aristóteles (384 a.C.-322a.C). Filósofo griego.

Las revoluciones nunca retroceden.

Wendell Phillips (1811-1884). Líder abolicionista estadounidense.

Los menores suscitan revoluciones para conquistar igualdad y los iguales para superar a los demás.

Aristóteles (384 a.C.-322a.C). Filósofo griego.

Los volcanes arrojan piedras y las revoluciones hombres.

Víctor Hugo (1802-1885). Escritor francés.

No creo en las revoluciones que cambian el orden de las cosas y no cambian el corazón del hombre.

Blaise Pascal (1623-1662). Matemático, físico y teólogo francés.

No hay nada imposible al calor de una revolución.

Lucas Alamán (1792-1853). Político e historiador mexicano.

Núnca hay una revolución social sin terror.

Napoleón Bonaparte (1769-1821). Emperador de Francia (1804-1815).

Todo cuanto veo a mi alrededor está echando las simientes de una revolución que es inevitable, aunque yo no tendré el placer de verla. El relámpago está tan a la mano que puede surgir a la primera oportunidad y luego se oirá un trueno tremendo. Los jóvenes tienen suerte, pues han de ver cosas magníficas.

Francois-Marie Arouet de Voltaire (1694-1778). Escritor y filósofo francés.

Una revolución es la larva de una civilización.

Víctor Hugo (1802-1885). Escritor francés.

Uno de los principales síntomas de toda revolución es el repentino y brusco incremento del número de personas corrientes que toman parte activa, independiente y obligada en la política.

Vladimir Ilich Ulianov Lenin (1870-1924). Líder revolucionario ruso.

Rey

Aunque los reyes obren bien, se hablará mal de ellos.

Marco Aurelio Antonio (121-180). Emperador y filósofo romano.

Bueno para rey el que tiene de rey y de hombre.

Francisco De Quevedo (1580-1645). Escritor español.

El deber de cada súbdito pertenece al rey, menos su conciencia.

William Shakespeare (1564-1616). Poeta y autor teatral inglés.

El monarca reina, pero no gobierna.

Otto von Bismark (1815-1898). Canciller del Imperio Alemán 1871-1880.

El primer rey fue un soldado afortunado.

Francois-Marie Arouet de Voltaire (1694-1778). Escritor y filósofo francés.

El rey debe tener presente tres cosas: que gobierna hombres, que debe gobernarlos según la ley y que no gobernará siempre.

Eurípides (480-406 a.C.). Dramaturgo griego.

El trono es un pedazo de madera cubierta de terciopelo.

Napoleón Bonaparte (1769-1821). Emperador de Francia (1804-1815).

Es imposible que un príncipe pueda ocultar sus defectos a los ojos del pueblo.

Federico II (1712-1786). Rey de Prusia (1740-1786).

Es una triste condición tener pocas cosas que desear y muchas cosas que tener y sin embargo, tal suele ser el caso de los reyes.

Francis Barón de Verulam Bacon (1561-1626). Filósofo y estadista británico.

Los reyes son como los maridos engañados; siempre son los últimos en saber el mal papel que les hacen desempeñar sus consejeros.

Napoleón Bonaparte (1769-1821). Emperador de Francia (1804-1815).

Los reyes son felices en muchas cosas, pero principalmente en esto: pueden decir y hacer lo que les parezca.

Sófocles (496-406 a.C.). Dramaturgo ateniense.

Los soberanos deben perdonar las faltas y no olvidarlas jamás.

Napoleón Bonaparte (1769-1821). Emperador de Francia (1804-1815).

No hay rey que, teniendo fuerza suficiente, no esté siempre dispuesto a convertirse en absoluto.

Thomas Jefferson (1743-1826). Político y filósofo estadounidense.

Un rey es una persona que no teme nada ni desea nada.
Séneca Anneo (3 a.C.- 65 d.C.). Filósofo latino.

Riqueza

¡Cuán grande riqueza es, aun entre los pobres, el ser hijo de buen padre!
Juan Luis Vives (1492-1540). Humanista y filósofo español.

¡Oh mundo triste con todas sus flaquezas! Pero se mira hermoso con múltiples riquezas.
William Shakespeare (1564-1616). Poeta y autor teatral inglés.

Acumular riquezas proporciona gran zozobra.
Quinto Horacio Flaco (65 a.C.-8 a.C.). Poeta lírico y satírico romano.

Cuatro cosas no pueden ser escondidas durante largo tiempo: la ciencia, la estupidez, la riqueza y la pobreza.
Averroes (1126-1198). Filósofo, físico, jurista malikí y teólogo asharí hispanoárabe.

El camino hacia la riqueza depende fundamentalmente de dos palabras: trabajo y ahorro.
Benjamín Franklin (1706-1790). Político, filósofo y científico estadounidense.

El camino más corto para llegar a la riqueza es despreciarla.
Séneca Anneo (3 a.C.- 65 d.C.). Filósofo latino.

El corazón del hombre es el que debe hacerse rico, no sus arcas.
Marco Tulio Cicerón (106-43 a.C.). Escritor, político y orador romano.

El más rico es el que con menos se contenta, pues natural riqueza es el contento.
Sócrates (470-399 a.C.). Filósofo griego.

El rico implora una mirada, te contempla y de repente se ve pobre como un mendigo y rico como un principe.
Johann Wolfgang von Goethe (1749-1832). Poeta, novelista y dramaturgo alemán.

En casa llena presto se guisa la cena.
Refrán español.

En un mundo feo y desdichado, el hombre rico no puede comprar nada más que fealdad y desdicha.
George Bernard Shaw (1856-1950). Escritor irlandés.

Es tan difícil a los ricos adquirir la sabiduría, como a los sabios adquirir las riquezas.
Epicteto (55-135 d.C.). Pensador griego.

Fácilmente disipan su riqueza quienes la han adquirido sin fatiga.
Francisco Javier Clavijero (1731-1787). Historiador y religioso mexicano.

La alta alcurnia y las hazañas meritorias, si no van unidas a la riqueza, son tan inútiles como las algas marinas.

Quinto Horacio Flaco (65 a.C.-8 a.C.). Poeta lírico y satírico romano.

La igualdad de la riqueza debe consistir en que ningún ciudadano sea tan opulento que pueda comprar a otro, ni ninguno tan pobre que se vea necesitado de venderse.

Jean Jacques Rousseau (1712-1778). Filósofo y botánico suizo.

La riqueza consiste mucho más en el disfrute que en la posesión.

Aristóteles (384 a.C.-322a.C). Filósofo griego.

La riqueza ennoblece las circunstancias del hombre, pero no al hombre mismo.

Immanuel Kant (1724-1804). Filósofo alemán.

La riqueza es como el agua salada; cuanto más se bebe, más sed da.

Arthur Schopenhauer (1788-1860). Filósofo alemán.

La riqueza es la cosa que más honran los hombres y la fuente del más grande poder.

Eurípides (480-406 a.C.). Dramaturgo griego.

La riqueza no consiste en la posesión de los tesoros y sí en el uso que se debe hacer de ella.

Napoleón Bonaparte (1769-1821). Emperador de Francia (1804-1815).

La verdadera medida de la riqueza es el no estar demasiado lejos de la pobreza.

Séneca Anneo (3 a.C.- 65 d.C.). Filósofo latino.

La verdadera riqueza de un hombre está en la bondad que hace en el mundo.

Mahoma (570-632). Principal profeta del Islam.

La virtud, la gloria, el honor, todas las cosas humanas y divinas, son esclavas de las riquezas.

Quinto Horacio Flaco (65 a.C.-8 a.C.). Poeta lírico y satírico romano.

Las riquezas que se obtienen por medio de mentiras, son ilusión pasajera de los que buscan la muerte.

Salomón (970-931 a.C.). Rey israelita.

Las riquezas son verdaderas espinas; ellas punzan con mil penas al adquirirlas, con muchas inquietudes conservándolas, con muchos disgustos gastándolas y con muchos pesares perdiéndolas.

San Francisco de Sales (1567-1622). Escritor y religioso suizo.

Las riquezas, o bien sirven o bien mandan al que las posee.

Quinto Horacio Flaco (65 a.C.-8 a.C.). Poeta lírico y satírico romano.

Llevo dentro de mí mismo un peso agobiante: el peso de las riquezas que no he dado a los demás.

Rabindranath Tagore (1861-1941). Poeta y filósofo indio.

Más vale el buen nombre que las muchas riquezas.

Miguel de Cervantes (1547-1616). Dramaturgo, poeta y novelista español.

Nada contribuye a la alegría menos que la riqueza y nada contribuye más a ella que la salud.

Arthur Schopenhauer (1788-1860). Filósofo alemán.

Nada dura más que una fortuna moderada y nada llega antes a su término que una gran fortuna.

Jean de la Bruyere (1645-1696). Filósofo y escritor francés.

No hay riqueza más peligrosa que una pobreza presuntuosa.

San Agustín (354-430). Obispo, filósofo y Padre de la Iglesia Latina.

No hay riqueza tan segura como un seguro amigo.

Juan Luis Vives (1492-1540). Humanista y filósofo español.

No te preocupes demasiado por riqueza, poder o fama; o un día encontrarás a alguien que no se preocupa por ninguna de estas cosas, y te darás cuenta cuán pobre has llegado a ser.

Rudyard Kipling (1865-1936). Novelista inglés.

Por muchas riquezas que el hombre posea y por grandes que sean la salud y las comodidades que disfrute, no se siente satisfecho si no cuenta con la estimación de los demás.

Blaise Pascal (1623-1662). Matemático, físico y teólogo francés.

Quien más disfruta de sus riquezas es aquel que menos necesita de ellas.

Séneca Anneo (3 a.C.- 65 d.C.). Filósofo latino.

Se el dueño y no el esclavo de tus riquezas.

Publio Siro (Siglo I a.C.). Poeta latino.

Si quieres ser rico, piensa en las economías tanto como en las ganancias.

Benjamín Franklin (1706-1790). Político, filósofo y científico estadounidense.

Tenemos lo que queremos, pues nos contentamos con lo que tenemos.

Miguel de Cervantes (1547-1616). Dramaturgo, poeta y novelista español.

Un hombre es rico en proporción a las cosas que puede desechar.

Henry David Thoreau (1817-1862). Escritor, poeta y pensador estadounidense.

No es verdad que se haya hecho fortuna cuando no se sabe disfrutar de ella.

Luc de Clapiers, marqués de Vauvenargues (1715-1747). Escritor francés.

¿Quieres ser rico? Pues no te afanes en aumentar tus bienes, sino en disminuir tu codicia.

Epicuro (342 a.C.- 270 a.C.). Filósofo griego.

Algo habrá de malo en la riqueza cuando a todo el mundo le da vergüenza confesar que la tiene.

Noel Clarasó (1905-1985). Escritor español.

El hombre es rico en proporción a las cosas que puede desechar.

Henry David Thoreau (1817-1862). Escritor, poeta y pensador estadounidense.

El más rico de todos los hombres es el ahorrativo; el más pobre, el avaro.

Sébastien-Roch Nicolás Chamfort (1740-1794). Escritor francés.

El más rico es aquel cuyos placeres son los más baratos.

Henry David Thoreau (1817-1862). Escritor, poeta y pensador estadounidense.

El que está satisfecho con su parte es rico.

Lao-tsé (570-490 a.C.). Filosófo del Taoísmo.

El que no considera lo que tiene como la riqueza más grande, es desdichado, aunque sea dueño del mundo.

Epicuro (342 a.C.- 270 a.C.). Filósofo griego.

Es locura manifiesta vivir precariamente para poder morir rico.

Juvenal (55-138). Poeta romano.

Es mejor el uso de las riquezas que la posesión de ellas.

Fernando de Rojas (1470-1541). Escritor español.

Es necesario tener el apetito del pobre para gozar la fortuna del rico.

Antoine Rivarol (1753-1801). Escritor francés.

La riqueza es un poder usurpado por la minoría para obligar a la mayoría a trabajar en su provecho.

Percy Shelley (1792-1822). Poeta inglés.

Las personas afortunadas se corrigen poco: creen tener siempre razón mientras la fortuna sostiene su mala conducta.

François de La Rochefoucauld (1613-1680). Político y escritor francés.

Lo mejor que podemos hacer por otro no es sólo compartir con él nuestras riquezas, sino mostrarle las suyas.

Benjamin Disraeli (1804-1881). Escritor británico.

Si estás bueno del estómago, y no te duele ningún costado y puedes andar con tus pies, ninguna otra cosa mejor te podrán añadir todas las riquezas de los reyes.

Quinto Horacio Flaco (65 a.C.-8 a.C.). Poeta lírico y satírico romano.

Siempre los ricos que dan en liberales hallan quien canonice sus desafueros y califique por buenos sus malos gustos.

Miguel de Cervantes (1547-1616). Dramaturgo, poeta y novelista español.

Un rico es diferente al que no lo es: tiene más dinero.

Ernest Hemingway (1899-1961). Escritor estadounidense.

Risa

Afortunado el hombre que se ríe de sí mismo, ya que nunca le faltará motivo de diversión.

Habib Bourguiba (1903-2000). Primer presidente de Tunicia.

Así como se ríe de otros, ríase de usted mismo.

Harry Emerson Fosdick (1878-1969). Clérigo estadounidense.

Cuando no sonreímos se nos acaba la existencia.

Sébastien-Roch Nicolás Chamfort (1740-1794). Escritor francés.

El amor y la risa son dos invenciones completamente humanas, que no existen en la naturaleza.

André Gide (1869-1951). Escritor francés.

El día peor empleado es aquél en que no se ha reído.

Sébastien-Roch Nicolás Chamfort (1740-1794). Escritor francés.

El hombre que se ríe de todo es que todo lo desprecia. La mujer que se ríe de todo es que sabe que tiene una dentadura bonita.

Enrique Jardiel Poncela (1901-1952). Escritor español.

El que ríe es que no ha oído las terribles noticias.

Bertolt Brecht (1898-1956). Poeta y dramaturgo alemán.

El sonido de la risa siempre me ha parecido la música más civilizada que hay en el universo.

Peter Ustinov (1921-). Actor, escritor y productor inglés.

Es menester reír aun sin haber encontrado la felicidad, no sea que muramos sin haber reído nunca.

Jean de la Bruyere (1645-1696). Filósofo y escritor francés.

La risa es la distancia más corta entre dos personas.

Víctor Borge (1909-2000). Humorista y pianista danés.

La sonrisa es el idioma universal de los inteligentes.

Tomás de Iriarte (1750-1791). Poeta y fabulista español.

Nunca permitiré que me vuelva tan importante, tan sabio, tan grave y reservado, tan poderoso, que me olvide de reírme de mí mismo y de mi mundo.

Og Mandino (1923-1996). Escritor estadounidense.

Para conseguir lo que quieras te valdrá más la sonrisa que la espada.
William Shakespeare (1564-1616). Poeta y autor teatral inglés.

Quien nos hace reír es un cómico. Quien nos hace pensar y luego reír es un humorista.
George P. Burns (1896-1996). Actor y humorista estadounidense.

Si usted pierde el poder de reír, usted pierde el poder de pensar.
Clarance Darrow (1857-1938). Abogado estadounidense.

Una risa vale más que cien lamentos en cualquier parte del mundo.
Charles Lamb (1775-1834). Ensayista inglés.

Saber y Sabiduría

¿Qué importa saber lo qué es una recta si no se sabe lo que es la rectitud?
Séneca Anneo (3 a.C.- 65 d.C.). Filósofo latino.

Amar la disciplina es amar el saber; odiar a la represión es ser ignorante.
Salomón (970-931 a.C.). Rey israelita.

Añade el hombre conocimientos a conocimientos: nunca el saber es bastante. Si tanto es uno más hombre cuanto más sabe, el más noble empleo será el aprender.
Baltasar Gracián y Morales (1601-1658). Jesuita y escritor español.

Aquellos que creen que lo saben todo nos fastidian a los que realmente lo sabemos.
Anónimo.

Cada generación imagina ser más inteligente que la que le precedió, y más sabia que la que vendrá después.
George Orwell (1903-1950). Escritor inglés.

Con frecuencia bajo un traje sucio se esconde una gran sabiduría.
Marco Tulio Cicerón (106-43 a.C.). Escritor, político y orador romano.

Confío en que todo sucede por una razón, incluso cuando no somos bastante sabios para verla.
Oprah Winfrey (1954-). Actriz y conductora de TV estadounidense.

Cosechar en el verano es de sabios; dormirse en la cosecha es de descarados.
Salomón (970-931 a.C.). Rey israelita.

Cuando bordeamos un abismo y la noche es tenebrosa, el jinete sabio suelta las riendas y se entrega al instinto del caballo.
Armando Palacios Valdés (1853-1938). Escritor español.

Cuanto más se sabe, menos se asegura.
Proverbio Italiano.

Culto es aquel que sabe dónde encontrar lo que no sabe.
Georg Simmel (1858-1918). Filósofo y sociólogo alemán.

De no hablar sino cuando fuere preciso, raramente despegaríamos los labios.
Epicteto (55-135 d.C.). Pensador griego.

De un gran hombre hay siempre algo que aprender aunque esté callado.
Séneca Anneo (3 a.C.- 65 d.C.). Filósofo latino.

Después de las derrotas y las cruces, los hombres se vuelven más sabios y más humildes.
Benjamín Franklin (1706-1790). Político, filósofo y científico estadounidense.

Después de los acontecimientos, hasta el necio es sabio.
Homero (s.VIII a.C.). Poeta griego.

Dichoso serás y sabio habrás sido, si cuando la muerte no te quitare sino la vida solamente.
Francisco De Quevedo (1580-1645). Escritor español.

Donde quiera que se esté bien, allí está la patria.
Marco Tulio Cicerón (106-43 a.C.). Escritor, político y orador romano.

El agua es la única bebida para el hombre sabio.
Henry David Thoreau (1817-1862). Escritor, poeta y pensador estadounidense.

El alemán es sabio por naturaleza. El sabio, como tipo, es el hombre que vive en el mundo de las representaciones elaboradas. El sabio en tenis es el que sabe el motivo; porque para tirar la pelota se ha de hacer tal movimiento y no otro, aunque no sepa jugar a tenis. De aquí el mal de Alemania; tiene demasiados sabios que no son hombres superiores, y son, por lo mismo, superfluos, como los pintores malos y los poetas malos. Ya se sabe que el sabio es particularmente torpe fuera de su especialidad. No tiene sentido considerar a un hombre superior tan sólo porque busca desinteresadamente la verdad. Lo importante es que esté destinado a hallarla. Al sabio le falta por naturaleza toda comprensión de la realidad psicológica. Carece de tacto. No comprende más que lo que ha sido y no lo que está siendo.
Conde de Keyserling (1880-1946). Filósofo alemán.

El arte de ser sabio es el arte de saber qué mirar de soslayo.
William James (1842-1910). Filósofo estadounidense.

El cerebro no es un vaso para llenar, sino una lámpara para encender.
Plutarco (46-125). Biógrafo y ensayista griego.

El conocimiento se adquiere por medio del estudio; la sabiduría, por medio de la observación.
Marilyn vos Savant (1946-). Columnista estadounidense.

El corazón de un sabio es como un espejo: refleja cada objeto sin empañarse.
Confucio (551-479 a.C.). Filósofo y teórico social chino.

El disimulo es una sabiduría abreviada.
Francis Barón de Verulam Bacon (1561-1626). Filósofo y estadista británico.

El grado sumo del saber es contemplar el por qué.
Sócrates (470-399 a.C.). Filósofo griego.

El hombre sabe mucho más de lo que comprende.
Alfred Adler (1870-1937). Psiquiatra austriaco.

El hombre sabio lee tanto los libros como la vida en sí misma.
Lin Yutang (1895-1976). Escritor chino-americano.

El hombre sabio procurará que sus actos parezcan siempre voluntarios y no forzados, por mucho que pueda obligarle la necesidad a realizarlos.
Nicolás Maquiavelo (1469-1527). Historiador y filósofo político italiano.

El hombre sabio, incluso cuando calla, dice más que el necio cuando habla.
Samuel Fuller (1911-1997). Cineasta estadounidense.

El ignorante tiene valor; el sabio miedo.
Alberto Moravia (Alberto Pincherle) (1907-1990). Escritor italiano.

El pórtico del templo de la sabiduría es el conocimiento de nuestra propia ignorancia.
Charles Haddon Spurgeon (1834-1892). Predicador inglés.

El primer paso hacia la sabiduría es liberarse de la necedad.
Quinto Horacio Flaco (65 a.C.-8 a.C.). Poeta lírico y satírico romano.

El principio de la sabiduría es el temor a Jehová.
La Biblia.

El principio de la sabiduría no es el temor de Dios, bueno para siervos espirituales, sino el temor de nuestro yo inferior y el amor a Dios.
Amado Nervo (1870-1919). Poeta y escritor mexicano.

El que anda con los sabios, sabio será.
La Biblia.

El que aprende y aprende y no practica lo que aprende, es como el que ara y ara y nunca siembra.
Platón (428-347 a.C.). Filósofo griego.

El que lee mucho y anda mucho, ve mucho y sabe mucho.
Miguel de Cervantes (1547-1616). Dramaturgo, poeta y novelista español.

El que nada duda, nada sabe.
Proverbio griego.

El que no sabe es un imbécil. El que sabe y calla es un criminal.
Bertolt Brecht (1898-1956). Poeta y dramaturgo alemán.

El que parece sabio, entre los tontos, parece tonto entre los sabios.
Marco Fabio Quintiliano (35-95). Escritor romano.

El que posee las nociones más exactas sobre las causas de las cosas y es capaz de dar perfecta cuenta de ellas en su enseñanza, es más sabio que todos los demás en cualquier otra ciencia.
Aristóteles (384 a.C.-322a.C). Filósofo griego.

El saber confiere a los hombres poderes inmensos; el que sabe está siempre en capacidad de dominar al que no sabe.
Alberto Masfer (1865-1932). Político y escritor salvadoreño.

El saber es la única propiedad que no puede perderse.
Bias de Priene (siglo VI a.C.). Filósofo griego.

El saber no se obtiene por azar. Hay que buscarlo con afán y alimentarlo con diligencia.
Abigail Adams (1744-1818). Esposa del segundo presidente de Estados Unidos.

El sabio calla en los tiempos peligrosos.
John Selden (1740-1794). Publicista, hombre de Estado, erudito y arqueólogo inglés.

El sabio consigue más ventajas por sus enemigos que el necio por sus amigos.
Benjamín Franklin (1706-1790). Político, filósofo y científico estadounidense.

El sabio de corazón es llamado entendido.
La Biblia.

El sabio no dice lo que sabe, y el necio no sabe lo que dice.
Proverbio chino.

El sabio no dice todo lo que piensa, pero siempre piensa todo lo que dice.
Aristóteles (384 a.C.-322a.C). Filósofo griego.

El sabio no envidia la sabiduría de otro.
Erpenio (1584-1624). Orientalista holandés.

El sabio no se sienta para lamentarse, sino que se pone alegremente a su tarea de reparar el daño hecho.
William Shakespeare (1564-1616). Poeta y autor teatral inglés.

El sabio puede cambiar de opinión. El necio, nunca.
Immanuel Kant (1724-1804). Filósofo alemán.

El signo más cierto de la sabiduría es la serenidad constante.
Michel Eyquem de la Montaigne (1533-1592). Ensayista francés.

El verdadero modo de no saber nada es aprenderlo todo a la vez.
George Sand (Amandine Aurore Lucie Dupin) (1804-1876). Escritora francesa.

El verdadero redentor no es el iluso que desconoce el suelo donde pisa, sino el sabio que combina lo real y lo ideal en proporciones armoniosas.

Antonio Caso (1883-1946). Filósofo y escritor mexicano.

En cielo y tierra existe más, Horacio, que sueña tu especial filosofía.

William Shakespeare (1564-1616). Poeta y autor teatral inglés.

En el país de los ciegos el tuerto es el rey.

Erasmo de Rotterdam (1466-1536). Escritor y humanista holandés.

En la juventud y en la belleza la sabiduría es escasa.

Homero (s.VIII a.C.). Poeta griego.

En primer lugar acabemos con Sócrates, porque ya estoy harto de este invento de que no saber nada es un signo de sabiduría.

Isaac Asimov (1920-1992). Escritor y científico estadounidense.

Entiendo por sabiduría el arte de hacer la vida lo más agradable y feliz posible.

Arthur Schopenhauer (1788-1860). Filósofo alemán.

Es más fácil ser sabios con otros que con nosotros mismos.

François de La Rochefoucauld (1613-1680). Político y escritor francés.

Es mejor saber después de haber pensado y discutido que aceptar los saberes que nadie discute para no tener que pensar.

Fernando Savater (1947-). Filósofo y escritor español.

Es sabio no quien da las respuestas correctas, sino quien plantea las preguntas correctas.

Claude Lévi-Strauss (1908-). Antropólogo francés.

Es un principio indiscutible que para saber mandar bien, es preciso saber obedecer.

Aristóteles (384 a.C.-322a.C). Filósofo griego.

Es una enorme desgracia no tener talento para hablar bien, ni la sabiduría necesaria para cerrar la boca.

Jean de la Bruyere (1645-1696). Filósofo y escritor francés.

Es una gran ventaja para el hombre sabio no parecerlo,

Séneca Anneo (3 a.C.- 65 d.C.). Filósofo latino.

Grande es la sabiduría e infinito es su valor. Es la más alta victoria del hombre.

Thomas Carlyle (1795-1881). Historiador y pensador escocés.

Guarda el oro y guarda la plata, pero danos sabiduría.

Proverbio árabe.

Hasta el más sabio sólo muestra su sabiduría en cuestiones insignificantes, nunca en las verdaderamente importantes.
François de La Rochefoucauld (1613-1680). Político y escritor francés.

Hay dos cosas para alcanzar en la vida: primero, conseguir lo que quieres, y después, disfrutarlo. Sólo los más sabios logran lo segundo.
Logan Pearsall Smith (1865-1946). Escritor anglo-americano.

Hay la misma diferencia entre un sabio y un ignorante que entre un hombre vivo y un cadáver.
Aristóteles (384 a.C.-322a.C). Filósofo griego.

Hay mucho que saber, y es poco el vivir, y no se vive si no se sabe.
Baltasar Gracián y Morales (1601-1658). Jesuita y escritor español.

Hay muchos que sólo saben lo que otra gente dice.
William Carleton (1794-1869). Escritor irlandés.

Hay tontos que fingen ser sabios y sabios que fingen ser tontos, pero tú eres el primer caso que he conocido de un tonto que finge ser un tonto.
Herodes Agripa (10 a.C.- 44 d.C). Último rey de Judea.

Haz de ser más sabio que los demás, si puedes; pero no lo digas.
Philip Stanhope, conde de Chesterfield (1584-1656). Escritor y político británico.

He sido un hombre que busca y aún lo sigo siendo, pero ya no busco en las estrellas y en los libros, sino en las enseñanzas de mi sangre.
Herman Hesse (1877-1962). Escritor alemán. Premio Nobel de Literatura (1947).

Hermana Eloísa, la dialéctica me ha hecho odioso al mundo.
Pedro Abelardo (1079-1142). Filósofo y teólogo francés.

La ciencia genuina, hasta donde alcanza su verdadera doctrina, carece de profundidad. La profundidad es cosa de la sabiduría.
Edmund Husserl (1859-1938). Filósofo checo.

La ciencia se puede aprender de memoria, pero la sabiduría no.
Lawrence Sterne (1713-1768). Escritor irlandés.

La duda es el principio de la sabiduría.
Anónimo.

La ira se halla en muchos animales, la sabiduría sólo en el hombre.
Pitágoras (582-500 a.C.). Filósofo y matemático griego.

La juventud es el momento de estudiar la sabiduría; la vejez, el de practicarla.
Jean Jacques Rousseau (1712-1778). Filósofo y botánico suizo.

La mayor sabiduría que existe es conocerse a uno mismo.
Galileo Galilei (1564-1642). Físico y astrónomo italiano.

La puerta de la sabiduría nunca está cerrada.
Benjamín Franklin (1706-1790). Político, filósofo y científico estadounidense.

La sabiduría consiste en saber que se sabe lo que se sabe y saber que no se sabe lo que no se sabe.
Proverbio chino.

La sabiduría de este mundo es la madre y raíz de todos los males.
Erasmo de Rotterdam (1466-1536). Escritor y humanista holandés.

La sabiduría de la vida consiste en la eliminación de lo no esencial. En reducir los problemas de la filosofía a unos pocos solamente: el goce del hogar, de la vida, de la naturaleza, de la cultura.
Lin Yutang (1895-1976). Escritor chino-americano.

La sabiduría de los pueblos está en sus breves y juiciosos proverbios.
William Penn (1644-1718). Escritor religioso inglés.

La sabiduría de los sabios y la experiencia de los siglos pueden conservarse en las citas.
Benjamin Disraeli (1804-1881). Escritor británico.

La sabiduría es el único bien que no se pueden llevar los ladrones.
Benjamín Franklin (1706-1790). Político, filósofo y científico estadounidense.

La sabiduría es hija de la experiencia.
Leonardo Da Vinci (1452-1519). Artista florentino.

La sabiduría es un adorno en la prosperidad y un refugio en la adversidad.
Aristóteles (384 a.C.-322a.C). Filósofo griego.

La sabiduría es un tesoro que nunca causa entorpecimientos.
Jean de La Fontaine (1621-1695). Novelista y fabulista francés.

La sabiduría inútil sólo se diferencia de la tontería en que da mucho más trabajo.
Proverbio sueco.

La sabiduría no es otra cosa que la medida del espíritu, es decir, la que nivela al espíritu para que no se extralimite ni se estreche.
San Agustín (354-430). Obispo, filósofo y Padre de la Iglesia Latina.

La sabiduría nos llega cuando ya no nos sirve de nada.
Gabriel García Márquez (1928-). Escritor colombiano. Premio Nobel de Literatura.

La sabiduría se encuentra en la naturaleza, no en los laboratorios.
Manuel Lezaeta Acharan (1881-1959). Médico chileno.

La sabiduría se halla sólo en la verdad.
Johann Wolfgang von Goethe (1749-1832). Poeta, novelista y dramaturgo alemán.

La sabiduría siempre vencerá a la fuerza.
Fedro (15 a.C.-55 d.C.). Poeta romano.

La sabiduría suprema es tener sueños bastante grandes para no perderlos de vista mientras se persiguen.
William Faulkner (1897-1962). Novelista estadounidense.

La ventaja del saber estriba en poder escoger la línea de la mayor ventaja, en vez de seguir la dirección del menor esfuerzo.
George Bernard Shaw (1856-1950). Escritor irlandés.

La verdadera sabiduría consiste en saber que se sabe lo que se sabe y que no se sabe lo que no se sabe.
Proverbio chino.

La verdadera sabiduría está en reconocer la propia ignorancia.
Sócrates (470-399 a.C.). Filósofo griego.

Las buenas personas son buenas porque han llegado a la sabiduría por medio de fracasos; pues obtenemos muy poca sabiduría de los éxitos.
William Saroyan (1908-1981). Escritor estadounidense.

Llegamos a la sabiduría más a través del fracaso que del éxito.
Proverbio japonés.

Lo maravilloso de aprender algo es que nadie puede arrebatárnoslo.
B. B. King (1925-). Cantante y guitarrista estadounidense.

Lo que no se sabe expresar es que no se sabe.
Friedrich Engels (1820-1895). Pensador y economista político alemán.

Lo que quiere el sabio, lo busca en sí mismo; el vulgo, lo busca en los demás.
Confucio (551-479 a.C.). Filósofo y teórico social chino.

Lo que sabemos es una gota de agua; lo que ignoramos es el océano.
Isaac Newton (1642-1727). Matemático y físico británico.

Lo sabe todo, absolutamente todo. Figúrense lo tonto que será.
Miguel De Unamuno (1864-1936). Filósofo y escritor español.

Los animales tragan, los hombres comen; y el hombre de intelecto sabe cómo digerir.
Anthelme Brillat-Savarin (1775-1826). Magistrado, político y escritor francés.

Los escritos de los sabios son las únicas riquezas que nuestra posteridad no podrá malgastar.
Walter Savage Landor (1775-1864). Escritor inglés.

Los hombres sabios aprenden mucho de sus enemigos.
Aristóteles (384 a.C.-322a.C). Filósofo griego.

Los ignorantes son grandes charlatanes y los entendidos hablan muy poco.
Jean Jacques Rousseau (1712-1778). Filósofo y botánico suizo.

Los que saben mucho se admiran de pocas cosas, y los que no saben nada se admiran de todo.
Séneca Anneo (3 a.C.- 65 d.C.). Filósofo latino.

Los sabios aprenden más de los tontos que los tontos de los sabios.
Marco Porcio Catón "Catón el Viejo" (234-149 a.C). Político y escritor romano.

Los sabios son los que buscan la sabiduría; los necios piensan ya haberla encontrado.
Napoleón Bonaparte (1769-1821). Emperador de Francia (1804-1815).

Los sabios y los héroes de la historia están desapareciendo de nosotros; y la historia relata menos los incidentes cada día. Pero el tiempo y la distancia no tienen poder sobre el nombre, los hechos y las palabras de Cristo Jesús.
William Ellery Channing (1780-1842). Ministro religioso y escritor estadounidense.

Más veces descubrimos nuestra sabiduría con nuestros disparates que con nuestra ilustración.
Oscar Wilde (1854-1900). Novelista, poeta, crítico literario y autor teatral irlandés.

Mucho sabe el que conoce su propia ignorancia.
Confucio (551-479 a.C.). Filósofo y teórico social chino.

Muchos habrían podido llegar a la sabiduría si no se hubiesen creído ya suficientemente sabios.
Juan Luis Vives (1492-1540). Humanista y filósofo español.

Muchos habrían sido sabios si no hubieran creído demasiado pronto que ya lo eran.
Séneca Anneo (3 a.C.- 65 d.C.). Filósofo latino.

Nada en este mundo es regalado. Cualquier cosa aprendida debe aprenderse de la forma difícil.
Carlos Castañeda (1931-). Escritor brasileño.

Nada hace sospechar tanto a un hombre como el saber poco.
Francis Barón de Verulam Bacon (1561-1626). Filósofo y estadista británico.

Nada hay más útil que aprender muchas cosas, ni más fácil que oírlas.
Juan Luis Vives (1492-1540). Humanista y filósofo español.

Nadie sale sabio del vientre de su madre.
Proverbio árabe.

Ni los sabios indios ni los sabios chinos han establecido mandamientos en nuestro sentido. Han dicho: "Si haces esto, serás perfecto; si eres así, andarás hacia la perfección; si cometes tal error, habrás detenido tu evolución". Pero no han dicho nunca: "Debes hacer tal cosa". El Oriente no conoce ningún deber; porque el Oriente es. Nosotros, en cambio, vemos el ser en la forma de lo debido.
Conde de Keyserling (1880-1946). Filósofo alemán.

Ningún hombre ha llegado nunca a ser sabio por casualidad.
Séneca Anneo (3 a.C.- 65 d.C.). Filósofo latino.

No basta con alcanzar la sabiduría, es necesario saber utilizarla.
Marco Tulio Cicerón (106-43 a.C.). Escritor, político y orador romano.

No hay manto ni sayo que peor siente a la mujer que el querer ser sabia.
Martin Luther King (1929-1968). Humanista estadounidense.

No hay ninguna felicidad donde no existe ninguna sabiduría.
Sófocles (496-406 a.C.). Dramaturgo ateniense.

No importa cuánto se sabe, sino cómo se sabe.
Proverbio francés.

No sé, si, con excepción de la sabiduría, los dioses inmortales han otorgado al hombre algo mejor que la amistad.
Marco Tulio Cicerón (106-43 a.C.). Escritor, político y orador romano.

No soy tan joven como para saberlo todo.
Oscar Wilde (1854-1900). Novelista, poeta, crítico literario y autor teatral irlandés.

Nuestra sabiduría no se encuentra menos a merced del azar que nuestra propiedad.
François de La Rochefoucauld (1613-1680). Político y escritor francés.

Nuestras mayores tonterías pueden ser muy sabias.
Leonardo Da Vinci (1452-1519). Artista florentino.

Nueve décimas de nuestra sabiduría consiste en ser sabios a tiempo.
Theodore Roosevelt (1858-1919). Estadista estadounidense.

Nueve décimas partes de la sabiduría provienen de ser juicioso a tiempo.
Henry David Thoreau (1817-1862). Escritor, poeta y pensador estadounidense.

Nunca la naturaleza dice una cosa y la sabiduría otra.
Juvenal (67-127). Poeta romano.

O sabes que nada sabes, o lo ignoras; si lo ignoras no puedes afirmarlo, si lo sabes, sabes algo.
Marco Tulio Cicerón (106-43 a.C.). Escritor, político y orador romano.

Para apreciar bien el cielo, es bueno para un hombre tener unos quince minutos de infierno.
William Carleton (1794-1869). Escritor irlandés.

Para llegar a ser sabio, es preciso querer experimentar ciertas vivencias, es decir, meterse en sus fauces. Eso es, ciertamente, muy peligroso; más de un sabio ha sido devorado al hacerlo.
Friedrich Nietzsche (1844-1900). Filósofo, poeta y filólogo alemán.

Pensar y obrar, obrar y pensar es la suma de toda sabiduría.
> Johann Wolfgang von Goethe (1749-1832). Poeta, novelista y dramaturgo alemán.

Piensa como piensan los sabios, mas habla como habla la gente sencilla.
> Aristóteles (384 a.C.-322a.C). Filósofo griego.

Protegedme de la sabiduría que no llora, de la filosofía que no ríe y de la grandeza que no se inclina ante los niños.
> Khalil Gibran (1833-1931). Ensayista, novelista y poeta libanés.

Quien daña el saber, homicida es de sí mismo.
> Pedro Calderón de la Barca (1600-1681). Dramaturgo y poeta español.

Quien nada sabe, nada duda.
> Proverbio francés.

Quien volviendo a hacer el camino viejo aprende el nuevo, puede considerarse un maestro.
> Confucio (551-479 a.C.). Filósofo y teórico social chino.

Sabe más el tonto en su casa, que el sabio en la ajena.
> Miguel de Cervantes (1547-1616). Dramaturgo, poeta y novelista español.

Saber es acordarse.
> Aristóteles (384 a.C.-322a.C). Filósofo griego.

Saber mucho da ocasión de dudar más.
> Michel Eyquem de la Montaigne (1533-1592). Ensayista francés.

Saber para prever, a fin de poder.
> Auguste Comte (1798-1857). Filósofo francés.

Saber poco es muy peligroso.
> Alexander Pope (1688-1744). Escritor inglés.

Saber que se sabe lo que se sabe y que no se sabe lo que no se sabe; he aquí el verdadero saber.
> Confucio (551-479 a.C.). Filósofo y teórico social chino.

Saber que se sabe lo que se sabe y saber que no se sabe lo que no se sabe: sabiduría.
> Jean Baptiste Alphonse Karr (1808-1890). Escritor francés.

Saber una cosa no es nada, a menos que otro sepa que usted lo sabe.
> Persius (34-62). Poeta etrusco.

Saber y saberlo demostrar es valer dos veces.
> Baltasar Gracián y Morales (1601-1658). Jesuita y escritor español.

Sabio es aquel que constantemente se maravilla.
> André Gide (1869-1951). Escritor francés.

Sacar provecho de un buen consejo exige más sabiduría que darlo.

John Churton Collins (1848-1908). Crítico literario inglés.

Se requiere sabiduría para entender la sabiduría; la música no es nada si la audiencia es sorda.

Walter Lipmann (1889-1974). Escritor y periodista estadounidense.

Ser feliz. Es una forma de ser sabio.

Colette (Sidonie Gabrielle Claudine) (1873-1954). Novelista francesa.

Si saber poco es algo peligroso, ¿dónde pudiéramos encontrar a un hombre que esté fuera de peligro?

Thomas Henry Huxley (1825-1895). Biólogo inglés.

Si ustedes jóvenes fueran sabios, el diablo no podría hacerles nada, pero puesto que no lo son, ustedes nos necesitan a nosotros sus mayores.

Martín Lutero (1483-1546). Teólogo alemán que inició la Reforma protestante.

Sólo los sabios más excelentes, y los necios más acabados, son incomprensibles.

Confucio (551-479 a.C.). Filósofo y teórico social chino.

Solo sé que no sé nada.

Sócrates (470-399 a.C.). Filósofo griego.

Somos la primera época en que el hombre se ha hecho problemático, de manera completa y sin resquicio, ya que además de no saber lo que es, sabe que no lo sabe.

Max Scheler (1874-1928). Filósofo y religioso alemán.

Tenemos miedo de saber demasiado.

Jaime Sabines (1926-1999). Poeta mexicano.

Todo hombre es tonto por lo menos cinco minutos al día; la sabiduría consiste en no rebasar el límite.

Elbert Hubbard (1856-1915). Escritor y editor estadounidense.

Tomamos extrañas medicinas para mejorar nuestra salud, por lo que debemos tener extraños pensamientos para fortalecer la sabiduría.

Brian Aldiss (1925-). Escritor inglés.

Un erudito que no sea serio no inspirará respeto, y su sabiduría, por lo tanto, carecerá de estabilidad.

Confucio (551-479 a.C.). Filósofo y teórico social chino.

Un experto es aquel que sabe más y más sobre menos y menos.

Nicholas Murray Butler (1862-1947). Pedagogo estadounidense.

Un hombre no es sino lo que sabe.

Francis Barón de Verulam Bacon (1561-1626). Filósofo y estadista británico.

Un hombre no puede saberlo todo, pero cada cual ha de tener alguna cosa que conoce a conciencia.
Gustav Freytag (1816-1895). Poeta y novelista alemán.

Un hombre sabio creará más oportunidades que las que halle...
Francis Barón de Verulam Bacon (1561-1626). Filósofo y estadista británico.

Un hombre sabio será el dueño de su mente. Un tonto será su esclavo.
Publio Siro (Siglo I a.C.). Poeta latino.

Un proverbio es el espíritu de uno solo y la sabiduría de todos.
John Scott Russell (1808-1882). Ingeniero escocés.

Una cosa es amar la sabiduría y otra haberla conseguido.
Séneca Anneo (3 a.C.- 65 d.C.). Filósofo latino.

Una cosa es haber andado más camino y otra, haber caminado más despacio.
San Agustín (354-430). Obispo, filósofo y Padre de la Iglesia Latina.

Vale más saber alguna cosa de todo, que saberlo todo de una sola cosa.
Blaise Pascal (1623-1662). Matemático, físico y teólogo francés.

Vale más saber esperar que saber conformarse.
Antonio Caso (1883-1946). Filósofo y escritor mexicano.

Viven los sabios varones ya pasados, y nos hablan cada día en sus eternos escritos iluminando perennemente los venideros.
Baltasar Gracián y Morales (1601-1658). Jesuita y escritor español.

Ya que tienes que hacer ciertas cosas, sé lo suficientemente sabio para hacer algunas de las cosas que quieres hacer.
Malcolm Forbes (1919-1990). Editor estadounidense.

Yo amo a la sabiduría más de lo que ella me ama a mí.
Lord Byron (1788-1824). Poeta inglés.

Salud - Medicina

¡Oh salud, salud! ¡Bendición del rico, riqueza del pobre! ¿Quién podría encontrar demasiado caro el precio por comprarte.
Ben Jonson (1572-1637). Poeta y dramaturgo inglés.

¿Quién decide cuando los médicos no están de acuerdo?
Alexander Pope (1688-1744). Escritor inglés.

Casi todos los médicos tienen sus enfermedades favoritas.
Henry Fielding (1707-1754). Escritor inglés.

El cielo cura, y el médico cobra los honorarios.
Benjamín Franklin (1706-1790). Político, filósofo y científico estadounidense.

El mejor médico es el que conoce la inutilidad de la mayor parte de las medicinas.
Benjamín Franklin (1706-1790). Político, filósofo y científico estadounidense.

El secreto de la salud para la mente y el cuerpo no es lamentarse por el pasado, ni preocuparse acerca del futuro, sino vivir el momento presente sabia y provechosamente.
Buda (-600 a.C.) Pensador himalaya.

Es cierto que nada contribuye menos a la felicidad que la riqueza y que nada contribuye más que la salud. Todo debe ceder el paso a la salud.
Arthur Schopenhauer (1788-1860). Filósofo alemán.

Estudié medicina por respeto a mi padre, y no la ejercí nunca por respeto a la humanidad.
Alfonso Rodríguez Castelao (1886-1950). Pintor y escritor español.

La salud de nuestro cuerpo la gastamos al por mayor; mas, una vez perdida, la compramos al por menor.
Albert Llanas (1840-1915). Dramaturgo, empresario teatral y humorista español.

La salud es la justa medida entre el calor y el frío.
Aristóteles (384 a.C.-322a.C). Filósofo griego.

Los médicos como la cerveza, mejor cuanto más viejos.
Thomas Fuller (1608-1661). Clérigo y escritor inglés.

Los médicos pueden enterrar sus equivocaciones, pero un arquitecto sólo puede aconsejar a su cliente plantar yerba.
George Sand (Amandine Aurore Lucie Dupin) (1804-1876). Escritora francesa.

Secreto

Hay gente que no tiene ningún respeto por los secretos ajenos, porque ellos mismos no tienen ningún secreto.
Vicky Baum (1888-1960). Escritora austriaca.

La confidencia hace odiar o amar al que la ha recibido; se descubre que él era o no era digno de ella, que la supo o no la supo guardar.
André Maurois (1885-1967). Escritor francés.

Nadie guarda mejor un secreto que el que lo ignora.
G. Farguhar (1678-1707). Comediógrafo inglés.

Sentido común

Creer en el sentido común es la primer falta de sentido común.
Eugene Gladstone O'Neill (1888-1953). Dramaturgo estadounidense Premio Nobel.

El sentido común es el menos común de los sentidos.
Anónimo.

El sentido común es el mismo instinto de la verdad.
Max Jacob (1876-1944). Poeta francés.

El sentido común es muy poco común.
Horace Greeley (1811-1872). Idealista y líder de opinión estadounidense.

Es más fácil ser genial que tener sentido común.
Jacinto Benavente (1866-1954). Dramaturgo y crítico español.

Hay gentes tan llenas de sentido común, que no les queda el más pequeño rincón para el sentido propio.
Miguel De Unamuno (1864-1936). Filósofo y escritor español.

Sentimientos

Apuesto por los sentimientos. El público está harto de tanto sexo sin sentido y de tanta violencia gratuita.
Richard Attenborough (1923-). Actor y director inglés.

Cuando el corazón es bueno, todo puede corregirse.
Johann Wolfgang von Goethe (1749-1832). Poeta, novelista y dramaturgo alemán.

El más terrible de los sentimientos es el sentimiento de tener la esperanza perdida.
Federico García Lorca (1898-1936). Poeta y dramaturgo español.

El sentimentalismo es una superestructura cubriendo la brutalidad.
Carl Gustav Jung (1875-1961). Psicólogo y psiquiatra suizo.

En vez de sentir el no ser conocido, procura hacerte digno de ser conocido.
Confucio (551-479 a.C.). Filósofo y teórico social chino.

Hay que sentir el pensamiento y pensar el sentimiento.
Miguel De Unamuno (1864-1936). Filósofo y escritor español.

La incomprensión, más que la imposibilidad de comprender, es la imposibilidad de sentir.
José Narosky (1931-). Escritor argentino.

La mayoría de nuestras equivocaciones en la vida nacen de que cuando debemos pensar, sentimos y cuando debemos sentir, pensamos.
John Churton Collins (1848-1908). Crítico literario inglés.

La sensibilidad levanta una barrera que no puede salvar la inteligencia.
Azorín (José Martínez Ruiz) (1873-1967). Ensayista, novelista, autor de teatro y crítico español.

No digas de ningún sentimiento que es pequeño o indigno. No vivimos de otra cosa que de nuestros pobres, hermosos y magníficos sentimientos, y cada uno de ellos contra el que cometemos una injusticia es una estrella que apagamos.
> Herman Hesse (1877-1962). Escritor alemán. Premio Nobel de Literatura (1947).

No es la fuerza, sino la duración del sentimiento elevado, lo que hace a los hombres superiores.
> Friedrich Nietzsche (1844-1900). Filósofo, poeta y filólogo alemán.

No exponer los sentimientos verdaderos a un adulto parece ser instintivo a partir de los siete u ocho años de edad en adelante.
> George Orwell (1903-1950). Escritor inglés.

No hay nada que desespere tanto como el ver mal interpretados nuestros sentimientos.
> Jacinto Benavente (1866-1954). Dramaturgo y crítico español.

Si la razón hace al hombre, el sentimiento lo conduce.
> Jean Jacques Rousseau (1712-1778). Filósofo y botánico suizo.

Siempre hay algo de ridículo en las emociones de las personas que se han dejado de querer.
> Oscar Wilde (1854-1900). Novelista, poeta, crítico literario y autor teatral irlandés.

Yo podría estar encerrado en una cáscara de nuez y sentirme rey de un espacio infinito.
> William Shakespeare (1564-1616). Poeta y autor teatral inglés.

Cuando se exagera un sentimiento, desaparece la capacidad de razonar.
> Gustave Le Bon (1841-1931). Psicólogo social y escritor francés.

El sentimiento es un flor delicada, manosearla es marchitarla.
> Mariano José de Larra (1809-1837). Escritor romántico y periodista español.

El sentimiento llena las lagunas de la ignorancia.
> Vanessa Redgrave (1937-). Actriz británica.

Faltan palabras a la lengua para los sentimientos del alma.
> Fray Luis de León (1527-1591). Poeta y místico español.

Hasta los sentimientos buenos, si se exaltan en demasía, son capaces de conducirnos a errores deplorables.
> Jaime Luciano Balmes (1810-1848). Sacerdote, periodista y filósofo español.

Hay cuerdas en el corazón humano que sería mejor no hacerlas vibrar.
> Charles Dickens (1812-1870). Escritor inglés.

La ciencia heredada de cien generaciones y el orgullo fruto de cuatro mil años de historia huyen como esclavos cogidos en falta ante la amenaza tempestuosa.
> Ippolito Nievo (1831-1861). Escritor italiano.

Las ideas mueven el mundo sólo si antes se han transformado en sentimientos.
Elizabeth Taylor (1932-). Actriz británica.

Llamamos sentimentalismo a los sentimientos que no compartimos.
Henry Graham Greene (1904-1991). Novelista inglés.

Los sentimientos deben analizarse y nunca obedecerse.
Enrique Jardiel Poncela (1901-1952). Escritor español.

Los sentimientos son los instrumentos de que dispone el sujeto para estar interesado en los objetos que le rodean. Sin los sentimientos seríamos prácticamente muebles.
Carlos Castilla Del Pino (1922-). Psiquiatra y escritor español.

No es con una idea como se levanta a un hombre, sino con un sentimiento.
Hippolyte Taine (1828-1893). Historiador y crítico francés.

Sentir antes de comprender.
Jean Cocteau (1889-1963). Escritor francés.

Sentir y pensar, considerándolo bien, son como el ciego que guía al cojo.
Franz Grillparzer (1791-1872). Poeta austriaco.

Siente, no seas una máquina de pensar.
Enrique Miret Magdalena (1914-). Teólogo español.

Ver es creer, pero sentir es estar seguro.
John Ray (1627-1705). Naturalista y escritor inglés.

Ser

Andamos como andamos, porque somos como somos.
Filósofo de Güémez, personaje mexicano que se dice vivió alrededor de 1800.

El que quiera ser el centro de una reunión, mejor que no acuda.
Audrey Hepburn (1929-1993). Actriz estadounidense.

La manera de hacer es ser.
Lao-tsé (570-490 a.C.). Filosófo del Taoísmo.

Es mejor llegar a ser que haber nacido siendo.
Marco Fidel Suárez (1856-1927). Escritor y político colombiano.

No ames lo que eres, sino lo que puedes llegar a ser.
Miguel de Cervantes (1547-1616). Dramaturgo, poeta y novelista español.

No debemos nutrir en nuestro ser lo que está muerto. Dejad que arda el fuego hasta que no tenga nada con que alimentarse. ¡No conservéis nada que tenga que ser destruido!
Rabindranath Tagore (1861-1941). Poeta y filósofo indio.

Sabemos lo que somos, más no sabemos lo que podemos ser.
William Shakespeare (1564-1616). Poeta y autor teatral inglés.

Si deseas ser un escritor, escribe.
Epicteto (55-135 d.C.). Pensador griego.

Si entre no haber sido y ser hubiera el hombre podido elegir, claro es que hubiera escogido el no escoger.
Ramón de Campoamor (1817-1901). Poeta español.

Si no conoces tu ser, nadie lo hará.
Anónimo.

Por lo que podemos discernir, el propósito único de la existencia humana es encender una luz en la oscuridad del ser.
Carl Gustav Jung (1875-1961). Psicólogo y psiquiatra suizo.

Tú tienes que ser antes de que puedas hacer, y hacer antes de que puedas tener.
Zig Ziglar (1926-). Escritor y conferencista estadounidense.

Yo puedo, por consiguiente yo soy.
Simone Weil (1909-1943). Escritora francesa.

Ser humano

Cada contacto con un ser humano es tan raro, tan precioso, que uno debe preservarlo.
Anais Nin (1903-1977). Escritora estadounidense.

Cuando trates con las personas, recuerda que no estás tratando con criaturas de lógica, sino con criaturas de emoción, criaturas congestionadas de prejuicios y motivadas por orgullo y vanidad.
Dale Carnegie (1888-1955). Escritor norteamericano.

El objetivo de una broma no es degradar al ser humano, sino recordarle que ya ha sido degradado.
George Orwell (1903-1950). Escritor inglés.

Hacer algo, aunque sea pequeño, para hacer a otros más felices y mejores, es la ambición más alta, la esperanza mayor, la cual puede inspirar a un ser humano.
Sir John Lubbock "Lord Avery" (1834-1913). Naturalista y banquero inglés.

La raza humana es desafiada más que nunca a demostrar su dominio, no sobre la naturaleza sino sobre sí misma.
Rachel Carson (1907-1964). Escritora y bióloga marina estadounidense.

Más persona serás en cuanto más humano intentes ser.
Anónimo.

Por primera vez en la historia del mundo, cada ser humano está sujeto al contacto con peligrosos químicos, desde el momento de la concepción hasta la muerte.

Rachel Carson (1907-1964). Escritora y bióloga marina estadounidense.

Un hombre tiene que tener siempre el nivel de la dignidad por encima del nivel del miedo.

Eduardo Chillida Juantegui (1924-2002). Artista español.

Un hombre, cualquier hombre, vale más que una bandera, cualquier bandera.

Eduardo Chillida Juantegui (1924-2002). Artista español.

¿Qué es el hombre dentro de la naturaleza? Nada con respecto al infinito, todo con respecto a la nada, un intermedio entra la nada y el todo.

Blaise Pascal (1623-1662). Matemático, físico y teólogo francés.

De todos los animales de la creación el hombre es el único que bebe sin tener sed, come sin tener hambrey habla sin tener nada que decir.

John Steinbeck (1902-1968). Escritor estadounidense.

Dios ha creado al hombre como una animal sociable, con la inclinación y bajo la necesidad de convivir con los seres de su propia especie, y le ha dotado, además, de lenguaje, para que sea el gran instrumento y lazo común de la sociedad.

John Locke (1632-1704). Filósofo inglés.

Dos cosas admiro: la inteligencia de las bestias y la bestialidad de los hombres.

Flora Tristran (1803-1844). Escritora y activista francesa.

El cielo, el infierno y el mundo entero, está en nosotros.

Henri Frédéric Amiel (1821-1881). Crítico suizo.

El cuerpo humano es el carruaje; el yo, el hombre que lo conduce; el pensamiento son las riendas, y los sentimientos, los caballos.

Platón (428-347 a.C.). Filósofo griego.

El hombre actual ha nacido o bien para vivir entre las convulsiones de la inquietud, o bien en el letargo del aburrimiento.

Francois-Marie Arouet de Voltaire (1694-1778). Escritor y filósofo francés.

El hombre es el más misterioso y el más desconcertante de los objetos descubiertos por la ciencia.

Ángel Ganivet y García (1865-1898). Ensayista y novelista español.

El hombre es el ser supremo para el hombre.

Karl Marx (1818-1883). Filósofo alemán.

El hombre es el único animal que hace daño a su pareja.

Aristófanes (444 a.C.-385 a.C.). Comediante griego.

El hombre es la medida de todas las cosas.
Pitágoras (582-500 a.C.). Filósofo y matemático griego.

El hombre es un milagro químico que sueña.
Alfred Víctor "Conde de Vigny" (1797-1863). Escritor francés.

El hombre es un milagro sin interés.
Jean Jacques Rousseau (1712-1778). Filósofo y botánico suizo.

El hombre no es más que un omnívoro que viste pantalones.
Thomas Carlyle (1795-1881). Historiador y pensador escocés.

El hombre no es sino lo que sabe.
Francis Barón de Verulam Bacon (1561-1626). Filósofo y estadista británico.

El hombre no ha sabido organizar un mundo para sí mismo y es un extraño en el mundo que él mismo ha creado.
Alexis Carrel (1873-1944). Biólogo, médico y escritor francés.

El hombre tiene en sus propias manos el molde de su fortuna.
Francis Barón de Verulam Bacon (1561-1626). Filósofo y estadista británico.

El hombre: un milímetro por encima del mono cuando no un centímetro por debajo del cerdo.
Pío Baroja (1872-1956). Escritor español.

El ser humano no vive sólo de pan. Necesitamos amor y cuidados, y encontrar una respuesta a quiénes somos y por qué vivimos.
Jostein Gaarder (1952-). Escritor noruego.

En el hombre hay más cosas dignas de admiración que de desprecio.
Albert Camus (1913-1960). Novelista, dramaturgo y ensayista francés.

Es propio de hombres de cabezas medianas embestir contra todo aquello que no les cabe en la cabeza.
Antonio Machado (1875-1939). Poeta español.

Fuera de la sociedad, el hombre es una bestia o un dios.
Aristóteles (384 a.C.-322a.C). Filósofo griego.

La humanidad, partiendo de la nada y con su sólo esfuerzo, ha llegado a alcanzar las más altas cotas de miseria.
Groucho Marx (1890-1976). Actor estadounidense.

Los hombres no son sino los instrumentos del genio del universo.
Georg Wilhelm Friedrich Hegel (1770-1831). Filósofo alemán.

Los hombres viven del olvido; las mujeres, de recuerdos.
Thomas S. Eliot (1888-1965). Poeta y crítico angloamericano.

Los soberanos huéspedes de ojos llenos de destino.
Friedrich Leopold von Hardenberg "Novalis" (1772-1801). Poeta alemán.

Más que las ideas, a los hombres los separan los intereses.
Alexis de Tocqueville (1805-1859). Escritor, pensador y político francés.

Muchas cosas hay portentosas, pero ninguna tan portentosa como el hombre... Sólo la muerte no ha consegido evitar.
Sófocles (496-406 a.C.). Dramaturgo ateniense.

Ningún hombre es una isla, algo completo en sí mismo; todo hombre es un fragmento del continente, una parte de un conjunto.
John Donne (1572-1631). Poeta, prosista y clérigo inglés.

No hay malas hierbas ni hombres malos; sólo hay malos cultivadores.
Víctor Hugo (1802-1885). Escritor francés.

Si en los hombres no aparece el lado ridículo, es que no lo hemos buscado bien.
François de La Rochefoucauld (1613-1680). Político y escritor francés.

Siempre me ha parecido que a un ser humano sólo le puede salvar otro ser humano.
Heinz Gunter "Heinz G. Konsalik" (1921-1999). Escritor alemán.

Somos gente extraña. Nos pasamos la vida haciendo cosas que detestamos con objeto de ganar dinero para comprarnos cosas que no necesitamos e impresionar a personas que no nos caen bien.
Anónimo.

Todo hombre paga su grandeza con muchas pequeñeces, su victoria con muchas derrotas, su riqueza con múltiples quiebras.
Giovanni Papini (1881-1956). Escritor italiano.

Todos somos fragmentos no sólo del hombre en general, sino de nosotros mismos.
Georg Simmel (1858-1918). Filósofo y sociólogo alemán.

Tres facultades hay en el hombre: la razón que esclarece y domina; el coraje o ánimo que actúa, y los sentidos que obedecen.
Platón (428-347 a.C.). Filósofo griego.

Un hombre no es sólo lo que está comprendido entre pies y cabeza.
Walt Whitman (1819-1892). Poeta estadounidense.

Un hombre y una mujer son hasta tal punto la misma cosa que casi no se entiende la cantidad de distinciones y de razonamientos sutiles de los cuales se nutre la sociedad sobre este argumento.
George Sand (Amandine Aurore Lucie Dupin) (1804-1876). Escritora francesa.

Sexo

¡Oh, dulce concupiscencia de la carne! Refugio de los pecadores, consuelo de los afligidos, alivio de los enfermos mentales, diversión de los pobres, esparcimiento de los intelectuales, lujo de los ancianos.
Jorge Ibargüengoitia (1928-1983). Novelista, cuentista y dramaturgo mexicano.

¿Es sucio el sexo? Sólo cuando se hace bien.
Woody Allen (1935-). Escritor, actor y director de cine estadounidense.

Amortigua la circuncisión el apetito de la carne, como queda amortiguado el oído si se le cortan a uno las orejas o la vista si se le cortan los párpados.
Miguel Serveto (1511-1553). Filósofo español.

Dios que castigas la fornicación, ¿por qué no haces la prueba?
José Emilio Pacheco (1939-). Escritor mexicano.

El acto sexual es un saludo que intercambian dos almas.
Macedonio Fernández (1874-1952). Escritor argentino.

El amor es cuestión de química, pero el sexo es cosa de la física
Anónimo.

El amor es emoción, y el sexo, acción.
Madonna. Louise Veronica Ciccone (1958-). Cantante y actriz estadounidense.

El amor es la respuesta, pero mientras usted la espera, el sexo le plantea unas cuantas preguntas.
Woody Allen (1935-). Escritor, actor y director de cine estadounidense.

El cerebro es mi segundo órgano favorito.
Woody Allen (1935-). Escritor, actor y director de cine estadounidense.

El instinto sexual es inocente por naturaleza. Es la mente de algunos seres humanos la que lo prostituye y lo deforma.
Bernardo J. Gastélum (1886-1982). Médico mexicano.

El pudor es un sólido que sólo se disuelve en alcohol o en dinero.
Enrique Jardiel Poncela (1901-1952). Escritor español.

El que satisface sexualmente a una mujer es su dueño, el que no la satisface sexualmente es su esclavo.
Enrique Jardiel Poncela (1901-1952). Escritor español.

El sexo es lo más divertido que se puede hacer sin reír.
Woody Allen (1935-). Escritor, actor y director de cine estadounidense.

El sexo es una emoción en movimiento.
Mae West (1892-1980). Actriz estadounidense.

El sexo es una trampa de la naturaleza para no extinguirse.
Friedrich Nietzsche (1844-1900). Filósofo, poeta y filólogo alemán.

El sexo es, en altísimo porcentaje, necesidad de comunicación.
Santiago Genovés (1923-). Antropólogo y escritor mexicano.

El sexo forma parte de la naturaleza. Y yo me llevo de maravilla con la naturaleza.
Marilyn Monroe (1926-1962). Actriz estadounidense.

El sexo se ha vuelto predicador público y su discurso es un llamado a la lucha: hace del placer un deber. Un puritanismo al revés.
Octavio Paz (1914-1998). Escritor mexicano.

El sexo sin amor es una experiencia vacía. Pero como experiencia vacía es una de las mejores.
Woody Allen (1935-). Escritor, actor y director de cine estadounidense.

El sexo sin amor sólo alivia el abismo que existe entre dos seres humanos de forma momentánea.
Erich Fromm (1900-1980). Psicoanalista germano estadounidense.

En todo encuentro erótico hay un personaje invisible y siempre activo: la imaginación.
Octavio Paz (1914-1998). Escritor mexicano.

Enamorado del silencio, el poeta no tiene más remedio que hablar.
Octavio Paz (1914-1998). Escritor mexicano.

Francia es el único lugar donde puedes hacer el amor en la tarde sin que alguien toque a tu puerta.
Barbara Cartland (1901-2000). Novelista británica.

Hacer el amor con la mujer de uno mismo es como disparar a patos quietos.
Groucho Marx (1890-1976). Actor estadounidense.

Hacer ojitos sin hablar es hacer el amor como tortuga.
Proverbio árabe.

Hoy se abusa del sexo y de la violencia.
Sophia Loren (1934-). Actriz italiana.

La dieta correcta dirige la energía sexual hacia las partes que importan.
Barbara Cartland (1901-2000). Novelista británica.

La imaginación vuelve palpables los fantasmas del deseo. Por la acción de la imaginación, el deseo erótico va más allá, precisamente más allá de la sexualidad animal.
Octavio Paz (1914-1998). Escritor mexicano.

La manera de conducirse con una mujer consiste en hacerle el amor si es bonita, y en hacérselo a otra si no lo es.
Oscar Wilde (1854-1900). Novelista, poeta, crítico literario y autor teatral irlandés.

La masturbación es el sexo con alguien a quien amas.
Woody Allen (1935-). Escritor, actor y director de cine estadounidense.

La mujer pierde su virginidad cuando quiere, y el hombre cuando puede.
Enrique Jardiel Poncela (1901-1952). Escritor español.

La música que más les extasía a las mujeres es la ejecutada con las trompas de Falopio.
Enrique Jardiel Poncela (1901-1952). Escritor español.

La necesidad ha hecho aparearse a quienes no pueden existir el uno sin el otro, como son el varón y la mujer.
Aristóteles (384 a.C.-322a.C). Filósofo griego.

La pornografía es una sátira sobre las pretensiones humanas.
Angela Carter (1940-1992). Escritora feminista británica.

La relación sexual no es fundamental para el amor, sino que al amor es fundamental para la relación sexual.
Phil Bosmans (1922-). Sacedorte y escritor belga.

La represión sexual enajena a la gente y hace proliferar a los psiquiatras.
Edmundo Valadés (1915-). Escritor y periodista mexicano.

Las relaciones sexuales son como el dinero: cuando lo tienes te lo gastas, y cuando careces de él sólo piensas en eso.
Almudena Grandes (1960-). Escritora española.

Leer manuales de informática sin el hardware es tan frustrante como leer manuales de sexo sin el software.
Arthur Clarke (1917-). Científico y escritor británico.

Lo que sucede en diez minutos es algo que excede a todo el vocabulario de Shakespeare.
Robert Louis Stevenson (1850-1894). Novelista, ensayista y poeta escocés.

Los excesos en la vida sexual son un signo de degeneración burguesa.
Vladimir Ilich Ulianov Lenin (1870-1924). Líder revolucionario ruso.

Los lugares más soeces y menos bellos de nuestros cuerpos son los que dan placer.
Fernando Arrabal (1932-). Dramaturgo, poeta y novelista español.

Los misterios de toda intimidad son impenetrables o incoherentes.
Jaime Torres Bodet (1902-1974). Escritor y político.

Ningún hombre puede enamorarse de una mujer que no le despierte el instinto sexual.
Axel Martin Fredrik Munthe (1857-1949). Médico, siquiatra, y escritor sueco.

No conozco ninguna relación verdadera que no sea al mismo tiempo un acuerdo sexual.
Carmen Llera Moravia (1955-). Escritora española.

No es el sexo el que da placer, sino el amante.
Marge Piercy (1932-). Escritora estadounidense.

No hay amor sin instinto sexual. El amor usa de este instinto como de una fuerza brutal, como el bergantín usa el viento.

José Ortega y Gasset (1883-1955). Filósofo español.

No practico el sexo tanto como querría, pero entreno todo lo que puedo.

Woody Allen (1935-). Escritor, actor y director de cine estadounidense.

Por mucho que los hombres traten de suprimir su sexualidad, siempre serán incapaces de hacerlo.

John Joseph "Jack" Nicholson (1937-). Actor y director estadounidense.

Ser bisexual duplica las oportunidades de conseguir una cita el sábado por la noche.

Woody Allen (1935-). Escritor, actor y director de cine estadounidense.

Si la madurez sexual tuviera que esperar a la intelectual hace mucho que se habría extinguido la especie humana.

Ron Kritzfeld (1921-). Filósofo alemán.

Sólo existen dos cosas importantes en la vida. La primera es el sexo y la segunda no me acuerdo.

Woody Allen (1935-). Escritor, actor y director de cine estadounidense.

Todo amor sin sexo es corruptible.

Eduardo Lizalde (1929-). Poeta mexicano.

Todo es bueno cuando es excesivo.

Marqués de Sade (Donatien Alphonse Francois Sade) (1740-1814). Escritor francés.

Un orgasmo al día mantiene al doctor ausente.

Mae West (1892-1980). Actriz estadounidense.

Ven a dormir conmigo: no haremos el amor... él nos hará.

Julio Cortázar (1914-1984). Escritor argentino.

Yo no bebo agua; los peces fornican en ella.

W. C. Fields (1880-1946). Comediante estadounidense.

¿Por qué lo llaman amor cuando quieren decir sexo?

Groucho Marx (1890-1976). Actor estadounidense.

El mundo está lleno de esos seres incompletos que andan en dos pies y degradan el único misterio que les queda: El sexo.

David Herbert Lawrence (1885-1930). Novelista y poeta inglés.

Es una ley inexorable en la vida de los sexos, la acción anafrodisíaca de la costumbre.

Gregorio Marañón (1887-1960). Médico y escritor español.

No son los dos sexos superiores o inferiores el uno al otro. Son simplemente, distintos.

Gregorio Marañón (1887-1960). Médico y escritor español.

Si vas a hacer algo relacionado con el sexo, debería ser cuando menos genuinamente perverso.
Grant Morrison (1960-). Guionista escocés.

Una orgía real nunca excita tanto cuanto un libro pornográfico.
Aldous Leonard Huxley (1894-1963). Escritor inglés.

Silencio

A veces, el silencio es la peor mentira.
Miguel De Unamuno (1864-1936). Filósofo y escritor español.

Contra el callar no hay castigo ni respuesta.
Miguel de Cervantes (1547-1616). Dramaturgo, poeta y novelista español.

Cuando hables, procura que tus palabras sean mejores que el silencio.
Proverbio indio.

De todas las reacciones posibles ante una injuria, la más hábil y económica es el silencio.
Santiago Ramón y Cajal (1852-1934). Doctor español.

El hombre silencioso no presta testimonio contra sí mismo.
Aldous Leonard Huxley (1894-1963). Escritor inglés.

El silencio es el único amigo que jamás traiciona.
Confucio (551-479 a.C.). Filósofo y teórico social chino.

El silencio es la conversación de las personas que se quieren. Lo que cuenta no es lo que se dice, sino lo que no es necesario decir.
Albert Camus (1913-1960). Novelista, dramaturgo y ensayista francés.

El silencio es la elocuencia de los que han sufrido.
Eduardo Zamacois (1876-1972). Novelista español.

El silencio es retórica de amantes.
Fernando Calderón (1809-1845). Escritor mexicano.

El silencio es una de las artes más grandes de la conversación.
William Hazlitt (1778-1830). Ensayista y crítico inglés.

El silencio escuda y suele encubrir la falta de ingenio y torpeza de lenguas.
Fernando de Rojas (1470-1541). Escritor español.

Escucha en el silencio y serás sabio.
Proverbio chino.

He pensado frecuentemente que sería una bendición si cada ser humano fuera afectado de ceguera y sordera por algunos días, durante el comienzo de su vida adulta. La oscuridad lo haría apreciar más la vista; y el silencio le enseñaría la alegría del sonido.
Helen Keller (1880-1968). Escritora estadounidense.

La ciencia del silencio frente al cielo estrellado, la posee la flor y el insecto no más.
> Federico García Lorca (1898-1936). Poeta y dramaturgo español.

La palabra más soez y la carta más grosera son mejores, son más educadas que el silencio.
> Friedrich Nietzsche (1844-1900). Filósofo, poeta y filólogo alemán.

Los ríos más profundos son siempre los más silenciosos.
> Quintus Curtius Rufus (siglo I d.C.). Historiador latino.

Manejar el silencio es más difícil que manejar la palabra.
> Georges Clemenceau (1841-1929). Político y periodista francés.

No hay nada más interesante que la conversación de dos amantes sumidos en un profundo silencio...
> Anónimo.

Quien calla, otorga.
> Bonifacio VIII (1235-1303). Papa (1294-1303).

Quien calla, está más seguro de acertar.
> Rubén Darío (1867-1916). Poeta nicaragüense.

Sólo el silencio es grandioso; todo lo demás es debilidad.
> Alfred de Vigny (1797-1863). Escritor francés.

Sólo en el silencio el hombre logra escuchar en lo íntimo de la conciencia la voz de Dios, que verdaderamente le hace libre.
> Juan Pablo II (Karol Wojtila) (1920-). Papa desde 1978 nacido en Polonia.

Sólo hay tres voces dignas de romper el silencio: la de la poesía, la de la música y la del amor.
> Amado Nervo (1870-1919). Poeta y escritor mexicano.

Soy tan partidario de la disciplina del silencio, que podría hablar horas enteras sobre ella.
> George Bernard Shaw (1856-1950). Escritor irlandés.

Yo me he arrepentido muchas veces de haber hablado; de haber callado, nunca.
> Xenócrates (396-314 a.C.). Filósofo griego.

El silencio es el elemento en el que se forman todas las cosas grandes.
> Thomas Carlyle (1795-1881). Historiador y pensador escocés.

El silencio es el partido más seguro para aquel que desconfía de sí mismo.
> François de La Rochefoucauld (1613-1680). Político y escritor francés.

El silencio es el ruido más fuerte, quizá el más fuerte de todos.
> Miles Dewey Davis III (1926-1991). Músico y compositor estadounidense.

Hay personas silenciosas que son mucho más interesantes que los mejores oradores.

Benjamin Disraeli (1804-1881). Escritor británico.

Mi silencio les estorba. Yo era como botella al revés cuya agua no puede salir porque la botella está demasiado llena.

León Tolstoi (1828-1910). Escritor ruso.

Nada fortifica tanto las almas como el silencio; que es como una oración íntima en que ofrecemos a Dios nuestras tristezas.

Jacinto Benavente (1866-1954). Dramaturgo y crítico español.

Nuestra generación no se habrá lamentado tanto de los crímenes de los perversos, como del estremecedor silencio de los bondadosos.

Martin Luther King (1929-1968). Humanista estadounidense.

Quizá no podamos evitar muchos crímenes, pero sí que se comentan en silencio.

Bertrand Russell (1872-1970). Matemático y filósofo británico.

Sinceridad

Da rubor decirlo, pero es lo cierto que la falta de sinceridad en el amor nace siempre tan pronto como intervienen en él otros sentimientos más elevados.

Stefan Zweig (1881-1942). Escritor y pacifista austriaco.

El método más seguro de permanecer pobre es, sin duda, ser una persona franca.

Napoleón Bonaparte (1769-1821). Emperador de Francia (1804-1815).

La sinceridad es el pasaporte de la mala educación.

Enrique Jardiel Poncela (1901-1952). Escritor español.

No soy sincero, incluso cuando digo que no lo soy.

Jules Renard (1864-1910). Escritor francés.

Sólo en un mundo de hombres sinceros es posible la unión.

Thomas Carlyle (1795-1881). Historiador y pensador escocés.

Sociedad

¿Cómo puede considerarse rica una sociedad si en su seno numerosas personas carecen de lo necesario para vivir?

Juan Pablo II (Karol Wojtila) (1920-). Papa desde 1978 nacido en Polonia.

Aunque el mundo contiene muchas cosas decididamente malas, la peor de todas ellas es la sociedad.

Arthur Schopenhauer (1788-1860). Filósofo alemán.

Bien está que no se crea en nada; pero hay que vivir como si se creyera. Ésta es la religión oficial de todos los países: cree o no creas, pero haz lo que hacemos todos.

Jacinto Benavente (1866-1954). Dramaturgo y crítico español.

Colectividad que no sabe pensar, no puede vivir.

Concepción Arenal (1820-1893). Pensadora española.

Como los individuos, las naciones nacen y mueren; pero la civilización no puede morir.

Giuseppe Mazzini (1805-1872). Político italiano.

El burgués es el perfecto animal humano domesticado.

Aldous Leonard Huxley (1894-1963). Escritor inglés.

El camino de la civilización está pavimentado con latas vacías.

Elbert Hubbard (1856-1915). Escritor y editor estadounidense.

El campo es lírico, la ciudad es dramática. Cuando se juntan forman el drama más perfecto.

Richard Hovey (1864-1900). Poeta, traductor y dramaturgo estadounidense.

El efecto de la energía y de la publicidad en todos los hombres es la provocación del uno mismo, una clase de tumor que termine matando a las condolencias de la víctima.

Henry Brooks Adams (1838-1918). Escritor estadounidense.

El español, y en general el latino, no tiene sentido del prójimo. No lo nota o se hace que no lo nota. La psicología del meridional europeo es un tanto felina. En países latinos ocurrieron no hace muchos años sucesos como el del Bazar de la caridad, de París, y el incendio de un cinematógrafo italiano, en donde los hombres atropellaron para salvarse, de la manera más brutal, a las mujeres y a los niños.

Pío Baroja (1872-1956). Escritor español.

El establishment está hecho de pequeños hombres, muy asustados.

Bella Absug (1920-1998). Política estadounidense.

El hombre no vive, como las bestias salvajes, en un mundo de cosas meramente físicas, sino en un mundo de signos y símbolos.

Pitigrilli (Dino Segre) (1893-1975). Escritor italiano.

El pueblo es una fiera de múltiples cabezas.

Alexander Pope (1688-1744). Escritor inglés.

El que es bueno en la familia es también un buen ciudadano.

Sófocles (496-406 a.C.). Dramaturgo ateniense.

Es una práctica de la multitud ladrarle a los grandes hombres, como lo hacen los perros con los extraños.

Séneca Anneo (3 a.C.- 65 d.C.). Filósofo latino.

Esta generación de norteamericanos ha de enfrentarse algún día con su destino.

Franklin Delano Roosevelt (1882-1945). Político y presidente estadounidense.

Existe una gran mayoría que ha sufrido discriminación y quienes tienen el mismo derecho a participar de las promesas y los frutos de la sociedad al igual que cualquier otro individuo.

Bella Absug (1920-1998). Política estadounidense.

Francia no es país colonizador. El francés propiamente tal es incapaz de vivir fuera de Francia. No se asimila los países conquistados. Llega, lo más, a formar una nueva unidad híbrida. Y esto debido a su jardinismo.

Conde de Keyserling (1880-1946). Filósofo alemán.

Francia no es tipo de nación filosófica, ni política, ni aun artística, pero sí el tipo de nación literaria. Pueblo de estilistas y no de genios, comprende mejor a Teófilo Gautier que a Balzac.

Conde de Keyserling (1880-1946). Filósofo alemán.

Francia sólo puede tener un papel directivo en épocas de florecimiento, cuando se trata de comunicar a lo conseguido la última perfección. Abrir caminos nuevos es cosa ajena a este pueblo, y en ello interveniene su carácter eminentemente conservador.

Conde de Keyserling (1880-1946). Filósofo alemán.

Hay gente de tal condición que, si intentan hacer alguna cosa útil, una buena acción, otra persona competente tiene que tomarse la molestia de deshacerla, para evitar que salga perjudicada la sociedad.

George Bernard Shaw (1856-1950). Escritor irlandés.

Hemos aprendido a volar como los pájaros y a nadar como los peces, pero no hemos aprendido el sencillo arte de vivir juntos como hermanos.

Martin Luther King (1929-1968). Humanista estadounidense.

Hemos nacido para unirnos con nuestros semejantes y vivir en comunidad con la raza.

Marco Tulio Cicerón (106-43 a.C.). Escritor, político y orador romano.

La aristocracia es siempre cruel.

Wendell Phillips (1811-1884). Líder abolicionista estadounidense.

La base de todas las sociedades grandes y duraderas ha consistido, no en la mutua voluntad que los hombres se tenían, sino en el recíproco temor.

Thomas Hobbes (1588-1679). Filósofo y político inglés.

La finalidad del embustero consiste simplemente en agrandar, deleitar, proporcionarnos un placer; es la base misma de la sociedad civilizada.

Oscar Wilde (1854-1900). Novelista, poeta, crítico literario y autor teatral irlandés.

La multitud obedece más a la necesidad que a la razón, y a los castigos más que al honor.
Aristóteles (384 a.C.-322a.C). Filósofo griego.

La ocupación más propia del hombre civilizado es la de no hacer nada.
Théophile Gautier (1811-1872). Poeta y novelista francés.

La socialización sólo se presenta cuando la coexistencia aislada de los individuos adopta formas determinantes de cooperación y colaboración que caen bajo el concepto general de la acción recíproca.
Georg Simmel (1858-1918). Filósofo y sociólogo alemán.

La sociedad es en todos los sitios una conspiración contra la personalidad de cada uno de sus miembros.
Ralph Waldo Emerson (1803-1882). Ensayista y poeta estadounidense.

La sociedad es un manicomio cuyos guardianes son los funcionarios y la policía.
August Strindberg (1849-1912). Autor teatral sueco.

La sociedad liberal se paralizará si deja de ser autocrítica.
Octavio Paz (1914-1998). Escritor mexicano.

La sociedad no puede en justicia prohibir el ejercicio honrado de sus facultades a la mitad del género humano.
Concepción Arenal (1820-1893). Pensadora española.

La teoría del comunismo se puede reducir a una oración: Abolir toda propiedad privada.
Karl Marx (1818-1883). Filósofo alemán.

La unidad de nuestros pueblos no es simple quimera de los hombres, sino inexorable decreto del destino.
Simon Bolívar (1783-1830). Militar y político venezolano.

La vida carece de valor si no nos produce satisfacciones. Entre éstas, la más valiosa es la sociedad racional, que ilustra la mente, suaviza el temperamento, alegra el ánimo y promueve la salud.
Thomas Jefferson (1743-1826). Político y filósofo estadounidense.

Las ciudades obligan al crecimiento, y hacen que el hombre sea chistoso y hablador, pero todo es artificial.
Ralph Waldo Emerson (1803-1882). Ensayista y poeta estadounidense.

Las dictaduras, el proletariado, la violencia y las persecuciones religiosas, etc... Son el resultado fatal de una pésima interpretación de las leyes de la naturaleza.
Samuel A. Weor (1917-1977). Neo-gnóstico colombiano.

Las masas modernas son aglomeraciones de solitarios.
Octavio Paz (1914-1998). Escritor mexicano.

Las sociedades pueden tener más, pueden vivir mejor, pero lo más importante para ellas es el hombre, es el ser y no el tener.
Juan Vallet de Goytisolo (1931-). Novelista y editor español.

Los campos y los árboles nada me enseñan, pero los hombres de la ciudad sí.
Sócrates (470-399 a.C.). Filósofo griego.

Los demagogos y los agitadores son las personas menos placenteras.
Benjamin Disraeli (1804-1881). Escritor británico.

Los hombres vulgares han inventado la vida de sociedad porque les es más fácil soportar a los demás que soportarse a sí mismos.
Arthur Schopenhauer (1788-1860). Filósofo alemán.

Los pueblos sólo destruyen un sistema de convenciones para crear otro.
André Maurois (1885-1967). Escritor francés.

Mientras que para la sociedad no existe mayor pecado que la vida contemplativa, los más cultos opinan que la contemplación es la ocupación natural del hombre.
Oscar Wilde (1854-1900). Novelista, poeta, crítico literario y autor teatral irlandés.

Mono vestido de seda, mono se queda.
Luis de Góngora y Argote (1561-1627). Poeta español.

No buscamos la sociedad por amor a ella misma, sino por los honores o los beneficios que puede reportarnos.
Thomas Hobbes (1588-1679). Filósofo y político inglés.

No puede haber una sociedad florecientes y feliz cuando la mayor parte de sus miembros son pobres y desdichados.
Adam Smith (1723-1790). Economista y filósofo británico.

No soy ateniense, ni griego, sino ciudadano del mundo.
Sócrates (470-399 a.C.). Filósofo griego.

No tener nunca en modo alguno necesidad de los demás y hacérselo ver, he aquí la única manera de mantener absolutamente la superioridad de las relaciones. Hacer sentir a todos los hombres y mujeres que se puede pasar muy bien sin ellos, fortalece la amistad. Y si alguno tiene un gran valor a nuestros ojos, hay que disimulárselo como si fuese un crimen.
Arthur Schopenhauer (1788-1860). Filósofo alemán.

Quien es capaz de vivir en sociedad y no tiene necesidad de ella, porque se basta a sí mismo, tiene que ser un animal o un dios.
Aristóteles (384 a.C.-322a.C). Filósofo griego.

Si una sociedad libre no puede ayudar a sus muchos pobres, tampoco podrá salvar a sus pocos ricos.
John F. Kennedy (1917-1963). Presidente de Estados Unidos (1961-1963).

Toda actividad humana transcurre dentro de la sociedad, sin que pueda nadie sustraerse a su influjo.

Georg Simmel (1858-1918). Filósofo y sociólogo alemán.

Toda sociedad es un organismo podrido que se conserva gracias al hielo de la hipocresía.

Enrique Jardiel Poncela (1901-1952). Escritor español.

Todos los grandes hombres provienen de la clase media.

Ralph Waldo Emerson (1803-1882). Ensayista y poeta estadounidense.

Una sociedad se embrutece más con el empleo habitual de los castigos que con la repetición de los delitos.

Oscar Wilde (1854-1900). Novelista, poeta, crítico literario y autor teatral irlandés.

Vivimos en una sociedad que sabe muy bien el precio de todo, pero no conoce el valor de nada.

Oscar Wilde (1854-1900). Novelista, poeta, crítico literario y autor teatral irlandés.

Yo conozco al pueblo: cambia en un día. Derrocha pródigamente lo mismo su odio que su amor.

Francois-Marie Arouet de Voltaire (1694-1778). Escritor y filósofo francés.

A una colectividad se le engaña siempre mejor que a un hombre.

Pío Baroja (1872-1956). Escritor español.

En la sociedad no todo se sabe, pero todo se dice.

Anatole France (1844-1924). Novelista y premio Nobel francés.

En la sociedad, el hombre sensato es el primero que cede siempre. Por eso, los más sabios son dirigidos por los más necios y extravagantes.

Jean de la Bruyere (1645-1696). Filósofo y escritor francés.

En su lucha contra el individuo, la sociedad tiene tres armas: ley, opinión pública y conciencia.

William Somerset Maugham (1874-1965). Escritor británico.

La ciudadanía consiste en el servicio al país.

Jawaharlal Nehru (1889-1964). Líder político hindú.

La ley de la sociedad es cada uno para todos y todos para cada uno.

Henry George (1839-1897). Economista y político estadounidense.

La naturaleza ha hecho al hombre feliz y bueno, pero la sociedad lo deprava y lo hace miserable.

Jean Jacques Rousseau (1712-1778). Filósofo y botánico suizo.

La sociedad difiere de la naturaleza en que persigue una finalidad moral definida.

Thomas Henry Huxley (1825-1895). Biólogo inglés.

La sociedad está dividida en dos grandes clases: la de los que tienen más comida que apetito y la de los que tienen más apetito que comida.

Sébastien-Roch Nicolás Chamfort (1740-1794). Escritor francés.

La sociedad sería una cosa hermosa si se interesaran los unos por los otros.

Sébastien-Roch Nicolás Chamfort (1740-1794). Escritor francés.

Las sociedades deben juzgarse por su capacidad para hacer que la gente sea feliz.

Alexis de Tocqueville (1805-1859). Escritor, pensador y político francés.

Las sociedades no mueren de la cúspide a la base, sino de la base a la cúspide.

Henry George (1839-1897). Economista y político estadounidense.

Las verdaderas columnas de la sociedad son la verdad y la libertad.

Henrik Ibsen (1828-1906). Dramaturgo noruego.

Nuestra sociedad es masculina, y hasta que no entre en ella la mujer, no será humana.

Henrik Ibsen (1828-1906). Dramaturgo noruego.

Soledad

¡Por fin voy a vivir solo! y, enseguida, me pregunto con quién.

Sacha Guitry (1885-1957). Actor y director francés.

Apartarse de los hombres, no significa odiarlos.

Lord Byron (1788-1824). Poeta inglés.

El hombre grande es aquel que en medio de las muchedumbres mantiene, con perfecta dulzura, la independencia de la soledad.

Ralph Waldo Emerson (1803-1882). Ensayista y poeta estadounidense.

El instinto social de los hombres no se basa en el amor a la sociedad, sino en el miedo a la soledad.

Arthur Schopenhauer (1788-1860). Filósofo alemán.

El único mérito de algunas compañías es el de hacernos estimar la soledad.

Bernardo Canal Feijoo (1897-1982). Escritor argentino.

En mi soledad he visto cosas muy claras, que no son verdad.

Antonio Machado (1875-1939). Poeta español.

Encuentro más soportable estar siempre solo, que no poder estarlo nunca.

Michel Eyquem de la Montaigne (1533-1592). Ensayista francés.

Es exigencia de nuestra mente una cierta quietud. Dios se deja ver en la soledad interior.

San Agustín (354-430). Obispo, filósofo y Padre de la Iglesia Latina.

Estoy solo y no hay nadie en el espejo.

Jorge Luis Borges (1899-1986). Escritor argentino.

La más horrible variante de la soledad: la soledad del que ni siquiera se tiene a sí mismo.

Mario Benedetti (1920-). Escritor uruguayo.

La soledad es el imperio de la conciencia.

Gustavo Adolfo Bécquer (1836-1870). Poeta español.

La soledad es muy hermosa ... cuando se tiene junto a alguien a quien decírselo.

Gustavo Adolfo Bécquer (1836-1870). Poeta español.

La soledad no es un lujo sino una necesidad del espíritu humano.

Edward Abbey (1927-1989). Escritor estadounidense.

Los hombres solitarios siempre han tenido algo que decir y algo que hacer en la vida.

Elena Poniatowska (1933-). Escritora mexicana.

Me encuentro solitario cuando busco una mano y sólo encuentro puños.

Ralph J. Bunche (1904-1971). Erudito y diplomático estadounidense.

Ni amos a quien servir, ni criados a quien mandar ¡Vale más solitos!

Filósofo de Güémez, personaje mexicano que se dice vivió alrededor de 1800.

No hay más invierno que la soledad.

Pedro Salinas (1891-1951). Poeta español.

No hay mayor pobreza que la soledad.

Madre Teresa de Calcuta (1910-1997). Misionera yugoslava nacionalizada india.

No se halla solo el que todavía siente el dolor.

Johann Ludwing Tieck (1773-1841). Poeta alemán.

Por un puñado de plata nos dejó, por una triste medalla nos abandonó.

Robert Browning (1812-1889). Escritor inglés.

Siempre es confortante tener a quién pedir lo que necesitamos, aunque no nos lo dé.

Jorge Ferretis (1902-1962). Periodista, político y narrador.

Sólo salgo para renovar la necesidad de estar solo.

Lord Byron (1788-1824). Poeta inglés.

Un hombre aislado se siente débil, y lo es.

Concepción Arenal (1820-1893). Pensadora española.

Vale más estar solo que mal acompañado.
George Washington (1732-1799). Primer presidente de Estados Unidos.

Vivo apartado. Cuando tuve necesidad de los demás, caminé hacia ellos. ¡He caminado mucho! Ahora son los otros que necesitan de mí, y encuentro justo que sean ellos los que se incomoden.
Tristan Bernard (1866-1947). Escritor francés.

El hombre aislado se siente débil, y lo es.
Concepción Arenal (1820-1893). Pensadora española.

El hombre más fuerte del mundo es el que está más solo.
Henrik Ibsen (1828-1906). Dramaturgo noruego.

El infierno está todo en esta palabra: Soledad.
Víctor Hugo (1802-1885). Escritor francés.

Jamás hallé compañero más sociable que la soledad.
Henry David Thoreau (1817-1862). Escritor, poeta y pensador estadounidense.

La fama trae soledad. El éxito es tan frío como el hielo y tan poco hospitalario como el Polo Norte.
Vicky Baum (1888-1960). Escritora austriaca.

La peor soledad que hay es el darse cuenta de que la gente es idiota.
Gonzalo Torrente Ballester (1910-1999). Escritor español.

La soledad es la mejor nodriza de la sabiduría.
Lawrence Sterne (1713-1768). Escritor irlandés.

La soledad es la sala de audiencias de Dios.
Walter Savage Landor (1775-1864). Escritor inglés.

La soledad es la suerte de todos los espíritus excelentes.
Arthur Schopenhauer (1788-1860). Filósofo alemán.

La soledad se admira y desea cuando no se sufre, pero la necesidad humana de compartir cosas es evidente.
Carmen Martín Gaite (1925-2000). Novelista español.

Nadie es más solitario que aquél que nunca ha recibido una carta.
Elías Canetti (1905-1994). Escritor inglés nacido en Bulgaria.

Nuestro gran tormento en la vida proviene de que estamos solos y todos nuestros actos y esfuerzos tienden a huir de esa soledad.
Guy de Maupassant (1850-1893). Autor francés.

Soledad: Un instante de plenitud.
Michel Eyquem de la Montaigne (1533-1592). Ensayista francés.

Suelen decir que el hombre que apetece soledad tiene mucho de dios o de bestia.
Mateo Alemán (1547-1613). Novelista español.

Una persona puede sentirse sola, aun cuando mucha gente la quiera.

Anna Frank (1929-1945). Escritora alemana.

Vivimos como soñamos, solos.

Joseph Conrad (1857-1924). Novelista británico de origen polaco.

Soltería

¡Soltero soy, vive Dios!

Juan Ruiz de Alarcón (1581-1639). Escritor y dramaturgo mexicano.

Una mujer soltera es un enigma que no se explica hasta después del matrimonio.

Ninón de Lenclos (1620-1705). Cortesana francesa.

Sonrisa

Aprende a sonreír a la vida que ella sonreirá a ti.

Anónimo.

Los que no saben llorar con todo su corazón tampoco saben reír.

Golda Meir (1898-1978). Política israelí.

Cada vez que un hombre ríe, añade un par de días a su vida.

Curzio Malaparte (1898-1957). Novelista italiano.

Crecerás el día en que verdaderamente te rías por primera vez de ti mismo.

Ethel Barrymore (1879-1959). Actriz estadounidense.

Cuando uno es joven, sonríe en el vigor de la edad y de la inocencia; cuando se es viejo, en la riqueza de la experiencia.

Juan XXIII Angelo Giuseppe Roncalli (1881-1963). Papa católico.

Dios habla y, desde el fondo de sus ojos, él sonríe sobre la tierra.

Khalil Gibran (1833-1931). Ensayista, novelista y poeta libanés.

Dios me ha hecho reír y todos los que se enteren se reirán también.

La Biblia.

El dar de mala gana es grosería. Nada cuesta añadir una sonrisa.

Jean de la Bruyere (1645-1696). Filósofo y escritor francés.

El hombre incapaz de reír no solamente es apto para las traiciones, las estratagemas y los fraudes, sino que su vida entera ya es una traición y una estratagema.

Sébastien-Roch Nicolás Chamfort (1740-1794). Escritor francés.

El hombre se distingue de todas las demás criaturas por la facultad de reír.

Joseph Addison (1672-1719). Ensayista, poeta y político inglés.

El maquillaje que embellece más es una sonrisa sincera.

Anónimo.

Entre las cosas que tú puedes dar y conservar, están tu palabra, una sonrisa y un corazón agradecido.
Zig Ziglar (1926-). Escritor y conferencista estadounidense.

Es fácil aplastar con una sonrisa.
Juvenal (55-138). Poeta romano.

Es más fácil obtener lo que se desea con una sonrisa que con la punta de la espada.
William Shakespeare (1564-1616). Poeta y autor teatral inglés.

Hay sonrisas que hieren como puñales.
William Shakespeare (1564-1616). Poeta y autor teatral inglés.

La jornada absolutamente perdida es aquella en la que no nos hemos reído.
Lorenzo Sterne (1713-1768). Clérigo y novelista inglés.

La persona que no sabe sonreír no debe abrir tienda.
Proverbio chino.

La raza humana tiene un arma verdaderamente eficaz: la risa.
Mark Twain (1835-1910). Escritor estadounidense.

La revolución del amor comienza con una sonrisa. Sonríe cinco veces al día a quien en realidad no quisieras sonreír. Debes hacerlo por la paz.
Madre Teresa de Calcuta (1910-1997). Misionera yugoslava nacionalizada india.

La risa compartida es erótica también.
Marge Piercy (1932-). Escritora estadounidense.

La risa es el antídoto del enojo.
Jean-François de La Harpe (1739-1803). Crítico francés.

La risa es el trapo que limpia las telarañas del corazón.
Mort Walker (1923-). Artista cómico estadounidense.

La risa es esa divina merced que Dios sólo al hombre se ha dignado conceder.
Manuel García Morente (1886-1942). Filósofo y sacerdote español.

La risa que brota de un corazón alegre tiene mucho más valor y significado que el sermón más largo y profundo.
Adolfo Kolping (1813-1865). Sacerdote, reformador social, autor y editor alemán.

La risa sirve para poner distancia entre nosotros y algún suceso, lidiar con él y dar vuelta a la hoja.
Bob Newhart (1929-). Comediante estadounidense.

La santidad consiste en hacer la voluntad de Dios con alegría.
Madre Teresa de Calcuta (1910-1997). Misionera yugoslava nacionalizada india.

La sonrisa cuesta menos que la electricidad y da más luz.
Proverbio escocés.

Las sonrisas son los besos del alma.

Minna Thomas Antrim (1861-?) Escritora estadounidense.

María lleva la sonrisa humana y la alegría celestial, aun allí donde ha entrado el dolor.

Santiago Alberione (1884-1971). Sacerdote católico italiano.

No hay cosas de mayor necedad que la risa necia.

Cayo Valerio Cátulo (87 a.C.- 54 a.C.). Poeta latino.

No hay nada más difícil que saber cuándo uno debe reírse y de lo que se debe reír.

Jacinto Benavente (1866-1954). Dramaturgo y crítico español.

No llores porque ya se terminó, sonríe porque sucedió.

Anónimo.

No permita que nadie venga a usted sin irse mejor y más feliz. Sea la expresión viviente de la bondad de Dios; bondad en su cara, bondad en sus ojos, bondad en su sonrisa.

Madre Teresa de Calcuta (1910-1997). Misionera yugoslava nacionalizada india.

No reír es una dieta rigurosa que nuestro organismo no nos permite.

Jean Baptiste Alphonse Karr (1808-1890). Escritor francés.

Piensa que la vida es un espejo, sonríele y te sonreirá.

Anónimo.

Quien no sabe sonreír, no debe hablar de los beneficios de la sonrisa.

Eusebio Gómez (1883-1953). Jurista argentino.

Quienes no saben llorar con todo el corazón, tampoco saben reír.

Golda Meir (1898-1978). Política israelí.

Quítame el pan, si quieres, quítame el aire, pero no me quites tu risa… Niégame el pan, el aire, la luz, la primavera, pero tu risa nunca porque moriría.

Pablo Neruda (1904-1973). Poeta chileno.

Reírse es olvidar.

José Santos Chocano (1875-1934). Escritor peruano.

Se constantemente risueño, en la abnegación y la inmolación y Jesús te sonreirá siempre más.

San Pío de Pieltrecina (1887-1968). Religioso italiano.

Si alguien está tan cansado que no pueda darte una sonrisa, dale la tuya.

Proverbio chino.

Si no sabes sonreír, es que no sabes vivir.

Phil Bosmans (1922-). Sacedorte y escritor belga.

Si se abandona del todo, el Señor va a llevar a cabo en este abismo de miseria la obra de su amor.

María Maravillas de Jesús (1891-1974). Religiosa española.

Sonreír es la mejor manera de enseñar los dientes al destino.

Anónimo.

Sonreiré y mi digestión mejorará; me reiré y mis cargas serán aliviadas; me reiré y mi vida será alargada, porque éste es el gran secreto de la larga vida y es ahora mío.

Og Mandino (1923-1996). Escritor estadounidense.

Sonríe aunque sólo sea una sonrisa triste, porque más triste que la sonrisa triste, es la tristeza de no saber sonreír.

Anónimo.

Tres cosas ayudan a sobrellevar las dificultades: la esperanza, el sueño y la risa.

Immanuel Kant (1724-1804). Filósofo alemán.

Una persona que ríe no será nunca peligrosa.

Lorenzo Sterne (1713-1768). Clérigo y novelista inglés.

Una pulgada de alegría es mayor que un palmo de sufrimientos, porque reír es propio del ser humano.

Francois Rabelais (1490-1553). Escritor francés.

Una sonrisa es la semilla que crece en el corazón y florece en los labios.

Anónimo.

Una sonrisa es más barata que la luz eléctrica, pero ilumina lo mismo.

Henri Grouès "Abbé Pierre" (1912-). Sacerdote católico francés.

Una sonrisa no cuesta nada, pero crea mucho. Enriquece a quien la recibe, sin empobrecer a quien la da.

Anónimo.

Una sonrisa sucede en un instante y algunas veces su recuerdo permanece para siempre.

Anónimo.

Hay sonrisas que no son de felicidad, sino de un modo de llorar con bondad.

Gabriela Mistral (1889-1957). Poetisa y diplomática chilena.

La sonrisa es el idioma general de los hombres inteligentes. Sólo son tristes los tontos y los delincuentes.

Victor Ruiz Iriarte (1912-1982). Autor teatral español.

La sonrisa es una verdadera fuerza vital, la única capaz de mover lo inconmovible.

Orison S. Marden (1848-1924). Editor y escritor estadounidense.

Son necesarios cuarenta músculos para arrugar una frente, pero sólo quince para sonreír.

Swami Sivananda (1887-1963). Escritor e impulsor del hinduismo.

Una gran sonrisa es un bello rostro de gigante.

Charles Baudelaire (1821-1867). Poeta francés.

Sueños

¡El sueño, nuestro mago, es un sublime y santo mentiroso!

Manuel Gutiérrez Nájera (1858-1895). Escritor mexicano.

¡Oh!, bálsamo precioso del sueño, alivio de los males, cómo te agradezco que acudas a mí en los momentos de necesidad.

Eurípides (480-406 a.C.). Dramaturgo griego.

¿Qué es el sueño sino la imagen fría de la muerte?

Publio Nasón Ovidio (43 a.C.-17 d.C.). Poeta latino.

Algunos ven las cosas como son y preguntan: "¿Por qué?" Yo sueño en lo que nunca existió y pregunto: "¿Por qué no?"

Robert Kennedy (1925-1968). Político estadounidense.

Aunque los que no saben soñar sean más propensos al aburrimiento, la antítesis del aburrimiento no es el sueño, sino la pasión y la resolución de problemas inmediatos y concretos.

Charles Langbridge Morgan (1894-1958). Novelista, dramaturgo y crítico inglés.

Cada sueño exitoso es el cumplimiento del deseo de dormir.

Sigmund Freud (1856-1939). Médico y neurólogo austriaco, fundador del psicoanálisis.

El mundo está en las manos de aquellos que tienen el coraje de soñar y correr el riesgo de vivir sus sueños.

Paulo Coelho (1947-). Escritor brasileño.

El sueño es el hermano gemelo de la muerte.

Homero (s.VIII a.C.). Poeta griego.

En los tiempos primitivos el hombre creía que cuando soñaba entraba en un segundo mundo real. En esto estriba el origen de toda la metafísica. Sin los sueños no hubiera habido justificación para un mundo dualístico.

Friedrich Nietzsche (1844-1900). Filósofo, poeta y filólogo alemán.

Es feliz el que soñando, muere. Desgraciado el que muera sin soñar.

Rosalía de Castro (1837-1885). Poetisa española.

Es posible ser más convincente en los sueños que en la realidad.
Mario Benedetti (1920-). Escritor uruguayo.

La aventura más grande que usted puede emprender es vivir la vida de sus sueños.
Oprah Winfrey (1954-). Actriz y conductora de TV estadounidense.

La huella de un sueño no es menos real que la de una pisada.
Georges Michel Claude Duby (1919-1996). Historiador francés.

La posibilidad de realizar un sueño es lo que hace que la vida sea interesante.
Paulo Coelho (1947-). Escritor brasileño.

Lance sus sueños al espacio como una cometa, y usted no sabe lo que le traerán de vuelta, una nueva vida, un nuevo amigo, un nuevo amor, un país nuevo.
Anais Nin (1903-1977). Escritora estadounidense.

Los que sueñan de día son conscientes de muchas cosas que escapan a los que sueñan sólo de noche.
Edgar Allan Poe (1809-1849). Escritor estadounidense.

Los soñadores son los salvadores del mundo.
James Allen (1864-1912). Escritor inglés.

Los sueños son sumamente importantes. Nada se hace sin que antes se imagine.
George Lucas (1944-). Director y productor de cine estadounidense.

Morir, dormir, tal vez soñar. ¡Ay, ahí está el problema!, pues lo que podemos soñar después de despojarnos de envoltura carnal debe hacernos reflexionar.
William Shakespeare (1564-1616). Poeta y autor teatral inglés.

Muerte es todo lo que vemos despiertos; sueño lo que vemos dormidos.
Heráclito de Efeso (540-470 a.C.). Filósofo griego.

Ocurre que la realidad es superior a los sueños. En vez de pedir "déjame soñar", se debería decir: "déjame mirar".
Jaime Sabines (1926-1999). Poeta mexicano.

Que el grande y el pequeño somos iguales lo que dura el sueño.
Lope De Vega (1562-1635). Escritor español.

Se puede matar al soñador, pero no al sueño.
David Abernathy (1926-1990). Líder racial estadounidense.

Si algo precioso e irremplazable desaparece, tenemos la impresión de despertar de un sueño.
Herman Hesse (1877-1962). Escritor alemán. Premio Nobel de Literatura (1947).

Si lo puedes soñar, lo puedes lograr.
Walt Disney (1901-1966). Empresario estadounidense.

Si uno avanza confiadamente en la dirección de sus sueños, y se esfuerza por vivir la vida que ha imaginado, se encontrará con un éxito inesperado en algún momento.

Henry David Thoreau (1817-1862). Escritor, poeta y pensador estadounidense.

Sin importar cuanto se sueñe con las bebidas: cuando se está verdaderamente sediento, hay que levantarse para beber.

Sigmund Freud (1856-1939). Médico y neurólogo austriaco, fundador del psicoanálisis.

Sólo es capaz de realizar los sueños el que, cuando llega la hora, sabe estar despierto.

Leon Daudi (1905-1985). Escritor español.

Sueño con el día en que el bien derrotado vencerá al mal triunfante.

Martin Luther King (1929-1968). Humanista estadounidense.

Todo lo que vemos o creemos es un sueño dentro de un sueño.

Edgar Allan Poe (1809-1849). Escritor estadounidense.

El sueño es un arte poético involuntario.

Immanuel Kant (1724-1804). Filósofo alemán.

En la vida humana sólo unos pocos sueños se cumplen, la gran mayoría se roncan.

Enrique Jardiel Poncela (1901-1952). Escritor español.

La huella de un sueño no es menos real que la de una pisada.

George Duby (1919-1996). Historiador francés.

No rechaces tus sueños. ¿Sin la ilusión el mundo qué sería?

Ramón de Campoamor (1817-1901). Poeta Español.

Nunca desistas de un sueño. Sólo trata de ver las señales que te lleven a él.

Paulo Coelho (1947-). Escritor brasileño.

Si deseas que tus sueños se hagan realidad ¡despierta!

Ambrose Gwinett Bierce (1842-1914). Periodista y escritor estadounidense.

Si es bueno vivir, todavía es mejor soñar, y lo mejor de todo despertar.

Antonio Machado (1875-1939). Poeta español.

Si has construido un castillo en el aire, no has perdido el tiempo, es allí donde debería estar. Ahora debes construir los cimientos debajo de él.

George Bernard Shaw (1856-1950). Escritor irlandés.

Siempre sueña y apunta más alto de lo que sabes que puedes lograr.

William Faulkner (1897-1962). Novelista estadounidense.

Ten cuidado con tus sueños: son la sirena de las almas. Ella canta. Nos llama. La seguimos y jamás retornamos.

Gustave Flaubert (1821-1880). Novelista francés.

Ves cosas y dices, ¿por qué?, pero yo sueño cosas que nunca fueron y digo, ¿por qué no?

George Bernard Shaw (1856-1950). Escritor irlandés.

Suerte

Confórmate con tu suerte, es el secreto de la dicha.

Esopo (620-560 a.C.). Fabulista griego.

El azar es casi siempre favorable al hombre prudente.

Joseph Joubert (1754-1824). Escritor y crítico francés.

El que no sabe gozar de la ventura cuando le viene, no debe quejarse si se pasa.

Miguel de Cervantes (1547-1616). Dramaturgo, poeta y novelista español.

El último escalón de la mala suerte es el primero de la buena.

Carlo Dossi (1849-1910). Novelista italiano.

La suerte es una flecha lanzada que hace blanco en el que menos la espera.

Konrad Adenauer (1876-1967). Primer canciller federal alemán.

La suerte favorece sólo a la mente preparada.

Isaac Asimov (1920-1992). Escritor y científico estadounidense.

La superstición trae mala suerte.

Umberto Eco (1932-). Escritor y profesor universitario italiano.

La suerte no se puede almacenar.

Romy Schneider (1938-1982). Actriz austriaca.

Suicidio

El suicidio sólo debe mirarse como una debilidad del hombre, porque indudablemente es más fácil morir que soportar sin tregua una vida llena de amarguras.

Johann Wolfgang von Goethe (1749-1832). Poeta, novelista y dramaturgo alemán.

Es una cobardía suicidarse.

Napoleón Bonaparte (1769-1821). Emperador de Francia (1804-1815).

La muerte es el remedio de todos los males; pero no debemos echar mano de éste hasta última hora.

Jean Baptiste Poquelin Molière (1622-1673). Dramaturgo y actor francés.

La resignación es un suicidio cotidiano.

Honorato De Balzac (1799-1850). Escritor francés.

Los parientes de su suicida siempre toman a mala parte que aquél no haya seguido viviendo por consideración a la dignidad de la familia.

Friedrich Nietzsche (1844-1900). Filósofo, poeta y filólogo alemán.

Los que matan a una mujer y después se suicidan debían variar el sistema: suicidarse antes y matarla después.

Ramón Gómez de la Serna (1888-1963). Escritor español. Autor de *Greguerías*.

Nueve hombres de cada diez son suicidas.

Benjamín Franklin (1706-1790). Político, filósofo y científico estadounidense.

Se dice que se han dado casos de hombres sabios que se han matado; pero hablando en términos generales no es un exceso de razón lo que lleva a la gente a quitarse la vida.

Francois-Marie Arouet de Voltaire (1694-1778). Escritor y filósofo francés.

Siempre es consolador pensar en el suicidio: de este modo se puede sobrellevar más de una mala noche.

Friedrich Nietzsche (1844-1900). Filósofo, poeta y filólogo alemán.

Suicidarse es subirse en marcha a un coche fúnebre.

Enrique Jardiel Poncela (1901-1952). Escritor español.

Todo el mundo se suicidaría, si después de suicidarse se pudiera seguir viviendo.

Enrique Jardiel Poncela (1901-1952). Escritor español.

Un torturador no se redime suicidándose.... pero algo es algo.

Mario Benedetti (1920-). Escritor uruguayo.

Yo entiendo que la posibilidad de matarse constituye una válvula de seguridad. Teniéndola, el hombre no tiene derecho a decir que la vida es insoportable.

León Tolstoi (1828-1910). Escritor ruso.

Hace mucho tiempo que me hubiera suicidado de no haber leído en alguna parte que es un pecado quitarse voluntariamente la vida mientras pueda hacerse todavía una buena acción. La vida es hermosa, pero la mía está envenenada para siempre.

Ludwig Van Beethoven (1770-1827). Compositor alemán.

Superstición

Me opongo a toda superstición, sea musulmana, cristiana, judía o budista.

Bertrand Russell (1872-1970). Matemático y filósofo británico.

Por el cosquilleo de mis pulgares, algo maligno viene hacia mí.

William Shakespeare (1564-1616). Poeta y autor teatral inglés.

La superstición en que fuimos educados conserva su poder sobre nosotros aun cuando lleguemos a no creer en ella.

Gotthold Ephraim Lessing (1729-1781). Crítico literario y pensador alemán.

¡Hay tantas maneras de leer, y hace falta tanto talento para leer bien!
> Gustave Flaubert (1821-1880). Novelista francés.

Cuanto más talento tiene el hombre más se inclina a creer en el ajeno.
> Blaise Pascal (1623-1662). Matemático, físico y teólogo francés.

Dios no tiene tiempo de convertir a nadie en alguien. Yo creo que cada uno de nosotros tiene talentos internos dados por Él esperando a ser puestos en acción.
> Mary Kay Ash (1915-2001). Empresaria estadounidense, fundadora de Mary Kay Cosmetics.

El secreto de poner en ridículo a las personas es conceder talento a aquellos que no lo tienen.
> Cristina de Suecia (1626-1689). Reina de Suecia.

El talento es algo bastante corriente. No escasea la inteligencia, sino la constancia.
> Doris Lessing (1919-). Escritora inglesa nacida en Irán.

El talento es un don que Dios nos ha dado en secreto y que nosotros revelamos sin darnos cuenta.
> Charles Louis de Secondat, barón de la Brède y de Montesquieu (1689-1755). Escritor francés.

El talento no es un don celestial, sino el fruto del desarrollo sistemático de unas cualidades especiales.
> José María Rodero (1922-1991). Actor español.

Es más fácil juzgar el talento de un hombre por sus preguntas que por sus respuestas.
> Duque de Levis (1755-1830). Escritor francés.

Es terriblemente triste eso de que el talento dure más que la belleza.
> Oscar Wilde (1854-1900). Novelista, poeta, crítico literario y autor teatral irlandés.

Existe algo mucho más escaso, fino y raro que el talento, es el talento de reconocer a los talentosos.
> Elbert Hubbard (1856-1915). Escritor y editor estadounidense.

La gente vulgar sólo piensa en pasar el tiempo; el que tiene talento… en aprovecharlo.
> Arthur Schopenhauer (1788-1860). Filósofo alemán.

Los grandes talentos alarman e intimidan a los incapaces, y no tienen la docilidad que se requiere para agradar a los hombres justos.
> Paul Henri Thiry, Barón de Holfach (1723-1789). Enciclopedista y filósofo francés.

Mi principal trabajo era desarrollar talentos. Yo era un jardinero que proporcionaba agua y fertilizantes a nuestros principales 750 ejecutivos. Por supuesto, también tenía que arrancar la mala hierba.
Jack Welch (1935-). Empresario norteamericano.

Muchos creen que tener talento es una suerte. Nadie que la suerte pueda ser cuestión de talento.
Jacinto Benavente (1866-1954). Dramaturgo y crítico español.

No hay espectáculo, en verdad más odioso, que el de los talentos serviles.
José Martí (1853-1895). Político y escritor cubano.

Por encima del talento están los valores comunes: disciplina, amor, buena suerte, pero, sobre todo, tenacidad.
James Baldwin (1924-1987). Escritor estadounidense.

Puesta a prueba, una onza de lealtad vale tanto como una libra de talento.
Elbert Hubbard (1856-1915). Escritor y editor estadounidense.

Somos más sociables y nos hacemos estimar más por nuestro corazón que por nuestro talento.
Jean Baptiste Poquelin Molière (1622-1673). Dramaturgo y actor francés.

Utiliza en la vida los talentos que poseas: el bosque estaría muy silencioso si sólo cantasen los pájaros que cantan mejor.
Henry Van Dyke (1852-1933). Clérigo y educador estadounidense.

Televisión

Aunque la televisión es técnicamente viable, comercial y financieramente no tiene sentido.
Lee de Forest (1873-1961). Inventor estadounidense.

De cada diez personas que ven televisión, cinco son la mitad.
Les Luthiers. Grupo argentino de compositores e intérpretes.

Encuentro la televisión muy educativa. Cada vez que alguien la enciende, me retiro a otra habitación y leo un libro.
Groucho Marx (1890-1976). Actor estadounidense.

La televisión ha hecho mucho por la psiquiatría al difundir información sobre ella, de igual manera ha contribuido a que se le necesite.
Alfred Hitchcock (1899-1980). Director y productor de cine inglés.

La televisión no podrá mantenerse mucho tiempo en el mercado, la gente pronto se cansará de pasar la tarde mirando un cajón.
Darryl Francis Zanuck (1902-1979). Escritor, actor y director estadounidense.

Pasión moral sin entretenimiento es propaganda y entretenimiento sin pasión moral es la televisión.

Rita Mae Brown (1944-). Escritora estadounidense.

Vivimos en la era de la televisión. Una sola toma de una enfermera bonita ayudando a un viejo a salir de una sala dice más que todas las estadísticas sanitarias.

Margaret Thatcher (1925-). Política británica.

Temor

Cualquier cosa a la que le temas no tiene poder, es tu miedo el que tiene el poder.

Oprah Winfrey (1954-). Actriz y conductora de TV estadounidense.

El hombre avaricioso está lleno de temores, y quien vive con temor será siempre un siervo.

Quinto Horacio Flaco (65 a.C.-8 a.C.). Poeta lírico y satírico romano.

El que abriga vanos temores merece los temores reales.

Séneca Anneo (3 a.C.- 65 d.C.). Filósofo latino.

El que teme sufrir, sufre de temor.

Máxima china.

El temer lo peor es con frecuencia el mejor medio de remediarlo.

William Shakespeare (1564-1616). Poeta y autor teatral inglés.

El temor a la guerra es peor que la guerra misma.

Séneca Anneo (3 a.C.- 65 d.C.). Filósofo latino.

El temor infundado es uno de los peores enemigos del hombre.

Anónimo.

Haz las cosas que temes, y la muerte del temor será segura.

Ralph Waldo Emerson (1803-1882). Ensayista y poeta estadounidense.

La incertidumbre es una margarita cuyos pétalos no se terminan jamás de deshojar.

Mario Vargas Llosa (1936-). Escritor hispano-peruano.

Los peores embusteros son los propios temores.

Rudyard Kipling (1865-1936). Novelista inglés.

No permitas que el temor a fallar te sorprenda.

Babe Ruth (1895-1948). Deportista estadounidense.

No tengáis miedo del hombre libre: temed al esclavo, si llega a romper sus cadenas.

Friedrich von Schiller (1759-1805). Poeta, dramaturgo y filósofo alemán.

Nuestros temores son más numerosos que nuestros peligros, y sufrimos mucho más al sentir temor que en la realidad.

Séneca Anneo (3 a.C.- 65 d.C.). Filósofo latino.

Siempre se ha de conservar el temor, mas jamás se ha de mostrar.

Francisco De Quevedo (1580-1645). Escritor español.

Teme a quien te teme, aunque él sea una mosca y tú un elefante.

Saadi Musil-al-Din (1184-1283). Poeta persa.

Temo a un solo enemigo que se llama, yo mismo.

Giovanni Papini (1881-1956). Escritor italiano.

Temo más lo que está dentro de mí que lo que viene de fuera.

Martín Lutero (1483-1546). Teólogo alemán que inició la Reforma protestante.

Temor: el ladrón de los sueños.

Anónimo.

Tentación

Discutir con la tentación es ya camino para ser vencido por ella.

Miguel De Unamuno (1864-1936). Filósofo y escritor español.

No hay mayor tentación que no ser tentado.

Fray Antonio de Guevara (1480-1545). Escritor español.

Nadie está graduado en el arte de la vida mientras no haya sido tentado.

George Eliot (Mary Ann o Marian Evans) (1819-1880). Novelista inglesa.

Tiempo

¿Por qué no utilizar algo de tiempo en determinar qué vale la pena para nosotros, y después ir en pos de eso?

William Ross (1841-1914). Líder político canadiense.

Afortunado es el hombre que tiene tiempo para esperar.

Pedro Calderón de la Barca (1600-1681). Dramaturgo y poeta español.

Aquel que doblega a su tiempo obra cuerdamente.

Publio Siro (Siglo I a.C.). Poeta latino.

Aquel que se quita veinte años de vida se quita otros tantos años de temer a la muerte.

William Shakespeare (1564-1616). Poeta y autor teatral inglés.

Cada momento es único.

Johann Wolfgang von Goethe (1749-1832). Poeta, novelista y dramaturgo alemán.

Confía en el tiempo: es el más sabio de todos los consejeros.

Plutarco (46-125). Biógrafo y ensayista griego.

Creo en la vida eterna en este mundo, hay momentos en que el tiempo se detiene de repente para dar lugar a la eternidad.
Fedor Dostoievski (1821-1881). Escritor ruso.

Cuanto más numerosas son las cosas que quedan para aprender, menos tiempo queda para hacerlas.
Marcel Proust (1862-1941). Novelista francés.

Debí haberte encontrado diez años antes o diez años después. Pero llegaste a tiempo.
Jaime Sabines (1926-1999). Poeta mexicano.

Dejemos al tiempo que haga de las suyas, que es el mejor médico de éstas y otras enfermedades.
Miguel de Cervantes (1547-1616). Dramaturgo, poeta y novelista español.

Demos tiempo al tiempo: para que el vaso rebose hay que llenarlo primero.
Antonio Machado (1875-1939). Poeta español.

Descansar no es ociosidad, y reposar a veces en la hierba debajo de los árboles en un día de verano, escuchando el murmullo del agua, o mirando las nubes flotar a través del cielo, no es de ninguna manera una pérdida de tiempo.
Sir John Lubbock "Lord Avery" (1834-1913). Naturalista y banquero inglés.

El 31 de diciembre nos recuerda lo que somos durante los otros 364 días del año.
Mark Twain (1835-1910). Escritor estadounidense.

El amor cuenta las horas por meses, los días por años y una pequeña ausencia es un siglo.
John Dryden (1631-1700). Poeta, dramaturgo y crítico inglés.

El azar es orden en el tiempo.
Guillermo Pérez Villalta (1945-). Pintor español.

El día es excesivamente largo para quien no lo sabe apreciar y emplear.
Johann Wolfgang von Goethe (1749-1832). Poeta, novelista y dramaturgo alemán.

El empleo inteligente del tiempo es una de las conquistas más recientes de la civilización, y actualmente pocos han llegado a ocupar este nivel.
Bertrand Russell (1872-1970). Matemático y filósofo británico.

El futuro no es ya lo que solía ser.
Arthur Clarke (1917-). Científico y escritor británico.

El hombre ordinario sólo se cuida de pasar el tiempo; el hombre de talento, de emplearlo.
Arthur Schopenhauer (1788-1860). Filósofo alemán.

El mejor profeta del futuro es el pasado.
Lord Byron (1788-1824). Poeta inglés.

El mundo no fue hecho en el tiempo, sino con el tiempo.
San Agustín (354-430). Obispo, filósofo y Padre de la Iglesia Latina.

El que no ve no conoce el aburrimiento. Solemos medir el tiempo por la conducta que los objetos observan, los cuales rara vez cambian con la rapidez que deseamos. En cambio, el ciego mide el tiempo por la sucesión de las representaciones, y como el alma crea sin cesar, no puede surgir la conciencia de la uniformidad.
Aldous Leonard Huxley (1894-1963). Escritor inglés.

El tiempo borra las opciones, pero confirma el juicio de la Naturaleza.
Marco Tulio Cicerón (106-43 a.C.). Escritor, político y orador romano.

El tiempo cura las penas y las injurias porque todos cambiamos y dejamos de ser la misma persona; ni el ofensor ni el ofendido son el mismo.
Blaise Pascal (1623-1662). Matemático, físico y teólogo francés.

El tiempo cura lo que la razón no puede curar.
Séneca Anneo (3 a.C.- 65 d.C.). Filósofo latino.

El tiempo disipa en el éter las sólidas aristas de los hechos.
Ralph Waldo Emerson (1803-1882). Ensayista y poeta estadounidense.

El tiempo es como un río que arrastra rápidamente todo lo que nace.
Marco Aurelio Antonio (121-180). Emperador y filósofo romano.

El tiempo es el ángel del hombre.
Friedrich von Schiller (1759-1805). Poeta, dramaturgo y filósofo alemán.

El tiempo es el mejor autor: siempre encuentra un final perfecto.
Charles Chaplin (1889-1977). Actor, productor y director inglés.

El tiempo es el modo que tiene la naturaleza de evitar que todo suceda a la vez.
John Wheeler (1911-). Físico estadounidense.

El tiempo es el único capital de las personas que no tiene más que su inteligencia por fortuna.
Honorato De Balzac (1799-1850). Escritor francés.

El tiempo es la mejor medicina.
Publio Nasón Ovidio (43 a.C.-17 d.C.). Poeta latino.

El tiempo es oro.
Benjamín Franklin (1706-1790). Político, filósofo y científico estadounidense.

El tiempo es un magistrado muy antiguo, que más tarde o más temprano llama a todos al tribunal.
William Shakespeare (1564-1616). Poeta y autor teatral inglés.

El tiempo es una cierta parte de la eternidad.
Marco Tulio Cicerón (106-43 a.C.). Escritor, político y orador romano.

El tiempo está definido de manera que el movimiento parece sencillo.
John Wheeler (1911-). Físico estadounidense.

El tiempo perdido no se recupera nunca y cuando decimos que tenemos tiempo de sobra descubrimos siempre que nos falta tiempo.
Benjamín Franklin (1706-1790). Político, filósofo y científico estadounidense.

El tiempo que huye no puede ser recuperado.
Virgilio (70 a.C-19 a.C). Poeta romano.

El tiempo revela todos las cosas: es un charlatán y habla hasta cuando no se le pregunta.
Eurípides (480-406 a.C.). Dramaturgo griego.

El tiempo saca a luz todo lo que está oculto y encubre y esconde lo que ahora brilla con el más grande esplendor.
Quinto Horacio Flaco (65 a.C.-8 a.C.). Poeta lírico y satírico romano.

El tiempo vuela noche y día.
William Shakespeare (1564-1616). Poeta y autor teatral inglés.

Elegir el tiempo es ahorrar tiempo.
Francis Barón de Verulam Bacon (1561-1626). Filósofo y estadista británico.

En un minuto hay muchos días.
William Shakespeare (1564-1616). Poeta y autor teatral inglés.

En verdad, la gente puede tener tiempo para hacer lo que quiere hacer; no es realmente el tiempo lo que falta sino la voluntad.
Sir John Lubbock "Lord Avery" (1834-1913). Naturalista y banquero inglés.

Encuentra el tiempo de pensar, encuentra el tiempo de rezar, encuentra el tiempo de reír.
Madre Teresa de Calcuta (1910-1997). Misionera yugoslava nacionalizada india.

Es verdad que hay dioses; pero lo que la multitud cree de ellos no es cierto, pues lo que la multitud cree cambia con el tiempo.
Epicuro (342 a.C.- 270 a.C.). Filósofo griego.

Esta es la primera época que ha prestado mucha atención al futuro, lo cual no deja de ser irónico, ya que tal vez no tengamos ninguno.
Arthur Clarke (1917-). Científico y escritor británico.

Estos tiempos nuestros son graves y calamitosos, pero todos los tiempos son esencialmente iguales.
Ralph Waldo Emerson (1803-1882). Ensayista y poeta estadounidense.

Existe sólo el momento. El ahora. Sólo lo que estás experimentando en este segundo es real. Esto no significa que vives por el momento. Significa que vives el momento.
Leo Buscaglia (1924-1998). Escritor estadounidense.

Grabad esto en vuestro corazón: cada día es el mejor del año.
Ralph Waldo Emerson (1803-1882). Ensayista y poeta estadounidense.

Hay ladrones a los que no se castiga, pero que roban lo más preciado: el tiempo.
Napoleón Bonaparte (1769-1821). Emperador de Francia (1804-1815).

Hay momentos en la vida que son verdaderamente momentáneos.
Mario Moreno "Cantinflas (1911-1993). Actor cómico mexicano.

He perdido mucho tiempo, pero no sé cuál exactamente.
Jean Dolent (C.A. Fournier) (1835-1909). Escritor y crítico francés.

Justo cuando sientes que puedes hacer buen uso del tiempo, ya no te queda tiempo.
Lisa Alther (1944-). Novelista estadounidense.

La culpa la tiene sólo el tiempo. Todos los hombres se tornan buenos, pero ¡tan despacio!
Robert Browning (1812-1889). Escritor inglés.

La entropía es la flecha del tiempo.
Arthur Eddington (1882-1994). Físico británico.

La velocidad del tiempo es infinita.
Séneca Anneo (3 a.C.- 65 d.C.). Filósofo latino.

Las tres cosas más difíciles en este mundo son: guardar un secreto, perdonar un agravio y aprovechar el tiempo.
Benjamín Franklin (1706-1790). Político, filósofo y científico estadounidense.

Lo importante del tiempo es que pasa.
Arthur Eddington (1882-1994). Físico británico.

Lo malo de nuestro tiempo es que el futuro ya no es lo que era.
Paul Ambroise Valéry (1871-1945). Escritor francés.

Lo que distingue a los hombres no es su manera de ganarse la vida, sino más bien su manera de perder el tiempo.
Frederik Pohl (1919-). Escritor estadounidense.

Lo único que nos separa de la muerte es el tiempo.
Ernest Hemingway (1899-1961). Escritor estadounidense.

Lo único que realmente nos pertenece es el tiempo: incluso aquel que no tiene otra cosa cuenta con eso.
Baltasar Gracián y Morales (1601-1658). Jesuita y escritor español.

Los años enseñan muchas cosas que los días jamás llegan a conocer.
Ralph Waldo Emerson (1803-1882). Ensayista y poeta estadounidense.

Malgasté mi tiempo, ahora el tiempo me malgasta a mí.
William Shakespeare (1564-1616). Poeta y autor teatral inglés.

Muchas cosas son las que el tiempo cura, no las que la razón concierta.
Plutarco (46-125). Biógrafo y ensayista griego.

No cuentes los días, haz que los días cuenten.
Muhammed Alí (1940-). Boxeador estadounidense.

No es el tiempo el que nos falta. Somos nosotros quienes le faltamos a él.
Paul Claudel (1868-1955). Escritor y diplomático francés.

No hay mas revolución que la del tiempo.
Miguel De Unamuno (1864-1936). Filósofo y escritor español.

No hay nada hecho por la mano del hombre que tarde o temprano el tiempo no destruya.
Marco Tulio Cicerón (106-43 a.C.). Escritor, político y orador romano.

No hubo tiempo alguno en que no hubiese tiempo.
San Agustín (354-430). Obispo, filósofo y Padre de la Iglesia Latina.

No malgastes el tiempo, pues de esa materia está formada la vida.
Benjamín Franklin (1706-1790). Político, filósofo y científico estadounidense.

No perdimos el juego; sólo se nos acabó el tiempo.
Vincent Lombardi (1913-1970). Entrenador de futbol americano estadounidense.

No podemos matar el tiempo sin herir a la eternidad.
Henry David Thoreau (1817-1862). Escritor, poeta y pensador estadounidense.

No se puede olvidar el tiempo más que sirviéndose de él.
Charles Baudelaire (1821-1867). Poeta francés.

Nunca pienso en el futuro. Llega enseguida.
Albert Einstein (1879-1955). Científico estadounidense de origen alemán.

Perder el tiempo soñando con la persona que uno quisiera ser es desperdiciar la persona que uno es.
Henry David Thoreau (1817-1862). Escritor, poeta y pensador estadounidense.

Por muy lentamente que os parezca que pasan las horas, os parecerán cortas si pensáis que nunca más han de volver a pasar.
Aldous Leonard Huxley (1894-1963). Escritor inglés.

Quien controla el pasado controla el futuro, quien controla el presente controla el pasado.
George Orwell (1903-1950). Escritor inglés.

Quien no aplique nuevos remedios debe esperar nuevos males; porque el mayor innovador es el tiempo.
Francis Barón de Verulam Bacon (1561-1626). Filósofo y estadista británico.

Se dice que el tiempo es un gran maestro; lo malo es que va matando a sus discípulos.
Hector Berlioz (1803-1869). Músico francés.

Si amas la vida, economiza el tiempo, porque de tiempo se compone la vida.
Benjamín Franklin (1706-1790). Político, filósofo y científico estadounidense.

Si el tiempo es lo más caro, la pérdida de tiempo es el mayor de los derroches.
Benjamín Franklin (1706-1790). Político, filósofo y científico estadounidense.

Siempre se tiene tiempo suficiente cuando se emplea como es debido.
Johann Wolfgang von Goethe (1749-1832). Poeta, novelista y dramaturgo alemán.

Sólo le falta el tiempo a quien no sabe aprovecharlo.
Gaspar Melchor de Jovellanos (1744-1811). Literato, economista y político español.

Tengo tan sólo una vida, y la vida nada es sino una medida del tiempo. Cuando malgasto una destruyo al otro. Si malgasto el hoy destruyo la última página de mi vida.
Og Mandino (1923-1996). Escritor estadounidense.

Tiempo es la medida del movimiento entre dos instantes.
Aristóteles (384 a.C.-322a.C). Filósofo griego.

Todas hieren, la última mata.
Inscripción en un reloj de sol.

Todo aquello que está debajo de la tierra, el tiempo lo sacará a la luz del sol.
Quinto Horacio Flaco (65 a.C.-8 a.C.). Poeta lírico y satírico romano.

Todo el mundo habla del tiempo, pero nadie hace nada al respecto.
Anónimo.

Todo lo que realmente nos pertenece es el tiempo; incluso el que no tiene nada más, lo posee.
Baltasar Gracián y Morales (1601-1658). Jesuita y escritor español.

Todo sucede a cada uno, más tarde o más temprano, con tal de que se de tiempo a que suceda.
George Bernard Shaw (1856-1950). Escritor irlandés.

Todos encontramos tiempo para hacer lo que realmente queremos.
William Feather (1889-1981). Escritor y editor estadounidense.

Una era construye ciudades. Una hora las destruye.
Séneca Anneo (3 a.C.- 65 d.C.). Filósofo latino.

¡Como si se pudiera matar el tiempo sin insultar a la eternidad!
Henry David Thoreau (1817-1862). Escritor, poeta y pensador estadounidense.

¿Para qué es oro el tiempo más que para verlo pasar acariciándolo?
Camilo José Cela (1916-). Escritor español, premio Nobel de literatura.

Cada hora hiere, la última acaba con nosotros.
Théophile Gautier (1811-1872). Poeta y novelista francés.

Conciencia del tiempo es igual a estrés y agotamiento corporal y emocional.
Shirley McLaine (1934-). Actriz estadounidense.

Confía en el tiempo, que suele dar dulces salidas a muchas amargas dificultades.
Miguel de Cervantes (1547-1616). Dramaturgo, poeta y novelista español.

Cuando llega el tiempo en que se podría, ha pasado en el que se pudo.
Marie Freifrau von Ebner-Eschenbach (1830-1916). Escritora austriaca.

De nada sirve al hombre lamentarse de los tiempos en que vive. Lo único bueno que puede hacer es intentar mejorarlos.
Thomas Carlyle (1795-1881). Historiador y pensador escocés.

El futuro ya no es lo que era.
Anónimo.

El mejor profeta del futuro es el pasado.
John Sherman (1823-1900). Estadista estadounidense.

El que no es bello a los veinte, ni fuerte a los treinta, ni rico a los cuarenta, ni sabio a los cincuenta, nunca será ni bello, ni fuerte, ni rico, ni sabio.
Herbert George Wells (1866-1946). Escritor inglés.

El tictac de los relojes parece un ratón que roe el tiempo.
Alphonse Allais (1855-1905). Escritor y humorista francés.

El tiempo cura todas las heridas.
Anónimo.

El tiempo de la reflexión es una economía de tiempo.
Publio Siro (Siglo I a.C.). Poeta latino.

El tiempo es el mejor antologista, o el único, tal vez...
Jorge Luis Borges (1899-1986). Escritor argentino.

El tiempo es la medida de los negocios, como el dinero lo es de las mercancías.
Francis Barón de Verulam Bacon (1561-1626). Filósofo y estadista británico.

El tiempo es la sustancia de la que estoy hecho.
Jorge Luis Borges (1899-1986). Escritor argentino.

El tiempo es oro.
Edward George Bulwer Lytton (1803-1873). Escritor inglés.

El tiempo es un gran maestro que arregla muchas cosas.
Pierre Corneille (1606-1684). Dramaturgo francés.

El tiempo es una imagen móvil de la eternidad.
Platón (428-347 a.C.). Filósofo griego.

El tiempo físico nos es extraño, mientras el tiempo interior es nosotros mismos.
Alexis Carrel (1873-1944). Biólogo, médico y escritor francés.

El tiempo no es sino el espacio entre nuestros recuerdos.
Henri Frédéric Amiel (1821-1881). Crítico suizo.

El tiempo no es sino la corriente en la que estás pescando.
Henry David Thoreau (1817-1862). Escritor, poeta y pensador estadounidense.

El tiempo, que fortalece las amistades, debilita el amor.
Jean de la Bruyere (1645-1696). Filósofo y escritor francés.

En el fondo de nosotros mismos siempre tenemos la misma edad.
Henry Graham Greene (1904-1991). Novelista inglés.

Escoger el momento es ahorrar tiempo.
Francis Barón de Verulam Bacon (1561-1626). Filósofo y estadista británico.

Hablamos de matar el tiempo como si no fuera el tiempo el que nos mata a nosotros.
Alphonse Allais (1855-1905). Escritor y humorista francés.

Hay personas que no saben perder su tiempo completamente solas. Son el azote de las personas ocupadas.
Louis de Bonald (1754-1840). Filósofo y político francés.

Hay que perder la mitad del tiempo, para poder emplear la otra mitad.
Anónimo.

Hemos olvidado que nuestra única meta es vivir y que vivir lo hacemos cada día y que en todas las horas de la jornada alcanzamos nuestra verdadera meta si vivimos... Los días son frutos y nuestro papel es comerlos.
Jean Giono (1895-1970). Novelista francés.

La antigüedad del tiempo es la juventud del mundo.
Francis Barón de Verulam Bacon (1561-1626). Filósofo y estadista británico.

La conciencia del tiempo, bajo su forma más pura, es el aburrimiento, es decir, la conciencia de un intervalo que nada atraviesa o que nada puede llenar.
Louis Lavelle (1883-1951). Filósofo francés.

La única función del tiempo es consumirse; arde sin dejar cenizas.
Elsa Triolet (1896-1970). Escritora francesa de origen ruso.

Las horas que limando están los días que royendo están los años.
Luis de Góngora y Argote (1561-1627). Poeta español.

Lo presente, producto de lo pasado, engendra a su vez lo futuro.
Gottfried Wilhelm Leibniz (1646-1716). Filósofo y matemático alemán.

Los que emplean mal su tiempo son los primeros en quejarse de su brevedad.
Jean de la Bruyere (1645-1696). Filósofo y escritor francés.

No es el tiempo lo que se os da, sino el instante. Con un instante dado, a nosotros nos corresponde hacer el tiempo.
Georges Poulet (1902-). Escritor belga.

No hay tiempo que no se acabe ni tiento que no se corte.
José Hernández (1834-1886). Poeta argentino.

No perdáis una hora, porque no estáis seguros de un minuto.
Benjamín Franklin (1706-1790). Político, filósofo y científico estadounidense.

Si no sacudes al tiempo ni un intento queda en vos.
León Gieco (1951-). Cantautor argentino.

Tiempo: Lo que los hombres siempre tratan de matar, pero acaba por matarlos.
Herbert Spencer (1820-1903). Teórico social inglés.

Un buen remedio contra la enfermedad del yuppie: invierte más tiempo en tu trabajo que trabajo en tu tiempo.
Friedrich Dürrenmatt (1921-1990). Novelista y dramaturgo suizo.

Un joven en años puede ser viejo en horas, si no ha perdido el tiempo.
Francis Barón de Verulam Bacon (1561-1626). Filósofo y estadista británico.

Utilicemos el tiempo como herramienta, no como vehículo.
John F. Kennedy (1917-1963). Presidente de Estados Unidos (1961-1963).

Tolerancia

Debemos aprender la importancia de soportar nuestras mutuas debilidades, porque hemos aprendido el valor de la tolerancia.
Paul P. Harris (1868-1947). Abogado y periodista estadounidense.

Debemos por lo tanto demandar, en el nombre de la tolerancia, el derecha de no tolerar a los intolerantes.
Karl Popper (1902-1994). Filósofo austriaco.

No será grande quien no tuviere grande tolerancia.
Juan Eusebio Nieremberg (1595-1658). Escritor jesuita español.

Tolerancia es esa sensación molesta de que al final el otro pudiera tener razón.
Anónimo.

Trabajo

¡Ay de quien trabaje esperando la alabanza del mundo!: el mundo es un mal pagador y paga siempre con la ingratitud.
San Juan Bosco (1815-1888). Santo italiano, fundador de la orden de los salesianos.

¡Trabaja! Si no lo necesitas como alimento, lo precisas como medicina.
William Penn (1644-1718). Escritor religioso inglés.

Algo que es esencial al trabajo y que le define y distingue del deporte es la creación. El trabajo crea siempre. El deporte, en cambio es estéril, salvo su utilidad para la salvaguarda de la salud y el auge de la atracción del sexo.
Gregorio Marañón (1887-1960). Médico y escritor español.

Algunos dicen que el trabajo duro no ha matado a nadie, pero yo me digo ¿por qué arriesgarse?
Ronald Reagan (1911-2004). Presidente de Estados Unidos (1981-1989).

Amar a la vida a través del trabajo, es intimar con el más recóndito secreto de la vida.
Khalil Gibran (1833-1931). Ensayista, novelista y poeta libanés.

Con ánimo rebozante y alegre entreguémonos a nuestro trabajo, aun cuando éste parezca insuperable.
Adolfo Kolping (1813-1865). Sacerdote, reformador social, autor y editor alemán.

Cuando aspiras a alcanzar el puesto más alto, recuerda que es honorable la segunda, o tercera posición.
Marco Tulio Cicerón (106-43 a.C.). Escritor, político y orador romano.

Cuando debo asignar una tarea pesada se la doy a un perezoso; seguro que hallará una manera fácil de llevarla a cabo.
Walter P. Chrysler (1875-1940). Productor de automóviles estadounidense.

Cuando el trabajo es un placer, la vida es bella. Pero cuando nos es impuesto, la vida es una esclavitud.
Máximo Gorki (1868-1936). Escritor ruso.

Cuando el trabajo no constituye una diversión, hay que trabajar lo indecible para divertirse.
Enrique Jardiel Poncela (1901-1952). Escritor español.

Cuando he estado trabajando todo el día, un buen atardecer me sale al encuentro.
Johann Wolfgang von Goethe (1749-1832). Poeta, novelista y dramaturgo alemán.

Cuando más hacemos, más podemos hacer; cuando estamos más ocupados es cuando tenemos más tiempo para divertirnos.
Pitágoras (582-500 a.C.). Filósofo y matemático griego.

Cuando se sufre sólo hay un remedio eficaz: el trabajo.
Anónimo.

Dadme una tarea en la que pueda poner algo de mí mismo y ya no será una tarea; será gozo; es arte.
Bliss Carman (1861-1929). Poeta canadiense.

Del trabajo del obrero nace la grandeza de las naciones.
León XIII (1810-1903). Papa católico.

Días de trabajo, únicos días en los que he vivido.
Louis Charles Alfred de Musset (1810-1857). Poeta francés.

Dice Pascal que todas nuestras desgracias proceden de que no sabemos quedarnos en casa. Yo diría que la causa de todas nuestras desgracias es que no nos basta con una selva. Nada hay más misterioso que el trabajo de la tierra, que esta concentración de jugos que se convierte en flor y fruto.
Edmond Jaloux (1878-1949). Escritor y crítico francés.

Dichoso el que tiene una profesión que coincide con su afición.
George Bernard Shaw (1856-1950). Escritor irlandés.

Dios ha puesto el trabajo por centinela de la virtud.
Homero (s.VIII a.C.). Poeta griego.

Dos son los elementos que hacen el trabajo interesante: primero, el ejercicio de una aptitud; segundo, la construcción.
Bertrand Russell (1872-1970). Matemático y filósofo británico.

El hombre se realiza como homo faber al trabajar con sus manos; el error es que ahora todos queremos ser homo sapiens.
Juan José Arreola (1918-2001). Actor y narrador mexicano.

El mejor destino que hay es el de supervisor de nubes, acostado en una hamaca mirando al cielo.
Ramón Gómez de la Serna (1888-1963). Escritor español. Autor de *Greguerías*.

El oro que se adquiere sin trabajo no hace más que dar lustre a la miseria del que lo posee.
José María Luis Mora (1794-1850). Sacerdote y pedagogo mexicano.

El placer que acompaña al trabajo pone en olvido la fatiga.
Quinto Horacio Flaco (65 a.C.-8 a.C.). Poeta lírico y satírico romano.

El trabajo consiste en lo que un organismo está obligado a hacer; el juego consiste en lo que un organismo no está obligado a hacer.
Mark Twain (1835-1910). Escritor estadounidense.

El trabajo endulza la vida; pero no a todos les gustan los dulces.
Víctor Hugo (1802-1885). Escritor francés.

El trabajo es el padre de la gloria y de la felicidad.
Eurípides (480-406 a.C.). Dramaturgo griego.

El trabajo es el refugio de los que no tienen nada que hacer.
Oscar Wilde (1854-1900). Novelista, poeta, crítico literario y autor teatral irlandés.

El trabajo es el único consuelo práctico de haber nacido.
Miguel De Unamuno (1864-1936). Filósofo y escritor español.

El trabajo es la mejor medicina para todas las enfermedades y desgracias que abruman a la humanidad.
Thomas Carlyle (1795-1881). Historiador y pensador escocés.

El trabajo es lo más divertido, podríamos pasarnos horas observándolo.
Anónimo.

El trabajo es un dulce recreo.
Quinto Horacio Flaco (65 a.C.-8 a.C.). Poeta lírico y satírico romano.

El trabajo es un medio, no un fin.
José Vasconcelos (1882-1959). Filósofo, educador y político mexicano.

El trabajo es una invasión de nuestra privacidad.
Woody Allen (1935-). Escritor, actor y director de cine estadounidense.

El trabajo es una plegaria que el cielo no desatiende nunca.
Justo Sierra (1848-1912). Escritor, periodista, educador y político mexicano.

El trabajo fortifica el cuerpo, mantiene la salud, prolonga la vida y hace que el tiempo parezca más corto, porque el trabajo está en el orden de la Naturaleza.
Benjamín Franklin (1706-1790). Político, filósofo y científico estadounidense.

El trabajo más importante no es el de la transformación del mundo, sino el de la transformación de nosotros mismos.
Juan Pablo II (Karol Wojtila) (1920-). Papa desde 1978 nacido en Polonia.

El trabajo nos conduce contra el dolor.
Marco Tulio Cicerón (106-43 a.C.). Escritor, político y orador romano.

Es absurda y patética la forma en que alguna gente se medio mata trabajando, con la ilusión casi nunca cumplida de no trabajar más en un lejano día.
Luis Spota (1925-1985). Escritor, periodista y dramaturgo mexicano.

Es mi trabajo no estar nunca satisfecho.
Wernher von Braun (1912-1977). Científico alemán.

Escoge un trabajo que te guste, y nunca tendrás que trabajar ni un sólo día de tu vida.
Confucio (551-479 a.C.). Filósofo y teórico social chino.

Existe una fuerza gigantesca que está creciendo en el mundo a través de compartir juntos el trabajo...
Madre Teresa de Calcuta (1910-1997). Misionera yugoslava nacionalizada india.

Hago todo como si fuese lo último de mi vida. Trabajo como si tuviese que vivir todavía muchos años.
San Juan Bosco (1815-1888). Santo italiano, fundador de la orden de los salesianos.

Hay dos tipos de persona: los que hacen el trabajo y los que toman el crédito. Procura estar en el primer grupo, hay menos competencia.
Indira Gandhi (1917-1984). Primera Ministra de la India 1966-1977 y 1980-1984.

Hay hombres que trabajan como si fueran a vivir eternamente.
Demócrito (460 a.C.-370 a.C.). Filósofo griego.

He ofendido a Dios y a la humanidad porque mi trabajo no tuvo la calidad que debía haber tenido.
Leonardo Da Vinci (1452-1519). Artista florentino.

La diligencia es la madre de la buena ventura.
Miguel de Cervantes (1547-1616). Dramaturgo, poeta y novelista español.

La mujer que quiera ser virtuosa no debe tener piedad de sus manos.
Víctor Hugo (1802-1885). Escritor francés.

La prueba de si eres capaz de desempeñar un trabajo o no, no está en el arreglo de tus cromosomas.
Bella Absug (1920-1998). Política estadounidense.

Laborando se conquista todo.
Virgilio (70 a.C-19 a.C). Poeta romano.

Las personas que trabajan sentadas ganan más que aquellas que trabajan de pie.
Frederic Ogden Nash (1902-1971). Poeta estadounidense.

Lo que con mucho trabajo se adquiere, más se ama.
Aristóteles (384 a.C.-322a.C). Filósofo griego.

Lo que importa es cuanto amor ponemos en el trabajo que realizamos.
Madre Teresa de Calcuta (1910-1997). Misionera yugoslava nacionalizada india.

Los charlatanes, con seguridad, son malos trabajadores. Se necesita más la mano que la lengua.
William Shakespeare (1564-1616). Poeta y autor teatral inglés.

Los dioses ayudan a los hombres que se ayudan a sí mismos, y esto es mediante el trabajo.
Virgilio (70 a.C-19 a.C). Poeta romano.

Manos callosas manos honrosas.
Rubén Darío (1867-1916). Poeta nicaragüense.

Me gusta y me fascina el trabajo. Podría estar sentado horas y horas mirando a otros cómo trabajan.
Jerome Klapka Jerome (1859-1927). Novelista y dramaturgo inglés.

Nada es tan cansado como la eterna presencia de una tarea incompleta.
William James (1842-1910). Filósofo estadounidense.

Nada que se consiga sin pena y sin trabajo es verdaderamente valioso.
Joseph Addison (1672-1719). Ensayista, poeta y político inglés.

Nada se construye si no se sabe dónde poner los ladrillos y si no se pone un tabique cada día. Tampoco se logra nada si no se trabaja en equipo.
Luis Echeverría Álvarez (1922-). Presidente mexicano (1970-1976).

Nadie es capaz de hacerle frente a un trabajo si no se siente competente; sin embargo, muchos piensan que son capaces de controlar el más difícil de los trabajos: el gobierno.
Sócrates (470-399 a.C.). Filósofo griego.

Ni el Rey comería... si el labrador no labrase.
Lope De Vega (1562-1635). Escritor español.

No es filósofo el que sabe donde está el tesoro, sino el que trabaja y lo saca.
Francisco De Quevedo (1580-1645). Escritor español.

No hacer absolutamente nada es la cosa más difícil del mundo, la más difícil y la más intelectual.
Oscar Wilde (1854-1900). Novelista, poeta, crítico literario y autor teatral irlandés.

No hay tal cosa como el talento, lo que hay es presión.
Alfred Adler (1870-1937). Psiquiatra austriaco.

No puedo parar de trabajar. Tendré toda la eternidad para descansar.
Madre Teresa de Calcuta (1910-1997). Misionera yugoslava nacionalizada india.

No recuerdo que me haya cansado nunca trabajando, pero el ocio me deja completamente exhausto.
Sir Arthur Conan Doyle (1859-1930). Escritor británico.

No son la riqueza ni el esplendor, sino la tranquilidad y el trabajo los que proporcionan la felicidad.
Thomas Jefferson (1743-1826). Político y filósofo estadounidense.

Nuestro mayor cansancio proviene de las tareas que aún no se han hecho.
Eric Hoffer (1902-1983). Escritor y filósofo estadounidense.

Nuestro trabajo es nuestra oración, porque lo realizamos por Jesús, en Jesús y con miras a Jesús.
Madre Teresa de Calcuta (1910-1997). Misionera yugoslava nacionalizada india.

Obtengo alegría serena al observar a cualquier persona que hace su trabajo bien.
William Feather (1889-1981). Escritor y editor estadounidense.

Oficio que no da de comer a su dueño, no vale dos habas.
Miguel de Cervantes (1547-1616). Dramaturgo, poeta y novelista español.

Para el hombre ocupado no hay día largo.
Séneca Anneo (3 a.C.- 65 d.C.). Filósofo latino.

Para trabajar basta estar convencido de una cosa: que trabajar es menos aburrido que divertirse.

Charles Baudelaire (1821-1867). Poeta francés.

Quién más se mueve menos obra.

Arturo Graf (1848-1913). Escritor y poeta italiano.

Quien no trabaja no descansa.

Thomas Carlyle (1795-1881). Historiador y pensador escocés.

Recibe buen pago el que está satisfecho.

William Shakespeare (1564-1616). Poeta y autor teatral inglés.

Se ama más lo que con más esfuerzo se ha conseguido.

Aristóteles (384 a.C.-322a.C). Filósofo griego.

Si alguno no quiere trabajar, que no coma.

San Pablo (10 a.C.-67 d.C.). Apóstol del cristianismo.

Si encomiendas a un hombre más de lo que puede hacer, lo hará. Si solamente le encomiendas lo que puede hacer, no hará nada.

Rudyard Kipling (1865-1936). Novelista inglés.

Si no puedes trabajar con amor sino sólo con desgana, mejor será que abandones el trabajo y te sientes a la puerta del templo a recibir limosna de los que trabajan con alegría.

Khalil Gibran (1833-1931). Ensayista, novelista y poeta libanés.

Si pudiéramos hacer que todos los hombres fuesen perfectos, se podría concebir un estado de perfección. Pero de momento es mejor que cada cual haga su oficio, el oficio que sabe hacer, y que no impida a los otros hacer el suyo.

André Maurois (1885-1967). Escritor francés.

Si respetas la importancia de tu trabajo, éste, probablemente, te devolverá el favor.

Mark Twain (1835-1910). Escritor estadounidense.

También es bueno repetir los mismos motivos trabajados antes, pues cada vez se descubre una nueva manera.

Johann Wolfgang von Goethe (1749-1832). Poeta, novelista y dramaturgo alemán.

Todo el que tiene una ocupación tiene una oportunidad.

Elbert Hubbard (1856-1915). Escritor y editor estadounidense.

Todos los hombres de mi equipo saben escribir a máquina.

Bella Absug (1920-1998). Política estadounidense.

Todos somos instrumentos del cielo. Nuestro trabajo no es un designio sino un destino.

Edward Robert Bulwer-Lytton (1831-1891). Poeta y diplomático inglés.

Trabaja y sufre por Dios que tanto trabajó y sufrió por nosotros.

San Juan Bosco (1815-1888). Santo italiano, fundador de la orden de los salesianos.

Trabajad, pero siempre con la dulzura de San Francisco de Sales y con la paciencia de Job.

San Juan Bosco (1815-1888). Santo italiano, fundador de la orden de los salesianos.

Trabajando fielmente ocho horas al día, usted puede conseguir ser jefe y trabajar doce horas al día.

Robert Lee Frost (1874-1963). Poeta y psicólogo estadounidense.

Trabajar con amor es construir una casa con cariño, como si vuestro ser amado fuera a habitar en esa casa.

Khalil Gibran (1833-1931). Ensayista, novelista y poeta libanés.

Trabajar es infundir en todas las cosas que haces el aliento de tu propio espíritu.

Khalil Gibran (1833-1931). Ensayista, novelista y poeta libanés.

Tratemos de trabajar mucho para hacer mucho bien.

San Juan Bosco (1815-1888). Santo italiano, fundador de la orden de los salesianos.

Tu trabajo consiste en descubrir cuál es tu trabajo y, entonces, entregarte a él de corazón.

Buda (-600 a.C.) Pensador himalaya.

Únanse al sindicato muchachas, y juntas digan igualdad de salario para trabajo igual.

Susan B. Anthony (1820-1906). Reformadora social estadounidense.

Vale más trabajar sin objeto que no hacer nada.

Sócrates (470-399 a.C.). Filósofo griego.

Vive del producto de tu trabajo, porque así te será más agradable el sustento.

Francisco Javier Clavijero (1731-1787). Historiador y religioso mexicano.

Yo considero dichoso a aquél que, cuando se habla de éxitos, busca la respuesta en su trabajo.

Ralph Waldo Emerson (1803-1882). Ensayista y poeta estadounidense.

Yo creo bastante en la suerte. Y he constatado que, cuanto más duro trabaje, más suerte tengo.

Thomas Jefferson (1743-1826). Político y filósofo estadounidense.

Algo malo debe tener el trabajo, o los ricos ya lo habrían acaparado.

Mario Moreno "Cantinflas (1911-1993). Actor cómico mexicano.

Dios da talento, el trabajo transforma el talento en genio.

Anna Pavlova (1881-1931). Bailarina rusa.

El mejor método para superar los obstáculos es el método del equipo.

Colin Powell (1937-) Militar y político afro-americano.

El trabajo ayuda siempre, puesto que trabajar no es realizar lo que uno imaginaba, sino descubrir lo que uno tiene dentro.

Boris Pasternak (1890-1960). Escritor y poeta ruso.

El trabajo es el único capital no sujeto a quiebras.

Jean de La Fontaine (1621-1695). Novelista y fabulista francés.

El trabajo es la ley de la felicidad.

Wallace Stevens (1879-1955). Poeta estadounidense.

El trabajo sin prisa es el mayor descanso para el organismo.

Gregorio Marañón (1887-1960). Médico y escritor español.

El trabajo y la lucha llaman siempre a los mejores.

Séneca Anneo (3 a.C.- 65 d.C.). Filósofo latino.

Estamos rodeados de artilugios destinados a ahorrar trabajo y, sin embargo, disponemos de muy escaso ocio auténtico.

Laurence J. Peter (1919-1988). Escritor y educador estadounidense.

La oxidación por falta de uso gasta mucho más las herramientas que el propio trabajo.

Benjamín Franklin (1706-1790). Político, filósofo y científico estadounidense.

La recompensa del trabajo bien hecho es la oportunidad de hacer más trabajo bien hecho.

Jonas Edward Salk (1914-1995). Científico estadounidense.

Lo más triste es que la única cosa que se puede hacer durante ocho horas al día es trabajar.

William Faulkner (1897-1962). Novelista estadounidense.

Mira si será malo el trabajo, que deben pagarte para que lo hagas.

Facundo Cabral (1937-). Cantante argentino.

Nadie que esté entusiasmado con su trabajo puede temer nada de la vida.

Samuel Goldwyn (1882-1974). Productor de cine estadounidense, cofundador de la Metro-Goldwin-Mayer.

No aprovechan los trabajos si no han de enseñarnos algo.

José Hernández (1834-1886). Poeta argentino.

No basta trabajar, es preciso agotarse todos los días en el trabajo.

Auguste Rodin (1840-1917). Escultor francés.

No es el trabajo lo que envilece, sino la ociocidad.

Hesiodo de Ascra (siglo VIII a.C.). Poeta griego.

No me digas lo mucho que trabajas. Hablame de lo mucho que haces.

James Ling (1922-). Empresario estadounidense.

Nunca la persona llega a tal grado de perfección como cuando rellena un impreso de solicitud de trabajo.

Anónimo.

Obró mucho el que nada dejó para mañana.

Baltasar Gracián y Morales (1601-1658). Jesuita y escritor español.

Planea tu trabajo para hoy y para todos los días, y entonces tu plan funcionará.

Margaret Thatcher (1925-). Política británica.

Proteger el trabajo es proteger la virtud, consolar dolores, arrancar víctimas al crimen y a la muerte.

Concepción Arenal (1820-1893). Pensadora española.

Puede considerarse bienaventurado y no pedir mayor felicidad el hombre que ha encontrado su trabajo.

Thomas Carlyle (1795-1881). Historiador y pensador escocés.

Si no queréis trabajar, necesitáis trabajar para ganar suficiente dinero para no trabajar más.

Frederic Ogden Nash (1902-1971). Poeta estadounidense.

Si quiere trabajadores creativos, dales tiempo suficiente para jugar.

John Marwood Cleese (1939-). Comediante inglés.

Siempre que te pregunten si puedes hacer un trabajo, contesta que sí y ponte enseguida a aprender cómo se hace.

Franklin Delano Roosevelt (1882-1945). Político y presidente estadounidense.

Soy gran creyente en la suerte, y he descubierto que mientras más duro trabajo, más suerte tengo.

Stephen Butler Leacock (1869-1944). Economista y humorista canadiense.

Trabaja en algo. Para que el diablo te encuentre siempre ocupado.

San Jerónimo (343-420). Padre de la Iglesia Latina.

Trabajemos por y para la patria, que es trabajar para nuestros hijos y para nosotros mismos.

John Dryden (1631-1700). Poeta, dramaturgo y crítico inglés.

Trabajo deprisa para vivir despacio.

Montserrat Caballé (1933-). Cantante de ópera española.

Una máquina puede hacer el trabajo de 50 hombres corrientes, pero no existe ninguna máquina que pueda hacer el trabajo de un hombre extraordinario.

Elbert Hubbard (1856-1915). Escritor y editor estadounidense.

Traición

El que revela el secreto de otros pasa por traidor, el que revela el secreto propio pasa por imbécil.
Francois-Marie Arouet de Voltaire (1694-1778). Escritor y filósofo francés.

Hay una cierta calidad de cortesía que es siempre señal de traición.
François Mauriac (1885-1970). Escritor francés galardonado con el premio Nobel.

Si tenéis motivos para sospechar que una persona os está diciendo una mentira, aparentad que creéis todas sus palabras. Esto le dará ánimos para continuar y se entusiasmará de tal manera con sus afirmaciones que acabará por traicionarse.
Arthur Schopenhauer (1788-1860). Filósofo alemán.

Sólo pensar en traicionar es ya una traición consumada.
Cesare Cantú (1804-1895). Político, historiador y literato italiano.

Un traidor es un hombre que dejó su partido para inscribirse en otro. Un convertido es un traidor que abandonó su partido para inscribirse en el nuestro.
Georges Clemenceau (1841-1929). Político y periodista francés.

Tristeza

Cuidado con la tristeza. Es un vicio.
Gustave Flaubert (1821-1880). Novelista francés.

El desaliento supremo se padece cuando nos decepcionamos de la cultura que nos ha nutrido y de la humanidad que la ha creado.
Emma Godoy (1918-1989). Poetisa y escritora mexicana.

El hecho de ser habitados por una nostalgia incomprensible sería, al fin y al cabo, el indicio de que hay un más allá.
Eugene Ionesco (1912-1994). Dramaturgo francés de origen rumano.

El que sólo es sabio lleva una vida triste.
Francois-Marie Arouet de Voltaire (1694-1778). Escritor y filósofo francés.

Es triste ver como los hombres se ocupan sólo de los medios y no del fin.
Blaise Pascal (1623-1662). Matemático, físico y teólogo francés.

La noche es más triste que el día.
Publio Nasón Ovidio (43 a.C.-17 d.C.). Poeta latino.

La tristeza de la separación y de la muerte es el más grande de los engaños.
Mohandas Karamchand Gandhi (1869-1948). Líder político y espiritual hindú.

No hay enfermedad más contagiosa que la desesperanza.
Carlos Solórzano (1860-1926). Político nicaragüense, presidente de la República (1925-1926).

No hay mayor desdicha en las desdichas que haber sido dichoso un desdichado.
Luis Vélez de Guevara (1579-1644). Novelista y dramaturgo español.

Señor, las tristezas no se hicieron para las bestias, sino para los hombres; pero si los hombres las sienten demasiado, se vuelven bestias.
Miguel de Cervantes (1547-1616). Dramaturgo, poeta y novelista español.

Yo os digo que la alegría y la tristeza son inseparables.
Khalil Gibran (1833-1931). Ensayista, novelista y poeta libanés.

Triunfo

Cuanto más alto estemos situados, más humildes debemos ser.
Marco Tulio Cicerón (106-43 a.C.). Escritor, político y orador romano.

El ganar no lo es todo, pero el querer ganar sí lo es.
Vincent Lombardi (1913-1970). Entrenador de futbol americano estadounidense.

El hombre bien preparado para la lucha ya ha conseguido el triunfo.
Miguel de Cervantes (1547-1616). Dramaturgo, poeta y novelista español.

El hombre siempre está echando la culpa a las circunstancias, el hombre que triunfa es aquel que se pone a buscar las circunstancias que necesita y si no las encuentra las crea.
Anónimo.

El triunfo no está en vencer siempre sino en nunca desanimarse.
Napoleón Bonaparte (1769-1821). Emperador de Francia (1804-1815).

Jamás serás vencido si no emprendes combates en que no dependa de ti vencer.
Epicteto (55-135 d.C.). Pensador griego.

La confianza es la mitad del triunfo.
Napoleón Bonaparte (1769-1821). Emperador de Francia (1804-1815).

La victoria es por naturaleza insolente y altanera.
Marco Tulio Cicerón (106-43 a.C.). Escritor, político y orador romano.

La victoria no lo es todo, es lo único.
Vincent Lombardi (1913-1970). Entrenador de futbol americano estadounidense.

La victoria sigue al gran hombre.
Napoleón Bonaparte (1769-1821). Emperador de Francia (1804-1815).

Llegué, vi y vencí.
Julio César. Cayo Julio César (100-44 a.C.). General y político romano.

Ningún vencido tiene justicia si lo ha de juzgar su vencedor.
Francisco De Quevedo (1580-1645). Escritor español.

Para el logro del triunfo siempre ha sido indispensable pasar por la senda de los sacrificios.
Simón Bolívar (1783-1830). Militar y político venezolano.

Para triunfar es necesario, más que nada, tener sentido común.
Napoleón Bonaparte (1769-1821). Emperador de Francia (1804-1815).

Puede ser un héroe lo mismo el que triunfa que el que sucumbe, pero jamás el que abandona el combate.
Thomas Carlyle (1795-1881). Historiador y pensador escocés.

Quien vence sin contrario, no puede decir que vence.
Fernando Calderón (1809-1845). Escritor mexicano.

Y, sobre todo, nada les puede enternecer. Esto es importantísimo; para triunfar en la lucha de la vida el hombre ha de tener o una gran inteligencia o un corazón de piedra.
Alexéi Maxímovich Péchkov "Máximo Gorky" (1868-1936). Novelista, autor teatral y ensayista soviético.

Universo

¡Qué brillante y hermoso nos parece un cometa a su paso por delante de la Tierra! A condición de que pase de largo.
Isaac Asimov (1920-1992). Escritor y científico estadounidense.

¿Cómo sabes si la Tierra no es más que el infierno de otro planeta?
Aldous Leonard Huxley (1894-1963). Escritor inglés.

A su sombra tachonada de estrellas, / en su oscuro y solitario encantamiento/ aprendo el lenguaje de otro mundo.
Lord Byron (1788-1824). Poeta inglés.

Aquel que reconoce la verdad del cuerpo puede entonces conocer la verdad del universo.
Proverbio hindú.

Dos cosas son infinitas: el universo y la estupidez humana; y yo no estoy seguro sobre el universo.
Albert Einstein (1879-1955). Científico estadounidense de origen alemán.

El cerebro del hombre necesita a veces estallar aunque destruya el universo.
Gilbert Keith Chesterton (1874-1936). Escritor inglés.

El cielo, el sol, los elementos, los hombres, han sido siempre los mismos.
Nicolás Maquiavelo (1469-1527). Historiador y filósofo político italiano.

El hombre es libre, y recibe de los astros, sólo inclinaciones y tendencias. La preordenación, predestinación, elección, son inventos de Simón Mago.
Miguel Serveto (1511-1553). Filósofo español.

El sol tiene el tamaño de un pie humano.

Heráclito de Efeso (540-470 a.C.). Filósofo griego.

El universo no fue hecho a la medida del hombre, tampoco le es hostil. Es indiferente.

Carl Sagan (1934-1996). Astrónomo estadounidense.

El Universo no sólo es más extraño de lo que imaginamos. Sino más extraño de lo que podemos imaginar.

Charles Berlitz (1914-2003). Escritor estadounidense.

En la escala de lo cósmico sólo lo fantástico tiene posibilidades de ser verdadero.

Pierre Teilhard de Chardin (1881-1955). Filósofo y teólogo francés.

Es más fácil conocer el universo en general que al hombre como individuo.

François de La Rochefoucauld (1613-1680). Político y escritor francés.

Existe al menos un rincón del universo que con toda seguridad puedes mejorar, y eres tú mismo.

Aldous Leonard Huxley (1894-1963). Escritor inglés.

La Tierra, eso es suficiente. No quiero que las constelaciones estén más cerca. Sé que están bien donde están. Sé que satisfacen a aquellos que pertenecen a ellas.

Walt Whitman (1819-1892). Poeta estadounidense.

Las estrellas no son para los hombres. Pero los planetas... los planetas son para los hombres.

Arthur Clarke (1917-). Científico y escritor británico.

Llegará un tiempo en que los hombres serán capaces de ampliar su mirada... y podrán ver los planetas como su propia Tierra.

Christopher Wren (1632-1723). Arquitecto, científico y matemático inglés.

Nada perece en el Universo; cuanto acontece en él no pasa de meras transformaciones.

Pitágoras (582-500 a.C.). Filósofo y matemático griego.

No debo buscar mi dignidad en el espacio, sino en el gobierno de mi pensamiento. No tendré más aunque posea mundos. Si fuera por el espacio, el universo me rodearía y se me tragaría como un tomo; pero por el pensamiento yo abrazo el mundo.

Blaise Pascal (1623-1662). Matemático, físico y teólogo francés.

No es imposible que para algún ser infinitamente superior, todo el universo sea como una sola llanura, que la distancia entre los planetas sea apenas como los poros de un grano de arena, y que los espacios entre un sistema y otro no sean mayores que los intervalos entre un grano y el contiguo.

Samuel T. Coleridge (1772-1834). Poeta inglés.

No es necesario salir de nuestro planeta para hallarlo. En la textura del espacio y en la naturaleza de la materia, al igual que en una gran obra de arte, siempre figura, en letras pequeñas, la firma del artista.

Carl Sagan (1934-1996). Astrónomo estadounidense.

Quien ha entrevisto el universo, quien ha entrevisto los ardientes designios del universo, no puede pensar en un hombre, en sus triviales dichas y desventuras, aunque ese hombre sea él.

Jorge Luis Borges (1899-1986). Escritor argentino.

Se han concedido muchos premios Nobel por mostrar que el Universo no es tan simple como podíamos haberlo pensado.

Stephen Hawking (1942-). Profesor y escritor inglés.

Si Dios me hubiera consultado sobre el sistema del universo, le habría dado unas cuantas ideas.

Alfonso X el Sabio (1221-1284). Rey de Castilla y de León.

Si las estrellas aparecieran sólo una noche cada mil años, ¿cómo adoraría y se maravillaría el hombre?

Ralph Waldo Emerson (1803-1882). Ensayista y poeta estadounidense.

Sólo los necios hablan de desdichas, o los egoístas. La felicidad existe sobre la tierra; y se la conquista con el ejercicio prudente de la razón, el conocimiento de la armonía del universo, y la práctica constante de la generosidad.

José Martí (1853-1895). Político y escritor cubano.

Sólo somos materia de estrellas mirando a otras estrellas, a través de miles de años de evolución.

Carl Sagan (1934-1996). Astrónomo estadounidense.

Todo cuerpo se resiente de lo que sucede en el Universo.

Gottfried Wilhelm Leibniz (1646-1716). Filósofo y matemático alemán.

Utilidad

¿Qué importa si el gato es blanco o negro, con tal que cace ratones?

Deng Xiaoping (1904-1997). Político chino.

La falla de nuestra época consiste en que sus hombres no quieren ser útiles sino importantes.

Sir Winston Churchill (1874-1965). Político inglés.

No es sabio el que sabe muchas cosas, sino el que sabe cosas útiles.
Esquilo (525-456 a.C.). Dramaturgo griego.

Valor

A menudo una prueba de valor no consiste en morir, sino en vivir.
Víctor Alfieri (1749-1803). Dramatugo italiano.

Cuando nadie tiene el valor de mirar y decir lo que ve, yo lo quiero hacer.
Oswald Spengler (1880-1936). Filósofo alemán.

Dame, señor, coraje y alegría, para escalar la cumbre de este día.
Jorge Luis Borges (1899-1986). Escritor argentino.

Demasiado poco valor es cobardía y demasiado valor es temeridad.
Aristóteles (384 a.C.-322a.C). Filósofo griego.

El valor de un estado, al final de cuentas, es el valor de los individuos que lo componen.
John Stuart Mill (1806-1873). Economista y político británico.

El valor encara al miedo y así lo domina.
Martin Luther King (1929-1968). Humanista estadounidense.

El valor es hijo de la prudencia, no de la temeridad.
Pedro Calderón de la Barca (1600-1681). Dramaturgo y poeta español.

El valor reside en el término medio entre la cobardía y la temeridad.
Miguel de Cervantes (1547-1616). Dramaturgo, poeta y novelista español.

El valor, la buena conducta y la perseverancia conquistan todas las cosas y obstáculos que quieran destruirlas y se interpongan en su camino.
Ralph Waldo Emerson (1803-1882). Ensayista y poeta estadounidense.

En el tiempo dichoso vive dormido el valor.
Juan Ruiz de Alarcón (1581-1639). Escritor y dramaturgo mexicano.

En las grandes empresas ya basta el haber querido.
Sexto Propercio (47-15 a.C.). Poeta romano.

Ente las cosas hay una de la que no se arrepiente nadie en la tierra. Esa cosa es haber sido valiente.
Jorge Luis Borges (1899-1986). Escritor argentino.

Hace falta más valor para sufrir que para morir.
Napoleón Bonaparte (1769-1821). Emperador de Francia (1804-1815).

Hay periodos en los que arriesgar es la más grande sabiduría.
William Ellery Channing (1780-1842). Ministro religioso y escritor estadounidense.

La fortaleza va creciendo en proporción a la carga.
Thomas Wentworth Storrow Higginson (1823-1911). Reformador estadounidense.

La mejor parte del valor es la discreción.
William Shakespeare (1564-1616). Poeta y autor teatral inglés.

La vida se reduce o se expande en proporción a nuestro valor.
Anais Nin (1903-1977). Escritora estadounidense.

Lo cierto es que a todo héroe le apadrinan el valor y la fortuna, ejes ambos de toda heroicidad.
Baltasar Gracián y Morales (1601-1658). Jesuita y escritor español.

Los hombres rara vez tienen el valor suficiente para ser o extremadamente buenos o extremadamente malos.
Nicolás Maquiavelo (1469-1527). Historiador y filósofo político italiano.

Me atreveré a todo lo que pueda hacer un hombre. Quien se atreva a más es insensato.
William Shakespeare (1564-1616). Poeta y autor teatral inglés.

Nada está perdido si se tiene el valor de proclamar que todo está perdido y hay que empezar de nuevo.
Julio Cortázar (1914-1984). Escritor argentino.

No es más valiente el que no tiene miedo, sino el que sabe conquistarlo.
Nelson Mandela(1918-). Premio nobel de la paz sudafricano.

No es que nos falte valor para emprender las cosas porque sean difíciles, sino que son difíciles precisamente porque nos falta valor para emprenderlas.
Séneca Anneo (3 a.C.- 65 d.C.). Filósofo latino.

No intentes ser un hombre de éxito. Intenta ser un hombre de valor.
Albert Einstein (1879-1955). Científico estadounidense de origen alemán.

Nunca podríamos aprender a ser valientes y serenos, si hubiera solamente alegría en el mundo.
Helen Keller (1880-1968). Escritora estadounidense.

Por mucho que un hombre valga, nunca tendrá valor más alto que el de ser hombre.
Antonio Machado (1875-1939). Poeta español.

Siempre va más alto el que camina sin remordimientos y sin manchas.
Ignacio Manuel Altamirano (1834-1893). Escritor mexicano.

Tened el valor de equivocaros.
Georg Wilhelm Friedrich Hegel (1770-1831). Filósofo alemán.

Tiene valor aquel que admite que es un cobarde.
Fernandel (1903-1971). Cómico francés.

Valiente es aquel que no toma nota de su miedo.
George S. Patton (1885-1945). General estadounidense.

Valor es lo que se necesita para levantarse y hablar; pero también es lo que se requiere para sentarse y escuchar.
Sir Winston Churchill (1874-1965). Político inglés.

Yo estimo a un soldado valeroso que ha sufrido su bautismo de fuego, cualquiera que sea la nación a que pertenezca.
Napoleón Bonaparte (1769-1821). Emperador de Francia (1804-1815).

Vanidad

A los muertos no les importa cómo son sus funerales. Las exequias suntuosas sirven para satisfacer la vanidad de los vivos.
Eurípides (480-406 a.C.). Dramaturgo griego.

A mí dadme lo superfluo, que lo necesario todo el mundo puede tenerlo.
Oscar Wilde (1854-1900). Novelista, poeta, crítico literario y autor teatral irlandés.

A quien lisonja desea, sirve a quien le lisonjea más que quien le desengaña.
Juan Ruiz de Alarcón (1581-1639). Escritor y dramaturgo mexicano.

Buenas noches, Vanidad; es tarde. Mi puerta cierro. Yo estoy —¡cosas de la edad!— muy bien en mi soledad, con Dios, un libro y un perro.
Amado Nervo (1870-1919). Poeta y escritor mexicano.

El amor propio y la vanidad nos hace creer que nuestros vicios son virtudes y nuestras virtudes, vicios.
Jacinto Benavente (1866-1954). Dramaturgo y crítico español.

El fatuo es un medio entre el impertinente y el necio; es el compuesto del uno y el otro.
Jean de la Bruyere (1645-1696). Filósofo y escritor francés.

El hombre suele entregar la vida por la bolsa, pero entrega la bolsa por la vanidad.
Miguel De Unamuno (1864-1936). Filósofo y escritor español.

El que niega su propia vanidad suele poseerla en forma tan brutal, que debe cerrar los ojos si no quiere despreciarse a sí mismo.
Friedrich Nietzsche (1844-1900). Filósofo, poeta y filólogo alemán.

En muchos casos hacemos por vanidad o por miedo, lo que haríamos por deber.
Concepción Arenal (1820-1893). Pensadora española.

Hay que dejar la vanidad a los que no tienen otra cosa que exhibir.
Honorato De Balzac (1799-1850). Escritor francés.

La soberbia no es grandeza sino hinchazón; y lo que está hinchado parece grande pero no está sano.
San Agustín (354-430). Obispo, filósofo y Padre de la Iglesia Latina.

La vanidad de otro no va contra nuestro gusto, sino cuando va contra nuestra vanidad.
Friedrich Nietzsche (1844-1900). Filósofo, poeta y filólogo alemán.

La vanidad es el temor de parecer original; significa, pues, falta de orgullo, pero no supone falta de originalidad.
Friedrich Nietzsche (1844-1900). Filósofo, poeta y filólogo alemán.

La vanidad es tan fantástica, que hasta nos induce a preocuparnos de lo que pensarán de nosotros una vez muertos y enterrados.
Ernesto Sabato (1911-). Escritor argentino.

La virtud no iría muy lejos si la vanidad no le hiciera compañía.
François de La Rochefoucauld (1613-1680). Político y escritor francés.

Las cosas de este mundo son tan vanas que parecen juegos de niños.
Santa Teresa de Jesús (1515-1582). Religiosa y escritora mística española.

Lo que nos hace insoportable la vanidad ajena es que hiere a la propia.
François de La Rochefoucauld (1613-1680). Político y escritor francés.

Los hombres se alaban a sí mismos, cuando carecen de amigos que los encomien.
William Shakespeare (1564-1616). Poeta y autor teatral inglés.

Me había convertido en una gran cuestión para mí mismo.
San Agustín (354-430). Obispo, filósofo y Padre de la Iglesia Latina.

Mira que eres el que ha poco no fuiste y el que siendo eres poco y el que de aquí a poco no serás; verás como tu vanidad se castiga y se da por vencida.
Francisco De Quevedo (1580-1645). Escritor español.

Mucho se habla y discute en las disputas, y en todas ellas se ve mucha vanidad.
La Biblia.

No hay cristales de más aumento que los propios ojos del hombre cuando miran su propia persona.
Alexander Pope (1688-1744). Escritor inglés.

Quien no ve la vanidad del mundo, es que él es, en sí mismo, muy vano.
Blaise Pascal (1623-1662). Matemático, físico y teólogo francés.

Si los hombres no fuéramos vanidosos, las mujeres nos lo harían ser.
Marie Henri Beyle "Stendhal" (1783-1842). Novelista y ensayista francés.

Si quitáramos la ambición y la vanidad, ¿dónde quedarían los héroes y los patriotas?
Séneca Anneo (3 a.C.- 65 d.C.). Filósofo latino.

Sólo hay una cosa en el mundo peor que estar en boca de los demás, y es no estar en boca de nadie.
Oscar Wilde (1854-1900). Novelista, poeta, crítico literario y autor teatral irlandés.

Tengo gustos simples. Me satisfago con lo mejor.
Oscar Wilde (1854-1900). Novelista, poeta, crítico literario y autor teatral irlandés.

Vale más consumir vanidades de la vida, que consumir la vida en vanidades.
Sor Juana Inés de la Cruz (1651-1695). Poetisa mexicana.

Vanidad exterior es indicio de pobreza interior.
Refrán español.

La más segura cura para la vanidad es la soledad.
Thomas C. Wolfe (1900-1938). Escritor y novelista estadounidense.

La vanidad es el amor propio al descubierto.
Bernard le Bovier Fontenelle (1657-1757). Escritor y científico francés.

La vanidad hace siempre traición a nuestra prudencia y aún a nuestro interés.
Jacinto Benavente (1866-1954). Dramaturgo y crítico español.

Ningún vanidoso siente celos.
Jacinto Benavente (1866-1954). Dramaturgo y crítico español.

Obrar es fácil, pensar es difícil; obrar según se piensa es aún más difícil.
Johann Wolfgang von Goethe (1749-1832). Poeta, novelista y dramaturgo alemán.

Vejez

Durante la infancia, la vida se presenta como una decoración de teatro vista de lejos; durante la vejez, como la misma decoración vista de cerca.
Arthur Schopenhauer (1788-1860). Filósofo alemán.

El amor de un viejo es como la luz del sol sobre la nieve: deslumbra más que calienta.
Anónimo.

He descubierto que tan pronto como las personas son lo bastante viejas para estar enteradas, no se enteran absolutamente de nada.
Oscar Wilde (1854-1900). Novelista, poeta, crítico literario y autor teatral irlandés.

La autoridad es la corona de la vejez.
Plutarco (46-125). Biógrafo y ensayista griego.

La debilidad más peligrosa de la gente vieja, que ha sido agradable, consiste en olvidar que ya no lo es.
François de La Rochefoucauld (1613-1680). Político y escritor francés.

La palabra de la ancianidad es muchas veces oráculo.
Publio Siro (Siglo I a.C.). Poeta latino.

La vejez está entronizada junto con la cordura.
Rubén Darío (1867-1916). Poeta nicaragüense.

La vejez no es soportable sin un ideal o un vicio.
Alejandro Dumas (1802-1870). Novelista y dramaturgo francés.

No contamos los años de un hombre hasta que no le queda otra cosa que contar.
Ralph Waldo Emerson (1803-1882). Ensayista y poeta estadounidense.

Para aprender a ser vieja hace falta un gran talento que tienen pocas mujeres.
Oscar Wilde (1854-1900). Novelista, poeta, crítico literario y autor teatral irlandés.

Saber envejecer es la obra maestra de la sabiduría y una de las partes más difíciles del gran arte de vivir.
Henri Frédéric Amiel (1821-1881). Crítico suizo.

Tememos la vejez, aunque ignoramos si llegaremos a ella.
Jean de la Bruyere (1645-1696). Filósofo y escritor francés.

Un anciano se asemeja a un libro cuyo forro ha sido roido por el tiempo y que algún día debe de aparecer de nuevo, revisado y corregido por su autor.
Benjamín Franklin (1706-1790). Político, filósofo y científico estadounidense.

Cuando se hace uno viejo le gusta más releer que leer.
Pío Baroja (1872-1956). Escritor español.

Cuanto más se envejece más se parece la tarta de cumpleaños a un desfile de antorchas.
Katherine Hepburn (1907-2003). Actriz estadounidense.

En la vejez no se hace más que repetirse.
Pío Baroja (1872-1956). Escritor español.

Gran libro es la vejez. ¡Lástima que el hombre tenga que morirse cuando comienza a leerlo con provecho!
José María de Pereda (1833-1906). Escritor español.

La tragedia de la vejez no consiste en ser viejo, sino en que aún se es joven.
José Luis Coll (1931-). Escritor, humorista y actor español.

La vejez conduce a una tranquilidad indiferente que asegura la paz interior y exterior.
Anatole France (1844-1924). Novelista y premio Nobel francés.

La vejez es un exceso que aumenta por días.
Enrique Jardiel Poncela (1901-1952). Escritor español.

La vejez es un tirano que prohíbe, bajo pena de vida, todos los placeres de la juventud.
François de La Rochefoucauld (1613-1680). Político y escritor francés.

La vejez existe cuando se empieza a decir: nunca me he sentido tan joven.
 Jules Renard (1864-1910). Escritor francés.

Las arrugas del espíritu nos hacen más viejos que las de la cara.
 Michel Eyquem de la Montaigne (1533-1592). Ensayista francés.

Los ancianos gustan de darnos buenos preceptos para consolarse de no poder darnos malos ejemplos.
 François de La Rochefoucauld (1613-1680). Político y escritor francés.

Los que en realidad aman la vida son aquellos que están envejeciendo.
 Sófocles (496-406 a.C.). Dramaturgo ateniense.

Nadie es tan viejo que no pueda vivir un año más, ni tan mozo que hoy no pudiese morir.
 Fernando de Rojas (1470-1541). Escritor español.

No ha de ser estimado dichoso el joven, sino el viejo que ha vivido una hermosa vida.
 Epicuro (342 a.C.- 270 a.C.). Filósofo griego.

Si quieres ser viejo mucho tiempo, hazte viejo pronto.
 Marco Tulio Cicerón (106-43 a.C.). Escritor, político y orador romano.

Teme a la vejez, pues nunca viene sola.
 Platón (428-347 a.C.). Filósofo griego.

Todos deseamos llegar a viejos; y todos negamos que hemos llegado.
 Francisco De Quevedo (1580-1645). Escritor español.

Una bella ancianidad es, ordinariamente, la recompensa de una bella vida.
 Pitágoras (582-500 a.C.). Filósofo y matemático griego.

Vieja madera para arder, viejo vino para beber, viejos amigos en quien confiar, y viejos autores para leer.
 Francis Barón de Verulam Bacon (1561-1626). Filósofo y estadista británico.

Venganza

Cuando se hace daño a otro es menester hacérselo de tal manera que le sea imposible vengarse.
 Nicolás Maquiavelo (1469-1527). Historiador y filósofo político italiano.

Cuidado con la hoguera que enciendes contra tu enemigo; no sea que te chamusques a ti mismo.
 William Shakespeare (1564-1616). Poeta y autor teatral inglés.

El vengarse prontamente es delito.
 Publio Siro (Siglo I a.C.). Poeta latino.

El verdadero modo de vengarse de un enemigo es no parecérsele.
Marco Aurelio Antonio (121-180). Emperador y filósofo romano.

En la venganza, como en el amor, la mujer es más bárbara que el hombre.
Friedrich Nietzsche (1844-1900). Filósofo, poeta y filólogo alemán.

La cólera que se siente contra una persona, por violenta que sea, cesa cuando se toma venganza de otra.
Aristóteles (384 a.C.-322a.C). Filósofo griego.

La persona que quiere venganza, debe cavar dos tumbas.
Anónimo.

La única defensa eficaz es el ataque; entonces los demás, ante el placer que les causa el nuevo ataque, olvidan el otro del que erais víctimas.
André Maurois (1885-1967). Escritor francés.

La venganza es el manjar más sabroso condimentado en el infierno.
Walter Scott (1771-1832). Escritor escocés.

La venganza es una palabra inhumana.
Séneca Anneo (3 a.C.- 65 d.C.). Filósofo latino.

La venganza más cruel es el desprecio de toda venganza posible.
Johann Wolfgang von Goethe (1749-1832). Poeta, novelista y dramaturgo alemán.

Las venganzas castigan, pero no quitan culpas.
Miguel de Cervantes (1547-1616). Dramaturgo, poeta y novelista español.

Mayor que su munificencia con los amigos, era su magnanimidad con los enemigos. No hay en la historia otro caso de vencedor que renuncie tan absolutamente a la venganza sobre lo vencido.
Gina Kaus (1894-1984). Escritora austriaca.

No hay más honrada venganza que la que no se toma.
Francisco De Quevedo (1580-1645). Escritor español.

Un marido que ha sido engañado por su mujer no necesita vengarse. El amante se encargará de ello.
Refrán francés.

Vengarse de una ofensa es ponerse al nivel de los enemigos; perdonársela es hacerse superior a ellos.
François de La Rochefoucauld (1613-1680). Político y escritor francés.

Yo no hablo de venganzas ni perdones, el olvido es la única venganza y el único perdón.
Jorge Luis Borges (1899-1986). Escritor argentino.

Quien se venga después de la victoria es indigno de vencer.
Francois-Marie Arouet de Voltaire (1694-1778). Escritor y filósofo francés.

Una persona que quiere venganza guarda sus heridas abiertas.
Francis Barón de Verulam Bacon (1561-1626). Filósofo y estadista británico.

Usar de venganza con el más fuerte es locura, con el igual es peligroso, y con el inferior es vileza.
Pietro Trapassi "Metastasio" (1698-1782). Poeta italiano.

Vengándose, uno se iguala a su enemigo; perdonándolo, se muestra superior a él.
Francis Barón de Verulam Bacon (1561-1626). Filósofo y estadista británico.

Verdad

¿Puede haber en el mundo algo más despreciable que la elocuencia de un hombre que no dice la verdad?
Thomas Carlyle (1795-1881). Historiador y pensador escocés.

A medida que avanza una discusión, retrocede la verdad.
Anónimo.

Al embustero no se le da crédito ni siquiera cuando dice la verdad.
Marco Tulio Cicerón (106-43 a.C.). Escritor, político y orador romano.

Aunque la verdad de los hechos resplandezca, siempre se batirán los hombres en la trinchera sutil de las interpretaciones.
Gregorio Marañón (1887-1960). Médico y escritor español.

Cuando decimos que algo no es verdad, a menudo lo que queremos decir es que no nos gusta.
Anthony de Mello (1931-1987). Escritor y sacerdote jesuita.

Busca la verdad en los hechos.
Deng Xiaoping (1904-1997). Político chino.

Conocemos la verdad no sólo por la razón, sino además por el corazón.
Blaise Pascal (1623-1662). Matemático, físico y teólogo francés.

Cree a aquellos que buscan la verdad, duda de los que la han encontrado.
André Gide (1869-1951). Escritor francés.

Cualquier necio puede escribir en lenguaje erudito. La verdadera prueba es el lenguaje.
Clive Staples Lewis (1898-1963). Escritor británico.

Cuando la verdad sea demasiado débil para defenderse, se deberá pasar al ataque.
Bertolt Brecht (1898-1956). Poeta y dramaturgo alemán.

De vez en cuando di la verdad para que te crean cuando mientes.
Jules Renard (1864-1910). Escritor francés.

Después de la verdad nada hay tan bello como la ficción.
   Antonio Machado (1875-1939). Poeta español.

El camino de la verdad es ancho y fácil de hallar. El único inconveniente estriba en que los hombres no lo buscan.
   Confucio (551-479 a.C.). Filósofo y teórico social chino.

El error es la fuerza que une a los hombres; la verdad se le comunica a los hombres por medio de las acciones verdaderas.
   León Tolstoi (1828-1910). Escritor ruso.

El estudioso es el que lleva a los demás a lo que él ha comprendido: la verdad.
   Santo Tomás de Aquino (1225-1274). Teólogo italiano.

El hombre es el ser que necesita absolutamente de la verdad y, al revés, la verdad es lo único que esencialmente necesita el hombre, su única necesidad incondicional.
   José Ortega y Gasset (1883-1955). Filósofo español.

El hombre no vive de pan, sino de verdad.
   Eurípides (480-406 a.C.). Dramaturgo griego.

El hombre que no teme a las verdades nada tiene que temer de las mentiras.
   Thomas Jefferson (1743-1826). Político y filósofo estadounidense.

El que busca la verdad corre el riesgo de encontrarla.
   Manuel Vicent (1936-). Escritor español.

El que por la mañana ha conseguido conocer la verdad, ya puede dormir por la tarde.
   Confucio (551-479 a.C.). Filósofo y teórico social chino.

El que tiene la verdad en el corazón no debe temer jamás que a su lengua le falte fuerza de persuasión.
   John Ruskin (1819-1900). Escritor británico.

El respeto a la verdad ajena trae consigo, a la postre, el respeto a la verdad propio.
   Carlos Fuentes (1928-). Escritor mexicano.

El tiempo descubre la verdad (*Veritatem dies apelit*).
   Séneca Anneo (3 a.C.- 65 d.C.). Filósofo latino.

El único culto perfecto que puede rendirse a Dios es el culto de la verdad. Ese reino de Dios, cuyo advenimiento piden a diario maquinalmente millones de lenguas manchadas en mentiras, no es otro que el reino de la verdad.
   Miguel De Unamuno (1864-1936). Filósofo y escritor español.

En épocas de engaño universal, decir la verdad se convierte en un acto revolucionario.
   George Orwell (1903-1950). Escritor inglés.

En este mundo no hay verdad alguna, sino simulacros vanos y sombras que pasan. La verdad es Dios eterno...

Miguel Serveto (1511-1553). Filósofo español.

En las alturas de la verdad, sólo se encuentra con la verdad la vida, así como en los abismos del error, sólo se encuentra con el error la muerte.

Abdón Cifuentes Espinosa (1836-1928). Político chileno.

En las montañas de la verdad nunca escalas en vano.

Anónimo.

Engullimos de un sorbo la mentira que nos adula y bebemos gota a gota la verdad que nos amarga.

Denis Diderot (1713-1784). Filósofo y escritor francés.

Entre dos cosas que nos son queridas, la amistad y la verdad, es una obligación sagrada dar la preferencia a la verdad.

Aristóteles (384 a.C.-322a.C). Filósofo griego.

Es el hombre el que hace grande a la verdad y no la verdad la que hace grande al hombre.

Confucio (551-479 a.C.). Filósofo y teórico social chino.

Es evidente que existe la verdad. Porque el que niega que existe la verdad, conoce que la verdad existe. Si, pues, no existe la verdad, es verdad que la verdad no existe.

Santo Tomás de Aquino (1225-1274). Teólogo italiano.

Es necesario decir la verdad y no ser locuaz.

Demócrito (460 a.C.-370 a.C.). Filósofo griego.

Es verdad sin mentira, cierto y muy verdadero, que lo que está arriba es como lo que está abajo y lo que está abajo es como lo que está arriba.

Tabla esmeraldina.

Existirá la verdad aunque el mundo perezca.

San Agustín (354-430). Obispo, filósofo y Padre de la Iglesia Latina.

Hay millones de facetas de la verdad, pero una sola verdad.

Herman Hesse (1877-1962). Escritor alemán. Premio Nobel de Literatura (1947).

Hubiera dado el mundo por haber tenido valor para decir la verdad, para vivir la verdad.

Oscar Wilde (1854-1900). Novelista, poeta, crítico literario y autor teatral irlandés.

La belleza es la otra forma de la verdad.

Alejandro Casona (1903-1965). Dramaturgo español.

La exactitud de la declaración es uno de los primeros elementos de la verdad; la inexactitud es un pariente cercano de la falsedad.

Tyron Edwards (1809-1894). Teólogo estadounidense.

La falsedad tiene alas y vuela, y la verdad la sigue arrastrándose, de modo que cuando las gentes se dan cuenta del engaño ya es demasiado tarde.
Miguel de Cervantes (1547-1616). Dramaturgo, poeta y novelista español.

La ignorancia está menos lejos de la verdad que el prejuicio.
Denis Diderot (1713-1784). Filósofo y escritor francés.

La mentira es un triste sustituto de la verdad, pero es el único que se ha descubierto hasta ahora.
Elbert Hubbard (1856-1915). Escritor y editor estadounidense.

La mentira hace un viaje en torno al globo mientras la verdad se pone las botas.
Charles Haddon Spurgeon (1834-1892). Predicador inglés.

La naturaleza ha puesto en nuestras mentes un insaciable deseo de ver la verdad.
Marco Tulio Cicerón (106-43 a.C.). Escritor, político y orador romano.

La superstición, la idolatría, y la hipocresía tienen grandes pagas, pero la verdad tiene que mendigar.
Martín Lutero (1483-1546). Teólogo alemán que inició la Reforma protestante.

La verdad adelgaza y no quiebra, y siempre nada sobre la mentira como el aceite sobre el agua.
Miguel de Cervantes (1547-1616). Dramaturgo, poeta y novelista español.

La verdad al cien por ciento es tan rara como el alcohol al cien por ciento.
Sigmund Freud (1856-1939). Médico y neurólogo austriaco, fundador del psicoanálisis.

La verdad bien puede enfermar, pero no morir del todo.
Miguel de Cervantes (1547-1616). Dramaturgo, poeta y novelista español.

La verdad descansa sobre los labios de hombres muertos.
Matthew Arnold (1822-1888). Poeta y crítico inglés.

La verdad en un tiempo es error en otro.
Charles Louis de Secondat, barón de la Brède y de Montesquieu (1689-1755). Escritor francés.

La verdad es a menudo una terrible arma de agresión. Es posible herir y aún matar con la verdad.
Alfred Adler (1870-1937). Psiquiatra austriaco.

La verdad es de tal excelencia, que cuando elogia pequeñas cosas, las ennoblece.
Leonardo Da Vinci (1452-1519). Artista florentino.

La verdad es el mejor camuflaje. ¡Nadie la entiende!
Max Rudolf Frisch (1911-1991). Dramaturgo y novelista germano-suizo.

La verdad es lo más valioso que tenemos, economicémosla.
Mark Twain (1835-1910). Escritor estadounidense.

La verdad es lo que es, y sigue siendo verdad aunque se piense al revés.
Antonio Machado (1875-1939). Poeta español.

La verdad es que el arte de escribir es la cosa más milagrosa de cuantas el hombre ha imaginado.
Thomas Carlyle (1795-1881). Historiador y pensador escocés.

La verdad es una antorcha que luce entre la niebla, sin disiparla.
Claude Adrien Helvétius (1715-1771). Filósofo francés.

La verdad filosófica no es la concordancia del pensamiento con el objeto, sino la adecuada expresión del ser del propio filósofo.
Georg Simmel (1858-1918). Filósofo y sociólogo alemán.

La verdad levanta tormentas contra sí que desparraman su semilla a los cuatro vientos.
Rabindranath Tagore (1861-1941). Poeta y filósofo indio.

La verdad mal intencionada es peor que la mentira.
William Blake (1757-1827). Poeta y artista inglés.

La verdad moral es la estrella sin la que el alma humana no es más que una noche.
Víctor Hugo (1802-1885). Escritor francés.

La verdad no admite sustituto útil.
Leonardo Polo (1926-). Licenciado, escritor y filósofo español.

La verdad no es lenguaje del cortesano; solamente surge de labios de aquellos que no confían ni temen de la potencia ajena.
Giuseppe Mazzini (1805-1872). Político italiano.

La verdad no está de parte de quien grite más.
Rabindranath Tagore (1861-1941). Poeta y filósofo indio.

La verdad os hará libres.
La Biblia.

La verdad padece, pero no perece.
Santa Teresa de Jesús (1515-1582). Religiosa y escritora mística española.

La verdad puede ser eclipsada, pero nunca se extingue.
Tito Livio (64 a.C.-17 d.C.). Historiador latino.

La verdad que daña es mejor que la mentira que alegra.
Máxima árabe.

La verdad que se encuentra en los libros es una verdad que nos descubre, a veces, no cómo las cosas son, sino cómo las cosas no son.
Anatole France (1844-1924). Novelista y premio Nobel francés.

La verdad se corrompe tanto con la mentira como con el silencio.
Marco Tulio Cicerón (106-43 a.C.). Escritor, político y orador romano.

La verdad surge con más facilidad del error que de la confusión.
Francis Barón de Verulam Bacon (1561-1626). Filósofo y estadista británico.

La verdad: la única cosa para la cual no hay grados, sino perpetuos desgarrones y rupturas.
John Ruskin (1819-1900). Escritor británico.

Las ilusiones tienen tanto valor como las verdades más exactas.
José Ingenieros (1877-1925). Filósofo y psicólogo argentino.

Las verdades emergen más fácilmente del error que de la confusión.
Francis Barón de Verulam Bacon (1561-1626). Filósofo y estadista británico.

Lo malo de quienes se creen en posesión de la verdad es que cuando tienen que demostrarlo no aciertan ni una.
Camilo José Cela (1916-). Escritor español, premio Nobel de literatura.

Lo que ha sido creído por todos siempre y en todas partes, tiene todas las probabilidades de ser falso.
Paul Ambroise Valéry (1871-1945). Escritor francés.

Lo que se posee para perjudicar se posee con un diablo, y una de las clases peores de diablos, porque él cierra fuera de la verdad, y conduce a menudo al error ruinoso.
Tyron Edwards (1809-1894). Teólogo estadounidense.

Lo único que se conseguirá diciendo siempre la verdad es ser siempre descubierto.
Oscar Wilde (1854-1900). Novelista, poeta, crítico literario y autor teatral irlandés.

Nada es verdad ni es mentira, todo depende del cristal con que se mira.
William Shakespeare (1564-1616). Poeta y autor teatral inglés.

Nadie afronta las verdades desagradables hasta que no está en condiciones de superarlas.
George Bernard Shaw (1856-1950). Escritor irlandés.

Ni con estos, ni con aquellos estoy conforme ni disiento en todo. Todos tienen parte de verdad y parte de error, y cada cual descubre el error en otro sin ver el suyo.
Miguel Serveto (1511-1553). Filósofo español.

No debe imponerse como verdades conceptos sobre los que existen dudas.
Miguel Serveto (1511-1553). Filósofo español.

No estoy loco, excelentísimo Festo, sino que hablo palabras de verdad y de templanza.
La Biblia.

No hay camino para la verdad, la verdad es el camino.

Mohandas Karamchand Gandhi (1869-1948). Líder político y espiritual hindú.

No hay hombre de nación alguna que, habiendo tomado a la naturaleza por guía, no pueda llegar a la verdad.

Marco Tulio Cicerón (106-43 a.C.). Escritor, político y orador romano.

No hay verdad que no haya sido perseguida al nacer.

Francois-Marie Arouet de Voltaire (1694-1778). Escritor y filósofo francés.

No se accede a la verdad sino a través del amor.

San Agustín (354-430). Obispo, filósofo y Padre de la Iglesia Latina.

No siempre es la multitud la poseedora de la verdad absoluta.

André Maurois (1885-1967). Escritor francés.

Nos han hecho vivir en la mentira y convivir con ella, por eso cuando vemos la verdad parece que el mundo se derrumba.

Fidel Castro (1926-). Político cubano.

Nunca se alcanza la verdad total, ni nunca se está totalmente alejado de ella.

Aristóteles (384 a.C.-322a.C). Filósofo griego.

Para llegar al conocimiento de la verdad hay muchos caminos: el primero es la humildad, el segundo es la humildad y el tercero, la humildad.

San Agustín (354-430). Obispo, filósofo y Padre de la Iglesia Latina.

Paz si es posible, verdad a toda costa.

Martín Lutero (1483-1546). Teólogo alemán que inició la Reforma protestante.

Platón es mi amigo, pero más amigo es la verdad.

Aristóteles (384 a.C.-322a.C). Filósofo griego.

Poca observación y muchas teorías llevan al error. Mucha observación y pocas teorías llevan a la verdad.

Alexis Carrel   (1873-1944). Biólogo, médico y escritor francés.

Prefiero molestar con la verdad que complacer con adulaciones.

Séneca Anneo (3 a.C.- 65 d.C.). Filósofo latino.

Quien de verdad quiere ser bueno, lo será.

Séneca Anneo (3 a.C.- 65 d.C.). Filósofo latino.

Resulta imposible atravesar una muchedumbre con la llama de la verdad sin quemarle a alguien la barba.

Georg Christoph Lichtenberg (1742-1799). Escritor y científico alemán.

Se amigo de la verdad hasta el martirio; pero no seas su apóstol hasta la intolerancia.

Pitágoras (582-500 a.C.). Filósofo y matemático griego.

Si buscas la verdad, podrás encontrar comodidad al final; si buscas comodidad, no encontrarás ni verdad ni comodidad.
C. S. Lewis (1898-1963). Novelista y crítico inglés.

Si cerráis la puerta a todos los errores, también la verdad se quedará fuera.
Rabindranath Tagore (1861-1941). Poeta y filósofo indio.

Si dices la verdad, no tendrás que acordarte de nada.
Mark Twain (1835-1910). Escritor estadounidense.

Si las grandes verdades hubieran tenido que esperar el voto favorable de la mayoría, nunca se hubieran conocido.
Thomas Hobbes (1588-1679). Filósofo y político inglés.

Si los hombres, una vez que han hallado la verdad, no volviesen a retorcerla, me daría por satisfecho.
Johann Wolfgang von Goethe (1749-1832). Poeta, novelista y dramaturgo alemán.

Si no conviene, no lo hagas; si no es verdad, no lo digas.
Marco Aurelio Antonio (121-180). Emperador y filósofo romano.

Toda verdad, dígala quien la diga, viene del Espíritu Santo.
Santo Tomás de Aquino (1225-1274). Teólogo italiano.

Toda violación de la verdad no es solamente una especie de suicidio del embustero, sino una puñalada en la salud de la sociedad humana.
Ralph Waldo Emerson (1803-1882). Ensayista y poeta estadounidense.

Tu verdad no; la verdad / y ven conmigo a buscarla. / La tuya, guárdatela.
Antonio Machado (1875-1939). Poeta español.

Una discusión prolongada es un laberinto en el que la verdad se pierde siempre.
Séneca Anneo (3 a.C.- 65 d.C.). Filósofo latino.

Una idea es verdad cuando aún no se ha impuesto.
Eugene Ionesco (1912-1994). Dramaturgo francés de origen rumano.

Una palabra de verdad vale más que el mundo entero.
Aleksander Solzhenitsyn (1918-). Escritor ruso.

Una verdad sin interés puede ser eclipsada por una falsedad emocionante.
Aldous Leonard Huxley (1894-1963). Escritor inglés.

Vaso de la fortuna es la verdad.
Sócrates (470-399 a.C.). Filósofo griego.

Vive la verdad en lugar de profesarla.

Elbert Hubbard (1856-1915). Escritor y editor estadounidense.

Al salir de ciertas bocas, la misma verdad tiene mal olor.

Jean Jacques Rousseau (1712-1778). Filósofo y botánico suizo.

Como todos los soñadores, confundí el desencanto con la verdad.

Jean-Paul Sartre (1905-1980). Filósofo, dramaturgo, novelista y periodista político francés.

Conoces lo que tu vocación pesa en ti, y si la traicionas, es a ti a quien desfiguras; pero sabes que tu verdad se hará lentamente, porque es nacimiento de árbol y no hallazgo de una fórmula.

Antoine De Saint Exupéry (1900-1944). Escritor y aviador francés.

El fin de la religión, de la moral, de la política, del arte, no viene siendo desde hace cuarenta siglos más que ocultar la verdad a ojos de los necios.

Enrique Jardiel Poncela (1901-1952). Escritor español.

El reino de la verdad se divide, objetivamente, en distintas esferas. No está en nuestro albedrío el modo y el punto de deslinde entre las esferas de la verdad.

Edmund Husserl (1859-1938). Filósofo checo.

En vez de amor, dinero o fama, dame la verdad.

Henry David Thoreau (1817-1862). Escritor, poeta y pensador estadounidense.

Es que la verdad no se puede exagerar. En la verdad no puede haber matices. En la semi-verdad o en la mentira, muchos.

Pío Baroja (1872-1956). Escritor español.

Eso que llaman verdad no es más que la eliminación de errores.

Georges Clemenceau (1841-1929). Político y periodista francés.

Estoy comprometido con la verdad, no con la consistencia.

Mohandas Karamchand Gandhi (1869-1948). Líder político y espiritual hindú.

Hay que tener el valor de decir la verdad, sobre todo cuando se habla de la verdad.

Platón (428-347 a.C.). Filósofo griego.

Hay una cosa más terrible que la calumnia: la verdad.

Charles Maurice de Talleyrand-Périgord (1754-1838). Político y diplomático francés.

He sido un niño pequeño que, jugando en la playa, encontraba de tarde en tarde un guijarro más fino o una concha más bonita de lo normal. El océano de la verdad se extendía, inexplorado, delante de mí.

Sir Isaac Newton (1642-1727). Físico y matemático inglés.

Intento comprender la verdad, aunque esto comprometa mi ideología.
Henry Graham Greene (1904-1991). Novelista inglés.

La astucia puede tener vestidos, pero a la verdad le gusta ir desnuda.
Thomas Fuller (1608-1661). Clérigo y escritor inglés.

La manera como se presentan las cosas no es la manera como son; y si las cosas fueran como se presentan la ciencia entera sobraría.
Karl Marx (1818-1883). Filósofo alemán.

La palabra verdad no se puede usar fuera de la ciencia sin abusar del lenguaje.
Marcellin Pierre Eugène Berthelot (1827-1907). Político y químico francés.

La peor verdad sólo cuesta un gran disgusto; la mejor mentira cuesta muchos disgustos pequeños, y por fin el disgusto grande.
Jacinto Benavente (1866-1954). Dramaturgo y crítico español.

La prueba de toda verdad reside, sencillamente, en su eficacia.
William James (1842-1910). Filósofo estadounidense.

La verdad desnuda no es toda la verdad.
Jean Dolent (C.A. Fournier) (1835-1909). Escritor y crítico francés.

La verdad es el mejor camuflaje. ¡Nadie la entiende!
Max Frisch (1911-1991). Dramaturgo y novelista suizo.

La verdad es hija del tiempo, no de la autoridad.
Francis Barón de Verulam Bacon (1561-1626). Filósofo y estadista británico.

La verdad es más importante que los hechos.
Frank Lloyd Wright (1869-1959). Arquitecto estadounidense.

La verdad es totalmente interior. No hay que buscarla fuera de nosotros ni querer realizarla luchando con violencia con enemigos exteriores.
Mohandas Karamchand Gandhi (1869-1948). Líder político y espiritual hindú.

La verdad existe. Sólo se inventa la mentira.
George Braque (1882-1963). Pintor y escultor francés.

La verdad jamás daña a una causa que es justa.
Mohandas Karamchand Gandhi (1869-1948). Líder político y espiritual hindú.

La verdad no hace tanto bien en el mundo como el daño que hacen sus apariencias.
François de La Rochefoucauld (1613-1680). Político y escritor francés.

La verdad puede más que la razón.
Sófocles (496-406 a.C.). Dramaturgo ateniense.

La verdad se parece mucho a la falta de imaginación.
Enrique Jardiel Poncela (1901-1952). Escritor español.

Las verdades de los hombres tienen que ser como piedras y los cargos que ejercen, como cántaros: pase lo que pase debe romperse el cántaro.
Ángel Ganivet y García (1865-1898). Ensayista y novelista español.

Las verdades elementales caben en el ala de un colibrí.
José Martí (1853-1895). Político y escritor cubano.

Las verdades se convierten en dogmas desde el momento en que son discutidas.
Gilbert Keith Chesterton (1874-1936). Escritor inglés.

Lo verdadero es demasiado sencillo, pero siempre se llega a ello por lo más complicado.
George Sand (Amandine Aurore Lucie Dupin) (1804-1876). Escritora francesa.

Ni la contradicción es indicio de falsedad, ni la falta de contradicción es indicio de verdad.
Blaise Pascal (1623-1662). Matemático, físico y teólogo francés.

No es en los hombres, sino en las cosas mismas, donde es preciso buscar la verdad.
Platón (428-347 a.C.). Filósofo griego.

No poseemos la verdad ni el bien nada más que en parte y mezclados con la falsedad y con el mal.
Blaise Pascal (1623-1662). Matemático, físico y teólogo francés.

No se debe mostrar la verdad desnuda, sino en camisa.
Francisco De Quevedo (1580-1645). Escritor español.

Oirás muchas verdades que llaman consoladoras; pero la verdad libera primero y consuela después.
Georges Bernanos (1888-1948). Soldado y escritor francés.

Quienes buscan la verdad merecen el castigo de encontrarla.
Santiago Rusiñol (1861-1931). Pintor y escritor español.

Si tuviese mi mano cerrada llena de verdades, me guardaría muy bien de abrirla.
Bernard le Bovier Fontenelle (1657-1757). Escritor y científico francés.

Somos engañados por la apariencia de la verdad.
Quinto Horacio Flaco (65 a.C.-8 a.C.). Poeta lírico y satírico romano.

Una vez descartado lo imposible, lo que queda, por improbable que parezca, debe ser la verdad.
Sir Arthur Conan Doyle (1859-1930). Escritor británico.

Verdad es lo que la mayoría ve como verdad, pero la mayoría también puede cambiar de opinión a lo largo de la historia.
Salman Rushdie (1947-). Novelista británico.

Y es que en este mundo traidor, no hay verdad ni mentira: todo es según el cristal con que se mira.
Ramón de Campoamor (1817-1901). Poeta español.

Vergüenza

A menudo nos avergonzarían nuestras grandes acciones si el mundo se diera cuenta de los motivos que las produjeron.
François de La Rochefoucauld (1613-1680). Político y escritor francés.

Cuando un tonto hace algo de lo que se avergüenza, siempre explica que es su deber.
George Bernard Shaw (1856-1950). Escritor irlandés.

La vergüenza viene en ayuda de los hombres o los envilece.
Hesiodo de Ascra (siglo VIII a.C.). Poeta griego.

Un caballero se avergüenza de que sus palabras sean mejores que sus actos.
Confucio (551-479 a.C.). Filósofo y teórico social chino.

Vestido

El traje es una concepción de sí mismo que se lleva sobre sí mismo.
Henry Michaux (1899-1984). Pintor y poeta belga.

Quien inventó el primer vestido inventó el amor.
Jean Jacques Rousseau (1712-1778). Filósofo y botánico suizo.

Viaje

Cuando se viaja en avión solamente existen dos clases de emociones: el aburrimiento y el terror.
Orson Welles (1915-1985). Actor, director y productor estadounidense.

Los viajes sólo son necesarios para las imaginaciones menguadas.
Gabrielle Sidonie (1873-1954). Escritora francesa.

Un viajero sabio nunca desprecia su propio país.
Carlo Goldoni (1707-1793). Comediógrafo italiano.

Viaja más rápido el que viaja solo.
Rudyard Kipling (1865-1936). Novelista inglés.

Viajar es imprescindible y la sed de viaje, un síntoma neto de inteligencia.
Enrique Jardiel Poncela (1901-1952). Escritor español.

Viajar sólo sirve para amar más nuestro rincón natal.
Noel Clarasó (1905-1985). Escritor español.

¡Ay los vicios humanos! Son ellos los que contienen la prueba de nuestro amor por el infinito.
> Charles Baudelaire (1821-1867). Poeta francés.

Al comienzo fueron vicios, hoy son costumbres.
> Séneca Anneo (3 a.C.- 65 d.C.). Filósofo latino.

Al cumplir los setenta años me he impuesto la siguiente regla de vida: No fumar mientras duermo, no dejar de fumar mientras estoy despierto, y no fumar más de un solo tabaco a la vez.
> Mark Twain (1835-1910). Escritor estadounidense.

Aunque la ambición sea un vicio, no obstante, a menudo es causa de virtud.
> Quintiliano (35-95). Escritor y retórico latino.

Cada cual tiene su vicio propio, en el que continuamente recae.
> Jean de La Fontaine (1621-1695). Novelista y fabulista francés.

Ceder a un vicio cuesta más que mantener una familia.
> Honorato De Balzac (1799-1850). Escritor francés.

Cualquier forma de adicción es mala, no importa si el narcótico es alcohol, morfina o idealismo.
> Carl Gustav Jung (1875-1961). Psicólogo y psiquiatra suizo.

Dar y pedir son dos vicios tan viejos como el mundo. Yo (habla un vagabundo) elegí el más cómodo y el más barato. Pido para que los que tienen que dar tengan a quién darlo. El mundo es débil, aunque se crea fuerte, y nadie sabe negarse a dar.
> Bartolomé Soler (1894-1975). Escritor español.

De la alimentación con carne dependen los demás vicios.
> San Agustín (354-430). Obispo, filósofo y Padre de la Iglesia Latina.

De todos los vicios que pueden perder a un hombre de Estado, la virtud es el más funesto; lleva el crimen. Para trabajar útilmente en la felicidad de los hombres hay que ser superior a toda moral.
> Anatole France (1844-1924). Novelista y premio Nobel francés.

Debemos aborrecer los vicios, no las personas.
> Francisco De Quevedo (1580-1645). Escritor español.

Debemos vencer los vicios con el amor de las virtudes.
> San Jerónimo (343-420). Padre de la Iglesia Latina.

Dejar de fumar es fácil. Yo ya dejé como 100 veces.
> Mark Twain (1835-1910). Escritor estadounidense.

El más irreprochable de los vicios es hacer el mal por necedad.
Charles Baudelaire (1821-1867). Poeta francés.

El que tiene muchos vicios, tiene muchos amos.
Plutarco (46-125). Biógrafo y ensayista griego.

El sabio, viendo los vicios de los demás, corrige los suyos propios.
Publio Siro (Siglo I a.C.). Poeta latino.

El vicio es un derroche de vida. La pobreza, la obediencia y el celibato son los vicios canónicos.
George Bernard Shaw (1856-1950). Escritor irlandés.

El vicio es un error de cálculo en la búsqueda de la felicidad.
Jeremy Bentham (1748-1832). Filósofo, economista y jurista británico.

Lo mejor de los viajes es lo de antes y lo de después.
Maurice Maeterlinck (1862-1949). Escritor belga.

En las horas de crisis se vuelve al refugio seguro de una manía, un vicio o una mujer.
Juan Carlos Onetti (1909-1995). Novelista uruguayo.

Es de tontos ver los vicios de los demás y olvidar los propios.
Marco Tulio Cicerón (106-43 a.C.). Escritor, político y orador romano.

Hasta la propia virtud se convierte en vicio cuando es mal aplicada.
William Shakespeare (1564-1616). Poeta y autor teatral inglés.

La ambición es un vicio, pero puede ser madre de la virtud.
Marco Fabio Quintiliano (35-95). Escritor romano.

La costumbre del vicio se vuelve en Naturaleza.
Miguel de Cervantes (1547-1616). Dramaturgo, poeta y novelista español.

La fascinación lírica por las drogas es un experimento por el que todos hemos pasado, pero a la larga resulta improductivo. Emborracha, pero no alimenta.
José Ángel Mañas (1971-). Escritor español.

La multitud de leyes frecuentemente presta excusas a los vicios.
René Descartes (1596-1650). Filósofo, científico y matemático francés.

La ociosidad es padre y madre de todos los vicios.
Juan Luis Vives (1492-1540). Humanista y filósofo español.

La ociosidad, camina con tanta lentitud, que todos los vicios la alcanzan.
Benjamín Franklin (1706-1790). Político, filósofo y científico estadounidense.

La pérdida de nuestras fuerzas es debida más bien a los vicios de la juventud, que a los estragos de los años.
Marco Tulio Cicerón (106-43 a.C.). Escritor, político y orador romano.

La sangre se hereda, el vicio se apega.
Mateo Alemán (1547-1613). Novelista español.

Los dioses son justos y emplean nuestros vicios deleitosos como instrumentos para castigarnos.
William Shakespeare (1564-1616). Poeta y autor teatral inglés.

Los hombres que tienen los mismos vicios se sostienen mutuamente.
Decimus Junius Juvenal (60-140). Poeta romano.

Los mismos vicios que nos parecen enormes e intolerables en los demás, no los advertimos en nosotros.
Jean de la Bruyere (1645-1696). Filósofo y escritor francés.

Los necios, mientras huyen de un vicio, caen en el contrario.
Quinto Horacio Flaco (65 a.C.-8 a.C.). Poeta lírico y satírico romano.

Los vicios declarados, lo mismo que las enfermedades, son más leves.
Séneca Anneo (3 a.C.- 65 d.C.). Filósofo latino.

Los vicios entran en la composición de las virtudes como los venenos en las medicinas. La prudencia los reúne y los combina para utilizarlos beneficiosamente contra los males de la vida.
François de La Rochefoucauld (1613-1680). Político y escritor francés.

Los vicios vienen como pasajeros, nos visitan como huéspedes y se quedan como amos.
Confucio (551-479 a.C.). Filósofo y teórico social chino.

Menos camino hay de la virtud al vicio, que del vicio a la virtud.
Séneca Anneo (3 a.C.- 65 d.C.). Filósofo latino.

Mientras haya hombres habrá vicios.
Publio Cornelio Tácito (55-120). Historiador romano.

Nadie se desembaraza de un hábito o de un vicio tirándolo de una vez por la ventana; hay que sacarlo por la escalera, peldaño a peldaño.
Mark Twain (1835-1910). Escritor estadounidense.

Ninguno nace libre de vicios; y el hombre más perfecto es aquel que sólo tiene los pequeños.
Quinto Horacio Flaco (65 a.C.-8 a.C.). Poeta lírico y satírico romano.

No hay un vicio que sea tan contrario a la Naturaleza que oscurezca toda huella de ésta.
San Agustín (354-430). Obispo, filósofo y Padre de la Iglesia Latina.

Para gobernar a los hombres hay que saberse aprovechar de sus vicios, más bien que de sus virtudes.
Napoleón Bonaparte (1769-1821). Emperador de Francia (1804-1815).

Prefiero un vicio tolerante a una virtud obstinada.
Jean Baptiste Poquelin Molière (1622-1673). Dramaturgo y actor francés.

Sabía que me estaba apartando de la droga cuando no tenía ganas de ver la televisión.
Billie Holiday (1915-1959). Cantante estadounidense.

Toda necesidad se calma y todo vicio crece con la satisfacción.
Henri Frédéric Amiel (1821-1881). Crítico suizo.

Toda virtud se halla siempre entre dos vicios.
Alfred North Whitehead (1860-1947). Filósofo inglés.

Todo vicio trae siempre su consiguiente excusa.
Publio Siro (Siglo I a.C.). Poeta latino.

Todos los vicios, con tal de que estén de moda, pasan por virtudes.
Jean Baptiste Poquelin Molière (1622-1673). Dramaturgo y actor francés.

La avaricia y la arrogancia son los principales vicios de los poderosos.
Publio Cornelio Tácito (55-120). Historiador romano.

Victoria

Aníbal sabía lograr victorias, pero no hacer uso de ellas.
Plutarco (46-125). Biógrafo y ensayista griego.

En la tumba de los mártires es donde crecen los laureles de la victoria.
Ignacio Manuel Altamirano (1834-1893). Escritor mexicano.

La victoria pertenece al más perseverante.
Napoleón Bonaparte (1769-1821). Emperador de Francia (1804-1815).

La victoria y el fracaso son dos imposibles, y hay que recibirlos con idéntica serenidad y con saludable punto de desdén.
Rudyard Kipling (1865-1936). Novelista inglés.

Muy gran valor es vencer a los enemigos con armas, pero cosa de mayor prudencia desterrar y auhyentar los vicios de la paz.
Juan de Marian (1535-1624). Historiador y teólogo español.

No fue Filipo, sino el oro de Filipo, quien tomó las ciudades de Grecia.
Plutarco (46-125). Biógrafo y ensayista griego.

No se puede conservar la fe en sí mismo si no se tiene un testigo de nuestra fuerza, alguien que nos corone el día de la victoria.
François Mauriac (1885-1970). Escritor francés galardonado con el premio Nobel.

Por justa que sea la causa del vencedor o la del vencido, el mal que causa, así la derrota como la victoria, es inevitable.

Simone Weil (1909-1943). Escritora francesa.

Vida

¡Celebra tu existencia!

William Blake (1757-1827). Poeta y artista inglés.

¡Qué maravillosa vida he tenido! Sólo quisiera haberme dado cuenta más pronto.

Colette (Sidonie Gabrielle Claudine) (1873-1954). Novelista francesa.

¿Amas la vida? Pues no malgastes el tiempo que es la tela de la vida.

Benjamín Franklin (1706-1790). Político, filósofo y científico estadounidense.

¿Cuál puede ser una vida que comienza entre los gritos de la madre que la da y los lloros del hijo que la recibe?

Baltasar Gracián y Morales (1601-1658). Jesuita y escritor español.

¿Por qué contentarnos con vivir a rastras cuando sentimos el anhelo de volar?

Helen Keller (1880-1968). Escritora estadounidense.

¿Por qué se ha de temer a los cambios? Toda la vida es un cambio. ¿Por qué hemos de temerle?

Herbert George Wells (1866-1946). Escritor inglés.

A más de uno que dice que la vida es breve le parece el día demasiado largo.

Friedrich Hebbel (1813-1863). Dramaturgo alemán.

A veces podemos pasarnos años sin vivir en absoluto, y de pronto toda nuestra vida se concentra en un solo instante.

Oscar Wilde (1854-1900). Novelista, poeta, crítico literario y autor teatral irlandés.

Al brillar un relámpago nacemos y aún dura su fulgor cuando morimos.

Gustavo Adolfo Bécquer (1836-1870). Poeta español.

Algo hay tan evidente como la muerte y es la vida.

Charles Chaplin (1889-1977). Actor, productor y director inglés.

Algunos están dispuestos a cualquier cosa, menos a vivir aquí y ahora.

John Lennon (1940-1980). Compositor y cantante británico.

Ama la vida, afróntala, porque buena o mala, no tenemos otra.

Friedrich Nietzsche (1844-1900). Filósofo, poeta y filólogo alemán.

Amad. Es el único bien que hay en la vida.

George Sand (Amandine Aurore Lucie Dupin) (1804-1876). Escritora francesa.

Amando a los demás descubriréis el sentido de la vida.

Juan Pablo II (Karol Wojtila) (1920-). Papa desde 1978 nacido en Polonia.

Aquel que vive más de una vida tiene que sufrir más de una muerte.
Oscar Wilde (1854-1900). Novelista, poeta, crítico literario y autor teatral irlandés.

Cada año de la vida, como el reposo de cada noche, tiene simas de sueño profundo y otras, cimas, de vigilia intermedia.
Carlos Fuentes (1928-). Escritor mexicano.

Cada día hay que empezar a vivirlo como si fuese el primero.
Anónimo.

Cada vida tiene sus horas tristes o alegres. La felicidad proviene de elegir cuáles recordar.
Anónimo.

Comenzar a vivir, crecer, es un proceso doloroso; nuestra vida se inicia como un desprendimiento y culmina como un desarraigo.
Octavio Paz (1914-1998). Escritor mexicano.

Como cada uno es, tal es su vida.
Platón (428-347 a.C.). Filósofo griego.

Como un día bien empleado procura un dulce sueño, así una vida bien utilizada, conduce a una dulce muerte.
Leonardo Da Vinci (1452-1519). Artista florentino.

Creo que uno de los graves riesgos de la vida es nunca atreverse a arriesgar.
Oprah Winfrey (1954-). Actriz y conductora de TV estadounidense.

Cuando es bien empleada, la vida es suficientemente larga.
Séneca Anneo (3 a.C.- 65 d.C.). Filósofo latino.

Cuando la vida te presente razones para llorar, demuéstrale que tienes mil y una razones para reír.
Anónimo.

Cuando un hombre dice que ha agotado la vida, se sobreentiende siempre que es la vida la que le ha agotado a él.
Oscar Wilde (1854-1900). Novelista, poeta, crítico literario y autor teatral irlandés.

De la aventura que es la vida, nadie sale con vida.
Anónimo.

Debemos vivir y trabajar, en cada momento, como si tuviésemos la eternidad ante nosotros.
Gabriel Marcel   (1889-1973). Filósofo católico, dramaturgo y crítico francés.

Díganles que he tenido una vida maravillosa.
Ludwig Wittgenstein (1889-1951). Filósofo austriaco.

Dime amigo: ¿La vida es triste o soy triste yo?
Amado Nervo (1870-1919). Poeta y escritor mexicano.

El amor a la vida no es en el fondo sino el temor a la muerte.
Arthur Schopenhauer (1788-1860). Filósofo alemán.

El arte de la vida es el arte de evitar el dolor.
Thomas Jefferson (1743-1826). Político y filósofo estadounidense.

El arte de vivir consiste en conseguir que hasta los sepultureros lamenten tu muerte.
Mark Twain (1835-1910). Escritor estadounidense.

El carnaval del mundo engaña tanto que la vida son breves mascaradas; aquí aprendemos a reír con llanto, y también llorar con carcajadas.
Juan de Dios Peza (1852-1910). Poeta y dramaturgo mexicano.

El cine no es un trozo de vida, sino un pedazo de pastel.
Alfred d'Houdetot (1799-1869). Escritor francés.

El drama de la vida comienza con un llorido y termina con un suspiro.
Minna Thomas Antrim (1861-?). Escritora estadounidense.

El gran peligro en la vida es que tomes demasiadas precauciones.
Alfred Adler (1870-1937). Psiquiatra austriaco.

El hecho de que sea irrepetible es lo que hace tan dulce la vida.
Emily Dickinson (1830-1886). Poetisa estadounidense.

El hombre no vive en el mundo nada más que una vez.
Johann Wolfgang von Goethe (1749-1832). Poeta, novelista y dramaturgo alemán.

El hombre que ha empezado a vivir seriamente por dentro, empieza a vivir más sencillamente por fuera.
Ernest Hemingway (1899-1961). Escritor estadounidense.

El hombre que más ha vivido no es aquel que más años ha cumplido, sino aquel que más ha experimentado la vida.
Jean Jacques Rousseau (1712-1778). Filósofo y botánico suizo.

El hombre teme a la muerte porque ama la vida.
Fedor Dostoievski (1821-1881). Escritor ruso.

El miedo a la muerte me mantiene vivo.
Fito Páez (1963-). Intérprete y compositor argentino.

El pan es el sostén de la vida.
Jonathan Swift (1667-1745). Escritor anglo-irlandés.

El problema de la muerte no tiene solución. Tampoco la tiene el problema de la vida.
José Asunción Silva (1865-1896). Poeta colombiano.

El que larga vida vive, mucho mal ha de pasar.
Miguel de Cervantes (1547-1616). Dramaturgo, poeta y novelista español.

El que no encuentra un biógrafo ha de forjarse la vida él mismo.

Giovanni Guareschi (1908-1968). Escritor, periodista y humorista italiano.

El que no valora la vida no se la merece.

Leonardo Da Vinci (1452-1519). Artista florentino.

El que quiera en esta vida todas las cosas a su gusto, tendrá muchos disgustos en su vida.

Francisco De Quevedo (1580-1645). Escritor español.

El que todo lo juzga fácil encontrará la vida difícil.

Lao-tsé (570-490 a.C.). Filosófo del Taoísmo.

El único sentido de esta vida consiste en ayudar a establecer el reino de Dios.

León Tolstoi (1828-1910). Escritor ruso.

En la primavera de la vida, hasta las espinas florecen y hasta las penas tienen un sabor de felicidad.

Ignacio Manuel Altamirano (1834-1893). Escritor mexicano.

En la vida no hay clases para principiantes; en seguida exigen de uno lo más difícil.

Rainer Maria Rilke (1875-1926). Poeta alemán.

En la vida no tendrás todo lo que quieras, pero debes querer todo lo que tengas.

Anónimo.

En vez de vivirla, nos echamos a perder la vida tratando de saberla.

Juan José Arreola (1918-2001). Actor y narrador mexicano.

Entre nosotros y el cielo o el infierno, no hay otra cosa que la vida, que es la más frágil de todas las cosas.

Blaise Pascal (1623-1662). Matemático, físico y teólogo francés.

Es curioso que la vida, cuanto más vacía, más pesa.

Leon Daudi (1905-1985). Escritor español.

Es la vida la que da a la vida, mientras que vosotros, que os consideráis donantes, no sois más que testigos.

Khalil Gibran (1833-1931). Ensayista, novelista y poeta libanés.

Es mucho más fácil, en general, morir por los otros que saber vivir para ellos.

Maurice Maeterlinck (1862-1949). Escritor belga.

Estar alerta, he ahí la vida; yacer en la tranquilidad, he ahí la muerte.

Oscar Wilde (1854-1900). Novelista, poeta, crítico literario y autor teatral irlandés.

Gracias, Dios, por haberme dado la oportunidad de vivir un día más.

Anónimo.

Hace falta toda una vida para aprender a vivir.
Anónimo.

Hay dos maneras fáciles de conducirse en la vida: creerlo todo y dudar de todo. Ambas nos ahorran tener que pensar.
Alfred Korzybski (1879-1950). Científico y filósofo estadounidense de origen polaco.

Hay dos modos fundamentales de saludar la vida: uno es la aceptación y otro el reto.
Alfonso Reyes (1889-1959). Escritor mexicano.

Hay que atar la vida a otra cosa que no sea uno mismo. Pero, ¿por qué no es esto lo que hacen los hombres?
Henri Barbusse (1873-1935). Novelista francés.

Hay que haber vivido un poco para comprender que todo lo que se persigue en esta vida sólo se consigue arriesgando a veces lo que más se ama.
André Gide (1869-1951). Escritor francés.

He aprendido que una vida no vale nada, pero también que nada vale una vida.
André Malraux (1901-1976). Novelista francés.

He encontrado que si tú amas la vida, también la vida te amará.
Arthur Rubinstein (1887-1982). Pianista polaco.

He sido un hombre afortunado en la vida: nada me fue fácil.
Sigmund Freud (1856-1939). Médico y neurólogo austriaco, fundador del psicoanálisis.

La belleza de la vida está en los ojos de quien la contempla.
Anónimo.

La creencia en la vida celestial es la creencia en la inutilidad e insignificancia de esta vida.
Ludwig Feuerbach (1804-1872). Filósofo alemán.

La existencia es un manjar que sólo gusta por la salsa con que se adereza.
Víctor Hugo (1802-1885). Escritor francés.

La luz teje la vida a partir del aire.
Jacob Moleschott (1822-1893). Fisiólogo y filósofo holandés.

La muerte es una vida vivida. La vida es una muerte que viene.
Jorge Luis Borges (1899-1986). Escritor argentino.

La noche es la mitad de la vida y la mejor mitad.
Johann Wolfgang von Goethe (1749-1832). Poeta, novelista y dramaturgo alemán.

La rebeldía es la vida; la sumisión es la muerte.
Octavio Paz (1914-1998). Escritor mexicano.

La verdadera felicidad, no importa con quien la vivas, es la de vivir tu vida sin contradicciones en tu mundo interior.
Luis Spota (1925-1985). Escritor, periodista y dramaturgo mexicano.

La vida consiste en penetrar lo desconocido y adaptar nuestro actos a este nuevo conocimiento.
León Tolstoi (1828-1910). Escritor ruso.

La vida de cada hombre es un camino hacia sí mismo, el ensayo de un camino, el boceto de un sendero.
Herman Hesse (1877-1962). Escritor alemán. Premio Nobel de Literatura (1947).

La vida es agradable. La muerte es tranquila. Lo malo es la transición.
Isaac Asimov (1920-1992). Escritor y científico estadounidense.

La vida es aquello que te va sucediendo mientras tú te empeñas en hacer otros planes.
John Lennon (1940-1980). Compositor y cantante británico.

La vida es bella vívela, la vida es arte contémplala, la vida es misterio descúbrela.
Madre Teresa de Calcuta (1910-1997). Misionera yugoslava nacionalizada india.

La vida es breve; el arte, largo; la ocasión, fugaz; la experiencia, engañosa; el juicio, difícil.
Hipócrates (c. 460-c. 377 a.C.). Considerado el padre de la medicina.

La vida es como un cuento relatado por un idiota; un cuento lleno de palabrería y frenesí, que no tiene ningún sentido.
William Shakespeare (1564-1616). Poeta y autor teatral inglés.

La vida es como un viaje por mar: hay días en calma y días de borrasca. Lo importante es ser un buen capitán de nuestro barco.
Jacinto Benavente (1866-1954). Dramaturgo y crítico español.

La vida es como una escuela de gladiadores, donde los hombres viven y luchan unos contra otros.
Séneca Anneo (3 a.C.- 65 d.C.). Filósofo latino.

La vida es como una montaña rusa; las subidas son apreciadas sólo por las bajadas.
Anónimo.

La vida es corta. ¡Se veloz para armar! ¡Apresúrate a ser amable!
Henri Frédéric Amiel (1821-1881). Crítico suizo.

La vida es corta. Viviendo todo falta, muriendo todo sobra.
Lope De Vega (1562-1635). Escritor español.

La vida es demasiado corta para dedicarse al ajedrez.
Lord Byron (1788-1824). Poeta inglés.

La vida es demasiado corta para que la hagamos mezquina.
Benjamin Disraeli (1804-1881). Escritor británico.

La vida es el primer regalo, el amor es el segundo, y el entendimiento el tercero.
Marge Piercy (1932-). Escritora estadounidense.

La vida es fascinante: sólo hay que mirarla a través de las gafas correctas.
Alejandro Dumas (1802-1870). Novelista y dramaturgo francés.

La vida es la constante sorpresa de saber que existo.
Rabindranath Tagore (1861-1941). Poeta y filósofo indio.

La vida es larga cuando es miserable, pero breve cuando es feliz.
Publio Siro (Siglo I a.C.). Poeta latino.

La vida es lucha.
Eurípides (480-406 a.C.). Dramaturgo griego.

La vida es simplemente un mal cuarto de hora formado con momentos exquisitos.
Oscar Wilde (1854-1900). Novelista, poeta, crítico literario y autor teatral irlandés.

La vida es tan corta y el oficio de vivir tan difícil, que cuando uno empieza a aprenderlo, ya hay que morirse.
Ernesto Sabato (1911-). Escritor argentino.

La vida es terrible deficiente en cuanto a la forma. Sus catástrofes acontecen de manera equivocada y a las personas a quienes no corresponden. En sus comedias hay un horror grotesco, y sus tragedias parecen culminar en farsa.
Oscar Wilde (1854-1900). Novelista, poeta, crítico literario y autor teatral irlandés.

La vida es un abismo.
Víctor Hugo (1802-1885). Escritor francés.

La vida es un halo luminoso, un sobre semi-transparente que nos rodea del principio.
Virginia Woolf (1882-1941). Escritora inglesa.

La vida es un hospital donde cada enfermo está poseído por el deseo de cambiar de cama.
Charles Baudelaire (1821-1867). Poeta francés.

La vida es un instinto de desarrollo, de supervivencia, de acumulación de fuerzas, de poder.
Friedrich Nietzsche (1844-1900). Filósofo, poeta y filólogo alemán.

La vida es un juego de azar.
Francois-Marie Arouet de Voltaire (1694-1778). Escritor y filósofo francés.

La vida es un juego del que nadie puede retirarse, llevándose las ganancias.
André Maurois (1885-1967). Escritor francés.

La vida es un manantial de goces; pero donde la canalla deja envenenadas las fuentes.
Friedrich Nietzsche (1844-1900). Filósofo, poeta y filólogo alemán.

La vida es un misterio grande y maravilloso, y la única cosa que sabemos con seguridad es que está aquí y ahora. No la pierdas.
Leo Buscaglia (1924-1998). Escritor estadounidense.

La vida es un pequeñísimo paréntesis en la eternidad, y mirando las estrellas, podemos darnos cuenta de lo insignificantes que somos.
Anónimo.

La vida es un viaje, la idea es el itinerario.
Víctor Hugo (1802-1885). Escritor francés.

La vida es una cadena de eslabones de hierro y oro.
Gustavo Adolfo Bécquer (1836-1870). Poeta español.

La vida es una cosa demasiado importante para hablar de ella seriamente.
Oscar Wilde (1854-1900). Novelista, poeta, crítico literario y autor teatral irlandés.

La vida es una enfermedad, y la única diferencia entre un hombre y otro es la etapa de la enfermedad en que vive.
George Bernard Shaw (1856-1950). Escritor irlandés.

La vida es una flor cuya miel es el amor.
Víctor Hugo (1802-1885). Escritor francés.

La vida es una guerra sin tregua y morimos con las armas en las manos.
Arthur Schopenhauer (1788-1860). Filósofo alemán.

La vida es una historia muy bella que siempre termina mal.
Carlos Bousoño (1923-). Poeta y crítico literario español.

La vida es una mala noche en una mala posada.
Santa Teresa de Jesús (1515-1582). Religiosa y escritora mística española.

La vida es una onda que no está compuesta de las mismas partículas en dos momentos consecutivos de su existencia.
John Tyndall (1820-1893). Físico británico.

La vida es una perturbación inútil de la calma del no ser.
Arthur Schopenhauer (1788-1860). Filósofo alemán.

La vida es una serie de colisiones con el futuro; no es una suma de lo que hemos sido, sino de lo que anhelamos ser.
José Ortega y Gasset (1883-1955). Filósofo español.

La vida es una serie de sorpresas.
Ralph Waldo Emerson (1803-1882). Ensayista y poeta estadounidense.

La vida es una tragedia cuando se mira en primer plano, pero una comedia cuando se mira a distancia.
Charles Chaplin (1889-1977). Actor, productor y director inglés.

La vida ha dejado de ser un chiste para mí; no le veo la gracia.
Charles Chaplin (1889-1977). Actor, productor y director inglés.

La vida humana es un mecanismo de elección, preferencia y postergación. Toda elección es la vez exclusión.
Julián Marías (1914-). Filósofo y ensayista español.

La vida no deja de ser chistosa cuando la gente se muere, lo mismo que no deja de ser seria cuando la gente ríe.
George Bernard Shaw (1856-1950). Escritor irlandés.

La vida no es el bien ni el mal, sino simplemente el escenario del bien y del mal.
Séneca Anneo (3 a.C.- 65 d.C.). Filósofo latino.

La vida no es demasiada corta como para no poner en práctica las reglas de la cortesía.
Ralph Waldo Emerson (1803-1882). Ensayista y poeta estadounidense.

La vida no es más que un campo de carreras donde debe volver uno sobre sus pesos cuando ha llegado a su extremo.
Johann Wolfgang von Goethe (1749-1832). Poeta, novelista y dramaturgo alemán.

La vida no es más que un viaje hacia la muerte.
Séneca Anneo (3 a.C.- 65 d.C.). Filósofo latino.

La vida no es significado; la vida es deseo.
Charles Chaplin (1889-1977). Actor, productor y director inglés.

La vida no es sino una continua sucesión de oportunidades para sobrevivir.
Gabriel García Márquez (1928-). Escritor colombiano. Premio Nobel de Literatura.

La vida no es sueño. El más vigoroso tacto espiritual es la necesidad de persistencia en una forma u otra. El anhelo de extenderse en tiempo y en espacio.
Miguel De Unamuno (1864-1936). Filósofo y escritor español.

La vida no es un problema para ser resuelto, es un misterio para ser vivido.
Anónimo.

La vida no merece que uno se preocupe tanto.
Marie Curie (1867-1934). Física y química polaca.

La vida no se compone en gran medida, de acciones y sucesos. Se forma especialmente de la tormenta de pensamientos que siempre están volando hacia la mente de uno.
Mark Twain (1835-1910). Escritor estadounidense.

La vida no se nos ha dado para gozarla, sino para sufrirla, para pagarla.
Arthur Schopenhauer (1788-1860). Filósofo alemán.

La vida no tiene que ser perfecta para resultar maravillosa.
Annette Funicello (1942-). Bailarina estadounidense.

La vida no vale nada, pero nada vale una vida.
Albert Camus (1913-1960). Novelista, dramaturgo y ensayista francés.

La vida nos ha sido dada, pero no nos ha sido dada hecha.
José Ortega y Gasset (1883-1955). Filósofo español.

La vida ofrece a menudo una gran desproporción de calidad entre el alma que se confía y la que recibe la confidencia. Y es así porque no hemos sabido escoger. En ciertos momentos nuestro dolor se arranca de nosotros, sale y cae en donde sea.
François Mauriac (1885-1970). Escritor francés galardonado con el premio Nobel.

La vida se vuelve una fiesta cuando sabes disfrutar de las cosas normales de cada día.
Phil Bosmans (1922-). Sacedorte y escritor belga.

La vida sería intolerable... si la muerte no fuera peor.
Isaac Asimov (1920-1992). Escritor y científico estadounidense.

La vida sólo puede ser comprendida mirando hacia atrás, pero ha de ser vivida mirando hacia adelante.
Sören Aabye Kierkegaard (1813-1855). Filósofo danés.

La vida tiene una historia muy larga, pero cada individuo tiene un comienzo muy preciso: el momento de su concepción.
Jérôme Lejeune (1926-1994). Médico francés.

La vida vivida para el mañana, será siempre sólo un día fuera de ser realizado.
Leo Buscaglia (1924-1998). Escritor estadounidense.

La vida, o es una desafiante aventura... O no es nada.
Helen Keller (1880-1968). Escritora estadounidense.

La vida, tomándola tal como es, sin exageraciones ni engaños, no es tan mala como dicen algunos.
Gustavo Adolfo Bécquer (1836-1870). Poeta español.

Las cosas dulces de la vida superan a las amargas.
Lao-tsé (570-490 a.C.). Filosófo del Taoísmo.

Las cosas que más cuentan en la vida son aquellas que no pueden ser contadas.
Zig Ziglar (1926-). Escritor y conferencista estadounidense.

Las cosas tienen vida propia, todo es cuestión de despertarles el ánima.
Gabriel García Márquez (1928-). Escritor colombiano. Premio Nobel de Literatura.

Las peores penas de la vida no están en sus pérdidas y desdichas, sino en sus temores.

Arthur Christopher Benson (1862-1925). Escritor inglés.

Las personas viven una vida escasa cuando no hacen suficientes intercambios orales.

Juan José Arreola (1918-2001). Actor y narrador mexicano.

Lloramos al nacer porque venimos a este inmenso escenario de dementes.

William Shakespeare (1564-1616). Poeta y autor teatral inglés.

Lo más importante en la vida, después de saber cuándo aprovechar una oportunidad, es saber cuándo prescindir de una ventaja...

Benjamin Disraeli (1804-1881). Escritor británico.

Lo mejor es darle a los demás un papel agradable en la vida, para que lo representen bien.

Jacinto Benavente (1866-1954). Dramaturgo y crítico español.

Lo mejor es salir de la vida como de una fiesta, ni sediento ni bebido.

Aristóteles (384 a.C.-322a.C). Filósofo griego.

Lo menos frecuente en este mundo es vivir. La mayoría de la gente existe, eso es todo.

Oscar Wilde (1854-1900). Novelista, poeta, crítico literario y autor teatral irlandés.

Lo que destruye las posibilidades de la vida es permanecer siempre encerrados en la cárcel de nuestros pequeños ideales sin generosidad y sin ardor, mientras el sol ilumina la tierra alrededor de nuestra casa.

Maurice Maeterlinck (1862-1949). Escritor belga.

Lo que yo ignoro de la vida, ha sido para mí arrancado del libro.

Henri Barbusse (1873-1935). Novelista francés.

Lo terrible no es vivir, sino haber vivido.

Víctor Hugo (1802-1885). Escritor francés.

Lo único verdaderamente bueno en la vida es llegar a no encontrar placer en aquello que de algún modo nos perjudica o nos puede perjudicar.

Leon Daudi (1905-1985). Escritor español.

Los gustos de esta vida, sus riquezas y mandos son prestados. Son sustancia fingida con apariencia sólo matizada y es tan gran verdad ésta.

Netzahualcóyotl (1402-1472). Emperador azteca.

Los hombres conocen la vida demasiado pronto; las mujeres, demasiado tarde.

Oscar Wilde (1854-1900). Novelista, poeta, crítico literario y autor teatral irlandés.

Los seres empiezan a vivir deveras cuando quieren ser otros que son y seguir, al mismo tiempo, siendo los mismos.

Miguel De Unamuno (1864-1936). Filósofo y escritor español.

Los seres humanos no nacen para siempre el día en que sus madres los alumbran, sino que la vida los obliga a parirse a sí mismos una y otra vez.
Gabriel García Márquez (1928-). Escritor colombiano. Premio Nobel de Literatura.

Los últimos años de la vida se asemejan al final de un baile de máscaras en que se dejan caer las caretas.
Arthur Schopenhauer (1788-1860). Filósofo alemán.

Los únicos errores que cometemos en la vida son las cosas que no hacemos.
Emma Thompson (1959-). Actriz británica.

Más vale morir de pie que vivir de rodillas.
Dolores Ibárruri Gómez (Pasionaria) (1895-1989). Política española.

Me he dedicado a investigar la vida y no sé por qué ni para qué.
Severo Ochoa (1905-1993). Premio Nobel 1959, médico y bioquímico español.

Mi vida es un combate.
Francois-Marie Arouet de Voltaire (1694-1778). Escritor y filósofo francés.

Mientras pensaba que estaba aprendiendo a vivir, he aprendido cómo morir.
Leonardo Da Vinci (1452-1519). Artista florentino.

Muchos emplean la mitad de su vida en hacer miserable la otra mitad.
Benjamín Franklin (1706-1790). Político, filósofo y científico estadounidense.

Nacemos llorando, vivimos quejándonos y morimos desilusionados.
Thomas Fuller (1608-1661). Clérigo y escritor inglés.

Nada dura para siempre. Ni el dolor, ni la alegría, ni siquiera la vida.
Leo Buscaglia (1924-1998). Escritor estadounidense.

Nada nace ni nada perece. La vida es una agregación, la muerte una separación.
Anaxágoras (500-428 a.C.). Filósofo griego.

Nada perturba tanto la vida humana como la ignorancia del bien y el mal.
Marco Tulio Cicerón (106-43 a.C.). Escritor, político y orador romano.

Nada puede reclamarse cuerdamente a la vida.
Fernando Savater (1947-). Filósofo y escritor español.

Nadie nos dijo que veníamos a gozar de esta vida.
Cesare Pavese (1908-1950). Poeta y novelista italiano.

No basta compartir las ideas con el prójimo; se ha de compartir la vida.
Rabindranath Tagore (1861-1941). Poeta y filósofo indio.

No dejes que las buenas cosas de la vida te quiten las mejores cosas.
Maltbie D. Babcock (1858-1901). Pastor de la iglesia y escritor estadounidense.

No ha aprendido las lecciones de la vida quien diariamente no ha vencido algún temor.
> Ralph Waldo Emerson (1803-1882). Ensayista y poeta estadounidense.

No hay mapas del territorio de la vida. Ésta revela su historia momento a momento.
> Leo Buscaglia (1924-1998). Escritor estadounidense.

No hay más que tres acontecimientos importantes en la vida: nacer, vivir y morir. No sentimos lo primero, sufrimos de morir y nos olvidamos de vivir.
> Jean de la Bruyere (1645-1696). Filósofo y escritor francés.

No hay nada que los hombres más deseen conservar y menos cuiden que su propia vida.
> Jean de la Bruyere (1645-1696). Filósofo y escritor francés.

No hay vidas pequeñas: cuando la miramos de cerca, toda vida es grande.
> Maurice Maeterlinck (1862-1949). Escritor belga.

No podemos admitir que el arte de vivir degenere en el simple negocio de vivir.
> Lin Yutang (1895-1976). Escritor chino-americano.

No puedo vivir contigo, ni sin ti.
> Publio Nasón Ovidio (43 a.C.-17 d.C.). Poeta latino.

No se puede tener otra tarea en cuanto a la vida que la de conservarla hasta morir.
> August Strindberg (1849-1912). Autor teatral sueco.

No seas tan tímido y temeroso en tus acciones. Toda la vida es un experimento.
> Ralph Waldo Emerson (1803-1882). Ensayista y poeta estadounidense.

No temas que tu vida termine, sino que nunca tenga principio.
> John Henry Newman (1801-1890). Clérigo e intelectual inglés.

No trates de vivir por siempre: no lo conseguiréis.
> George Bernard Shaw (1856-1950). Escritor irlandés.

No vivimos nunca, sino que esperamos vivir; y disponiéndonos siempre a ser felices, es inevitable que no lo seamos nunca.
> Blaise Pascal (1623-1662). Matemático, físico y teólogo francés.

Nosotros formamos una vida con lo que recibimos, y formamos una vida con lo que damos.
> Sir Winston Churchill (1874-1965). Político inglés.

Nosotros podemos escoger entre ver la vida como una serie de dificultades y tribulaciones, o como una acumulación de tesoros.
> Anónimo.

Nuestras vidas son los ríos que van a dar al mar que es el vivir.
> Efraín Huerta (1914-1982). Poeta mexicano.

Nunca debes tomar más de lo que das en el círculo de la vida.

Elton John (1947-). Cantante y compositor británico.

Para la inmensa mayoría, la vida es solamente una lucha por la mera existencia, con la certidumbre de que han de perder ésta al cabo.

Arthur Schopenhauer (1788-1860). Filósofo alemán.

Para la mayoría de nosotros, la vida verdadera es la vida que no llevamos.

Oscar Wilde (1854-1900). Novelista, poeta, crítico literario y autor teatral irlandés.

Por desgracia la vida es corta, los científicos están muy ocupados y los chiflados se empeñan en escribir montones de libros y artículos.

Martin Gardner (1914-). Matemático estadounidense.

Procura que el deseo de vivir sea más fuerte que el deseo de recordar.

Anónimo.

Puedes vivir todos los días de tu vida.

Jonathan Swift (1667-1745). Escritor anglo-irlandés.

Puesto que no nos es permitido vivir mucho, debemos por lo menos hacer algo para demostrar que hemos vivido.

Marco Tulio Cicerón (106-43 a.C.). Escritor, político y orador romano.

Que haya muerto no es prueba suficiente de que haya vivido.

Stanislaw Jerzy Lec (1909-1966). Escritor polaco.

Quien no se preocupa por las cosas de Dios y de su alma, no vale la pena que viva para luego morir.

Samuel A. Weor (1917-1977). Neo-gnóstico colombiano.

Quien vive sin ser sentido, / quien sólo el número aumenta, / y hace lo que todos hacen, / ¿en qué difiere de bestia?

Juan Ruiz de Alarcón (1581-1639). Escritor y dramaturgo mexicano.

Quiero vivir de manera tal que mi vida no pueda ser arruinada por una llamada telefónica.

Federico Fellini (1920-1993). Director de cine italiano.

Realiza cada acto de tu vida como si fuera el último.

Marco Aurelio Antonio (121-180). Emperador y filósofo romano.

Saben realmente vivir aquellos que se comparan fundamentalmente con gente a la que les va peor que a ellos.

André Maurois (1885-1967). Escritor francés.

Se debe absorber el color de la vida, pero no se deben recordar nunca sus detalles.

Oscar Wilde (1854-1900). Novelista, poeta, crítico literario y autor teatral irlandés.

Se nos va una buena parte de la vida disimulando lo que somos y simulando lo que no somos.

Anónimo.

Se vive solo, se muere solo; los demás nada pueden.

Blaise Pascal (1623-1662). Matemático, físico y teólogo francés.

Seamos con nuestras vidas como arqueros que tienen un blanco.

Aristóteles (384 a.C.-322a.C). Filósofo griego.

Si el hombre no ha descubierto nada por lo que morir, no es digno de vivir.

Martin Luther King (1929-1968). Humanista estadounidense.

Si llego a mi destino ahora mismo, lo aceptaré con alegría, y si no llego hasta que transcurran diez millones de años, esperaré alegremente también.

Walt Whitman (1819-1892). Poeta estadounidense.

Si nada to parece delicioso sino el amor y la holganza, vive ocioso y amando.

Quinto Horacio Flaco (65 a.C.-8 a.C.). Poeta lírico y satírico romano.

Si nos atrevemos a creer en la vida eterna, a vivir para la vida eterna, veremos cómo la vida se torna más rica, más grande, libre y dilatada.

Joseph Ratzinger (1927-). Teólogo y religioso alemán.

Si quieres poder soportar la vida, debes estar dispuesto a aceptar la muerte.

Sigmund Freud (1856-1939). Médico y neurólogo austriaco, fundador del psicoanálisis.

Si quieres saber lo que es la vida, pregúntate a ti mismo lo que es la muerte.

Friedrich Hebbel (1813-1863). Dramaturgo alemán.

Si vivir sólo es soñar, hagamos el bien soñado.

Amado Nervo (1870-1919). Poeta y escritor mexicano.

Sin jactancias puedo decir que la vida es lo mejor que conozco.

Francisco Urondo (1930-1976). Escritor argentino.

Solamente una vida dedicada a los demás merece ser vivida.

Albert Einstein (1879-1955). Científico estadounidense de origen alemán.

Sólo merecen vivir los que no tienen miedo de morir.

General Douglas MacArthur (1880-1964). Militar estadounidense.

Sólo quien no excluya nada de su existencia, ni lo que sea enigmático y misterioso, logrará sentir hondamente sus relaciones con otro ser como algo vivo, y sólo él estará en condiciones de apurar por sí mismo su propia vida.

Rainer Maria Rilke (1875-1926). Poeta alemán.

Sólo vale la pena luchar y vivir por lo que se está dispuesto a morir.

Manuel J. Clouthier (1934-1989). Político mexicano.

Sólo vive el que sabe.

Baltasar Gracián y Morales (1601-1658). Jesuita y escritor español.

Sombra ambulante es la vida no más. Mera comparsa que breve instante el escenario cruza y se olvida después.
William Shakespeare (1564-1616). Poeta y autor teatral inglés.

Somos con nuestras vidas como arqueros que tienen un blanco.
Aristóteles (384 a.C.-322a.C). Filósofo griego.

Tenemos dos fuerzas que nos ayudan a vivir: el olvido y la esperanza.
Vicente Blasco Ibáñez (1867-1928). Novelista español.

Tenemos una sola vida..., o la pasamos riendo, o llorando.
Anónimo.

Toda vida tiene algo de provecho.
Samuel Johnson (1709-1784). Escritor británico.

Todo aquel que tiene una razón para vivir puede soportar cualquier forma de hacerlo.
Friedrich Nietzsche (1844-1900). Filósofo, poeta y filólogo alemán.

Todo lo mío no es sino una de las mil posturas posibles frente a la vida. Busca la tuya. Lo que el otro podría hacer tan bien como tú, no lo hagas. Lo que el otro podría decir tan bien como tú, no lo digas. Lo que el otro podría escribir tan bien como tú, no lo escribas. No te aficiones sino a aquello que en tu sentir, en ninguna otra parte existe sino en ti y es creación tuya.
André Gide (1869-1951). Escritor francés.

Todos encontrarían su propia vida mucho más interesante si dejaran de compararla con la vida de los demás.
Henry Fonda (1905-1982). Actor estadounidense.

Todos somos aficionados. La vida es tan corta que no da para más.
Charles Chaplin (1889-1977). Actor, productor y director inglés.

Tú no puedes escoger cómo vas a morir; o cuándo. Solamente puedes decidir cómo vas a vivir. Ahora.
Joan Baez (1941-). Cantante estadounidense y activista política.

Tu vida es como la de un libro, donde los hombres podrán leer cosas extrañas.
William Shakespeare (1564-1616). Poeta y autor teatral inglés.

Tu vida está frente a ti. La vida proporciona el lienzo; tú pintas el cuadro.
Anónimo.

Un poeta me dijo: "Cuidado con la vida... porque en ella sufrirás hambre, sed y dolor". Pero él ignoraba que en mi sangre encendida ardían los divinos carbones del amor.
Pedro Mario Delheye (1864-1918). Poeta argentino.

Un viaje es una nueva vida, con un nacimiento, un crecimiento y una muerte, que nos es ofrecida en el interior de la otra. Aprovechémoslo.

Paul Morand (1888-1976). Diplomático y escritor francés.

Una de las cosas más trágicas que conozco acerca de la naturaleza humana, es que todos nos aplazamos para vivir.

Dale Carnegie (1888-1955). Escritor norteamericano.

Una forma de obtener lo mejor de la vida es tomándola como una aventura.

William Feather (1889-1981). Escritor y editor estadounidense.

Una fórmula de goce de la vida puede ser ésta: Preferir las cosas a las personas, la paz a las mujeres, la literatura al amor.

Leon Daudi (1905-1985). Escritor español.

Una hora completa de gloriosa vida, vale más que una vida sin nombre.

Walter Scott (1771-1832). Escritor escocés.

Una parte de la vida la pasamos haciendo mal lo que hacemos, otra no haciendo nada y el resto haciendo lo que no deberíamos hacer.

Séneca Anneo (3 a.C.- 65 d.C.). Filósofo latino.

Una vida bien cumplida es siempre larga.

Leonardo Da Vinci (1452-1519). Artista florentino.

Una vida ociosa es una muerte anticipada.

Johann Wolfgang von Goethe (1749-1832). Poeta, novelista y dramaturgo alemán.

Uno debe tener el arriesgado atrevimiento de aceptarse a sí mismo como un manojo de posibilidades, y emprender el más interesante juego en el mundo... Hacer mejor la mayor parte de uno.

Harry Emerson Fosdick (1878–1969). Clérigo estadounidense.

Uno no puede vivir sin inconsistencia.

Carl Gustav Jung (1875-1961). Psicólogo y psiquiatra suizo.

Vive cada día como si fuera el último. Trata a cada persona como si ella fueras tú.

Anónimo.

Vive como si fueras a morir mañana. Aprende como si fueras a vivir siempre.

Mohandas Karamchand Gandhi (1869-1948). Líder político y espiritual hindú.

Vivir a gusto es de plebeyos. El noble aspira a vivir en un mundo ordenado y regido por leyes buenas.

Johann Wolfgang von Goethe (1749-1832). Poeta, novelista y dramaturgo alemán.

Vivir de una manera completamente franca y humana, no como un hombre en una zarza. Hacer que el amor sea real, el odio real, el ludibrio y la traición reales. No vivir entre fantasmas. Ver a cada uno como es; una madre que ha parido y tiene un hijo enfermo, una mujer vieja y fea que ha de trabajar entre hombres en un mundo donde sólo se cotizan la juventud y la belleza. Es decir, comprender y ayudar a sobrellevar el dolor del mundo, no sólo el dolor propio, que siempre es absurdo.

August von Wassermann (1866-1925). Médico y bacteriólogo alemán.

Vivir en la Tierra es caro pero ello incluye un viaje gratis alrededor del sol cada año.

Anónimo.

Vivir es luchar.

Séneca Anneo (3 a.C.- 65 d.C.). Filósofo latino.

Vivir es nacer a cada instante.

Erich Fromm (1900-1980). Psicoanalista germano estadounidense.

Vivir es querer sin descanso o restaurar cotidianamente la propia voluntad.

Henri Frédéric Amiel (1821-1881). Crítico suizo.

Vivir es sentir la vida; es tener sensaciones fuertes.

Marie Henri Beyle "Stendhal" (1783-1842). Novelista y ensayista francés.

Vivir la vida de tal suerte que viva quede en la muerte.

Santa Teresa de Jesús (1515-1582). Religiosa y escritora mística española.

Vivir moralmente vale más que vivir.

Aristóteles (384 a.C.-322a.C). Filósofo griego.

Vivir, desde el principio, es separarse.

Pedro Salinas (1891-1951). Poeta español.

Vivo sin vivir en mí y tan alta vida espero que muero porque no muero.

Santa Teresa de Jesús (1515-1582). Religiosa y escritora mística española.

Yo he vivido porque he soñado mucho.

Amado Nervo (1870-1919). Poeta y escritor mexicano.

... Que toda la vida es sueño, y los sueños sueños son.

Pedro Calderón de la Barca (1600-1681). Dramaturgo y poeta español.

¿Qué sabe el pez del agua en la que nada toda su vida?

Albert Einstein (1879-1955). Científico estadounidense de origen alemán.

A veces pienso que la prueba más fehaciente de que existe vida inteligente en el universo es que nadie ha intentado contactar con nosotros.

Bill Watterson (1958-). Escritor estadounidense.

Alégrate de la vida porque ella te da la oportunidad de amar, de trabajar, de jugar y de mirar a las estrellas.

Henry Van Dyke (1852-1933). Clérigo y educador estadounidense.

Aprendí que no se puede dar marcha atrás, que la esencia de la vida es ir hacia adelante. La vida, en realidad, es una calle de sentido único.

Agatha Christie (1891-1976). Escritora inglesa.

Cada día es una pequeña vida.

Quinto Horacio Flaco (65 a.C.-8 a.C.). Poeta lírico y satírico romano.

Cuanto menos se lleve a cabo, más corta parece la vida.

Karl Wilhem von Humboldt (1767-1835). Filólogo alemán.

El secreto de la vida es la honestidad y el juego limpio, si puedes simular eso, lo has conseguido.

Groucho Marx (1890-1976). Actor estadounidense.

El secreto para vivir en paz con todos consiste en el arte de comprender a cada uno según su individualidad.

Friedrich Ludwig Jahn (1778-1852). Patriota e instructor de gimnasia alemán.

En dos palabras puedo resumir cuanto he aprendido acerca de la vida: sigue adelante.

Robert Lee Frost (1874-1963). Poeta y psicólogo estadounidense.

En el fondo son las relaciones con las personas lo que da sentido a la vida.

Karl Wilhem von Humboldt (1767-1835). Filólogo alemán.

En la vida los bloques de granito se hunden; los corchos siguen flotando.

Pierre Auguste Renoir (1841-1919). Pintor francés.

Entre la vida y yo hay un cristal tenue, por más claramente que vea y comprenda la vida, no puedo tocarla.

Fernando Pessoa (1888-1935). Escritor portugués.

Estar preparado es importante, saber esperar lo es aún más, pero aprovechar el momento adecuado es la clave de la vida.

Arthur Schnitzler (1862-1931). Médico, dramaturgo y novelista austriaco.

Evidentemente la vida es sólo un continuo proceso de deterioro.

Francis Scott Fitzgerald (1896-1940). Escritor estadounidense.

Finalmente me di cuenta que la única razón de estar vivo, es disfrutarlo.

Rita Mae Brown (1944-). Escritora estadounidense.

Hay que darle un sentido a la vida, por el hecho mismo de que carece de sentido.
Henry Miller (1891-1980). Escritor estadounidense.

Hay una ley de vida, cruel y exacta, que afirma que uno debe crecer o, en caso contrario, pagar más por seguir siendo el mismo.
Norman Mailer (1923-). Escritor estadounidense.

La existencia es un viaje en el que no existen los caminos llanos: todo son subidas o bajadas.
Arturo Graf (1848-1913). Escritor y poeta italiano.

La meta, si se alcanza o no, hace grandiosa la vida; trata de ser Shakespeare, y deja lo demás al destino.
Robert Browning (1812-1889). Escritor inglés.

La vida cobra sentido cuando se hace de ella una aspiración a no renunciar a nada.
José Ortega y Gasset (1883-1955). Filósofo español.

La vida consiste en la comprensión de la verdad.
León Tolstoi (1828-1910). Escritor ruso.

La vida es ciervo herido que las flechas le dan alas.
Luis de Góngora y Argote (1561-1627). Poeta español.

La vida es como un arca inmensa llena de posibilidades.
Amado Nervo (1870-1919). Poeta y escritor mexicano.

La vida es como una leyenda: no importa que sea larga, sino que esté bien narrada.
Séneca Anneo (3 a.C.- 65 d.C.). Filósofo latino.

La vida es demasiado breve para fatigar a los demás con la charla de nuestras pequeñas hazañas.
Irvin Shrewsbury Cobb (1876-1944). Periodista y humorista estadounidense.

La vida es dos pasos adelante y uno atrás.
Oriol Bohigas (1925-). Arquitecto español.

La vida es la memoria del pueblo, la conciencia colectiva de la continuidad histórica, el modo de pensar y de vivir.
Milan Kundera (1929-). Ensayista y novelista checoslovaco.

La vida es tan amarga que abre a diario las ganas de comer.
Enrique Jardiel Poncela (1901-1952). Escritor español.

La vida es un aprendizaje de renunciamiento progresivo, de continua limitación de nuestras pretensiones, de nuestras esperanzas, de nuestra fuerza, de nuestra libertad.
Henri Frédéric Amiel (1821-1881). Crítico suizo.

La vida es un arco iris que incluye el negro.
Yevgeny Yevtuschenko (1933-). Poeta ruso.

La vida es un juego de probabilidades terribles; si fuera una apuesta no intervendrías en ella.
Tom Stoppard (1937-). Dramaturgo inglés.

La vida es un negocio en el que no se obtiene una ganancia que no vaya acompañada de una pérdida.
Arturo Graf (1848-1913). Escritor y poeta italiano.

La vida es un zoo en una jungla.
Peter de Vries (1910-1993). Editor y novelista estadounidense.

La vida es una especie de juego de azar, donde todo el mundo piensa que el de al lado sabe qué está pasando.
Barbara Probst Solomon (1924-). Escritora estadounidense.

La vida es una película mal montada.
Fernando Trueba (1955-). Director de cine español.

La vida es una tragedia para los que sienten, y una comedia para los que piensan.
Jean de la Bruyere (1645-1696). Filósofo y escritor francés.

La Vida fácil suele ser la más difícil.
Enrique Jardiel Poncela (1901-1952). Escritor español.

La vida interior necesita una casa confortable y una buena cocina.
David Herbert Lawrence (1885-1930). Novelista y poeta inglés.

La vida no es aceptable a no ser que el cuerpo y el espíritu vivan en buena armonía, si no hay un equilibrio natural entre ellos y si no experimentan un respeto natural el uno por el otro.
David Herbert Lawrence (1885-1930). Novelista y poeta inglés.

La vida no es más que un tejido de hábitos.
Henri Frédéric Amiel (1821-1881). Crítico suizo.

La vida no se ha hecho para comprenderla, sino para vivirla.
Jorge Ruiz de Santayana (1863-1952). Filósofo, poeta y novelista estadounidense de origen español.

La vida pasa y el ser, como la bellota, como el niño, o a veces como el adulto, no advierte ese movimiento, ni lo impulsa ni lo estorba.
León Tolstoi (1828-1910). Escritor ruso.

La vida sería intolerable si la muerte no fuera peor.
Anónimo.

Lo mejor de la vida es el pasado, el presente y el futuro.
Pier Paolo Pasolini (1922-1975). Escritor y director italiano.

Lo mejor que la naturaleza ha dado al hombre es la brevedad de su vida.

Plinio el Viejo (23-79). Escritor y enciclopedista romano.

Lo mismo es nuestra vida que una comedia; no se atiende a si es larga, sino a si la han representado bien. Concluye donde quieras, con tal de que pongas buen final.

Séneca Anneo (3 a.C.- 65 d.C.). Filósofo latino.

Los mayores momentos de la vida vienen por sí solos. No tiene sentido esperarlos.

Thornton Niven Wilder (1897-1975). Escritor y dramaturgo estadounidense.

Me dormí y soñé que la vida era belleza; me desperté y vi que era deber.

Immanuel Kant (1724-1804). Filósofo alemán.

Nadie encuentra la vida digna de vivirse. Uno mismo tiene que hacerla digna de ello.

Anónimo.

No mires nunca de dónde vienes, sino a dónde vas.

Pierre Augustin Caron, barón de Beaumarchais. (1732-1799). Escritor francés.

No os toméis la vida demasiado en serio; de todas maneras no saldréis vivos de ésta.

Bernard le Bovier Fontenelle (1657-1757). Escritor y científico francés.

No podemos arrancar una página del libro de nuestra vida, pero podemos tirar todo el libro al fuego.

George Sand (Amandine Aurore Lucie Dupin) (1804-1876). Escritora francesa.

No recibimos una vida corta, sino que nosotros la acortamos. No somos de ella indigentes, sino manirrotos.

Séneca Anneo (3 a.C.- 65 d.C.). Filósofo latino.

No se tome la vida demasiado en serio; nunca saldrá usted vivo de ella.

Elbert Hubbard (1856-1915). Escritor y editor estadounidense.

Nuestra vida está tan llena que actúa cuando no hacemos nada.

Gaston Bachelard (1884-1962). Filósofo y ensayista francés.

Pensamiento consolador; el gusano también morirá.

Ramón Gómez de la Serna (1888-1963). Escritor español. Autor de *Greguerías*.

Quien no ama la vida, no la merece.

Leonardo Da Vinci (1452-1519). Artista florentino.

Si la verdad es nuestro más preciado tesoro, bien haremos en economizarla.

Mark Twain (1835-1910). Escritor estadounidense.

Si no se tomara la vida como una misión, dejaría de ser vida para convertirse en infierno.
> León Tolstoi (1828-1910). Escritor ruso.

Temer al amor es temer a la vida, y los que temen a la vida ya están medio muertos.
> Bertrand Russell (1872-1970). Matemático y filósofo británico.

Una vida bien escrita es casi tan rara como una vida bien vivida.
> Thomas Carlyle (1795-1881). Historiador y pensador escocés.

Una vida sin fiestas es como un largo camino sin posadas.
> Demócrito (460 a.C.-370 a.C.). Filósofo griego.

Vive de manera que puedas mirar fijamente a los ojos a cualquiera y mandarlo al diablo.
> H. L. Mencken (1880-1956). Escritor, crítico y editor estadounidense.

Vivimos mientras nos renovamos.
> Henri Frédéric Amiel (1821-1881). Crítico suizo.

Vivir es lo más raro de este mundo, pues la mayor parte de los hombres no hacemos otra cosa que existir.
> Oscar Wilde (1854-1900). Novelista, poeta, crítico literario y autor teatral irlandés.

Vivir no es sólo existir, sino existir y crear, saber gozar y sufrir y no dormir sin soñar. Descansar, es empezar a morir.
> Gregorio Marañón (1887-1960). Médico y escritor español.

Vivir plenamente produce un cansancio infinito, pero muy gratificante.
> Ramón Buenaventura (1940-). Escritor y poeta marroquí.

Yo no tengo la culpa de que la vida se nutra de la virtud y del pecado, de lo hermoso y de lo feo.
> Benito Pérez Galdós (1843-1920). Escritor español.

Violencia

A quienes no conocen otro lenguaje que la violencia, hay que hablarles en su propio idioma.
> Sir Winston Churchill (1874-1965). Político inglés.

Buscar la unidad por la violencia es acción baldía.
> Pío Baroja (1872-1956). Escritor español.

Es preciso no contradecir a fin de no ser contradicho y no violentar a fin de no ser violentado.
> Carlos Fuentes (1928-). Escritor mexicano.

Es un error esencial considerar la violencia como una fuerza.
> Thomas Carlyle (1795-1881). Historiador y pensador escocés.

La educación es la vacuna contra la violencia.
Edward James Olmos (1947-). Actor estadounidense.

La violencia acostumbra a engendrar violencia.
Esquilo (525-456 a.C.). Dramaturgo griego.

La violencia es el último recurso del incompetente.
Isaac Asimov (1920-1992). Escritor y científico estadounidense.

La violencia es una debilidad.
Jean Leon Jaurés (1859-1914). Líder socialista francés.

La violencia llama a la violencia.
Théophile Gautier (1811-1872). Poeta y novelista francés.

La violencia no deja de tener cierto parentesco con el miedo.
Arturo Graf (1848-1913). Escritor y poeta italiano.

La violencia no soluciona nada, sólo para aquellos que temen que algún día la violencia solucione algo.
Yasir Arafat (1929-2004). Político y líder militar palestino.

Las armas se deben reservar para el último lugar, donde y cuando los otros medios no basten.
Nicolás Maquiavelo (1469-1527). Historiador y filósofo político italiano.

Lo blando es más fuerte que lo duro; el agua es más fuerte que la roca, el amor es más fuerte que la violencia.
Herman Hesse (1877-1962). Escritor alemán. Premio Nobel de Literatura (1947).

Para una persona no violenta, todo el mundo es su familia.
Mohandas Karamchand Gandhi (1869-1948). Líder político y espiritual hindú.

Sólo la violencia ayuda donde la violencia impera.
Bertolt Brecht (1898-1956). Poeta y dramaturgo alemán.

La violencia crea más problemas sociales que los que resuelve.
Martin Luther King (1929-1968). Humanista estadounidense.

En muchos casos hacemos por vanidad o por miedo, lo que haríamos por deber. La tarea que enfrentan los devotos de la no violencia es muy difícil, pero ninguna dificultad puede abatir a los hombres que tienen fe en su misión.
Mohandas Karamchand Gandhi (1869-1948). Líder político y espiritual hindú.

La humanidad no puede liberarse de la violencia más que por medio de la no violencia.
Mohandas Karamchand Gandhi (1869-1948). Líder político y espiritual hindú.

La violencia es el miedo a los ideales de los demás.
Mohandas Karamchand Gandhi (1869-1948). Líder político y espiritual hindú.

Lo que se obtiene con violencia, solamente se puede mantener con violencia.
Mohandas Karamchand Gandhi (1869-1948). Líder político y espiritual hindú.

Toda reforma impuesta por la violencia no corregirá nada el mal: el buen juicio no necesita de la violencia.
León Tolstoi (1828-1910). Escritor ruso.

Virtud

Asume una virtud si no la tienes.
William Shakespeare (1564-1616). Poeta y autor teatral inglés.

Aunque avergüence decirlo, sólo pensamos en la virtud cuando no tenemos otra cosa que hacer.
Séneca Anneo (3 a.C.- 65 d.C.). Filósofo latino.

Constante y perpetua riqueza es la virtud.
Sófocles (496-406 a.C.). Dramaturgo ateniense.

Cuando menos habla un hombre de sus virtudes, más le apreciamos.
Ralph Waldo Emerson (1803-1882). Ensayista y poeta estadounidense.

Cuando veáis a un hombre sabio, pensad en igualar sus virtudes. Cuando veáis un hombre desprovisto de virtud, examinaos vosotros mismos.
Confucio (551-479 a.C.). Filósofo y teórico social chino.

Cuanto más virtuoso es el hombre, menos acusa de vicios a los demás
Marco Tulio Cicerón (106-43 a.C.). Escritor, político y orador romano.

De lo heroico a lo ridículo no hay más que un paso.
Simon Bolívar (1783-1830). Militar y político venezolano.

De todas las variedades de virtud, la generosidad es la más estimada.
Aristóteles (384 a.C.-322a.C). Filósofo griego.

De virtud hay una especie, de maldad, muchas.
Platón (428-347 a.C.). Filósofo griego.

Del templo de la virtud se pasa al templo de la gloria.
Marco Tulio Cicerón (106-43 a.C.). Escritor, político y orador romano.

Desgraciadamente, hay virtudes que sólo los ricos pueden cultivar.
Antoine Rivarol (1753-1801). Escritor francés.

El hombre virtuoso debe ser fuerte de ánimo, y no tenerle miedo a la soledad, ni esperar a que los demás le ayuden, porque estará siempre solo: ¡pero con la alegría de obrar bien, que se parece al cielo de la mañana en la claridad!
José Martí (1853-1895). Político y escritor cubano.

El lenguaje artificioso y la conducta aduladora rara vez acompañan a la virtud.
Confucio (551-479 a.C.). Filósofo y teórico social chino.

El perdón consiste en perdonar lo imperdonable; y el amor en amar lo inamable. O no será ninguna virtud.

Gilbert Keith Chesterton (1874-1936). Escritor inglés.

El remordimiento es el eco de una virtud perdida.

Edward Robert Bulwer-Lytton (1831-1891). Poeta y diplomático inglés.

En las adversidades sale a la luz la virtud.

Aristóteles (384 a.C.-322a.C). Filósofo griego.

Es una gran virtud tener a todos por mejores que nosotros.

Santa Teresa de Jesús (1515-1582). Religiosa y escritora mística española.

Hay dos clases de hombres: los que viven hablando de las virtudes y los que se limitan a tenerlas.

Antonio Machado (1875-1939). Poeta español.

Instruida, la virtud calcula tan bien como el vicio.

Honorato De Balzac (1799-1850). Escritor francés.

La carencia de vicios añade muy poco a la virtud.

Antonio Machado (1875-1939). Poeta español.

La constancia es la virtud por la que todas las demás virtudes dan su fruto.

Arturo Graf (1848-1913). Escritor y poeta italiano.

La frugalidad comprende todas las demás virtudes.

Marco Tulio Cicerón (106-43 a.C.). Escritor, político y orador romano.

La gratitud no sólo es la más grande de las virtudes, sino que engendra todas las demás.

Marco Tulio Cicerón (106-43 a.C.). Escritor, político y orador romano.

La plata cede al oro; el oro, a la virtud.

Quinto Horacio Flaco (65 a.C.-8 a.C.). Poeta lírico y satírico romano.

La pobreza nos incita a hacer y soportar cualquier cosa con tal de librarnos de ella, y por eso nos aparta de la virtud.

Quinto Horacio Flaco (65 a.C.-8 a.C.). Poeta lírico y satírico romano.

La primera virtud es frenar la lengua, y es casi un dios quien teniendo razón sabe callarse.

Catón el Viejo (234-149 a.C.). Político y escritor romano.

La rapidez que es una virtud, engendra un vicio, que es la prisa.

Gregorio Marañón (1887-1960). Médico y escritor español.

La rebeldía a los ojos de todo aquel que haya leído algo de historia, es la virtud original del hombre.

Oscar Wilde (1854-1900). Novelista, poeta, crítico literario y autor teatral irlandés.

La rebeldía es la virtud original del hombre.
Arthur Schopenhauer (1788-1860). Filósofo alemán.

La senda de la virtud es muy estrecha, y el camino del vicio, ancho y espacioso.
Miguel de Cervantes (1547-1616). Dramaturgo, poeta y novelista español.

La virtud de la prosperidad es la templanza; la de la adversidad es la fortaleza, que en moral es la virtud más heroica.
Francis Barón de Verulam Bacon (1561-1626). Filósofo y estadista británico.

La virtud de las mujeres se reduce muchas veces al amor por su reputación y su tranquilidad.
François de La Rochefoucauld (1613-1680). Político y escritor francés.

La virtud debe ser común al labrador y al monarca.
Confucio (551-479 a.C.). Filósofo y teórico social chino.

La virtud debe tener límites.
Charles Louis de Secondat, barón de la Brède y de Montesquieu (1689-1755). Escritor francés.

La virtud encuentra su recompensa en sí misma.
Marco Tulio Cicerón (106-43 a.C.). Escritor, político y orador romano.

La virtud es el punto medio entre dos vicios opuestos.
Quinto Horacio Flaco (65 a.C.-8 a.C.). Poeta lírico y satírico romano.

La virtud es intrépida y la bondad nunca es medrosa.
William Shakespeare (1564-1616). Poeta y autor teatral inglés.

La virtud es la perfección de la Naturaleza.
Marco Tulio Cicerón (106-43 a.C.). Escritor, político y orador romano.

La virtud es premio de sí misma.
Plauto (254-184 a.C.). Comediógrafo romano.

La virtud es un libro austero y triunfante en que todo padre debe hacer deletrear a su hijo.
Víctor Hugo (1802-1885). Escritor francés.

La virtud es una disposición voluntaria adquirida, que consiste en un término medio entre dos extremos malos, el uno por exceso y el otro por defecto.
Aristóteles (384 a.C.-322a.C). Filósofo griego.

La virtud es una especie de salud, de belleza y de buenas costumbres del alma
Platón (428-347 a.C.). Filósofo griego.

La virtud no consiste en abstenerse del vicio, sino en no desearlo.
George Bernard Shaw (1856-1950). Escritor irlandés.

La virtud no es hereditaria.
Thomas Jefferson (1743-1826). Político y filósofo estadounidense.

La virtud no habita en la soledad: debe tener vecinos.

Confucio (551-479 a.C.). Filósofo y teórico social chino.

La virtud resplandece en las desgracias.

Aristóteles (384 a.C.-322a.C). Filósofo griego.

La virtud, como el arte, se consagra constantemente a lo que es difícil de hacer, y cuanto más dura es la tarea más brillante es el éxito.

Aristóteles (384 a.C.-322a.C). Filósofo griego.

La virtud, el estudio y la alegría son tres hermanos que no deben vivir separados.

Francois-Marie Arouet de Voltaire (1694-1778). Escritor y filósofo francés.

La virtud, no por estar de moda, deja de ser virtud.

Jean de la Bruyere (1645-1696). Filósofo y escritor francés.

Languidece la virtud sin adversarios.

Séneca Anneo (3 a.C.- 65 d.C.). Filósofo latino.

Las almas más grandes son capaces de los mayores vicios, como de las mayores virtudes.

René Descartes (1596-1650). Filósofo, científico y matemático francés.

Las gentes virtuosas desacreditan la virtud.

Fiedrich Hebbel (1813-1863). Dramaturgo alemán.

Las mujeres más virtuosas son como los tesoros ocultos: están a salvo mientras nadie los busca.

François de La Rochefoucauld (1613-1680). Político y escritor francés.

Las virtudes más grandes son aquellas que más utilidad reportan a otras personas.

Aristóteles (384 a.C.-322a.C). Filósofo griego.

Letras sin virtud, son perlas en el muladar.

Miguel de Cervantes (1547-1616). Dramaturgo, poeta y novelista español.

Lo que embellece al desierto es que en alguna parte esconde un pozo de agua.

Antoine De Saint Exupéry (1900-1944). Escritor y aviador francés.

Los defectos de un hombre se adecuan siempre a su tipo de mente. Observa sus defectos y conocerás sus virtudes.

Confucio (551-479 a.C.). Filósofo y teórico social chino.

Los dones que provienen de la justicia son superiores a los que se originan en la caridad.

Khalil Gibran (1833-1931). Ensayista, novelista y poeta libanés.

Los vicios del hombre son grabados en bronce y sus virtudes se escriben en el agua.

William Shakespeare (1564-1616). Poeta y autor teatral inglés.

Mercaderes e industriales no deben ser admitidos a la ciudadanía, porque su género de vida es abyecto y contrario a la virtud.

Aristóteles (384 a.C.-322a.C). Filósofo griego.

Mira, Sancho, si tomas por medio a la virtud y te precias de hacer hechos virtuosos, no hay que tener envidia a los que tienen príncipes y señores; porque la sangre se hereda, y la virtud se aquista, y la virtud vale por sí sola lo que la sangre no vale.

Miguel de Cervantes (1547-1616). Dramaturgo, poeta y novelista español.

Morir es el destino común de los hombres; morir con gloria es el privilegio del hombre virtuoso.

Isócrates (436-338 a.C.). Orador y profesor ateniense.

Nadie que confía en sí, envidia la virtud del otro.

Marco Tulio Cicerón (106-43 a.C.). Escritor, político y orador romano.

Ningún provecho hay en este mundo tan grande que se iguale con la excelencia de la virtud.

Aristóteles (384 a.C.-322a.C). Filósofo griego.

No basta tener la virtud y no hacer uso de ella; es como tener un arte y no ejercitarlo.

Marco Tulio Cicerón (106-43 a.C.). Escritor, político y orador romano.

No contemples las faltas de los otros, sino sus virtudes, y piensa en tus propios defectos y debilidades.

Santa Teresa de Jesús (1515-1582). Religiosa y escritora mística española.

No hay otra nobleza que la de la virtud, el saber, el patriotismo y la caridad.

José María Morelos y Pavón (1765-1815). Sacerdote e insurgente mexicano.

No se desprecia a todos los que tienen vicios; pero se desprecia a todos los que no tienen ninguna virtud.

François de La Rochefoucauld (1613-1680). Político y escritor francés.

No son buenos los extremos aunque sea en la virtud.

Santa Teresa de Jesús (1515-1582). Religiosa y escritora mística española.

Nosotros, los que sobrevivimos, tenemos un deber a cumplir: enseñar a los que vengan detrás lo que sabemos e intentar el resto de nuestra vida encontrar la virtud y perfeccionarnos.

Oliver Stone (1946-). Director de cine estadounidense.

Nuestro gran error es intentar obtener de cada uno en particular las virtudes que no tiene, y desdeñar el cultivo de las que posee.

Marguerite Yourcenar (1903-1987). Poeta, novelista y dramaturga francesa.

Obra muy mal quien trata de obtener con el dinero lo que debe obtener con la virtud.

Marco Tulio Cicerón (106-43 a.C.). Escritor, político y orador romano.

Para medir la virtud de cualquier hombre, no hay que mirarlo en las grandes ocasiones, sino en la vida diaria.
Blaise Pascal (1623-1662). Matemático, físico y teólogo francés.

Para poder ser virtuoso se necesita Naturaleza, razón y hábito.
Aristóteles (384 a.C.-322a.C). Filósofo griego.

Para que nazcan virtudes, es necesario sembrar recompensas.
Proverbio chino.

Practicar la virtud en la vida de ahora es conseguir la felicidad en la vida futura.
Refrán chino.

Puede que la virtud no sea sino la urbanidad del alma.
Honorato De Balzac (1799-1850). Escritor francés.

Quien dice pasión, dice debilidad; quien dice virtud, dice fortaleza.
Jean Baptiste Henri Lacordaire (1802-1861). Escritor francés.

Quien siembra virtud, fama recoge.
Leonardo Da Vinci (1452-1519). Artista florentino.

Se virtuoso y te tendrán por excéntrico.
Mark Twain (1835-1910). Escritor estadounidense.

Ser sobrio no es una gran virtud; pero no serlo es un gran defecto.
Cristina de Suecia (1626-1689). Reina de Suecia.

Si el semblante de la virtud pudiera verse, enamoraría a todos.
Platón (428-347 a.C.). Filósofo griego.

Sólo el virtuoso es competente para amar u odiar a los hombres.
Confucio (551-479 a.C.). Filósofo y teórico social chino.

Toda virtud tiene sus privilegios: por ejemplo, el de contribuir con su pequeña tea a la hoguera de los condenados.
Friedrich Nietzsche (1844-1900). Filósofo, poeta y filólogo alemán.

Un hombre de virtuosas palabras no es siempre un hombre virtuoso.
Confucio (551-479 a.C.). Filósofo y teórico social chino.

Un hombre sin virtud no puede morar mucho tiempo en la adversidad, ni tampoco en la felicidad; pero el hombre virtuoso descansa en la virtud, y el hombre sabio la ambiciona.
Confucio (551-479 a.C.). Filósofo y teórico social chino.

Una de las supersticiones del ser humano es creer que la virginidad es una virtud.
François-Marie Arouet de Voltaire (1694-1778). Escritor y filósofo francés.

Una virtud simulada es una impiedad duplicada: a la malicia une la falsedad.
San Agustín (354-430). Obispo, filósofo y Padre de la Iglesia Latina.

Yo honro con el nombre de virtud a la costumbre de realizar acciones penosas y útiles a los demás.
Marie Henri Beyle "Stendhal" (1783-1842). Novelista y ensayista francés.

Voluntad

A nadie le faltan fuerzas; lo que a muchísimos les falta es voluntad.
Víctor Hugo (1802-1885). Escritor francés.

Cuando me encuentro con una criatura, encuentro la voluntad del poder.
Friedrich Nietzsche (1844-1900). Filósofo, poeta y filólogo alemán.

Cuando un hombre tiene voluntad y entusiasmo, los dioses son sus aliados.
Esquilo (525-456 a.C.). Dramaturgo griego.

Dios ayuda a la voluntad sincera, si es que no la abandona el valor y el ánimo.
Adolfo Kolping (1813-1865). Sacerdote, reformador social, autor y editor alemán.

El demonio tiene una única puerta para entrar en nuestro espíritu: la voluntad. No existen puertas secretas.
San Pío de Pieltrecina (1887-1968). Religioso italiano.

El hombre que se levanta es aún más grande que el que no ha caído.
Concepción Arenal (1820-1893). Pensadora española.

El querer lo es todo en la vida. Si queréis ser felices lo seréis. Es la voluntad la que transporta las montañas.
Alfred de Vigny (1797-1863). Escritor francés.

Ellos pueden porque piensan que pueden.
Virgilio (70 a.C-19 a.C). Poeta romano.

Es la voluntad, la que hace al hombre grande o pequeño.
Johann Christoph Friedrich von Schiller (1759-1805). Poeta, historiador y dramaturgo alemán.

Ese que dice que esto es mío, se equivocó; porque uno entrega por voluntad o por fuerza.
Filósofo de Güémez, personaje mexicano que se dice vivió alrededor de 1800.

Hay una fuerza motriz más poderosa que el vapor, la electricidad y la energía atómica: la voluntad.
Albert Einstein (1879-1955). Científico estadounidense de origen alemán.

La diferencia entre una persona exitosa y las demás no es falta de fuerza, ni de conocimiento, sino falta de voluntad.
Vincent Lombardi (1913-1970). Entrenador de futbol americano estadounidense.

La voluntad es la que da valor a las cosas pequeñas.
Séneca Anneo (3 a.C.- 65 d.C.). Filósofo latino.

La voluntad firme y la renuncia a nuestros gustos es la base para una vida entregada y generosa.
Padre Marcial Maciel (1920-). Sacerdote católico mexicano.

Nada cansa si se hace de buena voluntad.
Paul Claudel (1868-1955). Escritor y diplomático francés.

Nada hay imposible; caminos hay que conducen a esto. Si poseyéramos voluntad suficiente, contaríamos siempre con suficientes medios.
François de La Rochefoucauld (1613-1680). Político y escritor francés.

Nadie que obra contra su voluntad obra bien, aun siendo bueno lo que hace.
San Agustín (354-430). Obispo, filósofo y Padre de la Iglesia Latina.

No existen grandes talentos sin gran voluntad.
Honorato De Balzac (1799-1850). Escritor francés.

No hay cosa por fácil que sea, que no la haga difícil la mala gana.
Juan Luis Vives (1492-1540). Humanista y filósofo español.

No hay decepciones para aquellos cuya voluntad está sepultada en la voluntad de Dios.
Frederick William Faber (1814-1863). Teólogo y escritor inglés.

No puede haber grandes dificultades cuando abunda la buena voluntad.
Nicolás Maquiavelo (1469-1527). Historiador y filósofo político italiano.

Nuestro bien y nuestro mal no existen más que en nuestra voluntad.
Epicteto (55-135 d.C.). Pensador griego.

Se puede quitar a un general su ejército, pero no a un hombre su voluntad.
Confucio (551-479 a.C.). Filósofo y teórico social chino.

Teniendo en cuenta la naturaleza humana, ejercer el poder sobre el sustento de un hombre equivale a ejercer el poder sobre su voluntad.
Alexander Hamilton (1757-1804). Político estadounidense.

Todas las cosas son imposibles, mientras lo parecen.
Concepción Arenal (1820-1893). Pensadora española.

Tu voluntad es el alma de tus obras.
Dicho popular.

Voluntad firme no es lo mismo que voluntad enérgica y mucho menos que voluntad impetuosa.
Jaime Luciano Balmes (1810-1848). Sacerdote, periodista y filósofo español.

Índice de autores

Anthony Eden (1897-1977). Político inglés. 396

Antífanes (siglo IV a.C.). Comediante griego. 522

Antiguo texto náhuatl. 97

Antístenes (444-371 a.C.). Filósofo griego. 288

Antoine Bret (1717-1792). Escritor francés. 69

Antoine De Saint Exupéry (1900-1944). Escritor y aviador francés. 57, 63, 67, 82, 200, 338, 350, 361, 396, 424, 474, 496, 586, 612, 635, 672, 682, 696, 697, 822, 857

Antoine Gombaud "Caballero de Méré" (1607-1685). Escritor francés. 233

Antoine Rivarol (1753-1801). Escritor francés. 105, 311, 359, 732, 854

Antoine-Marin Lemierre (1733-1793). Poeta francés. 299

Anton Chejov (1860-1904). Dramaturgo y autor de relatos ruso. 92, 111, 278, 651, 689

Antoni Tàpies (1923-). Pintor y escultor español. 93

Antonie L. Apollinarie Fée (1789-1874). Farmacéutico y naturalista francés. 222

Antonieta Rivas Mercado (1898-1931). Escritora mexicana. 81

Antonio Aparisi y Guijarro (1815-1872). Jurista y orador español. 387

Antonio Cánovas del Castillo (1828-1897). Político, historiador y escritor español. 293, 320, 500, 662

Antonio Caso (1883-1946). Filósofo y escritor mexicano. 95, 216, 713, 738, 746

Antonio de Senillosa (1928-1994). Político y escritor español. 419

Antonio de Trueba (1819-1889). Escritor español. 284

Antonio Fraguas (1942-). Humorista español. 448

Antonio Gala (1937-). Escritor español. 64, 85, 215, 219, 331, 349, 540, 646, 654, 667

Antonio Gaudí I Cornet (1852-1926). Arquitecto español. 625

Antonio Machado (1875-1939). Poeta español 30, 34, 35, 58, 177, 186, 188, 191, 197, 200, 248, 268, 304, 355, 359, 421, 422, 454, 540, 543, 561, 569, 589, 593, 603, 636, 665, 685, 687, 688, 690, 697, 714, 753, 767, 776, 783, 807, 815, 818, 821, 855, 855

Antonio Manero (1885-1964). Político y escritor mexicano. 20

Antonio Maura y Montaner (1853-1925). Político español. 274

Antonio Mingote (1919-). Dibujante y humorista español. 442, 635, 649

Antonio Muñoz Molina (1956-). Escritor español. 508

Antonio Pérez (1540-1611). Político español. 43

Antonio Porchia (1886-1968). Escritor argentino. 227, 711

Antonio Ricci (1600-1649). Pintor italiano. 529

Aphra Behn (1640-1689). Escritora inglesa. 60

Appio Claudio Ciego (340-273 a.C.). Cónsul romano. 356

Ariadna Gil (1969-). Actriz española. 100

Aristófanes (444 a.C.-385 a.C.). Comediante griego. 274, 524, 580, 581, 704, 752

Aristóteles (384 a.C.-322a.C). Filósofo griego. 13, 18, 19, 32, 34, 40, 43, 44, 46, 47, 48, 50, 70, 86, 98, 103, 104, 105, 108, 109, 110, 110, 114, 116, 119, 125, 126, 128, 148, 149, 173, 196, 239, 240, 262, 263, 263, 263, 273, 274, 274, 275, 278, 291, 293, 309, 314, 315, 322, 328, 329, 341, 342, 343, 346, 347, 350, 353, 354, 362, 370, 376, 376, 377, 385, 388, 394, 398, 422, 424, 425, 432, 434, 435, 451, 452, 453, 455, 460, 463, 469, 470, 514, 543, 544, 548, 572, 600, 620, 633, 649, 652, 657, 662, 677, 678, 681, 686, 690, 692, 693, 695, 696, 726, 727, 730, 737, 738, 739, 740, 741, 744, 747, 753, 757, 764, 765, 788, 795, 797, 806, 813, 816, 820, 840, 844, 845, 847, 854, 855, 856, 857, 858, 859

Aristóteles Onassis (1906-1975). Millonario griego. 582

Armand Jean du Plessis, cardenal Richelieu (1585-1642). Prelado francés. 591

Armando Palacios Valdés (1853-1938). Escritor español. 84, 334, 734

Arnold Bennet (1867-1931). Novelista inglés. 653

Arnold Joseph Toynbee (1889-1975). Historiador británico. 665, 672

Arnold Toynbee (1889-1975). Historiador británico. 159

Arquíloco (710-676 a.C.). Poeta griego. 392

Arquímedes (287-212 a.C.). Matemático e inventor griego. 132, 324, 402, 586

Arthur Adamov (1908-1970). Poeta y dramaturgo ruso, nacionalizado francés. 504, 511

Arthur Brisbane (1864-1936). Editor de periódico estadounidense. 698

Arthur Cayley (1821-1895). Matemático inglés. 152

Arthur Christopher Benson (1862-1925). Escritor inglés. 840

Arthur Clarke (1917-). Científico y escritor británico. 148, 149, 155, 260, 474, 757, 783, 785, 804

Arthur Eddington (1882-1994). Físico británico. 786, 786

Arthur Golden (1956-). Escritor estadounidense. 264

Arthur Helps (1813-1875). Historiador británico. 691

Arthur Koestler (1905-1983). Escritor británico de origen húngaro. 208

Arthur Miller (1915-). Dramaturgo estadounidense. 546

Arthur Murphy (1727-1805). Dramaturgo y escritor inglés. 32

Arthur Neville Chamberlain (1869-1940). Político británico. 397

Arthur Rimbaud (1854-1891). Poeta francés. 92

Arthur Rubinstein (1887-1982). Pianista polaco. 549, 834

Arthur Schnitzler (1862-1931). Médico, dramaturgo y novelista austriaco. 848

Arthur Schopenhauer (1788-1860). Filósofo alemán. 18, 110, 123, 160, 165, 166, 217, 234, 258, 264, 267, 269, 270, 271, 292, 295, 297, 298, 309, 311, 315, 335, 346, 354, 370, 371, 423, 425, 431, 432, 443, 449, 452, 462, 463, 507, 508, 572, 574, 576, 577, 596, 616, 648, 659, 683, 69, 692, 721, 723, 730, 731, 738, 747, 761, 765, 767, 769, 779, 783, 801, 810, 832, 837, 839, 841, 843, 856, 98

Arthur Wellesley, Duque de Wellington (1769-1852). Militar y político británico. 672

Arturo Azuela (1938). Escritor mexicano. 694

Arturo Graf (1848-1913). Escritor y poeta italiano. 34, 51, 54, 97, 159, 17, 182, 196, 213, 218, 275, 282, 299, 452, 501, 518, 725, 797, 849, 850, 853, 855

Ashley Montagú (1905-1969). Antropólogo estadounidense 685

Atila (395-453). Rey de los hunos. 185

Audrey Hepburn (1929-1993). Actriz estadounidense. 750

August Friedrich Ferdinand Von Kotzebue (1761-1819). Dramaturgo alemán. 386

August Strindberg (1849-1912). Autor teatral sueco. 266, 269, 353, 764, 842

August von Platen Hallermünde (1796-1835). Poeta alemán. 7

August von Wassermann (1866-1925). Médico y bacteriólogo alemán. 210, 847

Auguste Comte (1798-1857). Filósofo francés. 66, 347, 397, 564, 723, 744

Auguste Rodin (1840-1917). Escultor francés. 350, 389, 601, 799

Augusto Roa Bastos (1917-). Escritor paraguayo. 699

Augustu Murri (1841-1932). Médico italiano. 194

Augustus de Morgan (1806-1871). Lógico inglés. 148, 521

Aulo Persio Flacco (34-62). Filósofo y poeta satírico romano. 595

Averroes (1126-1198). Filósofo, físico, jurista maliki y teólogo asharí hispanoárabe. 111, 400, 584, 599, 729

Avicena (980-1037). Filósofo y médico persa. 287

Axel Martin Fredrik Munthe (1857-1949). Médico, siquiatra y escritor sueco. 565, 757

Axel Oxestierne (1583-1654). Político sueco. 129

Ayrton Senna (1960-1994). Piloto automovilista brasileño. 321

Azorín (José Martínez Ruiz) (1873-1967). Ensayista, novelista, autor de teatro y crítico español. 152, 210, 286, 504, 553, 748

B. B. King (1925-). Cantante y guitarrista estadounidense. 741

B. F. Skinner (1904-1990). Psicólogo estadounidense. 642, 641

Babe Ruth (1895-1948). Deportista estadounidense. 781

Baldassare Castiglione (1478-1529). Diplomático y escritor italiano. 111, 460, 469, 519

Balduino I (1930-1993). Rey de Bélgica (1951-1993). 397

Baltasar Gracián y Morales (1601-1658). Jesuita y escritor español. 16, 39, 46, 69, 84, 104, 135, 181, 188, 228, 265, 267, 278, 290, 298, 309, 326, 339, 358, 381, 390, 403, 405, 406, 430, 452, 476, 480, 496, 504, 563, 602, 603, 617, 620, 632, 690, 692, 697, 698, 700, 702, 703, 706, 707, 734, 739, 744, 746, 786, 788, 800, 807, 830, 844

Barbara Cartland (1901-2000). Novelista británica. 532, 583, 756

Barbara Probst Solomon (1924-). Escritora estadounidense. 850

Baron Eligius Franz Joseph Von Munch-Bellinghausen (1806-1871). Dramaturgo austriaco. 32

Baronesa Marie von Ebner-Eschenbach (1830-1916). Novelista austriaca. 635

Barry Commoner (1917-). Biólogo y ambientalista estadounidense. 13, 589, 600, 711

Bartolomé Soler (1894-1975). Escritor español. 826

Baruch Spinoza (1632-1677). Filósofo y teólogo holandés. 177, 400, 418, 451, 501

Bella Absug (1920-1998). Política estadounidense. 762, 763, 795, 797

Ben Jonson (1572-1637). Poeta y dramaturgo inglés. 108, 746

Benedetto Croce (1866-1952). Filósofo italiano 498, 419, 499

Benedicto II (?-685). Papa de origen romano (684-685). 722

Benito Jerónimo Feijoo y Montenegro (1676-1764). Escritor español. 17

Benito Juárez (1806-1872). Político y expresidente de México. 277, 634, 665

Benito Pérez Galdós (1843-1920). Escritor español. 239, 852

Benjamin Disraeli (1804-1881). Escritor británico. 74, 82, 100, 127, 144, 174, 181, 20, 234, 261, 268, 316, 320, 381, 417, 423, 428, 452, 454, 479, 534, 575, 608, 631, 641, 651, 655, 666, 732, 740, 761, 765, 836, 840

Benjamín Franklin (1706-1790). Político, filósofo y científico estadounidense. 32, 38, 49, 50, 53, 57, 88, 115, 124, 134, 162, 165, 174, 183, 186, 193, 197, 202, 212, 230, 231, 236, 238, 240, 241, 242, 243, 244, 263, 265, 273, 292, 298, 303, 308, 310, 321, 322, 329, 330, 341, 357, 358, 366, 367, 379, 391, 400, 425, 428, 434, 439, 447, 487, 490, 492, 496, 498, 523, 531, 534, 542, 557, 604, 605, 614, 620, 623, 624, 626, 627, 645, 646, 652, 653, 686, 689, 692, 708, 726, 729, 731, 735, 737, 740, 746, 747, 778, 784, 785, 786, 787, 788, 791, 794, 799, 811, 827, 830, 841

Benjamín Jarnés y Millán (1888-1949). Novelista y biógrafo español. 694

Benjamin Jowett (1817-1893). Educador inglés. 147

Benjamin Whichcote (1609-1683). Filósofo y teólogo inglés. 224, 593

Bernard le Bovier Fontenelle (1657-1757). Escritor y científico francés. 111, 143, 339, 348, 536, 575, 810, 824, 851

Bernard-Henri Lévi (1948-) Filósofo, ensayista y escritor francés. 509

Bernardo Canal Feijoo (1897-1982). Escritor argentino. 767

Bernardo J. Gastélum (1886-1982). Médico mexicano. 312, 755

Berthold Auerbach (Moses Baruch) (1812-1882). Novelista alemán. 160, 202

Bertolt Brecht (1898-1956). Poeta y dramaturgo alemán. 53, 116, 181, 192, 303, 467, 629, 647, 733, 736, 814, 853

Bertrand Russell (1872-1970). Matemático y filósofo británico. 9, 11, 73, 89, 159, 191, 232, 237, 266, 337, 338, 339, 344, 348, 353, 375, 379, 413, 431, 438, 521, 531, 632, 649, 660, 663, 675, 699, 761, 778, 783, 793, 852

Beverly Sills (1929-). Soprano estadounidense. 93

Bhagavad-Gita ("El canto del Señor"), poema sánscrito. 557

Bhagwan Shree Rajneesh "Osho" (1931-1990). Místico y líder espíritual hindú. 280

Bias de Priene (siglo VI a.C.). Filósofo griego. 737

Bill Cosby (1937-). Cómico estadounidense. 414

Bill Gates (1955-) Fundador y Presidente de Microsoft Corporation. 606, 607, 609

Bill Watterson (1958-). Escritor estadounidense. 848

Billie Holiday (1915-1959). Cantante estadounidense. 829

Bión de Esmirna (fl. siglos III o II a.C.). Poeta griego. 105

Blaise Pascal (1623-1662). Matemático, físico y teólogo francés. 10, 32, 48, 58, 78, 92, 135, 140, 165, 177, 202, 207, 210, 216, 233, 256, 257, 258, 309, 314, 339, 341, 347, 355, 364, 387, 406, 421, 422, 423, 425, 426, 429, 438, 443, 455, 456, 457, 458, 467, 478, 495, 544, 552, 559, 587, 590, 600, 621, 624, 625, 630, 631, 632, 638, 641, 642, 677, 679, 707, 711, 722, 723, 725, 727, 731, 746, 752, 779, 784, 801, 804, 809, 814, 824, 833, 842, 844, 859

Bliss Carman (1861-1929). Poeta canadiense. 792

Bo E. Carlsson (1944-). Economista sueco. 193

Bob Dylan (1941-). Músico y poeta estadounidense. 125

Bob Hope (Leslie Townes Hope) (1903-). Actor estadounidense. 244

Bob Marley (1945-1981). Cantante, guitarrista y compositor de reggae de origen jamaicano. 393

Bob Newhart (1929-). Comediante estadounidense. 771

Bobby Fischer (1943-). Ajedrecista estadounidense. 21, 22, 23, 26, 27, 28

Boecio (480-524). Filósofo y hombre de estado romano. 325, 339

Bonifacio VIII (1235-1303). Papa (1294-1303). 760

Booker T. Washington (1856-1915). Pedagogo estadounidense. 304, 617

Boris Pasternak (1890-1960). Escritor y poeta ruso. 799

Boris Vian (1920-1959). Novelista y dramaturgo francés. 35

Brian Aldiss (1925-). Escritor inglés. 745

Brigitte Bardot (1934-). Actriz francesa. 317

Brooks Atkinson (1894–1984). Periodista estadounidense. 725

Bruce Springsteen (1949-). Cantante y compositor estadounidense. 52

Bryce Dewitt (1923-2004). Físico judío. 135

Buda (-600 a.C.) Pensador himalaya. 124, 219, 283, 337, 543, 550, 616, 638, 639, 697, 747, 798

Burrhus Frederic Skinner (1904-1990). Psicólogo estadounidense. 667

Earl Tupper (1907-1983). Fundador de Tupperware estadounidense. 607
Eddie Constantine (1917-1993). Actor y cantante estadounidense. 408
Eddy Cantor (1892-1964). Cantante y actor estadounidense. 525
Edgar Allan Poe (1809-1849). Escritor estadounidense. 101, 151, 268, 301, 342, 343, 368, 481, 513, 598, 610, 611, 658, 708, 775, 776
Edgar D. Mitchell (1930-). Astronauta estadounidense. 155
Edgar Degas (1834-1917). Pintor francés. 102
Edgar Watson Howe (1853-1937). Editor, novelista y ensayista estadounidense. 238
Edith Stein (1891-1942). Monja y mártir alemana. 256
Edmond Huot de Goncourt (1822-1896) Escritor francés. 91, 314, 32, 537
Edmond Jaloux (1878-1949). Escritor y crítico francés. 57, 101, 122, 367, 447, 687, 689, 793
Edmond Thiaudière (1837-1898). Filósofo y escritor francés. 160
Edmondo De Amicis (1846-1908). Narrador y periodista italiano. 485
Edmund Burke (1729-1797). Estadista y filósofo político británico nacido en Irlanda. 164, 181, 261, 273, 276, 365, 455, 499, 519, 547
Edmund Husserl (1859-1938). Filósofo checo. 147, 321, 355, 739, 822
Edmund Wilson (1895-1972). Escritor y crítico estadounidense. 483
Edmundo D'Amicis (1846-1908). Escritor italiano. 53
Edmundo Valadés (1915-). Escritor y periodista mexicano. 757
Édouard Bourdet (1887-1945). Dramaturgo francés. 240, 415
Edouard Jules Henri Pailleron (1834-1899). Poeta y dramaturgo francés. 346
Edsger Dijsktra (1930-2002). Informático. 146, 152
Eduard Manet (1832-1883). Pintor francés. 306
Eduardo Barrios (1884-1963). Novelista chileno. 51, 696
Eduardo Chillida Juantegui (1924-2002). Artista español. 752
Eduardo González Lanuza (1900-1984). Poeta, ensayista y dramaturgo argentino de origen español. 364
Eduardo Lizalde (1929-). Poeta mexicano. 568, 758
Eduardo Mendoza (1943-). Novelista español. 672
Eduardo Zamacois (1876-1972). Novelista español. 759
Edward Abbey (1927-1989). Escritor estadounidense. 39, 383, 456, 509, 768
Edward George Bulwer Lytton (1803-1873). Escritor inglés. 7, 63, 122, 234, 325, 376, 441, 481, 630, 789
Edward Gibbon (1737-1794). Historiador inglés. 278, 416, 483
Edward James Olmos (1947-). Actor estadounidense. 853
Edward John Phelps (1822-1900). Abogado y diplomático estadounidense. 424
Edward Kennedy (1932-). Político estadounidense. 662
Edward Robert Bulwer-Lytton (1831-1891). Poeta y diplomático inglés. 95, 367, 797, 855
Edward Young (1683-1765). Poeta inglés. 43, 426, 462, 491
Edwin Percy Whipple (1819-1886). Ensayista y crítico estadounidense. 441, 465, 482
Efim Bogoljubow (1889-1951). Maestro de ajedrez ucraniano. 24, 27
Efraín Huerta (1914-1982). Poeta mexicano. 59, 405, 842
Elbert Hubbard (1856-1915). Escritor y editor estadounidense. 50, 95, 166, 215, 361, 398, 608, 745, 762, 779, 780, 797, 800, 817, 822, 851
Eleanor Roosevelt (1884-1962). Defensora de los derechos sociales. 204, 363, 709
Elena Poniatowska (1933-). Escritora mexicana. 768
Eleuterio Manero (1861-?). Religioso agustino español. 363
El-Hajj Malik el-Shabazz "Malcolm X" (1925-1965). Político estadounidense. 276
Elías Canetti (1905-1994). Escritor inglés nacido en Bulgaria. 769
Elizabeth Barrett Browning (1806-1861). Poetisa inglesa. 255, 311, 372
Elizabeth Bowen (1899-1973). Novelista anglo-irlandesa. 130
Elizabeth de Austria "Sissí" (1813-1898). Duquesa y princesa de Bavaria. 236
Elizabeth Kubler Ross (1926-2004). Psiquiatra y escritora suiza. 321
Elizabeth Taylor (1932-). Actriz británica. 750
Ellen G.White (1827-1915). Escritora estadounidense. 546
Elliot Gould (1938-). Actor estadounidense. 124
Elsa Triolet (1896-1970). Escritora francesa de origen ruso. 503, 790
Elton John (1947-). Cantante y compositor británico. 843

Elvis Presley (1930-). Cantante y actor estadounidense. 100, 158, 170, 597, 598

Emanuel Geibel (1815-1884). Escritor alemán. 603

Emil Cioran (1911-1995) Escritor rumano. 559

Emil Ludwig (1881-1948). Escritor alemán. 379

Emile Boutroux (1845-1921). Filósofo francés. 489

Emile Chartier Alain (1868-1951). Profesor, ensayista y filósofo francés. 370, 445, 549, 719

Émile Henriot (1889-1961). Crítico literario, historiador francés. 208

Emile Michel Cioran (1911-1995). Filósofo y moralista rumano. 179

Emilia Pardo Bazán (1852-1921). Novelista, poetisa y crítica literaria española. 282, 384

Emilio Castelar (1832-1899). Político español, presidente de la I República (1873). 100, 493, 640, 224

Emilio Fernández (1904-86). Director cinematográfico mexicano. 61

Emilio Verhaeren (1855-1916). Poeta y crítico literario belga. 101

Emilio Zola (1840-1902). Novelista francés. 102, 471

Emily Dickinson (1830-1886). Poetisa estadounidense. 82, 316, 483, 629, 832

Emma Godoy (1918-1989). Poetisa y escritora mexicana. 105, 171, 312, 540, 590, 801

Emma Thompson (1959-). Actriz británica. 841

Emmanuel Levinas (1905-1995). Filósofo francés de origen ruso. 211, 563

Ennio Morricone (1928-). Compositor italiano. 51

Enrique Clarasó Daudí (1857-1941). Escultor español. 535

Enrique Jardiel Poncela (1901-1952). Escritor español. 43, 74, 85, 104, 175, 300, 305, 379, 413, 416, 418, 437, 441, 443, 470, 497, 512, 530, 531, 535, 536, 539, 546, 563, 564, 570, 571, 572, 573, 577, 579, 584, 690, 733, 750, 755, 756, 757, 761, 766, 776, 778, 792, 811, 822, 823, 825, 849, 850

Enrique José Varona (1849-1933). Escritor y político cubano. 279

Enrique Miret Magdalena (1914-). Teólogo español. 750

Enrique Múgica Herzog (1932-). Político español. 214

Enrique Tierno Galván (1918-86) Político, filósofo y ensayista español. 379, 498, 655, 666

Ephrain Kishon (1924-). Escritor israelita. 270

Epicteto (55-135 d.C.) Pensador griego. 18, 39, 40, 167, 174, 192, 194, 228, 230, 231, 232, 233, 236, 281, 295, 303, 306, 328, 341, 352, 354, 355, 376, 501, 549, 555, 557, 560, 622, 651, 655, 675, 714, 729, 735, 751, 802, 861

Epicuro (342 a.C.- 270 a.C.). Filósofo griego. 33, 166, 180, 354, 386, 453, 555, 570, 602, 604, 650, 652, 681, 732, 732, 785, 812

Eraclio Zepeda (1937-). Escritor y profesor mexicano. 269

Erasmo Darwin (1731-1802). Científico inglés. 203

Erasmo de Rotterdam (1466-1536). Escritor y humanista holandés. 9, 53, 182, 275, 329, 349, 356, 393, 446, 546, 576, 738, 740

Eric Hoffer (1902-1983). Escritor y filósofo estadounidense. 435, 796

Erica Jong (1942-). Escritora y poeta estadounidense. 174, 195, 716

Erich Fromm (1900-1980). Psicoanalista germano estadounidense. 65, 67, 106, 558, 675, 756, 847

Erich Kästner (1899-1974). Escritor alemán. 299

Ermilo Abreu Gómez (1894-1971). Novelista, ensayista y dramaturgo mexicano. 221, 317

Ernest Hemingway (1899-1961). Escritor estadounidense. 13, 30, 176, 409, 481, 507, 512, 678, 733, 786, 832

Ernest Legouvé (1807-1903). Poeta, dramaturgo y escritor francés. 548

Ernest Renán (1823-1892). Escritor e historiador francés. 148, 173, 642

Ernest Rutherford (1871-1957). Físico británico. 132, 134, 138, 142, 145, 151, 153

Ernesto Cardenal (1925-). Poeta nicaragüense. 474

Ernesto Che Guevara (1927-1968). Revolucionario y líder político. 352, 437, 515, 558

Ernesto Sabato (1911-). Escritor argentino. 15, 102, 103, 369, 436, 482, 511, 539, 551, 809, 836

Ernst Jünger (1895-1998). Novelista alemán. 173

Ernst Mach (1838-1916). Físico y filósofo austriaco. 139, 147, 520

Ernst Theodor Amadeus Hoffmann (1776-1822). Novelista, escritor y compositor alemán. 597

Ernst von Feuchtersleben (1806-1849). Filósofo, poeta y médico austriaco. 128

Ernst Wiechert (1887-1950). Escritor alemán. 226

Erpenio (1584-1624). Orientalista holandés. 737

Erskine Preston Caldwell (1903-1987). Novelista estadounidense. 385

Erwin Schrödinger (1887-1961). Físico austriaco. 138, 154, 156

Esopo (620-560 a.C.). Fabulista griego. 167, 180, 364, 406, 459, 696, 777

Esquilo (525-456 a.C.). Dramaturgo griego. 34, 36, 181, 296, 297, 604, 806, 853, 860

Ethel Barrymore (1879-1959). Actriz estadounidense. 770

Étienne Bonnot de Condillac (1715-1780). Filósofo francés. 96, 253, 302, 376, 399, 504

Eugene Delacroix (1798-1863). Pintor francés. 422, 596, 685

Eugene Fitch Ware (1841-1911). Poeta estadounidense. 387, 165

Eugene Gladstone O'Neill (1888-1953). Dramaturgo estadounidense Premio Nobel. 66, 167, 473, 545, 694, 747

Eugene Ionesco (1912-1994). Dramaturgo francés de origen rumano. 93, 101, 381, 397, 409, 441, 639, 681, 801, 821

Eugene Paul Wigner (1902-). Profesor húngaro-norteamericano. 146, 520

Eugenio d'Ors (1882–1954). Escritor español. 156, 178, 186, 320, 395, 680

Eurípides (480-406 a.C.). Dramaturgo griego. 118, 196, 223, 265, 268, 271, 272, 287, 327, 328, 330, 344, 350, 356, 358, 413, 427, 476, 517, 519, 556, 558, 572, 585 653, 687, 690, 728, 730, 774, 785, 793, 808, 815, 836

Eusebio Gómez (1883-1953). Jurista argentino. 164, 772

Eustache J. Langlois (1777-1837). Dibujante francés. 51

Evangelista Torricelli (1608-1647). Matemático y científico italiano. 589

Evelyn Waugh (1903-1966). Escritor inglés. 686

Ezra Pound (1885-1972). Poeta y músico estadounidense. 384

Facundo Cabral (1937-). Cantante argentino. 259, 799

Farid al-din Attar (1119-1220). Poeta místico persa. 193

Federico Fellini (1920-1993). Director de cine italiano. 208, 372, 681, 843

Federico García Lorca (1898-1936). Poeta y dramaturgo español. 36, 199, 222, 476, 479, 492, 556, 657, 658, 658, 748, 760

Federico II (1712-1786). Rey de Prusia (1740-1786). 308, 395, 422, 430, 505, 530, 641, 668, 705, 721, 728

Fedor Dostoievski (1821-1881). Escritor ruso. 32, 71, 18, 126, 131, 169, 174, 221, 247, 360, 369, 420, 577, 585, 628, 783, 832

Fedro (15 a.C. – 55 d.C.). Poeta romano. 184, 274, 316, 405, 406, 434, 473, 517, 545, 635, 741

Félicité-Robert de Lamennais (1782-1854). Político y sacerdote francés. 7, 211

Felipe II (1527-1598). Rey de España. 460

Felipe Picatoste (1834-1892). Escritor y político español. 464

Felipe Poey (1799-1891). Naturalista escritor cubano. 473

Felix Frankfurter (1882-1965). Jurista estadounidense. 319

Félix Lope De Vega (1562-1635). Escritor y dramaturgo español. 131, 529, 626

Félix María de Samaniego (1745-1801). Escritor español. 7, 211

Félix Valloton (1865-1925). Pintor francés. 611

Ferdinand Foch (1851-1929). General francés. 209

Fernand Crommelynck (1885-1970). Dramaturgo belga. 409

Fernandel (1903-1971). Cómico francés. 807

Fernando Arrabal (1932-). Dramaturgo, poeta y novelista español. 327, 332, 757

Fernando Calderón (1809-1845). Escritor mexicano. 759, 803

Fernando de Rojas (1470-1541). Escritor español. 53, 212, 304, 538, 616, 732, 759, 812

Fernando Díaz-Plaja (1918-). Escritor español. 676

Fernando Galiani "el Abate" (1728-1787). Diplomático y economista italiano. 87, 685

Fernando Herrera (1534-1597). Poeta español. 474

Fernando Pessoa (1888-1935). Escritor portugués. 57, 190, 205, 396, 400, 586, 848

Fernando Sánchez Dragó (1936-). Ensayista y crítico literario español. 205, 328

Fernando Savater (1947-). Filósofo y escritor español. 242, 265, 279, 338, 415, 661, 738, 841

Fernando Trueba (1955-). Director de cine español. 506, 850

Fidel Castro (1926-). Político cubano. 417, 820

Fiedrich Hebbel (1813-1863). Dramaturgo alemán. 472, 501, 857

Filipo II (382-336 a. C). Rey de Macedonia. 373

Filippo Pananti (1776-1837). Poeta italiano. 382

Filósofo de Güémez, personaje mexicano que se dice vivió alrededor de 1800. 181, 216, 308, 434, 439, 440, 441, 442, 443, 444, 445, 446, 447, 475, 522, 524, 555, 564, 567, 578, 660, 661, 663, 664, 683, 684, 712, 750, 768, 860

Fito Páez (1963-). Intérprete y compositor argentino. 832

Flora Tristan (1803-1844). Escritora y activista francesa. 752

Francesco Guicciardini (1483-1540). Historiador, diplomático y hombre de estado italiano. 457, 365

Fray Luis de León (1527-1591). Poeta y místico español. 86, 255, 518, 655, 749

Fred Allen (1894-1956). Humorista estadounidense. 326, 510

Fred Hoyle (1915-2001). Físico británico. 151

Frederic Chopin (1810-1849). Compositor y pianista polaco. 237, 629

Frederic Ogden Nash (1902-1971). Poeta estadounidense. 249, 332, 462, 524, 691, 716, 718, 795, 800

Frederick Forsyth (1938-). Escritor británico. 319

Frederick William Faber (1814-1863). Teólogo y escritor inglés. 861

Frederik Pohl (1919-). Escritor estadounidense. 786

Freeman Dyson (1925-). Físico y matemático estadounidense nacido en Inglaterra. 155

Friedrich Dürrenmatt (1921-1990). Novelista y dramaturgo suizo. 206, 587, 791

Friedrich Engels (1820-1895). Pensador y economista político alemán. 741

Friedrich Hebbel (1813-1863). Dramaturgo alemán. 77, 107, 232, 322, 387, 404, 669, 830, 844

Friedrich Hölderlin (1770-1843). Poeta alemán. 352

Friedrich Leopold von Hardenberg "Novalis" (1772-1801). Poeta alemán. 83, 125, 185, 251, 406, 416, 493, 506, 590, 610, 646, 656, 656, 688, 713, 713, 724, 753

Friedrich Ludwig Jahn (1778-1852). Patriota e instructor de gimnasia alemán. 848

Friedrich Nietzsche (1844-1900). Filósofo, poeta y filólogo alemán. 8, 30, 34, 54, 56, 60, 62, 67, 71, 74, 75, 76, 80, 82, 101, 125, 128, 183, 205, 208, 219, 221, 224, 247, 250, 252, 253, 254, 283, 291, 309, 309, 313, 315, 328, 334, 336, 338, 352, 355, 363, 365, 368, 378, 392, 413, 414, 415, 420, 423, 424, 425, 426, 428, 441, 444, 446, 456, 458, 485, 508, 512, 513, 516, 524, 527, 537, 544, 545, 553, 554, 570, 572, 576, 579, 582, 591, 614, 617, 620, 621, 625, 640, 682, 686, 687, 691, 700, 717, 743, 749, 755, 760, 774, 777, 778, 808, 809, 809, 813, 830, 836, 837, 845, 859, 860

Friedrich Rückert (1788-1866). Escritor alemán. 258

Friedrich Von Logau (1604-1655). Epigramista alemán. 395

Friedrich von Schiller (1759-1805). Poeta, dramaturgo y filósofo alemán. 20, 72, 85, 93, 114, 129, 166, 200, 201, 235, 268, 284, 332, 356, 359, 363, 367, 405, 413, 423, 461, 472, 499, 542, 614, 781, 784

Friedrich Wöhler (1800- 1882). Químico alemán. 146

Fulton John Sheen (1895-1979). Predicador católico estadounidense. 342

G. Farguhar (1678-1707). Comediógrafo inglés. 747

Gabriel Casaccia (1907-1980). Escritor paraguayo. 581

Gabriel Daniel Fahrenheit (1686-1736). Físico alemán. 142

Gabriel García Márquez (1928-). Escritor colombiano. Premio Nobel de Literatura. 254, 267, 269, 326, 351, 483, 565, 569, 588, 694, 740, 838, 839, 841

Gabriel Marcel (1889-1973). Filósofo católico, dramaturgo y crítico francés. 831, 56, 80

Gabriel Téllez "Tirso de Molina" (1584-1648). Dramaturgo español. 130, 79, 79

Gabriela Mistral (1889-1957). Poetisa y diplomática chilena. 100, 282, 322, 477, 590, 773

Gabriele D'Annunzio (1863-1938). Novelista, poeta y dramaturgo italiano. 284, 108

Gabrielle Sidonie (1873-1954). Escritora francesa. 582, 825

Galbraith (1908-). Economista canadiense. 235

Galeno (129-199). Médico griego. 202

Galileo Galilei (1564-1642). Físico y astrónomo italiano. 140, 142, 147, 157, 158, 453, 465, 598, 656, 739

Gamal Abdel Nasser (1918-1970). Militar y ex-presidente egipcio. 376

Gary Cooper (1901-1961). Actor estadounidense. 347

Gary Kasparov (1963-). Ajedrecista ruso. 20, 21, 23, 24, 25, 26, 29

Gaspar Melchor de Jovellanos (1744-1811). Literato, economista y político español. 380, 453, 530, 788

Gaspar Núñez de Arce (1834-1903). Poeta y político español. 382

Gaston Bachelard (1884-1962). Filósofo y ensayista francés. 144, 146, 851

General Douglas MacArthur (1880-1964). Militar estadounidense. 844

General Henri Philippe Petain (1856-1951). Político y militar francés. 390

Geoffrey Chaucer (1343-1400). Poeta inglés. 280, 531, 620

Georg Christoph Lichtenberg (1742-1799). Escritor y científico alemán. 56, 116, 126, 127, 136, 230, 260, 270, 301, 317, 325, 363, 369, 374, 398, 460, 482, 514, 525, 702, 820

Georg P. Burns (1896-1996). Comediante estadounidense. 445

Georg Simmel (1858-1918). Filósofo y sociólogo alemán. 145, 353, 355, 599, 713, 735, 754, 764, 766, 818

Georg Wilhelm Friedrich Hegel (1770-1831). Filósofo alemán. 110, 218, 354, 411, 417, 419, 460, 572, 601, 676, 720, 753, 807

George Bernard Shaw (1856-1950). Escritor irlandés. 18, 65, 79, 86, 100, 115, 116, 132, 164, 169, 177, 207, 210, 220, 229, 243, 245, 271, 278, 281, 283, 299, 314, 317, 321, 327, 334, 336, 350, 360, 369, 372, 374, 378, 402, 408, 415, 428, 434, 436, 449, 494, 500, 503, 506, 513, 525, 529, 532, 535, 564, 574, 578, 586, 615, 617, 626, 633, 658, 663, 667, 674, 680, 687, 696, 697, 705, 715, 720, 721, 729, 741, 760, 763, 776, 777, 788, 793, 819, 825, 827, 837, 838, 842, 856

George Braque (1882-1963). Pintor y escultor francés. 457, 596, 601, 823

George Buchanan (1506-1582). Humanista e historiador escocés. 245

George Chapman (1559-1634). Poeta, traductor y dramaturgo inglés. 18, 347

George Cristoph Lichtenberg (1742-1799). Físico y escritor alemán. 61, 536, 536, 537

George Cristoph Lichtenberg (1742-1799). Físico y escritor alemán. 713

George Duby (1919-1996). Historiador francés. 776

George Duhamel (1884-1966). Escritor francés. 80

George Eastman (1854-1932). Inventor estadounidense. 133

George Edward Moore (1873-1958). Filósofo británico. 331

George Eliot (Mary Ann o Marian Evans) (1819-1880). Novelista inglesa. 13, 205, 206, 345, 401, 532, 573, 626, 782

George Ellery Hale (1868-1938). Astrónomo estadounidense. 141

George Henry Borrow (1803-1881). Escritor inglés. 450

George Herbert (1593-1633). Poeta inglés. 51, 187, 222, 251, 262, 267, 292, 309, 327, 331, 360, 643

George Herbert Mead (1863-1931). Filósofo y psicólogo social estadounidense. 55, 90, 252, 432

George Horace Lorimer (1867-1937). Editor estadounidense. 195, 246

George Ivanovitch Gurdjieff (1872-1949). Místico y filósofo greco-armenio. 712

George Jean Nathan (1882-1958). Autor, editor y crítico estadounidense. 64, 96, 110, 288, 292, 380, 527, 633

George L. Clements (1932-). Líder religioso y activista social estadounidense. 605

George Lucas (1944-). Director y productor de cine estadounidense. 775

George Macaulay Travelyan (1876-1962). Historiador inglés. 276

George Marshall (1880-1959). Militar y estadista estadounidense. 396

George Meredith (1828-1909). Poeta y novelista inglés. 35, 720

George Orwell (1903-1950). Escritor inglés. 78, 118, 206, 216, 343, 392, 393, 461, 497, 506, 689, 696, 703, 723, 734, 749, 751, 787, 815, 90

George P. Burns (1896-1996). Actor y humorista estadounidense. 734

George S. Patton (1885-1945). General estadounidense. 148, 808

George Sand (Amandine Aurore Lucie Dupin) (1804-1876). Escritora francesa. 67, 81, 87, 198, 219, 220, 399, 542, 680, 737, 747, 754, 824, 830, 851

George Simmel (1858-1918). Filósofo y sociólogo alemán. 208

George Steiner (1929-). Crítico literario francés. 204, 205

George W. Bush (1946-). Presidente de los Estados Unidos. 488

George Wald (1906-1997). Bioquímico estadounidense. 156

George Washington (1732-1799). Primer presidente de Estados Unidos. 45, 187, 374, 492, 769

George William Curtis (1824-1892). Escritor y editor estadounidense. 342, 457

Georges Bernanos (1888-1948). Soldado y escritor francés. 170, 246, 471, 491, 517, 587, 618, 824

Georges Clemenceau (1841-1929). Político y periodista francés. 377, 396, 568, 695, 702, 760, 801, 822

Georges Courteline (1858-1929). Novelista francés. 471, 579, 725

Georges Duhamel (1884-1966). Escritor francés. 78, 115, 236, 300, 367, 404, 409, 511, 57

Georges Ivanovitch Gurdjieff (1877-1949). Místico y filósofo greco-armenio. 411

Georges Louis Leclerc, conde de Buffon (1707-1788). Naturalista francés. 315, 366

Georges Michel Claude Duby (1919-1996). Historiador francés. 775

Georges Pompidou (1911-1974). Segundo presidente de Francia (1969-1974). 178

Georges Poulet (1902-). Escritor belga. 791

Georges Simenon (1903-1989). Escritor francés. 317

Gérard Bricogne (1812-1889). 435

Gertrude Stein (1874-1946). Escritora estadounidense. 240

Giacomo Leopardi (1798-1837). Poeta y erudito italiano. 199, 326, 329, 341, 555, 627

Giacomo Puccini (1858-1924). Compositor italiano. 93

Gilbert Keith Chesterton (1874-1936). Escritor inglés. 12, 88, 106, 107, 201, 203, 205, 214, 233, 254, 259, 262, 268, 282, 283, 285, 302, 306, 328, 331, 337, 374, 397, 409, 430, 431, 447, 448, 512, 513, 514, 534, 539, 613, 623, 626, 650, 651, 673, 678, 684, 718, 721, 725, 726, 803, 824, 855

Herbert Spencer (1820-1903). Teórico social inglés. 282, 366, 376, 436, 491, 497, 673, 695, 719, 791

Herbert Von Karajan(1908-1989). Director de orquesta austriaco. 596

Herman Hesse (1877-1962). Escritor alemán. Premio Nobel de Literatura (1947). 87, 88, 110, 228, 303, 304, 442, 482, 538, 592, 615, 667, 739, 749, 775, 816, 835, 853

Herman Kahn (1922-). Matemático estadounidense. 464

Hermann Walter Nernst (1864-1941). Físico y químico alemán de origen polaco. 152

Hernán Cortés (1485-1547). Militar español. 434

Herni Dominique Lacordaire (1802-1861). Sacerdote francés. 232, 251

Herodes Agripa (10 a.C.- 44 d.C). Último rey de Judea. 739

Herodoto (c. 484-425 a.C.). Historiador griego. 223, 296, 360, 394, 435, 561

Hesiodo de Ascra (siglo VIII a.C.). Poeta griego. 85, 244, 282, 327, 365, 400, 675, 799, 825

Heyendhal (1914-2002). Antropólogo noruego. 456

Heywood Broun (1888-1939). Periodista estadounidense. 426

Hipatia de Alejandría (370-415). Filósofa y matemática de Alejandría (Egipto). 640

Hipócrates (c. 460-c. 377 a.C.). Considerado el padre de la medicina. 73, 94, 147, 164, 270, 287, 392, 472, 535, 537, 538, 600, 835

Hippolite de Livry (1754-1816). Escritor francés. 119

Hippolyte Taine (1828-1893). Historiador y crítico francés. 382, 527, 750

Hölderlein (Johann Christoph Friedrich) (1770-1843). Poeta alemán. 422, 657, 688

Homero (s.VIII a.C.). Poeta griego. 35, 130, 235, 297, 330, 358, 394, 409, 426, 428, 436, 470, 531, 566, 567, 581, 603, 686, 717, 721, 735, 738, 774, 793

Homero Aridjis (1940-). Poeta mexicano. 222, 223, 577

Honorato De Balzac (1799-1850). Escritor francés. 45, 47, 54, 58, 60, 62, 63, 66, 72, 75, 82, 80, 94, 130, 131, 163, 168, 219, 221, 224, 230, 232, 266, 267, 286, 295, 345, 361, 368, 371, 378, 382, 388, 402, 413, 452, 455, 485, 487, 515, 523, 526, 528, 529, 531, 532, 541, 573, 576, 577, 578, 583, 584, 654, 656, 696, 702, 777, 784, 808, 826, 855, 859, 861

Honoré-Gabriel Riqueti, Conde de Mirabeau (1749-1791). Político y orador francés. 203, 384, 400

Horace Greeley (1811-1872). Idealista y líder de opinión estadounidense. 125, 748

Horace Mann (1796-1859). Educador estadounidense. 13, 281, 398, 517, 555

Horace Smith (1779-1849). Poeta inglés. 128

Horace Walpole (1717-1797). Novelista inglés. 587

Horacio Quiroga (1878-1937). Escritor uruguayo. 378, 494

Howard P. Lovecraft (1890-1937). Novelista estadounidense. 646

Huges-Bernard Maret (1768-1835). Político y escritor francés. 10

Hugh Blair (1718-1800). Filósofo escocés. 507

Hugo Grocio (1583-1645). Jurista, estadista, matemático, erudito y humanista holandés. 383

Hugues Félicité Robert de Lamennais (1782-1854). Escritor político y filosófico francés. 166, 179

Ignacio Chávez (1897-1981). Cardiólogo mexicano. 276

Ignacio Manuel Altamirano (1834-1893). Escritor mexicano. 250, 581, 807, 829, 833

Igor Stravinski (1882-1971). Compositor ruso. 174, 598

Immanuel Kant (1724-1804). Filósofo alemán. 98, 131, 173, 207, 683, 179, 210, 211, 216, 252, 260, 264, 276, 283, 293, 307, 323, 324, 349, 356, 426, 452, 499, 532, 552, 554, 626, 725, 726, 730, 737, 773, 776, 851

Indira Gandhi (1917-1984). Primera Ministra de la India 1966-1977 y 1980-1984. 15, 693, 795

Ingmar Bergman (1918-). Director de cine sueco. 112, 267, 670

Ingrid Bergman (1915-1982). Actriz sueca. 344

Inscripción en un reloj de sol. 788

Inscripción grabada en una tablilla babilónica del siglo XI a. de C. 469

Íñigo de Óñez y Loyola "Ignacio de Loyola" (1491-1556). Sacerdote español. 418

Íñigo López de Mendoza, marqués de Santillana (1398-1458). Escritor y poeta español. 498

Ippolito Nievo (1831-1861). Escritor italiano. 32, 448, 680, 706, 749

Irene Joliot Curie (1897-1956). Química francesa. 136, 143

Irvin Shrewsbury Cobb (1876-1944). Periodista y humorista estadounidense. 849

Isaac Asimov (1920-1992). Escritor y científico estadounidense. 137, 139, 141, 145, 146, 150, 152, 155, 159, 178, 194, 255, 355, 395, 406, 498, 539, 640, 650, 712, 738, 777, 803, 835, 839, 853

Isaac Bashevis Singer (1904-1991). Escritor estadounidense de origen polaco. 183

Isaac Bickerstaffe (1735-1812). Dramaturgo inglés. 711

Isaac D'Israeli (1766-1840). Crítico e historiador inglés. 477

José Ángel Mañas (1971-). Escritor español. 827

José Antonio Marina (1939-). Filósofo español. 493, 78

José Asunción Silva (1865-1896). Poeta colombiano. 832

José Augusto Trinidad Martínez Ruiz "Azorín" (1874-1967). Escritor español. 29

José Bergamín (1895-1983). Poeta, dramaturgo y ensayista español. 548

José Camón Aznar (1898-1979). Escritor y crítico de arte español. 280

José Carlos Becerra (1936-1970). Poeta mexicano. 81

José Clemente Orozco (1883-1949). Pintor muralista mexicano. 93, 97, 99

José de Espronceda y Delgado (1808-1842). Poeta y revolucionario español. 589, 594, 651

José de Letamendi (1828-1897). Médico y escritor español. 123, 535, 535

José de San Martín (1778-1850). Militar y político argentino. 123, 179, 246, 498

José Echegaray y Eizaguirre (1832-1916). Dramaturgo y político español. 37

José Emilio Pacheco (1939-). Escritor mexicano. 94, 95, 727, 755

José Fuentes Mares (1915-1986). Filósofo, periodista, historiador y novelista mexicano. 429

José Hernández (1834-1886). Poeta argentino. 161, 275, 518, 614, 791, 799

José Ingenieros (1877-1925). Filósofo y psicólogo argentino. 52, 539, 644, 819

José Joaquín Fernández de Lizardi (1776-1827). Escritor autodidacta mexicano. 412, 647

José Luis Coll (1931-). Escritor, humorista y actor español. 53, 643, 687, 811

José Luis Cuevas (1934-). Dibujante, grabador, ilustrador, escritor mexicano. 95, 97, 572, 580

José Luis de Vilallonga (1920-). Escritor español. 567, 512, 666

José Luis López Aranguren (1909-1996). Filósofo español. 553, 665

José Luis Martín Descalzo (1930-1991). Sacerdote y escritor español. 306, 310, 479

José Manuel Caballero Bonald (1928-). Poeta, novelista y ensayista español. 397

José María de Pereda (1833-1906). Escritor español. 323, 811

José María Luis Mora (1794-1850). Sacerdote y pedagogo mexicano. 166, 313, 663, 695, 793

José María Morelos y Pavón (1765-1815). Sacerdote e insurgente mexicano. 858

José María Pemán (1897-1981). Poeta español. 236

José María Rodero (1922-1991). Actor español. 779

José María Vargas Vila (1840-1933). Escritor colombiano. 370

José María Velasco (1840-1912). Pintor mexicano. 62

José María Vigil (1829-1909). Literato mexicano. 283

José Martí (1853-1895). Político y escritor cubano. 39, 87, 97, 119, 120, 181, 200, 204, 207, 210, 216, 217, 276, 277, 294, 349, 362, 373, 375, 379, 380, 383, 393, 394, 395, 427, 428, 433, 450, 463, 474, 490, 491, 492, 495, 496, 497, 500, 510, 512, 548, 562, 587, 597, 610, 612, 616, 633, 636, 654, 656, 659, 662, 663, 664, 780, 805, 824, 854

José Narosky (1931-). Escritor argentino. 38, 44, 58, 77, 243, 308, 460, 495, 748

José Ortega y Gasset (1883-1955). Filósofo español. 68, 75, 84, 86, 68, 73, 97, 110, 113, 127, 134, 143, 160, 165, 177, 191, 214, 264, 277, 287, 410, 418, 424, 427, 437, 448, 453, 510, 554, 567, 573, 588, 595, 602, 638, 645, 654, 666, 674, 681, 685, 686, 688, 690, 708, 758, 815, 837, 839, 849

José Piquer (1806-1871). Escultor español. 562

José Pla (1897-1981). Escritor español. 350

José Revueltas (1914-1976). Escritor mexicano. 101, 249, 475

José Santos Chocano (1875-1934). Escritor peruano. 64, 772

José Sarukhán (1940-). Biológo mexicano, ex-rector de la Universidad Autónoma de México. 208

José Vasconcelos (1882-1959). Filósofo, educador y político mexicano. 56, 93, 95, 254, 263, 275, 278, 279, 314, 406, 471, 485, 495, 548, 571, 595, 686, 692, 708, 709, 712, 794

Josef Stalin (1879-1953). Secretario General del Partido Comunista Soviético 1922-1953. 33, 664

Joseph Addison (1672-1719). Ensayista, poeta y político inglés. 119, 196, 421, 468, 481, 490, 770, 796

Joseph Black (1728-1789). Médico, físico y químico escocés. 134

Joseph Conrad (1857-1924). Novelista británico de origen polaco. 438, 471, 614, 669, 725, 770

Joseph de Maistre (1753-1821). Teórico político, moralista y filósofo francés. 384, 393

Joseph Ernest Renan (1823-1892). Escritor e historiador francés. 203, 216, 418

Joseph Heller (1923-). Novelista estadounidense. 401, 611

Joseph Joubert (1754-1824). Escritor y crítico francés. 16, 182, 186, 196, 239, 261, 366, 366, 373, 456, 456, 467, 477, 487, 529, 539, 553, 612, 629, 631, 650, 658, 675, 679, 724, 777

Joseph Leon Edel (1907-1997). Crítico literario y biógrafo estadounidense. 116, 329

Joseph Leonard Goldstein (1940-). Médico estadounidense. 535

Joseph Louis Lagrange (1736-1813). Matemático y astrónomo francés. 138, 151, 154

Joseph Paul Goebbels (1897-1945). Político alemán. 384

Joseph Ratzinger (1927-). Teólogo y religioso alemán. 248, 551, 844

Joseph Sanial-Dubay (1754-1817). Escritor francés. 16, 550

Joseph Wood Krutch (1893-1970). Escritor y crítico estadounidense. 547

Joseph-Ernest Renan (1823-1892). Filósofo e historiador francés. 7

Jostein Gaarder (1952-). Escritor noruego. 354, 753

Juan Carlos Onetti (1909-1995). Novelista uruguayo. 506, 827

Juan de Dios Peza (1852-1910). Poeta y dramaturgo mexicano. 67, 832

Juan de Marian (1535-1624). Historiador y teólogo español. 829

Juan Domingo Perón (1895-1974). Político argentino. 429

Juan Donoso Cortés, marqués de Valdegamas (1809-1853). Pensador, político y escritor español. 172, 251

Juan Echanove (1961-). Actor y escritor español. 540

Juan Eusebio Nieremberg (1595-1658). Escritor jesuita español. 791

Juan García Hortelano (1928-1992). Escritor y novelista español. 681

Juan García Ponce (1932-2003). Escritor y crítico de arte mexicano. 64, 94, 95, 170

Juan Goytisolo (1931-). Escritor español. 289

Juan José Arreola (1918-2001). Actor y narrador mexicano. 92, 96, 251, 267, 281, 416, 428, 520, 525, 579, 793, 833, 840

Juan Luis Cebrian (1944-). Periodista y escritor español. 8, 384

Juan Luis Vives (1492-1540). Humanista y filósofo español. 40, 47, 48, 120, 190, 198, 199, 302, 308, 407, 466, 488, 538, 541, 545, 558, 634, 680, 688, 700, 729, 731, 742, 827, 861

Juan Marín (1900-1963). Escritor chileno. 42

Juan Montalvo (1832-1889). Escritor ecuatoriano. 233

Juan O'Gorman (1905-1982). Arquitecto y pintor mexicano. 333

Juan Pablo II (Karol Wojtila) (1920-) Papa desde 1978 nacido en Polonia. 199, 214, 252, 634, 670, 723, 760, 761, 794, 830

Juan Ruiz de Alarcón (1581-1639). Escritor y dramaturgo mexicano. 48, 54, 243, 307, 517, 530, 544, 770, 806, 808, 843

Juan Rulfo (1918-1986). Novelista y cuentista mexicano. 688

Juan Soriano (1920-). Escultor y pintor mexicano. 94

Juan Valera (1824-1905). Novelista y diplomático español. 700

Juan Vallet de Goytisolo (1931-). Novelista y editor español. 765

Juan XXIII Angelo Giuseppe Roncalli (1881-1963). Papa católico. 121, 201, 328, 396, 428, 770

Juan Zorrilla de San Martín (1855-1931). Poeta y escritor uruguayo. 110, 196, 396, 451

Juana de Ibarbourou (1892-1979). Poetisa uruguaya. 476, 611

Jules B. d'Aurevilly (1808-1889). Escritor francés. 386, 387

Jules Michelet (1798-1874). Historiador francés. 34

Jules Renard (1864-1910). Escritor francés. 11, 52, 102, 206, 246, 259, 345, 346, 348, 387, 459, 465, 498, 570, 686, 761, 812, 814

Jules Renard, escritor francés, (1864-1910) 5

Jules-Amédée Barbey d'Aurevilly (1808-1889). Novelista y crítico francés. 370

Julia Louise Woodruff (1833-1909). Escritora estadounidense. 304

Julia Roberts (1967-). Actriz de cine estadounidense. 522

Julia Ward Howe (1819-1910). Escritora estadounidense. 254

Julián Marías (1914-). Filósofo y ensayista español. 638, 718, 838

Julien Green (1900-1998). Escritor francés. 250

Julio Anguita González (1941-). Político y profesor español. 215

Julio Camba (1885-1962). Escritor y periodista español. 539, 713

Julio César. Cayo Julio César (100-44 a.C.). General y político romano. 391, 429, 433, 548, 802

Julio Cortázar (1914-1984). Escritor argentino. 689, 758, 807

Julio Torri (1889-1970). Escritor, editor y profesor mexicano. 70

Julio Verne (1828-1905). Escritor francés. 145, 390, 682

Julius Charles Hare (1795-1855). Escritor y teólogo inglés. 545

Julius Robert Oppenheimer (1904 - 1967). Físico estadounidense. 137, 142, 155, 521

Julyan Jaynes (1920-1970). Sicólogo estadounidense. 159

Junipero Serra (1713-1784). Fraile franciscano español. 629

Manuel M. Ponce (1882-1948). Compositor mexicano. 235, 485

Manuel Ossorio y Bernard (1839-1904). Escritor español. 679

Manuel Puig (1932-1990). Novelista argentino. 257

Manuel Vicent (1936-). Escritor español. 99, 815

Manzoni (1785-1873). Poeta y novelista italiano. 211

Mao-Tse-Tung (1893-1976). Fundador de la República Popular China. 14, 204, 569, 663

Marc Chagall (1887-1985). Pintor ruso. 94

Marcel Achard (1899-1974). Autor dramático. 78, 176, 570

Marcel Duchamp (1887-1968). Pintor francés. 103, 568

Marcel Pagnol (1895-1974). Escritor, cineasta y dramaturgo francés. 48

Marcel Proust (1871-1922). Escritor francés. 64, 81, 130, 131, 199, 226, 227, 343, 366, 540, 583, 668, 783

Marcelino Champagnat (1789-1840). Religioso y educador francés. 723

Marcelino Menéndez Pelayo (1856-1912). Filólogo e historiador español. 175, 315, 506, 567

Marcellin Pierre Eugène Berthelot (1827-1907). Político y químico francés. 823

Marco Anneo Lucano (39-65). Pota e historiador latino. 11, 388

Marco Antonio Almazán (1922-). Diplomático y escritor mexicano. 55, 78, 275, 527, 529

Marco Antonio Montes de Oca (1932-). Poeta mexicano. 62

Marco Aurelio Antonio (121-180). Emperador y filósofo romano. 7, 19, 33, 117, 170, 172, 210, 218, 249, 250, 321, 557, 563, 565, 620, 626, 675, 728, 784, 813, 821, 843

Marco Fabio Quintiliano (35-95). Escritor romano. 737, 827

Marco Fidel Suárez (1856-1927). Escritor y político colombiano. 750

Marco Porcio Catón "Catón el Viejo" (234-149 a.C). Político y escritor romano. 186, 742

Marco Tulio Cicerón (106-43 a.C.). Escritor, político y orador romano. 34, 38, 41, 42, 43, 44, 45, 48, 50, 51, 57, 62, 99, 106, 119, 122, 126, 127, 145, 170, 178, 202, 206, 218, 220, 221, 229, 236, 241, 243, 255, 263, 267, 268, 270, 271, 272, 280, 281, 284, 289, 298, 299, 300, 301, 312, 353, 354, 357, 362, 371, 372, 390, 397, 398, 415, 418, 423, 427, 434, 445, 453, 460, 461, 467, 470, 480, 483, 485, 486, 487, 489, 494, 496, 497, 525, 534, 535, 541, 552, 566, 569, 601, 603, 620, 621, 629, 634, 639, 677, 678, 694, 710, 713, 722, 729, 734, 735, 743, 763, 784, 787, 792, 794, 802, 812, 814, 817, 819, 820, 827, 841, 843, 854, 855, 856, 858

Marco Valerio Marcial (40-104). Poeta latino. 53, 190, 221, 357, 372, 430, 527, 530, 537, 565, 668, 682

Marcus Jacobson (1930-2001). Neurobiólogo sudafricano. 144

Marcus Manilius (siglo I a.C). Poeta romano. 600, 686

Margaret Atwood (1939-). Novelista, poetisa y crítica canadiense. 75, 408, 440, 443, 468, 508, 531

Margaret Mead (1901-1978). Antropóloga estadouniense. 589

Margaret Mitchell (1818-1889). Astrónoma estadounidense. 519

Margaret Oliphant Oliphant (1828-1897). Novelista, escritora histórica y biógrafa escocesa. 336

Margaret Thatcher (1925-). Política británica. 195, 242, 290, 306, 448, 501, 545, 571, 573, 580, 655, 661, 662, 665, 707, 710, 781, 800

Margarita Michelena (1917-1998). Poetisa y crítica mexicana. 249

Marge Piercy (1932-). Escritora estadounidense. 757, 771, 836

Marguerite Duras. Margueritte Donnadieu (1914-1996). Narradora, guionista y directora de cine francesa, de origen vietnamita. 77, 287, 410

Marguerite Yourcenar (1903-1987). Poeta, novelista y dramaturga francesa. 415, 430, 858

Maria Casares (1922-1997). Actriz francesa. 36

Maria Louise Ramé, o De La Ramée (1839-1908). Novelista inglesa. 487

María Maravillas de Jesús (1891-1974). Religiosa española. 182, 247, 256, 257, 339, 586, 773

Maria Montessori (1870-1952). Educadora, humanista, filósofa y doctora italiana. 613

Mariana Alcoforado (1640-1723). Escritora portuguesa. 620

Mariana Frenk (1898-2004). Escritora y traductora mexico-alemana. 695

Mariano Azuela (1873-1952). Escritor mexicano. 479

Mariano José de Larra (1809-1837). Escritor romántico y periodista español. 401, 498, 692, 749

Mariano Picón Salas (1901-1965). Filósofo, novelista e historiador venezolano. 208

Marie Corelli. Mary Mackay (1855-1924). Escritora inglesa. 533

Marie Curie (1867-1934). Física y química polaca. 142, 151, 157, 838

Marie de Rabutin-Chantal, marquesa de Sévigné (1626-1696). Escritora francesa. 348, 400, 404

Marie Freifrau von Ebner-Eschenbach (1830-1916). Escritora austriaca. 789

Michael Faraday (1791-1867). Químico y físico inglés. 155, 155, 156

Michael Landon. Eugene Maurice Orowitz (1936-1991). Actor estadounidense. 14

Michel Eyquem de la Montaigne (1533-1592). Ensayista francés. 14, 30, 69, 89, 131, 179, 203, 206, 209, 211, 213, 328, 397, 399, 405, 420, 428, 480, 482, 489, 500, 532, 538, 541, 562, 567, 568, 610, 612, 614, 619, 643, 677, 737, 744, 767, 769, 812

Miguel Ángel Asturias (1899-1974). Escritor, diplomático y premio nobel guatemalteco. 62, 69, 253

Miguel de Cervantes (1547-1616). Dramaturgo, poeta y novelista español. 8, 38, 44, 68, 71, 77, 79, 79, 90, 91, 113, 120, 151, 162, 165, 189, 191, 197, 201, 221, 222, 223, 224, 227, 229, 230, 231, 234, 244, 293, 294, 297, 305, 309, 310, 313, 326, 331, 333, 334, 357, 361, 362, 388, 389, 393, 402, 412, 416, 430, 431, 433, 435, 440, 443, 473, 477, 483, 494, 507, 581, 589, 612, 642, 645, 652, 653, 656, 658, 675, 688, 699, 702, 703, 706, 707, 708, 713, 715, 731, 733, 736, 744, 750, 759, 777, 783, 789, 795, 796, 802, 806, 813, 817, 827, 832, 856, 857, 858

Miguel de Molinos (1628-1696). Místico español. 225

Miguel De Unamuno (1864-1936). Filósofo y escritor español. 10, 39, 49, 60, 76, 106, 112, 119, 122, 143, 147, 148, 191, 194, 209, 217, 235, 236, 262, 295, 305, 315, 325, 333, 334, 335, 341, 346, 347, 354, 365, 367, 458, 502, 503, 505, 506, 509, 540, 548, 550, 556, 605, 621, 631, 642, 652, 657, 668, 673, 677, 685, 690, 709, 725, 741, 748, 759, 782, 787, 794, 808, 815, 838, 840

Miguel Delibes (1920-). Narrador español. 555, 667

Miguel Maura (1887-1971). Político español. 401, 416

Miguel Najdorf (1910-1997). Ajedrecista polaco. 23

Miguel Serveto (1511-1553). Filósofo español. 8, 80, 246, 248, 251, 253, 254, 258, 300, 335, 415, 417, 487, 522, 541, 696, 719, 720, 723, 755, 803, 816, 819

Mijail Botvinnik (1911-1995). Ajedrecista ruso. 21, 22, 23, 24, 26, 28

Mike Leavitt (1951-). Político estadounidense. 669

Mikhail Tal (1936-1992). Ajedrecista ruso. 22, 23, 24, 25, 26, 27, 28

Milan Kundera (1929-). Ensayista y novelista checoslovaco. 228, 849

Miles Dewey Davis III (1926-1991). Músico y compositor estadounidense. 760

Milton Friedman (1912-). Economista estadounidense. 241, 379, 381, 609, 662

Minna Thomas Antrim (1861-?) Escritora estadounidense. 241, 322, 526, 581, 649, 710, 772, 832

Modest Petrovich Moussorgsky (1839-1881). Compositor ruso. 103

Mohandas Karamchand Gandhi (1869-1948). Líder político y espiritual hindú. 63, 90, 106, 124, 240, 247, 248, 256, 259, 283, 301, 306, 385, 394, 428, 437, 438, 499, 500, 517, 536, 558, 559, 562, 568, 589, 616, 618, 621, 643, 645, 701, 711, 726, 801, 820, 822, 823, 846, 853, 854

Monaldo Leopardi (1776-1847). Escritor italiano. 10

Monserrat Roig (1947-1991). Escritora española. 31

Montserrat Caballé (1933-). Cantante de ópera española. 800

Morris West (1916-1999). Novelista australiano. 285, 499

Mort Walker (1923-). Artista cómico estadounidense. 771

Muhammed Alí (1940-). Boxeador estadounidense. 125, 187, 266, 528, 534, 694, 787

Naguib Mahfud (1911-). Novelista egipcio. 103

Nancy Astor (1879-1964). Política inglesa. 241, 288, 440, 444, 593

Napoleón Bonaparte (1769-1821). Emperador de Francia (1804-1815). 38, 64, 71, 73, 74, 104, 126, 161, 204, 218, 234, 236, 243, 257, 261, 265, 272, 296, 327, 328, 344, 347, 365, 373, 377, 378, 379, 382, 383, 392, 394, 395, 413, 415, 421, 422, 426, 428, 432, 433, 457, 459, 471, 486, 490, 502, 524, 556, 561, 576, 578, 579, 583, 602, 609, 621, 622, 628, 629, 631, 647, 654, 688, 697, 724, 726, 727, 728, 730, 742, 761, 777, 786, 802, 803, 806, 808, 829

Napoleón Hill (1883-1970). Escritor estadounidense. 300, 623

Napoleón III (1808-1873). Príncipe francés. 501

Nathaniel Hawthorne (1804-1864). Novelista estadounidense. 167

Neftalí Beltrán (1916-). Poeta y dramaturgo mexicano. 63

Neil Armstrong (1930-). Astronauta estadounidense. 156

Neil Simon (1927-). Dramaturgo estadounidense. 624

Nelson Mandela (1918-). Premio Nobel de la paz sudafricano. 491, 548, 807

Netzahualcóyotl (1402-1472). Emperador azteca. 556, 840

Niccolò Tommaseo (1802- 1874). Literato y filólogo italiano. 9, 220

Nicholas Murray Butler (1862-1947). Pedagogo estadounidense. 745

Nicolas Boileau (1636-1711). Poeta y crítico literario francés. 132, 265, 603, 647, 676

Nicolás Copérnico (1473 - 1543). Astrónomo polaco. 137, 138, 153, 157, 183, 521

Nicolás de Avellaneda (1837-1885). Político y periodista argentino. 478

Nicolás Maquiavelo (1469-1527). Historiador y filósofo político italiano. 68, 91, 92, 169, 172, 284, 290, 376, 380, 383, 414, 418, 425, 617, 625, 634, 662, 669, 719, 724, 736, 803, 807, 812, 853, 861

Nicolás Salmerón (1838-1908). Político y filósofo español. 679

Niels Bohr (1885-1926). Físico danés. 156

Nikita Krushov (1894-1971). Presidente ruso (1958-1964). 664

Nikolai Ivanovich Lobachevsky (1792-1856). Matemático ruso. 151

Nikolai Vassilievitch Gogol (1809-1852). Escritor ruso. 469

Nikos Kazantzákis (1885-1957). Escritor griego. 459

Ninón de Lenclos (1620-1705). Cortesana francesa. 17, 64, 66, 75, 76, 79, 82, 85, 109, 110, 174, 183, 577, 581, 583, 701, 770

Noah Webster (1758-1843). Escritor estadounidense. 674

Noam Chomsky (1928-). Lingüista estadounidense. 671

Noel Clarasó (1905-1985). Escritor español. 12, 50, 53, 55, 58, 61, 65, 67, 68, 69, 75, 79, 82, 84, 85, 106, 117, 123, 176, 177, 178, 202, 236, 244, 274, 298, 299, 310, 356, 388, 424, 431, 451, 488, 507, 509, 533, 535, 536, 585, 590, 617, 685, 706, 705, 732, 825

Noel Pierce Coward (1899-1993). Actor, compositor y dramaturgo inglés. 245

Norman Mailer (1923-). Escritor estadounidense. 103, 717, 849

Norman Vincent Peale (1898-1993). Escritor estadounidense. 344

Numa Pompilio (aprox. 700 a.C.). Segundo rey romano. 482

O Henry. (William Sidney Porter) (1862-1910). Escritor estadounidense. 573

Octavio Paz (1914-1998). Escritor mexicano. 20, 56, 86, 95, 99, 113, 205, 215, 381, 417, 437, 497, 508, 525, 541, 560, 656, 657, 659, 721, 726, 756, 764, 831, 834

Og Mandino (1923-1996). Escritor estadounidense. 11, 20, 56, 80, 108, 165, 173, 182, 244, 305, 316, 320, 329, 359, 360, 398, 399, 420, 466, 515, 705, 733, 773, 788

Oliver Cromwell (1599-1658). Lord inglés. 164, 235

Oliver Goldsmith (1730-1774). Escritor anglo-irlandés 52, 91, 107, 487, 545, 598, 647, 711

Oliver Stone (1946-). Director de cine estadounidense. 459, 858

Oliver Wendell Holmes (1809-1894). Médico y escritor estadounidense. 35, 76, 113, 141, 144, 198, 243, 266, 306, 448, 541, 560, 562, 593

Oliverio Girondo (1891-1967). Escritor argentino. 322, 485

Omar Khayyam (1050-1123). Poeta, matemático y astrónomo persa. 244, 287, 519

Oprah Winfrey (1954-). Actriz y conductora de TV estadounidense. 433, 694, 734, 775, 781, 831

Oriol Bohigas (1925-). Arquitecto español. 849

Orison S. Marden (1848-1924). Editor y escritor estadounidense. 36, 176, 360, 591, 774

Orson Squire Fowler (1809-1887). Orador, médico y científico estadounidense. 115

Orson Welles (1915-1985). Actor, director y productor estadounidense. 825, 164, 508

Oscar Wilde (1854-1900). Novelista, poeta, crítico literario y autor teatral irlandés. 10, 33, 35, 37, 39, 45, 50, 58, 59, 69, 74, 75, 83, 88, 90, 92, 93, 94, 96, 97, 98, 99, 100, 109, 115, 119, 158, 159, 160, 161, 163, 164, 170, 188, 189, 195, 200, 203, 208, 210, 211, 221, 227, 229, 231, 232, 239, 242, 244, 247, 253, 262, 263, 268, 269, 270, 272, 273, 276, 284, 302, 307, 308, 315, 318, 320, 322, 323, 325, 330, 338, 343, 347, 354, 360, 367, 369, 394, 401, 411, 413, 414, 416, 422, 424, 441, 445, 448, 458, 460, 469, 469, 473, 475, 479, 481, 502, 506, 507, 510, 511, 517, 522, 524, 525, 526, 527, 528, 528, 530, 531, 532, 538, 543, 550, 553, 570, 571, 574, 575, 578, 579, 582, 585, 588, 595, 596, 598, 610, 612, 622, 625, 629, 630, 631, 632, 633, 636, 643, 644, 646, 649, 651, 658, 679, 681, 686, 687, 698, 699, 701, 704, 707, 709, 710, 711, 715, 720, 722, 742, 743, 749, 756, 763, 765, 766, 779, 793, 796, 808, 810, 811, 816, 819, 830, 831, 833, 836, 837, 840, 843, 852, 855

Osvaldo Terranova (1924-1984). Actor argentino. 37

Oswald Spengler (1880-1936). Filósofo alemán. 209, 280, 356, 492, 610, 713, 806

Otto von Bismark (1815-1898). Canciller del Imperio Alemán 1871-1884. 385, 419, 487, 499, 545, 666, 701, 728

Otto Wagner (1841-1918). Arquitecto austriaco. 103

Pablo Antonio Cuadra (1912-2002). Poeta nicaragüense. 71

Pablo Neruda (1904-1973). Poeta chileno. 34, 51, 57, 84, 113, 163, 199, 218, 337, 466, 559, 600, 619, 627, 717, 772

Pablo Ruiz Picasso (1881-1973). Pintor y escultor español. 93, 95, 98, 99, 102, 178, 265, 461, 469, 470

Pablo Serrano (1908-1985). Escultor español. 135

Pablo VI. Giovanni Battista Montini (1897-1978). Papa italiano. 426

Paco de Lucía (1947-). Guitarrista español. 528

Paco Ignacio Taibo I (1942-). Periodista y escritor mexicano. 455
Padre Marcial Maciel (1920-). Sacerdote católico mexicano. 861
Paolo Mantegazza (1831-1910). Neurólogo italiano. 399
Paracelso (1493-1541). Médico y químico suizo. 534, 535, 599, 704
Paramahansa Yogananda (1893-1952). Místico hindú. 518
Pasquier Quesnel (1634-1719). Teólogo francés. 129, 200
Patricia Highsmith (1921-1995). Novelista estadounidense. 553
Patrick Henry (1736-1799). Patriota estadounidense y primer gobernador de Virginia. 324, 489
Paul Ambroise Valéry (1871-1945). Escritor francés. 14, 36, 89, 110, 151, 166, 177, 179, 185, 187, 277, 290, 301, 304, 315, 351, 352, 353, 364, 367, 392, 398, 419, 426, 483, 496, 595, 607, 639, 647, 654, 658, 663, 684, 786, 819
Paul Aúguez (1792-1864). Moralista francés. 54
Paul Bourget (1852-1935). Escritor francés. 54, 71, 348, 644
Paul Bowles (1910-1999). Escritor y compositor norteamericano. 438
Paul Claudel (1868-1955). Escritor y diplomático francés. 30, 56, 787, 861
Paul Dirac (1902-1984). Físico británico. 133, 140
Paul Ehrlich (1854-1915). Científico alemán. 298
Paul Gauguin (1859-1941). Pintor francés. 94, 591
Paul Géraldy (1885-1983). Poeta y escritor francés. 56, 62, 80, 88, 112, 229, 267, 296, 574, 682, 715
Paul Henri Thiry, Barón de Holbach (1723-1789). Enciclopedista y filósofo francés. 180, 255, 452, 779
Paul Klee (1879-1940). Pintor suizo. 315
Paul Lafitte (1898-1976). Ingeniero francés. 238
Paul Morand (1888-1976). Diplomático y escritor francés. 846
Paul Morphy (1837-1884). Ajedrecista estadounidense. 21, 22, 23, 26
Paul P. Harris (1868-1947). Abogado y periodista estadounidense. 791
Paul Samuelson (1915-). Economista estadounidense. 513
Paul Verhoeven (1938-). Director de cine holandés. 103
Paul-Jean Toulet (1867-1920). Escritor francés. 612
Paulo Coelho (1947-). Escritor brasileño. 124, 286, 457, 473, 518, 549, 565, 774, 775, 776
Pearl S. Buck (1892-1973). Escritor estadounidense. 30, 193, 294, 645
Pedro Abelardo (1079-1142). Filósofo y teólogo francés. 739
Pedro Antonio de Alarcón (1833-1891). Escritor y político español. 561, 628
Pedro Calderón de la Barca (1600-1681). Dramaturgo y poeta español. 52, 79, 196, 201, 233, 393, 467, 514, 563, 569, 570, 641, 645, 744, 782, 806, 847
Pedro López de Ayala (1332-1407). Escritor y cronista español. 372
Pedro Mario Delheye (1864-1918). Poeta argentino. 845
Pedro Salinas (1891-1951). Poeta español. 768, 847
Pelet de la Lozère (1785-1871). Ministro francés. 380
Percy Shelley (1792-1822). Poeta inglés. 57, 64, 732
Periandro de Corinto (siglo VI a.C). Pensador y político griego. 226
Persius (34-62). Poeta etrusco. 177, 189, 245, 420, 693, 744
Peter de Vries (1910-1993). Editor y novelista estadounidense. 329, 850
Peter Drucker (1909-). Escritor y educador estadounidense de origen austriaco. 361, 607, 684, 700
Peter Ustinov (1921-). Actor, escritor y productor inglés. 47, 301, 393, 560, 581, 664, 672, 707, 733
Phaedrus (15 a.C. - 50 d.C). Fabulista romano. 693
Phil Bosmans (1922-). Sacerdote y escritor belga. 757, 773, 839
Philip Eduard Anton von Lenard (1862-1947). Físico alemán. 153
Philip Massinger (1538-1640). Poeta inglés. 342
Philip Sidney (1554-1586). Hombre de Estado, poeta y literato inglés. 292
Philip Stanhope, conde de Chesterfield (1584-1656). Escritor y político británico. 277, 407, 564, 739
Pier Paolo Pasolini (1922-1975). Escritor y director italiano. 850
Piernette de Guillet (1520-1545). Poetisa francesa. 565
Pierre Auguste Renoir (1841-1919). Pintor francés. 99, 848
Pierre Augustin Caron, barón de Beaumarchais. (1732-1799). Escritor francés. 526, 851
Pierre Benoit (1885-1962). Novelista francés. 469
Pierre Charron (1541-1603). Teológo y filósofo francés. 388

Proverbio italiano. 68, 91, 569, 734

Proverbio japonés. 104, 306, 330, 361, 577, 741

Proverbio judío. 126, 413, 670

Proverbio latino. 581, 724

Proverbio macua (Mozambique). 285

Proverbio oriental. 364

Proverbio persa. 31

Proverbio polaco. 19

Proverbio portugués. 13, 363

Proverbio romano. 362, 454

Proverbio ruso. 198, 306, 410, 628

Proverbio sueco. 270, 740

Proverbio suizo. 670

Proverbio turco. 184, 185, 412

Proverbio venezolano. 525

Publio Cornelio Tácito (55-120). Historiador romano. 206, 252, 329, 351, 374, 433, 616, 654, 655, 679, 828, 829

Publio Nasón Ovidio (43 a.C.-17 d.C.). Poeta latino. 8, 33, 41, 60, 71, 73, 76, 78, 82, 161, 188, 230, 284, 293, 295, 296, 306, 311, 321, 325, 340, 358, 387, 399, 475, 502, 529, 557, 577, 583, 585, 633, 648, 650, 695, 699, 700, 774, 784, 801, 842

Publio Siro (Siglo I a.C.). Poeta latino. 105, 106, 110, 213, 231, 327, 336, 350, 432, 473, 549, 558, 615, 705, 731, 746, 782, 789, 810, 812, 827, 829, 836

Publio Terencio (185-159 a.C.). Comediógrafo latino. 411

Quintiliano (35-95). Escritor y retórico latino. 190, 404, 495, 552, 826

Quinto Horacio Flaco (65 a.C.-8 a.C.). Poeta lírico y satírico romano. 19, 35, 71, 100, 102, 126, 185, 192, 222, 227, 229, 231, 237, 240, 268, 277, 292, 295, 296, 297, 327, 329, 357, 366, 386, 393, 405, 412, 420, 441, 474, 484, 490, 498, 503, 513, 542, 561, 563, 595, 602, 627, 633, 635, 668, 674, 675, 676, 690, 729, 730, 732, 736, 781, 785, 788, 793, 794, 824, 828, 844, 848, 855, 856

Quintus Curtius Rufus (siglo I d.C.). Historiador latino. 715, 760

R. Follereau (1903-1977). Escritor, poeta y dramaturgo francés. 160

R. W. Hamming (1915-1998). Matemático estadounidense. 139

Rabindranath Tagore (1861-1941). Poeta y filósofo indio. 29, 45, 59, 62, 63, 68, 108, 114, 170, 196, 198, 217, 220, 227, 247, 248, 291, 293, 307, 334, 335, 385, 399, 403, 418, 424, 428, 468, 477, 501, 529, 556, 589, 600, 633, 657, 683, 685, 686, 689, 699, 714, 731, 750, 818, 821, 836, 841

Rachel Carson (1907-1964). Escritora y bióloga marina estadounidense. 599, 635, 751, 752

Rafael Alberti (1902-1999). Poeta español. 499

Rafael Múgica "Gabriel Celaya" (1911-1991). Poeta español. 399

Rainer Maria Rilke (1875-1926). Poeta alemán. 99, 176, 184, 205, 269, 314, 325, 502, 833, 844

Ralph J. Bunche (1904-1971). Erudito y diplomático estadounidense. 768

Ralph Waldo Emerson (1803-1882). Ensayista y poeta estadounidense. 7, 12, 13, 30, 45, 49, 50, 51, 107, 109, 125, 127, 133, 145, 160, 171, 173, 181, 187, 189, 191, 193, 196, 201, 206, 208, 210, 225, 235, 258, 274, 278, 288, 293, 294, 303, 312, 316, 327, 330, 336, 373, 379, 401, 402, 407, 408, 412, 415, 422, 429, 432, 435, 444, 449, 450, 457, 462, 464, 465, 479, 480, 484, 501, 516, 523, 567, 611, 614, 622, 624, 626, 627, 634, 636, 637, 638, 653, 654, 699, 716, 764, 766, 767, 781, 784, 785, 786, 798, 805, 806, 811, 821, 838, 842, 854

Ramakrishna (1836-1886). Místico hindú. 451

Ramiro de Maeztu y Whitney (1875-1936). Ensayista político y periodista español. 213, 250, 283

Ramón Buenaventura (1940-). Escritor y poeta marroquí. 852

Ramón de Campoamor (1817-1901). Poeta español. 30, 52, 82, 86, 105, 111, 153, 230, 259, 295, 499, 681, 751, 776, 825

Ramón Gómez de la Serna (1888-1963). Escritor español. Autor de Greguerías. 8, 60, 108, 267, 403, 448, 541, 557, 561, 580, 696, 778, 793, 851

Ramón Llull (1233-1315). Escritor catalán. 53, 401, 467, 530, 604, 619

Ramón López Velarde (1888-1921). Poeta mexicano. 235, 580, 633, 635

Ramón María del Valle Inclán (1866-1936). Poeta, narrador, periodista y dramaturgo español. 372, 719

Ramón Pérez De Ayala (1881-1962). Escritor español. 30

Raúl Cardiel Reyes (1915-). Escritor mexicano. 94

Raul Soldi (1905-1994). Pintor argentino. 103

Ray Bradbury (1920-). Escritor estadounidense. 138, 435

Roger Bacon (1220-1292). Filósofo y clérigo inglés. 521, 522
Roger Caillois (1913-1978). Intelectual francés. 306
Roger Penrose (1931-). Matemático y físico inglés. 136
Rogerio Bussy Rabutin (1618-1693). Literato francés. 15
Romain Rolland (1866-1944). Escritor francés. 32, 78, 412, 680
Romano Guardini (1885-1968). Teólogo católico alemán. 81
Romy Schneider (1938-1982). Actriz austriaca. 777
Ron Kritzfeld (1921-). Filósofo alemán. 758
Ronald Reagan (1911-2004). Presidente de Estados Unidos (1981-1989). 244, 372, 377, 396, 661, 662, 792
Rosa Luxemburg (1871-1919). Revolucionaria alemana. 494
Rosa Regás (1933-). Escritora española. 556
Rosalía de Castro (1837-1885). Poetisa española. 559, 774
Rosamond Nina Lehman (1901-1990). Novelista inglesa. 464
Rosario Castellanos (1925-1974). Poetisa y escritora mexicana. 74, 238, 658, 679
Rubén Darío (1867-1916). Poeta nicaragüense. 82, 117, 273, 286, 312, 329, 411, 469, 479, 479, 551, 591, 630, 653, 658, 659, 760, 795, 811
Ruben Fine (1914-1993). Ajedrecista estadounidense. 21, 22, 25, 27, 28
Rudolf Julius Emmanuel Clausius (1822-1888). Físico alemán. 145
Rudyard Kipling (1865-1936). Novelista inglés. 47, 167, 235, 303, 406, 524, 575, 640, 671, 731, 781, 797, 825, 829
Rufino Blanco Fombona (1874-1994). Escritor y político venezolano. 449
Rufus Choate (1799-1859). Abogado y político estadounidense. 485
Rupert Murdoch (1931-). Empresario y magnate australiano. 609
Ruy Pérez Tamayo (1924-). Médico mexicano. 137
Saadi Musil-al-Din (1184-1283). Poeta persa. 91, 675, 782
Sacha Guitry (1885-1957). Actor y director francés. 10, 173, 242, 278, 360, 526, 640, 767
Safo (s. VI-V a.C.). Poeta griego. 568
Salman Rushdie (1947-). Novelista británico. 112, 824
Salomón (970-931 a.C.). Rey israelita. 89, 90, 131, 171, 188, 275, 302, 348, 401, 402, 408, 421, 432, 451, 517, 560, 616, 675, 704, 730, 734
Salustio (83-35 a.C.). Historiador latino. 264
Salvador Dalí (1904-1989). Pintor y escultor español. 270, 398, 470, 514
Salvador de Madariaga (1886-1978). Historiador, ensayista y diplomático español. 179
Salvador Díaz Mirón (1853-1928). Poeta mexicano. 195, 242, 656
Salvador Novo (1904-1974). Poeta mexicano. 97
Salvador Paniker (1927-). Ingeniero, escritor y filósofo español. 209
Sam Walton (1919-1994). Empresario estadounidense, fundador de WalMart. 604, 606, 607, 609
Samuel A. Weor (1917-1977). Neognóstico colombiano. 204, 649, 764, 843
Samuel Beckett (1906-1989). Dramaturgo y novelista anglo-francés. 11, 361, 514, 553
Samuel Butler (1835-1902). Escritor inglés. 180, 264, 395, 674, 722
Samuel Daniel (1562-1619). Escritor inglés. 652
Samuel Feijoo (1914-1992). Periodista cubano. 301
Samuel Finley Breese Morse (1791-1872). Artista e inventor estadounidense. 152
Samuel Fuller (1911-1997). Cineasta estadounidense. 736
Samuel Goldwyn (1882-1974). Productor de cine estadounidense, cofundador de la Metro-Goldwin-Mayer. 799
Samuel Hoffenstein (1890-1947). Poeta y guionista de origen lituano afincado en EE.UU. 612
Samuel Johnson (1709-1784). Escritor británico. 20, 116, 150, 154, 181, 230, 237, 306, 307, 311, 316, 342, 369, 386, 398, 401, 402, 457, 463, 472, 494, 503, 525, 648, 681, 698, 845
Samuel Ramos (1897-1956). Filósofo mexicano. 97
Samuel Reshevsky (1911-1992). Ajedrecista polaco. 24, 27
Samuel Smiles (1812-1904). Escritor escocés. 127, 237, 300
Samuel T. Coleridge (1772-1834). Poeta inglés. 188, 205, 314, 323, 628, 805
Samuel Taylor Coleridge (1772-1834). Poeta inglés. 445
San Agustín (354-430). Obispo, filósofo y Padre de la Iglesia Latina. 30, 33, 35, 38, 48, 55, 59, 72, 74, 76, 81, 90, 117, 118, 120, 128, 129, 169, 182, 184, 185, 191, 194, 232, 249, 250, 251, 253, 254, 262, 279, 298, 299, 333, 334, 335, 336, 386, 398, 427, 452, 476, 486, 495, 513, 514, 520, 522, 594, 603, 624, 629, 635, 670, 710, 719, 720, 722, 731, 740, 746, 767, 784, 787, 809, 816, 820, 826, 828, 859, 861

Shirley McLaine (1934-). Actriz estadounidense. 271, 789

Shunryu Suzuki (1904-1971). Guía espiritual y maestro Zen japonés. 590

Sidney Smith (1915-). Poeta británico. 201, 668

Sigmund Freud (1856-1939). Médico y neurólogo austriaco, fundador del psicoanálisis. 159, 324, 339, 400, 404, 431, 584, 609, 672, 673, 680, 691, 721, 774, 776, 817, 834, 844

Sigrid Unsedt (1882-1949). Novelista noruega. 89

Silvio Pellico (1789-1854). Escritor italiano. 125, 335

Simon Bolívar (1783-1830). Militar y político venezolano. 22, 47, 76, 94, 119, 188, 217, 231, 261, 276, 379, 380, 387, 433, 466, 467, 490, 493, 495, 497, 633, 634, 660, 715, 726, 764, 803, 854

Simone De Beauvoir (1908-1986). Novelista e intelectual francesa. 109, 265, 343, 572, 672, 691

Simone Weil (1909-1943). Escritora francesa. 102, 219, 408, 438, 462, 463, 636, 656, 751, 830

Sinclair Lewis (1885-1951). Escritor estadounidense. 214

Sir Alec Guinness (1914-2000). Actor británico. 195, 502

Sir Arthur Conan Doyle (1859-1930). Escritor británico. 796, 824

Sir Arthur Stanley Eddington (1882-1944). Astrónomo y matemático inglés. 145

Sir David Brewster (1781-1868). Físisco escocés. 139

Sir Edward Coke (1552-1634). Jurista y político británico. 678

Sir Francis Galton (1822-1911). Antropólogo y genetista inglés. 314

Sir Horace Lamb (1849-1934). Matemático inglés. 157

Sir Isaac Newton (1642-1727). Físico y matemático inglés. 134, 139, 140, 142, 143, 145, 152, 154, 547, 822

Sir James Matthew Barrie (1860-1937). Escritor escocés. 336

Sir John Hare (1844-1921). Actor y empresario inglés. 331

Sir John Herschel (1792-1871). Astrónomo inglés. 135

Sir John Lubbock "Lord Avery" (1834-1913). Naturalista y banquero inglés. 185, 278, 318, 671, 701, 717, 751, 783, 785

Sir Martin John Rees (1942-). Cosmólogo británico. 105

Sir Oliver Lodge (1851-1940). Físico inglés. 157

Sir Robert Peel (1788-1850). Estadista británico. 300

Sir Robert Walpole (1676-1745). Conde de Oxford. Político inglés. 389, 418

Sir Walter Alexander Rayleigh (1861-1922). 141

Sir Walter Scott (1771-1832). Novelista y poeta escocés. 17, 245, 282

Sir William Blackstone (723-1780). Jurista inglés. 207

Sir William Drummond (1585-1649). Poeta escocés. 677

Sir William Henry Bragg (1862-1942). Físico inglés. 155

Sir William Herschel (1738-1822). Astrónomo inglés. 157

Sir William Lawrence Bragg (1890-1971). Físico inglés. 137

Sir Winston Churchill (1874-1965). Político inglés. 13, 15, 122, 214, 280, 299, 320, 332, 365, 378, 390, 391, 396, 400, 410, 443, 474, 537, 624, 660, 666, 669, 805, 808, 842, 852

Sócrates (470-399 a.C.). Filósofo griego. 38, 40, 91, 110, 163, 183, 257, 325, 337, 353, 354, 382, 399, 416, 425, 430, 436, 454, 460, 466, 470, 519, 528, 539, 552, 560, 564, 565, 582, 604, 624, 634, 664, 671, 718, 729, 736, 741, 745, 765, 796, 798, 821

Sófocles (496-406 a.C.). Dramaturgo ateniense. 12, 32, 40, 58, 66, 83, 117, 197, 222, 233, 285, 348, 371, 410, 413, 436, 444, 470, 473, 518, 533, 546, 549, 562, 592, 630, 728, 743, 754, 762, 812, 823, 854

Soichiro Honda (1906-1991). Industrial japonés. 316

Solón (639-560 a.C.). Sabio griego. 47, 280, 340, 383, 386, 391, 405, 489, 523, 613

Sophia Loren (1934-). Actriz italiana. 299, 756

Sor Juana Inés de la Cruz (1651-1695). Poetisa mexicana. 54, 55, 275, 279, 280, 810

Sören Aabye Kierkegaard (1813-1855). Filósofo danés. 80, 89, 195, 334, 342, 400, 530, 558, 839

Sri Aurobindo (1872-1950). Filósofo, poeta y místico hindú. 305

Sri Sarada Devi (1853-1920). Guía espiritual hindú. 195

Stanislaw Jerzy Lec (1909-1966). Escritor polaco. 29, 125, 192, 195, 363, 400, 440, 442, 446, 452, 463, 488, 564, 591, 633, 672, 673, 690, 703, 708, 843

Stanley Baldwin (1867-1947). Político británico. 396

Stefan Zweig (1881-1942). Escritor y pacifista austriaco. 9, 97, 219, 226, 269, 362, 505, 566, 611, 614, 618, 664, 719, 761

Stephen Butler Leacock (1869-1944). Economista y humorista canadiense. 800

Stephen Covey (1932-). Orador y escritor estadounidense. 711

Thomas Henry Huxley (1825-1895). Biólogo inglés. 12, 138, 141, 149, 237, 268, 411, 667, 717, 745, 766

Thomas Hill Green (1836-1882). Filósofo inglés. 477

Thomas Hobbes (1588-1679). Filósofo y político inglés. 143, 216, 307, 354, 372, 383, 392, 393, 425, 449, 455, 497, 555, 591, 612, 621, 763, 765, 821

Thomas Hood (1799-1845). Poeta y humorista inglés. 476

Thomas Jefferson (1743-1826). Político y filósofo estadounidense. 50, 162, 195, 214, 242, 263, 279, 291, 293, 329, 343, 345, 377, 378, 381, 384, 391, 392, 434, 483, 488, 491, 537, 552, 651, 659, 664, 677, 680, 684, 728, 764, 796, 798, 815, 832, 856

Thomas Kempis (1379-1471). Monje alemán. 32, 138, 167, 179, 185, 190, 202, 258, 344, 371, 480, 634, 613

Thomas Mann (1875-1955). Novelista y ensayista alemán. 110, 392, 405

Thomas Moore (1779-1852). Poeta satírico, compositor y músico irlandés. 17, 489

Thomas Morley (1557-1602). Músico y compositor británico. 292

Thomas Paine (1737-1809). Escritor y teórico político angloamericano. 301, 375, 591

Thomas Riley Marshall (1854-1925). Vigésimo octavo vicepresidente estadounidense. 665

Thomas S. Eliot (1888-1965). Poeta y crítico angloamericano. 264, 401, 672, 753

Thomas Shadwell (1642-1692). Dramaturgo inglés. 718

Thomas Sowell (1930-). Escritor y economista afro-americano. 165

Thomas Wentworth Storrow Higginson (1823-1911). Reformador estadounidense. 393, 807

Thomas Woodrow Wilson (1856-1924). Político estadounidense, presidente de los EE. UU. 1913-1921. 214, 499, 708

Thomas Young (1773-1829). Físico inglés. 134

Thor Heyerdahl (1914-2002). Antropólogo y explorador noruego. 673

Thornton Niven Wilder (1897-1975). Escritor y dramaturgo estadounidense. 726, 851

Tiffani-Amber Thiessen (1974-). Actriz estadounidense. 103

Tigran Petrosian (1929-1984). Ajedrecista estadounidense. 21, 22, 23, 24, 25, 27, 28

Tito Livio (64 a.C.-17 d.C.). Historiador latino. 104, 106, 114, 186, 207, 242, 304, 323, 333, 391, 395, 414, 487, 548, 620, 818

Tito Lucrecio Caro (99-55 a.C). Poeta romano. 202

Tom Clancy (1947-). Escritor estadounidense. 308

Tom Stoppard (1937-). Dramaturgo inglés. 850

Tom Watson (1874-1956). Empresario estadounidense, fundador de IBM. 609

Tomás de Iriarte (1750-1791). Poeta y fabulista español. 510, 733

Torcuato Tasso (1544-1595). Poeta italiano. 184, 515

Trinidad Sánchez Santos (1859-1912). Periodista mexicano. 305

Tristan Bernard (1866-1947). Escritor francés. 87, 491, 608, 769

Truman Capote (1924-1984). Escritor estadounidense. 260, 361

Tryggve Lie (1896-1968). Estadista noruego. 586

Tryon Edwards (1809-1895). Escritor y lexicógrafo estadounidense. 171, 345

Tucídides (460 a.C.-390 a.C). Historiador griego. 108, 416, 584

Tycho Brahe (1546-1601). Astrónomo danés. 151

Tyron Edwards (1809-1894). Teólogo estadounidense. 191, 292, 298, 452, 668, 695, 816, 819

Ugo Betti (1892-1953). Dramaturgo y poeta italiano. 301, 362

Ugo Foscolo (1778-1827). Poeta italiano. 363, 364, 622, 655

Ulises Francisco Espaillat (1823-1878). Político, escritor y presidente dominicano (1876). 470

Ulysses Simpson Grant (1822-1885). Militar, político y presidente estadounidense. 320, 381

Umberto Eco (1932-). Escritor y profesor universitario italiano. 209, 286, 461, 479, 777

Upton Sinclair (1878-1968). Escritor estadounidense. 237

Vaclav Havel (1936-). Intelectual y político checo. 697

Vanessa Redgrave (1937-). Actriz británica. 749

Vassily Smyslov (1921-1997). Ajedrecista ruso. 22, 23, 24, 25, 28

Vicente Blasco Ibáñez (1867-1928). Novelista español. 220, 472, 845

Vicente Espinel (1551-1624). Poeta y músico español. 509

Vicente Lombardo Toledano (1894-1968). Abogado, político, publicista y dirigente sindical mexicano. 726

Vicente Riva Palacio (1832-1896). Escritor y político mexicano. 57

Vicky Baum (1888-1960). Escritora austriaca. 72, 408, 501, 583, 586, 601, 747, 769

Víctor Alfieri (1749-1803). Dramatugo italiano. 18, 806

Víctor Borge (1909-2000). Humorista y pianista danés. 733

Índice de materias

TÍTULOS DE ESTA COLECCIÓN

12,500 Frases Célebres.
Sandy Gary B.

13,000 Minibiografías.
José Luis Garibay E.

55,000 Nombres.
Rose Laurent.

Gran Diccionario del Ocultismo.
Roberto Mares.

Esta obra se terminó de imprimir en agosto del 2009
en Litográfica Ingramex, S.A. de C.V.
Centeno 162-1 Col. Granjas Esmeralda
México, D.F. 09810